Les grands arrêts du droit pénal général

Les grands arrêts du droit pénal général

10e édition

2016

Jean Pradel
Agrégé des Facultés de droit,
Professeur émérite de l'Université
de Poitiers,
Ancien juge d'instruction

André Varinard
Agrégé des Facultés de droit,
Professeur émérite de l'Université
Jean Moulin (Lyon III),
Ancien recteur

DALLOZ

DALLOZ

31-35, rue Froidevaux, 75685 Paris Cedex 14

ISBN 978-2-247-16156-0

AVANT-PROPOS

La loi, tout juriste le sait, est abstraite et incomplète. Abstraite : c'est donc à la jurisprudence d'illustrer ses prévisions et, par voie de conséquence, de mieux faire comprendre son vrai sens. Incomplète : c'est donc à la jurisprudence de combler les interstices laissés libres par le législateur. Ce schéma vaut-il encore en matière criminelle, là où domine un principe essentiel, celui de la légalité, retenu dans le seul but de protéger l'individu ? Naguère, Portalis avait averti « qu'en matière criminelle, il faut des lois précises et point de jurisprudence ». Et pourtant, il suffit de feuilleter les recueils pour constater bien vite que les décisions pénales y sont très nombreuses. Un bulletin des arrêts de la chambre criminelle de la Cour de cassation paraît même depuis 1798. Or ces arrêts de droit pénal traduisent l'existence d'une sorte de pouvoir créateur du juge, encouragé du reste par le législateur lui-même (C. civ., art. 4 et C. pén., art. 434-7-1). Ces dernières années, le poids de la jurisprudence tend même à s'accroître avec la question prioritaire de constitutionnalité (QPC). Ainsi, en matière pénale comme ailleurs, la jurisprudence est-elle à la fois pédagogique et créatrice sous la seule réserve que le juge n'entre pas en conflit avec la règle de la légalité.

La méthode suivie dans cet ouvrage appelle quelques observations. D'abord, nous nous sommes efforcés de retenir les décisions les plus caractéristiques. Sans doute, l'opération n'est-elle pas exempte d'un certain arbitraire car, parfois, il n'est pas un seul arrêt qui soit digne d'entrer, à l'exception de tous autres, dans le club fermé des grandes décisions. C'est pourquoi nous avons dû, en ce cas, en choisir plusieurs, le principe de droit résultant de leur combinaison. En outre, l'examen de chaque décision a été l'occasion de faire le point sur l'état du droit contemporain : une décision n'a en effet d'intérêt que si, telle une pierre dans la construction d'un mur, elle est replacée dans l'évolution générale du système. Enfin, nous avons tenu à traiter de l'ensemble des questions concernant le droit pénal aussi bien matériel que formel, tant il est vrai qu'il constitue un ensemble, la loi pénale apparaissant comme le commun dénominateur de celui-ci. Aujourd'hui les commentaires sont répartis dans deux volumes, le premier consacré aux *Grands arrêts du droit pénal général,* le second aux *Grands arrêts de la procédure pénale.*

Puissent ces ouvrages être de quelque utilité à tous ceux qui, étudiants ou chercheurs, avocats, policiers ou magistrats, ont à connaître et à appliquer le droit criminel, ce droit de synthèse entre les intérêts de la société et ceux de l'individu comme l'exprimait Faustin Hélie.

J.P. et A.V.

OUVRAGES CITÉS PAR LE SEUL NOM DE L'AUTEUR

BONIS-GARÇON (É.), PELTIER (V.). — *Le droit de la peine,* 2e éd., LexisNexis, 2015.

BOULOC (B.). — *Droit pénal général,* 24e éd., Dalloz, coll. « Précis », 2015.

BOULOC (B.) et MATSOPOULOU (H.). — *Droit pénal général et procédure pénale,* 19e éd., Sirey, 2014.

CONTE (P.) et MAISTRE DU CHAMBON (P.). — *Droit pénal général,* 7e éd., A. Colin, 2004.

DECOCQ (A.). — *Droit pénal général,* A. Colin, 1971.

DESPORTES (F.) et LE GUNEHEC (F.). — *Le nouveau droit pénal,* Economica, tome I, *Droit pénal général,* 16e éd., 2009.

DONNEDIEU DE VABRES (H.). — *Traité élémentaire de droit pénal,* 3e éd., Sirey, 1947.

DREYER (E.). — *Droit pénal général,* Litec, 3e éd., 2014.

GARÇON (É.). — *Code pénal annoté,* 2e éd. par Patin (M.), Rousselet (M.) et Ancel (M.), 1952-1959.

GARRAUD (R.). — *Traité théorique et pratique de droit pénal,* 3e éd., 1913-1935; *Traité théorique et pratique d'instruction criminelle et de procédure pénale,* 1907-1929.HÉLIE (F.). — *Traité de l'instruction criminelle,* 2e éd., 1866.

HUET (A.) et KOERING-JOULIN (R.). — *Droit pénal international,* 3e éd., PUF, 2005.

JACOPIN (S.). — *Droit pénal général,* Bréal, 2014.

LEROY (J.). — *Droit pénal général,* 5e éd., LGDJ, 2014.

LOMBOIS (Cl.). — *Droit pénal international,* 2e éd., Dalloz, coll. « Précis », 1979.

MASCALA (C.). — *Droit pénal général,* Montchrestien, 2003.

MAYAUD (Y.). — *Droit pénal général,* 5e éd., PUF, coll. « Droit fondamental », 2015.

MERLE (R.) et VITU (A.). — *Traité de droit criminel,* Cujas, tome I, *Problèmes généraux de la science criminelle,* 7e éd., 1997.

ORTOLAN (J.). — *Éléments de droit pénal,* 5e éd., Cujas, 1886.

PIN (X.). — *Droit pénal général,* 7e éd., Dalloz, coll. « Cours », 2016.

PRADEL (J.). — *Droit pénal général,* 21e éd., Cujas, 2016 ; *Le nouveau Code pénal (Partie générale),* 2e éd., Dalloz, 1995; *Droit pénal comparé,* 4e éd., Dalloz, coll. « Précis », 2016.

PRADEL (J.), CORSTENS (G.) et VERMEULEN (G.). — *Droit pénal européen,* 3e éd., Dalloz, coll. « Précis », 2009.

PUECH (M.). — *Les grands arrêts de la jurisprudence criminelle,* tome I, *Légalité de la répression. Droit pénal général,* Cujas, 1976, réimpression 1983; *Droit pénal général,* Litec, 1988.

RASSAT (M.-L.). — *Droit pénal général,* 3e éd., Ellipses, coll. « Cours magistral », 2014 ; *Droit pénal spécial,* 7e éd., Dalloz, coll. « Précis », 2014.

ROBERT (J.-H.). — *Droit pénal général,* 6e éd., PUF, 2005.

ROUJOU DE BOUBÉE (G.), FRANCILLON (J.), BOULOC (B.) et MAYAUD (Y.). — *Code pénal commenté,* article par article. Livres I à IV, Dalloz, 1996.

ROUX (J.-A.). — *Cours de droit criminel français,* 2e éd., 1927.

SOYER (J.-C.). — *Droit pénal et procédure pénale,* 21e éd., LGDJ, 2012

VERNY (Éd.), DECIMA (O.), DETRAZ (S.). — *Droit pénal général,* LGDJ, coll. « Cours », 2014.

VIDAL (L.) et MAGNOL (L.). — *Cours de droit criminel et de science pénitentiaire,* 9e éd., 1949.

VILLEY (Ed.). — *Précis d'un cours de droit criminel,* 2e éd., 1880.

TABLE CHRONOLOGIQUE

Les chiffres et numéros renvoient aux numéros des décisions reproduites et commentées.

LISTE DES ABRÉVIATIONS

AJDA	*Actualité juridique Droit administratif*
AJ pénal	*Actualité juridique pénal*
Ancien C. pén.	Ancien Code pénal (de 1810)
ALD	*Actualité législative Dalloz*
AMF	Autorité des marchés financiers
Ass. nat..	Assemblée nationale
Ass. plén.	Assemblée plénière de la Cour de cassation
Bibl.	Bibliographie
BICC	*Bulletin d'information de la Cour de cassation*
Bull. ass. plén.	*Bulletin des arrêts de l'Assemblée plénière de la Cour de cassation*
Bull. civ.	*Bulletin des arrêts des chambres civiles de la Cour de cassation*
Bull. crim.	*Bulletin de la chambre criminelle de la Cour de cassation*
C. assises.	Cour d'assises
CCH.	Code de la construction et de l'habitation
CCE.	Communication, commerce électronique
C. civ.	Code civil
C. com.	Code de commerce
C. consom. . . .	Code de la consommation
C. douanes . . .	Code des douanes
CE	Conseil d'État
CEDH	Cour européenne des droits de l'homme
C. envir..	Code de l'environnement
CESEDA.	Code de l'entrée et du séjour des étrangers et du droit d'asile
CGI	Code général des impôts
C. instr. crim. .	Code de l'instruction criminelle
C. mon. fin.. . .	Code monétaire et financier
C. pén.	Code pénal (de 1994)
C. pr. civ..	Code de procédure civile
C. pr. pén.	Code de procédure pénale
C. route	Code de la route
C. rur..	Code rural
CSI.	Code de la sécurité intérieure
C. trav.	Code du travail
Ch. acc.	Chambre d'accusation
Ch. app. corr. .	Chambre des appels correctionnels
Ch. mixte.	Cour de cassation, chambre mixte
Ch. réun.	Cour de cassation, chambres réunies
Chron.	Chronique
CJUE	Cour de justice de l'Union européenne
CJM	Code de justice militaire
Cons. const. . .	Conseil constitutionnel
Const..	Constitution

Contra	Solution contraire
Conv. EDH ...	Convention européenne des droits de l'homme
CPI..........	Code de la propriété intellectuelle
Crim.	Cour de cassation, chambre criminelle
CSP	Code de la santé publique
CSS	Code de la sécurité sociale
D.	*Recueil Dalloz*
DA	*Recueil analytique Dalloz*
DC	*Recueil critique Dalloz*
DDH	Déclaration des droits de l'homme et du citoyen de 1789
DH	*Recueil hebdomadaire Dalloz*
DP	*Dalloz périodique*
Dr. pénal	*Droit pénal*
Esp.	Espèce
GAJA	*Les grands arrêts de la jurisprudence administrative* (19e éd., 2013)
GAJC	*Les grands arrêts de la jurisprudence civile*
GAJUE	*Les grands arrêts de la jurisprudence de l'Union européenne*
GAPP	*Les grands arrêts de la procédure pénale* (9e éd., 2016)
Gaz. Pal.	*La Gazette du Palais*
GDCC	*Les grandes décisions du Conseil constitutionnel* (18e éd., 2016)
Ibid.	Au même endroit
J.-Cl. Pénal...	*Jurisclasseur Pénal*
J.-Cl. Pén. Code........	*Jurisclasseur Pénal Code*
J.-Cl. Proc. pén.	*Jurisclasseur Procédure pénale*
JCP	*Jurisclasseur périodique (Semaine juridique)*
JO..........	*Journal officiel*
Jurispr. auto ..	*Jurisprudence automobile*
L.	Loi
L. const.......	Loi constitutionnelle
LPA.........	*Les Petites Affiches*
LPF	Livre des procédures fiscales
Obs.	Observations
Ord.	Ordonnance
Pan.	*Panorama Recueil Dalloz*
Préc..........	Précité
POS	Plan d'occupation des sols
Proc. gén.	Procureur général
Procédures ...	*Revue Procédures*
QPC	Question prioritaire de constitutionnalité
Rapp.	Rapport
RD pén. crim.	*Revue de droit pénal et de criminologie (Bruxelles)*
RD publ.	*Revue du droit public et de la science politique en France et à l'étranger*
RDIP	*Revue de droit international privé*
Rec. CJCE....	*Recueil des arrêts de la Cour de justice des Communautés européennes*
Rép. pén.......	*Répertoire de droit pénal et de procédure pénale*
Req.	Cour de cassation, chambre des requêtes

Rev. adm.	*Revue administrative*
Rev. pénit.	*Revue pénitentiaire*
Rev. crit. DIP .	*Revue critique de droit international privé*
RFDA	*Revue française de droit administratif*
RFDC	*Revue française de droit constitutionnel*
RID comp.	*Revue internationale de droit comparé*
RID pén.	*Revue internationale de droit pénal*
RJC	*Revue de jurisprudence constitutionnelle*
RJ com.	*Revue de jurisprudence commerciale*
RJDA	*Revue de jurisprudence de droit des affaires*
RJS	*Revue de jurisprudence sociale*
RPDP	*Revue pénitentiaire et de droit pénal*
RPS	*Revue pénale suisse*
RSC	*Revue de science criminelle*
RTD civ.	*Revue trimestrielle de droit civil*
RTD com.	*Revue trimestrielle de droit commercial*
RTD eur.	*Revue trimestrielle de droit européen*
RTDH	*Revue trimestrielle des droits de l'homme*
S.	*Recueil Sirey*
S. chron.	*Recueil Sirey chronologique*
Série A	*Recueil des arrêts de la CEDH* (publié par Strasbourg)
Somm.	Sommaires commentés
TA	Tribunal administratif
T. confl.	Tribunal des conflits
T. corr.	Tribunal correctionnel
T. enfants.	Tribunal pour enfants
TFUE	Traité sur le fonctionnement de l'Union européenne
TGI.	Tribunal de grande instance
T. pol.	Tribunal de police
TUE	Traité sur l'Union européenne

PREMIÈRE PARTIE

LES SOURCES DU DROIT PÉNAL

TITRE 1

Principe de la légalité criminelle

1

CONSEIL CONSTITUTIONNEL DÉCISIONS SOURCE EN DROIT PÉNAL

Cons. const., 23 juill. 1975, n° 75-56 DC, *Alliès et autres*
(*D.* 1977. 629, note L. Hamon et G. Levasseur ; *JCP* 1975. II. 18200, note C. Franck ; *AJDA* 1976. 44, note J. Rivero ; *RD publ.* 1975. 1313, obs. L. Philip et L. Favoreu)

Cons. const., 12 janv. 1977, n° 76-75 DC, *Pierre Joxe et autres*
(*D.* 1978. 173, note L. Hamon et J. Léauté ; *AJDA* 1978. 215, obs. J. Rivero ; *RD publ.* 1978. 821, obs. L. Favoreu ; *GDCC*, 19e éd., 2013, n° 29)

Le principe d'égalité fait obstacle à ce que des citoyens poursuivis pour des infractions semblables soient jugés par des juridictions composées différemment et selon le pouvoir discrétionnaire du président du tribunal de grande instance (1re esp.).

La liberté individuelle constituant l'un des principes fondamentaux garantis par les lois de la République, porte atteinte à cette liberté, le pouvoir général et imprécis quant à sa portée, donné à l'autorité policière de visiter les véhicules dès lors qu'il est exercé sans aucune restriction tenant à un régime légal de pouvoirs exceptionnels, à l'existence d'une infraction ou à une menace d'atteinte à l'ordre public (2e esp.).

Conseil constitutionnel, 23 juillet 1975, *Alliès et autres*

– Saisi le 30 juin 1975 par MM. Charles Alliés et autres, sénateurs, dans les conditions prévues à l'article 61 de la Constitution du texte de la loi modifiant et complétant certaines dispositions de procédure pénale, telle qu'elle a été adoptée par le Parlement ; – Vu la Constitution ; – Vu l'ordonnance du 7 novembre 1958 portant loi organique sur le Conseil constitutionnel, notamment le chapitre II du titre II de ladite ordonnance ; – Vu le Code de procédure pénale, notamment ses articles 398 et 398-1, tels qu'ils résultent de la loi du 29 décembre 1972 ; – Ouï le rapporteur en son rapport ;

Considérant que le Conseil constitutionnel a été, conformément à l'article 61 de la Constitution, régulièrement saisi par soixante-neuf sénateurs de la loi modifiant et complétant certaines dispositions de procédure pénale, spécialement du texte modifiant les articles 398 et 398-1 du Code de procédure pénale ;

– Considérant que les dispositions nouvelles de l'article 398-1 du Code de procédure pénale laissent au président du tribunal de grande instance la faculté, en toutes matières relevant de la compétence du tribunal correctionnel à l'exception des délits de presse, de décider de manière discrétionnaire et sans recours si ce tribunal sera composé de trois magistrats, conformément à la règle posée par l'article 398 du Code de procédure pénale, ou d'un seul de ces magistrats exerçant les pouvoirs conférés au président ; – Considérant que des affaires de même nature pourraient ainsi être jugées ou par un tribunal collégial ou par un juge unique, selon la décision du président de la juridiction ; – Considérant qu'en conférant un tel pouvoir, l'article 6 de la loi déférée au Conseil constitutionnel, en ce qu'il modifie l'article 398-1 du Code de procédure pénale, met en cause, alors surtout qu'il s'agit d'une loi pénale, le principe d'égalité devant la justice qui est inclus dans le principe d'égalité devant la loi proclamé dans la Déclaration des droits de l'homme de 1789 et solennellement réaffirmé par le préambule de la Constitution ; – Considérant, en effet, que le respect de ce principe fait obstacle à ce que des citoyens se trouvant dans des conditions semblables et poursuivis pour les mêmes infractions soient jugés par des juridictions composées selon des règles différentes ; – Considérant, enfin, que l'article 34 de la Constitution qui réserve à la loi le soin de fixer les règles concernant la procédure pénale s'oppose à ce que le législateur, s'agissant d'une matière aussi fondamentale que celle des droits et libertés des citoyens, confie à une autre autorité l'exercice, dans les conditions ci-dessus rappelées, des attributions définies par les dispositions en cause de l'article 6 de la loi déférée au Conseil constitutionnel ; – Considérant que ces dispositions doivent donc être regardées comme non conformes à la Constitution ; – Considérant, de plus, qu'elles sont inséparables de celles du même article 6, premier alinéa, de la loi déférée au Conseil constitutionnel, qui abrogent les trois derniers alinéas de l'article 398 du Code de procédure pénale ; – Considérant qu'en l'état il n'y a lieu pour le Conseil constitutionnel de soulever aucune question de conformité à la Constitution en ce qui concerne les autres dispositions de la loi soumise à son examen.

– Sont déclarées non conformes à la Constitution les dispositions de l'article 6 de la loi modifiant et complétant certaines dispositions du Code de procédure pénale en tant, d'une part, qu'elles abrogent les trois derniers alinéas de l'article 398 du Code de procédure pénale et, d'autre part, qu'elles abrogent et remplacent les dispositions de l'article 398-1 de ce code.

Conseil constitutionnel, 12 janvier 1977, *Pierre Joxe et autres*

– Saisi le 21 décembre 1976 par MM. Pierre Joxe et autres dans les conditions prévues à l'article 61 (2e al.) de la Constitution, du texte de la loi autorisant la visite des véhicules en vue de la recherche et de la prévention des infractions pénales telle qu'elle a été adoptée par le Parlement ; – Vu la Constitution ; – Vu l'ordonnance du 7 novembre 1958 portant loi organique sur le Conseil constitutionnel, notamment le chapitre II du titre II de ladite ordonnance ; – Ouï le rapporteur en son rapport ; – Considérant que la liberté individuelle constitue l'un des principes fondamentaux garantis par les lois de la République, et proclamés par le Préambule de la Constitution de 1946, confirmé par le Préambule de la Constitution de 1958 ; – Considérant que l'article 66 de la Constitution, en réaffirmant ce principe, en confie la garde à l'autorité judiciaire ; – Considérant que le texte soumis à l'examen du Conseil constitutionnel a pour objet de donner aux officiers de police judiciaire ou, sur ordre de ceux-ci, aux agents de police judiciaire, le pouvoir de procéder à la visite de tout véhicule ou de son contenu aux seules conditions que ce véhicule se trouve sur une voie ouverte à la circulation publique et que cette visite ait lieu en la présence du propriétaire ou du conducteur ; – Considérant que, sous réserve que soient remplies les deux conditions ci-dessus rappelées, les pouvoirs attribués par cette disposition aux officiers de police judiciaire et aux agents agissant sur l'ordre de ceux-ci pourraient s'exercer, sans restriction, dans tous les cas, en dehors de la mise en vigueur d'un régime légal de pouvoirs exceptionnels, alors même qu'aucune infraction n'aura été commise et sans que la loi subordonne ces contrôles à l'existence d'une menace d'atteinte à l'ordre public ; – Considérant qu'en raison de l'étendue des pouvoirs, dont la nature n'est, par ailleurs, pas définie, conférés aux officiers de police judiciaire et à leurs agents, du caractère très général des cas dans lesquels ces pouvoirs pourraient s'exercer et de l'imprécision de la portée des contrôles auxquels ils seraient susceptibles de donner lieu, ce texte porte atteinte aux principes essentiels sur lesquels repose la protection de la liberté individuelle ; que, par suite, il n'est pas conforme à la Constitution ;

– Sont déclarées non conformes à la Constitution les dispositions de l'article unique de la loi autorisant la visite des véhicules en vue de la recherche et de la prévention des infractions pénales.

OBSERVATIONS

1 On pourra être surpris qu'un ouvrage sur les grands arrêts du droit pénal général débute par un examen de décisions du Conseil constitutionnel. La chose est pourtant tout à fait normale si l'on prend soin de rappeler que le Conseil constitutionnel, dans sa mission générale d'appréciation de la conformité des lois à notre Constitution, évoque très souvent des normes pénales et fait apparaître ainsi des principes constitutionnels à la base du droit pénal et de la procédure pénale (B. de Lamy, « Les principes constitutionnels dans la jurisprudence judiciaire. Le juge judiciaire, juge constitutionnel ? », *RD publ.* 2002. 781 s. ; S. Sciortino-Bayart, « Recherches sur le droit constitutionnel de la sanction pénale », thèse dactyl. Aix-en-Provence, 2000 ; *Code constitutionnel*, Th. Renoux et M. de Villiers [dir.], Lexis-Nexis, édition 2016 ; J. Pradel, « Les principes constitutionnels du procès pénal », *Cah. Cons. const.* 2003, n° 14, p. 84 s. ; du même, « Le Conseil constitutionnel et le droit criminel. Le cas de la France », in *Mélanges P. Bolle*, Neuchâtel, Helbing & Lichtenhahn, 2006, p. 93 s. ; W. Mastor, « La juridiction constitutionnelle gardienne des droits fondamentaux en matière pénale », *Dr. pénal* 2011. Chron. 14 ; S. Pellé, « Le contrôle de la légalité criminelle par le Conseil constitutionnel », *Rev. pénit.* 2013. 265 s. À ces travaux, il faut ajouter des chroniques régulières de jurisprudence constitutionnelle (B. de Lamy à la *RSC* ; T. Renoux et X. Magnon à la *Rev. pénit.* ; V. Peltier et Bonis-Garçon aux *Nouveaux cahiers du Conseil constitutionnel*)). On peut le montrer de manière générale avant de le préciser par des exemples choisis.

I. — Les principes généraux

2 De ces principes généraux, il convient de montrer d'abord l'importance (théorique et pratique) avant d'aborder la grande diversité.

A. — Importance des principes

3 Le Conseil constitutionnel oriente les magistrats répressifs dans leurs décisions comme l'ont fait apparaître des arrêts de la chambre criminelle de la Cour de cassation qui ont décidé expressément d'admettre les interprétations du Conseil (Crim. 25 avr. 1985, 2 arrêts, *D.* 1986. Chron. 169, obs. L. Favoreu ; même solution admise la même année par le Conseil d'État le 20 déc. 1985, *D.* 1986. 283, note L. Favoreu). Si ces arrêts sont certes conformes à l'article 62, alinéa 2, de la Constitution qui rappelle que les décisions du juge constitutionnel « s'imposent aux pouvoirs publics et à toutes les autorités administratives et juridictionnelles », ils n'en sont pas moins d'une importance capitale car ils font passer les idées du Conseil constitutionnel dans la jurisprudence pénale.

4 Une autre forme d'orientation du Conseil peut d'ailleurs être rappelée. Elle apparaît à travers ces décisions de la Haute instance qui donnent des sortes de « conseils » aux magistrats. Ainsi la décision rendue par le Conseil constitutionnel le 26 août 1986 (*JO* 4 sept.), relative aux contrôles et vérifications d'identité, décide qu'il appartiendra « aux autorités judiciaires et administratives de veiller au respect intégral des règles et garanties prévues par le législateur ainsi qu'aux juridictions compétentes de constater et de réprimer le cas échéant les illégalités qui seraient commises et de pourvoir éventuellement à la réparation de leurs conséquences dommageables ».

5 N'oublions pas non plus que parfois le Conseil constitutionnel utilise la méthode dite de la « réserve d'interprétation » par l'effet de laquelle il apporte au texte des précisions pour le rendre conforme à la Constitution (et plus généralement au « bloc de constitutionnalité » que l'on définira bientôt, v. *infra*, n° 9) sans l'annuler. Ainsi, la loi du 24 août 1993 (C. pr. pén., art. 114, al. 3), tout en posant le principe du droit de l'avocat à l'accès au dossier de façon continue, a prévu que le juge peut refuser de lui communiquer le dossier en raison des « exigences du bon fonctionnement du cabinet d'instruction ». Le juge constitutionnel n'a pas censuré cette disposition, mais a admis que le refus du juge ne serait légitime que « s'il est assorti de précisions suffisantes tenant à des délais ou à des conditions objectives » (Cons. const. 11 août 1993, *JO* 15 août). Cette phrase peut en pratique susciter quelques hésitations. De même, dans la loi du 9 mars 2004, le délit d'aide au séjour irrégulier d'un étranger en France ne saurait concerner les organismes humanitaires d'aide aux étrangers (Cons. const. 2 mars 2004, n° 2004-492 DC, *JO* 10 mars, § 18).

6 En outre, la loi constitutionnelle n° 2008-724 du 23 juillet 2008 instaure la question préjudicielle de constitutionnalité dite QPC (ou exception d'inconstitutionnalité), réclamée de longue date par la doctrine et déjà en vigueur dans plusieurs pays d'Europe (Const., art. 61-1, 62 et 63). Plus précisément, devant une instance en cours, une partie pourra désormais invoquer la non-constitutionnalité d'une norme législative relative aux « droits et libertés » inscrits dans le « bloc de constitutionna-

lité », ce qui est très large. Cependant, un filtre est prévu : le Conseil constitutionnel est saisi, non directement par les parties, mais par la Cour de cassation ou le Conseil d'État (Const., art. 61-1, al. 1er). Cette règle confère aux deux cours suprêmes un rôle important : si en effet elles estiment la loi attaquée comme conforme à la Constitution, elles s'abstiendront de saisir le juge constitutionnel, ce qui fait en réalité de ces deux juridictions une sorte de juge constitutionnel, d'autant plus important qu'aucun recours n'est prévu contre les décisions de ces cours. Ainsi est créé le contrôle de constitutionnalité *a posteriori*, postérieur à la date de mise en vigueur de la loi et dont le régime est décrit par la loi organique du 10 décembre 2009 annoncée par l'article 61-1 alinéa 2 de la Constitution. On peut d'ailleurs noter une tendance récente de la Cour de cassation, saisie d'une QPC, à ne pas saisir le Conseil et à modifier elle-même sa jurisprudence pour la rendre conforme aux normes constitutionnelles (Crim. 26 juin 2012, no 12-80.319, à propos de l'article 206 C. pr. pén. sur le pouvoir d'annulation reconnu à la chambre de l'instruction ; v. N. Maziau, « Le revirement de jurisprudence dans la procédure de QPC » *D.* 2012. Chron. 1833 ; de même, la Constitution dans la jurisprudence de la chambre criminelle de la Cour de cassation, in *Histoire et méthodes d'interprétation en droit criminel*, Dalloz 2015, p. 11). Ne pourrait-on pas aller au-delà en conférant systématiquement à la Cour de cassation et au Conseil d'État le pouvoir de statuer sur la QPC, sans renvoyer au Conseil constitutionnel ? En pratique, c'est déjà un peu ainsi que les choses se passent. En effet, la chambre criminelle de la Cour de cassation a une tendance à rejeter les QPC et donc à ne pas saisir le Conseil constitutionnel pour tout ce qui touche au principe de la légalité : elle décide que « l'interprétation entre dans l'office du juge » (Crim. 21 août 2013, no 13-90.021, à propos de l'art. 225-12-1 C. pén. sur la prostitution d'un mineur ; 24 sept. 2013, no 12-87.059, à propos des art. 121-3 et 221-6 C. pén. sur l'homicide involontaire ; J. Pradel, no 279).

7 Le nouveau système complète l'ancien qui, on le sait, limitait le recours devant le Conseil constitutionnel aux parlementaires, et encore, avant promulgation de la loi (contrôle *a priori*). Il y avait donc des lois qui avaient pu échapper à la saisine du juge constitutionnel et qui devaient s'appliquer en dépit de leur inconstitutionnalité. En outre, l'ancien système ignorait les applications futures possibles que la loi peut connaître. Nous avons donc désormais deux contrôles, l'un *a priori* et l'autre *a posteriori*, ce dernier ayant suscité d'emblée un volumineux contentieux, qui se maintient et qui donne lieu à une doctrine importante (P. Beauvais et M. Massé, « Questions prioritaires de constitutionnalité : nouvelles perspectives », *AJ pénal* 2011. 274 ; V. Tellier-Cayrol, « La constitutionnalisation de la procédure pénale », *ibid.* 283 ; J. Dutheil de la Rochère, « La question prioritaire de constitutionnalité et le droit européen », *RTD eur.* 2010. 577 s. ; H. Labayle, « La question prioritaire de constitutionnalité », *RFDA* juill.-août 2010. 659 s. ; A. Roblot-Troizier, « La question prioritaire de constitutionnalité en amont et en aval »,

RFDA 2011. 691 s. ; E. Dreyer, « Le Conseil constitutionnel et la “matière pénale”. La QPC et les attentes déçues… », *JCP* 2011, n° 976).

8 Le contrôle *a posteriori* renforce la constitutionnalité du droit pénal de deux façons. D'abord car le juge constitutionnel, saisi par la Cour de cassation ou par le Conseil d'État ne s'interdit pas de soulever d'office un grief d'inconstitutionnalité (par ex. Cons. const. 8 juill. 2011, n° 2011-147 QPC, *JO* 9 juill., inconstitutionnalité de la présidence du tribunal pour enfants par le juge des enfants qui a instruit le cas et n'est plus impartial). Ensuite par le fait que le Conseil déclare recevable une QPC portant sur la constitutionnalité de la portée effective d'une interprétation jurisprudentielle d'une loi et non pas seulement d'une loi (Cons. const. 6 oct. 2010, n° 2010-39 QPC, *JCP* 2010, n° 1145, note A. Gouttenoire et C. Radé ; *D.* 2010. 2744, note F. Chénedé). Certes, la Cour de cassation avait initialement été hostile à une telle ouverture, de peur de voir ses constructions détruites par le juge constitutionnel (v. pour la prescription du délit d'abus de biens sociaux, Ass. plén., 20 mai 2011, 4 arrêts, *D.* 2011. 1426, obs. D. Chagnollaud ; *ibid.* 1775, obs. N. Maziau ; *JCP* 2011. n° 670, obs B. Mathieu). Mais ultérieurement, toutes les formations des cours suprêmes admirent le renvoi au Conseil de telles QPC (par ex. Crim. 19 janv. 2011, n°s 10-85.159 et 10-85.305). Dans la pratique, le contrôle *a posteriori* est numériquement beaucoup plus important que le contrôle *a priori*.

Importante, la réforme ne devrait pas cependant être révolutionnaire car les principes constitutionnels se confondent souvent avec les principes conventionnels dont la violation est quotidiennement soulevée devant les juges et résolue par eux, sans le moindre recours au juge constitutionnel (A. Roux, « Le nouveau Conseil constitutionnel. Vers la fin de l'exception française », *JCP* 2008. I. 175).

B. — Diversité des principes

9 Le Conseil constitutionnel dégage des principes qui orientent le législateur répressif. En déclarant non conforme à la Constitution une loi, le Conseil signifie au législateur qu'il ne doit pas franchir certaines limites et, évidemment, qu'il ne saurait ultérieurement adopter un texte qui, voisin du premier, heurterait aussi la Constitution. Cette règle est extrêmement importante si l'on rappelle deux points. Le premier, d'ordre qualitatif, est que le Conseil, quand il statue, le fait souvent en matière pénale et qu'il confronte celle-ci non seulement à la Constitution mais aussi à un grand nombre de textes ou principes qui lui sont assimilés. En doctrine, on a parlé du « bloc de constitutionnalité » pour désigner cet ensemble constitutionnel. Celui-ci comprend en effet non seulement la Constitution de 1958, mais aussi son Préambule, lequel inclut la Déclaration des droits de l'homme de 1789 et le Préambule de la Constitution de 1946, ce dernier à son tour englobant les principes fondamentaux reconnus par les lois de la République (en fait les grands principes des lois de la IIIe République) et les principes particuliers de notre temps (à caractère socio-économique et culturel ; v. L. Favoreu et L. Philip, *Les grandes décisions du Conseil constitutionnel*, 16e éd., 2011, no 10). Toutefois, les traités ou conventions internationales comme la Convention européenne des droits de l'homme ne font pas partie du « bloc de constitutionnalité » (Cons. const. 15 janv. 1975, no 74-54 DC, *JCP* 1975. II. 18030, note E.-M. Bey ; Cons. const. 21 janv. 1994, *JO* 26 janv.). La seconde remarque est d'ordre quantitatif : elle tient au grand nombre de décisions du Conseil constitutionnel, surtout depuis la réforme du 29 octobre 1974 qui a ouvert le droit de le saisir à soixante députés ou soixante sénateurs, donc en fait à l'opposition parlementaire, et aussi depuis celles de 2008-2009 qui a instauré la QPC.

0 C'est ainsi que le Conseil constitutionnel a déjà affirmé un certain nombre de grands principes gouvernant le droit pénal de fond, y compris le droit pénitentiaire, et le droit pénal de forme. La doctrine est considérable (v. notamment parmi les études les plus récentes, L. Philip, « La constitutionnalisation du droit pénal français », *RSC* 1985. 711 ; F. Loloum et P. Nguyen Huu, « Le Conseil constitutionnel et les réformes du droit pénal en 1986 », *RSC* 1987. 565 ; P. Wachsmann, « La liberté individuelle dans la jurisprudence du Conseil constitutionnel », *RSC* 1988. 1 ; M. Delmas-Marty, « La Déclaration de 1789 et le droit pénal », in *Quelques aspects des sciences criminelles*, Travaux de l'Institut de sciences criminelles de Poitiers, 1990, vol. 10, p. 79 ; R. Koering-Joulin et J.-F. Seuvic, « Droits fondamentaux et droit criminel », *AJDA* 1998, numéro spécial, p. 106 s.). Et s'il n'est guère possible ici de rappeler toutes les décisions du Conseil intéressant le droit pénal, il paraît indispensable d'évoquer les principales. On peut les grouper autour de plusieurs idées, même si fondamentalement il s'agit toujours d'éviter une certaine forme d'arbitraire et, par voie de conséquence, de promouvoir les droits et libertés de l'individu. C'est ainsi que, outre celui de la liberté individuelle faisant l'objet de l'arrêt du 12 janvier 1977 (v. *infra*, III) et celui de l'égalité visé à l'arrêt du 23 juillet 1975 (v. *infra*, II), les principes suivants ont été retenus par le Conseil constitutionnel ces dernières années, que celui-ci ait été saisi *a priori* ou *a posteriori*.

11 – *Principe de la légalité des délits et des peines* et, par exemple, exigence que les textes soient « suffisamment clairs et précis pour exclure l'arbitraire » (Cons. const. 20 janv. 1981, no 80-127 DC, *JO* 22 janv. ; *JCP* 1981. II. 11701, note C. Franck ; *D.* 1982. 441, note A. Dekeuwer ; v. dans le même sens, Cons. const. 3 sept. 1986 sur la loi relative au terrorisme, *JO* 5 sept.). L'article 222-31-1 du Code pénal sur les viols incestueux est inconstitutionnel, faute de précisions sur les personnes qui doivent être regardées comme membres de la famille (Cons. const. 16 sept. 2011, no 2011-163 QPC, *JO* 17 sept. : note A. Bonnet sous Crim. 12 oct. 2011, *Gaz. Pal.* 12 janv. 2012, p. 11). Même règle pour le délit d'atteinte sexuelle incestueuse de l'article 227-27-2 du Code pénal (Cons. const. 17 févr. 2012, no 2012-222 QPC, *JO* 18 févr.).

La règle est encore la même pour le délit de harcèlement sexuel de l'article 222-33 C. pén. (Cons. const. 4 mai 2012, no 2014. 240 QPC,

D. 2012. 1372, note S. Detraz ; *JCP* 2012, n° 662, note A. Lepage ; *Rev. pénit.* 2012. 399, obs. M. Danti-Juan, *ibid.* 367, obs. X. Pin) ; le législateur du 6 août 2012 dut réécrire l'article 222-33.

Au principe de la légalité, on peut rattacher celui de la non-rétroactivité de la loi pénale ou de l'application immédiate des lois nouvelles plus douces (Cons. const. 20 janv. 1981, préc. ; Cons. const. 16 juill. 1996, n° 96-377 DC, *RJC* I-671) ou encore celui de l'interprétation stricte (Cons. const. 16 juill. 1996, préc., *D.* 1997. 69, note B. Mercuzot).

Pas de rétroactivité pour la rétention de sûreté créée par une loi du 25 février 2008 à l'égard de certains criminels dangereux, bien qu'elle ne soit « ni une peine ni une sanction » mais en réalité une mesure de sûreté qui logiquement pourrait s'appliquer rétroactivement (Cons. const. 21 févr. 2008, n° 2008-562 DC, *JO* 26 févr. ; *JCP* 2008. II. 10077, note J.-P. Feldman ; *D.* 2008. 1359, chron. Y. Mayaud). Par ailleurs le Conseil constitutionnel a considéré que le dispositif relatif au fichier national automatisé des infractions sexuelles n'était pas une sanction, mais une mesure de police pour prévenir le renouvellement d'infractions et faciliter l'identification des auteurs, d'où son application immédiate, même aux condamnations prononcées avant l'entrée en vigueur dudit dispositif (Cons. const. 2 mars 2004, n° 2004-527 DC, *JO* 10 mars ; *LPA* 20 juill. 2004. 9, note J.-E. Schoettl) ;

12 – *Principe de l'absence de présomption irréfragable de culpabilité* (Cons. const. 10 mars 2011, n° 2011-625 DC, JO 15 mars) ;

13 – *Principe de la responsabilité personnelle*, en vertu duquel nul ne peut être soumis à une peine s'il n'a pas commis lui-même l'infraction (Cons. const. 2 déc. 1976, n° 76-70 DC, *JO* 7 déc. ; *add.* N. Catala et J.-C. Soyer, *JCP* 1977. I. 2868, not. n°s 52 s.). Cette règle a cependant été atténuée par une décision ultérieure selon laquelle « aucun principe constitutionnel ne s'oppose à ce qu'une amende puisse être infligée à une personne morale » (Cons. const. 30 juill. 1982, n° 82-143 DC, *JO* 31 juill. ; *Gaz. Pal.* 1982. 2, Lég. 475 ; Cons. const. 16 juin 1999, n° 99-411, *JO* 19 juin) ;

14 – *Principe de la nécessité ou indispensabilité de l'incrimination et de la peine*, fondé sur l'article 8 de la Déclaration des droits de l'homme, qui fait apparaître l'intervention du droit pénal comme l'ultime voie à laquelle on a recours lorsqu'il n'est pas possible de faire autrement (Cons. const. 20 janv. 1981, préc. ; Cons. const. 16 juill. 1996, n° 96-377 DC, *JO* 23 juill. ; *JCP* 1996. II. 22709, note Nguyen Van Tuong, inutilité de l'incrimination d'aide au séjour irrégulier d'un étranger dans le cadre d'actes terroristes, la complicité d'infractions terroristes suffisant) et de façon voisine *principe de la proportionnalité entre gravité de l'infraction et la gravité de la peine encourue* qui implique un certain « rapport de correspondance entre la gravité de l'infraction et la gravité de la peine encourue » (A. Huet, « La rétroactivité *in mitius* des textes réglementaires en matière économique », *JCP* 1989. I. 3378). Dans sa décision du 3 septembre 1986, sur la loi relative à la lutte contre la criminalité

(*JO* 5 sept., p. 10789), le juge constitutionnel constate « l'absence de disproportion manifeste entre l'infraction et la peine encourue ». Aux yeux du Conseil, ce deuxième principe découle de l'article 8 de la Déclaration de 1789 selon lequel « la loi ne doit établir que des peines strictement et évidemment nécessaires ». Quant au principe de la nécessité de la peine, le Conseil se montre assez prudent : il précise en effet qu'il n'a pas à substituer son appréciation à celle du législateur et qu'il doit se contenter de vérifier si les dispositions qui lui sont déférées ne sont pas « manifestement contraires au principe ». Ce caractère manifeste découle de ce que le principe de nécessité est assez flou et aussi de l'article 61 de la Constitution pour lequel le Conseil ne dispose que d'une faculté d'empêcher, Hans Kelsen voyant dans le juge constitutionnel seulement « un législateur négatif » (Th. Renoux et M. de Villiers, préc., p. 948).

La loi du 10 août 2007 sur les peines-plancher – qui oblige en principe le juge pénal à ne pas descendre au-dessous d'un certain niveau en cas de récidive – a été considérée comme conforme au principe de proportionnalité, compte tenu des seuils prévus et du pouvoir du juge de descendre plus bas par une motivation appropriée (Cons. const. 9 août 2007, n° 2007-554 DC, *JO* 11 août ; J. Pradel, « Enfin des lignes directrices pour sanctionner les délinquants récidivistes », *D.* 2007. Chron. 2247, n°s 19 s.). Il est vrai que ces dispositions ont été abrogées par la loi du 15 août 2014 ; cette abrogation est décidée au nom du principe de l'individualisation des peines.

15 Précisément, faut-il ajouter le *principe d'individualisation de la peine* ? Le juge constitutionnel a évolué. Il décide d'abord que le principe doit être apprécié avec souplesse : ne devant pas se limiter à une appréciation subjective de la personnalité du condamné, il autorise le législateur à instituer des « peines-plancher » (Cons. const. 20 janv. 1981, préc.). Il indique ensuite que le principe d'individualisation est certes important, mais « n'a pas le caractère d'un principe unique et absolu prévalant de façon nécessaire et dans tous les cas sur les autres fondements de la répression pénale » (*id.*). À vrai dire, la règle de l'individualisation longtemps n'a pas eu valeur constitutionnelle. Toutefois une décision ultérieure du Conseil constitutionnel voit dans l'individualisation des mesures applicables au mineur un principe fondamental reconnu par les lois de la République (Cons. const. 13 mars 2003, n° 2003-467 DC, § 36). Et une autre plus récente encore décide que « le principe de l'individualisation des peines découle de l'article 8 de la Déclaration des droits de l'homme et du citoyen » (Cons. const. 22 juill. 2005, n° 2005-520 DC, *JO* 27 juill.). Enfin, la décision du 9 août 2007, précitée, confirme le caractère constitutionnel du principe d'individualisation et le fait découler de l'article 8, tout en rappelant qu'il ne saurait faire obstacle à des règles « assurant une répression effective des infractions » (§ 13).

Par ailleurs, le juge, quand il est tenu de prononcer l'interdiction, après annulation du permis de conduire, de le repasser, avant un certain délai, dispose tout de même d'une certaine liberté (C. route, art. L. 234-13), en sorte qu'est respecté le principe d'individualisation (Cons.

const. 29 sept. 2010, nº 2010-40 QPC) ; la règle est la même pour le juge qui, en cas de condamnation pour délit de publicité mensongère, est tenu d'ordonner la publication du jugement de condamnation, tout en pouvant fixer les modalités de cette publication (Cons. const. 29 sept. 2010, nº 2010-41 QPC) ; même solution encore pour l'élu condamné à l'interdiction d'exercer une fonction publique (Cons. const. 18 sept. 2013, nº 13-81.221, « l'individualisation de la peine implique seulement que le juge module dans sa durée et ses effets, en tenant compte des circonstances propres à chaque espèce »). Ces trois décisions laissent apparaître une certaine conciliation entre peines automatiques et individualisation (A. Lepage et H. Matsopoulou, « Des peines complémentaires obligatoires déclarées conformes aux principes constitutionnels », *JCP* 2010, nº 1149 ; J.-B. Perrier, « Peines automatiques d'annulation du permis de conduire et de publication de la décision de condamnation », *AJ pénal* 2010. 501 ; L. Leturmy, « Constitutionnalité des peines accessoires et des peines complémentaires obligatoires », *AJ pénal* 2011. 280). En revanche, peu auparavant, le Conseil avait invalidé l'article 7 du Code électoral qui prévoyait la peine accessoire de l'interdiction d'être inscrit sur une liste électorale pendant cinq ans du fait de certaines condamnations, pour corruption par exemple (Cons. const. 11 juin 2010, nº 2010-6/7 QPC, *Dr. pénal* 2010, nº 84, obs. J.-H. Robert ; *Rev. pénit.* 2010. 421, note X. Pin).

16 – *Principe de l'inviolabilité du domicile* qui est un aspect particulier du principe de la liberté individuelle et qui veut qu'une perquisition ne puisse être décidée que par l'autorité judiciaire et pour rechercher des infractions déjà déterminées, et qu'elle soit menée sous son contrôle : d'où la déclaration d'inconstitutionnalité de l'article 89 de la loi de finances pour 1984 qui avait confié à des agents du fisc le soin d'opérer des visites domiciliaires et sans que soit limité clairement le domaine ouvert aux investigations ni déterminé de façon explicite le pouvoir du juge : était méconnu l'article 66 de la Constitution qui confie à l'autorité judiciaire « la sauvegarde de la liberté individuelle sous tous ses aspects et notamment celui de l'inviolabilité du domicile » (Cons. const. 29 déc. 1983, *JCP* 1984. II 20160, note R. Drago et A. Decocq). De même est inconstitutionnel un texte qui, même en matière de terrorisme, autorise dans le cadre de toutes procédures, des perquisitions nocturnes (Cons. const. 16 juill. 1996, *JO* 23 juill.). En revanche, une perquisition nocturne est possible en matière de criminalité organisée dès lors qu'elle est entourée de conditions nombreuses comme l'autorisation accordée par un juge (Cons. const. 2 mars 2004, nº 2004-492 DC, *JO* 10 mars, § 46). Il faut préciser cependant que l'inviolabilité du domicile n'est pas en elle-même un principe fondamental car elle est protégée en tant que composante de la liberté individuelle qui, elle, est bien un principe fondamental (Cons. const. 29 déc. 1983, préc.) ;

17 – *Principe d'impartialité*, qui interdit au juge des enfants ayant conduit l'instruction de présider ensuite le tribunal pour enfants si celui-ci prononce une peine (Cons. const. 8 juill. 2011, nº 2011-147 QPC, *JO*

9 juill. ; Ph. Bonfils, « La réforme du droit pénal des enfants par la loi du 10 août 2011 », *D.* 2011. Chron. 2286).

18 – *Principe de la séparation des autorités de poursuite et de jugement* qui avait entraîné en 1995 le rejet d'une loi ayant permis au procureur de la République de signer une injonction pénale concernant l'auteur d'un délit (J. Pradel, *D.* 1995. Chron. 171). Plus récemment, la comparution sur reconnaissance préalable de culpabilité (plaider coupable), due à une loi du 9 mars 2004, a été légitimée car si le parquet peut proposer une peine à l'auteur des faits qui l'accepte, c'est un juge qui doit homologuer l'accord et c'est seulement cette homologation qui vaut condamnation (Décis. n° 2004-492 DC, 2 mars 2004, § 106 s., préc.) ;

19 – *Principe de la présomption d'innocence* qui, enraciné dans la Déclaration de 1789, est souvent rappelé par le juge constitutionnel (v. not. Décis. 20 janv. 1981, préc.). Encore récemment, à l'occasion de la loi du 19 mars 2003 sur la sécurité intérieure, le juge a considéré que l'enregistrement de données nominatives recueillies à l'occasion d'enquêtes préliminaires ou de flagrance, dans le but de faciliter la recherche de la preuve, n'est pas contraire à la présomption d'innocence (Cons. const. 13 mars 2003, n° 2003-467 DC, § 40). Il faut bien comprendre en effet que, avant condamnation définitive, l'innocence n'est pas reconnue, mais seulement présumée de façon simple, ce qui autorise des entorses à la présomption. C'est ainsi par exemple que, sous certaines conditions, la charge de la preuve peut peser sur l'accusé dès lors « qu'est assuré le respect des droits de la défense et que les faits induisent raisonnablement la vraisemblance de l'imputabilité » (Cons. const. 16 juin 1999, n° 99-411 DC, *JO* 19 juin). Enfin quand la présomption d'innocence cède quelque peu, ce qui est le cas avec la détention provisoire, c'est à la condition que celle-ci soit prononcée selon une procédure respectueuse des droits de la défense (Cons. const. 29 août 2002, n° 2002-401 DC, *JO* 10 sept.) ;

20 – *Principe du respect des droits de la défense*, qui a été appliqué par exemple dans le cas du recours contre une décision du juge de l'application des peines. En l'espèce, les auteurs de la saisine s'étaient bornés à inciter le juge constitutionnel à s'assurer que la loi du 9 septembre 1986 sur l'application des peines respectait les droits de la défense. Le Conseil passe en revue les règles prévues, note que le tribunal correctionnel ne peut, selon l'article 733-1 du Code de procédure pénale, rendre sa décision qu'après avoir procédé à toutes auditions utiles et entendu les conseils des parties privées, et en déduit – ce qui n'est pas littéralement dans cet article – que « ces dispositions impliquent conformément au principe du respect des droits de la défense, que soit notifié au condamné le recours formé par le procureur de la République ». C'est par cette déduction que le Conseil « sauve » cette loi (Cons. const. 3 sept. 1986, n° 86-214 DC, *JO* 5 sept.). Très peu de temps après, et de façon éclatante, le Conseil constitutionnel a vu dans le recours contre les décisions du Conseil de la concurrence – qui peut prononcer de « graves sanctions

pécuniaires »… « une garantie essentielle des droits de la défense » (Cons. const. 23 janv. 1987, n° 86-224 DC, *JO* 25 janv. ; *GDCC*, n° 6). Plus anciennement, le Conseil avait déclaré inconstitutionnel un article d'une loi de 1981 qui autorisait le président de toute juridiction de l'ordre judiciaire à écarter de la barre, pendant deux jours, l'avocat dont le comportement trouble la sérénité des débats et ce, en l'absence même de toute faute disciplinaire. La mesure était d'autant plus dangereuse pour les droits de la défense que l'avocat, lors de la suspension, ne bénéficiait d'aucune garantie, son bâtonnier étant seulement « entendu », et que l'avocat suspendu était remplacé par un confrère « au pied levé » ; une telle disposition, rappelle le Conseil « serait contraire tant dans la personne de l'avocat que dans celle des justiciables, aux droits de la défense qui résultent des principes fondamentaux reconnus par les lois de la République » (Cons. const. 20 janv. 1981, préc.). Plus récemment, le Conseil constitutionnel a jugé que les droits de la défense incluent « le droit de la personne à s'entretenir avec un avocat au cours de la garde à vue » (Cons. const. 11 août 1993, n° 93-326 DC, *JO* 15 août ; *JCP pén.* 1993. III. 66355). Enfin, tout dernièrement, il a déclaré inconstitutionnelle notre garde à vue (C. pr. pén., art. 62 s. et 77) du fait de l'absence de l'avocat lors des interrogatoires de la personne gardée à vue sauf en matière de criminalité organisée (Cons. const. 30 juill. 2010, n° 2010-14/22 QPC, *JO* 31 juill. ; *D.* 2010. Entretien 1928, obs. Ch. Charrière-Bournazel ; *ibid.* Actu. 1876 et 1949, obs. P. Cassia ; *ibid.* Pan. 2259, obs. J. Pradel ; *ibid.* Entretien 2696, obs. Y. Mayaud ; *ibid.* Chron. 2783, obs. J. Pradel ; *RSC* 2011. Chron. 139, obs. A. Giudicelli ; *ibid.* 165, obs. B. de Lamy ; *AJ pénal* 2010. 470, obs. J.-B. Perrier ; *Dr. pénal* 2010, n° 571, obs. P. Puig). La loi du 14 avril 2011 sur la garde à vue, prévue suite à la décision du 30 juillet 2010, a été validée par le Conseil (Cons. const. 18 nov. 2011, n° 2011-191/194/195/196 QPC, *D.* 2011. 3034, note H. Matsopoulou ; *ibid.* Point de vue 3005, E. Vergès ; *JCP* 2011, n° 1452, J. Pradel ; *RSC* 2012. 217, chron. B. de Lamy ; *Rev. pénit.* 2012. 719, chron. Th. Renoux et X. Magnon). Enfin, l'article 706-88-2 du Code de procédure pénale (L. du 14 avr. 2011) prévoyant que le procureur de la République ou le juge d'instruction peut décider que la personne sera assistée par un avocat désigné par le bâtonnier sur une liste prédéterminée a été déclaré inconstitutionnel faute de motivation de la décision du magistrat (Cons. const. 17 févr. 2012, n° 2011-223 QPC, *JO* 18 févr. ; *D.* 2012. 504).

À l'inverse, la non-motivation des arrêts des cours d'assises n'est pas inconstitutionnelle au motif notamment que les droits de la défense sont déjà assurés tout au long de la procédure (Cons. const. 1er avr. 2011, n° 2011-113/115 QPC, *D.* 2011. Actu. 952 ; *Dalloz actualité*, 5 avr. 2011, obs. S. Lavric ; *AJ pénal* 2011. 245, obs. J.-B. Perrier ; *Dr. pénal* 2011, n° 70, obs. A. Maron et C. Haas). De la même manière, la motivation n'est exigée ni par la chambre criminelle (Crim. 14 oct. 2009, *D.* 2009. 2778, note J. Pradel ; *JCP* 2009. 456, note H. Matsopoulou) ni par la CEDH (CEDH 16 nov. 2010, *D.* 2011. 47, note J.-F. Renucci et note J. Pradel). Et pourtant, en 2012, le législateur en vient à exiger une motivation des arrêts d'assises (C. pr. pén., art. 365-1) !

– *Principe de la dignité de la personne*, fondé sur un passage du Préambule de la Constitution de 1946 (« tout être humain possède des droits individuels et sacrés ») et appliqué notamment à propos des prélèvements de tissus humains aux fins d'analyse génétique (Cons. const. 13 mars 2003, *JO* 19 mars, décision déclarant non contraire à la Constitution de tels prélèvements qui ne comportent aucun procédé douloureux ou intrusif, ou attentatoire à la dignité de la personne).

2 – *Principe de la resocialisation du délinquant mineur*, la justice devant rechercher le relèvement éducatif et moral par des mesures appropriées, même si l'appel à la peine ne saurait être exclu (Cons. const. 9 août 2007, nº 2007-554 DC, *JO* 11 août ; Cons. const. 8 juill. 2011, nº 2011-147 QPC, *JO* 9 juill.).

3 On aura noté que ces principes sont souvent tirés de prescriptions contenues dans la Déclaration de 1789 ou dans les deux Préambules. Le Conseil constitutionnel, en se fondant sur ces textes, s'oppose ainsi au Conseil d'État qui les trouve pour la plupart trop vagues pour qu'ils puissent être sanctionnés juridiquement (CE 29 nov. 1968, *Tallagrand*, req. nº 68938, *Lebon* 607 ; *D.* 1969. 386, note V. Silvera ; CE 28 juin 1974, *Fédération nationale des syndicats des services de santé et services sociaux de la CFDT*, req. nº 87782, *Lebon* 380). Cette observation fait apparaître avec netteté l'originalité du Conseil constitutionnel et la variété des principes qu'il consacre. Cette variété est plus riche encore qu'on pourrait le penser si l'on songe que le juge constitutionnel a encore reconnu deux autres principes essentiels (eux aussi contenus dans la Déclaration et les Préambules) : le premier touche à l'égalité procédurale entre justiciables et le second qui censure l'arbitraire de la police en limitant son pouvoir de procéder à des fouilles de véhicules consacre la valeur constitutionnelle du principe de la liberté individuelle.

II. — Une première illustration de la constitutionnalisation du droit pénal : l'incidence du principe d'égalité devant la loi

24 La décision rendue par le Conseil constitutionnel le 23 juillet 1975 est exemplaire : d'abord car elle est l'une des premières à avoir été rendue, au lendemain de la réforme constitutionnelle de 1974, sur la saisine de parlementaires (à la vérité, la seconde après celle du 15 janvier 1975 sur l'interruption volontaire de grossesse) ; ensuite car elle touche à une question qui sensibilise particulièrement les citoyens, l'égalité devant la justice ; enfin parce que le Conseil reviendra de nombreuses fois sur l'idée d'égalité. Ces deux dernières observations méritent commentaire (sur l'égalité, v. not. M. Danti-Juan, *L'égalité en droit pénal*, Travaux de l'Institut de sciences criminelles de Poitiers, vol. VI, 1987, préface J. Pradel ; D. Déchenaud, « L'égalité en matière pénale », préface P. Maistre du Chambon, LGDJ, t. 45, 2008 ; B. de Lamy, « Les fonctions du principe d'égalité : lutte contre les discriminations et amélioration de la qualité de la législation », *RSC* 2012. 233).

A. — L'explication du principe

25 La loi du 29 décembre 1972 ayant posé pour certains délits peu graves la possibilité d'un jugement par un juge unique sur décision prise cas par cas par le président du tribunal de grande instance et cette réforme ayant donné de bons résultats en ayant permis une accélération du cours de la justice, le législateur envisagea, en 1975, une généralisation du système à un très grand nombre de délits. Il vota ainsi un article 398-1 du Code de procédure pénale qui laissait « au président du tribunal de grande instance, en toutes matières relevant de la compétence du tribunal correctionnel, à l'exception des délits de presse, le pouvoir de décider de manière discrétionnaire et sans recours si ce tribunal sera composé de trois magistrats... ou d'un seul de ces magistrats exerçant les pouvoirs conférés au président ». Cette disposition fut déférée devant le Conseil constitutionnel au motif qu'elle méconnaissait : 1) l'article 6 de la Déclaration de 1789 selon lequel « la loi est la même pour tous, soit qu'elle protège, soit qu'elle punisse » ; 2) l'article 16 de la loi des 16-24 août 1790 sur l'organisation judiciaire ; 3) le principe fondamental reconnu par les lois de la République selon lequel les juridictions de jugement sont toujours collégiales.

Ignorant les deux derniers griefs, le juge constitutionnel répondit que l'article 398-1 portait atteinte à deux règles : celle de l'article 34, alinéa 2, de la Constitution, inconciliable avec la nouvelle disposition qui subdélègue à une autorité juridictionnelle la compétence de définir la composition d'une juridiction de jugement, cette compétence n'appartenant qu'au seul législateur, et celle de l'article 6 du texte révolutionnaire sur l'égalité. Plus précisément, s'agissant de ce second argument, le juge constitutionnel considère, « que le respect de ce principe (égalité) faisait obstacle à ce que des citoyens se trouvant dans des conditions semblables et poursuivis pour les mêmes infractions soient jugés par des juridictions composées selon des règles différentes ». Ce raisonnement doit être examiné.

26 C'est bien de raisonnement, et même de raisonnement déductif, qu'il s'agit. Les rédacteurs de l'article 6 de la Déclaration en effet ne visent d'abord que l'égalité en général et quand, précisant leur pensée *in fine* ils envisagent le droit pénal, ils pensent manifestement à la répression ce qu'ils ont alors voulu éviter, c'est que des peines différentes frappent les auteurs d'un même délit ou de délits similaires. Cette conception va évidemment de pair avec le principe de la légalité, très à même d'assurer l'égalité dans la répression. Or cette égalité dans la répression implique, même si l'article ne l'exprime pas directement, une égalité procédurale : l'accès au tribunal doit être assuré en toute période, avec les mêmes chances de pouvoir y assurer sa défense (d'où l'aide judiciaire), selon les mêmes règles procédurales, et devant les mêmes juges ou pour le moins devant le même nombre de juges.

Il n'en restait pas moins que, malgré l'arrêt du 23 juillet 1975, la loi de 1972 subsistait. Inélégance qui a été corrigée par une loi du

8 février 1995 qui a réécrit l'article 398-1 du Code de procédure pénale : désormais, les délits énumérés à ce texte sont systématiquement jugés à juge unique, l'intervention du président se trouvant supprimée. Cette réforme de 1995 a évidemment pour origine l'arrêt de juillet 1975 qui a si bien consacré l'égalité procédurale.

Cette égalité procédurale n'était d'ailleurs pas à l'époque une donnée nouvelle. On se souvient qu'en 1966, un décret avait prévu que des règles particulières dans la mise en état des causes civiles s'appliqueraient dans certaines cours d'appel limitativement énumérées. Un recours fut formé devant le Conseil d'État contre ce texte dont la conséquence était de faire coexister en France deux systèmes procéduraux. Et si le Conseil d'État rejeta le recours, ce fut uniquement parce que la réforme était provisoire et que la généralisation du décret de 1966 allait bientôt intervenir (CE 21 févr. 1968, *D.* 1968. 222, concl. A. Dutheillet de Lamothe). Le décret fut donc « sauvé » de justesse en raison de son caractère passager et, peut-être aussi parce que l'on se trouvait en matière civile.

Il était prévisible qu'un concept aussi important que celui d'égalité donnât lieu à d'autres applications.

B. — L'application très fréquente du principe

27 Le principe d'égalité est celui qui est le plus souvent cité par le Conseil constitutionnel (plus de 100 fois en moins de 20 ans). Il constitue en effet la donnée fondamentale de la « charte jurisprudentielle » des droits et libertés fondamentaux, *GDCC*, n°s 45 à 48 ; *add.* F. Luchaire, « Un Janus constitutionnel. L'égalité », *RD publ.* 1986. 1229. On peut ajouter que la toute première question prioritaire de constitutionnalité, retenue par le Conseil constitutionnel, a été rendue en s'appuyant sur la violation de ce principe (Cons. const. 28 mai 2010, n° 2010-1 QPC, *GDCC*, n° 56).

28 Le législateur est souvent conduit à adopter des dispositions qui touchent à l'égalité. Soit pour la rétablir : les textes du Code du travail sur le travail des femmes et des enfants (A. Supiot, *Femme et famille en droit du travail*, Publications Fac. droit Poitiers, 1983, p. 375) ou ceux du droit de la consommation (L. du 10 janv. 1978, dite loi Scrivener sur la protection du consommateur, L. du 21 juill. 1983 sur la sécurité du consommateur…) sont là pour nous le rappeler, tout comme divers textes sur l'action civile (C. pr. pén., art. 2-1 à 2-6). Soit au contraire pour y porter atteinte, au moins apparemment, et c'est alors que le Conseil constitutionnel peut intervenir pour apprécier s'il y a bien atteinte à l'égalité. À cet égard, l'exemple du juge unique n'est pas le seul.

29 Après le vote de la loi de 1981, dite Sécurité et Liberté, le juge constitutionnel s'était trouvé saisi de certains articles de cette loi, qui permettaient au parquet de saisir directement le tribunal sans information préalable et selon trois procédures différentes, de sorte qu'il y aurait eu atteinte à l'égalité entre les justiciables. Mais le Conseil répondit que le principe d'égalité n'était pas contredit par le choix discrétionnaire laissé au parquet (Cons. const. 20 janv. 1981, préc.). Cette décision doit être distinguée de celle du 23 juillet 1975 : l'égalité, dans cette dernière, concerne l'organe de jugement et il n'y a pas de transposition possible à la procédure proprement dite (note C. Franck au *JCP* 1981. II. 18701, 5e col.). En revanche, cette même décision du 20 janvier 1981 considère comme contraire à l'égalité la possibilité pour une partie de présenter des demandes nouvelles en cours d'appel : une telle faculté supprime en effet le principe du double degré de juridiction qui fait partie des droits de l'homme.

30 La loi de 1986 sur la lutte contre le terrorisme est également révélatrice. Des parlementaires avaient saisi le Conseil constitutionnel pour faire dire que cette loi violait doublement le principe d'égalité. Elle le méconnaissait d'abord à leurs yeux en ce qu'elle soustrayait, pour les soumettre à une cour d'assises composée uniquement de magistrats professionnels, un nombre important de crimes justiciables normalement de la cour d'assises ordinaire. À cela le Conseil constitutionnel, dans sa décision du 3 septembre 1986, répondit que l'exception à l'intervention du jury avait un caractère limité (il est vrai aussi que, déjà, une loi du 22 juillet 1982 avait créé, en matière militaire, une cour d'assises sans jury). Les parlementaires ajoutaient, second volet de leur argumentation, qu'il n'existait pas dans le texte d'incriminations propres aux activités terroristes et qu'en conséquence « rien ne saurait justifier au regard du principe d'égalité devant la justice que ces infractions soient jugées par des juridictions différentes selon qu'il est ou non prétendu qu'elles sont en relation avec une entreprise individuelle ou collective ayant pour but de troubler gravement l'ordre public par l'intimidation ou la terreur », ce qui est la définition même des infractions de terrorisme. À cela le Conseil répond qu'il est loisible au législateur « de prévoir des règles de procédure différentes selon les faits, les situations et les personnes auxquelles elles s'appliquent, pourvu que ces différences ne procèdent pas de discriminations injustifiées et que soient assurées aux justiciables des garanties égales notamment quant au respect du principe des droits de la défense » (Cons. const. 3 sept. 1986, no 86-213 DC, *JO* 5 sept.). D'ailleurs la même expression, nuancée et ciselée, se retrouve dans une autre décision du Conseil, du même jour, relative à la loi sur la lutte contre la criminalité et la délinquance, à propos du nouvel article 397-1 du Code de procédure pénale permettant au tribunal correctionnel, si l'affaire lui paraissait complexe, d'abandonner la procédure de comparution immédiate (no 86-215 DC, *JO* 5 sept.). Le juge constitutionnel fait donc preuve, dans ces deux décisions, de réalisme : il existe des différences de traitement qui ne procèdent pas d'une discrimination injustifiée (F. Loloum et P. Nguyen, préc., p. 573).

31 Ce réalisme a cependant ses limites. Dans sa décision du 3 septembre 1986 relative à la loi sur le terrorisme, déjà citée, le Conseil a censuré la disposition de cette loi qui rendait applicables les règles nouvelles aux infractions attentatoires à la sûreté de l'État, prévues aux articles 70 et 103 du Code pénal de 1810. Le juge constitutionnel y a vu atteinte à l'égalité : si en effet il est loisible au législateur de prévoir des procédures différentes selon les faits, situations et personnes, c'est à la condition qu'il n'y ait pas de vraie atteinte à l'égalité. Or cette égalité serait atteinte si on étendait les règles dérogatoires prévues par la loi de 1986 à des infractions qui ne sont pas nécessairement en relation avec des faits de terrorisme (*JO* 5 sept., p. 10788). On peut cependant remarquer que parmi les infractions visées aux articles 70 et suivants il en est qui sont extrêmement proches des infractions de terrorisme, tels les crimes tendant à troubler l'État par le massacre ou la dévastation (C. pén. de 1810, art. 93 et 94). Détail curieux, les auteurs de la saisine avaient visé l'atteinte à la liberté individuelle (à travers l'allongement de la garde à vue) et le juge constitutionnel a procédé à un changement de motif en visant l'égalité (sur la loi relative à la lutte contre le terrorisme, v. J. Pradel, *D.* 1987. Chron. 39).

32 L'introduction de la QPC dans notre Constitution devait nécessairement entraîner une multiplication des recours se fondant sur la violation d'un principe qui, en raison de sa généralité, est obligatoirement empreint d'une grande relativité. On notera que le Conseil a toujours admis que l'égalité ne s'oppose pas à ce que « le législateur règle de façon différente des situations différentes » (Cons. const. 6 mars 1998, n° 98-397 DC). (V. sur la signification du principe un document des services du Conseil avec les différentes formules utilisées dans les décisions qui le retiennent ou le rejettent, sur le site du Conseil.)

On peut souligner que la toute première QPC admise, qui ne concernait pas le droit pénal, en matière de pensions civiles et militaires, était fondée sur la violation du principe d'égalité entre les citoyens (Cons. const. 28 mai 2010, n° 2010-1 QPC, préc. V. encore récemment : Cons. const. 14 avr. 2016, n° 2016-534 QPC). Il n'est évidemment pas question, à cette place, de faire un relevé exhaustif des décisions rendues en matière pénale par le Conseil sur le fondement de ce principe mais simplement d'en signaler quelques-unes, assez caractéristiques. Ainsi en est-il, par exemple d'une décision du 17 décembre 2010 (n° 2010-81 QPC, *GAPP*, n° 43), qui a considéré qu'en conférant à la chambre de l'instruction la possibilité de se réserver le contentieux de la détention provisoire, l'article 207 du Code de procédure pénale méconnaissait les exigences d'égalité entre les justiciables puisqu'il privait, certains d'entre eux, d'un double degré de juridiction. Il en va de même pour une décision du 9 septembre 2011 (n° 2011-161 QPC, *AJ pénal* 2011. 52, obs. J. Lasserre Capdeville) qui censure l'article L. 725-21 du Code rural et de la pêche maritime qui conduisait à ce que les employeurs agricoles soient soumis à des sanctions pénales et à des règles plus sévères que les autres employeurs en matière de détournement de cotisations sociales prélevées sur les salaires de leurs employés. Il en résultait que les mêmes faits étaient passibles de sanctions délictuelles pour une catégorie d'employeurs et de sanctions contraventionnelles pour tous les autres.

Une telle solution était donc contraire au principe d'égalité des citoyens devant la loi. C'est également une différence de traitement entre les délinquants qui a conduit le Conseil à censurer l'article L. 131-1 du Code de l'action sociale et des familles en ce qu'il sanctionnait des peines de l'escroquerie, la perception frauduleuse des prestations sociales, au motif qu'un autre texte, l'article L. 114-13 du Code de la sécurité sociale sanctionne d'autres fraudes aux prestations sociales, spécialement énumérées, d'une peine beaucoup plus faible, à savoir une simple peine d'amende de 5 000 euros en estimant que la différence de pénalité n'est pas justifiée par une différence de situation en rapport direct avec l'objet de la loi (Cons. const. 28 juin 2013, n° 2013-328 QPC, *Dr. pénal* 2013, n° 149, obs. V. Peltier et 2013, n° 141, obs. J.-H. Robert ; « Le modelage de la légalité par le Conseil constitutionnel », *RSC* 2013. 912, obs. B. de Lamy) (v. *infra*, n° 19). Cette condamnation, juridiquement logique, supprimant le sort particulier fait à trois prestations sociales spécifiques, à un moment où la lutte contre la fraude sociale apparaît comme un objectif essentiel du gouvernement, a conduit le législateur à intervenir en abrogeant l'art. L. 114-13 du CSS et à incriminer spécifiquement la fraude aux prestations familiales, désormais passible de 2 ans d'emprisonnement et de 30 000 euros d'amende (C. pén., art. 444-6). V. dans le même sens : Cons. const. 13 mars 2014, n° 2014-690 DC, sanctionnant la prévision pour un même fait, à savoir la méconnaissance de certains délais de paiement, d'amendes très différentes : 15 000 euros pour une amende pénale et 75 000 euros pour une amende administrative, ce qui constitue une rupture d'égalité injustifiée. Dans une autre décision du 6 avril 2012 (n° 2012-228/229 QPC, *AJ pénal* 2012. 423, obs. J.-B. Perrier, rendue sur renvoi de Crim. 18 janv. 2012, n° 11-90.116), la Haute juridiction a censuré les alinéas 7 des articles 64-1 et 116-1 du Code de procédure pénale qui excluaient les enregistrements audiovisuels des interrogatoires, en matière de garde à vue ou lors de l'instruction, pour les infractions commises dans le cadre d'une criminalité organisée (C. pr. pén., art. 700-63). Le Conseil a estimé que cette solution conduisait à une discrimination injustifiée entre les délinquants et qu'elle était donc contraire au principe d'égalité. On peut encore signaler quelques décisions pour lesquelles le Conseil constitutionnel a considéré que la violation du principe de l'égalité, allégué par les auteurs d'une QPC, n'a pas été retenue : Cons. const. 21 sept. 2012, n° 2012-271 QPC, *D.* 2012. 2486, note X. Daverat ; *RPDP* 2014. 147, obs. Th. Renoux et X. Magnon (v. *supra*, n° 25), relatif aux corridas (la différence de pratique selon les territoires n'est pas contraire au principe d'égalité) ; Cons. const. 29 nov. 2013, n° 2013-356 QPC ; *RPDP* 2014. 123, obs. Th. Renoux et X. Magnon (la prorogation de la compétence de la cour d'assises des mineurs, en cas de connexité ou d'indivisibilité, n'est pas contraire au principe d'égalité). De même, l'interdiction de la création de nouveaux gallodromes, nonobstant l'autorisation des combats de coqs, à l'image de celle des courses de taureaux, n'est pas contraire au principe d'égalité, dès lors que le législateur a voulu encadrer plus strictement les combats de coqs afin de favoriser leur extinction. L'interdiction est donc en rapport direct avec l'objet de la loi : Cons. const. 31 juill. 2015, n° 2015-477 QPC ; *Nouv. Cah. Cons. const.* n° 50, p. 103, obs. V. Peltier et É. Bonis-Garçon ; *RPDP* 2015. 678, obs. Th. Renoux et X. Magnon ; *Dr. pénal* 2015. 140, note P. Conte ; *RSC* 2015. 718, obs. B. de Lamy ; *D.* 2015. 2464, chron. G. Roujou de Boubée. V égal., dans un tout autre domaine, une décision du Cons. const. 14 nov. 2014, n° 2014-427 QPC, qui a refusé de voir une atteinte au principe d'égalité, en matière d'extradition des délinquants de nationalité française, dans la règle qui distingue selon que la nationalité a été acquise avant ou après l'infraction commise, en refusant l'extradition des premiers et en acceptant au contraire celle des seconds. Il faut noter que dans certaines décisions le Conseil préfère s'appuyer sur l'atteinte à l'équilibre des parties dans le procès, sorte de succédané au principe d'égalité. Il a notamment utilisé cette formule dans une décision du 21 octobre 2011 (n° 2011-190 QPC, *AJ pénal* 2011. 310, obs. J.-B. Perrier) pour déclarer non constitutionnel l'article 800-2 du Code de procédure pénale qui réservait en cas de non-lieu, de relaxe ou d'acquittement le remboursement des frais irrépétibles à la personne poursuivie et donc excluait de cette possibilité l'ensemble des autres parties n'ayant pas fait l'objet d'une condamnation (pour une autre décision se fondant sur le non-respect du principe d'égalité, v. Cons. const. 7 oct. 2010, n° 2010-613 DC, *Loi sur l'interdiction du port du voile intégral, GDCC*, n° 39). Il faut remarquer que dans certaines décisions le Conseil, plutôt que de s'appuyer sur le non-respect du principe d'égalité (par exemple entre les droits de la partie civile et ceux du Ministère public), préfère censurer une disposition en se référant « à une restriction injustifiée aux droits de la défense » (Cons. const. 23 juill. 2010, n° 2010-18 QPC). En l'occurrence cette décision supprime l'article 575 du Code de procédure pénale qui restreignait le droit de la partie civile de se pourvoir en cassation contre les arrêts de la chambre de l'instruction.

On peut encore noter que l'introduction de la contrainte pénale dans notre droit par la loi dite Taubira n'a pas été considérée comme contraire au principe d'égalité malgré les controverses liées à la création de cette nouvelle peine (Cons. const. 7 août 2014, n° 2014-696 DC, *RPDP* 2015. 678, obs. Th. Renoux et X. Magnon) et pour finir deux décisions concernant les crimes contre l'humanité pour lesquels le Conseil a statué de façon différente. Dans une décision du 16 oct. 2015 (n° 2015-492 QPC, *JCP* 2012. 254, note O. Décima) le Conseil a considéré que l'article 48-2 de la loi de 1881 sur la presse, qui réserve aux seules associations qui, par leur statut, se proposent de défendre les intérêts de la résistance et des déportés, la possibilité de mettre en mouvement l'action publique pour des faits d'apologie de tels crimes, alors que la disposition ne concerne pas uniquement les crimes commis au cours de la Seconde Guerre mondiale, est contraire au principe d'égalité devant la justice. En revanche, dans une décision du 8 janv. 2016 (n° 2015-512 QPC, *Nouv. Cah. Cons. const.* n° 51, chron. É. Bonis-Garçon et V. Peltier), le Conseil a estimé que l'article 24 *bis* de la même loi de 1881, qui réprime la seule contestation des crimes contre l'humanité, tels qu'ils sont définis par l'article 6 du Statut du tribunal de Nuremberg, autrement dit ce que l'on nomme le négationnisme, n'est pas contraire au principe d'égalité, le législateur ayant voulu traiter différemment des agissements de nature différente, les crimes commis au cours de la Seconde Guerre mondiale ayant en eux-mêmes une portée raciste et antisémite, ce qui justifie la limite apportée à la liberté d'expression.

33 Pour en terminer on signalera que le Conseil utilise fréquemment le système de la réserve d'interprétation pour éviter de censurer un texte qui introduit une rupture d'égalité. Ainsi en est-il pour une décision du 16 septembre 2011 (n° 2011-164 QPC, *RPDP* 2011. 694, obs. A. Lepage ; *JCP* 2011, n° 1247, note E. Dreyer) où le requérant fondait son recours essentiellement sur une différence de solutions entre le directeur de publication d'un organe de presse et le producteur sur internet. Le Conseil n'a pas retenu cette argumentation mais a introduit une réserve, pour limiter la responsabilité du producteur sur internet en précisant qu'elle ne peut pas être engagée « à raison du seul contenu d'un message dont il n'avait pas connaissance avant la mise en ligne », rétablissant ainsi une forme d'égalité entre les deux types de responsables (v. égal. Cons. const. 20 juill. 2012, n° 2012-266 QPC, *RPDP* 2014. 146, obs. Th. Renoux et X. Magnon) qui introduit une distinction, s'agissant d'une perte d'indemnité en matière d'abattage d'animaux, entre les propriétaires, selon qu ils sont ou non à l'origine de cet abattage, différence qui n'était pas prévue par le législateur. Ces différentes solutions permettent, sans doute, d'éviter une utilisation excessive d'un concept qui pourrait conduire à exclure toute possibilité d'adapter certaines règles à des situations particulières.

Le problème se pose de façon un peu différente pour la seconde illustration que nous avons retenue.

III. — Une seconde illustration de la constitutionnalisation du droit pénal : l'incidence du principe de la liberté individuelle

34 La liberté individuelle, principe fondamental constitutionnellement protégé, c'est la décision du 12 janvier 1977 qui le consacre expressément. Le Conseil constitutionnel, saisi de trois requêtes émanant de parlementaires, à propos d'un projet de loi autorisant très librement la visite des véhicules en vue de la recherche et de la prévention des infractions pénales, devait en effet déclarer qu'une telle disposition porte atteinte aux principes essentiels sur lesquels repose la protection de la liberté individuelle. En considérant que l'obligation faite à un automobiliste d'ouvrir le coffre de son véhicule, constitue une atteinte à la liberté individuelle, le Conseil constitutionnel adopte une conception très extensive de ce concept allant bien au-delà du droit de sûreté, c'est-à-dire le droit d'aller et venir et par conséquent de ne pas être arrêté ou détenu irrégulièrement. Il convient donc tout d'abord de déterminer la portée exacte de ce nouveau principe, particulièrement protecteur des droits de l'individu, mais qui paraît faire bien peu de cas des droits d'autrui et d'une manière plus générale de la sauvegarde de l'ordre public. En réalité il n'en est rien et une lecture attentive de la décision montre que c'est le caractère général et imprécis des pouvoirs, donnés aux officiers de police judiciaire, l'absence de définition du domaine dans lequel ils peuvent s'exercer, autrement dit le risque d'arbitraire, qui a conduit à déclarer le texte inconstitutionnel. Toute la jurisprudence ultérieure du Conseil tend à démontrer que des restrictions à cette liberté fondamentale demeurent possibles dès lors qu'elles sont précisément définies et que le juge judiciaire, conformément à l'article 66 de la Constitution, peut exercer un contrôle efficace.

A. — L'affirmation d'un principe général

35 Se fondant sur une recrudescence de la criminalité et sur le rôle important que pouvait jouer l'automobile dans toute activité humaine, donc dans la délinquance, tant en raison de sa mobilité que de sa discrétion (O. Guichard, *JO Déb. Ass. nat.*, p. 8691) le gouvernement avait fait voter, non d'ailleurs sans difficultés (v. sur ce point la note de L. Hamon et J. Léauté qui relate toute la procédure parlementaire d'adoption du texte) une loi à l'article unique. Aux termes de ce texte « les officiers de police judiciaire et sur l'ordre de ceux-ci, les agents de police judiciaire peuvent, même d'office, procéder sur les voies ouvertes à la circulation publique, à la visite des véhicules et de leur contenu, en présence du propriétaire ou du conducteur, sauf s'il s'agit d'un véhicule manifestement abandonné ». Cette nouvelle disposition, malgré un alinéa 2 qui excluait du champ d'application de la fouille les véhicules aménagés pour le séjour lorsqu'ils sont en stationnement et sont utilisés comme résidence effective, apportait des changements très importants au droit positif jusqu'alors applicable en la matière. On remarquera néanmoins que, nonobstant le caractère de véritable événement sociologique que constitue pour beaucoup la passion de la voiture, le droit pénal n'avait pas jusqu'alors admis de protéger en tant que tel l'automobile comme moyen de prolonger les libertés individuelles (L. Hamon et J. Léauté, *op. cit.*). Bien mieux la jurisprudence en refusant de considérer la voiture comme un domicile, la privait du même coup des différentes garanties applicables en cette matière. Cela étant, la fouille des véhicules n'était jusqu'alors possible que dans des cas limités résultant soit d'une procédure judiciaire (commission rogatoire ou enquête) soit en application d'un régime de pouvoirs exceptionnels, tel par exemple l'état d'urgence qui considère qu'un véhicule déterminé peut être assimilé à un lieu, soit en vue d'un objectif précis prévu par un texte (fraude fiscale, infractions douanières par ex.).

On peut comprendre dès lors que plus de deux cents parlementaires aient jugé utile de déférer ce texte au juge constitutionnel.

36 L'argumentation utilisée dans les différentes requêtes, par les parlementaires était assez diverse – atteinte à la liberté d'aller et venir – méconnaissance de l'inviolabilité du domicile – atteinte à la vie privée – atteinte au principe d'égalité – atteinte au droit de propriété, etc. Cette multiplicité des moyens invoqués révélait à elle seule la difficulté de trouver dans la Constitution, le principe ou l'article directement violé. La Haute instance voulant censurer le texte, préféra alors se placer sur un plan beaucoup plus général en posant le principe que la liberté individuelle est un principe fondamental garanti par les lois de la République. La protection de cette liberté étant confiée à l'autorité judiciaire par l'article 66 de la Constitution, tout texte qui directement ou indirectement soustrait au contrôle de cette autorité des mesures qui portent atteinte à cette liberté est inconstitutionnel. En l'occurrence, le Conseil admet implicitement que le pouvoir de visiter les véhicules n'impliquant pas la commission d'une infraction, relève nécessairement de la police administrative. La liberté individuelle n'est donc plus placée sous le contrôle de l'autorité judiciaire. L'atteinte apparaissait d'ailleurs d'autant plus grave que les pouvoirs ainsi conférés à la police judiciaire (officiers et agents) étaient imprécis tant par leur étendue et leur portée que par les cas auxquels ils s'appliquent (sur cette argumentation, v. *GDCC*, n° 31).

37 Pour censurer une loi permettant la fouille des véhicules, le Conseil constitutionnel est donc amené non seulement à consacrer la liberté individuelle comme principe fondamental, mais encore au moins indirectement à préciser les contours de cette liberté.

Pour affirmer cette liberté, le juge constitutionnel se fonde tout à la fois sur les principes fondamentaux reconnus par les lois de la République et sur les dispositions de l'article 66 de la Constitution. On a pu s'étonner (P. Wachsmann, art. préc.) que le Conseil ne se soit pas référé uniquement à l'article 66, seul texte consacrant explicitement une liberté alors que dans la décision il est simplement indiqué comme réaffirmant ce principe. En réalité, l'explication est assez simple. Dans le sens particulièrement large que voulait lui donner le Conseil constitutionnel, la liberté individuelle n'est inscrite en tant que telle dans aucun texte.

Si le Conseil se réfère bien aux lois de la République, il n'en cite aucune, ce qui signifie qu'il s'appuie globalement sur l'ensemble des lois qui ont pu être promulguées notamment dans le domaine de la procédure pénale. Ce faisant, on peut considérer que, par cette méthode, le juge constitutionnel, à l'image du juge administratif, est un véritable découvreur de principes généraux à valeur constitutionnelle. On notera que dans d'autres décisions ultérieures, celles relatives aux contrôles d'identité notamment (Cons. const. 19 et 20 janv. 1981 et Cons. const. 26 août 1986) le Conseil constitutionnel se réfère outre à la liberté d'aller et venir, principe de valeur constitutionnel selon une décision du 12 juillet 1979, mais encore à l'exercice des libertés constitutionnellement reconnues sans les citer explicitement.

38 Pour censurer le projet de loi qui lui était soumis, le Conseil constitutionnel devait, il est vrai, adopter une conception assez extensive du concept de liberté individuelle. Tous les commentateurs ont d'ailleurs eu l'occasion de le souligner (L. Favoreu, « Le Conseil constitutionnel et la protection de la liberté individuelle et de la vie privée », *Études offertes à P. Kayser*, 1979, t. I, p. 413 ; D. Turpin, « L'autorité judiciaire gardienne de la liberté individuelle », *AJDA* 1983. 655 ; P. Wachsmann, *op. cit.*). Au sens le plus habituel, la liberté individuelle est assimilée à la sûreté, c'est-à-dire dans l'acception la plus généralement admise, le droit du citoyen de ne pas être arbitrairement privé de sa liberté par une arrestation ou une détention, ce qui implique qu'il jouisse de la liberté d'aller et venir (en ce sens R. Letteron, *Libertés publiques*, 9e éd., p. 302 s.). Certains auteurs, adoptant une conception plus large, rattachent cependant à cette liberté l'inviolabilité du domicile et le secret des correspondances (J. Rivero, *Les libertés publiques*, t. II, p. 23). Aujourd'hui ces droits sont des éléments d'une liberté plus globale celle du respect de la vie privée (v. par. ex. X. Bioy, *Droits fondamentaux et libertés publiques*, LGDJ, 4e éd., no 1234s ; H. Oberdorff et J. Robert, *Libertés fondamentales et droits de l'homme*, 15e éd., 2013, no 76-1).

39 Il est bien évident que le texte déféré au Conseil constitutionnel interdisait de s'en tenir à une telle conception, fût-elle élargie si l'on voulait le censurer. Il n'y avait pas à proprement parler d'atteinte à la sûreté individuelle ni même à l'inviolabilité du domicile, la jurisprudence ayant toujours refusé d'assimiler l'automobile à un domicile. Comme on l'a remarqué il y avait sans doute un peu de tout cela, la visite d'un véhicule pouvant être à l'origine d'une fouille corporelle ou de la violation d'une correspondance. Mais au-delà, ce que le juge constitutionnel a voulu sanctionner, c'est une atteinte générale au respect de la vie privée, droit expressément reconnu dans l'article 9 du Code civil qui acquiert ainsi, indirectement, une valeur constitutionnelle.

En se prononçant sur cette liberté essentielle à propos de la fouille des véhicules automobiles, le Conseil a sans doute considéré que l'automobile pouvait être une sorte de prolongement du domaine d'intimité de chacun qui doit être soustrait à la curiosité des tiers (en ce sens L. Hamon et J. Léauté, *op. cit.*) mais il a surtout voulu affirmer que le principe de la liberté individuelle interdit toute atteinte générale apportée par les autorités publiques au droit qu'a tout individu de se réserver une sphère d'intimité privée, qu'il s'agisse de l'espionnage du son ou de l'image (écoutes téléphoniques par exemple) ou encore de la constitution abusive de fichiers (en ce sens, P. Kayser, « Le Conseil constitutionnel protecteur du secret de la vie privée à l'égard des lois », *Mélanges P. Raynaud, DS* 1985. 331 ; L. Favoreu, *op. cit.*, p. 414 ; P. Wachsmann, *op. cit.*, p. 7). Comme on peut le remarquer, tout ce que la loi du 17 juillet 1970 a voulu protéger ou interdire sur un plan civil ou pénal peut servir à délimiter la notion constitutionnelle de liberté individuelle. Ce droit au respect de la vie privée qui a été précisé par plusieurs décisions du Conseil constitutionnel notamment en ce qui concerne la notion de lieux privés ou encore le contenu même de ce qui peut être divulgué quant à la vie privée se présente comme un droit de l'homme puisqu'il protège l'individu en tant que tel contre toute atteinte générale résultant d'une loi.

L'affirmation très globale de la protection aurait pu laisser supposer que toute limite à la liberté individuelle par le législateur aurait pu être frappée d'inconstitutionnalité. Telle n'est pas la portée exacte de cette décision ; nous allons le constater.

B. — La possibilité d'une limite au principe : le contrôle de l'autorité judiciaire

40 L'article 66 de la Constitution visé dans la décision, il faut le rappeler, précise que « l'autorité judiciaire, gardienne de la liberté individuelle, assure le respect de ce principe dans les conditions prévues par la loi ». Il résulte assez clairement de ce texte qu'une loi peut apporter certaines limites à la liberté individuelle. Encore faut-il préciser à quelles conditions elles pourront être acceptées par le juge constitutionnel, saisi d'une telle disposition, les restrictions à cette liberté. Deux séries de conditions apparaissent.

41 *1°* La décision analysée fournit de très importants éléments de réponse de fond à cette question. Les termes utilisés par la Haute instance paraissent en effet avoir été très sérieusement pesés.

Dans un premier considérant le Conseil constate que le texte ne soumet le droit de visite qu'à des conditions très générales, à savoir d'une part que le véhicule se trouve sur une voie ouverte au public, et d'autre part la présence du propriétaire ou du conducteur.

Dans un deuxième considérant, après avoir rappelé que le pouvoir des officiers et des agents de police judiciaire s'exerce sans restriction, il suggère indirectement au législateur un certain nombre d'hypothèses qui auraient pu justifier les pouvoirs accordés aux autorités de police. Il cite tout d'abord l'existence d'un régime légal de pouvoirs exceptionnels, ce qui implique une limitation dans le temps d'une mesure à caractère général. Il cite ensuite la commission d'une infraction, ce qui permet de considérer que l'existence d'une infraction flagrante est suffisante pour légitimer l'obligation faite aux automobilistes de laisser visiter leur véhicule dans une telle hypothèse. C'est d'ailleurs ce que devait admettre le tribunal correctionnel de Paris (24 févr. 1978, *AJDA* 1978. 218) en condamnant un automobiliste qui avait refusé d'ouvrir le coffre de sa voiture lors d'un contrôle effectué dans le cadre d'un enlèvement. L'existence d'un crime flagrant, même lorsqu'il s'agit d'une infraction continue, suffit donc à justifier l'atteinte à la liberté individuelle. La chambre criminelle de la Cour de cassation l'a d'ailleurs confirmé en rejetant le pourvoi (Crim. 8 nov. 1979, *JCP* 1980. II. 9337, note J. Davia ; P. Chambon, « L'ouverture forcée du coffre des véhicules automobiles », *JCP* 1980. I. 2983). La dernière suggestion qui est enfin faite au législateur serait de soumettre le contrôle à l'existence d'une menace d'atteinte à l'ordre public. Cette dernière justification possible, très générale d'ailleurs, montre bien que la nécessaire protection des libertés individuelles ne peut être admise sans une non moins nécessaire référence à la sauvegarde de l'ordre public.

Dans le troisième et dernier considérant, enfin, le Conseil constitutionnel démontre l'indétermination et la généralité des pouvoirs donnés à la police judiciaire, et l'imprécision de leur nature pour fonder sa décision de censure.

L'absence de toute indication dans le texte ne permettait pas, en effet, de savoir quelle était la portée exacte du contrôle exercé par la police ni dans son objet, ni dans ses buts. C'est en cela que le texte n'était pas exempt d'arbitraire, ce qui a conduit le juge constitutionnel à considérer qu'il ne s'agissait pas d'une disposition ayant pour objet de réglementer une liberté individuelle mais bien plutôt de la nier.

L'examen des décisions ultérieures rendues par le Conseil constitutionnel confirme pleinement cette analyse. Ainsi en est-il par exemple des décisions des 19 et 20 janvier 1981 et du 26 août 1986 (n° 81-127 DC, *Rec. Cons. const.* 15 ; *D.* 1982. 441, note A. Dekeuwer ; C. Franck, *JCP* 1981. II. 19071) relatives aux contrôles d'identité dont il est bien évident qu'ils portent atteinte à la liberté individuelle. Ils peuvent néanmoins être admis dès lors qu'ils ont pour objectif de rechercher les auteurs d'infractions et plus globalement d'assurer la sauvegarde de l'ordre public. Il est expressément indiqué dans ces décisions que cette protection de l'ordre public, et plus précisément de la sécurité des personnes et des biens, est aussi nécessaire « à la sauvegarde de droits de valeur constitutionnelle ».

42 D'une manière tout à fait normale, le juge constitutionnel à qui l'on défère une loi se doit donc, pour prendre sa décision, d'opérer une conciliation entre des principes constitutionnels contradictoires d'égale importance. Il faut rappeler à ce propos que l'article 4 de la Déclaration de 1789 fournit une assise constitutionnelle très solide à ces solutions en édictant que « la liberté consiste à pouvoir faire tout ce qui ne nuit pas à autrui ». Assurer le respect de l'ordre public n'est-ce pas d'une manière générale permettre à chacun le libre exercice de sa liberté individuelle ? (Pour la contestation d'une telle approche : E. Dreyer, « Le Conseil constitutionnel et la matière pénale. La QPC et les attentes déçues », *JCP* 2011, n° 976 ; et manuel du même auteur, n° 351, qui s'interroge sur l'effet positif de la constitutionnalisation du droit pénal).

43 Lorsqu'on accepte ce principe, on comprend beaucoup mieux que le Conseil constitutionnel ait pu admettre d'assez nombreuses atteintes légales à la liberté individuelle, cependant jugées excessives par une partie de la doctrine (v. P. Wachsmann, *op. cit.*, p. 11 ; J. Rivero, « Autour de la loi sécurité et liberté "Filtrer le moustique et laisser passer le chameau" », *AJDA* 1981. 275). Ainsi les contrôles d'identité ou les vérifications d'identité constituent-ils incontestablement une entrave à la liberté individuelle mais leur constitutionnalité est admise tant en raison des motifs qui les justifient que des règles précises qui sont imposées pour leur réalisation. Les mêmes raisons ont pu conduire le Conseil constitutionnel à accepter que la nécessité de l'impôt puisse justifier des perquisitions dans des domiciles privés, mais à la condition que le législateur détermine de façon précise le domaine des investigations des agents du fisc et que le contrôle s'opère sous la surveillance effective de l'autorité judiciaire. Ainsi l'article 89 de la loi de finances pour 1984 a-t-il été déclaré contraire à la Constitution parce qu'il ne répondait pas à ces exigences alors qu'au contraire la constitutionnalité d'une disposition identique prévue dans la loi de finances pour 1985 (art. 94) a été retenue en raison des précisions qui, sur les recommandations du Conseil constitutionnel, avaient été apportées par le législateur (décis. n° 83-164 du 29 déc. 1983, *GDCC*, n° 60 et n° 84-184 du 29 déc. 1984, *Rec. Cons. const.* 94 ; pour d'autres exemples, P. Wachsmann, *op. cit.*, p. 12 s.).

44 Dans ces différentes décisions, il importe de remarquer que la censure ou la non-censure du texte dépendent du rôle exact joué par l'autorité judiciaire dans le contrôle des atteintes à la liberté individuelle. En effet, dans la décision que nous commentons, le Conseil constitutionnel n'a pas seulement consacré la valeur constitutionnelle du principe de la liberté individuelle, mais il a également réaffirmé de manière solennelle que c'est l'autorité judiciaire qui en est la gardienne aux termes de l'article 66 de la Constitution. En donnant force constitutionnelle à ce principe, le Conseil, non seulement souligne qu'il s'impose au législateur, mais encore aux différentes juridictions. On observera que la Cour de cassation a retenu cette solution en décidant, dans deux arrêts remarqués, relatifs aux contrôles d'identité, que l'appréciation de leur régularité relève nécessairement de la compétence judiciaire (Crim. 25 avr. 1985, *D.* 1985. 329, concl. H. Dontenwille ; *JCP* 1985. II. 20465, note W. Jeandidier ; *Gaz. Pal.* 1985. I. 408 et la chronique de L. Favoreu, préc.).

45 On ne peut passer sous silence la décision n° 2003-467 DC du 13 mars 2003 sur la loi pour la sécurité intérieure (qui allait être suivie de la L. du 19 mars 2003). Le législateur avait voté un texte (C. pr. pén., art. 78-2-2) qui autorisait les officiers de police judiciaire, dans leur mission de police administrative, à opérer des visites de véhicules circulant ou à l'arrêt. Le Conseil constitutionnel valide la mesure car l'article 78-2-2 précité limite ces investigations à certaines infractions (infractions en matière d'armes et d'explosifs, faits de terrorisme, trafic de stupéfiants, vols aggravés), en subordonne la réalisation à des réquisitions écrites du parquet et dispose que les « véhicules en circulation ne peuvent être immobilisés que le temps strictement nécessaire au déroulement de la visite qui doit avoir lieu en présence du conducteur ». Ainsi se trouvaient respectés les principes constitutionnels de la liberté d'aller et de venir et du respect de la vie privée affirmés aux articles 2 et 4 de la Déclaration de 1789 ainsi que le principe de la liberté individuelle que l'article 66 de la Constitution place sous la surveillance de l'autorité judiciaire (§ 8 et 12 de la décision du 13 mars 2003).

On notera que la loi du 9 mars 2004 sur la criminalité organisée se trouve légitimée car les mesures d'investigation spéciales en vue de constater certaines infractions « sont conduites dans le respect des prérogatives de l'autorité judiciaire, gardienne de la liberté individuelle... » (Cons. const. 2 mars 2004, nº 2004-492 DC, *JO* 10 mars, § 6 ; *GDCC*, nº 53). Postérieurement, la loi du 23 janvier 2006, relative à la lutte contre le terrorisme, et la sécurité des contrôles frontaliers, a donné l'occasion au Conseil constitutionnel de préciser la portée de l'article 66 C de la Constitution dans une décision du 19 janvier 2006 (Cons. const. 19 janv. 2006, nº 2005-532 DC). Le Conseil a validé les dispositions contestées (art. 6 et 8) dont l'objet était de permettre une réquisition administrative de données de connexion d'une part et de mise en place de dispositions fixes ou mobiles de contrôle automatisé des données signalétiques des véhicules en prenant la photographie de leurs occupants d'autre part, dès lors qu'ils ont pour objet la prévention des atteintes à l'ordre public ce qui conduit à censurer le verbe « réprimer » qui figurait également dans l'article 6. Ainsi le Conseil est-il amené à retenir une conception étroite de la liberté individuelle, ne pas être arbitrairement détenu, et donc à limiter l'application de l'article 66 aux seules opérations de police judiciaire. Lorsque l'on se trouve dans une action de police administrative dont le but est de prévenir ou de faciliter la répression il n'y a pas d'atteinte à la séparation des pouvoirs (cons. 17). Ainsi la liberté d'aller et venir et le respect de la vie privée n'apparaissent plus, du moins dans cet arrêt, directement liés au principe de liberté individuelle, du moins la protection n'entraîne-t-elle plus l'intervention systématique du juge judiciaire. Prenant en compte les garanties qui sont prévues par les textes, le Conseil considère qu'il y a conciliation entre la prévention des atteintes à l'ordre public et l'exercice des libertés constitutionnellement garanties comme le respect de la vie privée (cons. 9 et 21). On peut citer, dans le même esprit, les solutions adoptées concernant la loi sur le renseignement qui, nonobstant les nombreuses critiques qu'elle a suscitées dans l'opinion publique, a été globalement considérée comme ne portant pas atteinte au principe de la liberté individuelle. Ainsi en est-il pour la délivrance des autorisations de police administrative données par le Premier ministre après consultation d'une autorité administrative indépendante (CSI, art. 821-1). Pour valider les techniques du recueil du renseignement, le Conseil s'est attaché à vérifier qu'il existait un encadrement suffisant (CSI, art. 851-1 à 851-3 : Cons. const. 23 juill. 2015, nº 2014-713 DC) (sur cette question, v. L. Janicot, *LPA* 4 déc. 2006, p. 18 ; J.-E. Schoettl, *Gaz. Pal.* 5-7 févr. 2006 ; pour une application de cette idée, v. Cons. const. 29 janv. 2013, nº 2013-357 QPC ; *RPDP* 2014. 147, obs. Th. Renoux et X. Magnon, à propos d'une perquisition des navires par le service des douanes, qui n'implique pas une intervention de l'autorité judiciaire, pour les parties du navire à usage privé, notamment en raison de la mobilité des navires, ce qui implique l'urgence de l'intervention). Sur le recours à la notion de liberté personnelle pour protéger la vie privée ; v. par ex. *GDCC*, nº 31 : les auteurs considèrent que le droit au respect de la vie privée doit, aujourd'hui, être envisagé de manière autonome. En ce sens, Cons. const. 25 févr. 2010, nº 2010-604 DC, cons. 21 ; pour une confirmation, Cons. const. 22 mars 2012, nº 2012-652 DC, qui se fonde sur l'art. 8 de la DDHC ; G. Mathieu et M. Verpeaux, *LPA* 1993, nº 66 ; A. Pariente, « La liberté personnelle dans la jurisprudence du Conseil constitutionnel », in *Mélanges D. G. Lavroff*, Dalloz, 2005, p. 267. Pour ce qui concerne l'autonomie de l'inviolabilité du domicile, v. Cons. const. 4 avr. 2015, nº 2015-464 QPC.

Il faut néanmoins observer que le Conseil constitutionnel vient, plus récemment, de rappeler de manière éclatante que la protection des libertés individuelles les plus fondamentales ne peut être assurée que par l'autorité judiciaire. Ainsi la Haute juridiction a-t-elle censuré certaines dispositions de la loi nº 2009-669 du 12 juin 2009 favorisant la diffusion et la protection de la création sur internet (*JO* 13 juin), dite loi HADOPI qui confiait à une haute autorité administrative la possibilité de prononcer une sanction de suspension de l'accès au service internet.

Aux termes de l'article 11 de la DDH de 1789 qui concerne la libre communication des pensées et des opinions eu égard au développement général des services de communication au public en ligne... ce droit implique la liberté d'accéder à ces services. Sans doute il n'est pas impossible, selon d'autres considérants de la décision, de lutter contre les pratiques de contrefaçon sur internet dans le but de protéger les droits des titulaires des droits d'auteur et des droits voisins mais il faut que les atteintes portées à l'exercice de la liberté d'expression et de communication soient « nécessaires, adaptées et proportionnées à l'objectif poursuivi ». Il reste néanmoins que seule une juridiction est compétente pour décider de ces limites.

47 *2°* Mais il ne suffit pas de reconnaître à l'autorité judiciaire une compétence exclusive de contrôle des atteintes légales au principe de la liberté individuelle et de prévoir de strictes conditions de fond, il faut encore que ce contrôle puisse être rigoureux, c'est-à-dire rapide et effectif.

L'entorse la plus grave à la liberté individuelle est évidemment la détention. Ainsi a-t-il été jugé qu'en matière de rétention des étrangers en voie d'être expulsés, l'intervention d'un magistrat seulement au-delà de sept jours est insuffisante pour protéger la liberté. On a considéré dans ce cas qu'un internement administratif au-delà de cette durée pouvait être assimilé à un internement arbitraire (Cons. const. 9 janv. 1980, *D.* 1980. 249, note J.-M. Auby). En revanche, le Conseil constitutionnel a estimé qu'un délai de 48 heures prévu dans une autre disposition de la même loi pouvait être accepté. On peut ajouter qu'une solution identique a été adoptée s'agissant des assignations à résidence qui ne sont pas jugées par le Conseil, contraires à la liberté d'aller et venir dès lors qu'elles sont d'une durée inférieure à 12 heures par jour. Elles ne sont donc pas soumises à un contrôle judiciaire. Une réserve a cependant été ajoutée pour préciser, qu'au-delà de cette durée, il y aurait une atteinte à la liberté individuelle impliquant l'intervention de l'autorité judiciaire (Const., art. 66) (Cons. const. 22 déc. 2015, nº 2015-527 QPC).

Mais l'intervention du magistrat ne doit pas être seulement quasi immédiate, elle doit être effective. Les deux décisions relatives aux contrôles fiscaux déjà citées montrent bien que la possibilité d'intervention du juge ne doit pas être seulement formelle. Le législateur qui met en œuvre une liberté individuelle a l'obligation de préciser avec soin les conditions dans lesquelles il peut y être porté atteinte. Il faut que le magistrat, qui est nécessairement un magistrat du siège, donc indépendant, ait la possibilité d'assurer un contrôle précis et efficace du respect des conditions imposées. C'est ainsi que la décision du 2 mars 2004 précitée (évolutions de la criminalité : *GDCC*, n° 53) a censuré une disposition prévoyant l'impossibilité d'exercer une action en nullité des actes de procédure dérogatoires au droit commun alors que la qualification de bande organisée aurait été rejetée. Ainsi une possibilité ne sera effective que dans la mesure où le texte n'apporte pas une restriction trop générale à la liberté individuelle.

48 On notera que, dans une décision récente du 9 juin 2011 (n° 2011-631 DC), le Conseil a validé certaines dispositions de la loi du 8 juin 2011 relative à l'immigration, l'intégration et la nationalité en augmentant le délai, à partir duquel, doit intervenir le juge des libertés et de la détention. Ce délai est porté à cinq jours pour assurer le respect des compétences des juridictions administratives. Le Conseil a néanmoins émis une réserve dans l'hypothèse où une garde à vue a eu lieu. Elle devra, dans ce cas, être prise en compte dans le calcul du délai maximum. On ajoutera que la même décision a, en revanche, décidé qu'il était impossible de porter à dix-huit mois la durée de la rétention des personnes condamnées pour terrorisme en estimant qu'il y aurait là une atteinte excessive à la liberté.

Il est d'ailleurs à souligner que, si l'intervention du contrôle d'un magistrat est nécessaire, elle n'est pas toujours suffisante. Ainsi une disposition relative aux conditions d'entrée et de séjour des étrangers qui donnait la possibilité à un magistrat de prolonger de 3 jours la durée de rétention des personnes en voie d'être expulsées, a été déclarée inconstitutionnelle. Il y avait pourtant intervention de l'autorité judiciaire dans un délai normal et pour une durée de rétention qui n'apparaissait pas *a priori* excessive. En réalité, une nouvelle fois, c'est la généralité de la mesure et surtout l'absence de motivation précise de cette atteinte à la liberté individuelle qui a été censurée.

49 L'introduction de la rétention de sûreté dans notre droit, qui a souvent été présentée comme « une peine après la peine », devait nécessairement conduire la Haute juridiction à se prononcer sur la constitutionnalité de cette atteinte particulièrement grave à la liberté individuelle (Cons. const. 21 févr. 2008, n° 2008-562 DC). Cette rétention est en effet une forme de détention puisqu'elle « consiste dans le placement de la personne intéressée dans un centre socio-médico-judiciaire de sûreté ». Le placement est prononcé pour une durée d'un an, renouvelable indéfiniment par période de même durée, ce qui d'une certaine manière en fait une mesure à durée indéterminée. Cette privation de liberté, pour des

personnes préalablement condamnées (peine de réclusion criminelle égale ou supérieure à 15 ans pour des faits particulièrement graves) concerne ceux qui, à la fin de l'exécution de leur peine, présentent « une dangerosité caractérisée par une probabilité élevée de récidive parce qu'elles souffrent d'un trouble grave de la personnalité ». Cette mesure a fait l'objet de violentes critiques, tant des pénalistes que des défenseurs des droits de l'homme (v. par ex. *AJ pénal* 2008. 161 et 209, dossier « La nouvelle rétention de sûreté. Éléments d'analyse. Quelles perspectives ? » ; *GDCC*, n° 54 ; G. Mandon, « La compatibilité de la rétention de sûreté à la CEDH ? La rétention de sûreté et le temps des liaisons dangereuses », *RPDP* 2013. 869 ; J.-M. Delarue, « Le fondement juridique incertain de la rétention de sûreté », *D.* 2014. 864). La question qui se posait au Conseil constitutionnel était celle de savoir si cette mesure devait être analysée comme une peine. Sans jamais définir cette notion, le Conseil va considérer que l'article 8 de la DDH ne s'applique qu'aux peines et aux sanctions ayant le caractère d'une punition, ce qui n'est pas le cas de la rétention de sûreté ni de la surveillance de sûreté, autre mesure prévue par la loi du 25 février 2008. Pour arriver à cette conclusion, le Conseil se fonde sur le particularisme de la juridiction prononçant cette mesure (la juridiction de rétention de sûreté) et le fait qu'elle ne repose pas sur une déclaration de culpabilité. Par ailleurs, c'est le but de la mesure, à savoir prévenir et empêcher la récidive de personnes souffrant de troubles graves de la personnalité, qui est mis en avant. On peut, avec certains auteurs (B. de Lamy, « Chronique de droit constitutionnel », *RSC* 2009. 166), s'étonner que la juridiction constitutionnelle ne prenne pas en considération la nature même de cette mesure qui compromet une liberté fondamentale, celle d'aller et venir librement. Ainsi la Haute juridiction est amenée à considérer que les règles protectrices attachées à l'édiction et au prononcé des peines ne sont pas applicables. Pour autant elle ne qualifie pas la rétention de mesure de sûreté. Sans doute le Conseil n'a-t-il pas voulu entrer dans un débat de philosophie pénale. En ce sens, mais plus précisément, il a souhaité ne pas être lié par les conséquences de cette terminologie (B. de Lamy, préc.). En effet, contre toute attente, il va refuser la rétroactivité de l'application de cette mesure qui résultait pourtant, logiquement, de l'exclusion de son caractère de peine.

50 Ainsi, alors même qu'il vient de rejeter la qualification de peine, le Conseil va néanmoins retenir certains aspects de son régime en affirmant que la rétention « ne saurait être appliquée à des personnes condamnées avant la publication de la loi ou faisant l'objet d'une condamnation postérieure à cette date pour des faits commis antérieurement ». Cette solution est totalement contraire à celle rendue le 8 décembre 2005 (Cons. const. 8 déc. 2005, n° 2005-527 DC, *D.* 2006. 966, note F. Rouvillois) relative à la surveillance judiciaire déclarée immédiatement applicable parce qu'elle ne constitue « ni une peine ni une sanction » (punitive). Cette distinction paraît cependant s'expliquer par la différence de nature des deux mesures. Alors que la première est restrictive de liberté, la seconde est privative de liberté et donc soumise au respect de certaines exigences constitutionnelles, particulièrement celle de la non-rétroactivité, résultant de l'article 8 de la DDH. C'est donc la gravité de l'atteinte au principe de la liberté individuelle qui justifie cette limite d'application, normalement réservée aux dispositions pénales. Aux termes du considérant n° 10, qui commence par l'adverbe toutefois, « la rétention de sûreté eu égard à sa nature privative de liberté, à la durée de cette privation, à son caractère renouvelable sans limite et au fait qu'elle est prononcée après une condamnation par une juridiction » ne peut donc pas être rétroactive. On notera en revanche que la surveillance de sûreté, moins sévère puisqu'elle est simplement restrictive de liberté, est applicable à des individus déjà condamnés. Elle pourra d'ailleurs conduire à une rétention de sûreté si un individu, qui y est soumis, ne respecte pas les obligations qui lui sont imposées (C. pr. pén., art. 706-53-19). (Sur la distinction entre les mesures privatives et restrictives de liberté, v. *GDCC*, n° 31).

1 Sans doute la construction du Conseil est-elle assez habile, pour valider une mesure que le législateur français, après beaucoup d'autres (v. sur ce point F. Desportes et F. Le Gunehec, n° 1166), juge nécessaire pour lutter contre les formes les plus graves de la récidive sans pour autant remettre en cause un principe aussi fondamental que la non-rétroactivité s'agissant d'une mesure supplémentaire de détention que les cours d'assises ayant prononcé la condamnation n'avaient pas pu intégrer (en ce sens F. Desportes et F. Le Gunehec, n° 1205). Cette solution des sages de la rue Montpensier a cependant laissé la plupart des commentateurs de la décision particulièrement perplexes (v. à titre d'exemple B. Mathieu, « La non-rétroactivité en matière de rétention de sûreté : exigence constitutionnelle au conventionnelle », *JCP* 2008. Chron. 66 et *JCP* 2009. I. 146, B. de Lamy, Chron. préc. Y. Mayaud ; « La rétention de sûreté après la décision du Conseil constitutionnel », *D.* 2008. Chron. n° 20 ; C. Lazerges, « La rétention de sûreté : le malaise du Conseil constitutionnel », *RSC* 2008. 731 ; R. Bousta, « Jurisprudence du Conseil constitutionnel, avancée *a minima* », *LPA* 2008, n° 121).

52 La création de la question préjudicielle de constitutionnalité a également permis au Conseil constitutionnel d'apporter certaines précisions sur la nécessaire intervention de l'autorité judiciaire pour contrôler le respect du principe de la liberté individuelle. Ainsi, à titre d'exemple, on retiendra une décision du 24 juin 2011 (n° 2011-133 QPC) qui, tout en validant une rétention de liberté de quatre à six jours dans le cadre de l'exécution d'un mandat d'amener, a émis une réserve pour préciser qu'une telle rétention n'est pas possible si la personne n'est pas passible d'une peine privative de liberté. Une autre décision du 17 décembre 2010 (n° 2010-80 QPC) rappelle la nécessité de l'intervention judiciaire dans le cadre de ce que l'on appelle « le petit dépôt » prévu par l'article 803-3 du Code de procédure pénale. Ce texte prévoit, qu'en cas de nécessité, une personne peut être maintenue pendant un délai de 20 heures, au maximum, dans les locaux d'un tribunal à l'issue d'une garde à vue et avant la comparution devant un juge. Si le Conseil valide cette disposition, il la soumet cependant à deux réserves, aujourd'hui reprises dans les alinéas 2 et 3 du texte, tel qu'il résulte d'une loi du 14 avril 2011 (information du juge sans délai et présentation devant la juridiction ou à défaut devant le juge des libertés et de la détention dans le délai de 20 heures lorsqu il y a eu prolongation de la garde à vue). V. dans le même sens : Cons. const. 6 mai 2011, n° 2011-125 QPC qui, dans son considérant 8, affirme que le parquet fait partie de l'autorité judiciaire.

53 Cependant c'est dans le domaine de l'hospitalisation d'office ou sans consentement que le Conseil a été plusieurs fois saisi (pas moins de cinq QPC retenues) sur des dispositions qui ne respectaient pas le principe de la nécessité de l'intervention d'une autorité judiciaire alors que l'on se trouvait en présence d'une privation de liberté individuelle. Ainsi dans plusieurs décisions (v. par ex. Cons. const. 9 juin 2011, n° 2011-135/140 QPC et 2 déc. 2011, n° 2011-202 QPC) le Conseil constitutionnel a considéré que, s'agissant des hospitalisations sans consentement ou d'office, les textes du Code de la santé publique, dans leur rédaction antérieure à la loi du 5 juillet 2011, étaient inconstitutionnels puisqu'ils ne prévoyaient pas l'intervention d'un juge, pour maintenir une hospitalisation forcée au-delà d'une durée de 15 jours. Le Conseil rappelle que l'intervention du juge judiciaire est nécessaire dans le plus court délai. On peut encore citer une décision du 21 octobre 2011 (n° 2011-185 QPC) qui a censuré une disposition (ancien CSP, art. 3218-8) qui subordonnait, à l'avis favorable de deux psychiatres, la possibilité, pour le juge des libertés et de la détention, de mettre fin à l'hospitalisation d'office d'une personne ayant commis une infraction pénale. Le Conseil a estimé que cette solution constituait une atteinte au principe posé par les articles 66 et 64 de la Constitution. Le premier confie à l'autorité judiciaire la protection des libertés individuelles, le second garantit l'indépendance de cette autorité. Nous citerons, enfin, dans un dernier domaine, une décision du 8 juin 2012 (n° 2012-253 QPC, *JCP* 2012, n° 736) qui considère que le placement en cellule de dégrisement, pour une personne en état d'ivresse, ne porte pas atteinte au principe de la liberté individuelle et que sa brièveté n'implique pas l'intervention d'une autorité judiciaire. Selon le Conseil il doit, néanmoins, être pris en compte dans le calcul de la durée de la garde à vue.

54 Il importe de signaler une décision récente du Conseil constitutionnel qui a été jugée par un auteur comme pouvant provoquer un séisme sur la procédure pénale (D. Rebut, « Juge constitutionnel. Séisme sur la procédure pénale », *JCP* 2014, n° 598 ; *ibid.*, n° 543, 39, obs. B. Mathieu ; *Dr. pénal* 2014, n° 96, obs. J.-H. Robert). Dans cette décision, n° 2014-387 QPC du 4 avril 2014, le Conseil a censuré l'article L. 8271-13 du Code du travail qui permettait aux OPJ, dans le cadre d'une enquête relative à l'infraction de travail dissimulé, de réaliser des visites, perquisitions et saisies de pièces dans les lieux de travail, y compris les domiciles, au motif que l'ordonnance qui autorise la mesure ne peut faire l'objet d'un recours que si la personne est poursuivie. L'absence de

recours, dans les autres cas, a donc conduit à juger le texte globalement inconstitutionnel comme contraire au droit d'exercer un recours effectif, garanti par l'art. 16 de la DDHC. La censure est cependant reportée au 1er janvier 2015 pour permettre au législateur de remédier à cette inconstitutionnalité. Ainsi, la seule intervention de l'autorité judiciaire pour autoriser un acte d'investigation n'est plus, à elle seule, toujours suffisante. Dès lors, le professeur Didier Rebut se pose, avec juste raison, la question de savoir si cette décision du Conseil ne frappe pas d'inconstitutionnalité de nombreux actes des enquêtes de police, voire de l'information judiciaire, pour lesquels les justiciables ne bénéficient pas toujours d'un droit de recours.

La déclaration de l'état d'urgence, prévu par la loi du 3 avril 1955, suite à des attentats terroristes a permis au Conseil constitutionnel d'être saisi sur certaines des mesures d'exception qui peuvent être prises dans ce cadre exceptionnel. Ainsi a-t-il eu l'occasion, à la suite de QPCc de valider certaines des mesures appliquées. Ainsi en a-t-il été des perquisitions qui, relevant de la police administrative, n'affectent pas la liberté individuelle, au sens de l'article 66 de la Constitution, qui n'est donc pas méconnue (Cons. const. 19 févr. 2016, no 2016-536 QPC). Il en est de même pour les assignations à résidence (v. Cons. const. 24 déc. 2015, préc.) Dans un même ordre d'idées, on peut citer une décision du 14 octobre 2015, no 2015-490 QPC, qui a décidé que les interdictions de sortie du territoire prévues par l'article L. 224-1 CSI pour des individus soupçonnés de vouloir se rendre dans un pays où se déroulent des actes terroristes, ne sont pas inconstitutionnelles, le législateur assurant par cette mesure une conciliation qui n'est pas déséquilibrée entre la liberté d'aller et venir et la protection des atteintes à l'ordre public.

5 En analysant et en commentant ces deux décisions, nous avons pu montrer que le Conseil constitutionnel ne se limite pas à juger de la conformité d'un texte aux normes constitutionnelles. Il est à l'origine d'un véritable droit constitutionnel pénal dans la mesure, nous l'avons vu, où la plupart des grands principes du droit criminel ont acquis valeur constitutionnelle. Ainsi pour ne retenir qu'un seul exemple significatif, on peut considérer avec certains auteurs (L. Philip, *op. cit.*) que par son interprétation extensive du principe selon lequel l'autorité judiciaire est gardienne de la liberté individuelle, le juge constitutionnel a mis en place un système qui, par sa généralité, est sans doute supérieur à l'*habeas corpus* britannique.

Se trouvant dans l'obligation de concilier des principes constitutionnels parfois contradictoires, le Conseil est souvent amené à interpréter les textes qui lui sont soumis de façon à ne pas les censurer sans pour autant que les libertés essentielles ne soient sacrifiées (la décision sur la rétention de sûreté précédemment analysée est symbolique de cette attitude). Il arrive même que le juge constitutionnel complète la loi qui lui est soumise en ajoutant certaines obligations non prévues dans le texte.

Par ailleurs, comme on l'a déjà noté (v. *supra*) par le biais de véritables directives directement déduites des décisions rendues, le Conseil constitutionnel influence très directement le législateur qui pourra difficilement proposer ultérieurement un texte susceptible d'être censuré, la saisine du juge constitutionnel étant devenue presque systématique pour toutes les lois pénales (sur ces points, v. L. Philip, art. préc.). La réforme constitutionnelle analysée *supra*, introduisant le système de la QPC, est évidemment de nature à renforcer encore le rôle de la juridiction suprême.

Nul ne peut donc aujourd'hui contester le rôle de la jurisprudence constitutionnelle en tant que source du droit pénal. N'est-il pas dès lors étonnant que les ouvrages de droit pénal général ne consacrent qu'une place plutôt réduite à cette norme essentielle du droit criminel (v. cep., R. Merle et A. Vitu, t. I, n°s 202 s. ; J. Pradel, n°s 136 s. ; M.-L. Rassat, n° 137 s. ; E. Verny, O. Décima, S. Détraz, n° 50 ; F. Desportes et F. Le Gunehec, n°s 295 s. ; E. Dreyer, n° 282 s., pour des développements substantiels et très critiques) ? On précisera encore que les principes constitutionnels reconnus en France le sont aussi très souvent par les juridictions constitutionnelles étrangères et par la CEDH.

J. P. et A. V.

2

PRINCIPE DE LA LÉGALITÉ DU DROIT PÉNAL – ATTEINTES RÔLE DES PRINCIPES GÉNÉRAUX DU DROIT ET DE LA COUTUME

Crim., 30 mars 1944, *Luze et Devaux*
(*D.* 1945. 246, note H. Desbois)

Crim., 21 janv. 1965, nº 64-92.548, *Olive*
(*Bull. crim.* nº 22)

Crim., 5 oct. 1967, nº 67-90.313, *Le Guern*
(*Bull. crim.* nº 242)

Il est un principe général selon lequel l'intention criminelle est un élément constitutif de l'infraction (1re esp.).
Il est de principe et conforme au système général du Code de procédure pénale que la faculté de se faire défendre en son absence (C. pr. pén., art. 414) par un avocat ne peut s'appliquer en cas de fuite (2e esp.).
Dans une poursuite pour fraude, les juges, en l'absence de réglementation sur la composition du produit, doivent se référer aux usages loyaux et constants du commerce pour savoir si le produit mis en vente par le prévenu mérite la qualification que lui a donnée celui-ci (3e esp.).

Chambre criminelle, 30 mars 1944, *Luze et Devaux*

Attendu qu'il résulte des énonciations tant de l'arrêt attaqué que du jugement confirmé par adoption de motifs non contraires, que Luze et Devaux n'ont fait que projeter dans les salles qu'ils exploitent des films cinématographiques par eux loués à des producteurs qu'il n'est pas établi que la moindre réserve ait jamais été formulée pour leur droit de représentation en ce qui concerne les compositions musicales, œuvres de membres de la société demanderesse, qui, sous forme de bandes sonores, étaient intégrées à ces films ; qu'il ressort des circonstances de la cause et qu'il n'est pas douteux que les prévenus ont pu se croire légitimement fondés à représenter les films dont s'agit sans obtenir d'autre autorisation que celle de leur auteur ; qu'ainsi, leur mauvaise foi n'étant pas établie, ils ne sauraient être condamnés à verser à la partie civile les dommages-intérêts demandés par celle-ci pour réparation d'une infraction pénale non caractérisée ; – Attendu qu'en l'état de ces constatations, la cour d'appel a donné à sa décision une base légale ; que le fait poursuivi constitue un délit à l'égard duquel aucune dérogation n'a été apportée au principe général d'après lequel l'intention criminelle est un élément constitutif de l'infraction ; que l'appréciation de la bonne foi faite par les juges du fond d'après les circonstances de la cause échappe au contrôle de la Cour de cassation ; – Attendu, d'autre part, que l'arrêt attaqué a statué dans les limites de la citation introductive d'instance ; qu'il n'a point méconnu l'autorité de la chose jugée en décidant que l'action civile reconnue recevable par les premiers juges n'était pas fondée sur des justifications suffisantes, notamment en ce qui concerne l'indication des morceaux de musique intégrés aux bandes cinématographiques et celle des films à l'occasion desquels les infractions auraient été commises ; qu'enfin, il n'existe aucune contradiction dans les motifs par lesquels la cour d'appel a jugé d'abord que la bonne foi des prévenus était exclusive du délit et a décidé ensuite qu'au surplus, la société appelante ne justifiait pas son action ; – D'où il suit que le moyen ne peut être accueilli.

Par ces motifs, rejette.

Chambre criminelle, 21 janvier 1965, *Olive*

Attendu qu'il appert des constatations de l'arrêt attaqué qu'Olive Joseph, au cours de la présente procédure suivie contre lui du chef d'abus de confiance, s'est dérobé à l'exécution d'un mandat d'arrêt décerné par le juge d'instruction et n'a pas encore obéi à ce mandement de justice ; qu'il ne saurait valablement prétendre ignorer l'existence d'un mandat visé par lui dans les conclusions qu'il a fait déposer devant le tribunal correctionnel et devant la cour d'appel ;

Que si, aux termes de l'article 414 du Code de procédure pénale, les prévenus ont la faculté de demander à être jugés en leur absence et de faire entendre leurs conseils chaque fois que le débat sur le fond de la prévention ne doit pas être abordé, il est, toutefois de principe, et ressort du système général du Code de procédure pénale, que cette faculté ne s'applique pas aux prévenus qui, comme Olive, ne se tiennent pas à la disposition de la justice ; que le demandeur qui, étant en fuite, n'était pas en droit de se faire représenter et de faire plaider pour lui devant le tribunal ni devant la cour d'appel ne saurait davantage être admis à se pourvoir contre l'arrêt que celle-ci a rendu de ce chef ;

Déclare Olive Joseph non recevable en son pourvoi.

Chambre criminelle, 5 octobre 1967, *Le Guern*

Attendu qu'il résulte des énonciations de l'arrêt attaqué ainsi que du jugement dont il adopte les motifs non contraires que Le Guern, boulanger-pâtissier à Carhaix, a mis en vente le 22 février 1966 sous la dénomination « quatre-quarts » avec l'adjonction de la mention « spécialité bretonne » des gâteaux fabriqués avec des matières grasses autres que le beurre, celui-ci n'entrant dans la composition desdits gâteaux que dans la proportion de 5 % ; que Le Guern ne conteste pas les faits ;

Attendu que l'arrêt attaqué ajoute qu'en l'absence de texte imposant l'utilisation du beurre dans la fabrication des gâteaux dits « quatre-quarts », il échet de se référer aux usages loyaux et constants du commerce ; que d'après ces derniers, le « quatre-quarts » est un gâteau traditionnellement constitué en parties égales de farine, d'œufs, de sucre et de beurre ; que le consommateur qui achète dans une boulangerie-pâtisserie un gâteau désigné sous l'espèce « quatre-quarts » avec la mention « spécialité bretonne » est fondé à penser que la composition du gâteau qui lui est offert est conforme aux usages précités ;

Attendu que par ces énonciations, la cour d'appel a donné une base légale à sa décision ;

Qu'en effet, en l'état des constatations de l'arrêt attaqué, le délit était caractérisé tant à l'égard de l'alinéa 1er que de l'alinéa 2 de l'article 1er de la loi du 1er août 1905.

Attendu enfin que l'appréciation de l'existence d'un usage entre dans le pouvoir souverain des juges du fond et échappe, dès lors, au contrôle de la Cour de cassation ;

D'où il suit que le moyen ne saurait être accueilli ;

Et attendu que l'arrêt est régulier en la forme ;

Rejette le pourvoi.

OBSERVATIONS

Le lecteur sera sans doute étonné de constater que les premiers arrêts judiciaires commentés constituent des atteintes au principe de la légalité. On enseigne en effet que, depuis 1810, tout le droit pénal est contenu dans la loi. Et il est vrai que cette règle reste – avec le principe d'individualisation qui suppose son assouplissement – la clé de voûte du droit criminel. Elle emporte en effet des conséquences considérables, notamment pour le juge : obligation de relaxer faute de texte incriminateur (Crim. 27 janv. 1976, *D.* 1976. IR 56, refus pour un automobiliste de se soumettre à l'alcootest) et d'interpréter strictement ce texte (v. *infra*, n° 18), interdiction de dépasser les prévisions du texte sanctionnateur (Crim. 15 juill. 1964, *D.* 1965. 60, note M. Bouché) ou d'appliquer une peine non prévue par la loi (Crim. 18 févr. 2004, n° 03-84.182, *Bull. crim.* n° 47)… Pourtant, de longue date, des fissures sont apparues dans le mur de la légalité pénale, favorisées peut-être par le coup de butoir porté par F. Gény (*Méthodes d'interprétation et sources du droit privé positif*, 1899) qui ne nourrissait pas à l'égard de la loi le culte fétichiste de ses devanciers de l'Exégèse.

Peu à peu, les atteintes au légalisme se sont amplifiées. Elles sont aujourd'hui au nombre de trois : 1° existence de « types ouverts » ou lois rédigées dans des termes si imprécis et si généraux que les faits les plus divers peuvent y entrer (v. par ex. C. com., art. L. 420-1 sur les pratiques anticoncurrentielles qui sont définies de manière plus économique que juridique : *add.* J. Bernasconi, *Le juge pénal et la légalité*, thèse Lyon, 1979, p. 140 s., qui voit dans ce phénomène de généralisation soit un semblant de caractérisation, soit un défaut de caractérisation) ; 2° développement des règlements qui fixent les éléments constitutifs de certaines infractions, et apparition corrélative des « lois pénales en blanc » qui renvoient à des règlements futurs ; 3° enfin existence depuis le siècle dernier de principes généraux du droit et de coutumes ou usages. Et même si l'article 111-2 du Code pénal consacre le principe légaliste (« la loi détermine les crimes et délits et fixe les peines applicables à leurs auteurs… »), principes généraux du droit et coutumes ou usages conservent tout leur intérêt. Car le droit criminel ne se confond pas avec la loi criminelle.

I. — Les principes généraux du droit

A. — Notion

2 Par principes généraux du droit, il faut entendre des règles de droit qui ont trois caractères.

Premièrement, ces règles, sans être formulées par la loi, la complètent tout en ayant une valeur infralégislative. Certes selon des arrêts de la chambre criminelle du 17 mai 1984 (*Bull. crim.* n° 183 ; *D.* 1984. 536, note W. Jeandidier) bien que la loi du 10 mars 1927 exclue tout recours contre l'avis motivé de la chambre d'accusation sur la demande d'extradition, « il résulte des principes généraux du droit que cette disposition n'exclut pas le pourvoi en cassation » en cas de violation de la loi telle que la décision est privée d'une condition essentielle de son existence. De là, une conséquence : la méconnaissance d'un principe général ouvre le pourvoi en cassation pour violation de la loi (comp. C. pr. civ., art. 604 ouvrant le pourvoi en cassation en cas de violation « des règles de droit »). Il n'en reste pas moins que dans l'ensemble, les principes généraux sont inférieurs à la loi, ce qui a pour effet que le législateur peut y déroger.

3 Deuxièmement, ces règles sont conformes à l'esprit général de la législation, étant déduites par le juge de textes épars : en effet, les principes généraux procèdent de la méthode analogique (v. *infra*, n° 18). Un bon exemple en est fourni par l'arrêt *Luze et Devaux* rendu par la chambre criminelle le 30 mars 1944 : en décidant qu'il existe un principe général selon lequel l'infraction comporte à titre d'élément constitutif une intention criminelle, cet arrêt se fonde implicitement sur les textes, très nombreux au demeurant, qui avant le Code pénal de 1994 utilisaient les mots « volontairement », « à dessein », « intentionnellement », « de mauvaise foi »... Ce principe est d'ailleurs si certain qu'il arrive au législateur de le rappeler lorsque le juge est tenté de l'oublier : ainsi, l'article 2 de la loi du 29 décembre 1977 en matière fiscale et douanière décide qu'il incombe aux parties poursuivantes... « d'apporter la preuve du caractère intentionnel » de la fraude (LPF, art. L. 227) et, depuis cette réforme, la jurisprudence hésite beaucoup plus à déduire l'intention de simples faits matériels (Crim. 21 juin 1982, *Bull. crim.* n° 165 ; Crim. 17 oct. 1983, *Bull. crim.* n° 246) ; il est vrai qu'au fil des arrêts, la chambre criminelle indique que tel procédé caractérise l'intention (Crim. 22 déc. 1986, *Bull. crim.* n° 382 ; Crim. 3 déc. 1990, n° 89-85.415, *Bull. crim.* n° 411 ; Crim. 5 juin 2002, *Bull. crim.* n° 128, où le prévenu de fraude fiscale était un ancien inspecteur des impôts).

4 Troisièmement, les règles de droit qui ont l'allure d'un principe général ont volontiers un accent moralisateur ou philosophique. Exemplaire à cet égard est l'arrêt *Olive* de la chambre criminelle en date du 21 janvier 1965, qui interdit au délinquant fugitif – c'est-à-dire en faute – de se faire défendre par un avocat, et sur lequel on reviendra. Ce dernier

trait invite à s'interroger sur la valeur des principes généraux. Un peu mystérieux et incertains, avec un relent de droit naturel, ces principes apparaissent comme arbitraires, même s'ils s'appuient sur quelques textes fragmentaires. D'un autre côté pourtant, ils constituent une « invention admirable » selon le mot de M. Puech (« Les principes généraux du droit (aspect pénal) », *RID comp.* 1981. 337) : ils complètent la loi et lui apportent un souffle moral dont le droit ne peut se passer. Manifestement, les avantages l'emportent sur les inconvénients.

5 Aussi ne faut-il pas s'étonner que les principes généraux du droit apparaissent dans de nombreuses disciplines juridiques : en droit civil (*Traité de droit civil*, sous la direction de J. Ghestin, *Introduction générale*, 4e éd., 1994, n° 491), en droit administratif (B. Jeanneau, *La nature des principes généraux du droit en droit français*, 1954) et, bien sûr, en droit pénal. Là, ils sont affirmés surtout par la chambre criminelle qui, de temps à autre, utilise l'expression de « principes généraux ». Parfois aussi, c'est le Conseil constitutionnel qui les dégage à l'occasion d'un recours formé contre une loi pénale : s'appuyant avant tout sur le préambule de la Constitution de 1958 et sur les textes auxquels se réfère ce dernier, le Conseil proclame ainsi des règles générales qu'il hisse à la majesté constitutionnelle (L. Favoreu et L. Philip, *GDCC*, 16e éd., 2011 ; J. Rivero, « Les principes fondamentaux reconnus par les lois de la République, une nouvelle catégorie constitutionnelle », *D.* 1972. Chron. 265).

C'est ici qu'apparaît une difficulté : il faut distinguer les principes généraux des principes fondamentaux et des principes directeurs du procès. On sait donc que les principes généraux sont découverts par le juge ordinaire et ont une valeur infra-législative. Les principes fondamentaux sont dégagés par le juge constitutionnel et ont une valeur supra-législative (v. *supra*, n° 1). Quant aux principes directeurs du procès, ils guident l'action du législateur et du juge, mais seulement en matière procédurale ; ils ont une valeur législative et sont énumérés dans l'article préliminaire du Code de procédure pénale (L. du 15 juin 2000) qui s'inspire très fortement de la Conv. EDH et de la jurisprudence de la CEDH (séparation des fonctions, contradiction et droits de la défense, présomption d'innocence, etc.). Mais ce qui complique les choses, c'est que des principes jadis qualifiés de généraux sont aujourd'hui regardés comme fondamentaux (par le juge constitutionnel) et comme directeurs (par le législateur). Tel est le cas des droits de la défense. De la sorte, le domaine des principes généraux s'appauvrit puisque dans certains cas le recours à cette notion est devenu inutile. L'expression « principes généraux du droit » est moins utilisée que naguère alors que sont de plus en plus évoqués la Conv. EDH et l'article préliminaire du Code de procédure pénale au titre des principes directeurs (v. par ex. Crim. 5 déc. 2001, n° 01-80.315, *Bull. crim.* n° 254 ; Crim. 10 déc. 2002, n° 02-82.540, *Bull. crim.* n° 221, arrêts évoquant cet article ; Crim. 11 févr. 2004, n° 03-80.596, *Bull. crim.* n° 39 ; Crim. 3 mars 2004, n° 03-84.388, *Bull. crim.* n° 56, arrêts invoquant à la fois la Conv. EDH et l'article préliminaire ;

pour un remarquable essai de clarification, F. Casorla, « Les principes directeurs du procès pénal, principes généraux du droit ? Essai de clarification », *Mélange J. Pradel*, 2006, éd. Cujas, p. 53 s.).

B. — Exemples

6 Cependant, il existe encore des principes généraux en droits de fond et de forme.

– En *droit pénal de fond* on peut citer la présomption de bonne foi (Crim. 1er avr. 1965, *Bull. crim.* n° 102 ; v. cep., la fraude douanière qui est présumée, sauf force majeure, en raison de l'art. 392 C. douanes ; Crim. 25 janv. 1982, *Bull. crim.* n° 28 ; Crim. 14 juin 1982, *Bull. crim.* n° 157), la dispense pour le coauteur ou le complice de devoir dénoncer le crime (Crim. 27 déc. 1960, *Bull. crim.* n° 624), la règle qu'on ne saurait être en état de récidive qu'après l'avertissement résultant d'une condamnation antérieure (Crim. 8 juill. 1965, *Bull. crim.* n° 173), le principe que le droit de discussion appartient à tout citoyen (Crim. 31 mai 1965, *Bull. crim.* n° 146). Il faut ajouter le principe cardinal sur la nécessité de l'élément psychologique de l'infraction : il faut que le délinquant « ait compris et voulu l'acte » (Crim. 13 déc. 1956, *Laboube, D.* 1957. 349, note M. Patin, v. *infra*, n° 43) car « l'intention criminelle est un élément constitutif de l'infraction » (Crim. 30 mars 1944, préc.).

– En *droit pénal de forme*, les principes sont plus nombreux encore. On pense à la jurisprudence instaurée sous l'empire du Code d'instruction criminelle, qui a créé la théorie des nullités substantielles, destinée à compléter la liste des nullités textuelles que le législateur de 1808 avait conçue de façon très restreinte (Crim. 12 juin 1952, *Imbert, JCP* 1952. II. 7241, note J. Brouchot). Il faut aussi citer les principes d'oralité (Crim. 31 mars 1965, *JCP* 1966. II. 14547), de publicité (Crim. 10 juill. 1974, *Bull. crim.* n° 253 ; *add.* CE 4 oct. 1974, *Dame David, JCP* 1975. II. 17967, affirmant que « la publicité des débats est un principe général du droit ») et de contradiction (Crim. 5 oct. 1978, *Bull. crim.* n° 346). Et les juges d'instruction appliquent tous les jours deux règles : l'insaisissabilité des correspondances entre avocat et personne mise en examen en raison du « principe de la libre défense » (Crim. 6 mars 1958, *D.* 1958. 697) et l'obligation d'interroger la personne mise en examen car « nul ne peut être jugé ni mis en accusation sans avoir été entendu ou dûment appelé » (Crim. 12 oct. 1972, *D.* 1973. 170, note J. Pradel : Comp. Civ. 7 mai 1828, *S.* 1828. 1. 329, évoquant le droit naturel de défense et en déduisant que nul ne peut être condamné sans avoir été interpellé). On peut ajouter la règle que devant la chambre de l'instruction, le mis en examen doit avoir la parole le dernier (Crim. 28 sept. 1983, *D.* 1984. 156, note J. Pradel).

On peut encore rattacher aux principes généraux cette règle que le juge d'instruction ne peut entendre les enfants de parents en instance de divorce dans une poursuite pour faux témoignage, elle-même liée à une procédure de divorce (Crim. 5 févr. 1980, *D.* 1980. IR 338).

7 Il existe enfin un domaine où les principes généraux ont été invoqués à l'appui d'une règle qui a été finalement abandonnée par la jurisprudence. En effet, pendant des décennies, la jurisprudence considérait qu'il était contraire aux principes généraux du droit qu'un individu se dérobant à l'exécution d'un mandat d'arrêt puisse, par l'intermédiaire d'un mandataire, faire appel (Crim. 14 avr. 1992, *Bull. crim.* n° 161 ; *JCP* 1993. II. 22099, note J.-Y. Lassalle) ou former un pourvoi en cassation (Crim. 8 mars 1995, n° 94-85.990, *Bull. crim.* n° 94 ; *D.* 1996. 256, obs. J. Pradel). Or sous l'influence de la CEDH, en 1993, invoquant le principe du procès équitable, notre jurisprudence a finalement abandonné cette position qu'il s'agisse de l'appel (Crim. 24 nov. 1999, n° 97-85.694, *Bull. crim.* n° 273) ou du pourvoi en cassation (Crim. 15 févr. 1994, n° 93-82.199, *D.* 1994. 187, obs. J. Pradel ; Crim. 30 juin 1999, n° 98-80.923, *Bull. crim.* n° 167 ; *RSC* 1999. 839, obs. D. N. Commaret). Toutefois, il faut observer que notre chambre criminelle ne reprend pas l'argumentation de la CEDH en 1993 (Crim. 23 nov. 1993, n° 14-032.88, *Poitrimol c/ France, D.* 1994. 187, obs. J. Pradel) selon laquelle l'irrecevabilité du pourvoi impose aux intéressés « une sanction disproportionnée », rompant le juste équilibre qui doit exister entre le respect des décisions de justice et le droit d'accéder au juge. La chambre criminelle se contente d'invoquer l'absence d'une disposition expresse interdisant au fugitif de saisir un mandataire pour exercer un recours. On regrettera l'abandon de la jurisprudence antérieure et du même coup l'enterrement des principes généraux dans cette hypothèse particulière. Il est inadmissible que dans le même temps un individu se dérobe à l'exécution d'un mandat de justice (ce qui viole le principe constitutionnel de l'effectivité de l'autorité judiciaire consacré par le Cons. const. le 21 déc. 1983, *Rec. Cons. const.* 73) et fasse appel à la justice !

II. — La coutume

8 D'emblée, la coutume et les usages appellent une précision et suscitent l'embarras. La précision tient au sens des mots : on distingue parfois entre coutume et usages alors qu'on peut les tenir pour synonymes à condition de préciser que la coutume dérive d'un usage ayant persisté. En revanche, la coutume ou pratique suivie par la masse se distingue de l'habitude qui est une pratique non collective (v. G. Endreo, « L'habitude », *D.* 1981. Chron. 313) et qui est l'un des éléments constitutifs de certaines infractions dites infractions d'habitude. Dans la théorie générale du droit, on distingue volontiers trois sortes de coutumes, celle qui est *secundum legem* (conforme à la loi), celle qui est *praeter legem* (dans le silence de la loi), enfin celle qui est *contra* ou *adversus legem* (contraire à la loi). L'embarras en droit criminel tient au principe légaliste, solidement installé sur le territoire pénal. Ce principe ne s'est-il pas en effet affirmé au XVIIIe siècle en réaction contre le droit de l'époque qui était arbitraire car coutumier ? Depuis, la coutume se trouve comme proscrite, marquée d'un péché originel, alors que les principes généraux

ne vont pas directement contre la loi puisqu'ils s'appuient sur l'esprit général de la législation.

Pourtant, l'examen du droit positif montre que la coutume n'a jamais été absente, qu'il s'agisse du droit substantiel (où cependant elle ne saurait créer une infraction) ou du droit formel.

A. — En droit de fond

9 L'arrêt *Le Guern*, rendu par la chambre criminelle le 5 octobre 1967 montre tout l'intérêt des usages en matière de fraude. Selon cet arrêt, lorsque le produit vendu n'est pas réglementé, le juge peut faire appel aux « usages loyaux et constants du commerce » pour savoir si le produit mérite la qualification que lui a donnée le prévenu. L'appel aux usages est d'autant plus remarquable que la loi du 1er août 1905 sur les fraudes et falsifications en matière de produits ou de services n'y fait pas allusion (auj. C. consom., art. L. 213-1). L'arrêt du 5 octobre fait bien apparaître la place des usages en matière de fraude : ils constituent un élément de l'incrimination, mais sous une double réserve.

D'une part, les usages ont un rôle supplétif. C'est en l'absence de texte réglementaire qu'ils interviennent, un peu comme les principes généraux comblent les lacunes de la loi (Crim. 15 janv. 1985, *D.* 1985. IR 286 ; Crim. 17 janv. 1996, n° 93-83.887, *Bull. crim.* n° 30). Le principe est en effet qu'il est statué par voie de règlement sur la fabrication, la présentation et la composition des marchandises (C. consom., art. L. 214-1). S'il y a un texte, il faut que le juge l'applique (Crim. 4 févr. 1898, *S.* 1899. 1. 249, note J.-A. Roux et T. corr. Bobigny 22 nov. 1972, *Gaz. Pal.* 1972. 2. 890, impossibilité de ne pas appliquer un texte d'incrimination au motif qu'il n'est plus appliqué ou inadapté). Ces usages ont la valeur d'une coutume *praeter legem*.

D'autre part, les usages doivent être constants et loyaux. Loyaux d'abord c'est-à-dire insusceptibles de tromper l'acheteur. Constants ensuite parce qu'ils sont d'origine coutumière et qu'ils ne peuvent donc être pris en considération que s'ils peuvent s'abriter derrière une tradition. L'appréciation du caractère constant par le juge est d'ailleurs facilitée par la création de « codes d'usages » élaborée par les syndicats professionnels ou par des « centres techniques industriels » définis par une loi du 22 juillet 1948 complétée par une ordonnance du 30 décembre 1958, article 177 (P. Pigassou, *Rép. pén., V°* « Fraudes », n° 98). Ces « codes » sont considérés du reste comme de véritables actes administratifs ainsi que le suggère le Conseil d'État (CE 31 juill. 1942, *Monpeurt Verreries et Cristalleries d'Alfortville*, req. n° 71398, *Lebon* 239). Cette qualification présente un avantage de sécurité juridique (P. Pigassou, note sous TGI Paris 13 janv. 1975, *JCP* 1977. II. 18618). Elle fait apparaître aussi une certaine unité entre l'usage et le texte écrit, celui-ci consacrant celui-là, mais lui ôtant par là même son caractère de source autonome du droit pénal. Ces « codes d'usages » sont, après coup, une revanche du principe légaliste, ou du moins du principe (non absolu) que la règle de droit pénal est écrite. Ils apparaissent ainsi comme un sous-produit du principe légaliste.

10 L'arrêt *Le Guern* n'épuise pas les intérêts de la coutume en droit pénal de fond. La coutume a en effet en outre une valeur justificative en excluant l'incrimination. C'est vrai dans le droit de la fraude où il a été jugé que les usages tolèrent des présentations inexactes (Crim. 6 févr. 1974, *D.* 1974. 493, note J.-C. Fourgoux, licéité d'une désignation d'un parfum par la fleur dont il a l'odeur même si ce parfum n'est pas naturel). C'est vrai aussi en matière de coups volontaires, la coutume justifiant certaines violences telles celles que font les parents à leurs enfants ou celles que se font les sportifs entre eux (R. Merle et A. Vitu, I, n° 432, *add.* pour une gifle donnée par un enseignant à un écolier insolent, T. pol. Bordeaux 18 mars 1981, *D.* 1982. 182, note D. Mayer) ; cependant s'agissant du droit de correction, la jurisprudence entend de plus en plus restrictivement la permission coutumière (J. Pradel, *Droit pénal général*, n° 357) et le pouvoir disciplinaire de l'enseignant doit être inoffensif (Crim. 31 janv. 1995, n° 93-85.711, *Bull. crim.* n° 38 ; *RSC* 1995. 814, obs. Y. Mayaud). Un maire qui avait giflé légèrement un adolescent qui l'avait invectivé et menacé a évité la condamnation, mais par appel des juges à la légitime défense (Douai 10 oct. 2012, *RSC* 2013. 743, obs. Y. Mayaud). C'est parfois même la loi qui reconnaît un effet justificatif à la coutume (art. 521, al. 4 C. pén., licéité des courses de taureaux et combats de coqs en cas de tradition locale « ininterrompue » malgré le principe général de la punissabilité des sévices graves à animaux) ; la jurisprudence est cependant réduite (Crim. 8 juin 1994, *Bull. crim.* n° 225 ; Crim. 16 sept. 1997, n° 96-82.649, *Bull. crim.* n° 295) ; le Conseil constitutionnel a validé l'expression de « tradition locale ininterrompue » qui lui paraît assez précise pour exclure le risque d'arbitraire (Cons. const. 21 sept. 2012, QPC, *D.* 2012. Actu. 2174 ; *ibid.* 2486, obs. Davert ; *AJ pénal* 2012. 597, obs. Lacroix ; *Dr. pénal* 2012. Étude 25, par J.-Y. Maréchal ; *Rev. pénit.* 2012. 632, obs. A. Lepage). Autre exemple : c'est parce qu'il est d'usage dans l'hôtellerie de ne pas présenter la note au client au-delà du dixième jour que la loi ne protège plus les hôteliers qui ont imprudemment présenté leur note au-delà de ce délai, ce qui a pour effet d'exclure l'application de l'article 313-5 du Code pénal sur la filouterie d'hôtel. Dans ces deux derniers exemples, on prendra soin de noter que le principe légaliste n'est pas totalement abandonné puisque c'est le législateur lui-même qui s'en remet aux usages.

11 C'est en droit pénal international que la coutume a le plus d'importance. Une immunité devant les juridictions pénales, fondée sur la coutume internationale, bénéficie au chef d'État, au gouvernement et au ministre des affaires étrangères (Cour internationale de justice, 14 févr. 2002, *JCP* 2002. II. 10185, note Lambert-Abdelgawad ; Crim. 13 mars 2001, n° 00-87.215, *D.* 2001. 2631, note J.-F. Roulot). Un arrêt a même décidé que « la coutume internationale, qui s'oppose à la poursuite des États devant les juridictions pénales d'un État étranger, s'étend aux organes et entités qui constituent l'émanation de l'État ainsi qu'à leurs agents en raison d'actes qui relèvent de la souveraineté de l'État concerné » (Crim. 23 nov. 2004, n° 04-84.265, *Bull. crim.* n° 292, *RPDP* 2005. 220, obs. Ph. Bonfils ; *add.* M. Massé, « La coutume internationale dans la jurisprudence de la chambre criminelle », *RSC* 2003. 894, préc.).

B. — En procédure

12 En procédure, les usages jouent un rôle plus important encore qu'en droit substantiel. Il est en effet impossible au législateur de prévoir toutes les règles, surtout en ce qui concerne l'instance. Toutefois, les usages doivent n'être pas contraires à la loi (ce qui était le cas de la correctionnalisation, d'où sa légalisation à certaines conditions, art. 469, al. 4 C. pr. pén., réd. loi du 9 mars 2004) et apparaître comme indispensables à la conduite du procès pour que la Cour de cassation accepte d'en tirer des conséquences de droit. L'exemple de l'enquête officieuse, sous l'empire du Code d'instruction criminelle, en est une bonne illustration.

13 Cette enquête n'était pas contraire au Code d'instruction criminelle. Elle était seulement non prévue par lui, puisque ses articles 29, 48, 50 et 54 prévoyaient uniquement que les officiers de police judiciaire devaient avertir le parquet des dénonciations et infractions dont ils avaient connaissance. L'enquête, appelée d'ailleurs officieuse, était en somme extralégale, non illégale (pour : R. Garraud, *Traité d'instruction criminelle*, II, n° 750 ; *contra* Faustin Hélie, *Traité d'instruction criminelle*, IV, p. 98). Il est bien évident qu'un usage heurtant de front la loi ne pourrait être admis et la pratique de la correctionnalisation le montre bien puisque la Cour de cassation annule la procédure dès que le « camouflage » des aspects criminels de l'infraction n'est pas parfait (Crim. 9 nov. 1955, *JCP* 1956. II. 9249, note J. Granier ; Crim. 12 juin 1958, *Bull. crim.* n° 457 ; Crim. 3 janv. 1970, *Bull. crim.* n° 4).

14 Non contraire au Code d'instruction criminelle, l'enquête officieuse était également indispensable au parquet pour l'éclairer sur la suite à donner à l'affaire. Cette idée d'usage fondé sur la nécessité apparaît dès le lendemain du Code d'instruction criminelle. Ainsi en 1817, Jacquinot-Pampelune, procureur du roi à Paris, écrivait aux officiers de police judiciaire de son ressort : « Quoique la loi ne semble vous charger, Messieurs, de dresser des procès-verbaux qu'en cas de crimes et de délits flagrants, cependant l'usage introduit par la nécessité est que vous en dressiez aussi hors le cas de flagrance, et même quand il s'agit seulement d'un fait correctionnel. Si vos procès-verbaux dans ce cas paraissent n'avoir pas la même force, ils servent au moins de renseignements » (cité par J. Denis, *L'enquête préliminaire*, 1971, p. 57).

Dès lors, la Cour de cassation ne pouvait manquer de tirer des conséquences de l'enquête officieuse, comme le caractère interruptif de prescription des actes qu'elle comporte (Crim. 30 mars 1911, *Bull. crim.*

nº 177 ; Crim. 26 janv. 1955, *Bull. crim.* nº 64), alors pourtant qu'il s'agit en principe d'actes de police et que seuls sont interruptifs les actes d'instruction et de poursuite (C. instr. crim., art. 637 et 638, auj. C. pr. pén., art. 7 ; v. *GAPP*, nº 8).

5 Certes, l'enquête officieuse est aujourd'hui légalisée (C. pr. pén., art. 14, 35, 75 à 78). Mais les développements qu'on vient de donner sur elle gardent leur valeur car la jurisprudence, ou tout simplement les praticiens, agissent pareillement dans d'autres secteurs de la procédure. Ainsi, en l'absence de loi, même aujourd'hui, les juges d'instruction n'ont pas hésité, depuis la fin du siècle dernier, à ordonner un examen psychiatrique de l'inculpé en matière criminelle. Une remarque analogue peut être faite à propos de l'interrogatoire de *curriculum vitae* et de l'enquête de personnalité (qui, elle, a été légalisée, C. pr. pén., art. 81). Dans toutes ces hypothèses, on se trouve en présence de coutumes *praeter legem.* Au contraire, la correctionnalisation est le type même de la coutume *contra legem* puisque les praticiens y recourant violent délibérément la loi pénale de fond en traitant en délit une infraction de nature criminelle.

Il convient cependant de ne point forcer le trait : la coutume en matière pénale ne doit pas être trop envahissante à cause du double caractère textuel et d'ordre public du droit pénal. On est moins à l'aise pour admettre la coutume en matière pénale qu'en matière civile et l'on peut rappeler que les rédacteurs du Code civil étaient favorables à l'admission du caractère obligatoire de la coutume (v. *Le discours préliminaire au projet de Code civil de Portalis*, Fenet, I, p. 469 s.).

En marge de ces remarques sur la coutume, il faut se demander si les adages et brocards constituent eux aussi une source du droit, notamment en matière pénale (sur la question en général, H. Roland et L. Boyer, *Adages du droit français*, Litec, 4e éd., 1999 ; G. Cornu, V° « Adages et brocards », in D. Alland et S. Rials (dir.), *Dictionnaire de la culture juridique*, Lamy, PUF, 2003).

La question se pose d'autant plus que les adages sont nombreux en matière pénale. On connaît *Ne bis in idem, in dubio pro reo, nullum crimen, nulla poena sine lege, nemo auditur propriam turpitudinem allegans*, à l'impossible nul n'est tenu, qui peut le plus peut le moins… Ces adages sont en pratique souvent invoqués par les parties à un procès. Portalis avait averti « qu'à défaut de texte précis sur chaque matière, un usage ancien, constant et bien établi… une opinion ou une maxime reçue tiennent lieu de loi » (*Discours préliminaire au premier projet de Code civil*). Cependant la brièveté des adages, leur manque de précision sur les conditions d'application de la règle qu'ils contiennent ne plaide pas en faveur de leur reconnaissance comme source du droit au titre de la coutume. On dira que les adages ont une fonction pédagogique et directive, en éclairant le juge, en nourrissant le débat. Les adages sont certes des sources, mais de façon assez particulière, au second degré.

J. P.

3

CONTRAVENTIONS – CRÉATION COMPÉTENCE DU POUVOIR EXÉCUTIF

CE, 12 févr. 1960, n° 46922, ***Société Eky***
(*Lebon* 101 ; *JCP* 1960. II. 11629, note G. Vedel ; *D.* 1960. 263, note J. L'Huillier ; *S.* 1960. 131, concl. Kahn)

Crim., 26 févr. 1974, n° 72-93.438, ***Schiavon***
(*Bull. crim.* n° 82 ; *Gaz. Pal.* 1974. 1. 235, concl. A. Touffait ; *D.* 1974. 273, note R. Vouin ; *RSC* 1974. 855, obs. J. Larguier)

Il résulte de la combinaison des articles 34 et 37 de la Constitution du 4 octobre 1958 que la détermination des contraventions et des peines dont elles sont assorties relève du pouvoir réglementaire (1re esp.).

Les textes qui déterminent les pénalités applicables aux contraventions ont valeur législative et s'imposent aux juridictions judiciaires (2e esp.).

Conseil d'État, 12 février 1960, *Société Eky*

Le Conseil d'État. – Sur le pourvoi n° 46.922 dirigé contre les dispositions des articles R. 30, alinéa 6, R. 31, dernier alinéa, R. 32, dernier alinéa et R. 33 du Code pénal, édictées par le décret du 23 décembre 1958 :

Sur les moyens tirés de la violation de l'article 8 de la Déclaration des droits de l'homme et de l'article 34 de la Constitution : – Considérant que, si l'article 8 de la Déclaration des droits de l'homme de 1789 à laquelle se réfère le Préambule de la Constitution pose le principe que « Nul ne peut être puni qu'en vertu d'une loi établie et promulguée antérieurement au délit », l'article 34 de la Constitution qui énumère les matières relevant du domaine législatif, dispose que la loi fixe « les règles concernant… la détermination des crimes et délits et les peines qui leur sont applicables » ; que ni cet article ni aucune disposition de la Constitution ne prévoit que la matière des contraventions appartient au domaine de la loi ; qu'ainsi il résulte de l'ensemble de la Constitution et, notamment, des termes précités de l'article 34 que les auteurs de celle-ci ont exclu dudit domaine la détermination des contraventions et des peines dont elles sont assorties et ont, par conséquent, entendu spécialement déroger sur ce point au principe général énoncé par l'article 8 de la Déclaration des droits ; que, dès lors, la matière des contraventions relève du pouvoir réglementaire par application des dispositions de l'article 37 de la Constitution ; – Considérant que, d'après l'article 1er du Code pénal, l'infraction qui est punie de peines de police est une contravention ; qu'il résulte des articles 464, 465 et 466 dudit code que les peines de police sont l'emprisonnement pour une durée ne pouvant excéder deux mois, l'amende jusqu'à un maximum de 200 000 F et la confiscation de certains objets saisis ; que les dispositions attaquées des articles R. 30 et suivants du Code pénal punissent d'une amende de 2 000 F à 4 000 F et d'un emprisonnement de trois jours au plus et, en cas de récidive, de huit jours, ceux qui auront accepté, détenu ou utilisé des moyens de paiement ayant pour objet de suppléer ou de remplacer les signes monétaires ayant cours légal ; que les infractions ainsi visées se trouvant punies de peines de simple police, constituent des contraventions ; que, dès lors, c'est par une exacte application de la Constitution que le gouvernement, par voie réglementaire, les a définies et a fixé les peines qui leur sont applicables ;

Sur le moyen tiré de la violation de l'article 4 du Code pénal : – Considérant qu'il résulte de ce qui a été dit ci-dessus que l'article 4 dudit code édicté par la loi du 12 février 1810 est incompatible avec les dispositions des articles 34 et 37 de la Constitution du 4 octobre 1958 en tant qu'il a prévu que nulle contravention ne peut être punie de peines qui n'aient été prononcées par la loi et doit, par suite, être regardé comme abrogé sur ce point.

Considérant qu'il résulte de tout ce qui précède que les requêtes susvisées ne sauraient être accueillies ;

Art. 1er. – Les requêtes susvisées de la Société Eky sont rejetées.

Chambre criminelle, 26 février 1974, *Schiavon*

La Cour. – Statuant sur le pourvoi de Schiavon Claude contre un arrêt de la cour d'appel de Toulouse du 8 novembre 1972, qui l'a condamné, pour délits d'homicide et blessures involontaires et contravention au Code de la route, à 15 jours d'emprisonnement avec sursis, 500 F et 100 F d'amende, à la suspension pendant 2 mois de son permis de conduire, ainsi qu'à des réparations civiles ;

Vu les mémoires produits en demande et en défense ;

Attendu que les articles R. 10 et R. 14 du Code de la route constituent un règlement de police légalement pris par l'autorité compétente ; que l'article R. 232 du même code, qui en sanctionne l'inobservation, édicté des peines d'emprisonnement et d'amende entrant dans les prévisions des articles 464, 465, 466 du Code pénal et 521 du Code de procédure pénale, lesquels déterminent les pénalités applicables aux contraventions de police ; que ces derniers textes, ayant valeur législative, s'imposent aux juridictions de l'ordre judiciaire qui ne sont pas juges de leur constitutionnalité ;

D'où il suit que le moyen doit être rejeté ;

OBSERVATIONS

1 Le monopole du pouvoir législatif dans la création de la norme pénale est longtemps apparu comme un principe fondamental, la loi qui exprime la volonté générale pouvant seule apprécier quels sont les agissements qui troublent l'ordre public et comment ils doivent être pénalement sanctionnés. Ce principe du droit révolutionnaire a sans doute depuis longtemps subi de nombreuses atteintes, notamment par la technique de la délégation des pouvoirs au profit de l'exécutif, mais avec la Constitution du 4 octobre 1958 la question paraît se poser différemment.

2 L'article 34 de la Constitution qui définit les matières soumises à la compétence du pouvoir législatif n'a, dans le domaine des incriminations, visé que la détermination « des crimes et des délits et les peines

qui leur sont applicables ». Par ailleurs on sait que l'article 37 précise que « les matières autres que celles qui sont du domaine de la loi ont un caractère réglementaire ».

La combinaison de ces deux articles, jointe à l'interprétation littérale de l'expression « crimes et délits » conduisait donc à retirer au pouvoir législatif tout le domaine des contraventions, la matière devenant purement réglementaire ce qui constituait un recul très net du principe de la légalité. Néanmoins une autre interprétation demeurait possible. En effet l'expression « crimes et délits » très souvent utilisée dans le Code pénal de 1810 a été généralement interprétée comme le synonyme du mot infraction (art. 64, 322, 328, 329, *contra* art. 5). Dès lors ne pouvait-on pas admettre que le Constituant de 1958 se référant implicitement à une formule traditionnelle n'avait pas entendu apporter d'innovation sur ce point. On peut noter que l'introduction dans notre droit du système de la question préalable de constitutionnalité permet désormais au Conseil constitutionnel de préciser le domaine de chacune des deux normes. On peut citer à titre d'exemple : Cons. const. 4 avr. 2014, n° 2014-389 QPC, confirmant la constitutionnalité de l'article L. 6211 du CSP qui renvoie à un arrêté le soin d'établir la liste des tests de dépistages de signaux biologiques qui, selon la Haute juridiction, ne met pas en cause des règles ou principes fondamentaux réservés à la loi. Elle a en conséquence rejeté la QPC. En revanche, dans une décision du 24 avril 2014 n° 2014-393 QPC, le Conseil a censuré l'article 728 du C. pr. pén. (dans sa rédaction antérieure à la loi pénitentiaire de 2009) qui renvoyait au pouvoir réglementaire l'organisation et le régime intérieur des établissements pénitentiaires en estimant que les garanties fondamentales accordées aux détenus relèvent nécessairement de la loi.

3 Dès le lendemain de l'entrée en vigueur de la Constitution, le gouvernement, arguant de la compétence qu'il tenait de l'article 37 de la Constitution, s'octroyait une compétence exclusive dans le domaine des contraventions. D'abord, et par ordonnance relevant de l'article 92 de la Constitution (texte aujourd'hui abrogé par la L. const. du 4 août 1995) en faisant disparaître de la partie législative du Code pénal la définition des contraventions, ensuite en prenant rapidement (le Code de la route du 15 décembre 1958 était le premier exemple) une série d'incriminations par voie réglementaire.

Cette interprétation gouvernementale de la Constitution qui réalisait un recul très grave du principe de la légalité, ce qu'un auteur (P. Durand, « La décadence de la loi dans la Constitution de la Ve République », *JCP* 1959. I. 1470) a appelé « l'humiliation de la loi », et qu'un auteur moderne (Y. Mayaud, n° 51) qualifie simplement de repli par adoption d'un principe de répartition, devait, pour être maintenue, recevoir l'approbation des instances judiciaires susceptibles de la contrôler d'une manière ou d'une autre. Ainsi outre le Conseil constitutionnel dont c'est la mission officielle, il s'agit du Conseil d'État par la voie du recours pour excès de pouvoir et de la chambre criminelle de la Cour de cassation par le biais de l'exception d'illégalité.

4 La décision du Conseil d'État du 12 février 1960 (*Société Eky*) et l'arrêt *Schiavon* de la chambre criminelle du 26 février 1974 que nous avons retenus admettent l'une et l'autre que le règlement est la source unique de la qualification pénale en matière de contravention mais les deux hautes juridictions n'adoptent cependant pas la même méthode.

Le Conseil d'État saisi d'un recours pour excès de pouvoir contre un règlement ayant érigé en contravention le fait « d'accepter, de détenir ou de faire usage des effets ou billets destinés à remplacer les signes monétaires ayant cours légal » (C. pén. de 1810, art. R. 30 et R. 33) se prononce de manière directe et expresse en confirmant l'interprétation gouvernementale de la Constitution de 1958 : « la matière des contraventions relève du pouvoir réglementaire ».

La Cour de cassation saisie sur la base d'une exception d'illégalité, si elle aboutit à une conclusion identique, se refuse néanmoins à prendre parti sur le fond du problème puisqu'elle se borne à constater qu'elle est incompétente pour apprécier un texte ayant une portée législative. C'est cette double consécration, directe (I), puis indirecte (II) de la compétence réglementaire en matière contraventionnelle que nous allons examiner successivement.

I. — Consécration directe du pouvoir réglementaire en matière pénale par le Conseil d'État en matière de contravention

5 Le Conseil d'État dans l'arrêt *Société Eky* a été la première autorité de contrôle à se prononcer sur la validité de l'interprétation gouvernementale de la Constitution relativement à l'incrimination des contraventions. Il a alors pris parti clairement en considérant que la compétence réglementaire en matière contraventionnelle résulte simplement d'une interprétation logique des articles 34 et 37 de la Constitution (A). Cette solution confirmée par le Conseil constitutionnel (19 févr. 1963, *D.* 1964. 92, note L. Hamon) ne paraissait plus devoir être mise en doute et n'était même plus discutée lorsque le Conseil constitutionnel dans une décision du 28 novembre 1973 (n° 73-80 L, *JO* 6 déc. ; *D.* 1974. Lég. 269 ; *RD publ.* 1974. 903) était venu ranimer la controverse en affirmant, d'une manière purement incidente, que la détermination des contraventions relève du domaine réglementaire « lorsque lesdites peines ne comportent pas de mesures privatives de liberté ». Face à ce revirement partiel de position de la plus haute autorité de contrôle, l'interprétation initiale de la Constitution pouvait-elle être maintenue (B) ?

A. — L'affirmation d'un principe général de compétence fondé sur la combinaison des articles 34 et 37 de la Constitution

6 Le recours de la Société Eky étant fondé sur la violation de l'article 8 de la Déclaration des droits de l'homme et de l'article 34 de la Constitution, le Conseil d'État s'est borné à faire une analyse rationnelle de

l'articulation des différents textes. En effet, si le premier texte pose le principe général selon lequel « Nul ne peut être puni qu'en vertu d'une loi établie et promulguée antérieurement au délit », le second texte invoqué, qui énumère les matières relevant du domaine législatif, n'a visé que les crimes et les délits. Il faut donc admettre, en l'absence de toute autre indication, que les auteurs de la Constitution ont entendu soumettre au domaine réglementaire le régime des contraventions, conformément à la règle posée dans l'article 37. L'article 34 se présente donc sur ce point comme une disposition spéciale dérogeant à la règle générale énoncée dans le Préambule de la Constitution. Dès lors que les sanctions prévues par les articles R. 30 et suivants du Code pénal de 1810 étaient comprises dans les limites fixées par les articles 463 et suivants du même Code pénal, le Conseil d'État était donc nécessairement conduit à rejeter le recours de la société Eky.

7 Cette décision a été critiquée par certains auteurs (J. L'Huillier, note préc.), au motif essentiel que l'article 34 n'apporte aucune dérogation expresse au principe général formulé dans l'article 8 de la Déclaration des droits de l'homme et du citoyen. Il est vrai, comme on l'a précédemment indiqué, que la formule « crimes et délits » pouvait aussi être comprise, selon un sens qui lui était classiquement attribué dans le Code pénal de 1810, celui d'infraction (M.-L. Rassat, « Emprisonnement et contraventions », *JCP* 1975. 1. 2740 ; G. Levasseur, « Une révolution en droit pénal : le nouveau régime des contraventions », *D.* 1959. Chron. 122). Il reste cependant que la volonté des auteurs du projet de Constitution était bien de distinguer les contraventions et les autres infractions (en ce sens conclusions du Commissaire du gouvernement dans l'arrêt commenté). Sans doute les travaux du Comité consultatif constitutionnel n'ont-ils aucune valeur juridique particulière (J. L'Huillier, note préc. et M.-L. Rassat, art. préc.) mais ils ont au moins le mérite de montrer que l'interprétation gouvernementale de la Constitution n'était pas dénuée de fondement.

8 On remarquera d'ailleurs que la doctrine, tout en estimant que cette position constituait un recul du principe de la légalité formelle, admettait que le sens ainsi attribué à la Constitution n'était guère contestable (A. Decocq, p. 107). Néanmoins en raison même du caractère exceptionnel de cette règle nouvelle, il était enseigné qu'on devait se montrer très attentif quant à sa portée. Ainsi la distinction entre le délit et la contravention ne relève-t-elle que de la loi et les peines de police ne peuvent-elles jamais intervenir dans un secteur qui, par sa nature, dépend de la loi. On notera d'ailleurs que la réciproque n'est pas totalement vraie. En effet, certaines dispositions législatives édictent parfois des peines contraventionnelles, or le Conseil constitutionnel, lorsqu'il est saisi, refuse de les annuler (v. sur ce point Cons. const. 30 juill. 1982, n° 82-143 DC, *GDCC*, n° 17 ; F. Desportes et F. Le Gunehec, n° 206 et pour un exemple précis art. 23 de la loi n° 2001-1062 du 15 novembre 2001 relative à la sécurité quotidienne punissant de la peine des contraventions de 5e classe l'organisation, sans déclaration préalable, des *rave-party ;*

J.-H. Robert, p. 112). On aurait pu penser à une certaine inflexion de cette jurisprudence, résultant d'une décision du Conseil constitutionnel n° 2005-512 DC du 21 avril 2005 (*Loi d'orientation et de programme pour l'avenir de l'école*), déclarant réglementaires certaines dispositions d'une loi mais sans les censurer pour autant (cons. 12). En réalité, cette jurisprudence a été abandonnée par une décision du Conseil constitutionnel n° 2012-649 DC du 15 mars 2012 qui rappelle « que la constitution n'a pas voulu frapper d'inconstitutionnalité une disposition réglementaire contenue dans une loi et que, par suite, les requérants ne sauraient se prévaloir de ce que le législateur est intervenu dans le domaine réglementaire pour soutenir que les dispositions seraient contraires à la Constitution ou pour demander que soit déclaré son caractère réglementaire » (cons. 10).

9 Par ailleurs toutes les règles de droit pénal général, pour des raisons de simplicité évidente, ressortissent toujours de la compétence législative (v. A. Decocq, préc. ; G. Roujou de Boubée, « Les deux sources du droit pénal dans la Constitution du 4 octobre 1958 », *JCP* 1961. I. 1638 ; Y. Mayaud, n° 53). Ainsi limité, le principe de la dualité des sources du droit pénal paraissait accepté. Bien entendu cette solution conduisait à considérer que l'article 4 du Code pénal de 1810 qui attribuait toujours à la loi la matière des contraventions devait être abrogé sur ce point parce que contraire aux articles 34 et 37 de la Constitution (v. pour une proposition contraire M.-L. Rassat, *Droit pénal*, PUF, n° 98). C'est d'ailleurs ce qu'admet expressément l'arrêt *Société Eky* et qui est aujourd'hui confirmé dans le Code pénal actuel (C. pén., art. 111-2, al. 2).

B. — La limitation de la compétence du pouvoir réglementaire aux peines non privatives de liberté

10 La question paraissait donc réglée lorsqu'en 1973 le Conseil constitutionnel était « venu saper cette belle certitude » (R. Merle et A. Vitu, t. I, n° 215) en affirmant dans un attendu purement incident que si les contraventions et les peines qui leur sont applicables sont soumises au domaine réglementaire, c'est « lorsque lesdites peines ne comportent pas de privation de liberté ». Selon la Haute juridiction, le pouvoir réglementaire ne peut donc jamais sanctionner une contravention par une peine d'emprisonnement.

Cette petite phrase devait susciter immédiatement une importante littérature dans la presse quotidienne (notamment G. Vedel, « Encore une petite phrase », *Le Monde*, 5 déc. 1973 ; J.-C. Soyer, « Les grands principes et le citoyen », *Le Figaro*, 29 déc. 1973 ; J. Robert, *La Croix*, 1er févr. 1979, Conseil d'État, Conseil constitutionnel, Cour de cassation, etc. ; M.-L. Rassat, « Emprisonnement et contraventions », *JCP* 1975. I. 2740 ; J. Rivero, « Peines de prison et pouvoir réglementaire », *AJDA* 1974. 229 s.). Il est vrai que les conséquences virtuelles de ce revirement partiel du Conseil constitutionnel étaient considérables. Non seulement le pouvoir réglementaire se voyait ainsi privé pour l'avenir d'une sanction efficace mais surtout il apparaissait que, pour le passé, une multitude de textes réglementaires sanctionnés de peines d'emprisonnement se voyaient en quelque sorte rétroactivement considérés comme illégaux, plus exactement inconstitutionnels. Sans doute pour la plupart d'entre eux un recours pour excès de pouvoir n'était-il plus possible, mais tout contrevenant conservait la possibilité d'invoquer devant un tribunal répressif une exception « d'inconstitutionnalité » de ces textes. Des milliers de recours pouvaient être introduits et il en serait résulté à la fois une anarchie et un immense vide juridique qu'il aurait fallu très rapidement combler (en ce sens concl. A. Touffait concernant l'arrêt *Schiavon*).

11 Au-delà des conséquences pratiques susceptibles de découler de l'arrêt du Conseil constitutionnel, on peut s'interroger sur la cohérence de la solution proposée. Il était possible, nous l'avons dit, d'interpréter différemment les articles 34 et 37 de la Constitution en intégrant la totalité des infractions dans le domaine législatif mais on ne voit pas très bien comment scinder le domaine contraventionnel, selon la nature de la peine prévue, en contraventions légales et contraventions réglementaires. Cela ne repose sur aucun texte constitutionnel. Ceux qui sont d'ailleurs expressément visés dans l'arrêt ne distinguent aucunement selon la sanction applicable. Au surplus on notera que la Haute juridiction propose une solution quelque peu incohérente puisque la peine d'amende est indirectement privative de liberté par le jeu de la contrainte par corps, judiciaire depuis la loi du 9 mars 2004 (A. Touffait, préc.). L'argumentation textuelle proposée dans les quatre lignes de la décision n'est nullement convaincante comme certains auteurs ont pu le démontrer (M.-L. Rassat, préc.) mais à supposer qu'elle le soit, il fallait aller plus loin en excluant la totalité du domaine contraventionnel du pouvoir réglementaire (J. Larguier, *RSC* 1974. 855). Quelle allait être la réaction des juridictions administratives et judiciaires ? Le Conseil d'État fut le premier à se prononcer dans un avis du 17 janvier 1974 (*D.* 1974. 280) maintenant en tout point la jurisprudence résultant de l'arrêt *Société Eky*. Se fondant en particulier sur l'article 465 du Code pénal de 1810 qui prévoyait des peines d'emprisonnement, il considère que par application de l'article 34 de la Constitution, le pouvoir réglementaire peut parfaitement prendre de telles mesures privatives de liberté. Il conclut donc, conformément à la jurisprudence qu'il a toujours suivie, qu'il n'est pas possible de distinguer selon les sanctions pénales contraventionnelles, toutes prévues par un texte (C. pén. de 1810, art. 465) ayant valeur législative. Cette solution a d'ailleurs été consacrée ultérieurement dans plusieurs arrêts (CE 3 févr. 1976, *RD publ.* 1979. 535, M. Waline ; CE 8 févr. 1985, *D.* 1985, Flash, n° 8). La Cour de cassation allait-elle suivre une telle voie ? Nous allons voir que si la solution est identique, l'argumentation est un peu différente, la consécration du pouvoir réglementaire en matière contraventionnelle n'étant qu'indirecte.

II. — Consécration indirecte du pouvoir réglementaire en matière pénale par la Cour de cassation

2 Plusieurs tribunaux répressifs (T. pol. de Pithiviers, TGI d'Orléans : décisions citées par A. Touffait) devaient très rapidement, en suivant la doctrine de l'arrêt du Conseil constitutionnel, admettre l'exception d'inconstitutionnalité pour des contraventions passibles de peines d'emprisonnement. En revanche la chambre criminelle devait inévitablement être saisie par des individus pour qui l'exception n'avait pas été admise. C'est ce que fit le sieur Schiavon qui introduisit un moyen additionnel dans son recours contre une décision de la cour d'appel de Toulouse qui l'avait condamné pour contravention au Code de la route (C. route, art. R. 10 et R. 14) à 15 jours d'emprisonnement avec sursis. L'argument était d'une grande simplicité et directement inspiré de l'arrêt du Conseil constitutionnel : « le pouvoir réglementaire était incompétent pour sanctionner par une peine d'emprisonnement des contraventions ».

La Cour de cassation a rejeté ce pourvoi mais sans véritablement prendre parti quant au fond du problème, c'est-à-dire la possibilité pour le pouvoir réglementaire d'édicter des peines privatives de liberté : ce faisant la Cour suprême considère donc implicitement qu'elle n'est nullement tenue par la solution du Conseil constitutionnel (A). Elle évite néanmoins de contredire directement cette décision en se plaçant sur un autre terrain (B).

A. — L'absence d'autorité de la décision du Conseil constitutionnel excluant les peines privatives de liberté du domaine réglementaire

13 Si l'arrêt *Schiavon* ne comporte aucune allusion quant à l'autorité éventuelle de la décision du Conseil constitutionnel, le Procureur général A. Touffait, dans ses conclusions, a pris soin de démontrer pourquoi la chambre criminelle ne pouvait être liée, le motif étant dépourvu de toute autorité de chose jugée. Sans doute l'article 62 de la Constitution édicte-t-il que les décisions du Conseil constitutionnel s'imposent aux autorités juridictionnelles, notamment pénales mais uniquement en ce qui concerne le dispositif et les motifs qui en sont le soutien nécessaire (Cons. const. 16 janv. 1962, *S.* 1963. 303, note L. Hamon). S'agissant de l'arrêt du 28 novembre 1973, le Conseil avait été saisi par le gouvernement pour donner un avis sur une disposition de droit rural afin de constater selon l'article 26 de la Constitution « le caractère législatif ou réglementaire des dispositions qui lui ont été soumises ».

Il est bien évident que sur ce point, qui d'ailleurs ne faisait pas de doute puisqu'une peine d'amende seule était prévue, la décision a force obligatoire. Il n'en est pas de même en revanche de la « petite phrase » purement incidente exprimant un principe général sous une forme négative sans aucun rapport avec la question posée (J. Larguier, préc.). Le Conseil constitutionnel à l'instar de toutes les juridictions ne peut pas statuer par arrêt de règlement (C. civ., art. 5). Il est une autorité de contrôle et ne peut jouer une sorte de rôle législatif. La digression du Conseil relative aux « peines privatives de liberté » apparaissait donc comme une consultation indiquant la doctrine de la Haute juridiction sur un problème voisin mais qui ne lui était pas soumis (J. Larguier, préc.). Il était donc tout à fait normal que la solution proposée ne puisse s'imposer aux juridictions répressives (en ce sens G. Vedel, J.-H. Robert et J.-C. Soyer, préc. ; M. Puech, n° 1 ; R. Merle et A. Vitu, t. I, n° 224, etc.).

14 La chambre criminelle était parfaitement libre de sa décision et pouvait donc prendre au fond une position différente. Sur la proposition de son procureur général, elle a préféré se placer sur un autre terrain et rejeter le pourvoi en se maintenant strictement dans la limite de ses compétences (A. Touffait, concl. préc.).

On observera, qu'aujourd'hui, la Cour de cassation serait certainement saisie d'une question préjudicielle de constitutionnalité qui permettrait au Conseil constitutionnel d'imposer son point de vue, la Haute juridiction pouvant difficilement considérer, pour ne pas transmettre cette question, qu'elle n'a pas un caractère nouveau et sérieux (v. sur cette nouvelle procédure J. Pradel, n° 177 et l'abondante bibliographie citée ; Y. Mayaud, n° 123).

B. — L'application normale des règles interdisant le contrôle de la constitutionnalité des lois

15 Toute l'argumentation du pourvoi de Schiavon tendait, il faut le rappeler, à faire juger que les articles R. 10, R. 14, R. 232 du Code de la route étaient illégaux parce que contraires à une norme supérieure. En l'occurrence s'agissant de la Constitution il aurait été préférable de dire « inconstitutionnels ».

Il n'est pas contesté que les juridictions répressives peuvent apprécier la constitutionnalité d'un règlement autonome pris sur la base de l'article 37 de la Constitution (v. *infra*, n° 8), mais il est en revanche tout aussi sûr qu'elles n'ont aucun pouvoir pour apprécier la constitutionnalité d'une loi ou d'un texte ayant valeur législative. L'incompétence du juge judiciaire pour examiner la validité d'une loi criminelle est essentiellement fondée sur le principe de la séparation des pouvoirs et l'organisation dans la Constitution de la Ve République d'un contrôle *a priori* de la constitutionnalité des lois. Cette solution parfois contestée par la doctrine (M. Hauriou, *Principes de droit public*, 2e éd., p. 688 ; M. Puech, n° 11) est constamment réaffirmée en jurisprudence (Crim. 11 mai 1833, *S.* 1833. 1. 357 ; Crim. 2 févr. 1956, *D.* 1956. 678, note Maynier ; Crim. 20 déc. 1994, *Bull. crim.* n° 424 ; Crim. 14 mai 1998, *Bull. crim.* n° 163 ; CE 3 nov. 1933, *Gaz. Pal.* 1934. I. 604 ; v. R. Merle et A. Vitu, t. I, n° 240).

6 La chambre criminelle va donc rester très strictement dans la technique du pourvoi en considérant que l'exception d'illégalité ne peut être admise. En effet, les articles R. 10 et R. 14 du Code de la route ont été pris par une autorité compétente. Quant à l'article R. 235 du même code, il fixe une peine qui entre dans la prévision des textes (C. pén. de 1810, art. 464, 465, 466) qui avaient une valeur législative. Dès lors ces différentes dispositions s'imposent aux juges judiciaires. La chambre criminelle s'appuie ainsi, comme le lui avait suggéré le Procureur général A. Touffait dans ses conclusions, sur l'écran législatif constitué par les articles 465 et 466 du Code pénal de 1810 pour démontrer que le moyen du pourvoi est dépourvu de base légale. Il est bien évident que dans un droit qui, comme le nôtre, définit la nature des infractions par les peines qui y sont attachées, il fallait qu'un texte déterminât les sanctions relevant du domaine contraventionnel : réglementaire et celles relevant du domaine correctionnel ou criminel : législatif. Cette frontière ne pouvait être fixée que par la loi. En l'occurrence, il s'agissait d'une ordonnance prise sur la base de l'article 92 de la Constitution de 1958, texte ayant valeur législative (Crim. 20 juin 1949, *Bull. crim.* n° 331 ; M. Puech, n° 11) qui déterminait les peines contraventionnelles (C. pén. de 1810, art. 464 s.) parmi lesquelles l'emprisonnement pouvant aller jusqu'à 2 mois (v. auj. C. pén., art. 131-12 s. et 131-40 s.). Dès lors que la peine est prévue par la loi, toute exception d'illégalité soulevée sur ce seul fondement d'une violation de la Constitution ne peut être admise puisqu'elle se heurte à une disposition législative qui fait écran entre le règlement et la Constitution (dans le même sens, Crim. 6 mars 1989, *Bull. crim.* n° 104 ; Crim. 2 mai 1990, *Bull. crim.* n° 164). En choisissant dans l'arsenal des peines qui lui est proposé, le pouvoir réglementaire respecte la loi. Sans doute était-il possible de considérer que l'article 465 du Code pénal de 1810 était inconstitutionnel si l'on se référait à la nouvelle interprétation du Conseil constitutionnel, mais le juge pénal n'a pas la possibilité de le vérifier.

La position de la chambre criminelle est donc inattaquable sur un plan strictement juridique (pour une opinion plus réservée, M.-L. Rassat, art. préc., n° 18). Néanmoins en refusant de prendre parti sur le fond du droit, la Cour de cassation paraît se dérober, mais elle n'en est pas moins conduite indirectement à valider des textes qui, selon le Conseil constitutionnel, sont contraires à la Constitution. Cette jurisprudence a été confirmée dans une décision du 25 janvier 1978 (*Bull. crim.* n° 31 ; v. égal. Crim. 2 mai 1990, *Bull. crim.* n° 164, préc.).

17 Pouvait-elle agir autrement ? Sur le plan de l'opportunité, la réponse est certainement négative. Sur le plan strictement juridique, on peut estimer que l'argumentation de la juridiction constitutionnelle n'étant nullement convaincante elle aurait été amenée à la contredire directement, instaurant ainsi une contrariété de jurisprudence entre les deux juridictions. Le refus de prendre parti aurait d'ailleurs permis à la chambre criminelle de se soumettre à la décision du Conseil constitutionnel s'il avait maintenu sa position, mais on doit noter qu'il avait ultérieurement

renoncé à sa doctrine (v. Décis. du 23 sept. 1987, *JO* 26 sept. ; M. Puech, *Droit pénal général*, Litec, n° 38).

18 Plus globalement, la question du maintien de l'acte administratif comme source unique d'incrimination en matière contraventionnelle restait posée. La doctrine était très réticente pour admettre sans réserve ce pouvoir pénal de l'exécutif incontestablement contraire au principe de la légalité formelle (v. M.-L. Rassat, J. Larguier, G. Levasseur, art. préc.). Il était difficilement admissible, il est vrai, d'affirmer que les contraventions étaient des infractions bénignes pouvant sans risque être soumises à la compétence réglementaire et dans le même temps permettre que la peine encourue puisse aller jusqu'à 2 mois d'emprisonnement, ce qui normalement doit sanctionner une faute assez grave. Peut-être est-ce ce décalage qui avait amené le Conseil constitutionnel à réagir (en ce sens M. Puech, J.-C. Soyer, préc.). Les avant-projets de Code pénal devaient poser, en ce domaine, des règles de nature à résoudre cette difficulté en se soumettant à l'interprétation gouvernementale de la Constitution de 1958. Selon ces textes, même si la formulation varie, la détermination des contraventions et des peines applicables aux contrevenants relève du règlement mais dans les limites établies par la loi. Cette question a fait l'objet de longues discussions dans le débat parlementaire pour l'adoption du livre 1er du Code pénal. En définitive, le texte finalement adopté par la commission mixte paritaire a retenu la formule suivante : « Le règlement détermine les contraventions (il s'agit d'ailleurs d'un décret pris après avis du Conseil d'État, C. pén., art. R. 610-1) et fixe, dans les limites et selon les distinctions établies par la loi, les peines applicables aux contrevenants » (C. pén., art. 111-2, al. 2 : pour une critique de ce texte, v. M.-L. Rassat, n° 108). On peut donc considérer que les contraventions n'échappent qu'en partie à la compétence législative puisque le pouvoir réglementaire n'est compétent que dans un cadre nécessairement prédéterminé par le pouvoir législatif (J. Pradel, *Le nouveau Code pénal*, Partie générale, *ALD*, 2e éd., Chron. p. 202, Dalloz Service, p. 25 ; R. Merle et A. Vitu, t. I, n° 221 ; Y. Mayaud, n° 56 ; W. Jeandidier, *J.-Cl. Pénal*, art. 111-2 à 111-5 qui parle d'une compétence réglementaire attribuée sur délégation législative). Ainsi les peines contraventionnelles sont-elles définies par les articles 131-12 et 131-40 du Code pénal, la loi déterminant également aujourd'hui la division des contraventions en cinq classes (C. pén. art. 131-13). Le point le plus important reste cependant l'exclusion de toute peine d'emprisonnement. En excluant cette sanction, jugée disproportionnée par rapport à la nature des faits sanctionnés, le nouveau Code pénal situe ces infractions à leur vraie place. Le législateur se soumet ainsi, avec quelque vingt ans de retard, aux exigences du Conseil constitutionnel (F. Desportes et F. Le Gunehec, n° 207).

Peut-être peut-on alors considérer que l'atteinte à la légalité formelle en matière pénale, inévitable en pratique dans notre système constitutionnel actuel, reste supportable. La réforme du Code pénal ayant garanti un repli simplement tempéré (Y. Mayaud) de la loi en matière pénale.

A. V.

4

TRAITÉ INTERNATIONAL ORDRE JURIDIQUE COMMUNAUTAIRE – CONTRARIÉTÉ AVEC LE DROIT NATIONAL – OBLIGATION DU JUGE

Crim., 22 oct. 1970, n° 69-90.850, ***Société « Les Fils d'Henri Ramel »***
(*Bull. crim.* n° 276 ; *D.* 1971. 221, rapp. J. Mazard et note J. Rideau ;
JCP 1971. II. 16671, note P. L.)

Le juge pénal doit faire prévaloir le droit communautaire sur le droit national en cas de contrariété.

Attendu que préalablement à l'examen des moyens produits, il convient d'exposer qu'il appert de l'arrêt attaqué qu'en avril-mai 1966, la Société « Les Fils d'Henri Ramel » à Meximieux (Ain) a importé d'Italie 923 hectolitres de vins blancs italiens désignés sous le nom de « Moscato di Trani », vin de qualité produit dans une région déterminée (VQPRD) : que ces vins ont été admis en France dans le cadre de la décision du 4 avril 1962 du Conseil des ministres de la Commission économique européenne, approuvant le règlement n° 24 relatif à l'application graduelle d'une organisation commune au marché vini-viticole ; que cette décision énonce en son article 2 qu'à compter du 1er janvier 1962, la République française et la République italienne ouvrent à tous les États membres, un contingent de 150 000 hectolitres de vins de qualité (VQPRD) ; que l'article 3 précise que sont admis à l'importation dans le cadre des contingents institués les vins originaires d'Italie faisant l'objet de la liste annexée à l'accord franco-italien du 29 mai 1948, à condition qu'ils soient accompagnés d'un certificat d'origine délivré par l'un des organismes énumérés à l'annexe II ; que le 1er juin 1966, le service de la répression des fraudes a effectué dans les chais de la Société « Les Fils d'Henri Ramel » trois prélèvements qui, soumis à l'analyse des laboratoires officiels de Beaune, ont révélé respectivement une teneur alcoolique de 13°7, 14°2 et 14°4, ainsi qu'une richesse en sucre de 86, 84 et 88 grammes par litre : que le laboratoire a interprété ces résultats comme révélant que le vin avait reçu une addition de moût muté ou concentré, édulcoration représentant sensiblement 5° d'alcool en puissance ; qu'il était anormal que la teneur en glucose soit légèrement supérieure à celle du lévulose ; que les vins incriminés n'étaient pas conformes aux dispositions de la loi française du 13 octobre 1941, reprises par l'article 4 du Code du vin, selon lesquelles les vins blancs secs édulcorés ne doivent pas, après l'opération, titrer plus de 12° d'alcool acquis, ni présenter une teneur en sucre non transformée, supérieure à 2° d'alcool en puissance ; que l'information judiciaire a établi que la Société Ramel avait, sur la quantité des vins importés, déjà vendu à divers clients 598,62 hectolitres de « Moscato di Trani » de même origine et consistance ; – Attendu qu'en raison de ces constatations Ramel Pierre, président-directeur général de la société, a été renvoyé en police correctionnelle pour avoir exposé, mis en vente et vendu un vin qu'il savait être falsifié par suite d'édulcoration excessive ; que le comité interprofessionnel des vins doux naturels s'est constitué partie civile ; que l'administration des Contributions indirectes s'est portée partie jointe pour les infractions du Code général des impôts, du chef de réception, vente et détention d'un produit ne répondant pas à la définition légale du vin, sous couvert de titres de mouvements inapplicables ; que par un jugement du 6 novembre 1968, le tribunal correctionnel de Bourg-en-Bresse a prononcé la relaxe de Ramel et débouté la partie civile et l'administration des Contributions indirectes de leurs demandes ; que par des motifs propres, la cour d'appel de Lyon a, par l'arrêt attaqué, confirmé la décision entreprise ; que le Procureur général près ladite cour ne s'est pas pourvu en cassation...

Attendu d'une part, qu'aux termes de l'article 55 de la Constitution du 4 octobre 1958, les traités ou accords régulièrement ratifiés et approuvés ont dès leur publication une autorité supérieure à celle des lois, sous réserve pour chaque accord ou traité, de son application par l'autre partie ; Attendu d'autre part, qu'aux termes des dispositions combinées des articles 520 et suivants du Code général des impôts et 2 du decret 1001 du 4 octobre 1963, les alcools, vins, cidres, poirés et hydromels importés sont soumis à toutes les dispositions prévues par la législation interne et doivent dès lors être conformes à la réglementation française ; Attendu qu'en l'état de ces textes, c'est par l'exacte application de l'article 55 de la Constitution que les juges d'appel ont estimé ne pas devoir faire application aux vins importés des dispositions de l'article 4 du Code du vin, et à Ramel des pénalités prévues par les articles 3 de la loi du 1er août 1905 et 443, 444 et 445 du Code général des impôts, le principe de territorialité de la loi fiscale ne pouvant tenir en échec la loi internationale dont la puissance s'impose en vertu de la loi constitutionnelle ; Attendu qu'en effet, en l'espèce, les vins incriminés ont été importés d'Italie dans le cadre du contingent ouvert par la décision du 2 avril 1962 et du règlement n° 24, instruments régulièrement publiés ayant acquis la valeur de traités internationaux ; que ce règlement prévoit, à titre transitoire et jusqu'à ce que soit mise en vigueur une législation communautaire définissant les vins de qualité, que les vins conformes aux dispositions nationales en matière de qualité pourront être admis aux échanges sous certaines conditions ; Attendu que les juges du fait, après avoir énoncé, pour répondre aux conclusions de la défense, que le litige qui leur était soumis ne nécessitait pas l'interprétation de la décision du 4 avril 1962 et du règlement 24 et, qu'il appartient aux gouvernements intéressés de dénoncer éventuellement les pratiques frauduleuses qui peuvent se produire, constatent l'existence des conditions requises pour l'admission des vins incriminés, à savoir : que la dénomination « Moscato di Trani » figure parmi celles des vins de qualité mentionnés à l'annexe II de l'accord franco-italien de 1948 et que le certificat d'origine appuyant l'introduction avait été délivré par la « Cantina Sperimentale di Barletto », organisme agréé ; que les juges d'appel ont toutefois – et à juste titre – estimé avoir compétence pour examiner si les vins importés étaient conformes aux dispositions de la loi italienne et spécialement au décret présidentiel du 15 septembre 1962 régissant la matière ; qu'à cet égard, ils énoncent qu'en ce qui concerne l'enrichissement, l'addition des moûts doit, aux termes de l'article 5 du texte précité, être limitée à la quantité nécessaire pour porter les vins à un degré alcoolique total normal pour la zone de production – pourvu que l'augmentation du degré ne soit pas supérieure à 2° d'alcool et que cette addition soit faite en vue de remettre en fermentation ; qu'en ce qui concerne l'édulcoration, celle-ci est permise pourvu que l'addition du moût concentré n'ait pas pour effet de porter le degré final à plus de un degré au-delà du degré total normal pour la zone de production de vin où l'édulcoration est autorisée ; qu'ils constatent que pour la zone de production du Moscato di Trani (région de Bari, Pouilles) de type doux, le produit présente une richesse alcoolique de 16°5-21°; qu'en l'espèce, le vin contesté est un produit titrant au départ 17° d'alcool total, qui, après adjonction du moût concentré à raison de 12 %, est ramené à 14°5 acquis, avec un sucre résiduel équivalant à 5° potentiels soit au total 19°5 ; qu'il s'ensuit que les vins importés avaient été enrichis et édulcorés ans les limites légales admises par la réglementation italienne ; Attendu en l'état de ces constatations de fait nonobstant tous motifs surabondants voire erronés, l'arrêt attaqué a donné une base légale à sa décision ; qu'ainsi le moyen doit être écarté...

Par ces motifs, rejette.

OBSERVATIONS

1 L'arrêt rendu par la chambre criminelle le 22 octobre 1970 est certainement une grande décision. La Cour suprême y proclame en effet expressément et pour la première fois la supériorité du droit communautaire (traité de Rome du 5 mars 1957 instituant la Communauté économique européenne et textes dérivés de lui) sur le droit interne. Voici les faits, simplifiés à l'extrême. La société « Les Fils d'Henri Ramel » avait importé d'Italie, puis vendu des vins qui, à la suite d'investigations menées par le service français des fraudes s'étaient avérés non conformes aux exigences d'une loi française du 13 octobre 1941 reprise par l'article 4 du Code du vin. Le responsable de cette société fut poursuivi pour fraude (L. du 1er août 1905, art. 3, auj. C. consom., art. L. 213-1) et l'administration des contributions indirectes se porta partie jointe en visant l'infraction fiscale de réception, détention et vente d'un produit ne répondant pas à la définition légale du vin (CGI, art. 401, 434, 443 s. et 20). Or, ces vins avaient été importés sur la base de textes communautaires et notamment du règlement n° 24 prévoyant que les vins conformes aux dispositions nationales pouvaient être admis aux échanges. Ces vins étant justement conformes à la législation italienne et celle-ci ayant été en quelque sorte reprise par le règlement précité, toute poursuite était exclue puisque ce règlement constitue « une loi internationale dont la puissance s'impose en vertu de la loi constitutionnelle », c'est-à-dire de l'article 55 de notre Constitution qui proclame la supériorité des traités sur les lois internes.

La chambre criminelle pose ainsi un principe, celui de la supériorité du droit communautaire (on parle depuis 2009 de droit de l'Union européenne) qui allait être promis à un brillant avenir, encore qu'il faille délimiter son domaine et rechercher si le fondement qu'elle lui donne va se maintenir.

I. — Domaine du principe de supériorité du droit communautaire sur le droit national

2 Dans les années qui suivirent immédiatement la mise en application du traité de Rome, les décisions pénales y faisant référence furent rares. Et lorsque la chambre criminelle y faisait allusion, c'était souvent pour le bouder comme on le vit à propos de l'application de l'article 177 dudit traité (devenu art. 234 traité CE dit d'Amsterdam de 1997, aujourd'hui art. 256 TFUE) ce texte autorisant ou obligeant selon le cas le juge national, avant de statuer, à saisir la Cour de justice des Communautés européennes en interprétation de textes communautaires ambigus, la chambre criminelle avait tendance à dire que le texte dont elle était saisie ne comportait aucune ambiguïté et qu'il n'y avait donc pas lieu d'en référer à la Cour de justice (Crim. 19 févr. 1964, *Bull. crim.* n° 57 ; Crim. 22 oct. 1963, *D.* 1964. 753, note J.-L. C. ; Crim. 5 janv. 1967, *D.* 1967. 465, rapp. J. Mazard ; v. encore plus récemment dans le même sens, Crim. 9 nov. 1978, *Bull. crim.* n° 310 ; comp. la position encore plus restrictive du Conseil d'État avec sa théorie de l'acte clair, M. Durupty, « Le renvoi pour interprétation à la Cour de justice par le juge administratif français », *AJDA* 1975. 33 s.).

3 Il est utile à cet égard de rappeler que la Cour de justice des communautés européennes (aujourd'hui Cour de justice de l'Union européenne), pour contrer les éventuels abus des juridictions nationales trop tentées de ne pas renvoyer devant elle en interprétation, a posé des critères : le juge national ne peut se soustraire au renvoi en interprétation que si « la question soulevée n'est pas pertinente ou que si la disposition communautaire en cause a déjà fait l'objet d'une interprétation de la part de la Cour ou que l'application correcte du droit communautaire s'impose avec une telle évidence qu'elle ne laisse place à aucun doute possible » (CJCE 6 oct. 1982, *Sté CILFIT, Rec. CJCE*, p. 3415, concl. F. Caportoti). Cet arrêt, il est vrai, ne manque pas de souligner que « l'existence d'une telle éventualité doit être évaluée en fonction des caractéristiques propres au droit communautaire, des difficultés particulières que présente son interprétation et du risque de divergences de jurisprudence à l'intérieur de la Communauté » (*id.*).

Or tout à coup, la chambre criminelle pose en termes non équivoques le principe de la suprématie du droit communautaire avec son arrêt de 1970. La voie nouvelle est tracée (v. entre-temps, l'important arrêt *Costa* rendu par la Cour de justice le 15 juill. 1964 affirmant déjà « la prééminence du droit communautaire » *Rec. CJCE* 1964. 1141, concl. J. Lagrange ; *RTD eur.* 1965. 369 s., obs. J. Virolle ; décision confirmée par CJCE 19 juin 1990, aff. C-213/89, *Factortame, D.* 1990. 547, note J.-C. Fourgoux). L'arrêt de 1970 et plusieurs autres rendus ultérieurement vont aider à préciser le domaine de la règle nouvelle (v. A. Decocq, « Le conflit entre la règle communautaire et la règle pénale interne », *Droit communautaire et droit pénal*, Parme, 1981, p. 3 s. ; J. Pradel, G. Corstens et G. Vermeulen, *Droit pénal européen*, Dalloz, 3e éd., 2009, n°s 630 s.). L'idée générale est que le droit communautaire s'impose en ce qui concerne les incriminations qu'il prévoit au droit national, mais que celui-ci garde son pouvoir en ce qui concerne les sanctions.

A. — Les incriminations

4 Relativement aux éléments constitutifs des infractions, la primauté du droit communautaire possède d'abord un effet positif ou créateur en ce qu'il est source d'incriminations nouvelles, que le législateur national n'aurait pas adoptées sans l'existence des mesures communautaires, du moins des directives (B. Bouloc, « L'influence du droit communautaire sur le droit pénal interne », *Mélanges G. Levasseur*, Litec, 1992, p. 110 ; M. Massé, « L'influence du droit communautaire sur le droit pénal français », *RSC* 1996. 935). En outre, la primauté communautaire se traduit aussi de façon négative dans le cas de contrariété entre ce droit communautaire et le droit interne. Si par conséquent, il n'y a pas contradiction entre eux, ce dernier continue à s'appliquer. C'est le cas d'abord lorsque les deux systèmes juridiques sont parfaitement compatibles (Crim. 1er juin 1981, *Bull. crim.* n° 176 ; Crim. 11 mai 1982, *Bull. crim.* n° 121 ; Crim. 17 févr. 1988, *Bull. crim.* n° 81, compatibilité entre l'art. R. 242-4 du C. route interdisant la vente des détecteurs de cinémomètres, aujourd'hui article R. 413-15, et le traité de Rome qui, prohibant en principe les restrictions à l'importation, prévoit cependant en son article 36 une exception pour des raisons d'ordre public ; Crim. 26 nov. 2002, n° 02-82.318, *Bull. crim.* n° 210, pas d'incompatibilité entre l'article L. 4211-1-8° du CSP réservant aux pharmaciens la vente de produits pour le diagnostic de la grossesse et la directive 98/79/CE du 27 oct. 1998 sur les dispositifs médicaux de diagnostic *in vitro ;* Crim. 2 déc. 2003, *Bull. crim.* n° 227, sur l'exercice de la profession médicale qui doit être réservée aux titulaires d'un diplôme de médecine dans l'intérêt de la santé publique selon l'art. 30 du traité CE). C'est également le cas lorsqu'il n'y a pas de réglementation communautaire (Crim. 28 mai 1975, *Bull. crim.* n° 136).

5 Si au contraire il y a inconciliabilité, les parties peuvent invoquer avec succès la norme communautaire car c'est elle qui l'emporte comme le confirme la jurisprudence postérieure à l'arrêt du 22 octobre 1970 (Crim. 7 janv. 1972, *Guerrini, D.* 1972. 497, note J. Rideau ; *JCP* 1972. II. 17158, note H. Guérin, priorité à un règlement communautaire du 22 avril 1969 qui avait abrogé un décret du 15 juin 1939 sur la commercialisation des œufs « extra-frais » ; Crim. 23 juin 1977, *Bull. crim.* n° 238, répression pour fraude fondée sur le degré d'enrichissement alcoolique d'un vin inférieur à la norme française, mais supérieur à la norme communautaire du 28 avril 1970 sur le marché vini-viticole ; Crim. 17 oct. 1994, *Bull. crim.* n° 332 ; Crim. 27 févr. 1995, n°s 93-82.808 et 92-86.868, arrêts n°s 2 et 3, *Bull. crim.* n° 83). Ainsi donc, la chambre criminelle reconnaît que les règlements communautaires sont soumis au principe d'application directe et immédiate :

– directe en ce qu'ils sont opposables aux simples particuliers qui par ailleurs peuvent s'en prévaloir (art. 249 du traité CE selon lequel le règlement a une portée générale. Il est obligatoire dans tous ses éléments et « *il est directement applicable dans tout État membre* », aujourd'hui art. 288 al. 2 TFUE). La Cour de justice a précisé que l'effet direct concerne tous les règlements (arrêt du 5 févr. 1963, *Van Gend en Loos c/ Adminatratie der Belastingen, Rec. CJCE*, p. 3 ; arrêt du 7 juill. 1981, *Rewe-Handelsgesellschaft Nord mbH et Rewemarkt Steffen c/ Hauptzollamt Kiel, Croisière du beurre*, n° 158-80, *Rec. CJCE*, p. 1805). Toutefois, une décision de la chambre criminelle « décide » récemment « qu'il résulte de l'article 288 que les directives ne peuvent produire un effet direct à l'encontre des particuliers » (Crim. 3 févr. 2016, n° 14-85.198, *Dr. pénal* 2016. Comm. 62, note J.-H. Robert ; *Gaz. Pal.* 2016, n° 16, p. 55, note E. Dreyer) ; mais il s'agit ici de directive, non de règlement ;
– immédiate en ce que les règlements s'intègrent au droit interne de manière spontanée et sans intervention quelconque de celui-ci (effet *self-executing*).

Cette jurisprudence de la chambre criminelle comporte d'ailleurs des développements, et une limite.

6 *1°* Les développements de l'arrêt *Ramel* se traduisent par le respect du traité et des règlements communautaires dans des situations assez extrêmes et à propos desquelles la chambre criminelle manifeste désormais une grande faveur pour le droit communautaire. Dans une première affaire où le juge pénal français était saisi sur la base d'un texte dont l'incompatibilité avec le traité de Rome était soulevée devant la Cour de justice, la chambre criminelle casse un arrêt qui avait rejeté une demande de sursis à statuer et elle invoque l'intérêt d'une bonne administration de la justice (Crim. 1er oct. 1979, *Bull. crim.* n° 262) : la Cour suprême prend ainsi toutes dispositions préventives pour assurer la primauté de la norme communautaire. Dans une seconde espèce, la chambre criminelle proclame l'inutilité d'un sursis à statuer dans un cas où la Cour de justice avait déjà donné son interprétation (Crim. 14 janv. 1980, *Bull. crim.* n° 20 ; *RTD eur.* 1981. 369, note O. L.) : la chambre criminelle, en excluant une nouvelle consultation de la Cour de justice, entend que la décision de cette dernière s'applique sans délai. Dans une troisième espèce, la chambre criminelle décide que le juge national n'a pas à surseoir à statuer sur la régularité d'une décision de la Commission européenne frappée d'un recours devant la Cour de justice : cette dernière ayant seule compétence pour ordonner le sursis à exécution en application de l'article 242 du traité CE, aujourd'hui art. 278 TFUE (Crim. 22 sept. 2004, n° 04-83.667, *Bull. crim.* n° 220). Bref les règlements communautaires sont immédiatement et directement applicables (Crim. 23 mars 2004, n° 03-84.228, *Bull. crim.* nos 74 et 75 ; Crim. 10 oct. 2006, n° 06-80.170, *Bull. crim.* n° 247).

Peut-on aller plus loin et admettre que le texte communautaire prime le texte national même si celui-ci lui est postérieur ? La Cour de cassation l'a admis avec netteté, mais dans une espèce de nature non pénale

(Ch. mixte, 24 mai 1975, *Société des cafés Jacques Vabre*, *D.* 1975. 497, concl. proc. gén. A. Touffait ; v. de même, « Du conflit du traité avec la loi postérieure », *Mélanges Ancel* 1975. 1, p. 379 s. ; F.-C. Jeantet, « La Cour de cassation et l'ordre juridique communautaire », *JCP* 1975. I. 2743). On peut citer dans le même sens que l'arrêt de la chambre mixte, l'arrêt *Simmenthal* rendu par la Cour de justice le 9 mars 1978 (*RTD eur.* 1978. 381 s., 540 s.). La chambre criminelle raisonne de la même façon (Crim. 14 janv. 1980, *JCP* 1980. II. 19391 ; Crim. 14 mars 1996, n° 95-81.137, *Bull. crim.* n° 115). Et il faut en déduire que le législateur national ne peut désormais prendre des dispositions qui ont déjà fait l'objet de textes communautaires. On ajoutera que le Conseil d'État a fini par se rallier à cette position : dans le célèbre arrêt *Nicolo*, il a admis que le texte communautaire prime le texte national même postérieur (CE 20 oct. 1989, req. n° 108243, *AJDA* 1989. 756, note E. Honorat et E. Baptiste et *ibid.* 788, note D. Simon) ; la solution inverse, longtemps admise, avait pour effet de permettre au législateur français de contredire à la fois la Constitution et un engagement international de la France (E. Honorat et E. Baptiste, préc.). L'arrêt *Nicolo* a été confirmé par un autre arrêt célèbre du Conseil d'État (CE 24 sept. 1990, n° 58657, *Boisdet, AJDA* 1990. 863, chron. E. Honorat et R. Schwartz). Le Conseil constitutionnel, lui aussi, adopte la même position (Cons. const. 21 oct. 1988, *Ass. Nat. Val-d'Oise, D.* 1989. 285, note F. Luchaire ; *AJDA* 1989. 128, note P. Wachsmann).

7 *2°* La limite des arrêts *Ramel* et autres est relative aux actes communautaires ayant une autorité supérieure aux textes internes. Cette suprématie vaut-elle aussi bien pour les directives et décisions que pour les règlements ? Longtemps, il n'y a eu de jurisprudence que sur les seuls règlements communautaires. Or le Conseil d'État en 1992 a accepté d'étendre la jurisprudence *Nicolo* et *Boisdet* aux directives communautaires (CE 28 févr. 1992, 2 arrêts, *SA Rothmans International France et SA Philip Morris France*, req. n° 56776, et *Société Arizona Tobacco Products et SA Philip Morris France*, req. n° 87753, *RFDA* 1992. 425, note L. Dubouis ; *D.* 1993. 141, obs. P. Bon et P. Terneyre). En revanche, s'agissant des décisions, il ne semble pas y avoir encore de jurisprudence interne ; mais il est à présumer que ces actes s'imposeraient eux aussi aux États ou aux particuliers malgré un texte national contraire puisqu'ils visent à appliquer les dispositions d'un traité à un cas particulier et tel est bien l'avis de la Cour de justice (CJCE 16 déc. 1981, *Regina c/ Tymen*, aff. 269/80, *Rec. CJCE*, p. 3079).

B. — Les sanctions

8 Relativement aux sanctions des infractions, le droit interne reprend son empire. Édicter des sanctions pénales est un acte de souveraineté et l'on n'imagine pas que les organes de la Communauté européenne en prévoient eux-mêmes pour assurer le respect de leurs règlements (comp. les sanctions qu'on peut qualifier de pénales prononcées par la Commission, sous le contrôle de la Cour de justice, en matière de concurrence). Ce qui s'intègre au droit interne, ce sont les éléments des infractions prévues par les règlements, et rien d'autre (J. Bigay, « L'application des règlements communautaires en droit pénal français », *RTD eur.* 1971. 53). La Communauté ne peut contraindre les États à prévoir des sanctions pénales pour assurer le respect des dispositions qu'elle institue, l'article 10 Traité CE étant trop vague (« les États membres prennent toutes mesures générales ou particulières propres à assurer l'exécution des obligations découlant du présent traité »). Toutefois en matière d'environnement, la Communauté peut inciter, sinon obliger, les États à prendre des sanctions pénales (CJCE 13 sept. 2005, aff. C-176/03, *Commission des Communautés européennes c/ Conseil de l'Union européenne, D.* 2005. 3064, obs. J. Daleau, note P.-Y. Monjal ; *ibid.* 2697, tribune R. de Bellescize ; *RPDP* 2006. 157, obs. C. Nourissat et B. de Poncheville ; v. aussi CJCE 23 oct. 2007, *JCP* 2007. II. 10207, note Gautier).

9 La conséquence est que la violation d'une norme communautaire n'est pas punissable tant que le droit national n'a pas prévu de sanctions (Crim. 30 oct. 1995, *Bull. crim.* n° 329). C'est ainsi que dans l'affaire *Guerrini* précitée, le prévenu avait bénéficié d'une lacune juridique dans la répression puisque le texte national d'incrimination est « abrogé » par un règlement européen sans que le législateur national n'ait encore pris un nouveau texte répressif (sur l'inadéquation du terme d'abrogation ici, C. Lombois, *Droit pénal international*, 2e éd., 1979, n° 71 ; M. Massé, *L'infraction au libre jeu de la concurrence en droit international*, thèse Poitiers, 1977, p. 340 s.).

10 Le remède ne peut donc être que dans la prise de sanctions par le législateur (ou le pouvoir réglementaire) national puisqu'il faut bien que les règlements communautaires soient respectés. Techniquement, le droit français utilise le procédé de « l'intégration par référence ». Ainsi, l'article L. 214-1 du Code de la consommation (jadis art. 11 de la loi du 1er août 1905) prévoyant pour son exécution la prise de règlements d'administration publique, le pouvoir réglementaire prend un texte décidant que les dispositions de tel règlement communautaire constituent des mesures d'exécution au sens de l'article L. 214-1 précité. Par exemple, en matière de vins, un décret du 21 avril 1972 renvoie au règlement communautaire 816/70 du Conseil des Communautés européennes du 28 avril 1970 (pour l'application de ces textes, v. Crim. 23 juin 1977, préc., où ce règlement est qualifié de « mesure d'application prévue à l'art. 11 »). Cette pratique a d'ailleurs été légalisée par l'article 13-1 de la loi de 1905 (ici mod. par la L. du 10 janv. 1978), cet article 13-1 étant devenu en 1993 l'article L. 214-3 du Code de la consommation. Ainsi, le décret interne ne reprend pas le corps du règlement européen qui subsiste dans son contexte supranational. Le droit interne ne fait qu'apporter ses propres sanctions.

1 Le résultat, c'est que la même norme communautaire peut se trouver sanctionnée différemment selon les diverses législations. Une uniformisation serait sans doute souhaitable (J. Bigay, « Droit communautaire et droit pénal », *RTD eur.* 1972. 732 s. ; réponse à une question écrite sur l'harmonisation du droit pénal, *RTD eur.* 1987. 376). Il est vrai qu'il existe deux principes dégagés par la Cour de justice qui ont pour effet de rapprocher les législations : le principe de l'effectivité des normes communautaires qui veut des sanctions assez sévères pour être « dissuasives » (CJCE 21 sept. 1989, *Commission c/ Grèce*, aff. 68-88, *Rec. CJCE*, p. 2965) ; le principe de proportionnalité entre montant de la sanction et but recherché (CJCE 10 juill. 1990, *Hansen*, aff. 326-88, *Rec. CJCE*, p. 2911 ; CJCE 29 févr. 1996, aff. 193-94, *Rec. CJCE*, p. 943). Et notre jurisprudence s'assure que les sanctions prévues par le texte national ne sont pas contraires au principe communautaire de proportionnalité (Crim. 29 mars 2000, n° 98-82.979, *Bull. crim.* n° 142 ; Crim. 30 janv. 2002, n° 01-82.593, *Bull. crim.* n° 16). Aujourd'hui, l'article 5 §4 TUE consacre le principe de proportionnalité.

Le domaine du principe étant connu, il reste à en rechercher le fondement.

II. — Fondement du principe de supériorité du droit communautaire sur le droit national

12 S'agissant des traités « ordinaires » leur supériorité sur la loi s'explique indéniablement par l'article 55 de la Constitution selon lequel « les traités ou accords régulièrement ratifiés et approuvés ont dès leur publication une autorité supérieure à celle des lois, sous réserve pour chaque accord ou traité de son application par l'autre partie » Le particularisme du traité de Rome fait hésiter à admettre de manière automatique que l'article 55 de la Constitution puisse fonder sa supériorité sur le droit interne.

A. — L'abandon progressif de la référence à l'article 55 de la Constitution

13 L'examen des arrêts de la chambre criminelle laisse apparaître un manque d'unité. Dans l'affaire *Ramel*, la Haute juridiction ne se réfère qu'à l'article 55 de la Constitution, ce qui revient à faire du traité de Rome un traité comme les autres. Une évolution va cependant bientôt apparaître, comportant deux stades.

Au cours du premier, la Cour de cassation ne cesse pas vraiment d'invoquer l'article 55 de la Constitution, mais elle met en avant un autre argument tiré de la nature même de l'ordre juridique institué par le traité de 1957. Très révélateur de cette tendance est l'arrêt *Guerrini* précité. Le pourvoi visait à la fois l'article 55 de la Constitution et l'article 189, alinéa 2 du traité, aujourd'hui article 288 alinéa 2 TFUE

(« le règlement a une portée générale. Il est obligatoire dans tous ses éléments et il est directement applicable dans tout État membre »). L'arrêt ne vise pas expressément l'article 55, se bornant à rappeler que « le traité a été régulièrement ratifié et publié en France », et il s'attache essentiellement à l'article 189, alinéa 2 (v. aussi Crim. 23 juin 1977, préc. ; comp. Ch. mixte, 24 mai 1975, préc., où sont mis sur un pied d'égalité les deux textes).

Au cours du second stade, la Cour suprême cesse de s'appuyer expressément non seulement sur le texte constitutionnel, mais aussi sur le texte communautaire. Au vrai cependant, elle se réfère implicitement à l'article 189, alinéa 2, aujourd'hui article 288 alinéa 2 TFUE puisqu'elle vise sans cesse des textes communautaires et ne doute pas un instant de leur applicabilité en France, idée que consacre justement ce texte (Crim. 23 juin 1977, *Bull. crim.* n°s 237 et 239 ; Crim. 1er oct. 1979 ; Crim. 14 janv. 1980 ; Crim. 1er juin 1981 ; Crim. 11 mai 1982, préc.).

B. — Les obstacles à la référence à l'article 55 de la Constitution

14 Cette évolution jurisprudentielle confirme s'il en était besoin que l'application de l'article 55 au traité de Rome ne va pas de soi. Certes, le fondement constitutionnel est à première vue séduisant puisque c'est selon les règles prévues dans la Constitution que le traité de Rome a été négocié et ratifié. Ce fondement se heurte pourtant à des obstacles majeurs.

1° Le premier tient à la nature du traité de Rome, aujourd'hui TFUE, qui n'est pas un traité ordinaire. Comme l'a exprimé la Cour de justice dans l'arrêt *Costa* précité, les États signataires ont institué « une communauté de durée illimitée, dotée d'attributions propres, de la personnalité, de la capacité juridique, d'une capacité de représentation internationale et plus précisément de pouvoirs réels issus d'une limitation de compétence… » et ils « ont limité, bien que dans des domaines restreints, leurs droits souverains et créé ainsi un corps de droit applicable à leurs ressortissants et à eux-mêmes » : en effet, les normes communautaires s'appliquent directement et immédiatement dans les droits nationaux.

Au contraire, les traités ordinaires n'ont pas des effets aussi profonds : ils ne créent pas d'organismes supranationaux et ils n'accordent pas aux particuliers de droits susceptibles d'être directement invoqués en justice, du moins en règle générale (Crim. 15 avr. 1865, *D.* 1865. I. 248 ; Crim. 20 déc. 1951, *JCP* 1952. II. 7014).

L'article 55 de la Constitution n'a donc que la valeur d'une référence historique. Exemplaire à cet égard est l'arrêt *Boisdet* rendu par le Conseil d'État le 24 septembre 1990 (préc.) selon lequel la primauté d'un règlement communautaire sur la loi nationale postérieure est affirmée en l'absence de toute référence à l'article 55 de la Constitution comme si à son tour le Conseil d'État faisait intervenir la nature originale de l'ordre communautaire. L'article 55 est fait pour un traité ordinaire, pas pour ce traité particulier qu'est le traité de Rome.

15 *2°* Le recours au texte constitutionnel français conduit à prendre le risque de rompre l'unité d'application du droit communautaire dans les divers États en raison de la diversité des Constitutions (F.-C. Jeantet, préc., n° 18).

16 *3°* Enfin un traité ne pouvant avoir en droit interne autorité que s'il est ratifié, publié et appliqué dans un esprit de réciprocité (Const., art. 55), la prise en compte des règlements communautaires ne pourra être faite par notre juge pénal qu'après vérification de ces trois conditions. Or le juge est très mal placé pour apprécier si la condition de réciprocité est remplie (M. Puech, I, p. 48 et 49). En se détachant de l'article 55, la difficulté disparaît puisque la question ne se pose plus et il en est d'ailleurs de même des conventions relatives aux droits de l'homme et de celles conclues sous les auspices de l'Organisation internationale du travail.

Pourtant dans un arrêt plus récent (Crim. 5 déc. 1983, 1re esp., *D.* 1984. 217, note J. Cosson), la Haute juridiction revient à la formule de… l'arrêt *Ramel* en décidant « qu'aux termes de l'article 55 de la Constitution du 4 octobre 1958, les traités ou accords régulièrement ratifiés ou approuvés ont, dès leur application, une autorité supérieure à celle des lois françaises ». Il est vrai que l'administration des douanes soutenait dans son pourvoi que le droit communautaire n'avait pas abrogé le Code des douanes. Il fallait bien que la Cour de cassation lui réponde. Est-ce un revirement définitif ? Ce n'est pas sûr. Une hirondelle ne fait pas le printemps. Et cela d'autant plus que, à notre connaissance, aucun arrêt récent de la chambre criminelle ne vise de lui-même l'article 55.

17 Il n'empêche que, avec le développement des échanges économiques entre les divers pays de la Communauté et avec la montée de l'idée européenne, le droit communautaire ne cesse de prendre de l'importance. Non seulement d'ailleurs, comme on vient de le voir, ce droit l'emporte sur le droit interne en ce qui concerne les incriminations, mais encore il éclaire et renforce ce dernier. On ne saurait oublier, en effet, que la Cour de justice des Communautés européennes a consacré des principes qui sont justement ceux de notre droit interne (et du reste également ceux des autres droits internes) comme la non-rétroactivité, les droits de la défense, l'égalité procédurale, la responsabilité personnelle et plus généralement les droits fondamentaux (CJCE, gr. ch., 3 sept. 2008, *Kadi et autres, GAJUE*, n° 93)… Aujourd'hui, à la suite de la mise en application du TFUE depuis le 1er décembre 2009, l'état du droit ci-dessus décrit est légèrement modifié : avec l'article 83 de ce traité, l'Union européenne devient un véritable législateur, ce qui était annoncé par les arrêts de la CJCE de 2005 et 2007 précités. L'article 83 § 2 vise des comportements qui portent atteinte à une « politique de l'Union dans un domaine ayant fait l'objet de mesures d'harmonisation », ce qui évoque l'environnement, les transports, la pêche, l'agriculture, l'immigration, la concurrence… Des directives peuvent être prises que les États devront transposer fidèlement.

18 *En conclusion*, la primauté du droit communautaire devient aujourd'hui celle du droit de l'Union européenne, qui est plus large en ce qu'il inclut non seulement les prescriptions communautaires de nature économique, mais aussi l'ancien troisième pilier, relatif à l'entraide pénale avec son principe directeur de la reconnaissance mutuelle des décisions judiciaires. Ainsi à propos de la décision-cadre de 2002 sur le mandat d'arrêt européen, la CJUE décide « qu'il est de jurisprudence établie que le recours à des dispositions nationales, fussent-elles d'ordre constitutionnel, afin de limiter la portée des dispositions du droit de l'Union, aurait pour conséquence de porter atteinte à l'unité et à l'efficacité de ce droit et ne saurait dès lors être admis » (CJUE 2 oct. 2012, *Procédure pénale c/ Stefano Melloni,* aff. C-399/11, § 98). Ce qui doit être souligné, c'est que la règle de la primauté n'est pas nouvelle (« il est de jurisprudence établie »), mais qu'elle s'étend à tout le droit de l'Union, pas seulement à l'ex-droit communautaire.

Signalons enfin que les cas de contrariété entre droit européen et droit national se réduisent aujourd'hui puisque l'Union européenne dispose désormais d'un pouvoir pénal en ce qu'elle peut, par voie de directive, « établir des règles minimales relatives à la définition des infractions pénales et des sanctions » dans des domaines où le rapprochement entre États membres « s'avère indispensable pour assurer la mise en œuvre efficace d'une politique de l'Union dans un domaine ayant fait l'objet de mesures d'harmonisation » (TFUE, art. 83-2), ce qui peut inclure toute la matière du droit économique au sens large.

J. P.

5

CONVENTION EUROPÉENNE DE SAUVEGARDE DES DROITS DE L'HOMME ET DES LIBERTÉS FONDAMENTALES APPLICATION EN DROIT PÉNAL FRANÇAIS

Crim., 5 déc. 1978, n° 78-91.826, *Baroum*
(*Bull. crim.* n° 346 ; *D.* 1979. 50, note S. Kehrig ; *RSC* 1979. 349, obs. J. Robert)

Ass. plén., 15 avr. 2011, n° 10-30.316, *Mme X...*
(*Bull. crim.* n° 592 ; *Dalloz actualité*, 19 avr. 2011, obs. S. Lavric ; *D.* 2011. Entretien 1128, obs. G. Roujou de Boubée ; *Dr. pénal* 2011, n° 72, obs. A. Maron et M. Haas ; S. Pellé, « La réforme de la garde à vue. Problèmes de droit transitoire », *AJ pénal* 2011. 235)

Tout accusé devant être informé exactement de la prévention dont il est l'objet, en application notamment de l'article 6 de la Convention européenne, une circonstance aggravante qu'il pouvait ignorer ne peut être retenue contre lui (1re esp.).

Les États sont tenus de respecter les décisions de la CEDH avant même d'avoir été attaqués devant elle ni d'avoir modifié leur législation (2e esp.).

Chambre criminelle, 5 décembre 1978, *Baroum*

Vu... ensemble les articles 427 et 551 du Code de procédure pénale et les articles 6 et 13 de la Convention européenne de sauvegarde des droits de l'homme et des libertés fondamentales ;

Attendu que tout prévenu a le droit à être informé d'une manière détaillée de la nature et de la cause de la prévention dont il est l'objet, et qu'il doit, par suite, être mis en mesure de se défendre tant sur les divers chefs d'infraction qui lui sont imputés que sur chacune des circonstances aggravantes susceptibles d'être retenues à sa charge ;

Attendu qu'il résulte de la procédure que Baroum a été renvoyé devant le tribunal correctionnel comme prévenu d'avoir détenu illégalement, acquis ou cédé des armes de la première et de la quatrième catégorie, ainsi que leurs munitions ; que le fait ainsi poursuivi constituait le délit prévu par l'article 28, 1er alinéa, du décret du 18 avril 1939 et puni par ce texte d'un emprisonnement d'un à trois ans et d'une amende de 360 F à 3 600 F ; que déclaré coupable de cette infraction, Baroum a été condamné par les premiers juges à six mois d'emprisonnement ; que pour substituer à cette peine celle de cinq ans d'emprisonnement et prononcer, en outre, celle de cinq ans d'interdiction de séjour, la cour d'appel s'est fondée sur une condamnation à quinze jours d'emprisonnement antérieurement prononcée contre le prévenu pour outrage à commandant de la force publique et a par suite retenu à sa charge la circonstance aggravante prévue par le second alinéa du même article, aux termes duquel « si le coupable a antérieurement été condamné à l'emprisonnement ou à une peine plus grave pour crime ou délit, l'emprisonnement sera de deux à cinq ans et l'interdiction de séjour pourra être prononcée » ;

Attendu cependant que ladite circonstance aggravante n'était pas mentionnée dans l'ordonnance de renvoi et a été relevée d'office par le juge du second degré ; qu'il ne résulte d'aucune des énonciations de l'arrêt que le prévenu comparant ait été préalablement informé de cet élément modificatif de la prévention et ainsi mis en mesure de se défendre spécialement sur ce point devant les juges du fond ;

D'où il suit que les droits de la défense ont été méconnus ;

Par ces motifs... casse et annule...

Assemblée plénière, 15 avril 2011, *Mme X...*

Attendu, selon l'ordonnance attaquée (Rennes, 25 janvier 2010), rendue par le premier président d'une cour d'appel et les pièces de la procédure, que Mme X..., de nationalité chinoise, en situation irrégulière en France, a été placée en garde à vue le 19 janvier 2010 à 16 heures ; qu'elle a demandé à s'entretenir avec un avocat commis d'office ; que l'avocat de permanence en a été informé à 16 heures 30 ; que Mme X... a été entendue par les services de police de 16 heures 30 à 17 heures 10 ; qu'elle s'est entretenue avec un avocat de 17 heures 15 à 17 heures 45 ; que le préfet de la Vienne lui a notifié un arrêté de reconduite à la frontière et une décision de placement en rétention administrative le 20 janvier 2010 ; que ce dernier a saisi un juge des libertés et de la détention d'une demande de prolongation de la rétention ; que Mme X... a soutenu qu'elle n'avait pas bénéficié de l'assistance d'un avocat dès le début de sa garde à vue et pendant son interrogatoire ; que le procureur général près la cour d'appel a interjeté appel de la décision ayant constaté l'irrégularité de la procédure ;

Attendu que le procureur général près la cour d'appel de Rennes fait grief à l'ordonnance de refuser la prolongation de la rétention et d'ordonner la mise en liberté de Mme X..., alors, selon le moyen :

1°/ que par application de l'article 46 de la Convention de sauvegarde des droits de l'homme et des libertés fondamentales, un État n'est tenu que de se conformer aux décisions rendues dans les litiges auxquels il est directement partie ;

2°/ que, de l'article 63-4 du Code de procédure pénale, il résulte qu'en droit français, les personnes gardées à vue pour une infraction de droit commun ont toutes accès à un avocat qui peut intervenir avant même le premier interrogatoire réalisé par les enquêteurs puisque, aux termes de cet article, dès le début de la garde à vue, la personne peut demander à s'entretenir avec un avocat, au besoin commis d'office par le bâtonnier ; que s'il ne peut assister aux interrogatoires du mis en cause, l'avocat, qui est informé de la nature et de la date présumée de l'infraction sur laquelle porte l'enquête, peut toutefois s'entretenir avec le gardé à vue dans des conditions qui garantissent la confidentialité de l'entretien et qu'à l'issue de cet entretien d'une durée maximale de trente minutes, il peut présenter des observations écrites qui sont jointes à la procédure ;

3°/ qu'aucune disposition de procédure pénale, d'une part, n'impose à l'officier de police judiciaire de différer l'audition d'une personne gardée à vue dans l'attente de l'arrivée de l'avocat assurant l'entretien prévu, d'autre part, n'exige de l'avocat désigné pour assister le gardé à vue qu'il informe l'officier de police judiciaire et le gardé à vue de sa décision d'intervenir ou non et de l'éventuel moment de son intervention ;

Mais attendu que les États adhérents à la Convention de sauvegarde des droits de l'homme et des libertés fondamentales sont tenus de respecter les décisions de la Cour européenne des droits de l'homme, sans attendre d'être attaqués devant elle ni d'avoir modifié leur législation ;

Et attendu qu'après avoir retenu qu'aux termes de ses arrêts Salduz c/ Turquie et Dayanan c/ Turquie, rendus les 27 novembre 2008 et 13 octobre 2009, la Cour européenne des droits de l'homme a jugé que, pour que le droit à un procès équitable, consacré par l'article 6 § 1 de la Convention de sauvegarde, soit effectif et concret, il fallait, en règle générale, que la personne placée en garde à vue puisse bénéficier de l'assistance d'un avocat dès le début de la mesure et pendant ses interrogatoires, le premier président, qui a relevé que, alors que Mme X... avait demandé à s'entretenir avec un avocat dès le début de la mesure, il avait été procédé, immédiatement et sans attendre l'arrivée de l'avocat, à son interrogatoire, en a exactement déduit que la procédure n'était pas régulière, et décidé qu'il n'y avait pas lieu de prolonger la rétention ; que le moyen n'est pas fondé ;

Et attendu qu'il n'y a pas lieu de statuer sur le second moyen qui ne serait pas de nature à permettre l'admission du pourvoi ;

Par ces motifs :

Rejette le pourvoi.

OBSERVATIONS

1 La Convention européenne de sauvegarde des droits de l'homme et des libertés fondamentales (Conv. EDH) – signée à Rome le 4 novembre 1950, ratifiée par la France par une loi du 31 décembre 1973 et publiée par un décret du 3 mai 1974 (*D.* 1974. Lég. 181) – ainsi que la Cour européenne des droits de l'homme (CEDH), dite souvent Cour de Strasbourg, exercent un indéniable pouvoir de séduction sur notre droit interne, incitant les praticiens à l'invoquer souvent, d'autant plus que la France, par un décret du 9 octobre 1981 a accepté le droit de recours individuel ouvert aux simples citoyens. C'est qu'en effet, la Conv. EDH rappelle une masse impressionnante de grands principes, est d'application directe devant nos tribunaux avec effet supérieur à la loi interne (art. 55, Constitution), enfin contient un article 13 accordant à « toute personne dont les droits et libertés reconnus dans la Convention ont été violés » le « droit à l'octroi d'un recours effectif devant une instance nationale »... Et ce qui est considérable, c'est que la Conv. EDH est complétée par une cour : c'est là que l'on voit l'importance de la procédure sur la teneur des droits (B. de Lamy, « La Cour européenne des droits fondamentaux, protectrice des droits fondamentaux », *Dr. pénal* 2011. Étude 12). La doctrine, d'ailleurs, a vite manifesté un vif intérêt pour cette nouvelle source du droit pénal (A. Decocq, commentaire, *RSC* 1974. 894 s. ; M. Ancel, « Les droits de l'homme et le droit pénal », *Mélanges Cassin*, IV, p. 219 ; G. Levasseur, « La protection internationale des droits de l'homme et la procédure pénale française », *Mélanges Cassin* I, p. 139 ; G. Roujou de Boubée, « La protection des droits de l'homme en droit pénal français », *RID pén.* 1976. 93 ; R. Merle, « La Convention européenne des droits de l'homme et la justice pénale française », *D.* 1981. Chron. 227 ; 5e colloque international

sur la Convention européenne des droits de l'homme, Conseil de l'Europe, 1982). Cet intérêt, aujourd'hui, se maintient (R. de Gouttes, « Droit pénal et droits de l'homme », *RSC* 2000. 133), et même s'amplifie. Et, depuis 1984, est ouverte à la *Revue de science criminelle* une nouvelle chronique sur les droits de l'homme, la *Revue pénitentiaire et de droit pénal* faisant de même depuis 1998. Aussi, ne faut-il pas s'étonner que, désormais, des magistrats fondent leur décision sur un article de la Convention voire sur la jurisprudence de Strasbourg. L'arrêt cidessus du 5 décembre 1978 en est une belle illustration, suivi par l'arrêt du 15 avril 2011 qui évoque expressément la jurisprudence européenne. On doit se rendre à l'évidence : un examen général de la jurisprudence de la Cour de cassation dénote que la Convention est très souvent prise en considération.

I. — L'apport de l'arrêt *Baroum*

2 Les faits ayant donné lieu à l'arrêt *Baroum* rendu par la chambre criminelle le 5 décembre 1978 sont simples. Un nommé Baroum Chérif avait été renvoyé devant le tribunal correctionnel pour détention illégale d'armes, fait prévu et puni par l'article 28, alinéa 1 du décret-loi du 18 avril 1939 d'un à trois ans d'emprisonnement. Condamné à six mois, il fit appel et la cour porta la peine à cinq ans en se fondant sur une condamnation précédente et sur l'alinéa 2 de l'article 28 qui, en ce cas, permet de porter la durée de l'emprisonnement à cinq années. Pourvoi de l'intéressé qui invoquait que l'arrêt de condamnation ne précisait pas si la première condamnation avait été prononcée contradictoirement ou par défaut et si elle était définitive de sorte que la Cour suprême ne pouvait pas vérifier si la circonstance aggravante de l'article 28, alinéa 2, était constituée ou non.

3 Si l'on considère la pratique traditionnelle, la chambre criminelle avait le choix entre deux voies : rejeter le pourvoi en se fondant sur les énonciations du bulletin n° 1 du casier judiciaire si celles-ci faisaient apparaître le caractère définitif de la condamnation ; accueillir le pourvoi en jouant soit sur l'insuffisance des motifs, soit sur la méconnaissance du principe du contradictoire affirmé notamment par l'article 427 du Code de procédure pénale. Mais la chambre criminelle se montra plus moderne : si elle accueillit bien le pourvoi, elle fonda la cassation non seulement sur des textes de droit interne (C. pr. pén., art. 427 et 551), mais aussi sur l'article 6 de la Convention qui dispose notamment que tout accusé a droit à « être informé, dans le plus court délai… et d'une manière détaillée, de la nature et de la cause de l'accusation portée contre lui ». Or en l'espèce, le principe du contradictoire était violé puisque la circonstance aggravante n'était pas visée dans l'ordonnance saisissant la juridiction de jugement et que le prévenu n'en avait pas été avisé au cours des débats. Il n'avait donc pas pu se défendre sur ce point.

Cet arrêt appelle trois observations.

4 *1°* C'est la première fois que la chambre criminelle soulève d'office un moyen tiré de la violation d'une disposition de la Convention pour casser un arrêt d'appel. Jusqu'alors, la Convention rarement invoquée, l'était toujours par les parties.

5 *2°* On doit se demander pourquoi la chambre criminelle a invoqué l'article 6 de la Convention. Elle aurait en effet pu parvenir au même résultat en ne visant que les articles 427 et 551 du Code de procédure pénale. Ces textes affirment nettement le principe du contradictoire, le premier usant même de l'adverbe « contradictoirement » alors que la Convention ne parle pas de contradiction ; ce sont seulement les arrêts de la Cour européenne qui usent de ce mot (v. par ex., arrêt du 20 février 1996, *Vermeulen c/ Belgique*, « le droit à une procédure contradictoire implique la faculté pour les parties… de prendre connaissance de toutes pièces ou observation présentée au juge… en vue d'influencer sa décision, et de la discuter », § 33). La règle de la contradiction est d'ailleurs classique dans notre droit processuel, qu'il s'agisse du droit judiciaire privé (C. pr. civ., art. 16 ; v. cep. Crim. 5 févr. 1980, *Bull. crim.* n° 47 ; Crim. 19 janv. 1982, *Bull. crim.* n° 18, qui refusent d'étendre en procédure pénale les règles de procédure civile) ou de la procédure pénale (Crim. 18 avr. 1958, *Bull. crim.* n° 314 ; Crim. 30 avr. 1969, *D.* 1969. 449, rapp. F. Chapar et *JCP* 1970. II. 16448, note L. Boyer ; Crim. 21 janv. 1975, *Bull. crim.* n° 26). L'article préliminaire du Code de procédure pénale indique du reste et même *ab initio* que « la procédure pénale doit être équitable et *contradictoire* ». Si les magistrats de la chambre criminelle ont voulu faire appel à la Convention, c'est uniquement, à notre avis, pour donner plus de solennité au principe qu'ils affirmaient. L'arrêt *Baroum* n'est donc pas révolutionnaire par l'idée qu'il émet (en ce sens rapport S. Kehrig et observation J. Robert, préc.). Il l'est seulement par le fondement international qu'il ajoute au fondement classique.

6 *3°* Sur le droit du prévenu à connaître complètement la prévention, la chambre criminelle devait rendre par la suite plusieurs autres décisions. Toutes affirment le même principe que celui de l'arrêt *Baroum* et toutes invoquent l'article 6 de la Convention (Crim. 7 juin 1979, *Bull. crim.* n° 197, cassation dans une espèce très voisine ; Crim. 13 nov. 1980, *Bull. crim.* n° 299, rejet du pourvoi du prévenu dont le conseil, en son absence avait été informé de l'existence d'une circonstance aggravante non visée dans la citation ; Crim. 28 oct. 1981, *Bull. crim.* n° 285 ; Crim. 23 févr. 1983, *Bull. crim.* n° 66, rejet du pourvoi dans une espèce où, après clôture des débats, le président avait déclaré que serait posée une question sur une circonstance aggravante non visée dans l'arrêt de renvoi, le rejet s'expliquant parce qu'il appartenait à l'accusé de solliciter la réouverture des débats pour que la procédure soit contradictoire ; Crim. 22 juin 1983, *Bull. crim.* n° 193 ; Crim. 28 janv. 1992, n° 91-83.732, *Bull. crim.* n° 31 et Crim. 4 mars 1998, n° 96-86.326, *Bull. crim.* n° 85, reprenant pratiquement la formule de l'arrêt *Baroum*). Comme dans tous les cas, le prévenu est invité à s'expliquer sur la qualification nouvelle

résultant des débats d'audience, la requalification d'office par le tribunal est impossible en cas de défaut (Crim. 5 janv. 2005, *Bull. crim.* n° 9 ; sur l'ensemble, J. Pradel, *Procédure pénale*, n° 914).

II. — Les suites de l'arrêt *Baroum*

7 Ces observations sur l'utilité de la Convention sont confirmées par l'examen des autres arrêts où des dispositions conventionnelles autres sont visées. Mais que l'on comprenne bien : ce sont presque toujours les demandeurs au pourvoi qui invoquent la Convention et la chambre criminelle rejette impitoyablement le moyen. Les exemples de rejet sont assez nombreux et intéressent à la fois le droit substantiel et le droit processuel.

A. — En droit pénal de fond

8 En droit pénal de fond, l'un des exemples les plus classiques est celui de l'objection de conscience. Des individus poursuivis pour avoir refusé de recevoir leur livret militaire invoquaient la liberté de conscience inscrite à l'article 9 de la Convention. Mais la chambre criminelle a rejeté leur pourvoi en s'appuyant sur l'article 4 de la Convention : celui-ci, après avoir interdit le travail forcé ou obligatoire, ajoute que n'est pas considéré comme tel « tout service de caractère militaire ou, dans le cas d'objecteurs de conscience dans les pays où l'objection de conscience est reconnue comme légitime, un autre service à la place du service militaire obligatoire ». La chambre criminelle en déduit que la Convention abandonne à la législation interne la réglementation de l'objection de conscience (Crim. 5 mai 1978, *D.* 1978. IR 349, obs. G. Roujou de Boubée ; Crim. 4 janv. 1979, *Bull. crim.* n° 5 ; Crim. 4 mars 1980, *Bull. crim.* n° 77 ; Crim. 3 mai 1989, *Bull. crim.* n° 181). Dans le même esprit, l'article L. 116-6 du Code du service national qui fixait la durée du service actif des objecteurs de conscience à vingt-quatre mois (soit plus du double du temps normal) n'est pas contraire aux articles 9, 10 et 14 de la Convention (Crim. 20 janv. 1993, *Bull. crim.* n° 33 ; Crim. 14 déc. 1994, *Bull. crim.* n° 416).

9 Un second exemple est fourni par le délit de proxénétisme et plus précisément par l'article 334-2° du Code pénal de 1810 (auj. C. pén., art. 225-5) qui réprime le fait de partager les produits de la prostitution ou de recevoir des subsides d'une personne se livrant à la prostitution. Il a été jugé que le mari d'une prostituée, qui recevait de celle-ci des subsides et qui, à ce titre, avait été condamné, ne pouvait invoquer l'article 12 de la Convention affirmant le droit au mariage. La Cour suprême estime en effet que cet article n'exclut pas le délit de l'article 334-2° du Code pénal (auj. C. pén., art. 225-5) qui tend seulement à sanctionner la remise des produits de la prostitution à un tiers (Crim. 4 juin 1980, *Bull. crim.* n° 174). L'argument est convaincant, sauf à

remarquer cependant qu'il existe un délit voisin qui est désormais exclu par l'article 12 de la Convention : c'est celui de l'article 334-3° du Code pénal (auj. C. pén., art. 225-5) qui incrimine le fait de vivre sciemment avec une personne se livrant habituellement à la prostitution. En effet, en poursuivant le mari, on aboutit à rendre impossible le mariage des prostituées (en ce sens, G. Roujou de Boubée, obs. préc. ; *contra* Crim. 20 juin 1946, *D.* 1946. 360, répression comme proxénète du mari qui vit avec sa femme prostituée).

10 Quelques situations sont cependant embarrassantes, touchant à la justification pénale. D'abord, l'état de nécessité, admis en France unanimement comme fait justificatif, n'est pas mentionné par la Convention dont l'article 2 ne vise que deux causes de justification, la légitime défense et l'ordre de la loi ou le commandement de l'autorité légitime. On doit dès lors se demander si la jurisprudence française qui admet l'état de nécessité comme fait justificatif (Crim. 25 juin 1958, *D.* 1958. I. 693, note MRMP ; *JCP* 1959. II. 10941, note J. Larguier, v. *infra*, n° 24) ne doit pas être abandonnée puisque la Convention l'emporte sur le droit interne (A. Decocq, préc. ; G. Roujou de Boubée, *RID pén.* 1976. 102). Seconde difficulté suscitée par l'article 2 de la Convention qui rappelle que « le droit de toute personne à la vie est protégé par la loi ». Notre législation, en admettant – sous certaines conditions il est vrai – la licéité de l'avortement (CSP, art. L. 162-1 s.) paraît bien être en contradiction avec ce principe supranational. Sans doute, le Conseil constitutionnel, interrogé sur la constitutionnalité de la loi que venait de voter le Parlement fin 1974, a-t-il prudemment décidé qu'il n'était pas compétent pour répondre (Cons. const. 15 janv. 1975, *D.* 1975. 529, note L. Hamon ; *JCP* 1975. II. 18030, note E.-M. Bey) et c'est pourquoi la loi a pu être aussitôt promulguée. Et pourtant, on peut estimer que notre législation est contraire à la Convention si l'on admet que l'enfant à naître est déjà une personne en vie ou du moins une personne en devenir (v. cependant la grande prudence de la CEDH qui décide que la question de savoir quand commence la vie relève de l'appréciation des législateurs nationaux : CEDH 8 juill. 2004, req. n° 53924/00, *JCP* 2004. II. 10158, note M. Levinet ; *D.* 2004. 2456, note J. Pradel ; *ibid.* 2535, note I. Berro-Lefevre ; *RTD civ.* 2004. 799, obs. J.-P. Marguénaud ; *ibid.* 714, obs. J. Hauser).

11 Sur d'autres terrains et les plus variés, la jurisprudence récente marque bien les limites de la Convention. À des plaideurs qui se plaignaient d'avoir été victimes d'une violation du texte européen, la Cour de cassation répond par exemple que celle-ci ne concerne ni la procédure administrative de retrait des points affectant le permis de conduire, ledit retrait n'étant pas une sanction pénale (Crim. 18 mai 1994, n° 93-85.576, *Bull. crim.* n° 191 ; Crim. 15 févr. 1995, n° 94-81.480, *Bull. crim.* n° 68), ni le droit de la chasse (Crim. 15 déc. 1987, *Bull. crim.* n° 464), ni la réglementation des débits de boissons (Crim. 12 janv. 1988, *Bull. crim.* n° 10), qu'elle n'interdit pas l'existence de peines différentes pour les étrangers et pour les membres de la Communauté européenne en cas de séjour irrégulier en France (Crim. 24 févr. 1988, *Bull. crim.* n° 94), qu'elle est compatible avec certaines restrictions à la libre venue d'un étranger dans notre pays (Crim. 1er oct. 1987, *Bull. crim.* n° 322). Et l'article 14 de la Conv. EDH qui interdit toute discrimination, notamment en fonction de l'origine nationale, n'interdit pas de prononcer, à l'encontre d'un étranger résidant en France, l'interdiction du territoire français en application de l'article L. 630-1 du Code de la santé publique, aujourd'hui de l'article 222-48 du nouveau Code pénal (Crim. 2 mai 1989, *Bull. crim.* n° 173 ; Crim. 6 nov. 1991, *Bull. crim.* n° 398). La CEDH de son côté apprécie au cas par cas l'attache du condamné avec son pays et avec la France (CEDH 8 déc. 1998, *Benrachid c/ France, JCP* 2001. II. 10503, note M. Lévinet, justesse de l'expulsion du territoire français ; CEDH 13 févr. 2001, *Ezzouhdi c/ France, Gaz. Pal.* 2002. II. 1404, note J. Huet, solution inverse) : les juges européens se fondent sur l'article 8 Conv. EDH relatif au respect de la vie privée et familiale.

12 Un arrêt récent qui se fonde sur l'article 10 Conv. EDH (sur la liberté d'expression), et plus précisément sur la jurisprudence de Strasbourg (Crim. 12 nov. 2008, n° 07-83.398, *D.* 2009. 402, note J. Pradel), doit être signalé. Un prévenu avait été condamné pour injures à raison de l'orientation sexuelle (Douai 25 janv. 2007). En fait, il s'était contenté de tenir dans un journal des propos certes peu favorables à l'homosexualité. L'arrêt de la Cour de Douai fut cassé au motif qu'il importe peu que « les propos aient pu heurter la sensibilité de certaines personnes homosexuelles ». Or dans une affaire classique, la Cour de Strasbourg avait proclamé que la liberté d'expression « vaut non seulement pour les informations ou les idées accueillies avec faveur ou considérées comme inoffensives ou indifférentes, mais aussi pour celles qui heurtent, choquent ou inquiètent l'État ou une fraction de la population. Ainsi le veulent le pluralisme, la tolérance et l'esprit d'ouverture sans lesquels il n'est pas de société démocratique » (CEDH 7 déc. 1976, *Handyside c/ Royaume-Uni*, § 49, *CDE* 1978. 350, obs. G. Cohen-Jonathan). Le lecteur aura noté la proximité des deux décisions (le mot « heurter »).

B. — En droit pénal de forme

13 En droit pénal de forme, les moyens de cassation fondés sur une violation de la Conv. EDH sont également souvent rejetés. La Cour de cassation estime fréquemment que notre droit procédural est conforme à la Conv. EDH. Dans un arrêt important, elle a décidé en effet, et de manière générale, que « les dispositions du Code de procédure pénale ne sont pas incompatibles avec les articles 5 et 6 Conv. EDH » (Crim. 3 juin 1975, *Bull. crim.* n° 141). Si l'on rappelle que ces deux articles sont probablement les textes les plus importants de toute la Convention puisqu'ils énumèrent presque tous les grands principes du droit procédural pénal (droit à la liberté, information des motifs d'une arrestation, recours contre une décision privative de liberté, principes d'équité, de publicité et de célérité, présomption d'innocence, information rapide de la cause d'une accusation, droits de la défense et notamment droits de se défendre par soi-même ou par l'entremise d'un avocat, de faire interroger des témoins à décharge et d'avoir un interprète), on mesure l'importance de l'arrêt du 3 juin 1975. Toutes les décisions ne sont pourtant pas de la même veine. À côté de celles qui affirment la conformité de notre droit à la Conv. EDH, il y a celles qui ne veulent pas prendre parti (par exemple en voyant dans le moyen tiré d'une violation de la Conv. EDH un moyen de fait) et enfin celles, de moins en moins rares, qui annulent une procédure sur la base d'une violation de la Convention.

4 *1°* Le principe de conformité de notre droit à la Convention (ou de non-incompatibilité) a donné lieu à des applications intéressantes, notre chambre criminelle aimant bien dire que les dispositions nationales « ne sont pas incompatibles » avec la Convention et ayant raison de le dire.

a) Ainsi l'article 8 de celle-ci, sur le respect de la vie privée, n'interdit pas aux douaniers de procéder à des perquisitions et saisies (Crim. 21 janv. 1985, *Bull. crim.* n° 3) ou d'obtenir lors d'une enquête la communication de documents (Crim. 21 nov. 1983, *Bull. crim.* n° 304). Les visites que font les inspecteurs des installations classés soumises à leur surveillance ne sont pas des perquisitions et peuvent donc être réalisées sans l'assentiment de l'exploitant, et cette règle « ne contrevient pas aux dispositions de l'article 8 » précité (Crim. 26 avr. 2000, n° 99-81.683, *Bull. crim.* n° 168). De façon voisine, l'interception de conversations au parloir d'une prison, du moins en matière de criminalité organisée ne contrevient pas à l'article 8 Conv. EDH (Crim. 1er mars 2006, n° 05-87.251, *Bull. crim.* n° 59 ; *D.* 2006. 1504, note J. Pradel).

b) Certains auteurs, il est vrai, hésitent à admettre que notre droit sur la garde à vue soit conforme à la Conv. EDH (R. Merle, préc., p. 228 et 229 ; *D.* 1981. IR 155, obs. M. Puech) : celle-ci veut que toute personne arrêtée soit « aussitôt » traduite devant un magistrat (art. 5, § 3) alors que celui-là permet au policier de retenir la personne pendant vingt-quatre heures avant la présentation à un magistrat (art. 63 et 77 C. pr. pén.). Pourtant, le mot « aussitôt » correspond, dans la version anglaise, au mot *promptly* dont le premier sens est « avec empressement, avec rapidité », le sens « sur le champ » n'étant que le second (*Dictionnaire Harrap's, V°* « Promptly »). D'ailleurs, des auteurs admettent qu'un délai de quarante-huit heures au plus est conforme à la Conv. EDH (D. Poncet, *La protection de l'accusé par la Convention européenne*, 1977, p. 150, note 455). Mieux, la jurisprudence des organes prévus par la Conv. EDH n'exclut pas qu'un délai de plusieurs jours est raisonnable, consciente qu'elle est de la nécessité d'une certaine souplesse (v. cep., CEDH 29 nov. 1988, *Brogan*, décidant il est vrai qu'une détention de quatre jours et six heures sans comparution devant un juge ou autre magistrat est excessive ; et à plus forte raison, CEDH 23 nov. 2010, *Moulin c/ France*, où la garde à vue avait duré cinq jours avant présentation à un juge). Dès lors, il ne faut pas s'étonner que la chambre criminelle ait estimé que notre garde à vue est conforme à la Conv. EDH (Crim. 3 juill.

1980, *Bull. crim.* n° 213 ; Crim. 28 janv. 1992, *Bull. crim.* n° 32 ; Crim. 10 mars 1992, *Bull. crim.* n° 105 ; Crim. 15 déc. 2010, *D.* 2011. 338, note J. Pradel, conformité au droit européen d'une garde à vue qui avait duré vingt-cinq heures). Il est vrai que dans sa dernière jurisprudence, la CEDH entend que la personne arrêtée soit immédiatement présentée au juge (CEDH 4. déc. 2014, *Ali Samatar c/ France*, *D.* 2015. 303, note J.-F. Renucci ; *AJ pénal* 2015. 102, obs. Poissonnier ; *Dr. pénal* 2015. Étude 5, note O. Décima, et Chron. 4, obs. E. Dreyer ; *JCP G*, 2015, n° 134, note J. Pradel). Il n'est pas certain que la position française pourra se maintenir.

c) La conformité est encore admise à propos de la détention provisoire. Dans une formule à première vue un peu compliquée, la Cour de cassation rappelle que « les dispositions du Code de procédure pénale qui définissent limitativement les cas dans lesquels le placement ou le maintien en détention peut être ordonné par le juge, loin d'être incompatibles avec les dispositions de la Conv. EDH instituent au contraire en faveur des inculpés des garanties supplémentaires destinées à éviter toute détention injustifiée » (Crim. 6 mars 1986, *Bull. crim.* n° 94 ; *D.* 1986. 315, note D. Mayer ; Crim. 20 oct. 1987, *Bull. crim.* n° 357). Il semble à la vérité que, pour la Cour de cassation, la Convention constitue une espèce de minimum que le législateur national peut enrichir de sorte que la détention provisoire suppose le respect tout à la fois des dispositions conventionnelles et des dispositions nationales. La compatibilité est donc considérable, mais se présente sous le jour un peu particulier de la complémentarité.

d) Implicitement, la chambre criminelle considère que les présomptions de culpabilité (de fait ou de droit) établies par notre droit ne sont pas contraires à l'article 6-2 de la Conv. EDH affirmant la présomption d'innocence : il suffit que le législateur français « prenne en compte la gravité de l'enjeu et laisse entiers les droits de la défense » (Crim. 30 janv. 1989, *Bull. crim.* n° 33 ; Crim. 16 mars 1993, *Bull. crim.* n° 115, qui ajoute qu'il faut que le prévenu puisse apporter la preuve contraire). De même n'est pas contraire à cette disposition conventionnelle l'obligation de verser la consignation prévue par l'article L. 26 du Code de la route – aujourd'hui article L. 121-4 – (Crim. 22 mai 1990, *Bull. crim.* n° 206) ou le droit pour le juge du fond de prononcer une peine complémentaire avec exécution provisoire, une telle mesure se plaçant après déclaration de culpabilité (Crim. 10 janv. 1996, *Bull. crim.* n° 15). Et l'article L. 21-1 du même code – aujourd'hui article L. 121-2 – qui présume responsable des contraventions au stationnement des véhicules le titulaire du certificat d'immatriculation n'est pas incompatible avec l'article 6 § 2 (Crim. 1er févr. 2000, *Bull. crim.* n° 51).

e) On donnera encore un exemple tiré du droit de la presse. On sait que l'article 35 *ter* de la loi du 29 juillet 1881 interdit sous sanction pénale la diffusion d'une image représentant une personne identifiable et faisant apparaître que celle-ci est en détention provisoire. Un directeur de publication ayant enfreint cet article fut condamné et il forma un pourvoi en invoquant la violation de l'article 10 Conv. EDH affirmant la liberté de la presse et de ce fait incompatible avec l'article 35 *ter*. La chambre criminelle rejeta le pourvoi au motif que le texte national n'est pas incompatible avec le texte européen qui en son § 2 prévoit que la règle de la liberté, affirmée au § 1 peut être l'objet de restrictions nécessaires à la protection des droits d'autrui (Crim. 8 juin 2004, nº 03-87.584, *Bull. crim.* nº 156).

5 2° Il existe un second groupe de décisions qui traduisent, sur certains points, une indifférence de la Cour de cassation à l'égard de la Convention.

a) Un bon exemple en est fourni par l'article 5-3 de cette dernière qui, relatif au cas d'une personne détenue provisoirement, décide qu'elle doit être aussitôt traduite devant un magistrat et qu'elle a « le droit d'être jugée dans un délai raisonnable, ou libérée pendant la procédure ». Ce texte implique indirectement que la détention provisoire ne dure pas trop longtemps. Il existe bien dans notre législation des textes qui obligent les magistrats à statuer rapidement en cas de demande d'élargissement de la personne mise en examen (C. pr. pén., art. 148, qui veut que le juge d'instruction statue dans les cinq jours de la communication de la procédure au parquet ; C. pr. pén., art. 194, qui veut que la chambre de l'instruction statue dans les dix jours de l'appel contre une ordonnance de placement en détention provisoire). Seulement tout mis en examen détenu ne demande pas son élargissement et, s'il le réclame, il peut se heurter à un refus. Il arrive alors que la détention provisoire s'éternise. Le mis en examen peut donc être tenté d'invoquer une violation de l'article 5-3 précité, soit devant le juge du fond, soit devant la Cour de cassation. Or la Cour de cassation se refuse avec une grande netteté à entrer dans ce débat : elle considère que le moyen tiré d'une violation de cet article est un moyen irrecevable devant elle puisqu'elle affirme tantôt qu'il est mélangé de fait et de droit (Crim. 18 févr. 1986, *Bull. crim.* nº 66), tantôt qu'il est de pur fait (Crim. 6 mars 1986, préc. ; Crim. 4 avr. 2001, nº 01-80.455). Seules donc les chambres de l'instruction peuvent s'interroger sur le point de savoir si la détention provisoire a dépassé un délai raisonnable. Parfois aussi, la chambre criminelle, saisie d'un moyen fondé sur la violation du principe du délai raisonnable visé à l'article 5 de la Conv. EDH qualifie de nouveau ce moyen, ce qui lui permet de l'écarter (Crim. 12 déc. 1988, *Bull. crim.* nº 418).

Cette attitude réservée de la Cour de cassation tranche avec celle de la CEDH. Cette dernière s'attache très sérieusement aux données de fait de l'espèce. Elle entend vérifier la conformité des motifs de la détention invoqués par le juge national à la lumière du droit national. Le contrôle n'est pas superficiel et *in abstracto*, mais approfondi et *in concreto* (v. par ex. CEDH 26 juin 1991, *Letellier c/ France, Série A* 207, § 51 ; J. Pradel, J. Corstens et G. Vermeulen, nº 354). La Cour de Strasbourg entend que le juge national observe un devoir de « diligence particulière » consacré par l'article 5-3 (CEDH 18 déc. 1996, req. nº 21335/93, *Scott c/ Espagne*, § 83, *Rec. CEDH* 1996. VI).

b) Notre chambre criminelle témoigne de la même indifférence à l'égard de la Conv. EDH quand il s'agit de l'article 6-1 de cette dernière.

Ce texte, on le sait, décide que « toute personne a droit à ce que sa cause soit entendue… dans un délai raisonnable… ». Or là encore, la chambre criminelle estime qu'est irrecevable, comme mélangé de fait et de droit, le moyen proposé par un demandeur qui allègue pour la première fois devant la Cour de cassation une violation de l'article 6 Conv. EDH fondé sur le seul fait qu'il n'aurait pas été jugé dans un « délai raisonnable » (Crim. 19 nov. 1987, *Bull. crim.* n° 420). Même indifférence encore à propos de l'article 6-3 *b* de la Convention qui veut que le prévenu puisse « disposer du temps et des facilités nécessaires à la préparation de sa défense » : il s'agit encore d'une question de fait qui échappe au contrôle de la Cour de cassation (Crim. 1er févr. 1988, *Bull. crim.* n° 47).

c) C'est encore une façon pour la Cour de cassation de marquer son indifférence à l'égard de la Conv. EDH que d'en limiter le champ d'application. Deux procédés sont utilisés :

– Selon le premier : la chambre criminelle ne dit plus que la question est de fait, elle dit qu'elle est étrangère au domaine de la Conv. EDH, aux prévisions de ses auteurs. Mais le résultat est le même. En voici trois exemples. Alors que l'article 6-3 *d* Conv. EDH rappelle que le prévenu peut « interroger ou faire interroger les témoins à charge et obtenir l'interrogation des témoins à décharge dans les mêmes conditions que les témoins à charge », la chambre criminelle entend strictement le mot « témoin » : pour elle la règle du contradictoire intéresse les « vrais » témoins et non les co-mis en examen devenus des coprévenus, qui ne sont en rien des témoins (Crim. 19 oct. 1987, *Bull. crim.* n° 353). De même le principe *Non bis in idem*, consacré par le protocole n° 7 additionnel à la Convention ne s'applique qu'aux infractions de la compétence des tribunaux statuant en matière pénale, ce qui permet de légitimer pour un même fait une double poursuite, l'une devant le juge pénal et l'autre devant une autorité prononcée des sanctions administratives comme la commission des opérations de bourse (Crim. 4 sept. 2002, n° 01-84.011, *Bull. crim.* n° 157, faisant suite à plusieurs décisions rendues ces dernières années ; Crim. 7 sept. 2004, n° 04-80.010, *Bull. crim.* n° 200). Le troisième exemple est relatif à la Commission des infractions fiscales qui n'est pas une juridiction, mais un simple organisme consultatif auquel ne s'applique pas l'article 6 Conv. EDH (Crim. 7 mars 2001, n° 00-82.538, *Bull. crim.* n° 60 et Crim. 16 mai 2001, n° 00-82.649, *Bull. crim.* n° 126)

– Et voici le second procédé : même si une procédure méconnaît les dispositions de la Convention, l'annulation n'en est pas possible s'il n'y a pas eu d'atteinte aux intérêts de l'intéressé (Crim. 2 oct. 1990, *Bull. crim.* n° 327, pour des écoutes téléphoniques contraires à l'art. 8 § 2 de la Conv. EDH).

16 *3°* Les hypothèses dans lesquelles la chambre criminelle accepte d'annuler une procédure sur la base d'une violation de la Conv. EDH sont en revanche de plus en plus nombreuses depuis quelques années.

Observons d'abord à titre général un bon exemple d'accroissement du nombre de ces arrêts qui étendent l'article 6 Conv. EDH à la phase préparatoire du procès pénal (Crim. 19 juin 2001, *Bull. crim.* n° 147), ce qui renverse l'ancienne jurisprudence qui limitait ce texte à la phase décisoire (Crim. 14 juin 1984, *Bull. crim.* n° 219 ; Crim. 29 mars 1995, *Bull. crim.* n° 139).

Attachons-nous ensuite à des exemples particuliers :

a) L'exemple le plus connu est sans doute celui du cumul des fonctions : le même magistrat peut-il occuper successivement dans la même affaire une fonction propre à la phase préparatoire (poursuivant ou juge d'instruction ; ou poursuivant et juge d'instruction) et une fonction dans la phase de jugement ? Plutôt négative à cause du principe d'indépendance des juges (art. 6 § 1, Conv. EDH), la réponse est en réalité très complexe et se trouve traitée en détail ailleurs (v. *GAPP*, n° 1).

b) Plus simple est le cas de l'étranger qui ne parle pas notre langue. Il est protégé par l'article 6 § 3 *e* Conv. EDH qui permet au prévenu de « se faire assister gratuitement d'un interprète s'il ne comprend pas ou ne parle pas la langue employée à l'audience ». Un vieil arrêt avait jugé que le greffier portant à la connaissance de l'accusé, qui ignore notre langue, un arrêt rectificatif, doit se faire assister d'un interprète, à défaut de quoi la formalité est réputée n'avoir pas été faite (Crim. 21 déc. 1977, *Bull. crim.* n° 408 ; v. aussi Crim. 4 janv. 1980, *Bull. crim.* n° 5). Plus récemment, la Cour de cassation a rappelé que « tout accusé ne comprenant pas la langue employée à l'audience doit bénéficier de l'assistance gratuite d'un interprète et ne peut, bien qu'ayant été condamné pénalement, se voir réclamer le règlement des frais résultant de cette assistance » (Crim. 24 févr. 1988, *Bull. crim.* n° 94) ; déjà, dans un arrêt du 28 novembre 1978, la Cour européenne de Strasbourg avait jugé la même chose (aff. *Luedicke-Belkacem et Koç*). Cependant, aux yeux de la jurisprudence française (et aussi européenne), la traduction ne saurait s'entendre d'une traduction portant sur l'intégralité des pièces (Cour d'assises spéciale de Paris, 2 nov. 1994, *D.* 1995. 139, obs. J. Pradel ; Crim. 9 mars 1995, n° 94-82.674, *Bull. crim.* n° 97).

c) Le principe de l'égalité des armes – pourtant non exprimé par la Conv. EDH et qui ne se trouve, sauf exceptions, que dans les arrêts de la CEDH – fournit également de bons exemples. Ainsi, lorsque l'article 546 C. pr. pén. n'ouvre l'appel contre des décisions du juge de police, du moins dans certains cas, qu'au procureur général, la jurisprudence décide que cette disposition « n'est pas compatible avec le principe de l'égalité des armes tel qu'il résulte de l'exigence d'un procès équitable au sens de l'article 6 Conv. EDH » (Crim. 6 mai 1997, n° 96-83.512, *Bull. crim.* n° 170 ; *JCP* 1998. II. 10056, note Y. Lassalle ; *D.* 1998. 223, obs. A. Cerf ; Crim. 17 juin 1998, *Bull. crim.* n° 196).

De même, le procureur général ne saurait avoir un délai plus long pour faire appel que le prévenu. À deux reprises, la CEDH a condamné la France – l'article 505 du Code de procédure pénale accordant un délai d'appel de deux mois au procureur général alors que selon l'article 498 du même code, le délai de droit commun est de 10 jours – au titre d'une violation de l'égalité des armes (CEDH 3 oct. 2006, *Ben Naceur c/ France*, req. n° 63879/00, *D.* 2007. 979, obs. J. Pradel ; CEDH

22 mai 2008, *Gacon c/ France*, req. nº 1092/04, *RSC* 2008. 635, obs. A. Giudicelli et *ibid.* 692, obs. J.-P. Marguénaud et D. Roets). Notre chambre criminelle avait certes dit l'inverse dans un premier temps (Crim. 27 juin 2000, nº 99-87.460, *Bull. crim.* nº 243, *D.* 2001. 514, obs. J. Pradel). Mais sous la pression de la jurisprudence strasbourgeoise, elle révisa sa position au nom de l'article 6 § 1 Conv. EDH et plus spécialement de l'égalité des armes (Crim. 17 sept. 2008, nº 08-80.598 ; P. Bougi-Amenc, « À propos du principe de l'égalité des armes en matière de délai d'appel », *RPDP* 2009. 75).

d) De même, la question du droit pour l'accusé de faire interroger des témoins à l'audience a évolué grâce à la jurisprudence de la CEDH. Pendant longtemps la chambre criminelle avait laissé une certaine latitude aux juges du fond, sauf à devoir statuer sur les demandes du prévenu (Crim. 20 déc. 1955, *D.* 1956. Somm. 29). Un jour la Cour de Strasbourg posa la règle qu'en général l'article 6-3 *d* de la Convention « commande d'accorder à l'accusé une occasion adéquate et suffisante de contester un témoignage à charge et d'en interroger l'auteur... » (CEDH 19 déc. 1990, req. nº 11444/85, *Delta, D.* 1991. 213, obs. J. Pradel). Presque aussitôt la chambre criminelle durcissait sa position et obligeait le juge à entendre le témoin appelé à la barre par l'accusé, sauf à motiver strictement son refus (Crim. 21 janv. 1991, nº 90-81.264, *Bull. crim.* nº 32, *D.* 1991. 213, obs. J. Pradel ; Crim. 27 juin 2001, nº 00-87.414, *Bull. crim.* nº 164) et ainsi à admettre certaines exceptions (v. par ex., Crim. 26 oct. 1994, *Bull. crim.* nº 343, pour un témoin menacé ; Crim. 9 août 2006, nº 06-83.219, *Bull. crim.* nº 202, pour une demande manifestement infondée) (*add.*, v. *GAPP*, nº 41).

Toujours en matière de droit de la preuve, c'est sur le fondement de l'article 6 Conv. EDH (procès équitable et du principe de loyauté de la preuve – qu'on pourrait rattacher à l'art. 6) que la jurisprudence casse des arrêts de condamnation fondés sur une provocation policière, du moins lorsque l'agent provocateur a poussé le tiers à agir là où il n'aurait pas agi sans l'intervention de l'agent (Crim. 11 mai 2006, nº 05-84.837, *Bull. crim.* nº 132 ; Crim. 9 août 2006, nº 06-83.219, *Bull. crim.* nº 202 ; Crim. 7 févr. 2007, *Bull. crim.* nº 37 ; *RSC* 2007. 331, obs. R. Finielz ; *D.* 2007. 2012, note J.-R. Demarchi ; *RPDP* 2007. 432, obs. D. Chilsten ; *ibid.* 673, obs. É. Verny ; Crim. 4 juin 2008, *D.* 2008. AJ 1766, obs. S. Lavric). La CEDH raisonne identiquement (en dernier lieu, CEDH 5 févr. 2008, *Raimanoustkas c/ Lituanie, RSC* 2008. 694, obs. J.-P. Marguénaud).

e) On peut donner l'exemple célèbre du prévenu qui est absent à l'audience et qui n'a pas fourni d'excuse valable. Longtemps la chambre criminelle le jugeait sans avoir entendu son avocat pourtant présent à la barre. Or la CEDH a censuré la position nationale en indiquant que « le droit de tout accusé à être effectivement défendu par un avocat figure parmi les éléments fondamentaux du procès équitable et que dès lors un accusé n'en perd pas le bénéfice du seul fait de son absence aux débats » (CEDH 23 mai 2000, req. nº 31070/96, *Van Pelt c/ France, D.* 2001. 1061, obs. J.-F. Renucci ; v. déjà de façon très proche, CEDH 23 nov.

1993, req. n° 14032/88, *Poitrimol c/ France*, *D.* 1994. 187, obs. J. Pradel). Peu après, la chambre criminelle se rallie à la jurisprudence strasbourgeoise et, en des termes très proches, décide que : « le droit du procès équitable et le droit de tout accusé à l'assistance d'un défenseur s'opposent à ce que la juridiction juge un prévenu non comparant et non excusé sans entendre l'avocat présent à l'audience pour assurer sa défense » (Ass. plén., 2 mars 2001, n° 00-81.388, *Bull. crim.* n° 56 ; *JCP* 2001. II. 10611, note C. Lièvremont ; Crim. 12 mars 2003, n° 02-85.112, *Bull. crim.* n° 66).

On ne confondra pas le cas du prévenu absent avec celui de l'avocat absent. Voici un prévenu qui a choisi un avocat, lequel est absent le jour de l'audience. Le prévenu sollicite le renvoi. Les juges ne peuvent refuser le renvoi qu'en le motivant. Le principe est en effet que selon l'article 6 § 3 *c* Conv. EDH, le prévenu à droit à l'assistance d'un avocat de son choix (Crim. 24 mai 2006, n° 05-85.685, *Bull. crim.* n° 147).

f) On donnera encore l'exemple du droit à la vie privée (Conv. EDH, art. 8) qui se trouve bousculé par le procédé de la géolocalisation. Ce procédé, s'il est mis en œuvre par le parquet et non par un juge d'instruction n'est pas conforme à l'article 8 Conv. EDH (Crim. 22 oct. 2013, n° 13-81.945 et 13-81.949, *JCP* 2013, n° 1378, note F. Fourment ; *Dr. pénal* 2013, n° 177, obs. A. Maron et M. Haas ; *D.* 2013, note H. Matsopoulou ; *add.* J. Pradel, « De la géolocalisation en procédure pénale. À la recherche d'un statut », *JCP* 2014. 77). Et pourtant la CEDH avait fait preuve de plus de souplesse en évitant de condamner l'Allemagne dans une affaire où la mesure avait été ordonnée par le parquet (*Uzun c/ Allemagne*, 2 sept. 2010, req. n° 35623/05, *Dr. pénal* 2011, n° 3, obs. E. Dreyer ; *JCP* 2010. Actu. 905, obs. K. Blay Graberczylz ; *D.* 2010. 2161, obs. S. Lavric ; *D.* 2011. 724, note H. Matsopoulou ; *RSC* 2011. 217, obs. D. Roets).

g) Le principe de loyauté est entendu très strictement par la chambre criminelle. Au visa de l'article 6 Conv. EDH, la chambre criminelle annule une procédure dans laquelle un juge d'instruction avait par ordonnance ordonné la sonorisation de deux cellules de garde à vue occupées par deux personnes suspectées d'un même braquage de bijoutiers. Les deux individus avaient parlé et l'un d'entre eux avait tenu des propos incriminants qui avaient été enregistrés (Crim. 7 janv. 2014, n° 13-85.246, *JCP* 2014, n° 272, note A. Gallois ; position confirmée par Cass., ass. plén., 6 mars 2015, n° 14-84.339, *D.* 2015. 711, note J. Pradel ; *JCP G* 2015. Doct. 385, obs. A. Maron ; *Procédures* 2015, comm. 139, obs. J. Buisson). La recherche de la preuve s'en trouvera rendue plus difficile alors que précédemment la chambre criminelle avait validé la sonorisation d'un parloir de prison (Crim. 1er mars 2006, n° 05-87.251, *Bull. crim.* n° 59, *D.* 2006. 1504, note J. Pradel ; *RSC* 2007. 611, obs. J. Buisson ; *AJ pénal* 2006. 222, obs. J.-P. Céré).

h) Enfin il faut évoquer le problème des droits de la défense au cours de la garde à vue. Notre législation, longtemps, ne prévoyait pas la présence de l'avocat aux côtés du gardé à vue pendant l'audition de celui-ci.

La CEDH, dans un premier temps, se contentait d'exiger que le suspect ait « accès à un avocat dès le premier interrogatoire », sans exiger exactement la présence de celui-ci à l'interrogatoire (CEDH, gr. ch., 27 nov. 2008, *Salduz c/ Turquie*, § 55, *JCP* 2009. I. 104, obs. F. Sudre ; *Dr. pénal* 2009. Chron. 4, obs. E. Dreyer ; *ibid.* 8, obs. V. Lesclous ; *ibid.* 2010. Chron. 1, obs. D. Guérin), cette décision réservant toutefois le cas de « circonstances particulières en l'espèce qu'il existe des raisons impérieuses de restreindre ce droit » (§ 55). Mais peu après, cette présence est exigée (CEDH 2 mars 2010, *Adamkiewicz c/ Pologne*, § 84, *Dr. pénal* 2011. Chron. 3, obs. E. Dreyer). Ces espèces consacrent aussi le droit pour le suspect de se voir notifier le droit de se taire.

Notre Cour de cassation va réagir en deux temps. Premier temps, la chambre criminelle décide que « sauf exceptions justifiées par des raisons impérieuses tenant aux circonstances particulières de l'espèce et non à la seule nature du crime ou délit reproché, toute personne soupçonnée d'avoir commis une infraction doit, dès le début de la garde à vue, être informée de son droit de se taire et bénéficier, sauf renonciation non équivoque, de l'assistance d'un avocat » (Crim. 19 oct. 2010, 3 esp., *JCP* 2010, n° 1104, note H. Matsopoulou ; A. Maron, « Troisième messe de *requiem* pour la garde à vue », *Dr. pénal* 2010, n° 11). On aura noté la reprise par la chambre criminelle de la formule de l'arrêt *Salduz* en ce qui concerne le régime dérogatoire. La seule différence est que les arrêts du 19 octobre 2010 n'annulent pas les procédures et, dans l'intérêt de la sécurité juridique et dans celui d'une bonne administration de la justice, décident que les règles nouvelles n'entreront en vigueur que le 1er juillet 2011 (comme l'avait décidé le Conseil constitutionnel dans sa décision du 30 juill. 2010). Second temps, c'est l'Assemblée plénière qui intervient pour décider l'application immédiate de la jurisprudence strasbourgeoise, et en visant même expressément les arrêts *Salduz* et *Dayanan* (qui est très rare) : elle affirme « que les États adhérents à la Conv. EDH sont tenus de respecter les décisions de la CEDH sans attendre d'être attaqués devant elle ni d'avoir modifié leur législation... et que, en règle générale, il faut que la personne gardée à vue puisse bénéficier de l'assistance d'un avocat dès le début de la mesure et pendant ses interrogatoires » (Ass. plén., 15 avr. 2011, 4 arrêts, *Dalloz actualité*, 19 avr. 2011, obs. S. Lavric ; *D.* 2011. Entretien 1128, obs. G. Roujou de Boubée ; *Dr. pénal* 2011, n° 72, obs. A. Maron et M. Haas). On notera que ces arrêts sont intervenus le jour même où paraissait au *Journal officiel* la loi du 14 avril 2011 qui consacrait la jurisprudence de la CEDH et de la chambre criminelle ! Les arrêts du 15 avril ont eu pour effet de faire tomber plusieurs procédures ouvertes dans des affaires très graves, ce qui a nuit aux victimes et ce qui changeait les règles du jeu en cours de partie, puisque, quand les gardes à vue de ces affaires s'étaient déroulées, la présence de l'avocat n'était pas prévue (pour un ex., Crim. 31 mai 2011, *JCP* 2011, n° 756, note critique J. Pradel ; v. également *GAPP*, n° 27).

17 En conclusion, on fera trois remarques :

1° Dans le principe, la Conv. EDH a un intérêt relatif en droit pénal français pour trois raisons : d'abord car celui-ci lui est en général conforme ; ensuite car celle-là est rédigée en termes souvent assez généraux (par ex. toute affaire doit être jugée dans « un délai raisonnable », art. 6-1 ; la détention provisoire et la procédure préparatoire doivent durer un « délai raisonnable » selon l'art. 5-3) et est appliquée avec souplesse par les organes supra-étatiques (v. les ex. cités, n° II-B et *add.* la couche dure, le cachot et le costume pénal qui ne sont pas considérés comme des « traitements inhumains ou dégradants » au sens de l'article 3, C. Lombois, préc., n° 193, p. 225) ; enfin car la Cour suprême rejette très souvent le moyen tiré de la violation de la Convention et n'attache pas d'effets à un arrêt de la Cour européenne (Crim. 3 févr. 1992, *Bull. crim.* n° 57 ; Crim. 4 mai 1994, n° 93-84.547, *D.* 1995. 80, note J.-F. Renucci ; *ibid.* 139, obs. J. Pradel, un arrêt de la CEDH constatant une violation de la Conv. EDH est sans incidence sur la validité des procédures relevant du droit interne).

Faut-il ajouter en marge de ce débat que l'audace de la CEDH et la grande multiplicité de ses arrêts entraînent une certaine insécurité juridique ? L'activité du juge, qui devient une source autonome du droit, devient incontrôlable (J. Carbonnier, *Droit civil, Introduction*, PUF, coll. « Quadrige », 2004, n° 141) et égratigne le principe de souveraineté pénale.

2° Le constat n'est cependant pas négatif : outre qu'il doit bien exister quelques dispositions internes « marginales », il faut éviter la tentation totalitaire qui, sait-on jamais, peut parfois animer le législateur. Pour lutter contre ce démon, la Conv. EDH peut constituer un moyen utile. Elle permet d'assurer la victoire, et pas seulement en France, d'un certain nombre de principes relatifs aux droits de l'homme. Elle permet aussi d'harmoniser les divers droits d'Europe (J. Pradel, « Vers des principes directeurs communs aux diverses procédures pénales européennes », *Mélanges Levasseur*, 1992, p. 459 s.). En outre, il faut s'attendre à une prise en compte plus considérable de la Conv. EDH dans les années à venir, compte tenu d'une plus grande ouverture des magistrats (notamment à la chambre criminelle de la Cour de cassation) à ce texte et compte tenu aussi de la loi du 15 juin 2000 qui, après condamnation de la France par la CEDH, permet à l'intéressé de saisir la chambre criminelle d'une sorte de recours en révision.

3° L'influence du droit européen des droits de l'homme (Conv. EDH et surtout CEDH) est plus importante sur notre législation que sur notre jurisprudence, sauf en matière de garde à vue. Doit-on rappeler que la loi du 15 juin 2000 sur la présomption d'innocence est fille de la jurisprudence strasbourgeoise ?

J. P.

6

CIRCULAIRES – VALEUR EN MATIÈRE PÉNALE

Lyon, 25 nov. 1971, *Pollet-Villard*
(*D.* 1972. 505, note J. Pradel ; *JCP* 1972. II. 17121, note A. Decocq)

Crim., 28 nov. 1972, n° 72-90.372, *Blanc*
(*Bull. crim.* n° 363)

Crim., 16 janv. 1976, n° 75-92.044, *Gryson*
(*Bull. crim.* n° 18)

La circulaire administrative ne peut pas servir de base à une incrimination pénale (2e esp.) ni modifier une règle procédurale (1re esp.). Il n'en va autrement qu'en cas de délégation expresse du législateur (3e esp.).

Lyon, 25 novembre 1971, *Pollet-Villard*

Attendu que par arrêt du 4 novembre 1971, la cour a réformé le jugement avant dire droit du 12 octobre 1971, et rejeté la demande de mise en liberté du prévenu, en ordonnant son maintien en détention jusqu'à la décision sur le fond ; que cette décision est intervenue le 19 octobre 1971, date à laquelle le tribunal a prononcé la peine de 5 mois d'emprisonnement dont deux avec sursis en refusant le maintien en détention de Pollet-Villard ; que cependant le ministère public, ayant aussitôt interjeté appel, a maintenu celui-ci en détention provisoire, en application de la circulaire 70-13 du 1er décembre 1970 (art. 46), afin de n'avoir pas à procéder à une nouvelle incarcération, après une brève liberté provisoire, et pour l'empêcher de se soustraire à l'exécution d'une peine, non définitive, mais déjà prononcée ;

Attendu que les termes d'une circulaire qui n'a pas force de loi, et les considérations pratiques relatives à l'exécution de la peine, ne peuvent prévaloir sur les dispositions légales qu'il convient d'examiner à la lumière de la loi récente, du 17 juillet 1970, ayant pour objet de garantir les droits individuels des citoyens et de transformer la détention préventive en détention « provisoire » ;

Attendu que si l'article 186, alinéa 6, et l'article 501, alinéa 2, du Code de procédure pénale prévoient le maintien en détention de l'inculpé détenu, en cas d'appel d'une ordonnance du juge d'instruction, ou d'un jugement statuant sur une demande de mise en liberté, et pendant le délai d'appel, il s'agit de textes concernant la détention provisoire, avant le jugement sur le fond ; qu'il n'est pas possible, en raisonnant par analogie, d'appliquer ces textes au cas qui nous occupe, d'autant moins que l'article 464-1 a réservé au tribunal, de façon expresse, la possibilité de maintenir en détention le prévenu détenu par une décision spéciale et motivée ; qu'en l'espèce, le tribunal de Lyon ayant refusé de maintenir en détention Pollet-Villard, il n'y avait pas lieu de s'en tenir aux seules dispositions de l'article 471, qui prévoit la mise en liberté, aussitôt que la durée de la détention a atteint celle de la peine prononcée, en oubliant que ce texte fait référence à l'article 464-1 que les premiers juges avaient refusé d'appliquer ; – Attendu que si la décision du tribunal sur la culpabilité et la mise en liberté prévue par l'article 471, constituent des garanties, ces motifs ne justifient pas une détention maintenue, contre l'avis exprès du tribunal, en l'absence d'un texte sur l'effet suspensif de l'appel du ministère public, contre un jugement sur le fond ; que l'argument consistant à observer que la juridiction du second degré sera privée de la possibilité de maintenir en détention le prévenu libéré est sans valeur, ce cas n'étant pas le seul où la cour d'appel est appelée à juger des inculpés non détenus ou rendus à la liberté par des décisions de justice antérieures ;

Attendu que l'article 506 du Code de procédure pénale, qui rappelle le principe général de l'effet suspensif de l'appel, prévoit des exceptions qui en pareille matière sont limitatives ; qu'en l'état des textes susvisés et des motifs ci-dessus exposés, il faut admettre que l'appel du ministère public contre le jugement rendu le 19 octobre 1971 ne pouvait pas faire revivre un mandat de dépôt périmé, au jour de la comparution du prévenu devant le tribunal et de la décision sur le fond ; que l'arrêt du 4 novembre 1971, réformant le jugement avant dire droit et ordonnant le maintien en détention de Pollet-Villard, ne concerne la détention provisoire que jusqu'au 19 octobre 1971 date de la décision sur le fond ; qu'à ce jour, la cour considère que, même si Pollet-Villard n'avait pas encore subi trois mois d'emprisonnement, elle ne pouvait pas ordonner son maintien en détention ; que si une telle situation est pratiquement regrettable dans l'intérêt du prévenu, comme dans l'intérêt de l'ordre public et d'une bonne administration de la justice, il appartient au législateur d'y remédier et non au juge de solliciter les textes ; que toutefois, il faut regretter la position prise par les premiers juges, qui ont cru devoir paradoxalement refuser de maintenir en détention un prévenu auquel ils infligeaient une peine ferme excédant la durée de sa détention provisoire, alors que s'ils avaient hâte de le rendre à la liberté, il était si simple de réduire la durée de l'emprisonnement ferme en augmentant la durée de la peine assortie du sursis ;

Chambre criminelle, 28 novembre 1972, *Blanc*

Vu lesdits articles, ensemble l'article 4 du Code pénal ;

Attendu qu'il n'appartient pas au juge, en raisonnant par voie d'analogie, de suppléer au silence de la loi et de prononcer des peines en dehors des cas limitativement prévus par le législateur ;

Attendu que le paragraphe 3 de l'article 23 du décret du 14 novembre 1949 modifié par le décret du 15 juin 1963 relatif à la coordination des transports soustrait au régime général des inscriptions, autorisations et licences institué par les articles 24 à 34 inclus du même décret les transports exécutés par des entreprises liées entre elles par un contrat en vue de l'exécution d'un travail commun ou de la mise en commun d'une partie de leurs activités dans les conditions énumérées aux alinéas *a, b, c* de ce paragraphe ;

Que la disposition finale du même texte renvoie à un arrêté interministériel la fixation des conditions de délivrance des autorisations pour les transports de cette nature ;

Que l'arrêté interministériel ainsi prévu n'ayant pas été publié, et les conditions d'autorisation de tels transports n'ayant pas été, dès lors, réglementairement déterminées, leur exécution, même non autorisée par l'administration, ne saurait tomber sous le coup de la loi pénale comme constituant, au sens de l'article 25-II-A-*a* de la loi du 14 avril 1952, « un exercice d'activité sans les autorisations nécessaires » ;

Attendu qu'il résulte des énonciations de l'arrêt attaqué qu'il est constant que le fait reproché au demandeur consistait dans l'exécution d'un des transports visés par le paragraphe 3° précité de l'article 23 du décret du 14 novembre 1949 ; que, pour déclarer en cet état Blanc coupable du délit prévu par ledit article 25-II-A-*a* de la loi du 14 avril 1952 la cour d'appel se borne à constater que le prévenu n'a pas sollicité l'autorisation individuelle prescrite par une « note » de l'administration du mois de mars 1967 ;

Mais attendu qu'en statuant ainsi, alors que n'était constatée l'absence d'aucune autorisation requise en la matière par un texte législatif ou réglementaire et en fondant la condamnation sur la méconnaissance des prescriptions d'une simple « note » dépourvue de force légale, la cour d'appel n'a pas donné de base légale à sa décision ;

Par ces motifs :

Casse et annule dans toutes ses dispositions l'arrêt de la cour d'appel de Lyon en date du 24 novembre 1971 ; et attendu qu'il n'existe en l'espèce aucune infraction pénale : qu'ainsi il ne reste rien à juger ;

Dit n'y avoir lieu à renvoi.

Chambre criminelle, 16 janvier 1976, *Gryson*

Attendu qu'il résulte des constatations des juges du fond que le 16 décembre 1974, à Hendaye, les douaniers ont découvert dans la voiture avec laquelle Gryson tentait de pénétrer en France, 8 798 000 escudos portugais dissimulés dans les longerons du véhicule ; qu'en octobre et novembre de la même année Gryson avait effectué en passant par la France deux autres semblables transports de devises étrangères d'Espagne ou du Portugal en Belgique, où il était domicilié ;

Attendu que Gryson a soutenu que, la circulaire ministérielle du 9 août 1973 prise en application de la loi du 28 décembre 1966, du décret n° 68-1021 du 24 novembre 1968 et de l'arrêté ministériel du 9 août 1973 avait valeur réglementaire et que n'étant pas résidant les dispositions de ce texte lui donnaient le droit d'importer librement en France des devises étrangères ; que pour rejeter cette prétention et déclarer le prévenu coupable d'infraction à la réglementation des changes, le jugement confirmé par l'arrêt attaqué énonce que cette circulaire « s'applique uniquement aux touristes de bonne foi et aux professionnels exerçant une activité licite », alors que Gryson appartenait à une organisation clandestine se livrant au trafic international des devises ;

Attendu que les juges du fond ont ainsi exactement interprété le sens et la portée de la circulaire ministérielle du 9 août 1973, et ont répondu sans se contredire aux chefs péremptoires des conclusions du prévenu ;

Attendu d'autre part qu'est sans fondement le second moyen qui repose sur l'affirmation erronée que le demandeur était en droit, en vertu des dispositions de cette circulaire, d'importer en France des devises étrangères et de les exporter, sans qu'il lui ait été nécessaire d'obtenir au préalable l'autorisation du ministre de l'Économie et des Finances, prescrite par l'article 5 du décret du 24 novembre 1968 ;

D'où il suit que les deux moyens ne sauraient être accueillis ;

Et attendu que l'arrêt est régulier en la forme ;

Rejette le pourvoi.

OBSERVATIONS

1 Le rôle croissant des circulaires est une réalité que les juridictions administratives ont été amenées à prendre en considération. Longtemps considérées comme de simples mesures internes utilisées par les chefs de service pour faire connaître aux fonctionnaires d'exécution, la doctrine des ministères, elles ont aujourd'hui largement débordé de ce cadre étroit. On constate en effet qu'en raison de l'absence totale de formalisme qui les caractérise, elles tendent à remplacer les actes administratifs traditionnels.

Elles sont particulièrement nombreuses dans les domaines où l'on rencontre une réglementation complexe (droit économique, droit de la sécurité sociale) et sont destinées à faciliter l'application des textes. De telles circulaires, bien que d'une régularité douteuse, ont un véritable caractère réglementaire et le Conseil d'État a été amené à le reconnaître dans l'arrêt du 29 janvier 1954, *Notre-Dame-du-Kreisker* (req. n° 07134, *AJDA* 1954. II. 233, concl. Tricot; position précisée par l'arrêt *Mme Duvignères*, CE 18 déc. 2002, req. n° 233618, *GAJA*, n° 108, aux termes duquel les dispositions impératives d'une circulaire font grief. V. égal. CE 20 mars 2002, *Dieng Lobat*, req. n° 226803, *D.* 2002. 1468, circulaire instaurant une procédure d'agrément pour les mandataires chargés de représenter les détenus, donc émanant d'une autorité incompétente) en admettant qu'elles peuvent faire l'objet d'un recours en annulation. Cette distinction entre les circulaires réglementaires et les circulaires purement interprétatives a donc été introduite pour protéger les administrés contre les excès de pouvoir de certains administrateurs.

2 Cette solution n'est cependant pas sans danger car elle consacre indirectement une solution irrégulière et renforce la tendance des administrations « à promouvoir la hiérarchie des actes administratifs » (concl. Tricot). Un décret n° 2008-1281 du 8 décembre 2008 semble confirmer ce rôle de plus en plus important des circulaires en imposant qu'elles soient toutes reprises sur un site internet, relevant du Premier ministre à compter du 1er mai 2009, à défaut, elles seront considérées comme abrogées. On peut cependant se demander, avec certains auteurs (E. Pechillon, *AJ pénal* 2011. 176), si cette date couperet n'a pas conduit à la réécriture de certaines de ces circulaires, notamment s'agissant de celles émanant de l'administration pénitentiaire.

Peut-être cette conséquence explique-t-elle que les magistrats judiciaires adoptent une attitude plus que réservée à l'égard des circulaires administratives. On aurait bien évidemment pu supposer que les tribunaux judiciaires auraient moins souvent à connaître de tels textes, mais il n'en est rien. De plus en plus fréquemment, en effet, une circulaire paraît de nature à fournir un élément de réponse dans le règlement d'un procès.

3 S'agissant du juge civil, sa position semble particulièrement nette, il affirme très régulièrement que « l'instruction ministérielle… de caractère purement interne ne saurait… s'imposer aux juridictions de l'ordre judi-

ciaire » (v. Cass. 8 oct. 1965, *Bull. civ.* V, n° 101 ; Soc. 4 avr. 1974, *Bull. civ.* V, n° 208 ; Civ. 2e, 16 févr. 2012, n° 11-80.889 [absence de toute valeur juridique d'une circulaire en matière de détermination d'une faute inexcusable] et sur ce point plus généralement P. Malaurie et P. Morvan, *Introduction générale au droit*, Defrénois, 5e éd., 2014 ; H. Capitant, F. Terré, Y. Lequette, *GAJC,* 13e éd., 2015, t. I, n° 12, comm. de Com. 23 oct. 1950).

Le problème ne paraît pas se poser différemment en matière criminelle. En effet, comment admettre qu'une simple circulaire puisse avoir le caractère d'une norme fondant une incrimination pénale.

Le principe de la légalité pénale n'implique-t-il pas un rejet absolu de toute prise en considération d'une simple mesure de conduite administrative ne présentant aucune garantie de stabilité ? La question se pose, *a priori*, assez différemment selon que la circulaire pénale est invoquée par l'autorité de poursuite soit comme source d'une infraction pénale, soit à titre procédural ou au contraire par la personne poursuivie comme une sorte de fait justificatif (v. *infra*, nos 25 et 46). Nous traiterons ultérieurement du second aspect de ce problème car il relève de la théorie de l'erreur de droit ou plus généralement des faits justificatifs. Quelle valeur peut-on attribuer à une circulaire lorsqu'elle est invoquée dans le cadre d'une poursuite ?

Les décisions retenues démontrent que la solution de principe est la même que celle adoptée en matière civile, à savoir le refus de la prise en considération de la circulaire (I). Les exceptions que l'on invoque sont en réalité purement apparentes (II).

I. — L'inefficacité juridique de la circulaire

4 Le rejet de toute prise en considération de la circulaire comme fondement direct d'une incrimination est si évident que cette question n'est que très peu abordée par les auteurs de droit criminel qui se contentent d'affirmer l'inefficacité de tels textes en quelques mots (v. R. Merle et A. Vitu, t. I, n° 222 ; B. Bouloc, n° 122 ; J. Pradel, nos 286 s. ; M. Puech, n° 104 ; P. Conte et P. Maistre du Chambon, n° 110 ; M.-L. Rassat, n° 156, 3°). V. néanmoins E. Dreyer, n° 565, qui, sans contester ce principe, souligne l'importance des circulaires dans l'interprétation de la règle de droit, tout en indiquant que leur succès concerne plus les juridictions du fond que la Cour de cassation (v. par ex. Crim. 18 avr. 2005, *D.* 2005. 1260, note J. Pradel ; *RSC* 2005. 592, obs. A. Giudicelli). La circulaire servant directement de fondement à une poursuite est donc assez exceptionnelle ; plus fréquemment, elle interviendra indirectement comme règle de procédure. Il semble bien cependant que dans les deux cas, les tribunaux répressifs lui refusent toute efficacité.

A. — L'inefficacité en droit substantiel

5 L'arrêt *Blanc* est une des rares décisions de la chambre criminelle qui ait eu à se prononcer sur le caractère irrégulier d'une condamnation prononcée sur le fondement d'un document administratif interne. On remarque en effet que la Cour de cassation parle en l'espèce de note de l'administration. Un transporteur avait été poursuivi pour infraction aux règles de coordination des transports « pour exercice d'une activité sans les autorisations nécessaires ». Or un décret du 15 juin 1963 avait soustrait aux règles générales les entreprises effectuant un travail en commun. Un arrêté interministériel jamais publié devait préciser les autorisations à obtenir pour les transports de cette nature. Devant cette carence, l'administration avait cru pouvoir exiger une autorisation par simple note interne. C'est donc sur la base de cette note, qui est une sorte de circulaire, que la cour d'appel avait estimé possible de retenir l'infraction aux règles de coordination des transports. Une telle condamnation, uniquement fondée sur la méconnaissance d'un document purement interne ne pouvait évidemment pas être maintenue par la chambre criminelle. Aucune autorisation n'étant requise par un texte législatif ou réglementaire, l'absence d'une telle autorisation ne peut donc en aucune manière constituer une infraction pénale. Cette règle a été rappelée dans un arrêt du 16 janvier 2001 (n° 00-82.625, *Bull. crim.* n° 12 ; *RSC* 2001. 571, obs. B. Bouloc). En l'occurrence, un chef d'entreprise avait été reconnu coupable au motif qu'un de ses salariés, chauffeur routier, n'avait pas produit lors d'un contrôle une attestation de son employeur justifiant de son inactivité le dernier jour de la semaine alors que ce document n'est exigé par aucun texte législatif ou réglementaire, mais par une circulaire ministérielle. Toute contravention ne pouvant être définie que par un règlement, la Cour de cassation a donc censuré cette condamnation.

Il est à peine besoin d'insister sur les raisons d'une telle solution, tant elle paraît évidente. C'est l'application banale du principe de la légalité des délits et des peines. Il résulte des règles constitutionnelles en vigueur (art. 34 et 37) (v. sur ce point, note n° 3) que la loi est la source unique en matière de crime ou délit alors que les contraventions relèvent au contraire du pouvoir réglementaire.

Encore faut-il observer qu'il ne s'agit pas de n'importe quel règlement. L'article R. 25 du Code pénal de 1810 visait d'ailleurs un type précis de règlement : le décret en Conseil d'État. Cette solution est aujourd'hui reprise par l'article R. 610-1 du Code pénal.

6 Sans doute, les autorités administratives disposent-elles de la possibilité indirecte de créer par des décrets ou par des arrêtés, des infractions mais alors elles agissent par délégation. Ainsi en matière de réglementation des changes une ordonnance du 30 mars 1945 abrogée par une loi du 28 novembre 1966 frappait-elle de sanctions importantes les infractions aux instructions du ministre des Finances et aux avis de l'Office des changes pris pour l'application de ce texte (v. *infra*). Plus généralement, il est possible pour certaines de ces autorités de déterminer des

incriminations dont la peine est précisée par l'article R. 610-1 du Code pénal. Mais ce texte ne vise que les décrets et les arrêtés. Il est donc exclu que le pouvoir réglementaire, que l'on qualifie parfois de « dérivé » (v. B. Blumann, « L'application des circulaires administratives par le juge judiciaire », *AJDA* 1972. 263 s.) puisse s'exercer par voie de circulaire (*contra* S. Braudo, *L'autorité des circulaires administratives en droit pénal*, 1967, p. 35).

7 La jurisprudence des cours d'appel rappelle le principe de l'inefficacité des circulaires notamment dans le domaine des fraudes. Ainsi, il a été décidé qu'en matière d'appellation d'une marchandise, une circulaire ministérielle qui tendait à réserver l'appellation Moka aux cafés de qualité supérieure était dépourvue de toute valeur dès lors que la loi est totalement muette sur ce point (Rouen 5 mars 1969 ; Paris 30 oct. 1968, *Gaz. Pal.* 1969. 2. 242, note J.-C. Fourgoux).

Plus récemment, la chambre criminelle a été amenée à considérer que les communiqués de la direction générale de la concurrence et des prix bien que publiés au *Bulletin officiel du service des prix* n'ont aucune valeur ; en ce sens, qu'ils ne peuvent rien ajouter à un arrêté ministériel (Crim. 3 janv. 1978, *Bull. crim.* n° 2). La doctrine de la chambre criminelle apparaît donc très nette. Toute directive interne propre à une administration ne peut en aucune manière servir de fondement à une poursuite pénale. Sans doute existe-t-il de nombreuses circulaires intervenant pour définir certaines pratiques notamment dans le droit pénal de la consommation (ventes avec prime, refus de vente, etc. : v. à titre d'exemple la circulaire Fontanet du 3 mars 1960, *Gaz. Pal.* 1960. 1. L 195). Il en va évidemment de même pour la circulaire générale du 13 mai 1993, concernant l'application du nouveau Code pénal qui a facilité la transition entre les règles de l'ancien texte et celles du nouveau, dès lors que le législateur ne paraissait pas avoir voulu modifier substantiellement les incriminations (en ce sens : E. Dreyer, préc.). Il est certain que les magistrats répressifs puisent dans ces circulaires des éléments d'appréciation mais ils doivent se garder de les citer expressément s'ils veulent ne pas être censurés par la Cour de cassation. De manière régulière la Cour de cassation rappelle qu'une circulaire ne peut pas déroger à un texte légal ou réglementaire (Crim. 5 janv. 1988, *Bull. crim.* n° 5).

B. — L'inefficacité en droit formel

8 La circulaire peut-elle avoir un rôle plus efficace dans le domaine de la procédure pénale ? On sait qu'il existe d'assez nombreuses circulaires qualifiées « Instruction générale » qui constituent la 5e partie du Code de procédure pénale. Par le biais de ces circulaires, la chancellerie adresse aux magistrats une sorte de commentaire officiel des dispositions législatives. Certains auteurs (J. Pradel, note au *D.* 1972. 507) parlent dans ce cas de circulaires pénales qui seraient différentes des circulaires administratives. En réalité si on excepte le fait qu'elles interviennent directement dans le domaine du droit criminel, elles s'apparentent très exactement aux autres circulaires c'est-à-dire à des « prescriptions données par les chefs de service aux fonctionnaires placés sous leur autorité en ce qui concerne l'interprétation et l'application des lois et règlements » (A. De Laubadère, *Traité de droit administratif*). Il n'est donc pas étonnant que la cour d'appel de Lyon dans la décision que nous avons retenue ait considéré qu'une circulaire relative à la détention provisoire (Circ. du 1er déc. 1970, *JCP* 1970. III. 37296) ne pouvait en aucune manière servir de base à une décision de maintien de cette mesure. Le tribunal correctionnel de Lyon qui avait condamné un individu déjà détenu à une peine d'emprisonnement ferme, non entièrement couverte par la prévention, décida néanmoins la remise en liberté immédiate du délinquant. Le parquet considérant cette décision irrégulière fit appel et refusa d'exécuter la mesure d'élargissement en se fondant notamment sur la circulaire précitée et les textes relatifs à l'instruction préparatoire qui pouvaient selon lui s'appliquer par analogie. Observons en ce qui concerne le second point que si l'interprétation analogique est admise en matière procédurale, c'est uniquement lorsqu'elle permet d'obtenir une meilleure justice sans nuire aux intérêts de l'individu (note J. Pradel, préc. ; R. Merle et A. Vitu, t. I, n° 180) ce qui n'était évidemment pas le cas en l'espèce. Sur ce premier point, c'est-à-dire le rôle des circulaires, la cour de Lyon adopte une attitude très claire : « La circulaire qui n'a pas force de loi ne peut prévaloir sur les dispositions légales ». Outre l'analyse des textes qui permettent au tribunal de décider l'élargissement de l'individu condamné ou au contraire son maintien en détention par décision spéciale et motivée, il est certain que l'un des objectifs de la loi du 7 juillet 1970 était de limiter les cas de détention provisoire. Il paraissait donc inconcevable d'appliquer en l'espèce une circulaire qui allait aussi directement à l'encontre d'une disposition légale. La circulaire ne peut tirer son autorité que de la loi. Elle ne peut être que déclarative de l'intention du législateur.

9 La Cour de cassation a eu l'occasion d'affirmer la même solution dans un domaine qui touche à la procédure à savoir : les moyens de constatation des infractions.

En matière de pollution des eaux, des circulaires indiquent avec précision la méthode selon laquelle doivent être effectués les prélèvements d'eau polluée. Des prélèvements ayant été faits sans que l'on ait respecté les directives ministérielles, la chambre criminelle se borne à constater « que les dispositions d'ailleurs purement indicatives de l'instruction ministérielle ne s'appliquent pas en l'espèce » (Crim. 18 juin 1969, *JCP* 1970. II. 16531, note C. Despax). La chambre criminelle a également imposé la loi du 9 mars 2004 en matière de mandat d'arrêt européen, en faisant prévaloir une disposition précise du texte sur l'interprétation qui pouvait résulter de la circulaire du 11 mars 2004 (Crim. 15 mars 2005, n° 05-81.107, *Bull. crim.* n° 88 ; v. égal. Crim. 7 juin 2006, *Bull. crim.* n° 162 ; *JCP* 2006. I. 190, n° 6, obs. E. Dreyer).

10 La Cour de cassation refuse donc toute efficacité à une circulaire s'agissant de la preuve d'une infraction. On remarquera d'ailleurs que dans ce cas, la circulaire était invoquée par l'individu comme moyen de défense puisqu'il s'agissait de considérer que la preuve de l'infraction n'avait pas été faite selon les formes prescrites (dans le même sens Nancy 20 sept. 1978, *DS* 1979. 515, note G. Bonet et B. Gross ; v. égal. Crim. 15 févr. 1993, *Jurispr. auto* 1993. 33). Cela confirme le principe selon lequel la preuve d'une infraction peut toujours se faire librement, sauf texte légal ou réglementaire contraire.

11 La Cour de cassation a en revanche admis qu'une circulaire pouvait servir à établir la mauvaise foi d'un délinquant (Crim. 26 oct. 1961, *Gaz. Pal.* 1962. 1. 34). Cette décision n'infirme cependant en rien les solutions jusqu'alors dégagées puisque la chambre criminelle prend bien soin de préciser que le procédé utilisé par le contrevenant, s'agissant du traitement des vins, n'était pas prévu parmi les procédés autorisés par un texte réglementaire. En conséquence, l'avis du service de répression des fraudes était conforme aux dispositions légales et n'a été pris en considération par les juges que comme élément de preuve de la mauvaise foi du délinquant (en ce sens B. Blumann, préc.). Ainsi la circulaire paraît bien dénuée d'efficacité en matière pénale et les exceptions parfois avancées ne contredisent pas cette solution.

II. — Les exceptions apparentes à la règle de l'inefficacité des circulaires

12 L'efficacité des circulaires dans le domaine pénal a cependant, au moins en apparence, été retenue dans deux hypothèses assez différentes. La première implique une délégation expresse du législateur. Pour la seconde, si la circulaire est prise en considération, c'est moins pour sa violation en tant que telle mais parce qu'elle révèle l'imprévoyance du délinquant.

A. — L'efficacité par délégation expresse du législateur

13 L'arrêt du 16 janvier 1976 qui illustre cette première exception intervient en matière de changes. Aux termes d'une ordonnance du 30 mai 1945, les infractions aux « décrets, arrêtés et instructions du ministre des Finances et de l'Office des changes » pris pour son application étaient frappées de peines très lourdes.

Ce texte a été abrogé par une loi du 28 novembre 1966 (*JCP* 1967. III. 32585) rétablissant la liberté des relations financières entre la France et l'étranger, qui laissait cependant au gouvernement la possibilité d'intervenir par décret pour la défense des intérêts nationaux.

C'est sur cette base qu'est intervenu le décret du 24 novembre 1968 (*JCP* 1968. III. 34824) réintroduisant dans notre droit certaines mesures de contrôle concernant notamment les transferts de devises à l'étranger.

Aux termes de l'article 5 de ce décret, « sont prohibées sauf autorisation du ministre des Finances, l'importation et l'exportation des moyens de paiement ». L'article 8 du même texte précise que l'autorisation peut être prise par décisions générales (circulaires) ou particulières. C'est donc sur la base de ce texte qu'une circulaire du 9 août 1973 a accordé une autorisation pour l'importation par les voyageurs non-résidents, de tous moyens de paiement libellés en devises. Un individu ayant été surpris par les douanes alors qu'il pénétrait en France avec 8 798 000 escudos dissimulés dans son véhicule invoquait à son profit la circulaire du ministre des Finances, l'autorisant à importer librement en France des devises étrangères. La Cour de cassation a rejeté cette argumentation en estimant que la circulaire s'applique seulement « aux touristes de bonne foi et aux professionnels exerçant une activité licite » mais elle a confirmé expressément la décision d'appel qui donnait un caractère réglementaire à cette circulaire (même sens, Crim. 24 nov. 1980, *Bull. crim.* n° 311 ; Crim. 16 juin 1980, *Bull. crim.* n° 190). Mais comme on l'a soutenu (R. Merle et A. Vitu, t. I, n° 22 ; M. Puech, n° 3 ; J. Pradel, n° 288 ; W. Jeandidier, *J.-Cl. Pénal*, art. 111-2 à 111-5, n° 97 ; B. Blumann, art. préc.) si une circulaire est créatrice d'incrimination (ici, il s'agissait d'un fait justificatif) c'est parce que le législateur lui a expressément délégué ce pouvoir (v. égal. J.-H. Robert, p. 114). L'exception est plus apparente que réelle d'autant que les circulaires dans de telles hypothèses sont portées à la connaissance du public dans les mêmes conditions que les autres textes réglementaires.

B. — L'efficacité par assimilation, de la violation de la circulaire, à une faute de négligence

14 La théorie de la circulaire source d'incrimination a ainsi été invoquée dans le cadre particulier des infractions involontaires. Aux termes des articles 221-6, 222-19 et R. 625-2 du Code pénal, l'inobservation d'un règlement (aujourd'hui manquement à une obligation de prudence ou de sécurité prévue par la loi ou le règlement) peut réaliser à elle seule la faute pénale constitutive d'une infraction pour coups et blessures ou homicide involontaires. Une simple instruction ministérielle peut-elle, dans cette circonstance équivaloir à un règlement ? Certains auteurs estimaient, du moins jusqu'à la modification législative du 10 juillet 2000, que le mot « règlement » devait être pris dans son sens le plus large (J. Pradel et M. Danti-Juan, *Droit pénal spécial*, Cujas, 6e éd., 2014, n° 71) d'autres se montraient beaucoup plus réservés depuis la mise en application du nouveau Code pénal (M.-L. Rassat, *Droit pénal spécial*, Dalloz, 6e éd., 2011, n° 361 ; J. Francillon in *Code pénal commenté*, Dalloz, 1996, p. 165) mais peu d'auteurs affirmaient expressément que la circulaire pouvait être assimilée à un règlement (*contra* Lambert, *Traité de droit pénal spécial*, p. 187).

15 Quelle a été l'attitude de la jurisprudence ?

Il semble qu'elle ait été pour le moins réservée. Sans doute, peut-on invoquer dans le sens d'une prise en compte de la circulaire, certains arrêts de la fin du siècle dernier mais leur autorité n'est nullement évidente. Le premier (Crim. 5 déc. 1890, *DP* 1891. 1. 284) commenté par M. Puech, n° 3 a totalement éludé le problème en assimilant la note ministérielle à une note interne. Le second (Crim. 13 juill. 1899, *D.* 1900. 1. 446) n'a que très implicitement retenu la violation de la circulaire comme constituant une inobservation des règlements. Un arrêt beaucoup plus récent paraît au contraire refuser toute assimilation d'une circulaire à un règlement (Crim. 29 oct. 1968, *Bull. crim.* n° 274).

16 On peut, il est vrai citer certaines décisions d'appel qui ont considéré que le règlement peut s'entendre de règles particulières concernant un groupe déterminé : règles sportives ou professionnelles (v. par ex. : Rouen 26 févr. 1969 et 17 déc. 1970, *JCP* 1971. II. 16849, note Brunet ; *D.* 1971. 153, note J. Savatier ; Toulouse 20 janv. 1977, *JCP* 1978. II. 18788 ; *RSC* 1977. 575, obs. G. Levasseur). On ajoutera que la circulaire générale du nouveau Code pénal, en date du 14 mai 1993, en admettant que le règlement intérieur d'une entreprise peut être assimilé à un règlement, laisse penser qu'une circulaire peut jouer le même rôle. Mais il s'agit, il est vrai, d'une solution prévue « par une circulaire ». La loi du 10 juillet 2000, en substituant au pluriel, le singulier a mis sans doute un terme à toute interprétation extensive. Les textes citent désormais « le règlement ». L'objectif, clairement affirmé par le législateur, étant de restreindre le champ de la répression, on peut en effet admettre que le mot doit être interprété dans son sens étroit, le sens constitutionnel, ce qui exclurait de fonder une poursuite sur la violation d'une circulaire ministérielle ou d'un règlement déontologique ou professionnel (en ce sens J. Pradel et M. Danti-Juan, *Droit pénal spécial,* préc., n° 72 ; Y. Mayaud, *Violences involontaires et responsabilité pénale*, Dalloz référence, n°s 11-14 et 51-23 ; v. égal. R. Dosière, Rapp. Ass. nat., n° 2266).

17 Encore faut-il noter que même si une circulaire est prise en considération par le juge pénal (ce qui apparaît très rare) ce n'est pas parce qu'elle est assimilée à un acte réglementaire. Il ne faut en effet pas perdre de vue qu'à côté du manquement à une obligation de sécurité ou de prudence imposée par la loi ou le règlement, les articles 221-6 et 222-19 du Code pénal incriminent également la maladresse, l'imprudence, l'inattention et la négligence. On peut parfaitement supposer que, dans l'esprit du magistrat, le fait qu'une circulaire n'ait pas été respectée démontre une négligence (une imprévoyance) qui suffit à établir la culpabilité du délinquant (en ce sens B. Blumann, préc., p. 27 ; M. Puech, préc., p. 29 ; W. Jeandidier, préc., n° 97). Le problème est donc plus théorique que pratique. En tout cas, il ne permet pas d'affirmer que la circulaire devient une source d'incrimination pénale.

8 La plupart des auteurs qui ont examiné le rôle de la circulaire en droit pénal paraissent considérer que ce refus de tenir compte de ces textes est une attitude discutable de la jurisprudence judiciaire (v. S. Braudo et B. Blumann et pour une attitude plus nuancée de M. Puech et J. Pradel). Nous ne partageons nullement ce point de vue, s'agissant du seul domaine envisagé, le rôle positif de la circulaire comme source du droit pénal. La prise en compte du règlement en ce domaine ne réalise certainement pas une avancée du principe de la légalité criminelle mais en reconnaissant qu'une circulaire puisse avoir le même rôle, c'est à notre sens d'abandon de la légalité qu'il faudrait parler. En effet, de deux choses l'une, ou bien la circulaire se contente de commenter la loi pénale sans la modifier et alors le problème ne se pose pas, ou bien l'interprétation donnée contredit d'une manière ou d'une autre le texte qu'elle veut interpréter et la disposition est sans valeur en raison même de la hiérarchie des sources du droit. On peut à ce propos signaler une circulaire du 10 septembre 1986 qui avait pour objectif (rien de moins, que de corriger une loi qui, il est vrai était contraire à la Constitution ; v. sur ce point W. Jeandidier, *Droit pénal général*, n° 105). En revanche, le problème ne se pose pas nécessairement de la même façon lorsqu'une circulaire est invoquée par le justiciable pour démontrer sa bonne foi (v. V. Lesclous et C. Marsat, *Dr. pénal* 1996. Chron. n° 44). La protection des individus dont la bonne foi n'est pas en doute, mériterait peut-être que l'on donne quelque valeur à une circulaire à laquelle ils ont eu le tort de croire aveuglément (v. cep. en sens contraire, Crim. 12 oct. 1993, n° 92-81.743, *D.* 1994. 129, note D. Mayer ; et Crim. 18 janv. 2005, n° 04-81.404, *Bull. crim.* n° 22, *AJ pénal* 2005. 236, obs. C. Girault). L'admission de l'erreur de droit dans notre droit positif (C. pén., art. 122-3) plaide incontestablement en ce sens (v. sur ce point E. Dreyer, n° 283 et *infra*, n° 46).

A. V.

7

ACTES ADMINISTRATIFS CONTRÔLE DU JUGE PÉNAL – PRINCIPE

T. confl., 5 juill. 1951, n° 1187, *Avranches et Desmarets*
(*Lebon* 638 ; *S.* 1952. 3. I, note J.-M. Auby ; *D.* 1952. 271, note C. Blaevoet ; *JCP* 1951. II. 6623, note A. Homont ; *Rev. adm.* 1952. 492, note G. Liet-Veaux)

Crim., 1er juin 1967, n° 67-90.899, *Canivet et Dame Moret*
(*Bull. crim.* n° 172 ; *JCP* 1968. II. 15505, note Lamarque)

Le juge pénal peut interpréter et apprécier la légalité des actes administratifs réglementaires qu'ils servent de fondement à la poursuite ou qu'ils soient invoqués comme moyen de défense (1re esp.).

Le juge pénal peut apprécier la légalité des actes administratifs réglementaires et individuels lorsqu'ils sont assortis d'une sanction pénale sous réserve, lorsqu'il s'agit des seconds, qu'ils soient clairs et qu'il ne soit pas nécessaire de les interpréter (2e esp.).

Tribunal des conflits, 5 juillet 1951, *Avranches et Desmarets*

Considérant que, poursuivis devant le tribunal correctionnel de Château-Gontier pour délit de chasse, sur citation du sieur Desnoes, propriétaire de la ferme où ce délit aurait été commis, les sieurs Avranches et Desmarets ont invoqué pour leur défense l'article 55 du contrat-type de baux à ferme approuvé par le préfet de la Mayenne le 8 octobre 1946 et soutenu qu'ils tenaient dudit article, comme fils et gendre du preneur de la ferme, le droit d'y chasser ; mais que, par son jugement du 7 juillet 1948, le tribunal correctionnel a déclaré cet article illégal, comme contraire aux prescriptions de l'ordonnance du 17 octobre 1945, modifiée par la loi du 13 avril 1946, qui ne confère aux preneurs de baux ruraux que le droit de chasser sur le fonds loué et non le droit de chasse ; qu'il a en conséquence condamné les sieurs Avranches et Desmarets à une amende de 6 000 francs chacun et, solidairement, à une indemnité de 2 000 francs au profit de la partie civile ; que, sur appel du sieur Avranches et du procureur de la République, la cour d'appel d'Angers a été saisie par le préfet de la Mayenne, le 8 novembre 1948, d'un déclinatoire de compétence, par lequel ledit préfet revendiquait pour la juridiction administrative l'appréciation de la légalité de l'article 55 du contrat dont s'agit ; que, la cour d'appel ayant, le 9 décembre 1948, rejeté le déclinatoire, le préfet a, par l'arrêté susvisé en date du 17 décembre 1948, élevé sur ce point le conflit ;

Considérant qu'il résulte de la nature de la mission assignée au juge pénal que celui-ci a, en principe, plénitude de juridiction sur tous les points d'où dépend l'application ou la non-application des peines ; qu'il lui appartient, à cet effet, non seulement d'interpréter, outre les lois, les règlements administratifs, mais encore d'apprécier la légalité de ceux-ci, qu'ils servent de fondement à la poursuite ou qu'ils soient invoqués comme moyen de défense ; que la compétence de la juridiction pénale ne connaît de limite, en ce domaine, que quant à l'appréciation de la légalité des actes administratifs non réglementaires, cette appréciation étant, sauf dans le cas de prescription législative contraire, réservée à la juridiction administrative en vertu de la séparation des pouvoirs ;

Considérant que les contrats types approuvés et publiés par l'autorité préfectorale dans les conditions prévues par l'ordonnance du 17 octobre 1945 et la loi du 13 avril 1946 ont le caractère de règlements administratifs ; qu'à ce titre, ils peuvent être, sans excès de pouvoir, appréciés dans leur légalité par la juridiction pénale ; qu'il suit de là que c'est à tort que le préfet de la Mayenne a élevé le conflit ; ... (Arrêté de conflit annulé).

Chambre criminelle, 1er juin 1967, *Canivet et Dame Moret*

Attendu que l'article 13 de la loi des 16 et 24 août 1790 et le décret du 16 Fructidor An III interdisent aux tribunaux judiciaires de troubler, de quelque manière que ce soit, les opérations des corps administratifs, de citer devant eux les administrateurs pour raison de leurs fonctions et de connaître des actes d'administration ; Que ces dispositions ne peuvent faire obstacle au devoir qu'ont les juges, lorsque ces actes administratifs, réglementaires ou individuels, sont assortis d'une sanction pénale qu'il est demandé aux tribunaux judiciaires de prononcer, non point d'apprécier l'opportunité desdits actes, mais de s'assurer de leur conformité à la loi, sous réserve, s'il s'agit d'actes individuels, qu'ils soient clairs et qu'il ne soit pas nécessaire de les interpréter ; – Mais attendu que ce devoir des juges répressifs ne va pas jusqu'à leur conférer le pouvoir d'apprécier la légalité d'un acte administratif individuel qui n'est pas lui-même pénalement sanctionné, alors même que de sa légalité dépend la solution d'un procès ; que dans ce cas le juge de l'ordre judiciaire doit non seulement surseoir à statuer, mais encore, s'il y échet, renvoyer les parties à se pourvoir devant la juridiction administrative compétente, ou même, s'il s'agit d'un recours en appréciation de validité qui devait être porté devant cette juridiction, lui renvoyer expressément le jugement de cette contestation ; – Attendu qu'il appert de l'arrêt attaqué que les demandeurs sont poursuivis pour avoir exploité en zone protégée un débit de boissons de quatrième catégorie qu'ils ont acquis d'une dame Blin ; qu'ils ont demandé au tribunal correctionnel de se déclarer incompétent pour statuer sur la légalité d'une décision du préfet de police, de mai 1957, qui aurait autorisé la dame Blin à transférer sa licence dans ladite zone, et de surseoir jusqu'à décision sur ce point, de la juridiction administrative ; que l'arrêt attaqué, confirmant la décision des premiers juges rejetant l'exception soulevée et la demande de sursis à statuer, a, dans son dispositif, « constaté l'irrégularité de l'acte dénommé acte administratif du préfet de police en raison de sa tardiveté », en énonçant notamment dans ses motifs que cet acte serait postérieur de plus de deux mois à la date où le préfet de police avait cessé de pouvoir prendre pareils arrêtés dits de dérogation (1er mars 1957) ; – Mais attendu qu'en statuant ainsi, alors qu'en l'espèce l'autorisation dont la légalité a été appréciée n'était pas un acte administratif pénalement sanctionné, la cour d'appel a excédé ses pouvoirs ; – D'où il suit que la cassation est encourue.

OBSERVATIONS

1 On sait que l'acte administratif joue un rôle important comme source d'incrimination en matière pénale mais il reste une source inférieure à la loi. En effet, contrairement à cette dernière, dont la régularité ne pouvait pas, jusqu'alors, être contestée devant les juridictions répressives, la validité d'un règlement peut toujours faire l'objet d'un examen juridictionnel. Cette affirmation doit sans doute être quelque peu nuancée depuis que la loi constitutionnelle n° 2008-724 du 23 juillet 2008, complétée par la loi organique n° 2009-1503 du 10 décembre 2009, a inséré dans notre Constitution une procédure d'exception d'inconstitutionnalité dite de la question prioritaire de constitutionnalité (QPC). Selon cette procédure, « lorsqu'à l'occasion d'une instance en cours devant une juridiction il est soutenu qu'une disposition porte atteinte aux droits et libertés que la Constitution garantit, le Conseil constitutionnel peut être saisi de cette question sur renvoi du Conseil d'État ou de la Cour de cassation qui se prononce dans un délai déterminé » (Const., art. 61-1). Comme on peut le constater ce n'est donc pas le juge répressif qui dispose, lui-même, du pouvoir d'apprécier la constitutionnalité de la loi, ce qui constitue une différence importante par rapport au règlement. En réalité la différence est moins importante qu'elle pourrait apparaître de prime abord puisque la juridiction souveraine (Cour de cassation ou Conseil d'État) n'est pas obligée de transmettre la QPC au Conseil constitutionnel, notamment, au-delà de critères formels, lorsqu'elle juge que la contestation ne présente pas un caractère sérieux. Au moins indirectement, lorsque le juge répressif ne transmet pas la question à la Cour de cassation ou que cette dernière ne la transmet pas au Conseil constitutionnel, ils se prononcent incontestablement sur la conformité de la disposition contestée à la Constitution et dans le cas contraire ils manifestent, non moins sûrement, un doute (sur cette question, v. J. Pradel, n° 173 ; X. Pin, n° 79 ; E. Dreyer, n° 333 s. qui analyse de manière très critique le rôle de « filtre » joué par la Cour de cassation). Sans doute, la Cour de cassation n'a-t-elle pas la possibilité de déclarer qu'un texte est contraire à la Constitution mais en revanche, lorsqu'elle décide de ne pas transmettre la QPC, au motif que le moyen ne présente pas un caractère sérieux, elle effectue une sorte de contrôle positif puisqu'elle juge, implicitement, que la disposition qui lui est soumise est conforme à la Constitution. Il est intéressant de préciser que la Cour de Strasbourg, sollicitée sur la conventionnalité de ce refus de transmettre une question au Conseil, a jugé qu'elle ne relevait, dans cette procédure, aucune apparence d'arbitraire de nature à affecter l'équité des procédures en cours et qu'il n'y avait donc pas d'atteinte injustifiée au droit d'accès au Conseil constitutionnel (Cour EDH 17 sept. 2015, *Renard et a. c/ France*, req. n° 3569/12, *AJ pénal* 2016. 95, obs. J.-B. Perrier ; *D.* 2305, note Th. Larrouturou). Plus généralement et à titre d'exemples parmi les nombreux articles sur cette question, dossier « Un an de QPC en matière pénale », *AJ pénal* 2011. 273 (6 art.) ; B. Mathieu, « La question prioritaire de constitutionnalité : une nouvelle voie de droit », *JCP* 2009, n° 602 ;

G. Lhuillier et E. Plouvier, « Le droit pénal et la Constitution. Pour une simplification de la QPC », *D.* 2011. 1091 ; B. Mathieu, « La QPC, une protection efficace des droits et libertés », *JCP* 2013. 514 et pour un bilan de cette procédure après trois ans, v. *GAPP*, n° 43. On peut noter qu'au 3 juin 2016, 480 décisions ont été rendues.

Pour ce qui concerne le règlement, qu'il soit ou non pénalement sanctionné, il peut toujours faire l'objet d'un recours en annulation pour excès de pouvoir devant une juridiction administrative afin de vérifier s'il n'est pas affecté d'une irrégularité de forme ou de fond.

2 Mais un règlement peut aussi faire l'objet d'un contrôle indirect par voie d'exception. Un individu poursuivi devant un tribunal répressif allègue l'irrégularité du texte sur lequel est fondée la poursuite. On dit qu'il soulève une exception d'illégalité. La question qui se pose est alors de savoir si le tribunal répressif devant lequel l'exception est invoquée est compétent pour se prononcer ou si au contraire, conformément à la règle de la séparation des pouvoirs, il doit surseoir à statuer jusqu'à ce qu'un tribunal administratif se soit prononcé sur ce point.

On doit rappeler que les textes révolutionnaires, se souvenant de l'attitude des anciens Parlements, avaient pris soin de délimiter soigneusement les attributions des juges judiciaires (L. du 22 déc. 1789, art. 7 ; L. des 16-24 août 1790, art. 13 ; L. du 16 Fructidor An III par ex.). Néanmoins, dès 1810, sous l'impulsion du Procureur général Merlin, la chambre criminelle s'est employée à faire admettre que les juridictions répressives ne devaient pas appliquer des règlements illégaux. Cette solution paraît s'imposer pour des raisons qui tiennent avant tout à la protection des libertés individuelles mais aussi aux nécessités de la répression, le sursis à statuer apparaissant comme un excellent moyen dilatoire pour les délinquants trop habiles.

3 Le fondement de cette solution a bien évidemment été recherché dans les textes. Le plus clair résultait d'une vieille ordonnance du 1er juin 1828 qui, en matière de police correctionnelle, paraissait réserver la procédure du conflit aux seuls cas où la question préjudicielle était prévue par une disposition législative. Mais, outre le fait que le texte ne visait pas les tribunaux de police, on remarque que son interprétation était douteuse (*contra* A. Decocq, p. 104). C'est cependant l'article 471-15e du Code pénal de 1810 (devenu en 1958, R. 26-15e) qui était le plus souvent invoqué ; ces textes, en effet, ne punissaient que ceux qui avaient contrevenu aux règlements « légalement » faits par l'autorité administrative. On a toujours considéré que ces textes autorisaient le juge de police à examiner lui-même la régularité de ces règlements et à refuser d'appliquer ceux qu'il jugerait illégaux. En réalité, la justification était des plus fragiles car si le juge répressif ne pouvait appliquer un règlement illégal selon le texte, il n'impliquait pas qu'il devait examiner lui-même la régularité de l'acte.

4 Mais, comme on l'a observé (A. Decocq, préc., p. 105 ; M. Puech, n° 14-15) il n'est pas utile de rechercher un texte, nécessairement restrictif, car il est un principe général du droit qui veut que le juge pénal ait plénitude de juridiction pour déterminer les différentes circonstances constitutives d'une infraction. Le juge pénal, traditionnel gardien de la liberté individuelle (C. Pelletier, *L'appréciation de la légalité des actes administratifs par le juge répressif*, Paris, LGDJ, 1954, préface G. Vedel, p. 60), ne peut abandonner à un autre juge la tâche, fût-elle indirecte, de déterminer un élément de la condamnation pénale. C'est au juge répressif, et à lui seul, de veiller au respect de la légalité formelle (v. J. Moreau, « De la compétence des juridictions pénales pour apprécier la légalité des actes administratifs. Bilan de dix années de jurisprudences de la chambre criminelle de la Cour de cassation », *Procédures* 2005. Étude 7).

Ce fondement de l'exception d'illégalité, qui nous paraît le seul véritablement rationnel, est de nature à lui donner une portée très large. Aujourd'hui, il est vrai, le problème ne se pose plus en ces termes puisque l'article 111-5 du Code pénal apporte un fondement textuel incontestable aux pouvoirs du juge pénal. Il faut néanmoins noter que le législateur peut apporter des limites, par exemple temporelles, pour invoquer l'illégalité d'un texte. Ainsi en est-il en matière d'urbanisme. L'article 600-1 du Code de l'urbanisme limite à une durée de 6 mois la possibilité d'invoquer l'exception d'illégalité sauf pour les mesures concernant l'information du public (v. pour un exemple : Crim. 22 mai 2013, n° 12-83.846, *RPDP* 2013. 977, obs. E. Joly-Sibuet ; *Dr. pénal* 2013, n° 129, obs. J.-H. Robert). Notons que l'article R. 610-5 du Code pénal, qui remplace l'article R. 26-15e, n'a pas repris l'expression « légalement faits » qui figurait dans l'ancien texte (F. Desportes et F. Le Gunehec, n° 276). Mais, le problème essentiel que la jurisprudence a dû résoudre, a été de déterminer quels sont les actes administratifs qui peuvent faire l'objet d'un contrôle de régularité. Ce domaine étant fixé, restait à préciser quels sont les pouvoirs exacts des juges répressifs même si, là encore, l'actuel Code pénal facilite largement le travail de l'interprète. On précisera cependant que très vite la chambre criminelle a confirmé une solution qu'elle avait dégagée avant l'entrée en vigueur du nouveau texte, à savoir que le contrôle des juges répressifs ne peut pas concerner les contrats administratifs dont la connaissance est réservée aux juges administratifs. Il en est ainsi notamment des contrats de concession (Crim. 2 juin 1993 ; Crim. 31 mai 1995 ; Aix-en-Provence, 5 avr. 1994, *Dr. pénal* 1995, n° 227, obs. J.-H. Robert ; Crim. 25 sept. 1995, *Dr. pénal* 1996, n° 14, obs. J.-H. Robert ; Crim. 22 janv. 1997, *Bull. crim.* n° 27). Dans ce dernier arrêt la chambre criminelle admet néanmoins que le juge répressif peut apprécier la régularité de tels contrats pour caractériser les éléments d'une infraction en l'occurrence le délit de fourniture de prestations de pompes funèbres.

I. — Le domaine de l'exception d'illégalité

5 La détermination du domaine de cette exception d'illégalité posait un double problème. On sait, en effet, qu'il existe deux types d'actes administratifs : les actes réglementaires et les actes individuels. Les tribunaux répressifs ont-ils les mêmes pouvoirs selon la nature de l'acte examiné ? En outre, l'acte administratif dont le juge pénal apprécie la validité doit-il nécessairement être celui sur lequel est fondée la poursuite ? Telle est la deuxième question à examiner. Si à la première question, il a été répondu facilement positivement ; à la seconde, l'article 111-5 du Code pénal laisse subsister quelques incertitudes.

A. — L'application à tous les actes réglementaires et individuels

6 Même si la jurisprudence du Tribunal des conflits ne paraissait pas de nature à troubler beaucoup les magistrats de la chambre criminelle, la controverse entre les deux juridictions nous a conduit à reprendre l'arrêt *Avranches et Desmarets* qui détermine la position de la juridiction des conflits très restrictive sur ce premier point mais plus extensive par d'autres aspects.

Poursuivis devant un tribunal correctionnel pour chasse sur le terrain d'autrui, le fils et le gendre d'un fermier invoquaient, pour leur défense, un contrat-type des baux à ferme d'un département, approuvé par arrêté du préfet qui accordait au preneur rural le droit de chasse. Le tribunal correctionnel ayant considéré que cet arrêté était illégal, car contraire à une ordonnance sur les baux ruraux, les deux chasseurs furent sanctionnés. Le conflit ayant été soulevé par le préfet, la Haute juridiction a donc été amenée à se prononcer sur les pouvoirs du juge répressif en matière d'examen de la régularité des actes administratifs.

7 On doit tout d'abord remarquer que le Tribunal des conflits commence par affirmer solennellement que l'appréciation de la légalité des actes administratifs par le juge répressif entre dans sa mission en raison de la plénitude de juridiction dont il dispose quand il s'agit d'appliquer une peine. Mais ce pouvoir très général il ne peut l'exercer que pour les actes réglementaires. Si le pouvoir des tribunaux répressifs est sans limite en ce domaine, le tribunal ajoute, alors que le problème ne se pose pas en l'espèce, qu'en ce qui concerne les actes administratifs non réglementaires, l'appréciation est réservée à la juridiction administrative en raison de la séparation des pouvoirs.

8 Cette distinction entre les actes administratifs réglementaires et individuels a été vivement critiquée par la doctrine dans sa majorité (C. Pelletier, préc., p. 102 et A. Decocq, p. 106 ; R. Merle et A. Vitu, t. I, n° 243 ; *contra* Mestre, « Recherches sur l'exception d'illégalité », *Mélanges M. Hauriou*, p. 581 s.). La chambre criminelle qui admettait depuis longtemps sa compétence en matière d'actes individuels (v. R. Merle et A. Vitu, t. I, nombreux exemples cités, p. 329, note 1) allait, très rapide-

ment, réaffirmer sa position dans l'arrêt *Dame Le Roux* du 21 décembre 1961, avec une formule tout aussi nette, le devoir des juges répressifs d'apprécier la légalité « des actes réglementaires ou individuels ». Il s'agit d'ailleurs, pour les magistrats pénaux, d'une véritable obligation lorsque ce moyen de défense est invoqué devant eux (Crim. 16 mai 1939, *DH* 1934. 366 ; Crim. 25 oct. 1961, *D.* 1962. 258 ; *JCP* 1962. II. 12500, note A. P. ; Crim. 20 mars 1983, *Gaz. Pal.* du 1er mars 1984 ; Crim. 8 nov. 1991, *Bull. crim.* n° 137). La chambre criminelle a récemment confirmé cette solution dans une poursuite pour conduite malgré invalidation du permis, en raison de la perte totale des points. La juridiction du fond a l'obligation d'examiner la légalité de l'arrêté préfectoral dès lors qu'elle est saisie d'une exception d'illégalité et qu'il résulte des éléments de l'arrêt que le solde des points pourrait être positif, le conducteur ayant été relaxé en appel de la dernière condamnation retenue (Crim. 29 janv. 2008, n° 07-87.803, *Bull. crim.* n° 20 ; *AJ pénal* 2008. 194, obs. S. Lavric ; *Dr. pénal* 2008, n° 46, J.-H. Robert ; Crim. 4 mars 2009, n° 08-87.465, *D.* 2009. 1091 et dans le même sens : Crim. 13 janv. 2016, n° 15-82.328, censurant le refus d'un juge de proximité d'examiner la légalité d'un arrêté municipal). Ils ne peuvent surseoir à statuer même si l'acte fait l'objet d'un recours en annulation devant le juge administratif (Crim. 10 oct. 1937, *DH* 1938. 118 ; Crim. 21 févr. 2006, n° 05-82.232, *Dr. pénal* 2006, n° 71, obs. J.-H. Robert). Cette obligation subsiste pour le juge pénal, nonobstant une décision du juge administratif, en l'occurrence la validation de certaines dispositions par le Conseil d'État, saisi d'un recours en annulation, ce qui évidemment ne signifie pas que le juge pénal ne pourra pas ne pas tenir compte de cette décision : Crim. 17 déc. 2014, n° 13-86.686, *Bull. crim.* n° 279 ; *D.* 2015. 2465, chron. G. Roujou de Boubée ; *RSC* 2015. 642, obs. É. Fortis ; *RTD com.* 2015. 170, obs. B. Bouloc ; *RTD eur.* 2015. 348. 3, obs. B. Le Baut Ferrarese ; *ibid.* 348. 30, obs. B. Thellier de Poncheville ; *ibid.* 348. 9, obs. S. Adalid. On remarquera que la chambre criminelle a considéré que l'exception d'illégalité obéissait aux règles procédurales des exceptions préjudicielles et qu'ainsi ce moyen de défense devait être soulevé *in limine litis*, c'est-à-dire avant toute défense au fond (Crim. 18 janv. 1993, n° 92-83.147, *Bull. crim.* n° 22 ; Crim. 17 févr. 1993, *Bull. crim.* n° 79). Cette jurisprudence a été maintenue sous l'empire du nouveau Code pénal, tout d'abord en la fondant sur l'article 385 du Code de procédure pénale qui concerne les nullités de procédure (Crim. 9 nov. 1994, n° 94-80.550, *RSC* 1995. 824, obs. J.-H. Robert ; *Dr. pénal* 1995, n° 73, obs. J.-H. Robert ; Crim. 1er févr. 1995, 1er arrêt ; *Dr. pénal* 1995, n° 129, obs. J.-H. Robert) puis à nouveau sur l'article 386 du Code de procédure pénale relatif aux exceptions préjudicielles (Crim. 7 juin 1995, n° 94-81.416, *Bull. crim.* n° 208 ; *Gaz. Pal.* 13 et 14 déc. 1995, 2 arrêts, p. 11, note Petit ; dans le même sens, Crim. 29 mars 1995 et 23 mai 1995, *Dr. pénal* 1995, n° 226, obs. J.-H. Robert ; Crim. 17 juin 2009, n° 08-85.106 ; Crim. 29 juin 1999, *Bull. crim.* n° 158 ; Crim. 16 févr. 2016, n° 15-82.514). Comme on a pu le souligner (P. Conte et P. Maistre du Chambon, n° 147), cette relative restriction du champ d'application de l'exception d'illégalité apparaît assez peu en harmonie avec l'extension du domaine du contrôle de la légalité voulu par l'article 111-5 du Code pénal. Il reste cependant, et en quelque sorte *a contrario*, que la Cour de cassation admet que le juge pénal peut relever d'office l'exception d'illégalité (mais c'est une simple faculté, Crim. 8 août 1994, *Bull. crim.* n° 289), ce qui paraît une solution sage (en ce sens, Crim. 7 juin 1995, préc. ; Crim. 26 mars 1996, n° 95-81.890, *Bull. crim.* n° 133 ; sur cette question, v. F. Desportes, « Le contrôle de la légalité des actes administratifs par le juge pénal au regard de l'article 111-5 du Code pénal », *Rapp. C. cass.*, 1997, p. 93) mais assez difficilement compatible avec les solutions précédentes. On observera que cette solution pouvait parfois se révéler pleine d'inconvénients, lorsque, pendant l'instance, l'acte administratif était annulé par une juridiction administrative. En effet, même si la jurisprudence n'était pas uniforme on estimait, en général, que cette annulation ne privait pas de validité une condamnation prononcée sur le fondement de l'acte administratif annulé (v. par ex. : Crim. (cour de révision) 12 déc. 2002, n° 01-88.255, *Dr. pénal* 2003, n° 36, obs. J.-H. Robert ; v. dans le même sens pour un refus de révision malgré une annulation de l'acte administratif : Crim. 18 févr. 2009, *Bull. crim.* n° 42). Néanmoins dans des arrêts plus récents, la chambre criminelle semble adopter une solution différente en considérant que l'annulation ou la déclaration d'illégalité d'un acte administratif ont une portée rétroactive puisqu'elles privent de fondement les poursuites exercées du chef de la violation de l'acte annulé ou déclaré illégal. Ainsi en est-il pour l'annulation d'un arrêté préfectoral pour perte de la totalité des points qui enlève toute base juridique à une poursuite pour conduite d'un véhicule malgré l'invalidation du permis de conduire réalisée avant l'annulation (Crim. 21 nov. 2007, n° 07-81.659, *Bull. crim.* n° 290 ; *D.* 2008. 109, chron. D. Caron et S. Ménotti ; *Dr. pénal* 2008, n° 20 ; Crim. 12 mars 2008, n° 07-84.104, *AJ pénal* 2008. 278, obs. J.-P. Céré ; Crim. 3 sept. 2008, *Dr. pénal* 2008, n° 142, J.-H. Robert ; Crim. 16 nov. 2010, *Bull. crim.* nos 182 et 183 ; *D.* 2011. 82 ; sur cette question, v. F. Desportes et F. Le Gunehec, n° 304-1). Cette position a été confirmée dans deux arrêts récents. Le premier, est relatif à une décision d'annulation d'un acte administratif qui enlève toute base légale à la condamnation : Crim. 12 déc. 2012, n° 12-82.919, *Bull. crim.* n° 277. Le second concerne le retrait de l'acte administratif qui conduit à une solution identique : Crim. 4 mars 2014, n° 13-82.078, *Bull. crim.* n° 64 ; *Gaz. Pal.* 20 mars 2014 ; *AJ pénal* 2014. 418, obs. J.-B. Perrier.

9 Dans le cas où le juge administratif précédemment saisi a refusé l'annulation, il a été admis que le juge pénal doit néanmoins examiner la régularité de l'acte administratif (Crim. 24 févr. 1976, *Bull. crim.* n° 70 ; Montpellier, 3 janv. 2009, *Juris-Data* n° 2009-008792).

L'affirmation, par la Cour de cassation, d'un principe général concernant les actes individuels nous paraît tout à fait judicieuse. Dès lors que l'exception d'illégalité est fondée sur le principe de la plénitude de juridiction des tribunaux répressifs, l'exclusion des actes individuels devient inadmissible. L'argument selon lequel la reconnaissance de l'illégalité est plus gênante pour l'administration lorsqu'il s'agit d'un acte individuel, parce qu'il le prive de toute efficacité, est sans aucune valeur car ce qui importe c'est qu'un acte irrégulier ne puisse pas entraîner l'application d'une sanction pénale. On ajoutera que, sur un plan logique, le fait qu'un tribunal pénal puisse apprécier la validité d'un décret réglementaire du président de la République et se voir interdire d'apprécier la régularité de l'acte individuel d'un maire serait inacceptable. On doit, en effet, préciser que s'agissant des actes administratifs réglementaires, ils peuvent tous être soumis à l'appréciation des juges répressifs (v. cep. CE, 3e et 8e sect., 12 févr. 2016, req. nº 387931, *Gaz. Pal.* 8 mars 2016, nº 10, qui décide qu'une exception d'illégalité n'est pas recevable contre une décision prise par une instance gouvernementale, non détachable des relations diplomatiques, et constitue, par suite, un acte de gouvernement). Non seulement les arrêtés et décrets simples ou pris dans le cadre de l'article 37 de la Constitution mais encore les ordonnances de l'article 38 de la Constitution non ratifiées par le Parlement (pour un décret-loi, v. Crim. 22 févr. 1939, *S.* 1940. 1. 1, note Mestre et pour une ordonnance de l'article 38 de la Constitution de 1958 un examen d'office alors que l'objectif des juges était d'aboutir à une répression, Crim. 19 oct. 2004, nº 04-82.485, *Bull. crim.* nº 247 ; *Dr. pénal* 2005, nº 6, obs. J.-H. Robert ; *Rev. pénit.* 2005. 211, obs. Ph. Bonfils ; Crim. 17 mars 2009, *Dr. pénal* 2010, nº 21, obs. J.-H. Robert ; Crim. 12 janv. 2015, nº 13-83.183, *Bull. crim.* nº 17 ; v. égal : Crim. 25 févr. 2014, nº 13-90.039, *Dr. pénal* 2014, nº 73, obs. M. Véron qui écarte une QPC au motif qu'elle porte sur un article du Code pénal, disposition intégrée dans ce code par une ordonnance de l'article 38 de la Constitution qui n'a jamais été ratifiée). On ajoutera, enfin, que sur le plan de l'opportunité d'un tel examen, il est bien certain que les actes individuels sont au moins aussi dangereux pour la liberté individuelle que peut l'être un règlement.

Aujourd'hui il n'y a plus aucun problème sur ce point (v. cep. Crim. 17 juin 1980, *Bull. crim.* nº 194 et en dernier lieu Crim. 18 avr. 1993, *Dr. pénal* 1993, nº 171, obs. A. Maron), d'autant que l'article 111-5 du nouveau Code pénal le confirme sans ambiguïté, mais pour que l'acte individuel puisse être examiné, encore fallait-il, selon la chambre criminelle qu'il servît de base à une poursuite.

B. — L'application aux seuls actes dont dépend la solution pénale

10 Le Tribunal des conflits dans l'arrêt *Avranches* avait utilisé sur ce point une formule particulièrement large, considérant que s'agissant des règlements, les juges sont compétents « qu'ils servent de fondement à la poursuite ou qu'ils soient invoqués comme moyen de défense ».

On peut d'ailleurs considérer que la juridiction des conflits entérinait, en ce domaine, une solution généralement admise par la chambre criminelle (v. sur ce point A. Légal, note sous Crim. 24 mars 1949, *S.* 1950. 1. 24).

1 Avec l'arrêt *Dame Le Roux*, la Cour de cassation revenait à une formule beaucoup plus restrictive puisque le contrôle du juge pénal implique selon cette décision, que l'acte administratif soit assorti d'une sanction pénale et qu'il lui soit demandé de la prononcer. On peut considérer, *a priori*, que cette formulation est équivalente à celle du Tribunal des conflits concernant les actes servant de fondement à la poursuite. Il s'agit de l'acte qui est source d'incrimination pénale. Un individu qui est poursuivi sur la base d'un tel acte, qu'il soit individuel ou réglementaire, va invoquer son illégalité pour faire échec à la poursuite (sur les très nombreux exemples d'application, v. note Lamarque sous l'arrêt commenté de 1967). Est-ce à dire que la chambre criminelle excluait toute appréciation de la légalité d'un acte administratif lorsqu'il était invoqué comme moyen de défense. On l'a parfois contesté. L'exclusion était certaine lorsque l'acte était invoqué comme fait justificatif. En effet, il s'agit toujours, dans ce cas, d'une autorisation, d'une permission ou d'une dérogation qui ne peut être pénalement sanctionnée. Ainsi, avec la solution de la Cour suprême, les tribunaux répressifs auraient dû s'estimer incompétents dans l'hypothèse de l'affaire *Avranches*, le contrat-type, approuvé par arrêté préfectoral, n'étant pas assorti d'une sanction pénale mais pouvant simplement justifier l'infraction reprochée aux prévenus.

12 Mais n'est-il pas des cas où un acte administratif est à la fois un élément de l'infraction mais aussi un moyen de défense ? Ainsi en est-il d'un acte individuel refusant une autorisation comme dans l'arrêt *Dame Le Roux*. Cette dernière ayant sollicité l'autorisation d'organiser un bal public et s'étant vu opposer un refus, a décidé de passer outre à cette interdiction. Poursuivie sur la base de l'article R. 26-15e du Code pénal de 1810 pour n'avoir pas tenu compte de l'interdiction, elle invoque devant le tribunal l'illégalité du refus d'autorisation. Si la chambre criminelle admet que la régularité de l'acte puisse être examinée c'est parce qu'il est assorti d'une sanction pénale mais comme elle le remarque, l'infraction concerne d'abord l'arrêté municipal soumettant l'organisation des bals à l'autorisation du maire.

13 M. Lamarque, dans sa note en tire donc la conséquence que c'est bien comme un moyen de défense que l'on a invoqué la nullité de l'arrêté refusant l'autorisation. On peut citer, dans le même sens, une décision du 17 juin 1980 (*Bull. crim.* n° 194) où la Cour de cassation censure une cour d'appel qui a refusé d'examiner la légalité d'un renouvellement de carte de séjour. Là encore, l'acte individuel emprunte sa sanction à un texte réglementaire. La demande d'annulation apparaît bien comme un moyen de défense. On peut d'ailleurs considérer que dans ces hypothèses, il est assez difficile d'affirmer que l'acte individuel est lui-même assorti d'une sanction pénale. Il ne l'est qu'indirectement puisque la source légale de l'incrimination se trouve dans le règlement violé. M. Lamarque propose donc de substituer la notion d'acte pénalement obligatoire.

14 L'arrêt *Canivet et Dame Moret* était sur ce point la confirmation de la position de l'arrêt *Dame Le Roux*. La chambre criminelle casse, en effet, un arrêt de la cour de Paris qui avait cru pouvoir apprécier la légalité d'un arrêté d'un préfet de police qui était invoqué à titre de fait justificatif d'une infraction d'exploitation d'un débit de boissons dans une zone protégée. Elle précise tout d'abord que l'appréciation de la légalité n'est pas permise « alors même que de sa légalité dépend la solution d'un procès ». Elle indique ensuite que le juge pénal ne doit pas seulement surseoir à statuer en un tel cas mais encore renvoyer les parties à se pourvoir devant la juridiction administrative compétente « ou même » lui renvoyer expressément le jugement de cette contestation.

15 Ces différentes solutions, même si elles n'ont pas emporté l'adhésion de toute la doctrine, étaient, avant l'intervention du nouveau Code pénal, solidement établies (v. Crim. 10 oct. 1978, *Bull. crim.* n° 266 ; Crim. 17 avr. 1975, *Bull. crim.* n° 100 : actes individuels assortis d'une sanction pénale ; Crim. 15 juin 1982, *Bull. crim.* n° 161 ; Crim. 12 oct. 1982, *Bull. crim.* n° 214 : actes individuels non assortis d'une sanction pénale : refus ; v. égal. Crim. 11 déc. 1991, *Bull. crim.* n° 471 pour un arrêté d'expulsion lors d'une infraction à un arrêté d'assignation à résidence, l'appréciation de la légalité des deux actes étant liée ; Crim. 12 mai 1992, n° 92-81.080, *Bull. crim.* n° 186 ; Crim. 6 juill. 1993, n° 92-86.855, *D.* 1994. 33, note P. Couvrat et M. Massé ; *RSC* 1994. 118, obs. J.-P. Delmas Saint-Hilaire ; *Dr. pénal* 1993. Comm. 259, obs. J.-H. Robert ; *Gaz. Pal.* 1993. 2, note J.-R Doucet ; Poitiers, Ch. app. corr. 14 janv. 1993, *JCP* 1993. IV. 146). Ces dernières décisions relatives au permis à points rejettent tout contrôle du juge répressif au motif que cette mesure ne présente pas le caractère d'une sanction pénale accessoire à une condamnation. Plus récemment, et sur le fondement de l'article 111-5 du nouveau Code pénal, la chambre criminelle a confirmé cette position, mais en ajoutant à la motivation jusqu'alors retenue un argument beaucoup plus convaincant, à savoir, que de l'examen du texte organisant le permis à points, ne dépend pas la solution d'une poursuite pour contravention d'excès de vitesse (Crim. 11 juill. 1994, n° 93-85.801, *Bull. crim.* n° 271 ; *JCP* 1995. I. 3819 ; *RSC* 1995. 589, obs. J.-P. Delmas Saint-Hilaire et 343, obs. B. Bouloc ; Crim. 15 févr. 1995, n° 94-81.480, *Bull. crim.* n° 68 ; *RSC* 1996. 116, obs. B. Bouloc et encore récemment Crim. 1er févr. 2006, *Dr. pénal* 2006, n° 49, obs. J.-H. Robert).

16 Comme on l'avait noté (J.-H. Robert, *Dr. pénal* 1994, n° 212), restait la question de savoir ce que décideraient les tribunaux judiciaires saisis d'une exception d'illégalité de la sanction administrative par un conducteur ayant perdu ses douze points et poursuivi par exemple pour refus de restituer son permis ou pour conduite sans permis, infractions dont la répression dépend incontestablement de la légalité du règlement. La cour de Paris avait, à notre connaissance pour la première fois, pris parti en accueillant l'exception d'illégalité (Paris 16 févr. 1996, *Gaz. Pal.* 7 au 11 avr. 1996, p. 13). La chambre criminelle a ultérieurement confirmé le bien-fondé de cette solution (Crim. 26 juin 1996 (3 arrêts) : n° 95-

83.529, n° 95-83.423 et n° 95-85.053, *Bull. crim.* n° 277 ; *Dr. pénal* 1996, n° 245, note J.-H. Robert ; Crim. 12 mars 1997 (2 arrêts) : n° 96-81.660 et n° 96-81.659, *Bull. crim.* n° 98 ; *Dr. pénal* 1997, n° 97, obs. J.-H. Robert ; *RSC* 1997. 830, obs. B. Bouloc). On ajoutera que la Haute juridiction, si elle a admis que le juge pénal est compétent pour connaître de l'exception d'illégalité, ne l'a pas pour autant retenue. Elle a en effet considéré que les dispositions concernées n'étaient pas contraires aux normes internationales, notamment la Convention européenne des droits de l'homme.

17 La Cour européenne s'est d'ailleurs prononcée dans le même sens (CEDH 23 sept. 1998, req. n° 27812/95, *Malige c/ France, JCP* 1999. II. 10086, note F. Sudre ; *Dr. pénal* 1999, n° 87, obs. J.-H. Robert, « Circulation routière : touché mais pas coulé » ; *RSC* 1999. 145, obs. F. Massias).

D'une manière générale la formule retenue par l'article 111-5 du Code pénal est de nature à laisser subsister certaines interrogations et à apporter des limites assez contestables au pouvoir des juges répressifs. Comme le remarque M.-L. Rassat (*Droit pénal général*, n° 149-2e) la formule « dont dépend la solution du procès pénal » exclut l'appréciation de la légalité de textes purement administratifs ne déterminant que l'environnement de l'infraction.

18 Ainsi la chambre criminelle a-t-elle estimé que le contrôle des juridictions répressives ne pouvait pas être étendu à un acte qui ne concerne pas le procès pénal même s'il ne lui est pas totalement étranger. S'agissant d'un arrêté de reconduite à la frontière la Cour de cassation a estimé que le contrôle ne pouvait pas être étendu à une décision administrative antérieure, en l'occurrence un arrêté préfectoral fixant le pays de renvoi, cet acte ne commandant pas la solution du procès pénal (Crim. 28 avr. 1998, n° 96-81.539, *Bull. crim.* n° 141 ; *RSC* 1999. 96, obs. B. Bouloc ; Crim. 3 juin 1998, n° 97-81.895, *Bull. crim.* n° 182 ; *RSC* 1999. 314, obs. B. Bouloc ; Crim. 2 sept. 1998, *Bull. crim.* n° 225 ; *Dr. pénal* 1999, n° 7, obs. J.-H. Robert ; Crim. 11 déc. 2001, *Bull. crim.* n° 266 ; *Dr. pénal* 2002, n° 45, obs. J.-H. Robert). La même position a été adoptée pour l'arrêté d'un préfet relatif à un plan de chasse individuel. La chambre criminelle observe que la solution du procès pénal ne dépend nullement de l'arrêté préfectoral, l'infraction reprochée au prévenu étant fondée sur un texte général l'annulation de l'acte administratif n'entraînerait d'ailleurs nullement l'impunité (Crim. 1er oct. 2002, n° 01-88.708, *RSC* 2003. 342, obs. J.-H. Robert, *Dr. pénal* 2003, n° 7, obs. J.-H. Robert. Sur l'ensemble de cette question N. Dantonel-Cor : « Le juge judiciaire répressif et l'acte administratif unilatéral depuis la réforme du Code pénal », *RSC* 1999. 17).

19 Dans un arrêt du 18 novembre 2003 (n° 03-80.174, *Bull. crim.* n° 216 ; *Dr. pénal* 2004, n° 51, obs. J.-H. Robert) la chambre criminelle a appliqué cette jurisprudence dans une hypothèse originale. Une cour d'appel avait relaxé des chasseurs au motif de l'illégalité d'un arrêté préfectoral fixant la date de clôture de la chasse. La Cour de cassation constate cependant que l'arrêté jugé illégal s'était substitué à un autre arrêté annulé par le tribunal administratif. Dès lors, au moment des faits poursuivis, l'interdiction de chasse était incontestable ce qui démontre que le second arrêté ne conditionnait pas la solution du procès pénal et l'examen de sa légalité n'est plus nécessaire.

20 En définitive, la position de la chambre criminelle, s'agissant de l'appréciation de la légalité, pouvait paraître assez logique. D'abord parce qu'elle admettait d'étendre son contrôle aux actes individuels. Ensuite parce qu'elle estimait ne pas pouvoir apprécier un acte non pénalement sanctionné. En effet, au-delà de la terminologie, ce que l'on constate c'est que lorsqu'un acte est invoqué à titre de fait justificatif, le délinquant ne demande pas que sa régularité soit contrôlée, bien au contraire. Il ne s'agit donc plus d'une exception d'illégalité qui seule fonde la compétence des tribunaux répressifs. Lorsque l'on envisage le fondement essentiel du contrôle du juge pénal, c'est-à-dire la protection des libertés individuelles, la mesure pouvait paraître tout à fait acceptable. Il reste que la solution était contestable par rapport à la règle de plénitude de juridiction des tribunaux répressifs. Mais cette règle n'est pas toujours respectée puisqu'on sait qu'il existe des exceptions préjudicielles de nature civile. D'une manière générale, on regrettait cette attitude nouvelle (jurisprudence contraire antérieure formelle : Crim. 23 mars 1907, *S.* 1911. 1. 483 ; Crim. 30 juin 1937, *Bull. crim.* n° 137) un peu timorée de la chambre criminelle, d'autant qu'elle interdisait par ailleurs aux juges pénaux d'interpréter certains actes administratifs.

II. — Les pouvoirs de contrôle du juge répressif statuant sur une exception d'illégalité

21 Les pouvoirs du juge répressif, lorsqu'il examine la régularité des actes administratifs sont-ils identiques à ceux des autres juges ? Là encore, on relevait initialement une différence de point de vue entre le Tribunal des conflits et la chambre criminelle qu'il convient d'évoquer avant d'en déterminer l'incidence pratique (sur l'évolution du contrôle, v. R. Bernardini, n° 211 s.)

A. — Des limitations initiales discutables

22 Il y a tout d'abord un point sur lequel les deux juridictions s'entendaient parfaitement. Il est évident que le juge pénal, pas plus d'ailleurs que le juge administratif, ne peut apprécier l'opportunité d'un acte administratif, qu'il soit réglementaire ou individuel. Si le Tribunal des conflits n'éprouve pas l'utilité de l'indiquer, la chambre criminelle au contraire l'affirme avec force dans les deux décisions que nous avons retenues (v. pour la ceinture de sécurité, Crim. 20 mars 1980, *Bull. crim.* n° 97 ; v. égal. plus récemment Crim. 7 févr. 1989, *Bull. crim.* n° 50 ; Crim.

30 oct. 1990, *Bull. crim.* n° 366 ; Crim. 4 janv. 1991, *Bull. crim.* n° 8). Il est cependant à remarquer que l'appréciation de la légalité interne de l'acte administratif est quelquefois bien difficile à distinguer du contrôle de l'opportunité depuis que la chambre criminelle intègre l'appréciation de l'erreur manifeste (Crim. 21 oct. 1987, deux arrêts, *Bull. crim.* n° 362 ; *D.* 1988. 58, note Kehrig ; *RSC* 1988. 516, obs. J.-P. Delmas Saint-Hilaire ; *RSC* 1989. 139, obs. C. Lazerges ; v. égal. Crim. 20 sept. 2000, *Dr. pénal* 2000, n° 140, obs. J.-H. Robert où la Cour de cassation paraît aller au-delà de la simple appréciation de légalité).

23 Pour le reste, la question qui se posait était de savoir si le juge pénal qui doit examiner la régularité d'un acte administratif pouvait apprécier cette légalité lorsque l'acte n'est pas suffisamment clair et doit donc être préalablement interprété. Le Tribunal des conflits, une nouvelle fois, adoptait une solution plus large que la Cour de cassation. S'agissant, il faut le rappeler, des seuls règlements, il considérait que leur interprétation allait de soi. La formule utilisée (outre interpréter) montre bien que cette activité que le juge exerce lorsqu'il s'agit d'une loi paraît moins contraire à la séparation des pouvoirs que l'appréciation de la légalité. La chambre criminelle avait, comme on l'a remarqué (Lamarque, note préc. sous l'arrêt *Le Roux*), suivi en la matière une évolution assez curieuse. Après avoir refusé l'interprétation des actes administratifs jusqu'au milieu du XIXe siècle, elle avait admis que l'application de la légalité impliquait l'interprétation des actes administratifs réglementaires (Crim. 28 sept. 1855, *S.* 1856. 1. 85). C'est avec une décision du 12 janvier 1917, *Bull. crim.* n° 13, que, semble-t-il, la Cour de cassation était revenue à la solution initiale en considérant que lorsque l'acte était obscur ou ambigu, le juge pénal devait surseoir à statuer jusqu'à ce que l'autorité administrative ait interprété cet acte. Ainsi l'arrêt *Dame Le Roux* ne semblait pas sur ce point apporter une réponse originale. Son intérêt se situait dans le fait que la formule assez précise qu'il utilisait s'appliquait aux actes individuels comme aux actes réglementaires alors que les formulations précédentes pouvaient paraître équivoques (v. par ex. à propos d'un acte individuel, Crim. 20 janv. 1960, *Bull. crim.* n° 36). Par la suite, la Haute juridiction avait paru hésiter (v. deux décisions contraires : Crim. 30 janv. 1963, *Bull. crim.* n° 57 et 23 avr. 1964, *Bull. crim.* n° 128) jusqu'à l'arrêt du 1er juin 1967 (*Canivet et Dame Moret*) qui devait être considéré comme un arrêt de principe. Dans cette décision, la chambre criminelle reprenait la formule de l'arrêt *Dame Le Roux* en la modifiant en ce qui concerne le problème de l'interprétation. En effet, après avoir affirmé la possibilité d'apprécier les actes administratifs pénalement sanctionnés, elle précisait « sous réserve, s'il s'agit d'actes individuels qu'ils soient clairs et qu'il ne soit pas nécessaire de les interpréter ».

24 Ainsi, la solution qui paraissait, du moins en l'espèce, définitivement retenue par la chambre criminelle, conduisait à admettre la compétence du juge pénal pour interpréter les actes réglementaires pénalement sanctionnés et à la rejeter systématiquement lorsqu'il s'agissait d'actes individuels même lorsqu'ils fondaient une poursuite. Il en allait cependant autrement pour ces derniers lorsqu'une disposition donnait expressément compétence aux tribunaux répressifs pour interpréter les actes individuels (Crim. 12 juin 1968, *D.* 1968. 1960, note Costa ; Crim. 16 janv. 1990, *Bull. crim.* n° 27 rendu en matière de lotissement, C. urb., art. L. 316-4, al. 3).

25 La solution retenue par la chambre criminelle était-elle pour autant convaincante ? La plupart des auteurs le contestaient (M. Puech, n° 14, 15, p. 117 ; A. Decocq, p. 106 ; Lamarque notes préc., par ex. ; *contra* Mestre, art. préc.). On remarquera tout d'abord que cette solution était contraire à la fois à la jurisprudence du Tribunal des conflits affirmée dans l'arrêt *Septfonds* (T. confl., 16 juin 1923, n° 0732, *Septfonds c/ Compagnie des Chemins de Fer du Midi, GAJA*, 18e éd., 2011, n° 39 [arrêt non commenté dans la 19e éd., v. n° 117] *S.* 1923. 3. 49, note H. Hauriou ; *D.* 1924. 3. 41, concl. Matter) et à la jurisprudence des juridictions civiles. Selon ces juridictions, en effet, il est toujours possible d'interpréter les actes administratifs réglementaires. Il n'y a donc pas à distinguer selon qu'ils sont ou non assortis d'une sanction pénale (dans le même sens, pour une juridiction pénale, T. confl., 2 août 1962, *Préfet de la Loire-Atlantique, Lebon* 827). On pouvait ensuite se demander pourquoi l'interprétation des actes administratifs impliquerait une immixtion plus grande du juge pénal dans l'action de l'administration. Dans son commentaire de l'arrêt *Septfonds*, le Procureur général Matter soutenait au contraire la thèse inverse en estimant que « l'interprétation ne trouble pas, car elle suit, se conforme, applique… ». Contrairement à la déclaration d'illégalité qui « trouble l'opération du corps administratif ». Mais la question n'était-elle pas quelque peu théorique ? Est-il vraiment possible d'apprécier la régularité d'un règlement sans l'interpréter ? On a parfois affirmé que la distinction entre les deux pouvoirs est une vue de l'esprit (M. Puech, p. 71 ; C. Pelletier, art. préc., p. 115 ; A. Decocq, p. 106). Elle nous paraît en tout cas très artificielle dans la plupart des cas et plus théorique que pratique. Sur un plan purement logique enfin, on pouvait s'étonner que le juge pénal puisse sans problème interpréter une loi alors qu'on lui refuserait d'interpréter un règlement. On peut d'ailleurs ajouter que la distinction entre les actes réglementaires et individuels, en ce domaine, même si elle est beaucoup plus traditionnelle, puisqu'elle remonte à une distinction proposée par Merlin en 1810, ne paraissait pas plus fondée.

26 L'analyse des pouvoirs des juges répressifs en matière de contrôle de la légalité des actes administratifs laissait l'impression d'une assez grande complexité qui n'était assurément pas très satisfaisante pour le justiciable. Il apparaissait souhaitable que les solutions du Tribunal des conflits et de la Cour de cassation soient harmonisées car nous l'avons dit, la solution du Tribunal des conflits est assez aberrante. On pouvait aussi espérer que la chambre criminelle, revenant à des solutions naguère acceptées, abandonnerait les restrictions concernant les pouvoirs d'interprétation des magistrats répressifs. Pour des raisons qui tiennent, à l'efficacité et à la célérité nécessaires de la justice pénale, la règle de la plénitude de juridiction devait l'emporter sur celle de la séparation des pouvoirs, dès lors que le juge n'est pas amené à apprécier l'opportunité ou le bien-fondé des actes administratifs.

B. — Un pouvoir aujourd'hui identique à celui des juridictions administratives

27 Déjà, l'avant-projet définitif de Code pénal de 1978 dans son article 7 accordait de manière précise les pouvoirs les plus larges au juge pénal en proposant la formule suivante : « les juridictions répressives sont compétentes pour interpréter les actes administratifs réglementaires ou individuels et pour en apprécier la légalité ou la constitutionnalité lorsque, de cet examen, dépend la solution du procès pénal ». Sous réserve d'une modification de pure forme l'article 4 de l'avant-projet modifié de 1983 adoptait exactement la même solution... Très curieusement la dernière version du projet de loi du nouveau Code pénal ne contenait aucune disposition sur cette question pourtant très importante. La commission des lois du Sénat devait cependant réintroduire une disposition du même type donnant aux juges répressifs les plus larges pouvoirs pour apprécier ou interpréter les actes administratifs dès lors que de cet examen dépend la solution du procès. Cette disposition est, on le sait, aujourd'hui devenue l'article 111-5 du Code pénal qui édicte que « Les juridictions pénales sont compétentes pour interpréter les textes administratifs réglementaires et individuels et pour en apprécier la légalité lorsque, de cet examen, dépend la solution du procès pénal qui leur est soumis ». Une remarque s'impose. Toute référence au contrôle de la constitutionnalité a disparu de ce texte. Est-ce à dire que le juge ne pourra pas refuser d'appliquer un texte qui ne serait pas conforme à la Constitution. Il n'en est évidemment rien. S'agissant des règlements autonomes relevant de l'article 37 de la Constitution, c'est d'ailleurs le seul contrôle qui se conçoive. De plus, il paraît difficile de ne pas accorder au juge judiciaire les mêmes pouvoirs qu'au juge administratif (CE 26 juin 1959, *D.* 1959. 541, note J. L'Huillier). On peut donc admettre que l'expression « appréciation de la légalité » doit s'entendre comme le pouvoir du juge pénal de vérifier que le règlement examiné est conforme à toutes les normes juridiques qui lui sont supérieures à la condition, évidemment, que ce contrôle ne conduise pas à apprécier la constitutionnalité d'un texte législatif (en ce sens : J. Pradel, *Le nouveau Code pénal*, coll. « Dalloz Service », 2e éd., p. 29 ; v. égal. : Lesclous, « L'appréciation des actes administratifs par le juge répressif », *JCP* 1994. I. 747 ; G. Roujou de Boubée, *D.* 1994. Somm. 155 ; F. Desportes et F. Le Gunehec, no 281 ; M.-L. Rassat, no 149-2e ; Crim. 9 janv. 1995, no 93-82.490, *Bull. crim.* no 8 ; Crim. 29 mars 2000, *Bull. crim.* no 146). Dès lors que le pouvoir du juge pénal est avant tout fondé sur la protection des libertés individuelles, une telle solution s'impose. Elle est, d'ailleurs, indirectement confirmée par le Conseil constitutionnel, qui refuse d'examiner une

QPC lorsqu'elle porte sur une disposition réglementaire (Cons. const. 22 juin 2011, n° 2011-152 QPC). Il adopte, également, une solution identique s'agissant d'une ordonnance de l'article 38 qui n'avait pas été ratifiée (Cons. const. 10 févr. 2012, n° 2011-219 QPC). On ajoutera que le contrôle peut aussi être opéré par rapport aux normes internationales, qu'il s'agisse d'un contrôle d'internationalité ou de conventionalité (v. par ex. : Crim. 26 mars 1996, n° 95-81.890, *Bull. crim.* n° 133 ; *RSC* 1997. 98, obs. B. Bouloc ; Crim. 17 déc. 2014, n° 13-86.686, préc., qui reproche aux juges d'appel de n'avoir pas répondu à la demande des parties de poser une question préjudicielle à la Cour de justice de l'Union européenne ; v. *infra*, n° 8). Il restait à vérifier que cette volonté législative de conforter, voire d'étendre le contrôle de la régularité des actes administratifs serait entérinée par la Cour de cassation. Certaines solutions auraient pu en faire douter. Outre les arrêts impliquant que l'exception soit soulevée *in limine litis* ou ceux qui déterminent ce qu'il faut entendre par l'expression « dépend la solution du procès pénal » (v. *supra*) ; on notera que la chambre criminelle s'est montrée très prudente dans l'appréciation d'un décret relatif à une vente au déballage qui semblait pourtant rajouter des conditions non prévues par la loi (Crim. 9 janv. 1995, n° 93-82.490, *Bull. crim.* n° 8 ; *RSC* 1995. 809, obs. B. Bouloc ; v. égal. Crim. 7 avr. 1999, *Dr. pénal* 1999, n° 117, obs. J.-H. Robert, refusant de tenir compte de l'irrégularité d'une mise en demeure fondée sur un arrêté-type non valable). Il semble qu'il s'agisse de cas d'espèce. Il serait paradoxal, en effet, que l'exception d'illégalité soit plus restrictivement admise aujourd'hui, alors qu'elle est expressément prévue par la loi, que précédemment lorsque cette dernière était muette.

A. V.

8

ACTES ADMINISTRATIFS CAS D'ILLÉGALITÉ : INCOMPÉTENCE – VICE DE FORME – VIOLATION DE LA LOI OU D'UNE NORME SUPÉRIEURE – DÉTOURNEMENT DE POUVOIR

Crim., 3 juin 1935, *Dlle Hiron*
(*S.* 1937. 1. 234 ; *DH* 135. 428)

Crim., 1er févr. 1956, nº 56-03.636, *Dlle Flavien*
(*Bull.* nº 118 ; *D.* 1956. 365, rapp. Ledoux)

Crim., 21 déc. 1961, *Dame Le Roux*
(*D.* 1962. 102, rapp. Costa ; *JCP* 1962. II. 12680, note M. Lamarque)

Crim., 23 mai 1978, nº 77-91.510, *Brassy*
(*Bull. crim.* nº 163)

L'illégalité d'un acte administratif invoquée par voie d'exception devant une juridiction répressive peut être retenue lorsque l'autorité administrative, ayant pris l'acte, était incompétente (1re esp.) ou a commis un détournement de pouvoir (3e esp.). Il en est de même lorsque l'acte est affecté d'un vice de forme comme l'absence de publication (4e esp.), ou lorsqu'il est contraire à une norme hiérarchiquement supérieure tel un principe général du droit (2e esp.).

Chambre criminelle, 3 juin 1935, *Demoiselle Hiron*

Attendu que c'est seulement s'il est contrevenu à un règlement légalement fait qu'aux termes dudit article 471 la sanction édictée par la loi est encourue ; que le juge a donc le droit et le devoir de rechercher si les dispositions des règlements dont l'application est requise rentrent dans le cadre des attributions de l'autorité qui les a édictées et si elles ont pour objet des intérêts de la classe de ceux qui sont placés sous la surveillance de cette autorité ; – Attendu que, traduite devant le tribunal de simple police à raison des faits ci-dessus relatés, la demoiselle Hiron a pris des conclusions pour contester la légalité de l'arrêté du maire des Andelys comme étant contraire aux dispositions de l'article 19 de la loi du 8 avril 1898, qui, sauf circonstances exceptionnelles, attribue aux seuls préfets la police des cours d'eau non navigables ou flottables ; que la prévenue contestait également la légalité du décret du 10 février 1873 susvisé, comme n'ayant pas été pris en la forme des règlements d'administration publique, et ce en violation de la loi du 14 Floréal, An XI ; – Attendu que le juge de police était tenu de répondre à ces moyens de défense ; qu'il s'est cependant borné à déclarer, contrairement au principe ci-dessus rappelé, que la nécessité pour l'autorité judiciaire d'appliquer les actes administratifs présuppose qu'ils sont légaux, et qu'on ne saurait s'arrêter à la prétention de la demanderesse de contester la légalité du décret du 10 février 1873 ; qu'en outre l'obligation pour les riverains d'effectuer le curage résultait de divers textes de loi ; – Attendu qu'en statuant par ces motifs, sans examiner la question de savoir si la prévenue avait été légalement mise en demeure, par une autorité compétente, d'exécuter l'obligation qui lui incombait, le juge de police n'a pas répondu aux conclusions dont il était saisi ; – Sans qu'il soit besoin de statuer sur les autres moyens du pourvoi ; – Casse le jugement du tribunal de simple police des Andelys du 8 août 1933 et renvoi devant le tribunal de simple police de Bernay, etc.

Chambre criminelle, 1er février 1956, *Demoiselle Flavien*

Attendu que pour relaxer Flavien (Irène), prévenue d'infraction à l'arrêté du préfet du Rhône du 21 octobre 1953, interdisant aux prostituées de stationner d'une manière prolongée ou de se livrer à des allées et venues répétées aux abords des casernes, camps et arsenaux et autres établissements nommément désignés, sur tout le territoire du département du Rhône et sur toutes les voies et places publiques et au seuil des allées, compris dans certaines zones de la ville de Lyon, le jugement attaqué, statuant sur appel d'un jugement du tribunal de simple police de Lyon du 7 janvier 1954, énonce que, ledit arrêté étant dépourvu de légalité, ne peut servir de base au jugement de condamnation dont est appel ; que, notamment, le législateur peut seul, en France, porter atteinte à la liberté de l'individu ; que la liberté d'aller et venir à son gré est un des aspects de la liberté individuelle et se confond avec la liberté de circuler sur la voie publique ; qu'en l'espèce, l'arrêté préfectoral du 21 octobre 1953, si louable que soit le but poursuivi, aboutit à instaurer, pour une catégorie de citoyens, une sorte d'interdiction de séjour revêtant le caractère d'une prohibition générale ou quasi générale, illicite et excessive ; – Attendu qu'en l'état de ces énonciations le jugement attaqué a fait une exacte application de la loi ; que l'arrêté du préfet du Rhône du 21 octobre 1953, à raison de la prohibition générale qu'il comporte, au double point de vue du temps et du lieu, et qui aboutit à l'interdiction d'une manière quasi absolue de la circulation sur la voie publique d'une catégorie de personnes déterminées, dépasse en effet la limite des pouvoirs de police que le préfet tient de l'article 97 de la loi du 5 avril 1884, comme ayant été pris en violation des droits généraux relatifs aux libertés publiques et notamment de la liberté individuelle ; qu'il suit de là que n'ayant pas été légalement pris il ne saurait être sanctionné par l'article 471, paragraphe 15 du Code pénal, et que le moyen n'est pas fondé ;

Par ces motifs, rejette…

Chambre criminelle, 21 décembre 1961, *Dame Le Roux*

Attendu qu'aux termes d'un arrêté municipal en date du 9 avril 1959 (art. 1er), l'organisation de bals publics sur le territoire de la commune de Lampaul-Plouarzel est soumise à l'autorisation du maire ; qu'au mois de juin 1960, la dame Le Roux, épouse Corolleur, ayant sollicité cette autorisation, s'est vu opposer par le maire un refus en date du 1er juillet 1960 au motif que son établissement est situé trop près de l'école de garçons et du cimetière ; que la dame Le Roux n'en a pas moins ouvert son bal, et a fait l'objet d'un procès-verbal du 26 juillet 1960 ; que devant les juges du fond elle a soulevé l'exception d'illégalité de la décision portant refus d'autorisation ; – Attendu que pour refuser de prononcer condamnation contre la prévenue, l'arrêt attaqué fait valoir que s'il appartient au maire, en vertu des pouvoirs qu'il tient de l'article 97 de la loi du 5 avril 1884, de prendre les mesures propres à maintenir l'ordre, la salubrité et la tranquillité publics, l'interdiction signifiée à la dame Le Corolleur n'a pas un tel objet ; que le maire y fait seulement état de la proximité d'une école et d'un cimetière ; qu'il se fonde ainsi sur des considérations étrangères au bon ordre, à la salubrité et à la tranquillité publics ; qu'il crée, d'ailleurs par là même une zone protégée dans un cas non prévu par la loi, celle-ci ne concernant que les débits de boissons et non les salles de bal ; qu'enfin il porte d'autant plus atteinte à la liberté du commerce qu'un autre propriétaire de salle est autorisé à organiser régulièrement des bals ; – Attendu que si l'article 13 de la loi des 16 et 24 août 1790 et le décret du 16 Fructidor, An III interdisent aux tribunaux judiciaires de troubler, de quelque manière que ce soit, les opérations des corps administratifs, de citer devant eux les administrateurs pour raison de leurs fonctions et de connaître des actes d'administration, de quelque espèce qu'ils soient, ils ne peuvent faire obstacle au devoir qu'ont les juges, lorsque ces actes, réglementaires ou individuels, sont assortis d'une sanction pénale qu'il est demandé aux tribunaux judiciaires de prononcer, non point d'en apprécier, sans doute, l'opportunité, mais de s'assurer de leur conformité à la loi, lorsque, du moins, ces actes sont clairs et qu'il n'est pas nécessaire de les interpréter ; – Attendu que l'infraction à l'arrêté municipal du 9 avril 1959, reprochée à la prévenue, et poursuivie en vertu de l'article R. 26, paragraphe 15° du Code pénal, était constituée par le fait de n'avoir pas tenu compte du refus d'autorisation du 1er juillet 1960 ; qu'appelés à donner une sanction pénale à cette dernière décision, dont le sens et les motifs ne sont pas contestés, les juges du fond devaient, comme ils l'ont fait, en apprécier la légalité au même titre que celle de l'arrêté du 9 avril 1959 lui-même ; – Attendu qu'en prenant cette décision de refus dans les circonstances susrappelées, le maire n'a point agi dans un intérêt public et de police, et que, par suite, l'usage qu'il a fait de ses pouvoirs n'est pas conforme au but en vue duquel ils lui sont conférés ; d'où il suit qu'en décidant que le refus d'autorisation du 1er juillet 1960 était dépourvu de sanction pénale, les juges de police n'ont pas violé les textes visés au moyen ; – Et attendu que l'arrêt attaqué est régulier en la forme ;

Rejette le pourvoi.

Chambre criminelle, 23 mai 1978, *Brassy*

Attendu que les juges doivent répondre aux chefs péremptoires des conclusions dont ils sont régulièrement saisis ;

Attendu qu'il appert de l'arrêt attaqué que Brassy a ouvert le dimanche 23 novembre 1975 à Tollevast (Manche) son magasin d'ameublement où il se tenait avec sa femme et son fils à la disposition des clients ;

Attendu que pour le déclarer coupable d'avoir enfreint un arrêté préfectoral, en date du 7 octobre 1968, ayant ordonné la fermeture au public des établissements de sa profession pendant la durée du repos hebdomadaire, la cour d'appel écarte les conclusions du prévenu qui excipait de l'absence de publication de l'arrêté du préfet, au motif qu'il n'est pas démontré que cet arrêté n'ait pas été régulièrement publié ;

Attendu, cependant, qu'en statuant ainsi sans avoir recherché, comme ils en étaient requis, si ledit arrêté avait fait l'objet d'une publication le rendant légalement opposable au prévenu de l'espèce, les juges d'appel n'ont pas mis la Cour de cassation en mesure de s'assurer de la régularité de leur décision sur l'exception péremptoire dont ils étaient saisis et dont dépendait le bien-fondé de la poursuite ;

Que l'arrêt encourt dès lors la cassation de ce chef ;

Par ces motifs, et sans qu'il y ait lieu de statuer sur le second moyen :

Casse et annule.

OBSERVATIONS

1 Lorsqu'un individu poursuivi sur la base d'un règlement administratif, invoque devant le tribunal répressif l'irrégularité du texte violé, on dit qu'il soulève une exception d'illégalité. Pour que ce moyen de défense ait quelque chance d'être retenu, encore faut-il que le prévenu indique très précisément en quoi l'acte administratif est irrégulier, autrement dit quels sont les griefs qu'il peut faire valoir à l'encontre du texte qu'il conteste. Dès lors qu'il est admis que le juge répressif dispose des mêmes pouvoirs de contrôle que le juge administratif en matière de recours pour excès de pouvoir, il est tout à fait logique de classer les cas d'illégalité selon les distinctions admises en ce domaine. Le développement historique du recours pour excès de pouvoir a fait apparaître quatre cas d'ouverture : le vice de forme, l'incompétence, la violation de la loi et le détournement de pouvoir, rubriques que l'on retrouve lorsqu'on décrit les cas d'illégalité susceptibles de fonder une exception devant le juge pénal. Comme on a pu le faire remarquer (R. Chapus, *Droit administratif général*, t. I, 15e éd., n°s 1209 s.) cette classification est assez illogique puisque dans toutes les hypothèses il s'agit d'illégalité, c'est-à-dire d'une violation de la loi. Il reste cependant souhaitable de conserver cette présentation en y apportant certaines petites modifications qui permettent de mieux comprendre en quoi consiste le contrôle de la légalité opéré par les juges.

2 Selon une classification classique, la régularité de l'acte administratif doit être envisagée à la fois sur un plan formel et sur un plan matériel. Dans le premier cas, il s'agit de vérifier si le règlement a été pris par une autorité compétente et dans les formes légales, ce qui correspond aux deux premiers cas d'ouverture du recours pour excès de pouvoir. Dans le second cas, c'est le contenu de l'acte dont il convient d'apprécier la régularité à la fois d'un point de vue objectif et subjectif. Le contrôle objectif conduit à se demander si le règlement est conforme au droit, c'est la violation de la loi dans son sens traditionnel qu'il serait préférable de nommer la violation d'une norme hiérarchiquement supérieure. Le contrôle subjectif implique que l'on se demande si l'auteur du texte a respecté le but que la loi assigne à la catégorie d'acte, autrement dit s'il n'y a pas eu un détournement de pouvoir.

Dans le cadre ainsi tracé, la variété des cas concrets pouvant fonder une demande d'exception d'illégalité devant le juge répressif est considérable et les décisions rendues n'ont qu'une portée juridique assez réduite. Les arrêts que nous avons retenus dans cette note n'ont donc pas d'autre objectif que d'illustrer par un exemple significatif, chacune des quatre grandes hypothèses d'irrégularités possibles que nous avons relevées en distinguant les cas d'irrégularités formelles (I) et matérielles (II).

I. — Exception d'illégalité et irrégularités formelles (légalité externe)

3 Lorsque le juge répressif procède au contrôle de la régularité formelle d'un acte administratif, deux problèmes peuvent lui être soumis. En premier lieu, il peut être contesté que l'acte ait été pris par l'autorité compétente. L'arrêt *Demoiselle Hiron* est un bon exemple d'une illégalité résultant de l'incompétence du signataire de l'acte (A). En second lieu, il peut être allégué que l'autorité administrative n'a pas respecté les formes prescrites. Ainsi en est-il par exemple de l'absence de publication qui est illustrée par l'arrêt *Brassy* (B).

A. — Irrégularité et incompétence du signataire de l'acte

4 Le maire des Andelys a pris un arrêté enjoignant aux riverains d'un cours d'eau de procéder au curage de cette rivière dans un délai déterminé. La demoiselle Hiron n'ayant pas procédé aux travaux prescrits a été verbalisée. Elle est poursuivie devant le tribunal de police où elle conteste la légalité de l'arrêté municipal estimant que seul un préfet, auquel est attribuée la police des cours d'eau non navigables ou flottables, aux termes de l'article 19 de la loi du 8 avril 1898, pouvait enjoindre aux riverains de tels travaux. C'est en se fondant sur le refus du juge répressif de prendre en compte cette argumentation que la chambre criminelle a cassé le jugement de la juridiction de police. Ainsi, l'incompétence matérielle de l'auteur de l'acte conduit à affirmer son illégalité. On notera à ce propos qu'il faut évidemment que l'infraction ne résulte pas de l'inobservation de décisions prises par des personnes privées ne disposant d'aucun pouvoir réglementaire (ainsi en matière de prix du livre : Crim. 21 oct. 1985, *Bull. crim.* n° 321). Il en est de même pour une association de chasse agréée ne disposant d'aucun pouvoir réglementaire, l'exclusion prononcée par cette association n'est pas un acte administratif individuel (Crim. 30 oct. 2000, *Dr. pénal* 2001, n° 49).

5 On constate que de très nombreuses décisions sanctionnant l'incompétence du signataire concernent des arrêtés de maires empiétant sur les pouvoirs d'un préfet ou d'un ministre (v. par ex. Crim. 5 juill. 1961, *Bull. crim.* n° 322, commenté par M. Puech, n° 19 ; T. corr. Le Havre 24 sept. 1941, *Gaz. Pal.* 1942. 1. 9 ; T. corr. Dreux 16 juin 1942, *Gaz. Pal.* 1942. 2. 55). Cela s'explique par le fait qu'il y a très fréquemment des concours de compétence en matière de police qui conduisent à des difficultés très délicates à régler. Bien que les pouvoirs de police soient exercés de manière hiérarchisée, il n'est pas toujours impossible pour une autorité inférieure, un maire par exemple, d'intervenir dans un domaine normalement confié à une autre autorité. Il faudra bien sûr que les dispositions de l'acte ainsi intervenu ne soient pas contraires aux prescriptions prises par l'autorité supérieure et qu'elles soient rendues nécessaires en raison de circonstances particulières touchant l'ordre public local. Ainsi en est-il par exemple en matière de police de la circu-

lation : un préfet pouvant limiter la vitesse sur une portion d'autoroute lorsque des travaux y sont effectués (Crim. 29 janv. 1980, *Bull. crim.* nº 39, v. égal. en matière d'affichage des prix : Crim. 12 mai 1933, *D.* 1933. 175). On notera qu'il est également possible pour une autorité supérieure d'intervenir dans un domaine où le pouvoir de police est normalement assuré par une autorité inférieure (v. pour une réglementation en matière d'incendie : Crim. 28 oct. 1953, *S.* 1954. 1. 113. Sur l'ensemble de cette question : Castagne, *Le contrôle juridictionnel de la légalité des actes de police administrative*, LGDJ, 1964, p. 101 s.).

6 Les pouvoirs des juges répressifs concernent, on le sait, tous les actes administratifs mais seulement ces actes ce qui exclut les contrats administratifs (v. *supra*, nº 7). C'est ainsi que peut être alléguée l'incompétence des plus hautes autorités administratives puisque l'exception d'illégalité peut concerner non seulement les décrets simples mais encore les règlements intervenant dans le cadre de l'article 37 de la Constitution, ainsi que les ordonnances prises par application de l'article 38 de cette même Constitution jusqu'à leur ratification. Ainsi, récemment, la chambre criminelle a-t-elle pu décider qu'une ordonnance non ratifiée n'avait pas pu abroger une infraction, ce qui était pourtant son objectif, dans le cadre d'une codification : Crim. 3 juin 2015, nº 13-87.405, *Gaz. Pal.* 11 août 2015, nº 323, obs. S. Détraz ; *RPDP* 2015. 903, obs. O. Décima. Dans ce dernier cas, le juge répressif va être amené à exercer un pouvoir de contrôle sur la répartition des compétences entre le pouvoir législatif et le pouvoir exécutif. Le Parlement lorsqu'il délègue ses pouvoirs, le fait par une loi d'habilitation qui détermine les limites du domaine réglementaire. Il est donc possible pour un individu poursuivi sur la base d'une ordonnance (précédemment il s'agissait de décrets-lois) non ratifiée d'invoquer son illégalité aux motifs que le pouvoir exécutif n'avait pas été habilité pour intervenir en cette matière, autrement dit qu'il est incompétent (en ce sens, Crim. 22 févr. 1939, *S.* 1940. 1. 1, note Mestre ; *RSC* 1939. 537, obs. Hugueney ; M. Puech, nº 18).

7 On notera que dans ce domaine, tout dépend de la manière dont a été rédigée la loi d'habilitation qui en utilisant certaines formules assez générales peut donner une sorte de blanc-seing à l'exécutif. Dans l'affaire précitée, la chambre criminelle a d'ailleurs interprété très largement la loi d'habilitation pour déclarer légal un décret-loi prévoyant la peine de mort pour certains faits d'espionnage (pour un autre exemple, Crim. 18 févr. 1959, *Bull. crim.* nº 114 ; v. égal. Crim. 19 oct. 2004, nº 04-82.485, *Bull. crim.* nº 247 ; *Dr. pénal* 2005, nº 6, obs. J.-H. Robert ; *Rev. pénit.* 2005. 211, obs. Ph. Bonfils pour une ordonnance de codification) et Crim. 12 janv. 2015, nº 13-88.183, *Bull. crim.* nº 17 qui, tout en affirmant le principe du contrôle, rejette l'exception d'illégalité. Lorsque la délégation de pouvoirs a été opérée au profit du chef de l'État, à la suite d'un référendum (art. 11 de la Constitution), la solution est identique. En effet, les ordonnances prises dans le cadre de cette délégation semblent également pouvoir faire l'objet d'un contrôle par le juge pénal si l'on se réfère à la position du Conseil d'État dans l'affaire *Canal*

(CE 19 oct. 1962, *Canal, Robin et Godot*, req. n° 58502, *JCP* 1963. II. 13068, note C. Debbasch ; en ce sens M. Puech, n° 18 ; R. Merle et A. Vitu, n° 217).

8 Pour en terminer avec ces problèmes concernant l'incompétence du signataire de l'acte, on ajoutera qu'elle peut également être territoriale, lorsqu'une autorité administrative est intervenue en dehors des limites géographiques dans lesquelles elle exerce ses fonctions (Crim. 4 mai 1933, *Bull. crim.* n° 95) ou temporelle. Dans ce dernier cas, il faut supposer que l'acte administratif doit intervenir pendant une certaine période, ce qui implique son illégalité lorsqu'il est pris avant ou après (v. par ex. : Crim. 14 nov. 1963, *D.* 1964. 265, note C. D.). On notera que cette variété particulière d'incompétence pourrait également être considérée comme un vice de forme (en ce sens M. Puech, n° 17), deuxième type d'irrégularité formelle qui peut affecter un acte administratif.

B. — Irrégularité et inobservation des formes prescrites

9 L'arrêt *Brassy* qui sanctionne une telle irrégularité est intervenue dans le domaine du droit pénal du travail. Brassy, propriétaire d'un commerce d'ameublement, a ouvert son magasin un dimanche de l'année 1975, alors qu'un arrêté préfectoral en date du 7 octobre 1968 imposait la fermeture des établissements de cette catégorie pendant le repos hebdomadaire. Pour sa défense, le prévenu excipait de l'irrégularité du règlement résultant de son absence de publication. La chambre criminelle a cassé la décision du juge du fond qui s'était contenté d'affirmer que l'absence de publication n'était pas démontrée.

10 Toute violation d'une formalité substantielle (et la publication d'un règlement ou la notification d'un acte individuel en est une) enlève donc toute portée juridique à un acte administratif (v. sur cette question : Crim. 4 août 1899, *S.* 1901. 1. 430 ; Crim. 10 août 1916, *S.* 1920. 1. 141 ; Crim. 5 mai 1923, *S.* 1923. 1. 398 ; Crim. 1er déc. 1944, *D.* 1945. 163 ; Chambéry 8 mars 1956, *JCP* 1956. II. 9224, note R. Vouin ; Crim. 5 mars 1991, *Bull. crim.* n° 111). Mais la décision commentée est également intéressante en ce qu'elle confirme que le ministère public doit apporter la preuve de la publicité de l'acte (Crim. 16 juill. 1937, *Bull. crim.* n° 156 ; Crim. 28 nov. 1983, *Bull. crim.* n° 317) sauf s'il résulte de certaines circonstances une présomption que le règlement a été publié (Crim. 4 août 1899, préc. ; Crim. 11 juill. 1967, *Bull. crim.* n° 214). Il n'est cependant pas possible pour la partie poursuivante de faire état de la connaissance personnelle que le contrevenant avait de la décision (Crim. 12 nov. 1932, *Gaz. Pal.* 1932. 2. 955). Assez fréquemment, les difficultés concernent la régularité de la publicité effectuée. Il faut dans ce cas distinguer deux hypothèses. Si la loi en organise une forme particulière, il est évident qu'aucune autre méthode ne saurait y suppléer (en ce sens, Crim. 11 oct. 1956, *Bull. crim.* n° 631 ; Crim. 24 oct. 1963,

D. 1964. 8). Dans la dernière décision, la chambre criminelle a admis qu'en matière de police de la circulation, un arrêté interdisant le stationnement qui n'a pas été publié n'a aucune valeur malgré l'existence d'un panneau de signalisation. Si le législateur n'a, au contraire, pas précisé comment l'acte administratif devait être porté à la connaissance des citoyens, la Cour de cassation paraît assez peu exigeante et se contente de vérifier si la publicité réalisée a été suffisante, notamment en fonction des usages (Crim. 1er févr. 1956, *D.* 1956. 365). Pour la validité d'une publicité par communiqué de presse complémentaire de la publication au recueil des actes (Crim. 19 sept. 2000, n° 99-84.064, *Bull. crim.* n° 270 ; *RSC* 2001. 152, obs. B. Bouloc).

11 La régularité formelle d'un règlement peut également concerner son élaboration. La jurisprudence fournit d'assez nombreux exemples d'actes administratifs réglementaires ou individuels qui ont été déclarés illégaux parce qu'une formalité prévue n'avait pas été respectée. On citera simplement à titre d'exemples l'absence de mise en demeure de se conformer à une réglementation devant précéder un arrêté préfectoral (Crim. 21 févr. 2006, n° 05-82.232, *Dr. pénal* 2006, n° 71, obs. J.-H. Robert), la non-consultation des organismes consultatifs alors que cette obligation est imposée par la loi (Crim. 4 juill. 1951, *Bull. crim.* n° 193 ; Crim. 22 mars 1962, *Bull. crim.* n° 144 ; Crim. 27 mars 1973, *Bull. crim.* n° 154 ; Crim. 22 juin 1988, *Bull. crim.* n° 287 ; *RSC* 1989. 139, obs. C. Lazerges ; Crim. 26 janv. 1994, *Bull. crim.* n° 36) ou le fait de prendre un acte différent de celui soumis à ces mêmes organismes consultatifs (Crim. 4 janv. 1958, *Bull. crim.* n° 165). L'insuffisance de la consultation préalable constitue également un vice de forme susceptible d'entraîner l'irrégularité d'un acte administratif (v. Crim. 1er juill. 1997, n° 96-83.433, *Bull. crim.* n° 261 ; *RSC* 1998. 342, obs. A. Cerf ; *Dr. pénal* 1998. 9, obs. J.-H. Robert). Il en ira de même lorsque la consultation préalable n'aura pas respecté les droits de la défense (Crim. 11 févr. 1998, n° 97-83.586, *Bull. crim.* n° 56 ; *RSC* 1998. 763, obs. B. Bouloc en matière de suspension administrative d'un permis de conduire). En revanche, il importe peu que l'avis donné soit négatif (par ex. celui du CE) sauf évidemment s'il était prévu un avis conforme (Crim. 8 févr. 1995, n° 92-82.148, *Bull. crim.* n° 62).

12 Il n'est pas nécessaire de multiplier ces exemples, il suffit simplement de préciser que dans chaque cas d'espèce, les juges répressifs apprécieront si l'irrégularité formelle qui affecte l'acte était, ou non, substantielle et selon les cas, ils admettront ou rejetteront l'exception d'illégalité (v. pour un rejet de l'illégalité : Crim. 2 mai 1979, *Bull. crim.* n° 151 et pour une décision reprochant au juge du fond de ne pas avoir examiné la légalité d'un arrêté préfectoral : Crim. 16 octobre 1996, *Gaz. Pal.* 1997. Chron. crim. 49 ; Crim. 13 janv. 2016, n° 15-82.388). Au besoin les juges du fond devront prendre toute mesure pour rechercher si la formalité prescrite a été respectée (Crim. 26 janv. 1994, préc. Pour de nombreux exemples, v. W. Jeandidier *J.-Cl. Pén. Code*, art. 101 à 105, nos 115 s.).

Mais le contrôle des actes administratifs ne concerne pas seulement leur légalité externe. Il porte également sur la conformité de leur contenu par rapport à la règle de droit, autrement dit la légalité interne.

II. — Exception d'illégalité et irrégularité matérielle (légalité interne)

13 L'acte administratif, naturellement, s'insère dans la hiérarchie des normes à une place qui dépend notamment de la qualité de son signataire mais aussi des règles constitutionnelles en vigueur. Ainsi, depuis la Constitution du 4 octobre 1958 par application des articles 34 et 37, le règlement dit autonome ayant seul, vocation à intervenir dans certains domaines, sa conformité à la règle de droit ne peut être examinée que par rapport à la Constitution, aux principes généraux du droit ou aux normes conventionnelles internationales.

Ainsi, le premier contrôle matériel auquel peut procéder le juge répressif consiste à vérifier si l'acte considéré n'est pas contraire à une règle de droit à laquelle il est nécessairement subordonné, ce que l'on nomme traditionnellement la violation de la loi (A). Mais il faut parfois aller plus loin en examinant les motifs qui sont à l'origine de l'acte administratif. Une autorité administrative ne peut user de ses pouvoirs que dans le but pour lequel ils lui ont été conférés. Si tel n'est pas le cas, il y a une violation subjective de la loi, ce que l'on nomme un détournement de pouvoir (B).

A. — Violation objective de la norme juridique supérieure

14 La violation de la norme hiérarchiquement supérieure est évidemment l'exception d'illégalité la plus fréquemment alléguée par les prévenus et, ici plus qu'ailleurs, nous nous bornerons à citer quelques exemples. Dans chaque cas précis, le juge pénal peut donc être amené, à la demande de la personne poursuivie, à vérifier si l'acte administratif, servant d'incrimination, n'est pas contraire à une norme qui lui est supérieure. Ainsi, un décret d'application n'est-il pas contraire à une loi ? (v. par ex. : Crim. 9 mai 1978, *Bull. crim.* n° 145 ; Crim. 22 févr. 1979, *Bull. crim.* n° 82 ; égal. Trib. Laval 1er avr. 1938, *S.* 1938. 1. 188 et pour une interprétation restrictive, Crim. 9 janv. 1995, n° 93-82.490, *Bull. crim.* n° 8 ; *RSC* 1995. 809, obs. B. Bouloc ; pour des arrêtés préfectoraux non conformes à la loi en matière de suspension du permis de conduire : Crim. 11 oct. 1990, n° 90-81.201, *Bull. crim.* n° 339 ; Crim. 11 oct. 1990, 4 arrêts : n° 90-82.819, n° 90-82.818, n° 90-82.817, et n° 90-82.820, *Bull. crim.* n° 340). Dans certains cas (v. les règlements autonomes), la seule référence possible sera la Constitution (v. par ex. : Crim. 1er févr. 1990, n° 89-80.673, *Bull. crim.* n° 56), qui déclare illégal l'article R. 362-4 du Code des communes parce qu'il ne respecte pas le principe de la légalité des délits et des peines (v. égal. Crim. 27 mars 1995, *Bull. crim.* n° 125, qui rejette un arrêté ministériel pris dans le domaine fiscal

en raison de son imprécision pour les mêmes raisons ; Crim. 5 mai 2009, n° 08-87.526, non-conformité à la loi d'un plan d'occupation des sols. *Contra* Crim. 11 janv. 1995, n° 94-84.014, *Bull. crim.* n° 14, concernant les infractions de petit et grand excès de vitesse, C. route, art. R. 232-1 et 232-2).

15 La violation de la loi, au sens large, c'est également celle des normes conventionnelles internationales telle la Convention européenne de sauvegarde des droits de l'homme et du citoyen (Conv. EDH) norme intégrée au droit interne et évidemment supérieure à un acte administratif (v. pour l'interdiction de manifester : Crim. 3 avr. 2001, n° 00-86.515, *Bull. crim.* n° 89 ; *RSC* 2001. 799, obs. B. Bouloc). La chambre criminelle a admis la conformité en estimant que la restriction était justifiée par les risques pour l'ordre public, d'une manifestation anti-IVG, appréciés souverainement par le préfet. Il peut également s'agir du droit communautaire (en l'occurrence art. 49 du Traité CEE). Il s'agissait de textes réglementaires relatifs aux entreprises de télésurveillances (Décr. du 26 nov. 1991 et Arr. du 3 nov. 1995). La chambre criminelle estime d'abord que ces textes ne sont pas contraires au principe d'égalité des citoyens. Sur le deuxième moyen, relatif au non-respect du texte communautaire, la haute juridiction, tout en admettant implicitement la possibilité d'une telle violation, rejette ensuite cet argument au motif que cette exception d'inconventionnalité ne visait pas le décret mais une loi pour l'application de laquelle il avait été pris. Le texte réglementaire ne constituait donc pas le fondement de la poursuite (Crim. 16 oct. 2002, *Dr. pénal* 2003, n° 39, obs. J.-H. Robert ; pour un autre exemple, v. Crim. 21 oct. 2003, 2 arrêts, n°s 99-83.867 et 02-88.032, *Bull. crim.* n° 195 ; v. égal. Crim. 12 juin 2002, *Dr. pénal* 2002, n° 110, obs. J.-H. Robert, sur le respect de la Convention de Genève concernant les réfugiés mais sous réserve des pouvoirs de l'OFPRA, seul compétent pour reconnaître à un demandeur d'asile la qualité de réfugié).

16 Mais pour tous les actes administratifs, il reste une source non écrite qui ne peut pas être contredite, ce sont les principes généraux du droit (v. *supra*, n° 2). Suivant en cela la jurisprudence du Conseil d'État, la chambre criminelle a été amenée à admettre qu'un règlement ne peut pas servir de base à une poursuite pénale s'il est contraire à un principe général du droit que l'on a défini « comme une règle de droit non écrite ayant valeur législative et qui s'impose à l'autorité administrative ». En recourant à cette technique, la Haute juridiction administrative imitée par les juridictions judiciaires a permis d'assurer le respect de certaines libertés ou règles de droit essentielles qui ne sont pas nécessairement inscrites dans un texte précis.

17 L'arrêt *Flavien* que nous avons retenu pour illustrer ce cas d'illégalité concerne justement l'une des libertés individuelles qui apparaît comme une des plus fondamentales, celle d'aller et venir librement. Le préfet du Rhône avait pris un arrêté qui interdisait aux prostituées de stationner d'une manière prolongée ou de se livrer à des allées et venues répétées dans toute une série de lieux, notamment les voies et places publiques du département. La demoiselle Flavien qui a été verbalisée a invoqué devant le juge répressif l'illégalité de l'acte comme portant atteinte à une liberté individuelle, celle de circuler sur la voie publique. La chambre criminelle a rejeté le pourvoi formé contre le jugement de relaxe en estimant que l'arrêté du préfet excède ses pouvoirs de police parce qu'il viole les droits généraux relatifs aux libertés publiques et notamment la liberté individuelle. Comme on peut le remarquer, la décision s'appuie donc expressément sur un principe non écrit considéré comme fondamental pour déclarer le règlement illégal. La Cour de cassation a ainsi eu l'occasion d'affirmer d'autres droits jugés essentiels comme celui de choisir son domicile (Crim. 15 févr. 1917, *Bull. crim.* n° 43) ; de laisser son véhicule en stationnement sur la voie publique si celui-ci n'entraîne aucune gêne pour les riverains (Crim. 16 oct. 1957, *Bull. crim.* n° 641) ou encore du libre exercice du droit de propriété en sanctionnant des arrêtés imposant une obligation ou interdisant une activité précise à des propriétaires (v. par ex. Crim. 27 févr. 1856, *Bull. crim.* n° 27). Il importe de préciser que l'appel à ces principes généraux du droit est de moins en moins nécessaire. Nombre d'entre eux sont aujourd'hui considérés comme fondamentaux par le Conseil constitutionnel en s'appuyant sur le bloc de constitutionnalité résultant du Préambule de la Constitution de 1958 et d'autres ont été considérés par le législateur comme des principes directeurs du procès pénal, tel par exemple le respect des droits de la défense (sur ce point v. par ex. F. Casorla, « Les principes directeurs du procès pénal, principes généraux du droit. Essai de clarification », *Mélanges J. Pradel*, éd. Cujas, 2006, p. 53).

18 Pour certaines libertés, le juge répressif dispose d'un texte sur lequel il peut s'appuyer directement. Il en est ainsi de la liberté du commerce et de l'industrie qui repose sur l'article 7 de la loi des 2 et 17 mars 1791. Selon ce texte, « il sera libre pour toute personne de faire tel négoce ou d'exercer telle profession ou métier qu'elle trouvera bon ». Il en résulte que sous réserve des cas où la loi n'en a pas décidé autrement (cas des monopoles d'État par ex.), la libre concurrence doit être respectée. On peut ainsi citer de nombreux exemples de règlements qui ont été annulés parce qu'ils restreignaient ou supprimaient cette concurrence (v. Crim. 27 févr. 1909, *Bull. crim.* n° 142 ; Crim. 6 févr. 1956, *Bull. crim.* n° 82).

19 Cette liberté du commerce et de l'industrie peut aussi être entravée par le jeu des réglementations professionnelles et les juges répressifs ont été amenés assez fréquemment à juger illégaux des actes administratifs soumettant l'exercice d'une activité professionnelle à des obligations ou restrictions non prévues par la loi (Crim. 4 mars 1882, *Bull. crim.* n° 64 ; Crim. 7 janv. 1922, *Bull. crim.* n° 14 pour des obligations ; Crim. 10 févr. 1955, *Bull. crim.* n° 95 ; Crim. 14 mai 1956, *Bull. crim.* n° 374 ; Crim. 25 févr. 1959, *Bull. crim.* n° 132 ; Crim. 30 janv. 1991, n° 89-86.140, *Bull. crim.* n° 53 ; Crim. 18 nov. 1991 (2 arrêts), nos 90-86.930 et 91-83.072, *Bull. crim.* n° 414 ; pour des limitations irrégulières. V. égal. Crim. 4 avr. 2006, n° 05-86.290, *Bull. crim.* n° 104).

20 Il est cependant à remarquer que les juges répressifs, comme les juges administratifs d'ailleurs, n'ont jamais considéré que la protection des libertés individuelles devait être absolue. Ainsi, l'arrêt *Demoiselle Flavien* est sur ce point particulièrement net. C'est sur le caractère général de la prohibition imposée aux prostituées dans le temps et l'espace, aboutissant à une interdiction quasi absolue de circulation sur la voie publique, qu'est fondée l'illégalité de l'acte. La chambre criminelle a d'ailleurs admis la légalité d'un règlement qui interdisait le stationnement des prostituées autour d'une école et à des heures déterminées, ce qui est une sorte de démonstration *a contrario* (Crim. 9 nov. 1961, *Bull. crim.* n° 242). On notera, qu'assez récemment, plusieurs maires ont pris des arrêtés en ce sens, dont la légalité n'a semble-t-il pas été contestée. Dans un domaine un peu différent la chambre criminelle a également jugé légal un arrêté municipal interdisant l'usage de la planche à roulettes en dehors d'un espace spécialement aménagé à cet effet. Cette atteinte limitée à la liberté individuelle pouvant s'expliquer notamment par des raisons de sécurité publique (Crim. 18 nov. 2003, n° 03-81.918, *Bull. crim.* n° 215 ; *AJ pénal* 2004. 29, obs. C. G. ; *Dr. pénal* 2004, n° 22, obs. J.-H. Robert). De même a été jugé légal l'arrêté d'un maire restreignant la circulation et le stationnement des véhicules terrestres à moteur dans certains espaces naturels, en application de l'article L. 2113-4 du Code général des collectivités territoriales. La légalité est subordonnée à la nécessité de ces interdictions pour éviter de compromettre la protection de ces espaces (Crim. 14 mai 2008, n° 07-87.123, *Bull. crim.* n° 114 ; *AJ pénal* 2008. 372, obs. M.-E. Charbonnier).

21 Il est tout à fait logique que les autorités administratives puissent, pour des raisons d'ordre public, apporter quelques restrictions aux libertés. S'agissant de la liberté du commerce et de l'industrie, le texte lui-même a prévu ces limitations en précisant que le professionnel « devra se conformer aux règlements de police qui sont ou pourront être faits ». Il est ainsi assez fréquent que l'autorité municipale ou préfectorale intervienne pour interdire ou réglementer une activité professionnelle déterminée pour des motifs tirés de l'ordre, la tranquillité ou la salubrité publiques (Crim. 16 mars 1916, *S.* 1917. 1. 25, note Roux ; Crim. 24 nov. 1982, *Bull. crim.* n° 268 ; Crim. 9 mars 1988, *Bull. crim.* n° 120). Pour des exemples plus récents : réglementation de la profession de photo-filmeurs (Crim. 21 oct. 1965, *Bull. crim.* n° 819) ; pour l'interdiction du racolage commercial sur la voie publique (Crim. 8 avr. 1992, n° 91-84.530, *Bull. crim.* n° 153) ; pour le transport de produits dangereux (Crim. 10 oct. 1957, *Bull. crim.* n° 819) ; pour l'interdiction de la vente de produits agricoles le long des routes (Crim. 14 févr. et 14 mai 1974, *Bull. crim.* n°s 67 et 173 ; pour l'interdiction de placer des prospectus sous les essuie-glaces des véhicules : Crim. 24 oct. 1986, *Gaz. Pal.* 1987. I. 43).

22 On a également admis que la liberté du stationnement pouvait être réduite par l'obligation d'acquitter une redevance, dès lors que cette mesure s'impose pour remédier aux difficultés de circulation dans une ville (Crim. 17 juill. 1975, *Bull. crim.* n° 188 ; Crim. 2 mai 1979, *Bull. crim.* n° 151 ; Crim. 2 juin 1993, *Dr. pénal* 1995, n° 227, obs. J.-H. Robert alors même que des tickets mensuels sont réservés aux seuls résidents ; *contra* Chambéry 1er juin 1995, *JCP* 1995, Actualités, n° 41 en raison d'une inégalité introduite dans le système). Encore faut-il que les arrêtés des maires justifient précisément le stationnement payant en se fondant sur les nécessités de la circulation ou de la protection de l'environnement, selon les prescriptions de l'article L. 2113-2 du CGCT : Crim. 20 mars 2012, n° 12-83.339 ; *Dr. pénal* 2013, n° 22, obs. J.-H. Robert, qui admet l'exception d'illégalité, faute d'une telle justification dans l'arrêté d'un maire organisant un tel stationnement. De même l'instauration d'un système de règlement de la redevance de stationnement, exclusivement au moyen d'une carte prépayée qui répond à l'objectif de lutter contre le vol, n'a pas été jugée comme imposant une contrainte excessive (Crim. 26 avr. 2006, n° 06-80.263, *Bull. crim.* n° 114 ; *AJ pénal* 2006. 309, obs. J.-P. Céré ; *Gaz. Pal.* 25-26 oct. 2006, obs. Y. Monnet ; *D.* 2006. 1632). Le port de la ceinture de sécurité a donné lieu à une importante controverse, dans la mesure où la Déclaration des droits de l'homme précise que la liberté consiste à pouvoir faire tout ce qui ne nuit pas à autrui (art. 4 et 5). La chambre criminelle s'est néanmoins prononcée pour la légalité du texte qui prévoit cette obligation (C. route, art. R. 412-1 ; Crim. 20 mars 1980, *Bull. crim.* n° 97 ; G. Morange, « Réflexions sur la notion de sécurité publique », *D.* 1977. Chron. 61).

23 Le principe général d'égalité de tous les citoyens a également été utilisé pour censurer des actes administratifs ayant méconnu cette règle. L'égalité impose que la loi, et par conséquent les règlements, soient les mêmes pour tous. Il n'est donc pas possible d'exclure d'une réglementation une catégorie de citoyens. Le problème s'est notamment posé lorsque les maires qui disposent de la police de la circulation ont institué des stationnements réservés à certaines catégories d'usagers. La chambre criminelle dans toute une série de décisions a considéré que de telles dispositions étaient illégales au motif qu'elles créaient une catégorie privilégiée d'usagers (Crim. 25 oct. 1961, quatre arrêts et 9 nov. 1961, *JCP* 1962. II. 12500 ; *D.* 1962. 258 ; Crim. 14 nov. 1962, *JCP* 1962. II. 12963 ; Crim. 26 déc. 1962, *JCP* 1963. II. 13049 ; J.-C. Costa, « Le stationnement des véhicules en droit pénal », *D.* 1964. Chron. 101). On notera qu'aujourd'hui le problème se pose en des termes différents puisque le législateur a modifié l'article 98 du Code de l'administration communale qui autorise les maires à réserver le stationnement à certaines catégories d'usagers pour faire face aux difficultés de la circulation. La chambre criminelle a donc considéré comme légal un arrêté municipal, réservant un stationnement aux véhicules affectés à un service public (Crim. 19 févr. 1974, *Bull. crim.* n° 70 ; pour un stationnement réservé à des livraisons, Crim. 18 nov. 1991, *Bull. crim.* n° 442 ; Crim. 27 janv. 1993, n° 92-84.597, *D.* 1994. 261, obs. P. Couvrat et M. Massé ; Crim. 25 févr. 1997, *Gaz. Pal.* 1997. Chron. crim. 130 ; Crim. 26 avr. 1990,

Bull. crim. n° 159 pour un stationnement réservé à des magistrats de tribunaux administratifs ; v. égal. : Crim. 18 mars 1992, *Bull. crim.* n° 118 et Crim. 2 févr. 1994, n° 93-83.583, *D.* 1994. 261, obs. P. Couvrat et M. Massé pour un stationnement réservé à des handicapés puisque le principe d'égalité est respecté pour la catégorie d'usagers concernés). En revanche, la réservation du stationnement à un syndicat de police est évidemment un motif de censure puisqu'elle viole le principe d'égalité des citoyens : Crim. 23 oct. 2013, n° 13-80.884, *Bull. crim.* n° 205 ; *Dr. pénal* 2013, n° 172, obs. J.-H. Robert et 2014, n° 16, obs. A. Marron et M. Haas. La chambre criminelle a également considéré qu'en matière de stationnement payant l'attribution de prix préférentiels aux riverains ne porte pas atteinte au principe d'égalité des citoyens : Crim. 16 févr. 1999, n° 98-82.575, *Bull. crim.* n° 19 ; *RSC* 1999. 808, obs. B. Bouloc ; *Dr. pénal* 1999. 70, obs. M. Véron. Pour d'autres applications du principe d'égalité : Crim. 29 févr. 1908, *Bull. crim.* n° 89 ; Crim. 10 oct. 1957, *Bull. crim.* n° 625 ; Crim. 30 oct. 1989, *Bull. crim.* n° 387 ; Crim. 18 oct. 1988, *Bull. crim.* n° 355 en matière de fermeture d'établissement par arrêté préfectoral qui n'autorise pas le préfet à apporter des dérogations à cette disposition. Pour une démonstration *a contrario* : Crim. 16 mars 1977, *Bull. crim.* n° 101, qui rejette l'exception, justement parce que l'acte administratif imposait l'obligation de marquage des prix à tous les commerçants (v. égal. Crim. 16 oct. 2002, préc.).

24 On ajoutera enfin que l'égalité exige de la même manière que tous les citoyens soient soumis aux mêmes charges publiques (v. Crim. 4 juin 1964, *Bull. crim.* n° 194 ; *D.* 1964. 555, rapp. Costa et sur l'ensemble de la question, M. Puech, n° 20 ; Crim. 13 nov. 1985, *Bull. crim.* n° 352 ; Crim. 8 avr. 1992, n° 91-84.198, *Bull. crim.* n° 151 ; *D.* 1993. 365, note P. Chambon, stationnement sur le bateau d'un garage dont le contrevenant a l'usage exclusif : contravention constituée). On pourrait évidemment allonger cette liste de décisions ayant considéré qu'un acte administratif était illégal parce qu'une norme écrite ou non écrite, qui lui était hiérarchiquement supérieure, avait été violée mais cela n'apporterait aucun élément supplémentaire à notre démonstration, le principe appliqué étant toujours identique. Il est en revanche un contrôle de régularité formelle beaucoup plus délicat parce que subjectif, consistant à se demander si l'autorité administrative, en prenant l'acte, est restée dans le cadre des pouvoirs dont elle dispose.

B. — Violation subjective de la loi : le détournement de pouvoir

25 Un acte administratif ne peut pas être considéré comme régulier si celui qui l'a pris poursuivait un objectif différent de celui qui est normalement assigné à un acte identique (v. sur cette question : G. di Marino, « Le recours aux objectifs de la loi pénale dans son application », *RSC* 1991. 505). Il y a alors détournement de pouvoir par l'autorité administrative. Le Conseil d'État a admis dans un arrêt du 26 novembre 1875, n° 47544, *Pariset*, *Lebon* 934 ; *GAJA*, n° 4, que le détournement de pouvoir pouvait servir de fondement à un recours pour excès de pouvoir. Dans cette décision la Haute juridiction administrative a annulé un arrêté préfectoral en constatant que le préfet avait usé de ses pouvoirs de police pour un objet autre que celui à raison desquels ils lui étaient conférés.

Dès lors qu'il est admis que le juge répressif dispose des mêmes pouvoirs que le juge administratif il était tout à fait normal que ce motif puisse servir de fondement à une exception d'illégalité. En réalité, le dépouillement de la jurisprudence révèle une réticence évidente des magistrats répressifs à retenir cette cause d'irrégularité. La raison en est assez simple. Pour apprécier les motifs qui ont conduit l'autorité administrative à prendre l'acte, il est bien difficile de ne pas prendre parti sur l'opportunité de cet acte administratif, ce qui est évidemment interdit aux tribunaux judiciaires (Crim. 20 mars 1980, préc.). La chambre criminelle a d'ailleurs dans un premier temps refusé de retenir ce moyen (v. Crim. 19 avr. 1918, *S.* 1918. 1. 65, note Roux ; Crim. 8 août 1924, *S.* 1925. 1. 142 ; Crim. 23 févr. 1938, *Gaz. Pal.* 1938. 1. 576).

Dans certaines hypothèses la Cour de cassation arrivait néanmoins à censurer l'illégalité en utilisant le biais d'un autre cas : la violation de la loi ou des principes généraux du droit. Ainsi dans un arrêt du 16 avril 1935 (*DH* 1935. 319) après avoir relevé que le refus opposé par un maire à une demande d'autorisation de construire présentait le caractère d'une mesure vexatoire, elle a estimé que l'arrêté pouvait être considéré comme illégal parce qu'il violait le principe de la liberté du commerce et de l'industrie et le droit de propriété (v. égal. Crim. 25 oct. 1900, *DP* 1901. 1. 206).

7 L'arrêt *Dame Le Roux* que nous avons retenu nous paraît démontrer que cette timidité excessive des juges pénaux a été abandonnée. Cette décision dont on connaît l'intérêt, en ce qu'elle précise les pouvoirs du juge pénal pour le contrôle des actes administratifs individuels, a également admis pour la première fois de manière très explicite que le détournement de pouvoir est un cas d'illégalité à part entière. Les bals publics étant soumis à une demande d'autorisation dans sa commune, la dame Le Roux a adressé une requête en ce sens au maire. Un refus lui est opposé au motif que son établissement est situé trop près d'une école et d'un cimetière. La cour d'appel pour rejeter l'arrêté avait relevé que la décision était fondée sur des considérations étrangères au bon ordre, à la salubrité et à la tranquillité publics, mais elle alléguait également la violation de la liberté du commerce et de l'industrie.

28 La chambre criminelle aurait donc pu fonder sa solution sur la violation de la loi, elle a préféré ce que l'on a pu appeler « la voie royale » du détournement de pouvoir (M. Lamarque, note sous l'arrêt). Elle estime selon une formule proche de celle utilisée par le Conseil d'État, que l'usage que le maire a fait de ses pouvoirs « n'est pas conforme au but en vue duquel ils lui sont conférés ». On peut donc sans hésitation admettre qu'il s'agit d'un véritable arrêt de principe aux termes duquel

le juge répressif a toujours le droit de vérifier la réalité d'un détournement de pouvoir.

On peut d'ailleurs s'étonner d'une telle attitude alors que les juridictions administratives après avoir admis assez longuement ce moyen semblent aujourd'hui beaucoup plus réticentes et préfèrent utiliser un autre cas d'ouverture du recours pour excès de pouvoir. Cette solution a été réaffirmée dans un arrêt du 25 juin 1964, *Bull. crim.* n° 220, commenté par M. Puech, n° 21 (v. égal : Crim. 27 oct. 2013, préc. : le stationnement réservé à un syndicat de police et non aux services de police peut être considéré comme un détournement de pouvoir). La chambre criminelle a sans doute rejeté l'exception mais dans cet arrêt on remarque que seule la prise en considération des intentions de l'auteur de l'acte aurait pu faire apparaître l'irrégularité (Puech, précité). Dans certains cas l'agent réalise le détournement de pouvoir parce qu'il poursuit un objectif personnel exclusif de tout intérêt public. Ainsi en serait-il d'un maire interdisant la circulation dans une rue où il habite pour ne pas être dérangé par le bruit. Une telle hypothèse sera vraisemblablement exceptionnelle. En revanche beaucoup plus fréquente est la situation d'une autorité administrative agissant pour la satisfaction d'un intérêt public différent de celui pour lequel elle dispose de ses pouvoirs. L'exemple le plus significatif se rencontre lorsqu'un simple intérêt financier est à l'origine de l'intervention administrative. Dès lors que le pouvoir réglementaire n'est pas utilisé dans un intérêt de police il y a détournement de pouvoir et l'acte ne peut pas être sanctionné par l'article R. 610-5 du Code pénal (v. par ex. : Crim. 26 janv. 1924, *DH* 1924. 165 ; Crim. 11 janv. 1951, *S.* 1952. 1. 81, note Hugueney ; Crim. 10 déc. 1958, *Bull. crim.* n° 737 ; Crim. 25 mai 1978, *Bull. crim.* n° 192 ; Crim. 29 nov. 1983, *JCP* 1984. IV. 45 ; Crim. 5 mars 1987, *Bull. crim.* n° 110 ; T. pol. Mâcon 3 mai 1971, *JCP* 1971. II. 16799). On peut évidemment imaginer des situations où l'acte administratif ayant un objet de police évident n'est pas pour autant dégagé de toute préoccupation financière. Il faut alors essayer de déterminer quel est l'objet principal de cet acte (en ce sens, Crim. 1er déc. 1934, *S.* 1935. 1. 313 et 2 mai 1979, préc., autorisant les maires à instaurer des stationnements payants ; v. égal., pour une hypothèse où l'on peut considérer qu'il y a détournement de pouvoir : le retrait du permis de conduire sur la base de l'art. L. 18, al. 3 C. route [auj. C. route, art. L. 224-1] lorsqu'il n'y a pas urgence : Crim. 11 oct. 1990, *Bull crim.* n° 390, 4 arrêts. *Contra* pour un rejet de l'exception d'illégalité, Crim. 9 mars 1995, *D.* 1995. 127. V. égal. pour la réglementation concernant les conducteurs de grande remise qui a pour objet de protéger la profession de taxi. Ces textes n'ont donc pas uniquement un intérêt financier : Crim. 25 avr. 2001, n° 00-86.992, *Bull. crim.* n° 102).

29 On notera pour terminer que ce cas particulier d'illégalité pose un problème spécifique concernant la preuve. Dans la plupart des hypothèses on peut supposer que le dossier sera sans grand secours pour établir la réalité du détournement de pouvoir puisqu'il s'agit de déterminer quelle était l'intention de l'autorité qui a pris l'acte. Il faut donc nécessairement accepter que la preuve puisse résulter d'un élément extrinsèque. Dans l'arrêt *Dame Le Roux* on peut relever un élément qui résulte du caractère discriminatoire du refus puisqu'il est affirmé qu'un autre propriétaire de salle est autorisé régulièrement à organiser des bals (pour d'autres exemples on peut consulter les arrêts du Conseil d'État in *GAJA*, n° 4, préc.).

En admettant l'illégalité en raison du détournement de pouvoir la chambre criminelle a pratiquement permis aux tribunaux répressifs d'exercer un contrôle aussi complet que celui du juge administratif, d'autant qu'elle permet également aux juges de vérifier si l'autorité administrative n'a pas commis une erreur manifeste d'appréciation (Crim. 21 oct. 1987, 2 arrêts, *Bull. crim.* n° 362 ; *D.* 1988. 58, note Kehrig ; Crim. 6 juin 1989, *Bull. crim.* n° 240 ; *Gaz. Pal.* 1991. 2. 17, note Charlez ; Crim. 4 janv. 1991, *Bull. crim.* n° 8 ; v. égal. Crim. 6 avr. 2004, *Bull. crim.* n° 85 qui rejette l'existence d'une erreur manifeste qui aurait été commise par un préfet). Cette solution est logique car si l'effet du contrôle n'est pas le même dans les deux hypothèses, on imagine mal que la même notion, l'illégalité, puisse être entendue de manière plus ou moins restrictive selon l'ordre auquel appartiennent les magistrats qui ont à l'apprécier.

A. V.

TITRE 2

Application des lois pénales dans le temps

9

LOIS DE FOND – PRINCIPES GÉNÉRAUX

Crim., 21 avr. 1982, n° 81-92.914, *Pauletto*
(*Bull. crim.* n° 99)

Une loi pénale nouvelle plus sévère qui étend le champ d'application d'une incrimination ne peut pas s'appliquer aux infractions commises avant son entrée en vigueur. En revanche une loi pénale nouvelle plus douce qui diminue une pénalité doit être appliquée à des faits commis antérieurement à sa promulgation mais non encore jugés.

Vu lesdits articles, ensemble l'article 4 du Code pénal ;

Attendu qu'aux termes de l'article 4 du Code pénal, nulle contravention, nul délit, nul crime ne peuvent être punis de peines qui n'étaient pas prononcées par la loi avant qu'ils fussent commis ; que, par suite, une loi instituant une nouvelle incrimination ou étendant le champ d'application d'une incrimination préexistante ne peut s'appliquer à des faits antérieurs à son entrée en vigueur ;

Attendu que la cour et le jury ont, notamment, résolu affirmativement la question n° 4 par laquelle il leur était demandé si l'accusé était coupable « d'avoir (...) le 20 octobre 1977, commis un acte de pénétration sexuelle anale sur la personne de P..., par violence, contrainte ou surprise » ;

Mais attendu qu'il a été fait application, en l'espèce, de la définition donnée du crime de viol par la loi du 23 décembre 1980 en ce qu'elle a modifié l'article 332 du Code pénal, alors qu'à la date à laquelle ils ont été commis, les faits dont l'accusé a été ainsi déclaré coupable n'étaient susceptibles que de la qualification d'attentat à la pudeur ;

Attendu en outre, que l'attentat à la pudeur, s'il n'a été précédé ou accompagné d'actes de torture ou de barbarie, ne constituant plus, en vertu des dispositions de l'article 331 nouveau du Code pénal, applicable en la cause comme instituant des pénalités moins sévères, qu'un délit correctionnel, la circonstance aggravante de concomitance de l'homicide volontaire, dont l'accusé a été par ailleurs déclaré coupable, avec un autre crime, prévue par l'article 304-1 du même code et qui a fait l'objet de la question n° 13, également résolue par l'affirmative, n'est pas légalement caractérisée ;

D'où il suit que le principe ci-dessus rappelé a été méconnu et que la cassation est encourue de ce chef ;

Par ces motifs :

Et sans qu'il soit besoin de statuer sur les autres moyens.

Casse et annule.

OBSERVATIONS

1 « Nulle contravention, nul délit, nul crime, ne peuvent être punis de peines qui n'étaient pas prononcées par la loi avant qu'ils fussent commis ». L'article 4 du Code pénal de 1810 en posant indirectement le principe de l'existence nécessaire de la qualification pénale (principe de la légalité des délits et des peines) énonçait de manière plus directe celui de sa préexistence nécessaire.

Le principe de la non-rétroactivité de la loi pénale doit être entendu comme l'impossibilité d'appliquer une loi pénale nouvelle à des infractions commises antérieurement à sa promulgation. Il est aujourd'hui expressément exprimé dans l'article 112-1, alinéas 1er et 2 du Code pénal, texte qui énonce successivement la non-rétroactivité des textes d'incrimination et des peines. La Cour de cassation a, récemment, rappelé qu'un tel principe ne concernait que les sanctions au sens strict. Elle a ainsi admis que l'obligation pour le représentant d'une personne morale titulaire du certificat d'immatriculation d'un véhicule, redevable du paiement de l'amende, n'étant pas pénalement responsable, la sanction ne constitue pas une peine et n'est donc pas soumise à la règle de la non-rétroactivité (Crim. 15 sept. 2010, *Dr. pénal* 2010. 137, obs. J.-H. Robert. Comme le souligne le commentateur de la décision, on peut s'interroger pour savoir si la CEDH admettrait une telle solution). Il importe tout d'abord de souligner que ce principe vise, *a priori*, les textes eux-mêmes mais non l'interprétation qui en est faite par les juges. La Cour de cassation a eu l'occasion de le préciser de manière très nette dans un arrêt du 30 janvier 2002 (n° 01-82.593, *Bull. crim.* n° 16 ; *RSC* 2002. 581, obs. B. Bouloc ; *Dr. pénal* 2002, n° 43, obs. J.-H. Robert). Ainsi en droit douanier, une interprétation nouvelle concernant une obligation pour les non-résidents de déclarer des importations a pu être appliquée à des transferts antérieurs à cette interprétation. On doit observer que l'objectif de cette mesure est de mieux lutter contre le blanchiment des capitaux. Néanmoins, il faut s'interroger sur la conformité d'une telle solution à la Convention européenne des droits de l'homme qui tend à assimiler le droit non écrit au droit écrit (CEDH 26 avr. 1979, *Série A*, n° 30 ; CEDH 24 avr. 1990, req. n° 11801/85, *Kruslin*, req. n° 11801/85, *D.* 1990. 353, note J. Pradel). La commission a d'ailleurs estimé que le principe de non-rétroactivité pouvait être étendu aux revirements jurisprudentiels lorsqu'ils sont imprévisibles et défavorables aux prévenus (CEDH 10 oct. 2006, req. n° 40403/02, *Pessino c/ France, JCP* 2007. II. 10092, note Zérouki-Cottin, et pour une confirmation, CEDH 24 mai 2007, *Dragotoniu et Militaru-Pidhorni c/ Roumanie, RSC* 2008. 140, obs. J.-P. Marguénaud et D. Roets ; v. égal. CEDH, gr. ch., 12 févr. 2008, req. n° 21906/04, *Kafkaris c/ Chypre, RSC* 2008. 692, chron. J.-P. Marguénaud et D. Roets. V. égal. CEDH, gr. ch., 21 oct. 2013, *Del Rio Prada c/ Espagne*, req. n° 42750/09, *Dr. pénal* 2014. Étude V. Peltier ; v. *infra* n° 9). Ce revirement était-il ou non prévisible ? Là est tout le problème (Sur cette question : Bourin, « Échec aux conséquences funestes des revirements en droit pénal », *Gaz. Pal.* 1995, Doctrine 599 ;

J.-F. Renucci, *Droit européen des droits de l'homme*, LGDJ, 6e éd., 2015, nº 119 et *Traité européen des droits de l'homme*, 2e éd., LGDJ, 2012, nº 225 ; P. Conte et P. Maistre du Chambon, nº 131 ; B. Mathieu : « Le juge et la sécurité juridique : vues du Palais-Royal et du quai de l'horloge », *D.* 2004. Point de vue 1603). Ne serait-il pas, en toute hypothèse, opportun d'éviter que des comportements qui échappaient jusqu'alors à la répression deviennent punissables en raison d'une évolution de la jurisprudence. Peut-être faudrait-il que la chambre criminelle écarte elle-même l'application de la règle nouvelle pour le passé (en ce sens : D. Roets, « L'application de la loi pénale dans le temps et la Convention européenne des droits de l'homme », *D.* 2004. Chron. 1991 ; X. Prétot, « Le législateur peut-il s'opposer rétroactivement à la jurisprudence ? ou de la disparition des lois interprétatives », *RJS* 2004. 343 ; F. Desportes et F. Le Gunehec, nº 329-1 ; E. Dreyer, nos 576 s. ; D. Rebut, « Les revirements de jurisprudence en droit pénal », in *Les revirements de jurisprudence*, Litec, 2005, p. 95. V. plus généralement sur cette question en matière civile ou administrative, *Rapport de la Commission présidée par le professeur Molfessis sur les revirements de jurisprudences*, Litec, 2005 ; P. Morvan, « Le revirement de jurisprudence pour l'avenir : humble adresse aux magistrats ayant franchi le Rubicon », *D.* 2005. Chron. 247 ; W. Dross, « La jurisprudence est-elle seulement rétroactive ? », *D.* 2006. Chron. 472). À défaut on pourrait sans doute admettre que la personne poursuivie puisse être justifiée sur la base d'une erreur de droit aujourd'hui admise par l'article 122-3 du Code pénal (v. *infra*, nº 46). Il faut préciser que l'Assemblée plénière de la Cour de cassation a admis le refus de rétroactivité d'une nouvelle règle retenue en matière de prescription dans le domaine de la presse (Ass. plén., 21 déc. 2006, nº 00-20.493, *D.* 2007. 835, note P. Morvan ; *JCP* 2007. II. 10040, note E. Dreyer, et 10111, note X. Lagarde). La formule générale utilisée peut laisser supposer qu'elle pourrait s'appliquer pour les évolutions jurisprudentielles pénales. On doit cependant constater que, si cette solution semble maintenant consacrée en matière civile (Civ. 1re, 6 avr. 2016, nº 15-10.562, qui refuse la rétroactivité), en revanche, la chambre criminelle maintient fermement sa position en acceptant la rétroactivité de sa jurisprudence, par exemple sur le report du point de départ des délais de prescription (Crim. 2 févr. 2016, nº 15-84.356, et note très critique de E. Dreyer : *Gaz. Pal.* 26 avr. 2016, nº 16).

2 Mais le principe de non-rétroactivité ne constitue cependant pas, à lui seul, la solution de tous les conflits de lois répressives dans le temps (v. *infra*, nº 14).

On remarque tout d'abord que les lois de procédure n'étaient absolument pas visées par l'article 4 du Code pénal de 1810. La doctrine classique en a donc conclu qu'il fallait en ce domaine distinguer les solutions concernant les lois de fond et celles concernant les lois de forme (R. Garraud, t. I, nº 160 ; H. Donnedieu de Vabres, nº 1599 ; J.-A. Roux, t. II, p. 10 ; L. Vidal et L. Magnol, t. II, nº 90 ; v. cep. pour un exemple d'une loi de procédure concernant les règles de la confiscation, appliquée immédiatement alors que, par certains points, elle concernait l'application des peines et ne pouvait donc pas rétroagir puisqu'elle était plus sévère : Crim. 9 mai 2012, n° 11-85.522 ; *Gaz. Pal.* 28 juill. 2012, note E. Dreyer).

Si cette solution est souvent critiquée, il reste que la plupart des auteurs modernes continuent à présenter les problèmes de droit transitoire en utilisant cette division (v. R. Merle et A. Vitu, t. I, n° 274 ; J. Pradel, n° 177 ; B. Bouloc, t. I, n° 157 ; Y. Mayaud, n° 72 ; X. Pin, n°s 90 s. ; E. Dreyer, n° 1719 ; pour une analyse critique de cette conception en distinguant les principes directeurs et les principes correcteurs de résolution des conflits de lois pénales dans le temps, v. R. Bernardini n° 234 ; A. Vitu, *Les conflits de lois dans le temps en droit pénal*, thèse Nancy, 1945, p. 160 s.).

Le nouveau Code pénal l'a d'ailleurs expressément consacrée, l'article 112-2 confirmant la règle de l'application immédiate des lois de procédure en apportant cependant quelques tempéraments dans le souci d'imposer certaines solutions d'équité [v. sur ce point : G. Mathieu, « L'application de la loi pénale dans le temps (dans la perspective du nouveau Code pénal) », *RSC* 1995. 257].

3 Pour les lois pénales de fond, la règle de la non-rétroactivité est très largement tempérée par une règle complémentaire selon laquelle les lois relatives aux incriminations ou aux pénalités, lorsqu'elles sont plus douces, s'appliquent aux faits commis avant leur entrée en vigueur. On parle de rétroactivité des lois plus douces ou encore de rétroactivité *in mitius*, principe aujourd'hui expressément affirmé dans l'article 112-1, alinéa 3 du Code pénal (v. avis du Conseil d'État du 28 nov. 2014, *Société Arkeou Finance*, n° 362868, qui estime que ce principe s'impose aux autorités administratives indépendantes, en l'occurrence, l'AMF ; *Gaz. Pal.* 18 déc. 2014, n° 352, obs. Ph. Graveleau).

L'arrêt que nous avons retenu présente l'intérêt d'illustrer dans une même affaire les deux règles complémentaires qui permettent de résoudre les conflits dans le temps des lois pénales de fond.

Une loi du 23 décembre 1980 était venue modifier les règles d'incrimination concernant le viol et les attentats à la pudeur. La loi nouvelle étendait le domaine d'incrimination du viol en en donnant une définition beaucoup plus large, englobant ainsi certains faits constituant jusqu'alors un attentat à la pudeur. L'attentat à la pudeur en revanche lorsqu'il n'était pas accompagné ou précédé d'actes de torture ou de barbarie n'était plus, en vertu des dispositions nouvelles, qu'un simple délit. La Cour de cassation a donc décidé, s'agissant de faits commis avant la date d'application de la loi nouvelle, d'une part que la loi relative au viol n'était pas applicable parce que plus sévère, mais d'autre part, s'agissant de l'attentat à la pudeur seul réalisé, qu'il fallait appliquer les peines délictuelles nouvelles moins sévères. En conséquence, la circonstance aggravante de concomitance avec un autre crime ne pouvait pas être retenue. Les règles de non-applicabilité des lois d'incrimination plus sévères et d'applicabilité des lois plus douces pour des faits commis antérieurement à leur promulgation sont donc rappelées une nouvelle fois très fermement dans cette décision.

Ces deux propositions permettent donc *a priori* de résoudre tous les conflits dans le temps des lois pénales de fond. Il reste cependant que d'un point de vue théorique, la justification de ce double principe reste très controversée (I) et que d'un point de vue pratique la mise en œuvre suscite certaines difficultés relatives à la localisation dans le temps des faits incriminés (II).

I. — Les fondements théoriques du règlement des conflits de lois pénales dans le temps

4 La justification du système qui est retenu dans l'arrêt rapporté ci-dessus ne pose guère de problème si on l'examine d'un point de vue politique (A) mais en revanche lorsqu'on l'étudie d'un point de vue strictement juridique c'est-à-dire à la lumière des mesures générales régissant les conflits de lois dans le temps, les solutions sont beaucoup plus controversées (B).

A. — Un fondement politique indiscutable

5 Les arguments qui militent en faveur du refus d'application d'une loi nouvelle plus sévère, à des faits commis antérieurement, sont assez évidents et ne méritent guère de longs développements. Sur un plan logique tout d'abord, comment imaginer qu'un fait non interdit au moment où il a été réalisé puisse après coup être qualifié d'infraction punissable (A. Decocq, p. 72). C'est au moment où elle est réalisée, qu'il convient d'apprécier la légalité d'une action ou d'une omission. Sur le plan de la politique législative ensuite, la protection de la liberté et de la sécurité des citoyens contre l'arbitraire, tout autant qu'une protection efficace de la société, impliquent que la loi avertisse le délinquant avant de le sanctionner (J. Ortolan, t. I, p. 573). C'est donc le principe de la légalité lui-même qui est le fondement le plus sûr de la règle de non-rétroactivité des lois plus sévères.

Les critiques que les positivistes ont pu adresser à cette solution (en ce sens, E. Ferri, *Sociologie criminelle*, 4e éd., Paris 1905, p. 653 ; *Reprint*, coll. « Bibliothèque Dalloz », Dalloz, 2004) n'ont eu que très peu d'influence sur notre législateur (sur les mesures de sûreté, v. no 10).

6 Aujourd'hui on notera que la valeur constitutionnelle de la non-rétroactivité des lois pénales n'est plus guère discutée. La Déclaration des droits de l'homme de 1789 a été intégrée dans le Préambule de la Constitution de 1958. Il en résulte donc clairement que le législateur lui-même n'a pas la possibilité de promulguer des lois rétroactives, du moins lorsqu'elles sont plus sévères que les précédentes. Si le législateur a parfois oublié cette exigence en prenant certains textes rétroactifs (L. du 14 août 1941 ou Ord. des 26 août et 26 déc. 1944 par ex.) (v. sur ce point, R. Merle et A. Vitu, t. I, n° 252), on peut estimer que le Conseil constitutionnel mis en place par la Constitution de 1958, qui peut notamment être saisi par un groupe de soixante parlementaires, est une institution de nature à éviter que de telles lois soient mises en application. Cette Haute juridiction s'est d'ailleurs plusieurs fois prononcée pour affirmer la règle de la constitutionnalité de la non-rétroactivité des lois pénales (v. Cons. const. 30 déc. 1982, n° 82-155 DC ; 3 sept. 1986, n° 86-215 DC ; 13 août 1993, n° 93-325 DC, *JO* 23 juill.). Ainsi la décision de 1986 a-t-elle censuré certaines dispositions aggravantes relatives à la période de sûreté dès lors qu'elles pouvaient s'appliquer à des faits commis antérieurement à la publication du texte (L. du 9 sept. 1986, art. 19, al. 2). On notera que la Cour européenne des droits de l'homme a elle aussi, de manière très nette, confirmé ce principe (CEDH 27 sept. 1995, req. n° 15312/89, *Gragnic c/ France, D.* 1996. 197, obs. J.-F. Renucci ; CEDH 8 juin 1995, req. n° 15917/89, *Jamil c/ France, JCP* 1996. 26677, note Bourdeaux ; J.-F. Renucci, J. Dalmasso, « Le principe de non-rétroactivité de la loi pénale dans le droit européen des droits de l'homme », *RPDP* 2011. 737).

7 On doit d'ailleurs ajouter, qu'à supposer qu'une loi rétroactive soit promulguée, l'application dans notre système juridique de la Convention européenne de sauvegarde des droits de l'homme et des libertés fondamentales et du Pacte international relatif aux droits civils et politiques devrait nécessairement conduire les tribunaux répressifs à rejeter un tel texte. En effet, dans notre système constitutionnel, le traité ayant une valeur supérieure à la loi, la Convention européenne ratifiée par la France depuis 1973, le Pacte depuis 1981, la charte des droits fondamentaux de l'Union européenne (art. 49 § 1) depuis 2009 rendraient pratiquement inopérante une loi rétroactive qui est condamnée expressément par ces trois textes internationaux (en ce sens, R. Merle et A. Vitu, t. I, n° 252-2e, v. *supra*, n° 5). Sans doute convient-il de remarquer que la chambre criminelle s'était montrée initialement assez réticente à exercer ce contrôle, craignant sans doute de contourner par ce biais, l'interdiction de contrôler la constitutionnalité des lois (v. F. Desportes et F. Le Gunehec, n° 272). On avait cependant, en cette matière, pu constater une évolution de la Haute juridiction, amenée, au cours des dernières années, à considérer un certain nombre de dispositions légales contraires à la Convention européenne, tant en procédure pénale qu'en droit pénal de fond, par exemple, en écartant certaines incriminations jugées contraires à la liberté d'expression (Crim. 16 janv. 2001, n° 00-83.608, *Bull. crim.* n° 10 ; *Dr. pénal* 2001, n° 91, obs. M. Véron ; Crim. 20 févr. 2001, n° 98-84.846, *Dr. pénal* 2001, n° 86, obs. M. Véron ; Crim. 4 sept. 2001, n° 00-85.329, *Bull. crim.* n° 170 ; *JCP* 2001. II. 10623, concl. D. Commaret et note A. Lepage ; *Dr. pénal* 2002, n° 31). Sur ce point v. J.-H. Robert, p. 130 ; D. Mayer, « Vers un contrôle du législateur par le juge pénal ? », *D.* 2001. Chron. 1643 ; G. Tillement, « Le contrôle de la nécessité des incriminations par le juge pénal », *Dr. pénal* 2003. Chron., n° 34 ; P. Conte et P. Maistre du Chambon, *Droit pénal général*, n° 120 et n° 145 avec une opinion plus nuancée. On observera que plusieurs des infractions contestées ont été abrogées par la loi du 9 mars 2004. La création de la question préjudicielle de constitutionnalité, dans notre droit, par la loi constitutionnelle du 23 juillet 2008 (art. 61-1 nouveau de la Constitution) permet aujourd'hui de régler cette question du contrôle de la constitutionnalité des lois. Sur cette question, v. P. Mbongo, « Droit au juge et prééminence du droit : bréviaire processualiste de l'exception d'inconstitutionnalité », *D.* 2008. 2089 ; et plus généralement, à titre d'exemple, dans une très abondante bibliographie : dossier sur « Un an de QPC en matière pénale », *AJ pénal* 2011. 273 (6 art. ; S. Pelle, « Le contrôle de la légalité criminelle par le Conseil constitutionnel », *RPDP* 2013. 265. V. égal. « Les 5 ans de la QPC au Conseil Constitutionnel » avr. 2015 et différents articles au *JCP* 2015 de Jean-Louis Debré, p. 554, P. Deumier, p. 361, J.-H. Robert, p. 369, F. Sudre, p. 368 et M. Roussille, p. 362).

8 L'application immédiate des lois pénales nouvelles moins sévères paraît encore plus facile à justifier. Ce sont d'abord des arguments d'ordre purement humanitaires qui ont été invoqués (A. Chauveau, F. Hélie, *Théorie du Code pénal*, t. I, n° 27 ; H. Degois, *Traité élémentaire de droit criminel*, 1911, n° 132). L'équité en faveur du délinquant veut que l'on ne puisse pas invoquer à son encontre le principe de la non-rétroactivité dont l'objectif est la protection de l'individu alors que dans le cas d'une loi plus douce, il lui serait défavorable. Cela serait contraire au bon sens (B. Bouloc, t. I, n° 152). On peut ajouter que du point de vue de l'intérêt social, la solution reste pleinement justifiée. La société n'a plus d'intérêt à maintenir un texte qu'elle juge trop rigoureux puisqu'elle a décidé de l'abroger ou de le rendre moins sévère. La répression est en quelque sorte devenue inutile (J. Ortolan, t. I, n° 586 ; L. Magnol, obs. *RSC* 1936. 57).

L'origine de ce principe, dit de la « rétroactivité *in mitius* », paraît remonter au XIVe siècle puisqu'il est cité par des jurisconsultes de cette époque (sur ce point P. Roubier, *Les conflits de lois dans le temps*, 1933, t. II, p. 514).

Si le droit révolutionnaire l'a consacré d'une manière accessoire (Code pour la police criminelle des 25 septembre et 6 janvier 1791) le Code pénal de 1810 l'avait complètement ignoré. On le retrouve néanmoins expressément mentionné dans divers textes ultérieurs tel un décret d'application du Code pénal ainsi que dans certains Codes de justice militaire (v. R. Merle et A. Vitu, t. I, n° 250, note 4). Il est aujourd'hui affirmé clairement dans l'article 112-1, alinéa 3 du livre 1er du Code pénal selon une formule très générale aux termes de laquelle « les dispositions nouvelles s'appliquent aux infractions commises avant leur entrée en vigueur et n'ayant pas donné lieu à une condamnation passée en force de chose jugée lorsqu'elles sont moins sévères que les dispositions anciennes ».

9 Le problème a d'ailleurs, aujourd'hui, pris une autre dimension puisque le Conseil constitutionnel dans une décision des 19 et 20 janvier 1981 (n° 80-127 DC, *JCP* 1981. II. 19701, note Franck ; *D.* 1982. 441, note A. Dekeuwer), a considéré que ce principe de la rétroactivité *in mitius* « avait valeur constitutionnelle », en se fondant sur l'article 8 de la Déclaration des droits de l'homme et du citoyen qui édicte que « les peines prononcées doivent être évidemment nécessaires ». Il reste qu'en l'absence de tout contrôle de constitutionnalité par le juge en droit français une telle solution ne permettait pas automatiquement, pour autant, à un tribunal de refuser d'appliquer un texte excluant le principe de la rétroactivité *in mitius*. La chambre criminelle a d'ailleurs rendu de nombreux arrêts contenant une formule dépourvue d'ambiguïté sur ce point en précisant que la nouvelle loi plus douce ne s'applique qu'« en l'absence de dispositions contraires expresses » (par ex. : Crim. 25 janv. 1988, *Bull. crim.* n° 33 ; Crim. 1er oct. 1998, *Dr. pénal* 1999. 24, obs. M. Véron). En réalité de telles décisions présentaient, selon certains auteurs, un inconvénient majeur, elles refusaient de tenir compte d'une règle de droit international qu'elles auraient dû pourtant respecter, à savoir l'article 15-3 du Pacte international relatif aux droits civils et politiques qui affirme l'application obligatoire des lois prévoyant des peines plus légères (sur cette question, v. W. Jeandidier, *Droit pénal général*, n° 135, *J.-Cl. Pén. Code*, fasc. 20, art. 112-1 à 112-4, n° 23 ; A. Huet, « Une méconnaissance du droit international à propos de la rétroactivité in mitius », *JCP* 1987. I. 3293 ; R. Bernardini, n° 236 ; E. Dreyer, n° 1765 s. ; *contra* M.-L. Rassat, n° 171). La chambre criminelle de la Cour de cassation a d'ailleurs réitéré plusieurs fois sa jurisprudence en ce domaine (Crim. 28 janv. 2004, n° 02-86.597, *Bull. crim.* n° 23 ; Crim. 7 avr. 2004, n° 03-84.191, *Bull. crim.* n° 93 ; *RSC* 2004. 633, obs. É. Fortis ; Crim. 6 oct. 2004, n° 03-84.827, *Dr. pénal* 2004, n° 9, obs. J.-H. Robert). La dernière décision est intéressante dans la mesure où la chambre criminelle a expressément rejeté l'argumentation aux termes de laquelle ce refus de l'application immédiate de la loi pénale plus douce serait contraire à une norme internationale, en l'occurrence l'article 15-1 du Pacte international sur les droits civils et politiques. Par une interprétation stricte (pour ne pas dire littérale de ce texte) elle observe que cette disposition qui ne vise que les sanctions et non les incriminations n'est pas applicable à l'espèce. Dès lors il n'y a donc aucune violation d'une règle supranationale ce qui permet le maintien provisoire d'une norme exclusivement et strictement nécessaire (en ce sens J.-H. Robert et M.-L. Rassat).

10 Néanmoins, la juridiction constitutionnelle, a donc estimé que le principe d'application immédiate des lois plus douces s'impose au législateur lui-même. Cette solution audacieuse constitue une contribution intéressante à la protection des libertés individuelles (Franck, préc. ; A. Dekeuwer, préc.). On notera cependant que cette valeur constitutionnelle ne concerne pas les lois relatives à l'exécution des peines. Nonobstant le refus d'application immédiate de ces lois « lorsqu'elles avaient pour

résultat de rendre plus sévères les peines prononcées par la décision de condamnation», la juridiction constitutionnelle n'a pas censuré les dispositions législatives décidant d'une application immédiate de lois plus sévères. Ainsi en est-il de l'article 41 de la loi du 12 décembre 2005 réduisant les réductions de peine pour les récidivistes. La chambre criminelle (Crim. 9 avr. 2008, nº 07-88.159, *Bull. crim.* nº 98 ; *D.* 2008. 1719, chron. D. Caron et S. Ménotti ; *ibid.* 2009. 123, obs. G. Roujou de Boubée, T. Garé et S. Mirabail ; *AJ pénal* 2008. 370, obs. M. Herzog-Evans), a estimé que cette application immédiate n'était pas contraire à l'article 7 de la Conv. EDH, les lois relatives aux modalités d'exécution des peines n'étant pas soumises aux dispositions conventionnelles de non-rétroactivité. On peut, en revanche, ajouter que le principe s'applique pour les dispositions concernant la prescription des peines qui sont assimilées aux lois de fond et donc que ce domaine relève de la loi et non du règlement : Crim. 26 juin 2013, nº 12-88.265, *Bull. crim.* nº 270, *D.* 2013. 1686 ; *RPDP* 2013. 6625, obs. F. Rousseau ; *Dr. pénal* 2013, nº 140, obs. E. Bonis-Garçon (refus d'application d'une loi nouvelle pour une prescription définitivement acquise). Même si assez curieusement la Convention européenne des droits de l'homme ne mentionne pas ce principe, on peut noter que la Cour de justice des Communautés européennes a jugé que le principe de l'application rétroactive de la peine plus légère fait partie des traditions constitutionnelles communes aux États membres de l'Union européenne et fait donc partie du droit communautaire que le juge national doit respecter lorsqu'il le met en œuvre (CJCE 3 mai 2005, nº C-387/02, *Silvio Berlusconi et autres, Gaz. Pal.* 2005. I. 2081, note Soulard, *JCP* 2006. II. 10020, note Dubos ; CJCE 8 mars 2007, *Campina*, aff. nº C-45/06). Aujourd'hui, le principe est expressément formulé dans l'article 49 § 2 de la Charte des droits fondamentaux de l'Union européenne, entrée en vigueur en décembre 2009 avec le traité de Lisbonne. On ajoutera enfin que la CEDH a également reconnu qu'il s'agissait d'un principe fondamental du droit pénal (CEDH, gr. ch., 17 sept. 2009, *Scoppola c/ Italie* nº 2 § 106, *Dr. pénal* 2010, p. 35, obs. E. Dreyer ; *RSC* 2010. 234, obs. J.-P. Marguénaud ; v. Y. Mayaud, nº 111 ; E. Dreyer, nºs 1764 s.). On notera cependant, que la CEDH qui considérait jusqu'alors que les lois d'exécution des peines étaient d'application immédiate (CEDH 12 févr. 2008, *Kafkaris c/ Chypre* ; 23 oct. 2012, *Ciza c/ Pologne*, req. nº 1997/11) vient d'apporter une nuance importante à sa jurisprudence, sans que l'on puisse, pour autant, conclure à un revirement de jurisprudence. Dans un arrêt du 10 juillet 2012, 3e sect., *Del Rio Prada c/ Espagne* (E. Dreyer, *Dr. pénal* 2013, chron. « Un an de droit pénal européen », nº 26 ; *JCP* 2012. 916, obs. F. Sudre ; *D.* 2013. 20775, note J. Falka ; *RSC* 2012. 698, obs. D. Roets) confirmé par une décision de la grande chambre du 21 octobre 2013 (req. nº 42750/09 ; *Dr. pénal* 2013, nº 173, obs. V. Peltier et du même auteur : « CEDH, *Del Rio Prada c/ Espagne* ou les bouleversements apportés au droit conventionnel de la peine, sans revirement de jurisprudence » ; *Dr. pénal* 2014. Étude 2 ; *RPDP* 2013. 587, obs. V. Peltier ; *AJ pénal* 2012. 494, obs. M. Herzog-Evans ;

RSC 2014. 174, obs. D. Roets). La cour de Strasbourg a décidé que « les mesures ayant une incidence sur la portée de la peine » entrent dans le domaine de l'article 7 de la Conv. EDH et ne peuvent donc s'appliquer immédiatement. La juridiction européenne a donc estimé, contrairement à sa jurisprudence constante, que les nouvelles modalités d'imputation des remises de peine ne pouvaient se rattacher exclusivement à l'exécution de la peine, mais conduisaient à une redéfinition de la portée de la peine imposée. Elle instaure ainsi, une distinction parmi les mesures d'exécution des peines entre celles qui en affectent la portée et les autres, seules les premières relevant de l'article 7 de la Convention européenne. Pour autant, rien ne permet dans la décision de dégager un critère permettant d'opérer cette distinction (en ce sens : V. Peltier préc.) Il faudra, sans doute, attendre de nouvelles décisions pour déterminer l'importance exacte de cette jurisprudence récente. La valeur constitutionnelle attachée à la solution adoptée pour régler les conflits dans le temps des lois pénales ne rend cependant pas inutile la détermination de la manière dont il convient de les articuler du point de vue de la théorie juridique.

B. — Un fondement juridique controversé

11 Comme nous l'avons souligné par le choix de la terminologie usitée il convient d'éviter d'utiliser le mot rétroactivité qui implique que l'on revienne sur des situations juridiques définitivement réglées sous l'empire d'un texte antérieur. Lorsque l'on parle de non-rétroactivité il s'agit plus précisément de permettre à la loi ancienne de rester applicable pour les situations juridiques nées alors qu'elle était en vigueur. C'est le système de la postactivité ou de survie de la loi ancienne. Quant à la rétroactivité *in mitius*, c'est simplement l'application immédiate de la loi nouvelle à toutes les situations juridiques non définitivement jugées.

Il s'agit là de l'application du principe fondamental posé dans l'article 2 du Code civil qui édicte que « la loi ne dispose que pour l'avenir, elle n'a point d'effet rétroactif ».

12 L'application du système ne soulève donc aucun véritable problème dans deux situations : soit l'infraction est commise après la promulgation du nouveau texte, il est toujours applicable ; soit l'infraction a été définitivement jugée avant le nouveau texte dans ce cas la loi nouvelle qu'elle soit plus douce ou plus sévère, ne peut s'appliquer (v. néanmoins C. pén., art. 112-4, al. 2).

La véritable difficulté concerne donc l'infraction commise avant la nouvelle loi mais non encore jugée au moment où le nouveau texte est promulgué. Nous savons que pour régler ce conflit, le juge répressif doit d'abord comparer la mansuétude respective des deux textes en présence, refusant de l'appliquer s'il est plus sévère, inversement l'appliquer immédiatement lorsqu'il est plus doux (v. *infra*, n° 11).

Si cette solution ne fait de doute pour personne, en revanche, sa justification a fait l'objet d'importantes controverses doctrinales.

3 Nous pouvons dire en schématisant que l'on rencontre deux conceptions.

Selon la première, qualifiée de classique, le refus d'application de la loi nouvelle plus sévère n'est que l'application pure et simple du principe posé par l'article 2 du Code civil.

Cette solution se justifie à la fois par les raisons traditionnelles concernant tous les conflits de lois dans le temps et par celles qui tiennent au particularisme du droit pénal notamment au but de la peine. L'application immédiate de la loi plus douce apparaît donc comme une mesure exceptionnelle pour des raisons essentiellement humanitaires.

Tout à l'opposé, une conception que l'on a qualifiée de moderne adopte une solution radicalement inverse de la précédente. Toute loi pénale nouvelle s'applique immédiatement puisqu'elle est présumée meilleure ; sous réserve du maintien en vigueur de la loi ancienne lorsqu'elle est plus douce. Cette position soutenue par certains auteurs étrangers, au XIXe siècle ainsi que par É. Garçon (art. 4, n° 32) en France a reçu l'appui d'une autorité considérable en la personne du Doyen Roubier (*Les conflits de lois dans le temps*, n°s 126 s. et *Le droit transitoire*, 1960, n°s 90 s. Dans le même sens, A. Vitu, thèse préc., p. 68 s. Pour une bibliographie plus complète *in* R. Merle et A. Vitu, t. I, n° 253).

Cette théorie repose sur la notion de situation juridique. Selon le droit transitoire commun toute situation juridique en cours de constitution doit nécessairement être soumise à une loi nouvelle. S'agissant du droit pénal, c'est-à-dire de la situation juridique déclenchée par l'infraction, il faut déterminer à quel moment cette situation est « cristallisée ». Pour Roubier, la situation juridique pénale comprend deux éléments, l'infraction et le jugement. Il en résulte, qu'aussi longtemps qu'une décision définitive sanctionnant l'infraction n'est pas intervenue, la situation juridique pénale n'est pas terminée et que toute loi nouvelle doit normalement lui être appliquée. L'inapplicabilité des lois plus sévères devient ainsi une exception justifiée par le principe de la légalité criminelle.

Cette solution implique bien évidemment que le jugement pénal soit placé dans la catégorie des jugements constitutifs, au motif principal qu'aucune peine ne peut être appliquée sans l'intervention d'une juridiction pénale.

14 La doctrine moderne n'a pourtant pas adhéré totalement à cette présentation du système des conflits de lois pénales dans le temps.

Plusieurs auteurs reviennent au contraire à la solution affirmée autrefois par la théorie classique, l'application immédiate des lois plus douces apparaissant comme une véritable rétroactivité c'est-à-dire une exception au principe général.

Ils parviennent à cette conclusion en considérant, contrairement à la thèse proposée par Roubier, que la situation juridique pénale est entièrement « cristallisée » au moment où l'infraction a été commise. Ils remarquent en effet qu'avant même d'être sanctionnée, l'infraction entraîne toute une série de conséquences juridiques. C'est le moment de l'infraction qui est pris en considération lorsqu'il s'agit d'organiser la répression (qualification des faits – régime pénal et procédural applicable aux mineurs ou aux majeurs – existence d'un fait justificatif, d'une cause de non-imputabilité – extinction de l'action publique par amnistie ou prescription, etc.). Dès lors, et malgré le pouvoir qui appartient aux juges de choisir la sanction à appliquer, le jugement pénal n'est pas « constitutif » puisqu'il se borne à tirer les conséquences d'une situation existant dès la commission de l'infraction (en ce sens Levasseur, « Opinions hétérodoxes sur les conflits de lois répressives dans le temps », *Mélanges Constant*, 1971, p. 194 ; R. Merle, *Droit pénal général complémentaire*, Thémis, 1958, p. 32 s. ; R. Merle, *Essai de contribution à la théorie générale de l'acte déclaratif*, thèse Toulouse, 1948, p. 68 s. ; R. Merle et A. Vitu, t. I, n° 244-3e ; A. Decocq, p. 76). On ajoutera que la notion même de jugement constitutif est parfois contestée (Merle, thèse préc.). Selon cet auteur, la décision pénale serait indicative ou déclarative dans la mesure où elle constate une infraction et impérative en ce sens qu'elle permet à une situation juridique antérieure (l'infraction) d'avoir son plein effet par l'application d'une sanction (A. Decocq, p. 77 ; R. Merle et A. Vitu, n° 245 ; M. Puech, n° 23, p. 97).

15 Cette conception qui implique la post-activité de la loi ancienne à titre de principe, nous paraît seule acceptable. En effet, l'application d'une loi nouvelle à une infraction commise avant qu'elle ne soit promulguée ne conduit-elle pas à attribuer à cet événement des effets qu'il ne comportait pas sous l'empire de la loi ancienne ? Comment alors contester qu'il s'agisse bien d'une véritable rétroactivité (A. Decocq, préc.). Dès lors si l'on se souvient que la non-rétroactivité n'est qu'un aspect du principe de la légalité des délits et des peines, l'application rétroactive des lois plus douces ne peut être qu'une mesure exceptionnelle justifiée par l'intérêt du délinquant (G. Levasseur, *Opinions*, préc.). On notera que, selon Mme Rassat, le nouveau Code pénal se prononcerait très clairement en faveur de la conception classique (M.-L. Rassat, n° 172). Pour une opinion plus nuancée, W. Jeandidier, *J.-Cl. Pén. Code*, fasc. 20, art. 112-1 à 112-4, nos 28 s.

On pourrait sans doute se demander si cette controverse relative au fondement juridique du système des conflits de lois pénales dans le temps n'est pas sans intérêt puisqu'en tout état de cause, les solutions pratiques sont identiques : la loi plus sévère ne peut s'appliquer à une infraction qui lui est antérieure alors qu'au contraire, la loi plus douce jouera.

En réalité, il n'en est rien car il faut se souvenir de la règle juridique selon laquelle les exceptions à un principe doivent être interprétées restrictivement.

Ainsi dans toutes les hypothèses douteuses quant au caractère plus clément d'une disposition nouvelle, le principe de la non-rétroactivité doit être respecté. L'analyse des décisions répressives qui révèle parfois certaines libertés prises avec la compétence de la loi plus douce, par les tribunaux, semble démontrer que la jurisprudence a opté pour le caractère exceptionnel de cette mesure (M. Puech, préc. ; R. Merle et A. Vitu, préc.). En définitive, quel que soit le système retenu, il reste que pour le mettre en œuvre, certains problèmes pratiques doivent être réglés. Peut-être certaines solutions retenues permettront-elles de se faire une idée plus précise des conceptions jurisprudentielles ?

II. — Les difficultés de la mise en œuvre du système de règlement des conflits de lois pénales dans le temps

16 La mise en œuvre du système de règlement des conflits suscite d'assez nombreuses difficultés. La première que nous n'examinerons pas ici (v. nº 11) concerne bien évidemment la détermination de la mansuétude comparée des deux lois en présence. Il importe en effet dans chaque cas précis de décider si la loi nouvelle est plus clémente que la précédente et peut donc en conséquence être favorable au délinquant. On doit à ce propos signaler le cas assez exceptionnel où il y a une succession de trois lois. Une infraction est commise sous l'empire d'une loi qui est remplacée immédiatement par une loi beaucoup plus douce mais au jour du jugement une nouvelle loi plus sévère lui a été substituée. L'hypothèse est évidemment assez peu fréquente mais lorsque la jurisprudence a eu à connaître d'une telle situation, elle a considéré qu'il fallait appliquer la loi intermédiaire, c'est-à-dire celle qui était la plus douce des trois lois successives (Crim. 9 et 30 juill. et 3 sept. 1813, *Bull. crim.* nºs 159, 167 et 199 ; Crim. 14 nov. 1868, *D.* 1869. 1. 310). Une telle solution ne peut évidemment s'expliquer que pour des raisons de stricte humanité car le délinquant n'a aucun droit à se voir appliquer la loi sous l'empire de laquelle aucun élément de la situation juridique ne s'est produit. La justification est évidemment la même dans l'hypothèse où une infraction, commise sous l'empire d'un texte, jugée sous celui d'un autre texte qui ne lui a pas immédiatement succédé, est déclarée non punissable (Crim. 2 mars 1994, *Bull. crim.* nº 86 ; *Gaz. Pal.* 22-23 juin 1994, p. 7, note J.-R Doucet ; Crim. 23 oct. 1994, *Bull. crim.* nº 344).

17 Cette solution approuvée par certains auteurs (É. Garçon, art. 4, nº 80 ; H. Donnedieu de Vabres, nº 1593) mais critiquée par d'autres (R. Merle et A. Vitu, t. I, nº 259 ; P. Roubier, préc., nº 93) confirme la thèse selon laquelle la rétroactivité *in mitius* n'est pas le simple effet immédiat d'une loi nouvelle (A. Decocq, p. 77). L'abrogation de certaines dispositions de la loi « Sécurité et Liberté » du 2 février 1981 par la loi du 10 juin 1983 a donné l'occasion à la chambre criminelle de confirmer sa jurisprudence sur ce point à propos de l'incrimination de séquestration de moins de 24 heures érigée en infraction spécifique en 1981 (C. pén. de 1810, art. 341-3ᵉ) et abrogée en 1983 (Crim. 23 nov. 1983, *Bull. crim.* nº 314). On notera néanmoins que dans un cas très particulier la chambre criminelle a fait prévaloir la troisième loi, à savoir lorsque le second texte a été déclaré non conforme à la Constitution (Crim. 20 oct. 1986, *Bull. crim.* nº 296 ; v. sur cette question, W. Jeandidier, préc., nº 139 ; F. Desportes et F. Le Gunehec, n° 356). La chambre criminelle a confirmé sa jurisprudence en matière d'abandon de famille. Une première intervention législative (loi du 12 mai 2009) ayant exclu du champ de l'infraction le paiement des prestations compensatoires allouées dans le cadre d'un jugement de divorce, en raison d'une erreur de renvoi aux textes du code civil, le législateur a dû intervenir rapidement pour rétablir l'incrimination (loi du 17 mai 2011, art. 151). Très naturellement les personnes poursuivies pendant la période comprise entre les deux lois devaient échapper à toute sanction (en ce sens : Crim. 16 févr. 2011, *Dr. pénal* 2011, n° 60, obs. M. Véron ; *AJ pénal* 2011. 192, obs. J. Pradel) par application du principe de la rétroactivité « *in mitius* ». Mais il en a été de même pour les personnes poursuivies après le rétablissement de l'incrimination, pour des faits commis au cours de cette même période. La Cour de cassation considère que la loi intermédiaire ayant eu pour effet d'enlever leur caractère d'infraction aux faits objet de la poursuite, il n'est pas possible d'appliquer la loi rétablissant l'infraction, dès lors qu'il s'agit, par hypothèse, d'un texte plus sévère (Crim. 23 mai 2012, n° 11-83.901, *Bull. crim.* n° 134 ; *AJ pénal* 2013. 543, obs. J. Lasserre Capdeville ; *RPDP* 2012. 681, obs. M.-C. Guérin).

Au-delà de ce cas particulier, il importe de localiser dans le temps l'infraction que l'on va juger. Deux problèmes peuvent alors se présenter : soit il y a une seule infraction (A), soit on se trouve dans une situation ou deux faits ou deux infractions commises à des moments différents sont concernés (B).

A. — La localisation dans le temps d'une infraction unique

18 Si la plupart des infractions ne posent pas de problème particulier parce qu'elles ne peuvent se consommer qu'à un moment précis, il est au contraire certains faits délictueux difficiles à localiser dans le temps en raison de leur structure, qu'il s'agisse d'une infraction dont la consommation se prolonge dans le temps ou encore d'une infraction qui se compose de plusieurs actes qui peuvent être réalisés à des moments différents.

L'infraction simple et instantanée (v. sur cette notion *infra*, n° 29) ne pose aucun problème pour déterminer la loi à appliquer. Une simple comparaison de date sera suffisante.

19 En revanche, les infractions continues, complexes ou d'habitude, suscitent un problème plus délicat. On peut en effet, supposer qu'une telle infraction ait commencé à se réaliser sous l'empire d'un texte déterminé et se soit consommée ou ait été prolongée sous l'empire d'un nouveau texte. Pourra-t-on appliquer ce nouveau texte même lorsqu'il est plus sévère ? La jurisprudence l'admet sans hésiter (Crim. 6 juin 1902, *D.* 1903. 1. 308 ; *S.* 1903. 1. 377, note J.-A. Roux ; Crim. 11 févr. 1998, n° 96-84.997, *Bull. crim.* n° 53 ; *RSC* 1998. 541, obs. Y. Mayaud ; *Dr. pénal* 1998, n° 65, obs. M. Véron) et la doctrine est unanime pour l'approuver lorsqu'il s'agit d'appliquer une loi nouvelle plus sévère à une infraction continue qui, commencée avant sa promulgation, s'est poursuivie après son entrée en vigueur (v. Tsarpalas, *Le moment et la durée des infractions pénales*, thèse Paris, 1967, p. 47 et les références citées). Récemment, la chambre criminelle a appliqué cette solution dans une affaire de corruption passive. Le maintien des instructions données ayant permis la poursuite des remises de fonds, réalisant ainsi une forme d'infraction continuée : Crim. 25 févr. 2015, n° 13-88.506 ; *AJ pénal* 2015. 318, obs. J. Gallois ; *RPDP* 2015. 365, obs. M. Segonds ; *Dr. pénal* 2015. 8, note M. Véron ; *JCP* 2015. 149, note M. Véron. On notera cependant, au moins initialement, une attitude beaucoup plus réservée de la Cour européenne des droits de l'homme qui, dans un arrêt du 10 février 2004 (*Pukh c/ Estonie, RSC* 2005. 657, obs. F. Massias) refuse de donner un effet neutralisateur du principe de non-rétroactivité au caractère continu d'une infraction, au motif notamment que l'essentiel des faits reprochés au requérant avaient été réalisés avant la loi nouvelle. Cette solution semble cependant avoir été abandonnée puisque dans une décision de la grande chambre du 27 janv. 2015 req. n° 59552/08, *affaire Rohlena c/ Rép. tchèque* (*Gaz. Pal.* 27 avr. 2015, n° 115, obs. J. Andriantsimbazovina ; *RSC* 2015. 161, obs. D. Roëts), la CEDH a considéré que l'application d'une loi plus sévère pour une infraction continue n'était pas contraire à la Convention.

B. — La localisation dans le temps des situations comportant la prise en compte de plusieurs faits ou infractions

20 S'agissant des infractions d'habitude ou des infractions complexes, c'est-à-dire des actes délictueux dont la matérialité comporte plusieurs éléments, les solutions sont plus discutées. Il semble cependant que la loi nouvelle, fut-elle plus sévère, sera applicable dès lors que l'un des éléments de l'infraction aura été accompli après l'entrée en vigueur du texte (pour le délit d'habitude, Crim. 23 déc. 1853, *S.* 1859. 1. 405 ; Poitiers, 16 août 1940, *D.* 1941. 78, note Lebrun). Cette solution bien que contestée (Tsarpalas, préc., p. 49 ; P. Roubier, préc., p. 472 ; *contra* R. Merle et A. Vitu, t. I, n° 265 ; A. Vitu, thèse préc., p. 94) nous paraît cependant tout à fait logique. Le seul fait qui doit être pris en considération est celui qui consomme l'infraction. C'est la réunion des éléments qui leur donne un caractère délictueux. C'est donc la loi en vigueur à ce moment qui seule doit s'appliquer. On ne peut parler de rétroactivité puisque le délit n'a jamais pu être soumis à la loi ancienne. On ajoutera que le principe fondamental de la légalité est respecté puisque le délinquant connaît les conséquences de la commission de l'acte qui consomme l'infraction.

21 La solution ne nous paraît pas devoir être différente en matière de concours réel d'infractions ou de récidive. Si une loi nouvelle vient modifier les règles du non-cumul des peines ou de la récidive, on peut admettre qu'elle s'appliquera immédiatement dès lors que l'une des infractions à prendre en considération a été commise après sa promulgation. Ainsi, en est-il en matière de concours réel d'infractions. Une nouvelle loi modifiant les règles de la confusion des peines est applicable immédiatement, dès lors que la deuxième infraction est commise après sa promulgation (Crim. 22 mars 2000, *Bull. crim.* n° 134 ; *RSC* 2000. 814, obs. B. Bouloc). La même solution est retenue en matière de récidive. En effet, encore une fois on ne peut pas dire que le principe de la légalité soit violé même si la solution est assez sévère (en ce sens R. Merle et A. Vitu, t. I, n°s 266 s. et la jurisprudence citée ; v. égal. Crim. 23 mars 1981, *Bull. crim.* n° 103). La chambre criminelle a confirmé cette position dans plusieurs décisions (Crim. 27 mars 1996, n° 95-82.654, *Bull. crim.* n° 140 ; Crim. 29 févr. 2000, n° 98-80.518, *Bull. crim.* n° 95 ; *D.* 2000. 107 ; Crim. 24 mars 2015, n° 15-80.023, *Bull. crim.* n° 66 ; *Gaz. Pal.* 16 avr. 2015, n° 106, obs. C. Berlaud ; *AJ pénal* 2015. 420, obs. Lasserre-Capdeville. On peut noter que la dernière décision est intéressante, en ce qu'elle permet de retenir, comme premier terme de la récidive, une infraction réalisée dans un pays de l'Union européenne, avant la loi nouvelle). Il suffit selon la juridiction de cassation que le deuxième terme de la récidive soit postérieur à la loi nouvelle. Cette solution a néanmoins été condamnée, dans un premier temps, par la Cour européenne des droits de l'homme dans une décision du 10 nov. 2004, n° 67335/01, *Achour c/ France, D.* 2005. 1203, note D. Roets ; *ibid.* 2006. 53, note D. Zerouki-Cottin ; *RSC* 2005. 630, obs. F. Massias ; *JCP* 2005. 1103, obs. F. Sudre. Dans cette affaire la Cour de Strasbourg a condamné la France pour violation de l'article 7 de la Convention en estimant qu'une peine, plus forte que celle qui était applicable au moment où l'infraction a été commise, avait été infligée au condamné. Selon une jurisprudence constante la Cour de cassation (Crim. 29 févr. 2000, préc.) avait estimé dans cette affaire que la nouvelle infraction, constituant le second terme de la récidive, ayant été réalisée après l'entrée en vigueur de la nouvelle loi (en l'occurrence le Code pénal de 1994) ces dispositions, fussent-elles plus sévères, étaient applicables. En effet l'aggravation de la peine constitue un supplément pour la seconde infraction et non pas pour la première.

22 Telle n'avait pas été la conception retenue par la Cour européenne qui avait considéré que le principe de sécurité juridique, apprécié conformément au principe de l'interprétation stricte du droit pénal, interdit de prendre en considération le premier terme de la récidive dès lors que le délai de récidive légale est expiré selon les règles de la loi ancienne. Ainsi, à l'image de l'expiration d'un délai de prescription, l'écoulement du délai de la récidive donnerait à la personne condamnée le droit de ne plus être considérée comme un récidiviste en cas de commission d'une nouvelle infraction. Une telle application du droit transitoire dans le domaine de la récidive apparaissait pour le moins contestable (en ce sens, MM. Sudre et Roets premiers commentateurs de la décision). Dès lors que le délinquant est clairement informé par la loi nouvelle des conséquences de la commission d'une seconde infraction, le principe de légalité, comme celui de sécurité, ne nous paraissent nullement violés par l'application immédiate des nouvelles règles de la récidive. C'est d'ailleurs le raisonnement qui a été finalement retenu par la Cour européenne dans sa formation solennelle, l'affaire ayant été renvoyée devant la Grande chambre de cette juridiction à la demande du gouvernement français (CEDH 29 mars 2006, req. n° 67335/01, *Achour c/ France, D.* 2006. 2513, note D. Zerouki-Cottin ; *AJ pénal* 2006. 360, obs. C. Saas ; *RSC* 2006. 677, obs. crit. F. Massias ; *Dr. pénal* 2006. 375, obs. X. Pin). La Grande chambre, prenant en quelque sorte le contre-pied de la première section de la juridiction européenne, écarte toute violation de l'article 7 de la Convention. La juridiction constate, en adoptant le raisonnement suivi par la chambre criminelle jusqu'alors, que les faits constituant le second terme de la récidive sont apparus après l'entrée en vigueur de la loi nouvelle et que la prise en compte de la première condamnation ne peut pas être assimilée à une application rétroactive de la loi pénale. Elle souligne par ailleurs que la condamnation figurait toujours au casier judiciaire du condamné et que la règle transitoire relative à la récidive résulte en France d'une jurisprudence claire et constante. La condition de prévisibilité de la loi était donc remplie. Ainsi la logique de l'institution de la récidive, à savoir la prise en compte en matière de droit transitoire du seul second terme de la récidive, est-elle rétablie (en ce sens X. Pin, obs. préc.) On ne peut que s'en réjouir (v. sur ce point E. Dreyer, n° 1739 et du même auteur : « Le temps de la récidive et le juge de la loi (à propos de deux arrêts européens) *Achour c/ France* », *RTDH* 2007. 733). On ajoutera que la chambre criminelle avait adopté cette solution pour l'application des peines-plancher. L'infliction d'une telle peine est possible dès lors que la dernière infraction a été réalisée après la publication de la loi prévoyant ce dispositif (Crim. 28 mai 2008, n° 08-81.403).

Tels sont donc les principes essentiels concernant le règlement des conflits de lois pénales dans le temps, du moins s'agissant des lois de pénalité ou d'incrimination. Nous verrons (v. n° 14) que les règles sont différentes en ce qui concerne les lois de forme qui sont soumises à la règle de l'application immédiate. Cette solution est-elle pour autant rationnelle ? On peut en douter car c'est oublier une nouvelle fois que le principe de la légalité devrait ici encore être le seul élément déterminant pour refuser l'application d'une loi nouvelle. On notera cependant que le nouveau Code pénal, sans revenir radicalement sur ce principe, a apporté quelques tempéraments dont l'objectif essentiel est d'éviter l'aggravation de la situation des personnes concernées.

A. V.

10

LOIS DE FOND PLUS SÉVÈRES – EXCEPTIONS LOIS INTERPRÉTATIVES ET MESURES DE SÛRETÉ

Crim., 21 oct. 1943, *Civrais*
(*Bull.* n° 102 ; *S.* 1944. 1. 29, note H. Mazeaud)

Crim., 11 juin 1953, *Merbouche*
(*Bull.* n° 202 ; *JCP* 1953. II. 7708, note J. Brouchot ; *RSC* 1954. 117, obs. A. Légal)

Les lois nouvelles interprétatives en matière pénale s'appliquent à compter de la date du texte qu'elles interprètent (1re esp.).
Les mesures prévues par l'ordonnance du 2 février 1945 applicables aux mineurs reconnus coupables d'infractions n'étant pas des peines et introduisant un système plus favorable pour le délinquant peuvent être appliquées à des faits antérieurs à la promulgation du texte (2e esp.).

Chambre criminelle, 21 octobre 1943, *Civrais*

Attendu qu'il résulte des énonciations du jugement dont l'arrêt attaqué a adopté les motifs que Civrais a, en juillet 1941, fait des offres de vente à un prix supérieur au prix fixé ; – Attendu que c'est à bon droit qu'en cet état la Cour a fait application au prévenu de l'article 62 de la loi du 21 octobre 1940 et non de l'article 18 de la loi du 24 décembre 1934 ; – Attendu en effet que la loi du 24 décembre 1934 réprime dans son article 18 le fait que quiconque, dans le seul but de se procurer un bénéfice illicite, a sciemment pratiqué, tente de pratiquer ou provoqué une hausse des prix non justifiée par les conditions générales du marché et les usages du commerce ; que cette infraction demeure distincte de celle prévue par la loi du 21 octobre 1940 dont les dispositions doivent d'ailleurs être considérées comme s'étant juxtaposées pendant la période des hostilités à tous les textes antérieurs ; – Attendu il est vrai qu'après avoir indiqué par quelles autorités et sous quelle forme étaient prises les décisions relatives aux prix de tous les produits et services, l'article 1er de la loi du 21 octobre 1940 porte *in fine* « les présentes dispositions ne modifient en rien le statut du blé, du sucre et du vin… » ; – Mais attendu que la loi du 31 décembre 1942 a par son article 1er spécifié, en donnant à ces dispositions un caractère interprétatif, que le statut visé audit article 1er de la loi du 21 octobre 1940 est le « statut économique général » du vin, du blé et du sucre, et que ces produits sont soumis aux dispositions de la loi du 31 octobre 1940 ; que le moyen n'est donc pas fondé ;
Rejette…

Chambre criminelle, 11 juin 1953, *Merbouche*

Attendu que X... a été jugé par le tribunal pour enfants et adolescents de Tizi-Ouzou, en application de la loi du 22 juillet 1942, alors encore en vigueur en Algérie, et que ce tribunal ayant admis qu'il avait agi avec discernement, l'a condamné à six mois d'emprisonnement ; qu'il a relevé appel de cette décision, et que la cour d'appel, statuant en conformité de l'ordonnance du 2 février 1945, modifiée par la loi du 24 mai 1951, entre-temps devenue applicable en Algérie, a déclaré, après avoir constaté la culpabilité, qu'il n'y avait pas lieu de prononcer contre lui une peine, mais qu'il convenait de le confier pour deux années à un établissement d'éducation surveillée ; – Attendu qu'en faisant ainsi application immédiate, dès sa promulgation en Algérie, de l'ordonnance du 2 février 1945, modifiée par la loi du 24 mai 1951, les juges d'appel n'ont pas violé le principe de la non-rétroactivité des lois pénales, ladite ordonnance établissant, pour le jugement des mineurs délinquants, un système qui leur est plus favorable ; – Attendu, d'autre part, que ces mêmes juges ont pu, sur le seul appel du prévenu, substituer à la peine d'emprisonnement prononcée par les premiers juges, sans aggraver le sort du prévenu, une des mesures prévues par l'article 16 de l'ordonnance précitée, ces mesures ainsi autorisées par la loi à l'égard des mineurs reconnus coupables d'infractions à la loi pénale n'étant pas des peines et ayant pour seul but leur protection et leur rééducation ; – D'où il suit que le moyen n'est pas fondé ; – Et attendu que l'arrêt est régulier en la forme ;

Rejette le pourvoi.

OBSERVATIONS

1 Admettre une exception au principe de la non-rétroactivité de la loi pénale, c'est accepter qu'une telle loi puisse être appliquée à des faits commis avant sa promulgation. Cette solution a parfois été expressément imposée par le législateur (Ord. des 26 août et 26 sept. 1944, créant le crime d'indignité nationale pour des faits de collaboration avec l'ennemi). Nous avons vu (v. *supra*, n° 9) qu'une telle disposition ne pourrait plus aujourd'hui s'imposer car elle est contraire à des normes supranationales supérieures aux normes nationales telle la Convention européenne de sauvegarde des droits de l'homme et des libertés fondamentales. V. cependant pour un exemple plus récent et discutable, s'agissant du délit de malversation que l'article 94 de la loi du 30 décembre 1985 rendit applicable le 1er janvier 1986 donc en pratique de manière rétroactive (Crim. 12 juin 1989, n° 88-83.448, *RSC* 1990. 97, obs. J. Beaume ; *D.* 1989. 585, rapp. Souppe et note Derrida ; J.-H. Robert, *Droit pénal général*, p. 158 qui observe que toute autre solution aurait conduit à des conséquences contestables). Dans le même sens : F. Desportes et F. Le Gunehec, n° 326 (pour une opinion plus critique W. Jeandidier *J.-Cl. Pén. Code*, fasc. 20, art. 112-1 à 112-4, n° 24).

2 Les deux arrêts que nous avons retenus paraissent, en revanche, accepter une exception à la règle normale de conflit en matière de lois pénales de fond. Est-ce une simple apparence ou une réalité ?

Il nous semble qu'il faut plutôt se prononcer pour la première interprétation. En effet, si l'on a pu appliquer immédiatement une mesure de sûreté nouvelle à un mineur, c'est peut-être parce que ce type de sanction n'est pas réellement une mesure pénale. Si la loi est nouvelle, mais la mesure non pénale, l'exception à la règle de conflit est purement apparente (I). En revanche, s'agissant de la deuxième espèce, il n'est pas contestable que la loi avait un caractère pénal, mais était-elle nouvelle ? L'objet d'une loi interprétative étant de préciser le sens d'une loi précédente, on ne peut pas dire qu'elle soit véritablement nouvelle par rapport à la loi interprétée. Encore une fois, l'exception paraît donc purement apparente (II).

I. — L'application immédiate des mesures de sûreté

3 L'application immédiate des mesures non réellement pénales, c'est-à-dire les mesures de sûreté, paraît illustrée par l'arrêt *Merbouche*. Un mineur de 16 ans avait, sur la base de la loi du 22 juillet 1912, été condamné à 6 mois d'emprisonnement pour incendie volontaire. Ayant fait appel de cette décision, la cour d'Alger décida de ne pas prononcer contre le mineur une peine d'emprisonnement mais estima qu'il convenait de le placer, pour deux ans, dans un établissement d'éducation surveillée, mesure prévue par l'ordonnance du 2 février 1945 qui n'était pas applicable en Algérie au moment des faits. C'est en se fondant sur cet argument qu'un pourvoi en cassation a été introduit. La chambre criminelle l'a rejeté au motif que l'ordonnance du 2 février 1945, organisant pour les mineurs un système qui leur est plus favorable, pouvait être appliquée immédiatement. Mais elle ajoute un autre argument très intéressant en affirmant que le sort du prévenu (Merbouche), qui avait seul fait appel, n'a pas été aggravé car les mesures prévues par l'ordonnance ne sont pas des peines, « ayant pour seul but la protection et la rééducation des mineurs ». Une analyse rapide de cette décision paraît donc conforter le point de vue doctrinal au terme duquel les dispositions concernant les mesures de sûreté s'appliquent toujours immédiatement (A) mais un examen plus attentif de la jurisprudence ne conduit pas nécessairement à une telle interprétation (B).

A. — Une affirmation théorique de l'application immédiate des mesures de sûreté

4 Les mesures de sûreté, encore appelées mesures de police et de sécurité, constituent une forme de réaction sociale dont l'objectif est de lutter contre un état dangereux. Mesures coercitives, elles sont sans coloration morale ; leur but essentiel, pour ne pas dire unique, est la prévention par le traitement et la réadaptation, éventuellement par la surveillance ou la neutralisation. Un tel objectif a conduit à considérer que ces mesures devaient être relativement indéterminées et révisables (sur cette notion, B. Bouloc, n°s 513 s. ; R. Merle et A. Vitu, t. I, n°s 656 s. ; Schmelck :

« La distinction entre la peine et la mesure de sûreté », *Mélanges Patin*, p. 181 s., etc.). Assez vite, la question s'est posée de savoir si ces mesures étaient soumises au principe de la légalité. Si la doctrine est unanime pour considérer que le strict respect de ce principe s'impose pour les mesures de sûreté, le respect de son corollaire, la non-rétroactivité, ne paraît pas aussi nécessaire si l'on en croit certains auteurs (P. Roubier, *Le droit transitoire*, 2e éd., p. 449 ; Béraud, « La non-rétroactivité des lois nouvelles plus douces », *RSC* 1949. 7 ; B. Bouloc, no 169 ; A. Decocq, p. 378 ; Porteron, *Rép. Dr. pénal* et *Pr. pén. Dalloz*, Lois et décrets no 143 ; Y. Mayaud, no 110 et « La mesure de sureté après la décision du Conseil constitutionnel du 21 février 2008 », *D.* 2008. 1359 ; J. Pradel, no 191 ; *contra* M. Puech, no 33 ; J.-H. Robert, p. 172 s. ; P. Conte et P. Maistre du Chambon, t. I, no 139 ; W. Jeandidier, *J.-Cl. Pénal,* préc., nos 89 s. ; E. Dreyer, nos 1267 s. et no 1735 s.).

5 Quelle est l'explication qui est à la base d'une telle solution ? On ne peut guère s'arrêter à un argument de texte car il est clair que le législateur de 1810 ne pouvait pas viser, dans l'article 4 du Code pénal des mesures dont la terminologie, sinon l'existence, date du début du XXe siècle (expression due au pénaliste suisse Stoos).

Les arguments de fond paraissent, en revanche, beaucoup plus sérieux. Il faut rappeler, en effet, que l'utilité essentielle de la mesure de sûreté est de lutter contre un état dangereux qui, par principe, présente une nature continue et se perpétue nécessairement au-delà de l'entrée en vigueur de la loi nouvelle. On peut donc ici transposer la solution retenue pour les infractions continues (v. *supra*, no 9). On ajoutera encore que la mesure de sûreté ne présente normalement aucun caractère afflictif ou infamant. Elle n'a, de plus, aucun objectif rétributif à la différence de la peine. Pour ces différentes raisons, il apparaît assez logique de considérer que la mesure de sûreté, dans sa conception initiale, parce qu'elle est une mesure préventive à la fois pour l'individu et la société, doit s'appliquer immédiatement (A. Légal, *RSC* 1961. 339. V. par ex. à titre d'illustration pour éclairer cette question : L. Grégoire, « Les mesures de sûreté, un moyen au service de la lutte contre le terrorisme », *RPDP* 2015. 57 ; A. Coche, « Les présomptions législatives de dangerosité », *RPDP* 2014. 335). Certains législateurs étrangers ont d'ailleurs intégré cette règle dans leur droit positif (Code pénal italien par ex., art. 200). L'avant-projet de Code pénal français dans sa version de 1978 comme dans celle de 1983 qui comportent pourtant toutes deux des règles de conflit assez détaillées, est resté muet sur cette question, contrairement à l'avant-projet de 1934, article 9. Le livre 1er du nouveau Code pénal n'a pas modifié cette position. Qu'en est-il donc de la jurisprudence ?

B. — Une réalité nuancée de l'application immédiate des mesures de sûreté

6 L'arrêt *Merbouche*, souvent présenté par les auteurs pour appuyer la thèse de l'application immédiate, est en fait beaucoup plus ambigu dans sa formulation. La lecture du premier attendu semble, en effet, se fonder sur un argument bien classique pour justifier la solution adoptée, à savoir l'application immédiate des lois plus douces. Elle considère que le système de l'ordonnance de 1945 est globalement plus favorable aux mineurs. Mais le deuxième attendu, qui repousse un autre argument du pourvoi, fondé sur la violation du principe selon lequel le sort du prévenu ne peut pas être aggravé sur son seul appel, apporte une explication plus troublante. En effet, la chambre criminelle considère que le remplacement d'une sanction de six mois d'emprisonnement par une mesure de deux ans de placement n'est pas une sanction plus sévère parce qu'il ne s'agit pas d'une peine mais qu'elle a pour seul but la protection et la rééducation des mineurs.

Une telle affirmation concernant le second moyen du pourvoi n'est-elle pas de nature à éclairer la solution affirmée dans le premier attendu ? Ne serait-ce pas parce qu'il s'agit d'une mesure de sûreté, et non d'une peine, que la disposition nouvelle peut être appliquée immédiatement. C'est un peu en ce sens que se prononce l'annotateur de l'arrêt au Juris-Classeur. D'ailleurs, cette décision est souvent citée par les auteurs qui considèrent que les mesures de sûreté ne sont pas soumises aux règles normales de conflits. Cette affirmation mérite sans doute d'être nuancée. Légal, dans son commentaire à la *Revue de science criminelle*, a montré qu'une application tout à fait rationnelle du principe de la rétroactivité *in mitius* conduisait obligatoirement à cette solution. S'il est vrai que la mesure d'assistance était prise pour deux ans, c'est-à-dire une durée plus élevée que la peine d'emprisonnement, il faut rappeler qu'avant de faire cette comparaison on doit se reporter à la nature des peines en présence. On peut, dès lors, difficilement contester que les mesures prévues par l'article 16 de l'ordonnance sont, par leur nature, moins rigoureuses qu'une peine d'emprisonnement, fût-elle avec sursis.

7 Reste évidemment à se demander si la jurisprudence relevée dans d'autres secteurs infirme ou confirme cette analyse. Les décisions relatives à des mesures de fermeture d'établissement confirment qu'il faut, en ce domaine, distinguer selon que la sanction est plus douce ou plus sévère, en fonction de sa durée (Crim. 29 janv. 1963, *JCP* 1963. II. 13215, note J.-P. Le Gall ; *RSC* 1964. 131, obs. A. Légal). On ne peut contester que, quant aux objectifs, on est bien en présence de mesures de sûreté, mais en raison du caractère de peine complémentaire, elles suivent nécessairement le régime de droit commun de la distinction entre les mesures plus douces et plus sévères. La chambre criminelle s'est prononcée avec beaucoup de netteté à propos de la suspension de permis de conduire, en considérant que, s'agissant d'une peine complémentaire (le texte était d'ailleurs très net sur ce point. V. A. Légal, *RSC* 1961. 340) elle ne peut s'appliquer immédiatement que si elle est plus douce (v. Ass. plén., 22 nov. 2002, n° 92-82.460, *JCP* 2003. 10042, note W. Jeandidier ; *Dr. pénal* 2003, n° 37). Elle s'est prononcée également dans le même sens pour la mesure civile de la faillite personnelle appliquée pour des faits de banqueroute (Crim. 16 févr. 1987, *Bull. crim.* n° 272).

8 Il existe cependant une jurisprudence relative à des mesures d'interdictions professionnelles, qui peut être invoquée pour étayer la rétroactivité possible des mesures de sûreté. Il est vrai que cela résulte souvent de la volonté clairement exprimée du législateur (v. par ex. décret-loi du 8 août 1935 sur l'interdiction d'être administrateur ou gérant de sociétés qui précise que la loi sera applicable aux personnes en fonction ; Douai 26 janv. 1939, *JCP* 1939. II. 1079 ; Crim. 25 juin 1940, *Gaz. Pal.* 1940. II. 31) ou l'interdiction d'être banquier (travaux préparatoires de la L. du 19 janv. 1930). Les lois ayant prévu la relégation en 1885 et la tutelle pénale en 1970 (L. du 17 juill., art. 47) permettaient de prendre en considération des peines prononcées avant la promulgation de ces textes (Crim. 15 oct. 1970, *Bull. crim.* n° 271). On notera que le Conseil constitutionnel a considéré que l'interdiction faite à certains délinquants d'exploiter un débit de boissons n'est pas une punition mais une mesure destinée à garantir la moralité des personnes qui exercent cette activité. Une telle mesure s'applique donc aux personnes en fonction (Cons. const. 20 déc. 2011, n° 2011-132 QPC, *Dr. pénal* 2011. 94, obs. J.-H. Robert). Dans un tout autre domaine, l'infraction à l'interdiction de sortie du territoire, pour lutter contre le terrorisme, a été déclarée immédiatement applicable : Crim. 4 déc. 2015, n° 15-80.310, *AJ pénal* 2016. 156, obs. M. Herzog-Evans.

9 Il reste, il est vrai, que la chambre criminelle s'est parfois prononcée dans le même sens sans le secours d'aucun texte (Crim. 16 janv. 1950, *S.* 1950. 1. 124 ; *JCP* 1950. II. 5383 ; Crim. 3 oct. 1950, *D.* 1950. 721 ; Crim. 3 oct. 1956, *D.* 1956. 721) à propos des interdictions professionnelles résultant de la loi du 30 août 1947 relative à l'assainissement des professions commerciales. Si ces décisions sont les seules qui acceptent clairement une certaine rétroactivité, il faut essayer de savoir si une autre interprétation du texte était possible. Comment imaginer que cette mesure, qui présente un caractère d'automaticité, ait pu ne concerner que les peines prononcées après sa mise en vigueur. La réforme aurait ainsi été privée d'efficacité pendant de longues années et aurait manqué son objectif. Cela aurait conduit à permettre à des individus d'accéder ou non à l'exercice d'une profession commerciale malgré une condamnation, uniquement en fonction de la date où elle avait été prononcée. Au-delà du problème de la nature de la mesure, il apparaissait donc malaisé de faire abstraction des condamnations prononcées antérieurement à la loi. En définitive, il était assez difficile, jusqu'à une loi pénale récente, d'affirmer que les tribunaux appliquaient rétroactivement les mesures de sûreté. Néanmoins certaines décisions de la chambre criminelle, depuis quelque temps, paraissent clairement s'appuyer sur le particularisme des mesures de sûreté pour considérer que l'incapacité attachée à certaines condamnations s'applique aux personnes sanctionnées avant la publication de la loi. S'agissant de l'accès à la profession d'agent immobilier elle affirme pour justifier sa décision que l'incapacité « ne constitue pas une peine complémentaire mais une mesure de sûreté » (Crim. 26 nov. 1997, n° 96-83.792, *Bull. crim.* n° 404 ; *D.* 1998. 495, note D. Rebut ;

RSC 1998. 539, obs. B. Bouloc ; v. J.-H. Robert, p. 172 ; v. égal. : Crim. 22 juin 2004, n° 03-87.943, *D.* 2005. 536, obs. J.-C. Galloux et H. Gaumont-Prat ; *ibid.* 1521, obs. G. Roujou de Boubée, M.-H. Gozzi, S. Mirabail et M. Segonds et Crim. 28 sept. 2005, n° 04-87.295, *Bull. crim.* n° 245 pour l'application de l'infraction de refus de prélèvement génétique pour la constitution d'un fichier des empreintes, prélèvement motivé par une infraction commise à une époque où cette mesure de police n'existait pas).

On peut, en revanche, noter que s'agissant d'une sanction clairement qualifiée de peine complémentaire, la non-rétroactivité d'une mesure plus sévère reste la règle. En ce sens : Crim. 8 juill. 2015, n° 14-82.646, *RPDP* 2015. 969, obs. V. Peltier, qui censure une décision des juges du fond ayant appliqué une mesure d'interdiction définitive d'une activité sociale alors que, à la date des faits, cette mesure était limitée à une durée de 5 ans. Dans un arrêt récent, la CEDH a confirmé cette solution en condamnant les autorités andorranes, pour avoir refusé d'appliquer une loi plus douce, limitant la durée des peines accessoires à celle de la peine principale alors que le requérant avait été condamné à une peine d'interdiction professionnelle définitive pour des faits d'agressions sexuelles commis par un médecin dans l'exercice de sa profession (CEDH 12 janv. 2016, *Gavarré Patte c/Andorre*, req. n° 33427/10 ; *Gaz. Pal.* 11 mars 2011 n° 9, obs. A. Andriantsimbazovina).

On peut ajouter que le Conseil constitutionnel a considéré que le principe *non bis idem* n'était pas applicable en cas de refus de prélèvements successifs, pour une inscription dans ce fichier (Cons. const. 16 sept. 2010, n° 2010-25 QPC, *AJ pénal* 2010. 545, obs. J. Danet). On remarque cependant que si la doctrine considère qu'une telle solution est souhaitable lorsque la mesure ne présente aucun caractère afflictif : mesures de sûreté à prédominance rééducative, c'est-à-dire des mesures qui ne sont pas à proprement parler pénales (v. par ex. pour une mesure préventive et d'information, prévue par l'art. 706-37 C. pr. pén. : information des propriétaires d'un immeuble et d'un fonds de commerce que des poursuites sont engagées pour un délit de tolérance de la prostitution qui est qualifié de mesure et échappe donc à l'article 8 de la Conv. EDH : Crim. 9 avr. 2015, n° 15-90.002 QPC ; *Cah. Cons. const.* n° 49, obs. V. Peltier) elle est à rejeter lorsqu'il s'agit de mesures qui, par leurs conséquences, s'apparentent à de véritables peines (R. Merle et A. Vitu, t. I, n° 270 ; A. Légal, obs. préc. ; M. Puech, n° 33, p. 136 ; P. Conte et P. Maistre du Chambon, n° 139. V. par ex., Cons. const. 30 mars 2000, n° 2000-2581 AN, *Cahiers juridiques*, avr. 2000, p. 11, décidant que la radiation des listes électorales prévue par l'article 7 du Code électoral est une peine). On sait, hélas, combien il est facile de détourner une institution de sa finalité (v. l'utilisation des mesures de sûreté par des États totalitaires comme le législateur allemand national socialiste ou le législateur soviétique de la période stalinienne, R. Merle et A. Vitu, t. I, n°s 104 s.). En dehors même de tels abus, il peut paraître nécessaire que les magistrats respectent scrupuleusement la non-rétroactivité qui n'est qu'un simple aspect de la légalité.

On aurait pu estimer que la Cour européenne des droits de l'homme, si elle était saisie, considérerait probablement que les mesures de sûreté sont soumises à l'article 7 § 1 de la Convention puisque ce texte n'introduit aucune distinction entre les sanctions ; que, dans la droite ligne des arrêts *Welch* (CEDH 9 févr. 1995, req. n° 17440/90) et *Jamil* (CEDH 8 juin 1995, req. n° 15917/89, *JCP* 1996. II. 2677, note Bourdeaux), elle admettrait sans doute que la mesure de sûreté étant décidée à la suite d'une condamnation pour une infraction, elle relève de la « matière pénale » et doit être soumise à la règle de la non-rétroactivité (en ce sens D. Roets, « L'application de la loi pénale dans le temps et la Convention européenne des droits de l'homme », *D.* 2004. Chron. 1991 ; P. Conte et P. Maistre du Chambon, n° 139 ; M. Herzog-Evans, *Droit pénal général*, Vuibert, 2e éd., 2009, n° 140 ; et pour des opinions plus nuancées, F. Desportes et F. Le Gunehec, n° 331 ; M.-L. Rassat, n° 192 s. ; E. Dreyer, n° 1736 ; C. Lombois, *Droit pénal général* 1994, p. 117). Pourtant, plus récemment, certaines mesures nouvelles, qui peuvent incontestablement être analysées comme des mesures de sûreté, ont été soumises à une application immédiate tant par le législateur que par les juges. Ainsi en est-il du fichier judiciaire national automatisé des auteurs d'infractions sexuelles (FIJAIS ; C. pr. pén., art. 706-53-1 à 706-53-12) créé par la loi du 9 mars 2004. Ce fichier a pour objectif de faciliter l'identification des délinquants sexuels et donc de prévenir ce type d'infraction. À cette fin les personnes inscrites sont tenues de justifier de leur adresse tous les six mois sous peine de sanctions pénales.

10 Le Conseil constitutionnel, saisi de ces dispositions de la loi du 9 mars 2004 a considéré que cette mesure ne constituait pas une sanction mais une mesure de police destinée à prévenir le renouvellement des infractions et à faciliter l'identification de leurs auteurs (cons. 91). Il en a dès lors conclu que ces dispositions pouvaient s'appliquer à des individus définitivement condamnés avant l'entrée en vigueur de la loi instaurant le fichier (Cons. const. 2 mars 2004, n° 2004-492 DC, J.-E. Schoettl, « La constitutionnalité du fichier judiciaire national automatisé des auteurs d'infractions sexuelles », *LPA* 20 juill. 2004, p. 9). La chambre criminelle a validé cette approche en acceptant l'inscription au fichier d'infractions commises avant la publication de la loi instaurant le fichier, l'inscription ne constituant pas une peine au sens de la CEDH mais une mesure ayant pour objet de prévenir le renouvellement des infractions sexuelles et l'identification de leurs auteurs : Crim. 31 oct. 2006, n° 05-87.153, *Bull. crim.* n° 267 ; *D.* 2006. 2945 ; *Dr. pénal* 2007, n° 15, obs. M. Véron ; Crim. 30 janv. 2008, n° 07-82.645, *AJ pénal* 2008. 242, obs. M. Herzog-Evans. Cette position a été validée par la Cour européenne des droits de l'homme dans une décision du 17 décembre 2009 (*Bouchacourt c/ France, RSC* 2010. 239, obs. D. Roets) qui a estimé que cette mesure préventive se situe hors du champ du principe de la non-rétroactivité de la loi pénale (CEDH 17 déc. 2009, *Gardel c/ France*, arrêt identique, note très critique de E. Dreyer dans « Un an de droit européen en matière pénale », *Dr. pénal* 2010, n° 24). Une loi décidant de l'inscription automatique au FIJAIS de toutes les condamnations pour les infractions sexuelles passibles de 5 ans d'emprisonnement ou plus, a été également déclarée immédiatement applicable : Crim. 13 mai 2015, nº 14-81.199, *Gaz. Pal.* 11 août 2015, nº 223, obs. E. Dreyer.

Dans cet esprit, celui d'une mesure préventive, la chambre criminelle a estimé qu'une juridiction de jugement ne peut pas dispenser un condamné d'une inscription au FIJAIS, dès lors qu'il ne s'agit pas d'une interdiction, déchéance ou incapacité et ce d'autant qu'il existe une procédure spéciale d'effacement prévue par l'article 706-53-10 du Code de procédure pénale (Crim. 17 déc. 2010, nº 09-87.570, *AJ pénal* 2010. 291, note G. Royer. V. cep. pour une décision un peu différente : Crim. 17 sept. 2014, nº 14-80.541, *Bull. crim.* nº 193 ; *Dr. pén.* 2015, « Un an de droit de la peine », nº 28, obs. V. Peltier). De la même manière, la loi du 8 décembre 2005 relative à la récidive a mis en place une mesure de surveillance judiciaire des personnes dangereuses condamnées pour crimes ou délits pouvant faire encourir un suivi socio-judiciaire. Cette surveillance entraînant notamment le placement sous surveillance électronique mobile, qualifiée expressément de mesure de sûreté, a été déclarée applicable à des personnes condamnées antérieurement à sa création. Là encore le Conseil constitutionnel, saisi par les parlementaires d'opposition, a validé cette solution (Cons. const. 8 déc. 2005, nº 2005-527 DC, *D.* 2006. 966, note F. Rouvillois ; *ibid.* 1652, obs. G. Roujou de Boubée ; *RSC* 2006. 124, obs. V. Bück ; J.-E. Schoettl, « La loi sur le traitement de la récidive des infractions pénales devant le Conseil constitutionnel », *Gaz. Pal.* 18-20 déc. 2005, p. 13) aux motifs que cette mesure ne repose pas sur la culpabilité du condamné mais sur sa dangerosité, qu'elle a pour seul but de prévenir la récidive et ne constitue donc ni une peine ni une sanction, seules mesures soumises au principe de non-rétroactivité.

11 Dans d'autres considérants la Haute juridiction a précisé que cette surveillance étant limitée à la durée des réductions de peines, octroyées préalablement, doit s'analyser en une modalité d'exécution des peines, applicable immédiatement. On peut ajouter que le Conseil d'État, saisi d'un recours pour excès de pouvoir contre le décret d'application de la loi du 12 décembre 2005, a validé cette solution (CE 12 déc. 2007, *Section française de l'observatoire international des prisons*, req. nº 293993, *AJ pénal* 2008. 131, obs. M. Herzog-Evans).

Cette position du Conseil a fait l'objet de critiques (M. Herzog-Evans, *AJ pénal* 2005. 305) fondées sur les exigences de la Convention européenne des droits de l'homme par rapport à la matière pénale. On peut cependant se demander si l'objet d'une mesure de sûreté attachée au seul caractère dangereux de l'individu ne permet pas de justifier cette entorse au principe de non-rétroactivité dès lors que l'on reste dans la stricte limite de la durée de la peine initialement prononcée par la juridiction de jugement. La chambre criminelle de la Cour de cassation, dans un arrêt du 21 janvier 2009 (nº 08-83.372, *D.* 2009. 1326, obs. M. Léna, note G. Roujou de Boubée ; *AJ pénal* 2009. 124, étude M. Herzog-

Evans ; *RPDP* 2009. 149, obs. X. Pin ; dans le même sens, Crim. 1er avr. 2009, *Dr. pénal* 2009. 103, obs. A. Maron et M. Haas ; Crim. 29 avr. 2009, *RSC* 2010. 127, obs. É. Fortis) a appliqué une mesure de surveillance judiciaire à un individu qui avait commis son infraction à un moment où la sanction du suivi socio-judiciaire n'existait pas (*contra* Versailles, 1er avr. 2008, *AJ pénal* 2008. 323, obs. M. Herzog-Evans). La surveillance judiciaire qualifiée de mesure de sûreté par l'article 723-9 du Code de procédure pénale peut être ordonnée, aux seules fins de prévenir la récidive, à l'encontre d'une personne condamnée à une peine privative de liberté d'une durée égale ou supérieure à 10 ans pour une infraction (délit ou crime) pour laquelle le suivi socio-judiciaire est encouru. Il ne s'agit pas d'appliquer le suivi socio-judiciaire qui n'existait pas au moment des faits mais, ce qu'un auteur qualifie son ersatz, (X. Pin, préc.), la surveillance judiciaire. C'est l'article 42 de la loi du 12 décembre 2005 validé par le Conseil constitutionnel qui prévoit expressément que cette mesure peut s'appliquer à des faits commis avant le 1er mars 1994, date d'entrée en vigueur de l'actuel Code pénal, c'est-à-dire avant la loi du 17 juin 1998 instituant le suivi socio-judiciaire. L'objectif du législateur est donc bien de soumettre à une mesure de sûreté pouvant comporter un placement sous surveillance électronique, mais aussi un traitement médical à la suite d'une injonction de soins, des individus pour lesquels le risque de récidive est avéré. Cette décision a été considérée par certains annotateurs comme constituant un revirement de jurisprudence puisqu'elle serait en contradiction avec un arrêt du 27 juin 2007 (no 06-86.911, *D.* 2008. 1015, obs. J.-P. Céré, M. Herzog-Evans et E. Péchillon ; *AJ pénal* 2007. 532, obs. M. Herzog-Evans).

Cette décision a été rendue en matière de réductions supplémentaires de peines dont le régime a été modifié par la loi du 12 décembre 2005. Aux termes de l'article 721-1 al. 1er du Code de procédure pénale, ces réductions sont exclues pour les condamnés ayant commis une infraction pour laquelle le suivi socio-judiciaire est encouru et qui refusent un traitement. La Haute juridiction a, dans cette affaire, considéré que cette restriction du bénéfice des réductions de peines ne peut s'appliquer à un individu condamné à un moment où la peine de suivi socio-judiciaire n'existait pas. Pour comprendre la différence entre les deux décisions de la chambre criminelle, et donc l'absence de contradiction, il faut rappeler que l'article 112-2 du Code pénal réglemente de manière particulière le régime transitoire des lois relatives à l'exécution des peines. Si le régime d'application immédiate est affirmé, c'est à la condition que la loi nouvelle n'ait pas pour résultat de rendre plus sévères les peines prononcées par la décision de condamnation. Dans le cas contraire, la loi nouvelle n'est applicable que pour des faits commis après son entrée en vigueur. La disposition en question introduisant un obstacle à une mesure de faveur pour le condamné ne pouvait donc pas s'appliquer immédiatement. Tel n'était pas clairement le cas pour la surveillance judiciaire, par ailleurs expressément qualifiée de mesure de sûreté, immédiatement applicable par le législateur (v. pour une autre justification fondée sur l'idée que la situation juridique des condamnés pour une infraction

« pour laquelle le suivi judiciaire est encouru » a changé depuis la loi introduisant la surveillance judiciaire, X. Pin, article à la *RPDP,* préc.). On notera que la chambre criminelle a d'ailleurs, récemment, refusé de transmettre une QPC concernant l'article 41 de la loi du 12 décembre 2005 déclarant immédiatement applicable l'article 721 du C. pr. pén. relatif aux réductions de peines, dispositions qui ne peuvent être assimilées à une sanction ou à une peine : Crim. 12 déc. 2012, n° 12-90.060 ; *Dr. pénal* 2013, n° 51, obs. É. Bonis-Garçon. Cette solution a d'ailleurs été confirmée par le Conseil constitutionnel, saisi d'une QPC par le Conseil d'État concernant cette même question du retrait du crédit de réductions de peines en cas de mauvaise conduite du condamné. La Haute juridiction, reprenant l'argumentation de la chambre criminelle, a validé les dispositions de l'article 721 al. 6 du C. pr. pén., au motif que la seule conséquence du retrait, l'exécution totale ou partielle de la peine à laquelle le détenu a été condamné, ne constitue ni une sanction ni une peine (Cons. const. 11 juill. 2014, n° 2014-408 QPC).

12 Il importe par ailleurs d'ajouter que le placement sous surveillance électronique mobile prévu par la même loi, bien que placé d'emblée dans la catégorie des mesures de sûreté (C. pén., art. 131-36-9), n'a fait l'objet d'aucune mesure particulière et doit donc être soumis au droit commun transitoire.

Il résulte assez clairement de cette observation que la qualification de mesure de sûreté n'emporte pas nécessairement la conséquence inéluctable d'une application immédiate de la mesure nouvelle. Telle est d'ailleurs le sens que l'on peut donner à la décision du Conseil constitutionnel relative à la très controversée rétention de sûreté (Cons. const. 21 févr. 2008, n° 2008-562 DC, B. Mathieu, « Fondement de la non-rétroactivité en matière de rétention de sûreté, aperçu rapide », *JCP* 2008. 166 ; *ibid.* II. 10077, comm. J.-P. Feldman ; Ph. Comte, « Aux fous », *Dr. pénal* 2008. 1). Plus généralement sur cette mesure parmi de très nombreuses études : H. Matsopoulou, « Le développement des mesures de sûreté justifiées par la dangerosité et l'inutile dispositif applicable aux malades mentaux », *Dr. pénal* 2008. Étude 5, et « Le renouveau des mesures de sûreté », *D.* 2007. 1607 ; Y. Mayaud, « La rétention de sûreté après la décision du Conseil constitutionnel », *D.* 2008. Chron. 1359 ; D. Roets, « La rétention de sûreté à l'aune du droit européen des droits de l'homme », *D.* 2008. Chron. 1840 ; J.-Y. Chevallier, « Plaidoyer pour la rétention de sûreté », *RPDP* 2008, *in limine* S. Jacopin, « Les nouvelles sanctions : innovations de substitution ? État des lieux », *RPDP* 2008. 767 ; M. Herzog-Evans, « La loi n° 2008-174 du 15 février 2008 ou la mise à mort des principes cardinaux de notre droit », *AJ pénal* 2008. 161 ; J. Pradel, « Une double révolution en droit pénal français avec la loi du 15 février 2008 sur les criminels dangereux », *D.* 2008. Chron. 1000 ; J.-P. Céré, « La rétention de sûreté à l'épreuve de la Convention européenne des droits de l'homme », *AJ pénal* 2008. 220 ; J. Danet, « La rétention de sûreté au prisme de la politique criminelle : une première approche », *Gaz. Pal.* 2-4 mars 2008, p. 10.

13 Le Conseil constitutionnel a d'abord admis que les caractéristiques de cette privation de liberté tenant à l'organe compétent pour la prononcer, à son fondement, à son objet au moment de son prononcé, permettent de la rattacher à la catégorie des mesures de sûreté. Dès lors, n'étant ni une peine, ni une sanction ayant le caractère d'une punition, elle n'est pas contraire à l'article 8 de la Déclaration des droits de l'homme de 1789. L'objet essentiel de la rétention de sûreté est « d'empêcher et de prévenir la récidive par des personnes souffrant d'un trouble grave de la personnalité ». Autrement dit, elle a pour objectif de neutraliser la dangerosité d'un individu, déjà condamné pour des infractions très graves limitativement énumérées, en l'éloignant de la société pour le soigner afin qu'il ne fasse pas de nouvelles victimes. La conséquence assez logique de cette analyse du Conseil constitutionnel aurait dû être la rétroactivité de cette mesure, c'est-à-dire son application aux individus déjà condamnés avant la promulgation de la loi. Sans doute, avec beaucoup d'auteurs, peut-on s'interroger sur ce que beaucoup considèrent comme une peine après la peine sans fondement et la remise en cause des principes fondamentaux du droit répressif, mais d'un strict point de vue juridique on peut considérer qu'il y a une certaine contradiction dans la décision du Conseil constitutionnel rejetant la constitutionnalité de l'art. 13 de la loi qui prévoyait une application rétroactive du texte. Selon l'argumentation développée par la Haute juridiction, c'est la gravité de l'atteinte à la liberté individuelle de cette mesure qui interdit une application rétroactive (« eu égard à sa nature privative de liberté, à la durée de cette privation, à son caractère renouvelable sans limite et au fait qu'elle est prononcée après une condamnation par une juridiction, ne saurait être appliquée à des personnes condamnées avant cette loi… »).

14 Peut-on se satisfaire de ce moyen terme adopté par le Conseil constitutionnel ? Il présente l'avantage de rappeler clairement que « l'étiquette » importe peu et que lorsqu'une mesure de sûreté porte une atteinte très grave à la liberté individuelle, c'est le principe de légalité qui interdit une application rétroactive (v. sur ce point par ex. F. Desportes, F. Le Gunehec, n°s 321 et 1163 s., et les différents articles précités). On notera cependant que la position du Conseil reste assez discutable puisqu'elle permet une application immédiate de la surveillance de sûreté. Or la méconnaissance de ses obligations, par une personne placée sous surveillance de sûreté, pourra entraîner une mesure de rétention de sûreté (C. pr. pén., art. 723-37 ; sur ce point v. C. Lazerges, « L'embarras du Conseil constitutionnel », *RSC* 2008. 740).

15 Bien que la Cour européenne des droits de l'homme n'ait pas eu l'occasion de se prononcer sur la conventionalité de la rétention de sûreté, un arrêt rendu à propos d'une mesure assez semblable, fonctionnant en Allemagne depuis longtemps, a suscité une importante littérature dans nos revues dont la tonalité générale conduisait à penser que la rétention de sûreté française ne devrait pas échapper à une condamnation (CEDH 17 févr. 2009, *M. c/ Allemagne, RPDP* 2010. 124, obs. J.-Y. Chevallier ; D. Roets, « Un an de droit pénal de la peine », *RSC* 2010. 124 ;

V. Peltier, « La détention de sûreté est une peine. Qualification. Conséquences. À propos de CEDH 17 déc. 2009, *M. c/ Allemagne* », *Dr. pénal* 2010, n° 58 ; L. Grégoire, « La détention de sûreté du droit allemand et la CEDH, des condamnations à la réforme », *Dr. pénal* 2010. Étude 9 ; *RPDP* 2011. 773, note J. Leblois-Happe ; et sur le même arrêt *AJ pénal* 2010. 129 ; J. Pradel, *D.* 2010. 737 ; M. Giacopelli, *JCP* 2010, n° 334). On peut également citer, bien qu'un peu différente, une décision CEDH 20 avr. 2010, *Villa c/ Italie, RPDP* 2010. 449, commentée par J.-P. Céré. Sans doute, la plupart des auteurs ont-ils un peu rapidement considéré que la qualification de peine, conférée désormais à la détention de sûreté allemande, ne pourrait pas ne pas être également attribuée à la rétention de sûreté française, solution que le Conseil constitutionnel français avait justement refusée. En réalité on n'a peut-être pas suffisamment remarqué que, ce que la Cour européenne a sanctionné, c'est l'application rétroactive d'une modification du système de la détention de sûreté, la faisant évoluer d'une durée maximum de dix ans à une durée illimitée, à un détenu placé sous ce régime. Il n'est alors pas étonnant que la gravité de la sanction ait conduit la Cour à considérer que le caractère punitif devenait évident puisqu'une peine supplémentaire, non encourue au moment de sa condamnation, lui était infligée. On peut ajouter que les différences entre les deux mesures, nonobstant des objectifs assez semblables, résultent du fait qu'elles ne se déroulent pas exactement dans les mêmes conditions. Alors qu'il s'agit, pour la détention de sûreté, d'une prolongation de la peine initiale dans des conditions un peu différentes, avec une remise en liberté assez improbable, la rétention de sûreté, au contraire, est subie dans des établissements spéciaux (v. cep. : J.-M. Delarue, « Le fondement juridique incertain de la rétention de sûreté », *D.* 2014. 864 ; J.-Ph. Guédan, « Nouvel avis négatif du contrôleur des lieux privatifs de liberté », *AJ pénal* 2015. 157) mise en œuvre après l'expiration de la peine, par une juridiction qui a prévu cette possibilité, contre des individus considérés comme dangereux, par des experts qui pourront mettre fin à cette situation, en fonction de l'évolution de la personne qui y est soumise. La rétention de sûreté est d'application immédiate, mais elle n'est pas rétroactive. Elle peut être qualifiée de mesure de sûreté puisque non seulement elle a pour objet de protéger la société mais aussi l'individu en lui permettant de se soigner et de se réinsérer (en ce sens, v. J.-Y. Chevallier, note préc.). Il ne nous paraît donc nullement évident de considérer que cette décision de la Cour européenne doive avoir une répercussion obligatoire en droit français. On observera cependant que la mise en rétention de sûreté, à la suite de la non-observation des obligations imposées dans le cadre d'une surveillance de sûreté, si elle n'a pas été prévue par la décision de condamnation paraît peut-être moins à l'abri des « éventuels foudres de la juridiction européenne » (v. sur ce point, E. Dreyer, n°s 1272 s.). On ajoutera que dans une autre décision du 2 octobre 2010, *Grosshopf c/ Allemagne*, la Cour européenne des droits de l'homme a procédé à une appréciation *in concreto* de la détention de sûreté pour estimer qu'il n'y avait pas de violation de l'article 5 § 1 de la Convention. V. *AJ pénal* 2011. 45, note

J.-P. Céré, qui estime, qu'aux termes de cet arrêt, la rétention de sûreté obtient un brevet de conventionalité (v. cep. pour un art. d'une autre tonalité, C. Saas, « Avis d'orage sur l'internement à durée illimitée des délinquants », Tribunal fédéral constitutionnel allemand : *AJ pénal* 2011. 462). Si l'on en juge par une décision récente (CEDH 7 janv. 2016, *Bergmann c/ Allemagne*, req. n° 23279/14 ; *Dr. pénal* 2016. 70, obs. V. Peltier ; *Gaz. Pal.* 2016, n° 9, obs. Andriantsimbazovina ; *JCP* 2016. 94, note K. Blay-Garbarczyr ; *AJ pénal* 2016. 339, obs. L. Grégoire) le professeur J.-P. Céré s'est révélé le meilleur pronostiqueur de l'évolution jurisprudentielle de la Cour européenne. En effet, dans cette affaire, la CEDH conforte la conventionnalité de la détention de sûreté allemande, telle qu'elle résulte d'une réforme législative du 5 décembre 2012, en considérant que la prolongation de cette mesure, avec effet rétroactif pour le requérant, n'est pas contraire à l'article 7 de la Convention, le but et la nature de cette mesure ayant changé au point de faire disparaître son aspect punitif.

16 Pourtant la Cour de cassation quelque temps plus tard est venue nier le lien entre mesure de sûreté et application rétroactive de ce type de sanction dans un arrêt du 21 janvier 2009 (n° 08-83.492, *Bull. crim.* n° 23, *D.* 2009. 1111, note H. Matsopoulou ; *AJ pénal* 2009. 178, obs. J. Lasserre Capdeville ; *JCP* 2009. II. 10043, note S. Detraz ; *RPDP* 2009. 140, note critique J.-Y. Chevallier, et 147, note approbative X. Pin). La chambre criminelle a, en effet, rejeté le pourvoi interjeté contre un arrêt d'une chambre de l'instruction (Angers 15 juill. 2008, *JCP* 2009. IV. 1332) qui n'avait pas fait une application immédiate des dispositions de la loi du 25 février 2008, instaurant une procédure d'irresponsabilité pénale pour cause de trouble mental (C. pr. pén., art. 706-119 s.), au motif que ce texte serait susceptible de faire encourir à une personne « des peines » prévues à l'article 706-136 du Code de procédure pénale que son état mental ne lui faisait pas encourir sous l'empire de la loi applicable au moment des faits. Ainsi des mesures que le législateur a expressément qualifiées de mesures de sûreté sont purement et simplement assimilées à des peines, terme que la chambre criminelle utilise précisément. Elle en tire évidemment la conclusion qu'elles ne sauraient être appliquées à des faits commis avant la promulgation de la loi. Que penser de cette décision ? Approuvée par certains annotateurs (X. Pin et S. Detraz), elle est contestée par d'autres (J.-Y. Chevallier). Cette décision a néanmoins le mérite, après celle du Conseil constitutionnel, d'affirmer qu'il faut aller au-delà de la terminologie retenue et vérifier quelle est la nature exacte de la sanction. Nonobstant le fait que les interdictions prévues par l'article 706-136 du Code de procédure pénale ont souvent le statut de peines restrictives ou privatives de droit, on ne peut guère contester qu'elles ont pour objectif de lutter contre la dangerosité de personnes reconnues irresponsables en interdisant certaines activités potentiellement dangereuses. Il subsiste pourtant une grande ambiguïté puisque ces sanctions, en s'adressant à la volonté de l'individu, paraissent postuler le libre arbitre alors que la décision d'irresponsabilité vient précisément de décider le contraire (en ce sens X. Pin). On pourra cependant assez facilement rétorquer que l'irresponsabilité doit être constatée au moment des faits, ce qui ne signifie nullement qu'elle va perdurer au-delà. Dès lors, il n'est peut-être pas totalement inutile de prendre certaines mesures de précaution qui n'ont pas de caractère rétributif et peuvent contribuer à la protection de l'irresponsable autant qu'à celle de la société (en ce sens J.-Y. Chevallier). On ajoutera que la loi nouvelle présente un caractère divisible évident. Pour l'essentiel on ne peut guère contester qu'il s'agit d'une loi de procédure qui conduit à substituer, dans le cadre d'une procédure nouvelle, à des décisions de non-lieu, de relaxe ou d'acquittement, des décisions d'irresponsabilité pénale. En suivant l'argumentation de la chambre criminelle il serait possible, pour les faits réalisés antérieurement à la publication de la loi, d'appliquer immédiatement la loi nouvelle dans sa partie procédurale conformément aux règles de droit commun des conflits de lois, mais de ne pas appliquer ce que la Haute juridiction nomme « les peines nouvelles » (en ce sens V.-F. Rousseau, « L'application dans le temps des nouvelles dispositions du 25 février 2008 relative à l'irresponsabilité pénale pour cause de troubles mentaux » ; à propos de l'arrêt de la chambre criminelle du 21 février 2009, *Dr. pénal* 2009. Étude 9).

17 Fallait-il voir dans cette décision un abandon total de toute distinction entre peine et mesure de sûreté du point de vue de l'application de la loi pénale dans le temps ? On pouvait en douter et penser qu'il s'agissait plutôt d'une réaction d'humeur à l'encontre d'une loi, dont on a pu dire qu'elle instaurait une sorte de « jugement des fous » (J. Pradel, n° 613).

Cette seconde interprétation a été, très vite, confirmée par un revirement de jurisprudence puisque, dans un arrêt du 7 décembre 2009, la chambre criminelle prend exactement le contre-pied de la décision du 21 janvier 2009 en affirmant, dans l'attendu essentiel de l'arrêt, que la règle de la non-rétroactivité des peines, énoncée par l'article 112-1 du Code pénal ne s'applique pas aux mesures de sûreté prévues en cas de déclaration d'irresponsabilité pénale pour cause de trouble mental. La Cour de cassation rappelle ensuite le principe de l'application immédiate des lois fixant les modalités de poursuites et les formes de la procédure (C. pén., art. 112-2). Elle en tire la conclusion, inévitable, que l'arrêt de la chambre de l'instruction, qui a considéré que les mesures prévues par les articles 706-135 et 706-136 du Code de procédure pénale constituaient des peines et que les procédures ayant pour effet de faire encourir de semblables mesures, ne sauraient être appliquées immédiatement ne pouvait qu'encourir la cassation. Cet arrêt très largement commenté (*D.* 2010. 471, note J. Pradel ; *JCP* 2010, n°s 1 et 2, p. 25, obs. S. Detraz ; *JCP* 2010, n° 5, p. 218, obs. P. Mistretta ; *Dr. pénal* 2010. Étude 4, M. Matsopolou ; *RPDP* 2010. 122, obs. J.-Y. Chevallier ; *RSC* 2010. 129, obs. É. Fortis ; *AJ pénal* 2010. 136, obs. C. Duparc) a, pour le moins, suscité une controverse entre les différents auteurs, sur laquelle il ne convient pas de revenir. Sans doute, peut-on admettre que la nature des mesures pouvant être appliquées à des délinquants aliénés, sur la base des articles 706-135 et 706-136 du Code de procédure pénale, est assez équivoque (v. sur le caractère incertain de la qualification de ces mesures : X. Pin, n° 327) si l'on observe que certaines d'entre elles s'apparentent, clairement, à des peines, mais on ne peut contester que le législateur, à plusieurs reprises, les a précisément qualifiées de mesures de sûreté, de sorte que le doute n'était guère permis. Par ailleurs, il n'était pas discutable que, les règles du droit commun, conduisaient nécessairement à l'application immédiate des dispositions procédurales de la loi ce qui, indirectement, justifie l'application des mesures de sûreté aux infractions commises avant la publication de la loi. Au-delà de la discussion sur les principes, il convient de remarquer, qu'outre l'obligation de soins qui apparaît évidente, les six mesures à la qualification juridique incertaine sont de véritables mesures de précaution pour éviter qu'il y ait une réitération des faits. Mesures de bon sens, qui ne peuvent être prononcées qu'après une expertise psychiatrique d'une personne qui a démontré sa dangerosité en commettant une infraction. Par ailleurs, aux termes de l'article 706-137 du Code de procédure pénale, si l'état mental de la personne s'améliore elle pourra toujours solliciter la levée de ces interdictions. On pourrait peut-être s'étonner que la violation de ces interdictions puisse être pénalement sanctionnée (C. pr. pén., art. 706-139) mais le législateur a pris la précaution de préciser que cela ne serait possible que sous réserve des dispositions de l'article 122-1 du Code pénal, ce qui signifie que la sanction ne pourra être prononcée que contre une personne qui n'est plus atteinte de troubles psychiques ou neuropsychiques ayant aboli son discernement (v. L. Grégoire, « Quel avenir pour les mesures de sûreté. Analyse au regard de 2 ans d'application de la L. du 25 févr. 2008 », *RPDP* 2011. 311). La solution retenue par la chambre criminelle vient d'ailleurs d'obtenir son brevet de conventionnalité par la CEDH dans une décision du 3 septembre 2015, req. n° 42875/10, *Berland c/ France, Dr. pénal* 2015. 133, obs. V. Peltier ; *Gaz. Pal.* 17 sept. 2015, n° 260, obs. C. Berlaud ; *JCP* 2015. 974, note G. Gonzalez ; *AJ pénal* 2015. 599, obs. G. Margain. La juridiction européenne a jugé que ces mesures, n'étant pas prononcées à la suite d'une condamnation, ne sont pas contraires à l'article 7 de la Convention et peuvent donc s'appliquer rétroactivement.

Comme on peut donc le constater il est sans doute des hypothèses où il faut admettre une exception à la non-rétroactivité de certaines mesures de sûreté.

II. — L'application immédiate des lois interprétatives

18 L'application immédiate des lois interprétatives est souvent présentée, de manière plus ou moins explicite par la doctrine, comme une exception aux règles normales de règlement des conflits. En effet, on enseigne que ces lois, qui se bornent à préciser le sens d'une disposition ancienne, font corps avec elle et s'appliquent dans les mêmes conditions que le texte interprété.

L'arrêt *Civrais*, toujours cité et que nous avons retenu, confirme cette position qui n'est qu'une exception apparente à la règle de la non-rétroactivité (A). Encore faut-il qu'il s'agisse d'une véritable loi interprétative (B).

A. — Une évidence pour les lois réellement interprétatives

19 L'arrêt *Civrais* a été rendu en matière de prix. La question était de savoir si le vin était ou non un produit taxé en fonction des textes en vigueur. Une première disposition, la loi du 24 décembre 1934, incriminait les hausses de prix dans le domaine des vins à certaines conditions assez restrictives. Une deuxième disposition, une loi du 21 octobre 1940, modifiait la législation sur les prix, en précisant toutefois que le statut du blé, du sucre et du vin n'est en rien modifié. On notera que la formule paraît assez dépourvue d'ambiguïté quant à l'exclusion du vin de la réglementation générale en matière de prix (en ce sens H. Mazeaud, note sous l'arrêt). La troisième et dernière disposition est une loi du 31 décembre 1942 qui modifiait la loi de 1940 en insérant simplement, après la formule « ne modifient en rien le statut », les mots « économique général » du blé, du sucre et du vin et la formule « produits qui sont soumis aux dispositions de la présente loi ».

20 Civrais était poursuivi pour avoir, en juillet 1941, c'est-à-dire avant la promulgation de la loi de 1942, fait des offres de vente de vin à un prix supérieur au prix fixé. Condamné par la cour d'appel d'Angers, son pourvoi est rejeté par la chambre criminelle, qui se fonde sur le fait que la loi de 1942 était interprétative. Elle peut donc s'appliquer à des faits qui lui sont antérieurs. Il faut remarquer que le législateur avait lui-même affirmé le caractère interprétatif des dispositions qu'il prenait. Cela suffit-il pour autant à garantir le caractère interprétatif de la loi ? Si certains auteurs, comme Roubier (*Le droit transitoire*, p. 254) l'admettent sans réticence, surtout parce qu'ils raisonnent sur le terrain du droit civil, d'autres au contraire considèrent que ce n'est pas l'étiquette qui compte et qu'une loi ne peut être interprétative qu'en fonction de sa nature (H. Mazeaud, note précitée qui indique en ce sens de nombreux auteurs). Reste évidemment à déterminer dans quel cas une loi aura un caractère interprétatif. Selon la doctrine civiliste commune, il faut tout d'abord qu'elle se borne à affirmer une règle que l'interprète (le juge) pouvait dégager lui-même. C'est en cela que le nouveau texte se borne à déclarer le droit. Il faut ensuite qu'il y ait une certaine controverse jurisprudentielle, ce qui implique que le texte pouvait *a priori* faire l'objet d'une autre interprétation. Si la jurisprudence est très nettement établie, une loi nouvelle qui apporte une solution différente ne peut pas être interprétative (Roubier, *op. cit.*). Si toutes ces conditions sont réunies, alors la loi n'est pas véritablement nouvelle et on peut comprendre qu'elle s'incorpore à la loi interprétée. Mais dans ce cas, comme le remarque Levasseur (*Opinions hétérodoxes*, préc., p. 200), il sera bien rare que le législateur juge nécessaire d'intervenir. On peut, néanmoins, citer quelques exemples : Crim. 14 oct. 1980 *Bull. crim.* n° 253 ; ou encore dans le domaine fiscal, plus récemment, un arrêt indiquant qu'une loi à caractère interprétatif a un effet rétroactif et doit recevoir application dans les procédures non encore définitivement jugées : Crim. 3 déc. 1990, *Bull. crim.* n° 412. On peut également signaler un exemple intéressant, même s'il a donné lieu à une certaine controverse doctrinale, admettant le caractère rétroactif d'une loi dont l'objet était de supprimer une ambiguïté, résultant de la mauvaise rédaction d'un texte.

21 La loi du 9 mars 2004 avait modifié l'article 721 du Code de procédure pénale pour organiser un système de crédit de peine pour les condamnés. Ce texte maladroitement rédigé précisait que ce crédit, calculé sur la durée de condamnation, était de trois mois pour la première année, de deux mois pour les années suivantes et de sept jours par mois. Il fallait évidemment entendre que ces sept jours par mois s'appliquaient pour les peines inférieures à un an ainsi que pour la partie des peines inférieures à une année pleine. Cette interprétation était d'autant plus évidente qu'elle correspondait à un système jusqu'alors appliqué. Tel n'était pas l'avis de certains condamnés qui estimaient qu'il fallait au contraire ajouter ces 7 jours par mois aux trois mois de la première année et aux deux mois des années suivantes (pour cette solution : M. Herzog-Evans, « *Quantum* de crédit de peine et "bug" juridique », *AJ pénal* 2005. 448 et *AJ pénal* 2006. 207). La loi du 12 décembre a mis fin à cette ambiguïté en précisant que la réduction de sept jours par mois ne concerne que les peines inférieures à un an ou la partie de peine inférieure à une année pleine pour les peines plus longues. Pour éviter une autre difficulté l'alinéa 1er de l'article 721 du Code de procédure pénale précise que pour les peines supérieures à une année la réduction des sept jours par mois ne peut pas être supérieure à deux mois. La chambre criminelle de la Cour de cassation n'a donc pas hésité à admettre le caractère interprétatif de cette loi, estimant ainsi que les condamnés n'ont jamais bénéficié de ces sept jours supplémentaires (Crim. 21 févr. 2007, n° 06-83.089, *D.* 2008. 1015, obs. crit. M. Herzog-Evans ; v. égal. sur cette question : F. Desportes et F. Le Gunehec, n° 1051-1 ; F. Stasiak, « De l'art d'interpréter la loi : l'article 721 al. 1er du Code de procédure pénale », *AJ pénal* 2006. 210).

Néanmoins le juge pénal doit toujours se montrer très prudent en cette matière, la volonté du législateur pourrait, sous le masque d'une loi dite interprétative, modifier rétroactivement un texte qui ne lui paraît pas satisfaisant.

B. — Une réalité discutable pour les lois faussement interprétatives

22 Le juge pénal, face à une loi présentée comme interprétative, même si cela résulte d'une volonté implicite (sur ce point, v. J. Françon, note sous Civ. 2e, 29 mai 1959, *JCP* 1959. II. 11179) ou explicite du législateur, doit donc tout d'abord vérifier si tel est bien l'objet du texte. À ce propos, on doit constater que dans l'affaire jugée par la chambre criminelle, le caractère interprétatif était plus que douteux. La formule utilisée par le législateur de 1940 était, à notre sens, parfaitement claire et la jurisprudence, y compris celle de la Cour de cassation, paraissait bien considérer que le vin était exclu de la réglementation (v. la jurisprudence citée par H. Mazeaud, note préc.). Dès lors, la loi de 1942 n'était pas interprétative mais rectificative. C'est évidemment une tentation à laquelle le législateur peut céder, pour éviter de faire délibérément une loi rétroactive, de se contenter d'une rétroactivité déguisée par le jeu d'une disposition dite interprétative (R. Merle et A. Vitu, t. I, n° 269). Il faut d'ailleurs rappeler qu'aujourd'hui les juges devraient rejeter une fausse loi interprétative par disposition expresse du législateur, car elle serait contraire à la Convention européenne de sauvegarde des droits de l'homme. Il faut évidemment réserver le cas d'une loi interprétative plus douce (v. sur ce point la L. du 6 déc. 1976, C. trav., art. L. 4741-1 ; Crim. 8 nov. 1977, *D.* 1978. IR 109, obs. M. Puech). Dans le cas où le législateur n'a pas fait connaître sa volonté, les juges répressifs doivent se montrer extrêmement prudents pour appliquer immédiatement une loi interprétative. C'est ce qu'a fait la Cour de sûreté de l'État dans un arrêt du 15 février 1977 (*D.* 1977. 598, note D. Mayer) en refusant de considérer que la modification de l'article 5 de l'ancien Code pénal, en matière de cumul des peines, puisse s'appliquer à des faits antérieurs à sa promulgation. Elle a, en effet, constaté qu'avant ce texte, l'interprétation de la règle du non-cumul, s'agissant du problème des peines graciées, était différente. Ainsi la loi n'était donc pas interprétative mais rectificative. Cette solution a été maintenue s'agissant des dispositions du nouveau Code pénal concernant cette difficulté. En effet la Cour de cassation a refusé d'appliquer l'article 132-6 du Code pénal à des faits commis avant l'entrée en vigueur du texte refusant implicitement d'accepter le caractère interprétatif de la loi qui était incontestablement plus sévère (Crim. 16 mars 1999, n° 98-84.292, *Bull. crim.* n° 40 ; v. F. Desportes et F. Le Gunehec, n° 329). La chambre criminelle a pourtant maintenu sa jurisprudence dans d'autres affaires (Crim. 14 oct. 1980, *Bull. crim.* n° 258 ; Crim. 23 janv. 1989, *Bull. crim.* n° 29). Dans ce dernier arrêt, la Haute juridiction précise néanmoins que le texte ne peut en aucun cas rétroagir au-delà de l'entrée en vigueur de la disposition qu'elle entend interpréter dès lors que cette dernière était incontestablement plus sévère (dans le même sens : Crim. 3 déc. 1990, *Bull. crim.* n° 412). On notera enfin que la chambre criminelle a toujours refusé d'appliquer rétroactivement les lois de validation d'actes administratifs annulés (Crim. 15 mars 1956, *Gaz. Pal.* 1956. 426 ; *RSC* 1957. 129, obs. A. Légal ; Crim. 14 mai 1957, *D.* 1957. 542 ; M. Puech, n° 34). Plus récemment la Cour de cassation a pourtant admis qu'une loi nouvelle rétablissant une infraction après son annulation pour non-conformité à la Constitution pouvait s'appliquer à des faits commis avant sa promulgation mais il est vrai que la disposition nouvelle n'apparaissait pas plus sévère que l'incrimination annulée (Crim. 20 oct. 1986, *Bull. crim.* n° 296 ; Crim. 12 juin 1989, 3 arrêts, *Bull. crim.* n° 251 ; *D.* 1989. 585, rapp. Souppe et note Derrida ; sur ce point, v. W. Jeandidier, *Droit pénal général*, n° 140). Tel n'était en revanche pas le cas dans une décision publiée précédemment, relative aux lois interprétatives. Dans un arrêt du 12 janvier 2000 (nº 99-80.534, *Bull. crim.* nº 20 ; *Dr. pénal* 2000, nº 71, obs. M. Véron), la chambre criminelle a admis que l'article 15 de la loi du 17 juin 1998, modifiant l'article 434-3 du Code pénal, qui précise que l'obligation de dénoncer les mauvais traitements à un mineur concerne également les atteintes sexuelles, a un caractère interprétatif. Il en résulte donc que ce texte peut s'appliquer à des non-dénonciations antérieures à sa promulgation (v. égal : Crim. 14 oct. 1998, nº 97-84.730, *Bull. crim.* nº 263). Une telle solution nous apparaît très contestable. Le professeur E. Dreyer signalait dans son ouvrage (nº 1732) une hypothèse du même type, s'agissant d'une nouvelle définition de la contrainte morale pour certaines infractions sexuelles qui peut résulter de la seule différence d'âge entre l'agressé et l'agresseur et de l'autorité de droit ou de fait que ce dernier peut exercer sur la victime. Cette solution, qui n'est pas conforme à la jurisprudence jusqu'alors appliquée, devrait-elle être rétroactivement retenue, au motif qu'elle a simplement pour but d'interpréter la notion de contrainte morale (v. Ch. Guéry, « La contrainte morale après la loi sur l'inceste », *AJ pénal* 2010.126). C'est la solution qui a été retenue dans une décision de la chambre criminelle du 15 avril 2015, nº 14-82.172 (*Bull. crim.* nº 93 ; *AJ pénal* 2015. 42, obs. A. Darsonville ; *RPDP* 2015. 583, obs. F. Rousseau ; *ibid.* 595, obs. P. Conte et 2016. 159, obs. M.-C. Guérin) qui a décidé que la loi du 8 février 2010, qui précise que la contrainte morale en matière d'agressions sexuelles peut résulter de la différence d'âge entre une victime mineure et l'auteur des faits et de l'autorité de droit ou de fait que celui-ci exerce sur cette victime (C. pén., art. 222-22-1) est une loi interprétative de l'article 222-22 du même code et est donc, comme telle, susceptible de s'appliquer à des faits commis antérieurement à sa publication. Une nouvelle fois, on peut critiquer cette solution. D'abord d'un point de vue général, puisqu'elle implique que le texte initial manquait de clarté et de précision et ne paraissait donc pas conforme au principe de légalité criminelle (en ce sens, F. Rousseau not. *RPDP* ; É. Verny, O. Décima et S. Détraz, nº 137) ensuite, d'un point de vue particulier, parce que la finalité de la loi semblait plutôt d'introduire une présomption légale de contrainte morale pour en faciliter l'établissement. Dans ce cas, cette loi entrerait plutôt dans la catégorie des lois concernant le régime de la preuve dont les règles d'application dans le temps ne conduisent pas nécessairement à la rétroactivité (sur ce point, F. Rousseau note préc.). On peut noter que le Conseil constitutionnel a d'ailleurs admis cette dernière solution dans une décision du 6 février 2015, nº 2014-448 QPC (*RSC* 2015. 86, obs. Y. Mayaud ; E. Dreyer « Un contrôle si faible de la constitutionnalité », *AJ pénal* 2015. 248), en estimant que le texte a simplement pour objectif de désigner certaines circonstances de fait sur lesquelles la juridiction du fond saisie pourra se fonder pour déduire l'existence de la contrainte morale. Il écarte ainsi la critique qui était faite par les auteurs de la QPC, selon laquelle le même élément, à savoir la différence d'âge, puisse être retenu à la fois comme élément constitutif d'une infraction et comme circonstance aggravante de cette même infraction (sur cette question de droit pénal spécial, v. la note très critique de P. Conte à la *RPDP* 2015 ; v. égal. Crim. 23 sept. 2015, n° 13-83.881, *Dr. pénal* 2015. 154, note P. Conte ; S. Detraz, « L'article 222-22-1 *in fine* du Code pénal à la lumière de la jurisprudence », *Dr. pénal* 2015. Étude 24 ; Crim. 4 nov. 2015, n° 13-81.710, *Gaz. Pal.* 26 janv. 2016, n° 4, obs. E. Dreyer). Ne faudrait-il pas aller plus loin en rejetant le principe même de la rétroactivité des lois interprétatives ? Si le législateur doit intervenir pour préciser sa pensée, c'est qu'il y avait une certaine confusion en jurisprudence. Est-il légitime de faire supporter aux citoyens la maladresse législative ? Comment leur reprocher de ne pas avoir compris une disposition que les juges eux-mêmes avaient des difficultés à analyser ? Comme le souligne Levasseur (art. préc.), appliquer ces textes immédiatement, c'est ajouter une violation de la règle de la non-rétroactivité à celle de la légalité qui implique une rédaction des textes claire et précise (en ce sens D. Mayer, note préc., M. Puech, préc.). Le refus de l'application rétroactive des lois pénales interprétatives paraît d'autant plus évident que l'assemblée plénière de la Cour de cassation vient de considérer que cette application rétroactive peut être écartée en matière civile sur le fondement de l'article 6 de la Convention européenne des droits de l'homme (Ass. plén., 23 janv. 2004, n° 03-13.617, *JCP* 2004. II. 10030, note Billau ; F. Desportes et F. Le Gunehec, n° 329). Comme on l'a fait remarquer (X. Pin, n° 100), la formulation générale de la décision, qui précise qu'une loi nouvelle ne peut être rétroactive par nature, conduit à penser qu'elle concerne également le domaine pénal (sur la question des revirements de jurisprudence v. *supra*, n° 9). Il reste, il est vrai, que l'admission de l'erreur de droit par le Code pénal (C. pén., art. 122-3) devrait permettre d'atténuer les conséquences pratiques de l'admission de la rétroactivité des lois interprétatives.

23 Au terme de cette analyse, on peut donc affirmer que le respect du principe de la non-rétroactivité des lois pénales plus sévères ne devrait plus devoir supporter la moindre exception. L'apparence elle-même, nous l'avons vu, n'est pas sans poser certains problèmes car elle n'est pas sans danger. Il est, hélas, très facile de passer de l'apparence à la réalité. Pour autant, on ne peut guère contester que, selon l'évolution récente de la jurisprudence de la Cour de cassation, confortée par la CEDH, ce refus de la rétroactivité ne concerne que les peines au sens strict et peut donc être écarté pour des mesures de sûreté, notamment lorsqu'elles ne sont pas prononcées à la suite d'une condamnation. Par ailleurs, cette solution ne nous paraît pourtant pas devoir être maintenue lorsque des textes internationaux sont pris pour assurer la répression d'atteintes à des valeurs essentielles de civilisation. Il apparaît tout à fait normal que les actes contraires au droit international humanitaire puissent toujours être réprimés même si, formellement, leur répression n'était pas prévue dans la législation interne de l'État où ils ont été commis. Cette solution a été retenue dans l'article 6 *c* de la Charte du tribunal international de Nuremberg s'agissant des crimes commis par les nazis (v. J.-H. Robert, p. 159) et plus récemment par le statut du tribunal international créé pour juger les crimes commis dans l'ex-Yougoslavie. Le texte vise tous les faits commis depuis le 1er janvier 1991 (v. F. Desportes et F. Le Gunehec, n° 332). Dès lors que des faits sont criminels selon « les principes généraux reconnus par les nations civilisées », le principe de la non-rétroactivité, dont le but est d'assurer la protection des libertés individuelles, ne saurait permettre à des individus, ne pouvant ignorer la gravité de leurs actes, de bénéficier de l'impunité. La Cour de cassation a cependant refusé une application rétroactive de l'incrimination de crime contre l'humanité prévue par les articles 211-1 à 211-3 du Code pénal à des fautes commises avant l'entrée en vigueur du Code pénal en se fondant sur les principes de légalité des délits et des peines et de non-rétroactivité des lois plus sévères tels que les prévoient les dispositions internes et internationales. Le refus du caractère déclaratif de ces dispositions pour des faits de torture commis pendant la guerre d'Algérie s'explique selon la Haute juridiction, par l'absence de tout texte interne ou international permettant cette solution (Crim. 17 juin 2003, n° 02-80.719, *Bull. crim.* n° 122 ; *D.* 2004. 92, note J. Daniel ; *AJ pénal* 2003. 25, obs. J. L.-H. ; *Dr. pénal* 2003, n° 96, obs. M. Véron. V. sur ce point F. Desportes et F. Le Gunehec, nos 178 et 332, et plus globalement : J. Lelieur-Fischer, « L'impossible poursuite de tous les crimes contre l'humanité commis avant l'entrée en vigueur du nouveau Code pénal », *RSC* 2004. 31). La Cour européenne des droits de l'homme va, elle-même, un peu plus loin en admettant que le principe de non-rétroactivité de la loi pénale ne peut empêcher la répression de faits qui, à l'époque où ils ont été commis, étaient injustifiables au regard des règles gouvernementales des sociétés démocratiques (CEDH 22 mars 2001, req. n° 34044/96, *Streletz, Kessler et Krenz c/ Allemagne, RSC* 2001. 639, obs. F. Massias ; CEDH 22 mars 2001, req. n° 37201/97, *KHW c/ Allemagne, RSC* 2001. 639, obs. F. Massias ; *RTDH* 2001. 1109, obs. P. Tavernier ; sur cette question : J.-F. Renucci, *Traité de droit européen des droits de l'homme*, n° 226). Il s'agissait en l'occurrence de l'assassinat d'Allemands de l'ex-RDA souhaitant franchir le mur de Berlin. Il faut admettre que le respect de l'être humain puisse justifier de telles entorses à la légalité formelle. Pourtant, dans plusieurs arrêts récents, la chambre criminelle vient de confirmer sa jurisprudence en refusant l'extradition de deux Rwandais, au motif que les crimes contre l'humanité n'étaient pas incriminés, en tant que tels, par l'État requérant : Crim. 26 févr. 2014 (deux arrêts), nos 13-87.888 et 13-86.631, *JCP* 2014. 904, note Th. Herran ; *RPDP* 2014. 629, obs. F. Rousseau et Crim. 14 oct. 2015, n° 15-84.420, *JCP* 2016. 56, note D. Rebut. On peut regretter une telle sacralisation du principe de légalité, pour le moins inopportune, et de plus contraire à la jurisprudence de la CEDH (en ce sens, E. Dreyer, n° 1729).

A. V.

11

LOIS DE FOND PLUS DOUCES - NOTION

Crim., 6 mai 1942, *Desroziers*
(*JCP* 1942. II. 1910)

Crim., 5 juin 1971, n° 70-92.735, *Martin*
(*Bul. crim.* n° 180 ; *JCP* 1972. II. 17039, note A. Vitu)

Crim., 6 juin 1974, n° 72-93.508, *Djian*
(*Bull. crim.* n° 207)

Doit être considérée comme plus douce et appliquée immédiatement toute loi pénale nouvelle qui complique une incrimination et rend ainsi la poursuite plus difficile (3e esp.). Dans le cas de lois nouvelles complexes c'est-à-dire comportant des dispositions de caractère différent et non divisibles, il faut pour comparer la mansuétude de deux lois se référer à la disposition principale du texte (2e esp.) ou apprécier si globalement le texte est plus favorable que le précédent (1re esp.).

Chambre criminelle, 6 mai 1942, *Desroziers*

Attendu que la loi du 2 septembre 1941 a substitué aux peines criminelles édictées par l'article 302, alinéa 2 du Code pénal tel qu'il était en vigueur au moment où a été commis l'infanticide retenu contre Desroziers, les peines correctionnelles de trois à dix ans d'emprisonnement et de 10 000 à 100 000 francs d'amende, mais a exclu la possibilité d'accorder le bénéfice des circonstances atténuantes ; – Attendu que la loi du 2 septembre 1941, édictant une peine moins forte était seule applicable en la cause ; que c'est donc à bon droit que la Cour d'assises a rejeté les conclusions du demandeur tendant à ce que soit donné au jury l'avertissement prévu par l'article 341 du Code d'instruction criminelle sur la possibilité de déclarer les circonstances atténuantes, une telle déclaration étant interdite par la loi nouvelle du 2 septembre 1941 dont les dispositions ne peuvent être arbitrairement scindées ; – Qu'ainsi le moyen n'est pas fondé ; – Et attendu que la procédure est régulière et que la peine a été légalement appliquée aux faits déclarés constants par le jury ;

Rejette le pourvoi.

Chambre criminelle, 5 juin 1971, *Martin*

Attendu que c'est sans aucune violation des textes visés au moyen que la cour d'appel a fait application aux demandeurs de la disposition de l'article 734-1 du

Code de procédure pénale, qui permet aux juges de décider que le sursis ne s'appliquera que pour partie à l'exécution de l'emprisonnement ;

Qu'il n'importe que les faits réprimés soient antérieurs à la promulgation de la loi du 17 juillet 1970 qui a introduit cette disposition dans le Code de procédure pénale ;

Qu'en effet, les modifications qui ont été apportées par l'article 29 de ladite loi, au titre de ce code relatif au sursis à l'exécution des peines, et qui ont eu notamment pour objet de faciliter l'octroi du sursis et d'en déduire les cas de révocation, forment un tout dont les éléments ne sauraient être séparés et qui, considéré dans son ensemble, est plus favorable au prévenu que la législation précédente ;

Que dès lors, le nouveau texte était sur ce point applicable, même pour les infractions commises antérieurement ;

D'où il suit que le moyen doit être écarté ;

Et attendu que l'arrêt est régulier en la forme ;

Rejette le pourvoi.

Chambre criminelle, 6 juin 1974, *Djian*

Vu lesdits articles, ensemble les articles 1er et 19 de la loi n° 70-9 du 2 janvier 1970 ;

Attendu qu'il découle des termes de l'article 19 de la loi n° 70-9 du 2 janvier 1970, réglementant les conditions d'exercice des activités relatives à certaines opérations portant sur les immeubles et les fonds de commerce que les dispositions de cette loi se sont substituées, à la date de leur entrée en vigueur, à celles de la loi n° 60-580 du 21 juin 1960 qui a été à la même date abrogée ; que dès lors, les faits commis sous l'empire de la loi de 1960 et susceptibles d'être poursuivis comme constituant des infractions à cette loi ne sont actuellement punissables que s'ils entrent dans les prévisions des dispositions pénales de la loi nouvelle ;

Et attendu qu'aux termes de son article 1er, celle-ci s'applique exclusivement aux personnes qui livrent ou prêtent leur concours « d'une manière habituelle » aux opérations qu'elle concerne ;

Attendu qu'il appert de l'arrêt attaqué qu'il était reproché à Djian, prévenu d'infraction à l'article 3 de la loi du 21 juin 1960 alors en vigueur, d'avoir à l'occasion d'une promesse de vente à l'élaboration de laquelle il avait participé, perçu une somme d'argent à titre de frais et honoraires avant que la vente de l'immeuble eut été effectivement conclue et constatée par un acte écrit ; que ledit Djian a soutenu par voie de conclusions régulières devant les juges du fond qu'il n'était pas agent d'affaires et, qu'à la supposer établie, l'opération qui lui était imputée ne pouvait constituer qu'un fait accidentel et isolé n'entrant pas dans les prévisions de la loi pénale ;

Attendu que, pour rejeter ce moyen de défense, l'arrêt énonce que la loi « ne comporte aucune dérogation et vise l'intermédiaire même occasionnel qui s'entremet en matière immobilière » ;

Mais attendu que, quelle qu'ait pu être sa valeur au regard de la législation qui était en vigueur quand la cour a statué, cette interprétation n'est pas conciliable avec la disposition précitée du texte présentement applicable ; qu'il s'ensuit que la décision manque de base légale ;

Par ces motifs et sans qu'il y ait lieu de statuer sur le premier moyen :

Casse et annule…

OBSERVATIONS

1 Le système de résolution des conflits dans le temps des lois pénales de fond implique nécessairement, nous l'avons vu (v. n° 9) que l'on prenne parti sur la loi nouvelle afin de déterminer si elle est plus douce ou plus sévère que la loi qu'elle remplace. Cette confrontation de la mansuétude comparée de deux lois peut être chose particulièrement aisée. Il en est ainsi lorsqu'un texte nouveau supprime une incrimination ou diminue une pénalité. D'une manière plus générale, on peut dire que cette difficulté sera assez facilement résolue lorsque la loi nouvelle comporte des dispositions ne présentant qu'un seul aspect, un seul caractère aussi bien plus doux que plus sévère. La solution du conflit pour ces lois, que l'on qualifie habituellement de lois simples, est assurée par la jurisprudence en appliquant certaines règles presque automatiques ce que nous verrons dans un premier temps. Il est en revanche des conflits pour lesquels la solution est beaucoup moins évidente dès lors que le texte nouveau comporte des dispositions différentes, certaines plus douces, d'autres plus sévères que les mesures prévues par la loi ancienne. La loi dite complexe pour cette raison, pose un problème infiniment plus délicat. Faut-il distinguer selon les dispositions ? Faut-il déterminer si globalement la loi est plus douce ou plus sévère ? C'est ce que nous envisagerons dans un deuxième temps en analysant plusieurs décisions. L'entrée en vigueur d'un nouveau Code pénal, modifiant de très nombreuses incriminations et sanctions, a fourni de nombreux exemples permettant de préciser la jurisprudence.

I. — Détermination de la mansuétude comparée des lois ne comportant qu'un seul élément de divergence

2 Ces lois, dites habituellement simples, sont celles où le conflit ne concerne qu'un seul aspect de différence, un même caractère plus doux ou plus sévère. La modification introduite par la loi nouvelle peut évidemment concerner l'incrimination (A) ou la pénalité (B) ce que nous envisagerons successivement.

A. — Résolution des conflits et incriminations

3 L'arrêt de la chambre criminelle (*Djian*) du 6 juin 1974 fournit une assez bonne illustration des conflits concernant les incriminations. Un individu était poursuivi pour avoir accompli une opération unique de vente immobilière sans respecter les conditions imposées par la loi aux agents d'affaires, infraction réprimée par une loi du 11 juin 1960. Au moment de la poursuite, ce texte a été remplacé par une loi du 2 janvier 1970 qui, selon son article 1er, ne s'applique plus, s'agissant des faits reprochés à Djian, qu'aux seules personnes qui se livrent ou prêtent leur concours d'une manière habituelle à de telles opérations. Ainsi on

est donc passé d'une infraction simple à une infraction d'habitude ce qui constitue incontestablement une mesure plus clémente, puisque l'acte isolé n'est plus punissable. La chambre criminelle ayant rappelé le principe général selon lequel pour être punissables, les faits doivent entrer dans les prévisions des dispositions pénales de la loi nouvelle, ce qui est la consécration indirecte de l'application immédiate des lois plus douces, constate que les faits reprochés à Djian ne tombent plus sous le coup de la loi pénale (pour un autre ex., Crim. 22 mars 1983, *Bull. crim.* n° 88 ; et pour un ex. récent en matière de dépénalisation du droit des sociétés : Crim. 20 mai 2015, n° 15-87.727, *Dr. pénal* 2015. 100, obs. J.-H. Robert).

4 À partir de l'espèce retenue, on peut tirer certaines règles générales. Toute loi qui complique une incrimination, rendant ainsi plus difficiles les poursuites, est une loi plus douce alors que la loi qui simplifie le texte de qualification est au contraire plus sévère. Ainsi la loi qui permet de tenir une réunion publique sans déclaration préalable est une loi plus douce (Crim. 4 mai 1907, *S.* 1908. 1. 49) ; de même le texte qui autorise une manœuvre de conduite jusqu'alors considérée comme une contravention (Crim. 7 mai 1969, *Bull. crim.* n° 157 ; *D.* 1969. 107 ; v. égal. Crim. 11 oct. 1966, *Bull. crim.* n° 225 ; Crim. 30 nov. 1994, n° 94-80.383, *Bull. crim.* n° 391 ; *JCP* 1995. 4. 641 : autorisation d'un procédé de vente, jusqu'alors interdit, sous certaines conditions ; v. par ex. pour les ventes en soldes : Crim. 24 janv. 2012, n° 11-84.045, *Bull. crim.* n° 20 ; *D.* 2012. 492, note C. Ambroise Castérot). Crim. 5 avr. 1995, *Bull. crim.* n° 150 : modification du champ d'application de l'outrage aux bonnes mœurs qui n'est désormais réprimé que dans l'hypothèse où le message à caractère pornographique est susceptible d'être vu ou perçu par un mineur ; Crim. 11 déc. 1996, *Bull. crim.* n° 465 : définition plus étroite de la circonstance aggravante de vulnérabilité de la victime pour le viol ; Crim. 14 mars 2006, n° 05-83.436, *Bull. crim.* n° 74 : décret étendant la possibilité de déroger aux règles du repos hebdomadaire aux entreprises de locations de DVD ; Crim. 14 sept. 2010, *Bull. crim.* n° 133, *D.* 2010. 2434, obs. G. Roujou de Boubée ; *AJ pénal* 2010. 550, obs. S. Pradelle ; *RPDP* 2011. 137, obs. J.-Y. Chevallier ; *Dr. pénal* 2010. 134, obs. M. Véron : restriction de la portée de la présomption de fausseté en matière de dénonciation calomnieuse ; Crim. 13 avril 2010, *Bull. crim.* n° 67 ; *AJ pénal* 2010. 445, obs. E. A. ; *Dr. pénal* 2010. 78, obs. M. Véron ; Crim. 8 juin 2010, *Bull. crim.* n° 104 ; *RSC* 2010. 941, obs. J.-F. Renucci ; *ibid.* 2011. 87, obs. É. Fortis ; *ibid.* 2011. 93, obs. Y. Mayaud ; *RPDP* 2010. 855, obs. Ph. Bonfils : extension de l'immunité de la loi sur la presse pour les personnes déposant devant une commission d'enquête parlementaire ; suppression de l'infraction de travail clandestin pour un ressortissant d'un pays (la Pologne), à la suite de l'entrée de ce pays dans l'Union européenne : Crim. 11 déc. 2012, n° 11-86.415 ; *Dr. pénal* 2013, n° 52, obs. M. Véron ; *RPDB* 2013. 625, obs. F. Rousseau ; Crim. 3 nov. 2015, n° 14-84.459, *Dr. pénal* 2016. 13, obs. J.-H. Robert : Roumanie). Inversement, la loi qui supprime certaines

conditions d'incrimination est plus sévère (Crim. 14 mai 1957, *D.* 1957. 543) ou celle qui décide d'une nouvelle incrimination, celle des personnes morales par exemple (Crim. 23 févr. 2000, n° 99-83.928, *Bull. crim.* n° 85 ; Crim. 19 juin 2007, n° 06-85.490, *AJ pénal* 2007. 433, obs. G. Roussel ; *Dr. pénal* 2007, n° 134, obs. M. Véron ; *Gaz. Pal.* 2008. 1127, Y. M.; *RPDP* 2007. 875, obs. Ph. Bonfils), refusant d'appliquer l'article 121-2 du Code pénal pour des infractions commises avant l'entrée en vigueur du nouveau code ou encore la loi (le Code pénal en l'occurrence) décidant d'incriminer les crimes contre l'humanité qui ne peut s'appliquer à des faits commis pendant la guerre d'Algérie : Crim. 17 juin 2003, n° 02-80.719, *Bull. crim.* n° 122 ; *D.* 2004. 92, note J. Daniel ; *Dr. pénal* 2003, n° 96, obs. M. Véron ; v. égal : Crim. 26 févr. 2014 (deux arrêts) n° 13-87.888 et 13-86.631. Il en va de même pour une loi qui restreint le bénéfice d'une immunité familiale en excluant les infractions commises par les alliés de même degré (Crim. 14 nov. 2007, n° 07-82.527, *Bull. crim.* n° 281 ; *D.* 2008. 89 ; *AJ pénal* 2008. 29, obs. G. Roussel ; *Dr. pénal* 2008. 16, obs. M. Véron ; *RPDP* 2009. 138, obs. J.-Y. Chevallier), pour la suppression d'un élément constitutif du délit d'abus de faiblesse (Crim. 23 juin 2009, *Bull. crim.* n° 31 ; *RSC* 2009. 837, obs. Y. Mayaud), ou encore l'extension d'une incrimination à une personne morale (Crim. 20 oct. 2009, *Bull. crim.* n° 174 ; *AJ pénal* 2010. 31, obs. J. Lasserre Capdeville), lois incontestablement plus sévères. La loi du 10 juillet 2000 donnant une définition plus restrictive de l'élément moral des infractions non intentionnelles (C. pén., art. 121-3, al. 4) a donné lieu à de nombreuses décisions de renvoi devant les juridictions du fond pour leur permettre d'appliquer ces dispositions plus favorables aux prévenus : Crim. 5 sept. 2000, n° 99-82.301, *Bull. crim.* n° 262 ; *JCP* 2001. II. 10507, note J.-Y. Chevallier ; *Dr. pénal* 2000, n° 135, obs. M. Véron ; Crim. 10 janv. 2001, n° 00-83.354, *Bull. crim.* n° 3 ; Crim. 20 mars 2001, n° 98-87.544, *Bull. crim.* n°s 71 et 75 ; *RPDP* 2001. 509, obs. R. Bernardini ; Crim. 9 oct. 2001, n° 00-85.053, *Bull. crim.* n° 204, et encore plus récemment Crim. 16 mai 2006, n° 05-86.939, *Bull. crim.* n° 137 ; *AJ pénal* 2006. 358, obs. C. Saas ; *Dr. pénal* 2006. 108, obs. M. Véron. Parmi les dernières lois on peut signaler tout d'abord, à titre d'exemple, la loi qui abroge l'incrimination de conduite de taxis sans être titulaire de la carte professionnelle (art. L. 3124-4 du C. transp.) : Crim. 27 oct. 2015, n° 14-84.135, *Dr. pénal* 2016. 10, note J.-H. Robert. On peut observer que l'attente de clients, sans autorisation de stationnement sur la voie publique, reste une infraction. Ensuite, on ajoutera une loi nouvelle en matière de séjour irrégulier des étrangers, modifiant indirectement l'incrimination de soustraction à l'exécution d'une décision de reconduite à la frontière (art. L. 624-1 du CESEDA). Dans le but de permettre l'exercice d'un recours juridictionnel, la mesure d'éloignement ne peut être exécutée que si les mesures administratives de rétention ont pris fin, soit à l'expiration d'un délai qui peut aller jusqu'à 45 jours (art. L. 552-7 du CESEDA). Cette nouvelle disposition rend évidemment l'incrimination plus douce puisqu'il est plus difficile de déclencher la poursuite : Crim. 1er avr. 2015, n° 13-86.418, *Bull.*

crim. n° 72 ; *Dr. pénal* 2015. 81, note M. Véron et 86, note J.-H. Robert ; *D.* 2015. 806 ; *AJ pénal* 2015. 600, obs. J. Lasserre Capdeville).

5 Bien entendu, est plus douce la loi qui abroge purement et simplement une incrimination (Crim. 21 avr. 1982, *Bull. crim.* n° 98 : loi anticasseurs ; 16 novembre 1987, 2 arrêts, *Bull. crim.* nos 406 et 407 ; Crim. 16 mai 2007, n° 07-81.142, *Bull. crim.* n° 127 ; *AJ pénal* 2007. 387, obs. C. Saas ; *RPDP* 2007. 660, obs. A. Lepage : modification d'un décret sur le temps de travail des chauffeurs routiers suite à l'application d'une directive européenne allongeant les durées maximales de conduite) (sur ce point pour de nombreux exemples : R. Merle et A. Vitu, t. I, n° 257, note 8), même dans l'hypothèse où l'abrogation est soumise à la publication d'un décret dans un certain délai et qu'il n'est pas publié (Crim. 3 oct. 1994, *Bull. crim.* n° 311 ; *D.* 1995. 11). Pour des exemples plus récents : interdiction des ventes en soldes (Crim. 24 janv. 2012, préc. ; Crim. 22 mars 2011, n° 10-80.203, *AJ pénal* 2011. 412, obs. J. Gallois) ; suppression de l'incrimination de l'abandon de famille pour toute une série de prestations non payées (Bordeaux 24 sept. 2010, *RPDP* 2010. 914, obs. V. Malabat ; Crim. 8 juin 2011, *Dr. pénal* 2011. 115, obs. M. Véron ; *JCP* 2011, n° 342, chron. A. Maron, J.-H. Robert, M. Véron ; Crim. 16 févr. 2011, n° 10-83.606, *D.* 2011. 880, obs. M. Bombled ; *AJ pénal* 2011. 192, obs. S. Pradelle ; *Dr. pénal* 2011. 60, note M. Véron ; *RSC* 2011. 399, obs. Y. Mayaud). On peut observer dans ce dernier cas que cette application immédiate de la loi plus douce a été rapidement abandonnée car elle résultait d'une maladresse du législateur dans un système de renvoi à des textes. Une nouvelle loi de simplification (sic) a redonné à l'incrimination son domaine initial. Un peu dans le même sens, on signalera qu'est plus douce la loi qui supprime une circonstance aggravante (Crim. 19 juill. 1961, *D.* 1961. 548) ou qui ne retient plus l'incrimination de la tentative (Crim. 19 juill. 1966, *JCP* 1967. II. 14490, note Bloch ; M. Puech, n° 27) ou encore qui libéralise l'élément moral de l'infraction (Crim. 16 nov. 1987, *Bull. crim.* n° 403 ; Crim. 13 nov. 1989, n° 87-82.593, *Bull. crim.* n° 409). Ainsi en est-il en matière d'abandon de famille, l'article 227-3 du Code pénal, n'ayant pas repris l'ancien texte présumant volontaire le défaut de paiement de la pension, est un texte favorable au délinquant qui doit s'appliquer immédiatement (Crim. 28 juin 1995, *Bull. crim.* n° 243). On observera cependant que la Cour de cassation refuse d'appliquer cette solution lorsqu'une incrimination repose sur un acte administratif individuel, en estimant que l'abrogation d'un tel acte n'a pas de portée rétroactive (Crim. 19 févr. 1997, *Bull. crim.* n° 68 ; *Dr. pénal* 1997, n° 111). On peut s'étonner de cette entorse à l'application immédiate des lois nouvelles plus douces. En revanche le principe de l'application plus favorable concerne les textes de droit international. Ainsi en est-il des règlements communautaires. L'abrogation d'un tel texte, qui a une valeur supérieure à la loi interne, est une disposition plus douce immédiatement applicable (Crim. 12 déc. 1996, n° 95-81.318, *Bull. crim.* n° 466 ; Crim. 28 mai 2008, n° 07-82.184, *Dr. pénal* 2008. 113, obs.

J.-H. Robert). Il en va de même lorsqu'une loi est inconciliable avec une convention internationale (pour un exemple sur la libre circulation des marchandises et des capitaux, un texte supprimant l'incrimination concernant les importations sans déclaration de moyens de paiement, déclaré applicable aux affaires en cours : Crim. 22 janv. 1997, n° 95-84.636, *Bull. crim.* n° 30, *D.* 1997. 81 ; v. W. Jeandidier, *J.-Cl. Pén. Code*, fasc. 20, art. 112-1 à 112-4, n°s 4 et 42 ; v. égal. pour l'application du principe de la libre circulation des personnes avec un nouveau pays membre de l'UE (Bulgarie) : Chambéry 23 mai 2007, *JCP* 2008. IV. 1687).

6 Tous ces textes doivent être rangés dans la catégorie des lois plus douces. Il peut sans doute arriver que la détermination de la loi plus douce soit plus délicate mais un examen précis des deux dispositions en conflit permet toujours de trouver une solution (v. néanmoins pour une hypothèse où il était difficile de savoir si la loi exige réellement un élément constitutif nouveau la rendant moins sévère : Crim. 10 mars 1986, *Bull. crim.* n° 97 ; *D.* 1986. 182, note Derrida ; *Gaz. Pal.* 1986. I. 536, note Marchi ; R. Merle et A. Vitu, t. I, n° 258). On peut encore citer un exemple plus récent où le caractère plus favorable de la loi ne s'imposait pas avec évidence. Il s'agissait, en l'occurrence, de l'infraction de pratiques déloyales trompeuses qui, depuis une loi récente, font l'objet d'une énumération dans l'article L. 121-1-1 du Code de la consommation. La chambre criminelle a estimé que la création de cette liste de pratiques, qui sont désormais présumées trompeuses, ne conduit pas à une aggravation de l'infraction, ce qui peut apparaître assez discutable (Crim. 17 mars 2011, *RPDP* 2011. 725, obs. S. Detraz). L'entrée en application de l'actuel Code pénal a été l'occasion d'une multitude de problèmes pratiques que les juges ont dû régler. Néanmoins, afin de guider les juridictions, la circulaire d'application du Code pénal du 14 mai 1993, notamment dans son annexe n° 2, fournissait de nombreuses indications sur les modalités d'application du droit transitoire concernant les nouvelles dispositions. On notera par ailleurs que la loi d'adaptation du 16 décembre 1992 a, elle-même, réglé certaines difficultés particulières (art. 337, 338, 370 et 371).

7 À titre d'exemple, s'agissant des dispositions relatives aux incriminations, nous nous arrêterons au cas des circonstances aggravantes. Contrairement aux apparences, la création d'une circonstance aggravante dans ce nouveau dispositif pénal ne constitue pas toujours une mesure plus sévère. En effet, dans certains cas, le nouveau Code pénal a réduit la peine de base applicable à une infraction (le meurtre par exemple) mais il crée de nouvelles circonstances aggravantes permettant de mieux différencier les sanctions. Dès lors, la loi nouvelle n'est pas plus sévère, on peut même considérer qu'elle est plus douce puisqu'il faudra prouver la circonstance aggravante, et il doit donc être possible d'appliquer la peine la plus forte puisqu'elle est prévue par l'ancienne et la nouvelle législation. Toute autre solution serait choquante et juridiquement inexacte puisque le législateur n'a, en aucune manière, voulu être plus clément dans un tel cas (en ce sens, F. Desportes et F. Le Gunehec, n° 348 pour une attitude plus critique ; v. égal. E. Dreyer, n° 1737). Cette solution a d'ailleurs été retenue par la chambre criminelle (20 déc. 1995, *Bull. crim.* n° 393) dans une affaire d'homicide volontaire, avec une circonstance aggravante tenant à la qualité de la victime. La Cour de cassation observe qu'en retenant cette circonstance aggravante, la chambre d'accusation (auj. de l'instruction) n'aggrave pas les peines qui étaient également encourues sous l'empire de l'ancien texte du Code pénal (*contra* Crim. 2 juin 1981, *Bull. crim.* n° 148 ; v. égal. : Crim. 8 févr. 1994, *Bull. crim.* n° 57 pour une solution tout aussi contestable concernant l'application de la L. du 23 déc. 1980, rejetant une qualification criminelle pourtant constituée sous l'ancienne comme sous la nouvelle législation). Il nous reste maintenant à examiner ce qu'il en est des règles lorsqu'il s'agit des lois de pénalités ?

B. — Résolution des conflits et pénalités

8 S'agissant des lois relatives à la répression, l'appréciation de la mansuétude comparée des textes en présence va porter uniquement sur la sanction. Un acte reste incriminé, mais le législateur l'assortit d'une peine différente. Comment déterminer si la loi nouvelle est plus douce ou plus sévère ? (v. pour le cas d'une peine complémentaire inapplicable à la date de faits, très anciens, concernant une affaire de mineurs : Crim. 22 mai 2012, n° 11 85.768, *Bull. crim.* n° 132 ; *Gaz. Pal.* 2 août 2012, n° 215. Il en est de même pour une peine complémentaire de publication de la décision, applicable au moment des faits mais supprimée depuis, à la suite d'une déclaration d'inconstitutionnalité : Crim. 16 mai 2012, n° 11-86.334, *Bull. crim.* n° 124 ; Crim. 13 juin 2012, n° 11-86.269, *Bull. crim.* n° 168). La réponse est évidente si le texte supprime l'une des peines jusqu'alors retenue : il est plus doux (Crim. 28 avr. 1975, *Bull. crim.* n° 110 : suppression de l'interdiction de séjour pour vol ; Crim. 17 juin 1977, *Bull. crim.* n° 224 : suppression de l'interdiction de gérer un hôtel en matière de proxénétisme ; Crim. 12 janv. 1994, *JCP* 1994. IV. 932 ; Crim. 16 mai 1994, n° 93-83.004, *Bull. crim.* n° 183 ; *RSC* 1995. 93, obs. B. Bouloc : suppression de la peine d'amende en matière de faux ; Crim. 7 avr. 1994, *Bull. crim.* n° 141 ; Crim. 14 déc. 1994, n° 94-83.064, *Bull. crim.* n° 412 : suppression de la peine d'emprisonnement en matière de contravention ; Crim. 6 janv. 2004, n° 03-80.245, *Bull. crim.* n° 3 ; *D.* 2004. 397 ; *AJ pénal* 2004. 111, obs. J. Leblois-Happe ; *RSC* 2004. 633, obs. É. Fortis ; *Dr. pénal* 2004, n° 46, obs. M. Véron ; *RPDP* 2004. 390, obs. Ph. Bonfils : substitution de la période maximale de sûreté de 22 ans à celle de 30 ans préalablement encourue ; Crim. 25 mai 1994, n° 93-83.820, *Bull. crim.* n° 198 : suppression de la peine d'interdiction du territoire pour certains étrangers ; Crim. 4 févr. 2004, n° 03-81.984, *Bull. crim.* n° 32 ; *RSC* 2004. 633, obs. É. Fortis ; *ibid.* 639, obs. Y. Mayaud ; v. égal. Crim. 31 mars 2005, n° 04-83.037, *Bull. crim.* n° 114 : substitution d'une peine d'emprisonnement plus douce ; Crim. 16 déc. 2009, *Bull. crim.* n°s 216 et 217 ; *AJ pénal* 2010. 77, obs. J. Lasserre Capdeville ; et sur cette question, V. Peltier, « Un an de droit de la peine », *Dr. pénal* 2010, n° 1 ; *RPDP* 2010. 127, obs. J. Y. Chevallier : transformation de la peine obligatoire d'interdiction de gérer en peine facultative article L. 728-5 du Code de commerce ; v. égal : Crim. 13 juin 2012, n° 11-86.269 ; *Dr. pénal* 2012, n° 145, obs. J.-H. Robert pour la transformation d'une peine complémentaire obligatoire en peine complémentaire facultative, à la suite d'une QPC décidant de l'inconstitutionnalité d'un texte, l'article 1741, al. 4, CGI ; v. pour la diminution de la réduction minimale applicable pour la peine d'amende en droit douanier, Crim. 25 juin 2014, n° 13-84.131, *RSC* 2014. 571, obs. S. Detraz et *Gaz. Pal.* 21 août 2014, n° 295, obs. du même auteur)

La suppression du mécanisme des peines plancher par la loi n° 2014-96 du 15 août 2014, relative à l'individualisation des peines et renforçant l'efficacité des sanctions pénales, est un excellent exemple d'une loi nouvelle de pénalité plus douce et donc immédiatement applicable. En ce sens : Crim. 14 oct. 2014, n° 13-85.779, *Bull. crim.* n° 205 ; *Dr. pénal* 2014. 153, note E. Bonis-Garçon ; *RPDP* 2014. 840, obs. L. Grégoire et 2015. 115, obs. J.-Y. Chevallier ; *RSC* 2014. 880, obs. D. Boccon-Gibod ; *D.* 2014. 2113. On doit néanmoins signaler, sur cette même question, l'arrêt de la chambre criminelle du 31mars 2015, n° 14-86.584, *Bull. crim.* n° 70 qui refuse de censurer une décision qui avait pourtant prononcé, contre le condamné, une peine égale au seuil minimum de la sanction encourue, en l'occurrence 4 ans d'emprisonnement ferme, en tenant compte de la gravité des faits, de la récidive et de la personnalité du prévenu, mais sans aucunement viser le mécanisme de la peine-plancher. Se livrant, en quelque sorte, à une appréciation *in concreto* de l'affaire, la chambre criminelle estime que la sanction prononcée aurait été identique en l'absence de tout mécanisme automatique fixant un minimum légal à appliquer. (en ce sens F. Rousseau). Il pourrait évidemment en aller de même en cas de condamnation allant au-delà du minimum de la peine-plancher.

La modification de l'al. 2 de l'art. 122-1 du C. pén., par la même loi du 15 août 2014, qui concerne les personnes atteintes, au moment des faits, d'un trouble psychique ou neuro-psychique ayant altéré le discernement de la personne, auteur d'une infraction, est un autre exemple d'une loi de pénalité plus douce, immédiatement applicable, en ce qu'elle fixe désormais un maximum pour les peines privatives de liberté encourues, nécessairement réduites d'un tiers et s'agissant d'un crime passible de la réclusion ou de la détention criminelle à perpétuité, limitées à 30 ans. C'est en ce sens que s'est prononcée la chambre criminelle dans un arrêt du 15 sept. 2015, n° 14-83.135, *Bull. crim.* n° 98 ; *Dr. pénal* 2015. 152, obs. E. Bonis-Garçon et *Dr. pénal* 2016 : « Un an de droit de la peine », chron. 3, n° 9, obs. V. Peltier ; *JCP* 2015. 1209 note V. Peltier ; *D.* 2015. 1842, obs. G. Roujou de Boubée ; *RPDP* 2015. 885, obs. E. Gallardo ; *Gaz. Pal.* 24 sept. 2015, n° 267, obs. C. Berlaud et du 3 nov. 2015, n° 307, obs. E. Dreyer et *Gaz. Pal.* 24 févr. 2016, n° 55, obs. S. Detraz.

On observera que la peine prononcée par la juridiction était pourtant inférieure aux deux tiers de la peine encourue et que la Haute juridiction aurait donc pu refuser la cassation en se fondant sur la théorie de la peine justifiée. En fait, elle a, sans doute, considéré que le changement d'approche, que révèle la modification législative, pouvait peut-être conduire la juridiction saisie sur renvoi, à décider d'une peine inférieure à celle initialement prononcée. C'est en tout cas ce qu'est en droit d'espérer la personne condamnée.

Le texte est en revanche plus dur s'il ajoute une peine qui n'existait pas dans l'ancienne rédaction (Crim. 10 juill. 1960, *Bull. crim.* n° 385 ; *RSC* 1961. 339, obs. A. Légal : retrait du permis de conduire ; Crim. 12 oct. 1978, *Bull. crim.* n° 286, interdiction d'émettre des chèques ; Crim. 1er oct. 1987, *Bull. crim.* n° 326, extension du taux d'application des saisies et confiscations ; Crim. 30 nov. 1987, *Bull. crim.* n° 435 et 1er févr. 1988, *Bull. crim.* n° 47, faillite personnelle, Crim. 19 juin 1996, *Bull. crim.* n° 265 : interdiction du droit de représenter ou d'assister une partie devant la justice ; Crim. 2 sept. 2004, n° 04-80.518, *Bull. crim.* n° 197 ; *D.* 2004. 2623 ; *RSC* 2005. 67, obs. É. Fortis : peine du suivi socio-judiciaire pour des faits commis avant la création de cette peine ; Crim. 4 janv. 2006, n° 05-83.096, *Bull. crim.* n° 7 ; *Gaz. Pal.* 6-8 août 2006, obs. Y. Monnet : peine complémentaire nouvelle d'interdiction professionnelle).

9 Dans un arrêt du 22 novembre 2002 (n° 92-82.460, *Bull. crim.* n° 2 ; *JCP* 2003. II. 10042, note W. Jeandidier) l'assemblée plénière de la Cour de cassation a considéré que l'article 131-27 du Code pénal précisant que la peine de l'interdiction d'exercer une activité professionnelle, lorsqu'elle est temporaire, ne peut excéder cinq ans, est une disposition pénale plus douce s'appliquant aux infractions commises avant son entrée en vigueur. Dès lors doit donc être cassée la décision qui, dans le cadre de la loi du 30 août 1947 (auj. C. com., art. L. 128-1 à L. 128-8) sur l'assainissement des professions commerciales, condamne un prévenu à une peine de 10 ans d'interdiction d'exercer une profession commerciale. En effet, dès lors qu'ils décidaient d'appliquer une interdiction temporaire, les juges devaient nécessairement retenir la disposition plus douce de l'article 127-7 du Code pénal. Dans le même sens : Crim. 8 janv. 2003, n° 02-82.555, *Bull. crim.* n° 3.

10 Dans tous les autres cas, pour déterminer le caractère de la loi nouvelle, les tribunaux ont été amenés à utiliser certains critères fournis par le législateur, les complétant lorsque cela apparaissait nécessaire (R. Merle et A. Vitu, t. I, n° 258 ; M. Puech, nos 24 et 27). Le Code pénal de 1810 comme le nouveau Code établissent une échelle des peines principales. Dans ce domaine, jusqu'alors il suffisait donc de se reporter à cette classification. C'est ainsi que la peine correctionnelle était toujours jugée plus clémente que la peine criminelle, cette dernière étant nécessairement plus rigoureuse que la peine de police. Un arrêt du 5 mai 1981 *Vacher* fournit un bon exemple de cette affirmation en considérant que la loi du 23 décembre 1980 qui a notamment modifié l'article

332 du Code pénal de 1810 en transformant le crime d'attentat à la pudeur avec violence en un simple délit lorsqu'il n'est pas commis sur un mineur de quinze ans (C. pén. de 1810, art. 333) est immédiatement applicable (v. égal. Crim. 29 mars 1971, *Bull. crim.* n° 112 ; Crim. 20 et 21 déc. 1972, *Bull. crim.* n°s 396 et 403). Avec l'actuel Code pénal, la solution est différente puisque l'article 132-5 relatif au cumul d'infractions édicte que toutes les peines privatives de liberté sont de même nature. Dès lors on doit admettre que seule la durée devra être prise en considération (en ce sens, F. Desportes et F. Le Gunehec, n° 347 ; Crim. 15 févr. 1995, *Bull. crim.* n° 70). Par application des mêmes principes, on estime qu'il faut ensuite tenir compte du degré occupé par la sanction dans l'échelle des peines (l'amende correctionnelle est plus douce que l'emprisonnement : C. pén. de 1810, art. 9 et C. pén., art. 131-3) puis de la durée ou de la quotité lorsque les peines sont de même nature et de même degré, en prenant en considération, lorsque cela est nécessaire, les maxima respectifs (v. J. Pradel, n° 186). À titre d'exemples et depuis la publication de l'actuel Code pénal : Crim. 9 mars 1994, n° 92-82.356, *Bull. crim.* n° 93 (passage de la réclusion criminelle à perpétuité à 30 ans de réclusion dans le cas d'un meurtre sans circonstances atténuantes) ; Crim. 12 janv. 1994, n° 92-86.390, *Bull. crim.* n° 19 ; *RSC* 1994. 759, obs. B. Bouloc (diminution de la peine d'amende en matière de contrefaçon) ; Crim. 19 sept. 1995, *Dr. pénal* 1996, n° 4, obs. A. Maron (diminution de la peine d'emprisonnement pour l'infraction d'importation illicite de stupéfiants) ; Crim. 25 mai 1994, n° 93-85.242, *Bull. crim.* n° 199 ; *JCP* 1995. Chron. 3819, obs. M. Véron ; *RSC* 1995. 99, obs. B. Bouloc (interdiction de prononcer, pour un mineur, une peine supérieure à la moitié de la peine encourue) ; Crim. 15 mars 1995, n° 94-81.782, *Bull. crim.* n° 106 (diminution de la peine d'emprisonnement pour le délit d'atteinte sexuelle qui se substitue à l'attentat à la pudeur sans violence). Cette méthode fondée sur l'échelle des peines ne suscite guère de difficultés pratiques, mais elle a cependant été corrigée sur un point. La chambre criminelle considère qu'une peine d'amende est toujours plus clémente qu'une peine privative de liberté. Ainsi, l'emprisonnement de police, était-il jugé plus sévère que l'amende correctionnelle (Crim. 4 févr. 1938, *RSC* 1938. 485, obs. Magnol). Un aménagement de ce type nous paraît tout à fait justifié car pour le délinquant, on peut difficilement contester que la privation de liberté soit intrinsèquement plus grave qu'une simple peine patrimoniale. On peut se demander si une raison identique n'aurait pas dû conduire la jurisprudence à refuser l'application immédiate des lois de correctionnalisation légale lorsque la volonté répressive du législateur était clairement affirmée. Est-il évident que la transformation d'une peine de dix années de réclusion criminelle en une peine de cinq à dix années d'emprisonnement à seule fin de correctionnalisation, soit une peine plus douce ? On peut en douter très sérieusement (en ce sens G. Levasseur, « Opinions hétérodoxes sur les conflits de lois répressives dans le temps », *Mélanges Constant*, 1971, n° 18, Puech p. 106 ; M.-L. Rassat, n° 181). Il est clair que l'actuel Code pénal conduirait à rejeter une telle solution (v. pour une contraventionnalisation et

une application immédiate de la loi : Crim. 21 mars 2006, *Dr. pénal* 2006, n° 84, obs. J.-H. Robert).

1 Pour les sanctions autres que les peines principales, les tribunaux doivent se prononcer dans chaque hypothèse qui leur est soumise, en procédant à une comparaison concrète de la gravité des sanctions, ce qui conduit parfois à des choix difficiles pouvant être jugés contestables. On peut ainsi donner quelques exemples des solutions retenues par les magistrats. Ainsi la peine d'amende a-t-elle été jugée plus douce que la peine de la fermeture d'établissement (Crim. 30 nov. 1922, *Bull. crim.* n° 444) ; l'interdiction de séjour, qui fait défense de se trouver dans certains lieux, plus douce que la surveillance de haute police qui astreignait l'individu à résider en un lieu précis (Crim. 10 et 20 juin 1886, *S.* 1886. 1. 45, rapp. Chambarreaud) ; l'interdiction des droits civiques, civils et de famille, peine complémentaire plus douce que la dégradation civique, peine accessoire (Crim. 11 janv. 1995, *Bull. crim.* n° 17 ; Crim. 1er févr. 1995, *Bull. crim.* n° 41 ; Crim. 15 mars 1995, *D.* 1995. 130).

2 Il importe de remarquer que, s'agissant du régime d'exécution des sanctions, l'actuel Code pénal, tout en réaffirmant le principe de l'application immédiate de ce type de lois aux infractions commises avant son entrée en vigueur, apporte une exception importante. En effet, selon l'article 112-2-3e, encore faut-il, pour que le principe d'application immédiate soit mis en œuvre, que cela n'ait pas pour résultat de rendre plus sévères les peines prononcées dans la décision de condamnation. Si tel est le cas, la nouvelle règle ne concernera que les faits commis postérieurement à son entrée en vigueur. La chambre criminelle a eu plusieurs fois l'occasion d'appliquer cette disposition depuis l'entrée en vigueur de l'actuel Code pénal : Crim. 7 juin 1994, n° 93-83.428, *Bull. crim.* n° 224 ; *RSC* 1995. 341, obs. B. Bouloc, refus d'appliquer une période de sûreté à l'infraction de corruption de mineur (C. pén., art. 227-22) ; Crim. 12 déc. 1995, *Bull. crim.* n° 376 ; *Dr. pénal* 1996, n° 123, obs. M. Véron ; Crim. 24 oct. 2000, n° 00-82.169, *Bull. crim.* n° 307 ; *RSC* 2001. 374, obs. B. Bouloc, refus d'appliquer la nouvelle règle concernant la révocation partielle du sursis avec mise à l'épreuve sans limitation de durée. L'ancien texte précisant que la révocation ne pouvait pas excéder deux mois, la nouvelle disposition est donc plus sévère. En revanche, doit être immédiatement appliquée comme plus douce, une loi relative au sursis avec mise à l'épreuve concernant les déplacements à l'étranger du condamné qui, jusqu'alors, étaient soumis à une autorisation du JAP et qui désormais ne requièrent qu'une simple information du même magistrat (Crim. 4 nov. 2015, n° 15-80.310, *Bull. crim.* n° 244 ; *RPDP* 2015. 887, obs. L Grégoire ; *Dr. pénal* 2016. 19, note E. Bonis-Garçon). De même en matière de concours réel d'infractions le principe de la confusion facultative des peines a-t-il été écarté pour des infractions commises sous l'empire du Code de 1810 qui instaurait l'absorption obligatoire des peines correctionnelles par une peine criminelle : Crim. 26 sept. 1996, n° 96-81.284, *Bull. crim.* n° 336 ; Crim. 17 mars 2004, n° 03-83.411, *Bull. crim.* n° 71 (v. J. Pradel, n° 190 ;

sur l'ensemble de cette question, v. F. Desportes et F. Le Gunehec, n°s 359 s. ; W. Jeandidier, *J.-Cl. Pén. Code*, fasc. 20, art. 112-1 à 112-4, n°s 80 s.). Dans une décision en date du 25 avril 2006 (Crim. 25 avr. 2006, n° 05-86.876, *Bull. crim.* n° 112 ; *D.* 2006. 1560 ; *AJ pénal* 2006. 313, obs. M. Herzog-Evans ; *RSC* 2006. 851, obs. R. Finielz ; *Dr. pénal* 2006, n° 108, obs. M. Véron ; *RD pénal* 2006. 603, obs. A. Lepage et 847, obs. Ph. Bonfils ; *Gaz. Pal.* 29 et 30 déc. 2006, obs. Y. Monnet), la chambre criminelle a refusé d'appliquer immédiatement les dispositions de l'article 775-1 du Code de procédure pénale issues de la loi du 9 mars 2004 prohibant l'exclusion du bulletin du casier judiciaire des mentions relatives aux condamnations pour les infractions d'agressions ou d'atteintes sexuelles dès lors qu'elle rend plus sévère la peine prononcée par la décision de condamnation. En effet, en privant le condamné d'une mesure entraînant relèvement de toutes les interdictions, déchéances ou incapacités, de quelque nature qu'elles soient, résultant de la condamnation, la disposition nouvelle est plus sévère et ne peut s'appliquer à des faits commis avant son entrée en vigueur (dans le même sens : Crim. 24 mai 2006 (2 arrêts), n° 05-84.884, *Bull. crim.* n°s 150 et 151). Une solution identique a été appliquée en matière de réduction supplémentaire de peine dont le régime a été modifié par la loi du 12 décembre 2005. Ces réductions sont exclues pour les condamnés ayant commis une infraction pour laquelle le suivi socio-judiciaire est encouru, et qui refusent un traitement. La chambre criminelle, dans un arrêt du 27 juin 2007 (n° 06-86.911, *D.* 2008. 1015, obs. J.-P. Céré, M. Herzog-Evans et E. Péchillon ; *AJ pénal* 2007. 532, obs. M. Herzog-Evans), a estimé que cette restriction ne peut s'appliquer à un individu condamné à un moment où la peine de suivi socio-judiciaire n'existait pas. La nouvelle loi, conformément à l'article 112-2 du Code pénal, rendant plus sévère la peine prononcée par la décision de condamnation, ne pouvait s'appliquer immédiatement (*contra*, pour une application immédiate pour les récidivistes : Crim. 1er avr. 2009, *AJ pénal* 2009. 321, obs. Herzog-Evans ; *Dr. pénal* 2009, n° 103, obs. A. Maron et M. Haas et chron. 2, obs. V. Peltier). On précisera, qu'inversement, la loi du 15 août 2014 qui n'établit plus aucune différence entre les délinquants primaires et récidivistes, pour l'attribution des réductions de peines a été déclarée immédiatement applicable par un arrêt du 16 déc. 2015, *Bull. crim.* n° 311 ; *Gaz. Pal.* 19 janv. 2016, n° 3, note C. Berlaud ; *Dr. pénal* 2016. 39, obs. E Bonis-Garçon et « Un an de droit de la peine » n° 25. La chambre criminelle indique que le calcul des réductions, pour les récidivistes, doit donc, à compter de la date de publication de la loi nouvelle, être effectué selon la règle plus favorable. Il est important de noter que la CEDH adoptait jusqu'alors, sur cette question, une position différente de celle du droit français, en considérant que les mesures d'application ou d'exécution des peines ne relèvent pas de l'article 7 de la Conv. EDH. Selon une jurisprudence constante (v. par ex. : CEDH 29 nov. 2005, *Uttley c/ Royaume-Uni*, req. n° 36946/03 ; 12 févr. 2008, *Kafkaris c/ Chypre*, req. n° 21906/04) elle décidait que les remises de peine de même qu'un changement dans le système de la libération conditionnelle ne font pas « partie intégrante de la peine » au sens de l'article 7 de la Convention. Il en résultait donc que les dispositions nouvelles, en ce domaine, étaient d'application immédiate. Cette solution vient d'être partiellement remise en question par une décision, très largement commentée par la doctrine, qui instaure une distinction parmi les mesures d'exécution des peines entre celles qui en affectent la portée et les autres (CEDH, sect. III, 10 juill. 2012, *Del Rio Prada c/ Espagne* confirmée par la grande chambre, 21 oct. 2013, req. n° 42750/09) (v. sur cette question *supra*, n° 9).

3 On observera, en revanche, que la chambre criminelle a admis l'application immédiate de la loi nouvelle pour une infraction de détention d'images pornographiques commencée avant la publication de la loi mais qui s'est poursuivie après (Crim. 20 sept. 2006, n° 06-82.429, *AJ pénal* 2007. 93, obs. M. Herzog-Evans). Bien entendu l'article 112-2-3e du Code pénal ne conduit pas à revenir sur des peines prononcées par une décision passée en force de chose jugée avant l'entrée en vigueur de l'actuel Code pénal. Il ne pourrait en aller autrement, par application de l'article 112-4, alinéa 2, que si le fait ayant donné lieu à la condamnation perdait le caractère d'une infraction pénale (Crim. 22 mai 1995, *D.* 1995. 181 ; *Dr. pénal* 1995, n° 214, obs. M. Véron ; v. pour l'abolition de la peine d'interdiction légale. Cette peine a cessé d'être applicable aux condamnés à une peine criminelle devenue définitive avant la date d'entrée en vigueur du Code pénal : Crim. 28 juin 2000, n° 98-86.376, *Bull. crim.* n° 253 ; *JCP* 2000. II. 10375, rapp. F. Desportes). Encore faudra-t-il que les faits ne demeurent pas punissables sous une autre qualification (Crim. 20 juin 1996, *Bull. crim.* n° 269, pour un abus de blanc-seing, infraction supprimée, qui subsiste sous la qualification de faux en écriture).

14 Il faut enfin ajouter que les lois concernant les pénalités ne portent pas nécessairement sur le quantum de la peine. La plus grande mansuétude d'un texte peut aussi résulter des conditions ou des circonstances dans lesquelles la sanction peut être prononcée. Ainsi, la loi qui crée une nouvelle cause de diminution ou d'exemption de peine est certainement une loi plus douce (Crim. 18 mars 1965, *Bull. crim.* n° 81 ; Crim. 6 avr. 1994, *Bull. crim.* n° 137 ; *Dr. pénal* 1994, n° 147, obs. A. Maron : libération d'une personne avant le septième jour en cas de séquestration) ou qui restreint le prononcé d'une peine complémentaire (Crim. 18 févr. 1992, n° 91-82.352, *Bull. crim.* n° 76). De même en est-il de toute loi qui peut conduire au prononcé d'une peine moins importante par le jeu de mesures nouvelles d'atténuation ou d'individualisation ou en exigeant une condition supplémentaire telle que la récidive (Crim. 31 juill. 1952, *Bull. crim.* n° 216 ; *RSC* 1953. 299, obs. A. Légal ; Crim. 4 févr. 1941, *S.* 1942. 1. 24 ; Crim. 5 janv. 1983, *Bull. crim.* n° 8 ; *JCP* 1984. II. 20221, note R. De Lestang ; v. égal. Crim. 6 janv. 1987, *Bull. crim.* n° 3 ; *RSC* 1988. 80, obs. A. Vitu ; Crim. 27 mai 1991, *Bull. crim.* n° 221 ; sur ce point, v. R. Merle et A. Vitu, t. I, n° 258 et les nombreuses références citées). On notera que la transformation de la contrainte par corps en contrainte judiciaire a été considérée comme une loi plus douce immédiatement applicable (Ass. plén., 16 nov. 2007, n° 99-82.117, *AJ pénal* 2008. 87, obs. S. Lavric). Néanmoins la disposition nouvelle, qui fait produire les mêmes effets à une lettre recommandée qu'à un commandement de payer, restreint les garanties du condamné. Cette disposition, relative au régime des peines, rend ladite peine plus sévère et n'est donc pas applicable aux condamnations prononcées pour des faits antérieurs à l'entrée en vigueur de la loi (Crim. 16 janv. 2008, n° 07-84.584, *Bull. crim.* n° 13 ; *D.* 2008. 551 ; *AJ pénal* 2008. 187, obs. G. Royer). En revanche, la possibilité de transformer une peine d'emprisonnement en travail d'intérêt général ou en jours-amende est évidemment une loi plus douce (Crim. 12 mai 2010, *Bull. crim.* n° 85).

L'application dans le temps de la contrainte pénale, nouvelle peine créée par la loi du 15 août 2014 (art. 19), dès lors qu'elle a été conçue comme une alternative à la peine d'emprisonnement devait donc logiquement être considérée comme une loi plus douce. C'est ce qui a été admis dans 3 arrêts rendus le 14 avr. 2015, n° 14-84.473, n° 15-80.858 et n° 14-84.260. Les deux premiers, publiés au *Bulletin* n°s 85 et 86, le troisième inédit, et très largement commentés par la doctrine : S. Le Cuch Pech, « Premiers pas de la contrainte pénale ou la contrainte pénale à l'épreuve de l'application de la loi dans le temps », *LPA* 6 oct. 2015, n° 199 ; *D.* 2015. 1307 note S. Detraz ; *JCP* 2015. 49 note J. Dubarry ; *AJ pénal* 2015. 418, obs. G. Renaux-Duparc ; E. Bonis-Garçon « De l'application dans le temps de la contrainte pénale », *Dr. pénal* 2013 Étude 13 et « Un an de droit de la peine », *Dr. pénal* 2016 Chron. 3, obs. V. Peltier ; *RPDP* 2015. 425, obs. E. Bonis-Garçon et 586, obs. S. Rousseau ; F. Barbier, B. Laurent, G. Guého (chron. de jurisprudence de la Cour de cassation), *D.* 2015. 1395. Dans les trois arrêts rendus, la chambre criminelle considère, en raison de la philosophie qui a présidé à sa création, que la contrainte pénale étant une peine alternative à l'emprisonnement sans sursis est une peine plus douce qui est donc susceptible d'être prononcée à partir de la date d'application de la loi, soit le 1er oct. 2014, à toutes les infractions passibles de moins de 5 ans d'emprisonnement, même commises avant cette date. Bien qu'il s'agisse de la création d'une nouvelle peine, la Haute juridiction considère que, dès lors qu'elle est destinée à se substituer à l'emprisonnement, elle est nécessairement plus douce que ce dernier. Pour autant, dans les trois affaires les pourvois sont rejetés, la chambre criminelle se refusant à annuler les peines prononcées par les juridictions du fond, pourtant non définitives. Cette solution, jugée surprenante par un auteur (E. Bonis-Garçon) a, d'une manière assez générale, été critiquée par les commentateurs des décisions. Elle n'est, en effet, pas conforme au principe qui veut que, dès lors qu'elle est plus douce, une peine peut-être appliquée à des affaires en cours, ce qui implique une cassation, permettant à une nouvelle juridiction d'appliquer cette peine plus douce. La motivation n'est pas exactement la même dans les trois décisions. Dans l'un des arrêts, partant de l'affirmation que la contrainte pénale est une alternative à l'emprisonnement sans sursis, la chambre criminelle estime qu'elle peut exclure la censure, dès lors qu'aucune peine ferme n'a été prononcée (Crim. 14 avr. 2014, n° 15-80.858). Dans les deux autres arrêts, une peine d'emprisonnement partiellement ferme ayant été prononcée, la Cour de cassation adopte une autre motivation fondée sur l'idée que cette peine a été appliquée, conformément aux exigences de l'art. 132-24 al. 3 du Code pénal dans la version en vigueur au moment de la condamnation, sous entendant, en quelque sorte, que les juges du fond n'auraient, en aucune manière, songé à prononcer une contrainte pénale si cette mesure avait été applicable. Cette solution n'est pas dénuée de logique. Elle n'en reste pas moins discutable dès lors que la contrainte pénale est classée dans la catégorie des peines alternatives à un emprisonnement ferme, les demandeurs au pourvoi pouvaient, en effet, espérer que les nouveaux juges saisis prononceraient une peine plus clémente. Comme le suggère un des commentateurs des arrêts (F. Rousseau, préc.) cette solution originale, choisie par la chambre criminelle, pourrait révéler une évolution de la méthode de résolution des conflits de lois pénales dans le temps en passant d'une comparaison *in abstracto* des textes en présence à une appréciation *in concreto* consistant, pour la juridiction du droit, à vérifier l'influence possible de la loi nouvelle dans l'affaire qui est soumise à son contrôle. Ainsi, dès lors qu'elle estimerait que, la non-application de la rétroactivité *in mitius* ne peut être défavorable au condamné, elle refuserait de censurer la décision des juges du fond. Du point de vue de la méthode, comme l'observe le professeur Rousseau dans la note qu'il consacre à ces arrêts, il y a un rapprochement à faire avec celle utilisée par la CEDH, lorsqu'elle est interrogée sur la conventionnalité de l'application rétroactive d'une loi nouvelle : CEDH, gr. ch., 18 juill. 2013, *Maktouf et Damjanovic c/ Bosnie-Herzégovine*, req. n° 20312/08, *Dr. pénal* 2014, chron. 4, n° 24, obs. E. Dreyer ; *RSC* 2013-662, obs. D. Roets. Il faut néanmoins remarquer, que le refus d'application du texte nouveau, prétendument plus doux, par la CEDH est avant tout justifié par l'espoir que le maintien de l'ancien texte pouvait donner aux accusés la chance d'une peine plus clémente alors qu'au contraire, la solution de la chambre criminelle, en matière de contrainte pénale, prive les auteurs des pourvois de cet espoir. C'est d'ailleurs cette solution qu'adopte parfois la chambre criminelle. Ainsi, dans un arrêt du 22 sept. 2014, n° 13-86.053, *Bull. crim.* n° 97, elle a cassé une décision des juges du fond, dans une affaire de défrichage interdit, qui n'avaient pas appliqué un nouveau texte du code forestier qui distingue les coupes abusives et les coupes illicites, privant alors la personne, auteur du pourvoi, d'une loi éventuellement plus favorable. Dans ce dernier cas, contrairement aux décisions concernant la contrainte pénale, la seule perte d'une chance d'obtenir une peine plus douce, a suffi pour conduire à la censure de la décision.

Ainsi il n'apparaît pas nécessaire de multiplier les exemples dès lors que le choix jurisprudentiel est nécessairement pragmatique c'est-à-dire fonction des lois en présence. Au contraire, la solution des conflits de lois répressives complexes paraît impliquer la détermination d'une méthode susceptible de s'appliquer à toutes les hypothèses soumises aux juges.

II. — Détermination de la mansuétude comparée des lois comportant plusieurs éléments de divergence

15 Les lois nouvelles présentent très souvent des aspects très différents les uns des autres. La comparaison de deux textes fait alors apparaître plusieurs points de divergences, certaines règles étant plus sévères, d'autres au contraire plus douces que celles contenues dans la loi ancienne. Toutes ces lois nouvelles n'entraînent cependant pas des difficultés identiques de droit transitoire. La jurisprudence comme la doctrine opposent en effet deux types de lois selon que les dispositions qu'elles comprennent sont divisibles ou indivisibles.

A. — L'hypothèse de dispositions divisibles

16 Une loi nouvelle peut concerner des secteurs du droit pénal assez différents, dès lors dissociables, de façon à n'appliquer immédiatement que les seules dispositions qui se révéleront plus indulgentes. L'exemple toujours cité à ce propos est la loi du 26 mars 1891 dite loi Béranger qui créait tout à la fois le sursis simple et la petite récidive correctionnelle. Il est bien évident que dans une telle hypothèse il n'y avait aucune difficulté à dissocier les deux types de mesures (Paris 6 et 21 avr. 1891, *S.* 1891. 2. 133 et 152).

17 On peut citer de très nombreuses lois plus récentes intervenant dans des secteurs très variés et dont les dispositions ont pu être appliquées distributivement. La loi du 2 février 1981 dite Sécurité et Liberté, était un excellent exemple de ces lois qui comportent des facettes très différentes. Il était tout à fait normal que chacune des dispositions puisse être examinée indépendamment des autres. Ainsi la chambre criminelle a-t-elle pu déclarer immédiatement applicables plusieurs de ses dispositions diminuant les pénalités pour certaines infractions (Crim. 10 mars 1981, *Bull. crim.* n° 87 en matière de vol). En revanche et pour prendre un exemple, il est certain que l'article 303, alinéa 2 du Code de 1810 qui créait une nouvelle circonstance aggravante n'était pas applicable à des faits commis antérieurement à la promulgation du texte. En réalité, la divisibilité dans ces cas, est tellement évidente qu'elle ne suscite aucune controverse. Tout se passe comme si les modifications résultaient de textes totalement distincts. Le nouveau Code pénal avec ses multiples dispositions est évidemment une loi divisible. La loi du 15 août 2014 relative à l'individualisation des peines et renforçant l'efficacité des sanctions pénales est aussi, nous l'avons vu, un excellent exemple de ce type de textes.

18 Lorsque la loi concerne plusieurs aspects de la même incrimination, le problème paraît se poser dans des termes un peu différents. La chambre criminelle n'a néanmoins pas hésité à appliquer séparément les diverses dispositions de certains textes. On cite très généralement à ce propos une ordonnance du 23 décembre 1958 qui correctionnalisait le crime de banqueroute imputable à des officiers ministériels mais qui dans le même temps incriminait la complicité de banqueroute simple qui n'était pas jusqu'alors punissable. Dans une décision du 13 mai 1965 (*Bull. crim.* n° 138 ; *Gaz. Pal.* 1965. 2. 166 ; *RSC* 1966. 341, obs. A. Légal ; M. Puech, n°s 24 et 27) la chambre criminelle a dissocié ces deux dispositions du texte pour appliquer immédiatement la première partie en refusant au contraire de le faire pour la seconde (v. égal. : Crim. 4 juin 1996, n° 94-84.405, *Bull. crim.* n° 231 : divisibilité de l'art. 432-12 du C. pén.).

19 La loi du 23 décembre 1980 relative à la répression du viol et de certains attentats aux mœurs a également donné lieu à une application distributive de ses dispositions et a suscité une abondante jurisprudence. En effet, alors que les conditions d'incrimination, du crime de viol, étaient étendues en englobant certains faits jusqu'alors qualifiés d'attentats aux mœurs, cette dernière infraction faisait l'objet d'une correctionnalisation légale (sur ce problème v. not. Crim. 2 juin 1981, *Bull. crim.* n° 183 ; Crim. 3 févr. 1981, *Bull. crim.* n° 44 ; Crim. 4 févr. 1981, *Bull. crim.* n° 48 ; Crim. 22 janv. 1981, *Bull. crim.* n° 34 ; Crim. 1er avr. 1981, *Bull. crim.* n° 113 ; Crim. 5 mai 1981, *Bull. crim.* n° 141 ; Crim. 22 août 1981, *Bull. crim.* n° 246 ; *D.* 1982. 288, note G. Mayer, *JCP* 1983. I. 3123, n° 91, etc.). Plus généralement on consultera une analyse de M. Larguier, *RSC* 1983. 65 qui a relevé 28 arrêts de la chambre criminelle publiés au bulletin en 2 ans.

20 En réalité, comme on a pu le remarquer (M. Puech, p. 107 ; W. Jeandidier, n° 139 ; J. Pradel n° 184), toute la difficulté consiste à déterminer à quelles conditions les différentes dispositions d'une loi sont divisibles. On peut évidemment s'arrêter à l'analyse objective des divers domaines concernés par le texte. Si la loi porte sur des objets distincts (A. Légal, *RSC* 1962. 92 et 1972. 97), si ces domaines d'application sont bien distincts (R. Merle et A. Vitu, t. I, n° 259) ; la doctrine considère que les dispositions sont divisibles. Pour un exemple de divisibilité (Crim. 24 janv. 2007, n° 06-88.080, *Bull. crim.* n° 19 ; *RSC* 2007. 529, obs. É. Fortis). La loi sur la Halde est déclarée immédiatement applicable pour sa partie procédurale (L. du 30 déc. 2004, art. 13), ce qui permet simplement à cette autorité de donner un avis à une juridiction sur une discrimination. Hélas, cette méthode ne permet pas de résoudre les véritables problèmes c'est-à-dire les cas où les dispositions divergentes d'un même texte doivent être appliquées cumulativement à un délinquant. Dans le cas contraire, qu'il s'agisse de personnes différentes ou de la même personne lorsqu'une seule disposition lui est applicable, il est inexact de parler de complexité de la loi (M. Puech, préc.) La comparaison entre les deux textes ne porte en effet que sur un seul point et l'on est ramené au problème de la loi simple précédemment envisagé.

B. — L'hypothèse de dispositions indivisibles

21 On ne peut donc parler de loi indivisible (on dit souvent complexe) que dans le seul cas où la comparaison des textes fait apparaître à l'égard du délinquant concerné des points de divergence de caractère opposé. Alors que l'une des dispositions semble plus sévère une autre est au contraire plus douce. Lorsque les mesures constituent un véritable bloc « impossible à scinder » (A. Vitu, note au *JCP* 1972. II. 17039) comment déterminer si la loi nouvelle est plus douce ou plus sévère.

Les deux arrêts que nous avons retenus paraissent apporter des réponses différentes à cette question. L'arrêt *Desroziers* rendu par la chambre criminelle en matière d'infanticide semble considérer que pour se prononcer, il faut s'en tenir à la seule disposition principale. Une loi du 2 septembre 1941 avait correctionnalisé le crime d'infanticide mais avait exclu toute possibilité d'accorder des circonstances atténuantes. Sur la base de cette nouvelle loi, une cour d'assises avait refusé de poser une question relative aux circonstances atténuantes. La chambre criminelle saisie d'un pourvoi contre cet arrêt l'a rejeté au motif que les dispositions de la loi nouvelle ne peuvent pas être arbitrairement scindées.

Ce faisant, elle considère donc, que pour apprécier le caractère plus ou moins clément de la loi nouvelle, il faut se référer à la disposition principale de la loi, c'est-à-dire en l'occurrence la transformation de la peine criminelle en peine correctionnelle.

22 Cette solution, outre qu'elle peut apparaître assez contestable, dans ses conséquences, n'est pas toujours d'application très aisée. Ainsi, lorsque les dispositions concernent les lois de pénalité, on peut assez facilement admettre que lorsque la peine principale est modifiée, c'est en fonction de ce seul élément qu'il faut se prononcer. Dans l'hypothèse où la modification touche une autre catégorie de peine, la solution est moins évidente. La Cour de cassation a pu considérer dans des affaires de proxénétisme hôtelier qu'une peine de fermeture d'établissement définitive mais facultative était plus sévère que la fermeture temporaire mais obligatoire (Crim. 20 juill. 1961, *Bull. crim.* n° 347 ; Crim. 29 janv. 1963, *Bull. crim.* n° 54 ; *JCP* 1963. II. 13215, note Le Gall ; *RSC* 1964. 131, obs. A Légal). Dans cette dernière décision, la chambre criminelle se contente de considérer que la fermeture temporaire est plus douce que la fermeture définitive feignant totalement d'ignorer que, dans le même temps, la mesure qui était facultative est devenue obligatoire pour le juge. Devant l'impossibilité d'appliquer distributivement la loi nouvelle, elle a donc admis qu'il fallait considérer la durée de l'interdiction comme l'élément essentiel. On notera enfin que dans le cas où une loi modifiait tout à a fois le minimum et le maximum de la peine dans des sens opposés, seul le maximum devait être pris en considération pour déterminer le caractère général de la loi (Crim. 14 avr. 1883, *S.* 1885. 1. 401, note Villey ; Crim. 1er juill. 1888, *Bull. crim.* n° 188). Au-delà de toute considération technique, cette solution résultait du fait que sous l'empire du Code de 1810 le minimum d'une peine était sans véritable signification puisqu'on pouvait descendre en dessous de cette limite par le jeu des circonstances atténuantes. La nouvelle disposition était donc vraiment plus douce.

23 Lorsque la loi nouvelle comporte des dispositions divergentes sur l'incrimination et la peine, il semble que la jurisprudence s'arrête uniquement à l'incrimination. C'est du moins ce qui résulte d'un arrêt du 20 mai 1947 (*JCP* 1948. II. 4078, note Blaise ; *RSC* 1947. 579, obs. Magnol). La chambre criminelle a considéré qu'une loi nouvelle qui définissait plus restrictivement l'infraction de proxénétisme en ajoutant une condition supplémentaire, était une loi plus douce bien que la peine d'amende prévue pour cette infraction ait été augmentée. On observera cependant que la Cour de cassation s'est prononcée en sens contraire à propos de la loi du 23 décembre 1980 concernant le viol (v. *supra*).

Mais la recherche d'une disposition principale n'est, semble-t-il, pas la seule méthode utilisée par la jurisprudence (elle est aujourd'hui critiquée par une partie de la doctrine : F. Desportes et F. Le Gunehec, n° 351 ; M.-L. Rassat, n° 183 ; v. égal : E. Dreyer, n° 1782, qui considère que des distinctions artificielles sont préférables à toute appréciation globale) pour apporter une réponse aux conflits de lois pénales non divisibles. En effet, l'arrêt *Martin* du 5 juin 1971 adopte une technique toute différente en s'attachant à une analyse globale du texte pour vérifier si, dans son ensemble, il est plus ou moins favorable au délinquant. La loi du 17 juillet 1970 a apporté certaines modifications aux règles concernant le sursis simple. Aux termes de ces nouvelles dispositions, cette mesure pouvait plus facilement être octroyée (seul un emprisonnement correctionnel supérieur à deux mois pouvait y faire obstacle) et elle était plus difficilement révoquée (seule une nouvelle condamnation à une peine au moins égale à deux mois d'emprisonnement pouvait entraîner la révocation). Sur ce premier point, la loi était incontestablement plus indulgente. En revanche, il était dorénavant possible de n'accorder qu'un sursis partiel, ce qui était une mesure plus sévère. Des individus ayant été condamnés à une peine de dix mois d'emprisonnement, dont six avec sursis, pour des faits commis avant le 17 juillet 1970, ont introduit un pourvoi en cassation, estimant qu'on leur avait rétroactivement appliqué une mesure plus sévère. La chambre criminelle rejette ce pourvoi, en considérant que les nouvelles règles concernant le sursis forment « un tout, dont les éléments ne sauraient être séparés, et qui, considéré dans son ensemble, est plus favorable au prévenu que la législation précédente ».

24 Cette solution, qui amène le juge à comparer globalement les lois en présence pour déterminer celle qui est la plus favorable, avait été précédemment utilisée à propos de l'application dans le temps d'une ordonnance du 4 juin 1960 ayant remplacé la peine criminelle des travaux forcés de cinq à vingt ans par la peine de la réclusion criminelle de dix à vingt ans, mais qui, dans le même temps, réformait les règles de la récidive et des circonstances atténuantes dans un sens très nettement plus favorable pour les délinquants. Dans une décision du 10 juin 1961 (*Bull. crim.* n° 248 ; *RSC* 1962. 92, obs. A. Légal), la Cour suprême a considéré

que globalement le texte était plus favorable que le précédent et pouvait dès lors s'appliquer immédiatement. On observera que l'application du critère de la mesure principale (en l'occurrence la modification de la peine) aurait dû conduire à considérer que le minimum de la peine ayant été élevé, la nouvelle sanction était plus sévère et ne devait donc pas s'appliquer à des faits commis antérieurement à sa promulgation. Les deux méthodes aboutissaient donc, dans le cas précis, à des résultats radicalement opposés (pour une application de ce système, Metz 21 avr. 1983, *Gaz. Pal.* 1983. 2. 514 ; Crim. 5 janv. 1983, *Bull. crim.* n° 8 ; *JCP* 1984. II. 20221, note R. De Lestang ; v. égal. Crim. 6 janv. 1987, *Bull. crim.* n° 3 ; *RSC* 1988. 80, obs. A. Vitu). La contrainte pénale, introduite dans notre droit par la loi du 15 août 2014, est un excellent exemple d'une loi qui peut, selon les affaires jugées et les peines prononcées, être considérée comme une peine à la fois plus sévère et plus douce. C'est sans doute pour cette raison que la chambre criminelle ne s'est pas réellement prononcée sur la question du caractère plus ou moins sévère de cette nouvelle peine, se contentant d'affirmer qu'il s'agit d'une peine alternative à l'emprisonnement ferme (v. *supra* et note E. Bonis-Garçon, *Dr. pénal* 2015. Étude 13).

Une telle observation est évidemment de nature à susciter certaines interrogations quant au bien-fondé des systèmes adoptés par la jurisprudence pour régler les conflits dans le temps des lois pénales complexes.

25 On notera que d'autres systèmes ont été suggérés par la doctrine. On rappellera rapidement le système de Blanche (*Études pratiques sur le Code pénal*, t. I, n°s 22 s.) qui suggère de combiner les dispositions les plus favorables de chacune des deux lois et celui proposé par Chauveau et Hélie (*Théorie du Code pénal*, t. I, n° 29) qui laissait au délinquant le soin de choisir la loi applicable. Pour des raisons différentes, ces solutions ont été jugées inacceptables. La première, parce qu'elle crée de toutes pièces un système que le législateur n'a nullement voulu, la seconde parce qu'elle pourrait conduire à une véritable impasse (v. M. Puech, p. 111). Un troisième système avancé par Roubier (*Le droit pénal transitoire*, 2e éd., p. 502) et A. Vitu (*Des conflits dans le temps en droit pénal*, thèse Nancy, p. 140 s.), dit de l'appréciation *in concreto* est *a priori* beaucoup plus séduisant. Il s'agit, dans chaque conflit, d'examiner successivement à quelles conséquences conduirait l'application de chacun des textes en présence et de choisir le moins sévère, lorsque l'on estime que la personne poursuivie mérite la plus grande indulgence. M. Vitu (note préc.) donne comme exemple le passage de la peine de fermeture d'établissement définitive mais facultative à la fermeture temporaire mais obligatoire. L'indulgence devrait conduire à maintenir la loi ancienne puisque le juge pourra n'infliger aucune sanction. La chambre criminelle en cassant la décision qui prononce une fermeture définitive n'adopte-t-elle pas une telle solution (v. note Le Gall, préc.) ? Hélas comme l'a remarqué M. Vitu lui-même, la méthode peut conduire à une situation sans issue en raison d'une impossibilité de comparaison. Ainsi en matière de sursis partiel, faut-il comparer au sursis total ou à l'absence de sursis ? Aucune solution ne s'impose puisque le juge est toujours libre en ce domaine. Le sursis est une mesure de bienveillance.

26 Aucune technique ne semble donc emporter totalement l'adhésion. On peut se demander si le pragmatisme qui paraît guider la jurisprudence n'est pas la seule solution susceptible d'être retenue. Sans doute si nous reprenons l'arrêt relatif à l'infanticide, aurait-on pu admettre que les circonstances atténuantes pouvaient s'appliquer à la nouvelle pénalité correctionnelle mais on aurait méconnu la volonté du législateur. La question est alors de savoir si le maintien de la loi ancienne aurait suscité une solution moins rigoureuse. Rien ne permet de l'affirmer. Un examen des décisions citées ou analysées ne conduit d'ailleurs pas à constater qu'une solution véritablement défavorable au délinquant ait pu être retenue dans un cas précis. Ainsi, lorsque la loi réduit le champ d'une incrimination, il importe peu qu'une peine (d'amende par exemple) ait été augmentée puisque par hypothèse elle ne pourrait plus s'appliquer (v. Crim. 20 mai 1947, préc.). On notera que pour MM. F. Desportes et F. Le Gunehec, n° 354, le fait que les dispositions ne puissent pas, en pratique, concerner la même personne est, d'une certaine manière, le seul critère de la divisibilité de la loi. Ils citent, à l'appui de leur démonstration, plusieurs dispositions tirées de l'actuel Code pénal.

Dans tous les cas, où la loi nouvelle complexe a été appliquée, il semble que le maintien de la loi ancienne aurait pu conduire à une solution au moins aussi sévère que celle qui a été retenue.

27 On peut se demander si à propos de l'application dans le temps de la loi du 23 décembre 1980 relative au viol, la chambre criminelle n'adopte pas une solution assez originale (pour une critique de cette jurisprudence, « Rapport de la Cour de cassation par les membres de la faculté de Saint-Maur », *JCP* 1983. I. 3123, n° 91 ; F. Desportes et F. Le Gunehec, n° 348). Elle a en effet admis dans différentes décisions que ce texte complexe pouvait être appliqué distributivement pour un même délinquant. Ainsi dans l'arrêt du 21 avril 1982, *Bull. crim.* n° 99, commenté *supra*, n° 9 elle a accepté tout à la fois que la disposition visant l'incrimination ne puisse pas parce que plus sévère, concerner un fait commis antérieurement à sa promulgation alors que la nouvelle peine a pu être retenue parce qu'elle était moins sévère. Un arrêt du 2 juin 1981, *Bull. crim.* n° 184, a utilisé la même méthode en acceptant que la nouvelle peine prévue pour le viol puisse s'appliquer à des faits antérieurs mais en refusant que le prévenu ne se voie opposer une circonstance aggravante prévue par le nouveau texte. Il y a donc bien application distributive des mesures prévues par la nouvelle loi à l'égard d'un même délinquant. Pour une application plus récente (v. Crim. 10 juill. 2002, n° 02-83.179, *RSC* 2002. 817, obs. Y. Mayaud) dans cette décision la chambre criminelle estime que la loi du 23 décembre 1980, élargissant l'incrimination de viol, n'est pas applicable à des faits commis avant son entrée en vigueur mais cette solution est sans incidence sur la peine, certains faits étant postérieurs à la loi nouvelle. En revanche seule la prescription délictuelle est applicable. Contrairement à sa jurisprudence habituelle, la Cour de cassation n'a donc pas cherché à savoir si globalement la loi était plus ou moins sévère. On remarquera bien sûr que les différentes dispositions n'étaient pas totalement indivisibles mais n'était-il pas tout à fait évident que la réforme de ce type d'infractions constituait un tout, l'extension de l'incrimination justifiant d'une certaine manière la réduction des sanctions. Pour cette raison, cette décision est contestable puisqu'elle revient à faire bénéficier le délinquant d'une mansuétude que le législateur n'a pas souhaitée (*contra* D. Mayer, note au *D.* 1982. 288 sous Crim. 22 août 1981).

28 Néanmoins d'une manière générale, cette solution, qui paraît assez proche du système proposé par Blanche, nous semble devoir être approuvée si l'on admet que l'application immédiate d'une loi plus douce est fondée sur un principe d'humanité. Dès lors qu'il est matériellement possible de séparer les différentes dispositions d'un texte apparemment complexe, il faut que le délinquant puisse bénéficier des mesures plus douces, alors que le principe de la légalité interdira de lui imposer les mesures plus sévères. On peut sans doute regretter ce « flou » des décisions jurisprudentielles (M. Puech, p. 111). Nous pensons, au contraire, qu'en ce domaine, la souplesse est préférable à un système rigide qui amènerait le juge à violer dans certains cas les principes fondamentaux du règlement des conflits de lois pénales dans le temps.

29 L'entrée en vigueur de l'actuel Code pénal a rapidement donné à la Cour de cassation l'occasion de préciser sa position sur cette question délicate. Ainsi pour ne retenir qu'un exemple la répression du meurtre devait naturellement donner lieu à quelques difficultés puisque la peine passe de la réclusion criminelle à perpétuité à 30 ans de la même sanction, mais dans le même temps de nombreuses circonstances aggravantes sont prévues. Est-il concevable de faire une application distributive de ces nouvelles dispositions (v. sur cette question Ch. Guéry, « Réflexions sur l'article 338 de la loi n° 92-1336 du 16 décembre 1992, dite loi d'adaptation », *D.* 1994. Chron. 140, n°s 8 s. ; Circ. 14 mai 1993, commentaires sous les art. 221-2 s. C. pén. qui refuse l'application distributive ; v. égal. Doreid Al. Bacheraoui, « Du caractère plus doux ou plus sévère de certaines dispositions du nouveau Code pénal », *JCP* 1994. I. 3767). Les premières décisions jurisprudentielles publiées ne se prononçaient pas directement sur le problème mais censuraient des arrêts de cours d'assises pour que les peines plus douces, dorénavant encourues, puissent être appliquées [v. à titre d'exemples, Crim. 9 mars 1994, n° 92-82.356, *Bull. crim.* n° 93 ; *RSC* 1994. 760, obs. B. Bouloc ; Crim. 16 mars 1994, *D.* 1994. 122 (refus de la réclusion criminelle à perpétuité qui doit être remplacée par la réclusion criminelle de 30 ans) ; Crim. 19 déc. 1994, n° 94-83.390, *Bull. crim.* n° 422 ; Crim. 14 déc. 1994, *Dr. pénal* 1995, n° 84, obs. M. Véron ; Crim. 9 avr. 2000, *Bull. crim.* n° 157 (refus de peines de réclusion non conformes aux nouveaux textes)]. C'est cependant dans un arrêt du 20 décembre 1995 (préc.) que la chambre criminelle a décidé qu'il était possible de retenir une circonstance aggravante nouvelle dès lors que cela ne conduisait pas à faire encourir une peine supérieure à celle prévue sous l'empire de l'ancien texte. On notera que cette solution est conforme aux indications fournies par la circulaire d'application du Code pénal (v. égal. Crim. 5 juin 1996, *Bull. crim.* n° 235). Pour d'autres applications jurisprudentielles relatives à quelques infractions et sur des problèmes voisins : Crim. 29 juin 1994, *Bull. crim.* n° 260 (vol à mains armées, application de la circonstance aggravante de port d'arme) ; Crim. 6 déc. 1995 non publié et Crim. 24 janv. 1996, n° 95-81.210, *Bull. crim.* n° 42 (3e moyen) ; *RSC* 1996. 845, obs. B. Bouloc (crime de viol aggravé de tortures ou d'actes de barbarie : application de la nouvelle circonstance aggravante) ; Crim. 5 sept. 1995, *Dr. pénal* 1996, n° 4, obs. J.-H. Robert (trafic de stupéfiants commis en bande organisée). Dans cette dernière affaire la chambre criminelle n'accepte la compétence de la cour d'assises que parce que certains faits ont été commis postérieurement à l'entrée en vigueur de l'actuel Code pénal. S'agissant de la peine à appliquer par rapport à cette nouvelle circonstance aggravante, elle n'a donc pas eu à prendre parti mais on sait qu'il existe une disposition légale transitoire (art. 338 de la loi d'adaptation). V. égal. Douai 22 sept. 1994 et 19 oct. 1994, *Gaz. Pal.* 10-11 mars 1995, p. 15 pour une application relative à un vol à la roulotte (1re esp.) et une participation à un groupement formé en vue de la préparation d'un délit (2e esp.).

30 On observera cependant que la jurisprudence s'est, semble-t-il, toujours conformée à une limite absolue : en aucune manière le prévenu ne peut se voir appliquer une peine qu'il n'aurait pas encourue au moment des faits c'est-à-dire à la date de commission de l'infraction. C'est ainsi que la Cour de cassation a pu censurer une décision prononçant une peine de 30 ans de réclusion criminelle pour un meurtre aggravé commis en récidive alors que la loi ancienne, comme la loi nouvelle, permettait cette solution en prévoyant la réclusion à perpétuité. Néanmoins cette condamnation impliquait nécessairement l'octroi de circonstances atténuantes. Dès lors sous l'empire de la loi ancienne la peine ne pouvait excéder 20 ans de réclusion criminelle (Crim. 9 déc. 1998, *Bull. crim.* n° 338. Pour une solution du même type v. égal. : Crim. 10 nov. 1998, n° 98-81.490, *Bull. crim.* n° 294 ; *D.* 1999. 367, note J. Coulon ; Crim. 23 févr. 2000, n° 99-82.053, *Bull. crim.* n° 82).

31 Une solution identique a été retenue en matière de concours d'infractions pour déterminer les peines applicables. Les dispositions des articles 132-4 et 132-5 du Code pénal ayant été jugées plus sévères, les solutions de l'article 5 du Code de 1810 demeuraient applicables (Crim. 26 sept. 1996, n° 96-81.284, *Bull. crim.* n° 336 ; Crim. 17 mai 2000, n° 99-86.991, *Bull. crim.* n° 198) sauf dispositions dérogatoires contraires en application de l'article 371 de la loi d'adaptation (Crim. 25 févr. 1997, n° 96-82.750, *Bull. crim.* n° 75). Néanmoins la chambre criminelle a rappelé que, pour apprécier la nature des peines prononcées il fallait se reporter à la loi applicable à l'époque des faits ce qui peut se révéler défavorable au délinquant (Crim. 17 mars 1998, nº 97-82.699, *Bull. crim.* nº 103 ; *RPDP* 1999. 1. 78 ; Ch. Guéry, « Définir ou bégayer : la contrainte morale après la loi sur l'inceste », *AJ pénal* 2010. 126 ; v. égal. Crim. 17 mars 1998, *Bull. crim.* nº 102 ; Crim. 19 janv. 1999, nº 98-82.035, *Bull. crim.* nº 10, solution favorable).

32 L'application immédiate des lois équivalentes (Crim. 12 juin 1989, 3 arrêts, *Bull. crim.* nº 251 ; *D.* 1989. 585, rapp. Souppe et note Derrida et Crim. 16 oct. 1996, nº 95-84.755, *Bull. crim.* nº 367 ; *Dr. pénal* 1997, nº 47, obs. M. Véron, pour une codification à droit constant, v. W. Jeandidier, *J.-Cl. Pénal*, préc., nº 24) peut susciter certaines interrogations (v. E. Dreyer, nº 1775 ; Y. Mayaud, n° 76 et P.-Y. Gautier, « La loi pénale abrogée : du principe de continuité des poursuites », in *Mélanges B. Bouloc*, Dalloz, 2006, p. 379). Elle n'est acceptable que s'il n'y a aucun véritable changement, autrement dit s'il existe une réelle continuité de législation. En ce sens : Crim. 19 oct. 2004, nº 04-82.485, *Bull. crim.* nº 247 ; *RSC* 2005. 291, obs. G. Vermelle ; *Dr. pénal* 2005, nº 6, obs. M. Véron ; Crim. 28 janv. 2009, *Dr. pénal* 2009, nº 70, obs. J.-H. Robert : contravention de non-dépôt de comptes maintenue puisque la sanction pénale est prévue. La continuité de législation a également été admise par la chambre criminelle dans l'hypothèse où une circonstance aggravante (de l'attentat aux mœurs aujourd'hui agression sexuelle), en l'occurrence les actes de torture et de barbarie, est transformée en infraction autonome, elle-même susceptible d'aggravation notamment lorsque ces actes précèdent ou accompagnent une agression sexuelle (C. pén., art. 222-3, al. 2). Cette solution pragmatique s'appuie sur la conception selon laquelle les circonstances aggravantes sont à l'image des éléments constitutifs de l'infraction, des instruments de qualification (en ce sens, X. Pin, note sur l'arrêt). Sans doute cette approche peut-elle être critiquée, d'un strict point de vue juridique formel (en ce sens, A. Lepage, note sur l'arrêt) mais on ne peut guère contester qu'il y ait une véritable permanence de l'incrimination entre les anciennes dispositions et les nouvelles (Crim. 11 mai 2005, nº 05-81.331, *Bull. crim.* nº 146 ; *D.* 2986, obs. G. Roujou de Boubée, T. Garé et C. Mascala ; *RSC* 2005. 835, obs. G. Vermelle ; *BICC*, nº 624 ; *Rev. pénit.* 2005. 628, obs. A. Lepage et 633, obs. X. Pin ; v. égal. pour la recodification du Code du travail : Crim. 16 mars 2010, *Bull. crim.* n° 52 ; *Dr. pénal* 2010, n° 76, obs. J.-H. Robert et Crim. 8 avr. 2014, n° 12-83.952, *Gaz. Pal.* 29 juill. 2014, n° 210, obs. S. Detraz). Dans une affaire plus récente, la chambre criminelle a également admis l'application immédiate d'une nouvelle loi, en l'estimant équivalente, à la suite d'un changement de qualification. L'infraction de publicité mensongère applicable au moment des faits, devenue par la suite publicité de nature à induire en erreur étant désormais englobée dans le délit de pratiques commerciales trompeuses. Faisant preuve de pragmatisme, la Haute juridiction considère qu'il y a une continuité de la répression sans aucune aggravation : Crim. 27 janv. 2015, n° 14-80.220, *Bull. crim.* n° 22, *Gaz. Pal.* 9 avr. 2015, n° 99, obs. J. Lasserre Capdeville et N. Eriseo ; *Dr. pénal* 2015 Chron. E Bazin : « Un an de droit de la consommation » n° 25 ; *LPA* n° 125, note A. Allamilou ; sur cette question, v. égal. É. Verny, O. Décima, S. Detraz, n°s 141 s. Dans un tout autre domaine, la chambre criminelle a également fait une application de cette continuité de la législation pour contester l'application d'une loi prétendument plus douce. Il s'agissait en l'occurrence du délit de violation d'une interdiction de gérer qui avait simplement migré d'un texte à un autre dans des termes parfaitement identiques. Par ailleurs, il est vrai, le condamné invoquait le bénéfice d'une autre disposition de la loi (loi de sauvegarde des entreprises, art. 190) prévoyant la cessation automatique des mesures définitives d'interdiction prononcées depuis plus de 15 ans mais seulement à compter du 27 juillet 2005. Or la violation avait été commise en juillet 2004, à une date où plus de 15 ans s'étaient écoulés depuis le prononcé de l'interdiction en 1979. La loi n'ayant prévu aucune rétroactivité au moment des actes reprochés, c'est-à-dire l'exercice des fonctions de direction, l'infraction de violation d'une interdiction de gérer était donc applicable. Cette solution est juridiquement incontestable (en ce sens les différents annotateurs de la décision), mais elle paraît bien sévère puisqu'elle revient à sanctionner un individu à un moment où l'interdiction de gérer, par l'effet d'une loi nouvelle, a pris fin (Crim. 19 sept. 2007, n° 07-82.653, *Bull. crim.* n° 219 ; *D.* 2007. 2810, obs. A. Lienhard ; *RSC* 2008. 72, obs. É. Fortis ; *ibid.* 594, obs. C. Mascala ; *Dr. pénal* 2007. 161, obs. J.-H. Robert ; v. égal. Crim. 6 févr. 2008, n° 06-88.299, *AJ pénal* 2008. 232, obs. G. Roussel).

33 En revanche la continuité apparaît plus contestable dans une autre affaire jugée par la chambre criminelle (4 févr. 2004, n° 03-81.984, *Bull. crim.* n° 32 ; *D.* 2005. 621, note V. Malabat ; *RSC* 2004. 633, obs. É. Fortis). En effet dans cette affaire où se combinaient des problèmes d'application de la loi pénale dans l'espace et dans le temps, la Cour de cassation a admis l'application immédiate d'une loi nouvelle au motif que les dispositions nouvelles se substituaient, à droit constant, aux dispositions abrogées. Mais l'analyse comparée des deux textes révèle que le second a un domaine d'application plus large que le premier. Sur ce point au moins la nouvelle disposition était plus sévère et ne pouvait donc pas être appliquée à des faits qui avaient été réalisés avant la modification législative (v. en ce sens note V. Malabat, *préc.*). En réalité cette application rétroactive de la loi pénale nouvelle, au prétexte discutable d'une modification à droit constant, n'avait qu'un seul objectif : permettre la compétence des juridictions françaises, admise dans ce cas bien que l'infraction ait été commise à l'étranger (C. pén., art. 225-12-1 à 225-12-3). L'objectif était sans doute louable, le moyen juridique de l'obtenir plus contestable.

34 Bien que la circulaire d'application de l'actuel Code pénal se soit efforcée de donner de nombreuses indications, les dispositions du nouveau Code pénal ont laissé subsister de multiples difficultés que la jurisprudence a dû régler. Nous l'avons dit, toute systématisation en un tel domaine apparaît extrêmement difficile et se révélerait discutable dans certains cas. Il semble cependant que le respect des principes fondamentaux du droit pénal doive conduire le juge à appliquer le plus souvent possible les dispositions à la fois plus douces et plus sévères de manière distributive. Cette règle est évidente lorsque le texte ne concerne pas la même personne. Dans le cas contraire, il importe de se prononcer en tenant compte de l'économie générale de la norme et de la volonté du législateur. L'indivisibilité des dispositions ne doit être retenue que dans la seule hypothèse où il apparaît que les différentes règles ne peuvent pas être scindées, chacune étant en quelque sorte la contrepartie de l'autre (v. F. Desportes et F. Le Gunehec, n° 353). Un délinquant n'a aucun droit à se voir appliquer un régime transitoire spécifique, constitué des seules mesures plus douces, qui ne correspondrait pas à la volonté du législateur (pour une application de cette position, v. Crim. 17 mars 1998, préc. qui rappelle, pour étayer sa position, qu'en matière d'absorption de plein droit de certaines sanctions il faut, pour apprécier la nature de la peine, se reporter aux dispositions applicables à l'époque des faits). Il reste néanmoins que le principe de légalité, fondement exclusif de tout le système, interdit en tout état de cause de retenir dans les liens de la prévention un fait qui ne constituait pas une infraction au moment où il a été poursuivi ou de prononcer une peine plus grave que celle qui était encourue au moment des faits.

A. V.

12

LOIS DE FOND PLUS DOUCES – EXCEPTIONS LOIS DE CIRCONSTANCES

Crim., 10 nov. 1970, n° 70-90.044, *Von Saldern*
(*Bull. crim.* n° 293 ; *D.* 1971. 509, note Mazard)

Crim., 4 déc. 1978, n° 77-92.400, *Brochard*
(*Bull. crim.* n° 342 ; *Gaz. Pal.* 1979. 1. 182, note P. L. G.)

Crim., 1er juin 1981, n° 80-94.953, *Ouvry*
(*Bull. crim.* n° 179)

Cons. const., 3 déc. 2010, n° 2010-74 QPC, *M. Jean-Marc P. et autres*
(*JCP* 2011. 167, note E. Dreyer ; *AJ pénal* 2011. 30, obs. J.-B. Perrier ; *Dr. pénal* 2010. 137, note J.-H. Robert ; *RPDP* 2011. 444-G, obs. Th. Renoux et X. Magnon)

Il est de principe que les textes réglementaires, en matière économique et fiscale, ne rétroagissent pas (1re esp.). Cette règle, d'abord réduite en excluant les lois de pénalités en matière fiscale (2e esp.) puis en ne visant plus que les textes réglementaires en matière économique après la reconnaissance du caractère constitutionnel de la rétroactivité in mitius (3e esp.), vient d'être généralisée par le Conseil constitutionnel lorsque la répression antérieure plus sévère est inhérente aux règles auxquelles la loi nouvelle s'est substituée (4e esp.).

Chambre criminelle, 10 novembre 1970, *Von Saldern*

Sur le sixième moyen de cassation (additionnel) pris de la violation et fausse application des articles 5, 27, 155, 177, 189, 235 du Traité de Rome du 25 mars 1957, 55 de la Constitution du 4 octobre 1958, 1, 2 et 9 du Règlement du Conseil des communautés européennes n° 803-68 du 27 juin 1968, des dispositions du règlement n° 375-69 de la Commission des communautés européennes en date du 27 février 1969, du principe de la rétroactivité de la *Lex Mitior*, des articles 35, 399 et 426 du Code des douanes, 1 et suivants, 12 et 16 de l'ordonnance du 30 mai 1945 et des dispositions du décret du 15 juillet 1947, 593 du Code de procédure pénale, ensemble violation de l'article 7 de la loi du 20 avril 1810, pour défaut de motifs, méconnaissance des éléments de la cause et manque de base légale ;

Attendu qu'il est de principe que les textes réglementaires en matière économique ou fiscale ne rétroagissent pas à moins de dispositions contraires formellement exprimées ;

Que dès lors qu'il ne saurait être fait appel ainsi que le demande le moyen aux dispositions des règlements 803-68 et 375-69 de la Communauté économique européenne, respectivement pris les 27 juin 1968 et 27 février 1969 et dont la date d'application a été fixée au 1er juillet 1968 pour le premier et au 1er juillet 1969 pour le second c'est-à-dire postérieurement aux faits incriminés ;

Que d'ailleurs ces règlements n'intéressent que les États membres de la Communauté économique européenne et ne sauraient être étendus hors de ces limites ;

D'où il suit que le moyen doit être rejeté ;

Et attendu que l'arrêt est régulier en la forme rejette ;

Chambre criminelle, 4 décembre 1978, *Brochard*

Mais sur le moyen relevé d'office et pris des dispositions des articles 7 et 9 de la loi du 29 décembre 1977 ;

Vu lesdits articles ;

Attendu qu'une loi nouvelle édictant des pénalités moins sévères doit être appliquée aux faits commis antérieurement et donnant lieu à des poursuites non encore terminées par une décision définitive au moment où la loi nouvelle est entrée en vigueur ; qu'il en est ainsi de la loi du 29 décembre 1977 qui, notamment dans ses articles 7 et 9, a modifié dans un sens moins sévère le régime de certaines amendes fiscales en faisant prédominer leur caractère pénal sur leur caractère indemnitaire ;

Attendu que la cour d'appel, confirmant la décision des premiers juges, a déclaré Brochard coupable de l'infraction fiscale de fabrication sans déclaration de dilutions alcooliques et lui a infligé, outre une amende de 3 000 F entrant dans les précisions de l'article 1791 du Code général des impôts, la pénalité du décuple des droits de consommation fraudés en application des articles 1796 et 1810-3° du même code ;

Mais attendu qu'aux termes de l'article 7 de la loi du 29 décembre 1977, la pénalité du décuple prévue à l'article 1796 du Code général des impôts est remplacée par une pénalité dont le montant est compris entre une et trois fois l'élément à partir duquel cette pénalité est calculée ;

Attendu que si l'arrêt attaqué n'encourt aucune censure pour avoir statué comme il l'a fait au jour de la décision, la condamnation au décuple des droits fraudés doit, cependant, être annulée pour permettre à la même cour d'appel un nouvel examen de l'affaire au vu des dispositions moins sévères de la loi ;

Par ces motifs :

Annule l'arrêt préc. de la cour d'appel de Bourges du 7 juillet 1977 mais seulement en celles de ses dispositions statuant sur la pénalité du décuple des droits fraudés, toutes autres dispositions dudit arrêt étant expressément maintenues ; et pour être statué à nouveau conformément à la loi, dans les limites de l'annulation prononcée :

Renvoie la cause et les parties devant la cour d'appel de Bourges.

Chambre criminelle, 1er juin 1981, *Ouvry*

Attendu qu'il est de principe que les textes réglementaires en matière économique ne rétroagissent pas, à moins de dispositions contraires formellement exprimées, et ne disposent que pour l'avenir ;

Attendu que, pour relaxer Ouvry Jean-Claude du chef de pratique de prix illicites, la cour d'appel énonce que l'arrêté 80-36-A du 13 mai 1980 relatif aux prix des services dispose, dans son article 1er, que les prix des services sont déterminés librement par les prestataires sous leur seule responsabilité ; que l'article 3 dudit arrêté édicté que cessent d'être applicables les dispositions des articles 5, 6 et 7 de l'arrêté 76-121-P du 23 décembre 1976 sur lequel se fondent les poursuites engagées contre le prévenu ; que ce dernier arrêté ayant été abrogé au cours de la présente procédure, ne peut servir de base à la condamnation ;

Mais attendu qu'en statuant ainsi, la cour d'appel a méconnu le principe susénoncé ;

Par ces motifs :

Casse et annule ;

Conseil constitutionnel, 3 décembre 2010, *M. Jean Marc P. et autres*

1. Considérant qu'aux termes de l'article 47 de la loi du 2 août 2005 susvisée : « I. – Le second alinéa de l'article L. 442-2 du Code de commerce est remplacé par deux alinéas ainsi rédigés : – « Le prix d'achat effectif est le prix unitaire net figurant sur la facture d'achat majoré des taxes sur le chiffre d'affaires, des taxes spécifiques afférentes à cette revente et du prix du transport et minoré du montant de l'ensemble des autres avantages financiers consentis par le vendeur exprimé en pourcentage du prix unitaire net du produit, et excédant un seuil de 20 % à compter du 1er janvier 2006. – « Ce seuil est de 15 % à compter du 1er janvier 2007. – « II. – À compter du 1er janvier 2006, le prix d'achat effectif tel que défini au deuxième alinéa de l'article L. 442-2 du Code de commerce est affecté d'un coefficient de 0,9 pour le grossiste qui distribue des produits ou services exclusivement à des professionnels qui lui sont indépendants et qui exercent une activité de revendeur au détail, de transformateur ou de prestataire de services final. Est indépendante au sens de la phrase précédente toute entreprise libre de déterminer sa politique commerciale et dépourvue de lien capitalistique ou d'affiliation avec le grossiste. – « III. – Jusqu'au 31 décembre 2005, le prix d'achat effectif est le prix unitaire net figurant sur la facture d'achat majoré des taxes sur le chiffre d'affaires, des taxes spécifiques afférentes à cette revente et du prix du transport. – « Du 1er janvier 2006 au 31 décembre 2006, pour l'application de l'article L. 442-2 du Code de commerce, le montant minorant le prix unitaire net figurant sur la facture d'achat n'excède pas 40 % du montant total de l'ensemble des autres avantages financiers consentis par le vendeur, exprimé en pourcentage du prix unitaire net du produit. – « IV. – Par dérogation aux articles 112-1 et 112-4 du Code pénal, l'infraction à l'article L. 442-2 du Code de commerce commise avant le 31 décembre 2006 est jugée, et l'exécution des sanctions prononcées se poursuit, selon la disposition en vigueur lors de sa commission » ;

2. Considérant que, selon les requérants, les dispositions du paragraphe IV de l'article 47 précité ont pour effet d'exclure l'application immédiate, même aux faits commis avant son entrée en vigueur, des dispositions pénales plus douces que constituent les paragraphes I, II et III du même article 47 ; qu'en conséquence, elles seraient contraires à l'article 8 de la Déclaration des droits de l'homme et du citoyen de 1789 ;

3. Considérant qu'aux termes de l'article 8 de la Déclaration de 1789 : « La loi ne doit établir que des peines strictement et évidemment nécessaires » ; que le fait de ne pas appliquer aux infractions commises sous l'empire de la loi ancienne la loi pénale nouvelle, plus douce, revient à permettre au juge de prononcer les peines prévues par la loi ancienne et qui, selon l'appréciation même du législateur, ne sont plus nécessaires ; que, dès lors, sauf à ce que la répression antérieure plus sévère soit inhérente aux règles auxquelles la loi nouvelle s'est substituée, le principe de nécessité des peines implique que la loi pénale plus douce soit rendue immédiatement applicable aux infractions commises avant son entrée en vigueur et n'ayant pas donné lieu à des condamnations passées en force de chose jugée ;

4. Considérant que la première phrase du premier alinéa de l'article L. 442-2 du Code de commerce punit « le fait, pour tout commerçant, de revendre ou d'annon-

cer la revente d'un produit en l'état à un prix inférieur à son prix d'achat effectif » ; que les paragraphes I à III de l'article 47 précité prévoient de nouvelles modalités de détermination du prix d'achat effectif tendant à abaisser le seuil de revente à perte ; que la précédente définition de ce seuil était inhérente à la législation économique antérieure résultant notamment de la loi du 1er juillet 1996 susvisée ; que, dès lors, en écartant l'application immédiate des paragraphes I à III de l'article 47, le paragraphe IV du même article n'a pas porté atteinte au principe de nécessité des peines énoncé à l'article 8 de la Déclaration de 1789 ;

5. Considérant que les dispositions contestées ne sont contraires à aucun autre droit ou liberté que la Constitution garantit ;

Le paragraphe IV de l'article 47 de la loi n° 2005-882 du 2 août 2005 en faveur des petites et moyennes entreprises est conforme à la Constitution...

OBSERVATIONS

1 Le principe de la rétroactivité *in mitius* n'est pas sans poser certains problèmes lorsqu'un texte apparaît, en raison de sa nature, ne devoir s'appliquer que pendant une période limitée. Ces dispositions généralement qualifiées de circonstances, se rencontrent plus particulièrement dans certains secteurs qui relèvent essentiellement de l'autorité réglementaire, en matière économique ou fiscale notamment. L'application immédiate d'une mesure plus douce en ces domaines, paraît de nature à priver certains textes de toute véritable efficacité, les délinquants pouvant par quelques artifices de procédure obtenir de n'être jugés qu'après la disparition du texte. Les dispositions relatives à la taxation des prix fournissent un excellent exemple de cette possibilité et ce n'est donc pas un hasard si les premières décisions écartant la loi la plus douce ont été rendues en cette matière. L'exception à la règle générale apparaissait pourtant dans un premier temps assez limitée.

Telle n'était plus la solution avec l'arrêt *Von Saldern* rendu par la chambre criminelle le 10 novembre 1970 puisqu'il affirmait le principe selon lequel les textes réglementaires en matière économique et fiscale ne rétroagissent pas. L'affirmation d'un tel principe n'allait pas sans poser quelques problèmes et les deux autres décisions que nous avons retenues démontrent que si la solution n'était pas complètement remise en cause, elle a connu ensuite de nombreuses exceptions conduisant à s'interroger sur le domaine exact de la restriction jurisprudentielle à la rétroactivité *in mitius* (I). Alors que le principe général de l'application immédiate des lois pénales plus douces a été posé par le Conseil constitutionnel, l'exception, loin de disparaître totalement, vient au contraire d'être réaffirmée par la juridiction constitutionnelle suite à une question préjudicielle de constitutionnalité (II).

I. — L'affirmation initiale d'un principe d'exception à la rétroactivité *in mitius* pour les lois de circonstances

2 L'arrêt *Von Saldern* pose sans discussion un principe qui se voulait général et au terme duquel l'application immédiate d'une disposition

plus douce ne concernait pas les textes réglementaires en matière économique et fiscale. Certes, ce principe général n'a jamais été appliqué intégralement puisque de nombreuses décisions de la chambre criminelle sont en effet venues en limiter la portée en admettant l'application immédiate de textes réglementaires jugés plus doux (à titre d'exemple : Crim. 25 janv. 1988, *Bull. crim.* n° 33 ; Crim. 10 oct. 1988, *Bull. crim.* n° 335). Cette jurisprudence n'a pas pour autant perdu tout intérêt puisque des arrêts plus récents maintiennent, dans certains cas, le refus de la rétroactivité *in mitius* du texte (v. A. Dekeuwer, « La rétroactivité *in mitius* en droit pénal. Un principe encore et toujours contesté », *JCP* 1997. I. 4065) ? Il importe donc d'essayer d'en déterminer la portée possible. Hélas la formule de l'arrêt *Von Saldern* n'est simple et précise qu'en apparence. En effet, il importe d'essayer d'en déterminer le domaine (A) avant de s'efforcer d'en expliquer les raisons (B).

A. — Une exception au domaine difficile à déterminer

3 La question a d'abord été posée de savoir s'il fallait entendre l'expression dans un sens large englobant la loi et les règlements (M. Puech, n° 30-31, p. 125).

Outre la précision de la terminologie utilisée, il semble que la réponse n'ait initialement pas fait de doute (Crim. 13 oct. 1970, *Bull. crim.* n° 263 ; *D.* 1970. 742 ; Crim. 21 nov. 1972, *Bull. crim.* n° 351 ; *Gaz. Pal.* 1973. 1. 78, note J.-P. D. ; Crim. 3 oct. 1978, *Bull. crim.* n° 256).

Toutes les décisions qui ont été prises depuis la Première Guerre mondiale ont toujours concerné des textes relevant du pouvoir exécutif, plus particulièrement des règlements pris dans le domaine des prix, le domaine fiscal ou douanier ou encore la coordination des transports (v. J. Borricand, « La non-rétroactivité des textes réglementaires en matière économique ou fiscale », *D.* 1978. 275 s.).

4 Mais l'arrêt que nous commentons concernait un type de règlement très particulier puisqu'il s'agissait d'un texte communautaire. Or la chambre criminelle n'a pas hésité à l'assimiler à un acte administratif français. Sans entrer dans le détail en ce qui concerne la valeur de ces textes, on peut néanmoins affirmer qu'ils présentent des caractères très originaux (v. J.-M. Favret, *Droit et pratique de l'Union européenne*, Gualino, n°s 371 s. ; R. Merle et A. Vitu, t. I, n°s 229 s. ; F. Desportes et F. Le Gunehec, n°s 257 s. ; J. Pradel, n° 139). Ils ont notamment une valeur supérieure à la loi (v. Crim. 22 oct. 1970, *JCP* 1971. II. 16671, note P. L. ; v. *supra*, n° 4) et de ce fait, ils sont directement applicables dans tout État membre (sur la question, p. 285 et la bibliographie indiquée). S. Manacorda, « Le droit pénal et l'Union européenne », *RSC* 2000. 95 ; J. Pradel, G. Corstens et G. Vermeulen, *Droit pénal européen*, Dalloz, 3e éd., n°s 490 s. On pouvait dès lors s'étonner de l'extension admise par la Cour de cassation qui avait été confirmée dans de nombreux arrêts (Crim. 23 nov. 1973, *Bull. crim.* n° 435 ; Crim. 9 janv. et 3 mai 1974, *Bull. crim.* n°s 13 et 157 ; Crim. 12 nov. 1986, *Bull. crim.*

n° 334 ; *D.* 1988. 39, note A. Dekeuwer). La chambre criminelle se contentait d'affirmer que « les règlements communautaires n'échappent pas à la règle ». La seule justification résultait donc de leur caractère économique. On notera qu'aujourd'hui la Cour de cassation adopte une position très différente en fondant l'application immédiate de ces textes, notamment, sur leur valeur supra-légale en droit interne : Crim. 26 mars 1998, n° 96-85.378, *Bull. crim.* n° 116 ; *RSC* 1998. 761, obs. B. Bouloc ; Crim. 18 mai 1998, *Dr. pénal* 1998, n° 134, obs. J.-H. Robert pour l'abrogation d'un règlement communautaire organisant un embargo ; Crim. 29 mars 2000, n° 99-81.938, *Bull. crim.* n° 147 ; *D.* 2000. 163, décisions d'un organe créé par convention entre la Communauté européenne (auj. Union européenne) et un État tiers, de telles décisions ayant une valeur supérieure à celle de la loi interne (v. P. Conte et P. Maistre du Chambon, n° 141 ; v. sur le droit pénal de l'Union européenne : X. Pin, n° 81). On notera que le juge communautaire assure lui-même aujourd'hui le principe de l'application immédiate de la loi plus douce (CJCE 3 mai 2005, aff. C-387/02, *Berlusconi et a., RSC* 2006. 155, obs. L. Idot ; *JCP* 2006. II. 10020, note O. Dubos ; *Gaz. Pal.* 20-21 mai 2005, note C. Soulard).

5 Cette première difficulté surmontée il n'est pas plus facile de circonscrire très exactement le domaine économique et fiscal.

Il importe de rappeler que le problème a été posé pour la première fois pendant la Première Guerre mondiale en matière de hausse illicite des prix.

Les fluctuations inévitables de la taxation posent nécessairement le problème de l'influence d'un texte nouveau modifiant ou supprimant la taxation pour les hausses illicites non encore définitivement jugées.

La chambre criminelle a admis que ces modifications ne pouvaient pas enlever leur force « à l'arrêté précédent pendant toute la période pendant laquelle celui-ci a été déclaré applicable » (Crim. 22 déc. 1916, *Bull. crim.* n°s 290 et 291). Par la suite, cette jurisprudence a été maintenue pendant la Seconde Guerre mondiale dans le même domaine des prix (Crim. 11 mai 1948, *JCP* 1948. II. 4439, note R. Vienne ; *S.* 1948. 1. 185, note M. Rousselet et M. Patin ; *RSC* 1948. 738, obs. Magnol).

6 Ultérieurement, c'est en matière fiscale que la rétroactivité *in mitius* a été rejetée (Crim. 18 mars 1965, *Bull. crim.* n° 83, contributions indirectes). Enfin, on rencontre également des décisions concernant les règles de la coordination des transports et refusant d'appliquer immédiatement la définition moins rigoureuse de certaines incriminations réglementaires (Crim. 6 févr. 1963, *Bull. crim.* n° 69 ; Crim. 16 mars 1964, *Bull. crim.* n° 101). On pourrait ajouter d'autres arrêts parfois très anciens, rendus en matière fiscale ou douanière. En réalité, ils ne sont pas très convaincants car ils paraissent fondés essentiellement sur le caractère particulier de certaines sanctions, comme l'amende fiscale, qui ont un caractère mixte : peine mais aussi réparation civile (Crim. 11 déc. 1863 ; *DP* 1864. 1. 200 ; Crim. 15 déc. 1953, *Bull. crim.* n° 337 ; *JCP* 1954. II. 8020 ; Crim. 16 mars 1944, *DA* 1944. 61 en matière de douane).

Cet ensemble de décisions peut-il permettre d'avoir une idée assez précise du secteur économique et fiscal ? La matière fiscale est sans doute la plus précise. On peut évidemment se référer aux dispositions réglementaires contenues dans le Code général des impôts et le Code douanier en y incluant notamment la parafiscalité. Il reste que même en ce domaine, il n'était pas toujours facile de cerner avec précision quels étaient les textes dont l'application immédiate serait rejetée. On remarque d'ailleurs que la jurisprudence semblait assez hésitante s'agissant des lois fiscales puisque dans une décision du 25 avril 1968 (*JCP* 1969. II. 16100, note M. Puech), la chambre criminelle avait admis qu'un texte nouveau étendant les effets des circonstances atténuantes devait s'appliquer immédiatement. Les deux décisions plus récentes que nous avons retenues paraissent d'ailleurs confirmé cette orientation, l'arrêt *Brochard* en appliquant une loi fiscale plus douce à des faits antérieurs, l'arrêt *Ouvry* en ne visant plus que les seules dispositions économiques.

7 Est-ce à dire que la matière économique soit plus facile à délimiter ? On peut très sérieusement en douter. Les chambres réunies de la Cour de cassation avaient pourtant suggéré une définition en visant « la production, la répartition, la consommation des biens et l'utilisation des services » (Ch. réun. 1er août 1949, *D.* 1949. 390 ; *Gaz. Pal.* 1949. 2. 166 ; *JCP* 1949. II. 5033, note Le Roy) mais cette formule est beaucoup trop extensive. De nombreux auteurs se sont efforcés de donner une définition du droit pénal économique ou plus généralement du droit économique (par ex. Jeantet, Hémard, Vitu, *Mélanges Hamel*, 1961).

Il semble qu'il y ait une conception extensive qui englobe les règles liées à l'ordre public de direction et à l'ordre public de protection et une conception restrictive qui considère que ce droit est d'essence dirigiste et doit par conséquent être limité aux règles tendant à assurer la politique économique de l'État (pour une définition utilisant une autre distinction v. J. Pradel, *Le droit pénal économique*, coll. « Mémento », Dalloz, p. 4, qui limite ce droit à celui du marché et des échanges économiques, Borricand, préc. et la bibliographie citée, p. 283 ; J.-F. Renucci, *Droit pénal économique*, Masson, 1995). Il résulte très clairement de cette diversité de définitions, que la seule référence au caractère économique d'une loi est très insuffisante pour déterminer avec précision quelles pourraient être les exceptions à la règle de la rétroactivité *in mitius* (pour des difficultés du même ordre lorsqu'une loi d'amnistie exclut les infractions économiques de son domaine, Ch. réun. 1er août 1949, préc. en matière de législation sur les changes ; pour la législation sur les fraudes application en droit communautaire dans l'affaire *Von Saldern* mais refus en droit interne : Crim. 24 nov. 1964, *Bull. crim.* n° 311 ; *Gaz. Pal.* 1965. 2. 175, note J.-C. Fourgoux ; *RSC* 1966. 87 et 342, obs. P. Bouzat et A. Légal).

On remarque donc qu'il est très difficile de préciser avec exactitude dans quelles hypothèses il devrait y avoir survie d'une loi ancienne pourtant plus sévère. Peut-être cela tient-il au fait que le fondement de ce maintien de la disposition abrogée n'apparaît pas avec évidence.

B. — Une exception aux explications multiples

8 Les explications qui ont été proposées pour justifier la non-application immédiate de certaines lois nouvelles plus douces sont nombreuses. Toutes ne sont pas nécessairement convaincantes mais pour apprécier leur bien-fondé, l'affirmation du caractère constitutionnel du principe de la rétroactivité *in mitius* doit être prise en compte.

C'est, nous le savons, en matière de réglementation des prix, que l'on a rencontré les premières décisions et c'est donc tout naturellement par rapport à ces dispositions que les justifications ont été recherchées.

9 Selon certains auteurs (H. Degois, note au *DP* 1924. 1. 217 ; Marty, « À propos de la prétendue rétroactivité des lois pénales plus douces », *Mélanges Magnol*, 1948. 297) c'est le but poursuivi par le législateur qui doit servir de guide. Il doit être recherché dans chaque disposition. La jurisprudence paraît au moins dans certains cas, s'être implicitement référée à ce système en constatant que le texte nouveau ne contient « aucune abrogation expresse ou tacite des textes antérieurs » (Crim. 21 avr. 1953, *Gaz. Pal.* 1953. 2. 19 ; Crim. 30 oct. 1962, *Bull. crim.* n° 300). La distinction jurisprudentielle initiale, selon laquelle les modifications de taxation (Crim. 22 déc. 1916, *Bull. crim.* n° 291 ; Crim. 15 mars 1924, *DH* 1924. 285) et les suppressions de taxation (Crim. 17 mars 1919, *Bull. crim.* n° 114 ; Crim. 5 juin 1923, *Bull. crim.* n° 200) doivent être soumises à un même régime, relevait d'une même idée. Cette distinction n'a cependant pas été maintenue lors de la Seconde Guerre mondiale (Crim. 11 mai 1948, *JCP* 1948. II. 4434, note R. Vienne ; *S.* 1948. 1. 185, note M. Rousselet et M. Patin). L'arrêt *Ouvry* le confirme d'ailleurs sans aucune discussion.

10 Une autre partie de la doctrine a recherché le fondement de la non-application immédiate dans le caractère extra-pénal de certaines dispositions (P. Roubier, *Droit transitoire*, 1960, p. 491 ; pour une thèse voisine, A. Vitu, *Les conflits de lois dans le temps en matière pénale*, thèse Nancy, 1945, p. 122 et sur la distinction elle-même, R. Merle et A. Vitu, t. I, n° 271).

Malgré la grande autorité de ces auteurs, il faut bien reconnaître qu'il est extrêmement difficile d'admettre une telle solution. La loi qui détermine le domaine dans lequel une infraction peut se commettre (la condition préalable de l'infraction) relève d'une discipline extrapénale (droit civil, commercial, etc.) mais lorsqu'elle est assortie d'une sanction pénale, l'ensemble de la disposition devient pénal sauf à considérer qu'aucune norme n'est pénale (A. Decocq, p. 87 ; v. *infra*, n° 15).

11 Il semble cependant qu'une autre distinction plus intéressante ait été proposée, par un magistrat, entre les dispositions-moyens et les dispositions-buts (R. Vienne, « Le principe de la rétroactivité de la loi pénale plus douce doit-il être considéré comme absolu ? », *JCP* 1947. I. 618). Selon cet auteur, les dispositions-buts sont celles qui impliquent la transposition d'un impératif moral en droit pénal (on songe évidemment aux

délits dits naturels) alors que les dispositions-moyens seraient purement circonstancielles, prises sous la pression de nécessités contingentes (on peut songer aux délits dits artificiels). Toute modification d'une disposition-but, traduisant un changement de la politique criminelle, serait soumise à la règle de l'application immédiate de la loi plus douce alors, qu'au contraire, en matière de dispositions-moyens qui permettent simplement une meilleure adaptation de la réglementation aux circonstances du moment, le but restant inchangé, la survie de la loi ancienne s'imposerait (v. Vienne, préc. ; A. Decocq, préc.). En effet, les arguments habituellement invoqués (humanité, défaut d'intérêt de la peine) perdent beaucoup de leur valeur pour l'application d'une disposition-moyen. Si une telle terminologie n'a jamais été utilisée dans les décisions on remarque néanmoins que certaines d'entre elles utilisent une formulation qui va en ce sens en affirmant que « les arrêtés de taxation qui sont pris sous l'influence de nécessités économiques essentiellement variables ne disposent que pour l'avenir » (v. par ex. Crim. 11 mars 1948, *JCP* 1948. II. 4434, note Vienne ; Crim. 27 janv. 1949, *RD pén. crim.* 1949. 290 ; Crim. 13 juill. 1949, *JCP* 1949. II. 5229). M. G. Levasseur (« Opinions hétérodoxes », *Mélanges Constant*, p. 204) tout en utilisant une terminologie un peu différente (normes structurelles et normes techniques) propose une solution identique (v. égal. Béraud, « La non-rétroactivité des lois nouvelles plus douces », *RSC* 1949. 7 s.). Hélas, la distinction n'est sans doute pas toujours très facile à établir entre les deux catégories de dispositions. En effet, la frontière entre le structurel, qui est fait pour durer, et le conjoncturel, qui au contraire évolue sans cesse, est bien délicate sauf à admettre que c'est l'ensemble du secteur réglementaire en matière économique ou fiscal qui appartient au deuxième groupe de dispositions (J. Borricand, p. 281).

12 Il reste que parmi les nombreuses explications proposées, cette dernière n'est pas la moins convaincante lorsque l'on déborde le simple problème des arrêtés de taxation. Le refus d'appliquer immédiatement certaines règles techniques en matière de coordination des transports (Crim. 6 févr. 1963 et 16 mars 1964, préc.) pouvait trouver son fondement dans le fait qu'il s'agit de dispositions-moyens (A. Decocq, p. 81). Elle expliquerait aussi que la chambre criminelle paraisse, dans le domaine fiscal au moins, maintenir l'application de la règle de la rétroactivité *in mitius*, lorsque la loi nouvelle modifie la pénalité applicable. Ainsi, dans l'arrêt *Brochard* rendu à propos de la loi du 29 décembre 1977, modifiant le régime de certaines amendes fiscales, en faisant prédominer leur caractère pénal, sur leur caractère indemnitaire, il a été décidé que la disposition devait s'appliquer immédiatement (pénalité du décuple remplacée par une sanction égale à une à trois fois l'élément à partir duquel la pénalité est calculée).

La disposition n'était pas technique mais réalisait bien une modification de politique criminelle. On notera que le prétendu revirement noté en cette matière par certains auteurs (M. Puech, p. 125) pouvait s'expliquer par le fait qu'il s'agissait de dispositions concernant la sanction et non l'incrimination (Crim. 25 avr. 1968, *Bull. crim.* n° 287 ; *JCP* 1969. II. 16100, note M. Puech). L'annotateur de l'arrêt *Brochard* se prononce en ce sens (v. égal. Crim. 23 janv. 1979, *Bull. crim.* n° 30).

13 Une remarque du même ordre peut être faite à propos de la coordination des transports. Dans un arrêt du 3 octobre 1978 (*Bull. crim.* n° 256) la chambre criminelle a appliqué immédiatement une disposition nouvelle de pénalité contrairement à la jurisprudence précédente relative aux incriminations.

Il n'est donc pas totalement impossible de trouver une rationalité juridique dans l'attitude de la chambre criminelle maintenant la loi ancienne dans certains secteurs, pour des dispositions de type réglementaire mais en l'excluant dans d'autres cas. Il importe en effet de noter que depuis l'arrêt *Ouvry* de très nombreuses décisions rendues en cette matière ont démontré une évolution très importante de la jurisprudence sans accepter totalement pour autant l'application immédiate de tous les textes réglementaires économiques.

14 C'est tout d'abord dans le domaine des lois proprement dites que la chambre criminelle a abandonné sa position initiale en admettant qu'une loi nouvelle, même de nature économique, s'applique aux faits commis avant son entrée en vigueur et non définitivement jugés (v. par ex. : Crim. 2 mars 1937, 2 arrêts, *Bull. crim.* n°s 103 et 104 ; Crim. 4 janv. 1988, *Bull. crim* n° 4 ; Crim. 8 févr. 1988, *Bull. crim.* n° 62 ; Crim. 25 janv. 1988, *Bull. crim.* n° 33 ; Crim. 13 nov. 1989, *Bull. crim.* n° 409 ; Crim. 26 mars 1990, *Bull. crim.* n° 132). On peut remarquer que ces arrêts concernent tout à la fois des dispositions économiques, cambiaires, douanières et fiscales (pour le cas particulier de l'application immédiate de dispositions équivalentes à la loi ancienne : Crim. 12 juin 1989, 3 arrêts, *Bull. crim.* n° 251 ; *D.* 1989. 585, rapp. Souppe et note Derrida ; pour une critique de cette solution : P. Conte et P. Maistre de Chambon, n° 140 ; W. Jeandidier, *J.-Cl. Pén. Code*, fasc. 20, art. 112-1 à 112-4, n° 24 et *supra*, n° 11).

15 Dans le domaine des textes de nature réglementaire la chambre criminelle, sans abandonner totalement sa position initiale, n'a cependant pas maintenu intégralement la solution de l'arrêt *Ouvry*. Dans une première décision (Crim. 12 nov. 1986, *Bull. crim.* n° 334 ; *D.* 1988. 39, note A. Dekeuwer ; v. égal. Crim. 16 mars 1987, *Bull. crim.* n° 125), la Cour de cassation a introduit une distinction selon le moment de l'intervention du texte abrogatif. Selon cette jurisprudence, le texte nouveau ne s'appliquera immédiatement que s'il intervient avant toute poursuite, voir avant toute constatation de l'infraction. Dans le cas contraire, l'abrogation ne pourrait avoir aucun effet rétroactif (v. sur ce point. R. Merle et A. Vitu, t. I, n° 273). Ultérieurement, la chambre criminelle a abandonné cette restriction en décidant que l'abrogation d'un texte réglementaire, support nécessaire d'une incrimination, dès lors, qu'elle retire aux faits poursuivis leur caractère punissable et qu'elle résulte d'une modification législative, constitue une disposition plus douce immédiatement applicable

(Crim. 25 janv. 1988, *Bull. crim.* n° 33 ; Crim. 10 oct. 1988, *Bull. crim.* n° 335 ; Crim. 25 févr. 1991, n° 90-83.110, *Bull. crim.* n° 95 ; v. égal. Huet, « La rétroactivité *in mitius* des textes réglementaires en matière économique », *JCP* 1989. I. 3378, obs. M. Massé ; *RSC* 1989. 125, obs. M. Massé). Contrairement à ce que l'on aurait pu penser, tous les textes réglementaires n'en ont pas été immédiatement soumis, pour autant, au principe de droit commun de l'application immédiate. La chambre criminelle a en effet réservé une hypothèse aux termes de laquelle certains textes ne sont pas applicables immédiatement. Il s'agit, selon la formule utilisée par les arrêts, des cas où nonobstant l'abrogation du texte réglementaire, la disposition législative, support légal de l'incrimination, demeure en vigueur (Crim. 23 janv. 1989, *Bull. crim.* n° 24 ; Crim. 30 janv. 1989, *Bull. crim.* n° 33 ; Crim. 13 févr. 1989, *Bull. crim.* n° 67 ; Crim. 10 mai 1989, *Bull. crim.* n° 187 ; Crim. 13 nov. 1989, *Bull. crim.* n° 408 ; Crim. 22 janv. 1990, n° 89-81.009, *Bull. crim.* n° 36 ; Crim. 7 juin 1990, n° 89-83.815, *Bull. crim.* n° 232 ; *D.* 1990. 584, note J. Pannier ; *RSC* 1993. 541, obs. B. Bouloc). Les juridictions du fond ne paraissaient cependant pas convaincues par la doctrine de la chambre criminelle puisque de nombreuses décisions de cours d'appel ont considéré que l'application immédiate doit aujourd'hui s'appliquer à tous les textes réglementaires sans distinction (v. sur ces décisions, obs. J. Pannier à la *RSC* et *D.* 1992. Somm. 37 ; *Dr. pénal* 1992. Chron. 23). Cette résistance des juridictions du fond avait conduit la chambre criminelle à de nouvelles concessions à la règle de la rétroactivité *in mitius*. En effet, dans quatre arrêts rendus en matière d'infractions à la législation sur les avoirs à l'étranger, la Cour de cassation affirme un principe général aux termes duquel « les dispositions des lois ou règlements, même non expressément abrogées, cessent d'être applicables dans la mesure où elles sont inconciliables avec celles d'une loi nouvelle » (Crim. 21 mai 1992, *Bull. crim.* n° 203 ; *RSC* 1993. 541, obs. B. Bouloc, préc. ; *JCP* 1993. II. 21985, obs. J. Pannier ; *Dr. pénal* 1992. Comm. 179 ; Crim. 22 juin 1992, *Bull. crim.* n° 247 ; Crim. 12 juin 1995, *Bull. crim.* n° 213 ; Crim. 28 janv. 1997, n° 96-81.388, *Bull. crim.* n° 37 ; *Dr. pénal* 1997, n° 82 ; Crim. 1er janv. 1999, *Dr. pénal* 1999, n° 130). Un peu plus tard, dans un arrêt rendu en matière de droit pénal douanier, la chambre criminelle a approuvé la cour de Paris d'avoir admis l'application immédiate des dispositions communautaires bien qu'elles soient intervenues après la date d'engagement des poursuites (Crim. 8 mars 1993, n° 91-86.609, *Gaz. Pal.* 23-24 juin 1993, note D. Bayet ; *JCP* 1994. II. 22223, note J. Pannier ; *Dr. pénal* 1993. Comm. 163, obs. J.-H. Robert ; v. égal. Crim. 2 juin 1993, *Gaz. Pal.* 1994. I. 28). Selon certains auteurs, ces dernières décisions semblaient mettre un terme aux exceptions jusqu'alors retenues par la jurisprudence notamment celles fondées sur le maintien de la loi en vigueur (J.-H. Robert, note préc. ; B. Bouloc, n° 168). Faut-il dès lors admettre que l'application de la rétroactivité *in mitius* est devenue un principe qui ne souffre aucune exception ? Rien n'est moins sûr et la lecture de la circulaire d'application du Code pénal du 14 mai 1993 (Code Dalloz, 1993) pouvait en faire douter puisqu'elle affirme que les solutions dégagées en ce domaine gardent toute leur valeur (en ce sens, J. Pradel, nº 193 ; P. Conte et P. Maistre du Chambon, nº 141 ; F. Desportes et F. Le Gunehec, nºs 341 s. ; J.-H. Robert, p. 161 ; X. Pin, nº 115 ; *contra* W. Jeandidier, préc., nº 107. Pour une interrogation, G. Mathieu, « L'application de la loi pénale dans le temps (dans la perspective du nouveau Code pénal) », *RSC* 1995. 257). Si l'application générale de la rétroactivité *in mitius* paraît la seule solution acceptable, encore faut-il que la loi nouvelle soit réellement plus douce. Le maintien de certaines exceptions, dans la jurisprudence la plus récente, semble s'appuyer sur une perception différente concernant certaines lois nouvelles pour lesquelles le législateur n'aurait pas eu un tel objectif ce qui justifierait la survie temporaire de la loi ancienne. C'est d'ailleurs cette solution qui est confortée par le Conseil constitutionnel.

II. — Une réaffirmation constitutionnelle de la possibilité d'une exception

16 Il était évidemment nécessaire de vérifier qu'une telle jurisprudence était conforme aux normes constitutionnelles ou conventionnelles. *A priori*, on pouvait imaginer que la réponse serait négative, le Conseil constitutionnel s'étant clairement prononcé dans un arrêt déjà ancien des 19 et 20 janvier 1981. Peut-être n'avait on pas suffisamment perçu qu'au-delà d'arguments humanitaires c'est le fait que, par la volonté du législateur, la peine n'est plus strictement et évidemment nécessaire (DDHC, art. 6) qui justifie l'application immédiate de la loi plus douce, principe conventionnellement et constitutionnellement consacré (A). Si tel n'est pas le cas, autrement dit, si le législateur n'a pas souhaité que, pour des dispositions souvent techniques, les délinquants les plus astucieux, échappent à la répression, la nécessité de survie de la loi ancienne peut justifier une exception à l'application immédiate de cette loi. C'est en tout cas ce qu'à estimé le Conseil constitutionnel dans sa décision du 3 décembre 2010 (B).

A. — L'application rétroactive de la loi plus douce : l'absence de nécessité de la sanction

17 C'est donc le Conseil constitutionnel qui, dans son arrêt des 19 et 20 janvier 1981 (*DS* 1982. 441, note A. Dekeuwer ; *JCP* 1981. II. 19701, note Franck) a affirmé pour la première fois la valeur constitutionnelle du principe de l'application immédiate des lois pénales plus douces. Il en résulte donc que le législateur ne peut pas rejeter la rétroactivité *in mitius* par disposition expresse pour certaines des mesures envisagées. V. M.-L. Rassat, nº 170 qui estime que cette solution est d'abord limitée aux lois de pénalité et qu'ensuite il suffirait au législateur pour adopter la solution contraire d'expliquer en quoi la peine ancienne plus sévère est strictement et évidemment nécessaire. Sur le problème voisin du report de l'entrée en vigueur d'une loi plus douce : Cons. const. n° 92-305 DC, 21 févr. 1992, *JO* 29 févr. ; F. Desportes et F. Le Gunehec, n° 340, citant un exemple très intéressant en cas de dépénalisation de l'usage de stupéfiant. V. égal. É. Fortis *in* « Chronique à la revue de science criminelle », *RSC* 2004. 634 citant sur ce point l'exemple de la loi du 9 mars 2004 dite Perben II. Mais ne faut-il pas aller plus loin et considérer que le juge perd toute possibilité, lui aussi, d'apporter une dérogation à la règle ? On doit d'abord remarquer que si un texte réglementaire pris sur la base de l'article 37 de la Constitution prévoyait qu'il ne s'appliquera pas aux affaires en cours, il devrait être écarté si le prévenu invoque son inconstitutionnalité. Peut-on dès lors admettre que le juge puisse instituer de sa propre autorité une exception à une règle ayant valeur constitutionnelle ? L'arrêt *Ouvry*, que nous avons retenu, apportait pourtant un démenti à cette affirmation. En effet, bien qu'il soit postérieur à l'arrêt du Conseil constitutionnel, on y retrouvait au moins partiellement la formule selon laquelle « les textes réglementaires en matière économique ne rétroagissent pas ». En l'occurrence, la chambre criminelle censurait une décision de cour d'appel, qui avait appliqué immédiatement, c'est-à-dire à des faits commis antérieurement à sa publication, un arrêté d'abrogation de taxation. On observera que les textes fiscaux n'étaient plus visés et l'on ne peut douter que cette exclusion du domaine fiscal soit volontaire. En restreignant le domaine de l'exception aux seuls textes réglementaires économiques, la solution devenait-elle constitutionnellement acceptable ? On peut en douter. Jusqu'alors, malgré les différentes explications qui ont été proposées et que nous avons évoquées, il apparaît que la seule vraie raison pour laquelle l'application immédiate d'une loi favorable aux délinquants est rejetée, tient à la crainte de voir les réglementations de circonstances, c'est-à-dire susceptibles d'être très fréquemment modifiées, privées de toute efficacité. La solution que souhaitaient certains auteurs (R. Merle et A. Vitu, t. I, n° 273) était l'intervention du législateur qui aurait eu le mérite de supprimer les incertitudes. C'est en ce sens que se prononçait l'avant-projet définitif de Code pénal (art. 9, al. 2) excluant l'application immédiate pour « toute disposition légale et réglementaire, déclarée applicable ou applicable par nature pendant un temps limité ». Cette solution est aujourd'hui impossible puisqu'elle devrait être rejetée par le Conseil constitutionnel. C'est la raison pour laquelle l'avant-projet modifié de 1983 a supprimé cette disposition et qu'elle ne figure pas dans l'actuel Code pénal qui garde sur ce point un silence total.

18 La Cour de cassation pouvait-elle refuser, comme elle l'a fait en d'autres domaines (v. *supra*, n° 3), de se conformer au point de vue de la juridiction constitutionnelle ? On pouvait le penser en se fondant sur l'arrêt *Ouvry* qui concernait des faits, il est vrai, antérieurs à la décision du Conseil constitutionnel. Ce point de vue a été, ultérieurement, plusieurs fois vérifié, puisque de très nombreuses décisions contiennent cette formule, non dépourvue d'ambiguïté (W. Jeandidier, n° 135) aux termes de laquelle la loi plus douce s'applique immédiatement « en l'absence de dispositions contraires expresses » (Crim. 3 févr. 1986, *Bull. crim.* n° 41 ; Crim. 6 févr. 1987, *Bull. crim.* n° 73 ; Crim. 26 mars 1990, *Bull. crim.* n° 132). Évidemment, les juges répressifs, en l'absence d'un contrôle de la constitutionnalité des lois dans notre système juridique, à cette époque ne pouvaient pas, sur cette base, refuser d'appliquer un texte légal excluant la rétroactivité *in mitius*. En revanche, restait à se demander si cette restriction n'était pas inconventionnelle. Comme l'a fait remarquer un auteur (Huet, *JCP* 1987. I. 3293 et *JCP* 1989. I. 3378 ; v. égal. J. Pradel, n° 193 ; W. Jeandidier, n° 144 ; M. Puech, n° 370) sur le terrain du droit international, il existe un texte (art. 15-1) du Pacte international relatif aux droits civils et politiques de New York de 1966 applicable en France depuis le 4 février 1981 (*D.* 1981. I. 79) qui prévoit expressément le principe de la rétroactivité *in mitius* (v. S. Coisne, « Les enjeux du principe de la rétroactivité *in mitius* consacré dans le Pacte international relatif aux droits civils et politiques », *RD pén. crim.* 2006. 5). Ce texte incorporé à notre droit interne lie donc obligatoirement le juge ce que paraît rejeter la chambre criminelle en adoptant la formule préc. (Huet, *op. cit.*) qu'elle devrait en bonne logique abandonner (v. cependant *contra* Colmar, 18 oct. 1991, *D.* 1992. 37, obs. J. Pannier ; *Gaz. Pal.* 1992. I. 165, note J. Pannier). Contrairement à ce que l'on aurait pu penser la jurisprudence la plus récente montre que la clause réservant l'application « de dispositions contraires expresses » continue à figurer dans la plupart des décisions admettant l'application immédiate de certaines dispositions jugées plus douces dans le domaine économique (Crim. 26 mars 1998, n° 96-85.378, *Bull. crim.* n° 116 ; Crim. 1er oct. 1998, *Dr. pénal* 1999, n° 24 ; Crim. 25 mai 2000, préc.). On peut d'ailleurs signaler plusieurs arrêts qui, dans le domaine des douanes, ont refusé l'application immédiate d'une disposition plus douce au motif qu'il existait une disposition législative contraire (Crim. 28 nov. 1996, *Bull. crim.* n° 436 ; Crim. 6 févr. 1997, n° 94-84.670, *Bull. crim.* n° 51 ; *D.* 1997. 615, note P. Conte ; *Dr. pénal* 1997, n° 80 ; Crim. 13 déc. 2000, n° 99-83.580, *Bull. crim.* n° 376 ; *RSC* 2001. 369, obs. B. Bouloc). Une décision très intéressante de la Cour de cassation doit sur ce point être signalée puisqu'elle rejette expressément l'argument selon lequel le rejet de la rétroactivité *in mitius* serait contraire au Pacte international de New York du 19 décembre 1966 (art. 15-1 ; Crim. 6 oct. 2004, n° 03-84.827, *D.* 1521, obs. C. Roujou de Boubée, M.-H. Gozzi, S. Mirabail et M. Segonds, *Dr. pénal* 2005, n° 9, obs. J.-H. Robert). Dans cette affaire la Cour de Colmar avait refusé d'appliquer immédiatement une modification législative du Code des douanes soustrayant le commerce intracommunautaire aux dispositions de ce code. Cette loi réservait cependant expressément la possibilité de poursuivre les infractions commises avant son entrée en vigueur, excluant ainsi la règle de la rétroactivité *in mitius*. La chambre criminelle avait déjà accepté cette restriction (Par ex., Crim. 6 févr. 1997, préc.) mais l'intérêt de cette dernière décision est de considérer que cette solution n'est nullement contraire à l'article 15-1 du Pacte de New York. Faisant une application restrictive, mais conforme à la lettre de ce texte, elle constate qu'il ne concerne que les sanctions et non les incriminations. Ainsi l'argument d'inconventionalité, souvent invoqué, n'a-t-il qu'une portée limitée puisqu'il ne concerne pas les incriminations plus douces (pour une dernière application : Crim. 19 sept. 2007, n° 06-85.899, *Bull. crim.* n° 215). (Pour une critique sévère de cette solution v. A. Huet, « De quelques méconnaissances du droit international par le droit pénal français », in *Mélanges B. Bouloc*, Dalloz, 2006, p. 450, qui juge la position de la Cour de cassation totalement absurde ; E. Dreyer, n° 1765 et note sous Cons. const. 3 déc. 2010, *JCP* 2011. 82.) Il faut rappeler que la Cour européenne des droits de l'homme (CEDH 17 sept. 2009, *Scoppola c/ Italie, JCP* 2010, n° 70, chron. F. Sudre) tout comme la Cour de justice de l'Union européenne (CJUE 3 mai 2005, aff. C-387/02, *Berlusconi et autres, JCP* 2006. II. 10020, note O. Dubos) ont formellement consacré le principe (v. égal. sur une communication du Comité des droits de l'homme des Nations Unies sur ce sujet : A. Huet « La France, le Comité des droits de l'Homme de l'ONU et la rétroactivité de la loi pénale plus douce », *D.* 2010. 1995). Il faut ajouter que l'article 49 § 1 de la Charte des droits fondamentaux de l'Union européenne prévoit également, aujourd'hui, le principe de l'application immédiate des lois pénales plus douces, mais, là encore, uniquement dans le domaine des pénalités. Pour autant une partie non négligeable de la doctrine continue à considérer qu'il est judicieux, en raison de l'instabilité de la réglementation économique, de maintenir l'application de certains textes abrogés pour les affaires non définitivement jugées afin d'éviter que certains délinquants astucieux ne parviennent à échapper à la répression (R. Merle et A. Vitu, t. I, n° 273 ; F. Desportes et F. Le Gunehec, n° 343 ; M.-L. Rassat, n° 191 ; J.-H. Robert, p. 161 avec une opinion plus nuancée ; *contra* J. Pradel, n° 192 ; W. Jeandidier, *J.-Cl. Pén. Code*, fasc. 20, art. 112-1 à 112-4, n° 96 ; É. Fortis, obs. préc.).

Ainsi il ne paraît pas impossible de compléter le principe de la nécessité d'appliquer immédiatement une loi plus douce par une exception fondée sur une autre nécessité, celle de la survie de la loi ancienne, dans certaines circonstances.

B. — L'exception à l'application rétroactive de la loi plus douce : la nécessité de la survie de la loi ancienne

19 Il restait évidemment à se demander sur quelle base juridique il serait possible de sauvegarder la loi ancienne. Certains (A. Dekeuwer, note préc.) ont songé à la distinction : lois pénales, lois extrapénales, les secondes pouvant seules être maintenues. Cette solution nous paraît très artificielle. En revanche et malgré les difficultés d'application tenant au moyen de les isoler, on pourrait peut-être considérer que les dispositions-moyens ne doivent pas rétroagir parce qu'en réalité elles ne sont pas plus douces que celles qu'elles remplacent. Ainsi une loi qui modifie le prix du produit taxé dans le sens de la hausse n'est pas moins sévère que la précédente, elle adapte techniquement l'incrimination qui reste

inchangée quant au fond. Lorsque la loi nouvelle ne modifie pas la politique criminelle jusqu'alors suivie, on ne peut pas dire qu'elle est plus douce ou plus sévère. Dès lors, si l'on admet conformément à la doctrine classique que la rétroactivité *in mitius* n'est qu'une exception à un principe général (v. *supra*, n° 9) rien ne s'oppose à la survie de la loi ancienne qui ne serait pas plus sévère que la nouvelle disposition (G. Levasseur, *Opinions hétérodoxes*, p. 202). L'efficacité de certaines dispositions pénales techniques rend peut-être indispensable un tel système. Pour maintenir l'application de certaines dispositions réglementaires abrogées à des affaires non définitivement jugées, la chambre criminelle le justifie, en général, en observant que le texte législatif de l'incrimination demeure quant à lui inchangé. La Cour de cassation utilise parfois expressément un tel raisonnement en évitant de censurer une décision ayant refusé d'appliquer immédiatement un texte réglementaire en matière d'usurpation d'appellation d'origine. La chambre criminelle constate que les faits avaient été commis avant la modification et qu'il n'est pas justifié que les dispositions nouvelles soient moins sévères que les anciennes (Crim. 7 déc. 1999, n° 98-82.252, *Bull. crim.* n° 293). Ainsi en est-il pour le délit de favoritisme qui consiste à procurer un avantage injustifié à autrui en ne respectant pas les dispositions garantissant la liberté d'accès et l'égalité des candidats dans les marchés publics. Or, cette procédure ne concerne que les marchés dépassant un certain montant, en deçà duquel s'applique la procédure des marchés négociés. Ce seuil, fixé par voie réglementaire, ayant été relevé, la question se posait de l'application immédiate de cette disposition plus favorable aux procédures en cours. Les juridictions du fond l'avaient admise (v. par ex. Paris 15 janv. 2003, *Juris-Data* n° 2003-230851) mais la chambre criminelle a censuré ces décisions (Crim. 28 janv. 2004, n° 02-86.597, *Bull. crim.* n° 23 ; *JCP* 2004. II. 10084, note Linditch ; Crim. 7 avr. 2004, n° 03-84.191, *D.* 2004. 1864 et Crim. 7 avr. 2004, n° 03-85.698, *Bull. crim.* n° 93 ; Crim. 19 mai 2004, n° 03-86.192, *Bull. crim.* n° 131 ; Crim. 14 déc. 2005, n° 05-83.898, *D.* 2006. 324) en reprenant sa formule aux termes de laquelle « lorsqu'une disposition législative support légal d'une incrimination reste en vigueur, l'abrogation de textes réglementaires pris pour son application n'a pas d'effet rétroactif ». Cette solution est également appliquée par un arrêt du 18 janvier 2006 (*Dr. pénal* 2006, n° 53, obs. J.-H. Robert) en matière d'infraction au Code de la route : le relèvement, par un arrêté administratif, de la vitesse maximale autorisée, dès lors que le support légal de l'incrimination demeure en vigueur, n'a aucun effet rétroactif. Un arrêt du 15 avril 2008 (*RPDP* 2009. 141, obs. X. Pin) a appliqué cette solution dans un domaine nouveau, celui de la réglementation des débits de boissons, ce qui relève du droit pénal sanitaire, en reprenant la formule habituelle « lorsqu'une disposition législative, support légal d'une incrimination, demeure en vigueur, l'abrogation des textes pris pour son application n'a pas d'effet rétroactif ». Cette extension à un nouveau domaine peut-elle conduire à considérer qu'il s'agit aujourd'hui d'une règle de portée générale ? (en ce sens, X. Pin dans sa remarquable note). On peut en douter. L'objet de la réglementation concernée est d'interdire l'installation de débits de boissons à proximité de certains établissements (les écoles, les lieux de culte notamment). La distance prévue dans un premier arrêté préfectoral a été réduite dans un second arrêté, rendant ainsi l'implantation conforme à la réglementation. Il paraît assez difficile, dans cette espèce, de considérer que le texte nouveau n'est pas plus doux ; on peut même imaginer que son objet était de rendre licite l'implantation. Dès lors, une nouvelle fois, on peut s'interroger sur la raison de cette hostilité de la jurisprudence à appliquer le principe de la rétroactivité *in mitius*.

0 De toute manière, l'absence de toute indication dans l'actuel Code pénal rendait ces jurisprudences assez discutables. Néanmoins, comme on l'a remarqué (F. Desportes et F. Le Gunehec, préc.), le fondement constitutionnel du principe de la rétroactivité *in mitius* ne doit pas être perdu de vue. Dès lors que l'absence de nécessité de la répression justifie l'application de la loi plus douce, il n'est pas inconcevable d'admettre que la répression puisse, à titre exceptionnel, rester indispensable pour le passé. Il faut alors que le législateur établisse que la loi qu'il abroge a été un texte « évidemment et strictement nécessaire » ce qui justifie son maintien pour le passé (en ce sens Robert, note préc. ; M.-L. Rassat, préc.). Cette position a évidemment le grand mérite de ne pas heurter le principe constitutionnel de la rétroactivité *in mitius* (R. Merle et A. Vitu, n° 273). L'introduction dans notre droit de la question préjudicielle de constitutionnalité pouvait permettre de mettre un terme à cette longue controverse et à une jurisprudence qualifiée par un auteur de « tarabiscotée, compliquée et parfois erronée » (W. Jeandidier, préc., n° 106). Très vite, la Cour de cassation, saisie par une juridiction du fond, devait transmettre une telle question à la juridiction constitutionnelle (Crim. 22 sept. 2010, n° 10-90.094 QPC, *JCP* 2010. Doctr. 1163, n° 18, obs. B. Mathieu ; *Gaz. Pal.* 17-18 nov. 2010, p. 15, obs. X. Detraz). Le texte soumis au Conseil était une loi du 2 août 2005, plus précisément son article 47 qui vise le fait pour un commerçant de revendre ou d'annoncer la revente d'un produit en l'état à un prix inférieur à son prix d'achat effectif. Alors que les trois premiers paragraphes du texte, en déterminant de nouvelles modalités de calcul du prix d'achat effectif, ont pour conséquence d'abaisser le seuil de revente à perte rendant ainsi plus difficile à réunir les conditions de réalisation de l'infraction, le § 4 en écarte l'application immédiate aux affaires non définitivement jugées. On est donc en présence d'une loi qui introduit une exception à la règle de la rétroactivité *in mitius*. Qu'allait faire le Conseil constitutionnel ? La Haute juridiction, sans doute contre l'attente d'une grande partie de la doctrine, a validé le texte et ainsi une exception possible à l'application d'une loi pénale plus douce « lorsque la répression antérieure plus sévère est inhérente aux règles auxquelles la loi nouvelle s'est substituée ». Sans doute, cette formule n'est-elle pas d'une grande limpidité et certains auteurs n'ont pas manqué de remarquer que la répression est toujours inhérente aux règles qui l'accompagnent (en ce sens, E. Dreyer, « Limitation constitutionnelle de la rétroactivité *in mitius* », *JCP* 2011, n° 82 ; J.-B. Perrier, « Revente à perte : rétroactivité *in mitius* et législation économique », *AJ pénal* 2011. 30). Pour un autre auteur, il faut interpréter le terme « inhérent » qui ne laisse pas d'être obscur (J.-H. Robert, note sous la décision, *Dr. pénal* 2011, n° 38) et qui considère que la moins mauvaise solution est de considérer que le Conseil a voulu se référer à la nature économique de la loi modifiée. Dans le même temps, il est néanmoins amené à constater que cette solution n'avait pas été, jusqu'alors, réservée à ces seuls textes mais aussi appliquée à des dispositions relevant d'autres domaines (santé publique, environnement ou droit du travail par ex.). Dès lors, il apparaît intéressant de se référer aux commentaires des *Cahiers du Conseil constitutionnel*. Il y est exposé, très clairement que cette exception « est réservée aux cas dans lesquels la suppression d'une incrimination ou son remplacement par une incrimination moins sévère ne correspondrait pas à un adoucissement de la loi pénale mais à un changement de la réglementation applicable dont la loi pénale ne serait pas détachable ». Un peu plus loin, il est expliqué « que la poursuite de la répression était inséparable du régime instauré antérieurement » (sur ce point, v. Th. Renoux et X. Magnon, commentaire de la décision, *RPDP* 2011. 417).

21 Il apparaît donc assez clairement que l'exception à la règle de la rétroactivité *in mitius* instaurée par le Conseil constitutionnel est fondée sur la nécessité de la survie de la loi ancienne, dans certaines circonstances et pour certains types de législations qui sont par nature, contingentes et susceptibles de variations fréquentes. Dès lors, il faut se demander si elle doit être limitée aux dispositions de nature économique. On peut le souhaiter (en ce sens : E. Dreyer, J.-B. Perrier, art. préc. ; C. Kietz, « Comment faire du neuf avec du vieux », *Gaz. Pal.* 16 déc. 2010, n° 350, p. 3) mais comme nous l'avons vu, il n'est pas très évident de délimiter ce type de dispositions. Il ne semble pas que telle ait été la volonté du Conseil constitutionnel. Est-ce à dire qu'il est aberrant de laisser la possibilité au législateur que la survie d'une loi s'impose à titre exceptionnel, pour éviter que des plaideurs, très bien organisés, n'usent de moyens dilatoires pour éviter d'être sanctionnés pour la violation délibérée de règles dont ils avaient anticipé l'abrogation. S'efforcer d'assurer l'efficacité de la loi pénale ne me paraît pas particulièrement relever de la catégorie des actes qui portent atteinte aux droits de l'homme. Sans doute, argumentera-t-on sur le risque d'arbitraire, mais à supposer qu'il vienne à se produire, il restera toujours la possibilité au justiciable d'invoquer une question préjudicielle de constitutionnalité pour démontrer que, dans le cas soumis, la survie de la loi ancienne n'était pas évidemment et strictement nécessaire. Encore faut-il pour admettre une telle solution faire quelque confiance à cette institution dont la mission est, me semble-t-il, de faire respecter l'ensemble des principes constitutionnels et pas seulement les droits de l'homme envisagés d'une manière totalement abstraite (sur cette question, v. E. Dreyer, art. préc.).

2 Jusqu'alors, en l'absence d'une explication juridique suffisamment convaincante, certains auteurs (v. X. Pin, note préc.) suggéraient que l'application systématique du principe s'expliquait, avant tout, par la nécessité de respecter un principe d'égalité des justiciables, condamnés au même moment. Or, comme on l'avait fait remarquer, dans la plupart des décisions rejetant l'application du principe une seule personne était concernée ce qui excluait le risque d'inégalité devant la loi. Aujourd'hui la prise de position du Conseil constitutionnel fournit en plus une règle de portée générale sur laquelle pourront s'appuyer les juridictions répressives, donnant à la jurisprudence une cohérence sans pour autant heurter le principe d'humanité, rappelons-le, à la base de cette règle dérogatoire au principe de règlement des conflits de lois pénales dans le temps. Ainsi, dans un arrêt récent, la chambre criminelle a-t-elle refusé d'appliquer immédiatement un décret en matière d'urbanisme, au motif habituel que les dispositions législatives support de l'incrimination n'ont pas été modifiées : Crim. 15 oct. 2013, n° 12-85.408 ; *RSC* 2013. 824. On remarque que la Cour de cassation ne reprend pas la formule utilisée par le Conseil constitutionnel (pour une critique de cette formule, E. Dreyer, n° 1765).

Peut-on alors parler d'érosion du principe de la rétroactivité des lois pénales plus douces (v. B. de Lamy, *RSC* 2011. 180 et C. Mascala, « Chronique de droit pénal des affaires », *D.* 2011. 1859) ? Nous n'en sommes pas convaincus. Sans doute, cette solution complexifie-t-elle un peu le travail des juridictions mais il n'est pas choquant que des juges puissent considérer qu'il n'est pas obligatoirement judicieux d'appliquer immédiatement des dispositions dont le caractère plus doux n'apparaît pas avec évidence et que la survie pour le passé de la règle ancienne plus sévère leur semble évidemment et strictement nécessaire (v. sur ce point : Y. Mayaud, n° 76).

A. V.

13

LOIS DE FOND PLUS DOUCES – PROCÈS EN COURS

Crim., 5 nov. 1981, n° 81-92.385, *Paquien*
(*Bull. crim.* n° 297)

Toute loi nouvelle plus douce doit s'appliquer aux infractions commises antérieurement à sa promulgation dès lors qu'elles n'ont pas fait l'objet d'une décision passée en force de chose jugée. L'arrêt intervenu avant la loi doit donc être annulé pour permettre l'application des dispositions plus favorables au délinquant bien qu'il n'encoure aucune censure.

Sur le moyen additionnel pris de l'entrée en vigueur de la loi n° 81-908 du 9 octobre 1981 portant abolition de la peine de mort ;

Attendu qu'il est de principe qu'une loi nouvelle édictant des pénalités moins sévères doit être appliquée aux faits commis antérieurement et donnant lieu à des poursuites non encore terminées par une décision passée en force de chose jugée au moment où la loi nouvelle est entrée en vigueur ;

Attendu que la cour et le jury, après avoir déclaré Paquien coupable de meurtre et de vol concomitant commis avec port d'arme, et répondu affirmativement à la question relative aux circonstances atténuantes, l'ont condamné à la réclusion criminelle à perpétuité ;

Mais attendu que le meurtre qui, lorsqu'il a précédé, accompagné ou suivi un autre crime, était, aux termes de l'article 304 du Code pénal, puni de la peine de mort, ne l'est plus, en application des dispositions des articles 1er et 3 de la loi précitée du 9 octobre 1981, que de la réclusion criminelle à perpétuité ;

Que l'accusé ayant bénéficié des circonstances atténuantes, le maximum de la peine applicable est dès lors celui de la réclusion criminelle à temps ;

Qu'ainsi la peine infligée au demandeur n'est plus légale ;

Attendu que si l'arrêt attaqué n'encourt aucune censure pour avoir statué comme il l'a fait au jour où il a été rendu, il y a lieu cependant de prononcer son annulation et de renvoyer l'affaire devant la même juridiction pour être fait par celle-ci s'il y a lieu, application de la loi nouvelle ;

Et attendu qu'en raison de l'indivisibilité existant entre la déclaration de culpabilité et la décision sur la peine, l'annulation doit être totale ;

Par ces motifs :

Annule l'arrêt de la cour d'assises de la Drôme du 25 avril 1981, ensemble la déclaration de la Cour et du jury et les débats qui l'ont précédée, et pour être statué à nouveau conformément à la loi :

Renvoie la cause et les parties devant la même cour d'assises.

OBSERVATIONS

1 L'application d'une loi pénale nouvelle incontestablement plus douce à une infraction non encore jugée ne suscite aucune difficulté. En revanche le problème pourrait paraître différent lorsque la loi nouvelle survient alors qu'un jugement est déjà intervenu. Nous pouvons régler rapidement la question d'une loi pénale nouvelle intervenant alors qu'une voie de recours ordinaire est possible. L'opposition en cas de jugement par défaut ou l'appel vont permettre à la juridiction saisie d'appliquer le texte nouveau sans aucune difficulté puisque dans les deux hypothèses, les magistrats sont saisis de la totalité du procès en raison de l'effet extinctif ou dévolutif (en ce sens pour l'appel : Crim. 15 mars 1810, *Bull. crim.* n° 27 ; Crim. 19 févr. 1997, n° 96-82.377, *Bull. crim.* n° 67). Dans le cas où la loi nouvelle interviendrait après une décision de cassation et alors que l'affaire est pendante devant la juridiction de renvoi, cette dernière devrait bien sûr appliquer la loi nouvelle plus douce (Crim. 19 janv. 1960, *Bull. crim.* n° 29).

Le problème est un peu plus délicat lorsque la loi nouvelle intervient après la décision sur le fond. Il faut alors distinguer deux situations bien différentes selon que le jugement est ou non définitif.

I. — Intervention d'une loi nouvelle plus douce et jugement non définitif

2 Lorsqu'un changement de législation, par hypothèse favorable à la personne poursuivie, intervient alors que la décision n'est pas définitive, c'est-à-dire pendant le délai du pourvoi ou alors que l'instance est pendante devant la Cour de cassation, l'application de la loi nouvelle plus douce n'était pas *a priori* évidente. Il ne faut pas perdre de vue que la Cour de cassation est une juridiction du droit. Son rôle est de vérifier si la décision attaquée a été rendue conformément à la loi, en l'occurrence celle qui était en vigueur au moment où les juridictions du fond se sont prononcées. Dès lors la promulgation d'une loi plus douce pendant l'instance en cassation ne devrait avoir aucune conséquence et le pourvoi devrait être rejeté. Telle n'est pas la solution de la Cour de cassation ainsi que le révèle la décision que nous avons retenue. Cet arrêt, rendu à propos de la loi d'abrogation de la peine de mort n'est pas à proprement parler original mais on y trouve une formule aujourd'hui systématiquement utilisée par la chambre criminelle qui affirme que la loi nouvelle plus douce doit s'appliquer mais n'estime pas nécessaire d'en justifier les raisons. Un individu (Paquien) reconnu coupable par la cour d'assises de la Drôme, d'un meurtre et d'un viol concomitant avait été condamné à la réclusion criminelle à perpétuité bien que le bénéfice des circonstances atténuantes lui ait été accordé. Cette solution parfaitement conforme à la législation en vigueur au moment où elle a été prise devient en revanche irrégulière après l'abrogation de la peine de mort. En effet, la peine maximum applicable en droit français devient donc la

réclusion criminelle à perpétuité, sanction qui ne peut être maintenue dès lors que les circonstances atténuantes ont été accordées.

3 De ce fait, après avoir constaté que la loi nouvelle plus douce doit s'appliquer aux poursuites non encore terminées par une décision passée en force de chose jugée au moment où la loi nouvelle est entrée en vigueur, elle annule la décision et renvoie devant la même juridiction pour qu'elle statue à nouveau (v. dans le même sens, Crim. 16 nov. 1987, 2 arrêts, *Bull. crim.* n°s 406 et 407 ; Crim. 8 févr. 1988, *Bull. crim.* n° 62 ; Crim. 13 nov. 1989, *Bull. crim.* n° 409 ; Crim. 24 nov. 1993, n° 93-84.377, *Bull. crim.* n° 356 ; Crim. 19 févr. 1997, n° 96-82.377, *Bull. crim.* n° 67). Pourquoi une telle décision (A) ? Comment est-elle concrètement appliquée notamment quant au choix de la juridiction de renvoi (B) ?

A. — Les raisons de l'application de la loi nouvelle plus douce

4 La chambre criminelle, dans des arrêts du XIXe siècle avait d'abord refusé de remettre en cause une décision rendue conformément à la loi en vigueur (Crim. 31 août 1832, *S.* 1833. 1. 241 ; Crim. 12 juill. 1863, *D.* 1863. 1. 32). Très vite cependant, elle devait adopter une solution différente en acceptant l'application de la loi nouvelle (Crim. 16 mars et 11 mai 1872, *Bull. crim.* n°s 68 et 113). Mais c'est dans un arrêt du 14 janvier 1876 (*S.* 1876. 1. 433, note Villey ; M. Puech, n° 28 ; Bernardini, n° 236) que la Haute juridiction a pour la première fois justifié sa position. Elle se fonde tout d'abord sur une loi du 25 Frimaire An VIII qui avait expressément permis cette solution à la suite d'une correctionnalisation légale. Elle affirmait qu'il s'agissait d'un principe général concernant toutes les lois plus douces publiées avant la décision sur le pourvoi contre un arrêt de condamnation. Mais on trouve également dans l'arrêt une justification plus générale qui porte sur le caractère suspensif du pourvoi en matière pénale. Il en résulte que le prévenu doit être en mesure de bénéficier d'un principe qui s'impose essentiellement pour des raisons d'humanité. C'est, semble-t-il, cet argument qui reste le fondement de la jurisprudence pénale et que mettent en avant tous les auteurs (R. Merle et A. Vitu, t. I, n° 262 ; M. Puech, p. 114 ; W. Jeandidier, *J.-Cl. Pén. Code*, fasc. 20, art. 112-1 à 112-4, n° 31 ; Bernardini n° 236). Équité et bienveillance à l'égard des délinquants sont fréquemment alléguées même si juridiquement la solution est tout à fait fondée en droit. N'est-il pas normal que toute circonstance qui affecte l'action publique rejaillisse sur le procès pénal. Il en est ainsi du décès du délinquant ou de l'amnistie qui lorsqu'ils interviennent pendant l'instance en cassation entraînent l'extinction de l'action publique. Ce sont les mêmes raisons qui ont conduit à prendre en considération l'abrogation de la loi pénale pendant l'instance du pourvoi. Dès lors pourquoi une loi qui se borne à atténuer la rigueur d'un texte ne devrait-elle pas profiter au délinquant puisque le pourvoi en cassation en matière pénale est suspensif (en ce sens, note J.-P. Doucet, *Gaz. Pal.* 1973. 1. 78 ; M. Puech, *op. cit.*).

5 Depuis l'arrêt du Conseil constitutionnel des 19 et 20 décembre 1981 (*JCP* 1981. II. 19701, note Franck ; *DS* 1982. 441, note A. Dekeuwer) la justification devient beaucoup plus solide puisque la Haute juridiction a considéré que l'article 8 de la Déclaration des droits de l'homme impose la rétroactivité *in mitius*.

Elle a donc décidé que l'une des dispositions de la loi du 2 février 1981 dite Sécurité et Liberté (abrogée par une loi du 10 juin 1983) qui excluait l'application des mesures plus douces aux infractions ayant donné lieu à un jugement sur le fond en dernier ressort avant l'entrée en vigueur de la loi, était inconstitutionnelle. L'article 8 de la Déclaration des droits de l'homme, au terme duquel la loi ne doit établir que des peines strictement et évidemment nécessaires implique-t-il de manière évidente l'interdiction pour le législateur de rejeter l'application immédiate des lois plus douces (v. *supra*, n° 12) ? On peut en douter (en ce sens, A. Dekeuwer, préc.). Il reste que l'affirmation du caractère constitutionnel de l'application immédiate de la *mitior lex* aurait dû conduire le législateur à ne pas y déroger comme il le fit pourtant plusieurs fois (loi du 3 janvier 1975 en matière de chèque sans provision et loi du 31 décembre 1976 relative à l'urbanisme) mais elle a conforté le juge dans l'application très large qu'il devrait faire de ce principe (v. cep. l'évolution récente de cette question, *supra*, n° 12). Ainsi lorsque la loi intervient pendant l'instance du pourvoi bien que « l'arrêt n'encoure aucune censure », la chambre criminelle annule mais ne casse pas la décision (v. par ex., Crim. 18 févr. 1992, n° 91-82.352, *Bull. crim.* n° 76 ; Crim. 15 mai 2001, n° 00-86.347, *Bull. crim.* n° 123). Mais quelles vont être les conséquences de cette décision ?

B. — Les solutions permettant l'application de la loi nouvelle plus douce

6 Pendant toute une période, la chambre criminelle a paru très gênée par le fait que la décision qui lui était soumise était parfaitement régulière. Ainsi, sans casser elle renvoyait l'affaire devant les mêmes juges pour qu'ils appliquent la loi nouvelle (Crim. 11 janv. 1876, préc. ; Crim. 10 janv. 1936, *Bull. crim.* n° 10 ; Crim. 3 mars 1944, *Bull. crim.* n° 62 ; Crim. 26 avr. 1955, *Bull. crim.* n° 205). On notera que le moyen peut-être soulevé d'office par la chambre criminelle (Crim. 18 nov. 2006, *Bull. crim.* n° 280 ; *Dr. pénal* 2007, n° 9, obs. J.-H. Robert ; Crim. 14 sept. 2010, *Bull. crim.* n° 133 ; *Dr. pénal* 2010-134, note M. Véron ; *Gaz. Pal.* 17 nov. 2010, obs. E. Dreyer ; v. néanmoins : Crim. 8 déc. 2015, n° 14-88.517 ; *Dr. pénal* 2016. 29, note J.-H. Robert, qui ne censure pas l'application d'une peine plus sévère que celle applicable au moment des faits. Comme le remarque le Professeur Robert, peut-être cette décision s'explique-t-elle par le fait que le texte applicable au moment de la commission de l'infraction et remplacé par une disposition plus sévère, réservait « l'application d'autres lois, le cas échéant ». L'argument est-il totalement convaincant ? On peut en douter puisque les premiers juges n'avaient pas retenu cette solution.).

Aujourd'hui la Cour de cassation n'hésite plus à censurer mais la solution adoptée n'est pas toujours la même. Il importe de remarquer que la Haute juridiction utilise dans ces hypothèses le verbe « annuler ». Il arrive tout d'abord que la chambre criminelle casse sans renvoyer. Il en est ainsi lorsque la loi nouvelle supprime l'incrimination (Crim. 5 déc. 1956, *Bull. crim.* n° 814 ; Crim. 21 avr. 1982, *Bull. crim.* n° 98 ; Crim. 23 nov. 1987, *Bull. crim.* n° 423 ; Crim. 12 juin 1995, *Bull. crim.* n° 213 ; Crim. 18 juin 1997, n° 96-81.264, *Bull. crim.* n° 243 ; Crim. 19 janv. 1999, n° 98-82.035, *Bull. crim.* n° 10 ; Crim. 12 déc. 2013, n° 12-82.919, *Bull. crim.* n° 277) ou supprime une peine (Crim. 26 oct. 1994, *Bull. crim.* n° 344 ; Crim. 14 déc. 1994, n° 94-83.064, *Bull. crim.* n° 412 ; Crim. 28 juin 2000, n° 98-86.376, *Bull. crim.* n° 253 ; *JCP* 2000. II. 10375, rapp. F. Desportes ; *Dr. pénal* 2001. Chron. 13). La cassation peut d'ailleurs s'opérer par voie de retranchement et sans renvoi lorsque la loi nouvelle ne supprime qu'une partie de la peine (Crim. 4 mai 1907, *S.* 1908. 1. 49, note Le Poittevin ; Crim. 7 mai 1969, *Bull. crim.* n° 157 ; Crim. 25 janv. 1973, *Bull. crim.* n° 45 ; Crim. 26 mars 1990, n° 89-80.448, *Bull. crim.* n° 133 ; Crim. 9 mars 1994, *Bull. crim.* n° 205 ; Crim. 16 mai 1994, n° 93-83.004, *Bull. crim.* n° 183 ; Crim. 6 janv. 2004, n° 03-80.245, *Bull. crim.* n° 3 ; Crim. 2 sept. 2004, n° 04-80.518, *Bull. crim.* n° 197 ; *D.* 2004. 2623 ; *RSC* 2005. 67, obs. É. Fortis ; Crim. 15 mai 2007, n° 06-80.312, *Bull. crim.* n° 125 ; Crim. 12 déc. 2007, *AJ pénal* 2008. 87).

7 La deuxième situation est celle d'une loi nouvelle qui, tout en étant plus clémente, laisse néanmoins subsister une condamnation : par exemple modification des éléments de l'incrimination ou de la pénalité. Bien que n'encourant aucune censure, la décision va pourtant être annulée mais l'affaire sera renvoyée devant les mêmes juges. Il en ira également de même si la juridiction répressive reste saisie de l'action civile sur le fondement du texte abrogé, une décision sur le fond ayant été rendue avant l'abrogation de la loi pénale (v. par ex. : Crim. 22 mars 2011, *Dalloz actualité* 20 avr. 2011, obs. Bombled). En règle générale, lorsque la Cour suprême censure une décision, elle renvoie le procès à une autre juridiction afin d'assurer une meilleure justice. Sans doute existe-t-il certaines dérogations textuelles (v. R. Merle et A. Vitu, t. II, n° 743) mais elles ne concernent pas les lois plus douces. Cette solution s'explique par le fait qu'il n'y a aucune censure de la décision des juges du fond. Il est donc tout à fait possible de demander aux mêmes magistrats à qui rien n'a été reproché d'appliquer la loi nouvelle. Selon certains auteurs (M. Puech, préc.) cette mesure constitue un simple acte d'administration de la justice. C'est la raison pour laquelle dans l'arrêt retenu, l'affaire est renvoyée devant la même cour d'assises de la Drôme (en ce sens, Crim. 21 nov. 1972, *Bull. crim.* n° 351 ; Crim. 20 déc. 1974, *Bull. crim.* n° 396 ; Crim. 22 janv., 4 févr. et 1er avr. 1981, *Bull. crim.* nos 34 48 et 113 à propos de la loi du 23 décembre 1980 sur le viol ; Crim. 11 févr. 1981 et 1er sept. 1981, *Bull. crim.* nos 54 et 113 concernant la loi Sécurité et Liberté). Il faut cependant noter que dans certaines décisions, le renvoi est effectué devant une autre juridiction notamment lorsque la loi nouvelle modifie les règles d'incrimination (Crim. 15 juin 1966, *Bull. crim.* n° 173 ; Crim. 13 et 15 oct. 1970, *Bull. crim.* n°s 263 et 271 ; Crim. 16 juin 1993, *Bull. crim.* n° 206 ; Crim. 30 nov. 1994, n° 94-80.383, *Bull. crim.* n° 391 ; Crim. 5 avr. 1995, *Bull. crim.* n° 150 ; Crim. 5 sept. 2000, n° 99-82.301, *Bull. crim.* n° 262 ; *JCP* 2001. II. 10507, note J.-Y. Chevallier ; *Dr. pénal* 2000, n° 135, obs. M. Véron ; Crim. 9 oct. 2001, *Bull. crim.* n° 104). Les deux dernières décisions concernent l'application immédiate de la loi du 10 juillet 2000 sur les infractions d'imprudence. Le renvoi peut aussi être effectué devant la même juridiction autrement composée (Crim. 3 mai 1977, *Bull. crim.* n° 152 ; Crim. 30 juin 1987, *Bull. crim.* n° 277 ; Crim. 12 janv. 1994, n° 92-86.390, *Bull. crim.* n° 19 ; Crim. 6 avr. 1994, *Bull. crim.* n° 137 ; Crim. 7 avr. 1994, *Bull. crim.* n° 141 ; Crim. 15 mars 1995, n° 94-81.782, *Bull. crim.* n° 106 ; Crim. 19 sept. 1995, *Dr. pénal* 1996, n° 4, obs. J.-H. Robert). Il semble que depuis la mise en vigueur de l'actuel Code pénal, la chambre criminelle utilise fréquemment cette dernière formule.

8 On peut observer que dans des arrêts plus récents, la Cour de cassation a adopté une solution nouvelle et originale. En effet, tout en relevant que l'intervention de la loi plus douce ne permet pas le maintien de la peine prononcée, elle annule et décide de substituer d'office une nouvelle peine. Elle se fonde dans ce cas sur l'article L. 411-3 du Code de l'organisation judiciaire lui permettant d'appliquer elle-même la règle de droit exacte. Ainsi dans une décision du 9 mars 1994 (*Bull. crim.* n° 94 ; *Dr. pénal* 1994, n° 147, obs. A. Maron), la chambre criminelle, constatant qu'une peine de réclusion criminelle à perpétuité a été prononcée contre les auteurs d'un meurtre, les circonstances atténuantes leur ayant été refusées, décide d'annuler cette sanction et de la remplacer par celle de la réclusion criminelle de 30 ans, maximum légal encouru selon la loi nouvelle. De la même manière, la Cour de cassation a décidé de substituer une période de sûreté de 22 ans, durée maximale aujourd'hui prévue pour une peine de réclusion criminelle à perpétuité à celle de 30 ans retenue initialement par la cour d'assises (Crim. 25 mai 1994, n° 93-83.820, *Bull. crim.* n° 198, *RSC* 1995. 99, obs. B. Bouloc). La règle selon laquelle la réclusion criminelle à temps est aujourd'hui de 10 ans au minimum a également conduit les juges de cassation à utiliser le procédé de la substitution de peine sans renvoi. Dans deux décisions (Crim. 14 déc. 1994, n° 94-84.202, *Bull. crim.* n° 413 ; *RSC* 1995. 568, obs. B. Bouloc ; *Dr. pénal* 1995, n° 84, obs. M. Véron ; Crim. 15 févr. 1995, *Bull. crim.* n° 70), la chambre criminelle a remplacé par des peines d'emprisonnement de même durée les sanctions de réclusion prononcées par des cours d'assises dès lors qu'elles étaient inférieures à 10 ans. Dans le même sens : Crim. 18 déc. 2002, *Bull. crim.* n° 236 ; *Dr. pénal* 2003, n° 46 ; v. également : Crim. 8 juill. 2015, n° 14-82.646 ; *RPDP* 2015. 941, obs. V. Peltier, qui refuse l'application d'une peine complémentaire d'interdiction professionnelle définitive, pour lui substituer une interdiction temporaire encourue à l'époque des faits et décide donc de ne pas renvoyer l'affaire devant une juridiction du fond, en fixant elle-même la durée de la sanction à 5 ans, soit le minimum prévu. Cette solution n'est cependant pas systématique, puisque dans une hypothèse assez voisine (Crim. 19 déc. 1994, n° 94-83.390, *Bull. crim.* n° 422), la Cour de cassation n'a pas substitué la peine d'emprisonnement mais a préféré casser la décision et renvoyer à une autre cour d'assises pour qu'il soit à nouveau jugé conformément à la loi. On pourrait sans doute s'interroger sur la véritable différence existant entre les décisions. Peut-être le quantum de la peine prononcée est-il une explication (v. cependant B. Bouloc, *RSC*, préc.). Il nous semble en tout cas que cette solution doit être approuvée (en ce sens, A. Maron, *Dr. pénal* 1994, n° 147) puisque les principes fondamentaux des conflits de lois dans le temps sont respectés. Tel ne serait pas le cas lorsqu'une cour d'assises prononce une peine de réclusion criminelle à temps de 25 ans alors que, sous l'empire du nouveau Code pénal, cette peine est limitée à 20 ans. Admettre la solution contraire conduirait à accepter l'application d'une loi pénale plus sévère. Dans une telle hypothèse, la cassation avec renvoi s'impose donc (Crim. 14 déc. 1994, *Bull. crim.* n° 414). En revanche, dans une décision plus récente, la chambre criminelle a pu substituer une peine de 20 ans de réclusion criminelle à celle de 35 ans de la même peine, prononcée par une cour d'assises, pour un viol aggravé commis en état de récidive. La peine maximale prévue par le nouveau Code pénal, plus douce que la peine antérieure, étant de 30 ans de réclusion criminelle, son prononcé, aux termes de l'article 362, alinéa 2 du Code de procédure pénale, impliquait un vote à la majorité qualifiée de huit voix sur douze. Faute d'une telle majorité la sanction maximum applicable était donc la peine immédiatement inférieure, à savoir 20 ans, que prononce directement la Cour de cassation (Crim. 10 nov. 1998, n° 98-81.490, *Bull. crim.* n° 294 ; v. égal. Crim. 4 févr. 2004, n° 03-81.984, *Bull. crim.* n° 32 ; *D.* 2005. 621, note V. Malabat où la Cour de cassation substitue une peine d'emprisonnement de 7 ans à une peine de 10 ans dans une affaire qui reposait sur une modification de législation à droit constant très discutable, v. *supra*, n° 11). Dans une décision récente la chambre criminelle, constatant une erreur dans la caractérisation de la récidive criminelle, a été amenée à censurer une condamnation prononcée par une cour d'assises à une peine de 25 ans de réclusion criminelle alors que le maximum légal applicable, hors récidive, était de 20 ans. La chambre criminelle casse et annule la décision mais faisant application de l'article L. 411-3 du COJ elle ne renvoie pas et décide que la peine que devra subir le condamné sera de 20 ans de réclusion criminelle (Crim. 6 nov. 2013, n° 13-83.798 ; *Dr. pénal* 2014, n° 18, obs. E. Bonis-Garçon ; *RFDP* 2014. 74, obs. J.-Y. Chevallier). Cette solution, approuvée par le second annotateur de la décision (J.-Y. Chevallier), est en revanche critiquée par la première (E. Bonis-Garçon). Si l'on peut estimer qu'au vu des infractions poursuivies l'application du maximum légal est assez logique, on ne peut contester que, juridiquement, elle peut être discutée quant au principe d'individualisation de la peine. En effet, les jurés d'assises n'avaient pas appliqué la peine maximale, qu'ils croyaient faussement encourue, et avaient donc admis implicitement l'existence de circonstances atténuantes. Est-il alors totalement logique pour la Cour de cassation d'appliquer elle-même la peine maximale réellement encourue, d'autant qu'elle n'aurait pu l'être devant la cour de renvoi, qu'à la majorité qualifiée de neuf voix sur douze. Il est en tout cas certain que le condamné avait un intérêt évident au renvoi (en ce sens, E. Bonis-Garçon).

9 La troisième situation enfin est celle où la loi ancienne elle-même n'a pas été appliquée correctement sur tel ou tel point. On revient bien évidemment à la règle normale de cassation, l'affaire est renvoyée devant une autre juridiction de même ordre et de même degré (Crim. 2 mars 1976, *Bull. crim.* n° 79 ; Crim. 15 juin 1977, *Bull. crim.* n° 224 ; Crim. 2 juin 1981, *Bull. crim.* n° 184 ; Crim. 2 mars 1981, *Bull. crim.* n° 87 ; Crim. 22 août 1981, *Bull. crim.* n° 246, etc. ; Crim. 14 déc. 1994, n° 94-84.202, *Bull. crim.* n° 413). Là encore, il faut noter une solution particulière dans le cas où la loi nouvelle opère disqualification de l'infraction poursuivie, la Cour de cassation annulant la décision d'une cour d'assises, renvoie alors directement devant un tribunal correctionnel (en ce sens, Crim. 4 févr. 1981, *Bull. crim.* n° 48 ; *JCP* 1982. II. 19722, note P. Chambon).

Comme on peut aisément le remarquer, l'application maximale du principe de la rétroactivité *in mitius* s'impose aux procès en cours mais certaines solutions pratiques sont encore empreintes d'une relative imprécision. Mais pour que l'on puisse appliquer la loi nouvelle encore faut-il que le jugement ne soit pas définitif. L'assemblée plénière de la Cour de cassation a d'ailleurs précisé que, lorsqu'il a été décidé du réexamen d'une décision pénale suite à une décision de la Cour européenne des droits de l'homme, l'arrêt perd son caractère définitif et il est donc possible d'appliquer une disposition pénale plus douce, en l'occurrence la suppression de la contrainte par corps (Ass. plén., 16 nov. 2007, n° 99-82.117, *AJ pénal* 2008. 87, obs. S. Lavric).

II. — Intervention d'une loi nouvelle plus douce et jugement définitif

10 Le principe de l'inefficacité est évidemment indispensable (A) ce qui n'empêche pas l'existence de quelques atténuations de ce principe (B).

A. — Le principe de l'inefficacité de la loi nouvelle plus douce

11 Quelle que soit la volonté d'étendre le champ d'application des lois nouvelles, le refus de les prendre en considération lorsque la décision de condamnation est devenue irrévocable est inévitable. Cette solution apparaît incontestable d'un point de vue strictement juridique (v. en matière d'action civile, Ass. plén., 2 févr. 1990, 2 arrêts, n°s 88-85.724, et 88-86.577, *Bull. crim.* n° 61 ; Crim. 9 déc. 1992, n° 92-80.540, *Bull.*

crim. n° 412 ; v. égal. Crim. 8 févr. 1994, *D.* 1994. 83). Pour certains, c'est parce qu'à compter du moment où le jugement est devenu irrévocable, la situation juridique est définitivement constituée. Accepter de la modifier serait adopter une attitude délibérément rétroactive ce qui est inacceptable (v. P. Roubier, *Le droit transitoire*, n° 95 ; R. Merle et A. Vitu, t. I, n° 262). Pour d'autres, c'est simplement une conséquence de l'autorité de la chose jugée et de l'absence de tout mécanisme procédural permettant la révision des condamnations (B. Bouloc, n° 167 ; A. Decocq, p. 78).

12 La Cour de cassation dans un arrêt du 22 mai 1995 (n° 94-83.601, *Bull. crim.* n° 183 ; *RSC* 1996. 117, obs. B. Bouloc ; *Dr. pénal* 1995, n° 214, obs. M. Véron) le rappelle à propos de la période de sûreté. Elle a en effet considéré que la suppression du caractère automatique de cette mesure pour certaines infractions dont le meurtre ne pouvait pas concerner des infractions dont la condamnation était passée en force de chose jugée, la seule exception résultant de l'article 112-4, alinéa 2, évidemment non applicable dans ce cas. Il reste cependant que la chambre criminelle, sans le dire expressément, est amenée à considérer que la période de sûreté est une véritable peine et non une modalité d'exécution de la sanction car sinon l'article 112-2-3e aurait été applicable (en ce sens, M. Véron, préc. et observations critiques de M. B. Bouloc à la *RSC* qui cite un arrêt du 7 juin 1994 de la même chambre criminelle (Crim. 7 juin 1994, n° 93-83.428, *Bull. crim.* n° 224) ayant admis que la période de sûreté touche à l'exécution de la peine).

Quelle que soit la justification invoquée, il reste que cela conduit à des conséquences parfois choquantes. Pour des raisons tenant au hasard et aux aléas de la procédure, deux infractions identiques commises le même jour pourront être soumises à des règles différentes selon que la procédure aura été plus ou moins rapide. La Cour de cassation a cependant jugé que cette distinction dans l'application de la loi plus douce, selon que l'affaire est ou non définitivement terminée, n'est pas contraire à l'article 14 de la Convention européenne des droits de l'homme sur les discriminations : Crim. 22 nov. 2000, n° 00-82.051, *Bull. crim.* n° 350.

B. — Les atténuations du principe

13 Jusqu'à la promulgation de l'actuel Code pénal, seule l'intervention d'une grâce présidentielle était de nature à permettre d'atténuer les effets d'une condamnation définitive à moins que le législateur n'ait lui-même décidé de supprimer les effets antérieurs d'une disposition qu'il abroge (par ex. L. du 31 mai 1854 abolissant la mort civile qui cessait pour les individus condamnés avant la promulgation du texte ; pour l'incidence sur cette question de l'article 15-I du Pacte international relatif aux droits civils et politiques applicable en France depuis 1981, v. W. Jeandidier, n° 137 ; M.-L. Rassat, n° 185 ; v. égal pour la sanction de l'interdiction de gérer définitive, la L. du 26 juill. 2005 (art. 190) qui décide que ces interdictions prendront fin si elles ont été prononcées 15 ans avant la publication de la loi).

Plusieurs législateurs étrangers ont d'ailleurs organisé un système de révision du procès qui permet de revenir sur une décision définitive (Code danois, art. 3, al. 2 ; italien, art. 2, al. 2, polonais art. 2, al. 2 ; portugais, art. 6-3e. Sur cette question, R. Merle et A. Vitu, t. I, n° 261).

4 Mais l'article 112-4, alinéa 2 du Code pénal en prévoyant que « la peine cesse de recevoir exécution quand elle a été prononcée pour un fait qui en vertu d'une loi postérieure au jugement n'a plus le caractère d'une infraction pénale » apporte néanmoins aujourd'hui une importante exception à la règle selon laquelle on ne peut pas remettre en cause les décisions définitives. Cette disposition ne concerne cependant que les lois d'abrogation des incriminations et non pas les autres lois plus douces y compris de suppression des pénalités. Ainsi, selon ce texte l'abrogation de la peine de mort n'aurait eu aucune efficacité sur une condamnation devenue définitive si l'on interprète à la lettre la formule retenue par le législateur (v. cep. : Crim. 28 juin 2000, préc. relatif à la disparition de la peine d'interdiction légale depuis l'entrée en vigueur du nouveau Code pénal. La chambre criminelle a jugé que cette abrogation met obstacle à l'exécution de cette peine pour les personnes en état d'interdiction légale à la date du 1er mars 1994. En réalité il ne s'agit pas d'une véritable exception à la règle édictée par l'art. 112-4, al. 2 du C. pén. mais bien plutôt de l'application immédiate des lois relatives à l'exécution des peines prévue par l'art. 112-2 3e du même code. En ce sens F. Desportes et F. Le Gunehec, n° 338-1 ; v. *contra* pour un exemple curieux : l'impossibilité de revenir sur une incapacité éléctorale découlant de la dégradation civique, peine criminelle perpétuelle, aujourd'hui remplacée par l'interdiction des droits civiques : Crim. 14 nov. 2012, *Dr. pénal* 2013, n° 25, obs. J.-H. Robert). Encore faudra-t-il bien vérifier que le fait n'est plus susceptible d'aucune autre qualification sinon le condamné continuera de subir sa peine (v. J. Pradel, commentaire préc. p. 32 ; Circ. du 14 mai 1993 ; F. Desportes et F. Le Gunehec, n° 338 qui mettent en exergue les difficultés d'application de ce texte). Ainsi avec l'entrée en vigueur de l'actuel Code pénal, on a pu distinguer deux hypothèses très différentes : le crime de castration est supprimé mais l'article 112-4, alinéa 2 du Code pénal, ne saurait s'appliquer à un condamné puisque ce fait tombe évidemment sous le coup du texte réprimant les violences entraînant mutilation (C. pén., art. 222-9). En revanche, le vagabondage et la mendicité ayant été purement et simplement dépénalisés ; de telles peines si elles avaient été en cours, auraient dû être interrompues. V. pour un exemple concernant l'infraction d'abus de blanc-seing qui subsiste comme abus de confiance : Crim. 21 sept. 1994, n° 93-85.297, *Bull. crim.* n° 300, *RSC* 1995. 101, obs. R. Ottenhof ; *ibid.* 342, obs. B. Bouloc ; *Dr. pénal* 1995, n° 3, obs. M. Véron.

L'affirmation du caractère constitutionnel de la rétroactivité *in mitius* devrait sans doute conduire à développer au maximum son champ d'application. Néanmoins, il est vrai qu'une excessive mansuétude pourrait conduire à des solutions ingérables, si l'on remettait systématiquement en cause l'autorité de la chose jugée. Le législateur en limitant, au seul cas de la dépénalisation totale, la remise en cause de ce principe ne respecte sans doute pas intégralement certaines conventions internationales (art. 15-1 du Pacte international relatif aux droits civils et politiques) mais il a posé un principe réaliste donc applicable (v. W. Jeandidier, *J.-Cl. Pén. Code*, fasc. 20, art. 112-1 à 112-4, n°s 35 et 36).

A. V.

14

LOIS DE FORME

Crim., 7 juill. 1871, *Lapeyre*
(*Bull.* n° 62 ; *S.* 1871. 1. 85, rapp. Saint-Luc Courborieu ; *D.* 1871. 1. 263)

Crim., 8 déc. 1899, *Jacob*
(*Bull.* n° 356 ; *S.* 1902. 1. 101)

Crim., 26 juill. 1928, *Quilici*
(*D.* 1929. 1. 126)

Une loi nouvelle de compétence ou d'organisation judiciaire s'applique immédiatement aux affaires n'ayant pas encore donné lieu à un jugement en premier ressort sur le fond (1re esp.).

Une loi nouvelle relative à la procédure stricto sensu laisse intacts les actes qui ont été accomplis sous l'empire de la loi ancienne (2e esp.).

Le délai pour exercer une voie de recours est celui indiqué par la loi qui était en vigueur au jour où la décision a été rendue (3e esp.).

Chambre criminelle, 7 juillet 1871, *Lapeyre*

Attendu qu'il résulte des constatations identiques du jugement de première instance et de l'arrêt attaqué, que Lapeyre (Pierre-Paul) avait été traduit par citation directe à la requête du ministère public, en date du 28 mars 1871, devant le tribunal correctionnel de Bergerac, pour avoir, à la même date et dans cette ville, proféré publiquement les paroles : *À bas l'Assemblée nationale!* fait prévu et puni par l'article 8 de la loi du 25 mars 1822 ; – Que, par jugement du 29 du même mois, le tribunal correctionnel a déclaré le prévenu coupable du délit de cris séditieux qui lui était imputé, et l'a condamné à un mois d'emprisonnement et 16 francs d'amende ; – Que, sur l'appel de Lapeyre, la cause a été portée à l'audience de la chambre des appels de police correctionnelle de la cour de Bordeaux du 26 avril dernier ; qu'après le rapport du conseiller à ces fins commis, l'interrogatoire du prévenu qui avait proposé un moyen d'incompétence pris des dispositions du décret de la délégation de Tours du 27 octobre 1870, les plaidoiries et réquisitions du ministère public, la cause a été continuée pour la délibération et la prononciation de l'arrêt ; – Que, le 11 mai suivant, la cour de Bordeaux a rejeté, avec raison, le moyen présenté par Lapeyre, par le motif que le décret susrelaté n'avait pas été légalement promulgué ; mais qu'elle a déclaré d'office la juridiction correctionnelle incompétente, par application des articles 1, 2 et 6 de la loi du 15 avril dernier, sur les délits de la presse, promulguée le 23 et devenue exécutoire à Bordeaux le 30 du même mois ; – Attendu qu'aux termes de l'article 2 du Code civil, la loi ne dispose que pour l'avenir ; qu'elle n'a point d'effet rétroactif ; – Que cette règle de non-rétroactivité ne s'applique qu'au fond du droit ; qu'il est de principe, en effet, que les lois de procédure et d'instruction, comme celles qui modifient la composition des tribunaux et la forme des jugements, sont obligatoires au moment où elles sont promulguées, et deviennent immédiatement applicables aux délits commis antérieurement, jusqu'à ce qu'il soit intervenu un jugement définitif sur le fait poursuivi ; – Qu'il en est de même des lois modificatives de la compétence, qui, en général, dès la promulgation, saisissent les délits et les prévenus, pour les procès nés comme pour les procès à naître ; – Mais qu'il cesse d'en être ainsi, en ce qui concerne l'application d'une loi de compétence, relativement aux affaires commencées qui ont subi, avant qu'elle fût exécutoire, l'épreuve d'une décision sur le fond, alors même que cette décision aurait été frappée d'appel et que les juges du second degré n'auraient pas définitivement statué avant sa promulgation ; – Qu'à la différence des lois de procédure et d'instruction, qui régissent les affaires commencées, dès qu'elles sont exécutoires, quel que soit l'état de la procédure, jusqu'à ce que tout soit consommé et terminé par une solution définitive, les lois de compétence, dans l'hypothèse du silence relativement à leur effet sur le passé, doivent être présumées avoir laissé hors de leur action les procès à l'occasion desquels le juge du premier degré avait prononcé sur le fond, dans la plénitude de ses attributions ; – Que, dans ce cas, les choses ne sont plus entières, puisque le tribunal, usant de ses pouvoirs et les épuisant, a reconnu l'innocence ou la culpabilité du prévenu ; que cette situation commande d'admettre que le législateur, s'inspirant du principe posé dans l'article 2 du Code civil, a entendu ne pas dépouiller la juridiction déjà saisie, des affaires qui avaient été jugées au fond, afin d'éviter des contrariétés de décisions, et de ne point léser les intérêts engagés, en tenant compte des faits accomplis et des éventualités nées d'un jugement dont l'effet n'est que suspendu par l'appel ; – Attendu que, dans la spécialité même de la matière régie par la loi du 15 avril dernier, et conformément à la distinction sus-indiquée, la loi du 26 mai 1819, article 30, et celle du 8 octobre 1830, article 8, n'avaient attribué aux cours d'assises que les délits de la presse *qui ne seraient pas encore jugés ;* – Qu'en restreignant ainsi les effets de la loi nouvelle, relativement au passé, aux affaires non jugées au fond, le législateur a reconnu et marqué la limite de la règle de rétroactivité des lois de compétence ; qu'il a consacré, par application à un cas spécial, dans des circonstances qui semblaient favorables à la plus large extension de cette règle, un principe d'interprétation des lois de compétence, quand elles ne renferment pas de disposition contraire ; – Qu'une rétroactivité plus étendue aurait eu pour conséquence l'obligation imposée aux prévenus acquittés par un jugement frappé d'appel, de subir un nouveau jugement devant une juridiction d'un autre ordre et d'un seul degré ; qu'elle aurait privé les prévenus condamnés en première instance et appelants, du droit de se justifier devant la juridiction du second degré, non supprimée, qu'ils auraient vainement saisie de leur recours ; – Que de pareils résultats ont paru, en 1819 et 1830, incompatibles avec les conditions d'une bonne justice et avec le fonctionnement régulier des diverses juridictions ; – Que le silence de la loi du 15 avril dernier, relativement aux procès commencés, doit donc être interprété en ce sens que le législateur, se référant, pour le passé, aux articles 30 et 8 des lois de 1819 et de 1830, a entendu ne pas soumettre aux dispositions nouvelles les affaires jugées, comme l'a été celle concernant Lapeyre ; – Que, par voie de conséquence, la juridiction correctionnelle était compétente pour statuer sur l'appel de ce prévenu ; – D'où il suit que la cour d'appel, en méconnaissant ses pouvoirs, a faussement interprété et appliqué la loi du 15 avril dernier, et a expressément violé l'article 1er du décret du 25 février 1852, l'article 10 de la loi du 11 mai 1868, l'article 8 de la loi du 25 mars 1822, l'article 30 de la loi du 26 mai 1819 et l'article 8 de la loi du 8 octobre 1830 ; – Casse l'arrêt de la cour de Bordeaux du 11 mai dernier, etc.

Chambre criminelle, 8 décembre 1899, *Jacob*

Attendu que le juge d'instruction n'avait point, lors de l'interrogatoire qu'il a fait subir à Jacob après la promulgation de la loi du 8 décembre 1897, le 3 mars 1898, à prévenir cet inculpé qu'il était libre de ne pas faire de déclaration ;

Que l'article 3 de la loi de 1897 n'exige cet avertissement qu'à la première comparution de l'inculpé devant le magistrat instructeur ; qu'il résulte soit des énonciations de l'arrêt attaqué, soit des documents de la procédure que Jacob avait, antérieurement au 3 mars 1898, comparu déjà devant le juge d'instruction et que dans un précédent interrogatoire subi sous l'empire de l'ancienne loi, le prévenu avait déjà répondu aux questions posées, protesté contre l'inculpation dont il était l'objet et s'en était référé aux moyens par lui développés dans un mémoire remis au commissaire aux délégations judiciaires, lors d'une première information officieuse relative aux mêmes faits...

Par ces motifs, rejette le pourvoi formé par Jacob.

Chambre criminelle, 26 juillet 1928, *Quilici*

Attendu que Quilici, condamné à 50 francs d'amende par jugement contradictoire en date du 23 octobre 1923, n'a interjeté appel que le 3 novembre suivant ; que cet appel, formé le onzième jour à compter du jugement, était irrecevable comme tardif, aux termes de l'article 203 du Code d'instruction criminelle, tel qu'il était alors conçu ; Attendu que la loi du 22 avril 1925 a modifié ledit article en disposant qu'en cas d'appel d'une des parties dans les dix jours après celui où le jugement a été prononcé, les autres parties auront un délai supplémentaire de cinq jours pour interjeter appel ; Attendu que Quilici a soutenu qu'il devait bénéficier de cette disposition, plusieurs de ses coprévenus, ainsi que le ministère public, ayant fait appel dans le délai de dix jours ; Mais attendu que si, en matière pénale, lorsqu'au cours d'une poursuite une loi plus favorable au prévenu vient à être promulguée, le prévenu a droit au bénéfice de la loi nouvelle, ce principe ne saurait être étendu au cas où la loi nouvelle a pour objet, non de modifier ou d'abroger un texte pénal ou de régler des formes de procédure, mais de modifier le délai d'appel ; qu'en effet, le droit d'appel est acquis aux parties du jour du jugement et que le délai de cet appel tient au fond du droit d'appel, à la différence des formes qui en règlent seulement l'exercice ; qu'en l'espèce, ledit délai a continué à être régi par l'ancien article 203 du Code d'instruction criminelle, sous l'empire duquel le jugement a été rendu ; qu'il est resté fixé invariablement et pour toutes les parties à dix jours à dater de celui où ledit jugement a été prononcé ; Attendu, dès lors, qu'en décidant que la loi du 22 avril 1925 n'a pas eu pour effet de relever Quilici d'une déchéance qu'il avait encourue dès le 3 novembre 1923, l'arrêt attaqué, loin de violer les articles de lois visés au moyen, en a fait une exacte application ;

Par ces motifs, rejette.

OBSERVATIONS

1 Si les conflits entre lois de fond sont régis en principe par une distinction fondée sur leur sévérité comparée (v. *supra*, n° 11), les conflits entre lois de forme ne peuvent guère s'accommoder d'une telle règle : la comparaison entre la mansuétude respective des deux textes est souvent incertaine, voire impossible à mener. Comment savoir par exemple si une loi ôtant la connaissance d'une infraction à un tribunal d'exception pour la confier à un autre tribunal d'exception est plus sévère que la

précédente (A. Vitu, *Des conflits de lois dans le temps en droit pénal*, thèse Nancy, 1945, n° 162) ? En procédure, le principe dominant est donc autre et c'est celui de l'application immédiate du texte nouveau. Déjà au XIXe siècle, la Cour suprême décidait – la formulation est encore maladroite – « que les lois de procédure et d'instruction sont obligatoires du jour de leur promulgation, en ce qui concerne les procès commencés comme les procès à naître ; qu'au nombre de ces lois, il faut comprendre celles qui modifient soit la composition des tribunaux, soit leur compétence » (Crim. 12 oct. 1848, *S.* 1848. I. 641). La raison donnée habituellement est que les lois nouvelles sont présumées être meilleures que les précédentes. On pourrait aussi bien dire qu'il est malaisé d'appliquer des règles procédurales différentes selon la date de commission des faits et de conserver temporairement pour le jugement de certaines affaires une juridiction supprimée (F. Desportes et F. Le Gunehec, *Le nouveau droit pénal*, 13e éd., 2006, n° 367). C'est pourquoi le principe de l'application immédiate des lois de forme est solidement implanté dans notre droit positif au point de jouer même si les dispositions nouvelles ont pour effet d'aggraver la situation de la personne poursuivie (H. de Larosière de Champfeu, « L'application dans le temps des lois de procédure pénale », *Gaz. Pal.* 1996, n° 128, p. 5). Cependant l'application du principe n'est pas absolue et des distinctions doivent être faites selon la nature des lois de forme.

I. — Les lois d'organisation judiciaire et de compétence

2 Il faut étudier ensemble les lois portant sur l'organisation judiciaire et les lois sur la compétence puisque la compétence se greffe sur la structure judiciaire. Trois cas doivent être envisagés, l'un est simple et les deux autres sont un peu plus complexes.

A. — Le cas simple

3 Le cas manifestement le plus simple est celui dans lequel la loi nouvelle entre en vigueur avant commencement de la procédure concernant une infraction commise sous l'empire de la loi ancienne. Va-t-on s'en tenir à la survie (ou postactivité) de la loi ancienne, en vigueur au jour de l'infraction (en ce sens A. Chauveau et F. Hélie, *Théorie du Code pénal*, 1872, t. I, p. 42-43) ou va-t-on appliquer immédiatement la loi nouvelle ?

Le principe absolu est celui de l'application immédiate de la loi nouvelle. La jurisprudence l'affirme nettement (Crim. 20 juin 1946, *JCP* 1947. II. 3391, note M. Hébraud, à propos de la création des tribunaux pour enfants en 1945 ; Crim. 19 sept. 1981, *Bull. crim.* n° 254, à propos de la suppression de la Cour de sûreté de l'État en 1981 ; Crim. 7 mai 1987 et 24 sept. 1987, *Bull. crim.* n°s 186 et 313, à propos de l'institution en 1986 d'une Cour d'assises sans jurés en matière de terrorisme). Aujourd'hui, l'article 112-2, 1° du Code pénal confirme cette position : en effet, il décide que « sont applicables immédiatement à la répression des infractions commises avant leur entrée en vigueur : 1° les lois de compétence et d'organisation judiciaire... ».

B. — Les cas complexes

4 *1°* Un cas plus complexe se présente lorsque la loi nouvelle entre en vigueur au cours d'une procédure, donc après le début de celle-ci. Le procès entamé sous l'empire du texte ancien va-t-il se poursuivre avec ce texte ou avec le nouveau et dans l'affirmative à quel moment ? On se trouve donc face à deux systèmes entre lesquels il faut choisir : 1° prévalence de la loi en vigueur le jour de la saisine de la juridiction (A. Vitu, préc. n° 176) ; 2° prévalence de la loi nouvelle lorsque par exemple un jugement au fond en premier ressort n'a pas été rendu car si un tel jugement a été rendu, mieux vaut terminer le procès selon le texte ancien (R. Garraud, I, n° 129 A et P. Roubier, *Les conflits de lois dans le temps*, 1929-1933, II, p. 707 s.).

5 *a)* C'est le second système que consacre l'arrêt *Lapeyre* rendu par la chambre criminelle le 7 juillet 1871 : la loi nouvelle ne s'applique donc aux instances en cours que si le seuil du jugement au fond en premier ressort n'a pas été franchi.

Cette décision tranche avec les précédentes qui s'en étaient tenues soit à la loi du jour de la saisine (Crim. 4 Messidor, an XII, *S. chr.*, affaire *Cadoudal*, où fut maintenue la saisine de la Cour de justice criminelle de la Seine malgré le sénatus-consulte du 28 Floréal, an XII qui avait attribué à une Haute cour le jugement des crimes contre l'État ; *add.* quelques décisions autres citées par A. Vitu, p. 169, note 9), pour l'application immédiate et absolue du texte nouveau (Crim. 12 sept. 1856, *D.* 1856. 417 ; Bourges 8 mars 1848, *D.* 1849. 1. 53, affaire *Blanqui*).

Cependant, depuis 1871, la jurisprudence n'a plus bougé (Crim. 18 févr. 1882, *D.* 1882. 1. 135, concl. conseiller Bertrand ; Crim. 14 nov. 1931, *S.* 1933. 1. 119 ; Crim. 19 mai 1938, *Gaz. Pal.* 1940. 2. 42, en sous-note ; Crim. 11 mars 1942, *Bull. crim.* n° 21 ; Crim. 20 juin 1946, préc. ; Crim. 23 mars 1960, *Bull. crim.* n° 164 ; Crim. 17 oct. 1962, *Bull. crim.* n° 276 ; Crim. 3 mai 1984, *Bull. crim.* n° 156). Elle est aujourd'hui consacrée par le nouveau Code pénal dont l'article 112-2, qu'il faut maintenant lire complètement, décide : « Sont applicables immédiatement à la répression des infractions commises avant leur entrée en vigueur : 1° Les lois de compétence d'organisation judiciaire, tant qu'un jugement au fond n'a pas été rendu en première instance... ». Et la jurisprudence rendue en application de ce texte lui est évidemment conforme (Crim. 14 nov. 2001, *Bull. crim.* n° 236 ; Crim. 30 janv. 2002, *RSC* 2002. 628, obs. A. Giudicelli, non-application de l'art. 177-2 C. pr. pén. sur les constitutions de partie civile abusives ou dilatoires dès lors qu'un jugement en premier ressort a été rendu en première instance ;

Crim. 8 déc. 2004, nº 04-83.602, *Bull. crim.* nº 314 ; *RSC* 2005. 296, obs. G. Vermelle).

6 *b)* La solution retenue par l'arrêt du 7 juillet 1871 et confirmée par le Code de 1994 est-elle satisfaisante ? La réponse peut être apportée à la lumière de trois considérations.

Tout d'abord, l'examen de la volonté du législateur n'apporte pas de réponse bien nette. Parfois en effet, le législateur ne fixe pas de manière expresse la date d'application de la loi nouvelle. Toutefois, l'argument tiré de l'intention du législateur tend à exclure la loi du jour de l'infraction, qui repousse à un futur trop éloigné l'application d'une loi nouvelle que ses auteurs sont présumés avoir faite pour qu'elle devienne rapidement « opérationnelle ». À un moindre degré cet argument vaut aussi pour la loi du jour de la saisine.

Seconde considération, tirée de la théorie juridique. On est en premier lieu tenté d'invoquer la fameuse doctrine des droits acquis : l'individu aurait un droit acquis à être jugé par le tribunal qui était compétent à tel moment et la loi nouvelle, en entrant en lice, viendrait perturber l'exercice de ce droit. À tel moment avons-nous dit, mais à quel moment ? Lors de la commission de l'infraction ou lorsque la juridiction a été saisie, ou encore lorsqu'elle rend sa décision au fond en premier ressort ? On sait que l'arrêt *Lapeyre* penche en faveur de cette dernière solution. Mais la critique est aisée : comment parler d'un droit acquis alors que la décision peut être modifiée par la suite ? À vrai dire, tout cela reste très incertain car rien ne permet de déterminer ce moment de manière indiscutable. C'est pourquoi M. Vitu, dans sa remarquable thèse préc., où il défend le système du jour de la saisine se fonde sur une argumentation excluant le concept de droits acquis et tirée uniquement de « l'analyse précise des faits » (nº 176). Pour cet auteur, il faut distinguer entre la détermination de la compétence et l'exercice de celle-ci. Or la saisine confère à la juridiction le droit de prononcer une peine, c'est-à-dire d'exercer sa compétence. C'est dire que sa saisine a valeur constitutive. Il en résulte que la loi nouvelle qui anéantit l'acte de saisine agit rétroactivement. Et comme l'article 2 du Code civil interdit les lois rétroactives, la saisine doit demeurer, ce qui signifie que la loi ancienne en vigueur au moment de la saisine doit continuer à s'appliquer. Ce raisonnement ingénieux se heurte pourtant au fait que l'article 2 a été édicté dans l'intérêt de l'individu (Civ. 20 févr. et 24 juill. 1917, *D.* 1917. 1. 81, concl. procureur général Sarrut et note H. Capitant ; Ch. réun. 13 janv. 1932, *D.* 1932. 1. 18, rapp. procureur général conseiller Pilon). Or il n'est pas certain que la loi nouvelle porte plus atteinte aux intérêts de l'individu que l'ancienne.

Force est alors de considérer la pratique. L'application immédiate et totale de la loi nouvelle va contraindre les magistrats à reprendre toute l'instance lorsqu'au moment de la promulgation du texte nouveau, celle-ci était déjà parvenue à un stade avancé. En revanche, appliquer la loi nouvelle seulement dans le cas où un jugement en premier ressort n'a pas encore été rendu ne retarde guère le cours de la justice. C'est donc la considération de la célérité de la justice pénale qui justifie le mieux l'arrêt du 7 juillet 1871. C'est sans doute pourquoi la même solution est admise par la Cour suprême en procédure civile (Civ. 23 mars 1940, *DH* 1940. 143 ; Civ. 1re, 4 janv. 1957, *D.* 1957. Somm. 30) et déjà par l'avant-projet de Code pénal (rédaction de juin 1983, art. 9. al. 1er) avant d'être retenue par le Code pénal lui-même.

7 *2°* Une seconde hypothèse complexe apparaît à propos des lois nouvelles de compétence qui correctionnalisent un crime. En tant que lois de fond plus douces, ces lois doivent recevoir application immédiatement, rétroactivement (Crim. 22 août 1981, *Bull. crim.* n° 246). Mais en tant que lois de compétence, que décider ? La jurisprudence a changé. Tout d'abord, elle a estimé que la loi nouvelle de compétence est immédiatement applicable : si la loi nouvelle survient entre la décision de mise en accusation et le moment où la cour d'assises doit statuer, elle doit se déclarer incompétente (Crim. 18 mai et 20 déc. 1923, *Bull. crim.* nos 221 et 443 ; *contra* C. assises Meurthe-et-Moselle 18 avr. 1923, *D.* 1924. 2. 87, note A. M. et Crim. 11 mars 1942, *Gaz. Pal.* 1942. 1. 220). Elle décide aujourd'hui que la cour d'assises reste compétente à cause des articles 231 et 594 du Code de procédure pénale qui consacrent la règle de la plénitude de juridiction (Crim. 29 avr. 1997, *Bull. crim.* n° 155 ; Crim. 21 janv. 1998, n° 96-86.612, *Bull. crim.* n° 26). D'autre part, si cette loi survient après l'arrêt d'assises, la Cour de cassation doit annuler celui-ci bien qu'il ait été rendu régulièrement (Crim. 11 mai 1959, *Bull. crim.* n° 251 ; Crim. 4 févr. 1981, *Bull. crim.* n° 48).

Si la loi nouvelle procède au contraire à la criminalisation d'une infraction, la cour d'assises est immédiatement saisie, mais elle ne pourra prononcer que les anciennes sanctions correctionnelles (R. Merle et A. Vitu, t. I, n° 258).

II. — Les lois de procédure

8 Que décider pour les actes procéduraux faits par les divers organes du procès ? Il faut d'abord régler une question relative à ces lois qui sont accompagnées d'un décret pour leur application. Si un tel décret est nécessaire, la loi ne s'appliquera pas tant que n'aura pas été publié le décret. Mais il est des lois suffisamment claires et précises pour être appliquées immédiatement. Tel est le cas de l'article 706-63 C. pr. pén. sur la protection des témoins qui peut s'appliquer immédiatement (Crim. 9 juill. 2003, *Bull. crim.* n° 138, *Gaz. Pal.* 2004. 2. 3771, note Fiori Khayat). Pour le reste, il convient de distinguer entre deux situations.

A. — Les lois sur les actes antérieurs à la décision au fond

9 S'agissant des actes de procédure au sens strict, effectués avant la décision au fond, comme les interrogatoires, expertises, décisions de mise en détention provisoire, jugements y compris leur motivation

(Crim. 3 oct. 1994, n° 93-85.633, et 9 nov. 1994, n° 94-80.842, *Bull. crim.* n°s 312 et 358 ; l'art. 132-19, al. 2 C. pén. - aujourd'hui al. 3 - qui oblige à motiver le prononcé d'une peine ferme d'emprisonnement est une loi de procédure), on doit sous-distinguer.

Il est un point certain et hors de toute discussion, c'est celui de l'application immédiate du texte nouveau aux procès en cours au moment de sa promulgation (Crim. 24 avr. 1936, *D.* 1936. 1. 77, note G. Leloir ; Crim. 11 août 1941, *DA* 1941. 339 ; Crim. 23 févr. 1961, *D.* 1961. 287, note M. R. M. P. ; Crim. 9 avr. 1970, *Bull. crim.* n° 115 ; Crim. 10 juin 1972, *JCP* 1972. II. 17039, note A. Vitu et *D.* 1972. 21 et la note ; Crim. 9 juin 1976, *Bull. crim.* n° 201 ; Crim. 6 juin 1977, *Bull. crim.* n° 204 ; Crim. 7 mai 1987, *Bull. crim.* n° 186 ; Crim. 24 sept. 1987, *Bull. crim.* n° 313 ; Crim. 6 juin 1989, *Bull. crim.* n° 242 ; Crim. 27 juin 1989, *Bull. crim.* n°s 278 et 279). Cette application immédiate est aujourd'hui confirmée par l'article 112-2, 2e du Code pénal, selon lequel « sont d'application immédiate à la répression des infractions commises avant leur entrée en vigueur… 2° Les lois fixant les modalités des poursuites et les formes de la procédure » (pour des applications, Crim. 28 janv. 1997, n° 96-81.388, *Bull. crim.* n° 37 ; Crim. 19 août 1997, n° 97-83.014, *Bull. crim.* n° 284 ; Crim. 22 sept. 1998, n° 98-83 555, *Bull. crim.* n° 231 ; Crim. 7 janv. 2004, n° 03-85.305, *Bull. crim.* n° 6 ; *Dr. pénal* 2004. Comm. 47, obs. M. Véron, pour la comparution immédiate applicable depuis une loi du 9 sept. 2002, à des infractions passibles d'une peine supérieure à 7 ans ; Crim. 23 nov. 2004, n° 04-86.131, *Bull. crim.* n° 293, application immédiate de la loi du 9 mars 2004 sur le mandat d'arrêt européen ; Crim. 21 juin 1995, n° 94-83.442, *Bull. crim.* n° 231, et Crim. 31 mars 2015, n° 14-86.584, *Dalloz Actualité*, 4 mai 2015, obs. Fonteix, la nécessité de motiver le prononcé de l'emprisonnement sans sursis, prévue par l'article 132-19 C. pén., est une loi de procédure, donc d'application immédiate ; Crim. 24 janv. 2007, *Bull. crim.* n° 19 ; *D.* 2007. 2633, obs. G. Roujou de Boubée ; *RSC* 2007. 529, obs. É. Fortis, pour l'avis donné par la HALDE créée par une L. du 30 déc. 2004 ; Crim. 21 janv. 2009, *Bull. crim.* n° 24 ; *RSC* 2010. 129, obs. É. Fortis ; *D.* 2009. 111, note H. Matsopoulou ; *ibid.* Pan. 2827, obs. G. Roujou de Boubée ; *AJ pénal* 2009. 178, obs. Lasserre Capdeville, sur la procédure d'irresponsabilité pénale pour cause de trouble mental (L. du 25 févr. 2008)).

10 L'hésitation peut porter en revanche sur la question de savoir si les actes déjà accomplis sous l'empire du texte ancien conservent leur valeur après la réforme ou s'il convient, de les refaire.

Cette question a été résolue par l'arrêt *Jacob* du 8 décembre 1899. Un inculpé avait, lors de sa première comparution devant le juge d'instruction, été interrogé par celui-ci. Peu après survint la loi du 8 décembre 1897 faisant obligation à ce magistrat d'avertir l'inculpé, lors de sa première comparution de son droit de ne faire aucune déclaration (auj. C. pr. pén., art. 116, al. 4). Jacob sollicita l'annulation de la procédure – cet avertissement ne lui ayant pas été adressé par le juge –

ce qui, en cas de succès de sa prétention aurait contraint ce magistrat à réaliser une « nouvelle première comparution ». La chambre criminelle ne le suivit pas, affirmant que la formalité de l'avertissement ne s'impose qu'à l'occasion de la première comparution et que celle-ci avait déjà eu lieu. C'était admettre que la première comparution conservait sa validité malgré la réforme et qu'il n'y avait pas à la refaire.

11 La solution mérite l'approbation pour d'évidentes raisons pratiques : refaire un acte ferait perdre un temps précieux aux magistrats et, même, ne serait pas toujours possible matériellement. C'est pourquoi elle doit être généralisée. Ainsi, on ne saurait retirer aux preuves déjà constituées la valeur qu'elles avaient lors de leur établissement et les écarter au motif qu'une loi nouvelle a changé la matière (Crim. 11 oct. 1960, *Bull. crim.* n° 442 ; Crim. 18 mai 1987, *Bull. crim.* n° 199 ; Crim. 17 mars 1993, *Bull. crim.* n° 122 ; Crim. 23 juin 1993, *Bull. crim.* n° 224). Le principe est d'ailleurs le même en droit judiciaire privé (Civ. 2e, 10 mars 1977, *RTD civ.* 1977. 588 s., obs. J. Normand). Et aujourd'hui, l'article 112-4 du Code pénal confirme la règle précisant que « l'application immédiate de la loi nouvelle est sans effet sur la validité des actes accomplis conformément à la loi ancienne » (pour des applications v. Crim. 30 nov. 1994, n° 94-84.127, *Bull. crim.* n° 389 ; Crim. 11 juill. 1994, *Bull. crim.* n° 272 ; Crim. 8 oct. 2002, n° 02-80.952, *Bull. crim.* n° 180).

B. — Les lois sur les voies de recours

12 S'agissant des délais de recours, la solution est originale puisque la loi applicable est celle qui était en vigueur au jour du jugement. Il y a en somme survie du texte ancien. C'est ce qui a décidé la chambre criminelle le 26 juillet 1928 dans l'affaire *Quilici*. Un individu avait interjeté appel le 3 novembre 1923 d'un jugement du 23 octobre précédent. Par arrêt du 30 mai 1927 – on notera la lenteur de la procédure... – la cour d'appel déclara cet appel irrecevable, en rejetant la prétention de l'appelant qui, devant la tardiveté de son appel, avait cru pouvoir invoquer une loi postérieure, du 22 avril 1925, qui, en créant l'appel incident, avait en réalité rallongé le délai. La chambre criminelle, le 26 juillet 1928, approuva les juges du fond et affirma que la loi applicable était celle du jour de la décision attaquée. Sans doute, l'arrêt de la chambre criminelle est-il mal rédigé quand il décide que le délai d'appel tient « au fond du droit d'appel ». Mais il n'y a aucun doute sur le principe.

13 Celui-ci d'ailleurs s'explique par la logique : le jugement est un acte à valeur autonome de sorte qu'une loi nouvelle ne saurait revenir dessus (A. Vitu, préc., n° 221). C'est pourquoi notre arrêt n'est pas isolé. Toute la jurisprudence décide que la loi postérieure est systématiquement sans intérêt, qu'elle allonge ou raccourcisse le délai, ou qu'elle supprime une voie de recours (Crim. 12 mars 1936, *S.* 1937. 1. 276 ; Crim. 7 déc.

1939, *Gaz. Pal.* 1939. 2. 359 ; *RSC* 1940. 39, obs. J. Magnol ; Crim. 9 juin 1976 et 6 juin 1977, *Bull. crim.* n° 204). Et la règle est la même en procédure civile (Civ. 19 juill. 1938, *DH* 1938. 449 ; *S.* 1939. 1. 1, note H. Solus). Le nouveau Code pénal a consacré la jurisprudence : en effet, selon l'article 112-3, « les lois relatives à la nature et aux cas d'ouverture des voies de recours ainsi qu'aux délais dans lesquels elles doivent être exercées et à la qualité des personnes admises à se pourvoir sont applicables aux recours formés contre les décisions prononcées après leur entrée en vigueur ».

Deux précisions doivent encore être apportées. D'une part, l'application de la loi du jour de la décision intéresse non seulement les jugements, mais aussi les ordonnances d'un juge d'instruction (Crim. 6 juin 1977, préc. ; *contra* Crim. 16 avr. 1935, *Gaz. Pal.* 1935. 2. 12). D'autre part, la loi du jour de la décision s'applique au délai des voies de recours, mais pas aux formes de celles-ci, lesquelles sont soumises à la loi nouvelle comme le rappelle l'arrêt *Quilici* (v. aussi Crim. 6 juin 1977, préc.) ; cette règle est confirmée par l'article 112-3 *in fine* du nouveau Code pénal selon lequel « les recours sont soumis aux règles de forme en vigueur au jour où ils sont exercés ».

III. — Les lois sur l'exécution et l'application des peines

A. — L'hypothèse du casier judiciaire

14 Une première difficulté concerne le casier judiciaire. Selon l'article 775-1 du Code de procédure pénale (L. du 11 juill. 1975), la juridiction de jugement peut exclure du bulletin n° 2 du casier judiciaire la mention d'une condamnation. Or une loi du 9 mars 2004 a prévu que ces dispositions favorables ne s'appliqueraient pas aux personnes condamnées pour infraction sexuelle. La question s'est posée de savoir si la loi de 2004 pouvait s'appliquer immédiatement à toutes les situations et notamment aux condamnations prononcées certes après application de la loi de 2004 mais pour des faits commis avant cette mise en application. La jurisprudence a répondu par la négative (Crim. 25 avr. 2006, n° 05-86.876, *Bull. crim.* n° 112 ; *D.* 2007. 399, obs. G. Roujou de Boubée, T. Garé et S. Mirabail ; *ibid.* 976, obs. J. Pradel ; *AJ pénal* 2006. 313, obs. M. Herzog-Evans ; *Dr. pénal* 2006. 313 (1re esp.), obs. A. Maron ; *RSC* 2006. 851, obs. R. Finielz). La solution s'imposait puisque « sont d'application immédiate… les lois relatives au régime d'exécution et d'application de peines ; toutefois ces lois, lorsqu'elles auraient pour résultat de rendre plus sévères les peines prononcées par la décision de condamnation ne sont applicables qu'aux condamnations prononcées pour des faits commis postérieurement à leur entrée en vigueur » (C. pén., art. 112-2, 3°). C'est bien le cas. La loi de 2004 traite de l'exécution des peines sous la forme d'une mention au bulletin n° 2 du casier judiciaire. Bref, la loi de 2004 plus sévère, ne rétroagira pas.

B. — Quelques hypothèses autres

15 Plus généralement, tout ce qui relève de l'exécution et de l'application des peines est d'application immédiate. Quand une condamnation est devenue exécutoire, l'intéressé ne peut plus se prévaloir du relèvement supprimé par la loi nouvelle (Crim. 6 juin 1989, *Bull. crim.* n° 247). Il en est de même de la contrainte par corps (Crim. 24 sept. 1996, n° 96-81.317, *Bull. crim.* n° 328 ; Crim. 19 oct. 2005, n° 05-81.799, *Bull. crim.* n° 261) et de la contrainte judiciaire (Crim. 16 janv. 2008, n° 07-84.584, *Bull. crim.* n° 13). L'abrogation d'une loi qui avait institué une peine met obstacle à son exécution (Crim. 28 juin 2000, *Bull. crim.*, n° 253 ; *JCP* 2000. II. 10375, rapport F. Desportes ; *D.* 2001. 1351, note Massias ; *Dr. pénal* 2001, chron. 13, obs. C. Marsat ; *RSC* 2001. 155, obs. Bouloc ; *RTD civ.* 2001. 108, obs. Hauser à propos de la peine d'interdiction légale qui disparaît dans le nouveau Code pénal de 1994). Une jurisprudence intéressante a été rendue à propos de la surveillance judiciaire – destinée aux personnes dangereuses condamnées pour crime ou délit pour lequel est encouru le suivi socio-judiciaire – et créée par une loi du 12 décembre 2005 (C. pr. pén., art. 723-29 s.). Cette mesure peut être ordonnée même si l'infraction a été commise avant l'entrée en vigueur de la loi ayant instauré le suivi socio-judiciaire (Crim. 21 janv. 2009, *Bull. crim.* n° 23 ; *RSC* 2009. 438, obs. P. Poncela ; *D.* 2009. AJ 566, note Léna ; *ibid.* 1326, obs. Roujou de Boubée ; *ibid.* Pan. 1382, obs. Herzog-Evans ; *AJ pénal* 2009. 124, note Herzog-Evans ; *Dr. pénal* 2010, chron. 2, obs. Peltier. V. aussi, Crim. 29 avr. 2009, *RSC* 2010. 124, obs. Fortis).

16 Enfin, les lois sur la prescription de l'action publique ont posé certaines difficultés. Avant le Code pénal de 1994, la jurisprudence – dans le silence de la loi – avait hésité, finissant par admettre que ces lois sont d'application immédiate, même si le texte nouveau est plus sévère (Crim. 16 mai 1931, *Gaz. Pal.* 1931. II. 178, rapp. A. Legris ; Crim. 4 oct. 1982, *Bull. crim.* n° 204 ; Crim. 4 juin 1984, *Bull. crim.* n° 202). Ces lois de prescription étaient donc regardées comme des lois de procédure (J. Pradel, *Droit pénal général*, n° 199).

L'article 112-2, 4°, du Code pénal décide que sont d'application immédiate… « 4° Lorsque les prescriptions ne sont pas acquises, les lois relatives à la prescription de l'action publique et à la prescription des peines ». Dans sa version primitive, cet article comprenait aussi une suite ainsi rédigée « … sauf quand elles auraient pour résultat d'aggraver la situation de l'intéressé ». Mais une loi du 9 mars 2004 a supprimé ces mots. Ce principe libéral ne se fondait en effet sur aucune exigence constitutionnelle et l'on faisait remarquer qu'en matière de prescription c'est le dernier jour qui compte de sorte que tant que ce dernier jour n'est pas atteint, le délinquant n'a pas de droit à l'impunité : des actes interruptifs peuvent survenir et aussi une loi nouvelle allongeant le délai (Circ. du 14 mai 2004, 1-2-3). On citera quelques applications (Crim. 16 févr. 2005, *RSC* 2005. 833, obs. G. Vermelle ; Crim. 6 févr. 2008,

Bull. crim. n° 32 ; *D.* 2008. AJ 787 ; *ibid.* 2009. 124, obs. G. Roujou de Boubée ; *AJ pénal* 2008. 232, note G. Roussel).

17 Un problème s'est posé à propos des agressions sexuelles commises sur les mineurs par des ascendants. Selon l'article 7, alinéa 3 du Code de procédure pénale (loi du 10 juillet 1989 modifiée par celle du 9 mars 2004), le délai de prescription ne commence à courir qu'à partir de la majorité de la victime des faits. Mais s'agissant de faits déjà prescrits lors de la survenance de la loi de 1989, la Cour de cassation a dû déclarer la poursuite exclue : en effet, les lois nouvelles relatives à la réouverture de la prescription sont sans effet sur les prescriptions qui étaient déjà acquises lors de leur entrée en vigueur (Crim. 3 nov. 1994, n° 94-80.010, *Bull. crim.* n° 349 ; Crim. 28 févr. 1995, n° 93-83.493, *D.* 1996. 238, note J. Castaignède ; Crim. 3 sept. 1997, *Bull. crim.* n° 294). Inversement, si les faits ne sont pas encore prescrits à la date de la majorité de la victime, la loi de 1989 s'applique immédiatement (Crim. 16 févr. 2005, n° 04-87.055, *D.* 2005. 1052 ; *RSC* 2005. 833, obs. G. Vermelle ; Crim. 7 nov. 2007, n° 07-81.970, *Bull. crim.* n° 272 ; *RSC* 2008. 72, obs. É. Fortis).

18 Enfin, s'agissant de la prescription de la peine, en cas de concours de deux lois différentes, il convient d'appliquer la loi la plus favorable à l'intéressé (Crim. 25 nov. 1830, *S.* 1831. I. 392). De plus, pour déterminer la loi applicable à la prescription des peines, il convient de se placer au jour où cette peine est devenue définitive et non pas au jour de la date des faits, cette date n'intéressant que l'action publique (Aix-en-Provence 26 sept. 1994, *JCP* 1995. IV. 713 ; rapp. de Crim. 11 mai 1995, *Bull. crim.* n° 174 ; *RSC* 1996. 367, obs. B. Bouloc, à propos de la prescription des peines prononcées en matière de trafic de drogue).

J. P.

TITRE 3

Application des lois pénales dans l'espace

15

LOCALISATION INTERNATIONALE DE L'INFRACTION

Crim., 18 mai 1905, *Dame Favier*
(*Bull.* n° 244 ; *S.* 1905. 1. 253)

Crim., 12 févr. 1979, n° 78-91.482, *Grimberg*
(*Bull. crim.* n° 60 ; *RSC* 1980. 417, obs. J. Larguier)

La non-représentation d'enfant, délit d'omission, se situe là où l'obligation aurait dû être exécutée (1re esp.).

Les juges français sont compétents pour connaître de l'abus de confiance commis par une personne ayant détourné à l'étranger des tableaux qui lui avaient été confiés en France (2e esp.).

Chambre criminelle, 18 mai 1905, *Dame Favier*

Attendu que la loi du 5 décembre 1901 a eu pour but d'assurer, par une sanction pénale, l'exécution des mesures judiciaires ordonnées au cours ou à la suite d'une instance en séparation de corps ou en divorce, concernant la garde des enfants ; que le père ou la mère divorcés ou séparés de corps, obligés de représenter un enfant mineur à ceux qui ont le droit de le réclamer, doivent remplir cette obligation au domicile de ces derniers, ou au lieu indiqué par la décision judiciaire dont il s'agit d'assurer l'exécution ; qu'il suit de là que la non-représentation, par un époux divorcé ou séparé de corps, d'un enfant mineur à ceux qui en ont la garde, constitue un délit, et que ce délit est commis au lieu où doit être accomplie la remise dudit mineur ; – Attendu que l'arrêt attaqué, après avoir constaté que la dame Favier, femme divorcée, était obligée, suivant l'arrêt de la cour d'appel de Paris du 14 janvier 1904, de représenter l'enfant mineur issu de son mariage au père de cet enfant, Wilde, domicilié à Paris, a jugé que ladite dame avait commis en Angleterre, où elle avait établi son domicile, le délit de non-représentation de l'enfant, par ce motif que ladite dame « n'avait eu légalement connaissance de la décision confiant au père la garde de l'enfant commun que par la signification qui lui a été faite à Londres de l'arrêt préc., le 14 février 1904, et que c'est à ce moment seulement, en ne déférant pas à la mise en demeure régulière qui lui était faite de rendre l'enfant à son père, qu'elle a commis l'acte qui lui est reproché » ; qu'en décidant ainsi, l'arrêt attaqué a violé l'article 357 du Code pénal, complété par la loi du 5 décembre 1901 ;

Casse, etc.

Chambre criminelle, 12 février 1979, *Grimberg*

Attendu qu'il appert de l'arrêt attaqué que la prévenue, ressortissante allemande, à qui la dame Magnelli avait confié à Paris un certain nombre de tableaux pour les exposer et les vendre à Cologne, a reconnu en avoir détourné une partie du prix de vente ;

Attendu que, saisie de conclusions de la demanderesse soulevant l'incompétence territoriale de la juridiction française au motif que le détournement avait été commis par elle en Allemagne, la cour d'appel, pour rejeter cette exception, constate que la remise des tableaux en vertu du contrat de mandat s'est faite en France ;

Attendu que par ces énonciations qui répondent aux conclusions de la demanderesse, reprises au moyen, la cour d'appel a justifié sa compétence ;

Qu'en effet, aux termes de l'article 693 du Code de procédure pénale, est réputée commise sur le territoire de la République toute infraction, dont un acte caractérisant un des éléments constitutifs a été accompli en France ; que tel était bien le cas en l'espèce où il a été constaté que la remise des tableaux avait eu lieu à Paris ;

Que dès lors le moyen ne saurait être accueilli ;

Et attendu que l'arrêt est régulier en la forme ;

Rejette le pourvoi

OBSERVATIONS

1 Relatif à la compétence territoriale des juridictions françaises à l'égard des infractions internationales, l'article 693 du Code de procédure pénale, aujourd'hui abrogé, disposait : « Est réputée commise sur le territoire de la République toute infraction dont un acte caractérisant un de ses éléments constitutifs a été accompli en France ». Ce texte, fort étudié en doctrine (C. Lombois, n°s 248 s. ; R. Legeais, « L'évolution des solutions françaises de conflits de lois en matière pénale », *Mélanges R. Savatier*, 1965, p. 545 s.) posait de sérieuses difficultés et celles-ci subsistent avec le nouvel article 113-2 du Code pénal rédigé presque identiquement : celui-ci en effet décide que « l'infraction est réputée commise sur le territoire de la République dès lors qu'un de ses faits constitutifs a eu lieu sur ce territoire ». (A. Huet et R. Koering-Joulin, *Droit pénal international*, 3e éd., PUF, 2005, n°s 131 s. ; A. Fournier, « Conflits de lois (en matière pénale) », *Rép. intern.*, Dalloz, 2e éd. 1998 ; Hardouin-Le Goff, « Les fictions légales en droit pénal », *Dr. pénal* 2009. Étude 1). On retiendra deux difficultés illustrées par les deux arrêts ci-dessus rapportés.

I. — La localisation des infractions d'omission

2 La question est délicate car ces délits ne se manifestent ni matériellement, ni juridiquement par un des actes qu'exigeait l'article 693 du Code de procédure pénale, désormais l'article 113-2 du Code pénal (M.-C. Fayard, « La localisation internationale de l'infraction », *RSC*

1968. 753 s., n° 21). En outre, l'article 693 du Code de procédure pénale n'y faisait pas la moindre allusion, pas plus d'ailleurs que le nouvel article 113-2 du Code pénal.

3 La réponse ne peut être donnée que sous le bénéfice d'une distinction (C. Lombois, n° 259). Ou bien, il y a coïncidence entre le lieu où l'obligation est née et celui où – immédiatement par hypothèse – elle doit être exécutée : c'est là que doit être localisée l'infraction (par ex. défaut d'assistance à personne en péril). Ou bien au contraire, il n'y a pas coïncidence et l'on peut alors hésiter entre les deux lieux. C'était le cas dans l'affaire *Dame Favier*. Celle-ci, divorcée et domiciliée en Angleterre, était tenue de représenter l'enfant commun à son père qui était domicilié à Paris et qui avait été institué gardien. Poursuivie pour non-représentation d'enfant, la question était de savoir si le délit devait être localisé à son domicile (Angleterre) ou à l'endroit où elle aurait dû remettre l'enfant (France). La chambre criminelle opta en faveur de cette dernière solution. Pour elle, le délit de non-représentation d'enfant est situé au domicile du créancier ou au lieu indiqué par le jugement, c'est-à-dire en tout état de cause là où l'exécution était attendue. De la sorte, la situation géographique du débiteur et le lieu de naissance de l'obligation importent peu.

4 La règle est approuvée par une doctrine considérable (R. Merle et A. Vitu, t. I, n° 284 ; M. Puech, n° 41). Elle a été confirmée par divers arrêts rendus en matière de non-représentation d'enfant (Crim. 27 oct. 1966, *Bull. crim.* n° 244 ; *RSC* 1967. 439, obs. A. Légal ; *Rev. crit. DIP* 1967. 739, obs. A. Decocq ; Crim. 16 juill. 1969, *Bull. crim.* n° 228 ; *RSC* 1970. 101, obs. G. Levasseur), de refus de déférer à une convocation de justice (Crim. 15 juill. 1910, *Bull. crim.* n° 377, solution dégagée en droit interne, mais transposable en droit international), d'abus de confiance en cas de refus de rendre l'objet malgré une mise en demeure (Crim. 22 avr. 1966, *Bull. crim.* n° 121 ; *RSC* 1967. 171, obs. A. Légal). Ce dernier arrêt montre le dynamisme de la règle prétorienne qui s'applique ici, non à un délit d'omission, mais à une omission insérée dans le cadre d'un délit d'action.

5 L'abandon pécuniaire de famille a également donné lieu à des difficultés qui ont été résolues, comme on va le voir dans un sens favorable à la loi française. On sait que selon l'article 382, alinéa 3 du Code de procédure pénale, le tribunal compétent est celui « du domicile ou de la résidence de la personne qui doit recevoir la pension… », ce qui a pour but de favoriser le créancier, personne par hypothèse dans le besoin. Comment cette règle s'applique-t-elle lorsque ce délit est international ? Distinguons.

Si le créancier (français ou étranger) réside en France, et même si le débiteur est étranger et réside à l'étranger, le juge français est compétent. On étend donc l'article 382, alinéa 3, qui, tout en visant une infraction totalement interne, peut s'appliquer à ce cas.

Si le créancier réside à l'étranger, on doit sous-distinguer, en notant d'emblée que l'infraction est commise à l'étranger. Ou bien le débiteur est français et domicilié en France, le juge français n'est compétent que si sont réunies les conditions de l'article 113-6, alinéa 2, du nouveau Code pénal selon lequel le Français qui commet à l'étranger un fait qualifié délit en France peut être sanctionné par le juge français si ce fait est également incriminé dans le pays où il a été commis (réciprocité d'incrimination ; Paris 30 juin 1956, *Gaz. Pal.* 1956. II. 99 ; *Rev. crit. DIP* 1957. 108, obs. J. Simon-Depitre ; Paris 15 nov. 1956, *Gaz. Pal.* 1956. II. 419, pour un mari résidant en France et condamné à verser une pension alimentaire à son ex-épouse demeurant au Brésil). Ou bien le débiteur est étranger, domicilié à l'étranger ou en France, le juge français devrait logiquement être incompétent, s'agissant d'un délit commis à l'étranger par un étranger. Or la jurisprudence décide que l'article 357-2 de l'ancien Code pénal (auj. C. pén., art. 227-3) « ne concerne pas le créancier domicilié ou résidant à l'étranger, le fait d'abstention volontaire imputable au débiteur s'étant trouvé réalisé en France, où celui-ci est domicilié » (Crim. 29 mars 1962, *Bull. crim.* n° 153 ; *Gaz. Pal.* 1962. I. 410 ; *RSC* 1962. 746, obs. A. Légal). Cette jurisprudence avait été rendue sous l'empire de l'ancien Code pénal dont l'article 357-2 contenait un alinéa 5 attribuant compétence au tribunal dans le ressort duquel réside le créancier des subsides. Avec l'article 227-3 du nouveau Code pénal, cette disposition a disparu, mais elle se retrouve à l'article 382, alinéa 3, du Code de procédure pénale. Rien n'est donc changé. Et l'on peut dire que les tribunaux peuvent indifféremment localiser le délit d'abandon pécuniaire au lieu où s'est manifestée l'abstention (théorie de l'action, Crim. 29 janv. 2003, n° 01-88.881, *D.* 2004. 307, obs. S. Mirabail) ou en celui où aurait dû être exécutée l'obligation pécuniaire (théorie du résultat)... (A. Huet et R. Koering-Joulin, *Droit pénal international,* préc., n° 131, p. 222).

Une observation générale s'impose. La jurisprudence ne vise jamais l'article 693 du Code de procédure pénale, aujourd'hui l'article 113-2 du Code pénal, expression du territorialisme fictif. Pourquoi ? Sans doute parce qu'elle considère le délit d'omission « comme totalement réalisé sur le territoire du pays où l'obligation aurait dû être exécutée et qu'il est donc inutile, là où une réalité s'impose, de faire intervenir une fiction ».

II. — La notion de « fait constitutif » de l'infraction

6 Si l'infraction est commise en sa totalité en France, c'est-à-dire si tous ses éléments constitutifs sont situés sur le territoire national, la loi française est évidemment compétente et il importe peu que l'auteur soit de nationalité étrangère et ait été condamné à l'étranger : l'action publique en France n'est pas éteinte par la chose jugée (Crim. 17 mars 1999, *Bull. crim.* n° 44 ; 8 juin 2005, *Bull. crim.* n° 174 ; 26 sept. 2007, *Bull. crim.* n° 224, *D.* 2008. 1179, note Robert ; *RSC* 2008. 69, obs. Fortis ; *ibid.* 360, obs. Finielz ; *Dr. pénal* 2007, n° 150, obs. Véron ; 23 oct. 2013, *Gaz. Pal.* 9-11 févr. 2014. 25, obs. Dreyer). Évidemment en cas de double condamnation, sera déduite de la peine prononcée en France, la période de détention subie à l'étranger.

Si en revanche, une partie seulement de l'infraction, un seul de ses éléments constitutifs a été commis en France, les difficultés apparaissent. Certes, selon l'article 113-2, al. 2, C. pr. pén., « l'infraction est réputée commise sur le territoire de la République dès lors qu'un de ses éléments constitutifs a eu lieu sur ce territoire », ce qui traduit une extension, d'ailleurs raisonnable de la compétence de la loi française : que faut-il entendre par l'expression « l'un de ses faits constitutifs » ? Comment entendre l'expression de faits constitutifs que la loi ne définit pas ?

A. — La règle générale

7 La règle générale est que ces faits constitutifs sont des éléments traduisant une activité délictueuse ou consistant en un préjudice que l'agent avait en vue. Le problème se pose parce que ces éléments peuvent éclater dans l'espace : un élément traduisant une activité délictueuse se situe en France et le préjudice (conséquence de cette activité) se situe hors de France ou *vice-versa*. Le juge français est-il compétent si l'un seulement de ces éléments (activité délictueuse, préjudice) se situe sur le territoire national ?

Le plus souvent la compétence française est *logique*. On rappellera l'exemple célèbre du coup de feu tiré de la partie française du Mont-Blanc (lieu de l'action) sur un individu qui va décéder dans la partie italienne de cette montagne (lieu du résultat). Selon une pratique générale, les juges français sont compétents, en application de la théorie de l'ubiquité, « sorte d'addition des deux théories précédentes » (A. Huet et R. Koering-Joulin, p. 226), appelée aussi théorie de l'indifférence. La jurisprudence récente confirme ce principe à propos de l'escroquerie qui, on le sait, comporte à la fois l'emploi de moyens frauduleux et, à titre de conséquence, une remise (Crim. 19 avr. 1983, *Bull. crim.* n° 108, allégations mensongères entrant dans le cadre des moyens frauduleux et commises en France ; Crim. 11 avr. 1988, *Bull. crim.* n° 144, faits proches ; Crim. 28 nov. 1996, n° 95-80.168, *Bull. crim.* n° 437 ; *Dr. pénal* 1997. 59, obs. M. Véron, moyens frauduleux commis à l'étranger et remise faite en France). Même position jurisprudentielle avec le délit de contrefaçon : les juges français sont compétents dès lors que l'atteinte aux droits de l'auteur (préjudice) se situe en France alors que le fait matériel de la reproduction d'une œuvre de l'esprit avait été commis au Japon (activité délictueuse) (Crim. 2 févr. 1977, *Bull. crim.* n° 41 ; 6 juin 1991, *Bull. crim.* n° 240 ; 29 janv. 2002, n° 01-83.122, *Bull. crim.* n° 13 ; Paris 30 mars 1987, *JCP* 1988. II. 20965, note P. Bouzat ; la solution est la même en droit civil, où l'on parle de loi du « lieu du préjudice », Civ. 1re, 5 mars 2002, *Bull. civ.* I, n° 75 ; *D.* 2002. 2999, note N. Bouche). Même solution encore en cas de loteries prohibées reprochées au dirigeant de deux sociétés sises à Londres et Guernesey et ayant organisé illégalement un concours de pronostics sur les résultats du Tour de France avec 900 000 bulletins imprimés et diffusés en France (Crim. 22 mai 1997, *Bull. crim.* n° 198). Même solution toujours pour le délit de fabrication, transport ou commerce d'un message violent ou pornographique (Crim. 4 juin 1969, *Bull. crim.* n° 190, photographies illicites prises en France et envoi à l'étranger de ces clichés à l'état de pellicules non développées ; Crim. 4 févr. 2004, *Bull. crim.* n° 32 ; *D.* 2005. 621, note V. Malabat, actes effectués en France en vue de la diffusion de cassettes pornographiques enregistrées en Thaïlande).

Le droit européen consacre parfois la théorie de l'ubiquité et tel est le cas par exemple de la Convention de Bruxelles du 26 juillet 1995 sur la protection des intérêts financiers des communautés européennes (Conv. dite PIF). On peut citer aussi la Convention de Bruxelles du 26 mai 1997 relative à la corruption impliquant des fonctionnaires des Communautés européennes.

Très séduisant en ce qu'il permet d'éviter des lacunes dans la répression, le principe d'ubiquité risque aussi de multiplier les conflits positifs de compétence, d'autant plus qu'en matière territoriale, le principe *Ne bis in idem* a une portée réduite (pour une critique de l'ubiquité, D. Chilstein, *Droit pénal international et lois de police. Essai sur l'application dans l'espace du droit pénal accessoire*, Dalloz, 2003, n°s 397 s. ; 525 s.).

Parfois même, la compétence française est *plus évidente* encore s'il existe une indivisibilité entre deux infractions dont l'une seule est commise en France. Il en est ainsi d'une séquestration et de vols avec armes commis à l'étranger d'une part et d'autre part d'une association de malfaiteurs commise en France. Les deux séries de faits étaient indivisiblement liés (Crim. 27 oct. 2004, *Bull. crim.* n° 263 ; *RSC* 2005. 294, note Vermelle ; *Dr. pénal* 2005, 16 (1re esp.), obs. Maron ; *ibid.*, 2005, n° 32 (1re esp.), obs. Véron).

B. — Le cas particulier des infractions comportant une condition préalable

8 Un problème particulier se pose avec ces infractions qui comportent non seulement des éléments constitutifs mais aussi – et de façon antérieure – des conditions préalables. On mettra d'abord de côté le cas où la condition préalable est elle-même un délit. C'est le cas du recel. Il est certain que si le recel est commis à l'étranger, mais si les vols originaires ont été commis en France, le juge français est compétent à l'égard du recel (Crim. 26 sept. 2007, n° 07-83.829, *Bull. crim.* n° 224 ; *D.* 2007. 2672 ; *ibid.* 2008. 1179, note Rebut ; *RSC* 2008. 69, obs. É. Fortis ; v. aussi, Crim. 1er oct. 1986, *Bull. crim.* n° 262 ; *Gaz. Pal.* 1986. II. 745, rapport Bayat ; *RSC* 1988. 93, obs. Bouzet). Plus fréquente est l'hypothèse dans laquelle la condition préalable, sans être délictueuse en elle-même, trace le domaine dans lequel l'infraction peut se commettre et qui est donc extrapénale. Cette distinction avait été proposée naguère par R. Vouin (*Précis de droit pénal spécial*, 1re éd., 1953, n° 2, p. 3). Appro-

fondie ensuite par A. Decocq (p. 88 et 89) et par M.-L. Rassat, (*Droit pénal spécial*, n° 26 ; B. Thellier de Poncheville, *La condition préalable de l'infraction*, thèse dactyl. Lyon III, 2006), elle est parfois reprise expressément par la Cour de cassation (Crim. 30 mars 1971, *Bull. crim.* n° 114 : ainsi en cas de reconstitution de ligue dissoute, la légalité du décret de dissolution est une condition préalable et la reconstitution de la ligue est un élément constitutif). Et l'on cite classiquement les délits d'abus de confiance ou de non-représentation d'enfant, où la condition préalable est ici la décision de justice et là le contrat portant remise de la chose à titre précaire.

Dans son arrêt *Grimberg* du 12 février 1979, la chambre criminelle a statué sur ce point. Une dame Magnelli avait, à Paris, confié à titre de mandat des tableaux à la dame Grimberg, à charge pour celle-ci de les exposer et de les vendre en Allemagne. La dame Grimberg, ayant conservé par-devers elle le produit de la vente, fut poursuivie en France pour abus de confiance. Condamnée, elle fit un pourvoi en alléguant que le détournement avait eu lieu en Allemagne et que le juge français était donc incompétent : c'était invoquer implicitement la distinction doctrinale qu'on vient de rappeler. Mais la chambre criminelle rejeta son pourvoi en constatant que la remise des tableaux s'était effectuée en France : c'était affirmer que la remise est un élément constitutif et c'était gommer la distinction du savant auteur pour élargir la compétence territoriale du juge français. Cet arrêt *Grimberg* parle de la remise comme élément constitutif, ce qui ne doit pas être confondu avec le lieu de conclusion du contrat de remise car ce lieu n'a pas à être pris en considération (Crim. 22 avr. 1966, *Bull. crim.* n° 121 ; *RSC* 1967. 177, obs. A. Legal ; Crim. 30 mai 1972, *Bull. crim.* n° 180). Cela dit, l'arrêt *Grimberg* doit être replacé dans la jurisprudence et apprécié quant à sa valeur.

9 *1°* La décision du 12 février 1979 a suscité en doctrine un étonnement unanime tant on s'était habitué à voir la Cour suprême distinguer – implicitement – entre conditions préalables et éléments constitutifs, ces derniers étant seuls attributifs de compétence. Des arrêts très nets avaient été rendus à propos d'abus de confiance internationaux (Crim. 22 avr. 1966, *Bull. crim.* n° 121 ; *RSC* 1967. 171, obs. A. Légal, incompétence du juge français pour connaître d'un abus de confiance car le lieu de conclusion du contrat était situé en France ; Crim. 30 mai 1972, *Bull. crim.* n° 180, indifférence du lieu de conclusion du contrat et prise en considération du lieu du détournement) ou de faits de non-représentation d'enfant à caractère international (Crim. 27 oct. 1966 et 16 juill. 1969, préc.). De vieilles décisions, rendues sous l'empire du Code d'instruction criminelle, qui ne contenait pas de texte analogue à celui de l'article 693 du Code de procédure pénale, devenu depuis 1993 l'article 113-2, alinéa 2 du nouveau Code pénal, avaient statué dans le même sens (Grenoble 1er juill. 1858, *S.* 1880. 1. 399, sous-note, juges français compétents pour un détournement commis en France à la suite d'un contrat de remise de chose passé à l'étranger ; T. corr. Seine 29 juin 1906, *RD int. privé* 1907. 572, juges français non compétents pour un détournement commis à l'étranger). La puissance de la distinction avait d'ailleurs conduit notre jurisprudence à raisonner pareillement en droit interne : le lieu de l'abus de confiance n'est pas celui de la remise, mais celui de la mise en demeure qui dans son esprit, prouve le détournement (Crim. 3 janv. 1862, *Bull. crim.* n° 4 ; Crim. 5 déc. 1862, *Bull. crim.* n° 267) ; pourtant la mise en demeure n'est pas un élément constitutif du délit.

10 L'arrêt du 12 février 1979, cependant, n'est pas isolé.

a) En premier lieu, il avait été annoncé par deux précédents. L'un intéresse le délit d'émission de chèque sans provision (avant sa dépénalisation) les juges français s'étant reconnus compétents pour sanctionner une émission faite à l'étranger sur un compte bancaire non provisionné et situé en France (Crim. 29 juin 1932, *Bull. crim.* n° 195 ; Crim. 28 janv. 1960, *Bull. crim.* n° 55 ; *RSC* 1961. 340, obs. A. Légal ; Colmar 18 déc. 1964, *RTD com.* 1965. 964, obs. P. Bouzat) ; certes l'absence de provision est qualifiée dans ces arrêts « d'élément essentiel du délit », mais il paraît indéniable qu'elle est une condition préalable (en ce sens, T. corr. Thonon 27 mars 1958, *JCP* 1958. II. 10628, note Cabrillac ; T. corr. Bourg-en-Bresse 7 juin 1961, *JCP* 1962. II. 12612 ; *RSC* 1962. 515, obs. A. Légal ; T. corr Seine 13 oct. 1965, *Gaz. Pal.* 1966. 1. 108 ; *Rev. crit. DIP* 1966. 449, obs. A. Decocq ; R. Koering-Joulin, *J.-Cl. proc. pén.*, art. 689 à 695, 1er cahier, n° 63 ; v. cependant les doutes de C. Lombois, n° 255, p. 349). L'autre précédent concerne l'ancien délit des fournisseurs (ancien C. pén., art. 430 s.) à propos duquel la Cour de cassation a retenu la compétence du juge français au motif que « la qualité de fournisseur des armées est un des éléments de l'ancien délit de l'article 433 du Code pénal, faute duquel cette infraction ne serait pas caractérisée » (Crim. 25 mai 1967, *D.* 1967. 551 ; *RSC* 1967. 880, obs. J. Robert et 1968. 65, obs. A. Légal ; *Rev. crit. DIP* 1968. 474, note A. Decocq). En l'espèce, deux dirigeants de société dont l'un de nationalité allemande avaient conclu avec le ministère français des Armées un contrat de fourniture de matériel militaire. Celui-ci fut livré à la France, mais il s'avéra vite qu'il s'agissait de vieux matériel rénové en Allemagne. C'est la raison pour laquelle les juges du fond s'étaient déclarés incompétents. La chambre criminelle jugea autrement en qualifiant d'élément constitutif la qualité de fournisseur constituée par la négociation en France du marché litigieux.

11 *b)* En second lieu, l'arrêt de 1979 a été suivi d'un autre, identique où, dans une poursuite, encore pour abus de confiance, la remise d'une marchandise a été qualifiée d'élément constitutif. Ainsi a pu être retenue la compétence du juge français puisque la remise avait eu lieu en France alors que le détournement s'était produit à l'étranger (Crim. 13 oct. 1981, *Bull. crim.* n° 271 ; *JCP* 1982. II. 19862, note P. Chambon).

On peut donc, en résumé, dire que la distinction entre conditions préalables et éléments constitutifs n'avait été admise que pour certains délits – notamment pour l'abus de confiance – et qu'elle vient de tomber avec l'arrêt *Grimberg*. Faut-il s'en réjouir ?

12 *2°* La distinction exprimée par R. Vouin a été approuvée et reprise par beaucoup d'auteurs (v. par ex. J.-R Doucet, « La condition préalable à l'infraction », *Gaz. Pal.* 1972. 11. 726 ; *add.* les critiques de l'arrêt du 12 février 1979 *in* Gautier, « Sur la localisation de certaines infractions économiques », *Rev. crit. DIP* 1989. 671). Pourtant, elle est aujourd'hui en recul en doctrine : on la présente comme propre à certains auteurs (R. Merle et A. Vitu, t. I, p. 372, note 7), on voudrait l'aménager pour distinguer entre les conditions préalables permettant de localiser l'infraction comme la remise de la chose dans l'abus de confiance et les conditions préalables ne le permettant pas comme la signature du contrat dans ce même délit (Mme Lucas de Leyssac, *Décision de justice civile et répression pénale*, thèse dactyl., Paris 1975, note t. II, p. 228 s.), parfois même on la conteste dans son principe ou presque (A. Vitu, *Droit pénal spécial*, t. I, nº 15).

13 Quatre reproches sont faits à la distinction et spécialement à la notion de condition préalable. Il est une première critique, formelle : on a tort d'imaginer que le concept d'élément constitutif ne s'applique qu'à des choses répréhensibles alors que l'expression englobe naturellement toutes les composantes de l'infraction (J. Larguier, préc., p. 422-423). La distinction ensuite, « masque certaines réalités profondes du droit pénal spécial » et, par exemple, dans le cas de l'abandon de famille, elle conduit à opposer la décision de justice (condition préalable) au non-versement (élément constitutif), occultant ainsi l'esprit de ce délit tout entier bâti autour des deux idées de solidarité familiale et d'autorité des décisions de justice (A. Vitu, préc.). En outre, la distinction est « incertaine » (*id.*). Enfin – et l'exemple de l'arrêt *Grimberg* le laisse deviner – la distinction supprime toute possibilité de répression en France pour peu que seule la condition préalable s'y soit réalisée.

14 Ces critiques ne nous paraissent pas pleinement déterminantes. On peut d'abord exclure les deux premières objections : la première est purement conventionnelle et la seconde ne fait pas obstacle à ce que « l'idéologie » de l'infraction puisse se glisser dans la technique de ses conditions d'existence. Il convient surtout d'évoquer trois arguments en faveur de la distinction.

a) La notion de condition préalable n'est pas « incertaine » si l'on prend soin d'en bien marquer les caractères. Par rapport aux éléments constitutifs, la condition préalable comporte trois traits : antériorité, extériorité, neutralité. Antériorité : la condition préalable peut consister soit en une donnée de fait (le péril dans le défaut d'assistance) soit en une donnée de droit (la décision exécutoire ordonnant le paiement de la pension alimentaire dans l'abandon de famille), mais elle est toujours une condition indispensable de l'infraction et se trouve donc antérieure à celle-ci. Extériorité : la condition préalable est extrapénale puisqu'elle relève du droit civil, du droit commercial, du droit du travail… et puisque le juge doit en prouver la réalité avant d'engager tout débat sur les éléments constitutifs. Neutralité enfin : la condition préalable est licite, dénuée de toute coloration morale, comme il apparaît par exemple dans la bigamie où le premier mariage, valable et non dissous, ne présente par lui-même aucun caractère punissable (v. cep. le cas du recel). Comme il a été très bien dit, la condition préalable de l'infraction est « une notion pénale qui désigne une situation juridique de droit ou de fait distincte de l'incrimination et distincte de l'infraction, et qui représente le bien juridique pénalement protégé » (B. Thellier de Poncheville, thèse préc., n° 20 *in fine*).

b) La distinction est pédagogique et surtout logique : faite d'éléments extra-pénaux, la condition préalable ne peut, en raison, être attractive de compétence pénale. Cette compétence ne peut se fonder que sur un fait qui a troublé l'ordre public. La compétence des juges répressifs français ne peut se concevoir dans des cas où les faits constatés dans notre pays n'ont pas d'antisocialité (A. Légal, *RSC* 1961. 342). Dès lors, la solution retenue par l'arrêt du 12 février 1979 ne peut s'expliquer que parce que nos juges ont succombé à la tentation répressive, que parce qu'ils n'ont pas voulu laisser apparaître une lacune dans la répression.

c) Enfin, la distinction a d'autres intérêts que celui de la compétence territoriale. Un commencement d'exécution ne peut apparaître qu'avec les éléments constitutifs de sorte que, par exemple, le contrat dans l'abus de confiance ne saurait être traité comme un élément de la tentative, à supposer qu'elle soit incriminée, et l'on pourrait tout au plus y voir un acte préparatoire lorsque l'intention apparaît *ab initio* (J. Larguier, préc., p. 419). En outre et surtout, les modes de preuve diffèrent : si la preuve de l'élément constitutif est libre (C. pr. pén., art. 427, al. 1er), celle de la condition préalable ne peut être administrée que selon les modes admis dans la branche (non pénale) du droit dont elle relève (Crim. 1er avr. 1922, *D.* 1922. 1. 218 ; Crim. 3 mars 1949, *Bull. crim.* n° 79).

15 Peut-être cependant la notion de condition préalable serait-elle mieux admise si l'on prenait soin de la définir de façon plus précise. On a dit qu'on y voit généralement le domaine dans lequel l'infraction peut se commettre (v. *supra*, n° 8) ; de la sorte, la condition préalable est définie de manière plutôt négative puisqu'elle apparaît comme une composante de l'infraction, mais sans être l'un de ses éléments constitutifs. Mieux vaudrait raisonner de façon positive et dire avec certains auteurs que la condition préalable est la situation juridique mise sous la protection de la loi pénale (A. Decocq, obs. sous Crim. 29 oct. 1966 et 25 mai 1967, *Rev. crit. DIP* 1967. 741 et 1968. 476 ; Mme Lucas de Leyssac, préc., *passim* et not. introduction p. XX s., p. 228 s.). Par exemple, dans la bigamie, le premier mariage est la situation juridique en question car en punissant l'individu qui en contracte un second avant dissolution du premier, le législateur accorde la protection au mariage.

En marge de l'arrêt *Grimberg* et dans le même esprit d'extension de l'application de la loi pénale française, on peut citer cette jurisprudence selon laquelle c'est un élément postérieur à la constitution des faits qui est pris en compte afin d'appliquer à ces faits la loi française. Ainsi en est-il en cas d'association de malfaiteurs lorsque l'on traite de la même façon « l'infraction-mère » (entente délictueuse) et « les infractionsfilles » (délit dont la réalisation est projetée) : la loi française s'applique non seulement aux projets de crimes en France, mais aussi à l'entente délictueuse scellée à l'étranger (Crim. 20 févr. 1990, n° 89-86.610, *D.* 1991. 395, note A. Fournier ; A. Huet et R. Koering-Joulin, p. 200). De même, le juge français peut connaître d'un recel commis à l'étranger dès lors que le délit d'origine a été réalisé en France (Crim. 1er oct. 1986, *Bull. crim.* n° 262).

Bref, il en est de la compétence territoriale de nos juges pénaux comme de la prescription de l'action publique. Notre jurisprudence s'arrange toujours pour que le juge national puisse entrer en condamnation.

J. P.

16

EXTRADITION – RÔLES RESPECTIFS DE LA COUR DE CASSATION ET DU CONSEIL D'ÉTAT

Crim., 21 sept. 1984, n° 84-93.943, *Garcia-Ramirez*
(*Bull. crim.* n° 274 ; *JCP* 1985. II. 20346, note W. Jeandidier)

CE, 26 sept. 1984, n° 62847, *Lujambio-Galdeano*
(*Lebon* 307 ; *JCP* 1985. II. 20346, note W. Jeandidier)

Les vices de forme et de procédure sont de la compétence de la Cour de cassation (1re esp.) et non de celle du Conseil d'État (2e esp.).
Les vices propres du décret d'extradition et la légalité interne de la mesure d'extradition, comme par exemple le caractère politique de l'infraction, sont de la compétence du Conseil d'État (2e esp.) et non de celle de la Cour de cassation (1re esp.).

Chambre criminelle, 21 septembre 1984, *Garcia-Ramirez*

Sur le premier moyen de cassation pris de la violation de l'article 593 du Code de procédure pénale, ensemble violation des droits de la défense,

« en ce que l'arrêt attaqué ne se prononce pas sur la demande de renvoi présentée par le conseil du demandeur dans le mémoire régulièrement déposé devant la chambre d'accusation ;

« alors que, aux termes de l'article 593 du Code de procédure pénale, la chambre d'accusation doit, à peine de nullité, se prononcer sur l'ensemble des demandes dont elle est saisie ; que le silence de l'arrêt est d'autant plus grave que la demande de renvoi était justifiée par la circonstance que, pour l'audience du 8 août 1984, la défense n'avait pas encore, le 6 août précédent, reçu communication de la traduction des pièces du dossier ; »

Attendu que dans un mémoire daté du 4 août 1984 et parvenu le 6 août au greffe de la chambre d'accusation pour l'audience du 8 courant, le demandeur a sollicité « le renvoi de l'affaire à une date ultérieure compte tenu de la brièveté des délais, de la complexité de la procédure et de sa non-traduction » non sans avoir cependant exposé les deux moyens de défense qu'il entendait développer, le premier « tendant à démontrer qu'il devait être considéré comme un réfugié politique », le second que « les infractions reprochées sont des infractions politiques et qu'en conséquence l'extradition était impossible en application de l'article 3 de la Convention d'extradition franco-espagnole » ; que l'énoncé même de ces griefs établit que Garcia-Ramirez José Carlos avait connaissance des faits exposés dans les pièces de la procédure jointes à la demande du gouvernement espagnol ;

Qu'ainsi il ne saurait être fait grief à l'arrêt attaqué de n'avoir pas spécialement répondu à la demande de renvoi du demandeur ;

Qu'en effet une telle demande ne peut être considérée comme un chef péremptoire de défense, qu'aucune critique touchant la régularité formelle de la procédure n'a été soulevée, qu'au jour de l'audience la défense était en possession notamment de la traduction des pièces ; qu'en statuant au fond à l'audience prévue, la chambre d'accusation a implicitement mais nécessairement écarté tout renvoi estimant qu'elle était en mesure de rendre son avis sur l'extradition demandée sans pour autant porter atteinte aux droits de la défense compte tenu de l'argumentation développée par celui-ci devant les juges ; que de surcroît Garcia-Ramirez José Carlos était informé depuis le 2 août 1984 du contenu des pièces servant de base à la demande d'extradition et rédigées dans sa langue natale, comme l'exige l'article 6, § 3 *a* et *b* de la Convention européenne de sauvegarde des droits de l'homme et des libertés fondamentales ;

D'où il suit que le moyen, recevable en la forme, ne saurait être accueilli ;

Sur le deuxième moyen de cassation pris de la violation des articles 156, 157, 158, 159, 160 et 206 du Code de procédure pénale, ensemble violation des droits de la défense,

« en ce que l'arrêt attaqué a été rendu au vu des pièces de la procédure menée en Espagne à l'encontre du demandeur et dont la traduction figure au dossier ;

« alors, d'une part, que cette traduction est nulle puisqu'elle n'a été ordonnée ni par la chambre d'accusation, ni par aucune autre autorité judiciaire ;

« alors, d'autre part, et en toute hypothèse, que cette traduction ne pouvait être faite que par des experts inscrits sur une liste ou, à tout le moins, en cas d'empêchement dûment constaté, par deux experts ayant prêté serment au préalable ; qu'en l'espèce la traduction qui figure au dossier n'indique ni quel est ou quels sont son ou ses auteurs, ni quelle est sa ou leur qualité, ni s'il a ou s'ils ont prêté serment ; qu'elle n'a donc aucune valeur légale et ne peut servir de base à la décision de la chambre d'accusation ; »

Attendu que contrairement à ce que soutient le demandeur, aucune disposition de la loi du 10 mars 1927 n'impose la traduction des pièces de justice jointes à une demande d'extradition émanant d'un gouvernement étranger ni ne fixe les conditions de forme d'une éventuelle traduction ;

Qu'il ne saurait être suppléé au silence de la loi en ayant recours aux dispositions des articles 156 et suivants du Code de procédure pénale qui sont étrangers à la matière ;

Que d'ailleurs le demandeur n'a pas déposé devant la chambre d'accusation de conclusions tendant à voir désigner des experts au sens des articles précités pour procéder à une nouvelle traduction des pièces, se bornant, ainsi qu'il a été dit ci-dessus, à demander le renvoi de l'affaire, soutenant ne pas être en possession d'une traduction lors de la rédaction de son mémoire ;

D'où il suit que le moyen, recevable en la forme, ne peut qu'être écarté ;

Sur le troisième moyen de cassation pris de la violation de l'article 3 de la Convention franco-espagnole d'extradition du 14 décembre 1877 et de l'article 5-2° de la loi du 10 mars 1927,

« en ce que l'arrêt attaqué a donné un avis favorable à l'extradition du demandeur ;

« alors qu'il résulte des propres énonciations de l'arrêt que les faits pour lesquels l'extradition a été demandée ont un caractère politique ; que, dès lors, l'extradition du demandeur ne pouvait être accordée aux autorités espagnoles ; »

Attendu que ce moyen critique l'un des motifs de l'arrêt qui se rattache directement et sert de support à l'avis de la chambre d'accusation sur la suite à donner à la demande d'extradition ;

Que ce moyen est en conséquence irrecevable par application des dispositions de l'article 16 de la loi du 10 mars 1927 ;

Qu'il n'appartient donc pas à la Cour de cassation de l'examiner ;

Conseil d'État, 26 septembre 1984, *Lujambio-Galdeano*

Vu la Convention franco-espagnole d'extradition signée le 14 décembre 1877 ; Vu la Convention de Genève du 28 juillet 1951, et le protocole signé à New York le 31 janvier 1967 ; Vu la loi du 10 mars 1927 ; Vu le Code pénal ; Vu le Code de procédure pénale ; Vu la loi du 25 juillet 1952 ; Vu le décret du 2 mai 1953 ; Vu la loi du 11 juillet 1979 ; Vu la circulaire du 13 janvier 1983 ; Vu l'ordonnance du 31 juillet 1945 et le décret du 30 septembre 1953 ; Vu la loi du 30 décembre 1977 ; – Considérant que d'après la loi du 10 mars 1927, les décrets d'extradition sont pris après avis favorable de la chambre d'accusation ; que cette disposition n'exclut pas un recours en cassation ouvert contre cet avis et fondé uniquement sur les vices de forme et de procédure dont il serait entaché ; qu'il en résulte que tout moyen de forme ou de procédure touchant à l'avis de la chambre d'accusation échappe à la competence du Conseil d'État, saisi d'un recours contre le décret d'extradition, alors même qu'il n'aurait pas été articulé devant la Cour de cassation ; qu'il n'appartient donc pas au Conseil d'État d'examiner les moyens de la requête mettant en cause la régularité externe de l'avis de la chambre d'accusation de Pau ; que le Conseil d'État doit, en revanche, se prononcer, d'une part sur les vices propres du décret d'extradition, et d'autre part, sur la légalité interne de la mesure d'extradition, au regard des lois et conventions internationales, afin de vérifier si, notamment d'après l'examen de l'affaire par la chambre d'accusation, le gouvernement a pu légalement décider que les conditions de l'extradition, pour celles des infractions qu'il retient, étaient réunies ; – Sur les moyens concernant les vices propres du décret attaqué ; – Considérant, d'une part, qu'aux termes de l'article 22 de la Constitution, « les actes du Premier ministre sont contresignés, le cas échéant, par les ministres chargés de leur exécution » ; que l'exécution d'un décret d'extradition ne comporte nécessairement l'intervention d'aucune décision relevant de la compétence du ministre de l'Intérieur et du ministre des Relations extérieures ; que dès lors et quelles que soient les mentions figurant dans son article d'exécution, le décret attaqué n'est pas entaché d'illégalité faute d'avoir été contresigné par lesdits ministres ; – Considérant d'autre part, que contrairement à ce que soutient le requérant le décret attaqué est suffisamment motivé au regard de la loi du 11 juillet 1979 ; – Sur les moyens tirés de la violation de la Convention franco-espagnole du 14 décembre 1877 et de la loi du 10 mars 1927 : – Considérant qu'il ressort de l'article 1er de la loi du 10 mars 1927, que les dispositions de ladite loi ne sont applicables qu'en l'absence de traité ou sur les points qui n'ont pas été réglementes par un traité ; – Considérant en premier lieu, qu'il résulte de l'article 2 de la Convention franco-espagnole du 14 décembre 1877 que l'assassinat figure parmi les crimes donnant lieu à extradition ; qu'aux termes du même article « Dans tous les cas… l'extradition ne pourra avoir lieu que lorsque le fait similaire sera punissable d'après la législation du pays à qui la demande a été adressée » ; que, si le décret attaqué accorde l'extradition pour « assassinats par groupes armés et organisés », cette incrimination se réfère à une infraction similaire au crime d'assassinat prévu et réprimé par les articles 296 et suivants du Code pénal français ; que la référence à l'existence de groupes armés et organisés ne modifie pas la qualification d'assassinat donnée à l'infraction ; – Considérant qu'il ressort des pièces versées au dossier que, contrairement à ce que soutient le requérant, la notion d'infraction commise « par groupes armés et organisés » a été introduite dans la législation pénale espagnole antérieurement aux faits reprochés ; – Considérant en deuxième lieu qu'en vertu de l'article 3 de la Convention franco-espagnole d'extradition : « Aucune personne accusée ou condamnée ne sera livrée si le délit pour lequel l'extradition est demandée est considéré par la partie requise comme un délit politique ou un fait connexe à un semblable délit » ; – Considérant qu'il est reproché à M. Lujambio-Galdeano d'avoir pris part à « des assassinats par groupes armés et organisés » ; que la circonstance que ces crimes, qui ne constituent pas des infractions politiques par leur nature, auraient été commis dans le cadre d'une lutte pour l'indépendance du pays basque, ne suffit pas, compte tenu de leur gravité, à les faire regarder comme ayant un caractère politique ; que le fait qu'ils auraient été commis alors que l'intéressé agissait dans le cadre des groupes armés et organisés n'est pas davantage de nature à donner un caractère politique aux infractions reprochées au requérant ; que dès lors M. Lujambio-Galdeano n'est pas fondé à soutenir que les auteurs du décret attaqué ont violé les dispositions de l'article 3 préc. de la convention du 14 décembre 1877 ; – Considérant, en troisième lieu, qu'il ne ressort pas des pièces du dossier que, dans les circonstances de l'affaire, l'extradition de M. Lujambio-Galdeano ait été demandée par le gouvernement espagnol dans un but autre que la répression d'infractions de droit commun ; que le requérant n'est dès lors pas fondé à soutenir qu'elle aurait été demandée dans un but politique au sens de l'article 5 de la loi du 12 mars 1927, dont les règles complètent sur ce point les stipulations de la Convention franco-espagnole d'extradition ; – Sur les autres moyens de la requête : – Considérant, d'une part que, contrairement aux allégations du requérant, le système judiciaire espagnol respecte les droits et libertés fondamentaux de la personne humaine, ainsi que l'exigent les principes généraux du droit de l'extradition ; – Considérant, d'autre part, qu'aux termes des dispositions du paragraphe F, 2° de l'article 1er de la Convention de Genève sur le statut des réfugiés : « Les dispositions de cette convention ne seront pas applicables aux personnes dont on aura des raisons sérieuses de penser… b) qu'elles ont commis un crime grave de droit commun en dehors du pays d'accueil avant d'y être admises comme réfugiés » ; qu'eu égard à la gravité de l'infraction de droit commun qui lui est reprochée et au sérieux des présomptions qui pèsent sur lui, M. Lujambio-Galdeano n'est pas fondé à se prévaloir de la qualité de réfugié au sens de la convention préc. pour soutenir qu'il ne pouvait être extradé ; – Considérant que de tout de ce qui précède il résulte que M. Lujambio-Galdeano n'est pas fondé à demander l'annulation du décret attaqué ;

Décide : – Article 1er : La requête de M. Lujambio-Galdeano est rejetée.

OBSERVATIONS

1 La question des recours contre les décisions rendues à la suite d'une demande d'extradition adressée à la France par une puissance étrangère est complexe et évolutive, qu'il s'agisse des recours contre l'arrêt de la chambre de l'instruction (ex-chambre d'accusation) dont on sait qu'elle doit donner un avis sur cette demande ou qu'il s'agisse des recours contre le décret d'extradition. Naguère il n'y avait point de texte en ce qui concerne le décret d'extradition et un seul texte à propos de l'arrêt d'avis, le fameux article 16, alinéa 1er de la loi du 10 mars 1927 relative à l'extradition des étrangers, qui prévoyait que la cour statue « sans recours », texte, il est vrai, abrogé par une loi du 9 mars 2004 (v. *infra* I, B, 2°). Cette absence de recours judiciaire, affirmée par une jurisprudence ancienne (Crim. 19 mars 1931, *DH* 1932. 101 ; Crim. 18 déc. 1979, *Bull. crim.* n° 363) s'explique par la nécessaire célérité de la

répression internationale (W. Jeandidier, *La juridiction d'instruction du second degré*, 1982, nº 428).

2 Et pourtant, l'idée de recours contre l'arrêt de la chambre de l'instruction et contre le décret d'extradition allait faire son chemin, le point d'arrivée étant la loi de 9 mars 2004 (C. pr. pén., art. 696-14 et 696-15) qui abroge formellement la loi précitée de 1927. Mais l'évolution de cette idée est curieuse. Au début, c'est le Conseil d'État qui, pour l'essentiel, se montre favorable au recours. Par la suite, la Cour de cassation l'accueille à son tour, mais de manière assez limitée. C'est parce que cette question du recours est passée du stade du profond sommeil à celui du demi-réveil que l'on peut distinguer deux phases : celle où le Conseil d'État se taille la part du lion, puis celle où s'établit une sorte de partage entre lui et la Cour de cassation. Ce partage – cet armistice ? – est consacré par les deux arrêts *Garcia-Ramirez* et *Lujambio-Galdeano* ci-dessus relatés. Pour leur bonne compréhension il est pourtant nécessaire d'évoquer le passé avant de les étudier.

I. — Le passé

3 Pendant des décennies, la place n'est occupée quasiment que par le Conseil d'État, la Cour de cassation n'admettant de pourvoi que d'ordre du garde des Sceaux pour maintenir l'unité de la jurisprudence (Crim. 25 nov. 1948, *Bull. crim.* nº 59 ; Crim. 19 oct. 1950, *JCP* 1950. II. 5897, note P. Aymond ; Crim. 30 juin 1981, *Bull. crim.* nº 220). Parallèlement, le Conseil d'État va s'enhardir, mais susciter en même temps des réactions.

A. — Du côté du Conseil d'État

4 Primitivement, le Conseil d'État s'était refusé à exercer le moindre contrôle sur la procédure d'extradition et sur le décret qui la couronnait. Saisi par un recours en excès de pouvoir contre ce dernier, il le considérait comme un acte de gouvernement, insusceptible de contrôle juridictionnel (CE 2 juill. 1836, *Boidron, Lebon* 330), tout comme le décret de grâce (CE 30 juin 1893, *Gugel, S.* 1895. 3. 41, note M. Hauriou). Au lendemain de la loi du 10 mars 1927 qui prévoyait des conditions de fond à l'extradition et organisait une procédure judiciaire, le Conseil d'État infléchissait sa jurisprudence, mais tout d'abord très timidement. Avec l'arrêt *Decerf* (CE 28 mai 1937, *S.* 1937. 3. 73, note P. Laroque), la haute instance reçoit bien le recours contre le décret, mais ajoute aussitôt que « l'extradition ayant été accordée en vertu d'un traité, il ne lui appartient pas de connaître de l'application d'un acte touchant les rapports de la France avec une puissance étrangère ». Malgré sa prudence, l'arrêt de 1937 annonçait une évolution qui, en plusieurs stades, va conduire à la jurisprudence *Salati* du 27 juillet 1979 (*Gaz. Pal.* 1979. 2. 687, note F. Julien-Laferrière).

5 *1°* Dans un premier temps, survient le fameux arrêt *Kirkwood* (CE 30 mai 1952, *JCP* 1952. II. 7238 ; *S.* 1953. 3. 33, note P. Bouzat ; *RD publ.* 1952. 701, concl. J. Letourneur) qui consacre franchement au profit du Conseil d'État un contrôle de la légalité externe du décret (v. dans le même sens, CE 5 janv. 1957, *Popov, RD publ.* 1957. 765 ; CE 8 janv. 1964, *Dedoff, Lebon* 958 ; CE 24 oct. 1973, *Sieur Rendel*, req. n° 89107, *Lebon* 583). Ainsi le Conseil d'État peut-il annuler le décret d'extradition pris par exemple sans saisine préalable de la chambre d'accusation ou pris malgré avis défavorable de cette dernière ; voire signé par une autorité incompétente. En revanche, le Conseil d'État ne se reconnaît pas le pouvoir de contrôler la procédure suivie devant la chambre d'accusation ni la conformité de l'avis de celle-ci et du décret aux règles de fond de l'extradition (légalité interne du décret).

6 *2°* Le Conseil d'État va s'arroger davantage de pouvoir – dès avant l'arrêt *Popov* de 1957 – avec l'affaire *Pétalas* (CE 18 nov. 1955, *JCP* 1956. II. 9184 ; v. aussi dans la même espèce, CE 3 févr. 1956, *JCP* 1956. II. 9184, note A. Vitu). La Grèce avait réclamé à la France la livraison du sieur Pétalas. Devant le refus de notre pays, motivé par l'absence de voie de recours en droit hellénique contre une décision par défaut, et malgré avis favorable de la chambre d'accusation, la Grèce modifia sa législation dans le sens d'une ouverture d'une voie de recours en ce cas, puis elle renouvela sa demande. Alors, la France céda. Mais Pétalas fit un recours contre le décret devant le Conseil d'État. Et celui-ci déclara que notre gouvernement aurait dû solliciter un nouvel avis de la chambre d'accusation. C'était refuser au premier avis l'autorité (négative) de chose jugée et donc reconnaître aux avis des chambres une nature simplement consultative, administrative, et non juridictionnelle. C'était par voie de conséquence asseoir le contrôle du Conseil d'État sur cet avis.

Dans son arrêt *Astudillo-Calleja* du 24 juin 1977 (req. n° 01591, *D.* 1977. 695, concl. B. Genevois ; *AJDA* 1977. 490 et 516, note M. Nauwelaers et O. Dutheillet de Lamothe ; *Gaz. Pal.* 1977. 2. 640, note M. Ladhari ; *RD publ.* 1978. 263, note J. Robert), le Conseil d'État tire la conséquence de cette analyse de l'avis : il annule un décret d'extradition rendu à la suite de l'avis favorable d'une chambre d'accusation, en estimant contrairement à celle-ci que l'infraction est politique, circonstance excluant l'extradition (L. du 10 mars 1927, art. 5-2e, auj. C. pr. pén., art. 696-4, 2°). Le Conseil d'État contrôle cette fois la légalité interne du décret et en vient donc à contrôler l'appréciation faite par la chambre d'accusation des conditions de fond de l'extradition.

Peu après la Haute juridiction apporte – expressément pour la première fois – la clé de l'explication : c'est que la chambre « exerce une attribution administrative » (CE 7 juill. 1978, *Croissant, Gaz. Pal.* 1979. 1. 80, note P. Derouin ; *add.* F. Julien-Laferrière, « L'évolution récente du droit français de l'extradition », *RD publ.* 1979. 793).

7 *3°* L'arrêt *Salati* confirme les deux décisions précédentes, en donnant au contrôle une ampleur encore plus grande. Remarquablement rédigé, l'arrêt du 27 juillet 1979 fait porter en effet le contrôle sur tout le processus ayant abouti à l'extradition : d'abord sur la procédure judiciaire (nature des délais devant la chambre, droits de la défense, question préjudicielle de nationalité) ; ensuite sur les conditions de fond de l'extradition (réciprocité d'incrimination, matérialité des faits et leur caractère politique ou non). Désormais, le contrôle porte : 1° sur la légalité externe du décret ; 2° sur la légalité interne du décret ; 3° sur la régularité de la procédure.

Cette conception d'un contrôle généralisé se retrouvera encore avec l'arrêt *Guarini* (CE 30 avr. 1982, req. n° 36189, *D.* 1982. 580, note D. Mayer et F. Julien-Laferrière, *D.* 1983. 48, concl. B. Genevois) : un décret d'extradition pris après avis favorable d'une chambre d'accusation est annulé, le Conseil d'État estimant que les faits ont été commis en France et qu'en conséquence l'extradition est impossible puisqu'exclue par l'article 5-3° de la loi du 10 mars 1927 (auj. C. pr. pén., art. 696-4, 3°).

On ne pouvait aller plus loin et une réaction était inévitable.

Elle vint à la fois de la doctrine et... de la chambre criminelle de la Cour de cassation.

B. — Du côté de la chambre criminelle

8 *1°* Les pénalistes réservèrent, en général, un accueil glacial à cette jurisprudence (R. Merle et A. Vitu, t. I, n° 316 ; C. Lombois, n° 458 ; W. Jeandidier, préc., n°s 353 et 429 et, du même auteur, « La tutelle du Conseil d'État sur les chambres d'accusation en matière d'extradition », *RSC* 1979. 239 ; F. Julien-Laferrière, note préc. ; Comp. la position nettement plus favorable des juristes de droit public, M. Ladhari, note préc. sous l'arrêt *Astudillo-Calleja ;* obs. R. Errera et B. Genevois, maîtres des requêtes au Conseil d'État, aux XVIe journées franco-belgo-luxembourgeoises de science pénale tenues à Tours les 18-19 mai 1979 sur l'extradition, *RD pén. crim.* 1980. 5 s., not. p. 44 s.). Certes, on comprend sentimentalement que le Conseil d'État veuille jouer le rôle d'une sorte de cour nationale des droits de l'homme dans un contexte où les juges répressifs restent d'une prudence étonnante (v. les affaires *Argoud*, Crim. 4 janv. 1964, *JCP* 1964. II. 13806, rapp. du conseiller Comte, et *Touvier*, Crim. 30 juin 1976, *D.* 1977. 1), spécialement en matière d'extradition (v. les affaires *Astudillo-Calleja,* préc., et *Abu-Daoud*, Paris 11 janv. 1977, *Gaz. Pal.* 1977. 1. 105 et Clunet 1977. 843, note A. Decocq) ; et des auteurs n'ont pas manqué de le signaler (C. Lombois, n° 459, p. 613 et 614 ; B. Genevois, *RID pén.* 1980. 46). Il n'en reste pas moins que juridiquement, la jurisprudence *Salati* se heurtait à trois obstacles considérables.

Le premier tient à la nature de l'avis donné par la chambre d'accusation. Celui-ci a évidemment un caractère juridictionnel : la chambre d'accusation tranche un point de droit, une contestation (portant sur des aspects variés, nationalité, nature de l'infraction...), ce qui est le propre de l'acte juridictionnel, et ce point de droit, elle le tranche à la suite d'un débat ; en outre à ceux qui allèguent l'exclusion d'un recours judiciaire (L. de 1927, art. 16), on peut répondre qu'il existe des actes juridictionnels sans recours comme l'arrêt d'assises portant acquittement (C. pr. pén., art. 572). Or si l'avis de la cour est juridictionnel, il faut en déduire que le Conseil d'État n'a pas qualité pour en assurer le contrôle, en raison du principe de la séparation des pouvoirs exécutif et judiciaire.

Une seconde objection tient à la volonté du législateur qui a entendu confier au pouvoir judiciaire, et non à un autre, le soin de statuer sur les libertés individuelles. Le Conseil d'État l'avait du reste naguère compris : dans son arrêt *Kirkwood*, précité, il avait en effet déclaré « que le législateur a entendu confier à la chambre des mises en accusation des attributions qui, n'étant pas de la nature de celles appartenant à un organisme consultatif d'ordre administratif, se rattachent au rôle dévolu à l'autorité judiciaire ».

La solution de la jurisprudence *Salati* est enfin très critiquable d'un point de vue pratique. Le contrôle du Conseil d'État est assez illusoire puisque le recours devant lui n'est pas suspensif en droit. Parfois le gouvernement, redoutant une annulation, se dépêche de faire exécuter le décret contre lequel un recours vient d'être introduit.

9 2° La chambre criminelle, à son tour, allait s'émouvoir. Dans un important arrêt de 1984, elle décide que « si aux termes de l'article 16 de la loi du 10 mars 1927, l'avis motivé de la chambre d'accusation sur la demande d'extradition est rendu sans recours, il résulte des principes généraux du droit que cette disposition n'exclut pas le pourvoi en cassation lorsque celui-ci est fondé sur une violation de la loi qui, à la supposer établie, serait de nature à priver la décision rendue des conditions essentielles de son existence légale » (Crim. 17 mai 1984, *Dore, Bull. crim.* n° 183 ; *D.* 1984. 536, note W. Jeandidier ; *JCP* 1985. II. 20332, note J. Borricand ; *RSC* 1984. 804, obs. C. Lombois ; *D.* 1984. Chron. 223, obs. Y. Rodriguez ; *RD pén. crim.* 1985. 813, J. Borricand). Cette formule sera d'ailleurs quasiment reprise par une loi du 9 mars 2004, le nouvel article 696-15 al. 5 du Code de procédure pénale décidant que « le pourvoi formé contre un avis de la chambre de l'instruction ne peut être fondé que sur des vices de forme de nature à priver cet avis des conditions essentielles de son existence légale ».

On sent dans cet arrêt un ton nouveau, avec l'appel aux fameux principes généraux du droit (v. *supra*, n° 2). Seulement, l'arrêt *Dore* reste prudent car la formule qu'il contient est susceptible de deux analyses. La première signifierait que la chambre criminelle se reconnaît un pouvoir de contrôle formel, portant simplement sur la procédure. Plus radicale, la deuxième analyse ajouterait un contrôle de fond portant par exemple sur le caractère politique de l'infraction : en effet, la loi est violée aussi bien par la méconnaissance d'une disposition de fond de la loi de 1927 que par l'oubli d'une règle de forme (de cette loi ou du

C. pr. pén.). Nous pensons certes que l'arrêt *Dore* se rattache au premier sens car le pourvoi visait la violation de règles de procédure. Mais reconnaissons que la formule est large et qu'elle permet un contrôle considérable du juge de cassation. Il devenait donc très intéressant de considérer la jurisprudence ultérieure, c'est-à-dire la présente.

II. — Le présent

10 Chambre criminelle et Conseil d'État allaient, quelques mois à peine après l'arrêt *Dore*, rendre diverses décisions essentielles : d'un côté huit arrêts de la chambre criminelle, tous du 21 septembre 1984 (on retiendra le premier arrêt *Garcia-Ramirez*) et de l'autre un arrêt du Conseil d'État, du 26 septembre 1984. La confrontation de ces deux jurisprudences concomitantes fait apparaître une sorte de partage des compétences. Mais ce partage ne paraît pas à l'abri de la critique.

A. — État des deux jurisprudences

11 *1°* Dans l'affaire *Garcia-Ramirez*, soumise à la Cour de cassation, il s'agissait d'un Espagnol auteur présumé de divers crimes très graves, réfugié en France et que les autorités espagnoles désiraient se faire remettre. Après avis favorable à cette demande, donné par la chambre d'accusation de Pau, l'intéressé se pourvoit en cassation en invoquant divers moyens de procédure et un moyen de fond consistant dans le caractère politique des faits et donc dans l'impossibilité pour les juges de Pau de donner un avis favorable. Dans son arrêt du 21 septembre 1984, la chambre criminelle déclare recevables les moyens de procédure (sans les accueillir en réalité, mais ceci importe peu) et irrecevable le moyen de fond. S'agissant des moyens de procédure, la Cour de cassation ne parle plus des principes généraux du droit, elle se borne à faire une analyse serrée et à dire *in fine* que les moyens sont recevables. S'agissant du moyen de fond, elle fonde l'irrecevabilité sur l'article 16 de la loi du 10 mars 1927. C'est dire qu'à ses yeux cette disposition intéresse le contenu de l'arrêt de la chambre d'accusation. Les choses s'éclairent alors : la chambre criminelle se reconnaît le droit de procéder à un contrôle externe de l'avis, c'est-à-dire la procédure. Mais elle s'interdit de toucher au fond et notamment à la qualification (politique ou non) des faits. En s'autorisant à contrôler la procédure, la chambre criminelle, dans son arrêt du 21 septembre 1984, précise le sens de l'arrêt *Dore* et confirme une jurisprudence intermédiaire : celle de deux arrêts du 17 septembre 1984 qui déclarent recevable le moyen produit contre un arrêt de la chambre d'accusation, qui est fondé « sur des violations de la loi qui, à les supposer établies, serait de nature à primer la décision des conditions essentielles, *en la forme*, à son existence légale » (Crim. 17 sept. 1984, 2 arrêts, *Bull. crim.* n° 273). L'incidente « en la forme » laissait déjà penser que la Cour de cassation entendait limiter son contrôle aux questions de procédure. On le sait encore mieux maintenant avec l'arrêt du 21 septembre 1984.

En application de cette jurisprudence, la chambre criminelle va veiller scrupuleusement au respect du principe du contradictoire affirmé à l'article 14 de la loi du 10 mars 1927, aujourd'hui à l'article 696-13 du Code de procédure pénale (Crim. 31 mai 1988, *Bull. crim.* n° 237 ; *D.* 1989. Somm. 139, obs. Ph. Waquet et F. Julien-Lafferrière, cassation de l'arrêt de la chambre d'accusation en cas d'omission de l'interrogatoire dont il doit être dressé procès-verbal ; Crim. 11 déc. 2001, n° 01-86.426, *Bull. crim.* n° 261, présence obligatoire de la personne à l'audience des débats ; Crim. 17 janv. 1995, *Bull. crim.* n° 21 et 19 mars 2002, *Bull. crim.* n° 66, en cas de supplément d'information, l'interrogatoire de l'intéressé doit être renouvelé, même si la composition de la chambre d'accusation est identique). On note toutefois une limite au contradictoire avec l'article 696-16 qui permet à l'État requérant d'intervenir, mais sans être partie, d'où la jurisprudence tire la conséquence que cet État ne peut déposer de mémoire en application de l'article 198 du même code (Crim. 9 avr. 2014, n° 14-80.436).

De même, doit-elle veiller au respect du principe de liberté en cas de demande d'élargissement (Crim. 26 mai 1994, n° 94-81.276, *Bull. crim.* n° 205 ; Crim. 7 févr. 1995, *Bull. crim.* n° 52). Même position à propos du principe de non-publicité des audiences de la chambre d'accusation (Crim. 30 mai 1995, *Bull. crim.* n° 196). Toute cette jurisprudence est aujourd'hui confirmée par la loi du 9 mars 2004 qui en abrogeant la loi du 10 mars 1927 crée un article 696-15 du Code de procédure pénale dont l'alinéa 5 décide : « le pourvoi formé contre un avis de la chambre de l'instruction ne peut être fondé que sur des vices de forme de nature à priver cet avis des conditions essentielles de son existence légale ». Sur la base de cette formule, est cassé un arrêt de la chambre d'accusation qui avait omis de vérifier, au regard du droit de l'État requérant, si la prescription de l'action publique était déjà acquise ou si au contraire elle avait été régulièrement interrompue (Crim. 4 janv. 2006, n° 05-86.086, *Bull. crim.* n° 5). C'est l'exacte confirmation de la jurisprudence *Dore*, y compris la formule. En revanche – et ceci ne contredit pas ce qui vient d'être dit – le juge de l'extradition est incompétent pour connaître des conditions dans lesquelles sont intervenues à l'étranger, l'arrestation et l'expulsion d'une personne par les seules autorités locales agissant dans la plénitude de leur souveraineté (Crim. 24 sept. 1997, n° 97-83.787, *Bull. crim.* n° 311). Enfin, bien évidemment, la décision de la chambre de l'instruction doit être motivée et notamment répondre aux articulations essentielles du mémoire (Crim. 9 juill. 2008, *D.* 2008. 2640, note Ph. Gréciano ; Crim. 15 sept. 2010, *AJ. pénal* 2011. 147, obs. C. Girault).

À titre comparatif, on indiquera que, dans le cadre voisin du mandat d'arrêt européen (v. *infra*, n° 15), l'arrêt de la chambre de l'instruction est susceptible d'un pourvoi en cassation. À vrai dire, l'article 695-46 al. 4 C. pr. pén. décidait bien que « la chambre de l'instruction statue sans recours… ». Mais le Conseil constitutionnel, après avoir interrogé à titre préjudiciel la CJUE sur le bien-fondé de cette disposition (Cons. const. 4 avr. 2013 n° 2013-314 QPC) et après avoir eu une réponse de la CJUE (la décision-cadre du 13 juin 2002 sur le mandat d'arrêt ne s'oppose pas à un tel recours, arrêt du 30 mai 2013, aff. C-168/13 PPV, *Dalloz actualité*, 10 juin 2013, obs. Bouloc) décidait que l'alinéa 4 de l'article 695-46 apportait une restriction injustifiée au droit à exercer un recours juridictionnel effectif, d'où la déclaration d'inconstitutionnalité des mots « sans recours ».12

2° Dans la deuxième espèce, jugée par le Conseil d'État le 26 septembre 1984, il s'agissait encore d'un Espagnol, le sieur Lujambio-Galdeano, poursuivi pour « assassinats par groupes armés et organisés » par les autorités ibériques et qui se trouvait en France. Remis aux autorités espagnoles, il contestait le décret d'extradition qui avait décidé cette livraison. Le Conseil d'État distingue plus nettement encore que la Cour de cassation entre forme et fond, quitte à adopter la même position.

S'agissant des vices de forme et de procédure dont serait entaché l'avis de la chambre d'accusation, la haute instance du Palais-Royal reconnaît la compétence de la Cour de cassation et, du même coup, dénie la sienne propre, même si le vice n'avait pas été invoqué devant la Cour de cassation. Par rapport à l'arrêt *Salati*, le recul est sensible puisque le Conseil d'État abandonne au juge judiciaire toute la matière procédurale, ce qu'il appelle « la régularité externe » de l'avis donné par la chambre d'accusation.

S'agissant en revanche du décret d'extradition (sa signature, sa motivation...) et de la légalité interne de la mesure d'extradition, le Conseil d'État se reconnaît un pouvoir de contrôle. La question de la légalité interne de la décision est évidemment la plus importante des deux. Aussi le Conseil d'État décrit-il longuement les conditions de l'extradition telles qu'elles sont indiquées dans la Convention franco-espagnole du 14 décembre 1877 (l'infraction poursuivie est-elle énumérée dans la Convention ? présente-t-elle un caractère politique ?...) pour décider finalement que l'extradition était possible en l'espèce.

13 La dernière jurisprudence du Conseil d'État confirme l'emprise que celui-ci entend maintenir sur l'application du décret d'extradition. En voici trois manifestations :

– Si le décret accorde l'extradition à un État qui pratique la peine de mort, le Conseil d'État ne valide ce décret que s'il est certain que cette peine ne sera pas appliquée (CE 15 oct. 1993, *Aylor, Gaz. Pal.* 6-8 février 1994, à propos d'une extradition réclamée par l'État du Texas).

– En cas de décret refusant l'extradition et après rejet d'une demande gracieuse formée par l'État étranger auprès du garde des Sceaux, le juge administratif est compétent pour connaître de cette requête formée par cet État (CE 15 oct. 1993, *Royaume Uni de Grande-Bretagne et d'Irlande du Nord et Gouverneur de la colonie royale de Hong-Kong*, req. n° 142578, *D.* 1994. 108, note F. Julien-Laferrière). En somme, le refus d'extrader est susceptible d'un recours devant le Conseil d'État.

– Si l'intéressé consent devant la chambre d'accusation à son extradition, cette juridiction n'a certes pas à rendre d'avis (L. du 10 mars 1927, art. 15, auj. C. pr. pén., art. 696-14), mais le Premier ministre reste tenu de rendre un décret motivé dont le Conseil d'État apprécie la légalité (CE 27 janv. 1995, n° 164421, *Mme Voss, D.* 1995. 325, note F. Julien-Laferrière).

Constitue « un principe fondamental reconnu par les lois de la République » la règle selon laquelle « l'État doit refuser l'extradition d'un étranger lorsqu'elle est demandée dans un but politique » (CE 3 juill. 1996, *Koné*, req. n° 169219, *D.* 1996. 509, note F. Julien-Laferrière). En l'espèce, le décret d'extradition a été maintenu par le Conseil d'État car, malgré requête de l'intéressé, il n'apparaissait pas que la demande ait été formulée dans un but politique. On constate ainsi à l'évidence que le Conseil d'État apprécie la requête de l'État étranger au point de vue de sa motivation politique.

B. — Appréciation des deux jurisprudences

14 Ce partage des compétences entre Conseil d'État et chambre criminelle de la Cour de cassation est-il satisfaisant ? Il possède certes le mérite d'une grande clarté et il fait cesser toutes discussions, provoquant l'apaisement sur une question qui était devenue irritante.

Pourtant, il est permis d'être insatisfait. Comme on l'a dit excellemment, « le Conseil d'État a triomphé sur l'essentiel… et s'est taillé la part du lion » (W. Jeandidier, note au *JCP* 1985. II. 20346, *in fine*). La fusée de l'arrêt *Dore* a fait long feu et la Cour de cassation n'a que la part du pauvre. Toutes les critiques naguère adressées à la jurisprudence *Salati* restent d'actualité. Demain comme hier, le Conseil d'État va continuer à contrôler, par le biais du décret d'extradition, l'avis donné par la chambre d'accusation. Toute l'offensive des « pénalistes » (v. *supra*, I, B, 1°) garde son intérêt puisque les « publicistes » continuent à estimer que la chambre de l'instruction est une instance administrative, au moins en ce qui concerne le fond.

15 Le Conseil d'État n'aurait jamais dû dépasser le stade du contrôle de la régularité externe du décret d'extradition. À chaque ordre juridictionnel, son domaine propre. La guerre entre la Cour du Palais-Royal et celle de l'île de la Cité n'est peut-être pas terminée.

Pourtant, ce qui a été décidé en septembre 1984 par les deux hautes juridictions n'a pas été remis en cause à ce jour. Mieux, on peut soutenir que la compétence du Conseil d'État a été confirmée. En effet, dans un arrêt remarqué de 1993, ce dernier, saisi par un recours pour excès de pouvoir formé par un État étranger, a annulé le refus d'extradition opposé par le gouvernement français à une demande exprimée par le gouvernement de Hong-Kong – Royaume-Uni. En estimant que ce refus était détachable de la conduite des relations diplomatiques de la France et en annulant le refus d'extradition au motif que la motivation de ce refus était entachée d'une double erreur de droit, le Conseil d'État continue à montrer qu'il s'estime compétent pour apprécier la légalité interne de la mesure d'extradition (CE 15 oct. 1993, *Royaume Uni de Grande-Bretagne et d'Irlande du Nord et Gouverneur de la colonie royale de Hong-Kong*, req. n° 142578, préc.).

On doit, pour terminer, ajouter qu'avec la mise en application du mandat d'arrêt européen le 1er janvier 2004 (en exécution de la décision-cadre du Conseil du 13 juin 2002), le pouvoir exécutif perd tout pouvoir. L'extradition devient une institution uniquement judiciaire au point même que le terme d'extradition disparaît au profit de l'expression mandat d'arrêt européen (C. pr. pén., art. 695-11 s.). Toutefois l'autorité judiciaire de l'État dit d'exécution conserve un certain rôle. En outre, le mandat d'arrêt européen ne concerne que les États membres de l'Union européenne, au nombre de 28. Pour les autres, qu'il s'agisse des États faisant partie du Conseil de l'Europe sans faire partie de l'Union européenne ou des États extra-européens, les arrêts étudiés ci-dessus conservent tout leur intérêt.

J. P.

TITRE 4

Interprétation des lois pénales

17

LOIS FAVORABLES

Crim., 8 févr. 1840, ***Servenet***
(*S.* 1840. 651)

Crim., 17 juin 1964, n° 64-91.125, ***Actis***
(*Bull. crim.* n° 204 ; *JCP* 1965. II. 14028, note P. C.)

Crim., 25 mars 1980, n° 79-90.313, ***Baudouin***
(*Bull. crim.* n° 100)

L'article 380 du Code pénal (auj. C. pén., art. 311-12) qui prévoit une immunité pour les vols commis en famille doit être étendu à l'extorsion de signature (1re esp.).

L'article 105 du Code de procédure pénale qui interdit aux policiers d'entendre une personne qui devrait être inculpée par un juge d'instruction ne s'applique pas à la phase de l'enquête (2e esp.).

Les lois d'amnistie sont des textes d'exception qui doivent être appliqués dans leurs termes mêmes (3e esp.).

Chambre criminelle, 8 février 1840, *Servenet*

Attendu que l'article 400 du Code pénal, qui prévoit le crime d'extorsion de signature, est classé dans la section du Code relative au vol ; que l'article 401, qui le suit immédiatement, par les termes dans lesquels il est conçu, indique encore que le législateur a voulu attribuer cette qualification à tous les délits contre la propriété d'autrui, énumérés aux articles précédents ; – Attendu, d'un autre côté, que la disposition de l'article 380, fondée sur des motifs d'honnêteté publique, est générale et absolue, et s'applique à tous les faits qui ont le caractère de vol ; d'où il suit qu'en déclarant qu'il n'y avait aucune peine à prononcer contre la femme Servenet, reconnue coupable d'avoir, avec Marchetti, extorqué par force, violence et contrainte la signature des deux écrits contenant obligation par son mari au profit dudit Marchetti, la cour d'assises de la Marne a fait une juste application des lois de la matière ;

Rejette le pourvoi, etc.

Chambre criminelle, 17 juin 1964, *Actis*

Attendu que si, aux termes de l'article 105 du Code de procédure pénale, les juges d'instruction ainsi que les magistrats et officiers de police judiciaire agissant sur commission rogatoire ne peuvent, dans le dessein de faire échec aux droits de la défense, entendre comme témoins des personnes contre lesquelles il existe des indices graves et concordants de culpabilité, ce texte suppose, pour son application, qu'une procédure d'instruction judiciaire a été déjà ouverte ; qu'il laisse en dehors de ses prévisions les interrogatoires, auditions ou confrontations auxquels la police a pu procéder au cours de l'enquête préliminaire, de tels actes n'étant soumis qu'aux prescriptions des articles 53 à 78 du même code, et notamment de l'article 77 en matière de garde à vue ;

Qu'en l'espèce, il n'est pas justifié ni même allégué que l'une quelconque de ces dernières dispositions ait été transgressée ;

D'où il suit que le moyen n'est pas fondé ;

Et attendu que la chambre d'accusation était compétente, de même que la cour d'assises devant laquelle le demandeur a été renvoyé ; que la procédure est régulière et que les faits objet de l'accusation, sont qualifiés crimes par la loi ;

Rejette le pourvoi.

Chambre criminelle, 25 mars 1980, *Baudouin*

Attendu qu'aux termes des articles 1er, § 2, de la loi du 30 juin 1969 et 2, alinéa 2, de la loi du 16 juillet 1974, sont amnistiés les délits commis respectivement avant le 20 juin 1969 et le 27 mai 1974 pour lesquels seule une peine d'amende est encourue, que, dès lors, sont exclus des prévisions de ce texte les délits pour lesquels, outre l'amende, est encourue une peine complémentaire, celle-ci fut-elle facultative ;

Attendu que par jugement prononcé le 28 janvier 1976, par le tribunal de grande instance de Paris, Beaudouin a été déclaré coupable de contrefaçon de modèle déposé, délit commis courant 1967, 1968 et 1971, prévu et réprimé par la loi du 14 juillet 1909, et condamné, en application de l'article 10 de ce texte à 10 000,00 F d'amende ainsi qu'à des réparations civiles, la société Lerc ayant été déclarée civilement responsable ; que sur appel tant du prévenu que de la société précitée et du ministère public, l'arrêt attaqué a déclaré le délit amnistié aux motifs que la loi du 14 juillet 1909 ne prévoit qu'une peine d'amende à titre principal et que si une peine complémentaire facultative est également prévue, l'intention du législateur a été de réserver le bénéfice d'amnistie à des infractions ne dépassant pas un certain caractère de gravité ;

Attendu qu'en statuant ainsi alors que l'article 10 de la loi du 14 juillet 1909 dispose que « les coupables peuvent, en outre, être privés pendant un temps qui n'excédera pas cinq années, du droit d'élection et d'éligibilité pour les tribunaux et chambres de commerce, ainsi que pour les conseils de prud'hommes », la cour d'appel a violé les textes visés au moyen ;

Qu'en effet, les lois d'amnistie sont des lois d'exception qui doivent être appliquées dans leurs termes mêmes ; qu'il ne saurait appartenir aux juges d'étendre leurs dispositions à des cas qu'elles n'ont pas prévus ;

D'où il suit que le moyen doit être accueilli ;

Par ces motifs, casse et annule...

OBSERVATIONS

1 Faut-il décider, par égard pour l'individu, que les lois qui lui sont favorables doivent toujours être interprétées extensivement afin d'être applicables même à des cas qu'elles n'ont pas prévus ? Il est d'ailleurs séduisant pour l'esprit d'opposer les lois défavorables qui, on le verra bientôt, sont interprétées strictement (v. *infra*, n° 18) aux lois favorables

qui s'appliqueraient analogiquement. Un auteur belge, Foriers, avait posé le principe « d'asymétrie » en vertu duquel la loi peut être étendue dans un sens favorable au prévenu, mais pas dans un sens qui lui est défavorable (« Relativité et asymétrie de la loi pénale », *Journ. Trib.* 1953, p. 305). Pourtant à considérer la jurisprudence, il apparaît que les lois bienveillantes font l'objet d'une interprétation qui est dépourvue d'unité (v. sur l'ensemble, M. Puech, n°s 51 à 53).

I. — Les textes d'impunité

2 S'agissant des textes relatifs aux causes d'impunité, on écrit volontiers qu'ils sont interprétés de manière analogique et l'on donne à l'appui de cette affirmation l'exemple des faits justificatifs. Il est vrai que la jurisprudence rendue sous l'empire du Code pénal de 1810 a étendu ces faits au-delà des prévisions légales (Req. 25 mars 1902, *affaire de Fraville, S.* 1903. 1. 5, qui admit la légitime défense des biens alors que l'article 328 de l'ancien Code pénal ne la concevait que pour les personnes). Il est vrai aussi que la jurisprudence a créé, dans le silence de la loi, un fait justificatif, l'état de nécessité (Crim. 25 juin 1958, *Lesage, D.* 1958. 693, note J. Larguier, v. *infra*, n° 24). On pouvait dans le même sens ajouter l'exemple de l'article 64 de l'ancien Code pénal sur la démence et la contrainte : ce texte, qui ne visait que les crimes et délits fut étendu sans hésitation, aux contraventions (Crim. 13 mars 1863, *D.* 1863. 4. 367 pour la démence ; Crim. 16 déc. 1921 et 18 févr. 1922, *D.* 1922. 1. 72, pour la contrainte). Ces interprétations jurisprudentielles sont aujourd'hui entérinées par le nouveau Code pénal qui use de formules larges (v. C. pén., art. 122-1 s. avec notamment la consécration de la légitime défense des biens et de l'état de nécessité). Mais pour le reste, les solutions sont divergentes.

A. — Une technique d'impunité : l'immunité familiale

3 L'article 380 du Code pénal (auj. C. pén., art. 311-12) relatif à l'immunité familiale en matière de vol fait en principe l'objet d'une interprétation très large. Révélateur de cette idée est l'arrêt *Servenet* du 8 février 1840 qui étend à l'extorsion de signature l'article 380 de l'ancien Code pénal écrit pour le vol seulement. Cet arrêt se fonde sur deux arguments complémentaires : d'un côté – c'est l'argument exégétique – l'extorsion de signature est apparentée au vol puisqu'elle était traitée dans l'ancien Code pénal dans un article (C. pén., art. 400) qui se trouvait dans la section du Code relative au vol (C. pén., art. 379 s.) ; de l'autre – c'est l'argument tiré de l'intention du législateur – la disposition de l'article 380 « fondée sur des motifs d'honnêteté est générale et absolue » de sorte qu'elle doit s'appliquer à tous agissements qui peuvent s'apparenter au vol. Le premier argument vaut encore dans le nouveau Code pénal, l'extorsion étant traitée aux articles 312-1 s., donc juste après les articles 311-1 s. sur le vol. De plus l'article 312-9 sur l'extorsion dispose que l'article 311-12 sur l'immunité pour les vols entre époux s'applique à l'extorsion.

4 L'extension est évidente et elle va dans le même sens que les arrêts qui appliquent l'immunité à l'escroquerie (Toulouse 9 avr. 1851, *S.* 1852. 2. 348 ; T. corr. Seine 27 déc. 1946, *Gaz. Pal.* 1947. 2. 72), à l'abus de confiance (Crim. 28 avr. 1866, *D.* 1866. 2. 356 ; Crim. 4 janv. 1930, *DH* 1930. 230 ; Crim. 15 févr. 1956, *JCP* 1956. II. 9390, note J. Larguier) et au recel de choses (T. corr. Alès 24 janv. 1958, *JCP* 1958. II. 10621, note R. M. ; *contra* Nîmes 31 mai 1951, *JCP* 1958. II. 10717, note R. M.). On peut même dire que l'arrêt du 8 février 1840 va plus loin que ces arrêts (qui lui sont d'ailleurs postérieurs). En effet, l'escroquerie et l'abus de confiance sont des délits très nettement apparentés au vol puisque, dans l'ancien droit, le concept de vol incluait ces deux délits, ce que ne pouvaient avoir oublié les rédacteurs de 1810. En outre, le recel est également très proche du vol puisqu'en 1810 il était même un cas de complicité de ce délit ; et il le restera jusqu'à la loi du 22 mai 1915 qui du reste n'a pas changé ses éléments constitutifs. L'extorsion de signature au contraire s'éloigne relativement du vol puisqu'elle suppose une force, une violence ou une contrainte (ancien C. pén., art. 400, al. 1er, auj. « violence, menace de violence ou contrainte » selon C. pén., art. 312-1) alors que le vol comporte seulement une soustraction dont la définition, si elle est malaisée à donner (A. Vitu, *Droit pénal spécial*, t. II, nº 2222 ; J. Pradel et M. Danti-Juan, *Droit pénal spécial*, nos 838 s.), permet au moins d'exclure de manière catégorique l'idée de violence.

5 Après tout, le législateur de 1810 n'a-t-il pas permis au juge de raisonner analogiquement ? L'article 65 de l'ancien Code pénal en décidant que les excuses ne peuvent être admises que là où la loi les prévoit et gardant le silence pour les autres causes d'impunité laissait entendre *a contrario* que ces dernières ne sont pas soumises au principe de l'interprétation stricte. Mais cette remarque a peu d'intérêt car l'article 65 n'a pas été repris par le nouveau code.

Sans doute existe-t-il des limites à l'extension de l'immunité, dictées par le bon sens. Ainsi, la disposition du Code pénal sur l'immunité n'est étendue ni à l'infraction qui constitue une circonstance aggravante du vol (Crim. 3 août 1901, *D.* 1904. 1. 57, pour des violences) ni au vol qui constitue une circonstance aggravante du meurtre au sens de l'article 304 du Code pénal de 1810 devenu l'article 221-2 du Code pénal de 1994 (Crim. 17 juill. 1976, *Bull. crim.* nº 276 ; *contra* R. Garraud, t. VI, nº 2707).

B. — Des techniques d'impunité non étendues

6 *1°* À l'inverse de l'article 380 du Code pénal de 1810 (auj. C. pén., art. 311-12), les lois d'amnistie font systématiquement l'objet d'une interprétation stricte. Selon l'arrêt du 25 mars 1980, « les lois d'amnistie sont des lois d'exception qui doivent être appliquées dans leurs termes mêmes » et « il ne saurait appartenir aux juges d'étendre leurs dispositions à des cas qu'elles n'ont pas prévus » (v. dans le même sens, Crim. 14 avr. 1932, *Bull. crim.* nº 104 ; Crim. 24 févr. 1949, *Bull. crim.* nº 71 ; Crim. 22 déc. 1966, *Bull. crim.* nº 304 ; Crim. 3 mai 1967, *Bull. crim.* nº 146 ; Crim. 23 nov. 1966, *Bull. crim.* nº 302 ; Crim. 14 déc. 1982, *Bull. crim.* nº 290 ; *add. Crim.* 19 oct. 1965, *Bull. crim.* nº 201 et 24 juill. 1967, *Bull. crim.* nº 230, affirmant que les lois d'amnistie doivent être « interprétées restrictivement » ; Crim. 5 mai 1998, nº 97-82.669, *Bull. crim.* nº 149, voyant dans les lois d'amnistie « des lois d'exception »). En l'espèce, le délit poursuivi étant punissable à la fois d'une amende et à titre complémentaire facultatif, de la privation du droit d'être élu dans certains organismes professionnels, le bénéfice de l'amnistie se trouvait exclu puisque, selon l'article 1 de la loi du 30 juin 1969 sont amnistiés « les délits pour lesquels seule une peine d'amende est encourue » ; et il importait peu qu'en fait seule une peine d'amende ait été prononcée.

Souvent d'ailleurs, la chambre criminelle, sans rappeler expressément le principe de l'interprétation stricte, l'applique en cassant une décision de relaxe au motif que le texte d'incrimination fondant les poursuites n'était pas compris dans la liste des infractions amnistiées (v. pour un exemple : Crim. 26 févr. 1990, *Bull. crim.* nº 242) ou en excluant l'amnistie quand les faits sont postérieurs à la date au-delà de laquelle la faveur légale ne s'applique plus (Crim. 20 févr. 2001, *Bull. crim.* nº 45).

Ce refus d'interprétation extensive n'étonne pas. La jurisprudence a toujours manifesté une grande hostilité à l'égard des lois d'amnistie : nul n'ignore les arrêts qui décident la survie de la suspension du permis de conduire en invoquant son caractère de mesure de sûreté (Crim. 29 avr. 1970, *JCP* 1971. II. 16739, note A. Huet) ou de la fermeture d'un débit de boissons (Crim. 10 mai 1989, *Bull. crim.* nº 183), soulignant ainsi la distinction entre peines et mesures de sûreté qui est aujourd'hui si mal en point. Cependant, à l'encontre de l'arrêt du 25 mars 1980, on aurait pu, précisément, invoquer l'esprit de la jurisprudence qu'on vient de citer : l'exclusion de certains organismes professionnels étant une mesure de sûreté et non une peine, on pouvait décider que la limitation de l'amnistie aux infractions « pour lesquelles seule une peine d'amende est encourue » vise à exclure de l'oubli les délits passibles pourtant d'une peine d'emprisonnement, mais non ceux pour lesquels est prévue une mesure de sûreté. Au vrai, la jurisprudence est systématiquement répressive puisque tantôt elle qualifie les sanctions secondaires de mesures de sûreté pour les soustraire à l'amnistie (Crim. 29 avr. 1970), tantôt elle feint d'y voir des peines pour, là encore, exclure l'amnistie (Crim. 25 mars 1980). L'interprétation stricte des lois d'amnistie est donc bien le témoignage d'une politique jurisprudentielle de sévérité.

7 2° Cette tendance apparaît aussi à propos de la dispense de peine, cette « espèce d'amnistie » décidée par le juge en récompense de la bonne conduite du délinquant avant son jugement : en effet la chambre criminelle décide que la dispense ne s'applique pas à la procédure suivie devant les juridictions militaires (Crim. 15 mars 1977, *D.* 1977. IR 237, obs. M. Puech ; v. aussi Crim. 1er févr. 1950, *Gaz. Pal.* 1950. 1. 146, refusant d'étendre les circonstances atténuantes à celui qui de mauvaise foi a bloqué la provision d'un chèque alors que la loi l'admettait en faveur de celui qui avait émis un chèque sans provision). Retrouve-t-on la même tendance à propos de l'interprétation des textes de procédure pénale favorisant la défense ?

II. — Les textes de procédure pénale

8 En procédure pénale, les dispositions favorables à la défense sont nombreuses. On prendra deux exemples. Le premier n'est pas favorable à la personne impliquée dans une procédure. Le second est plus difficile à qualifier.

A. — L'exemple de l'article 105

9 Sur le premier point, l'arrêt *Actis* du 17 juin 1964 décide que le fameux article 105 du Code de procédure pénale – qui interdit au juge d'instruction et aux officiers de police judiciaire d'entendre comme témoin une personne contre laquelle il existe des « indices graves et concordants d'avoir participé aux faits » – ne s'applique qu'à l'instruction préparatoire, non à l'enquête (v. dans le même sens, Crim. 27 juill. 1964, *Bull. crim.* n° 252 ; *JCP* 1964. II. 13941, note M. Le Clère ; Crim. 20 août 1986, *Bull. crim.* n° 247). Que l'article 105 du Code de procédure pénale vise l'instruction est évident puisqu'il parle du juge d'instruction et de commission rogatoire et puisqu'il est inclus dans un titre du Code de procédure pénale intitulé « Les juridictions d'instruction » (C. pr. pén., art. 79 s.). Que ce texte soit un texte favorable à la défense l'est tout autant : il reconnaît en effet au suspect un droit à l'inculpation – on dit aujourd'hui mise en examen – et donc un droit à l'assistance d'un conseil. On aurait donc pu, dans une perspective libérale, en déduire son extension à l'enquête, procédure voisine de l'instruction à divers égards. À vrai dire, aujourd'hui l'avocat est présent au cours de la garde à vue. Une loi du 4 janvier 1993, modifiée par les lois des 24 août 1993, 15 juin 2000 et 14 avril 2011 (C. pr. pén., art. 63-1 s.), a en effet introduit l'avocat au cours de la garde à vue. Mais il n'y a pas de mise en examen au cours de l'enquête. De la sorte la jurisprudence *Actis* conserve tout son intérêt. Le refus d'extension de l'application de l'article 105 à l'enquête reste de droit positif. Il importe donc d'examiner le bien-fondé de cet arrêt, d'autant plus que la présence de l'avocat au cours de l'enquête suppose une mise en garde à vue de la personne.

10 Deux arguments militent en faveur de cette décision. Le premier est donné par la chambre criminelle : en ne considérant que l'instruction préparatoire, l'article 105 du Code de procédure pénale exclut *a contrario* son application à l'enquête ; et celle-ci n'est soumise qu'aux articles 63 et suivants du Code de procédure pénale qui autorisent les officiers de police judiciaire à garder à vue un individu pendant vingt-quatre heures au plus, sauf prolongation de la mesure pendant une seconde tranche de vingt-quatre heures, ce qui leur permettra de l'interroger. En somme pour les juges, une distinction doit être faite : lors de l'instruction, s'applique l'article 105 du Code de procédure pénale qui impose au policier d'interrompre l'audition dès qu'apparaissent des indices très sérieux (« graves et concordants ») ; lors de l'enquête, s'appliquent les articles 63 et suivants du Code de procédure pénale qui autorisent le policier à entendre le suspect jusqu'à épuisement du délai de garde à vue, même si les indices apparaissent dès le début de ce délai. C'est admettre que les actes d'investigation n'ont pas la même nature exactement au cours de l'instruction (ce sont des actes d'instruction) et au cours de l'enquête (ce sont des actes de police), ce qui va du reste à l'encontre de la jurisprudence qui décide que les recherches policières sont des actes d'instruction interruptifs de la prescription comme les actes d'instruction au sens strict (Crim. 16 mai 1973, *D.* 1974. 216, note J. Robert ; v. *GAPP*, n° 8). Le second argument en faveur de la jurisprudence *Actis* tient aux nécessités de la recherche de la vérité : étendre l'article 105 du Code de procédure pénale à l'enquête reviendrait parfois soit à la « casser » pendant son déroulement, soit à l'anéantir après coup. Il est vrai que depuis qu'une loi du 14 avril 2011 (art. 63-1 C. pr. pén.) permet au suspect d'être assisté d'un avocat au cours de sa garde à vue, cet argument est un peu émoussé.

11 Cette jurisprudence n'est d'ailleurs pas isolée. La Cour de cassation a toujours interprété strictement la loi du 8 décembre 1897 sur les droits de la défense (auj. C. pr. pén., art. 114 s.) : ses dispositions étant relatives à l'instruction devant le juge d'instruction, la Cour suprême a refusé de les étendre au flagrant délit (Crim. 12 mars 1898, *S.* 1899. 1. 297, note J.-A. Roux) et au supplément d'information ordonné par la chambre d'accusation (Crim. 20 mars 1903, *S.* 1905. 1. 249, note J.-A. Roux ; Crim. 21 avr. 1944, *DA* 1944. 88) ou par le président des assises (Crim. 16 juin 1898 et 24 déc. 1899, *S.* 1899. 1. 297, note J.-A. Roux ; Crim. 1er sept. 1910, *S.* 1911. 1. 421). Et pour briser cette jurisprudence, il fallut l'intervention du législateur (C. pr. pén., art. 205 reprenant une L. du 28 oct. 1955, pour la chambre d'accusation, C. pr. pén., art. 283 pour la cour d'assises et C. pr. pén., art. 463 pour le tribunal correctionnel).

B. — L'exemple de la séparation des fonctions

12 Le second exemple concerne le principe de la séparation des fonctions de poursuite, d'instruction et de jugement qui est établi, pour l'essentiel, dans le souci de sauvegarder l'impartialité des magistrats. Il ne faut pas

en effet qu'un magistrat pouvant avoir un préjugé sur la culpabilité d'un individu participe par exemple à son jugement. C'est pourquoi le législateur a posé deux incompatibilités résultant d'une participation préalable à un acte ou à une décision : l'article 49 alinéa 2 du Code de procédure pénale interdit à peine de nullité à un juge d'instruction de participer au jugement des affaires dont il a connu comme juge d'instruction et l'article 253 du même code exclut le membre de la chambre de l'instruction ayant participé à un arrêt de mise en accusation devant la cour d'assises (J. Pradel, *Procédure pénale*, n°s 7 s.). Voila bien des dispositions légales favorables à la défense. Or il tombe sous le sens qu'il y a d'autres hypothèses où peut se poser un problème de compatibilité ou d'incompatibilité. Il faut alors se demander si la jurisprudence étend à ces hypothèses le principe de non-compatibilité écrit aux articles 49 et 253 précités.

13 La chambre criminelle n'apporte pas de réponse unique. Le cumul des fonctions est possible dans certains cas : par exemple le même magistrat peut faire partie successivement d'une chambre d'accusation ayant statué sur la détention provisoire en matière correctionnelle et de la juridiction correctionnelle de jugement (Crim. 6 nov. 1986, 1er arrêt, *Bull. crim.* nº 328 ; *D.* 1987. 236, note J. Pradel) ; il en va de même en cas de rejet d'une demande d'acte supplémentaire (Crim. 19 févr. 1998, nº 96-83.423, *Bull. crim.* nº 74). La chambre criminelle considère ici que le cumul « n'est en soi prohibé ni par les textes nationaux ni par l'article 6-1 Convention européenne des droits de l'homme » qui rappelle la règle que les juges sont indépendants et impartiaux. De même, un juge des libertés et de la détention, après avoir rejeté une demande de mise en liberté, peut participer ensuite à une décision de la chambre de l'instruction relative à une demande d'annulation de pièces : un tel cumul est possible car aucune de ces deux instances n'implique qu'il soit statué sur la culpabilité (Crim. 27 oct. 2004, nº 04-85.182, *Bull. crim.* nº 260 ; *D.* 2005. 684, obs. J. Pradel). De même encore, le magistrat ayant présidé une session d'assises peut la présider à nouveau pour la même affaire dès lors que la première fois la cour d'assises ayant procédé au renvoi n'a pris aucune décision impliquant une appréciation de la culpabilité de l'accusé (Crim. 12 sept. 2007, *Bull. crim.* nº 201).

14 D'un autre côté cependant, est exclu le cumul entre magistrats de l'instruction et de jugement dans le cas de détention provisoire en matière criminelle, l'affaire étant jugée en cour d'assises (Crim. 12 oct. 1983, *D.* 1984. Somm. 610, obs. J. Pradel ; Crim. 3 déc. 1997, *Bull. crim.* nº 410) : en somme la solution diffère selon que la chambre de l'instruction statue en matière correctionnelle (cumul possible) ou en matière criminelle (cumul impossible) ! En outre, le cumul est exclu si la décision d'instruction a porté sur « la valeur des charges pouvant justifier le renvoi des prévenus devant le tribunal correctionnel » (Crim. 11 mars 1986, *Bull. crim.* nº 100 ; Crim. 6 nov. 1986, 2e arrêt, préc. ; Crim. 19 févr. 1998, nº 96-83.423, *Bull. crim.* nº 74). La jurisprudence est considérable (v. pour un tableau général, D.-N. Commaret, obs. à la *RSC* 2000. 852 s.).

On observera que la Cour européenne des droits de l'homme, du moins dans ses décisions récentes, se montre moins protectrice des intérêts de l'individu poursuivi, sans doute pour faciliter l'administration de la justice (J. Pradel, J. Corstens et G. Vermeulen, n° 381).

On indiquera enfin que selon les juges de Luxembourg, les juridictions nationales « ont l'obligation d'interpréter le droit national dans toute la mesure du possible, à la lumière et dans le sens des décisions-cadres prises sur le fondement du Titre VI du Traité sur l'Union européenne (CJCE 16 juin 2005, aff. C-105/03, *D.* 2006. Pan. 1651, obs. Roujou de Boubée ; *AJ pénal* 2005. 452, obs. Leblois-Happe). Aujourd'hui on parle, non plus du titre VI mais des articles 82 et s. TFUE. Il faut surtout noter que cette « directive » des juges européens vise implicitement les lois de procédure, sans distinguer si elles sont favorables ou défavorables au prévenu.

J. P.

18

LOIS DÉFAVORABLES

Crim., 4 juill. 1925, *Fourcade*
(*DH* 1925. 515 ; *D.* 1926. 1. 329, note J.-A. Roux)

Crim., 8 mars 1930, *Bailly*
(*D.* 1930. 1. 101, note M. Voirin)

Crim., 23 déc. 1968, n° 68-92.026, *Fraisseix*
(*Bull. crim.*, n° 353)

Crim., 9 juill. 1970, n° 70-90.670, *Lefèvre*
(*Bull. crim.* n° 236 ; *D.* 1971. 3, note M.-J. Littmann ;
JCP 1971. II. 16616, note A. Bénabent)

Crim., 14 janv. 1971, n° 70-90.558, *Le Pen*
(*Bull. crim.* n° 14 ; *D.* 1971. 101, rapp. F. Chapar)

Ass. plén., 29 juin 2001, n° 99-85.973, *Mme X…*
(*Bull. ass. plén.*, n° 8 ; *D.* 2001. 2917, concl. J. Sainte-Rose ; *ibid.* 2907, chron. J. Pradel, note Y. Mayaud ; *JCP* 2001. II. 10569, note M.-L. Rassat)

La jurisprudence s'en tient en principe à l'intention du législateur, rejetant les interprétations littérales et extensives.

Bien que la loi du 7 février 1924 sur l'abandon de famille (C. pén., art. 227-3) vise le défaut de paiement de la pension alimentaire due à un « ascendant », elle protège aussi la belle-mère du débiteur car elle a une portée générale (1re esp.).

Le juge peut rectifier le sens d'un texte qui est manifestement contraire à la volonté de son auteur (2e esp.).

Le détournement de mineur suppose un déplacement du mineur par un tiers pendant un certain temps et, en conséquence, n'est pas réalisé en cas de détournement moral (3e esp.).

L'article 460 du Code pénal de 1810 sur le recel (auj. C. pén., art. 321-1) est conçu en termes généraux et s'applique donc à celui qui se fait transporter dans une automobile qu'il sait avoir été volée (4e esp.).

Les disques phonographiques doivent être considérés comme des « imprimés » au sens de l'article 23 de la loi du 29 juillet 1881 sur la presse (5e esp.).

En raison du principe de l'interprétation stricte, le délit d'homicide involontaire ne peut être étendu au cas de l'enfant à naître (6e esp.).

Chambre criminelle, 4 juillet 1925, *Fourcade*

Attendu que Fourcade a été condamné, par arrêt de la cour d'appel d'Agen, en date du 4 janvier 1921, à payer à la veuve Semont, mère de la dame Fourcade, une pension alimentaire de 800 F ; attendu que l'article 1er de la loi du 7 février 1924 dispose que se rendra coupable du délit d'abandon de famille et sera punie d'un emprisonnement de trois mois à un an ou d'une amende de 100 à 2 000,00 F toute personne qui, ayant été condamnée soit en vertu d'une ordonnance du président du tribunal ou d'un jugement à fournir une pension alimentaire à son conjoint, à ses enfants mineurs ou à ses ascendants, sera volontairement demeurée plus de trois mois sans acquitter les termes de la pension ; Attendu, d'une part, qu'en donnant au délit nouveau qu'elle a créé le nom d'abandon de famille, la loi a conféré une portée générale à ses prescriptions, manifestant sa volonté de sanctionner par les pénalités qu'elle édicte, en dehors des exceptions expresses formulées par son texte, tous les manquements aux obligations alimentaires établies par le Code civil entre les membres d'une même famille et fixées par décision de justice ; – Et, attendu, d'autre part, que ladite loi, retenant dans ses prévisions le défaut de payement de pension alimentaire aux ascendants, s'applique aux gendres et belles-filles soumis par l'article 206 du Code civil, aux mêmes obligations alimentaires que les enfants ; D'où il suit qu'en condamnant Fourcade pour infraction à cette loi, l'arrêt attaqué n'a violé aucun des articles visés au moyen ;

Rejette le pourvoi formé contre l'arrêt rendu par la cour d'Agen, le 5 février 1925.

Chambre criminelle, 8 mars 1930, *Bailly*

Attendu qu'il résulte des énonciations du jugement attaqué (T. corr. de Lille, 9 juill. 1929) que Bailly fils a été poursuivi devant le tribunal de simple police de Lille pour avoir, le 22 décembre 1928, à la gare de Croix-Wasquehal, ouvert la portière du compartiment de chemin de fer dans lequel il se trouvait et sauté sur le quai avant l'arrêt complet du train ; que Bailly père a été également poursuivi comme civilement responsable de son fils mineur ; que condamnation a été prononcée par le tribunal correctionnel de Lille, statuant comme juridiction d'appel, le 9 juillet 1929, pour contravention aux articles 21 de la loi du 15 juillet 1845 et 78 du décret du 11 novembre 1917 ; que le tribunal a décidé à bon droit que ce dernier texte devait être interprété comme interdisant aux voyageurs de monter dans les voitures ou d'en descendre avant l'arrêt complet du train ; D'où il suit que le moyen n'est pas fondé ;

Par ces motifs, rejette.

Chambre criminelle, 23 décembre 1968, *Fraisseix*

Attendu que le juge correctionnel ne peut prononcer une peine, à raison d'un fait qu'il qualifie délit, qu'en constatant, dans sa décision, l'existence de tous les éléments constitutifs de l'infraction qu'il réprime ;

Attendu que, selon les énonciations de l'arrêt attaqué, qui a condamné Fraisseix, médecin à Eymoutiers, pour détournement de mineure en application de l'article 356 du Code pénal, le prévenu donnait régulièrement des soins aux membres de la famille des époux Prévost, et en particulier à leur fille Monique, âgée d'un peu moins de dix-sept ans, qui se rendait chaque jour à son cabinet pour y subir un traitement par piqûres ; que, le 28 décembre 1966, il se livra sur sa jeune cliente à diverses privautés amoureuses et lui recommanda de venir le lendemain plus tôt qu'à l'accoutumée ;

Que la jeune fille s'étant présentée, le 29 décembre, à l'heure convenue, il la fit entrer directement dans son cabinet de consultation dont il ferma soigneusement les issues, la déshabilla puis, s'étant lui-même dévêtu, eut avec elle des relations sexuelles complètes ; qu'ensuite, et après que deux heures environ se furent écoulées, Monique Prévost regagna le domicile de ses parents ;

Attendu qu'après avoir déclaré n'y avoir lieu de prendre en considération le comportement de la jeune fille devant les entreprises du prévenu ni le concours plus ou moins volontaire qu'elle avait pu y apporter, les juges d'appel relèvent à bon droit que l'article 356 du Code pénal, conçu en termes généraux, ne comportant ni réserve ni restriction, tend à assurer aux mineurs l'entière protection et la sécurité dues à leur jeune âge et qu'il suffit, pour que le délit soit constitué, que le mineur ait été sciemment et volontairement entraîné et déplacé par un tiers pendant un certain temps ;

Mais attendu qu'en l'état des faits énoncés, l'arrêt n'a pas constaté à la charge du prévenu un acte constituant le fait matériel d'enlèvement ou de détournement au sens de l'article susvisé ; que ne sauraient à cet égard caractériser le délit réprimé par ce texte ni la circonstance retenue par les juges que « Fraisseix a eu l'intention bien arrêtée de profiter de la situation pour aller avec la jeune fille jusqu'à l'acte sexuel, alors qu'elle lui avait été envoyée et confiée dans un tout autre but », ni la constatation « qu'il l'avait maintenue ainsi pendant deux heures éloignée de chez ses parents... abusant de la confiance des époux Prévôts et de la jeunesse de leur fille et exploitant à des fins personnelles sa situation de médecin traitant » ;

Attendu que si gravement répréhensibles qu'apparaissent les agissements du prévenu, tels qu'ils ressortent des motifs de l'arrêt, la cour d'appel n'a pas justifié qu'ils réunissaient tous les éléments du délit prévu par l'article de loi dont elle a fait l'application et que la décision attaquée manque de base légale ;

Par ces motifs :

Casse et annule...

Chambre criminelle, 9 juillet 1970, *Lefèvre*

Attendu qu'il résulte des énonciations de l'arrêt attaqué qu'un individu prénommé Roger a, pendant la nuit du 6 au 7 juin 1968, soustrait frauduleusement un véhicule automobile en stationnement sur la voie publique et appartenant à un sieur Lacoste, pendant que L... Louis-Roger, au courant des agissements de son camarade, attendait à proximité ; que ledit L... a pris place à bord du véhicule dont il connaissait ainsi la provenance frauduleuse ; qu'il a utilisé cette voiture pour circuler dans Gennevilliers jusqu'à ce que le conducteur, qui en perdit le contrôle, eût occasionné un accident ; Attendu qu'en l'état de ces constatations la cour d'appel a à bon droit, déclaré L... Louis-Roger coupable du délit de recel ; qu'en effet l'article 460 du Code pénal, qui est conçu en termes généraux, atteint tous ceux qui, en connaissance de cause, ont, par un moyen quelconque, bénéficié du produit d'un crime ou d'un délit ; qu'en l'espèce, en se faisant transporter dans une voiture automobile qu'il savait volée, le demandeur a bénéficié personnellement du produit du vol ; D'où il suit que le moyen doit être écarté ; et attendu que l'arrêt est régulier en la forme ;

Rejette...

Chambre criminelle, 14 janvier 1971, *Le Pen*

Attendu que pour être pénalement punissable, l'apologie de certains crimes ou délits, prévue par l'article 24, alinéa 3, de la loi du 29 juillet 1881, doit avoir été réalisée par l'un des moyens limitativement spécifiés dans l'article 23 de la même loi ; que les imprimés visés par ce dernier article doivent s'entendre non seulement des reproductions d'un texte, à l'aide de caractères typographiques, mais aussi de toute reproduction, quel que soit le procédé technique utilisé, dès lors qu'elle permet la publication de la pensée ; qu'ainsi les disques phonographiques doivent être considérés comme des imprimés au sens de l'article 23 susvisé ; – Attendu qu'en décidant que le délit d'apologie de crime de guerre ne saurait être réalisé par le moyen d'un disque phonographique, dès lors qu'il n'est ni démontré ni même allégué que ce disque ait fait l'objet d'auditions dans des lieux ou réunions publics, la cour n'a pas donné de base légale à sa décision ; qu'il suffit en effet, pour que le délit soit caractérisé sous le rapport de la publicité, que soit constaté un fait de distribution, de mise en vente ou de vente du support matériel quel qu'il soit sur lequel le texte incriminé est imprimé ; – Attendu que l'arrêt encourt cassation de ce chef...

Assemblée plénière, 29 juin 2001, *Mme X...*

Attendu que le 29 juillet 1995 un véhicule conduit par M. Z... a heurté celui conduit par Mme X... enceinte de six mois, qui a été blessée et a perdu des suites du choc le fœtus qu'elle portait : que l'arrêt attaqué (Metz, 3 septembre 1998) a notamment condamné M. Z... du chef de blessures involontaires sur la personne de Mme X... avec circonstance aggravante de conduite sous l'empire d'un état alcoolique, mais l'a relaxé du chef d'atteinte involontaire à la vie de l'enfant à naître :

Attendu qu'il est fait grief à l'arrêt attaqué d'avoir ainsi statué, alors que, d'une part, l'article 221-6 du Code pénal réprimant le fait de causer la mort d'autrui n'exclut pas de son champ d'application l'enfant à naître et viable, qu'en limitant la portée de ce texte a l'enfant dont le cœur battait à la naissance et qui a respiré, la cour d'appel a ajouté une condition non prévue par la loi, et alors que, d'autre part, le fait de provoquer involontairement la mort d'un enfant à naître constitue le délit d'homicide involontaire dès lors que celui-ci était viable au moment des faits quand bien même il n'aurait pas respiré lorsqu'il a été séparé de la mère, de sorte qu'auraient été violés les articles 111-3, 111-4 et 221-6 du Code pénal et 593 du Code de procédure pénale ;

Mais attendu que le principe de la légalité des délits et des peines, qui impose une interprétation stricte de la loi pénale, s'oppose à ce que l'incrimination prévue par l'article 221-6 du Code pénal, réprimant l'homicide involontaire d'autrui, soit étendue au cas de l'enfant à naître dont le régime juridique relève de textes particuliers sur l'embryon ou le fœtus :

D'où il suit que l'arrêt attaqué a fait une exacte application des textes visés par le moyen.

Par ces motifs : rejette le pourvoi.

OBSERVATIONS

1 La recherche du vrai sens à donner aux lois pénales contraignantes, c'est-à-dire aux lois d'incrimination et de pénalité, constitue une question à la fois classique – la première étude remonte à Faustin Hélie (« De l'interprétation de la loi pénale », *Rev. crit.* 1854. 97 s.) – et délicate. Aussi convient-il avant tout de délimiter le champ de ces difficultés. On observera d'abord que ce sont en pratique les lois d'incrimination seules qui font problème. Ensuite, parmi celles-ci, il advient que le législateur, utilisant la méthode de l'interprétation dite authentique, prenne soin de définir les termes dont il use (par ex. en définissant avec précision le délit d'embuscade à l'art. 222-15-1 du C. pén. ou la circonstance aggravante tirée de l'usage d'une arme à l'art. 132-75 du C. pén.) et de nos jours, avec la montée du « droit technique », le législateur intervient de plus en plus : ainsi, l'article L. 3631-1 du Code de la santé publique

définit les produits dopants comme des « substances et procédés de nature à modifier artificiellement les capacités ou à masquer l'emploi de substances ou procédés ayant cette propriété » et il renvoie à un arrêté pour la détermination précise de ces produits. De tout cela il résulte que les difficultés concernent l'interprétation par le juge des lois d'incrimination qui n'ont pas déjà été éclairées par leurs rédacteurs ou par un organisme agissant après leur promulgation.

Cela étant, deux politiques et trois techniques s'offrent au juge. Deux politiques : faire prévaloir les libertés individuelles (tout ce qui n'est pas nettement prohibé est permis) en interprétant strictement les lois d'incrimination ; donner la préférence à la protection de la société en interprétant extensivement ces lois (P. Coste-Floret, « L'interprétation des lois pénales », *RSC* 1937. 4). Trois techniques : la méthode littérale ou judaïque fondée sur la lettre même de la loi ; la méthode analogique qui permet d'étendre la loi à des cas non prévus par elle, mais proches de ceux qu'elle englobe ; la méthode téléologique ou déclarative faisant prévaloir l'intention ou but du législateur (la *ratio legis*) sur la lettre, voire sur l'esprit du texte : on doit en effet distinguer entre esprit de la loi et intention du législateur. La jurisprudence adopte cette dernière voie. Mais dans l'application, ce choix pose des difficultés.

I. — La consécration du principe de l'intention du législateur

2 Il est indéniable que la chambre criminelle entend adopter la méthode téléologique. Elle rappelle soit que « les lois pénales doivent être renfermées dans leurs termes et ne peuvent être étendues par voie d'analogie à des cas qu'elles n'ont pas expressément prévus » (par ex. Crim. 2 mars 1850, *Bull. crim.* n° 76), soit que « les textes pénaux sont d'interprétation stricte » (par ex. Crim. 6 mai 1964, *Bull. crim.* n° 153 ; Crim. 11 juin 1965, *Bull. crim.* n° 152 ; Crim. 7 mai 1969, *Bull. crim.* n° 158 ; *D.* 1969. 481 ; Crim. 8 févr. 1977, *Bull. crim.* n° 51 ; Crim. 30 juin 1999, n° 97-82.351, *JCP* 2000. II. 10231, note G. Fauré ; Ass. plén., 29 juin 2001, *Mme X…, Bull. ass. plén.*, n° 8, arrêt ici commenté) soit même « qu'en matière pénale, tout est de droit étroit » (Crim. 4 févr. 1898, *S.* 1899. 1. 249, note J.-A. Roux). Mieux, elle invite parfois les juges du fond « à rechercher l'objet de la loi et son domaine d'application » pour mieux saisir les intentions du législateur (Crim. 21 janv. 1969, *Bull. crim.* n° 38) ou encore elle parle de « préoccupation essentielle de la loi » (Crim. 18 oct. 1951, *S.* 1952. 1. 109 ; *RSC* 1952. 599). La CEDH estime elle aussi que l'interprétation est nécessaire. Selon elle, l'article 7 Conv. EDH (droit de ne pas être puni pour des faits non répréhensibles) « ne doit pas être considéré comme interdisant la clarification graduelle des règles de responsabilité en droit pénal par le biais de l'interprétation espèce par espèce, pourvu que le résultat corresponde à l'essentiel de l'infraction et soit raisonnablement prévisible » (CEDH 22 nov. 1995, req. n° 20190/92, *SW c/ Royaume-Uni*, § 36 ; J. Pradel, G. Corstens et G. Vermeulen, n° 331). De là, deux séries d'arrêts.

A. — Rejet par la jurisprudence de méthodes autres que la méthode téléologique

3 En premier lieu et comme négativement, la jurisprudence exclut toutes autres méthodes que celle qui se fonde sur la volonté du législateur.

1° Le rejet de la méthode littérale (qui est en général restrictive) constitue le premier aspect de la construction prétorienne. Sans doute, de très vieux arrêts, rendus à une époque où régnait une sorte de fétichisme de la loi, pouvaient-ils donner l'impression que le juge, fidèle à Beccaria, s'en tenait au texte même. On y lit en effet que « la lettre de la loi est seule à consulter lorsqu'elle présente un sens clair et absolu » (Crim. 24 févr. 1809, *S. chr.*) ou que « si une erreur s'est glissée dans le texte d'une loi, cette erreur ne saurait être rectifiée par les magistrats, lesquels ne peuvent appliquer que le texte publié » (Crim. 11 mars 1831, *S.* 1831. 1. 147). Mais bien vite, l'on se détourna de cette méthode qui pouvait conduire à des conséquences absurdes. Faustin Hélie cita le cas de l'article 388 du Code pénal de 1810 (auj. abrogé) qui, en visant le vol de chevaux aurait dû, dans cette conception, entraîner la relaxe du voleur d'un seul cheval. Et l'on comprend pourquoi l'article 78-5° du décret du 11 novembre 1917 (*D.* 1920. 4. 153) interdisant aux voyageurs de « descendre… lorsque le train est complètement arrêté » n'a pas empêché la condamnation du passager qui avait sauté du train en marche (Crim. 8 mars 1930, affaire *Bailly*). La lettre du texte était évidemment contraire à la pensée de son auteur. Le juge se reconnaît donc le pouvoir de rectifier le texte.

La jurisprudence a raison d'exclure la méthode littérale qui cristallise le droit en empêchant son adaptation (ce qui est dangereux) et en supposant que la loi est parfaite (ce qui est faux).

4 *2°* La Cour de cassation rejette également la méthode analogique (qui est nécessairement extensive). Révélateur de cette attitude est l'arrêt *Fraisseix* du 23 décembre 1968. Un médecin ayant, dans son cabinet, exercé des privautés amoureuses sur l'une de ses jeunes clientes âgée de 16 ans, l'avait invitée à y revenir le lendemain. La jeune fille s'étant présentée, il la garda dans son local professionnel pendant deux heures et la déflora. Puis elle rentra chez ses parents. La cour d'appel de Poitiers avait vu dans ces faits le détournement de mineur de l'article 356 du Code pénal de 1810 (auj. C. pén., art. 227-8). La Cour de cassation estima au contraire que manquait l'élément matériel du délit, lequel suppose que « le mineur ait été sciemment et volontairement entraîné et déplacé par un tiers pendant un certain temps » (Crim. 24 juill. 1957, *D.* 1958. 288, note MRMP ; *S.* 1958. 1, note L. Hugueney). En somme, ce délit s'entend d'un détournement matériel, géographique, mettant en échec la résidence habituelle de la victime, et non pas simplement d'un détournement moral (v. obs. G. Levasseur, *RSC* 1969. 407).

5 D'autres exemples, peut-être plus classiques, peuvent être donnés. La filouterie d'aliments n'ayant pas été prévue en 1810, les juges ne purent que relaxer l'agent qui se faisait servir un repas en se sachant dans l'impossibilité de payer, un tel comportement ne constituant ni un vol, ni une escroquerie, ni un abus de confiance (Crim. 5 nov. 1847, *D.* 1847. 4. 510 ; Crim. 10 déc. 1869, *D.* 1870. 1. 441) ; et il fallut qu'une loi du 26 juillet 1873 vînt l'incriminer pour qu'il puisse être poursuivi (auj. C. pén., art. 313-5, 1er). La filouterie de transport (L. du 31 mars 1926, auj. C. pén., art. 313-5, 4°) supposant une « voiture de place », échappe à la répression l'agent qui se fait transporter par un ambulancier (Crim. 15 mai 1973, *Bull. crim.* n° 220). En outre, selon une jurisprudence récente, l'individu qui se fait remettre de l'argent par un distributeur automatique de billets à l'aide d'une carte de paiement et qui, ce faisant, dépasse le montant de la provision figurant à son compte, ne commet ni vol, ni escroquerie, ni abus de confiance (Angers 2 déc. 1980 et Lyon 9 juill. 1981, *Gaz. Pal.* 1981. 2. 704, note B. Sousi-Roubi ; Angers 4 févr. 1982, *D.* 1982. 312, note B. Sousi-Roubi ; *contra* T. corr. Troyes 27 avr. 1976, *D.* 1977. 122, note J. Cazals, admission du vol ; *add.* J. Larguier, *JCP* 1982. I. 3061 proposant de retenir le vol, et M. Massé, *Revue Expertises* 1981, n° 34, proposant de retenir l'abus de confiance ; *add.* Crim. 24 nov. 1983, *Bull. crim.* n° 315 ; *D.* 1984. 465, note Lucas de Leyssac, qui confirme qu'un tel comportement n'entre dans les prévisions d'aucun texte répressif). La simple consultation d'un site pornographique mettant en scène des mineurs ne suffit pas à caractériser le délit de l'article 227-23 al. 4 du Code pénal qui implique la détention d'images pornographiques (Crim. 5 janv. 2005, n° 04-82.524, *Bull. crim.* n° 9). L'exercice illégal de l'activité de conducteur de taxi ne saurait être retenu à l'encontre de la personne qui sur sa motocyclette et sans les autorisations requises, stationne sur la voie publique et accepte de transporter un passager contre rémunération (Crim. 23 févr. 2010, *D.* 2010. Pan. 2733, obs. Roujou de Boubée). Enfin pour prendre un exemple d'actualité, le « vol » de l'usage d'un minitel n'est pas répréhensible car les communications téléphoniques constituent des prestations de service non susceptibles d'appropriation et n'entrent pas dans la catégorie des choses visées par l'article 379 du Code pénal de 1810 sur le vol (Crim. 12 déc. 1990, n° 88-81.215, *D.* 1991. 364, note S. Mirabail) ; cette solution vaut encore aujourd'hui puisque l'article 311-1 du Code pénal parle de « la chose d'autrui » alors que l'article 379 du Code pénal parlait « d'une chose » n'appartenant pas au voleur, ce qui est très proche.

B. — Consécration par la jurisprudence de la méthode téléologique

6 Si l'on considère en second lieu la jurisprudence d'un point de vue positif, il apparaît que les arrêts de condamnation se fondant plus ou moins explicitement sur la méthode téléologique sont innombrables. Et ces arrêts présentent deux caractères : ils sont extensifs et peu (voire pas) motivés. La faiblesse de la motivation a souvent été dénoncée en doctrine comme un trait général de la jurisprudence : en effet, « la Cour de cassation procède par affirmation de principes dont elle ne fait rien pour éclairer la portée… et… l'on trouve des affirmations péremptoires qui convainquent mal… » (A. Touffait et A. Tunc, « Pour une motivation plus explicite des décisions de justice, notamment celles de la Cour de cassation », *RTD civ.* 1974. 487). En matière d'interprétation, ce trait se traduit souvent par l'adoption du procédé que l'on peut appeler « procédé des termes généraux », la Cour suprême rappelant que « la loi est conçue en termes généraux ». Quant au caractère extensif, il s'explique par le souci des juges de concilier les besoins de la politique criminelle et le principe de la légalité. Selon la CEDH, le droit « doit savoir s'adapter aux changements de situation » et c'est pourquoi beaucoup de lois se servent « par la force des choses de formules plus ou moins vagues dont l'interprétation et l'application dépendent de la pratique », ce qui souligne l'importance du rôle du juge (CEDH 26 avr. 1979, *Sunday Times c/ Royaume-Uni*, § 54).

Ces deux caractères – l'extensivité et la faible motivation – se retrouvant dans une série d'arrêts.

7 *1°* Il faut bien adapter les textes anciens aux modalités de la vie contemporaine et notamment aux progrès scientifiques et techniques. C'est pourquoi la chambre criminelle applique des textes à des actes commis à l'aide de procédés techniques ignorés lors de leur élaboration. Concrètement, le juge doit se demander si le législateur qui agirait aujourd'hui intégrerait les procédés techniques actuels. L'arrêt *Le Pen* du 14 janvier 1971 illustre ce propos (J. Goulesque, *RSC* 1971. 185). Une poursuite avait eu lieu pour apologie de crime de guerre, par voie d'édition et ventes de disques phonographiques (L. du 29 juill. 1881, art. 14, al. 3). Les faits en eux-mêmes paraissaient bien tomber sous le coup du texte. Mais la difficulté tenait au moyen utilisé, l'article 24, alinéa 3, de la loi précitée renvoyant à l'article précédent qui, énumérant ces moyens, vise notamment les « imprimés ». Pour les juges, le disque constitue un imprimé, tout comme le document réalisé par la voie typographique. La solution ne surprend guère. Pourtant, à raisonner strictement, on peut douter de son bien-fondé : en effet, le délit d'apologie de crime de guerre a été introduit dans l'article 24 de la loi de 1881 par une loi du 5 janvier 1951 qui en renvoyant à son article 23 avait omis d'en modifier les termes alors que les disques, omis en 1881, avaient été inventés entre-temps. Certes, le législateur de 1951 avait sans doute tout simplement oublié d'ajouter les disques à l'énumération de l'article 23. Mais appartenait-il au juge en 1971 de combler cette lacune ? Peut-être, sans toutefois que la réponse soit évidente. L'arrêt *Le Pen* est donc caractéristique de la méthode téléologique de la jurisprudence car il est vraisemblable que si les disques avaient déjà été découverts en 1881, le législateur les aurait visés. Mais il la pousse très loin car il ne s'arrête pas au silence du législateur de 1951 qui ne pouvait ignorer les disques. La Cour suprême est d'ailleurs si audacieuse que le législateur, par un texte du 1er juillet 1972 a cru devoir ajouter à l'énumération de l'article 23 la formule… « ou tout autre support de l'écrit, de la parole ou de l'image », ce qui supprime toute discussion.

Les progrès techniques ont donné lieu à d'autres applications qui celles-là doivent être approuvées sans la moindre réserve car il faut admettre « qu'une chose nouvelle n'est pas pour le motif de nouveauté exclue de la protection de la loi ancienne lorsque les termes que celle-ci a employés peuvent l'embrasser » (J.-A. Roux, note au *S.* 1926. 1. 185, sous Crim. 29 mai 1925). Ainsi, l'électricité est une « chose » susceptible de vol au sens de l'article 379 du Code pénal de 1810 (Crim. 3 août 1912, *S.* 1913. 1. 337, note J.-A. Roux) et il en est de même aujourd'hui avec le Code pénal de 1994 qui emploie lui aussi le mot « chose » (C. pén., art. 311-1). Le « bateau à vapeur » que la loi du 21 juillet 1856 soumet à une réglementation relative à sa circulation s'entend aussi du bateau propulsé par moteur diesel alors pourtant que cette technique n'a été découverte qu'après 1856 (Crim. 1er avr. 1965, *Bull. crim.* n° 106 ; *add.* R. Combaldieu, 1965, p. 831 s.). Constitue la contrefaçon de l'article 425 du Code pénal de 1810 (auj. CPI, art. L. 335-2) la reproduction photographique de tableaux (Paris 5 déc. 1864, *S.* 1865. 1. 210) ou la diffusion par phonographe d'une œuvre musicale (Civ. 21 juill. 1908, *S.* 1909. 1. 121, note C. Lyon-Caen) : le texte ne vise pourtant que « toute production imprimée ou gravée ». Et les peines de l'article 428 du Code pénal de 1810 sur la représentation théâtrale illicite s'appliquent à l'émission radiophonique d'une œuvre (Crim. 27 déc. 1934, *S.* 1935. 1. 193, note F. Gény). Ces solutions sont encore valables.

8 *2°* La jurisprudence n'hésite pas à étendre les énumérations à des cas autres que ceux qui figurent dans un texte. Le procédé est manifestement conforme à l'intention du législateur lorsque le texte énumératif se termine par une clause générale destinée à embrasser les hypothèses omises. Il est plus audacieux dans le cas contraire. Et pourtant, la Cour de cassation étend le texte même dans ce cas comme le montre l'arrêt *Fourcade* du 4 juillet 1925. Un individu condamné judiciairement à verser une pension alimentaire à sa belle-mère avait omis de s'acquitter de son obligation. Il fut condamné pour abandon de famille sur la base de la loi du 7 février 1924 qui protégeait « le conjoint, les enfants mineurs et ascendants » créanciers (auj. C. pén., art. 227-3 qui vise les enfants ascendants, descendants et le conjoint). La chambre criminelle rejeta son pourvoi en invoquant le nom du nouveau délit – « l'abandon de famille » – et en affirmant la portée générale des prescriptions de la loi de 1924. La solution reste cependant discutable car « le mot ascendant suppose la consanguinité… exprime uniquement le rapport qui existe entre individus dont l'un a donné la vie à l'autre, ce qui n'est certainement pas le cas de la belle-mère à l'égard du gendre » (J.-A. Roux, préc.). Elle est pourtant fidèle à l'intention du législateur puisque l'auteur de la proposition de loi qui fut à l'origine du texte de 1924 exprimait dans son exposé des motifs que le texte « se retournera aussi contre les gendres et les belles-filles qui doivent des aliments dans les conditions de l'article 206 du Code civil » (J.-A. Roux, *idem*). Cet arrêt n'est d'ailleurs pas isolé car la chambre criminelle a eu l'occasion d'appliquer aussi le texte à des conjoints divorcés débiteurs d'une pension (Crim. 5 août 1927, *D.* 1928. 1. 32, solution ultérieurement consacrée par l'art. 357-2, al. 2, ancien

C. pén. et auj. par l'art. 227-3 du C. pén.) et à des enfants non légitimes (Crim. 7 janv. 1927, *S.* 1928. 1. 256 ; Crim. 1er févr. 1940, *DH* 1940. 102, solution ultérieurement consacrée par l'art. 357-2, al. 1er, *in fine*, ancien C. pén. et auj. par le même art. 227-3 du C. pén.).

9 *3°* Enfin, quand le concept utilisé par la loi est mal ou pas défini (détention ou profit retiré dans le recel, soustraction frauduleuse dans le vol, manœuvres frauduleuses dans l'escroquerie, détournement dans l'abus de confiance…), la jurisprudence l'entend très largement pour lui donner son plein sens.

a) À cet égard, l'arrêt *Lefèvre* du 9 juillet 1970 paraît démonstratif. Un individu se tient à proximité de son camarade qui dérobe une automobile, puis il monte à bord de ce véhicule que pilote le voleur. Condamné pour recel, il intente un pourvoi que la chambre criminelle rejette car « l'article 460 du Code pénal de 1810 (auj. C. pén., art. 321-1), qui est conçu en termes généraux, atteint tous ceux qui, en connaissance de cause, ont, par un moyen quelconque, bénéficié du produit d'un crime ou d'un délit » (v. dans le même sens Crim. 15 déc. 1976, *Bull. crim.* no 361 ; T. corr. Aix 25 mai 1871, *D.* 1871. 3. 89 est receleur celui qui consomme une volaille en compagnie du voleur). L'arrêt de 1970 est le point d'aboutissement d'une jurisprudence qui progressivement avait étendu le domaine du recel (sur les divers stades, v. note Bénabent, au *JCP* 1971. II. 16616, I. A. ; J. Pradel et M. Danti-Juan, *Droit pénal spécial*, no 935). Ce point extrême est d'ailleurs audacieux : alors qu'auparavant, le recel supposait une réception ou une détention de la chose ou du produit de la chose (en ce sens toute la jurisprudence, A. Vitu, t. II, nos 2453 s., et toute la doctrine, v. par ex. R. Garraud, t. III, no 944), il peut désormais consister aussi en un simple profit (v. aussi dans le même sens, Crim. 9 mai 1974, *Gaz. Pal.* 1975. 1. 66, est receleur le mari d'une femme qui profitait des détournements commis par celle-ci). La doctrine dominante a vu dans ce nouveau pas une atteinte à l'interprétation stricte (Bénabent et Littmann). Ce point de vue paraît inexact : d'abord parce que le fait de la détention dépend de la nature de la chose et que par exemple la détention d'un véhicule consiste dans sa conduite (R. Vouin, « Le recel et la détention de la chose », *D.* 1972. Chron. 281 s.) ; ensuite et surtout parce que le profit est de l'essence même du recel, qu'il soit associé ou non à la détention (M. Culioli, « Le recel commis par le passager connaissant la provenance frauduleuse du véhicule utilisé », *RSC* 1973. 81 s.). L'arrêt du 9 juillet 1970 n'est donc pas contraire à la stricte interprétation de la loi. L'article 321-1 du nouveau Code pénal consacre cette évolution non seulement en décidant que « le recel est le fait de dissimuler, de détenir ou de transmettre une chose, ou de faire office d'intermédiaire, afin de la transmettre, en sachant que cette chose provient d'un crime ou d'un délit » mais en ajoutant que « constitue également un recel le fait, en connaissance de cause, de bénéficier, par tout moyen, du produit d'un crime ou d'un délit ». On a pu d'ailleurs écrire que « la loi nouvelle entérine les différentes audaces jurisprudentielles concernant le profit ou l'intermédiation » (B. Bouloc,

« Les infractions contre les biens dans le nouveau Code pénal », *RSC* 1993. 481). Cependant, l'interprétation large a ses limites : il n'y a pas de recel d'une information (Crim. 3 avr. 1995, n° 93-81.569, *Bull. crim.* n° 142 ; *JCP* 1995. II. 22429, note Derieux ; *RSC* 1995. 539, obs. Francillon ; Crim. 26 oct. 1995, n° 94-83.780, *Bull. crim.* n° 324).

10 *b)* Dans le vol, la soustraction frauduleuse n'étant pas définie, la jurisprudence a dû décider ce qu'il fallait entendre par soustraction et par fraude. Donnons des précisions sur ce second concept tout d'abord. Primitivement, la Cour de cassation y voyait non seulement un dol général (volonté de l'agent de soustraire une chose qu'il savait ne pas lui appartenir), mais aussi un dol spécial (volonté de s'approprier la chose). Or, devant les nécessités de la répression, les juges suppriment le dol spécial par trois arrêts importants. Le premier décide qu'il y a vol « lorsque l'appréhension a lieu dans des circonstances telles qu'elle révèle l'intention de se comporter, même momentanément, en propriétaire… » (Crim. 19 févr. 1959, *D.* 1959. 331, note G. Roujou de Boubée, à propos d'un « emprunt de véhicule »). Le second arrêt considère la volonté suffisamment caractérisée par l'accomplissement d'un simple acte de disposition, non révélateur d'une appropriation véritable (Crim. 12 mars 1970, *D.* 1970. 385, note M. Delmas-Marty, appréhension par l'agent de journaux dans une église pour les jeter dans une rivière). Dans un troisième arrêt enfin, a été déclaré coupable de vol l'employé qui, détenant des documents appartenant à son employeur, en prend photocopie contre le gré de ce dernier, cet acte ayant dans la pensée des juges impliqué une appréhension de quelques instants, ce qui suffit à constituer l'élément moral du vol (Crim. 8 janv. 1979, *affaire Logabax*, *D.* 1979. 509, note P. Courlay. V. dans le même sens Crim. 29 avr. 1986, *D.* 1987. 131, note M.-P. Lucas de Leyssac ; Crim. 6 juin 1989, *Dr. pénal* 1990. Comm. 86 ; Crim. 24 oct. 1990, *Bull. crim.* n° 355 ; Crim. 19 janv. 1994, *Dr. pénal* 1994. Comm. 109). Très proches de l'arrêt *Logabax* sont les deux espèces suivantes : les juges condamnent d'abord deux prévenus pour « vol de 70 disquettes et du contenu informationnel et 47 d'entre elles durant le temps nécessaire à la reproduction des informations » (Crim. 12 janv. 1989, *Bourquin, Bull. crim.* n° 14 ; M.-P. Lucas de Leyssac, « L'arrêt *Bourquin*, une double révolution : un vol d'information seul, une soustraction permettant d'appréhender des reproductions qui ne constituent pas des contrefaçons », *RSC* 1990. 507) ; les juges condamnent également un comptable de société qui avait communiqué à une entreprise concurrente des tableaux établis à partir de documents comptables de sa société (Crim. 1er mars 1989, *Antoniolli, Bull. crim.* n° 100 ; *Gaz. Pal.* 1989. II. Somm. 474, obs. J.-P. Doucet). Dans toutes ces espèces, le prévenu avait usurpé la possession de documents qu'il détenait à titre professionnel.

L'interprétation large apparaît également avec la soustraction, élément fondamental du vol puisque « la détention matérielle, non assortie d'une remise de possession, n'est pas exclusive de l'appréhension frauduleuse, élément constitutif du vol » (Crim. 8 févr. 1993, n° 91-86.622, *Bull. crim.*

n° 65, après rupture d'un concubinage, la femme refuse de restituer à son ex-compagnon des objets d'art apportés par lui et restés dans l'appartement dont elle a gardé l'usage, le vol est consommé). Un arrêt plus récent va même jusqu'à se passer quasiment de l'exigence d'une soustraction matérielle en condamnant pour vol le salarié d'une entreprise qui détenant matériellement des documents appartenant à celle-ci les copie en partie pour s'en servir dans une instance prud'homale (Limoges 8 sept. 1998, *Dr. pénal* 1999, « Information mal acquise ne profite jamais », Chron. 24, par F. Debove). Il n'y avait pas eu ici de soustraction, comme dans les affaires *Logabax* et autres. On en arrive à une dématérialisation du vol. Toutefois, le respect des droits de la défense peut justifier l'employé opposé à son employeur dans un procès (Crim. 11 mai 2004, *Bull. crim.* n° 113 ; *D.* 2004. 2327, note Gaba, J. Pradel et M. Danti-Juan ; *Droit pénal spécial*, 6 oct. 2014, n° 870).

11 *c)* Cette interprétation extensive, mais conforme à la règle de l'interprétation stricte, apparaît aussi en matière d'escroquerie : le concept de « manœuvres frauduleuses » est compris si largement que par exemple l'intervention d'un tiers, qui en constitue une application typique, peut s'entendre d'un tiers inexistant (Crim. 17 mars 1944, *Bull. crim.* n° 112 ; Crim. 27 nov. 1952, *Gaz. Pal.* 1953. 1. 64 ; *add.* A. Chavanne, « Le délit d'escroquerie et la politique criminelle contemporaine », *Mélanges Donnedieu de Vabres*, 1960, p. 147 s.) ; et la notion de « remise » s'entend le cas échéant en moins payant, par exemple dans le cas de l'individu qui place dans un parcmètre une rondelle sans valeur (Crim. 10 déc. 1970, *D.* 1972. 155, note G. Roujou de Boubée ; *JCP* 1972. II. 17277, note R. Gassin).

12 *d)* Le détournement dans l'abus de confiance (C. pén., art. 314-1) a soulevé récemment des difficultés liées à la grande diversité des situations concrètes qui se sont présentées aux juges qui en général entendent largement le détournement.

D'un côté, les juges ont vu un abus de confiance dans le cas du salarié qui utilise à des fins personnelles l'ordinateur et la connexion mis à sa disposition par son employeur, cet employé cherchant à accéder à des sites pornographiques et stocker des images de cette nature (Crim. 19 mai 2004, *Dr. pénal* 2004, n° 129, 2e esp., obs. M. Véron). Il en va de même de l'appropriation indue par une banque du solde créditeur d'un compte clôturé (Crim. 20 juill. 2011, *Dr. pénal* 2011, n° 116 ; *D.* 2011. 2114, obs. M. Bombled ; *JCP* 2011. I. 1226, étude T. Samin et S. Torck ; *RPDP* 2011. 898, obs. P. Conte). Est également répréhensible l'employé de bar qui sert les clients sans facturer les consommations (« C'est ma tournée ! »), la chambre criminelle considérant que le prévenu, en s'abstenant de remettre à son employeur le prix des boissons qu'il était chargé d'encaisser, avait commis le délit (Crim. 5 oct. 2011, n° 10-88.722, *RPDP* 2011. 909, obs. V. Malabat). Enfin le 16 novembre 2011 (n° 10-87.866, *RPDP* 2011. 914, obs. V. Malabat), la chambre criminelle décide que les infractions relatives à la clientèle sont un bien susceptible de détournement, ce qui reprend une décision plus ancienne selon laquelle le délit de l'article 314-1 « s'applique à un bien quelconque et pas seulement à un bien corporel » (Crim. 14 nov. 2000, *Bull. crim.* n° 338 ; *D.* 2001. 1423, obs. B. de Lamy ; *RTD civ.* 2001. 912, obs. Th. Revet).

D'un autre côté, mais à titre exceptionnel, a échappé à la sanction un employé responsable de la recherche dans une entreprise qui s'était servi du logiciel de celle-ci pour en élaborer un autre au profit d'une autre société dans laquelle il avait des intérêts (Crim. 16 juin 2011, *Dr. pénal* 2011, n° 116, obs. M. Véron ; *RPDP* 2011. 893, obs. P. Conte).

13 *e*) Cette interprétation très large apparaît encore dans le maniement des concepts non pénaux des textes d'incrimination. Le « domicile » de l'article 184 du Code pénal de 1810 (auj. C. pén., art. 226-4) n'est pas celui bien étroit du Code civil (art. 112 qui parle du lieu où tout Français « a son principal établissement »), mais toute habitation quel qu'en soit le type : maison, cabane, bateau, roulotte, chambre d'hôtel louée à la journée (Crim. 31 janv. 1914, *D.* 1918. 1. 76 ; Crim. 3 nov. 1955, *D.* 1956. 26). La notion de saisie dans le délit de détournement d'objets saisis, créé par une loi du 28 avril 1832 (aujourd'hui art. 314-6 C. pén.) est entendue par le juge pénal plus largement que dans le droit des voies d'exécution (Crim. 14 avr. 1961, *Bull. crim.* n° 197 ; R. Ollard, « La protection pénale du patrimoine », préface de V. Malabat, Dalloz, 2010, n° 178 s.). Comme l'on dit, la jurisprudence pénale se montre « autonome » (R. Vouin, « Justice criminelle et autonomie du droit pénal », *D.* 1947. Chron. 81).

On ne sait où le juge va s'arrêter. C'est que l'application de la méthode téléologique pose d'indéniables difficultés.

II. — Les difficultés posées par le principe de l'intention du législateur

14 Ces difficultés d'application sont de deux ordres : le juge a parfois du mal à cerner l'intention du législateur et il lui arrive d'être « victime » d'une politique systématiquement répressive.

A. — Les possibilités théoriques qui s'offrent au juge

15 Pour savoir ce qu'a voulu le législateur, le juge dispose de deux moyens qui l'un et l'autre peuvent s'avérer aléatoires.

1° Le premier réflexe du juge et même son devoir est évidemment de consulter la loi elle-même, abstraction faite de son environnement. De là, le recours aux techniques de « trituration » du texte (détermination de sa place dans l'ensemble législatif, raisonnement *a contrario* et *a fortiori*, syllogisme, caractère général du texte qui ne distingue pas…). Parfois, l'interprète est aidé par une disposition préliminaire qui explique, au moins sommairement, le but du législateur ; et l'on sait que certaines grandes lois contemporaines contiennent une telle disposition (v. pour un ex. L. du 17 janv. 1975 sur l'interruption volontaire de grossesse dont l'art. 1er rappelle que « la loi garantit le respect de tout être humain dès le commencement de la vie… »).

Pourtant, l'examen du texte n'apporte pas toujours toutes les lumières désirables. Les dispositions générales préliminaires restent rares et vagues. Le texte peut être ancien de sorte que le recours à l'exégèse est moins naturel et que l'intention du législateur ne peut être totalement prise en considération puisqu'elle se situe dans un contexte dépassé. Enfin le texte peut être incomplet : quand par exemple une loi non pénale se termine par un article décidant que tout manquement aux dispositions qui précèdent sera puni de telle peine, on ne sait si les nouvelles infractions ainsi créées sont intentionnelles ou d'imprudence.

16 *2°* Le juge est alors amené à considérer l'environnement du texte : son exposé des motifs où le législateur est censé avoir donné les raisons de son texte, ses travaux préparatoires (rapports présentés au nom des commissions des deux assemblées, débats parlementaires, TGI Toulouse, 30 oct. 1995, *D.* 1996. 101, note D. Mayer et J.-F. Chassaing), l'évolution sociale, les données rationnelles tirées notamment de la combinaison de plusieurs textes (Crim. 22 mars 1974, *Bull. crim.* n° 196 ; G. Di Marino, « Le recours aux objectifs de la loi pénale dans son application », *RSC* 1991. 505 ; Y. Mayaud, « *Ratio legis* et incrimination », *RSC* 1983. 597).

Ces divers éléments sont incertains dans quelques cas, c'est vrai notamment pour les travaux préparatoires (contre leur utilisation, H. Capitant, « L'interprétation des lois d'après les travaux préparatoires », *DH* 1935. Chron. 77 ; pour leur utilisation, M. Couderc, « Les travaux préparatoires de la loi ou la remontée des enfers », *D.* 1975. Chron. 249) qui, de toute façon, ne sont utilisables que si le texte est obscur (Crim. 29 déc. 1900, *S.* 1901. 1. 108 ; Civ. 22 nov. 1932, *DH* 1933. 2 ; Crim. 10 déc. 1985, *Bull. crim.* n° 396). De plus, ils sont parfois inexistants ou contradictoires et ils perdent de leur intérêt à mesure que la loi vieillit (J. Graven, « Légalité, analogie, interprétation », *RPS* 1951. 381).

Et cependant, le juge pénal doit faire tous les efforts possibles pour percer le sens du texte car il ne peut relaxer au motif que le texte est obscur (Crim. 10 nov. 1959, *Bull. crim.* n° 476 ; Crim. 12 mars 1984, *Bull. crim.* n° 102 ; *D.* 1985. 1, note Warembourg-Auque).

17 *3°* Un bon exemple de ces difficultés est celui de l'applicabilité de l'article 221-6 du Code pénal sur l'homicide par imprudence en cas de décès d'un enfant à naître. Dans l'arrêt d'Assemblée plénière du 29 juin 2001, un conducteur sous l'emprise de l'alcool avait heurté un autre véhicule où se trouvait une passagère enceinte, qui, du fait du choc, perdit son enfant. Poursuivi pour homicide involontaire, l'auteur de l'accident fut relaxé et les pourvois formés par le procureur général près la cour d'appel ayant rendu cette décision bienveillante et par la mère furent rejetés. La Cour suprême affirma sèchement que l'article 221-6 du Code pénal doit s'interpréter strictement, ce qui revient à dire que la protection pénale assurée par lui ne concerne que les êtres nés et vivants, non les enfants à naître. La solution avait déjà été affirmée (Crim. 30 juin 1999, n° 97-82.351, *Bull. crim.* n° 174 ; *D.* 1999. 710, note D. Vigneau, et elle sera reprise peu après ; Crim. 25 juin 2002, n° 00-81.359, *Bull. crim.* n° 144 ; *D.* 2002. 3099, note J. Pradel ; *RSC* 95, obs. Y. Mayaud ; *JCP* 2002. II. 10155, note M.-L. Rassat). On aura noté que l'arrêt du 29 juin 2001 ne procède en réalité à aucune motivation. Rien sur la place de l'article 221-6 dans le Code pénal alors qu'il se situe dans une section intitulée « Des atteintes involontaires à la vie » et que le fœtus est bien un être vivant. Rien sur les travaux préparatoires du texte (qui certes sont décevants). Rien sur le sens de l'expression « la mort d'autrui » qui figure à l'article 221-6 du Code pénal. Rien sur l'environnement national et international du texte de cet article. La Cour suprême donne l'impression d'avoir esquivé le débat et confondu interprétation stricte qui applique pleinement la loi (d'où la condamnation) et interprétation restrictive qui ôte à la loi une partie de son empire (d'où la relaxe).

B. — La liberté pratique que s'offre le juge

18 Cet arrêt de juin 2001 occupe dans notre jurisprudence une place assez particulière. Les juges, quand ils sont incomplètement informés sont souvent tentés, fût-ce à leur insu, de faire prévaloir l'équité sur la légalité, les bonnes intentions sur la volonté du législateur. Il est arrivé à la Cour de cassation de sentir le danger et de stigmatiser la recherche de « l'efficacité » (Crim. 30 déc. 1843, *Bull.* n° 335).

Mais d'autres fois, la jurisprudence adopte des solutions qui sont aux confins de la téléologie et de l'analogie. Il en est ainsi dans deux séries de cas. Tantôt, elle déclare que l'extension qu'elle proclame n'est « pas contraire à l'esprit et au texte » de la loi : ainsi en est-il quand elle a assimilé au retrait de la provision alors seul incriminé la défense faite au tiré de payer le chèque présenté (Crim. 31 mars 1922, *D.* 1922. 1. 61 ; v. cep. auj. l'art. L. 163-2 du C. mon. fin. qui réprime les deux actes). Tantôt, elle se borne à affirmer le bien-fondé de son extension : ainsi en matière de corruption de fonctionnaire, un jugement a décidé que les « sollicitations, offres, promesses, dons ou présents » des articles 177 et 179 du Code pénal de 1810 (auj. C. pén., art. 433-1 s.) peuvent porter sur des avantages non appréciables en argent alors qu'il est certain que le but de ces textes est la lutte contre la vénalité, les termes précités évoquant des choses matérielles (Trib. Sarreguemines 11 mai 1967, *JCP* 1968. II. 15359, note Sigalas ; *RSC* 1968. 329, obs. A. Vitu). En tout cas, si l'on s'achemine vers l'analogie, il s'agit au plus de l'analogie légale, non de l'analogie juridique qui consiste à appliquer un texte à un cas non prévu par lui en se fondant sur l'esprit du système juridique considéré dans son ensemble (L. Jimenez de Asua, « L'analogie en droit pénal », *RSC* 1949. 191).

19 Ainsi le juge pénal fait-il preuve d'une large initiative dans l'interprétation des lois d'incrimination (M. Gégout, « L'interprétation littérale des lois pénales », *Mélanges Gény*, 1933. 305 s.). Et la phrase de Portalis, selon laquelle « en matière criminelle il faut des lois précises et point de jurisprudence » a décidément bien vieilli. On ajoutera enfin que le nouveau Code pénal affirme le principe de l'interprétation stricte de la loi pénale : en effet, selon son article 111-4, « la loi pénale est d'interprétation stricte ». Ce qui n'apporte pas grand-chose et confirme la jurisprudence.

Cela dit, afin d'éviter toutes difficultés d'interprétation et pour parvenir en conséquence à une réelle sécurité juridique, le meilleur moyen (sinon le seul) est pour le législateur de faire des lois précises. Comme l'exprime la Cour de cassation, « attendu que toute infraction doit être définie en des termes clairs et précis pour exclure l'arbitraire et permettre au prévenu de connaître exactement la nature et la cause de l'accusation portée contre lui… » (Crim. 1er févr. 1990, n° 89-80.673, *Bull. crim.* n° 56 ; Crim. 30 oct. 1995, *Bull. crim.* n° 329). De façon voisine, le Conseil constitutionnel impose des lois « suffisamment claires et précises pour exclure l'arbitraire du juge » (Cons. const. 20 janv. 1981, n° 80-127 DC, *Sécurité et Liberté, JCP* 1981. II. 11701, note C. Franck ; *D.* 1982. 441, note A. Dekeuwer ; Cons. const. 11 oct. 1984, n° 84-181 DC, *RSC* 1985. 609, obs. B. Bouloc ; Cons. const. 18 janv. 1985, *D.* 1986. 426, note T. Renoux). Enfin, la Cour européenne des droits de l'homme marche du même pas quand elle entend que la loi soit « prévisible ». La prévisibilité suppose « une norme énoncée avec assez de précision pour permettre au citoyen de régler sa conduite » ; ce dernier, en effet, « doit être à même de prévoir à un degré raisonnable dans les circonstances de la cause les conséquences pouvant résulter d'un acte déterminé » (CEDH 26 avr. 1979, *Sunday Times c/ Royaume-Uni,* § 49 ; CEDH 27 mars 1996, req. n° 17488/90, *Goodwin c/ Royaume-Uni de Grande-Bretagne et d'Irlande du Nord*, § 31). Une loi doit donc être claire pour être prévisible.

J. P.

DEUXIÈME PARTIE

L'INFRACTION

TITRE 1

Conditions d'existence de l'infraction

19

QUALIFICATIONS MULTIPLES NOTION ET RÉGIME

Crim., 3 mars 1960, *Ben Haddadi*
(*Bull. crim.* n° 138 ; *RSC* 1961. 105, obs. A. Légal)

Crim., 16 juin 1965, *Desbiolles*
(*Bull. crim.* n° 44 ; *RSC* 1965. 871, obs. A. Légal)

Lorsque plusieurs qualifications pénales sont applicables à une activité matérielle unique, la solution de ce conflit dépend de la pluralité ou de l'unité des valeurs sociales protégées. Dans le premier cas, qui peut être révélé par une pluralité d'éléments moraux, on retiendra toutes les qualifications. Dans le second cas, un choix devra être fait parmi les qualifications en concours.

Chambre criminelle, 3 mars 1960, *Ben Haddadi*

Attendu que le tribunal permanent des Forces armées a répondu affirmativement aux deux questions suivantes :

« Première question. – Est-il constant que, le 1er juin 1958, en tout cas postérieurement au 30 octobre 1954, à Cheragas (Alger), il ait été tenté de détruire, en tout ou partie, par l'effet d'une substance explosible, l'immeuble du café de la Poste, tentative qui, manifestée par un commencement d'exécution, le fait de lancer une grenade à l'intérieur de cet établissement, n'a été suspendue ou n'a manqué son effet que par des circonstances indépendantes de la volonté de son ou de ses auteurs, le jet de la grenade n'ayant causé que quelques dégâts matériels ? » ;

« Deuxième question. – Est-il constant que, le 1er juin 1958, en tout cas postérieurement au 30 octobre 1954, à Cheragas (Alger), il ait été tenté de commettre volontairement – en une seule et même action – des homicides sur les personnes se trouvant dans le café de la Poste, tentative qui, manifestée par un commencement d'exécution, le jet d'une grenade à l'intérieur de cet établissement, n'a été suspendue ou n'a manqué son effet que par des circonstances indépendantes de la volonté de son ou de ses auteurs, le fait que les blessures n'ont pas été mortelles ? » ;

Qu'il résulte des réponses aux autres questions que Ben Haddadi (Moussa) a été déclaré coupable de l'une et l'autre de ces tentatives, et que Goulam (Mohammed) a été déclaré coupable de complicité de ces deux crimes par instructions données et fourniture de moyens ; qu'en conséquence, le tribunal a Condamné les deux accusés à la peine de mort, tant par application des articles 434 et 435 du Code pénal, que des articles 295, 296, 297 et 302 du même code ;

Attendu que si la loi punit de la peine de mort la destruction par l'effet d'un explosif d'un édifice habité ou servant à l'habitation, parce que ce fait met en péril des vies humaines, ce crime n'en est pas moins essentiellement établi en vue d'assurer la protection des propriétés ; qu'il est constitué dans tous ses éléments dès que son auteur a agi volontairement, sachant qu'il détruisait ou tentait de détruire un édifice de cette espèce, sans qu'il soit nécessaire qu'il ait eu aucun dessein homicide ; – Qu'il suit de là que si l'auteur d'un tel attentat a en vue, indépendamment de la destruction de l'édifice, la mort de personnes, qu'elles habitent ou non le local soumis à l'action de l'explosif, il commet un second crime, dont l'élément matériel est constitué sans doute par le même fait, mais qui se distingue du premier par son élément intentionnel, qui est la volonté de tuer ; – Qu'il ne s'agit pas, en tel cas, d'un crime unique, dont la poursuite sous deux qualifications différentes serait contraire au vœu de la loi, mais de deux crimes simultanés, commis par le même moyen, mais caractérisés par des intentions coupables essentiellement différentes ; – Attendu que c'est à juste titre, dès lors, que le tribunal militaire a statué sur la double accusation dont il était saisi ; que sa réponse affirmative aux questions se rapportant à l'une et l'autre n'est entachée d'aucune irrégularité ; alors d'ailleurs que la disposition de l'article 5 du Code pénal a été observée, et qu'une seule peine a été prononcée ; – D'où il suit que le moyen doit être rejeté ; – Et attendu que le tribunal permanent des Forces armées a été composé conformément à la loi, qu'il était compétent, que la procédure est régulière et la peine régulièrement appliquée aux faits déclarés constants que le tribunal ;

Par ces motifs :

Rejette les pourvois.

Chambre criminelle, 16 juin 1965, *Desbiolles*

Attendu qu'il appert de l'arrêt attaqué et du jugement qu'il confirme dans ses dispositions non contraires, que Desbiolles Théophile a abattu les arbres, non dans l'intention de nuire, mais pour se les approprier, et l'a d'ailleurs justement condamné pour soustraction frauduleuse desdits arbres ;

Mais attendu que c'est à tort que les juges du fond ont également retenu contre le prévenu la contravention de coupe d'arbre prévue et punie par l'article R. 40, § 8, du Code pénal, le même fait étant inclus dans les agissements reprochés au demandeur sous la qualification de vol ;

D'où il suit que la cassation est encourue de ce chef, mais doit être prononcée par voie de retranchement et sans renvoi ;

Par ces motifs ; Casse et annule… mais seulement par voie de retranchement et sans renvoi…

OBSERVATIONS

1 Le problème auquel les décisions retenues apportent un très important élément de solution se situe incontestablement parmi ceux que la doctrine a assez largement ignorés jusqu'à ces dernières décennies. La multiplication des incriminations qui rend cette hypothèse de plus en plus fréquente a, au contraire, conduit à une série de travaux récents qui, surtout en raison des équivoques concernant la terminologie utilisée, ne permettent pas toujours d'avoir une idée très précise de la position jurisprudentielle en ce domaine (pour une illustration de cette difficulté : F. Desportes et F. Le Gunehec, n°s 288 s. ; P. Conte et P. Maistre du

Chambon, n°s 235 s. ; E. Dreyer, n° 619 s. ; É. Verny, O. Décima, S. Detraz, n° 294).

Un fait, nous dirons plutôt l'activité matérielle unique d'un individu, est susceptible de tomber sous le coup de plusieurs qualifications pénales pouvant comporter des sanctions différentes. Le législateur n'ayant apporté aucun élément de réponse à ce problème, la question est alors de savoir si le juge pénal doit retenir toutes les qualifications applicables ou, s'il doit au contraire, faire un choix parmi toutes les incriminations possibles. L'arrêt *Ben Haddadi* se prononce très clairement pour la première solution puisqu'il admet que le jet d'une grenade à l'intérieur d'un débit de boissons où consommaient de nombreuses personnes, activité matérielle unique, peut faire l'objet d'une double déclaration de culpabilité, la première pour tentative de destruction d'édifice servant à l'habitation, la seconde pour tentative d'homicide volontaire avec préméditation. Pour une majorité de la doctrine, cette décision est l'une des premières qui ait admis qu'une action unique d'un individu puisse conduire à retenir à son encontre plusieurs infractions à l'image d'un véritable concours réel d'infractions (en ce sens R. Merle et A. Vitu, t. I, n° 398 ; J. Pradel, n° 336 ; A. Dekeuwer, « La classification des concours de qualifications », *RSC* 1974. 522 ; B. Bouloc, n° 753). Pour d'autres auteurs au contraire (A. Decocq, p. 138 ; Daskalakis, *La notion d'unité et de pluralité d'infractions et son rôle dans le procès*, thèse Paris, 1969, p. 197 s.), cet arrêt ne peut être tenu pour isolé car la solution admise s'inscrit parfaitement dans la ligne de très nombreuses décisions antérieures ou postérieures.

2 Les deux positions sont en réalité beaucoup moins éloignées qu'il n'y paraît car les auteurs donnent une définition différente de l'un des éléments essentiels du problème, à savoir la notion de même fait. Il n'est donc pas inexact d'affirmer qu'il y a d'abord un problème de terminologie, même si les choix ne sont pas arbitraires (en ce sens, A. Decocq, préc.). Il importe donc, dans un premier temps, de préciser parmi toutes les hypothèses de qualifications multiples, celles qui posent un véritable problème de conflits pour essayer de déterminer dans un deuxième temps quelle solution il faut lui donner. L'arrêt *Desbiolles* s'il ne présente pas le même intérêt du point de vue de sa motivation, nous permettra néanmoins de montrer *a contrario* pourquoi dans certaines hypothèses il paraît inconcevable, alors que l'on se trouve dans le cadre d'un véritable conflit de qualifications, de retenir plusieurs déclarations de culpabilité.

I. — La notion de conflit de qualifications

3 Les hypothèses dans lesquelles plusieurs qualifications légales paraissent s'appliquer à une activité unique sont en définitive assez nombreuses mais il importe de distinguer les situations où le conflit est simplement apparent, c'est en ce sens qu'une seule qualification peut et doit être retenue (A), de celles où il est effectif, c'est-à-dire lorsque, *a priori* au moins, aucune qualification ne peut être rejetée (B).

A. — Les conflits de qualifications apparents

4 En matière de conflits apparents, nous citerons en premier lieu le cas des qualifications dites *incompatibles* (R. Merle et A. Vitu, t. I, n° 390). Cette expression désigne les situations où une qualification est la conséquence logique et pratiquement automatique d'une première infraction. Ainsi en est-il, par exemple, lorsqu'un individu frappe volontairement une personne (infraction de violence) et qu'ensuite il n'intervient pas pour lui porter assistance (infraction d'omission de porter secours). Ainsi en est-il également pour l'auteur d'un vol ou d'un abus de confiance qui conserve l'objet soustrait ou détourné et qui pourrait ainsi être considéré comme un receleur. Dans de tels cas, la jurisprudence a très normalement admis que les qualifications étaient exclusives l'une de l'autre (en ce sens par ex., Crim. 2 déc. 1971, *Bull. crim.* n° 337 ; M. Puech, n° 69, p. 243 ; Crim. 15 déc. 1949, *Bull. crim.* n° 350). Une telle incompatibilité existe également dans le domaine concernant les stupéfiants. La chambre criminelle, pour rejeter une QPC, a estimé qu'il n'y a qu'une seule infraction si un individu acquiert et détient des substances illicites pour sa seule consommation. Il n'est donc pas possible de retenir cumulativement les infractions d'usage et de détention de stupéfiants : Crim. 16 sept. 2014, n° 13-90.036 QPC, *Bull. crim.* n° 188 ; Dalloz Actu. 23 oct. 2014, obs. S. Anane ; *RPDP* 2014. 862, obs. O. Décima. Il faut néanmoins remarquer, en revanche, que cette incompatibilité n'existe pas, lorsqu'il est établi, par les circonstances de l'espèce, que la personne poursuivie détenait des stupéfiants à d'autres fins. Ainsi en est-il lorsqu'il est constaté que l'individu possède plusieurs types de drogues alors qu'il n'est consommateur que d'une seule : Crim. 21 oct. 2015, n° 14-82.832, *Dr. pénal* 2015. 158, note P. Conte ou encore qu'il est établi que la personne poursuivie cultivait des plans de canabis mais en cédait également, occasionnelllement à d'autres individus : Crim. 10 déc. 2014, n° 13-87.425 ; *RPDP* 2015. 126, note O. Décima ; *Gaz. Pal.* 24 fevr. 2015, n° 55, obs. E. Dreyer. Cette solution généralement admise par la doctrine (M. Puech, *op. cit.*, p. 245 ; J. Pradel, n° 334 ; P. Serlooten, *op. cit.*, p. 59 ; E. Dreyer, n° 627 et pour une position plus réticente : É. Verny, O. Décima, S. Detraz, n° 28) est imposée par le bon sens et juridiquement parfaitement justifiée (pour des opinions plus réservées, R. Merle et A. Vitu, t. I, n° 390 ; A. Légal, note au *S.* 1936. 1. 313). Dans un arrêt, la chambre criminelle a cependant adopté une solution contraire en admettant le cumul du délit de violences volontaires et d'omission de porter secours (Crim. 24 juin 1980, *Bull. crim.* n° 202 ; *RSC* 1981. 618, obs. G. Levasseur). Quelle que soit l'autorité qui s'attache aux décisions de la Cour de cassation, il nous semble que cette solution est indéfendable. Sans grand intérêt pratique, « elle heurte le bon sens et la psychologie » (G. Levasseur, préc. ; *contra* F. Desportes et F. Gunehec, n° 291, le résultat de la violence, selon ces auteurs pouvant avoir dépassé l'intention ; Y. Mayaud, n° 147(2), qui admet le cumul lorsque les violences volontaires ont entraîné la mort, en raison de l'absence de proximité entre l'infraction d'origine et l'infraction de conséquence), car on ne peut pas reprocher à celui qui frappe volontairement quelqu'un de ne pas se précipiter à son secours, car ce serait exiger un repentir actif ce que n'impose pas le législateur. En revanche, la compatibilité entre l'omission de porter secours et une infraction involontaire est parfaitement logique (en ce sens : Crim. 11 mars 2007, *Dr. pénal* 2007, n° 82, obs. M. Véron), de même qu'entre une complicité de vol et un recel : Crim. 24 nov. 2010, *Dr. pénal* 2011, n° 31, obs. M. Véron : homicide volontaire et recel de cadavre (v. M. Puech, n° 64 ; pour un problème un peu différent : compatibilité entre l'usage de documents obtenus à l'aide d'un délit et le recel de tels documents ; Crim. 26 avr. 1983, *Bull. crim.* n° 117). On ajoutera de plus que la position de la chambre criminelle dans son arrêt de 1980 est contraire à l'ensemble de la jurisprudence concernant les conflits de qualifications. Il n'y a en effet qu'une seule valeur sociale protégée atteinte (v. A.-M. Larguier, « Immunités et impunités découlant pour l'auteur d'une infraction d'une autre infraction antérieurement commise par celui-ci », *JCP* 1961. I. 1601 *bis*).

5 Les qualifications *alternatives* constituent une deuxième hypothèse de qualifications multiples apparentes. Il s'agit de textes qui, par quelque trait, s'excluent réciproquement (A. Decocq, p. 135). Ainsi si une personne provoque le décès d'un tiers, plusieurs incriminations peuvent s'appliquer : homicide volontaire, homicide par imprudence ou encore coups et blessures ayant entraîné la mort sans intention de la donner. Dans un tel cas, une seule qualification est applicable et le seul problème qui peut se poser est de savoir si une décision de relaxe ou d'acquittement sur l'une des qualifications laisse subsister la possibilité d'une poursuite sur la base d'une autre incrimination. L'application de la règle *non bis in idem* s'oppose en principe à toute poursuite (sur ce point, R. Merle et A. Vitu, t. I, préc., n° 391 ; Crim. 7 mars 1984, *Bull. crim.* n° 237). On doit également signaler une remarquable présentation des qualifications incompatibles par le professeur Y. Mayaud (n°s 143 s.) qui considère qu'il faut rejeter tout cumul de qualifications dans trois situations qu'il développe : l'incompatibilité par contradiction, l'incompatibilité par superposition et l'incompatibilité par intégration, qui permet de mieux comprendre certaines solutions jurisprudentielles. Ainsi en est-il en matière de blanchiment d'argent. Une telle infraction peut-elle être retenue à l'encontre de l'auteur de l'infraction d'origine qui a procuré les fonds ? La Cour de cassation l'a admis dans un arrêt du 14 janvier 2004 (n° 03-81.165, *Bull. crim.* n° 12 ; *RSC* 2004. 350, obs. R. Ottenhof ; *JCP* 2004. II. 10081, note H. Matsopoulou ; *Dr. pénal* 2004, n° 48, obs. Véron), en admettant que l'auteur principal d'infractions de fraude et de travail clandestin pouvait également être coupable de blanchiment des sommes produites par sa propre activité. Cette décision, assez vivement critiquée par la plupart des annotateurs a été confirmée dans un arrêt de la chambre criminelle du 20 février 2008 (n° 07-82.977, *D.* 2008. 1573, obs. C. Mascala ; *RSC* 2008. 607, note H. Matsopoulou ; *Dr. pénal* 2008, n° 67, obs. M. Véron). Une telle solution peut apparaître très discutable si l'on admet qu'à l'image du recel, le blanchiment d'argent est une infraction de conséquence (v. pour l'incompatibilité du recel avec l'infraction de prise illégale d'intérêt : Crim. 12 nov. 2015, n° 14-83.073, *Bull. crim.* n° 253 ; *Dr. pénal* 2016. 4, note P. Conte ; *Gaz. Pal.* 26 janv. 2016, n° 4, obs. S. Detraz ; *AJ pénal* 2016. 148, obs. J.-B. Perrier). Telle n'est pas l'interprétation du professeur Y. Mayaud qui considère que, dans cette hypothèse, on ne peut parler d'incompatibilité par intégration parce que le blanchiment n'est pas la conséquence immédiate de la première infraction mais « la manifestation d'un nouvel engagement et non le résultat inhérent de l'infraction ». Il s'agit, en quelque sorte, d'une nouvelle initiative du délinquant qui peut être sanctionnée. Cette solution a été confirmée, récemment, dans un arrêt de la chambre criminelle du 2 juin 2010 (n° 09-82.013, *Bull. crim.* n° 139 ; *AJ pénal* 2010, p. 441, obs. J. Lasserre Capdeville), qui admet qu'il est possible de retenir l'infraction de blanchiment, prévue par l'article 322 alinéa 2 du Code pénal, contre un individu qui participe à la constitution du capital d'une société avec des fonds provenant d'escroqueries auxquelles il avait participé, posant ainsi le principe que l'auto-blanchiment peut être incriminé, dès lors qu'il y a une participation active de l'individu à une des phases de l'opération qui permet de conférer l'apparence de la légalité à des fonds provenant d'une activité criminelle ou délictuelle. On peut voir également un arrêt du 4 mai 2011 (n° 10-84.456, *Bull. crim.* n° 90) où, bien qu'il n'y ait pas eu un cumul des poursuites, la chambre criminelle admettait parfaitement l'auto-blanchiment, dans une affaire de fonds obtenus dans le cadre d'un détournement d'objets placés sous main de justice (v. la note de M. Segonds, *RPDP* 2011. 408) (v. encore Crim. 16 mai 2012, n° 11-82.409 ; *RPDP* 2012. 651, obs. S. Detraz : infractions douanières et blanchiment de capitaux et Crim. 31 mai 2012, n° 12-80.715 ; *Dr. pénal* 2012, n° 177, obs. M. Véron qui décide que la prescription du délit de blanchiment est indépendante de celle de l'infraction originaire ; Crim. 5 nov. 2013 et Crim. 27 mars 2013, n°s 12-84.189 QPC et 12-85.115 QPC, décisions refusant de transmettre la question au Conseil constitutionnel : *RPDP* 2014. 923, obs. M. Segonds et en dernier lieu : Crim. 28 oct. 2015, n° 14-85.120, *Dr. pénal* 2016. 3, obs. P. Conte qui critique cette solution qui est contraire au principe de légalité criminelle, puisque le texte exige que l'auteur du blanchiment apporte son concours, en bonne logique, à une autre personne, ce qui parait condamner l'auto-blanchiment).

6 Pour d'autres auteurs (A. Dekeuwer, préc., p. 516), le conflit est encore apparent lorsque l'on se trouve en présence de deux dispositions dont l'une apparaît spécifique par rapport à une autre qui est plus générale et qui l'englobe. Ainsi en est-il de l'empoisonnement (C. pén., art. 221-5), qui est aussi un meurtre au sens de l'article 221-1 du Code pénal. On notera que dans ce domaine le vocabulaire lui-même est très variable. Certains auteurs (F. Desportes et F. Le Gunehec, n°s 292 s. ; Ph. Bonfils et E. Gallardo, « Concours d'infractions », *Rép. pén.*, Dalloz, n°s 17 s.) utilisent l'expression de qualifications redondantes en subdivisant en qualifications générales et spéciales, larges, partielles et équivalentes. D'autres (P. Conte et P. Maistre du Chambon, n° 236) parlent de qualifications absorbantes. D'autres encore utilisent les expressions de situations divisibles ou indivisibles (E. Dreyer, n° 620 s.). En réalité, s'il ne fait guère de doute que le texte spécial doit être préféré au texte général, il est non moins certain que le conflit de qualifications est effectif puisque l'activité matérielle reprochée à l'individu est très exactement décrite dans chacun des textes qui pourrait ainsi trouver application en interprétant strictement la loi pénale. Sans reprendre la terminologie de qualifications absorbantes, la chambre criminelle, a, semble-t-il, admis les conséquences de cette situation en matière de rébellion en considérant que l'acte de résistance violente, nécessaire à la réalisation de cette infraction, absorbe les violences et leur fait en quelque sorte perdre leur autonomie, rendant impossible des poursuites distinctes (Crim. 21 févr. 2006, n° 05-81.561, *Bull. crim.* n° 47 ; *RSC* 2006. 604, obs. Y. Mayaud ; *Rev. pénit.* 2006. 867, obs. P. Conte). Cette solution est jugée très discutable par le professeur Mayaud (note sous l'arrêt) qui observe qu'en raison de la pluralité des valeurs sociales protégées (atteinte à l'intégrité des personnes d'une part et atteinte à l'administration publique d'autre part) une double déclaration de culpabilité est parfaitement possible. Il est vrai qu'une résistance violente n'implique aucunement des blessures entraînant une incapacité de travail pour les fonctionnaires et que dans une telle hypothèse la réalité d'un concours effectif devrait conduire les juges à retenir les solutions habituellement suivies en matière de conflits de qualifications. Dans le cas contraire, une solution législative de droit pénal spécial, sous la forme de circonstances aggravantes, apparaît s'imposer (en ce sens, P. Conte, note préc.).

B. — Les conflits de qualification effectifs

7 Le concours effectif de qualifications correspond donc à ce troisième type de situations et lui seul suscite de véritables difficultés. C'est à notre sens dans cet unique domaine qu'il convient d'utiliser l'expression « conflit de qualifications ». L'hypothèse concerne tout à la fois le cas de l'acte matériel unique et celui où il y a une pluralité d'actes liés les uns aux autres. Dans la première situation, la multiplicité des qualifications peut s'expliquer tout aussi bien par une pluralité de victimes ayant subi un préjudice différent donc différemment qualifié sur le plan pénal que par le fait que l'action a été envisagée plusieurs fois par le législateur sous des aspects différents (pour une critique de cette conception, M.-L. Rassat, n° 239, qualifiée de « grave erreur » ; v. égal. F. Desportes et F. Le Gunehec, n° 294). Dans la seconde situation, un acte réalisant en lui-même une qualification pénale constitue également la circonstance aggravante ou l'élément constitutif d'une autre infraction. Il est facile de trouver un exemple susceptible d'illustrer chacune de ces hypothèses (pour la meilleure illustration, v. P. Serlooten, art. préc., p. 46 s.). Quelle que soit la diversité des cas, la question est identique. Peut-on ou doit-on

retenir toutes les qualifications pour en tirer certaines conséquences juridiques ou au contraire faut-il nécessairement isoler l'une des qualifications, mais alors laquelle, une activité matérielle unique ne pouvant pour des raisons de justice évidente faire l'objet d'une double déclaration de culpabilité ? (v. pour une définition très claire de cette question : Y. Mayaud, n°s 153 s. qui utilise, néanmoins, l'expression de concours idéal d'infractions).

8 Si nous nous en tenons à l'arrêt *Ben Haddadi*, la Cour de cassation ne paraît pas hésiter à retenir une double déclaration de culpabilité alors qu'il y a une activité unique du délinquant. Est-ce à dire que cet arrêt est une image fidèle de l'ensemble des décisions en cette matière ? Rien n'est moins sûr. Comme nous l'avons déjà indiqué, la doctrine est loin d'avoir une position unanime sur ce point, sans doute essentiellement parce qu'il y a une grande incertitude terminologique. Il semble que dans un premier temps les auteurs aient considéré que le conflit de qualifications ne pouvait jamais conduire à une pluralité de déclarations de culpabilité. Un choix s'impose parmi les différentes qualifications applicables. Il faut n'en retenir qu'une seule.

9 La justification d'une telle solution réside pour certains auteurs dans le fait qu'il y aurait toujours dans ces hypothèses un conflit de lois impliquant le choix automatique de l'une des qualifications (J.-A. Roux, notes au *S.* 1909. 1. 409 s. ; 1923. 1. 89 qui emprunte sa théorie à l'auteur allemand Von Liszt). On peut considérer que cette doctrine s'applique sans difficulté lorsque le conflit met en présence une disposition spéciale et une disposition générale, la première recouvrant exactement la seconde mais avec une circonstance propre en plus. La qualification d'empoisonnement doit ainsi être préférée à celle de meurtre ou d'assassinat par application de l'adage *specialia generalibus derogant*. Pour d'autres exemples : en matière d'accidents de téléphériques, il existe une règle spéciale qui doit être préférée à la disposition générale d'homicide ou de blessures involontaires (T. Annecy 26 avr. 1968, *RSC* 1969. 396, obs. A. Légal), émission de chèques sans provision lorsqu'elle est punissable préférée à l'escroquerie (Crim. 24 janv. 1965, *Bull. crim.* n° 90 ; v. J. Pradel, n° 341 ; P. Serlooten, préc., p. 69). Une solution identique sera retenue lorsque la combinaison d'une circonstance aggravante avec une infraction ou de deux infractions entre elles, aboutit à une incrimination spéciale. Ainsi en est-il du vol avec effraction (C. pén., art. 311-4, 6e) qui exclut l'application de la contravention de dégradation de clôtures (C. pén., art. R. 635-1) ou d'un accident de personnes provoqué par un automobiliste en état d'ébriété qui est puni de façon spécifique par l'article 222-19-1-2e du Code pénal, ce qui exclut l'infraction d'ivresse au volant (Crim. 24 mars 1965, *JCP* 1965. II. 14299, note P. C. ; Crim. 15 févr. 1966, *Gaz. Pal.* 1966. 1. 369 ; fraude en matière de divorce et escroquerie au jugement : Crim. 25 mai 1992, *Bull. crim.* n° 207 ; *Dr. pénal* 1993. Comm. 1). Pour une affaire intéressante où le choix était possible entre trois qualifications (Crim. 17 oct. 1988, *Gaz. Pal.* 26-27 avr. 1989. Somm. 15, obs. J.-P. Doucet ; *RSC* 1989. 748, obs. P. Bouzat). Dans un arrêt du 22 février 1995 (n° 94-82.102, *Bull. crim.* n° 80 ; *RSC* 1996. 116, obs. B. Bouloc), la chambre criminelle a rappelé cette solution en précisant qu'aux termes de l'article L. I-III du Code de la route (auj. : C. pén., art. 222-19-1-2e les blessures commises sous l'emprise d'un état alcoolique sont réprimées de manière spécifique). On notera que dans une plus récente décision la chambre criminelle a estimé que les mêmes violences ne pouvaient pas être retenues comme circonstances aggravantes d'un crime de viol et d'un délit de vol (Crim. 6 janv. 1999, *Bull. crim.* n° 6 ; *Gaz. Pal.* 1999. Chron. crim. 82). On notera que dans cette hypothèse, Y. Mayaud parle d'incompatibilité par superposition.

Il en va de même pour la mise en danger d'autrui qui ne peut être poursuivie comme une infraction autonome (art. 223-1 C. pén.) et comme circonstance aggravante du délit de blessures involontaires (C. pén., art. 222-19, al. 2 et 220-20 ; Crim. 11 sept. 2001, n° 00-85.473, *Bull. crim.* n° 176 ; *RSC* 2002. 106, obs. Y. Mayaud ; *Dr. pénal* 2002, n° 4). Encore pourrait-on se demander quelle serait la solution si la mise en danger d'autrui concernait d'autres personnes (pour un ex. : Bourges 10 avr. 2003, *JCP* 2003. IV. 1832). Dans le même sens : Crim. 20 févr. 2002, n° 00-81.093, *Bull. crim.* n° 38 ; *RSC* 2002. 583, obs. B. Bouloc et 590, obs. Y. Mayaud : impossibilité de retenir la séquestration suivie de mort et l'assassinat, la mort de la victime ne pouvant être retenue comme élément constitutif d'une infraction et comme circonstance aggravante d'une autre infraction.

10 Pour un autre courant doctrinal, c'est la règle *non bis in idem* aux termes de laquelle un délinquant ne peut pas être sanctionné deux fois pour un même fait répréhensible qui conduit nécessairement à ne retenir qu'une des qualifications possibles en négligeant les autres. Cette solution ne devait cependant pas emporter l'adhésion de tous les auteurs. Il est en effet facile de constater que tous les conflits de qualifications ne sont pas identiques : alors que certains résultent du pur effet du hasard, pour d'autres l'attitude du délinquant n'y est pas étrangère.

Ortolan fut l'un des premiers à déceler cette dualité de situations et il proposait que dans certains cas la peine encourue soit aggravée en raison de la dualité des éléments moraux (J. Ortolan, t. I, n° 1449). Pour décrire cette situation, on a alors créé le concept de concours ou cumul idéal d'infractions pour l'opposer à celui de concours réel ou matériel (Larcher, « Du concours idéal d'infractions », *RCLJ* 1898. 44 ; R. Garraud, t. III, n° 983 ; P. Bouzat et J. Pinatel, t. I, nos 768 s. ; B. Bouloc, n° 751 ; Chalaron, « Le concours idéal d'infractions », *JCP* 1967. I. 2088 ; A. Dekeuwer, art. préc. ; F. Desportes et F. Le Gunehec, nos 297 s. ; P. Conte et P. Maistre du Chambon, nos 234 s. ; *contra* W. Jeandidier, n° 462 ; J.-H. Robert, p. 282 ; J. Pradel, n° 334). Cette terminologie est assez discutable puisqu'elle préjuge de la solution du problème en admettant qu'il y a plusieurs infractions réalisées même si leur cumul est formel (A. Decocq, p. 135). Il est donc préférable d'utiliser l'expression conflit de qualifications pour décrire une situation qui peut comporter des solutions différentes : en ce sens P. Serlooten (art. préc., p. 47, *contra* M.-L. Rassat, n° 238 qui estime qu'il s'agit le plus souvent de concours réel mais les exemples cités sont loin d'être convaincants), s'inspirant d'une remarque d'Ortolan, a proposé une distinction terminologique qui nous paraît de nature à simplifier notre problème en estimant qu'il faut distinguer entre le cumul de qualifications et le concours de qualifications. Le terme concours qui évoque la nécessité d'un choix sera retenu lorsqu'il y aura lieu à une seule déclaration de culpabilité alors que celui de cumul sera utilisé lorsqu'une double déclaration de culpabilité sera possible. Il reste évidemment à déterminer selon quel critère la jurisprudence va choisir entre les deux hypothèses de l'unité ou de la pluralité d'infractions.

II. — La solution du conflit de qualifications : unité ou pluralité d'infractions

11 Le critère de l'unité ou de la pluralité d'infractions, c'est-à-dire le choix entre le concours et le cumul de qualifications paraît être fourni dans l'arrêt *Ben Haddadi*, l'arrêt *Desbiolles* constituant en quelque sorte une contre-épreuve. Si cette solution de principe paraît certaine (A), nous pourrons constater ensuite que sa mise en œuvre peut receler certaines difficultés pratiques (B).

A. — Le critère de principe : unité ou pluralité de valeurs sociales protégées

12 En affirmant que Ben Haddadi, en jetant une grenade à l'intérieur d'un débit de boissons n'a pas réalisé « un crime unique dont la poursuite sous deux qualifications différentes serait contraire au vœu de la loi mais deux crimes simultanés, commis par le même moyen, mais caractérisés par des intentions coupables essentiellement différentes », la chambre criminelle indique précisément les motifs de sa décision. La pluralité d'éléments moraux ou si l'on préfère d'attitudes psychologiques explique en effet la double déclaration de culpabilité retenue dans cette affaire. En effet, l'arrêt met en évidence le double dessein criminel de l'auteur, la volonté et la conscience de détruire un édifice d'une part et de tuer d'autre part. Faut-il en déduire que l'unité ou la pluralité d'éléments moraux constitue l'unique critère de la distinction entre les concours et les cumuls de qualifications selon la terminologie que nous avons retenue ? Une réponse négative paraît s'imposer dès lors que les conflits de qualifications se rencontrent également dans le domaine des infractions non intentionnelles pour lesquelles il est à peu près impossible de discerner différentes catégories de fautes pénales (P. Serlooten, art. préc., p. 51 ; M. Puech, p. 249). Dès lors, il faut rechercher un autre critère. Mais peut-être suffit-il de lire plus attentivement la décision que nous avons retenue. On n'a pas suffisamment observé (v. néanmoins

M. Puech, préc.) que l'on trouvait au moins en filigrane dans l'arrêt un autre critère beaucoup plus significatif. Il est en effet précisé pour expliquer la décision que « si la loi punit… la destruction par l'effet d'un explosif d'une maison habitée… parce que ce fait met en péril des vies humaines, ce crime n'en est pas moins essentiellement établi en vue d'assurer la protection des propriétés ». Cet attendu exprime très clairement l'idée que la pluralité des qualifications retenues s'explique aussi par le fait que le geste unique consistant à jeter une grenade dans un édifice habité, même s'il a pour objectif de porter atteinte à la vie des personnes, porte par ailleurs atteinte à la propriété d'autrui. Par un acte unique, l'individu a commis deux infractions distinctes parce qu'il a lésé deux valeurs sociales différentes, toutes deux pénalement protégées (J. Pradel, n° 342 ; P. Salvaire, « Le concours idéal de contraventions », *JCP* 1960. I. 1588 ; Y. Mayaud, n° 156). On peut dès lors considérer que la double déclaration de culpabilité est non seulement possible mais nécessaire puisqu'à chaque valeur pénalement protégée s'attache une réprobation sociale fondant ainsi les poursuites multiples (en ce sens Daskalakis, préc., p. 169). L'unité de valeur sociale même lorsqu'elle entre dans les prévisions de plusieurs textes implique en revanche l'unité de poursuites en raison de l'unité de réprobation.

13 Cette solution, quelle que soit la justification théorique que l'on peut lui donner, paraît de nature à expliquer non seulement la jurisprudence postérieure à l'arrêt *Ben Haddadi* mais également celle qui lui est antérieure. Dès 1875 (Crim. 17 juin 1875, *Bull. crim.* n° 193), la chambre criminelle a admis que les mêmes faits matériels pouvaient caractériser tout à la fois une tentative de meurtre et de vol. La dualité des valeurs sociales protégées permettait déjà de comprendre la dualité des poursuites dans cette affaire. La même justification peut être retenue pour de très nombreuses décisions ayant admis une pluralité de déclarations de culpabilité. Ainsi en matière d'accidents de la circulation ayant entraîné des dommages corporels et provoqués par une violation du Code de la route, deux qualifications sont retenues : la protection de la vie ou de l'intégrité physique d'une part et la discipline de la circulation d'autre part justifient la double poursuite (Crim. 3 mars 1955, *Bull. crim.* n° 443 ; Crim. 25 mars 1965, *Bull. crim.* n° 88 ; *RSC* 1965. 871, obs. A. Légal ; Crim. 8 mars 1972, *Bull. crim.* n° 89 ; Crim. 12 mai 1993, n° 92-84.179, *Bull. crim.* n° 177 ; *Gaz. Pal.* 1993. Somm. 450, note J.-P. Doucet ; Crim. 21 sept. 1999, n° 97-85.551, *D.* 2000. 383, obs. M.-C. Amauger-Lattes, qui tout en confirmant la possibilité du cumul de qualifications rappelle que s'agissant de délits, le cumul des peines est impossible, v. égal. Crim. 2 mars 2010, *Bull. crim.* n° 44 ; *AJ pénal* 2010. 287, obs. J. Lasserre Capdeville).

14 Toujours dans le domaine de la circulation automobile, on a pu retenir le cumul des qualifications de conduite sous l'empire d'un état alcoolique et l'ivresse publique (Crim. 15 janv. 1958, *Bull. crim.* n° 60), le premier texte visant la sécurité de la circulation routière, le second assurant la protection de la décence publique ; une contravention au Code de la route et une infraction à la coordination des transports pour un camionneur circulant en surcharge : protection de l'état des routes et défense des intérêts de la SNCF (Crim. 6 nov. 1963, *Bull. crim.* n° 313 ; v. égal. destruction volontaire du bien d'autrui (art. 322-5 C. pén.) et vitesse excessive (art. 413-1 C. route) pour un accident ayant entrainé un incendie : Crim. 30 avr. 2016, n° 15-85.082). Dans le secteur des infractions de presse, un même article de journal a pu fonder une double déclaration de culpabilité pour diffamation envers un ministre et propagation de fausses nouvelles, l'atteinte à l'honneur du ministre et à la paix publique constituant deux valeurs sociales distinctes (Crim. 5 nov. 1966, *Bull. crim.* n° 139 ; Crim. 19 mars 1996, *Gaz. Pal.* 21-23 juill. 1996 : diffamation et interdiction de publier des informations sur une constitution de partie civile, infraction aujourd'hui abrogée [pas d'incompatibilité]). Il a, en revanche, été admis que lorsqu'un même article constitue une injure et une diffamation, d'une manière indivisible, le délit d'injure est absorbé par celui de diffamation (Crim. 18 janv. 1994, *Dr. pénal* 1994, n° 64, obs. V. Lesclous et C. Marsat. Dans le même sens, pour injures et outrages à un agent des douanes : Crim. 16 juill. 1997, *Bull. crim.* n° 274).

15 On ajoutera encore, sans aucunement prétendre être exhaustif, le cumul de qualifications pour une vente sans facture et des omissions comptables : atteinte à l'ordre public économique et aux intérêts financiers de l'État (Crim. 9 avr. 1970, *Bull. crim.* n° 114), l'homicide involontaire, la contravention interdisant d'embaucher des mineurs pour démonter un échafaudage (C. trav., art. D. 4153-48) et le délit consistant à ne pas assurer une telle opération sous la conduite d'une personne compétente (art. 138 du décret du 8 janvier 1965), c'est-à-dire trois qualifications à la suite du décès d'un mineur : protection de l'intégrité physique, protection des mineurs et protection de la sécurité générale des travailleurs (Crim. 7 nov. 1979, *Masson*, inédit).

16 Dans une autre décision (Crim. 19 oct. 1982, *Bull. crim.* n° 225), la Cour de cassation a admis un cumul de qualifications entre une diffamation et une violation de secret professionnel pour la publication d'un même écrit en se fondant expressément « sur la violation cumulative d'intérêts collectifs ou individuels distinctement protégés ». La formule a été reprise dans un arrêt du 22 novembre 1983 (*Bull. crim.* n° 308) pour admettre une double déclaration de culpabilité dans le cas d'un détournement d'hélicoptère, à savoir : le détournement d'aéronef (C. pén., art. 224-6) qui protège la liberté de la circulation aérienne et la prise d'otage (celle du pilote) (C. pén., art. 224-4) qui protège la personne. Ces deux espèces confirment donc pleinement le critère de la pluralité des valeurs sociales. Dans d'autres arrêts, la jurisprudence a retenu, pour les mêmes faits, à la fois le crime contre l'humanité et le crime de guerre (Crim. 20 déc. 1985, *Bull. crim.* n° 407 et Crim. 25 nov. 1986, *Bull. crim.* n° 353, affaire *Barbie*) ou encore licenciement d'un salarié sans autorisation administrative et licenciement du même salarié conseiller prud'homme (Crim. 22 avr. 1986, *Bull. crim.* n° 133). Méconnaissance d'un plan d'occupation des sols, art. L. 160-1 du Code de l'urbanisme et violation des obligations concernant le permis de construire (art. L. 480-4 du même code ; Crim. 28 janv. 1995, *Dr. pénal* 1995, n° 154 ; *JCP* 1995. 3861, obs. Robert et construction en violation du plan d'occupation des sols et dans une zone interdite, en prévention des risques naturels : article L. 160-1 du C. urb. et 591-593 du C. env. : Crim. 29 oct. 2013, n° 12-85.395 ; *Dr. pénal* 2014, n° 8, obs. M. Véron ; *RPDP* 2014. 950, obs. E. Joly-Sibuet ; Crim. 15 oct. 2013, n° 12-85.408 ; *RSC* 2013. 824, obs. J.-H. Robert ; Crim. 8 déc. 2015, n° 14-85.558, *Bull. crim.* n° 278 ; *AJ pénal* 2015. 149, obs. R. Léost ; *Dr. pénal* 2016. 34, obs. critiques de J.-H. Robert). On pourrait multiplier les exemples. On ajoutera encore que dans la très célèbre affaire du sang contaminé, la Cour de cassation, tout en validant les condamnations prononcées pour tromperie, n'en a pas moins expressément admis que la qualification d'empoisonnement n'était pas incompatible avec celle qui avait été retenue. Elle accepte donc explicitement la possibilité d'un cumul de qualifications (Crim. 22 juin 1994, n° 93-83.900, *D.* 1995. 85, note A. Prothais ; *ibid.* 65, concl. J. J. Perfetti ; *JCP* 1994. II. 22310, note M.-L. Rassat ; *Gaz. Pal.* 1994. 2. 592). *Adde* : Parmi quelques espèces diverses on citera : propagation involontaire d'une épizootie et omission de dépistage obligatoire de certaines maladies (Crim. 18 mars 1998, n° 97-81.768, *Bull. crim.* n° 104) ; violence sur une personne dépositaire de l'autorité publique et actes attentatoires à la liberté individuelle (Crim. 21 avr. 1998, n° 97-81.438, *Bull. crim.* n° 140) ; corruption active et abus de biens sociaux (Crim. 27 oct. 1997, n° 96-83.698, *Bull. crim.* n° 352 ; *JCP* 1998. 310, note A. Dekeuwer ; corruption et favoritisme (probité publique et liberté et égalité d'accès des candidats à un marché : Crim. 12 sept. 2009, n° 11-87.281, *LPA* 17 déc. 2012, note M.-E. Boursier-Mauderly) ; homicide involontaire et délit d'usage et trafic de stupéfiants (Limoges, 4 juin 1997, *RSC* 1998. 549, obs. Y. Mayaud) ; atteinte à l'intimité de la vie privée de particuliers et atteinte à la Constitution (art. 114 C. pén. de 1810) dans l'affaire des écoutes de l'Élysée (Paris, 30 sept. 1996, *D.* 1997. 111, note E. Breen ; Crim. 4 mars 1999, *Bull. crim.* n° 83 ; *Gaz. Pal.* 1997. 1. 320, note J.-P. D.) ; diffamation à caractère racial et contestation de crime contre l'humanité (Crim. 12 sept. 2000, 2 arrêts, *Dr. pénal* 2001, n° 4) ; complicité de prise illégale d'intérêts et usurpation de fonctions (Crim. 21 févr. 2001, n° 00-81.167, *Bull. crim.* n° 46) ; conditions indignes de travail et violences volontaires par harcèlement moral (Crim. 4 mars 2003, n° 02-82.194, *Bull. crim.* n° 58 ; *RSC* 2003. 561, obs. Y. Mayaud ; *Dr. pénal* 2003, n° 83, obs. M. Véron) ; travail sans contrepartie et soumission des personnes à des conditions de travail et d'hébergement incompatibles avec la dignité humaine (Crim. 30 mai 2006, *Dr. pénal* 2006, n° 117, obs. M. Véron) ; ouverture illégale d'une maison de jeux, absence de tenue de comptabilité et de déclaration de recettes, trois infractions fiscales pour l'exploitation de jeux de hasard (Crim. 8 mars 2006, n° 05-82.319, *Bull. crim.* n° 66 ; *AJ pénal* 2006. 216, obs. G. Roussel) ; fraude fiscale et escroquerie (Crim. 6 oct. 2010, n° 09-87.879) ; infraction au régime des loteries et au régime des contributions indirectes (Crim. 4 mars 2010, n° 09-84.543 ; sur ce point, v. S. Detraz « Un an de droit pénal fiscal et douanier », *Dr. pénal* 2011, n°s 2 et 11) ; discrimination syndicale et harcèlement moral (Crim. 6 févr. 2007, n° 06-82.601, *Bull. crim.* n° 29 ; *RSC* 2007. 527, obs. É. Fortis ; *ibid.* 818, obs. Y. Mayaud ; *ibid.* 824, obs. A. Cerf-Hollender ; *RPDP* 2007. 661, obs. A. Lepage) ; banqueroute et infraction fiscale résultant d'une comptabilité irrégulière (Crim. 4 mai 2006, *Dr. pénal* 2006, n° 101, obs. J.-H. Robert) ; tromperie et usurpation d'appellations d'origine (Crim. 16 janv. 2007, *Dr. pénal* 2007, n° 57, obs. J.-H. Robert) ; tromperie et mise en danger d'autrui (Crim. 15 avr. 2008, n° 07-84.187 : pour une décongélation de gibier non conforme à la réglementation) ; tromperie et exercice illégal de la pharmacie (Crim. 9 sept. 2008, n° 2008-045338 : vente de plantes médicinales, arrêts cités par A. Lepage, « Un an de droit pénal de la consommation », *Dr. pénal* 2009. Chron. 5). V. également parmi des décisions récentes : association de malfaiteurs et évasion en bande organisée (Crim. 19 janv. 2010, *Bull. crim.* n° 11 ; *Dr. pénal* 2010. 43, note M. Véron qui note que les deux infractions sont séparées dans le temps) ; association de malfaiteurs et escroquerie en bande organisée (Crim. 30 juin 2010, *Dr. pénal* 2010. 125, note M. Véron) ; corruption publique active et délivrance de documents administratifs indus (Crim. 9 mars 2011, n° 10-83.380, *RPDP* n° 407, obs. M. Segonds, la recherche d'une pluralité de résultats démontrant la pluralité de valeurs sociales) ; non-respect du repos hebdomadaire et violation d'un arrêté préfectoral (Crim. 16 mars 2010, *D.* 2010. 864 et 1084, obs. A. Cerf Hollender) ; exercice illégal de la médecine et usage du titre de médecin sans être inscrit au tableau (Crim. 12 janv. 2010, *Dr. pénal* 2010. 45, note M. Véron) ; publicité comparative illicite et pratiques commerciales trompeuses : Crim. 28 juin 2011, n° 10-82.607 ; *RSC* 2012. 159, obs. C. Ambroise Castérot ; dénonciation calomnieuse art. 226-10 C. pén. ; et procédure abusive de constitution de partie civile art. 177-2 du C. pr. pén., sanctionnant, pour la première, un comportement de nature à nuire à autrui et, pour la seconde, une atteinte à une bonne administration de la justice. L'intérêt de cette décision est que l'une des incriminations est frappée d'une amende civile prononcée par le juge d'instruction qui peut donc se cumuler avec la sanction pénale : Crim. 20 mai 2015, n° 14-84.029, *Bull. crim.* n° 304 ; *RPDP* 2015. 980, obs. V Peltier ; *JCP* 2015. 1285, note critique E. Dreyer ; *Gaz. Pal.* 17 nov. 2015, n° 290, obs. R. Mesa ; abus de faiblesse et infraction aux règles du démarchage à domicile ; Crim. 8 mars 2016, n° 14-88.347, *D.* 2016. 652 ; v. égal. CA Amiens 1er sept. 2014 qui a retenu la qualification d'avortement imposé et celle d'administration de substances nuisibles contre un individu ayant obligé une femme enceinte à absorber un produit abortif : M. Benillouche, « La conciliation délicate du foeticide volontaire et des infractions de droit commun », *AJ pénal* 2015. 89. La plupart des dernières décisions de la chambre criminelle soulignent précisément la violation d'intérêts distincts, autrement dit la violation de plusieurs valeurs sociales protégées, confortant ainsi totalement ce critère de la pluralité de qualifications (sur cette notion : A. Hedabou,

« Contribution à l'éclaircissement de “l'unité des faits” en matière pénale », *RPDP* 2008. 61 ; M. Lacaze, « Réflexions sur le concept de bien juridique protégé par le droit pénal », thèse, LGDJ, 2010 et pour une critique de cette notion : É. Verny, O. Décima, S. Detraz, n° 294).

17 Néanmoins la fiabilité du critère proposé implique *a contrario* que l'unité de valeur sociale protégée conduise la jurisprudence à ne retenir qu'une seule des qualifications et ainsi à admettre ce que nous avons appelé le concours de qualifications. On peut considérer que de nombreuses décisions antérieures à l'arrêt *Ben Haddadi* affirmant qu'un même fait ne saurait entraîner une double déclaration de culpabilité sont justifiées par l'unité d'intérêt pénalement protégé. Le même « fait » étant entendu dans un sens à la fois matériel et psychologique (A. Decocq, p. 136 ; Crim. 25 févr. 1921, *S.* 1923. 1. 89, note Jaroux ; Crim. 13 janv. 1953, *Bull. crim.* n° 12 ; Crim. 19 avr. 1967, *Bull. crim.* n° 126).

18 L'arrêt *Desbiolles*, que nous avons retenu, illustre bien la nécessité de ne retenir qu'une seule qualification lorsqu'il résulte à l'évidence qu'une seule valeur sociale a été lésée. Un sieur Desbiolles, sans doute mécontent d'une décision de remembrement, était allé couper plusieurs stères de bois sur une parcelle attribuée à une autre personne pour se les approprier. Il était poursuivi pour vol (C. pén., art. 311-1) mais aussi sur la base de l'article R. 40-8° du Code pénal de 1810 qui incriminait les actes tendant à la destruction d'arbres et avait été condamné pour ces deux infractions. La chambre criminelle a censuré cette décision en se contentant d'observer que le même fait, c'est-à-dire l'abattage d'arbres, était déjà inclus dans les agissements reprochés sous la qualification du vol. Sur un plan logique, il est clair qu'on ne peut pas voler un arbre sur pied sans l'avoir préalablement coupé. Au-delà de cet argument, la solution s'explique par le fait que les deux textes en concours protégeaient la même valeur sociale, la propriété d'autrui, et que l'attitude psychologique de l'agent ne peut être abstraitement divisée.

19 La thèse du concours de qualifications a également été admise en matière de contraventions au stationnement. Il est impossible de retenir cumulativement une infraction à un arrêté d'interdiction de stationnement et une infraction pour stationnement irrégulièrement prolongé en zone bleue (Crim. 27 mars 1968, *Bull. crim.* n° 106 ; *D.* 1968. 384 ; *RSC* 1970. 639, obs. A. Légal) ; stationnement entravant l'accès d'un immeuble et stationnement interdit par un arrêté municipal (Crim. 3 juill. 1968, *Bull. crim.* n° 213 ; *D.* 1969. 4). Dans tous ces cas, il n'y a qu'un seul intérêt pénalement protégé : la discipline du stationnement. On signalera encore la déclaration unique de culpabilité pour l'ouverture d'un établissement le dimanche et le non-respect du repos hebdomadaire (Crim. 10 janv. 1979, *Bull. crim.* n° 9) ; pour deux infractions en matière d'installations classées : non-conformité à un arrêté préfectoral de mise en demeure et exploitation d'une installation soumise à autorisation sans satisfaire aux prescriptions de l'arrêté préfectoral (Crim. 17 févr. 1993, *Dr. pénal* 1993, n° 164, note J.-H. Robert ; pour une tromperie et une escroquerie : Paris, 9e ch. 12 févr. 1991, *Dr. pénal* 1991. Comm. 206, obs. J.-H. Robert ; Crim. 4 mai 2004, *Bull. crim.* n° 113, publicité de nature à induire en erreur et tromperie). La chambre criminelle a eu l'occasion de rappeler dans une décision (Crim. 25 mai 1994, n° 94-80.325, *Bull. crim.* n° 200 ; *RSC* 1995. 99, obs. B. Bouloc ; *Dr. pénal* 1994, n° 211, obs. J.-H. Robert) que le cumul des peines en matière de contravention impliquait l'existence d'infractions cumulatives. Tel n'est pas le cas lorsqu'un automobiliste fait circuler une voiture avec plusieurs pneus usagés. Il y a bien évidemment une faute unique mais surtout une seule valeur sociale protégée atteinte. Parmi d'autres décisions on ajoutera : Crim. 30 oct. 1997, *Bull. crim.* n° 364 : une seule qualification possible pour deux infractions du Code des douanes ; Crim. 4 févr. 1998, n° 97-82.417, *Bull. crim.* n° 46 ; *Dr. pénal* 1998, n° 15, acte de cruauté envers un animal domestique (art. 521-1 C. pén.), destruction volontaire d'un animal domestique (C. pén., art. R. 655-1, 1er §); apologie et contestation de crimes contre l'humanité : Crim. 26 avr. 2000, *Bull. crim.* n° 167 ; *Dr. pénal* 2000, n° 114, obs. M. Véron ; destruction d'animaux non domestiques et chasse par des moyens prohibés : Crim. 16 mai 2006, n° 05-86.860, *RSC* 2006. 837, obs. J.-H. Robert, *Dr. pénal* 2006, n° 121, obs. J.-H. Robert. Au-delà de la faute unique constatée il est évident qu'une seule valeur sociale protégée a été atteinte. (V. Crim. 25 mars 2015, n° 13-84.422, *Bull. crim.* n° 68 ; *Dr. pénal* 2015. 89, note J.-H. Robert, pour le choix d'une qualification, sans aucune explication de la chambre criminelle, sinon la volonté de maintenir la répression).

20 On observera que dans toutes les hypothèses où les juridictions répressives admettent le concours, donc l'unité d'infraction, se pose très naturellement la question du choix de la qualification à retenir. On notera simplement à ce propos les deux règles essentielles. Si on se trouve en présence de deux textes dont l'un apparaît spécial par rapport à un autre plus général, c'est évidemment le premier qui sera retenu parce qu'il englobe toute l'anti-sociabilité du fait (pour une application où la qualification de viol est préférée à celle de violences volontaires alors que les faits concernaient des époux : Crim. 5 sept. 1990, n° 90-83.786, *Bull. crim.* n° 313 ; *JCP* 1991. II. 21629 ; v. égal. Crim. 21 mars 2006, n° 05-83.122, *Dr. pénal* 2006, n° 89, obs. J.-H. Robert ; falsification de denrées destinées à l'alimentation du bétail, C. consom., art. L. 213-2° préférée à l'administration de substances anabolisantes à des animaux, C. rur., art. L. 234-3 § 3 parce qu'elle est plus sévèrement réprimée bien qu'elle soit plus générale). Dans le cas contraire, c'est-à-dire lorsque les infractions n'ont aucun rapport logique entre elles, la jurisprudence, pour les mêmes raisons, s'attachera à la qualification la plus lourdement sanctionnée (v. P. Serlooten, préc., p. 69 ; A. Decocq, p. 141 ; F. Desportes et F. Le Gunehec n° 300 ; J. Pradel, nos 340 s. ; E Verny, O. Décima, S. Détraz, n° 301 s.). C'est le principe de la plus haute expression pénale.

Ainsi, au terme de l'analyse de cet ensemble de décisions, le critère tiré de la pluralité ou de l'unité des valeurs pénalement protégées paraît bien permettre de distinguer entre les cas de cumul et de concours de qualifications selon le sens que nous avons donné à ces expressions.

B. — Les difficultés de mise en œuvre du principe

21 Nonobstant le grand intérêt qui s'attache aux critères ainsi dégagés, il n'est pas difficile de relever des décisions qui ne sont pas exemptes de critiques par rapport au système retenu.

Le plus souvent, il s'agit de cas où les magistrats répressifs retiennent une seule déclaration de culpabilité alors que l'interprète peut facilement discerner plusieurs valeurs sociales protégées différentes. Il en est ainsi par exemple lorsqu'une escroquerie a été commise au moyen d'une autre infraction : faux, émission de chèque sans provision ou exercice illégal de la médecine, la jurisprudence décide qu'une seule déclaration de culpabilité peut être relevée (v. à titre d'exemple, Crim. 12 juin 1958, *Bull. crim.* n° 457 ; Crim. 26 mai 1976, *Bull. crim.* n° 181 ; *D.* 1976. IR 196 et A. Decocq, p. 138 ; P. Serlooten, préc., p. 57 ; Montpellier 4 juin 2013, n° 12-01.3330 ; *Gaz. Pal.* 12 déc. 2013). Il est évidemment très facile de soutenir qu'il y avait plusieurs valeurs protégées dans chacun de ces exemples : outre la protection de la propriété, c'est par exemple le crédit public qui est protégé par les infractions en matière de chèque, la qualité de médecin dans l'exercice illégal de la médecine, etc. On a cependant fait remarquer (P. Serlooten, préc.) que subjectivement l'action du délinquant n'a pour but que la lésion d'une seule valeur sociale. Il y a une infraction-fin et une infraction-moyen, seule la première doit être retenue (v. pour un exemple assez discutable : Crim. 9 déc. 1993, *Bull. crim.* n° 393, pour un viol absorbé par une extorsion avec tortures commise par un individu ayant imposé une relation sexuelle pour obtenir des fonds ; v. égal. Crim. 21 févr. 2006, préc., pour un délit de rébellion absorbant les violences volontaires). Il reste que dans l'une de ses décisions la chambre criminelle a adopté une solution différente pour une escroquerie résultant d'une publicité mensongère (Crim. 10 mai 1978, *Bull. crim.* n° 148). Elle a considéré que la publicité de nature à induire en erreur concerne le public de façon générale alors que l'escroquerie vise seulement certaines personnes, celles qui ont été conduites à s'endetter à la suite de cette publicité. Le même fait « constitue donc deux délits matériellement différents caractérisés de surcroît par des éléments différents ». Il est clair que la première incrimination entend protéger les consommateurs alors que la seconde protège plus spécialement la propriété. V. égal. pour une publicité de nature à induire en erreur accompagnée d'une fraude : Crim. 30 oct. 1995, *Dr. pénal* 1996, n° 62, obs. J.-H. Robert ; Crim. 7 avr. 1994, *Dr. pénal* 1994, n° 220, obs. J.-H. Robert qui retient l'infraction de travail clandestin avec la contravention de non-tenue d'un livre de paie qui est un élément constitutif de la première infraction (v. égal. Crim. 8 mars 2006, préc.). On peut noter que, dans un arrêt du 14 nov. 2013, n° 12-87.991 (*Gaz. Pal.* 28 nov. 2013 ; *AJ pénal* 2014. 296, obs. J. Lasserre Capdeville) la chambre criminelle a admis un cumul de qualifications entre le faux et l'escroquerie, au motif que les deux infractions protègent des intérêts distincts et que la peine prononcée ne dépasse pas le maximum légal. Curieusement la décision, qui devait être publiée, ne figure pas dans le recueil des arrêts de la chambre criminelle du mois de novembre 2013.

22 On pourrait également se demander pourquoi un acte d'immoralité commis en public ne fait l'objet selon la Cour de cassation que d'une seule déclaration de culpabilité (Crim. 13 janv. 1953, préc.) alors que la première incrimination protège une personne en particulier et que la seconde protège la moralité publique (pour une explication de cette position, Daskalakis, thèse préc., p. 213).

Les hypothèses où la jurisprudence relève plusieurs qualifications alors qu'il n'y a qu'une seule valeur sociale protégée sont beaucoup moins nombreuses (voir néanmoins un cas pour le moins curieux : Crim. 17 juill. 1986, *Bull. crim.* n° 237, admettant un cumul de qualifications de deux contraventions à savoir interdiction d'occuper un salarié plus de 6 jours par semaine et non-respect du repos hebdomadaire ; mais *contra* Crim. 12 mai 1992, *Dr. pénal* 1992. Comm. 295, obs. J.-H. Robert. Assez curieusement la chambre criminelle dans deux décisions plus récentes est revenue à la solution initiale en estimant, dans cette hypothèse, qu'il y a des éléments constitutifs distincts : Crim. 25 nov. 1997, *Bull. crim.* n° 401 ; Crim. 11 janv. 2000, n° 98-87.599, *Bull. crim.* n° 14 ; *RSC* 2000. 818, obs. B. Bouloc et 845, obs. G. Giudicelli-Delage). On citera encore le cas où une faute d'imprudence va entraîner des conséquences dommageables diversement qualifiées : décès, délit de coups et blessures et contravention de coups et blessures, pour lequel les juges répressifs retiennent toutes les qualifications (Crim. 4 avr. 1957, *Bull. crim.* n° 323 ; Crim. 26 oct. 1960, *Bull. crim.* n° 481 ; Crim. 28 janv. 1969, *Bull. crim.* n° 51). Il est pourtant évident qu'une seule valeur sociale (l'intégrité physique des personnes) a été atteinte. En réalité, cette solution s'imposait initialement pour des raisons procédurales, à savoir que la victime la moins gravement atteinte puisse se constituer partie civile. L'exception à la règle était donc purement technique. La meilleure preuve en est que même lorsqu'il s'agit d'une contravention, la chambre criminelle refuse le cumul des peines alors qu'il s'impose normalement en cas de cumul de qualifications contraventionnelles (P. Serlooten, préc., p. 63 ; R. Merle et A. Vitu, t. I, n° 373 ; A. Decocq, p. 141 et sur l'inutilité actuelle d'une telle jurisprudence ; W. Jeandidier, n° 463 et M.-L. Rassat, n° 244). V. à titre d'exemples : Crim. 22 févr. 1995, n°s 94-82.111 et 94-82.102, *Bull. crim.* n°s 80 et 81 ; *RSC* 1996. 116, obs. B. Bouloc : ces deux arrêts censurent un tribunal des forces armées qui, dans les deux cas, avait prononcé une peine pour chaque blessé, considérant ainsi, à tort, qu'il y avait autant d'infractions que de victimes alors que les faits poursuivis procèdent d'une seule et même action (v. plus récemment, Crim. 11 mai 2004, n° 03-85.925, *Bull. crim.* n° 115 ; *AJ pénal* 2004. 285, obs. J. Leblois-Happe ; Crim. 8 mars 2005, n° 04-83.341, *RSC* 2005. 549, obs. É. Fortis ; *ibid.* 558, obs. Y. Mayaud ; Crim. 26 oct. 2010, *Dr. pénal* 2011. 15, note M. Véron ; v. Crim. 9 oct. 2012, n° 12-81.924, *Gaz. Pal.* 9 févr. 2013, note S. Detraz).

23 Comme on vient de le constater une analyse approfondie de la jurisprudence peut révéler des décisions assez peu orthodoxes par rapport au critère proposé et habituellement suivi par les tribunaux répressifs. Sans doute est-il possible de justifier quelques-unes de ces exceptions. Il reste que certaines solutions admettant un concours sont assez difficiles à expliquer (pour une critique sévère : W. Jeandidier, n° 464 ; M.-L. Rassat, n°s 243 s. ; J.-H. Robert, p. 284 ; E. Dreyer, n° 623). D'autres auteurs vont jusqu'à estimer que le droit pénal gagnerait à la disparition d'un tel concept (celui du concours idéal ; P. Conte et P. Maistre du Chambon, n° 233). La suggestion est plaisante mais un peu irréaliste car l'existence de ce type de conflits est une réalité inévitable. Il faut d'ailleurs noter que la Cour européenne des droits de l'homme a été amenée à valider la double déclaration de culpabilité considérant que cette solution n'est pas contraire à l'article 4 § 1 du Protocole n° 7 de la Convention, un même fait pénal pouvant constituer deux infractions distinctes à savoir dans le cas jugé une atteinte à l'intégrité physique des personnes et la contravention de défaut de maîtrise d'un véhicule (CEDH 30 juill. 1998, *JCP* 1999. 1. 105, n° 58, obs. F. Sudre ; et CEDH 4 mars 2008, req. n° 2529/04, *Garretta c/ France, RSC* 2008. 692, chron. J.-P. Marguénaud et D. Roets dans la très célèbre affaire du sang contaminé, l'infraction de tromperie et d'empoisonnement protégeant des valeurs morales distinctes : la confiance contractuelle d'une part et l'intégrité physique d'autre part. V. égal. CEDH 30 mai 2002, W. F. *JCP* 2002. I. 26, obs. F. Sudre ; J.-F. Renucci, *Droit européen des droits de l'homme*, LGDJ, 6e éd., 2015 et *Traité de droit européen des droits de l'homme*, LGDJ, 2e éd., 2012). On doit, néanmoins, signaler un arrêt plus récent de la Cour européenne des droits de l'homme (CEDH, gr. ch., 10 févr. 2009, *Zolokoutine c/ Russie, RSC* 2009. 675, obs. D. Roets ; E. Dreyer, « Un an de droit européen en matière pénale », *Dr. pénal* 2010 n° 10) qui pourrait peut-être conduire à une modification de la jurisprudence de la cour si elle était, une nouvelle fois, saisie. Cette décision, qui concernait un cumul de poursuites, considère, qu'aux termes de l'article 4 du Protocole n° 7 il n'est pas possible de juger une personne pour une seconde infraction dès lors que celle-ci a pour origine des faits identiques ou des faits qui sont en substance les mêmes que ceux qui ont déjà été jugés. La formule peut, sans doute, être interprétée de différentes manières mais on ne peut contester, qu'en matière de conflits de qualifications, nonobstant la pluralité de valeurs sociales protégées, il s'agit bien de faits objectivement identiques (en ce sens, E. Dreyer, n° 623, et note préc. ; v. encore CEDH, sect. IV, 22 janv. 2013, *Camilleri c/ Malte*, req. n° 42931/10 ; *Dalloz actualité*, 13 févr. 2013, obs. O. Bachelet). En revanche le Conseil constitutionnel dans une décision du 12 janvier 2002 (Cons. const. 12 janv. 2002, n° 2001-455 DC) a, au moins indirectement, validé la possibilité d'une double poursuite en matière de harcèlement moral, incriminé à la fois par le Code pénal et le Code du travail, à la seule condition que les sanctions pénales subies n'excèdent pas le maximum le plus élevé (v. F. Seuvic, *RSC* 2002. 366, Chron. lég.). On observera néanmoins, qu'une décision récente du Conseil constitutionnel rendue dans le cadre d'une QPC pourrait conduire à des interrogations (Cons. const. 28 juin 2013, n° 2013-328 QPC ; *AJ pénal* 2013. 471, obs. Ph. Belloir ; *Dr. pénal* 2013, n° 149, obs. V. Peltier ; *RSC* 2013. 827 ;

D. 2013. 1631 et 2713, obs. G. Roujou de Boubée ; *LPA* 14 mai 2014, obs. V. Tellier Cayrol ; *Gaz. Pal.* 5 sept. 2013, note S. Detraz). Dans cette décision, en se fondant sur le principe d'égalité (et non sur le principe de légalité), la Haute juridiction a déclaré inconstitutionnel l'article L 135-1 du Code de l'action sociale et des familles, punissant des peines de l'escroquerie la perception frauduleuse de prestations sociales, au motif, qu'un autre texte, l'article L. 114- 13 du Code de la sécurité sociale sanctionne la fraude ou la fausse déclaration pour obtenir certaines prestations, précisément énumérées (le revenu de solidarité active, l'aide personnalisée au logement et l'allocation aux adultes handicapés), d'une simple peine d'amende de 5 000 euros. Le Conseil a donc déduit que cette différence de traitement, qui n'est pas justifiée par une différence de situation en rapport direct avec l'objet de la loi, méconnaît le principe d'égalité devant la loi pénale. Certains commentateurs de l'arrêt ont pu considérer, qu'au moins indirectement, cette décision pouvait être interprétée comme une condamnation du système des conflits de qualifications. En réalité, comme on l'a observé (V. Peltier) il s'agit plutôt d'un moyen radical pour résoudre un conflit simplement apparent entre une qualification générale et une qualification spéciale que les juges auraient pu régler sans difficulté par application des règles habituelles. Ce qui est en fait, condamné par le Conseil, c'est le sort particulier fait à trois prestations sociales spécifiques par un texte qui est postérieur à l'article abrogé. Il paraît donc difficile de considérer que cette décision apporte une solution pour régler les conflits de qualifications effectifs alors que, dans le cas traité il était inexistant. À un moment où la lutte contre les fraudes sociales est à l'ordre du jour le législateur se devait d'intervenir. C'est ce qu'il a fait dans l'article 86 de la loi n° 2013-1203 du 23 déc. 2013 de financement de la sécurité sociale pour 2014 abrogeant l'article L. 114-13 du CSS en unifiant les sanctions en matière de fraude aux prestations sociales et en augmentant les peines désormais applicables (2 ans d'emprisonnement et 30 000 euros d'amende, C. pén., art. 441-6, et 7 ans d'emprisonnement et 75 000 euros d'amende lorsque l'escroquerie est constituée).

Certains auteurs ont pu se demander si l'évolution de la jurisprudence du Conseil constitutionnel, concernant la limitation du cumul des sanctions, n'était pas de nature à remettre en cause la possibilité d'un cumul des qualifications en matière de conflits. Nous ne le pensons pas. Une nouvelle fois le Conseil, dans sa décision du 18 mars 2015 (n° 2015-462 QPC) a abrogé l'une des infractions en conflit, dès lors que les intérêts protégés, par les deux textes, étaient identiques afin d'éviter des poursuites devant deux instances, ce qui pouvait conduire à une pluralité de sanctions (v. *infra* n° 52). Même si le Conseil ne s'est pas appuyé sur ce moyen, il s'agissait de tenir compte de la règle *non bis in idem*, la relaxe devant l'Autorité des marchés financiers excluant, selon ce principe, une poursuite devant la juridiction pénale. On peut admettre que le problème se pose de façon très différente en matière de conflits de qualifications, puisqu'il n'y a qu'une seule poursuite et que l'identité de valeur sociale protégée conduit nécessairement à n'en retenir qu'une seule. Il reste, il est vrai, que la CEDH adopte une attitude beaucoup plus restrictive en condamnant les cumuls de poursuites et donc de sanctions, dès lors qu'elles relèvent toutes de la matière pénale. Cependant, il ne semble pas, au moins dans les dernières décisions rendues (v. *infra*, n° 51) que la juridiction européenne ait visé la situation des conflits de qualifications (pour une opinion totalement différente, v. E. Dreyer, *JCP* 2015. 1283, qui commente un arrêt du 22 septembre 2015 de la chambre criminelle qui a admis le cumul d'une amende civile prononcée pour procédure abusive, par le juge d'instruction et une sanction pénale, pour dénonciation calomnieuse, prononcée par une juridiction de jugement). Sans doute s'agit-il des mêmes faits qui sont à l'origine des sanctions. Sans doute il y a bien eu deux poursuites mais elles ne concernent pas la même personne. Serait-il vraiment logique que, parce que le juge d'instruction a condamné la prétendue victime à une amende civile, la vraie victime ne puisse pas se constituer partie civile pour dénonciation calomnieuse ?

4 Deux observations peuvent être faites pour conclure. En premier lieu, on notera que la plupart des décisions discutables sont antérieures à l'arrêt *Ben Haddadi*, ce qui confirme l'opinion selon laquelle c'est une décision de principe. En second lieu, comme l'ont très justement remarqué certains auteurs (P. Serlooten ; A. Decocq ; Daskalakis, préc. ; X. Pin, n° 250), la mise en œuvre du critère est particulièrement délicate et conduit nécessairement à des incertitudes. La notion de valeur sociale protégée doit être dégagée en examinant le texte incriminateur et cette analyse peut donner lieu à controverse. On peut dès lors comprendre que l'on ait retenu un concours de qualifications alors que le cumul paraissait plus logique ou *vice-versa*. Faut-il pour autant contester la réalité du critère découlant des valeurs sociales protégées ? Sans doute faut-il s'interroger sur la politique législative conduisant à multiplier les incriminations parfois très proches les unes des autres au risque de réaliser de véritables « doublons » (sur cette question, v. V. Malabat, « Le champ inutile du droit pénal : les doubles incriminations », in *Le champ pénal. Mélanges en l'honneur du professeur R. Ottenhof, D.* 2006. 155 et A. Lepage, note préc.). Nous ne le pensons pas d'autant que parmi les décisions les plus récentes, celles qui pourraient être jugées non orthodoxes sont de moins en moins nombreuses. L'actuel code pénal n'a apporté en ce domaine aucune lumière particulière puisque selon l'expression d'un auteur (W. Jeandidier, n° 464), il a gardé sur cette question « un silence prudent ».

A. V.

20

ORDRE DE LA LOI ET COMMANDEMENT DE L'AUTORITÉ LÉGITIME PORTÉE DE L'ORDRE ILLÉGAL D'UNE AUTORITÉ LÉGITIME

Crim., 22 mai 1959, *Brunel, Cornevaux et autres*
(*Bull. crim.* n° 264 ; *JCP* 1959. II. 11162)

L'ordre illégal émanant d'une autorité légitime ne constitue ni un fait justificatif ni une excuse permettant au fonctionnaire subalterne de se soustraire à une incrimination pénale.

Attendu qu'il résulte des énonciations de l'arrêt attaqué que, les 8 et 9 juin 1951, Randon a remis au bureau de poste d'Auxerre 339 plis sous bande mobile, à destination de différents maires du département de l'Yonne, et dont chacun contenait une affiche protestant contre l'inéligibilité de certains anciens membres du Parlement français : que Brunel, préfet de l'Yonne, donna à Cornevaux, receveur principal des postes, l'ordre de retenir provisoirement ces plis « dans l'intérêt de la loi et de l'ordre public » et d'en différer la distribution, motif pris de ce que l'affichage des écrits qui s'y trouvaient inclus ne pouvait avoir lieu qu'en contravention aux lois en vigueur sur la propagande et l'affichage électoral ; que l'ordre du préfet fut mis à exécution et que le receveur des postes retint la correspondance litigieuse jusqu'au 14 juin suivant, jour où fut ouverte au Parquet d'Auxerre une information judiciaire contre les distributeurs des affiches, pour infraction à la loi du 5 octobre 1946 : – Attendu qu'en l'état des faits constatés, c'est à bon droit que la cour d'appel a déclaré que, loin de consister en de simples fautes de service, les agissements des deux demandeurs réunissaient tous les éléments constitutifs du délit prévu par l'article 187 du Code pénal, lequel punit le fonctionnaire qui a supprimé les correspondances postales ou en a retardé volontairement la transmission, quel qu'ait pu être son mobile et quand bien même il aurait agi dans le seul but de prévenir la consommation d'une infraction à la loi pénale ; – Attendu d'autre part que la circonstance que les prévenus n'auraient fait que se conformer aux ordres de leurs supérieurs hiérarchiques, ainsi qu'il est allégué en l'espèce, ne saurait constituer ni un fait justificatif ni une excuse leur permettant d'échapper aux conséquences pénales et civiles de l'atteinte qu'ils ont personnellement portée à la sécurité des correspondances postales que le texte répressif susvisé a précisément voulu garantir ; – D'où il suit qu'en déniant aux faits incriminés le caractère d'actes administratifs non détachables de la fonction et en condamnant les demandeurs à réparer personnellement le préjudice qui en était résulté pour les parties civiles, l'arrêt attaqué, loin d'avoir violé les articles visés au moyen, en a fait au contraire une exacte application.

OBSERVATIONS

1 Aux termes de l'article 327 du Code pénal de 1810 (C. pén., art. 122-4 avec une rédaction différente) une infraction peut être justifiée lorsqu'elle a été ordonnée par la loi et commandée par l'autorité légitime. S'il a été admis que l'ordre de la loi, adressé directement à un citoyen, pouvait légitimer une infraction sans qu'il y ait intervention de l'autorité légitime, en revanche, on imagine mal qu'un commandement d'une autorité légitime puisse être justificatif s'il est illégal, c'est-à-dire manifestement contraire à la loi. Comment une autorité publique pourrait-elle rendre conforme au droit ce qui lui est contraire (R. Merle et A. Vitu, t. I, n° 450) ? Il faut donc considérer que le commandement illégal adressé par un supérieur hiérarchique détenteur d'une autorité légitime à un de ses subordonnés ne peut justifier ce dernier s'il a exécuté l'ordre illégal constitutif d'une infraction. C'est en ce sens que se prononce la chambre criminelle dans l'arrêt que nous avons retenu qui, bien que significatif, n'est pas le premier à avoir statué en ce sens.

Le sieur Randon, quelques jours avant des élections, avait confié à l'administration postale, pour qu'elle les expédie, 339 plis sous bande mobile, normalement affranchis, à destination des maires du département de l'Yonne. Chaque pli contenait une affiche protestant contre l'inéligibilité de certains anciens membres du Parlement français. Le préfet du département donna l'ordre au receveur principal des postes de retarder l'acheminement de ce courrier au motif que l'affichage, s'il avait lieu, serait fait en contravention avec les textes sur la propagande électorale. L'ordre ayant été exécuté, les plis ne sont donc pas arrivés à destination dans le délai prévu par les expéditeurs. À la suite d'une constitution de partie civile de Randon, le préfet et le receveur des postes ont été poursuivis devant le tribunal correctionnel pour suppression de correspondance par un fonctionnaire (C. pén., art. 432-9). Cette affaire commencée le 8 juin 1951 a fait l'objet d'une très longue procédure. Les juges du fond ont initialement contesté l'existence du délit, décision censurée par la chambre criminelle dans un arrêt du 22 janvier 1953 (*JCP* 1953. II. 7444, note A. C.). Le ministère public n'ayant pas fait appel de la décision de relaxe, la cour de renvoi n'était donc plus saisie que de l'action civile. C'est alors que le préfet a élevé le conflit mais son arrêté a été annulé par le Tribunal des conflits le 10 décembre 1956 (*JCP* 1958. II. 10350). La cour d'Amiens a alors reconnu la culpabilité de Cornevaux en tant qu'auteur de l'infraction punie par l'article 187 du Code pénal de 1810, le préfet Brunel étant, quant à lui, considéré comme complice par provocation, et les a condamnés à indemniser les parties civiles.

C'est donc le pourvoi contre cet arrêt que la Cour de cassation rejette, en refusant de considérer que le commandement illégal émanant du préfet, pour le receveur, et du ministre de l'Intérieur, pour le préfet, peut les justifier de l'infraction commise. Si le principe de l'inefficacité de l'ordre illégal est une règle qui ne paraît guère contestable (I) il reste que cette solution peut être très discutable lorsqu'on envisage le problème par rapport à l'exécutant, tenu d'obéir aux ordres d'un supérieur hiérarchique. Il conviendra de se demander si sa bonne foi ne devrait pas lui permettre d'échapper à la sanction dans certaines hypothèses (II).

I. — L'inefficacité justificative objective de l'ordre illégal

2 Cette inefficacité de l'ordre illégal très clairement affirmée par la jurisprudence (B) résulte directement de nombreuses règles légales (A).

A. — Le fondement légal de l'inefficacité

3 Comme on l'a précédemment remarqué, le texte de l'article 327 hier, l'article 122-4 du Code pénal aujourd'hui, exclut *a priori* une justification tirée du seul fondement d'un commandement de l'autorité légitime puisqu'ils impliquent qu'il soit conforme à la loi. L'obéissance passive qui est parfois soutenue pour des raisons d'efficacité par la doctrine et qui voudrait qu'un subalterne soit toujours obligé de se conformer aux ordres d'un supérieur hiérarchique est donc condamnée par un texte formel (A. Decocq, p. 310). Une solution contraire ne pourrait donc être admise que sur la base d'un texte précis dérogeant au droit commun.

La question concerne tout à la fois les fonctionnaires civils et militaires et si la solution n'est pas nécessairement différente, la situation du militaire, surtout le simple soldat, beaucoup plus strictement engagé dans les liens de la discipline, beaucoup moins compétent pour apprécier l'illégalité d'un acte (R. Garraud, t. I, n° 454) mérite d'être examinée de manière distincte. Il existe, en effet, dans le Code de justice militaire, un texte (CJM, art. L. 323-6) qui sanctionne d'emprisonnement tout militaire qui, hors le cas de force majeure, « refuse d'obéir ou n'exécute pas l'ordre reçu ». Cette position paraissait corroborée par les règlements de discipline des armées aux termes desquels obligation était faite aux militaires d'obéir aux ordres sans discussion ; une protestation n'était possible qu'après exécution de l'ordre reçu. Comme on peut le constater, on se trouvait dans un système assez proche de l'obéissance passive. On remarquera cependant deux choses : en premier lieu, si l'article L. 323-6 impose un devoir d'obéissance, il n'est en rien affirmé que l'obligation subsiste lorsque l'ordre donné est illégal. Dans ce cas, on se trouve placé devant un conflit de textes et il faut considérer que l'article 122-4 du Code pénal doit l'emporter en tant que principe général. En second lieu et pour les mêmes raisons, il est bien évident qu'un texte réglementaire (celui concernant la discipline dans les armées) ne peut s'imposer face à une disposition légale (le même art. 122-4 C. pén.).

4 La doctrine craignant les excès auxquels pouvait conduire la solution suggérée pour les militaires, proposait au contraire, une théorie tout à l'opposé dite de l'obéissance raisonnée, plus souvent qualifiée « des baïonnettes intelligentes » et selon laquelle le militaire a le devoir de désobéir à un ordre illégal. Cette proposition, en apparence séduisante, paraît bien difficile à concilier avec le nécessaire respect de la discipline dans les armées notamment et certains auteurs, peut-être plus sages (M. Puech, n° 75) lui préfèrent un système intermédiaire où le subordonné ne doit refuser d'exécuter que les ordres manifestement illégaux (R. Garraud, t. II, n° 454 ; L. Vidal et L. Magnol, t. I, n° 187).

5 Les solutions législatives les plus récentes semblent très nettement s'inspirer de ces propositions doctrinales. On signalera tout d'abord les textes qui ont dû être pris au lendemain du deuxième conflit mondial. En droit interne, une ordonnance du 28 novembre 1944 est venue régler le problème des infractions commises par les fonctionnaires du gouvernement de Vichy en excluant la justification pour les actes les plus graves et en distinguant pour les autres selon qu'il y a eu, de la part de l'agent, initiative personnelle ou non. L'ordonnance du 28 août 1944 en matière de crimes de guerre excluant toute justification tirée du commandement de l'autorité laissait cependant subsister la possibilité d'une excuse absolutoire (disparition de la peine selon le Code pénal actuel) le cas échéant. En droit international, une solution identique fut adoptée par l'accord du 8 août 1945 instituant le Tribunal international de Nuremberg (art. 7-8) (sur cette question, P. Coste-Floret, « La répression des crimes de guerre et le fait justificatif tiré de l'ordre supérieur », *D.* 1945. Chron. 21). On ajoutera que l'article 213-4 du Code pénal concernant les crimes contre l'humanité, le génocide ou les persécutions raciales adopte les mêmes principes en rejetant l'irresponsabilité de celui qui agit au seul motif que l'acte est prescrit ou autorisé par des dispositions législatives ou réglementaires… ou commandé par l'autorité légitime (J. Pradel, n° 349 et commentaires du nouveau Code pénal, *ALD*, 2e éd., n° 38 ; F. Desportes et F. Le Gunehec, n° 724). La chambre criminelle dans une décision du 23 janvier 1997 (n° 96-84.822, *Bull. crim.* n° 32 ; *D.* 1997. 147, note J. Pradel ; *JCP* 1997. II. 22812, note J.-H. Robert ; *Dr. pénal* 1997, n° 38, obs. J.-H. Robert) a considéré que l'illégalité d'un ordre portant sur la commission d'un crime contre l'humanité est toujours manifeste. On observe donc que, dans certains cas, le subalterne a le devoir de désobéir à tout ordre que l'illégalité soit ou non manifeste. Pour d'autres exemples : *Résolutions* nos 827 et 955 du Conseil de sécurité des Nations unies portant création des tribunaux pénaux internationaux pour l'ex-Yougoslavie et le Rwanda ; Convention de New York du 10 décembre 1984 sur la torture et autres peines et traitements inhumains ou dégradants, art. 2 § 3 (sur cette question M. Danti-Juan, *Rép. pén.*, *V°* « Ordre de la loi », n° 38). On observera cependant, qu'en matière de crimes ou de délits de guerre, tels qu'ils résultent de la loi n° 2010-930 du 9 août 2010, si l'article 462-8 du Code pénal confirme pleinement ce principe dans son alinéa 1er en excluant toute justification fondée sur le

seul fait qu'il a été commandé par l'autorité légitime, en revanche, l'alinéa 2 du même texte exclut la responsabilité pénale lorsque l'auteur des faits ne savait pas que l'ordre de l'autorité légitime était illégal et ou que cet ordre n'était pas manifestement illégal. Cette disposition renvoie donc au droit commun contrairement aux règles régissant les crimes contre l'humanité alors que l'on sait que la distinction, entre les deux types d'infractions, n'est pas toujours très évidente.

6 Dans le domaine de la discipline militaire, un nouveau règlement pris le 1er octobre 1966, c'est-à-dire au lendemain de la guerre d'Algérie était venu consacrer le système de l'obéissance raisonnée en proclamant le principe de la responsabilité pénale et disciplinaire du subordonné lorsqu'il exécute des ordres illégaux présumant l'accomplissement de certaines infractions énumérées par le texte. Selon ce texte, le subordonné devait faire part de ses objections au cas où un tel acte lui serait ordonné et refuser de l'exécuter s'il était maintenu mais avec le risque d'une sanction disciplinaire en cas de mauvaise appréciation de la légalité (sur ce texte, R. Merle et A. Vitu, t. I, nº 451 ; F. Boulanger, « L'ordre supérieur militaire et la responsabilité du subordonné au regard du règlement de discipline générale des armées du 1er octobre 1966 », *JCP* 1967. I. 2089). Ces dispositions ont d'abord été remplacées par un décret du 28 juillet 1975 puis par un décret n° 2005-796 du 15 juillet 2005 qui, tout en maintenant le système de l'inefficacité justificative de l'ordre illégal, se réfère néanmoins dans son article 7 au critère de l'ordre manifestement illégal ou contraire aux règles du droit international, applicables dans les conflits armés et aux conventions internationales en vigueur pour la France. De toute manière, on constate donc que même pour les militaires il n'existe aucune disposition qui justifie le subordonné ayant exécuté un ordre illégal (sur cette question, v. A. Varinard : « Responsabilité pénale et commandement de l'autorité militaire légitime » in Travaux de l'Institut des Sciences criminelles de Poitiers, Cujas, 1986, p. 53 s.).

7 Un système assez proche s'applique aux membres de la police nationale et aux personnels de la gendarmerie. En effet, depuis un décret n° 2013-1113 du 4 décembre 2013, intégré dans le Code de la sécurité intérieure aux articles R. 434-1 et s., ces personnels de sécurité obéissent à un code de déontologie commun. Aux termes de l'article R. 434-5 CSI, policiers comme gendarmes doivent refuser d'exécuter un ordre manifestement illégal (le texte ajoute : « et de nature à compromettre gravement un intérêt public »). On peut se demander ce qu'apporte la précision ajoutée concernant cette violation grave de l'intérêt public. Faudrait-il en déduire que l'exécution d'un acte manifestement illégal pourrait être justifiée si l'atteinte n'était pas « grave » ? La question pourra peut-être se poser. Se trouve ainsi consacrée une version adaptée de la thèse de l'obéissance raisonnée. Encore faut-il que l'ordre soit manifestement illégal pour que le fonctionnaire puisse refuser de l'exécuter. Pour une application, très largement médiatisée, au sujet d'un officier de police judiciaire ayant refusé de déférer à l'ordre d'un juge d'instruction (Crim. 26 févr. 1997, nº 96-84.960, *Bull. crim.* nº 78 ; *D.* 1997. 297, note J. Pradel ; *GAPP*, nº 5 ; *JCP* 1997. II. 22865, note H. Matsopoulou). Un décret du 1er août 2003 (*JO* 6 avr. ; *RPDP* 2004. 507, A. Varinard), portant Code de déontologie des polices municipales se réfère également dans son article 19 au système de l'ordre manifestement illégal, seul susceptible d'être refusé.

8 S'agissant des fonctionnaires civils, autres que les policiers, dont on peut considérer qu'ils sont beaucoup plus indépendants pour résister à un ordre illégal, on ne rencontre aucun texte général assurant l'impunité au fonctionnaire qui se réfugie derrière l'ordre de son supérieur. Bien au contraire, les textes spéciaux n'accordaient qu'une excuse absolutoire, ce qui confirme *a contrario* l'absence de fait justificatif. On peut signaler à ce propos deux articles du Code pénal de 1810, l'article 114, alinéa 2, en matière d'attentat à la liberté et l'article 190 concernant l'abus d'autorité contre la chose publique. Dans les deux hypothèses, une excuse absolutoire n'était accordée que si le subalterne prouvait qu'il avait reçu un ordre d'un supérieur hiérarchique à qui il devait obéissance et à la condition que cet ordre concerne quelque objet du ressort de ce supérieur. On observera que ces exemptions de peine n'ont pas été reprises par l'actuel Code pénal (pour une application de l'art. 114, al. 2 du C. pén. ; Crim. 12 oct. 1993, nº 92-81.743, *D.* 1994. 129, note D. Mayer ; *RSC* 1994. 322, obs. B. Bouloc).

Comme on le sait, l'excuse absolutoire entraînait simplement une exemption de peine, l'infraction étant juridiquement constituée. Bien évidemment, l'article 65 du Code pénal, qui édictait que les excuses légales sont de droit étroit, excluait toute extension de ces textes dérogatoires à d'autres infractions. On peut noter que l'actuel Code pénal, s'il ne reprend pas les expressions « excuses atténuantes ou excuses absolutoires », n'exclut pas pour autant le mécanisme de ces dispositions pour certaines infractions (terrorisme ou trafic de stupéfiants par exemple). La loi d'adaptation, tirant les conséquences de cette évolution, utilise dès lors les expressions « cause légale d'exemption ou de diminution de peine » (v. Circ. du 14 mai 1993, C. pén. Dalloz).

B. — L'affirmation jurisprudentielle de l'inefficacité

9 Aucune des dispositions légales particulières ne consacrant directement l'impunité de celui qui a exécuté un ordre illégal, il était donc tout à fait normal que les tribunaux répressifs appliquant strictement l'article 327 du Code pénal de 1810 retiennent la responsabilité pénale des agents d'exécution sur le fondement des infractions qu'ils ont personnellement commises. On peut trouver, au XIXe siècle, un certain nombre de décisions en ce sens (v. É. Garçon, art. 64, nos 196 s. et à titre d'exemple, Crim. 29 mars 1845, *S.* 1845. 1. 546 ; Crim. 17 févr. 1855, *S.* 1855. 1. 236 ; Crim. 20 sept. 1894, *Bull. crim.* nº 248 ; Crim. 31 mars 1933, *Gaz. Pal.* 1933. 1. 973). Dans l'arrêt de 1855 commenté par M. Puech, nº 75, la chambre criminelle avait refusé d'admettre la justification pour des cantonniers qui, sur ordre de leur chef, avaient jeté des détritus dans une rivière, en violation d'un arrêté municipal (v. V. Malabat, « La responsabilité pénale du subordonné », in *Mélanges B. Bouloc, Les droits et le droit*, Dalloz, 2006, p. 681).

10 On ne voit donc pas sur quelle base le receveur des postes Cornevaux aurait pu échapper à une condamnation pour suppression de correspondance. L'infraction de l'article 187 du Code pénal de 1810 (C. pén., art. 432-9) était matériellement réalisée puisque le fait de suppression s'entend notamment de toute rétention, même pendant un délai relativement court (Crim. 9 août 1889, *D.* 1889. 5. 368). Tout retard volontaire dans l'acheminement du courrier est donc constitutif de l'infraction (J. Pradel et M. Danti-Juan, *Droit pénal spécial*, Cujas, 6e éd., no 210 ; M.-L. Rassat, « Les infractions contre les biens et les personnes dans le nouveau Code pénal », *Dalloz Service*, no 249). On notera, il est vrai, que les inculpés invoquaient pour leur défense le fait d'avoir voulu empêcher une infraction pénale en matière électorale mais cet argument ne saurait être retenu. Moralement, l'infraction est constituée quel que soit le mobile (v. *infra*, no 39). La commission d'une infraction pour en empêcher une autre, d'ailleurs moins grave, n'a donc aucune influence sur la culpabilité. Quant au préfet Brunel, agissant lui-même sur ordre du ministre de l'Intérieur, il ne pouvait bénéficier d'aucune justification mais n'ayant pas lui-même matériellement commis l'infraction, il ne pouvait être condamné que comme complice au titre de la provocation par abus d'autorité ou de pouvoir ou par fourniture d'instructions, ainsi que l'a retenu la cour d'Amiens (6 déc. 1957, préc.). Peut-être faudrait-il s'étonner que le ministre lui-même n'ait pas fait l'objet d'une poursuite ? Sauf à considérer qu'il agissait dans le cadre de ses fonctions, ce qui, à l'époque, entraînait la compétence de la Haute Cour de justice.

11 Dans des décisions ultérieures, la chambre criminelle maintient très fermement sa jurisprudence (Crim. 4 mai 1961, *Bull. crim.* no 236, contrefaçon d'une œuvre musicale par le conservateur d'un musée sur ordre de son administration ; Crim. 12 janv. 1977, *Bull. crim.* no 18, pollution accidentelle d'un étang par un cantonnier qui s'était conformé à l'ordre de ses chefs ; Crim. 4 oct. 1989, *Bull. crim.* no 338, pour une dénonciation calomnieuse commise sur ordre d'un supérieur hiérarchique ; Crim. 12 oct. 1993, préc., pour une espèce un peu différente, Crim. 9 juill. 1975, *Gaz. Pal.* 1975. 2. 648). On remarquera que la dernière décision, rendue à la veille de l'entrée en vigueur de l'actuel Code pénal, se révélait particulièrement rigoureuse en refusant toute justification à un fonctionnaire dont la bonne foi apparaissait assez évidente. L'exclusion d'une justification tirée de l'article 327 du Code pénal de 1810 étant certaine, il reste à se demander si une telle solution serait possible aujourd'hui. Aux termes de l'article 122-4, alinéa 2 de l'actuel Code pénal « le commandement de l'autorité légitime est justificatif sauf s'il est manifestement illégal ». L'analyse logique de cette nouvelle disposition conduit évidemment à considérer qu'un ordre qui n'est pas manifestement illégal est justificatif. Il devrait donc en résulter la remise en cause d'une jurisprudence bien établie (en ce sens, F. Desportes et F. Le Gunehec, n° 723 ; J. Pradel, n° 353 ; P. Conte et P. Maistre du Chambon, n° 256). Cette solution admise sur le plan des principes, il reste l'essentiel, à savoir, déterminer quels seront les commandements dont « l'illégalité sera manifeste ». Ce sont, bien sûr, les tribunaux qui, dans chaque hypothèse dont ils sont saisis, doivent se prononcer, instaurant une casuistique sur une notion qui d'évidence, est une question de fait. Ils peuvent pour cela s'appuyer tant sur des éléments objectifs (type d'infractions commises, v. par ex. pour une décision ayant admis la justification de directeurs de journaux poursuivis pour diffamation à la suite d'une réquisition illégale de publication par des caisses de Sécurité sociale parce que la condamnation n'était pas définitive : Crim. 17 oct. 1995, n° 93-85.440, *Bull. crim.* n° 311 ; *RSC* 1996. 647, obs. B. Bouloc), que subjectifs (personnalité du délinquant). S'agissant de ce dernier critère, on pourra retenir la position sociale du prévenu, sa culture ou tout autre élément permettant de savoir s'il a pu se rendre compte de l'illégalité de l'ordre reçu. Il est assez clair que cette condition pourrait être interprétée beaucoup plus sévèrement pour un fonctionnaire civil que pour un militaire, ce dernier pouvant *a priori* plus difficilement résister à un ordre illégal (v. A. Decocq, J. Buisson, J. Montreuil, *Traité de droit de la police*, Litec, 1998). Ce système met donc l'agent d'exécution dans la situation de devoir résister si l'illégalité est évidente. Il a en quelque sorte un devoir de désobéissance intelligente (Y. Mayaud, n° 418).

12 Les premières décisions rendues après l'entrée en application de l'actuel code concernaient des hypothèses si évidentes qu'elles ne permettaient guère de se faire une idée sur la ligne que suivrait la jurisprudence. On ne voit pas en effet comment on aurait pu admettre un quelconque caractère justificatif à l'ordre donné à des militaires d'achever un prisonnier blessé (Ch. acc. Paris, 28 févr. 1994, non publié) ou encore le prétendu ordre donné à un policier par son chef de porter des coups à une personne interpellée (Crim. 19 oct. 1995, *Dr. pénal* 1995, n° 36, obs. M. Véron). Ou notera néanmoins une décision plus significative de la chambre criminelle qui a considéré qu'un fonctionnaire de l'équipement qui, sur ordre d'un maire, avait accepté de modifier les documents annexés d'un POS ne pouvait pas être justifié, le commandement étant manifestement illégal (Crim. 25 févr. 1998, *Dr. pénal* 1998, n° 94, obs. M. Véron. V. cependant pour un cas très particulier : Crim. 29 janv. 1997, n° 96-81.452, *Bull. crim.* n° 39). L'affaire dite des « paillotes corses » a cependant donné à la chambre criminelle l'occasion de préciser sa position sur cette question. Elle a estimé que, nonobstant la situation quelque peu exceptionnelle dans laquelle se trouvait le préfet de Corse qui disposait d'une grande liberté d'initiative, un colonel de gendarmerie n'avait pas pu se méprendre sur le caractère manifestement illégal de l'ordre de détruire une « paillote ». La clandestinité de l'opération, le non-respect des procédures habituelles, notamment l'absence de recours aux forces légales habituellement utilisées, sont des éléments démontrant le caractère manifestement illégal de l'ordre même dans un contexte exceptionnel : Crim. 13 oct. 2004, n° 03-81.763, *D.* 1521, obs. G. Roujou de Boubée, M.-H. Gozzi, S. Mirabail et M. Segonds ; *AJ pénal* 2004. 451, obs. C. S. Enderlin ; *RSC* 2005. 66, obs. É. Fortis, *Dr. pénal* 2005, n° 2, obs. M. Véron ; *Gaz. Pal.* 23-24 mars 2005, p. 13. Voir également pour le refus de prendre en considération un ordre d'interception d'un véhicule donné par un supérieur hiérarchique à un gendarme dans un contexte, il est vrai, particulier : Crim. 23 mars 2004, n° 03-82.852, *Bull. crim.* n° 77 ; *D.* 2004. 2755, obs. B. de Lamy. Un arrêt de la chambre criminelle du 30 septembre 2008 (n° 07-82.249, *Bull. crim.* n° 197 ; *D.* 2008. 2975, note H. Matsopoulou ; *AJ pénal* 2008. 505, obs. G. Royer ; *ibid.* 511, obs. G. Royer ; *RSC* 2009. 92, obs. É. Fortis), épilogue de la très célèbre affaire des écoutes de l'Élysée, confirme totalement cette jurisprudence aux termes de laquelle il importe que les agents de l'administration, particulièrement ceux qui sont les plus élevés dans la hiérarchie, résistent à l'autorité, fut-elle suprême, lorsqu'elle sort manifestement de son rôle (en ce sens : Mayaud, n° 418). Il faut rappeler que dans cette affaire le chef de l'État avait, pour protéger sa vie privée, donner l'ordre (à un officier supérieur de la gendarmerie et à des hauts fonctionnaires) de réaliser des interceptions téléphoniques irrégulières. La cour suprême observe que si l'autorité est légitime elle ne disposait aucunement du pouvoir d'ordonner de tels actes. Dès lors, aucune obéissance inconditionnelle ne pouvait donc être imposée pour des actes manifestement illégaux. Toute justification est, de ce fait, nécessairement exclue. On notera cependant que, dans un arrêt récent (Crim. 27 oct. 2015, n° 14-84.952 ; *Gaz. Pal.* 26 janv. 2016, n° 4), la chambre criminelle a approuvé la décision de juges du fond qui ont estimé que l'ordre donné par un responsable policier, à des fonctionnaires placés sous ses ordres, de tirer des grenades de désencerclement sur un groupe de manifestants, peut être considéré comme illégal mais non comme manifestement illégal, du moins s'agissant des auteurs du jet de grenade. Néanmoins, la Cour de cassation va censurer la décision, en considérant que si les blessures subies par un manifestant ne peuvent être qualifiées de volontaires, elles sont, en revanche, susceptibles de constituer des atteintes involontaires à l'intégrité physique, en raison des modalités de mise en œuvre de l'action les ayant entraînées. Cette solution est de nature à permettre une mise en cause du responsable ayant donné l'ordre comme auteur principal alors qu'il ne pouvait l'être comme complice, faute d'acte principal punissable, en cas de justification de l'action des auteurs des jets de grenades.

Il semble donc que nonobstant la lettre du texte de l'article 122-4, alinéa 2, la chambre criminelle n'hésitera guère à admettre que le prévenu connaissait l'illégalité de l'acte, il suffira de considérer qu'un individu normalement avisé, placé dans la même situation, aurait pu déceler cette illégalité. Ce rejet de la justification n'exclurait donc pas de manière évidente la bonne foi de l'individu, mais pourrait-elle pour autant lui permettre d'échapper à toute sanction pénale fut-elle de principe ?

II. — Les interrogations sur une éventuelle justification subjective de l'ordre illégal

13 Le système de la seule inefficacité justificative de l'ordre manifestement illégal laisse *a priori* peu de place pour admettre une non-culpabilité fondée sur une erreur de droit concernant l'illégalité de l'acte. En revanche, il est plus difficile de considérer que le subordonné, notamment dans le cas du militaire, a toujours la possibilité de résister au commandement illégal. Il convient donc d'examiner si l'erreur de droit ou la contrainte sont de nature à faire disparaître la culpabilité du subordonné.

A. — La question de l'erreur de droit

14 Pour la plupart des auteurs (R. Garraud, A. Decocq, R. Merle, A. Vitu et M. Puech, préc.) la notion de bonne foi était de nature à entraîner la non-culpabilité de l'agent d'exécution lorsque celui-ci n'a pas eu conscience en obéissant qu'il enfreignait la loi pénale. Il s'agit donc d'une application particulière de la théorie de l'erreur de droit. Sur un plan purement logique et s'agissant des infractions intentionnelles, il serait tout à fait normal que l'erreur de droit invincible, au sens de l'erreur commune partagée par toute autre personne placée dans les mêmes conditions, puisse faire disparaître l'intention. On remarquera que cette proposition conduisait à reprendre la distinction suggérée par la doctrine (R. Garraud et É. Garçon, n°s 191 s.) entre l'illégalité manifeste ou non, puisque c'est dans le deuxième cas seulement que l'erreur pourrait être retenue. Dans le domaine disciplinaire, il semble que cette théorie ait trouvé quelques échos puisque, selon la jurisprudence du Conseil d'État, le fonctionnaire n'est responsable que si l'ordre exécuté est d'une illégalité manifeste (CE 10 nov. 1944, *JCP* 1945. II. 2852, Chavanon, arrêt *Langleur.* V. égal. CE 21 juill. 1995, *JCP* 1996. II. 22616, note Mallol. V. conclusions Guionin sous T. confl. 10 déc. 1956, *Randon,* préc. ; CE 3 mai 1961, *Pouzelgues, AJDA* 1961. II. 356. Salon, *Délinquance et répression disciplinaire dans la fonction publique*, LGDJ, 1969).

15 Dans le domaine répressif, cette solution, si elle a été quelquefois admise (Bourges 30 déc. 1870, *D.* 1871. 2. 226 ; *S.* 1871. 2. 167) semblait, avant la promulgation du nouveau Code pénal, totalement exclue par la chambre criminelle (v. *infra*, n° 46). En effet, si la théorie de l'erreur invincible n'était pas abandonnée, on constate qu'elle n'était retenue que comme une véritable cause de non-imputabilité, c'est-à-dire qu'elle n'était rien d'autre qu'une variante de la contrainte. Elle peut donc être admise, quelles que soient les infractions, intentionnelles ou non, mais à la condition d'avoir été totalement irrésistible, c'est-à-dire que l'agent ait été placé dans l'impossibilité absolue d'apprécier l'illégalité de l'ordre, ce qui, reconnaissons-le, devrait être exceptionnel, sauf à

considérer que la reconnaissance légale de l'erreur de droit dans le nouveau Code pénal conduise la jurisprudence à se montrer moins exigeante sur le caractère invincible de cette erreur.

16 Il reste qu'aujourd'hui l'admission de l'ordre simplement illégal, comme cause de justification, laisse peu de place, pour ne pas dire aucune, à une éventuelle admission de l'erreur. Si un tribunal estime que le prévenu ne pouvait ignorer l'illégalité de l'acte, il considère donc *ipso facto* qu'il n'a pu légitimement se tromper sur le caractère de cet acte (F. Desportes et F. Le Gunehec, n° 725). On notera simplement, qu'en matière de crimes ou de délits de guerre, l'article 462-8 du Code pénal, au lieu de s'en tenir à la formule générale de l'article 122-4 du même code, utilise une expression un peu curieuse, en posant le principe de l'irresponsabilité pénale en cas d'ignorance de l'illégalité de l'ordre de l'autorité légitime, pour ajouter aussitôt « et où cet ordre n'était pas manifestement illégal », revenant ainsi au principe général.

On pourrait, en revanche, avec certains auteurs (P. Conte et P. Maistre du Chambon, préc.), s'interroger sur la cause de l'irresponsabilité de l'exécutant d'un ordre illégal. Il est en effet difficile de décider qu'il s'agit d'un fait justificatif au sens habituel de ce concept. Comment un ordre illégal d'une autorité légitime pourrait-il neutraliser une incrimination prévue par un texte. Il serait sans doute beaucoup plus logique d'admettre que l'article 122-4, alinéa 2, prévoit une cause de non-culpabilité fondée sur une variété particulière d'erreur de droit qui serait, d'une certaine manière, présumée. Pour E. Dreyer (n° 1210) dans une telle hypothèse, il faut considérer qu'il n'y a pas eu d'infraction. C'est d'ailleurs une autre cause de non-culpabilité qui peut parfois être alléguée pour justifier une impunité.

B. — La question de la contrainte

17 C'est en effet uniquement en se fondant sur l'article 64 du Code pénal de 1810 (C. pén., art. 122-2) que le fonctionnaire ayant exécuté un ordre illégal, du moins sous l'empire de l'ancien code, pouvait voir sa responsabilité pénale rejetée. On peut concevoir que l'agent, le militaire plus que le civil sans doute, tout en ayant conscience qu'il exécute un ordre illégal, n'ait pas d'autres solutions que de l'accomplir.

Lorsque la crainte de désobéir est telle que l'individu perd toute possibilité de réaction on devrait admettre la contrainte morale. S'agissant des fonctionnaires civils, on peut se demander si cette possibilité n'est cependant pas purement théorique. On imagine assez mal que les rapports hiérarchiques dans une administration soient tels que la volonté du subordonné soit totalement annihilée par celle du supérieur (M. Puech, préc.) d'autant que, s'agissant d'agents publics, le problème de la perte éventuelle de l'emploi ne peut pratiquement pas se poser. La jurisprudence publiée ne révèle d'ailleurs aucune décision ayant accepté la relaxe sur cette base. Comment admettre en effet que la liberté de Cornevaux, par exemple, ait été totalement supprimée par les ordres qu'il avait reçus du préfet. L'action de rétention du courrier impliquait au contraire une initiative délibérément prise par le receveur des postes, agent de haut niveau, et qui ne relevait d'ailleurs pas directement du préfet.

18 S'agissant des militaires, hier comme aujourd'hui, la question se pose un peu différemment car l'idée de contrainte est beaucoup plus plausible. Que peut faire le soldat qui, en temps de guerre et lors d'une opération, doit accomplir, sous peine d'être lui-même exécuté, des actes qui sont contraires aux lois de la guerre. Si l'on ne possède pas d'exemples précis, certains auteurs (A. Decocq, p. 311, note 1) estiment que cette cause de non-responsabilité a été admise fréquemment par les juridictions militaires (Y. Mayaud, n° 418).

Il reste que les conditions imposées par la jurisprudence répressive pour admettre la contrainte sont tellement restrictives (v. *infra*, n° 44) que cette cause de non-imputabilité ne sera que très rarement retenue. On notera que la deuxième chambre civile de la Cour de cassation a jugé que l'ordre donné par un agent de la circulation à un automobiliste de violer les règles de la priorité constitue un cas de force majeure exonérant le conducteur de toute responsabilité, y compris sur le fondement de l'article 1384, alinéa 1er du Code civil (Civ. 2e, 14 nov. 1963, *JCP* 1964. II. 13490, note Esmein). L'ordre illégal, dans ce cas particulier, exclut donc, selon la chambre civile, toute responsabilité civile et donc, *a fortiori*, pénale (v. par ex. : Crim. 5 nov. 1964, *Bull. crim.* n° 289). M. Puech cite également dans le même sens la décision d'une juridiction administrative qui, en matière de contraventions de grande voirie, a rejeté la responsabilité pénale d'un marinier qui s'était conformé aux ordres du responsable de la navigation fluviale (Cons. préf. interdép., Versailles 14 févr. 1951, *D.* 1952. 225, H. C). On notera, en revanche, que le préposé, agissant sur ordre de son commettant, non seulement reste pénalement responsable mais également civilement (Ass. plén., 14 déc. 2001, n° 00-82.066, *D.* 2002. 1230, note J. Julien ; Crim. 7 févr. 2006, n° 05-82.490, *RSC* 2006. 596, obs. É. Fortis ; C. Mascala, *Droit pénal général*, Montchrestien, 2003, p. 165 ; v. égal. *J.-Cl. Pén. Code*, fasc. 20, art. 122-4, nos 80 s.).

19 En définitive, on constate que le fonctionnaire qui avait accepté d'exécuter un ordre illégal n'avait jusqu'alors que bien peu de chances d'échapper à sa responsabilité pénale. Si cette solution était tout à fait logique, envisagée dans le cadre de l'article 327 du Code pénal de 1810, on peut se demander si les solutions très restrictives admises en matière d'erreur de droit par la chambre criminelle ne se révélaient pas ici particulièrement discutables. Il n'est pas suffisant d'accorder de larges circonstances atténuantes à l'agent d'exécution qui, en toute bonne foi, a exécuté un ordre illégal au seul motif qu'il ne lui était pas totalement impossible d'apprécier l'illégalité de cet acte. La sanction pénale, du moins en matière d'infraction intentionnelle, ne devrait-elle pas saisir les seuls individus qui se sont révélés hostiles aux valeurs sociales protégées par la loi pénale ? L'actuel Code pénal devrait aujourd'hui permettre d'apporter une réponse satisfaisante à cette question. Pourtant en tout état de cause, il apparaît que, nonobstant la précision apportée par le législateur, le rôle des tribunaux reste essentiel pour déterminer si un prévenu qui invoque cette cause de non-responsabilité peut, ou non, être justifié. L'analyse des décisions rendues jusqu'alors en matière d'erreur de droit ne paraît pas indiquer une évolution significative (v. *infra*, n° 46 et J. Hermann, « Quel avenir pour l'erreur sur le droit ? », *Dr. pénal* 2016. Étude 6).

A. V.

21

LÉGITIME DÉFENSE
CARACTÈRE INJUSTE DE L'AGRESSION

Crim., 5 janv. 1821, ***Bernard***
(*S.* 1821. 1. 358)

Crim., 15 sept. 1864, ***Antonioli***
(*S.* 1865. 1. 152)

L'agression commise par un agent de la force publique étant présumée juste, il y a incompatibilité entre la légitime défense et une agression de ce type.

Chambre criminelle, 5 janvier 1821, *Bernard*

La cour ; – Considérant, sur le moyen pris de la fausse application de l'article 209 du Code pénal, qu'il résulte du texte formel de cet article, qu'il y a crime ou délit de rébellion toutes les fois qu'il y a attaque ou résistance avec violence et voies de fait envers la force publique, agissant pour l'exécution des ordres de l'autorité publique ; – Qu'il a été reconnu d'après l'instruction du procès, et déclaré constant, en fait, par l'arrêt dénoncé, que, sur l'ordre donné par le commissaire de police de la ville de Grenoble à la force publique d'arrêter Louis-Bernard, celui-ci a opposé résistance avec violence et voies de fait : que ces faits constituaient donc le délit de rébellion déterminé par ledit article 209, et que conséquemment, il y avait lieu d'appliquer à Louis-Bernard les peines portées par l'article 212 du Code ; – Que la circonstance que le commissaire de police, en ordonnant l'arrestation du demandeur, serait, comme celui-ci le prétend, sorti des attributions de ses fonctions, ne pouvait rien ôter au caractère du délit de rébellion déterminé par l'article 209, puisque cet article ne subordonne pas son application au plus ou moins de régularité dans les ordres émanés de l'autorité pour faire agir la force publique ; que l'illégalité de ces ordres pourrait seulement donner lieu à la prise à partie ou à des poursuites contre les fonctionnaires qui les auraient donnés ; mais que cette illégalité ne peut, en aucun cas, autoriser un particulier à s'y opposer avec violence et voies de fait ; que le système contraire qui conduirait directement à autoriser chaque particulier à se constituer juge des actes émanés de l'autorité publique, serait subversif de tout ordre public ; qu'il ne serait fondé sur aucune loi, et qu'il ne peut être admis ; – Rejette, etc.

Chambre criminelle, 15 septembre 1864, *Antonioli*

La cour ; – Vu les articles 295, 2 et 328 du Code pénal ; 231, Code d'instruction criminelle ; – Attendu que s'il n'appartient pas à la Cour de cassation de réviser les faits déclarés constants par les arrêts de chambre des mises en accusation, il rentre essentiellement dans ses attributions d'appliquer à ces faits les qualifications légales qu'ils comportent, et qui en sont la conséquence légale et juridique ;

Attendu que l'arrêt dénoncé à la cour par le procureur général d'Alger dit n'y avoir lieu à suivre contre le prévenu Antonioli, par le motif que Chambon, officier de la milice, l'avait fait mettre en état d'arrestation, pour une injure privée, par des miliciens qu'il avait abusivement requis à cet effet ; – Que qualifiant cette arrestation d'illégale et d'arbitraire, il en conclut que ledit Antonioli a été, en vertu de l'article 328 du Code pénal, en droit, pour y résister, d'attenter à la vie de Chambon, en lui tirant un coup de pistolet ; – Mais attendu que l'arrestation, en la supposant illégale, opérée sous la prévention d'un délit qui venait de se commettre, par des miliciens à la réquisition de leur officier, ne rentrait pas dans les termes de l'article 328, et ne constituait pas le cas de nécessité actuelle de la légitime défense de soi-même ou d'autrui pouvant légitimer une tentative de meurtre ; – Qu'en jugeant le contraire, et en déclarant par ce motif n'y avoir lieu à suivre contre Antonioli à raison de la tentative de meurtre qui lui était imputée, l'arrêt, attaqué (rendu par la cour d'Alger le 10 août 1864), a fait une fausse application de l'article 328 et violé les articles 2 et 295 du Code pénal et l'article 231 du Code d'instruction criminelle ; – Casse, etc.

OBSERVATIONS

1 Pour pouvoir invoquer utilement la légitime défense, une personne doit tout d'abord prouver qu'elle a été victime d'une agression. Mais l'article 328 du Code pénal de 1810 ne précisait qu'à travers la notion de défense légitime, les caractères que devait présenter l'agression : « Il n'y a ni crime, ni délit lorsque l'homicide, les blessures et les coups étaient commandés par la nécessité actuelle de la légitime défense de soi-même ou d'autrui ». Aujourd'hui l'article 122-5 est un peu plus précis puisque, s'agissant de la défense des personnes, il édicte que l'atteinte contre laquelle on réagit doit être injustifiée. Il faudra déterminer quelle peut être l'incidence de cette précision sur la réaction que l'on peut avoir contre un agent de la force publique agissant illégalement.

Par ailleurs l'analyse conduit à reconnaître obligatoirement à l'agression un caractère d'actualité : effectivement, à partir du moment où il existe une nécessité actuelle de défense, la seule raison plausible en est bien évidemment une agression. Celle-ci se définit par la menace d'un mal imminent qui n'a pu être écarté qu'en commettant le délit (Crim. 17 juin 1927, *S.* 1929. 1. 356). De ce fait, agression et riposte doivent obéir à une unité de temps ; réagir contre un mal passé constitue seulement une vengeance et non une défense légitime : c'est ainsi qu'en cas de rixe en plusieurs phases, la Cour de cassation (Crim. 16 oct. 1979, *D.* 1980. IR 522) a approuvé les juges du fond d'avoir reconnu que des personnes qui s'étaient trouvées dans un premier temps en état de légitime défense, puis s'étant ruées sans nécessité sur leurs adversaires dans un second temps, avaient alors commis le délit de violences volontaires. Par cette décision, la Cour de cassation refuse d'admettre l'assimilation entre légitime défense et justice privée (dans le même sens, Paris

22 juin 1988, *D.* 1988. IR 244). À partir du moment où le péril n'existe plus, la personne doit s'en remettre aux autorités légales constituées.

2 Dans un État organisé et structuré comme le nôtre, la justice privée est interdite : tout individu doit s'en remettre au pouvoir social en place, garant de sa protection (v. pour une application intéressante de ce principe, T. corr. Puy-en-Velay 14 mars 1995, *Gaz. Pal.* 14 au 18 juill. 1995, p. 10, obs. J.-P. Doucet, rejetant la légitime défense des individus ayant tenté de s'opposer à des interruptions volontaires de grossesse, cette action étant conforme au droit). On notera que la Cour de cassation a également rejeté toute justification fondée sur l'état de nécessité. V. par ex. : Crim. 5 mai 1997, *Bull. crim.* n° 168 et *infra*, n° 24. Pour un autre exemple : TGI Agen 18 févr. 1998, *Gaz. Pal.* 1998. 1. 259, note Hermitte : rejet de l'exception de légitime défense pour des prévenus auteurs de la destruction de maïs transgénique en estimant qu'il ne peut y avoir de légitime défense d'un bien contre un acte conforme au droit. Pour ce faire, le Code pénal de 1810, dans son article 186 non repris par le Code pénal actuel avait reconnu aux agents publics la possibilité d'employer la force : « Lorsqu'un fonctionnaire ou un officier public, un administrateur, un agent ou un préposé du gouvernement ou de la police, un exécuteur des mandats de justice ou jugements, un commandant en chef ou en sous-ordre de la force publique aura sans motif légitime, usé ou fait user de violences envers les personnes, il sera puni selon la nature et la gravité de ces violences et en élevant la peine selon la règle posée par l'article 198 du Code pénal. »

Autrement dit, selon ce texte, l'infraction était constituée lorsqu'il n'y avait pas de motifs légitimes d'agression. Si donc le législateur avait pris la peine d'instaurer un droit à l'agression en faveur de certaines personnes et dans certains cas, il est bien évident qu'il n'allait pas en tolérer la négation par une reconnaissance démesurée de la légitime défense. Le pouvoir social, par l'intermédiaire de ses représentants, a le droit d'agresser ; la Cour de cassation a donc décidé, dans un premier temps, que cette agression était forcément juste par un arrêt du 5 janvier 1821 (I). Elle a ajouté, dans un deuxième temps, par un arrêt du 15 septembre 1864, qu'une telle agression ne pouvait dès lors déboucher sur une défense légitime. En d'autres termes, il y aurait incompatibilité entre une telle agression et la légitime défense (II). Il nous faudra, bien entendu, vérifier si les dispositions de l'actuel Code pénal sont de nature, sur ce point, à entraîner une modification de cette jurisprudence.

I. — La présomption du caractère juste d'une action commise par un agent de l'autorité

3 L'agression commise par un agent de la force publique est forcément juste. Tel est l'apport de l'arrêt *Bernard* du 15 janvier 1821. Si l'auteur de l'agression est un agent de la force publique, non seulement la victime n'est pas autorisée à se défendre, mais la résistance avec violences et

voies de fait constituait la rébellion prévue à l'article 209 du Code pénal de 1810 (C. pén., art. 433-6 avec une rédaction différente mais qui ne modifie pas la notion) (A). Mais l'existence même de cet article ne suffit pas à donner à l'agression d'un agent de la force publique un caractère forcément juste : effectivement, l'article 209 disposait que « toute attaque toute résistance avec violences et voies de fait envers les officiers ministériels (… suit une longue énumération de personnes titulaires d'un pouvoir de police générale ou spéciale) agissant pour l'exécution des lois, des ordres ou ordonnances de l'autorité publique, des mandats de justice ou jugements, est qualifiée, selon les circonstances, crime ou délit de rébellion ».

Le législateur de 1810 était donc resté très prudent (celui de 1791 était quant à lui plus catégorique puisqu'il ne punissait (2e partie, titre 1, sect. 4, art. 1er) la résistance violente qu'autant qu'elle était opposée à un dépositaire de la force publique agissant légalement dans l'ordre de ses fonctions) dans sa formulation. L'article 433-6 de l'actuel Code pénal s'il précise que le fonctionnaire doit agir dans l'exercice de ses fonctions n'a pas repris l'adverbe légalement. Que décider si l'agent de la force publique n'a pas obéi à la lettre à la loi, s'il a outrepassé ses droits, ou encore, si l'ordre exécuté était manifestement illégal (B) ?

A. — L'obligation d'obéissance passive aux ordres

4 L'arrêt relevé avait donné une réponse à ces interrogations. La cour d'appel de Grenoble avait reconnu Bernard coupable de rébellion sur la personne d'un commissaire de police qui était venu procéder à son arrestation.

Le moyen du pourvoi introduit par Bernard se fondait sur le fait que la résistance à un ordre illégal ne pouvait constituer ni le crime, ni le délit de rébellion. La Cour de cassation devait rejeter ce pourvoi au motif que « l'illégalité d'un ordre ne pouvait, en aucun cas, autoriser un particulier à s'y opposer avec violence et voies de fait ».

L'attendu de la Cour de cassation ne pouvait être plus explicite. Il consacrait de façon absolue la théorie de l'obéissance passive.

Cependant, quelques années plus tard, Armand Carrel dans le journal *Le National* allait développer une théorie opposée prônant le droit absolu de résistance face à l'ordre illégal (à la suite de cet article, Carrel fut traduit le 13 mars 1832 devant la cour d'assises de la Seine, défendu par Odilon Barrot et acquitté : *cf. S.* 1832. 2. 178). L'auteur fondait notamment sa théorie sur l'article 11 de la Déclaration des droits de l'homme et du Citoyen de 1793 « tout acte exercé contre un homme, hors les cas et dans les formes que la loi détermine, est arbitraire et tyrannique : celui contre lequel on voudrait l'exécuter par la violence a le droit de le repousser par la force ».

5 Le danger d'une telle théorie est indéniable : à partir du moment où chaque individu aurait la possibilité de juger de la légalité de tel ou tel acte, le pouvoir social en place aurait bien du mal à faire respecter la

norme (sur cette question, L. Vidal et L. Magnol, t. I, n° 208 ; É. Garçon, art. 328, n° 748, art. 209, n°s 104 s.).

En outre, aujourd'hui, le Préambule de la Constitution de 1958 se réfère à la DDH de 1789 et non à celle de 1793 : or il semble bien que l'article 7 *in fine* de cette déclaration contienne en germe, le système de l'obéissance passive. Si « nul homme ne peut être accusé, arrêté ni détenu que dans les cas déterminés par la loi et selon les formes qu'elle a prescrites, ceux qui sollicitent, expédient, exécutent ou font exécuter des ordres arbitraires doivent être punis », par contre « tout citoyen appelé ou saisi en vertu de la loi doit obéir à l'instant : il se rend coupable par la résistance ».

B. — La conséquence : l'existence d'une infraction de rébellion nonobstant l'illégalité de l'acte

6 L'arrêt de 1821 n'allait pas rester isolé : le principe de l'obéissance passive devait être repris de nombreuses fois. Seul son énoncé prenait des formulations différentes : « les particuliers n'ont pas le droit de se constituer juges des fonctionnaires publics, à l'effet de s'autoriser à résister avec violence et voies de fait à l'exécution des actes de l'autorité publique » (Crim. 22 août 1867, *S.* 1868. 1. 142) ou « Attendu que toute résistance effective, toute violence quelle qu'elle soit, opposée à un agent agissant pour l'exécution des lois, est réputée constituer un délit ; que le délit ne disparaît pas, même si l'acte auquel procède l'agent est entaché d'illégalité » (*cf.* T. corr. Lille 12 févr. 1948, *D.* 1948. 305 ; *cf.* égal. Crim. 27 août 1908, *D.* 1909. 79 ; Crim. 9 févr. 1972, *Bull. crim.* n° 54 et surtout une réaffirmation très ferme du principe, Crim. 2 juill. 1987, *Bull. crim.* n° 281 ; *contra cf.* T. corr. Bergerac 12 févr. 1953, *D.* 1953. Somm. 60). La chambre criminelle a, une nouvelle fois, réitéré sa position en admettant le délit de rébellion constitué, nonobstant l'illégalité d'un contrôle d'identité qui l'avait motivé : Crim. 1er sept. 2004, n° 04-80.362, *Dr. pénal* 2004, n° 164, obs. A. Maron. On ajoutera, cependant, que dans un arrêt plus récent : Crim. 26 juin 2012, (n° 11-87.416 ; *Dr. pénal* 2012, n° 142, obs. M. Véron ; *Gaz. Pal.* 27 déc. 2012, note S. Detraz), la chambre criminelle a refusé d'admettre le délit de rébellion d'un individu, au demeurant ramasseur de champignons, mais soupçonné par des agents de l'office national de la chasse, de réaliser un délit de chasse, au motif que l'individu qui avait résisté à son arrestation en s'enfuyant, n'avait pas été informé clairement des faits qui lui étaient reprochés. On précisera que l'individu ayant été blessé, la Cour de cassation a considéré que l'usage de la force, pour maîtriser l'individu en le jetant au sol, ne pouvait être justifié par l'art. 122-4, al. 1er, du C. pén., les actes réalisés paraissant inadaptés dans les circonstances de l'espèce.

Mais, bien que riche d'enseignements, toute cette jurisprudence ne concerne pas directement la légitime défense.

7 L'individu, poursuivi sur le fondement de l'article 209 du Code pénal de 1810 (C. pén., art. 433-6) soulevait l'illégalité de l'action opérée par l'agent de la force publique. Le débat restait donc sur le terrain du droit pénal spécial puisque la question était de savoir si la personne qui résistait à un ordre manifestement illégal pouvait être condamnée pour rébellion. En d'autres termes, l'application d'un ordre légal est-elle une condition préalable de cette infraction ? (Sur cette question, v. E. Dreyer, *Droit pénal spécial*, Ellipses, 2e éd., 2012, nº 1471).

Nous l'avons souligné précédemment ; la jurisprudence n'a pas hésité car « ce n'est point aux individus sur lesquels le dépositaire de la force publique exerce ses fonctions, à se rendre juge des actes de cet exercice, et moins encore à les réprimer, qu'aux seuls magistrats qu'appartient ce pouvoir » (Crim. 13 mars 1817, *S.* 1817. 1. 188).

Dans la mesure où la Cour de cassation reconnaissait que la rébellion était constituée même en présence d'un ordre illégal, elle ne pouvait, sans se contredire, admettre la possibilité de légitime défense face à ce même ordre. Le 15 septembre 1864, elle rendait, pour la première fois à notre connaissance, un arrêt qui marquait l'incompatibilité entre la légitime défense et l'agression d'un agent de la force publique.

II. — Le principe d'incompatibilité entre légitime défense et agression juste

8 Cette incompatibilité entre la légitime défense et une agression forcément juste paraît très clairement résulter de l'arrêt *Antonioli* rendu par la chambre criminelle le 15 septembre 1864. Les faits étaient les suivants : Antonioli avait été l'objet d'une arrestation manifestement illégale, ordonnée par Chambon, officier de la milice.

Antonioli, pour y échapper, avait tiré un coup de pistolet en direction de Chambon. De ce fait, il est poursuivi pour tentative de meurtre.

La chambre des mises en accusation (par un arrêt du 10 août 1864) refusait de renvoyer Antonioli devant la cour d'assises au motif que cette arrestation étant illégale et arbitraire, Antonioli a été « en vertu de l'article 328 du Code pénal, en droit, pour y résister, d'attenter à la vie de Chambon en tirant un coup de pistolet ».

Sur pourvoi du procureur général, la Cour de cassation allait casser l'arrêt de la cour d'Alger par un attendu dont la sécheresse lui conférait une valeur de principe « L'arrestation, en la supposant illégalement opérée… ne rentrait pas dans les termes de l'article 328 et ne constituait pas le cas de nécessité actuelle de légitime défense de soi-même ou d'autrui pouvant légitimer une tentative de meurtre ».

La Cour de cassation marquait sans équivoque sa position, d'autant plus que dans cette hypothèse, elle aurait pu se contenter de relever qu'il y avait une disproportion entre la riposte et l'agression entre la tentative de meurtre et l'arrestation illégale.

A. — La pérennité de la jurisprudence

9 Cette solution intransigeante de la Cour de cassation n'était que la conséquence de sa jurisprudence relative à la rébellion. Elle est encore valable aujourd'hui sauf à noter de très rares oppositions de la part des juges du fond (Reims 18 mai 1984, *Gaz. Pal.* 1984. 2. 715 ; *RSC* 1985. 69, obs. J.-P. Delmas Saint-Hilaire, arrêt relaxant une personne poursuivie pour rébellion, qui avait résisté à une arrestation illégale). On notera cependant que dans une affaire plus récente, la chambre criminelle a considéré que l'usage d'une bombe lacrymogène contre un huissier, réalisant une véritable agression dans l'exercice de ses fonctions, constituait un acte de légitime défense (Crim. 20 oct. 1993, *Dr. pénal* 1994, n° 34, obs. M. Véron ; *contra* Crim. 20 mars 1991, *Dr. pénal* 1991, n° 224). Dans une espèce intéressante la cour de Paris (Paris 7 janv. 1997, *Dr. pénal* 1998. 140 ; *RSC* 1999. 105, obs. critique J.-P. Delmas Saint-Hilaire) a estimé que dans le cas d'un menottage irrégulier toute résistance était impossible et que dans le cas contraire le délit de rébellion était constitué. La jurisprudence paraît donc, globalement, s'en tenir à la solution de l'incompatibilité de ces situations avec la légitime défense (v. pourtant à titre de comparaison, une décision de la chambre criminelle rendue à propos d'un comportement illégal de certains agents des douanes, cassant la décision de condamnation au motif de la nullité du procès-verbal en raison d'une rétention arbitraire : Crim. 4 déc. 1997, *Bull. crim.* n° 416). On notera que certains auteurs évoquent l'absence de répression dans l'hypothèse d'une illégalité trop flagrante : M. Véron, *Droit pénal spécial*, n° 570 (v. Crim. 3 mai 1961, *Bull. crim.* n° 234).

10 Il reste cependant que cette solution rigoureuse des tribunaux ne laisse pas l'individu totalement désarmé face aux abus possibles des agents de la force publique. Certes, dans un premier temps, il ne doit pas riposter car l'agression est forcément juste, mais, dans un second temps, il pourra peut-être mettre en jeu la responsabilité pénale de son agresseur par d'autres moyens.

D'ailleurs, la Cour de cassation le rappelle fréquemment « l'illégalité de ces ordres pourrait seulement donner lieu à la prise à partie (cette procédure a été auj. supprimée), ou à des poursuites contre les fonctionnaires qui les auraient donnés » (*cf.* arrêt *Bernard*, v. égal. Crim. 22 août 1867, préc.) ou « il appartient seulement à l'intéressé d'exercer, le cas échéant, un recours pour obtenir la réparation d'une mesure qui ne lui paraissait pas justifiée » (Crim. 27 août 1908, préc.).

11 Ce recours, l'individu se prétendant victime d'une agression injuste, pouvait le trouver dans l'article 186 du Code pénal de 1810. Mais la mise en œuvre de cette incrimination était difficile puisque, parmi les éléments constitutifs figurait l'absence de motifs légitimes (sur cette question : v. P. Decheix, « À côté de la légitime défense, le motif légitime : de l'usage de violences par les agents publics », *D.* 1980. Chron. 89). Dans ces conditions, la victime des violences devait prouver que l'agent de la force publique avait agi sans motifs légitimes et cette

preuve était particulièrement délicate depuis un arrêt de 1817 (Crim. 13 mars 1817, préc.) puisque si « les violences d'un individu agissant comme simple particulier ne peuvent jamais être présumées légitimes », par contre, « le dépositaire de la force publique, au contraire est toujours présumé, lorsqu'il agit au nom de la loi, ne faire que ce qu'elle lui prescrit ou lui permet » (v. égal. Crim. 30 avr. 1847, *Bull. crim.* n° 93 ; *S.* 1847. 1. 627).

Bien évidemment, la jurisprudence nous fournit quelques exemples dans lesquels la victime a pu faire la preuve de l'absence de motifs légitimes (Crim. 5 août 1932, *S.* 1934. 1. 158 ; T. corr. Lyon 20 nov. 1861, *D.* 1962. 215) mais que serait-il advenu si cette victime avait elle-même, immédiatement riposté ?

En application des arrêts relevés, elle n'aurait sans doute pas pu se justifier par la légitime défense (Crim. 9 févr. 1972, *Bull. crim.* n° 54 ; *D.* 1972. Somm. 30, dont on soulignera la formulation sèche pour écarter la légitime défense invoquée par des manifestants se prétendant victimes d'une agression policière), mais en outre elle n'aurait pas été admise à bénéficier de l'excuse atténuante de provocation de l'article 321 du Code pénal de 1810 aujourd'hui non repris dans l'actuel Code pénal (Crim. 13 mars 1817, préc.), la Cour de cassation ayant considéré que cette excuse figure dans le Code pénal au titre des crimes et délits contre les particuliers et non pas à celui qui traite des violences contre les agents publics (v. égal., Crim. 8 avr. 1826, *Bull. crim.* n° 65 ; *DP* 1826. 1. 340).

B. — Les réticences de la doctrine

12 Face à ces solutions rigoureuses, ne pourrait-on pas admettre le système proposé par MM. R. Merle et A. Vitu (t. I, n° 458) aux termes duquel il faudrait distinguer selon l'objet de l'agression considérée : au cas d'agression illégale contre les biens (violation de domicile, saisie) provision serait due au titre et la légitime défense ne serait pas admissible ; au cas d agression illégale contre les personnes, la riposte serait justifiée car l'action n'aurait même pas l'apparence de la légalité. De très nombreux auteurs y sont favorables (v. par ex. : Ph. Salvage, *Droit pénal général*, 7e éd., 2010, n° 123 ; E. Dreyer, n° 1223 ; J. Pradel, n° 364 ; R. Bernardini, n° 554, ce dernier estime, que dans certaines hypothèses, la légitime défense devrait être retenue mais il ne cite que des décisions où l'agent de la force publique a agi, en dehors de ses fonctions ou sans titre légal ; C. Mascala, *J.-Cl. pén. Code*, art. 122-5 et 122-6, nos 71 s., qui considère qu'il serait opportun de distinguer selon le degré d'illégalité de l'acte commis par l'agent de l'autorité).

13 En distinguant aujourd'hui dans l'article 122-5 la légitime défense des personnes et des biens, le nouveau Code pénal paraît donner un argument à cette distinction d'autant que l'alinéa premier du texte insiste sur le caractère injustifié de l'atteinte, ce qui est évidemment le cas lorsque l'agression est illégale (en ce sens, F. Desportes et F. Le Gunehec, n° 729 ; P. Conte et P. Maistre du Chambon, n° 260). Si l'on ajoute que le législateur consacre dans l'article 122-4, alinéa 2, la thèse de la possibilité de l'acte manifestement illégal commis par l'autorité légitime, il n'est pas inconcevable d'admettre que la jurisprudence plus que séculaire, que nous venons de commenter, puisse être prochainement remise en cause. Tel n'est sans doute pas encore le cas avec une décision de la chambre criminelle du 28 janvier 1998 (*Dr. pénal* 1998, n° 80, obs. A. Maron) qui a refusé d'admettre la légitime défense pour un individu, deux fois irrégulièrement contrôlé par l'agent d'une compagnie de transports et ayant décidé de menacer cet agent avec un couteau. On observe, en effet, que la Cour de cassation se contente de constater la disproportion de la riposte, alors qu'elle aurait pu également se fonder sur la présomption de légalité du contrôle opéré (v. M. Herzog-Evans, n° 477). Peut-être s'agit-il là de l'indice d'une prochaine évolution à défaut d'un revirement de jurisprudence. Rien n'est cependant moins sûr puisque la chambre criminelle dans un arrêt du 11 mai 2005 non publié (n° 04-86.134, *RSC* 2006. 401, obs. J. Buisson) a rappelé la présomption de légalité dont bénéficient les actes de l'autorité en rappelant que la nullité d'un contrôle d'identité ne pouvait justifier l'infraction de rébellion reprochée au prévenu. On notera, pour terminer, que l'arrêt du 26 juin 2012 précédemment cité, s'il a refusé d'admettre la rébellion, n'a pour autant aucunement évoqué la légitime défense pour étayer sa solution. En revanche, une décision récente de la CEDH (3 oct. 2013, *Douet c/ France*, req. n° 16705/10 ; *RPDP* 2014. 68, obs. (très critique) J.-Y. Chevallier), sans admettre précisément la possibilité de se défendre contre une intervention de policiers opérant un contrôle justifié a néanmoins accepté, qu'un individu qui avait refusé d'obtempérer aux injonctions des représentants des forces de l'ordre et avait donc dû être maîtrisé, pouvait être considéré comme ayant été victime de comportements portant atteinte à la dignité de l'homme (violation de l'art. 3 de la Conv. EDH) en raison de violences injustifiées. Si l'on rappelle que cet individu était ivre au volant, qu'il avait fait brusquement un demi-tour en apercevant les gendarmes et brûlé un stop avant d'être intercepté après une course-poursuite et maîtrisé après une résistance importante, on peut considérer que la Cour de Strasbourg parait porter une sérieuse atteinte à la présomption du caractère juste de l'action commise par un agent de l'autorité. V. dans le même sens : CEDH 16 juill. 2015, *Ghédir et a. c/ France*, req. n° 20579/12, *JCP* 2015. 928, obs. F. Sudre, pour la maîtrise d'un individu, par des agents de la SNCF, ayant entraîné des blessures. V cep. pour une solution différente de la jurdiction strasbourgeoise : CEDH 20 nov. 2014, *Périllat-Botonnet*, req. n° 66777/13, *Gaz. Pal.* 11 déc. 2014, n° 345, note C. Berlaud, qui a admis, qu'en cas de résistance passive d'un individu, une immobilisation entrainant certaines blessures, n'est pas un geste disproportionné.

A. V.

22

LÉGITIME DÉFENSE NATURE DE L'ACTE DE DÉFENSE ET SA PROPORTIONNALITÉ AVEC L'ACTE D'AGRESSION

Crim., 21 nov. 1961, *Devaud*
(*D.* 1962. 226)

Crim., 16 févr. 1967, n° 66-92.071, *Cousinet*
(*Bull. crim.* n° 70 ; *JCP* 1967. II. 15034, note R. Combaldieu ; *RSC* 1967. 659, obs. G. Levasseur ; *ibid.* 854, obs. A. Légal)

La légitime défense est par nature inconciliable avec le caractère involontaire d'une infraction (2e esp.).
Elle ne peut être admise que si l'acte de défense, souverainement apprécié par les juges du fond, n'est pas disproportionné par rapport à l'agression (1re esp.).

Chambre criminelle, 21 novembre 1961, *Devaud*

La cour ; – Statuant sur le pourvoi forme par Devaud Louis, contre un arrêt de la cour d'appel de Limoges du 18 mai 1961 qui l'a condamné à la peine de 100 NF d'amende et à des dommages-intérêts envers la partie civile pour coups et blessures volontaires ;

Attendu que pour écarter la légitime défense alléguée par Devaud, l'arrêt attaqué énonce « que les antagonistes, qui se connaissaient bien, se trouvaient dans le café entourés de personnes connues, habitant le même village, qui pouvaient intervenir pour les calmer et les séparer » ; que bien que le jeune Duthier ait saisi violemment le cou de Devaud, il n'était pas nécessaire pour lui de répliquer par un violent coup de bouteille ; que cette bouteille cassée avec violence équivalait à une arme dangereuse ; que cette défense n'était pas nécessaire ; – Attendu que dans les circonstances souverainement constatées par l'arrêt, la cour a pu estimer, tout en retenant l'excuse de provocation, la défense de Devaud en disproportion avec l'agression dont il était l'objet, et ne point reconnaître et admettre le péril actuel commandant la nécessité de la blessure faite ; d'où il suit que le moyen ne saurait être accueilli ;

Par ces motifs, rejette.

Chambre criminelle, 16 février 1967, *Cousinet*

La cour ; – Statuant sur le pourvoi de Cousinet Henri, contre un arrêt, en date du 9 juin 1966, de la cour d'appel de Riom qui, pour blessures involontaires, l'a condamné à 300 F d'amende et, retenant sa responsabilité dans la proportion de deux tiers, à verser des dommages-intérêts à Mohamed Pierre, partie civile. Attendu que par les circonstances qu'ils énoncent, les juges du fond ont caractérisé les éléments constitutifs du délit de blessures involontaires reproché au prévenu ; que dans ces conditions, ils étaient fondés à rejeter le fait justificatif de légitime défense allégué dans ses conclusions ; qu'en effet, la légitime défense est inconciliable avec le caractère involontaire de l'infraction ; – Qu'il s'ensuit que les moyens ne sauraient être accueillis ; – Et attendu que l'arrêt est régulier en la forme ;

Rejette le pourvoi.

OBSERVATIONS

1 À la lecture de l'article 328 du Code pénal de 1810, il semblait que l'homicide, les blessures et les coups puissent être les seules infractions justifiées par la légitime défense. Si, en pratique, les infractions commises en riposte constituent, le plus souvent, de graves atteintes à l'intégrité physique, on admettait cependant que cet article 328 pouvait justifier des infractions moins graves (par ex. pour des menaces commises en riposte ; T. corr. Seine 18 nov. 1938, *Gaz. Pal.* 1939. 1. 209). Pour un cas original concernant la protection d'une prothèse capillaire (v. Crim. 7 févr. 1989, *Bull. crim.* n° 49 ; *RSC* 1989. 509, obs. G. Levasseur). R. Garraud (t. II, p. 26) écrivait d'ailleurs à ce sujet que l'article 328 devrait être lu ainsi : « il n'y a ni crime ni délit, lorsqu'un fait, incriminé par la loi pénale, a été commandé par la nécessité de la légitime défense de soi-même ou d'autrui ». L'article 122-5 du nouveau Code pénal en utilisant l'expression « acte » confirme pleinement cette jurisprudence permettant de justifier pratiquement toutes les infractions commises avec une exception très importante cependant concernant la légitime défense des biens. En effet, l'article 122-5, alinéa 2, qui prévoit aujourd'hui expressément cette possibilité, d'ailleurs déjà admise par les tribunaux, exclut expressément l'homicide volontaire dans un tel cas.

Mais la légitime défense représente un danger indéniable. Le législateur a effectivement accordé à toute personne un pouvoir de police privée car tout individu qui se défend ou défend autrui « coopère au lieu et place de l'autorité au maintien de l'ordre » (R. Merle et A. Vitu, t. I, n° 452). Dès lors, l'infraction commise en riposte a rendu service à la société tout entière qui n'a plus aucun intérêt à poursuivre et à condamner.

Mais, ce pouvoir de police privée ne doit pas devenir un pouvoir de justice privée. En d'autres termes, l'individu attaqué ne doit pas profiter de cette situation pour assouvir une vengeance personnelle, expression de sa conception subjective de la justice.

Certes, la recherche de l'équilibre est toujours délicate et la mesure de la défense plus facile à décrire de façon théorique qu'à réaliser dans la pratique : car si l'on ne veut pas instaurer « un permis légal de tuer », par contre, il ne faut pas sombrer dans l'excès inverse pour aboutir « au permis légal de se faire tuer » (v. J.-C. Soyer, *Le Figaro*, 3-4 juill. 1976.

Voir également sur cette question, F. Desportes et F. Le Gunehec, n° 726 et la bibliographie citée). On notera que la CEDH qui protège le droit à la vie permet néanmoins le recours à la force ce qui peut conduire à donner la mort lorsque ce recours est absolument nécessaire : CEDH 27 sept. 1995, *Mac Canin, Farell et Savage c/ Royaume-Uni*, req. n° 18984/91, *RSC* 461, obs. R. Koering-Joulin ; *Gaz. Pal.* 1996. 2. 532, note Puechaxy ; CEDH 9 oct. 1997, *Andronicou et Constantinou c/ Chypre*, req. n° 25052/94, *D.* 1998. 205, obs. J.-F. Renucci ; *RSC* 1998. 379, obs. R. Koering-Joulin. Encore faut-il, s'agissant des forces de l'ordre, qu'il existe une nécessité absolue : CEDH 29 mars 2011, *Alikaj et A. c/ Italie* ; v. J.-F. Renucci, *Traité de droit européen des droits de l'homme*, LGDJ, 2e éd., 2012 , n° 82-b.

Face à ce double péril, la jurisprudence a voulu assurer le plus juste équilibre : elle a donc instauré certaines conditions relatives à l'acte de défense qui doit présenter, pour justifier l'infraction, une certaine nature (I) et certains caractères (II).

I. — Les conditions de la défense légitime

2 La nature de l acte de défense est illustrée par l'arrêt *Cousinet* rendu par la chambre criminelle le 16 février 1967. Il a fallu attendre cette décision de la Cour de cassation pour que la Haute juridiction prenne une position tranchée quant à la nature de l'acte de défense. Il y aurait selon cet arrêt, incompatibilité entre la notion de légitime défense et celle d'infraction involontaire.

En réalité, une analyse superficielle semble donner raison à la Cour de cassation. Quel individu oserait prétendre qu'il s'est défendu par imprudence, par négligence ? Ou il s'est défendu volontairement et alors il peut prétendre à bénéficier du fait justificatif ou alors il a commis une infraction involontaire et nous nous situons dans un autre domaine que celui de la défense.

Malheureusement, la solution de l'arrêt *Cousinet*, logique en apparence, présente une conséquence néfaste : effectivement, en créant une qualification obstacle à la légitime défense (A), elle a favorisé le développement des litiges relatifs à la qualification des faits (B).

A. — Le caractère volontaire de l'acte de défense

3 Cousinet, lors d'une querelle, avait brutalement repoussé un ivrogne qui s'était, de ce fait, grièvement blessé en tombant. Les premiers juges, pour condamner Cousinet, avaient retenu la qualification de coups et blessures involontaires.

La cour d'appel de Riom confirmait le jugement en retenant à son tour la qualification d'infraction involontaire. Le moyen du pourvoi de Cousinet s'articulait autour de deux idées : d'une part il prétendait que la qualification à retenir était celle de coups et blessures volontaires, d'autre part, si les juges ne le suivaient pas sur ce terrain et maintenaient donc la qualification initiale, il estimait que l'article 328 du Code pénal de 1810 n'excluait pas, de toute façon, de son champ d'application les infractions involontaires.

La Cour de cassation rejetait le pourvoi par un attendu de principe qui ne laissait pas de place à l'ambiguïté : puisque la qualification initiale était pleinement justifiée, la cour d'appel était fondée à rejeter le fait justificatif de légitime défense ; « en effet, la légitime défense est inconciliable avec le caractère involontaire de l'infraction ».

4 Cet attendu de principe ne constituait pas vraiment une surprise puisque déjà, J.-A. Roux commentant un arrêt de la Cour de cassation de 1929 (Crim. 12 déc. 1929, *S.* 1931. 1. 113, J.-A. Roux) écrivait dans une hypothèse semblable : « il n'y a plus, entre l'agression et la riposte un rapport de cause à effet, mais simplement un rapprochement de circonstances ». L'éminent auteur relevait donc, qu'en réalité l'acte de défense n'était pas la conséquence directe de l'agression, qu'il y avait finalement absence de lien de causalité entre le danger encouru et le mal provoqué. Cependant, cette reconnaissance de l'incompatibilité entre la légitime défense et l'infraction involontaire pressentie plusieurs fois par la jurisprudence avant l'arrêt *Cousinet* (Crim. 11 oct. 1956, *Bull. crim.* n° 630 ; T. corr. Lyon 16 juill. 1948, *D.* 1948. 550 ; T. corr. Mayenne 6 mars 1957, *D.* 1957. 458) et reprise par la suite (Crim. 9 juill. 1984, *Gaz. Pal.* 1984. 2. 751, note J.-P. Doucet ; *D.* 1986. Somm. 106, obs. Roujou de Boubée ; Paris 5 juin 1985, *D.* 1987. 247, note Paire ; *RSC* 1987. 865, obs. A. Vitu) ne nous paraît pas relever d'une logique absolue.

5 Elle procède, en réalité d'une lacune de notre droit pénal général qui ne reconnaît qu'imparfaitement la notion d'infraction *praeter* intentionnelle (B. Bouloc, n° 416 ; R. Merle et A. Vitu, t. I, n° 599). Cette infraction vise le cas où le comportement de l'agent développe des conséquences plus graves que celles qui étaient prévues ou prévisibles. Comme en matière de dol éventuel, le résultat tel qu'il s'est réalisé, n'a pas été voulu. Mais, à la différence de ce dol éventuel, dans l'infraction *praeter* intentionnelle, le résultat a été partiellement voulu.

L'infraction *praeter* intentionnelle ne constitue donc qu'une catégorie intermédiaire entre l'intention et la faute pénale ; et à notre sens, cette qualification correspond tout à fait au cas de Cousinet.

6 Effectivement, Cousinet a bien l'intention de se défendre ; pour ce faire, il recherche un résultat bien précis qui ne peut être autre chose que la neutralisation de son agresseur. Le résultat était partiellement voulu, mais il a dépassé de très loin le résultat souhaité.

Hélas, notre droit pénal, en matière de coups et blessures ne connaît pas cette catégorie d'infractions. Les faits doivent dès lors être qualifiés de volontaires ou d'involontaires.

Mais, même sans avoir recours à la notion d'infraction *praeter* intentionnelle, la solution de la Cour de cassation est critiquable car, comme le relève avec raison le moyen du pourvoi, l'article 328 du Code pénal de 1810 visait en termes généraux, les homicides, les blessures et les coups. La Cour de cassation a donc établi une distinction qui n'était pas prévue par le législateur : la conséquence directe de cette solution est de réduire le champ d'application du fait justificatif à un domaine spécifique, celui de l'infraction volontaire. On ajoutera avec Y. Mayaud (n° 423) que « la non-intention se caractérise par le défaut de volonté du résultat et non par une absence totale de volonté dans le comportement ». On peut donc parfaitement concevoir une défense résultant d'un acte volontaire dont le résultat n'a pas été voulu (dans le même sens, E. Dreyer, n° 1174 ; É. Verny, O. Décima, S. Détraz, n° 260).

Par ailleurs cette rédaction a eu pour résultat de développer les litiges relatifs à la qualification des faits.

B. — Les conséquences discutables de cette exigence

7 En effet, la conséquence logique et inéluctable de cette solution a été de reporter le débat sur le terrain de la qualification. La raison en est très simple ; à partir du moment où un individu veut prétendre au bénéfice de la légitime défense, il devra absolument dans un premier temps éviter la reconnaissance de la qualification obstacle.

Cette logique est tout de même curieuse et, il faut en convenir, doit échapper totalement au non-juriste. Pour avoir la possibilité d'invoquer la légitime défense, l'agent doit dans certains cas, commencer par démontrer qu'il a commis un crime et non un délit et surtout, que l'élément moral de l'infraction était bien la volonté délibérée de violences et de coups. En pratique, nous rencontrons de ce fait des hypothèses où des individus se défendent énergiquement d'avoir été simplement imprudents ou négligents (par ex., *cf.* la fameuse affaire *Legras*, Reims 9 nov. 1978, *D.* 1979. 73, note J. Pradel ; *JCP* 1979. II. 19046, note P. Bouzat ; *RSC* 1979. 329, obs. G. Levasseur). Legras, victime de plusieurs cambriolages avait intégré un engin explosif dans un transistor. À l'occasion d'un vol, une personne est tuée, l'autre blessée par l'explosion de ce transistor : condamné par le tribunal correctionnel pour homicide et blessures involontaires, Legras affirmait devant la cour d'appel qu'il avait eu « l'intention, non de tuer, mais de blesser les voleurs ». La cour d'appel accueillait son argumentation et déclarait dès lors la juridiction correctionnelle incompétente, les faits paraissant constituer un crime de violences ayant entraîné la mort sans intention de la donner (en ce sens J. Pradel et G. Levasseur, préc. ; v. égal. Crim. 24 mars 2009, n° 08-84.849 : pour un individu contestant une correctionnalisation en revendiquant le caractère intentionnel de l'infraction commise pour pouvoir invoquer la légitime défense).

8 D'un côté, nous avons le ministère public ou le juge d'instruction qui ferait volontiers l'économie d'une procédure criminelle plus lourde et plus lente, de l'autre, un prévenu souhaitant être accusé pour éviter la qualification obstacle.

Désormais, nos recueils de jurisprudence nous donnent régulièrement des exemples qui ne constituent que des conséquences fâcheuses de l'arrêt *Cousinet*. Ainsi, la Cour de cassation (Crim. 31 janv. 1974, *Gaz. Pal.* 1974. 1. 278) casse un arrêt qui avait retenu la qualification d'homicide involontaire à l'encontre d'un gendarme qui avait tué un malfaiteur lors d'une tentative d'arrestation.

9 La Cour de cassation casse également la décision dans une autre affaire dont les faits méritent d'être relevés (Crim. 5 févr. 1979, *Bull. crim.* n° 49). Un sieur Pinot se livrait à des déprédations et à des violences dans un débit de boissons ; Godard, après avoir usé d'une matraque s'est armé d'un fusil et d'un lot de cartouches qu'il pensait avoir vidées de leurs plombs. Comme Pinot persistait dans son agression, Godard tirait sur lui plusieurs coups de feu. Mais, malheureusement, toutes les cartouches n'étaient pas à blanc puisque Pinot était mortellement blessé par la bourre et les plombs d'une cartouche. La cour d'appel devait retenir la qualification d'homicide par imprudence au motif que le prévenu avait commis « une faute d'inattention grave dans le choix des cartouches ». Quant à Godard, il soulignait dans un des moyens du pourvoi qu'il avait en réalité la volonté de violences, que le seul fait de viser Pinot avec un fusil de chasse caractérisait tout à fait cette volonté « étant observé d'ailleurs que des cartouches à blanc pouvaient blesser, à la distance d'où il tirait, une partie non protégée du corps de la victime ».

La Cour de cassation devait admettre ce raisonnement qui pourrait porter à sourire s'il ne relevait de faits aussi dramatiques. Et force est de reconnaître que nous pourrions faire l'économie d'une procédure aussi longue si l'arrêt *Cousinet* n'avait pas posé un principe aussi intransigeant (pour d'autres illustrations des conséquences de cet arrêt en jurisprudence : v. Crim. 17 mai 1977, *JCP* 1978. II. 18869, note P. Bouzat ; Crim. 2 avr. 1979, *Bull. crim.* n° 131 ; v. M. Puech, n° 801 qui en tire la conclusion que la légitime défense n'est plus un fait justificatif absolument général).

Plus récemment, la chambre criminelle a confirmé sa jurisprudence en rappelant l'inconciliabilité de la légitime défense avec les infractions involontaires (Crim. 28 nov. 1991, n° 90-87.572, *Bull. crim.* n° 446 ; *D.* 1993. 18, obs. G. Azibert ; *RSC* 1992. 751, obs. G. Levasseur ; *ibid.* 1993. 90, obs. B. Bouloc ; v. égal. T. corr. Paris 1er oct. 1991, *D.* 1992. 486, note P. Decheix). Cette solution est-elle susceptible d'évoluer avec l'actuel Code pénal ? Certains le pensent (F. Desportes et F. Le Gunehec, n° 734), beaucoup le souhaitent (J. Pradel, n° 366 ; B. Bouloc, n° 415 ; P. Conte et P. Maistre du Chambon, n° 265 ; X. Pin, n° 232 ; C. Mascala, *J.-Cl. Pénal*, art. 122-5 et 122-6, n° 32, qui juge la solution contraire au bon sens, erronée, dangereuse et inutile) mais on peut en douter car rien dans l'ancien texte n'obligeait à utiliser le raisonnement retenu sur l'inconciliabilité entre le caractère volontaire de la légitime défense et le caractère involontaire de l'infraction réalisée. On peut néanmoins supposer qu'en utilisant le mot « acte », terme très large, d'une part, en mettant l'accent dans le texte de l'article 122-5, alinéa 1er, sur « les moyens de défense employés » et non sur le résultat de ces moyens, d'autre part, le législateur actuel incite largement les juges à abandonner une jurisprudence fort contestable et aux conséquences absurdes. On ajoutera encore qu'en excluant l'homicide volontaire en matière de légitime défense des biens, le législateur permet, *a contrario*, la justification de l'homicide involontaire (v. J.-H. Robert, p. 270). Dans le cas contraire, en maintenant cette qualification obstacle, la Cour de cassation continuera à interdire aux tribunaux correctionnels de connaître de ce fait justificatif dans la mesure où l'infraction commise en riposte sera assez fréquemment criminelle. Il reste cependant que, sans abandonner formellement sa jurisprudence, la chambre criminelle semble évoluer dans ce sens. Dans une décision du 21 février 1996 (n° 94-85.108, *Bull. crim.* n° 84, *D.* 1997. 234, note C. Paulin), la Cour de cassation a en effet retenu l'existence d'une légitime défense alors que les éléments relevés dans la décision évoquaient incontestablement un fait involontaire, le coup de feu ayant été tiré « lors d'un geste de recul ». Le silence gardé par la Haute juridiction sur le caractère non intentionnel de l'acte, s'il n'est pas encore une infirmation de l'arrêt *Cousinet*, est peut-être un premier pas dans cette direction (v. égal. Crim. 10 nov. 1998, *RPDP* 1999. 394, obs. J.-Y. Chevallier qui admet la légitime défense pour une infraction de mise en danger d'autrui et R. Bernardini, n° 558 s. pour une analyse très intéressante de cette question fondée sur plusieurs décisions rendues par des cours d'appel). On notera cependant qu'un arrêt de la chambre criminelle du 24 mars 2009 (*Bull. crim.* n° 60 ; *AJ pénal* 2009. 318, obs. G Roussel), sans traiter directement de la question ne paraît pas vraiment aller en ce sens en acceptant le pourvoi d'un individu condamné pour homicide involontaire et auquel la cour d'appel avait refusé le bénéfice de la légitime défense. La chambre criminelle observe que sur la base de l'article 469 alinéa 4 du Code de procédure pénale, la juridiction correctionnelle pouvait renvoyer le ministère public à se pourvoir, s'il résulte des débats que les faits sont de nature à entraîner une peine criminelle, parce qu'ils ont été commis de façon intentionnelle. Cette solution permettra, en effet, à l'individu poursuivi, d'alléguer la légitime défense que lui avait refusée la cour d'appel en raison de son incompatibilité avec une infraction non intentionnelle. Peut-être la justification pour homicide involontaire d'un gendarme utilisant son arme dans les conditions prévues par la réglementation est-elle un autre signe de l'évolution de la Cour de cassation (Crim. 5 janv. 2000, n° 98-85.700, *Bull. crim.* n° 3 ; *D.* 2000. 780, note B. de Lamy ; *RSC* 817, obs. B. Bouloc) mais on attend toujours une décision infirmant clairement la jurisprudence Cousinet.

Une décision rendue récemment dans le domaine d'un autre fait justificatif, l'autorisation de la loi, permettant à tout citoyen d'appréhender l'auteur d'un crime ou d'un délit flagrant (C. pr. pén., art. 73) conduit néanmoins à s'interroger sur l'évolution de la jurisprudence (Crim. 28 mars 2006, n° 05-81.706, *Bull. crim.* n° 88 ; *D.* 2006. 2721, note A.-S. Chavent-Leclère ; *RSC* 2006. 601, obs. Y. Mayaud). Dans cette affaire un propriétaire ayant surpris des cambrioleurs, les avait poursuivis en voiture, muni d'un fusil à balles de caoutchouc. Ayant réussi à immobiliser leur véhicule, à la suite d'une action assez confuse, faisant intervenir un passager, un coup de feu partit tuant le conducteur. Poursuivi pour homicide involontaire le propriétaire fut relaxé par le tribunal correctionnel, décision confirmée en appel, aux motifs qu'auteur indirect de la mort d'une personne aucune faute délibérée ou caractérisée ne pouvait lui être imputée. Cette décision est censurée par la Cour de cassation qui reproche à la cour d'appel de ne pas avoir recherché si l'action du propriétaire (s'approcher d'un véhicule avec une arme) était absolument nécessaire dans les circonstances de l'espèce. On notera que cette solution conduit donc à rejeter la justification d'une infraction involontaire mais il est vrai de manière en quelque sorte, incidente puisque la décision n'évoque aucunement ce problème. En effet, la vérification de la condition de nécessité est préalable à toute autre discussion juridique. V. égal. dans le même sens Crim. 13 avr. 2005, n° 04-83.939, *D.* 2005. 2920, note J.-L. Lennon ; *RSC* 2006. 419, obs. J. Buisson ; *Dr. pénal* 2005, n° 117, obs. J.-H. Robert ; *Gaz. Pal.* 25-26 oct. 2006, obs. Y. Monnet. À supposer cette condition réalisée, la Haute juridiction aurait-elle admis, la justification (en ce sens, Mayaud) ? Rien ne permet de l'affirmer (v. cep. Crim. 18 févr. 2014, n° 13-81.858, *AJ pénal* 2014. 435, obs. C. Saas pour des contraintes excessives, au regard du comportement de l'auteur, conduisant à juger l'assistance non appropriée). On ajoutera, pourtant, que dans une affaire récente, la Cour européenne des droits de l'homme (CEDH, gr. ch., 24 mars 2011, *Giulani et Gaggio c/ Italie,* req. n° 23458/02 ; *RPDP* 2011. 447, obs. C. L. Popescu ; *JCP* 2011-459, obs. G. Gonzalez) a admis que le recours à la force, lorsqu'il est absolument nécessaire, peut justifier la mort lorsqu'elle a été intentionnellement donnée mais aussi lorsqu'elle a été provoquée de façon involontaire par un policier s'estimant en état de légitime défense (déjà dans le même sens CEDH 27 sept. 1995, *Mac Cann, Farell et Savage c/ Royaume-Uni, Gaz. Pal.* 11 oct. 1996, note M. Puéchavy ; *RSC* 1996. 465, obs. R. Koering-Joulin).

Il reste que le renvoi devant une juridiction de jugement ne marquera pas forcément l'admission de la légitime défense puisqu'il faudra reconnaître à cette infraction certains caractères.

II. — Les caractéristiques de l'acte de défense légitime

10 Un acte de défense ne peut être justifié que dans la mesure de sa nécessité ce qui implique un rapport de proportionnalité avec l'acte d'agression.

Ainsi que l'observait déjà É. Garçon (art. 328, n° 17) l'acte de défense devient illégitime « lorsqu'il cause un mal en disproportion manifeste avec celui qui résulterait de la menace réalisée ». Nous retrouvons donc pour la légitime défense, une condition également inhérente à l'état de nécessité, à savoir, celle de proportion (v. *infra*, n° 24).

C'est cette notion qui allait être précisée par la chambre criminelle de la Cour de cassation dans l'arrêt *Devaud*. Une altercation avait éclaté dans un café entre Devaud et Duthier : ce dernier avait saisi à la gorge Devaud qui, n'arrivant pas à faire lâcher prise à son adversaire, s'était alors emparé d'une bouteille et en avait asséné un coup violent sur la tête de Duthier, lui provoquant ainsi une grave blessure.

La Cour de cassation allait reconnaître le bien-fondé de l'arrêt de la cour d'appel de Limoges qui n'avait pas retenu la légitime défense au profit de Devaud.

La chambre criminelle faisait de l'appréciation de la condition de proportionnalité une question de fait (A) en relevant que « les circonstances avaient été souverainement constatées par l'arrêt de la cour d'appel ». Mais ce n'est pas pour autant que la chambre criminelle abandonne totalement aux juges du fond, cette question : effectivement, elle exige qu'ils la mettent en mesure de vérifier si cette condition de proportionnalité est bien remplie. Ce contrôle opéré par la Cour de cassation nous permettra de préciser le concept de proportionnalité (B).

A. — Le principe de nécessité : une question de fait

11 La cour d'appel de Limoges avait rejeté la légitime défense invoquée par Devaud au motif que « les antagonistes, qui se connaissaient bien, se trouvaient dans le café entourés de personnes connues, habitant le même village, qui pouvaient intervenir pour les calmer et les séparer ; que, bien que le jeune Duthier ait saisi violemment le cou de Devaud, il n'était pas nécessaire pour lui de répliquer par un violent coup de bouteille ; que cette bouteille cassée avec violence équivalait à une arme dangereuse ; que cette violence n'était pas nécessaire ».

La cour d'appel avait donc argumenté en fait, de façon précise. Certes, l'agression était bien réelle, mais la violence de l'acte de défense n'était pas nécessaire. Les juges reconnaissaient donc indirectement qu'une riposte aurait été justifiée si elle avait été contenue dans des limites plus étroites.

La chambre criminelle devait rejeter le pourvoi de Devaud au motif « que dans les circonstances souverainement constatées par l'arrêt, la cour a pu estimer, tout en retenant l'excuse de provocation, la défense en disproportion avec l'agression dont il était l'objet, et ne point reconnaître et admettre le péril actuel commandant la nécessité de la blessure faite ».

12 On observera, élément remarquable, qu'à la motivation de la cour d'appel qui qualifie l'acte de défense de « non nécessaire », la Cour de cassation répond en l'approuvant, qu'elle n'était pas proportionnelle. Y aurait-il, dès lors, exigence de deux conditions cumulatives, à savoir que l'acte de défense est nécessaire et proportionnel ? La doctrine semble favorable à une telle analyse (A. Decocq, p. 320 ; R. Merle et A. Vitu, t. I, n° 461 ; B. Bouloc, n°s 420 s. (qui parle de défense mesurée) ; M. Puech, n°s 802 s.) puisqu'elle enseigne, qu'en premier lieu, la défense doit être nécessaire pour être légitime. Au surplus l'article 328 du Code pénal de 1810 exigeait que les actes commis aient été « commandés par la nécessité actuelle de la légitime défense ». Cette condition ne serait pas remplie lorsque l'individu, pour se protéger ou pour protéger autrui, pouvait avoir par exemple recours à l'autorité publique. À notre sens, cette analyse est discutable et l'arrêt *Devaud* nous renforce dans cette opinion. Effectivement, à la constatation de la cour d'appel qui avait qualifié l'acte de défense de « non nécessaire », la Cour de cassation répondait qu'il était en disproportion avec l'agression. À partir de ce postulat, la chambre criminelle poursuivait son raisonnement en relevant qu'il était, de ce fait, impossible de reconnaître et d'admettre le péril actuel commandant la nécessité de la blessure faite.

13 En d'autres termes, la condition de nécessité est comprise dans celle de proportionnalité : si l'acte de défense est proportionnel, il était forcément nécessaire et, à l'opposé, si le juge le considère comme disproportionné par rapport à l'agression, c'est qu'il n'était pas nécessaire (en ce sens W. Jeandidier, n° 266). On notera néanmoins que l'actuel Code pénal dans l'article 122-5 distingue les conditions de proportionnalité et de nécessité, l'acte devenant d'ailleurs strictement nécessaire lorsqu'il s'agit de protéger ses biens. En mettant l'accent sur la condition de nécessité, le législateur rappelle que ce fait justificatif implique d'une certaine manière la carence de l'autorité publique. On ajoutera que la Convention européenne des droits de l'homme n'accepte une atteinte à la vie humaine, lorsqu'il s'agit d'assurer la défense d'une personne contre une violence injuste, que dans le cas d'une absolue nécessité (art. 2-2 ; v. par ex. : CEDH 9 oct. 1997, *Andronicou et Constantinou c/ Chypre,* préc.). Pour autant la nécessité de la défense n'a jamais conduit les juges à imposer une sorte d'obligation de fuite lorsque cette solution est possible. Tout au plus peut-on remarquer que la proportionnalité de la défense sera appréciée avec beaucoup plus d'exigence lorsque l'agressé avait, d'une certaine manière, la possibilité de ne pas réagir (v. R. Bernardini, n° 563 qui cite plusieurs décisions, par ex. Crim. 25 sept. 2011, n° 91-82.013).

Et dans notre affaire, Devaud avait sans nul doute la possibilité de riposter de façon plus modérée, voire de faire appel aux consommateurs présents dans le café ; la cour d'appel l'avait clairement expliqué, la chambre criminelle ne pouvait donc que rejeter le pourvoi.

14 Dans ces conditions, il n'y a rien d'étonnant à ce que la Cour de cassation ait fait de la proportionnalité une question de fait (Crim. 5 juin 1984, *Bull. crim.* n° 209, affirmant avec netteté le pouvoir du juge du fond. V. égal. Crim. 21 févr. 1996, n° 94-85.108, *Dr. pénal* 1996. 98 ; *JCP* 1996. 1. 3959, note M. Véron) : effectivement pour pouvoir l'apprécier, le juge doit comparer un dommage réalisé objectivement par l'acte de défense avec le dommage qui se serait produit s'il n'y avait pas eu de défense. La difficulté réside donc dans le fait que le juge va se trouver dans le monde du conditionnel : il doit se poser la question de savoir quel aurait été le résultat dommageable de l'agression si la victime n'avait pas riposté. Et la réponse donnée ne doit être que la conséquence logique des considérations de fait relevées par le juge du fond. Pour pouvoir opérer son contrôle, la Cour de cassation exige donc une motivation de fait claire et non contradictoire ; dans le cas contraire, elle casse l'arrêt pour contradiction de motifs. Ainsi, elle a reproché à une cour d'appel d'avoir refusé le bénéfice de la légitime défense à des prévenus de coups et blessures volontaires alors qu'elle avait constaté que « le comportement, pour le moins inquiétant, d'individus ayant pénétré sur un terrain de camping avait pu occasionner une crainte profonde chez une femme et un garçon de 17 ans isolés sous une tente, au milieu de la nuit » (Crim. 18 oct. 1972, *Bull. crim.* n° 293). Dans une autre affaire (Crim. 10 oct. 1978, *D.* 1978. IR 118), la chambre criminelle casse également un arrêt qui avait écarté implicitement la légitime défense invoquée par un entrepreneur de bals publics ayant lâché son chien sur des individus qui perturbaient le bal ; la cour d'appel s'était contentée d'énoncer que « les blessures faites par le recours à des moyens démesurés excédaient les bornes d'une riposte normale », mais elle ne s'était pas expliquée sur la nature et la gravité de l'agression qui avait précédé l'attaque du chien.

15 Ainsi, les juges du fond doivent constater l'existence de tous les éléments qui caractérisent la légitime défense (Crim. 7 juin 1968, *Bull. crim.* n° 186 ; Crim. 23 mars 1987, *Bull. crim.* n° 134 ; *RSC* 1987. 875, obs. G. Levasseur ; Crim. 28 janv. 1998, *Dr. pénal* 1998. 80, obs. J.-H. Robert ; *Gaz. Pal.* 1998. I. Chron. crim. 83). Cette solution est logique car pour pouvoir apprécier la proportionnalité de la riposte, il convient nécessairement d'avoir des renseignements précis sur la nature de l'agression. Dans ces conditions, eu égard à la jurisprudence en ce domaine, il est possible de cerner à grands traits, la condition de proportionnalité.

B. — Le contrôle de proportionnalité par la Cour de cassation

16 Il est des hypothèses qui ne posent pas de grandes difficultés : par exemple il ne saurait y avoir de légitime défense lorsqu'on répond à une gifle par un coup de revolver (Crim. 12 déc. 1929, *S.* 1931. 1. 113 ; Crim. 4 août 1949, *RSC* 1950. 47, obs. L. Magnol) ou lorsqu'un individu tire après une agression sur une personne qui lève les bras (Crim. 7 juill. 1992, *Dr. pénal* 1993. Comm. 104, obs. M. Véron ; v. égal. Crim. 20 oct. 1993, *Dr. pénal* 1994, n° 34, obs. M. Véron, même hypothèse avec des protagonistes mineurs et Crim. 7 déc. 1999, n° 98-86.337, *Bull. crim.* n° 292 pour avoir tiré plusieurs coups de feu sur des individus ayant pénétré dans une propriété, pour les arrêter dans leur fuite, puis de les frapper avec un gourdin et de les attacher à un arbre avant de les livrer à la gendarmerie. De même : Paris 12 oct. 1999, *Dr. pénal* 2000, n° 29, obs. M. Véron pour des coups de bâton en réponse à un jet de gaz lacrymogène). V. cependant une espèce intéressante ou la chambre criminelle a tacitement admis la légitime défense pour une atteinte à des intérêts moraux en justifiant un léger coup de pied donné à un élève par un professeur qui avait été injurié (Crim. 18 juin 2002, *Dr. pénal* 2002. 134, obs. M. Véron ; *JCP* 2002. I. 103). En revanche, une gifle réflexe donnée par un maire à un adolescent qui l'avait insulté et menacé, affaire qui a fait l'objet d'une importante médiatisation, n'a pas été justifiée sous l'angle de la légitime défense : T. corr. *Avesnes s/ Helpe*, 7 févr. 2012, *Gaz. Pal.* 7 juin 2012, note C. Paulin. Néanmoins, les juges d'appel ont estimé que cette gifle pouvait être justifiée par le commandement de l'autorité légitime : Douai, 10 oct. 2012, n° 12-01.253, *Gaz. Pal.* 27 nov. 2012, note très critique de C. Pautrel et B. Partouche ; *RSC* 2013. 343, note Y. Mayaud. Ce dernier auteur estime, à juste titre selon nous, que la légitime défense aurait pu être retenue dès lors que des invectives peuvent être assimilées à des violences psychologiques. On peut admettre l'utilité sociale de la gifle réflexe face à des incivilités et considérer qu'elle peut avoir un caractère éducatif. V. comp. : CEDH 21 nov. 2013, *Bouyad c/ Belgique*, req. n° 23380/09 ; *JCP* 2013, n° 1375, note critique F. Sudre qui estime qu'une gifle isolée d'un policier n'est pas un traitement inhumain (v. égal. dans le même sens CEDH, gr. ch., 28 sept. 2015, *Bouyid c/ Belgique*, req. n° 23380/09, *JCP* 2015. 1182, note F. Sudre).

17 En revanche, la solution est plus incertaine dans des cas semblables à celui de l'arrêt *Devaud*. Il convient surtout de savoir si la constatation de l'existence du péril doit être faite *in abstracto* ou *in concreto*.

La Cour de cassation a préféré la première démarche et ce, depuis un arrêt de 1873 (Crim. 7 août 1873, *DP* 1873. 1. 365) : la légitime défense doit donc être admise chaque fois qu'elle est vraisemblable. Il suffit, que chacun, placé dans les mêmes conditions, ait pu raisonnablement croire au péril ; à la limite, peu importe que ce péril soit putatif à partir du moment où un homme moyen, placé dans des conditions identiques, l'aurait légitimement redouté (en ce sens, Versailles, 18 déc. 1990, *D.* 1993. 18, obs. G. Azibert). On notera que dans une espèce intéressante la chambre criminelle a considéré qu'il y avait proportionnalité lorsque la personne agressée, directement menacée dans son intégrité physique, (graves blessures à l'abdomen) avait utilisé le même moyen de riposte pour repousser son agresseur (Crim. 11 juin 1997, *Gaz. Pal.* 1997. 2. Chron. crim. 228).

18 L'arrêt *Devaud* s'inscrit parfaitement dans cette ligne *in abstracto* bien que le moyen du pourvoi de Devaud ait revendiqué le bénéfice de l'analyse *in concreto* en relevant que « Devaud pouvait avoir éprouvé quelques difficultés pour se dégager de l'étreinte de Duthier, plus jeune et plus vigoureux que lui ».

Cependant une tendance nouvelle semble se dessiner dans la mesure où la jurisprudence tempère parfois cette analyse *in abstracto* du péril par des considérations *in concreto*. Ainsi, dans l'arrêt précité du 18 octobre 1972, la Cour de cassation reprend la formule de la cour d'appel qui avait constaté qu'une femme et un garçon de 17 ans, isolés sous une tente au milieu de la nuit avaient pu légitimement craindre le pire. Nous retrouvons là, en quelque sorte la remarque de É. Garçon (art. 328, n°s 58 s.) qui préconisait de tenir compte « dans une certaine mesure, qu'un adulte, une femme, un vieillard, un enfant ne sont pas dans les mêmes conditions au point de vue des réactions défensives ». Dans une autre affaire (Nancy 9 mars 1979, *Gaz. Pal.* 1979. 2. 655, note P. L. G.) ou l'individu qui revendiquait le bénéfice de la légitime défense s'était soudainement trouvé face à une personne en train de commettre un vol dans son poulailler, la cour d'appel de Nancy confirmait cette tendance à une appréciation *in concreto* de la vraisemblance du péril couru en relevant que « tout conduit à admettre que le prévenu a effectivement pensé qu'il courait un grave péril ». Dans un autre arrêt (Crim. 16 juin 1990, *Bull. crim.* n° 240), la Cour de cassation a admis que la légitime défense n'exige pas que l'auteur ou la personne au secours de qui on s'est porté se soit trouvé en péril de mort. En l'occurrence le fait justificatif est admis pour un individu qui ayant réussi à désarmer un adversaire qui l'avait blessé, fait fuir l'agresseur encore menaçant avec l'arme subtilisée (v. égal. pour la légitime défense d'autrui, Crim. 19 juill. 1989, *Dr. pénal* 1989, n° 49 ; Versailles 23 mai 1990, *Gaz. Pal.* 24-26 févr. 1991 ; Toulouse 25 nov. 1999, *JCP* 2000. IV. 1760 : justification d'un restaurateur pour violences volontaires, suite à un coup de tête porté à un serveur en réaction à un coup précédent réalisé devant témoins). Dans une autre affaire, la chambre criminelle (Crim. 21 févr. 1996, n° 94-85.108, *Bull. crim.* n° 84 ; *Gaz. Pal.* 19-20 juin 1996, note J.-P. Doucet ; *Dr. pénal* 1996, n° 98, obs. M. Véron) a retenu la légitime défense alors que l'agresseur, qui était un voisin ivre, avait été tué. On remarquera que cette solution s'explique sans doute parce que dans ce cas précis l'agressé se trouvait dans une situation où il existe une présomption de légitime défense (C. pén., art. 122-6) mais aussi parce que la condition de proportionnalité doit être appréciée en se replaçant dans le contexte de l'agression (pour un exemple du même type concernant un salarié, habitant sur son lieu de travail, un garage, qui surprend en pleine nuit des cambrioleurs. L'un d'eux, au volant d'une voiture recule brutalement en sa direction. Il tire un coup de feu et le tue. La légitime défense, bien que putative, est admise, sans doute parce que l'on se trouve dans une hypothèse de présomption du fait justificatif, prévue par l'article 122-6 du Code pénal : Crim. 8 juill. 2015, n° 15-81.986, *Dr. pénal* 2015, n° 138, obs. P. Conte ; *JCP* 2016 Chron. 381, obs. C. Claverie-Rousset ; *Gaz. Pal.* 31 nov. 2015, n° 307, obs. S. Détraz, v. *infra* n° 23). Les juges doivent en effet essayer de reconstituer la scène pour déterminer si la défense, fut-elle avec des conséquences très graves, peut être justifiée (en ce sens, C. Mascala, préc., n° 44 : v. par ex. Crim. 24 févr. 2015, n° 14-80.222, *Gaz. Pal.* 19 mai 2015, n° 139, obs. E. Dreyer pour un fils qui tue un automobiliste qui tente d'écraser son père, déjà blessé, acte jugé nécessaire et proportionné) En revanche, la chambre criminelle a considéré que la riposte était excessive et inadaptée dans le fait de tirer vers le sol avec un fusil, cette action ayant entraîné des blessures par ricochet (Crim. 9 déc. 1992, *Dr. pénal* 1993. Comm. 104, obs. M. Véron ; *JCP* 1993. I. 3690) ou encore de riposter en donnant un coup avec une chaussure à talon aiguille pour une personne qui avait été saisie par le col de son chemisier (Crim. 6 déc. 1995, *Dr. pénal* 1996, n° 98, obs. M. Véron. V. égal. Paris 26 oct. 1999, *BICC* 2000, n° 358 l'usage d'une bombe lacrymogène n'est pas une réponse proportionnée à une personne ayant injurié un automobiliste et esquissé un geste de la main en direction de sa poche. Voir pour des affaires jugées par des cours d'appel, certaines admettant la proportionnalité d'autres la rejetant : Paris 8 janv. 2005 et 14 janv. 2005 ; Aix-en-Provence 1er juin 2005 et 17 janv. 2005, *Dr. pénal* 2005, n° 169, obs. M. Véron). On peut remarquer que cette appréciation *in concreto* peut conduire la Cour de cassation à se montrer plus exigeante pour admettre la légitime défense (Crim. 26 juin 2012, n° 11-86.809 ; *Dr. pénal* 2012, n° 139, obs. M. Véron ; *RPDP* 2013. 117, obs. critique J.-Y. Chevallier *Gaz. Pal.*). Dans cette affaire les juges du fond, approuvés par la chambre criminelle, ont estimé que la disproportion tenait d'abord au fait d'avoir riposté à des coups de poing en tirant deux balles dans la cuisse de l'agresseur mais ensuite en notant que l'agressé était un militaire à la stature physique imposante face à un agresseur non armé. Il faut cependant préciser que l'agressé avait dû faire face à une double attaque, sa première riposte ayant simplement consisté à tirer un coup de feu en l'air, ce qui n'a pas dissuadé l'agresseur puisqu'il est revenu, une seconde fois, pour le frapper à nouveau.

19 Dans deux arrêts plus récents non publiés, la chambre criminelle (18 mars 2008, n° 07-85.084 et 1er avr. 2008, n° 07-814.542, *RPDP* 2008. 613, obs. A. Lepage), par deux décisions de rejet, confirme l'appréciation souveraine des juges du fond admettant le caractère proportionné de la riposte dans la première espèce et son caractère disproportionné dans la seconde. L'intérêt de la première décision est qu'elle rappelle qu'une défense mesurée ne signifie pas que le mal causé par celui qui se défend ne peut jamais être plus grave que le mal qui aurait été entraîné par l'agression. En effet l'agressé avait été victime d'une simple contusion faciale alors qu'il était pris à partie par deux personnes, et que l'agresseur a subi une infirmité permanente constituée par la perte d'un œil (v. dans le même sens : Crim. 26 mars 2013, n° 12-81.642, pour un individu victime d'un coup de poing qui, en repoussant brutalement l'agresseur, le fait tomber d'une fenêtre. La chambre criminelle rejette le pourvoi contre l'arrêt ayant admis la légitime défense malgré la gravité du résultat de la riposte). Dans la seconde, à la suite d'un accrochage entre deux véhicules, un automobiliste avait subtilisé les clés d'un scooter pour empêcher son conducteur de repartir. Les juges ont considéré qu'une simple frappe sur le bras, pour récupérer ces clés ne pouvait pas justifier une gifle ayant provoqué une perforation du tympan de son adversaire. La manœuvre de l'agresseur ne mettant pas l'agressé en danger, la riposte a été jugée disproportionnée. Une analyse des décisions des juridictions du fond révèle que tout est finalement question d'espèce (par ex. : Bordeaux 10 févr. 2011, *Juris-Data* n° 10-06-644 qui admet la légitime défense pour une riposte à main nue contre un individu mettant brusquement la main à sa poche, laissant craindre qu'il en sorte un objet ; Angers 11 déc. 2011, *Juris-Data* n° 11-005-58738, qui refuse la légitime défense à un individu menacé d'une matraque qui réagit, d'abord en portant deux coups de poing ce qui est admissible, mais qui porte ensuite un coup de pied à l'homme tombé à terre ce qui est disproportionné ; Angers 29 sept. 2011, *Juris-Data* n° 11-003-30581, qui refuse la légitime défense à une personne attaquée à main nue qui se défend avec une canne à pêche). Il est bien sûr souvent très difficile, pour la Cour de cassation, de contrôler la condition de proportionnalité. Elle pose néanmoins parfois quelques règles qui peuvent guider les juridictions du fond. Ainsi estime-t-elle dans un arrêt du 23 février 2010 (n° 09-84.220) que celui qui est à l'origine de violences réciproques ne peut pas invoquer la légitime défense alors qu'il est poursuivi pour avoir mordu l'oreille de son adversaire. Dans une autre espèce (Crim. 8 sept. 2009, n° 09-81.118), elle rappelle l'obligation, pour les juges du fond, d'examiner, si la demande lui en est faite, l'existence de la légitime défense, en l'occurrence, vérifier si l'attitude d'une victime n'était pas à l'origine de l'acte reproché à l'auteur de l'agression bousculant une personne qui tombe à terre (v. à titre d'ex. Crim. 16 févr. 2016, n° 15-81.880, *Gaz. Pal.* 26 avr. 2016, n° 16, obs. E. Dreyer : refus de l'indemnisation d'un agresseur blessé qui était à l'origine d'une bagarre).

On observera, sur un tout autre plan, que le rejet de la légitime défense en raison de son caractère disproportionné par rapport à l'agression n'empêche nullement de considérer qu'il puisse y avoir un partage de responsabilité civile entre l'agresseur et l'agressé, une faute de la victime pouvant être retenue (Crim. 8 janv. 2008, n° 07-83.423, *D.* 2008. 1590, note C. Robaczewski ; *AJ pénal* 2008. 136, obs. S. Lavric ; *Gaz. Pal.* 4 et 5 mars 2008, note J.-Y. Monnet ; Crim. 16 juin 2015, n° 13-88.263, *Bull. crim.* n° 148 ; *AJ pénal* 2015. 610, obs. D. Aubert).

20 Dans le cas particulier de l'utilisation de son arme par un gendarme en application de l'article L. 2338-3 du Code de la défense, la Cour de cassation, après quelques hésitations, adopte aujourd'hui une position plus restrictive. Dans un arrêt du 18 février 2003, n° 02-80.095, *D.* 2003. 1317, note F. Defferard et V. Durtette ; *RSC* 2003. 387, obs. J. Buisson ; *ibid.* 559, obs. Y. Mayaud ; *ibid.* 565, obs. J.-P. Delmas Saint-Hilaire ; *Dr. pénal* 2003, n° 57 et Chron. 22 F. Debove, « Carton jaune pour les bleus », elle a estimé que l'autorisation de l'usage d'une arme de service ne dispense pas les juges de rechercher si cette utilisation était absolument nécessaire en l'état des circonstances de l'espèce, formule équivalente à celle utilisée par le législateur en matière de défense des biens. On peut signaler dans le même sens un arrêt de la chambre criminelle du 12 mars 2013, n° 12-82.683, *Bull. crim.* n° 63 ; *Dr. pénal* 2013, n° 88, obs. M. Véron ; *Gaz. Pal.* 27 oct. 2012, note critique de E. Dreyer (usage de l'arme absolument nécessaire en raison du refus d'obtempérer dans des circonstances dangereuses pour la sécurité du gendarme). Dans une autre affaire la chambre criminelle a d'ailleurs refusé d'admettre la justification d'un gendarme fondée sur l'ordre de la loi, en estimant qu'il y avait disproportion entre le risque à conjurer et le moyen utilisé. Un gendarme, qui avait pris en chasse un véhicule, en commettant de très graves infractions de circulation, avait été victime d'un accident occasionnant le décès d'un de ses collègues. La condamnation par les juridictions du fond est validée par la Haute juridiction qui estime que les actes manifestement illégaux commis dans le cadre d'une poursuite automobile, en raison de leur disproportion, ne peuvent être justifiés (Crim. 23 mars 2004, n° 03-82.852, *Bull. crim.* n° 77 ; *D.* 2004. 2755, obs. crit. B. de Lamy). La solution, d'une absolue nécessité de l'usage des armes par les gendarmes, a été maintenue dans une autre décision du 21 oct. 2014, n° 13-85.519, *D.* 2014. 2463, note T Garé et *D.* 2015. 1120 ; *AJ pénal* 2014. 359, obs. G. Roussel ; *RPDP* 2015. 110, obs. J.-Y. Chevallier ; *Dr. pénal* 2014, n° 146, note M. Véron. La chambre criminelle a, par ailleurs refusé, dans un arrêt du 1er avril 2014, n° 13-85.519 QPC, de renvoyer au Conseil constitutionnel une question portant sur l'article L. 2338-3 du Code de la défense, la demande ne présentant pas un caractère sérieux . La Cour de Srasbourg n'a, quant-à elle, d'une manière très pragmatique, pas retenu l'inconventionnalité de l'article L. 2338-3 du Code de la défense en s'appuyant sur les circulaires qui tendent à limiter l'usage de la force meurtrière, mais elle va, selon les circonstances de l'espèce, décider de l'absolue nécessité ou non, de l'usage de l'arme et donc de la violation ou de la non violation de la Convention : CEDH 8 juill. 2014, *Lamartine c/ France*, req. n° 25382/12 ; E. Dreyer, « Un an de droit européen des droits de l'homme », *Dr. pénal* 2015, 4, n° 17 ; *AJ pénal* 2014. 359, obs. G. Roussel ; CEDH 17 avr. 2014, *Guerdener et a. c/ France*, req. n° 68780/10 ; *JCP* 2014. 562, note B. Pastre Belda qui a jugé que le fait de tirer sur un individu dangereux qui s'évade ne constitue pas une nécessité absolue de recourir à la force meurtrière. Il faut, sur cette question de l'utilisation des armes par les forces de l'ordre, signaler la création par la loi n° 2016-731 du 3 juin 2016, art. 51, d'un article 122-4-1 dans le Code pénal, permettant leur utilisation afin d'éviter, dans le cadre d'une action terroriste notamment, la réitération de meurtres (v. *infra*, n° 24).

Bien évidemment, selon la nature du péril, le juge appréciera la condition de proportionnalité. Et, bien sûr, cette appréciation sera plus rigoureuse en cas d'attaque contre les biens, la jurisprudence, en effet, avant l'intervention du nouveau Code pénal, n'hésitant pas à accepter ce type de légitime défense. La raison en est simple : si la défense d'une propriété est légitime en tant que telle, elle ne saurait, en aucun cas, justifier le sacrifice d'une vie humaine ou des blessures irréparables. Dans ces conditions, la jurisprudence n'admet qu'avec beaucoup de réticence l'emploi d'engins automatiques de défense pour assurer la seule protection des biens, dans la mesure où leur fonctionnement risque de causer un dommage disproportionné. (Sur cette question G. Levasseur, « Les pièges à feu », *RSC* 1979. 329 ; Romerio, « Les pièges à voleurs et le droit », *JCP* 1979. I. 2939 ; J. Pradel, « La défense automatique des biens », *Mélanges P. Bouzat*, 1980, p. 217 ; *add.* P. Couvrat « La notion de légitime défense dans le nouveau droit pénal », VIe Congrès de l'Association française de droit pénal tenu à Montpellier les 7, 8 et 9 nov. 1983 ; E. Dreyer, n° 1217 sur l'usage des pièges).

21 Bien sûr, la plupart du temps, l'emploi de tels engins résulte d'une série de vols restés impunis. Il convient donc d'adopter une solution assez clémente pour ne pas discréditer la justice aux yeux de l'opinion publique. À cette fin, la jurisprudence utilise deux procédés débouchant sur la culpabilité de celui qui a placé l'engin automatique : soit elle retient le délit d'homicide et blessures involontaires (T. corr. Aix 21 avr. 1969, *RSC* 1970. 97, obs. G. Levasseur et 373, obs. A. Légal, dans cette espèce un touriste étranger avait été tué par un engin automatique alors qu'il voulait passer la nuit dans une maison vide de ses occupants ; Crim. 18 janv. 1977, *Bull. crim.* n° 21 : ici le propriétaire avait installé derrière une fenêtre de sa villa un canon avertisseur en le chargeant contrairement aux instructions du constructeur), soit elle relève une infraction volontaire assortie de l'octroi des circonstances atténuantes (T. corr. Toulouse 8 oct. 1969, *RSC* 1970. 851, obs. A. Légal : pour un voleur de poules blessé par un piège à feu actionné par la simple ouverture de la porte alors que le prévenu n'avait pas apposé un écriteau signalant son existence).

Mais il est tout de même remarquable de constater que la jurisprudence n'a jamais condamné la légitime défense des biens ; il se trouve tout simplement que, la plupart du temps, l'acte de défense est disproportionné par rapport à l'agression (v. pour un exemple, Crim. 11 mai 1995, *Gaz. Pal.* 24 au 26 sept. 1995, p. 20 : rejet de la légitime défense pour le propriétaire d'une bijouterie ayant blessé, alors qu'il se trouvait au 1er étage de sa maison, des voleurs non armés, essayant de pénétrer dans la bijouterie).

22 Cette disproportion pose, à l'évidence, moins de problèmes lorsque l'agression est commise contre une personne. La solution la plus souvent retenue sous l'empire du Code de 1810 était celle de l'arrêt *Devaud* qui consistait en cas de rejet de la légitime défense à faire bénéficier le prévenu de l'excuse atténuante de l'article 321 de ce code, aujourd'hui supprimée. La culpabilité était pleine et entière, seule la peine prononcée était atténuée. Partant du principe d'une différence entre les valeurs protégées, le caractère violent de l'agression contre une personne justifie une riposte plus grave que celle consécutive a une atteinte aux biens, l'article 122-5 de l'actuel Code pénal, après que les deux assemblées se soient opposées longuement sur l'utilité d'une telle solution, distingue, dans ses deux alinéas, deux formes de légitime défense, selon qu'il sagit d'une agression contre une personne ou contre des biens (pour une critique de cette distinction : M.-L. Rassat, n° 376). Sous réserve du caractère de proportionnalité expressément visé, la légitime défense des personnes est largement admise. En revanche, s'agissant des biens, l'alinéa 2 du texte ajoute plusieurs conditions. L'acte de défense doit en effet avoir pour but d interrompre un crime ou un délit contre un bien. La cour de Toulouse l'a clairement rappelé dans un arrêt du 24 janvier 2002 (*Dr. pénal* 2002, n° 52) dans une affaire de querelle entre voisins. Ces

derniers en étaient venus aux mains après que l'un d'entre eux eût donné un coup de pied dans la carrosserie d'un véhicule. La juridiction rappelle qu'il ne peut y avoir légitime défense dans une telle hypothèse puisqu'en matière d'atteinte aux biens, la riposte doit avoir pour objet d'interrompre un crime ou un délit, ce qui n'était pas le cas en l'espèce. Encore faut-il qu'il ne s'agisse pas d'un homicide volontaire (v. cep. le cas particulier de l'article 462-9 du Code pénal concernant les crimes et délits de guerre qui justifient des actes pouvant avoir conduit à la mort d'autrui pour sauver des biens matériels, lorsqu'ils sont essentiels à la survie de soi-même ou d'autrui ou essentiels à l'accomplissement d'une mission militaire, à condition que la personne ait agi raisonnablement et qu'il n'y ait pas disproportion entre les moyens de défense utilisés et la gravité du danger encouru. Y. Mayaud (n° 424) évoque dans ce cas la notion de nécessité militaire). Par ailleurs, il faut que l'acte soit strictement nécessaire au but poursuivi et que les moyens employés soient proportionnés à la gravité de l'infraction. Comme on l'a remarqué (F. Desportes et F. Le Gunehec, n° 737 ; P. Conte et P. Maistre du Chambon, n° 266 ; E. Dreyer, n° 1216), la terminologie retenue dans chacun des deux alinéas de l'article 121-5 montre bien les exigences supplémentaires que le législateur du nouveau Code pénal a souhaité ajouter pour que la légitime défense des biens soit retenue.

23 Ce dispositions avaient pour objectif de donner un véritable statut à la légitime défense des biens mais en l'assortissant de conditions suffisamment strictes pour éviter les abus liés à une défense excessive, notamment dans le cadre des systèmes de protection automatique. On observera que ce texte a consacré les solutions jurisprudentielles jusqu'alors admises en excluant expressément par exemple l'homicide. Cette solution, tout à fait conforme à la Convention européenne des droits de l'homme (Conv. EDH, art. 2-2), n'empêchera probablement pas certains acquittements en cas de poursuite pour meurtre (v. sur ce point, J. Pradel, n° 369 et *Commentaire du Code pénal*, préc., n°s 41 s. ; *add.* sur le droit comparé : J. Pradel, *Droit pénal comparé*, Dalloz, 3e éd., 2008, n° 102).

Est-ce à dire que l'on aurait pu faire l'économie d'une telle réforme ? (en ce sens M.-L. Rassat, n° 376 qui estime la distinction illusoire). La question reste posée. La solution législative a cependant un mérite certain, celui d'affirmer que le propriétaire peut défendre ses biens à une époque où ce type de délinquance tend à se développer, voire à se banaliser mais en rappelant que tous les moyens ne peuvent pas être utilisés et que la vie, fût-ce celle d'un voleur, est un bien trop précieux pour être mise en balance avec la perte de la propriété d'un bien.

A. V.

23

LÉGITIME DÉFENSE – PRÉSOMPTION NATURE

Crim., 19 févr. 1959, nº 58-91.898, *Reminiac*
(*Bull.* nº 121 ; *D.* 1959. 161, note M. R. M. P. ; *JCP* 1959. II. 11112, note P. Bouzat ; *RSC* 1959. 839, obs. A. Légal)

L'article 329 du Code pénal de 1810 (auj. C. pén., art. 122-6) établit une présomption légale simple de légitime défense qui peut donc céder devant la preuve contraire.

Attendu qu'il résulte des énonciations de l'arrêt attaqué que, dans la nuit du 11 septembre 1954, Tison s'est présenté au domicile de Reminiac pour rendre visite à une domestique dont il avait été autrefois l'amant et qu'il continuait de fréquenter ; que s'étant vu refuser l'accès de la maison en raison de son état d'ivresse, Tison brisa deux carreaux de fenêtre et une imposte à l'aide d'un pieu arraché à une clôture, puis pénétra dans le jardin attenant à l'édifice en escaladant la toiture d'un garage ; que Reminiac, qui avait vainement tenté d'exhorter le perturbateur à la raison, alla alors chercher un revolver dans son bureau, le chargea et l'arma posément, puis se rendit dans une pièce du premier étage, se posta à une fenêtre et tira deux coups de feu dans la direction de l'endroit où il supposait que se trouvait Tison qu'il avait cessé de voir et d'entendre depuis un certain temps ; que ce dernier fut atteint d'une balle au poumon et grièvement blessé, alors qu'il se tenait derrière les buissons du jardin et fumait une cigarette ; – Attendu qu'en l'état des faits constatés, la cour d'appel a pu, sans violer les articles 328 et 329 du Code pénal, refuser d'en faire l'application en l'espèce ; que si, il est vrai, le premier paragraphe de l'article 329 dont le prévenu réclamait le bénéfice, déclare légitimes le meurtre commis, les blessures faites ou les coups portés pour repousser de nuit l'escalade ou l'effraction des murs et clôtures des maisons habitées ou de leurs dépendances, il s'agit là d'une présomption légale qui, loin de présenter un caractère absolu et irréfragable, est susceptible de céder devant la preuve contraire ; que le texte dont il s'agit ne saurait justifier des actes de violence lorsqu'il est démontré qu'ils ont été commis en dehors d'un cas de nécessité actuelle et en l'absence d'un danger grave et imminent dont le propriétaire ou les habitants de la maison aient pu se croire menacés dans leurs personnes ou dans leurs biens ; – Attendu que les juges du fond ayant, par des motifs suffisants et non contradictoires entre eux, souverainement constaté l'absence de pareilles circonstances en l'espèce, ont par là même justifié leur décision… Rejette…

OBSERVATIONS

1 Il est sans doute assez peu de dispositions générales du Code pénal de 1810 dont l'interprétation a suscité autant d'hésitations que l'article 329. Il est vrai que la rédaction de ce texte n'était pas de nature à beaucoup faciliter la détermination de sa portée. En édictant que « sont comprises dans la nécessité actuelle de la défense » deux situations qui étaient assez précisément décrites, il est clair que le législateur avait entendu renforcer la protection de certaines personnes menacées de manière plus particulière, mais il n'avait absolument pas indiqué la nature, les moyens et la mesure de cette protection.

Dans un premier temps, plusieurs explications de ce texte ont été proposées : certaines soutenant que cette disposition se limitait à fournir, par voie d'exemples, un développement à l'article 328 du même code (solution qui semblait être celle voulue par le législateur si l'on s'en tient aux arguments du rapporteur du Code pénal au corps législatif : sur ce point, R. Garraud, t. II, n° 449), d'autres estimant qu'il justifiait la défense des biens non prévue par l'article 328 du Code pénal de 1810. Très vite, néanmoins, il fut admis par la doctrine, comme par les juges, que le législateur avait voulu établir pour les deux cas qu'il décrivait une présomption de légitime défense, alors que c'est habituellement à celui qui s'en prévaut à démontrer qu'il a agi pour se défendre. (Sur le deuxième cas de légitime défense privilégié, v. J.-P. Delmas Saint-Hilaire, *J.-Cl. Pén. Code*, art. 122-5 et 122-6, n°s 101 s. repris par C. Mascala, même source, n° 108).

Ce point de vue admis, le problème n'était pourtant que très partiellement résolu car il restait à déterminer la nature de cette présomption. L'arrêt *Reminiac* apporte sur ce point une réponse très précise en indiquant le caractère de la présomption, ce que nous verrons dans un premier temps (I) avant de déterminer les conséquences de cette position, quant à l'utilité de l'article 329 du Code pénal de 1810 et aujourd'hui de l'article 122-6 du nouveau Code pénal, qui suscite la même interrogation (II).

I. — La logique du choix d'une présomption simple de légitime défense

2 On verra dans un premier temps que la jurisprudence a hésité quant au choix du caractère de la présomption (A) pour assez rapidement décider de lui donner une efficacité limitée (B).

A. — Les hésitations initiales de la jurisprudence

3 On sait qu'il existe deux types de présomptions : certaines sont dites simples, c'est-à-dire susceptibles de preuve contraire, d'autres sont dites irréfragables et sont donc non susceptibles d'être contredites. La réponse à une telle question est d'un intérêt pratique évident, puisqu'elle permet de déterminer l'utilité exacte de la disposition en question. Admettre que la présomption est simple, c'est ôter au texte l'essentiel de son efficacité, puisque cela conduira simplement à un renversement du fardeau de la preuve.

Sans doute la personne poursuivie n'aura-t-elle pas à prouver qu'elle était en état de légitime défense au moment des faits, mais le ministère public aura la possibilité d'établir que telle n'était pas la situation. On peut d'ailleurs remarquer que c'est alors devant la juridiction de jugement que le problème sera discuté, les juridictions d'instruction n'étant pas tenues d'admettre la thèse de la légitime défense. Le juge ne doit, en effet, se prononcer qu'après avoir pris en considération tous les éléments de l'affaire. La reconnaissance du caractère irréfragable de la présomption peut conduire en revanche à des solutions très largement contestables en assurant l'impunité pour des actes délictueux commis par des individus sachant pertinemment qu'ils n'étaient pas menacés dans leur personne ou dans leurs biens. L'impossibilité de contredire la présomption conduit nécessairement à refuser toute condamnation dès lors qu'une personne démontre qu'elle se trouvait dans l'une des deux situations prévues par le législateur. Ainsi, pour se référer à l'hypothèse la plus fréquente, l'escalade ou l'effraction d'une maison habitée, pendant la nuit, il suffira pour l'occupant qui s'est « défendu » d'établir la réalité des conditions de temps et de lieu prévues par le texte pour être assuré de l'impunité. L'intérêt de l'arrêt *Reminiac* c'est qu'il met fin à une longue controverse en affirmant sans équivoque que l'article 329 du Code pénal de 1810 instaurait une présomption simple de légitime défense.

4 La Cour de cassation confirme tout d'abord une thèse qui n'était pratiquement plus contestée et selon laquelle l'article 329 établissait une présomption de légitime défense, « il s'agit là d'une présomption légale » précise la décision. Cette solution, qui n'était sans doute pas celle la plus directement impliquée par la formule utilisée par le législateur, apparaissait aux yeux d'une doctrine contemporaine unanime comme la seule interprétation possible de ce texte (R. Merle et A. Vitu, t. I, n° 463 ; J. Pradel, n° 338 ; B. Bouloc, n° 423 ; A. Decocq, p. 321 ; W. Jeandidier, n° 267 ; M. Puech, p. 292 ; P. Bouzat et J. Pinatel, t. I, n° 293, etc. ; v. cependant M.-L. Rassat, n° 379 ; E. Dreyer n° 1181 ; R Bernardini, n° 571).

On remarquera que la formule « est présumé avoir agi en état de défense légitime » a été définitivement retenue dans l'article 122-6 du Code pénal. Mais cet arrêt apporte ensuite une autre réponse beaucoup plus importante, en se prononçant pour le caractère simple de la présomption qui « loin de présenter un caractère absolu et irréfragable est susceptible de céder devant la preuve contraire ».

B. — L'affirmation d'un choix indispensable

5 Cette décision ne constitue pas, à proprement parler, un véritable revirement de jurisprudence, puisque la Cour de cassation ne s'était, à notre connaissance, jamais expressément prononcée sur ce point ; mais elle met fin à l'incertitude résultant d'arrêts parfois contradictoires. Dans un premier temps, en effet, la thèse de la présomption irréfragable a été soutenue par certains auteurs (Chauveau et Hélie, *Théorie du Code pénal*, 6e éd. par Villey, t. IV, nº 1483 ; Le Poittevin, *Dictionnaire-Formulaire des Parquets*, v. « Meurtre », p. 598, etc.) et consacrée par certaines décisions de la chambre criminelle (Crim. 11 juill. 1844, *S.* 1844. 1. 777 ; Crim. 8 déc. 1871, *S.* 1872. 1. 346). Les deux arrêts précités pouvaient apparaître d'autant plus significatifs, quant au caractère absolu de la présomption, qu'ils sont intervenus, dans des hypothèses où l'absence de tout danger pour celui qui invoquait la légitime défense, était évidente. Il s'agissait, dans les deux cas, de maris trompés, meurtriers des amants de leurs femmes, au moment où de nuit, ces derniers s'introduisaient par escalade au domicile conjugal. En rejetant les pourvois diligentés contre les décisions de non-lieu prises sur le fondement de l'article 329-1 du Code pénal de 1810, la chambre criminelle admettait, pour toute personne se trouvant dans la situation décrite par le législateur, un véritable « permis de tuer » sans aucun lien avec la légitime défense (v. sur ce point J. Carbonnier, in *Flexible droit*, LGDJ, p. 49). Cette solution, pour le moins choquante, n'était d'ailleurs pas sans une sorte de fondement historique, puisque la loi des XII tables admettait qu'un voleur de nuit pris sur le fait, puisse être immédiatement tué (v. R. Garraud, t. II, nº 450). On notera néanmoins qu'il doit s'agir d'un voleur et non d'un galant. Dans le sens d'une présomption irréfragable, on cite souvent deux affaires d'assises célèbres : affaire *De Jeufosse*, jugée par la cour d'assises de l'Eure en 1857 et affaire *Pochon*, jugée par celle de la Moselle en 1858. Sans doute s'agit-il d'arrêts d'acquittement alors qu'il était démontré que les personnes qui avaient commis ou fait commettre un homicide savaient pertinemment ne pas être menacées (parents faisant assassiner des jeunes gens s'introduisant dans leur propriété pour y rencontrer leurs filles), mais le renvoi devant la cour d'assises, par les juridictions d'instruction, impliquait nécessairement, pour ces dernières, le caractère simple de la présomption. La Cour de cassation devait, en matière civile il est vrai, réaffirmer une fois le caractère absolu de la présomption pour justifier un propriétaire ayant placé des explosifs afin de protéger un vivier et ayant ainsi fait subir de graves blessures à un voleur nocturne (Req. 25 mars 1902, *S.* 1903. 1. 5 rejetant le pourvoi contre Dijon 21 mars 1900, *D.* 1901. 2. 473).

6 Ultérieurement, certaines décisions des juridictions du fond optèrent pour le caractère simple de la présomption, annonçant ainsi la solution de l'arrêt *Reminiac* (T. corr. Mayenne 6 mars 1957, *D.* 1957. 458, note Pageaud ; Paris 18 févr. 1933, *S.* 1933. 2. 107 ; Paris, Ch. acc., 9 avr. 1946, *RSC* 1948. 147, obs. Gulphe). Cette affaire apparaissait tout à fait

intéressante pour que la controverse relative à la présomption de l'article 329 soit enfin tranchée. Le sieur Reminiac avait assez grièvement blessé le sieur Tison qui s'était introduit par escalade et effraction dans l'enceinte d'une maison habitée mais alors qu'il savait que l'intrus n'avait aucune intention délictuelle et ne faisait courir aucun danger aux habitants de la maison. Sans doute était-il en état d'ivresse mais le propriétaire savait qu'il voulait seulement rencontrer une domestique. En refusant d'admettre l'impunité de Reminiac, la Cour de cassation se range donc à l'avis presque unanime de la doctrine moderne. Il est en général admis que la défense d'un individu ne peut être déclarée légitime si celui qui l'exerce ne se trouvait pas placé dans la nécessité actuelle d'user d'actes de violence pour se protéger d'un danger grave ou imminent, visant une personne ou des biens. Quels que soient les arguments juridiques que l'on peut faire valoir à son encontre, le bien-fondé d'une telle décision de principe nous semble évident. Il ne nous apparaît pas possible qu'un individu puisse s'abriter derrière un texte pour légitimer une infraction non nécessaire. La chambre criminelle, a confirmé plusieurs fois la solution consacrée par l'arrêt *Reminiac* (Crim. 20 déc. 1983, *Bull. crim.* n° 350 ; Crim. 5 juin 1984, *Bull. crim.* n° 209 ; *Gaz. Pal.* 1985. 1. 60, note J.-P. Doucet, solution implicite ; v. égal. Crim. 26 sept. 1989, *Dr. pénal* 1990, n° 125 ; Crim. 12 oct. 1993 ; *Dr. pénal* 1994. Comm. 35, obs. M. Véron ; *Gaz. Pal.* 1994. 27, note J.-P. Doucet ; *JCP* 1994. Doctr. 3775 ; *Dr. pénal* 1994, n° 38, obs. V. Lesclous et C. Marsat ; Crim. 13 déc. 2011, n° 10-88.699 ; *Gaz. Pal.* 21 avr. 2012, obs. E. Dreyer). On notera que la dernière espèce rappelle assez précisément l'arrêt *Reminiac* ici commenté. En effet, la légitime défense est refusée à un individu qui tire sans sommation avec un fusil à pompe, sur une personne avec laquelle il est en conflit alors qu'elle escalade, de nuit, une grille protégeant son habitation. La chambre criminelle souligne le caractère disproportionné de la réaction, dès lors qu'il n'y a aucun danger sérieux, l'individu souhaitant simplement s'emparer d'une barque.

7 Dans ces dernières espèces, la chambre criminelle réaffirme le caractère simple de la présomption, l'une des situations rappelant étrangement l'affaire *De Jeufosse* (séducteur abattu au moment où il pénètre dans la chambre de la fille du propriétaire). Cette décision présente un grand mérite, celui de montrer à quels excès pourrait conduire la reconnaissance du caractère absolu de la présomption. Si la chambre criminelle ne s'est pas expressément prononcée sur ce point depuis la promulgation de l'actuel Code pénal, on remarquera cependant que dans une décision du 11 octobre 1994 (*Dr. pénal* 1995, n° 37, obs. M. Véron), la Haute juridiction a indirectement confirmé le caractère simple de la présomption en acceptant l'attendu d'une cour d'appel aux termes duquel « ni le ministère public, ni le prévenu agresseur n'avaient fourni d'éléments pour écarter la présomption de légitime défense ». Si la présomption peut être combattue, c'est bien qu'elle n'est pas irréfragable. V. égal. : Crim. 13 déc. 2011, n° 10-88.699.

Il reste alors à s'interroger sur les conséquences d'une telle solution, s'agissant, de l'utilité même de l'article 122-6 du nouveau Code pénal.

II. — Les conséquences du choix d'une présomption simple de légitime défense : la nécessité d'assouplir la condition de proportionnalité

8 On s'est très justement demandé, sous l'empire du Code pénal de 1810, si l'article 329 ramené à une présomption simple de légitime défense ne perdait pas toute utilité pratique. Il est clair qu'en réduisant la portée du texte à un simple renversement du fardeau de la preuve, on lui ôte l'essentiel de son efficacité. On a d'ailleurs remarqué (R. Merle et A. Vitu, t. I, n° 463) que dans la plupart des cas, le problème ne se posera même pas, les faits établissant à eux seuls l'existence ou l'absence de la légitime défense. Dès lors qu'il y aura un doute, une juridiction de jugement pourra trancher le problème de sorte que l'avantage de celui qui prétend avoir agi dans le cadre de l'article 122-6 du Code pénal est assez illusoire. Sur un plan formel, on peut préciser que la chambre criminelle considère qu'il n'est pas nécessaire de poser une question spécifique, au jury d'assises, sur cette présomption dès lors qu'elle est intégrée dans la question générale relative à l'existence de la légitime défense : Crim. 28 déc. 2012, n° 11-87.692 (sol. impl.).

9 S'il était pratiquement indispensable de refuser le caractère irréfragable de la présomption en raison des abus choquants auxquels il pouvait conduire, on regrettera en revanche les conséquences qui découlent de cette solution. On ne peut oublier que les hypothèses prévues par les deux textes correspondent à des situations où celui qui s'est défendu se trouvait dans un contexte où la peur éprouvée a pu susciter une sorte de défense réflexe sans commune mesure avec le risque effectivement couru. Celui qui, la nuit, à l'intérieur d'une maison fermée, est brutalement mis en présence d'un individu qu'il ne connaît pas et dont il ignore les intentions, ne doit-il pas avoir la possibilité de réagir rapidement et énergiquement ? Un auteur, M. Savey Casard, a répondu positivement à cette question en estimant que l'article 329 du Code pénal de 1810 devait nécessairement se voir attribuer une portée plus importante (P. Savey Casard, « Réflexions sur l'article 329 du Code pénal », *RSC* 1960. 29 s.). Selon cette doctrine, dès lors qu'il est établi que les intentions de l'agresseur n'étaient pas connues de celui qui s'est défendu, ce dernier serait irréfragablement présumé avoir répondu de façon mesurée à l'agresseur. Autrement dit, quel qu'ait été le résultat de la riposte, elle serait couverte par la légitime défense, les juges n'ayant plus à rechercher une proportionnalité entre l'attaque et la défense. Cette opinion, jugée pertinente (R. Merle et A. Vitu, t. I, n° 464 ; v. égal. W. Jeandidier, n° 268 et M.-L. Rassat, n° 379, qui estime « que c'est la bonne interprétation de l'art. 329 »), présente le très grand mérite de redonner une signification et un intérêt à une disposition risquant de tomber en désuétude. On peut ajouter que cette proposition puisait sa force dans un argument textuel tiré de l'article 322 du Code pénal de 1810. Ce texte qui n'a pas été repris par l'actuel Code pénal accordait en effet une excuse atténuante à celui qui commettait un homicide en repoussant l'escalade ou l'effraction

d'une maison habitée le jour. Comment admettre que celui qui a dû faire face à une situation identique, la nuit, ne bénéficie d'aucune protection ?

10 Il ne semble pas que la jurisprudence ait expressément suivi les propositions de M. Savey Casard, mais certaines décisions des juridictions du fond paraissent, au moins indirectement, s'inspirer d'un tel système. Ainsi, la cour de Dijon, dans un arrêt du 8 janvier 1965 (*Gaz. Pal.* 1965. 1. 155) a accordé le bénéfice de la légitime défense à un propriétaire ayant blessé un cambrioleur avec une carabine alors que ce dernier prenait la fuite (blessures dans le dos). Sans doute les juges prennent-ils grand soin de justifier pourquoi, malgré les apparences, il y avait nécessité actuelle de défense, mais ils insistent sur le fait que, dans le cadre d'une agression nocturne, il faut apprécier la défense par rapport à l'ensemble du comportement d'un individu dont on ignore les intentions. On peut donc considérer qu'en cas de doute, le juge sera conduit à admettre l'existence de la légitime défense (v. égal. Toulouse 15 nov. 1979, *JCP* 1981. II. 19608, note P. Bouzat ; *Gaz. Pal.* 1980. I. 356). Deux arrêts plus récents de la Cour de cassation ayant admis la légitime défense en confirmant des décisions de cours d'appel (chambre d'accusation dans un cas, juridiction de jugement dans l'autre) s'inscrivent pleinement dans cette ligne jurisprudentielle (Crim. 11 oct. 1994, *Dr. pénal* 1995, n° 37, obs. M. Véron ; Crim. 21 févr. 1996, n° 94-85.108, *D.* 1997. 234, note C. Paulin ; *RSC* 1996. 849, obs. B. Bouloc ; *Dr. pénal* 1996, n° 98, obs. M. Véron ; *Gaz. Pal.* 19 et 20 juin 1996, note J.-P. Doucet). Dans les deux cas, une personne se trouvant dans les conditions de l'article 122-6 du nouveau Code pénal (escalade ou effraction d'une maison habitée) avait fait usage d'une arme à feu pour se défendre, blessant dans un cas, tuant dans l'autre, l'agresseur. On peut considérer que dans les deux affaires, l'examen global de la situation, l'attitude menaçante, en tout cas équivoque de l'agresseur, pouvaient justifier la position des juges. On peut aussi admettre que les circonstances particulières retenues par l'article 122-6 du Code pénal (effraction d'une maison habitée la nuit) justifient une défense plus spontanée et pour laquelle la condition de proportionnalité apparaît moins contraignante pour le juge dès lors que l'agressé a pu légitimement se croire en danger. Cette solution nous semble totalement confortée par une décision de la chambre criminelle du 8 juillet 2015, n° 15-81.986, *Dr. pénal* 2015, n° 138, note P. Conte ; *Gaz. Pal.* 31 nov. 2015, n° 307, obs. S. Detraz, à propos d'un salarié habitant sur son lieu de travail (un garage) qui surprend des cambrioleurs. L'un d'eux, au volant d'une voiture recule brutalement dans sa direction. Imaginant qu'ils sont armés, il tire sur la voiture et tue l'un d'entre eux. La chambre criminelle a considéré que « dans le climat de peur, lié à l'irruption des cambrioleurs, en pleine nuit dans le garage et exacerbé par la frayeur ressentie, au moment ou le véhicule lui a foncé dessus », le coup de feu est proportionné à l'attaque dont il pouvait légitimement penser faire l'objet. La vraisemblance de l'agression, son caractère putatif, permettent donc d'admettre la justification lorsque l'on se trouve dans un cas ou la légitime défense est présumée (v. E. Dreyer, n° 1226).

Une telle solution permettrait de comprendre pourquoi la légitime défense automatique des biens est parfois admise alors que cette pratique pose évidemment le problème de la proportionnalité entre l'acte d'agression et l'acte de défense. Dès lors que les conditions de l'article 329 du Code pénal étaient réunies (agression la nuit dans une maison habitée par exemple), on a pu constater que les tribunaux se montraient assez favorables pour accepter la justification par la légitime défense (sur cette question, v. J. Pradel, « La légitime défense automatique des biens », *Mélanges P. Bouzat*, Paris, 1980, p. 217 s. et la bibliographie citée ; J.-H. Robert, préc., p. 262 ; R. Bernardini, n°s 542 s.).

1 Ces auteurs, comme la doctrine, d'une manière assez générale, se montrent très réservés pour accepter la légitime défense lorsqu'un individu, pour protéger son bien, a porté atteinte à l'intégrité physique d'une personne. Si la Cour de cassation paraît rester assez ferme (Crim. 8 janv. 1974, *Gaz. Pal.* 1974. Somm. 110 ; Crim. 11 mai 1995, *Gaz. Pal.* 24 et 26 sept. 1995, p. 20. V. en dernier lieu : Crim. 7 déc. 1999, n° 98-86.337, *Bull. crim.* n° 292, refusant la légitime défense dans un cas privilégié en raison d'une disproportion évidente), on constate néanmoins que les cours d'assises, beaucoup plus sensibles au sentiment d'insécurité partagé par de nombreux citoyens, se montrent plus favorables au propriétaire que l'on voulait voler qu'au voleur qui a été blessé dans l'entreprise.

2 On notera en concluant que l'article 122-6-1er de l'actuel Code pénal a repris à une variante près, à savoir l'introduction par ruse, la formule de l'article 329 du Code pénal de 1810. Il y a donc toutes les raisons de penser que la Cour de cassation confirmera de manière plus explicite qu'elle ne l'a fait, dans l'arrêt du 11 octobre 1994 précité, le caractère relatif, de la présomption de légitime défense aujourd'hui expressément indiquée en exergue du texte. Rien ne permet en tout cas d'envisager une solution contraire (v. Y. Mayaud, n° 425). On ajoutera en concluant que la solution ne paraît pas devoir être différente pour l'hypothèse prévue par l'article 122-6-2e du Code pénal. Même si ce texte est très peu appliqué certains auteurs considèrent que cette disposition présenterait un caractère d'ordre public donnant à la présomption un caractère irréfragable (J.-R. Delmas Saint-Hilaire, *J.-Cl. Pén. Code*, art. 122-5 et 122-6, n° 109 ; C. Mascala, reprise du *Jurisclasseur* et *Droit pénal général*, p. 185). Cette solution n'a, semble-t-il, jamais été acceptée par la jurisprudence (v. cep. l'arrêt de la cour d'assises de Nouméa rendu à propos de la tuerie d'Hienghène en Nouvelle-Calédonie cité par J.-P. Delmas Saint-Hilaire). On peut penser que le caractère très vague de la présomption (les vols ou pillages exécutés avec violence) rendrait cette solution très difficilement applicable (en ce sens R. Bernardini, n° 577). Pour un exemple d'application de cette présomption, v. Crim. 5 juin 1984, *Bull. crim.* n° 209 ; *D.* 1986. Somm. 106, obs. G. Roujou de Boubée ; *Gaz. Pal.* 1985. I. 60, note J.-P. Doucet ; v. égal. M. Herzog-Evans, *Droit pénal général*, n° 482.

A. V.

24

ÉTAT DE NÉCESSITÉ – CONDITIONS

Colmar, 6 déc. 1957, *Regina*
(*D.* 1959. 357, note P. Bouzat)

Crim., 28 juin 1958, *Lesage*
(*D.* 1958. 693, note M. R. M. P. ; *JCP* 1959. II. 10941, note J. Larguier ; *RSC* 1959. 111, obs. A. Légal)

L'état de nécessité ne peut être retenu comme fait justificatif que dans la mesure où une personne en présence d'un danger imminent est obligée de commettre une infraction sacrifiant ainsi une valeur pour en sauvegarder une autre d'un intérêt supérieur (1re esp.). Encore faut-il que celui qui invoque cette cause d'impunité n'ait pas lui-même créé le danger par sa faute (2e esp.).

Colmar, 6 décembre 1957, *Regina*

En droit : – Attendu que la reconnaissance de l'état de nécessité est un des fondements du droit ; que toutes les civilisations juridiques évoluées, dégagées du légalisme initial, le consacrent, soit dans la loi, soit dans la doctrine et la jurisprudence ; que ce qui caractérise l'état ou « l'effet » de nécessité, c'est « la situation dans laquelle se trouve une personne qui, pour sauvegarder un intérêt supérieur, n'a d'autre ressource que d'accomplir un acte défendu par la loi pénale » (note Charles de Visscher, citée dans Foriers. *L'état de nécessité en droit pénal*, p. 343) ; – Attendu qu'il est invoqué d'ordinaire pour la défense de l'ordre public (affaire Messali-Hadj. *Revue jurid. d'Alsace*, 1956, p. 289), ou pour la sauvegarde de la vie humaine, ou pour justifier soit l'approbation de denrées indispensables à l'entretien de la vie en cas d'extrême pénurie (Amiens, 22 avr. 1898, *S.* 1899. 2. 1), soit l'emploi de moyens irréguliers pour procurer à une famille dans une période de crise aiguë du logement l'abri dont elle ne saurait se passer (T. corr. Colmar, 27 avr. 1956, *D.* 1956. 500) ; – Attendu que si l'état de nécessité est une notion strictement exceptionnelle, il serait contraire à son esprit d'en limiter l'application à la défense d'intérêts matériels, fussent-ils vitaux ; qu'on doit l'étendre à la protection des intérêts moraux supérieurs, tel l'honneur de la personne ou du foyer qui, pour l'honnête homme, ont autant de prix que la vie ; qu'il convient donc de rechercher dans l'examen du point de fait si le prévenu, au moment où il a décidé de pénétrer dans la résidence de sa femme, pouvait craindre très sérieusement que sa fille courût un danger moral grave et immédiat, et si le dommage qu'il a causé à la société en enfreignant la loi et à sa femme en s'introduisant chez elle peut être mis en balance avec cette menace ;

En fait : – Attendu qu'il ressort d'un nouvel examen des faits de la cause que la jeune Daisy se trouvait en danger moral auprès de sa mère, qui l'associait à sa vie sensuelle, tout entière axée sur le plaisir ; qu'en constatant le 8 juin 1957 que sa femme faisait entrer chez elle des connaissances de rencontre, ce danger ne pouvait manquer d'apparaître plus pressant à Regina ; que Regina y a paré en expulsant les deux intrus ; – Attendu que la cour ne peut suivre les premiers juges quand ils déclarent que « même si le prévenu s'était soucié de l'honneur de sa fille, le délit serait constitué, étant donné que l'accès du logement de sa femme lui était interdit par l'ordonnance de non-conciliation » ; que c'est la perdre de vue que la nécessité d'une intervention immédiate dans un logement dont l'accès est interdit peut l'emporter dans la balance des impératifs sur l'obligation de respecter cette interdiction ; que si le feu s'était déclaré dans le logement en question, personne n'aurait pu faire grief à Regina d'y avoir pénétré, même de force, pour sauver ses enfants, malgré l'ordonnance présidentielle ; qu'en l'espèce le danger qui menaçait sa fille était autre ; qu'il n'en était pas moins grave : qu'il est impossible d'admettre, comme le fait le jugement, que la présence de deux hommes dans l'appartement éliminait tout danger pour sa fille, puisque c'est précisément de ces hommes, connaissances de rencontre, que venait le danger ; qu'on ne peut faire grief à un père d'avoir fait passer le souci de l'intégrité morale de sa fille avant toute autre considération ; que le préjudice causé à la société et à la dame Regina est moindre que les suites fâcheuses qui pouvaient résulter d'agissements capables de pervertir sa fille ; qu'au surplus, cette intervention, si elle fut brutale, se réduit à un fait unique et que, Regina s'étant retiré aussitôt après avoir expulsé les intrus et corrigé sa fille, on ne saurait y voir un parti pris de troubler l'existence de son épouse dans la résidence que lui avait assigné l'ordonnance présidentielle ; que l'intention de compromettre son épouse, que le tribunal croit voir chez l'inculpé, est peu vraisemblable puisque, à l'époque, le procès de divorce avait déjà été plaidé (audience du 28 mai) et que l'enquête et une procédure en conservation de preuve avaient amplement démontré l'inconduite de sa femme ; que si Regina fit prendre des photos par un de ses amis, c'est, selon toute vraisemblance, pour justifier son initiative et prouver que sa femme éduquait mal sa fille ; qu'ainsi l'état de nécessité justifiant l'acte de Regina, il échet de réformer le jugement choqué d'appel et de relaxer Regina ;

Par ces motifs, déclare les appels recevables en la forme ; – au fond, faisant droit à appel du prévenu, infirme le jugement entrepris, relaxe le prévenu Regina et le renvoie des fins de la poursuite sans peine ni dépens.

Chambre criminelle, 28 juin 1958, *Lesage*

Attendu que tout jugement ou arrêt doit contenir les motifs propres à justifier sa décision ; que l'insuffisance des motifs équivaut à l'absence de motifs ; – Attendu qu'il résulte de l'arrêt attaqué et de ceux des motifs du jugement que confirme cet arrêt, que le 16 janvier 1956 vers 11 heures, sur la route nationale 165, Lesage conduisait sa voiture Peugeot 203, à une vitesse d'environ 80 km à l'heure, lorsque la portière avant droite, pour une cause inconnue, s'étant ouverte, sa femme et son enfant furent projetés sur la chaussée, que Lesage, cherchant à les retenir de la main droite, et ne tenant plus son volant que de sa main gauche, braqua à gauche afin, dit l'arrêt, « d'éviter d'écraser sa femme et son enfant » ; que sa voiture vint de ce fait se placer en travers de la chaussée devant une voiture Simca qui, conduite par Le Goff, circulait en sens inverse à 80 km à l'heure ; que les deux véhicules entrèrent en collision et que les époux Le Goff, ainsi qu'un nommé Hudhomme, passager de Lesage, furent grièvement blessés ; – Attendu que, pour relaxer Lesage de la prévention de blessures par imprudence relevée contre lui, et débouter les époux Le Goff de leur action civile, l'arrêt attaqué se borne à déclarer « que la manœuvre ainsi opérée, qui a évité un accident plus grave que celui objet de la poursuite, si elle constituait une infraction au Code de la route, ne relève pas de la loi pénale en raison de la nécessité où le prévenu s'est trouvé d'agir ainsi qu'il l'a fait » ; – Mais attendu qu'en limitant ses explications a cette pure affirmation, l'arrêt attaqué n'a pas justifié sa décision ; qu'en effet les juges d'appel auraient dû démontrer, d'une part, que la manœuvre accomplie par le prévenu pouvait seule permettre d'éviter l'accident qu'il redoutait, à l'exclusion de toute autre manœuvre moins périlleuse pour les tiers ; d'autre part, que le risque hypothétique de blessures auquel sa femme et son enfant se trouvaient exposés, à défaut de cette manœuvre, était de nature à entraîner des conséquences plus redoutables que le péril certain et très grave auquel, par cette manœuvre, il a exposé les époux Le Goff ainsi que son propre passager ; qu'enfin il n'avait pas créé lui-même ce prétendu état de nécessité en laissant sa femme et son enfant prendre place à ses côtés dans une voiture dont la portière était sujette à s'ouvrir soit d'elle-même, soit par une fausse manœuvre de sa femme ou de son enfant ;

Par ces motifs, casse...

OBSERVATIONS

1 Le Code pénal de 1810 ne contenait aucune disposition générale sur l'état de nécessité. Toutefois, le législateur avait consacré dans quelques textes particuliers le concept d'infraction nécessaire : article R. 644-2 du Code pénal sur l'encombrement sans nécessité de la voie publique par des matériaux (sur cette infraction, pour une application ayant admis l'état de nécessité pour justifier l'encombrement de la voie publique afin d'installer des tentes pour loger des personnes sans abri et ainsi faire face à un danger actuel menaçant ces familles : Paris 13e ch. corr. 28 mai 2009, *JCP* 2009. 186, obs. J.-Y. Maréchal, relaxe de l'association poursuivie) ; article R. 655-1 du Code pénal sur l'abattage d'animaux domestiques sans nécessité (pour d'autres exemples en droit douanier : W. Jeandidier, no 269) ; mais il est bien évident que dans ces diverses hypothèses, l'absence même de nécessité fait partie des éléments constitutifs de l'infraction. En aucun cas, le législateur n'avait posé en principe clair et absolu que l'état de nécessité constituait une cause subjective ou objective d'irresponsabilité pénale.

2 Pour cette raison la jurisprudence allait accueillir prudemment l'état de nécessité. Cette prudence était illustrée de façon remarquable par les deux décisions successivement intervenues dans la célèbre affaire *Ménard* (T. corr. Château-Thierry 4 mars 1898 et, en appel, Amiens 22 avr. 1898, *S.* 1899. II. 1, note J.-A. Roux ; *DP* 1899. 2. 329, note Josserand). Il s'agissait d'une femme qui avait été amenée, à la suite d'un malheureux concours de circonstances à voler un pain pour nourrir son enfant malade. Elle fut poursuivie pour vol ; en première instance, elle obtint la relaxe sur le fondement de la contrainte morale de l'article 64 du Code pénal de 1810 (C. pén., art. 122-2) : en appel, si la cour refusa d'admettre la contrainte, elle confirma tout de même la relaxe au motif que l'intention criminelle, élément moral indispensable du vol, faisait défaut (pour une application plus récente voir *infra*). Le point commun entre ces deux décisions réside dans le fait que les juges n'ont pas voulu reconnaître l'état de nécessité de façon autonome. Ils ont fait référence à d'autres éléments pour refuser une vie propre à l'état de nécessité : soit l'état de nécessité est une variété de la contrainte, cause de non-imputabilité, soit il témoigne directement d'une absence d'élément moral de l'infraction. Ces confusions dureront longtemps tant et si bien, que l'état de nécessité ne pouvait, dans ces conditions, avoir ses caractères propres. Il allait falloir attendre deux décisions successives, l'une de la cour d'appel de Colmar (arrêt *Regina*, 6 déc. 1957), l'autre de la Cour de cassation (arrêt *Lesage*, Crim. 28 juin 1958) pour connaître précisément les conditions d'admission de l'état de nécessité. (Pour une histoire très complète du fait justificatif, tiré de la nécessité v. R. Bernardini, n° 589 s.). Mais alors que l'arrêt *Regina* instaurait des conditions objectives, l'arrêt *Lesage* allait en ajouter une, purement subjective. Après de nombreuses autres législations (sur cette question, v. J. Pradel, *Droit pénal comparé*, 3e éd., 2008, n° 103), le Code pénal français, dans son article 122-7, est venu consacrer cette cause d'impunité. En édictant que « n'est pas pénalement responsable la personne qui, face à un danger actuel ou imminent, menaçant elle-même, autrui ou un bien, accomplit un acte nécessaire à la sauvegarde de la personne ou du bien sauf s'il y a disproportion entre les moyens employés et la gravité de la menace », le législateur a incontestablement repris les conditions objectives qu'avait imposées la jurisprudence (I). Ayant gardé le silence sur la condition subjective, il nous faudra essayer de déterminer ce que les juges devraient en déduire (II).

I. — Les conditions objectives de l'état de nécessité

3 Cette exigence de conditions objectives a été posée pour la première fois de manière assez claire dans l'arrêt *Regina*.

Dans cette espèce, il s'agissait d'une mère qui associait sa fille de 16 ans à sa vie sensuelle tout entière axée sur le plaisir. Un soir, elle fit entrer chez elle deux hommes, connaissances de rencontre, en même temps que sa fille. Le père, témoin involontaire de la scène, pénétra de force chez sa femme et en expulsa les indésirables.

Dans un premier temps, il fut condamné par le tribunal de Strasbourg pour violation de domicile dans la mesure où il était en instance de divorce et où l'accès du logement lui avait été interdit par une ordonnance de non-conciliation. Appel de cette décision était interjeté par le prévenu et le ministère public. La cour d'appel de Colmar allait infirmer le jugement du tribunal de Strasbourg par un arrêt aux attendus aussi nets que précis. Elle n'allait pas hésiter à se référer aux principes généraux du droit, et au droit naturel pour justifier l'admission de l'état de nécessité : « la reconnaissance de l'état de nécessité est un des fondements du droit ; toutes les civilisations juridiques évoluées, dégagées du légalisme initial le consacrent, soit dans la loi, soit dans la doctrine et la jurisprudence ». Et ce qui le caractérise « c'est la situation dans laquelle se trouve une personne, qui, pour sauvegarder un intérêt supérieur, n'a d'autres ressources que d'accomplir, un acte défendu par la loi pénale ». De cette définition, il ressort que l'agent doit être en présence d'un danger (A) et, afin de l'éviter, il doit sacrifier un intérêt inférieur (B).

A. — L'existence d'un danger actuel imminent

4 Le péril ou danger doit, avant toute chose, exister : comme en matière de légitime défense où l'agression putative n'est pas justificative, l'état de nécessité putatif ne peut pas être pris en considération (v. obs. A. Légal, *RSC* 1957. 367 ; v. à titre d'exemple : Crim. 26 juin 2012, n° 11-85.919 ; *Gaz. Pal.* 27 oct. 2012, note E. Dreyer, pour un automobiliste poursuivi, qui percute un autre véhicule. Les juges observent l'absence de nécessité puisque le pousuivant avait été semé, ce que le poursuivi ne savait pas. Cette décision confirme donc, le refus de tout état de nécessité putatif). De la même façon, le danger hypothétique ne peut pas être pris en compte (Crim. 21 nov. 1974, *JCP* 1975. II. 18143, note P. Chambon ; *RSC* 1976. 89, obs. J. Larguier : dans cette espèce, un éducateur avait refusé de porter secours à deux personnes qui étaient frappées par ses élèves. Il tentait de justifier son omission par le fait que son intervention lui aurait fait perdre tout crédit auprès de ses élèves. La Cour de cassation rejetait son pourvoi au motif qu'une telle action était sans risque pour lui et, devait prévaloir sur la crainte qu'il pouvait éprouver de compromettre éventuellement l'efficacité de son action de prévention et de sacrifier ainsi un intérêt hypothétique). De plus, peu importe la nature du danger qui peut être physique (T. corr. Colmar 27 avr. 1956, *D.* 1956. 500 : un individu, qui, logeant dans un local insalubre construit une maison sans avoir le permis de construire pour éviter de compromettre la santé de son enfant : v. égal. Crim. 27 janv. 1933, *DP* 1933. 1. 489 ; *contra* Rennes 16 mai 1991, *Dr. pénal* 1992. Comm. n° 186, obs. M. Véron) ou moral (*cf.* l'arrêt commenté). L'article 122-7 du Code pénal précise aujourd'hui que le danger peut également concerner un simple bien. La cour de Grenoble a eu l'occasion d'appliquer cette solution en considérant que la protection des légumes dans un jardin pouvait justifier le fait de tuer des lapins qui les mangeaient (Grenoble 22 oct. 1999, *Dr. pénal* 2000, n° 136, obs. M. Véron). Deux arrêts plus récents ont également admis que l'état de nécessité pouvait être invoqué pour protéger des animaux. Ainsi, dans une première décision, la chambre criminelle a-t-elle admis la justification d'un individu qui avait tué un chien alors qu'il allait tuer des canards (Crim. 15 avr. 2011, *Dr. pénal* 2011. 92, note M. Véron). Dans une seconde décision la Cour de cassation justifie un agent de surveillance de la SNCF ayant tué un chien dont la muselière s'était détachée et qui mordait le sien avec lequel il était en patrouille, estimant le danger actuel et la défense utilisée proportionnée (Crim. 8 mars 2011, *Dr. pénal* 2011. 33, note M. Véron ; v. égal. pour une justification d'infraction à l'environnement en matière de protection des oiseaux (art. L. 413-2 et 3) : Crim. 4 juin 2013, n° 12-85.272).

Ce danger peut affecter l'agent lui-même ou un tiers (TGI Paris 24 nov. 1980, *D.* 1982. 101, note D. Mayer), à condition qu'il soit déterminé, mais surtout, il doit être actuel ou imminent (à propos de cette décision, J. Larguier « Les limites de l'état de nécessité », *RSC* 1982. 765).

5 Un arrêt de la Cour de cassation (Crim. 27 déc. 1961, *Bull. crim.* n° 563) illustre tout à fait cette condition. Bouillaune avait attiré les abeilles de Rousseau, apiculteur éleveur dont la propriété était voisine de la sienne, par des bois contenant de la résine. Bouillaune prétendait justifier la destruction des abeilles par le fait qu'il s'était trouvé dans l'obligation de se préserver du danger réel et actuel que représentaient les piqûres d'abeilles dont lui-même et ses ouvriers étaient victimes. La Cour de cassation devait confirmer l'arrêt de la cour de Nîmes du 10 février 1961 « au motif que Bouillaune n'avait établi qu'une simple crainte et non l'imminence d'un péril ». Cette solution de la Cour de cassation peut sembler douteuse dans la mesure où Bouillaune, ainsi que ses ouvriers avaient déjà été piqués par les abeilles ; cependant elle ne fait plus de doute si nous nous référons à l'arrêt de la cour d'appel de Nîmes qui précise que Bouillaune avait « la possibilité de faire constater ce trouble anormal de voisinage et d'en demander en justice la suppression ». En d'autres termes, et à l'instar de la riposte en matière de légitime défense, l'infraction nécessaire ne doit pas constituer une vengeance. Si Bouillaune avait la possibilité d'employer des moyens légaux pour faire cesser le trouble, par contre, le père de famille, dans l'arrêt *Regina*, ne pouvait faire autrement que de violer le domicile de sa femme : le temps qu'il aurait consacré à aller chercher les autorités compétentes aurait été fatal pour la santé morale de sa fille. D'une manière générale il paraît difficile d'admettre que des difficultés financières puissent justifier la commission d'une infraction comme le vol. C'est sans doute pour cette raison que la cour d'appel de Poitiers dans une affaire fortement médiatisée a refusé de justifier une mère de famille ayant volé des denrées alimentaires pour améliorer l'ordinaire de ses enfants, aucun véritable danger ne pouvant expliquer l'existence d'un état de nécessité (Poitiers, 11 avr. 1997, *D.* 1997. 512, note A. Waxin ; *JCP* 1997. II. 2293, note A. Olive et F. Debove : « La faim ne justifie pas les moyens », *Dr. pénal* 1998. Chron. 4 ; v. pour l'appréhension de denrées périmées : justification du vol, les marchandises étant considérées comme abandonnées : Crim. 15 déc. 2015, n° 14-84.906, *Bull. crim.* n° 303 ; vers un retour du bon juge en matière pénale : *D.* 2016. 644, note G. Beaussonie ; *RPDP* 2016. 115, obs. S. Fournier). En revanche, il a été admis par la cour de Toulouse, dans un arrêt intéressant, que le danger pouvait résulter, pour un étranger, opposant au régime politique en place, du retour dans son pays. Elle a donc admis que le refus d'exécuter une mesure de reconduite à la frontière, sans violence, pouvait être justifié, par la nécessité. On a pu parler « d'état de nécessité politique » (C. Mascala, *Droit pénal général*, p. 197) pour expliquer cette solution qui étend un peu démesurément la notion de danger (Toulouse, 15 févr.

2001, *D.* 2003. 175, obs. M.-H. Gozzi ; *RSC* 2002. 116, obs. J.-P. Delmas Saint-Hilaire).

La cour d'appel de Papeete est allée un peu plus loin en justifiant un usage de stupéfiants par la nécessité de lutter contre des douleurs chroniques survenues à la suite d'un accident : Papeete, 27 juin 2002, *D.* 2003. 584, note P. Gourdon ; *Dr. pénal* 2003, n° 3, obs. M. Véron.

6 Bien souvent, l'inexistence de cette première condition (v. la jurisprudence relative aux squatters qui refuse d'admettre l'état de nécessité : Rennes 27 janv. 1957, *D.* 1957. 338 ; T. corr. Avesnes-sur-Helpe 19 nov. 1958, *JCP* 1959. II. 11366, note Laplatte ; v. égal. T. corr. Lyon 20 nov. 1984, *JCP* 1986. II. 20684, note P. Bouzat ; *Gaz. Pal.* 21-22 mars 1986, note S. Guinchard et Y. Mayaud pour le stationnement irrégulier d'un bijoutier fondé sur des motifs d'insécurité) évite aux juges d'examiner la seconde, à savoir le sacrifice d'un intérêt inférieur. La chambre criminelle a récemment confirmé le refus de prise en compte d'un danger simplement éventuel pour justifier un état de nécessité. Il s'agissait en l'occurrence du danger pour la gérante d'une société, exploitant un fonds de commerce de bijouterie, d'être exposée à des vols ou agressions en publiant des informations susceptibles d'être exploitées par des malfaiteurs. Dès lors ne peut donc être justifiée par l'état de nécessité une infraction de défaut de dépôt des comptes annuels au greffe du tribunal de commerce (C. com., art. L. 232-22 ; Crim. 1er juin 2005, n° 05-80.351, *Bull. crim.* n° 168 ; *D.* 2005. 2993, obs. C. Mascala ; *AJ pénal* 2005. 325, obs. G. Royer ; *Dr. pénal* 2005, n° 121, obs. M. Véron et 130, obs. J.-H. Robert). Voir égal. : Caen 20 nov. 2009, *JCP* 2010. 526, rejetant la justification de l'état de nécessité pour des manifestants antinucléaires s'opposant au passage d'un train transportant des déchets nucléaires, le danger invoqué étant purement hypothétique.

B. — La nécessité d'une réaction proportionnelle au danger

7 La cour d'appel de Colmar n'a pas marqué une seule hésitation quant à l'appréciation de cette condition : « le préjudice causé à la société et à la dame Regina est moindre que les suites fâcheuses qui pouvaient résulter d'agissements capables de pervertir sa fille ». Cette solution est indiscutable d'autant plus que le père n'avait fait… que violer le domicile de sa femme dont l'accès lui avait été interdit par une ordonnance de non-conciliation. En revanche la chambre criminelle a rejeté la justification dans une affaire plus récente en matière de non-représentation d'enfant. De simples soupçons d'atteinte sexuelle ne peuvent conduire à supprimer tout droit de visite car ils ne constituent pas un danger actuel ou imminent (Crim. 19 oct. 2004, *Dr. pénal* 2005, n° 6, obs. J.-H. Robert ; v. dans le même sens et pour des suspicions de violences du père : Crim. 4 mars 2012, n° 11-85.421 ; *D.* 2012. 2917, note S. Mirabail ; *Gaz. Pal.* 3 mai 2012, note R. Mesa : absence de danger réel et imminent ; *contra* : Crim. 3 oct. 2013, n° 12-96.169, la chambre criminelle justifiant l'infraction de non-représentation d'enfant lorsque le père ne respecte pas certaines obligations du droit de visite, notamment celle d'indiquer à l'avance quel sera le tiers présent pendant cette visite).

8 D'une manière générale, le juge devra donc comparer les deux valeurs en présence : s'il existe des hypothèses qui ne souffrent pas de discussion, par exemple lorsque l'individu sacrifie un bien matériel au profit de l'intégrité corporelle (T. pol. Avesnes-sur-Helpe 12 déc. 1964, *Gaz. Pal.* 1965. 1. 91 ; *RSC* 1965. 416 et T. corr. Coutances 22 oct. 1968, *JCP* 1969. II. 15879, note P. Bouzat ; *DS* 1970. 139, obs. A. Légal ; *RSC* 1969. 865, obs. A. Légal : le premier justifiant le franchissement d'une ligne jaune continue destiné à éviter d'écraser un piéton, le second justifiant une contravention au Code de la route pour un véhicule suppléant à la grève des transports publics ; Crim. 4 janv. 1956, *Bull. crim.* n° 9, relaxe d'un locataire auteur d'une dégradation pour permettre d'alimenter sa famille en courant électrique ; T. corr. Paris 28 nov. 2000, *D.* 2001. 512, note T. Garé ; *JCP* 2001. II. 10573, obs. C. Ginestet : relaxe, contrairement à la jurisprudence habituelle, d'un père de famille vivant avec un bébé dans un studio de 8 m^2 qui avait scié les gonds d'une porte pour s'installer dans un logement inoccupé ; réformé par la cour d'appel de Paris 4 nov. 2001, *Juris-Data* n° 144548 ; Rennes 6 mai 1996, *RPDP* 1997. 175, justification d'une contravention pour excès de vitesse afin d'aller dépanner un salarié de l'entreprise transportant des explosifs sur la voie publique ; dans le même sens : T. pol. Bayonne 16 févr. 2004, *Gaz. Pal.* 25-26 mai 2005, p. 10, pour justifier un avocat d'un stationnement irrégulier sur un aérodrome afin d'assurer les droits de la défense d'un expulsé) ; v. cependant, *contra* Pau 28 avr. 1993, *Dr. pénal* 1993. Comm. 260 pour refuser la justification à un médecin n'ayant pas respecté un feu rouge). Mais il reste alors une question, que décider lorsque l'on est en présence de valeurs identiques ? (sur ce problème, J. Larguier, préc., p. 771 et pour de nombreuses applications v. Bernardini, nos 600 s. citant plusieurs décisions non publiées).

9 La doctrine est partagée quant à la solution de ce problème : certains auteurs (J. Pradel, n° 387 ; R. Merle et A. Vitu, t. I, n° 470) préconisent l'impunité de l'agent : si l'acte n'est pas « socialement utile », il est de toute façon « socialement indifférent ». D'autres prétendent (P. Bouzat et J. Pinatel, t. I, n° 299 ; W. Jeandidier, n° 272) qu'il faut exclure toute exonération dans la mesure où la notion « d'acte socialement indifférent » n'est pas conforme à la réalité : pour eux, on ne peut affirmer que la mort d'une personne est indifférente parce qu'elle a permis de sauver la vie d'une autre.

La jurisprudence, quant à elle, n'a jamais eu, à notre connaissance, à résoudre ce problème. Il serait, à notre avis, plus exact de souligner que la jurisprudence n'a jamais voulu trancher dans un sens ou dans l'autre ; selon les cas, elle se contentera d'affirmer que la valeur sauvegardée était inférieure ou supérieure. Ainsi à propos du non-respect de la réglementation du travail, la chambre criminelle a considéré qu'elle ne pouvait pas être justifiée par une prétendue sauvegarde du droit des chômeurs (Crim. 12 janv. 1983, *Gaz. Pal.* 1983. 1. 146, note J.-R. Doucet).

On notera pourtant qu'aujourd'hui l'article 122-7 du Code pénal donne un argument aux auteurs favorables à l'admission de la justification puisqu'en toute hypothèse, et selon le texte, il n'y a pas « disproportion » en cas de valeurs équivalentes (en ce sens, J. Pradel, préc.). On peut noter que l'avortement jusqu'à la loi du 17 janvier 1975, fournissait un excellent exemple d'une admission légale de l'état de nécessité lorsque la vie de la mère était gravement menacée.

10 Avec la nouvelle législation permettant l'interruption volontaire de grossesse, l'avortement, lorsqu'il est réalisé dans les conditions prévues par le texte, n'est plus justifié par un quelconque état de nécessité mais simplement par une permission explicite de la loi. Dès lors, il paraît difficilement imaginable que des individus, hostiles à cette législation, puissent bénéficier de la justification tirée de la nécessité de protéger le fœtus pour échapper à l'infraction d'entrave à l'interruption volontaire de grossesse qui leur était reprochée. Qu'une telle action s'appuie sur des convictions morales ou religieuses, au demeurant tout à fait respectables, ne permet pas pour autant à de simples particuliers de s'opposer à l'application d'une loi, expression de la volonté générale, qui dans le cas précis a fait un choix entre les intérêts en présence. On peut encore ajouter que le péril doit être injuste (P. Conte et P. Maistre du Chambon, n° 272), condition qui semble difficile à retenir dans le cas précis (T. corr. Puy-en-Velay 14 mars 1995, *Gaz. Pal.* 14-18 juill. 1995, p. 10, obs. J.-P. Doucet ; Crim. 31 janv. 1996, n° 95-81.319, *Bull. crim.* n° 57, *RSC* 1996. 670, obs. J.-P. Delmas Saint-Hilaire ; *Dr. pénal* 1996, n° 87, obs. J.-H. Robert ; *JCP* 1996. II. 22713, note A. Dorsner-Dolivet ; Crim. 2 sept. 1997, *Dr. pénal* 1997, n° 156, obs. J.-H. Robert ; Crim. 5 mai 1997, n° 96-81.889, *RSC* 1998. 117, obs. crit. J.-P. Delmas Saint-Hilaire). Dans une affaire plus récente la chambre criminelle a admis que la solution doit être identique alors même que les conditions de la loi sur l'IVG (CSP, art. L. 2212-1 s.) ne seraient pas réunies (Crim. 7 avr. 1999, n° 97-85.978, *Dr. pénal* 1999, n° 102, obs. M. Véron). C'est une solution similaire que la chambre criminelle de la Cour de cassation a adopté dans une décision, curieusement non publiée au bulletin, pour une affaire très largement médiatisée de destruction de plans de riz génétiquement modifiés, dans un centre de recherche. Les auteurs de ces faits prétendaient que leur action violente était justifiée par la nécessité de protéger la santé et l'environnement et d'alerter, sur ce point, l'opinion publique. La Cour de cassation dans son arrêt de rejet se contente d'approuver les juges du fond qui ont considéré que les conditions de l'état de nécessité n'étaient pas réunies. Cette solution doit évidemment être approuvée car, s'agissant des produits génétiquement modifiés, le législateur a déjà fait un choix entre les intérêts en conflit. La résistance d'un groupe d'individus, à l'application d'une loi, ne peut être jugée nécessaire, donc justificative d'infractions violentes (Crim. 19 nov. 2002, n° 02-80.788, *D.* 2003. 1315, note en ce sens D. Mayer. Dans le même sens : Crim. 18 févr. 2004, *Dr. pénal* 2004, n° 107, obs. M. Véron). La Charte de l'environnement qui comprend le principe de précaution ayant été intégrée dans la Constitution, les faucheurs volontaires qui réalisent des opérations de destruction d'organismes génétiquement modifiés ont invoqué cette règle désormais constitutionnalisée pour justifier leurs actions. Si le tribunal correctionnel d'Orléans a retenu cette argumentation (9 déc. 2005, *D.* 2006. 814, chron. J.-P. Feldman) la chambre criminelle a en revanche confirmé sa jurisprudence sur les destructions d'OGM en rejetant le pourvoi formé contre la condamnation d'un faucheur célèbre (José Bové) en estimant que la Charte de l'environnement n'est pas applicable en l'espèce (Crim. 7 févr. 2007, n° 06-80.108, *D.* 2007. 1310, note J.-P. Feldman : « Les faucheurs fauchés par la Cour de cassation » ; *AJ pénal* 2007. 133, obs. C. Saas ; *RPDP* 2007. 372, obs. X. Pin ; *JCP* 2007. II. 10059, note F.-G. Trébulle ; *Gaz. Pal.* 14-15 févr. 2007) ; dans le même sens Toulouse, 15 nov. 2005, *D.* 2006. 178 et Crim. 4 avr. 2007, n° 06-80.512, *RPDP* 2007. 372, obs. X. Pin ; v. A. Capitant, « L'état de nécessité entre loi, droit communautaire et constitution (à propos de l'affaire des "49 faucheurs volontaires") », *LPA* 2006, n° 83. Une autre décision (Crim. 27 mars 2008, *RPDP* 2008. 614, obs. A. Lepage) écarte non seulement le principe de précaution, une nouvelle fois invoqué, mais également la violation des articles 2 et 8 de la Convention européenne des droits de l'homme. Les juges rappellent « qu'en aucune manière cette convention internationale ne confère aux ressortissants des États le droit de commettre, sciemment, des infractions pour exprimer leur opinion ». V. encore en dernier lieu sur cette question : Crim. 3 mai 2011, n° 10-81.529, *RPDP* 2011. 693, obs. A. Lepage. Dans le même ordre d'idées, c'est-à-dire la nécessité d'un danger injuste, la chambre criminelle a refusé à un prévenu, évadé d'une prison suisse, une justification fondée sur l'état de nécessité de l'usage d'un faux nom résultant de la présentation de faux documents administratifs (Crim. 22 mai 1997, *Gaz. Pal.* 1997. 2. Chron. crim. 204).

11 D'une manière générale c'est aux juridictions qu'il appartient d'apprécier souverainement les valeurs en présence pour déterminer si l'intérêt social est sauvegardé dans le règlement du conflit qui oppose deux valeurs sociales (en ce sens Y. Mayaud, préc., n° 429). Ainsi dans une affaire largement commentée, une entreprise était poursuivie pour discrimination économique sur la base de l'article 225-2 du Code pénal sanctionnant notamment les discriminations entre les personnes en raison de l'appartenance ou de la non-appartenance à une nation déterminée. L'entreprise française avait accepté de rédiger un certificat aux termes duquel les marchandises vendues à une entreprise des Émirats arabes unis ne seront pas livrées par un transporteur israélien et ne transiteront pas par Israël. L'existence du conflit israélo-arabe rendant le commerce avec certains pays difficiles, le risque de ne pas être payé n'a pas été considéré comme soumettant le vendeur à l'impérieuse nécessité de satisfaire aux exigences des acheteurs. Dès lors les conditions de l'article 122-7 du Code pénal n'étaient donc pas réunies : Crim. 9 nov. 2004, n° 03-87.444, *Bull. crim.* n° 273 ; *AJ pénal* 2005. 23, obs. C. S. Enderlin ;

Dr. pénal 2005, n° 35, obs. M. Véron. À la suite d'un second pourvoi cette affaire vient de connaître son épilogue. La cour de Paris, saisie sur renvoi après la première décision de la chambre criminelle, avait admis que la discrimination n'était pas constituée en observant que la quasi-totalité des États arabes et Israël, s'ils ne sont pas en guerre au sens du droit international, se trouvent dans une situation de belligérance, privant les pays tiers de relations commerciales normales avec les acteurs des États en conflit. Tel n'est pas le point de vue de la Cour de cassation qui, une nouvelle fois, censure les juges du fond, en considérant qu'une discrimination économique ne peut pas être justifiée par l'existence d'un boycott irrégulier, ce qui est le cas de celui pratiqué contre Israël (Crim. 18 déc. 2007, n° 06-82.245, *D.* 2008. 893, note S. Detraz ; *AJ pénal* 2008. 140, obs. C. Roussel ; *Gaz. Pal.* 2008. 3384, Y. Monnet ; *Dr. pénal* 2008, n° 410, obs. M. Véron ; *RPDP* 2008. 133, obs. B. de Lamy et 623, obs. M. Danti Juan).

12 On ajoutera que, sans viser expressément l'état de nécessité, la Cour de cassation a également justifié le vol commis par un salarié au préjudice de son employeur s'agissant de documents indispensables pour l'exercice de sa défense en justice. En l'absence d'autre solution, la commission de l'infraction est justifiée si elle était strictement nécessaire à l'exercice des droits de la défense : Crim. 11 mai 2004, (2 arrêts) n° 03-80.254, *Bull. crim.* n° 113 ; *JCP* 2004. 10124, note C. Girault ; *RPDP* 2004. 861, obs. A. Lepage et 875, obs. C. Saint-Pau. Dans le même sens : Crim. 4 janv. 2005, n° 04-82.337, *Bull. crim.* n° 5 ; *D.* 2005. 672 (v. dans le même sens P. Conte et P. Maistre du Chambon, n° 275 citent également la justification de l'infraction de violation du secret d'une instruction pour les mêmes raisons : Crim. 11 févr. 2003, n° 01-86.685, *Bull. crim.* n° 29 ; J. Lasserre Capdeville, « Les droits de la défense, nouvelle cause prétorienne d'irresponsabilité pénale », *RPDP* 2006. 537 ; É. Fortis, « L'influence de certaines règles de procédure pénale sur l'existence de l'infraction », in *Mélanges B. Bouloc, Les droits et le droit,* p. 323 ; Crim. 25 nov. 2014, n° 13-84.414 ; *Gaz. Pal.* 24 févr. 2015 n° 55, obs. S. Detraz). V. égal. pour l'obtention d'une preuve de manière déloyale justifiée par la nécessité de la défense : Crim. 31 janv. 2007, n° 06-82.383, *Dr. pénal* 2007, n° 98, obs. M. Véron. D'assez nombreuses décisions ont été récemment rendues sur cette question qui précisent un peu mieux le domaine de la justification (v. par ex. : Crim. 9 juin 2009, *Bull. crim.* n° 118 ; *Dr. pénal* 2009. 127, note M. Véron, qui refuse la justification, les documents volés n'étant pas utiles pour se défendre dans une action en licenciement ; v. égal. dans le même sens, Crim. 21 juin 2011, *Bull. crim.* n° 149 ; *D.* 2011. 2900, note G. Beaussonie ; *RSC* 2011. 853, obs. A. Cerf Hollender ; *ibid.* 1020, note S. Detraz ; Crim. 21 sept. 2011, n° 11-81.305, *RPDP* 2011. 9310, obs. F. Chopin). Les juges ont admis, dans cette affaire, que les nombreux documents soustraits n'étaient pas nécessaires à la défense du salarié. On notera, en revanche, que la justification de l'infraction a été étendue à l'infraction d'abus de confiance (Crim. 1er juin 2011, *D.* 2011. 2254 ; *Dr. pénal*

2011. 100, note M. Véron ; *RSC* 2011. 836, obs. H. Matsopoulou. V. égal. : M.-C. Sordino, « Précisions sur le domaine justificatif fondé sur les droits de la défense au profit des salariés », *Dr. pénal* 2010. Étude 6 ; v. égal. un arrêt récent de la chambre sociale qui refuse la justification du salarié au motif que les documents soustraits n'étaient pas strictement nécessaires à l'exercice des droits de la défense : Soc. 31 mars 2015, n° 13-24.410 ; *AJ pénal* 2015. 306, obs. D. Brack Thiel). Si cette justification fondée sur le respect des droits de la défense évoque l'infraction nécessaire, on ne peut pas manquer d'observer que les conditions habituellement requises, celle d'un danger actuel ou imminent menaçant soi-même ou autrui, sont absentes. (En ce sens : Y. Mayaud, « Les droits de la défense, cause d'irresponsabilité pénale », *Mélanges Gassin*, PUAM, 2007, p. 307) On peut donc penser qu'il serait judicieux de considérer qu'on est en présence d'une justification autonome, liée à la nécessaire exigence du procès équitable (en ce sens, E. Dreyer, n° 1221).

Pendant de nombreuses années avant la consécration législative de l'état de nécessité, l'artifice utilisé par la jurisprudence lui évitait une solution de principe embarrassante ; mais elle révélait la fragilité des caractères de l'état de nécessité exigés par l'arrêt de la cour de Colmar. La Cour de cassation par un arrêt du 28 juin 1958 allait prendre le relais de cette juridiction pour consacrer pleinement l'existence de l'état de nécessité ; mais elle n'allait pas se contenter d'entériner les conditions posées par cette cour d'appel.

II. — La condition subjective de l'état de nécessité : l'absence de faute antérieure du prévenu

13 L'exigence supplémentaire de cette condition subjective constitue l'aspect le plus remarquable de l'arrêt *Lesage* dans la construction de l'état de nécessité comme fait justificatif d'une infraction (A). L'absence de toute référence à cette exigence dans l'article 122-7 du Code pénal légalisant cette cause de justification laissait planer un doute, vite dissipé par les décisions rendues sur le fondement de ce texte (B).

A. — Une solution initialement dégagée par la jurisprudence

14 À la base de cette affaire, nous étions, comme souvent en ce domaine, en présence d'un accident de la circulation. Lesage conduisait sa voiture à une vitesse d'environ 80 km/h lorsque la portière avant droite s'ouvrit pour une raison indéterminée. De ce fait, sa femme et son enfant furent projetés sur la chaussée ; Lesage, cherchant à les retenir avec sa main droite, tourna le volant à gauche afin d'éviter de les écraser. Sa voiture entra ainsi en collision avec la voiture de Le Goff qui circulait en sens inverse à 80 km/h. Les époux Le Goff ainsi qu'un passager de Lesage furent grièvement blessés.

La cour d'appel de Rennes, confirmant le jugement entrepris, devait dans un arrêt du 7 mai 1957, relaxer Lesage prévenu de blessures par imprudence au motif qu'il avait évité un accident plus grave que celui objet de la poursuite. La cour d'appel reconnaissait donc bien, d'une part, l'existence d'un péril et d'autre part, que le bien sauvegardé était supérieur au bien sacrifié : l'état de nécessité justifiait l'infraction de Lesage.

Tel ne fut pas l'avis de la Cour de cassation qui cassa pour insuffisance de motifs. L'attendu de la cour se décomposait en trois points qui, cumulés, devaient désormais constituer les caractères de l'état de nécessité comme fait justificatif.

15 – Les deux premiers ne constituaient pas une surprise car ils n'étaient que la reprise de ceux exigés par la cour d'appel de Colmar. Tout d'abord, Lesage n'avait peut-être pas employé le meilleur moyen pour éviter l'accident qu'il redoutait. Autrement dit, même si le danger est bien réel, encore faut-il que l'individu ait fait le bon choix quant au moyen employé pour l'éviter (Crim. 27 déc. 1961, *Bull. crim.* n° 563 ; v. égal. Crim. 11 févr. 1986, *Bull. crim.* n° 54 ; *D.* 1987. Somm. 41, obs. J.-J. Burst en matière de contrefaçon pour éviter une rupture de stock ; Crim. 4 mars 1998, *Gaz. Pal.* 1998. 2. Chron. crim. 125 : cette décision écarte l'état de nécessité parce que d'autres solutions étaient envisageables. En effet, le passager d'un véhicule ayant été amené à prendre le volant à la suite du malaise du conducteur disposait d'autres moyens pour regagner son domicile ; Crim. 22 sept. 1999, n° 98-84.520, *Bull. crim.* n° 193 ; *D.* 2000. 114, obs. G. Roujou de Boubée ; *Dr. pénal* 2000, n° 7, obs. J.-H. Robert : refus de l'état de nécessité pour un opérateur de télésurveillance, ayant appelé irrégulièrement les services de police aux fins de vérification d'un danger signalé par le déclenchement d'une alarme, d'autres solutions existant lui permettant de respecter ses obligations contractuelles). En fait, la reconnaissance de ce choix marque la frontière entre l'état de nécessité, fait justificatif et la contrainte, cause de non-imputabilité (*contra* A.-C. Dana, *Essai sur la notion d'infractions en droit pénal*, LGDJ, 1982, n° 193).

Ensuite, pour la Cour de cassation, il n'est pas du tout évident que le péril évité ait été supérieur au péril engendré dans la mesure où le risque pour sa femme et son enfant était hypothétique. Sur ce terrain, la solution de la Cour de cassation nous semble contestable. Peut-on qualifier de risque hypothétique le fait de tomber par la portière d'une voiture lorsque celle-ci roule à 80 km/h ? Bien évidemment, le risque de dommage provoqué par la chute est certain, peut-être est-ce le risque d'être écrasé par sa propre voiture qui est hypothétique ?

De toute façon, la solution de la Cour de cassation révèle un paradoxe. L'état de nécessité devrait s'apprécier au moment de l'action et non à la fin de celle-ci. Effectivement, à partir du moment où l'accident est consommé, il est facile de savoir si la valeur sauvegardée a été supérieure ou inférieure à celle qui a été sacrifiée : mais au moment de l'action, l'appréciation est beaucoup plus délicate.

Pour cette raison, cette comparaison des valeurs en présence est souvent source d'embarras. La Cour de cassation, consciente de cette difficulté, allait trouver un troisième critère beaucoup plus réaliste. Et le fait qu'elle ait pris la peine de l'expliquer alors que l'état de nécessité ne pouvait plus être retenu, en l'absence des deux premières conditions, souligne l'importance de cette décision de principe et plus particulièrement de cette troisième condition.

16 – La cour d'appel aurait dû démontrer que Lesage n'avait pas lui-même créé le prétendu état de nécessité en laissant sa femme et son enfant prendre place à ses côtés dans une voiture dont la portière était sujette à s'ouvrir soit d'elle-même, soit par une fausse manœuvre de sa femme ou de son enfant. La Cour de cassation se place de façon totale sur le plan subjectif. L'individu qui revendique l'état de nécessité ne doit pas avoir lui-même créé cette situation : son attitude antérieure ne doit pas être la cause du choix à opérer entre la valeur à sauvegarder et la valeur à sacrifier. Pour notre espèce, la solution ne faisait plus de doute, car Lesage aurait dû vérifier, avant le départ, l'état de fonctionnement de sa portière.

Et, depuis cet arrêt, la jurisprudence fait une application constante de cette condition (T. corr. Avesnes-sur-Helpe 19 nov. 1958, *JCP* 1959. II. 11366, note Laplatte ; Crim. 25 mars 1971, *Bull. crim.* n° 110). Cependant cette exigence de l'absence de faute personnelle de l'agent n'était pas nouvelle en 1958 puisque quelques arrêts l'avaient déjà mentionnée auparavant (Crim. 7 août 1890, *DP* 1891. 1. 4 ; Rennes 12 avr. 1954, *S.* 1954. 2. 185, note P. Bouzat ; Crim. 4 janv. 1956, *D.* 1956. 165, qui relèvent que l'individu « a accompli un acte nécessaire qui exclut toute faute de sa part ») : mais l'explication en était que l'état de nécessité n'avait pas trouvé ses caractères autonomes : il n'était qu'une variété de la contrainte morale. Elle a été reprise par la chambre criminelle (Crim. 16 juill. 1986, *D.* 1988. 390, note A. Dekeuwer ; Crim. 21 oct. 1993, *Bull. crim.* n° 307). C'est pour cette raison d'ailleurs qu'une partie de la doctrine a vivement critiqué cette condition posée par l'arrêt relevé (P. Bouzat, sous Rennes 12 avr. 1954, *S.* 1954. 2. 185 ; A. Légal, *RSC* 1959. 114 ; R. Merle et A. Vitu, t. I, n° 469 ; J. Pradel, n° 353 ; M.-L. Rassat, n° 393). Pour cette dernière, à partir du moment où l'état de nécessité est devenu une cause objective d'irresponsabilité pénale, la jurisprudence se doit d'abandonner une analyse subjective du comportement. En d'autres termes, le problème est de savoir si, au moment de l'action, le fait a été objectivement commis en état de nécessité. Si oui, le comportement antérieur de l'agent ne devrait pas entrer en ligne de compte (v. cep. J.-Y. Chevallier, « L'état de nécessité », *Mélanges offerts à P. Bouzat*, p. 133).

D'ailleurs pour un auteur (J.-R. Delmas Saint-Hilaire, *J.-Cl. Pénal*, « Les faits justificatifs », 1996) cet argument n'est pas du tout convaincant dans la mesure où la prise en considération de la faute antérieure a toujours été retenue, pour exclure le fait justificatif de légitime défense (effectivement, à partir du moment où l'agent lui-même a provoqué l'agression, celle-ci perd son caractère injuste), cause objective d'irresponsabilité pénale.

17 Il est vrai qu'une théorie plus hardie a pu naguère relancer le débat (A.-C. Dana, thèse préc.). Pour cet auteur, les causes objectives d'irresponsabilité pénale n'existent pas, elles ne sont que des manifestations de la contrainte et jouent de ce fait sur l'imputabilité (v. égal. M.-E. Cartier, « Contrainte et nécessité », *Annales de l'Université des sciences sociales de Toulouse*, t. , p. 27 s.).

Pour M. Dana, la Cour de cassation elle-même, tend à adopter cette théorie, notamment dans un arrêt du 29 novembre 1972 (*Bull. crim.* n° 370). Le 14 novembre 1968, un convoi fluvial, victime d'une avarie, effectuait une manœuvre interdite par un arrêté du préfet de la Seine-Maritime du 24 juin 1937. Cette manœuvre provoqua la mort du pilote d'un navire qui ne put éviter la collision avec le convoi fluvial. Poursuivi du chef d'homicide par imprudence, le pilote du convoi fluvial soutint « qu'en l'absence d'appontement disponible sur la rive gauche, il aurait été contraint de rallier immédiatement la rive droite dans des conditions excluant toute faute pénale de sa part ». Condamné par le tribunal correctionnel et par la cour d'appel de Rouen, le prévenu forma un pourvoi en cassation. La chambre criminelle censura l'arrêt attaqué car « il appartenait à la cour d'appel d'apprécier ce moyen de défense fondé sur un prétendu état de nécessité ; que faute de s'en être expliquée, elle n'a pas justifié sa décision ».

18 Pour M. Dana, cet arrêt illustre pleinement le concept d'état de nécessité, cause de non-imputabilité. En effet, dans cette affaire, il est bien évident que l'état de nécessité, fait justificatif ne pouvait pas être retenu : la valeur sauvegardée (un convoi fluvial), étant manifestement inférieure à une vie humaine, valeur sacrifiée. Si l'on tente d'expliquer la cassation par le vice de forme, le résultat n'est guère probant car la Cour de cassation se refuse à censurer les arrêts qui, manifestant une erreur de qualification, n'en aboutissent pas moins à une peine justifiée même si la chambre criminelle ne paraît plus aujourd'hui utiliser cette solution. Dans ces conditions, on peut raisonnablement admettre, pour le moins dans cet arrêt, que la notion de contrainte englobe l'état de nécessité. Néanmoins, cette position n'est pas dominante puisque l'état de nécessité reste un fait justificatif pour la majorité de la doctrine. Cette notion qui n'est encore que très rarement admise par les juges, nonobstant sa consécration législative, restera sans doute encore longtemps un sujet de discussion en commun pour « les sociologues ardents, les juristes inquiets et les philosophes curieux » selon une expression de M. Larguier (obs. préc. sous l'arrêt commenté).

19 Il reste qu'aujourd'hui le législateur français, après beaucoup d'autres pays (Code pénal suisse, art. 34-1 par ex. ; v. J. Pradel, *Droit pénal comparé,* préc., n° 103), a tranché en légalisant cette cause d'irresponsabilité pénale dans l'article 122-7 du Code pénal. Comme on l'a déjà souligné, d'une manière générale, ce texte reprend les conditions objectives exigées par la jurisprudence : l'existence d'un danger actuel ou imminent concernant une personne ou un bien ; la nécessité de commettre une infraction pour sauvegarder une personne ou un bien ; la proportion entre les moyens employés et la gravité de la menace. Il était donc logique de considérer que les cas ne devaient guère varier, l'appréciation de la proportionnalité entre les moyens utilisés et le péril évité, question de fait, restant aujourd'hui comme hier le problème essentiel (v. J. Pradel : *Commentaire du Code pénal*, préc., 2e éd., no 43).

Il subsistait cependant une question très importante que n'a pas clairement résolue l'article 122-7 du Code pénal. Il s'agit de l'absence de faute antérieure.

B. — Une solution maintenue malgré le silence du code sur cette question

20 Fallait-il admettre que le silence du code doive conduire les juges à se montrer indifférents à l'origine du danger ? La circulaire d'application, en se bornant à reprendre les conditions précises fixées par le texte, n'était d'aucun secours pour résoudre cette difficulté (Circ. du 14 mai, préc., no 37). On peut observer que dans plusieurs législations étrangères, cette condition de l'absence de faute est exigée pour retenir la justification (en ce sens Italie, Portugal, Autriche : v. J. Pradel, *Droit pénal comparé,* préc.). Dans le cas contraire, il y a simplement un abaissement de la peine (v. J. Pradel qui cite le Code suisse). La doctrine reste divisée sur cette question. Si certains (F. Desportes et F. Le Gunehec, no 747 ; J. Pradel, préc. ; M. Danti-Juan, *Rép. pén.*, Dalloz, « État de nécessité », no 37) considèrent que le silence gardé par le code doit conduire à proscrire cette condition et qu'il constitue une condamnation formelle de l'arrêt *Lesage*, si quelques-uns ne prennent pas clairement position (P. Conte et P. Maistre du Chambon, no 272), d'autres (B. Bouloc, no 431 ; Y. Mayaud, no 428 ; C. Mascala, préc., no 37, et X. Pin, no 237) soutiennent, s'appuyant sur le fondement même de l'état de nécessité, que l'absence de faute est nécessaire. Ils parlent à ce propos de « fatalité » pour celui qui se trouve dans un état de nécessité (v. en ce sens, l'excellente thèse de Madame Robaczewski, *Le rôle de la faute antérieure en matière de responsabilité pénale*, Lille 2, 2002, prix Émile Garçon 2003). Il est évident qu'il est très difficile de parler de l'état de nécessité d'une personne qui s'est mise délibérément dans la situation l'ayant conduite à commettre une infraction pour conjurer le danger qu'elle a elle-même créé (v. à ce propos, l'exemple significatif jugé par la cour de Rennes, préc.). Il fallait, bien entendu, attendre que la chambre criminelle se prononce sur cette délicate question. À supposer qu'elle acceptât l'interprétation rationnelle du texte, le nombre des hypothèses de justification serait-il beaucoup plus élevé ? On peut en douter. Même légalisé, l'état de nécessité reste un fait justificatif peu utilisé. On peut d'ailleurs remarquer que les juges, avant cette légalisation, préféraient souvent fonder leur impunité sur la contrainte (v. pour deux ex. : Dijon 19 déc. 1984, *Gaz. Pal.* 1985. 1. 256 et T. corr. Agen 22 mai 1985, *Gaz. Pal.* 1985. 2. 587, *RSC* 1986. 87, obs. A. Vitu). Très rapidement, contrairement aux attentes d'une partie de la doctrine, la chambre criminelle s'est prononcée très nettement pour le maintien de sa jurisprudence excluant la justification en cas de faute antérieure. Elle affirme en effet dans un arrêt du 22 septembre 1999 qu'un prévenu ne peut prétendre avoir agi en état de nécessité dès lors qu'il s'est placé dans la situation de devoir commettre une infraction en cas de survenance prévisible du danger (Crim. 22 sept. 1999, n° 98-84.520, *Bull. crim.* n° 193 ; *D.* 2000. 114, obs. G. Roujou de Boubée ; *RSC* 2000. 385, obs. B. Bouloc). Cette solution a été, une nouvelle fois, confirmée dans une décision largement médiatisée concernant l'abattage, par un chasseur, d'une ourse (Canelle), animal réintroduit dans les Pyrénées, lors d'une partie de chasse. Les juges du fond, approuvés par la chambre criminelle, ont considéré que le chasseur s'était lui-même placé dans la situation de danger par son comportement fautif, l'obligeant par la suite à tuer l'animal, cette faute antérieure empêchant dès lors, toute possibilité d'irresponsabilité pénale fondée sur un état de nécessité (Crim. 1er juin 2010, *Bull. crim.* n° 96 ; *AJ pénal* 2010. 339, obs. J. Lasserre Capdeville ; *Dr. pénal* 2010. 89, note M. Véron ; *RPDP* 2011. 146, obs. J. Y. Chevallier ; v. égal. un arrêt intéressant où un détenu poursuivi pour une tentative d'évasion invoquait un état de nécessité résultant des mauvaises conditions de sa détention. La chambre criminelle a rejeté le pourvoi, au motif que ces conditions ne permettaient pas la constatation d'un danger actuel et immédiat. Elle a, par ailleurs, repris implicitement un argument de la cour d'appel, à savoir que seule la faute de l'individu explique la détention : Crim. 6 juin 2012, n° 12-86.586).

Cette jurisprudence restrictive nous paraît fondée car on ne peut admettre de retenir très largement une impunité fondée sur l'état de nécessité puisqu'il s'agit, comme on l'a souligné (F. Desportes et F. Le Gunehec, n° 751) de mettre en échec la règle de droit. L'équité impose qu'une brèche puisse être ouverte dans le front de la répression pour éviter des condamnations que l'on ne comprendrait pas. Encore faut-il que cette ouverture reste limitée.

On observera, pour terminer, que le législateur souhaite pouvoir utiliser cette justification pour permettre une action des forces de police ou de gendarmerie, plus efficace, dans des circonstances exceptionnelles, telles que les actions terroristes. En effet, les conditions strictes de l'absolue nécessité de l'utilisation de leurs armes, pour que la légitime défense soit retenue, peuvent se révéler inadaptées face à des terroristes déterminés à tuer. Un projet de loi n° 3473, adopté en première lecture par l'Assemblée nationale, prévoyait donc l'intégration dans le Code de la sécurité intérieure d'un article 434-2, aux termes duquel « constitue un acte nécessaire de sauvegarde des personnes, au sens de l'article 122-7 du Code pénal, le fait de faire usage de son arme lorsque plusieurs homicides volontaires ont été commis et qu'il existe des raisons réelles et objectives de craindre que d'autres actions, susceptibles de causer d'autre victimes, pourraient être à nouveau commises dans un temps rapproché, pour faire obstacle à la réitération de ces actes ». Sans doute était-il difficile de trouver une formulation satisfaisante pour un texte justificatif de l'action des forces de l'ordre, confrontées à des situations comparables à celles rencontrées lors des derniers attentats terroristes à Paris. Pour autant, une telle solution nous paraissait s'imposer. En définitive, la loi n° 2016-731 du 3 juin 2016, dans son article 51, a repris cette idée en insérant dans le Code pénal un article 122-4-1, permettant de justifier les fonctionnaires de la police nationale, de la gendarmerie nationale, les agents des douanes et les militaires déployés sur le territoire au titre de la prévention qui feront « un usage absolument nécessaire et strictement proportionné de leurs armes dans le but exclusif d'empêcher la réitération, dans un temps rapproché, de meurtres ou de tentatives de meurtres venant d'être commis, lorsque l'agent a des raisons réelles et objectives d'estimer que cette réitération est probable au regard des informations dont il dispose au moment où il fait usage de son arme ». Si l'on peut comprendre que l'usage de la force meurtrière soit strictement encadré, on peut se demander si ce texte, qui multiplie les conditions de justification de son utilisation, est adapté dans le cadre d'attaques terroristes dont le seul objectif est de tuer le plus de gens possible, sans aucune crainte de subir le même sort, puisqu'ils le recherchent (v. M. Lena, « L'arme des policiers », *AJ pénal* 2016. 285).

A. V.

25

PERMISSIONS ET TOLÉRANCES ADMINISTRATIVES INEFFICACITÉ

Crim., 29 déc. 1949, *Caco*
(*D*. 1950. 193 ; *JCP* 1950. II. 5386, note Costes)

Crim., 20 févr. 1979, n° 77-93.505, *Viala*
(*Bull. crim.* n° 75)

Une autorisation administrative de commettre un acte puni par la loi pénale ne saurait constituer une cause de justification (1re esp.). Il en est a fortiori ainsi d'une simple tolérance même si elle a son fondement dans une circulaire ministérielle (2e esp.).

Chambre criminelle, 29 décembre 1949, *Caco*

Attendu que le jugement, dont l'arrêt attaqué adopte les motifs, constate que le demandeur a ouvert un débit de boissons dans une zone protégée de la ville de Nice ; que le prévenu ayant invoqué pour sa défense un arrêté du préfet des Alpes-Maritimes, en date du 10 novembre 1946, autorisant l'ouverture de ce débit, l'arrêt, par des motifs qui lui sont propres, a rejeté ce moyen de défense, les dispositions législatives relatives aux zones protégées ne pouvant être tenues en échec par le susdit arrêté et ceux-ci ne constituant pas un ordre de l'autorité, au sens de l'article 327 du Code pénal ; – Attendu, d'une part, que les dispositions de l'article 13 de l'ordonnance du 20 octobre 1945, sont formelles, claires et précises ; que ce texte n'autorise la translation des débits de boissons détruits par les événements de guerre sur tout le territoire de la commune que « sous réserve des zones protégées » ; que cette réserve est absolue et qu'aucune disposition de la loi ne prévoit que des dérogations individuelles puissent y être apportées par une autorisation émanant de l'Administration ; – Attendu, d'autre part, que si l'article 4 de l'ordonnance susvisée donnait aux préfets le pouvoir d'autoriser la translation des débits de boissons, ce texte, qui devait d'ailleurs être interprété en tenant compte de la réserve générale sus-rappelée, a été abrogé par la loi du 30 mars 1946 ; – Attendu dès lors, que le juge du fond, saisi de tous les éléments constitutifs de l'infraction, avait le pouvoir de constater, sans avoir à apprécier la légalité de l'arrêté préfectoral du 10 novembre 1946, que cet arrêté ne constituait à l'égard du demandeur ni une excuse légale, ni un fait justificatif ; d'où il suit que l'arrêt attaqué loin de violer les textes visés au moyen, en a fait une exacte application ; qu'ainsi le moyen ne saurait être accueilli ;

Par ces motifs, rejette.

Chambre criminelle, 20 février 1979, *Viala*

Attendu qu'il appert de l'arrêt attaqué et du jugement dont il a adopté les motifs que l'analyse de 4 disques journaliers du chronotachygraphe d'un véhicule conduit par le chauffeur Pinault et appartenant au prévenu, qui exerce la profession de transporteur, disques prélevés le 28 avril 1976, s'est révélée inexploitable du fait de leur utilisation pour plusieurs révolutions de vingt-quatre heures ; que ces faits ont été à bon droit déclarés constitutifs de la contravention d'« utilisation incorrecte d'un dispositif mécanique de contrôle des conditions de travail dans les transports, interdisant totalement l'exercice du contrôle », infraction prévue et sanctionnée par le décret du 30 décembre 1972 ;

Attendu que cette infraction se trouvant ainsi caractérisée, la cause de justification que le prévenu prétendait trouver dans des circulaires administratives a été à bon droit écarté par les juges du fond, lesquels ont exactement énoncé que les recommandations contenues dans la circulaire ministérielle n° 76-42 du 9 mars 1976 ne représentaient qu'une tolérance dans le contrôle et ne sauraient être considérées comme portant dérogation à la réglementation ni comme constitutives d'un droit au profit des contrevenants ;

D'où il suit que le moyen n'est pas fondé ;

OBSERVATIONS

1 On sait que sur la base de l'article 327 du Code pénal de 1810, une infraction pouvait être justifiée lorsqu'elle avait été ordonnée par la loi et commandée par l'autorité légitime. Il avait été admis qu'à l'ordre formel de la loi, on pouvait assimiler la simple permission expresse, voire implicite, du législateur, que le texte soit de nature pénale ou extra-pénale, même si dans ce dernier cas surgissaient d'assez délicats problèmes de combinaison et donc de conflits entre les différentes législations en présence (sur cette question, R. Merle et A. Vitu, t. I, n°s 471 s. ; J. Pradel, n°s 355 s., M. Puech, n° 80 ; J.-H. Robert, p. 250). L'article 122-4 du Code pénal, s'il ne règle pas toutes les difficultés, apporte néanmoins quelques précisions intéressantes consacrant la jurisprudence actuelle. En édictant que « n'est pas responsable la personne qui accomplit un acte prescrit ou autorisé par des dispositions législatives ou réglementaires » le texte règle deux difficultés : l'assimilation de la permission et de l'ordre de la loi (prescrit ou autorise) d'une part, et celle du règlement et de la loi d'autre part. La coutume est parfois présentée également comme une cause de justification mais en réalité, les prétendues permissions coutumières sont au moins implicitement contenues dans des dispositions juridiques générales (R. Merle et A. Vitu, préc., v. *supra*, n° 2 ; v. F. Desportes et F. Le Gunehec, n° 712, et pour une permission récente concernant les courses de taureaux : Crim. 8 juin 1994, *JCP* 1995. II. 22483, note E. Monredon qui peut susciter des querelles doctrinales. V. P. Soubelet, « Corridas : confusion sur la tradition locale ininterrompue », *D.* 2002. Chron. 2267 ; J.-M. Lattes, « *Mano a mano* juridique sur la notion de tradition locale ininterrompue », *D.* 2002. Chron. 3083 ; Civ. 1re, 7 févr. 2006, n° 03-12.804, *D.* 2006. 528 ; *JCP* 2006. II. 10075, note E. de Monredon). On peut

ajouter que le Conseil constitutionnel, saisi d'une QPC sur cette question, a admis la constitutionnalité du texte du Code pénal (art. 521-1) qui autorise les courses de taureaux lorsqu'il existe, dans une localité, une tradition locale ininterrompue, excluant donc, dans cette hypothèse, la qualification pénale de sévices ou actes de cruauté envers les animaux : Cons. const. 21 sept. 2012, n° 2012-271 QPC, *D.* 2012. 486, note X. Daverat ; *AJ pénal* 2012. 597, obs. C. Lacroix ; *RSC* 2013. 427, obs. B. de Lamy, « *indulto* » pour la corrida ; *Dr. pénal* 2012. Étude 25, J.-Y. Maréchal, « La tradition tauromachique devant le Conseil constitutionnel : la réponse contestable à une question mal posée » ; *Gaz. Pal.* 8 déc. 2012, note J. Lasserre Capdeville. Il est en revanche traditionnellement affirmé qu'une permission accordée par une autorité administrative ne peut avoir aucune efficacité justificative.

Celui qui accomplit un acte interdit par la loi pénale, parce qu'il a obtenu une autorisation d'agir en ce sens, n'en commet pas moins une infraction pénale. Il en va *a fortiori* de même lorsque la prétendue justification résulterait d'une tolérance administrative qu'elle soit tacite ou qu'elle se soit exprimée dans un avis officieux ou une circulaire. Les deux décisions que nous avons retenues illustrent parfaitement cette double inefficacité des permissions administratives, la première en déniant toute valeur à une autorisation expresse émanant d'un préfet (I), la seconde en refusant de prendre en considération une circulaire qui enjoignait aux agents de l'Administration de tolérer une pratique pourtant constitutive d'une infraction (II).

I. — L'inefficacité justificative des autorisations administratives

2 L'arrêt *Caco* rendu par la chambre criminelle le 29 décembre 1949 énonce qu'une autorisation préfectorale ne constitue ni une excuse, ni un fait justificatif permettant à l'inculpé d'échapper à la sanction prévue par la loi pénale. En essayant de déterminer les fondements juridiques d'une telle solution (A) nous pourrons plus facilement en préciser le domaine (B).

A. — Fondement de l'inefficacité

3 Un débit de boissons de Nice ayant été détruit à la suite d'événements de guerre, il a été transféré sur un autre point du territoire de la commune ainsi que l'autorisaient les textes en vigueur. Néanmoins, contrairement à une disposition formelle de cette législation, l'installation a eu lieu dans une zone protégée de la ville. Caco poursuivi pour ouverture d'un débit de boissons dans une zone protégée a invoqué pour sa défense un arrêté du préfet des Alpes-Maritimes l'autorisant expressément à ouvrir son commerce, dans cette zone interdite, ce qui constitue selon la personne poursuivie, un fait justificatif excluant toute infraction. Telle n'a pas été l'interprétation des juges du fond qui ont considéré qu'une disposition législative ne pouvait pas être mise en échec par un acte administratif. C'est cette décision qu'approuve la chambre criminelle en rejetant le pourvoi de Caco. L'explication essentielle, pour ne pas dire unique, de cette solution réside avant tout dans le principe de la séparation des pouvoirs. La loi pénale a naturellement vocation à s'appliquer sans limite dans le temps. Sans doute ce caractère permanent n'interdit-il pas qu'un texte puisse être abrogé mais un tel pouvoir n'appartient qu'à l'autorité qui tient du système constitutionnel en vigueur, le droit d'édicter une disposition de même nature. Selon l'article 34 de la Constitution un texte érigeant en crime ou en délit tel ou tel comportement ne peut être abrogé que par le pouvoir législatif (R. Merle et A. Vitu, t. I, n° 221). En dehors de l'abrogation, qui peut être expresse ou tacite, la loi pénale conserve toute sa valeur et doit nécessairement être appliquée par le juge répressif. Il est donc inconcevable qu'une autorisation administrative de ne pas respecter une loi pénale, quelle que soit l'autorité dont elle émane, puisse avoir la moindre efficacité car il s'agirait d'un empiétement du pouvoir exécutif à la fois sur le pouvoir législatif, seul compétent pour faire disparaître la loi pénale, et sur le pouvoir judiciaire, seul compétent pour l'appliquer. Comme l'a affirmé la chambre criminelle (Crim. 1er juin 1965, *Bull. crim.* n° 148) une autorisation administrative ne peut pas relever le juge répressif du devoir, qui n'incombe qu'à lui, d'appliquer la loi pénale (v. pour une application, Crim. 24 oct. 1983, *Bull. crim.* n° 260 ; v. Y. Mayaud, n° 412 qui évoque des autorisations usurpées).

4 L'allégation selon laquelle l'arrêté aurait constitué un ordre de l'autorité légitime doit, pratiquement pour les mêmes raisons, être écartée. On remarquera tout d'abord que sur un plan logique, il est difficile d'assimiler une autorisation dépourvue de tout caractère impératif à un ordre de commandement de l'autorité légitime. Mais, allant plus loin, il est impossible d'admettre qu'il y ait un tel commandement justificatif. À défaut de texte législatif autorisant l'autorité administrative à accorder des dérogations, le préfet, qui ne peut pas se fonder sur un ordre de la loi, est une autorité illégitime par défaut de compétence et si l'on pouvait parler de commandement, il serait donc illégal (v. sur cette question, J.-D. Bredin, note au *S.* 1958. 1. 137 ; P. Mimin, note au *JCP* 1962. II. 12709 ; M. Puech, note au *D.* 1975. 81). Si la question de la légalité d'un tel acte individuel était évoquée devant une juridiction pénale, il devrait d'ailleurs être considéré comme illégal (v. *supra*, n° 7 ; T. Quimper 2 juin 1994, *Gaz. Pal.* 1995. I. 214).

Le refus de toute valeur justificative opposé aux autorisations administratives étant avant tout fondé sur le respect de la hiérarchie des règles de droit, il est possible de déterminer avec précision le domaine de cette règle.

B. — Domaine de l'inefficacité

5 On notera tout d'abord qu'en vertu de l'article 37 de la Constitution de 1958, le règlement étant la seule source d'incrimination pour les contraventions, l'ordre réglementaire ou la simple permission incluse

dans un règlement peuvent bien évidemment justifier une contravention qu'ils ont autorisée à commettre.

Un règlement ou même un acte individuel d'une autorité administrative pourront également justifier des infractions de la compétence du seul législateur lorsque ces actes administratifs sont pris en application d'une loi précise, donc en quelque sorte en vertu d'une délégation du pouvoir législatif. On citera à titre d'exemple les décrets autorisant les médecins à déclarer certaines maladies contagieuses et excluant ainsi l'application des articles 226-13 et 226-14 du Code pénal relatifs au secret professionnel. Dans le domaine des actes individuels, l'article L. 3132-20 s. du Code du travail fournit une bonne illustration de cette possibilité puisqu'il donne au préfet la possibilité d'accorder une dérogation temporaire à la règle du repos hebdomadaire (Crim. 7 janv. 1980, *D.* 1980. IR 364 ; R. Merle et A. Vitu, t. I, n° 473 ; J.-H. Robert, p. 248 s.).

Dans le domaine des films pornographiques, la chambre criminelle a également considéré que l'autorisation administrative accordée sur la base d'une loi (loi du 30 déc. 1975 dont l'objectif est essentiellement fiscal) excluait pour ce type de films le délit d'outrage aux bonnes mœurs (Crim. 25 janv. 1979, *JCP* 1979. II. 19143 ; Crim. 6 mai 1986, *Bull. crim.* n° 152 ; *D.* 1987. Somm. 140, obs. Colcombet ; *contra* Paris 10 juin 1977, *JCP* 1978. II. 19044, note Blin ; *Gaz. Pal.* 1978. 1. 190). On notera que la doctrine donne parfois sur cette question une solution qui ne nous paraît guère fondée (F. Desportes et F. Le Gunehec, n° 710 ; J. Pradel, n° 358). Contrairement à ce qui est allégué, même s'il y a eu des hésitations, la Haute juridiction ne rejette pas le caractère justificatif de l'autorisation, mais elle considère que la loi ne concerne que les seules images pornographiques et non les films ou cassettes qui comportent des images dégradantes pour la personne humaine. On pourra considérer que la distinction est délicate mais cette règle pourra parfaitement concerner la nouvelle incrimination, beaucoup plus restrictive en ce qu'elle ne concerne que les mineurs, prévue par l'article 227-24 du Code pénal (en ce sens, B. Bouloc, n° 381). Comme le remarque le professeur Y. Mayaud, le droit pénal est tout à fait autonome dans son fonctionnement. Il appartiendra au juge répressif de vérifier, nonobstant une permission de l'administration, si les éléments constitutifs de l'infraction sont réunis (Y. Mayaud n° 412, sur cette question, v. J. Leonhard, « Étude sur la pornographie pénalement prohibée », thèse Nancy 2, 2011, n°s 235 s.) ; voir également pour le déversement dans les mers ou les rivières : Crim. 15 mars 1988, n° 87-83.428, *RSC* 1990. 800, obs. J.-H. Robert et la loi du 3 janvier 1992 (art. 22) qui considère qu'il n'y a pas délit si le rejet a été réalisé dans les conditions de l'arrêté l'autorisant (Crim. 25 nov. 1992, n° 91-86.289, *RSC* 1993. 345, obs. J.-H. Robert).

6 En dehors de ces cas, il faut donc admettre que l'autorisation administrative ne peut en aucune manière justifier la réalisation d'une infraction pénale (Crim. 30 juill. 1926, *Bull. crim.* n° 205). Cette solution a été appliquée notamment en matière de visas administratifs.

L'Administration exige parfois sous peine de sanctions pénales que telle ou telle activité ne puisse être entreprise avant que l'autorité administrative compétente ait accordé un visa. Il en est ainsi en matière de vente de médicaments pharmaceutiques ou en matière cinématographique où le matériel publicitaire doit être revêtu d'un visa de contrôle.

Dans le premier domaine la jurisprudence a eu l'occasion d'affirmer qu'un tel visa n'a aucune valeur justificative lorsque le médicament ainsi autorisé à la vente a provoqué des décès chez les utilisateurs. Les fabricants du médicament ont ainsi pu être condamnés pour homicide involontaire (Paris 30 avr. 1957, *D.* 1957. 550, note Gollety ; T. corr. Seine 19 avr. 1957, *D.* 1958. 257 ; *S.* 1958. 1. 137, note J.-D. Bredin : affaire du *Stalinon.* Voir également pour l'affaire du sang contaminé : Crim. 22 juin 1994, n° 93-83.900, *D.* 1995. 85, note A. Prothais ; *ibid.* 65, concl. J. J. Perfetti ; *JCP* 1994. II. 22310, note M.-L. Rassat ; *Gaz. Pal.* 1994. 2. 592). On notera qu'aujourd'hui l'article L. 5121-8 du Code de la santé publique affirme expressément l'inefficacité du visa en matière de responsabilité pénale (J. Pradel, n° 358). Dans le domaine cinématographique le visa favorable donné par la commission de contrôle (art. 6, décret du 18 juill. 1961) pour le matériel publicitaire concernant un film n'exclut nullement des poursuites sur la base de l'article R. 642-2 du Code pénal pour exposition sur la voie publique d'une affiche indécente (Crim. 1er juin 1965, *Bull. crim.* n° 148, commenté par M. Puech, n° 82 ; Crim. 26 juin 1974, *D.* 1975. 81, note M. Puech ; v. égal. Crim. 9 juin 1999, *Bull. crim.* n° 133 ; *Dr. pénal* 1999, n° 138, obs. M. Véron pour une autorisation d'importation délivrée par l'administration des douanes ; *contra* Douai 15 mars 1962, *JCP* 1962. II. 12709, note P. Mimin). On notera, en revanche, que l'absence de visa n'implique aucunement l'existence automatique d'une infraction en cas d'utilisation du matériel publicitaire (Versailles, 13 oct. 2003, n° 02/01189, *RSC* 2004. 89, obs. Y. Mayaud).

7 Selon la Cour de cassation « une autorisation administrative même accordée en vertu d'un texte réglementaire » ne relève pas le juge pénal du devoir d'appliquer la loi. Cette argumentation incontestable pour le visa concernant les produits pharmaceutiques, puisque l'infraction réalisée était un délit, n'est-elle pas plus discutable lorsque l'infraction commise n'est qu'une simple contravention comme dans le deuxième cas. Un règlement peut, en effet, justifier une contravention qui ne peut être prise que par un texte de même nature. Il faut donc admettre qu'il y a une autre explication qui réside dans la finalité du visa. En accordant le visa, la commission atteste simplement qu'une obligation imposée, d'ailleurs sous peine de sanction pénale, a été effectuée ; elle n'impose nullement l'affichage sur la voie publique du matériel publicitaire ainsi visé ; elle n'autorise donc pas expressément l'exploitant à commettre une infraction. Dès lors que la contravention implique que l'on porte un jugement sur le caractère indécent des images exposées, on peut comprendre que le juge répressif puisse conserver une indépendance de jugement (v. en ce sens l'argumentation de l'arrêt du 1er juin 1965, préc.). On concevra néanmoins qu'un tel raisonnement, par ailleurs assez byzantin, puisse échapper au justiciable persuadé que le visa le garantit contre toute poursuite. La bonne foi qui repose sur une simple erreur de droit est *a priori* impuissante à justifier un délinquant (v. cep. pour l'application éventuelle de cette cause de non-responsabilité *infra*, n° 46. Sur la non-efficacité justificative d'un avis favorable d'une commission administrative statuant sur la reconversion des fonctionnaires par rapport à l'infraction prévue par l'art. 432-13 du C. pén. : infraction dite de pantouflage ; v. F. Desportes et F. Le Gunehec, n° 710). Voir néanmoins une décision intéressante justifiant une erreur de droit pour un individu dont le permis de conduire avait été annulé et qui avait obtenu une attestation, d'un agent de police judiciaire agissant sur instructions d'un vice-procureur de la République, de validité d'un permis international (Crim. 11 mai 2006, n° 05-87.099, *Bull. crim.* n° 128 ; v. *infra*, n° 46). Il en ira évidemment de même *a fortiori* lorsque la justification n'est alléguée qu'en se fondant sur une tolérance de l'Administration.

II. — L'inefficacité justificative de la tolérance administrative

8 La tolérance, qu'elle s'appuie sur un document officiel émanant d'une autorité administrative comme une circulaire (A), ce qui est l'hypothèse de l'arrêt retenu, ou qu'elle soit le fait d'une simple inaction des agents chargés de poursuivre les faits délictueux (B), est totalement impuissante à excuser ou à justifier la violation d'une norme pénale.

A. — Tolérance explicite

9 L'arrêt *Viala* illustre parfaitement l'inefficacité d'une tolérance administrative s'appuyant pourtant sur une circulaire ministérielle. En l'occurrence, il était reproché à un transporteur routier une infraction d'utilisation incorrecte d'un dispositif de contrôle des conditions de travail (Décr. du 30 déc. 1972). Pour sa défense le prévenu invoquait une circulaire ministérielle du 9 mars 1976 aux termes de laquelle il était recommandé aux agents verbalisateurs une tolérance en ce domaine. La chambre criminelle se contente de rappeler qu'une simple tolérance « ne saurait être considérée comme portant dérogation à la réglementation ni comme constitutive d'un droit au profit des contrevenants ». La formule sera reprise en termes presque identiques (Crim. 28 oct. 1986, *Bull. crim.* n° 311 ; *RSC* 1987 728, obs. C. Lazerges ; v. égal. Crim. 25 janv. 1996, *Gaz. Pal.* 17-20 juill. 1996 qui rappelle en matière de contributions indirectes qu'il n'y a de tolérance que dans une disposition expresse de la loi ; rapp. Crim. 16 juill. 1987, *Bull. crim.* n° 297, même solution en cas d'approbation donnée après coup par l'Administration).

10 Cette solution est juridiquement inattaquable. Si l'on se place sous l'angle du fait justificatif, seul l'ordre de la loi pourrait éventuellement être allégué, ce qui est inacceptable pour deux raisons. La première est de simple logique, il n'est pas possible d'assimiler une tolérance de ne pas poursuivre un fait délictueux à un ordre de l'accomplir. La seconde, plus juridique, tient à l'absence de toute valeur, en tant que normes, des circulaires administratives (v. *supra*, n° 6, et sur cette question S. Braudo, *L'autorité des circulaires administratives en droit pénal*, PUF, 1967 ; C. Blumann, « L'application des circulaires administratives par le juge judiciaire », *AJDA* 1972. 279 ; H. Donnedieu de Vabres, « Les éléments administratifs de l'infraction », *D.* 1952. Chron. 137). La solution retenue dans l'arrêt que nous commentons paraît avoir toujours été suivie par la chambre criminelle (Crim. 1er juill. 1948, *Bull. crim.* n° 180 ; Crim. 31 mai 1962, *JCP* 1962. II. 12760, note A. Vivez ; Crim. 12 oct. 1993, n° 92-81.743, *Bull. crim.* n° 285 ; *D.* 1994. 129, note D. Mayer ; *RSC* 1994. 322, obs. B. Bouloc, qui réaffirme très clairement ce principe alors même que la personne poursuivie était un fonctionnaire qui se doit en principe d'appliquer une circulaire lorsqu'elle est claire. V. égal. Crim. 25 janv. 1996, préc., qui rejette, ce qui apparaît évident, toute valeur à une circulaire d'une fédération sportive), mais on note en revanche que certaines juridictions du fond ont parfois accepté de donner une valeur justificative à ces permissions administratives. On cite traditionnellement le jugement du tribunal de simple police de Saint-Affrique du 27 décembre 1956 (*D.* 1958. 558, note M. Liotard), mais l'annotateur de cette décision a relevé plusieurs jugements inédits se prononçant dans le même sens. Une telle jurisprudence d'ailleurs contestée par la plus grande partie de la doctrine (v. cependant S. Braudo et C. Blumann, préc.) ne pourrait trouver une justification que sur le terrain de l'erreur de droit invincible. En matière délictuelle, il serait assez logique d'admettre qu'un individu, dont l'infraction trouve son fondement dans une circulaire émanant de l'Administration qui a, en quelque sorte, provoqué les faits délictueux, est de bonne foi et doit être relaxé. On sait cependant (v. *infra*, n° 46) qu'une telle cause de relaxe n'avait guère de chance d'être retenue jusqu'alors puisque l'erreur invincible n'était admise que sous l'angle de la non-imputabilité. Assimilée à un cas de contrainte, il fallait que le prévenu ait été dans l'impossibilité absolue d'observer la loi pénale. Cette solution pourrait cependant changer avec l'actuel Code pénal qui, nous le savons, reconnaît à l'erreur de droit, à certaines conditions, une valeur justificative (C. pén., art. 122-3 et *infra*, n° 46). En effet, une information erronée de l'administration, *a fortiori* une autorisation de cette dernière, est l'un des deux exemples fournis lors des travaux parlementaires pour justifier l'admission d'une erreur de droit (pour un ex. : Crim. 24 févr. 1998, *JCP* 1999. II. 10208, note M.-A. Houtmann ; *Dr. pénal* 2000, n° 20). La chambre criminelle a néanmoins confirmé sa jurisprudence sans aucune nuance (Crim. 18 janv. 2005, n° 04-81.404, *Bull. crim.* n° 22 ; *AJ pénal* 2005. 236, obs. C. Girault ; *D.* 2005. Somm. 1521, obs. G. Roujou de Boubée ; *RPDP* 2005. 623, obs. A. Lepage). Elle a en effet confirmé la condamnation d'une boulangère-pâtissière sur le fondement d'un article du Code du travail interdisant d'employer un apprenti un jour de fête légale alors que plusieurs circulaires admettent des dérogations lorsque le travail, pendant ces journées, est une nécessité et non une faculté. La Cour de cassation pour rejeter la justification se contente d'observer qu'en l'absence de toute ambiguïté du texte, des circulaires ne peuvent être invoquées pour empêcher l'application d'une disposition légale. Il eut peut-être été plus efficace d'invoquer une erreur de droit. Si la tolérance officielle de l'Administration est sans valeur, il en ira *a fortiori* de même lorsqu'elle est simplement officieuse.

B. — Tolérance implicite

11 Devant la complexité de certaines réglementations, il arrive assez fréquemment que des personnes, qui y sont soumises, prennent contact avant d'agir avec l'autorité administrative compétente, pour solliciter un avis sur la légalité d'une activité projetée. L'Administration, par l'intermédiaire de fonctionnaires responsables, est ainsi amenée à fournir, verbalement ou par écrits, des avis officieux sur la conduite à tenir dans certaines situations. L'administré, qui a suivi les recommandations qu'il a sollicitées, est alors très surpris de faire ultérieurement l'objet de poursuites, parfois à la requête d'agents de la même administration que celle qui a fourni un renseignement erroné. La chambre criminelle a jusqu'alors refusé systématiquement d'admettre que ces avis officieux puissent avoir la moindre valeur justificative. On peut citer d'assez nombreuses décisions en matière de fraudes alimentaires (Crim. 9 avr. 1932, *Bull. crim.* n° 100 ; *S.* 1933. 1. 275 ; Crim. 8 févr. 1956, *JCP* 1956. II. 9380, note A. Vivez : Crim. 4 mai 1957, *D.* 1957. 526, note M. Liotard ; *JCP* 1957. II. 10089, note A. Vivez ; voir également dans d'autres domaines : Crim. 30 juill. 1926, *Bull. crim.* n° 205 ; Crim. 22 avr. 1941, *Bull. crim.* n° 21. Pour une décision plus bienveillante, Besançon 9 mai 1972, *JCP* 1973. II. 17305, note M.-C. Fayard).

12 Quant à la tolérance tacite, on ne voit évidemment pas sur quelle base une décision de relaxe pourrait être fondée. Le fait qu'un délinquant ait pu bénéficier d'une tolérance pendant un certain temps ne saurait lui conférer un droit définitif à l'impunité (Crim. 27 déc. 1924, *Bull. crim.* n° 429 ; Crim. 13 mars 1957, *Bull. crim.* n° 249 ; Crim. 31 mai 1962, préc. ; Crim. 13 mars 1974, *Bull. crim.* n° 107 ; Crim. 12 mars 1975, *Bull. crim.* n° 76 ; Paris 30 nov. 1965, *JCP* 1966. II. 14804, note R. De Lestang ; Crim. 20 févr. 1989, *Bull. crim.* n° 83 ; Crim. 11 mai 1992, n° 91-84.827, *Bull. crim.* n° 183 ; *contra* pour la vente de muguet le 1er mai : Paris, 29 avr. 1997, *Gaz. Pal.* 1998. 1. 71 mais cassé par Civ. 2e, 25 mai 2000, n° 97-15.884, *D.* 2000. 194 ; v. pour le rejet de toute efficacité de la tolérance administrative en matière civile : Civ 1re, 3 oct. 2012, n° 11-15.529). Le professeur E. Dreyer (n° 1197) cite d'ailleurs une intéressante décision de la cour de Strasbourg qui estime, en se fondant sur les principes généraux du droit, qu'on ne peut pas justifier un comportement ayant abouti à une condamnation, qui était fondé sur une pratique étatique consistant à tolérer ou à encourager certains actes déclarés criminels par le droit national ou international et que le senti-

ment d'impunité qui a pu en résulter n'est pas un obstacle à ce que ces faits soient punis (CEDH 24 juill. 2008, *Kononov c/ Lettonie,* § 114).

La position de la jurisprudence répressive, refusant toute valeur justificative aux autorisations et permissions administratives de toute nature, ne paraît guère contestable d'un point de vue strictement juridique. Sur un plan pratique, en revanche, elle laisse quelque peu mal à l'aise. Est-il admissible que le citoyen puisse être la victime d'une administration capricieuse (R. Merle et A. Vitu, t. I, n° 473) qui tolère puis se ravise ? Sauf à admettre l'erreur de droit (v. pour un refus dans le cas d'une tolérance, Crim. 10 oct. 2000, n° 00-81.959, cité *in* R. Bernardini, n° 507) acceptée par le nouveau Code pénal, il reste, il est vrai, que sur le plan du droit public, une action en responsabilité est parfaitement concevable contre cette administration lorsque les renseignements inexacts, qu'elle a fournis, ont été à l'origine d'une infraction.

A. V.

26

QUALIFICATION DES INFRACTIONS CRIMES, DÉLITS, CONTRAVENTIONS CRITÈRE

Crim., 13 juin 1884, *Paoli*
(*S.* 1886. 1. 239, note E. Villey)

Crim., 24 avr. 1925, *Taldire*
(*Bull.*, n° 136 ; *S.* 1925. 1. 329, note J.-A. Roux)

Crim., 5 janv. 1950, *Procureur général c/ Richard et Palazzi*
(*D.* 1950. 160)

Crim., 6 déc. 1961, *Administration de l'enregistrement*
(*Bull. crim.* n° 502 ; *D.* 1962. 226)

La classification des infractions en crimes-délits-contraventions dépend de la seule peine prévue dans les textes d'incrimination, le critère fourni par l'article 1er du Code pénal de 1810 étant exclusif de tout autre (comp. auj. C. pén., art. 111-1).

Chambre criminelle, 13 juin 1884, *Paoli*

– Attendu que le demandeur n'a produit aucun moyen à l'appui de son pourvoi ; que les laits souverainement constatés par la cour d'appel justifient la condamnation prononcée contre Paoli par la cour d'appel de Bastia, à quatre mois d'emprisonnement, pour dévastation de récoltes sur pied, avec violences et voies de fait ; mais qu'il en est autrement de la condamnation à 16 F d'amende prononcée contre ledit Paoli, pour avoir été porteur d'un pistolet de poche, qui est une arme prohibée d'après la loi du 24 mai 1834 et l'ordonnance du 23 février 1837 ; – Attendu, en effet, que l'article 365 du Code d'instruction criminelle, prohibe le cumul des peines, et veut qu'en cas de conviction de plusieurs crimes ou délits, la peine la plus forte soit seule prononcée ; que la loi ne fait aucune exception à cette règle ; qu'elle s'applique même aux délits résultant de lois spéciales, et ayant seulement le caractère d'infractions matérielles ; que, par cela seul qu'ils sont punis de peines correctionnelles et constituent des délits, ils sont soumis à la règle générale ; qu'il y a donc lieu d'annuler dans l'arrêt attaqué la disposition relative à l'amende ; – Rejette le pourvoi…

Chambre criminelle, 24 avril 1925, *Taldire*

Attendu qu'il résulte des constatations de l'arrêt attaqué que le jury a déclaré Taldire coupable d'avoir, à Bougival, le 29 septembre 1924, volontairement porté des coups et fait des blessures au sieur Prévost, avec cette circonstance que les coups portés et les blessures faites ont été suivis de la perte d'un œil ; que l'arrêt ajoute qu'il résulte de la même déclaration du jury que l'accusé a été provoqué aux coups et blessures ainsi spécifiés par des coups ou violences graves envers sa personne ; – Attendu que les faits déclarés constants constituaient le crime de coups et blessures, suivis d'une infirmité permanente, puni de la peine de la réclusion par l'article 309, paragraphe 3, du Code pénal, avec admission en faveur de l'accusé de l'excuse légale de provocation, régie par les articles 321 et 326 du même code ; – Mais attendu que si, d'après l'article 326, lorsque le fait d'excuse, prévu par l'article 321, sera prouvé, la peine, s'il s'agit d'un crime emportant la réclusion, sera réduite à un emprisonnement de six mois à deux ans, cette réduction de peine ne saurait dépouiller le fait retenu de son caractère, tous ses éléments substantiels continuant d'exister ; qu'il suit de là qu'un crime, bien que déclaré excusable, dans les conditions prévues par ces textes, n'en reste pas moins un crime ; que c'est, dès lors, à bon droit que l'arrêt attaqué a refusé de faire bénéficier le demandeur des dispositions de l'article 2 de la loi d'amnistie du 3 janvier 1925, dispositions réservées aux seuls délits de coups et blessures volontaires, à l'exclusion des faits aggravés de même nature qualifiés crimes par la loi ; – Rejette...

Chambre criminelle, 5 janvier 1950, Procureur général c/ Richard et Palazzi

Sur les pourvois du procureur général près la cour d'appel de Nancy : – Attendu que de la déclaration de la cour et du jury il résulte, d'une part, que Richard s'est rendu coupable de quatre vols, le premier commis avec les circonstances aggravantes de port d'armes et réunion de plusieurs personnes et de menaces de faire usage d'armes, les trois autres commis avec les circonstances aggravantes de nuit, de maison habitée, de réunion de plusieurs personnes et de port d'armes ; d'autre part, que Palazzi s'est rendu coupable de complicité par instructions données d'un vol qualifié dont les auteurs ont agi avec les circonstances aggravantes de port d'armes, de réunion de plusieurs personnes et de menaces de faire usage d'armes ; que, de la même déclaration, il appert qu'il existe des circonstances atténuantes en faveur de ces accusés ; – Attendu que les articles 385 et 386, paragraphe 2, du Code pénal, dont application a été faite à Richard et à Palazzi par l'arrêt attaqué, prononcent les peines des travaux forcés et de la réclusion ; que, dès lors, en leur appliquant la peine de l'emprisonnement, la cour et le jury ont fait une juste application de la loi ; – Mais attendu qu'à tort l'arrêt attaqué a considéré, conformément d'ailleurs aux constatations explicites de la déclaration de culpabilité, que les faits déclarés constants ne constituent plus que des délits ; que, par suite, il a déclaré amnistiés, en vertu de l'article 10 de la loi du 16 août 1947, et ce, comme étant antérieurs au 16 janvier 1947, les faits commis par Richard et Palazzi, tous deux délinquants primaires et déportés politiques ; – Attendu, en effet, que la déclaration de circonstances atténuantes ne fait que réduire la peine, mais ne change pas la nature du crime déclaré constant ; que, d'autre part, aux termes de l'article 10 de la loi du 16 août 1947, « amnistie pleine et entière est accordée aux délits commis antérieurement au 16 janvier 1947, par les délinquants primaires, appartenant aux catégories suivantes... 3° déportés politiques, internés politiques »...; qu'ainsi, les faits dont Richard et Palazzi étaient accusés et dont ils ont été déclarés coupables étaient des vols qualifiés ; qu'ils constituent des crimes prévus par le Code pénal et, comme tels, n'entrent pas dans les prévisions de la loi d'amnistie du 16 août 1947 ; d'où il suit que la cour et le jury, en étendant par des motifs erronés les effets de la loi d'amnistie susvisée à un cas que cette loi n'a pas prévu, en ont fait une fausse application ;

Chambre criminelle, 6 décembre 1961,
Administration de l'enregistrement

– Statuant sur le pourvoi formé par l'Administration de l'enregistrement, contre un arrêt de la cour d'appel de Rennes, en date du 30 novembre 1960, lequel arrêt a confirmé un jugement du tribunal correctionnel de Lorient, lequel se déclarait incompétent pour connaître des poursuites exercées à l'encontre de Michelet Charles, pour défaut de présentation de la vignette afférente au payement de la taxe différentielle relative à la circulation des véhicules automobiles et a déclaré l'infraction prescrite ;

Attendu que Michelet était poursuivi pour une infraction relative à la taxe différentielle sur les véhicules à moteurs ; que, d'après l'article 5 du décret du 3 septembre 1956, incorporé dans l'article 022 de l'annexe II du Code général des impôts, la peine principale encourue était une amende double de la taxe, soit 300 NF ; – Attendu qu'aux termes de l'article 1er du Code de procédure pénale, l'infraction que les lois punissent de peines de police est une contravention ; que d'après l'article 521 du même code, les amendes pour contravention peuvent être prononcées depuis 3 jusqu'à 2 000 NF ; qu'ainsi l'infraction poursuivie, quel que soit le tribunal compétent pour en connaître et encore bien que la peine complémentaire de la confiscation fût encourue, était une contravention ; – Attendu qu'il suit de là que, ladite infraction ayant été constatée le 5 décembre 1957, et la citation à comparaître, premier acte interruptif intervenu dans la cause ayant été seulement délivré le 19 février 1960, c'est par une exacte application de la loi que la cour d'appel a déclaré la prescription acquise ; qu'en effet, d'après l'article 9 du Code de procédure pénale, auquel le décret du 3 septembre 1956 n'apporte aucune dérogation, en matière de contravention, la prescription de l'action publique est d'une année révolue ; d'où il suit que le moyen n'est pas fondé ;

Par ces motifs, rejette.

OBSERVATIONS

1 Toute infraction pénale doit nécessairement trouver place dans l'une des trois catégories d'infractions que sont les crimes, les délits et les contraventions. Cette classification qui est fonction de la gravité des infractions, telle qu'elle est exprimée par la peine, détermine le régime juridique tant matériel que procédural de chacune d'entre elles. Tous les auteurs fournissent une liste plus ou moins longue des intérêts qui s'attachent à cette distinction présentée comme la *summa divisio* du droit répressif. Sans doute une évolution récente conduit-elle à introduire certaines distinctions à l'intérieur des trois catégories (régime particulier des contraventions de cinquième classe ou régime très spécifique de certains délits dans le nouveau Code pénal, F. Desportes et F. Le Gunehec, n° 141 ; pour une opinion différente, Y. Mayaud, n° 299), qui estime que si la classification reste tripartite il existe de nombreux indices qui permettent d'affirmer que du point de vue de la philosophie du système la classification est bipartite, mais la classification tripartite reste essen-

tielle (sur la relativité de la distinction, v. E. Dreyer, n° 195 ; É. Verny, O. Décima, S. Detraz, n° 234).

2 Aux termes de l'article 1er du Code pénal de 1810, qui fournissait le critère de la distinction entre les trois catégories d'infractions, aucune difficulté sérieuse ne paraissait devoir se poser. Si la peine était afflictive ou infamante, l'infraction était un crime ; si la peine était correctionnelle, l'infraction était un délit ; si la peine était de police, l'infraction était une contravention. Dès lors que l'on possédait un catalogue précis de chacun des trois types de peines, ce que fournissaient les articles 7, 8, 9 et 464 du Code pénal de 1810, il apparaissait très simple de déterminer à coup sûr, la qualification de tout fait délictueux.

Cette simplicité, au moins apparente, du critère laissait néanmoins subsister certaines difficultés d'application que les arrêts, que nous avons retenus, permettaient de résoudre pour l'essentiel.

3 En se référant à la nature de la peine pour classer les infractions, le législateur n'avait pas suffisamment précisé s'il fallait prendre en considération uniquement la peine prévue *in abstracto* par la loi ou si, au contraire, c'est la peine prononcée *in concreto* par le juge qui devait être retenue pour qualifier une infraction. Sur ce premier point, nous allons voir que si la jurisprudence considère assez globalement, et conformément au texte, que seule la peine encourue doit être prise en considération, sa position concernant le jeu des excuses atténuantes, aujourd'hui causes de diminution légale de la peine, sur la qualification paraissait plus surprenante.

4 Une seconde difficulté résultait des équivoques provoquées par les textes d'incrimination. Il existe en effet certaines hypothèses où l'on constate une contradiction entre la qualification, telle qu'elle paraissait résulter de l'application de l'article 1er du Code pénal de 1810, et une autre indication fournie par le texte incriminateur. Il pouvait s'agir d'une contradiction, soit entre l'appellation donnée à l'infraction par le texte, soit plus généralement entre tel ou tel point du régime auquel sont soumis l'acte délictueux et la qualification telle qu'elle découlait de la peine encourue. Malgré certaines hésitations, il apparaît que le critère énoncé par le législateur dans l'article 1er du Code pénal de 1810 était exclusif de tout autre. Il reste évidemment à déterminer ce qu'il en est avec l'article 111-1 du nouveau Code pénal qui, gardant la classification tripartite, se contente d'indiquer que « les infractions pénales sont classées selon leur gravité en crimes, délits et contraventions ». Ce texte n'évoque donc nullement la peine, sans doute pour éviter le reproche d'illogisme que l'on faisait à l'ancien texte. Aujourd'hui comme hier pourtant, seule la nature de la peine sanctionnant un fait déterminé peut permettre de savoir, de manière certaine, quel est le type d'infraction concerné. Dès lors que le législateur fournit un catalogue de chaque catégorie de peines (criminelles, correctionnelles et contraventionnelles, C. pén., art. 131-1 s.), il suffit *a priori* d'examiner quelle est la peine encourue pour savoir s'il s'agit d'un crime, d'un délit ou d'une contravention. L'absence de

toute indication sur la peine dans l'article 111-1 ne doit pas empêcher d'admettre l'évidence selon laquelle les peines criminelles sanctionnent les crimes, les peines correctionnelles, les délits, les peines contraventionnelles, les contraventions (pour une critique de ce texte : M.-L. Rassat, n°s 253 s. ; J.-H. Robert, p. 89). Cela admis, on peut examiner les difficultés d'application du critère proposé, qui pour certaines d'entre elles, perdurent sous le Code pénal actuel.

Nous examinerons dans un premier temps l'influence éventuelle des modifications de la peine sur la qualification (I) avant, dans un second temps, de montrer que ce critère, aujourd'hui comme hier, est exclusif de tout autre (II).

I. — Modification de la peine et incidence sur la qualification des infractions

5 Si chaque texte d'incrimination prévoit d'une façon précise la sanction encourue, on sait que le juge peut être amené à modifier cette pénalité initiale pour tenir compte des circonstances dans lesquelles a été commise l'infraction. Lorsque la peine appliquée au délinquant par le jeu d'une cause d'aggravation ou d'atténuation change de nature, faut-il admettre que par voie de conséquence, l'infraction change également de qualification ? Ainsi, un crime pouvait-il sous l'influence d'une excuse atténuante ou d'une circonstance atténuante être transformé en délit ? Il importait, en raison même de la formule de l'article 1er du Code pénal de 1810 de distinguer selon que la transformation de la peine était rendue obligatoire par le législateur ou laissée à la discrétion du juge. Qu'en est-il avec le nouveau Code pénal ?

A. — Modifications légales de la peine et qualification de l'infraction

6 Si les circonstances dans lesquelles est commise une infraction peuvent conduire le législateur à aggraver ou à atténuer la peine, il ne nous semble pas que le problème soit absolument identique dans les deux cas.

S'agissant des circonstances aggravantes, la doctrine est pratiquement unanime (v. par exemple R. Garraud, t. I, n° 107 ; R. Merle et A. Vitu, t. I, n° 409 ; J. Pradel, n° 295 ; W. Jeandidier, n° 196 ; B. Perreau, *De la qualification en matière criminelle*, Paris, LGDJ, 1926, n° 57) pour considérer que la modification de la peine entraîne une modification automatique de la qualification. Ainsi, un vol qui par l'effet d'une circonstance aggravante est passible d'une peine criminelle, devient un crime (en ce sens par ex. Crim. 30 déc. 1881 et 29 juin 1882, *S.* 1884. 1. 354). Comme on l'a remarqué (R. Garraud, t. II, n° 807) la circonstance aggravante est, dans certains cas au moins, un véritable élément constitutif, l'infraction devenant objectivement différente de l'infraction initiale (M. Puech, n° 66). On notera néanmoins que cette solution s'applique également lorsque la circonstance aggravante est personnelle. Ainsi, la récidive dans les rares cas où elle entraînait une modification du type de peine (C. pén. de 1810, art. 200) changeait également la qualification de l'infraction. On ne peut pourtant pas dire qu'il y a une infraction objectivement différente. Sous l'empire de l'actuel Code pénal, une telle solution n'est pas normalement prévue puisque l'on conserve le même type de peine (par ex., C. pén., art. 222-37 réprimant le trafic de stupéfiants par application de l'art. 132-9 du C. pén.). Il existe néanmoins quelques hypothèses exceptionnelles où il y a un changement du type de peine. Ainsi en est-il par exemple, en matière de violences ayant entraîné une mutilation ou une infirmité permanente, infraction délictuelle prévue par l'article 222-9 du Code pénal qui devient un crime lorsqu'une circonstance aggravante, prévue à l'article 222-10 est relevée. Il en va de même pour certaines contraventions de cinquième classe, lorsque la loi le prévoit, pour lesquelles la récidive, dans un délai de trois ans à compter de l'expiration de la prescription de la précédente peine, constitue un délit. Ainsi, en est-il pour certaines infractions au code de la route (C. route, art. L. 413-1 et R. 413-14, al. 1er, pour un dépassement de vitesse autorisée égal ou supérieur à 50 km/h). Dans les deux hypothèses, le changement émanant du législateur, la disqualification reste logique (P. Conte et P. Maistre du Chambon, n° 164). Qu'en était-il pour les excuses atténuantes ? Alors que les excuses atténuantes apparaissaient comme le « pendant légal » des circonstances aggravantes, l'arrêt que nous avons retenu montre que la Cour de cassation pouvait en ce domaine adopter une solution différente. Dans cette décision, elle a estimé qu'un crime de coups et blessures suivi d'une infirmité permanente bien qu'excusé par la provocation (cause légale de diminution de peine non reprise dans l'actuel Code pénal), donc passible d'une peine correctionnelle, restait un crime. En conséquence, la chambre criminelle a considéré que Taldire ne pouvait pas bénéficier d'une loi d'amnistie visant les seuls délits de coups et blessures volontaires.

7 La doctrine s'était beaucoup partagée à propos de l'influence des excuses atténuantes alors que la plupart des anciens auteurs considéraient que la qualification initiale devait toujours être maintenue. F. Hélie (t. II, p. 675), puis R. Garraud (t. I, n° 107 et t. II, n° 729) se prononçaient au contraire pour un déclassement systématique de l'infraction en estimant que la peine encourue pour un crime excusé est bien une peine prévue par la loi. Selon une troisième opinion, il conviendrait d'établir certaines distinctions entre les excuses légales. Ainsi, l'excuse de minorité, excuse générale et personnelle – maintenue en tant que cause de diminution de peine – ne devrait pas modifier la qualification légale (en ce sens, v. note sous Crim. 22 déc. 1924, *DP* 1925. 2. 119 ; R. Merle et A. Vitu, t. I, n° 409, note 1 ; A. Decocq, p. 95).

La jurisprudence devant cette multiplicité de propositions avait adopté une position très hésitante. S'agissant de l'excuse de minorité, après avoir longuement tergiversé, la Cour de cassation semblait s'être définitivement fixée dans le sens de l'immutabilité de la qualification (Crim.

9 juill. 1891, *S.* 1891. 1. 432, prescription ; Crim. 9 déc. 1929, *Gaz. Pal.* 1930. 1. 106, compétence).

8 Pour l'excuse de provocation, l'arrêt *Taldire* paraissait orienter la jurisprudence dans le même sens, mais quelques années plus tard, en décidant qu'un meurtre provoqué n'aggrave pas un meurtre concomitant, la chambre criminelle se prononçait au contraire implicitement dans un sens opposé (Crim. 24 mai 1930, *S.* 1932. 1.35).

Comment expliquer de telles contradictions ? À vrai dire, cela était bien difficile. Il nous semble que l'on ne peut guère contester qu'un crime excusé était objectivement différent de celui qui ne l'était pas. Le meurtre provoqué nous paraît aussi différent du meurtre simple que l'homicide involontaire. Il était puni par la loi d'une peine correctionnelle et aurait dû être considéré comme un délit selon l'article 1er du Code pénal de 1810.

9 Il convient sans doute de nuancer cette solution en ce qui concerne l'excuse de minorité, qui est essentiellement personnelle. Sans doute la modification est-elle légale, mais on ne peut pas considérer que l'infraction est objectivement distincte ; la seule différence réside dans l'âge du délinquant qui n'est pas un élément de l'incrimination au même titre que la provocation par exemple (en ce sens, Crim. 9 juill. 1891, préc.). Il faut noter que l'actuel Code pénal, s'il ne reprend pas la terminologie des excuses tant atténuantes qu'absolutoires, ne supprime pas pour autant ce mécanisme. La loi d'adaptation parle désormais de « cause légale de diminution ou d'exemption de peine ». Dans certains cas, ce nouveau dispositif ne pourra avoir aucune incidence sur la qualification des infractions puisque les nouveaux textes précisent simplement, en cas de diminution, que la nouvelle peine ne peut pas être supérieure à la moitié de la peine encourue (en ce sens : É. Verny, O. Décima, S. Detraz, n° 222). Cette règle s'applique tant pour les mineurs que pour certaines infractions (trafic de stupéfiants par exemple). Dans d'autres hypothèses, le problème restait posé : par exemple, séquestration d'une personne libérée avant le 7e jour, article 224-1, alinéa 3, et la doctrine était divisée (pour la disqualification : W. Jeandidier, *J.-Cl. Pén. Code*, art. 111-1 ; P. Conte et P. Maistre du Chambon, n° 164 ; *contra* F. Desportes et F. Le Gunehec, n° 127 ; Y. Mayaud, *RSC* 1996. 372, Comp. : Crim. 24 janv. 1996, n° 95-81.210, *Bull. crim.* n° 42 et Crim. 26 avr. 2000, *Bull. crim.* n° 164 ; *Dr. pénal* 2000, n° 137 (1er arrêt), obs. M. Véron qui pouvait, *a contrario*, être interprété comme admettant la disqualification). La chambre criminelle s'est cependant de manière très claire, prononcée pour la disqualification pour cette situation dans une décision du 8 juin 2006 (n° 06-82.326, *Bull. crim.* n° 171 ; *AJ pénal* 2006. 406, obs. P. Remillieux ; *JCP* 2006. II. 10190, note P. Conte). La Cour de cassation précise que l'infraction devient un délit lorsque la personne prise en otage est libérée volontairement avant le septième jour dans tous les cas prévus par le texte notamment celui où la prise d'otage a été commise pour préparer ou faciliter la commission d'une infraction. Elle en tire la conclusion que les règles applicables à la détention provisoire sont celles des délits.

Cette solution a été confirmée, en quelque sorte *a contrario*, par un arrêt de la chambre criminelle du 9 juillet 2008 (n° 08-83.077, *AJ pénal* 2008. 464, obs. J. Lasserre Capdeville ; *RSC* 2008. 909, obs. Y. Mayaud ; *Dr. pénal* 2008, n° 126, note M. Véron). La Haute juridiction a admis que cette infraction demeure un crime si la libération de la victime, avant le septième jour, résulte de l'exécution de l'ordre ou de la condition par la personne séquestrée. En l'occurrence, il s'agissait d'un pilote d'hélicoptère enlevé et séquestré pour permettre une évasion.

On a parfois invoqué l'assimilation de l'excuse de minorité avec les circonstances atténuantes qui, nous allons le voir, ne modifiaient pas la qualification.

B. — Modifications judiciaires et qualification de l'infraction

10 Bien évidemment, la transformation judiciaire de la sanction ne peut se concevoir que dans un sens favorable au délinquant ; il s'agissait de l'influence des circonstances atténuantes sur la qualification des infractions. Pouvait-on admettre que cette qualification puisse résulter de la peine effectivement prononcée par le juge ? Comme on l'a remarqué (A. Decocq, p. 94), cette solution paraissait impossible à retenir au regard de certains aspects du régime de chaque infraction. Ainsi en était-il pour la compétence qui était nécessairement fonction de la peine prévue dans le texte.

11 Si la solution semble avoir suscité les mêmes controverses doctrinales, il semble qu'en revanche la jurisprudence n'ait jamais varié. L'arrêt du 5 janvier 1950, que nous avons retenu, illustre parfaitement cette position. La chambre criminelle affirme dans cette décision « que la déclaration de circonstances atténuantes ne fait que réduire la peine mais ne change pas la nature du crime déclaré constant ». En conséquence, une loi d'amnistie qui ne visait que les seuls délits ne pouvait pas être appliquée à des faits qui, intrinsèquement, constitueraient des crimes et que l'octroi de circonstances atténuantes aux délinquants ne pouvait transformer en délits. Une telle solution nous paraissait parfaitement conforme à l'article 1er du Code pénal de 1810. Sans doute, les circonstances atténuantes étaient-elles autorisées par un texte mais leur influence sur la peine était du ressort exclusif du juge. La sanction « prononcée » n'était pas « prononcée » par la loi (v. égal. Crim. 13 janv. 1981, *Bull. crim.* n° 20 ; *RSC* 1982. 368, obs. J.-H. Robert et 601, obs. J. Larguier). On a pu contester la logique d'un tel système qui s'en tenait à la gravité légale des infractions alors que le droit pénal moderne s'intéresse de plus en plus à la criminalité subjective (v. B. Perreau, préc., p. 271 ; R. Merle et A. Vitu, t. I, n° 409). L'argument était intéressant *de lege ferenda* mais la solution proposée était inacceptable sur un plan théorique et si on se référait au texte, pratiquement très difficile à appliquer. Pour ne retenir qu'un seul exemple, comment admettre que le délai de prescription d'une infraction commise par plusieurs auteurs ait pu varier selon l'octroi ou non de circonstances atténuantes ?

12 En se contentant, pour chaque infraction, de ne fixer qu'un maximum pour la peine encourue, l'actuel Code pénal rend la notion même de circonstances atténuantes inutile du point de vue de la technique juridique. Bien évidemment les circonstances de l'infraction continuent à être un élément déterminant dans la fixation concrète de la peine mais elles ne peuvent certainement pas modifier la qualification des infractions (en ce sens, J. Pradel, n° 737. Pour une position différente résultant d'une interprétation de l'article 111-1 du Code pénal aux termes de laquelle la classification des infractions est dorénavant fondée sur la gravité du fait à punir : v. *infra* et J.-H. Robert, p. 89). Il en sera évidemment de même pour l'application de l'article 122-1, alinéa 2, lorsque le juge, sur le fondement d'un trouble psychique ayant altéré le discernement, prononcera pour un crime une peine d'emprisonnement.

Il importait, selon nous, que le critère de classification fut parfaitement sûr, ce qui expliquait que celui fourni par le texte de base soit exclusif de tout autre.

II. — Nature de la peine, critère exclusif de la qualification de l'infraction

13 Le critère tiré de la peine encourue, pour être très aisé d'application dans la plupart des cas, laissait néanmoins subsister un certain nombre de difficultés en raison de l'équivoque qui pouvait naître à la lecture de certains textes d'incrimination (v. M.-L. Rassat, n° 255s).

On a pu régler très rapidement l'une des difficultés qui se présentait assez fréquemment lorsqu'une infraction était sanctionnée par une peine qui, par son minimum, était contraventionnelle et, par son maximum, correctionnelle. Il semble que la jurisprudence n'ait jamais hésité à considérer que seul le maximum devait être pris en considération pour déterminer la qualification du fait délictueux. On peut citer une décision de la chambre criminelle du 28 juillet 1938 (*Gaz. Pal.* 1938. 2. 575, commentée par M. Puech, n° 67), qui a cassé une décision d'un tribunal de police s'étant reconnu compétent pour une infraction dont la peine maximum relevait de la catégorie des délits. Cette solution était parfaitement logique puisque le juge pouvait toujours prononcer la peine la plus forte. Dès lors, il importait que le tribunal soit compétent pour la prononcer, ce qui impliquait le choix de la qualification pénale la plus élevée. La doctrine était unanime sur ce point (v. M. Puech, n°s 66 s.).

Ce problème simple, réglé, qui d'ailleurs n'a plus d'intérêt avec l'actuel Code pénal et la loi d'adaptation (art. 322) qui ont supprimé le minimum des peines pour toutes les infractions, il restait deux difficultés de qualification résultant d'une équivoque du texte d'incrimination. Dans les deux cas, il y avait une sorte de contradiction entre la qualification, telle qu'elle résultait de la peine fixée dans la disposition et celle qui paraissait découler d'un autre élément du texte incriminateur ou du régime auquel était soumise l'infraction. Dans le premier cas, une infraction pour laquelle une peine correctionnelle était encourue paraissait relever, par certains aspects de son régime, des contraventions (A). Inversement, dans d'autres cas, une infraction passible de peines contraventionnelles était soumise à certaines règles applicables aux délits (B).

A. — Toute infraction frappée d'une peine correctionnelle est nécessairement un délit

14 La première hypothèse concernait les infractions pour lesquelles la peine était correctionnelle, mais le régime auquel était soumis le fait délictueux, notamment s'agissant de l'élément moral requis, était plutôt celui des contraventions. C'est la très traditionnelle question des délits-contraventionnels. L'arrêt de la chambre criminelle du 13 juin 1884, que nous avons retenu, est un de ceux qui condamnent de la manière la plus nette cette construction doctrinale. Aux termes de cette décision, la règle du non-cumul des peines qui veut, qu'en cas de commission de plusieurs crimes ou délits, la peine la plus forte soit seule prononcée... « s'applique même aux délits résultant de lois spéciales et ayant seulement le caractère d'infractions matérielles que, par cela seul qu'ils sont punis de peines correctionnelles et constituent des délits, ils sont soumis à la règle générale ».

La toute dernière partie de cette formule confirmait le caractère exclusif du critère de classification des infractions tiré de la peine encourue. Par cela seul qu'une peine correctionnelle est fixée dans le texte, l'infraction était un délit et était donc soumise à toutes les règles concernant cette catégorie d'infractions. Ainsi en est-il dans la décision commentée en ce qui concerne le non-cumul des peines. Dans une autre décision du 23 février 1884 (*S.* 1886. 1. 233, note E. Villey), la chambre criminelle a adopté une attitude identique à propos de l'application des règles de la complicité à une infraction aux lois sur la pharmacie dès lors que, s'agissant d'une infraction punie d'une peine correctionnelle, elle est nécessairement soumise aux règles générales concernant les délits.

Ainsi, sur tous les points non réglés expressément par la loi spéciale, l'infraction obéit nécessairement au régime des délits. Comme l'écrivait Villey dans la note préc. « on peut considérer que les délits-contraventions ont cessé d'exister comme catégorie spéciale » (v. égal. E. Villey, « La fin des délits-contraventions », *La France judiciaire*, 1886, t. X, p. 365).

15 Cette controverse est aujourd'hui définitivement tranchée. Elle l'est d'ailleurs d'autant plus nettement que l'actuel Code pénal supprime la catégorie des « délits matériels ». L'article 121-3 précise en effet que les délits sont intentionnels ou lorsque la loi le prévoit, d'imprudence ou de mise en danger de la personne d'autrui. L'article 339 de la loi d'adaptation tire toutes les conséquences de cette nouvelle règle (v. égal. pour l'affirmation constitutionnelle de cette exigence : Cons. const. 16 juin 1999, n° 99-411 DC, *D.* 1999. 589, note Y. Mayaud ; *LPA* 1999, n° 188, p. 12, note B. M.). Il existe néanmoins une hypothèse assez voisine qui se rencontre lorsque le législateur qualifie de contravention une infraction passible d'une peine correctionnelle. Il est admis de la même manière que le titre de l'incrimination importe peu et que l'infraction doit être intégralement soumise au régime des délits (v. M. Puech, p. 256).

B. — Toute infraction frappée d'une peine contraventionnelle est nécessairement une contravention

16 C'est donc la situation inverse de celle que nous venons de décrire. Une incrimination contraventionnelle par application du critère de la peine peut, par tel ou tel aspect de son régime ou par l'appellation qui lui est donnée dans le texte, être considérée comme un délit. Dans la plupart des cas, c'est la compétence qui d'une manière formelle et non accidentelle (sur ce point, Meurisse, « De la compétence du tribunal correctionnel pour statuer sur des contraventions de police », *Gaz. Pal.* 1967. 1. Doct. 47) est attribuée à un tribunal correctionnel pour connaître d'une contravention. Ainsi, ces contraventions ont-elles été qualifiées de délictuelles par une sorte de symétrie (*cf.* Salvaire, « Délits, contraventions, délits-contraventions », *JCP* 1962. I. 1732).

L'arrêt du 6 décembre 1961 que nous avons relevé paraît apporter une réponse très précise à ce problème en considérant que le défaut de paiement de la taxe différentielle sur les véhicules, dès lors qu'il est puni d'une peine de police, doit être soumis au régime des contraventions bien que l'infraction soit de la compétence des tribunaux correctionnels. Il en résultait donc que la prescription annale devait seule être retenue dès lors que le décret du 3 septembre 1956, qui avait prévu l'incrimination, n'apportait aucune dérogation sur ce point. Cette jurisprudence, qui n'est pas nouvelle (en ce sens, Crim. 21 mars 1932, *Bull. crim.* n° 87), nous paraissait devoir s'appliquer dans l'hypothèse où un texte qualifie de délit une activité punie d'une peine de police et plus généralement aux contraventions de cinquième classe, anciens délits contraventionnalisés en 1958 et qui avaient conservé sur de nombreux points le régime initial de la catégorie des délits à laquelle ils appartenaient précédemment (sur cette question, G. Levasseur, « Une révolution en droit pénal : le nouveau régime des contraventions », *D.* 1959. Chron. 121 ; R. Merle et A. Vitu, t. I, n° 405 avec l'abondante bibliographie, note 2 ; *add.* J. Mouly, « La classification tripartite des infractions dans la législation contemporaine », *RSC* 1982. 3 s.). On devait admettre que dans tous les domaines où le législateur ne s'était pas expressément prononcé, la contravention de cinquième classe devait suivre le régime de la catégorie à laquelle elle appartenait.

17 On doit néanmoins remarquer que certaines décisions de la chambre criminelle rendues ultérieurement avaient pu susciter certaines interrogations (Crim. 28 mai 1964, *Bull. crim.* n° 183 ; Crim. 11 juin 1965, *Dr. pénal* 1966. 134). Alors que l'on avait voulu supprimer toutes les exceptions aux règles de compétence, la Cour de cassation avait estimé que, dans le domaine des contributions indirectes, la compétence restait correctionnelle et, ce qui était plus surprenant, que l'infraction devait se prescrire par trois ans alors que la peine était contraventionnelle. Devait-on considérer que dans certains domaines spéciaux le critère tiré de l'article 1er du Code pénal de 1810 n'était pas applicable ? Un auteur, M. Chabas (« La notion de contravention », *RSC* 1969. 295 s.) avait proposé une interprétation susceptible de concilier ces deux décisions avec l'arrêt que nous avons retenu. Selon l'article 624 du Code général des impôts, l'action serait elle-même correctionnelle, ce qui impliquerait que la prescription soit triennale alors qu'en ce qui concerne la taxe différentielle sur les véhicules, objet de l'arrêt de 1961, seule la compétence est correctionnelle. L'explication est ingénieuse. Est-elle vraiment convaincante ? On peut penser que le particularisme des amendes fiscales expliquait aussi ces arrêts, au demeurant difficilement interprétables dès lors que toute la jurisprudence paraissait par ailleurs s'accorder pour faire de la peine, telle qu'elle était prévue dans chaque texte d'incrimination, la seule source de classification. Aujourd'hui, si la multiplicité des textes ne permet pas de dire que le problème ne peut plus se poser, il semble que la difficulté soit réglée puisque le législateur de 1994 a pris parti sur tous les points qui pouvaient poser un problème (prescription ou cumul des peines par exemple ; v. F. Desportes et F. Le Gunehec, n° 141). On notera d'ailleurs que l'actuel Code pénal recèle des délits très particuliers que l'on a pu qualifier de « délits-crimes » (F. Desportes et F. Le Gunehec, préc.). Il n'en reste pas moins que, conformément au principe général, sur tous les points où la loi n'apporte pas d'exception, ces infractions restent soumises au régime des délits (v. à titre d'ex. le trafic de stupéfiants, C. pén., art. 222-36 à 222-38).

18 Le projet de Code pénal de 1983 soucieux de classer les infractions selon leur gravité avait prévu d'opposer les crimes et les délits constituant « des atteintes aux valeurs de la société » aux contraventions « simples manquements à la discipline de la vie sociale ». L'article 111-1 est revenu à une formule beaucoup plus sobre en indiquant simplement que « les infractions sont classées selon leur gravité, en crimes, délits et contraventions ». Comme nous l'avons vu, ce changement de formule ne devrait entraîner aucune modification pour la classification tripartite des infractions qui reste fondée sur la peine encourue. Un auteur (J.-H. Robert, « La classification des infractions selon le nouveau Code pénal », *Dr. pénal* 1995. Chron. 1, et « Pour une réformation de la division tripartite des infractions », *Mélanges J. Pradel*, Cujas 2006) considère cependant qu'il y aurait là un changement d'une importance fondamentale qui a sans doute échappé au législateur du nouveau Code pénal lui-même. Il estime en effet que, considéré en tant que tel, ce texte permet aux juges d'apprécier la gravité de chaque infraction et de la qualifier en conséquence. C'est donc la peine prononcée qui déterminerait la classe de l'infraction. On peut contester ce point de vue et estimer avec l'auteur que la Cour de cassation aurait sans doute condamné ce point de vue, il n'en reste pas moins que la loi d'adaptation a réintroduit dans les articles 381 et 521 du Code de procédure pénale, d'une manière incidente, les anciennes formules de l'article 1er du Code de 1810, s'agissant des délits et des contraventions, pour définir la compétence des tribunaux. Le législateur « pris d'un doute » (en ce sens, F. Desportes et F. Le Gunehec, n° 119) a-t-il voulu supprimer toute ambiguïté en ce domaine ? Si tel est le cas, il n'y est peut-être pas totalement parvenu puisque s'agissant des crimes ; l'interprétation *a contrario* pourrait permettre une correctionnalisation judiciaire « légalisée » (en ce sens J.-H. Robert. Voir également pour une forme de consécration législative partielle de la correctionnalisation judiciaire par la loi Perben II du 9 mars 2004 : C. pr. pén., art. 469, al. 3 interdisant au tribunal correctionnel de soulever l'exception d'incompétence ; A. Darsonville, « La légalisation de la correctionnalisation judiciaire » *Dr. pénal* 2007, étude n° 4 ; F. Desportes et F. Le Gunehec, n° 132 et pour une exception à cette exception : Crim. 4 janv. 2006, n° 05-84.231, *Bull. crim.* n° 8 ; *D.* 2006. 393 ; *RSC* 2006. 537, obs. A. Giudicelli ; Crim. 23 mai 2006, n° 05-86.375, *Bull. crim.* n° 143 ; Crim. 24 mars 2009, *Bull. crim.* n° 60 ; *RSC* 2009. 590, obs. Y. Mayaud et *ibid.* 855, obs. Finielz ; *D.* 2009. Chron. 2140, note Mesa ; *AJ pénal* 2009. 318, obs. G. Roussel). De plus, il subsiste en tout état de cause, une difficulté sur les sanctions qui peuvent permettre de qualifier une infraction. En matière de délit, le Code énumère de nombreuses peines principales dites alternatives que l'on retrouve parfois pour les contraventions. Si un texte utilisait une telle sanction (peine restrictive de droit par exemple) à titre principal, ce qui est concevable, la classification serait impossible (v. J.-H. Robert, p. 91) à moins qu'on ne considère avec certains auteurs que dans l'ensemble des sanctions prévues, il y a des peines de référence qui seules fournissent l'indice de gravité (en ce sens, P. Conte et P. Maistre du Chambon, nos 166 s. et 457 s. ; X. Pin, n° 333 ; É. Verny, O. Décima, S. Detraz, n° 229) mais le Code est muet sur cette question. Il semble cependant que cette solution est la seule concevable même si le problème de la qualification ne peut guère se poser que pour une utilisation, à titre de peine principale, des seules sanctions privatives ou restrictives de droits applicables pour les délits comme pour les contraventions (C. pén., art. 131-3 5e et art. 131-12 2e ; v. pour l'utilisation du travail d'intérêt général comme peine principale mais au côté d'une amende correctionnelle : C. pén., art. 322-1, al. 2, 322-2, al. 1er et 322-3, al. 1er, tels qu'ils résultent de la L. du 9 sept. 2002). Pour plusieurs auteurs le caractère secondaire ou *bis* (J. Pradel, n° 582 s.) des sanctions autres que l'emprisonnement et l'amende paraît révélé par plusieurs indices (Y. Mayaud, n° 503) et tout particulièrement par les lois des 9 mars 2004 et 4 mars 2007 qui, dans plusieurs dispositions, indiquent que ces peines sont prononcées à la place de l'emprisonnement ou de l'amende (C. pén., art. 131-5-1 et

131-6, 131-8 et 131-8-1 par ex. ; Y. Mayaud, préc., qui évoque le caractère dominant des peines d'emprisonnement et d'amende ; J.-H. Robert, p. 89). La contrainte pénale, nouvelle sanction correctionnelle, créée par la loi n° 2014-896 du 15 août 2014 (art. 131-4 du C. pén.), pour évincer la peine d'emprisonnement, est également une peine alternative pour les infractions passibles d'un emprisonnement inférieur ou égal à 5 ans, et pourrait devenir une peine principale qualifiante pour certaines infractions. Cette solution avait été envisagée au cours des travaux parlementaires par le rapporteur au Sénat, M. J.-P. Michel qui proposait de déconnecter toute une série d'infractions, de l'emprisonnement, qui sur la base des statistiques de 2012 représentaient 220 000 condamnations prononcées par les juridictions pénales (vols simples, filouteries, destructions, délits routiers, etc.). Cette solution a été abandonnée, sans doute en raison de l'inexistence des moyens de réinsertion qui permettraient une application effective de la nouvelle peine. Il reste que l'article 20 de la loi de 2014 prévoit que le gouvernement devra dans un délai de 2 ans, à compter de la publication de la loi, remettre un rapport dont l'objectif est d'étudier la possibilité d'utiliser la contrainte pénale à titre de peine principale pour certains délits, pour lesquels la peine d'emprisonnement ne serait plus encourue (v. Y. Mayaud, n° 503, note 1). On peut s'interroger sur cette évolution de notre droit, qui remet de plus en plus en cause la peine d'emprisonnement, au point qu'Yves Mayaud évoque « une agonie programmée ». Sans doute, cette peine n'est-elle pas une panacée et peut être, certaines infractions n'impliquent-elles pas qu'il soit encouru pour les sanctionner, mais il sera bien délicat de faire la liste des incriminations, par nature dissuasives, pour lesquelles, ce qui était jusqu'alors la peine de référence, devra disparaître (v. pour une critique de cette évolution, D. Dassa, « L'emprisonnement peine de référence en droit pénal », *Gaz. Pal.* 26 avr. 2016, n° 16, dossier).

Il reste que la nouvelle rédaction de l'article 111-1 pourrait conduire à des modifications qui ne seraient pas seulement de forme mais de fond. Si la pertinence de l'analyse n'est pas contestable, on peut néanmoins être convaincu que la chambre criminelle saurait rapidement rappeler, à des juges par trop audacieux, que la volonté du législateur n'était pas, en cette matière, de changer le système instauré par le Code de 1810. D'ailleurs près de vingt ans après l'entrée en vigueur du nouveau Code pénal aucun indice ne paraît révéler une telle évolution.

A. V.

27

INFRACTIONS POLITIQUES – NOTION

Crim., 20 août 1932, *Gorguloff*
(*Bull.*, n° 207 ; *DP* 1932. 121, concl. procureur général Matter)

Crim., 18 nov. 1959, *Lekbir et Bouhdjaz*
(*JCP* 1960. II. 11475 ; *RSC* 1960. 276, obs. A. Légal)

Paris, 4 déc. 1967, *Inacio da Palma Herminio*
(*JCP* 1968. II. 11475, note A. P.)

Crim., 6 mars 1974, n° 73-91.937, *Rodes*
(*Bull. crim.* n° 99)

Le caractère d'infraction politique est reconnu aux infractions qui portent atteinte à un intérêt de nature objectivement politique. Les infractions de presse sont assimilées à des infractions politiques (4e esp.). L'assassinat d'un chef d'État quels qu'en soient les motifs reste une infraction de droit commun (1re esp.). Le caractère politique peut néanmoins être retenu pour rejeter la contrainte par corps, aujourd'hui contrainte judiciaire, pour des infractions connexes lorsque l'ensemble des actes délictueux commis présente un caractère politique (2e esp.). Il en est de même lorsqu'il s'agit de refuser l'extradition d'un individu ayant accompli une infraction de droit commun avec des mobiles et un but certainement politiques (3e esp.).

Chambre criminelle, 20 août 1932, *Gorguloff*

Attendu que par la déclaration du jury Gorguloff a été reconnu coupable d'avoir, volontairement et avec préméditation, donné la mort à « M. Paul Doumer, président de la République française » ; – Attendu qu'il est soutenu que le caractère politique des faits déclarés constants par le jury ressortant à la fois des déclarations de Gorguloff, rapportées dans l'acte d'accusation, et des termes mêmes de la déclaration du jury, la peine de mort n'avait pu être prononcée qu'en violation des articles 5 de la Constitution de 1848 et 1er de la loi du 8 juin 1850 ; – Mais attendu que l'article 5 de la Constitution susvisée ne profite qu'aux crimes exclusivement politiques et non à l'assassinat, qui, par sa nature et quels qu'en aient été les motifs, constitue un crime de droit commun ; qu'il ne perd point ce caractère par le fait qu'il a été commis sur la personne du président de la République, l'article 86 du Code pénal qui, par une survivance du crime de lèse-majesté, prévoyait spécialement les attentats contre la vie ou contre la personne de l'empereur ou des membres de la famille impériale, se trouvant, par la disparition du régime monarchique, implicitement abrogé ; – Et attendu que la procédure est régulière et que la peine a été légalement appliquée aux faits déclarés constants par le jury ;

Par ces motifs, rejette.

Chambre criminelle, 18 novembre 1959, *Lekbir et Bouhdjaz*

– Statuant sur le pourvoi formé par : 1° Lekbir Tayeb, 2° Bouhdjaz Tahar, contre un jugement rendu le 16 octobre 1959 par le Tribunal permanent des forces armées de la Zone Nord Constantinoise qui les a condamnés chacun à la peine de « cinq ans de travaux forcés » pour « complicité de tentative d'assassinat, association de malfaiteurs et atteinte à la sûreté extérieure de l'État » ; – Attendu qu'aucun moyen n'est produit à l'appui des pourvois, que le Tribunal a été composé conformément à la loi, qu'il était compétent, que la procédure est régulière et que les peines ont été régulièrement appliquées aux faits déclarés constants par le Tribunal permanent des forces armées ;

Rejette les pourvois des demandeurs ;

Mais d'office sur la condamnation à la contrainte par corps : – Vu l'article 749 du Code de procédure pénale ; – Attendu qu'aux termes dudit article la contrainte par corps ne peut jamais être prononcée en matière de contraventions, délits et crimes politiques ; que les infractions commises présentent dans leur ensemble un caractère politique ;

Par ces motifs : – Casse et annule par voie de retranchement et sans renvoi le jugement du Tribunal permanent des forces armées de la Zone Nord Constantinoise, du 16 octobre 1959, dans ses seules dispositions prononçant la contrainte par corps contre les demandeurs, toutes les autres dispositions du jugement étant expressément maintenues...

Paris, 4 décembre 1967, *Inacio da Palma Herminio*

– Considérant que Inacio da Palma Herminio, ressortissant portugais, est l'objet d'une demande d'extradition du gouvernement portugais, pour l'exécution d'un mandat d'arrêt décerné le 24 juillet 1967 par le juge d'instruction du tribunal de Figueira da Foz, des chefs de vol qualifié et d'infraction à la législation sur les armes ; qu'il a été appréhendé à Paris le 3 août 1967 à la suite de ce mandat d'arrêt, qu'il a reconnu que cette demande lui est bien applicable quant à l'identité ; – Considérant que les faits visés par la demande d'extradition sont dénoncés comme ayant été commis sur le territoire de l'État requérant le 17 mai 1967, et qu'ils ne sont pas prescrits ; que tels qu'ils sont exposés dans les pièces produites à l'appui de la demande, ils consistent, pour Inacio da Palma, à avoir pénétré le 17 mai 1967 à l'Agence de la banque du Portugal de Figueira da Foz, en compagnie de trois autres individus ; puis, tous les quatre étant armés, à avoir obligé sous la menace de leurs armes les employés et clients présents sur les lieux à se laisser enfermer dans une pièce, à s'être fait remettre sous la même menace les clefs du coffre-fort et y avoir dérobé une somme très importante en billets de banque ; – Considérant qu'Inacio da Palma a déclaré ne pas renoncer au bénéfice de la loi du 10 mars 1927, se prétendant réfugié politique, et, tout en reconnaissant avoir participé à ces faits, à soutenir qu'ils avaient été commis dans un but politique ; – Considérant que suivant les pièces produites à l'appui de la demande, Inacio da Palma aurait été l'objet de précédents mandats d'arrêt à l'occasion de procès antérieurs ; que par son arrêt du 9 octobre 1967, la cour de céans a, avant dire droit, émis l'avis de solliciter du gouvernement du Portugal un supplément d'information sur ces poursuites avec communications de toutes pièces et textes utiles permettant d'en apprécier la nature – renseignements complémentaires nécessaires pour que la cour soit en mesure de donner un avis sur la demande d'extradition dont elle est saisie ; – Considérant que les faits tels que visés dans la demande s'analysent en un crime de vol avec circonstances aggravantes, notamment de port d'arme, prévu et puni tant par la législation française que par celle de l'État requérant ; – Considérant qu'il résulte des documents fournis en complément d'information par le gouvernement portugais à la suite de l'arrêt de cette Chambre du 9 octobre 1967, que les procédures suivies antérieurement devant les juridictions portugaises se référaient à des faits de caractère politique ; qu'il est établi que Inacio da Palma est bien connu pour son activité politique militante ; qu'il apparaît enfin, d'après les pièces produites dans la procédure, que les faits imputés à Inacio da Palma dans le mandat d'arrêt du 24 juillet 1967 par le juge de la circonscription judiciaire de Figueira da Foz, bien que d'une particulière gravité, se rattachent à cette activité politique, ont bien été accomplis pour un motif politique et uniquement dans un but politique ; – Considérant qu'en conséquence il s'agit en l'espèce d'un crime politique au sens de l'article 7 de la Convention franco-portugaise du 13 juillet 1854 et du paragraphe 2 de l'article 5 de la loi du 10 mars 1927 ; – Qu'il échet en conséquence de dire qu'il n'y a lieu d'accueillir la demande d'extradition, la demande de mise en liberté provisoire dont la cour a été saisie par ailleurs, devenant de ce fait sans objet. Par ces motifs : – Vu la loi du 10 mars 1927 sur l'extradition et la Convention franco-portugaise d'extradition du 13 juillet 1854, promulguée par décret du 11 novembre 1954 ; – Est d'avis qu'il n'y a lieu d'accueillir favorablement la demande d'extradition faite par le gouvernement du Portugal contre le nommé Inacio da Palma Herminio.

Chambre criminelle, 6 mars 1974, *Rodes*

Attendu qu'aux termes de l'article 749 du Code de procédure pénale, la contrainte par corps ne peut être prononcée pour une infraction ayant un caractère politique ;

Que les infractions à la loi sur la presse doivent être assimilées, à cet égard, aux infractions politiques

Qu'il suit de là que c'est à tort que la cour d'appel a prononcé la contrainte par corps contre Rodes, condamné pour injures publiques ;

Par ces motifs :

Casse et annule.

OBSERVATIONS

1 Dès lors que l'infraction politique peut être analysée comme une atteinte à l'organisation politique ou sociale de l'État, on peut facilement admettre que cette notion est aussi ancienne que celle d'État lui-même. Mais il est évidemment des manières bien différentes de porter atteinte à cette valeur sociale très particulière. Si l'opinion publique est actuellement très sensibilisée par rapport à cette délinquance, c'est qu'elle a pris des formes qui la rendent particulièrement redoutable. Les terroristes de tout bord qui n'hésitent pas à assassiner des otages innocents, à détruire massivement des biens, ne sont-ils pas intrinsèquement aussi dangereux que des délinquants de droit commun. On notera d'ailleurs que cette forme de criminalité est d'autant plus redoutable qu'elle est collective, organisée (v. R. Bernardini, n°s 303 s. sur l'évolution de cette notion).

2 On est évidemment très loin du délinquant politique considéré comme un « aristocrate de la criminalité » (J. Graven, préface de la thèse de

Papadatos, *Le délit politique*, Genève, 1955) décrit par J. Ortolan (t. I, n° 706) ou (F. Guizot, *Traité sur la peine de mort en matière politique*). Ces derniers contestent également les institutions mais leurs méthodes ne sont pas empreintes de la même violence.

Devant cette dualité de catégories de délinquants politiques, on peut aisément imaginer la difficulté rencontrée lorsqu'il s'agit de présenter une notion unitaire de l'infraction politique qui parfois suscite une réaction d'estime alors que dans d'autres cas elle conduit à une vive réaction de défense (A. Decocq, p. 115).

Le régime de l'infraction politique, surtout jusqu'à la suppression de la Cour de sûreté de l'État, reflétait assez bien la prise en considération de ce double souci du législateur, faisant preuve d'une grande rigueur en matière procédurale, mais soumettant le délinquant condamné à un statut empreint d'une certaine mansuétude. Dès lors, on admettra assez facilement qu'il puisse ne pas exister un critère unique de l'infraction politique et que le concept soit plus ou moins large selon la règle que l'on veut appliquer (v. D. Mayer, « L'infraction politique », *RD pén. crim.* 1984. 480).

3 Ces observations liminaires étant présentées, il reste à se demander quels sont les éléments qui permettent de considérer qu'un fait délictueux est politique. Alors que la distinction entre les infractions de droit commun et les infractions politiques présente de nombreux intérêts pratiques, le législateur n'a fourni aucun critère légal susceptible de procurer une réponse simple à cette question. Sans doute, la nature de la peine ou la compétence d'une juridiction apportent-elles des réponses fragmentaires mais aucun système général n'a été proposé. L'actuel Code pénal ne déroge pas à cette règle, se contentant simplement, en quelque sorte en négatif, d'évoquer l'existence d'infractions de droit commun, par exemple en matière de sursis, ce qui sous-entend l'existence des infractions politiques (v. F. Desportes et F. Le Gunehec, n° 152 ; pour une solution différente, voir, par exemple, le droit pénal italien qui dans l'article 8 du Code pénal définit le délit politique).

La doctrine a alors suggéré deux critères totalement opposés pour déterminer le caractère politique d'une infraction. Selon le premier, qualifié d'objectif, seule la nature du droit auquel il est porté atteinte doit être prise en considération. Il faut que l'acte vise un intérêt de nature politique de l'État ou du citoyen, autrement dit que la valeur sociale protégée par la qualification soit politique. À l'inverse, selon le second critère qualifié de subjectif, le caractère politique du délit se déduit du but poursuivi ou du motif qui a déterminé celui qui agit, autrement dit de la psychologie du délinquant. Ainsi, une infraction de droit commun peut devenir politique alors qu'au contraire une infraction objectivement politique sera traitée comme étant de droit commun si l'agent poursuivait un mobile crapuleux ou égoïste. On notera immédiatement que le critère subjectif conduit à une notion de l'infraction politique beaucoup plus large. Il est cependant juridiquement très discutable puisqu'il est avant tout fondé sur le mobile du délinquant qui, en droit français, ne joue dans la plupart des cas aucun rôle dans la qualification des infractions (v. *infra*, n° 39). D'ailleurs, il aboutit à donner une qualification politique au délinquant alors que la répression pénale concerne l'infraction (A. Decocq, p. 120 ; R. Garraud, t. I, n° 124 ; Y. Mayaud, n° 306).

4 Pour des raisons qui sont d'abord de logique juridique, le critère objectif doit donc être préféré et plusieurs arrêts que nous avons retenus nous montreront que cette conception prédomine en jurisprudence (I). Mais on ne peut oublier que le droit pénal politique est nécessairement tributaire de considérations extra-juridiques de type opportuniste qui ne sont pas sans incidence sur les solutions législatives (R. Merle et A. Vitu, t. I, n° 416). Une conception subjective peut alors être utilisée pour élargir le domaine de l'infraction politique aussi bien à des fins d'indulgence que de sévérité, selon que l'État est de type libéral ou autoritaire, selon que l'on est en période de stabilité politique ou en période de troubles menaçant le régime. Au-delà des solutions imposées, parfois de façon très brutale par le législateur, ces considérations ne sont pas sans incidence sur l'attitude de la jurisprudence qui peut être amenée à faire certaines concessions au critère subjectif (v. globalement sur ce point : J.-J. Lemouland, « Les critères jurisprudentiels de l'infraction politique », *RSC* 1988. 16). Il s'agira par exemple de tenir compte de certaines considérations de temps ou de lieu. Ainsi en est-il pour des infractions, objectivement de droit commun, mais commises pendant une période de guerre civile ou à l'étranger. Les deux autres décisions que nous avons retenues illustrent les concessions qui sont faites à la thèse subjectiviste (II).

I. — Prédominance du critère objectif dans la détermination de l'infraction politique

5 Le législateur, nous l'avons dit, a fourni certaines directives légales mais elles se révèlent à la fois incomplètes et imprécises. Elles peuvent néanmoins servir d'indicateur pour la jurisprudence. Ainsi en est-il du critère tiré de la nature de la peine. Le législateur du Code pénal de 1810 devait en effet instaurer une échelle des peines spécifiques en matière criminelle qui fut plusieurs fois remaniée au XVIIIe siècle (L. du 28 avr. 1832 not.) et une dernière fois par l'ordonnance du 14 juin 1960. L'actuel Code pénal a maintenu cette échelle des peines politiques en matière criminelle (C. pén., art. 131-1). Ce critère, très insuffisant, puisqu'il ne concerne qu'une catégorie d'infractions, paraît néanmoins avoir eu une influence sur la jurisprudence puisque, les tribunaux répressifs, font dans l'ensemble prévaloir une conception objective. L'arrêt *Rodes* et le très célèbre arrêt *Gorguloff* illustrent cette position chacun à leur façon. Le premier d'une manière positive en affirmant le caractère objectivement politique des infractions de presse (A), le second d'une manière négative en excluant cette qualification pour une infraction de droit commun accomplie dans un dessein politique (B).

A. — Inclusion des infractions de presse : affirmation positive du critère

6 La référence à l'objet même de l'infraction, à sa nature intrinsèque, permet de ranger dans cette catégorie, sans aucune hésitation, toute une série d'infractions. Il est des infractions qui sont purement politiques dans la mesure où leur objet unique est de modifier, de détruire ou de troubler l'ordre politique dans l'un ou l'autre de ses éléments (J. Ortolan, t. I, n°s 717 s. ; R. Garraud, t. I, n° 124). Les crimes et délits contre la sûreté de l'État (C. pén. de 1810, art. 70 à 103) entraient bien évidemment dans cette catégorie (trahison, espionnage et autres atteintes à la défense nationale, ainsi que les attentats ou complots contre l'autorité de l'État et l'intégrité du territoire national, autrement dit, ce que l'on nommait naguère l'atteinte à la sûreté extérieure et intérieure de l'État). Ces infractions sont aujourd'hui reprises pour la plupart dans l'actuel Code pénal dans le titre Ier du Livre 4e sous la rubrique « des atteintes aux intérêts fondamentaux de la nation » (C. pén., art. 410-1 à 414-9). Il est intéressant de noter que la trahison et l'espionnage en temps de guerre, transférés dans le Code de justice militaire par la loi d'adaptation (CJM, art. L. 331-1) doivent aujourd'hui être considérés comme des crimes de droit commun puisqu'ils sont sanctionnés par la réclusion criminelle. Il en va de même sans doute, pour les crimes prévus par le Code électoral (art. L. 100 et L. 104) pour la même raison. La gravité de ces infractions leur ôte donc le caractère politique (J. Pradel, n° 309 ; F. Desportes et F. Le Gunehec, n° 154 ; *contra* M.-L. Rassat, n° 265). On ajoutait traditionnellement les infractions contre la Constitution (C. pén. de 1810, art. 109 à 131) ; crimes et délits relatifs à l'exercice des droits civiques : infractions électorales (pour une application en matière de fraudes électorales : Crim. 6 août 1996, *Dr. pénal* 1996. 272 ; Crim. 2 oct. 2001, *Dr. pénal* 2002, n° 2), attentats à la liberté commis par des fonctionnaires, magistrats, officiers de police judiciaire – coalition de fonctionnaires – empiétement des autorités administratives et judiciaires (v. par ex. Crim. 11 avr. 1881, *DP* 1881. 1. 171, en matière électorale). Plusieurs de ces infractions n'ont cependant pas été reprises dans l'actuel Code pénal. Ainsi en est-il de l'entrave à l'exercice des droits civils, ou de l'empiétement des autorités administratives et judiciaires (v. G. Giudicelli-Delage : « Les crimes et délits contre la nation, l'État et la paix publique dans le nouveau Code pénal » *RSC* 1993. 493). Il est intéressant de préciser que la plupart de ces infractions étaient politiques à la fois du point de vue formel (peine politique) et matériel. Ainsi, s'agissant d'infractions passibles de la peine de mort jusqu'à ce qu'elle soit abrogée par la loi n° 81-908 du 9 oct. 1981, la chambre criminelle décidait qu'en cas de circonstances atténuantes, c'est une sanction de l'échelle des peines politiques qui devait être substituée (Crim. 30 nov. 1960, *Bull. crim.* n° 560 ; Crim. 23 févr. 1965, *Bull. crim.* n° 57). On ajoutait à ces infractions prévues par le Code pénal de 1810 un certain nombre de textes poursuivant des objectifs identiques ou voisins : loi du 10 janvier 1936 sur les groupes de combat et les milices privées (reconstitution de ligue dissoute

par exemple, auj. C. pén., art. 431-13 à 431-21 ; *contra* F. Desportes et F. Le Gunehec, préc., n° 156). Il n'est évidemment pas possible de citer tous les textes. C'est en quelque sorte accessoirement, que la jurisprudence dans un cas précis, a été amenée à déclarer le caractère politique de l'une ou l'autre de ces infractions. Le plus souvent, il s'agissait de décider que la contrainte par corps, actuelle contrainte judiciaire, n'était pas applicable à l'infraction (Crim. 30 avr. 1958, *Bull. crim.* n° 366 par ex. ; pour l'analyse la plus complète des infractions portant atteinte à l'ordre politique et à la paix publique dans l'ancien Code, A. Vitu, *Traité de droit pénal spécial*, t. I, n°s 24 s.).

7 À ces infractions, qui concernent directement le fonctionnement et l'organisation de l'État, la jurisprudence a assimilé celles qui portent atteinte aux droits qui découlent pour les citoyens de cette organisation ou de ce fonctionnement (formule utilisée par la conférence internationale de Copenhague en 1935). L'article 8 du Code pénal italien vise quant à lui « le droit politique du citoyen ». Ainsi les infractions relatives aux grandes libertés publiques sont-elles considérées comme des infractions politiques. Il en est de même des infractions en matière de presse comme l'illustre l'arrêt *Rodes*. Cet individu poursuivi pour injures publiques envers un ministre avait été condamné à une peine d'emprisonnement assortie de la contrainte par corps (aujourd'hui judiciaire). La chambre criminelle dans une formule générale affirme que les infractions à la loi sur la presse doivent être assimilées aux infractions politiques, ce qui aux termes de l'article 749 du Code de procédure pénale interdisait de leur appliquer la contrainte par corps. On a parfois discuté (R. Merle et A. Vitu, t. I, n° 424) pour savoir si toutes les infractions de presse bénéficiaient de la qualification politique (v. Crim. 30 juin 1893, *Bull. crim.* n° 173). La généralité de la formule utilisée dans la décision commentée conduit à penser que toutes les infractions à la loi sur la presse doivent être traitées de la même manière (dans le même sens plusieurs arrêts : Crim. 6 mars 1974, *Bull. crim.* n°s 97 et 98 ; Crim. 9 janv. 1974, *Bull. crim.* n° 12 ; Crim. 15 déc. 1980, *Bull. crim.* n° 345 ; Crim. 22 nov. 1994, *Bull. crim.* n° 372). Cette solution est démontrée, *a contrario*, par la loi n° 2014-1353 du 13 nov. 2014 renforçant les dispositions relatives à la lutte contre le terrorisme dont l'article 5-I a déplacé l'infraction de provocation et d'apologie du terrorisme de la loi sur la presse vers le Code pénal pour soumettre cette incrimination à un régime plus répressif. On notera que certains auteurs traitent de ces infractions dans une rubrique spéciale, observant d'ailleurs que certaines infractions concernant les médias, plus récemment créées, n'ont pas été intégrées dans la loi du 29 juillet 1881 (v. E. Dreyer, n°s 230 s.).

8 La même solution a été appliquée à d'autres libertés comme celle d'association, de réunion ou de manifestation par exemple. C'est ainsi que les infractions en matière d'attroupements sur la voie publique (C. pén. de 1810, art. 104 à 108 ; C. pén., art. 431-3 à 431-8) ont été considérées comme politiques pour l'application de la contrainte par corps (Crim. 23 févr. 1954, *D.* 1955. 465, rapp. M. Patin ; Crim. 12 déc.

1963, *Bull. crim.* n° 359). On notera d'ailleurs que ces infractions n'ont pas toujours été traitées comme politiques puisque le législateur avait expressément autorisé la procédure de flagrant délit à leur égard alors qu'elle était exclue pour les infractions politiques. Ultérieurement, la procédure de saisine directe organisée par la loi du 2 février 1981, tout comme la procédure de comparution immédiate qui la remplaçait depuis la loi du 10 juin 1983, modifiée par la loi du 9 septembre 1986, ont été déclarées applicables à ces infractions (C. pén. de 1810, art. 108, al. 2 tel qu'il résultait d'une L. du 23 déc. 1981). On notera néanmoins que cette disposition n'a pas été reprise dans l'actuel Code pénal. L'article 397-6 du Code de procédure pénale en matière de comparution immédiate, l'article 495-16 du Code de procédure pénale relatif à la reconnaissance préalable de culpabilité excluent ces procédures pour les délits politiques. Le problème reste donc celui de la qualification de ces infractions.

9 Il est par ailleurs tout à fait possible que la jurisprudence admette le statut d'infraction politique pour toute une série d'incriminations prévues par l'actuel Code pénal. Il pourrait en aller ainsi pour l'entrave à l'exercice des libertés publiques (C. pén., art. 431-1) ou pour l'opposition à l'exécution des lois (C. pén., art. 432-1).

Il reste à observer que l'on a parfois estimé que les infractions visant l'ordre social dans son ensemble devaient être traitées comme des infractions de droit commun malgré leur qualité d'infraction de presse (A. Decocq, p. 122). Il en est évidemment de même du terrorisme, qui selon la plupart des conventions internationales, doit être exclu du régime des infractions politiques (v. R. Koering-Joulin, « Infraction politique et violence », *JCP* 1982. 1. 3066). En ce domaine notre droit, qui pendant longtemps a considéré que ces infractions devaient être traitées comme relevant du droit commun, s'est résolu à adopter un statut spécifique plus répressif. La loi du 9 septembre 1986 s'était efforcée tout à la fois de définir l'acte de terrorisme et de lui donner un statut propre. Aujourd'hui le Code pénal, article 421-1 à 421-5, adopte le système d'une infraction autonome mais sans changer les conditions d'incrimination. Un certain nombre d'infractions constituent des actes de terrorisme lorsque, commises intentionnellement, en relation avec une entreprise individuelle ou collective elles ont pour but de troubler gravement l'ordre public par l'intimidation et la terreur (en ce sens, Crim. 7 mai 1987, *Bull. crim.* n° 186 ; *RSC* 1987. 625, obs. R. Koering-Joulin). Il est donc tout à fait clair que le législateur n'a pas entendu ranger ce type de faits dans la catégorie des infractions politiques mais simplement traiter de manière spécifique cette manifestation particulière de la grande délinquance en instaurant des règles spécifiques particulièrement répressives notamment dans le domaine de la procédure pénale. Ce caractère répressif a été accentué après les attentats du 11 septembre à New York par plusieurs interventions législatives (lois des 15 novembre 2001, 18 mars 2003, 9 mars 2004, 23 janvier 2006 et par une loi du 1er décembre 2008 de lutte contre le terrorisme, et portant dispositions diverses relatives à la sécurité et aux contrôles des frontières, par une loi n° 2012-1432 du 21 décembre 2012 visant à prolonger certaines dispositions spécifiques, pour la dernière, jusqu'au 31 décembre 2015 ; W. Jeandidier, n° 201 ; v. égal. L. n° 2011-266, 14 mars 2011, ajoutant les infractions en matière d'armes, de produits explosifs ou de matières nucléaires, à la liste des infractions concernées et plus récemment la loi n° 2014-1353 du 13 mars 2014 renforçant les dispositions relatives à la lutte contre le terrorisme ainsi que la loi n° 2015-912 du 24 juillet 2015 relative au renseignement). Plus globalement sur cette question : J.-H. Robert, p. 239 s. ; J. Pradel, n°s 311 s. ; J. Pradel, « Les infractions de terrorisme : un nouvel exemple de l'éclatement du droit pénal », *D.* 1987. Chron. 39 ; R. Ottenhof, « Le droit pénal français à l'épreuve du terrorisme », *RSC* 1987. 607 ; M.-E. Cartier, « Le terrorisme dans le nouveau Code pénal français », *RSC* 1995. 225 ; F. Desportes et F. Le Gunehec, n° 159 qui soulignent la difficulté que le Parlement a rencontrée pour distinguer l'attentat, infraction politique, et les actes de terrorisme, n°s 185 s. Nous allons voir d'ailleurs que les infractions de droit commun autres que celles de terrorisme ne sont pas en principe qualifiées de politique même si elles sont inspirées par un mobile de ce type. Il en est évidemment ainsi pour les crimes contre l'humanité aujourd'hui sanctionnés de la peine de la réclusion criminelle (C. pén., art. 212-1 s. ; v. F. Desportes et F. Le Gunehec, n°s 175 s. et la bibliographie citée ; M.-L. Rassat, n° 274).

B. — Exclusion des infractions de droit commun à mobile politique : confirmation négative du critère

10 Les tenants d'une conception subjective de l'infraction politique soutiennent qu'une infraction de droit commun peut prendre une coloration politique et être soumise à ce régime si le délinquant poursuivait un mobile politique. Cette situation caractérise ce que l'on nomme les infractions complexes qui lèsent un intérêt privé pour atteindre un objectif politique.

L'arrêt *Gorguloff*, que l'on peut considérer comme l'arrêt de principe en cette matière, rejette le caractère politique de cette catégorie d'infractions. Gorguloff reconnu coupable d'assassinat sur la personne du président de la République française Paul Doumer a été condamné à la peine de mort. Il se pourvoit en cassation au motif que son infraction étant motivée par des raisons politiques, la peine de mort, qui a été supprimée par la Constitution de 1848, ne lui était pas applicable. La chambre criminelle rejette ce pourvoi en affirmant que l'assassinat est un crime de droit commun qui ne perd pas sa nature « par le fait qu'il a été commis sur la personne du président de la République ». Il paraît difficile de rejeter plus explicitement le caractère politique des infractions complexes, même si la Cour de cassation n'indique pas les raisons qui la conduisent à cette position. Il est vrai que sur un plan strictement juridique, la solution n'est que l'application du droit commun. Pourquoi faudrait-il prendre en considération le mobile politique alors que cet élément n'est pas, sauf texte contraire, pris en considération pour la constitution d'une infraction. Un assassinat commis pour éviter à une personne de souffrir reste un assassinat ; pourquoi en irait-il autrement lorsque le mobile est politique (R. Garraud, t. I, n° 124) ? On ajoutera que dans le cas particulier de l'assassinat d'un chef d'État, cette solution déjà admise par la cour d'assises du Rhône pour condamner Casério, l'assassin du Président Carnot (3 août 1894, *Gazette des tribunaux*, n°s 3 et 4, année 1894) a été consacrée par le législateur en droit interne ; l'ordonnance du 4 juin 1960 a en effet abrogé l'article 86 du Code pénal de 1810 qui visait de manière spécifique l'attentat contre la personne de l'empereur ou les membres de sa famille. En outre, sur le plan du droit international, on note que la plupart des traités d'extradition permettent expressément l'application de cette mesure dans une telle hypothèse. C'est la clause d'attentat ou « clause belge » parce qu'elle a été introduite pour la première fois dans un traité franco-belge de 1874. On signalera encore la convention européenne d'extradition du 13 décembre 1957 (art. 3-3) qui exclut le caractère politique pour l'assassinat d'un chef d'État ou un membre de sa famille, de même que la convention européenne pour la répression du terrorisme (1977, art. 1-C) qui dénie tout caractère politique aux attentats à la vie « des personnes ayant droit à une protection internationale y compris les agents diplomatiques » (sur cette question : A. Fournier et D. Brach-Thiel, *Rép. pén. Dalloz*, « Extradition », n° 184 et s).

11 Le refus du caractère politique pour les infractions complexes a été admis, par la suite, par d'assez nombreuses décisions, le plus souvent pour déclarer applicable une mesure de contrainte par corps (aujourd'hui judiciaire). Ainsi en est-il pour des violences contre un représentant de la force publique (Crim. 14 janv. 1958, *Bull. crim.* n° 52 ; Crim. 4 févr. 1971, *Bull. crim.* n° 4 ; *JCP* 1972. II. 17272, note R. Koering-Joulin. Pour les coups et blessures volontaires et les violences envers les personnes, Crim. 12 mars 1969, *Bull. crim.* n° 116 ; Crim. 7 mars 1972, *Bull. crim.* n° 85 ; Paris 18 nov. 1970, inédit). Il en était de même pour les infractions à la loi « anti-casseurs », article 314 du Code pénal de 1810 qui avait été abrogée par la loi du 23 décembre 1981, alors même que le but politique en était évident (Crim. 9 déc. 1971, *Bull. crim.* n° 348 ; Crim. 13 juin 1972, *Bull. crim.* n° 196).

Le problème aurait pu être considéré comme définitivement réglé si une décision du 28 septembre 1970 très abondamment commentée (*D.* 1971. 36, note F. Chabas ; *JCP* 1972. II. 17272, note R. Koering-Joulin ; *RSC* 1971. 669, obs. A. Légal) n'était pas venue apporter le doute quant au choix jurisprudentiel de la conception objective. La chambre criminelle a en effet admis en matière de dégradation de monument d'utilité publique par inscription de graffitis que la condamnation ne pouvait pas être assortie de la contrainte par corps. Elle se fonde pour cela sur le caractère objectivement politique de l'inscription qui conduit à assimiler le délit à une infraction politique.

12 Cette décision paraissait donc constituer un revirement de jurisprudence en matière d'infraction complexe. Pour les commentateurs de la décision (F. Chabas et A. Légal notamment), la portée de l'arrêt était plus limitée. Si un tel arrêt manifeste une tendance de la jurisprudence à faire fléchir la rigueur du critère objectif, c'est parce que dans le cas précis, la preuve du mobile politique résultait de l'inscription elle-même. C'est donc la certitude du caractère politique de l'action qui pouvait expliquer l'attitude plus libérale de la chambre criminelle sans pour autant constituer un abandon de la conception objective. Il restait évidemment à attendre d'autres arrêts pour se faire une idée exacte de la portée de cette décision. L'attente ne fut pas très longue puisque le 4 février 1971 dans une affaire où, il est vrai, l'infraction de dégradation était compliquée d'un délit de violences à citoyens chargés d'un ministère de service public, la contrainte par corps (judiciaire) était à nouveau déclarée applicable par la chambre criminelle (décision préc.) De plus, le 23 février 1972 (*Bull. crim.* n° 74 ; *D.* 1973. 333, note M.-J. Littmann) dans une affaire en tous points identiques à l'arrêt de 1970, la chambre criminelle a repris sa solution antérieure en affirmant que « quels qu'en aient été les mobiles, cette infraction constitue un délit de droit commun ». Malgré la netteté du propos, certains commentateurs (M.-J. Littmann, note préc. ; M. Puech, n° 74) se sont efforcés d'expliquer la différence entre les solutions retenues dans les deux arrêts. Il ne suffirait pas que l'inscription soit objectivement politique mais il faudrait que les circonstances dans lesquelles l'infraction s'est produite soient également politiques. Or, dans le dernier cas, l'infraction s'inscrivait dans un contexte universitaire pour protester contre une décision prise par les autorités de l'université.

13 L'explication est ingénieuse mais elle ne nous paraît pas être le reflet de la réalité. L'arrêt de 1970 nous semble devoir être considéré comme une décision d'espèce, « un accident de parcours » (R. Koering-Joulin, préc.) qui ne concernait d'ailleurs qu'un seul point du régime politique dans une ligne jurisprudentielle essentiellement objectiviste (en ce sens B. Bouloc, n° 200 ; J. Pradel, n° 314 ; pour une position plus hésitante, R. Merle et A. Vitu, t. I, n° 424 ; P. Conte et P. Maistre du Chambon, n° 190). Peut-être faut-il regretter cette timidité des juridictions répressives, mais on ne peut guère contester qu'elle soit conforme à notre droit positif. Il reste qu'il n'était pas impossible pour une autorité de qualification, judiciaire ou administrative, de décider dans tel ou tel cas particulier que le caractère objectivement politique d'une infraction de droit commun permettait de la considérer comme une infraction politique en procédant, en quelque sorte, au coup par coup (attribution d'un régime spécial de détention, aujourd'hui décidé de manière plus objective en visant expressément les infractions qui peuvent en bénéficier : art. D. 490 et D. 491 C. pr. pén. ; M. Puech, préc.). Une telle attitude peut aisément se comprendre puisque, dans d'autres domaines, on constate que certaines concessions ont été faites à la conception subjective.

II. — Concessions exceptionnelles au critère subjectif dans la détermination de l'infraction politique

14 Le caractère particulièrement dangereux de certaines formes d'infractions politiques a conduit, nous l'avons dit, à développer dans le domaine procédural notamment, une législation de rigueur dont les délinquants n'ont aucune raison d'invoquer le bénéfice. Or, on constate que l'attitude législative en cette matière est, assez fréquemment, d'étendre le champ d'application de telles dispositions aux infractions connexes ou complexes. Ainsi en était-il des règles de compétence et de procédure prévues par la loi du 15 janvier 1963 instituant la Cour de sûreté de l'État (v. art. 698 ancien C. pr. pén. qui était éloquent à ce point de vue). La Cour de sûreté de l'État a été supprimée et la compétence en matière politique a été restituée aux juridictions de droit commun (L. du 4 août 1981). Néanmoins les infractions de trahison, espionnage ou autres atteintes à la défense nationale, provisoirement et facultativement confiées aux tribunaux permanents des forces armées jusqu'à leur suppression, sont aujourd'hui obligatoirement jugées par les juridictions spécialisées définies par les articles 697 et 698-6 du Code de procédure pénale. C'est-à-dire notamment une cour d'assises composée de 7 magistrats et dépourvue de jurés. Or il est très intéressant de remarquer que la disposition vise non seulement les infractions prévues par les articles 411-1 à 411-11 et 413-1 à 413-12 du Code pénal mais encore les infractions connexes (C. pr. pén., art. 702, al. 2). Cette disposition législative paraît démontrer qu'il est parfois bien difficile, pour ne pas dire impossible, de ne pas assimiler aux infractions politiques certaines infractions de droit commun pour leur appliquer tel ou tel aspect du régime politique. Les arrêts *Lekbir et Bouhdjaz, Inacio da Palma Herminio* illustrent chacun dans un domaine déterminé les concessions jurisprudentielles à la thèse subjective, le premier en droit interne, mais pour une période particulière (A), le second en droit international (B).

A. — Application pour certaines infractions

15 L'infraction connexe est généralement définie comme l'infraction de droit commun qui se rattache par un rapport de causalité à une infraction politique. L'arrêt *Lekbir et Bouhdjaz* est un excellent exemple de cette variété d'infractions. Au cours de la guerre qui devait conduire à l'indépendance de l'Algérie, deux individus ont été condamnés par un tribunal permanent des forces armées à une peine de cinq ans de travaux forcés pour complicité de tentative d'assassinat et association de malfaiteurs mais également pour atteinte à la sûreté extérieure de l'État. Les deux premières infractions de droit commun ont donc été commises dans un contexte politique. La chambre criminelle tout en rejetant les pourvois des condamnés a relevé un moyen d'office pour censurer l'application qui leur a été faite de la contrainte par corps (aujourd'hui judiciaire). Elle affirme que les infractions commises présentent dans leur ensemble

un caractère politique. Cette décision a suscité en doctrine les mêmes interrogations que l'arrêt de 1970 dont nous avons déjà parlé. En effet, il était jusqu'alors assez fréquemment enseigné que l'infraction connexe conservait son statut d'infraction de droit commun. On s'appuyait pour cela sur des décisions assez anciennes dont la plus célèbre était l'assassinat du général de Brea lors de l'insurrection de 1848. Dans un arrêt rendu le 9 mars 1849 (*S.* 1849. 1. 209 ; *D.* 1849. 1. 60), la chambre criminelle a refusé de considérer que cette infraction, bien qu'elle soit liée à un mouvement insurrectionnel, puisse bénéficier du statut politique, en l'occurrence, l'exclusion de la peine de mort (dans le même sens, Crim. 10 avr. 1852, *S.* 1852. 1. 580 et des décisions citées par R. Garraud, t. I, n° 124, note 20, pour des infractions commises pendant la Commune).

16 En réalité, comme R. Garraud l'avait déjà suggéré, il est possible de distinguer parmi les infractions connexes celles qui devraient avoir le statut politique et celles qui en seraient exclues parce que « réprouvées par le droit des gens elles constitueraient des actes de barbarie odieuse ou de vandalisme défendus par les lois de la guerre ». Selon cette méthode on distinguera l'assassinat d'un militaire venu pour parlementer (affaire du *général de Brea*) et certaines tentatives d'infractions commises en relation avec une atteinte à la sûreté de l'État (affaire *Lekbir*) pour admettre le caractère politique dans le second cas et le refuser dans le premier (en ce sens, M. Puech, n° 72). Ainsi, sous réserve de l'exclusion des actes de barbarie, on peut admettre que l'application de la conception subjective de l'infraction politique soit retenue dans certaines circonstances de temps. Le militant d'une guerre civile ne peut pas être assimilé à un vulgaire malfaiteur. Il revendique sa qualité de délinquant politique qui ne peut guère être contestée, ce qui explique les dérogations aux règles habituellement suivies (A. Decocq, p. 121). Ce sont des raisons identiques qui justifient l'extension de l'amnistie à toutes les infractions de droit commun commises en relation directe avec des événements de type politique. Ainsi la loi du 31 juillet 1968 déclarait-elle « amnistiées de plein droit les infractions commises en relation avec les événements d'Algérie » ce qui englobe évidemment les infractions complexes et les infractions connexes. On notera que l'actuel Code pénal paraît ratifier la thèse politique de l'infraction connexe dans l'article 412-5, il est vrai en créant une infraction autonome de participation à un mouvement insurrectionnel par l'utilisation précise de certains moyens (en ce sens, P. Conte et P. Maistre du Chambon, n° 188). Mais les concessions à la thèse subjective de l'infraction politique ne concernent pas seulement le droit interne ; la non-application de certaines règles de droit international est en effet parfois étendue à des infractions qui ne sont pas intrinsèquement politiques.

B. — Application pour certaines règles de droit pénal international

17 D'une manière assez générale il est admis que les règles traditionnelles du droit pénal international ne sont pas appliquées en matière politique. Ainsi s'agissant des atteintes contre l'ordre public national, comportant un élément d'extranéité, on admet qu'il n'y a aucune autorité négative de chose jugée (C. pén., art. 113-10 par ex.). Mais c'est dans le domaine de l'atteinte à l'ordre politique étranger que l'on rencontre les plus importantes exceptions. Il résulte, en effet, de l'article 696-4-2e du Code de procédure pénale, ainsi que de la plupart des conventions internationales, que l'extradition n'est pas admise pour les infractions politiques où lorsqu'elle est demandée dans un but politique. De même les autres règles d'entraide judiciaire internationale sont exclues en matière d'infractions politiques.

18 L'arrêt *Inacio da Palma* rendu par la chambre d'accusation de Paris manifeste l'extension de cette solution pour une infraction complexe. En effet la cour de Paris a donné un avis négatif pour la demande d'extradition présentée par le gouvernement portugais pour un de ses ressortissants. Ce dernier était accusé de vol avec circonstances aggravantes de port d'armes. Selon la cour d'appel, ces faits « d'une particulière gravité » se rattachant à une « activité politique » ont été accomplis pour un « motif politique et uniquement pour un but politique ». On notera avec quelle insistance la chambre d'accusation justifie le caractère politique de cette infraction de droit commun. La preuve de ce caractère politique résulte notamment du fait qu'Inacio da Palma a précédemment fait l'objet dans son pays de poursuites pour infractions politiques, que la poursuite actuelle apparaît politique et qu'il est bien connu dans son pays pour son activité politique militante. Il ne suffit donc pas que le délinquant invoque un mobile politique, il faut que la preuve de ce caractère ne soit pas discutable (dans le même sens, Paris 3 juill. 1967, *JCP* 1967. II. 15274 : incendie volontaire commis dans un but politique par un citoyen helvétique). Cette solution paraissait tout à fait logique dans la mesure où l'article 5-2e, alinéa 2, de la loi de 1927 n'autorisait l'extradition, pour les faits réalisés au cours d'une insurrection, que s'ils constituaient des actes de barbarie odieuse. Cette réserve a disparu dans les textes actuels réglementant l'extradition. On peut néanmoins estimer que cette solution continuera à s'appliquer au nom des principes généraux du droit (en ce sens A. Fournier et D. Brach-Thiel préc., n° 169). Ainsi les infractions connexes peuvent-elles *a contrario* être assimilées aux infractions politiques en ce qui concerne l'extradition (sur l'application de ce texte, v. Paris 22 avr. 1953, *Gaz. Pal.* 1953. 2. 113, avis défavorable ; Alger 10 oct. 1941, *JCP* 1942. II. 1795, note L. Magnol (avis favorable) ; M. Puech, préc., n° 72). Ce refus de collaboration internationale s'explique par la volonté des états de ne pas s'immiscer dans les problèmes politiques concernant un état étranger, cela est valable, que l'infraction soit politique par nature ou par ses objectifs.

19 On doit néanmoins se demander si ces solutions sont encore suivies, aujourd'hui, par la jurisprudence. Il semble en effet que les chambres d'accusation (aujourd'hui chambres de l'instruction) dans les dernières années, ont assez fréquemment admis l'extradition, pour des infractions complexes, en se fondant sur la gravité des infractions commises, ce qui manifeste un abandon de la thèse subjective en cette matière (v. R. Koering-Joulin, art. préc., n°s 7 s. ; J. Borricand, « Actualité et perspectives du droit extraditionnel français », *JCP* 1983. I. 3102 et l'abondante bibliographie citée par cet auteur, note 1). Ces auteurs ont en effet relevé de nombreuses décisions non publiées émanant de chambres d'accusation et admettant l'extradition dès lors que les faits relevés constituent un crime grave « contre la vie, l'intégrité corporelle ou la liberté corporelle » (formule utilisée dans la convention européenne de Strasbourg pour la répression du terrorisme du 27 janvier 1977. En ce sens, Paris 17 oct. 1979, affaire *Piperno*, inédit ; Paris 24 oct. 1979, affaire *Pace*, inédit ; Paris 3 juin 1981, inédit ; Paris 31 août 1981 ; Pau 8 juill. 1981. V. égal. Crim. 13 oct. 2004, n° 04-84.470, *Battisti, Bull. crim.* n° 241 ; *contra* Aix 6 avr. 1979 ; Limoges 15 mai 1979, etc. : toutes ces décisions sont citées dans les articles préc.). On notera cependant que les arrêts qui refusent l'extradition constatent parfois expressément, que les infractions ne présentent pas un caractère d'extrême gravité (Paris 8 juill. 1981, affaire *Zuzuarregui Redondo*).

20 Il faut remarquer que le Conseil d'État qui sous l'empire de la loi de 1927 se reconnaissait un droit de contrôle de plus en plus important sur les arrêts des chambres de l'instruction (v. *supra*, n° 16) utilisait parfois une motivation du même type pour justifier une extradition (CE 15 févr. 1980, *Gabor Winter*, req. n° 17224, *D.* 1980. 440, concl. D. Labetoulle ; *Gaz. Pal.* 1980. 2. 794, note F. Julien-Laferrière ; CE 26 sept. 1984, *Lujambio Galdeano*, req. n° 62847, *JCP* 1985. II. 20346, concl. B. Genevois et note W. Jeandidier ; CE 28 juill. 1989, *Osa Arocena*, req. n° 105076, *Gaz. Pal.* 1990. I. Pan. 278 ; v. J. Borricand, art. préc. ; *add.* F. Julien-Laferrière, « L'affaire Capusso ou l'extradition manquée » (réflexions sur trois arrêts du CE), *D.* 1984. Chron. 35 qui cite une abondante jurisprudence ; CE 9 mai 1994, *Bracci*, req. n° 149799, *Gaz. Pal.* 26-27 avr. 1995, p. 14). Un tel mouvement jurisprudentiel trouve sans doute sa justification dans la volonté politique des États européens d'arriver à constituer un espace judiciaire européen pour lutter plus efficacement contre le terrorisme (v. R. Koering-Joulin, note préc., n°s 4 s. ; J. Borricand, « L'extradition des terroristes », *RSC* 1980. 684). Il reste que cette jurisprudence manifeste un recul de la conception subjective dans un domaine où elle était assez traditionnelle (v. égal. L-J. Lemouland, préc.). Pour autant une étude attentive des décisions montre que les pratiques politiques de l'État requérant ne sont pas indifférentes. Le caractère politique sera d'autant plus facilement admis que l'État considéré se montre peu respectueux des droits et libertés des citoyens (en ce sens, une circulaire du ministre de la Justice aux parquets du 13 janvier 1983, F. Desportes et F. Le Gunehec, n° 158). Il faut pourtant signaler un arrêt très important rendu par le Conseil d'État (CE 3 juill. 1996, *Koné*, req. n° 169219, *D.* 1996. 509, note F. Julien-Laferrière, *JCP* 1996. II. 22720, note X. Prétot) qui, en reconnaissant que le refus de l'extradition lorsqu'elle est sollicitée dans un but politique correspond à un principe fondamental reconnu par les lois de la République, était de nature à réactiver, du moins en cette matière, la conception subjective de l'infraction politique. On peut pourtant observer que la chambre criminelle n'hésite pas à accepter l'extradition pour des individus appartenant à des organisations politiques dès lors qu'ils sont accusés d'infractions graves, atteintes à la vie notamment. V. par exemple : Crim. 9 janv. 2013, n° 12-86.615, (extradition vers la Turquie d'un membre du PKK) ; Crim. 10 déc. 2013, n° 13-86.511 (extradition d'un membre de l'ETA vers l'Espagne) pour les mêmes raisons.

21 On ne peut également passer sous silence la convention européenne pour la répression du terrorisme, signée à Strasbourg en 1977 et dont une loi du 16 juillet 1987 a autorisé la ratification, sa publication ayant été faite par décret du 21 décembre 1987. Cette convention décide que certaines infractions graves dont elle donne la liste ne seront pas considérées comme politiques au regard de l'extradition (capture illicite d'aéronef, atteintes à l'intégrité corporelle ou à la liberté des personnes…) même si le gouvernement français a émis certaines réserves conformes à la tradition d'asile de notre pays. L'article 2 de cette convention permet en revanche de refuser le caractère politique à certains faits visés et ainsi d'accepter une extradition qui aurait pu être refusée. La convention du 27 septembre 1996 relative à l'extradition entre les membres de l'Union européenne, ratifiée par la France par une loi du 9 décembre 2004, qui permet l'extradition en matière politique, laisse la possibilité aux États d'émettre une réserve sur cette solution. On ajoutera que le mandat d'arrêt européen, procédure de substitution à l'extradition entre les États membres de l'Union européenne, n'exclut pas de son champ d'application les infractions politiques. La remise d'un individu poursuivi pour une infraction pouvant recevoir une qualification politique est donc parfaitement possible (v. par ex., J. Pradel, « Le mandat d'arrêt européen. Un premier pas vers une évolution copernicienne dans le droit français de l'extradition », *D.* 2004. Chron. 1392 et 1462 ; F. Desportes et F. Le Gunehec, n° 158 ; sur cette question v. J. Pradel, G. Corstens et G. Vermeulen, *Droit pénal européen*, Dalloz, 3e éd., nos 555 s. ; « Le mandat d'arrêt européen », dossier *AJ pénal* 2006. 9, 14, 24 et 32). Il faut, néanmoins, préciser, qu'aux termes de l'article 695-22-5e du Code de procédure pénale, l'exécution d'un mandat peut être refusée, s'il est établi qu'il a été émis, notamment, pour poursuivre une personne en raison de ses opinions politiques. On peut ajouter que, d'une manière générale, le refus de livrer le délinquant, plus que sur la nature même de l'infraction, est en réalité fondé sur l'idée que l'État requérant a la volonté de sanctionner un délinquant en fonction de ses opinions politiques. Pour autant, l'individu ne restera pas nécessairement impuni ; l'article 113-8-1 du C. pén. permet, en effet, de juger en France un individu dont l'extradition a été refusée pour cette raison.

22 Cette approche de la notion de l'infraction politique nous montre qu'il est pratiquement impossible d'avoir des certitudes en un tel domaine.

Le critère de l'infraction politique reste nécessairement flou, ce qui altère ce concept (R. Koering-Joulin, art. préc.). Faut-il en déduire avec cet auteur que l'infraction politique pourrait disparaître (en ce sens, F. Desportes et F. Le Gunehec, n° 160 ; R. Bernardini, n° 310 ; E. Dreyer, n° 229) ? Il est vrai que l'avant-projet de Code pénal de 1978 avait exclu l'échelle des peines politiques en matière criminelle. Faut-il, pour autant, en arriver à supprimer tout particularisme au délit politique ? On peut accepter sur un plan international, du moins dans un espace judiciaire déterminé comme l'Europe, que l'extradition serve à lutter contre un terrorisme qui devient de plus en plus inquiétant sans pour autant renoncer totalement à traiter d'une manière spécifique les délinquants par idéologie luttant contre un régime trop oppressif.

Il faut permettre à un Victor Hugo du XXe siècle de ne pas être traité comme un bandit de grands chemins.

L'avant-projet de Code pénal dans sa version de 1983 répondait à ce vœu puisque les peines criminelles politiques supprimées dans le projet précédent étaient réintroduites, puis maintenues dans le projet de loi de février 1986, portant réforme du Code pénal (art. 131-1 et 131-2). Ces dispositions sont aujourd'hui devenues les articles 131-1 et 131-2 du livre 1er du Code pénal.

23 Ce qui apparaît aussi dans le droit actuel, c'est que la qualification politique d'une infraction n'est plus fondée sur un critère objectif ou subjectif, mais sur le caractère « modeste » du préjudice qui en découle. De la sorte, une infraction très grave se verra systématiquement refuser la qualification politique (v. D. Richard, « Tendances actuelles du droit extraditionnel », *JCP* 1996. I. 3917 ; J. Huet et R. Koering-Joulin, *Droit pénal international*, 3e éd., 2005, n°s 244 s. et 259 s. ; D. Brach-Thiel, *Rép. pén. Dalloz* (Bibliographie)). C'est le cas des faits de terrorisme pour lesquels on a adopté un régime de rigueur plus sévère que celui qui s'applique aux infractions de droit commun (C. pr. pén., art. 706-16 s.) et bien évidemment pour les crimes contre l'humanité aujourd'hui expressément réprimés par le Code pénal.

Il reste cependant à s'interroger sur les raisons qui ont conduit le législateur du 9 mars 2004 à ne pas exclure la nouvelle contrainte judiciaire (C. pr. pén., art. 749) pour les infractions politiques contrairement à ce qui était admis pour la contrainte par corps. Il est donc désormais possible qu'un délit politique passible de l'emprisonnement puisse entraîner une incarcération si l'amende prononcée n'a pas été réglée (v. Y. Mayaud, n° 308, note 4 ; S. Detraz, « Rémanence et renaissance d'une institution : de la contrainte par corps à la contrainte judiciaire », *Dr. pénal* 2004. Chron. 14, n° 22).

Il s'agit là d'un nouveau rapprochement entre les infractions de droit commun et les infractions politiques, au moins dans le cadre du droit pénal substantiel.

A. V.

28

COMMISSION PAR OMISSION

Poitiers, 20 nov. 1901, ***Monnier***
(*D.* 1902. 2. 81, note G. Le Poittevin ; *S.* 1902. 2. 305, note J. Hémard)

Crim., 29 janv. 1936, ***Coutant***
(*DH* 1936. 134 ; *RSC* 1936. 226, obs. L. Magnol)

En dehors d'une disposition textuelle précise, une simple abstention ne peut pas être assimilée à une action positive. L'interprétation stricte de la loi pénale s'oppose nécessairement à ce qu'une infraction de commission soit réalisée par omission.

Poitiers, 20 novembre 1901, *Monnier*

Attendu qu'il résulte de l'instruction et des débats que l'internement ou la séquestration de la demoiselle Monnier étaient nécessités par son état mental ; – Que, pendant les premières années de cet internement, les soins nécessaires ne lui ont pas fait défaut, mais qu'après la mort de son père et quoique certains documents et surtout le testament de la veuve Monnier témoignent qu'elle avait pour sa fille une affection, d'ailleurs intermittente et déréglée. Blanche Monnier a été laissée, pendant de longues années, dans une chambre sans air et sans lumière sur un grabat immonde et dans un état de malpropreté impossible à décrire ; – Que, si une alimentation abondante et même dispendieuse ne paraît lui avoir jamais manqué, l'absence complète de surveillance et de soins a rendu cette précaution inutile, et que, sans l'intervention opportune des magistrats, la méthode barbare qui avait présidé à son traitement, n'aurait pas tardé à avoir pour elle une issue fatale ; – Attendu que ces faits ont justement excité la réprobation publique et qu'ils font peser sur la mémoire de la veuve Monnier une responsabilité morale dont on ne saurait exagérer la gravité ; – Mais attendu qu'en ce qui concerne plus particulièrement Marcel Monnier, les faits de la cause ne peuvent tomber sous le coup d'une disposition pénale ; qu'on ne saurait, en effet, comprendre un délit de violences ou de voies de fait sans violences ; – Qu'il n'est établi contre Monnier et même à la charge de sa mère aucun acte de ce genre, en dehors des faits de séquestration dont la chambre des mises en accusation a écarté le principe, et que, si certains jurisconsultes pensent qu'un délit d'omission peut quelquefois y suppléer, ce n'est qu'autant que cette omission porte sur un devoir incombant juridiquement à son auteur ; – Attendu que la loi du 19 avril 1898 prévoit, il est vrai, le fait de quiconque a privé un mineur de quinze ans des aliments ou des soins qui lui étaient dus, au point de compromettre sa santé ; mais que cette loi nouvelle n'a pas été étendue aux aliénés ; – Qu'elle suppose elle-même que le mineur ainsi privé de soins était confié, tout au moins pour les recevoir, à celui qui les lui a refusés ; – Attendu qu'il n'apparaît point que Monnier ait jamais eu cette situation vis-à-vis de sa sœur ; que, pas plus dans les dernières semaines de son existence qu'auparavant, la veuve Monnier n'a supporté aucune atteinte à son autorité absolue, surtout de la part de son fils, qui n'habitait pas avec elle, qu'elle n'aimait pas et qu'elle a déshérité ; que la mission qu'elle lui avait confiée, pendant cette dernière période, de veiller sur sa sœur, n'implique aucun abandon de cette autorité ; qu'il n'est, d'ailleurs, pas établi qu'elle ait été donnée, que Monnier l'a toujours niée et que les témoignages formels, aussi bien que les actes des domestiques qui auraient dû servir à son exécution, en sont nettement exclusifs ; – Qu'en tout cas, il n'est nullement démontré que ce soit avec une volonté consciente et bien délibérée que l'appelant aurait participé, soit comme coauteur, soit comme complice, et en les supposant légalement criminels ou délictueux aux actes dont sa mère paraît avoir été seule responsable ; que, sans doute, malgré ses infirmités, d'ailleurs partielles, il n'est pas permis de croire que Monnier ait ignoré l'état lamentable dans lequel se trouvait sa sœur, et que le rôle purement passif auquel il a cru devoir se résigner ainsi que sa froide impassibilité, qui ne lui a inspiré aucune démarche efficace, méritent le blâme le plus sévère ; que sa conduite ne tombant pas, néanmoins, sous le coup de la loi pénale à laquelle les juges ne sauraient suppléer, il y a lieu pour la cour de prononcer son acquittement ; – Par ces motifs, disant droit du jugement rendu, le 11 octobre 1901, par le tribunal correctionnel de Poitiers ; dit qu'il a été mal jugé, bien appelé ; réforme, en conséquence, ledit jugement ; émendant, et faisant ce que les premiers juges auraient dû faire, et sans qu'il y ait lieu de faire autrement droit aux conclusions déposées, renvoie Monnier des fins de la poursuite, sans dépens.

Chambre criminelle, 29 janvier 1936, *Coutant*

Attendu que toute décision judiciaire doit être motivée, que l'insuffisance des motifs équivaut à l'absence de motifs et qu'il appartient au juge correctionnel de constater l'existence de tous les éléments constitutifs de l'infraction qu'il réprime ;

Attendu que l'arrêt attaqué, après avoir énoncé que le prévenu n'a accompli aucun acte positif susceptible de lui être reproché, constate seulement qu'il a laissé organiser une loterie irrégulière dont sa qualité de président de la société La Bastidienne ne lui permettait pas d'ignorer l'existence ;

Attendu qu'en ne visant ainsi qu'une simple abstention sans spécifier aucun fait de nature à constituer l'infraction réprimée, la cour d'appel n'a pu, par l'insuffisance de ses motifs, donner à sa décision une base légale ;

Par ces motifs,

Casse et annule…

OBSERVATIONS

1 Il est bien peu de décisions de cours d'appel qui aient acquis la notoriété de l'arrêt *Monnier*. Tout étudiant en droit, même s'il n'a pas été séduit par les enseignements de droit criminel, garde en mémoire la triste histoire de la séquestrée de Poitiers qu'André Gide a contribué à rendre célèbre par un roman (*La séquestrée de Poitiers*, Gallimard, 1930 ; Sur l'incidence de cette décision pour une prise de conscience collective de la délinquance d'omission, v. Y. Mayaud, n° 202).

Le sieur Monnier était poursuivi sur la base de l'article 311 du Code pénal de 1810 (C. pén., art. 222-7 et 222-8) pour violences et voies de fait parce qu'il avait, pendant de longues années, toléré que sa sœur, atteinte d'aliénation mentale, soit maintenue enfermée dans une pièce sans air et sans lumière, dans des conditions d'hygiène telles, que son existence en avait été compromise. Le tribunal de Poitiers avait estimé qu'une telle attitude pouvait constituer la complicité de l'infraction de violences dont sa mère prédécédée avait été considérée comme l'auteur. La cour de Poitiers saisie d'un appel réforma cette décision au motif essentiel « qu'on ne saurait en effet comprendre un délit de violences ou de voies de fait sans violences ». Dans la motivation assez équivoque de la décision, on relève par ailleurs que le rôle purement passif de Monnier auquel il s'est résigné, s'il entraîne le blâme, ne tombe pas sous le coup de la loi pénale. L'abstention ne peut donc pas être assimilée à l'action. C'est cette solution que confirme la chambre criminelle de la Cour de cassation dans une tout autre affaire en estimant qu'il n'est pas possible de considérer le président d'une société de chasse comme l'auteur d'une infraction à laquelle il n'a nullement participé de manière matérielle. La Haute juridiction censure l'arrêt d'appel qui, après avoir énoncé qu'aucun acte positif ne pouvait être reproché au président dans l'organisation irrégulière d'une loterie, l'avait néanmoins retenu dans les liens de la prévention parce qu'il n'avait pas pu ignorer l'existence de l'infraction. Cette décision confirme donc, de la manière la plus explicite, qu'une simple abstention ne peut suffire à constituer une infraction de commission.

La condamnation, de la théorie dite de la commission par omission, semble donc bien établie en jurisprudence (I). Il existe néanmoins certaines infractions pour lesquelles les juges paraissent admettre que l'abstention équivaut à l'action. S'agit-il d'exceptions à la règle précédemment formulée ? Ces exceptions sont-elles réelles ou apparentes, c'est ce qu'il conviendra de déterminer (II).

I. — Le principe de l'impunité de la commission par omission

2 L'impunité de la commission par omission est un principe très généralement soutenu par la doctrine (A) et qui résulte très nettement des décisions que nous avons retenues (B).

A. — Le soutien doctrinal à cette théorie

3 Les infractions, quand on veut les classer selon la manière d'agir de leur auteur, se répartissent en infractions de commission et d'omission (action ou inaction) (sur la distinction entre la commission et l'action, v. Mayaud, n° 204). La règle selon laquelle il n'y a pas d'infraction punissable sans une manifestation extérieure de la volonté pénale ne fait en effet pas obstacle à ce que l'on vise à la fois les comportements actifs et les comportements passifs. Si un sens plus aigu de la solidarité humaine (A. Decocq, p. 158) a conduit à multiplier les incriminations fondées sur l'inexécution d'un devoir positif, peut-on admettre que cette orientation amène à considérer qu'une simple omission soit, pour les infractions de commission, l'équivalent d'une action : celui qui voit un de ses ennemis tomber à l'eau, qui peut intervenir facilement mais s'abstient de toute action, peut-il être considéré comme un meurtrier sur la base de sa simple abstention.

« Qui peut et n'empêche, pèche. » Qui ne se souvient de cet adage tiré des *Institutes* de Loysel. Est-il révélateur de l'ancien droit en ce domaine. Si pour R. Garraud (t. I, p. 206, note 9), la formule est plus théologique que juridique, il n'en reste pas moins que selon cet auteur les anciens criminalistes paraissaient avoir admis l'équivalence entre la commission et l'omission (R. Garraud, préc., p. 207 ; v. A. Laingui, *La responsabilité pénale dans l'ancien droit*, p. 113 s. ; J. Pradel, n° 402).

Une telle solution ne nous paraît pas pouvoir être retenue aujourd'hui en raison du principe de la légalité des infractions dont l'une des conséquences naturelles est l'interprétation stricte de la loi pénale. Dès lors que le texte d'une incrimination prévoit de manière précise et exclusive un fait d'action, les juges ne pourraient, sans violer le principe de légalité, admettre qu'une abstention lui soit équivalente.

4 Il est alors sans grand intérêt de poser le problème sous l'angle de la causalité. La doctrine allemande au XIXe siècle a élaboré de subtiles distinctions qui ne conduisent hélas à aucune conclusion pratique intéressante (sur l'admission de cette notion, en droit allemand, v. J. Pradel, *Droit pénal comparé*, 3e éd., 2008, n° 45). Que l'on se place sur le terrain d'une explication objective ou subjective, il n'apparaît pas que l'on puisse admettre que l'omission ait un rôle causal susceptible de fonder une incrimination pénale (v. sur cette question : R. Merle et A. Vitu, t. I, n° 483 ; M. Puech, n° 54, p. 20 ; Gand, *Du délit de commission par omission*, thèse Paris, 1930). La réserve apportée par certains auteurs, exigeant, pour la répression de la commission par omission, l'existence d'un devoir d'agir de l'abstentionniste, ne paraît pas de nature à être prise en considération en droit pénal.

B. — Les solutions jurisprudentielles

5 Une allusion à cette doctrine se trouve expressément formulée dans l'arrêt *Monnier* sans qu'aucune conséquence pratique n'en soit tirée. En effet, il importe peu qu'un devoir de type civil ou simplement moral pèse sur un individu. Dès lors que nulle infraction pénale précise ne sanctionne l'omission, il n'appartient pas au juge répressif d'en décider autrement en assimilant l'omission à l'action (v. R. Garraud, t. I, n° 99 a). La question s'est posée dans l'affaire que nous commentons, parce qu'une loi du 19 avril 1898 était venue incriminer spécialement la privation de soins à enfant de moins de quinze ans en l'assimilant à un assassinat ou à des coups et blessures selon les conséquences qui en seront résultées. N'était-il pas possible de considérer que cette disposition puisse concerner toute personne incapable de se protéger par elle-même, telle par exemple une aliénée mentale ? L'interprétation stricte imposait une réponse négative, d'autant que, comme le remarque la cour de Poitiers, on ne peut pas dire que la demoiselle Monnier a été confiée à son frère ce qu'exigeait l'article 312 du Code pénal de 1810 (C. pén., art. 227-15 et 227-16).

La juridiction répressive tout en considérant que le rôle purement passif de l'inculpé, sa froide impassibilité méritent le blâme le plus sévère, constate qu'il ne tombe pas sous le coup de la loi pénale. Elle est conduite à le relaxer, réformant ainsi la décision du tribunal correctionnel car « on ne saurait comprendre un délit de violence ou de voies de fait sans violences ».

6 Cette solution n'est pas restée isolée en jurisprudence. Signalons d'abord certains arrêts rendus par des cours d'appel (Poitiers 17 oct. 1913, *S.* 1914. 2. 103 : refus de prendre en considération l'omission d'avertir la victime d'un homicide par imprudence sur les dangers occasionnés par un animal malade ; Paris 19 déc. 1936, *Gaz. Pal.* 1937. 1. 452 ; *RSC* 1937. 285, obs. L. Magnol : refus de considérer que celui qui a laissé saisir, par des créanciers de la société, des avions qui lui avaient été confiés pour des transformations, a commis un abus de confiance).

Mais la Cour de cassation elle-même, dans sa décision du 17 janvier 1936, est venue confirmer ce point de vue. Le sieur Coutant avait été condamné par la cour de Bordeaux pour infraction à la loi sur les loteries au seul motif, qu'en tant que président d'une société de chasse, il était responsable des infractions commises par les sociétaires et qu'il ne pouvait les ignorer. La chambre criminelle, pour censurer cette décision, s'est bornée à constater qu'aucun acte positif ne pouvant être reproché à l'inculpé une simple abstention ne saurait suffire à constituer l'infraction réprimée. Il est évident que l'organisation d'une loterie implique une activité composée d'une pluralité d'actes positifs. Dès lors que le président de la société n'était pas intervenu, sa passivité, « sa pure omission » ne pouvait tomber sous le coup de la loi pénale puisqu'aucun texte ne lui faisait obligation d'intervenir. Pour les mêmes raisons, aucun fait de complicité ne peut lui être reproché (v. *infra*, n° 34). La chambre criminelle a admis la même solution pour le délit de concussion dont l'élément matériel, consistant à recevoir, exiger ou ordonner de percevoir à titre de droits ou contributions, impôts ou taxes, une somme, ne peut donc être réalisé par un rejet d'une demande de dégrèvement d'office (Crim. 7 mai 2002, n° 01-84.492, *Bull. crim.* n° 102 ; *RSC* 2003. 91, obs. B. Bouloc ; *Dr. pénal* 2002, n° 92, obs. M. Véron). Il en est ainsi également du débit de rébellion qui implique une résistance violente à une personne dépositaire de l'autorité publique (C. pén., art. 433-6) dans l'exercice de ses fonctions. En conséquence une résistance passive consistant pour un automobiliste à se recroqueviller sur son volant ne peut constituer l'infraction (Crim. 1er mars 2006, n° 05-84.444, *Bull. crim.* n° 58 ; *Gaz. Pal.* 25-26 oct. 2006, obs. Y. Monnet). L'infraction de délaissement d'une personne vulnérable (C. pén., art. 223-3) a donné l'occasion à la chambre criminelle de réaffirmer clairement que ce délit implique « un acte positif exprimant clairement la volonté d'abandonner la victime ». Elle a donc censuré une cour d'appel qui avait condamné une femme qui s'était opposée à la présence d'une aide-ménagère auprès de sa mère âgée de 84 ans, jugée nécessaire par les professionnels de santé, mais qui n'en avait pas été informée. Ces faits, même s'ils sont discutables, ne correspondent pas à une initiative personnelle traduisant la volonté d'un abandon définitif (Crim. 13 nov. 2007, n° 07-83.621, *Bull. crim.* n° 273 ; *D.* 2008. 20 ; *AJ pénal* 2008. 88, obs. G. Royer ; *RSC* 2008. 342, obs. Y. Mayaud ; *Dr. pénal* 2008. 17, obs. M. Véron ; dans le même sens : Crim. 23 févr. 2000, n° 99-82.817, *Bull. crim.* n° 84, *RSC* 2000. 610, obs. Y. Mayaud ; Crim. 9 oct. 2012, n° 12-80-412, *Bull. crim.* n° 213 ; *D.* 2012. 2664 ; *RPDP* 2013. 133, note critique V. Malabat (ne pas soigner n'est pas délaisser) ; *AJ pénal* 2013. 34, obs. J. Lasserre Capdeville ; *Dr. pénal* 2013, n° 1, obs. M. Véron ; v. égal. Crim. 11 juin 2014, n° 13-85.894, *Gaz. Pal.* 21 oct. 2014, n° 294, obs. E. Dreyer, qui a décidé que le fait, pour la gérante d'un refuge d'accueil de chats, de ne pas donner à ses animaux les soins nécessaires, ne peut pas être considéré comme constituant l'infraction de mauvais traitements à animaux, art. 654-1 C. pén.).

Est-ce à dire que l'action et l'omission ne sont jamais susceptibles d'être assimilées ? La réponse est incontestablement positive pour une omission qui, postérieure au résultat (sans doute pour échapper à la critique, M. Puech, n° 486, devrions-nous dire « postérieure à l'action conduisant au résultat »), ne peut avoir contribué à le créer (l'individu qui assiste passivement à une noyade ne peut être auteur d'un meurtre).

En revanche, si l'omission a précédé le résultat, la réponse à la question dépend nécessairement de l'examen de chaque texte d'incrimination.

II. — Les exceptions à la règle de l'impunité de la commission par omission

7 Le principe de l'assimilation d'une omission à une action ne trouve de limites que dans le respect du principe de la légalité des délits et des peines. Il est donc tout à fait normal de relever dans la législation certains textes admettant expressément une commission par omission (A). En l'absence d'une disposition précise, on constate cependant que pour certaines infractions de commission la jurisprudence n'hésite pas à ne retenir qu'une simple omission. Comment faut-il analyser cette position (B) ?

A. — L'assimilation législative

8 Comme nous l'avons dit, il est certaines hypothèses où le législateur a expressément prévu que l'omission peut avoir valeur de commission. Les articles 227-15 et 227-16 du Code pénal qui punissent la privation d'aliments à enfant comme s'il s'agissait de coups et blessures ou même d'un meurtre ou d'un assassinat sont un excellent exemple de cette volonté législative d'assimilation. En matière de délaissement d'une personne qui n'est pas en mesure de se protéger (C. pén., art. 223-3, on pouvait considérer qu'il en allait de même mais la Cour de cassation a récemment estimé qu'un acte positif était nécessaire : Crim. 23 févr. 2000, *Bull. crim.* n° 84, préc.). Dans un tout autre ordre d'idées, on signalera les articles 413-9 à 413-11 du Code pénal qui, en matière de violation de secrets de la défense nationale, considèrent que certaines omissions doivent être traitées comme de véritables actions (v. A. Decocq, p. 160). Dans l'actuel Code pénal, on signalera à titre d'exemple l'article 226-16 qui concerne le traitement informatisé d'informations nominatives ou l'article R. 610-5 qui vise pour les contraventions de 1re classe, la violation des interdictions ou le manquement aux obligations. L'article 222-37 du Code pénal qui sanctionne le fait de faciliter, par quelque moyen que ce soit, l'usage de stupéfiants est *a priori* une infraction d'action mais la jurisprudence n'a pas hésité à retenir certaines attitudes passives pouvant être considérées comme des actes de facilitation d'usages de drogue, par des tenanciers de débits de boissons : Crim. 13 déc. 2000, n° 99-86.322, *Bull. crim.* n° 379 ; *RSC* 2001. 376, obs. Y. Mayaud ; et en ce sens Y. Mayaud, n° 205 qui évoque des abstentions positives, une attitude passive pouvant, dans certains cas ou circonstances, revêtir les caractères d'une matérialité positive (v. égal pour un délit d'obstacle à l'action de médecins souhaitant pratiquer un contrôle anti-dopage qui peut résulter du fait, par inaction, de rendre le contrôle impossible ; Crim. 13 juin 2006, *Dr. pénal* 2006, n° 140, obs. J.-H. Robert).

La question se pose en des termes un peu différents en matière d'homicide ou de coups et blessures involontaires (C. pén., art. 221-6, 222-19 et 222-20). En effet, les textes n'imposent pas directement le principe de l'assimilation de la commission et de l'omission mais ils utilisent pour définir la faute certains éléments qui se réalisent indifféremment par l'une ou l'autre de ces attitudes.

9 La négligence, l'imprudence résulteront aussi bien d'une action que d'une omission. Les tribunaux répressifs ont très fréquemment retenu une telle solution. On cite régulièrement le cas de l'apiculteur condamné parce qu'il n'avait pas pris les précautions nécessaires pour éviter que ses voisins ne soient piqués par les abeilles (Crim. 19 févr. 1957, *JCP* 1957. IV. 50). Mais on peut y ajouter beaucoup d'autres décisions fondées sur l'absence ou le défaut de surveillance d'une personne (enfant ou malade mental) ou d'un animal dès lors que ces fautes ont été à l'origine d'un accident ayant entraîné des blessures (v. par ex. Crim.

9 nov. 1966, *Gaz. Pal.* 1966. 1. 10 ; *RSC* 1967. 452, obs. G. Levasseur et sur cette question : M.-L. Rassat, *Droit pénal spécial*, n° 319 ; v. J.-H. Robert, p. 207 qui cite certains textes où l'alternative entre une action et une omission est implicite). La transposition de ces règles n'est en revanche pas possible en matière d'infractions volontaires, l'article 222-11 du Code pénal exigeant des coups, des violences ou des voies de fait. Sans doute, la chambre criminelle a-t-elle admis que la violence n'implique pas que la personne soit atteinte matériellement, mais il faut nécessairement un acte positif de nature à impressionner la victime et à entraîner l'incapacité de travail exigée par le texte (Crim. 3 janv. 1969, *JCP* 1969. II. 15791, violence résultant d'appels téléphoniques multiples le jour et la nuit ; infraction aujourd'hui sanctionnée spécifiquement par l'art. 222-16 C. pén.). On peut d'ailleurs observer que les violences psychologiques sont aujourd'hui assimilées aux violences physiques mais elles impliquent également une action positive (C. pén., art. 222-14-3). La simple omission n'est donc pas suffisante pour constituer une violence au sens de ce texte, ce qui explique l'impunité du sieur Monnier (pour l'argument supplémentaire tiré de l'analyse du délit de rébellion, v. G. Le Poittevin, note préc. ; M. Puech, n° 54).

Si toutes ces solutions sont approuvées par la doctrine, on constate en revanche des réticences beaucoup plus nettes lorsque la chambre criminelle retient une omission comme élément constitutif d'une infraction qui est classiquement présentée comme étant de commission.

B. — Les extensions jurisprudentielles

10 Le vol, qui implique la soustraction frauduleuse, peut-il être réalisé lorsqu'une personne se borne à conserver un objet qui lui a été remis par erreur. À s'en tenir à cette interprétation stricte de la formule de l'article 311-1 et 311-2 du Code pénal, la réponse devrait être négative (en ce sens, Crim. 23 oct. 1958, *Bull. crim.* n° 650) mais certains arrêts n'ont pas hésité à considérer que la remise volontaire lorsqu'elle est indirecte (Crim. 3 mars 1882, *Bull. crim.* n° 61 : objet placé dans une voiture par erreur) ou lorsqu'elle est nécessaire et forcée (Crim. 11 janv. 1867, *S.* 1867. 1. 306 ; Crim. 1er mars 1951, *D.* 1951. 277 ; Crim. 28 mai 1975, *Bull. crim.* n° 138 : remise d'un objet à titre de communication) n'exclut pas le vol. En l'occurrence c'est bien la non-restitution, donc une omission, qui réalise l'infraction. Sans entrer dans le détail des justifications, on observera que cette solution est assez fréquente (remise par une personne inconsciente, remise à titre précaire, etc.) (sur cette question, M.-L. Rassat, préc., nos 87 s. ; A. Vitu, *Traité de droit pénal spécial*, éd. Cujas, t. 11, n° 2231 ; Pageaud « L'intention de la victime comme critère de la notion de soustraction », *JCP* 1955. I. 1256 ; J. Pradel et M. Danti-Juan, *Droit pénal spécial*, 6e éd., n° 861 et 868 ; P. Conte, *Droit pénal spécial*, Litec, 4e éd., 2013, n° 524 ; E. Dreyer, *Droit pénal spécial*, n° 896 et plus globalement sur cette question : D. Rebut, *L'omission en droit pénal, Pour une théorie de l'équivalence entre l'action et* *l'inaction*, Thèse Lyon, 1993, n° 347 notamment). Certaines décisions adoptent une solution du même type pour l'abus de confiance ou l'escroquerie (Crim. 3 nov. 1978, *Bull. crim.* n° 299 : simulation d'une disparition pour une escroquerie à l'assurance). La Cour suprême a estimé que la manœuvre n'impliquait pas un acte extérieur pour rejeter l'argument de l'escroc qui prétendait n'avoir accompli aucun acte positif. Cette solution a été retenue dans un arrêt du 26 avril 1994, n° 93-84.880, *RSC* 1994. 773, obs. G. Giudicelli-Delage ; *ibid.* 1995. 96, obs. B. Bouloc ; *Dr. pénal* 1994, n° 181 qui a considéré que celui qui omet de déclarer une activité, à savoir dirigeant de société, en faisant une demande d'allocation de chômage réalise une escroquerie en prenant la fausse qualité de chômeur ; v. *contra* : Crim. 14 avr. 2015, n° 14-81.188, *Gaz. Pal.* 11 août 2015, n° 223, obs. S. Detraz, qui estime que ne pas déclarer un élément n'est pas une prise de fausse qualité. Taire une qualité de revient pas à se prévaloir de la qualité opposée. Selon M. Véron (*Droit pénal spécial*, Sirey, 12e éd., 2008, n° 408), il s'agit d'une véritable omission dans l'action (dans le même sens : Crim. 8 avr. 1999, n° 98-81.505, *Dr. pénal* 1999, n° 126, obs. M. Véron. Voir également, pour un abus des biens ou du crédit, le fait de négliger de recouvrer une créance : Crim. 19 juin 1997, n° 96-83.274, *Dr. pénal* 1998, n° 8, obs. J.-H. Robert ; et pour une infraction d'entrave à la liberté des enchères résultant de l'abstention de l'inscription de certains objets sur les documents d'une vente publique : Crim. 14 janv. 2009, *Dr. pénal* 2009. 50, note M. Véron). On signalera également le cas du faux. La formule très large utilisée par l'article 441-1 du Code pénal permet sans doute d'incriminer un faux intellectuel résultant de l'omission de certaines mentions dans un écrit. En ce sens, Crim. 7 sept. 2004, *Dr. pénal* 2004, n° 180, obs. M. Véron (omission de signaler de graves défauts dans un procès-verbal de contrôle technique d'un véhicule ; Crim. 5 févr. 2008, n° 07-84.724, *Bull. crim.* n° 29 ; *AJ pénal* 2008. 234, obs. M.-E. Charbonnier ; *Dr. pénal* 2008, n° 42, obs. M. Véron : omission volontaire dans un inventaire). En revanche, la chambre criminelle a estimé que l'usage de faux ne peut résulter d'une abstention, tel le fait de laisser produire en justice des documents falsifiés ce qui ne constitue pas un acte positif (Crim. 4 nov. 2010, *Dr. pénal* 2011, n° 17, note M. Véron ; v. égal dans le même sens pour une infraction de harcèlement moral qui ne peut être réalisée pour un chef d'entreprise, qui ne s'est pas opposé à une telle infraction commise par sa mère : Crim. 16 sept. 2014, n° 13-82.468, *RPDP* 2014. 853, obs. P. Conte). C'est enfin l'abus de biens sociaux qui, selon un arrêt de la Cour de cassation, peut résulter d'une abstention, en l'occurrence celle de faire obstacle à un fait réalisant l'abus : Crim. 28 janv. 2004, n° 02-88.094, *D.* 2005. 1290, chron. D. Rebut ; *Rev. sociétés* 2004. 722, note B. Bouloc ; Crim. 22 sept. 2010, *Dr. sociétés* 2011. 237, obs. R. Salomon. V. égal. pour un abus de confiance réalisé par un serveur, par le fait de donner des boissons à des clients sans les facturer Crim. 5 oct. 2011, n° 1088722, *Dr. pénal* 2011. 145, note M. Véron ; v. néanmoins : *contra* Crim. 7 sept. 2005, n° 05-80.163, *RSC* 2006. 331, obs. D. Rebut ; *Dr. pénal* 2005, n° 175, obs.

J.-H. Robert et, sur cette question, A. Lepage, P. Maistre du Chambon, R. Salomon, *Droit pénal des affaires*, Lexis Nexis, 4e, éd. 2015, n° 752.

11 Dans un tout autre domaine, Marc Puech (n° 54) souligne des problèmes du même ordre par exemple en matière de tolérance de la prostitution (C. pén., art. 225-10), où le simple retard, apporté par le propriétaire d'un local, à expulser des prostituées a été considéré comme réalisant l'infraction (Crim. 25 nov. 1971, *JCP* 1972. II. 17142, note P. M. B. ; v. égal. W. Jeandidier, n° 231). En matière de droit de la consommation, le professeur E. Dreyer (n° 666) signale le cas de la pratique commerciale trompeuse qui peut résulter du simple fait de ne pas avoir veillé à la véracité des messages publicitaires. Il considère que cette solution, qu'il critique, est permise par la mauvaise rédaction du texte (C. consom., art. L. 121-1) (Crim. 24 mars 2009, *Dr. pénal* 2009. 84, note J.-H. Robert).

Il serait sans doute possible de relever dans la jurisprudence d'autres exemples d'une même attitude. Cela nous conduit à rechercher quelles peuvent être les justifications d'une telle solution. Nous avons dit que le principe de la légalité est la seule raison conduisant à exclure la répression de la commission par omission. On peut donc considérer que si un texte ne révèle pas de façon certaine que le législateur a voulu se limiter à réprimer une activité physique du délinquant, il n'est pas impossible de retenir une omission qui, antérieure au résultat reproché, peut être considérée comme lui étant liée d'une certaine manière. Selon M. Dana (*Essai sur la notion d'infraction pénale*, thèse Lyon, LGDJ, 1982, n° 67), ce que le législateur réprime d'une manière générale c'est une action qui peut se manifester aussi bien d'une manière positive que négative. Si le texte n'opte pas expressément pour une commission, pourquoi les juges répressifs ne pourraient-ils pas retenir une omission qui concrétise une volonté consciente tendant à obtenir tel ou tel résultat. Ainsi en matière de malversation, sans doute en raison de la relative imprécision de cette notion, la chambre criminelle a admis qu'elle pouvait se réaliser par une omission, en l'occurrence la non-inscription dans les comptes de liquidation du montant de factures réalisées au domicile du prévenu (Crim. 5 févr. 2005, *Dr. pénal* 2005, n° 80, obs. J.-H. Robert). On peut également citer un arrêt récent rendu par la chambre criminelle en matière de violences qui a considéré que les brimades répétées commises par un aide médico-psychologique, chargé de s'occuper de malades handicapés, qui consistaient, pour l'essentiel en des omissions (ne pas donner à manger pendant 24 h, ne pas changer des vêtements souillés) pouvaient être assimilées à des violences : Crim. 24 juin 2014, n° 13-85.134 ; *RPDP* 2014. 856, obs. critiques P. Conte. Peut-être eut-il été plus simple de retenir des violences psychologiques (en ce sens : Crim. 31 mars 2010 n° 09-81.920, *RPDP* 2011. 165, obs. P. Conte). En revanche, la même juridiction a refusé d'admettre qu'une banqueroute par dissimulation ou détournement d'actif puisse résulter d'une abstention, à savoir l'abstention de recouvrer une créance qui ne peut pas être assimilée à un acte de disposition, seul incriminé (Crim. 12 janv. 2005,

Dr. pénal 2005, nº 92, obs. J.-H. Robert). Sans doute cette proposition va-t-elle très nettement à l'encontre des idées soutenues en ce domaine. Peut-être est-elle de nature à étendre, d'une manière un peu excessive, le champ de la répression. Elle a en tout cas le mérite d'expliquer ce qui pourrait, au contraire, apparaître comme des errements de la jurisprudence. Pour un exemple intéressant : Crim. 14 nov. 1989, nº 88-83.999, *Bull. crim.* nº 417 ; *RSC* 1990. 561, obs. J.-P. Delmas Saint-Hilaire ; *JCP* 1990. II. 21441, note A. Vitu, acceptant la condamnation pour outrages à agents de la force publique, du conducteur qui, étant dispensé de porter la ceinture de sécurité, se laisse néanmoins verbaliser pour défaut du port de cette ceinture. Il faut d'ailleurs ajouter que le droit comparé enseigne que plusieurs droits étrangers se montrent beaucoup plus ouverts pour accepter certaines formes de commission par omission : droit allemand, droit fédéral suisse, droit anglais (sur cette question : J. Pradel, nº 402 ; J. Pradel, *Droit pénal comparé*, 3e éd., 2008, nº 48. Pour une opinion plus réservée, P. Conte et P. Maistre du Chambon, nº 311).

Il est inconcevable de punir celui qui n'a rien fait. Il est en revanche assez logique de retenir comme auteur d'une infraction celui qui l'a réalisée par un comportement négatif, si l'interprétation stricte du texte pénal n'exclut pas cette possibilité.

A. V.

29

INFRACTIONS INSTANTANÉES ET INFRACTIONS CONTINUES – DISTINCTION

Crim., 31 mars 1926, *Pinganaud*
(*Gaz. Pal.* 1926. 2. 174)

Crim., 16 déc. 1938, *Desurmont*
(*DH* 1939. 133)

Crim., 23 janv. 1979, nº 78-90.307, *Bassetti*
(*Bull. crim.* nº 30)

L'infraction instantanée est celle dont la consommation ne peut pas se prolonger dans le temps. La permanence des effets d'un acte délictueux ne le transforme pas en une infraction continue (1re et 2e esp.).

L'infraction continue est au contraire celle dont la consommation peut se prolonger dans le temps par la volonté constante de son auteur (2e et 3e esp.).

Chambre criminelle, 31 mars 1926, *Pinganaud*

Attendu, qu'à la suite d'un procès-verbal dressé le 18 février 1925, par un agent des Ponts et Chaussées, Pinganaud a été poursuivi devant le tribunal de simple police de Crépy-en-Valois et, ensuite, devant le Tribunal correctionnel de Senlis, pour avoir contrevenu à un arrêté du préfet de l'Oise, en date du 25 janvier 1925 relatif au régime des eaux ; que, d'après la décision du juge de simple police dont le Tribunal correctionnel de Senlis a adopté les motifs, le prévenu « aurait maintenu un barrage établi par lui sur la rivière l'Automne, malgré une mise en demeure d'enlever cet ouvrage » ;

Attendu que Pinganaud a déposé, tant en première instance que devant le juge d'appel, des conclusions dans lesquelles il faisait valoir que le fait à lui imputer avait donné lieu à un premier procès-verbal, en date du 17 septembre 1924, au vu duquel il avait été déjà traduit devant le tribunal de simple police, lequel, par jugement du 4 avril 1925, avait déclaré l'infraction effacée par l'article 20 de la loi d'amnistie du 3 janvier 1925 ;

Attendu que pour écarter l'application de la loi d'amnistie précitée, ainsi que l'exception de la chose jugée invoquées par Pinganaud, le Tribunal correctionnel de Senlis s'est fondé sur ce que le susnommé était poursuivi en vertu d'un second procès-verbal dressé le 18 février 1925, pour contravention à un nouvel arrêté préfectoral intervenu à la date du 25 janvier 1925 ;

Mais attendu que le jugement ne fait pas connaître les termes ni même le sens exact de la disposition de l'arrêté dont il a été fait ainsi application ;

Attendu que l'autorité administrative chargée par la foi du 8 avril 1898 de la surveillance et de la police des cours d'eau non navigables ni flottables a le pouvoir d'interdire la construction, dans un de ces cours d'eau, d'un barrage sans son autorisation préalable ; qu'il lui appartient, également, de prescrire aux riverains l'enlèvement de ce qui peut mettre obstacle à l'écoulement des eaux ;

Attendu que, si la contravention à l'arrêté qui défend d'exécuter un ouvrage dans le lit d'un cours d'eau sans l'autorisation de l'administration présente un caractère permanent et se continue en dehors de toute intervention de son auteur, il n'en est pas de même de la contravention à l'arrêté qui enjoint de démolir un ouvrage irrégulièrement élevé ; que le refus de se conformer à cette injonction constitue une infraction successive, se renouvelant chaque jour depuis l'époque fixée pour l'exécution dudit arrêté ;

Attendu qu'en ne précisant pas quelle était la nature de la disposition édictée par l'arrêté en date du 25 janvier 1925, le jugement attaqué a mis la Cour de cassation dans l'impossibilité d'exercer son contrôle sur le point de savoir si l'infraction dont il avait fait état était distincte de celle qui avait été déclarée couverte par la loi d'amnistie du 3 janvier 1925 ; qu'il suit de là que ledit jugement a violé, par défaut de motifs, l'article 7 de la loi du 20 avril 1810 ;

Par ces motifs,

Casse...

Chambre criminelle, 16 décembre 1938, *Desurmont*

Attendu que Desurmont, poursuivi pour avoir effectué sur son lotissement certains travaux contrairement aux conditions approuvées par l'autorité préfectorale, a été relaxé par le motif que, plus d'un an s'étant écoulé depuis l'exécution de ces travaux, l'action publique et l'action civile étaient éteintes par la prescription ;

Attendu qu'il est constaté par le jugement attaqué et qu'il n'a pas été contesté par les demandeurs, que lesdits travaux remontaient aux années 1929, 1930 et 1931 ;

Attendu que la contravention résultant de ces travaux, bien que permanente et continue, n'est pas successive ;

Attendu, en effet, qu'elle s'est accomplie et consommée au temps même où les travaux ont été exécutés ; qu'elle résulte d'un fait unique dont la continuation s'est produite en dehors de toute intervention de son auteur ; qu'aux termes de l'article 640 du Code d'instruction criminelle, c'est après une année à compter du jour où l'infraction a été commise que l'action publique et l'action civile, pour une contravention de police, sont prescrites ; – D'où il suit qu'en statuant comme il l'a fait, le juge de simple police n'a violé aucun des textes de loi visés au moyen ;

Et attendu que le jugement est régulier en la forme. – Rejette...

Chambre criminelle, 23 janvier 1979, *Bassetti*

Attendu que le délit d'ouverture d'un débit de boissons sans déclaration préalable se poursuit par l'intervention renouvelée du tenancier et présente dès lors, aussi longtemps que dure l'exploitation illicite d'un établissement dépourvu d'existence légale, le caractère d'une infraction successive ;

Attendu qu'après avoir constaté que le second débit de boissons exploité par Bassetti avait été ouvert sans aucune des déclarations exigées tant par l'article L. 31 du Code des débits de boissons que par l'article 502 du Code général des impôts, l'arrêt attaqué, infirmant à cet égard la décision des premiers juges, prononce pourtant de ce chef la relaxe du prévenu au motif que l'infraction doit être considérée comme un délit instantané qui, en l'espèce, n'est pas personnellement imputable à l'exploitant actuel et pour lequel l'action publique serait présentement prescrite ;

Attendu cependant qu'en statuant ainsi la cour d'appel a méconnu le sens et la portée des textes visés au moyen, qu'il convient dès lors d'accueillir ;

Casse...

OBSERVATIONS

1 La distinction entre l'instantanéité et la continuité des infractions est particulièrement importante en raison des intérêts pratiques qui y sont attachés. Le lieu et le moment où se réalise une infraction permettront notamment de déterminer, le tribunal compétent, le point de départ du délai de prescription de l'action publique, l'application éventuelle d'une loi nouvelle plus sévère ou d'une loi d'amnistie, la possibilité d'une nouvelle poursuite nonobstant une première décision ayant acquis autorité de chose jugée.

La solution de ces différents problèmes dépend bien évidemment de la structure de l'élément matériel qui réalise l'infraction. Tout dépendra du fait que cet élément puisse ou non se prolonger dans le temps. Continue, si la réponse à cette question est positive, l'infraction sera considérée comme instantanée dans le cas contraire. Au-delà de la terminologie qui est souvent d'une très grande imprécision tant en doctrine qu'en jurisprudence, la difficulté essentielle est de déterminer le critère conduisant à classer avec certitude une incrimination dans l'une ou l'autre des catégories.

Les décisions retenues permettent de préciser quelles sont les caractéristiques qui, selon la jurisprudence, fondent la notion d'instantanéité tout d'abord (I) et de continuité ensuite (II).

I. — La notion d'instantanéité de l'infraction

2 Si l'on se reporte à la définition exacte du terme « instantané », les infractions de cette sorte seraient celles qui ne durent qu'un instant, autrement dit un moment dont la durée est pratiquement négligeable. Si la plupart des auteurs se contentent de définir ce type d'infractions en notant qu'elles se réalisent en un moment dont la durée n'est pas appréciable, d'autres (R. Merle et A. Vitu, t. I, n° 490) insistent sur le fait que c'est « l'élément constitutif légal qui s'exécute en un trait de temps ». Cette définition est infiniment plus précise puisqu'elle se réfère à la consommation. Comme R. Garraud l'avait déjà mis en évidence (t. I, n° 166 a) c'est l'instantanéité de la consommation qui constitue l'indice d'instantanéité d'une infraction (A). Dès lors c'est évidemment la structure de l'incrimination qui détermine, ou non, son instantanéité (B).

A. — Le principe de l'instantanéité : l'impossibilité de la prolongation dans le temps de l'infraction

3 Ainsi, comme cela a bien été mis en lumière par M. Tsarpalas (*Le moment et la durée des infractions*, n°s 263 s., thèse Paris, LGDJ, 1967 ; v. égal. A. Varinard, *La prescription de l'action publique. Sa nature juridique droit matériel – droit formel*, thèse Lyon, 1973, p. 155 s.). L'impossibilité de prolongation de la consommation des infractions est donc le seul élément susceptible de servir de critère afin de déceler l'existence d'une infraction instantanée.

L'arrêt rendu par la chambre criminelle le 16 décembre 1938 illustre assez bien cette solution. Un individu avait été poursuivi pour avoir effectué sur son lotissement certains travaux contrairement à des conditions approuvées par l'autorité préfectorale. Le tribunal ayant constaté que ces travaux avaient été réalisés depuis plus d'un an déclara l'action publique prescrite sur le fondement de l'article 640 du Code d'instruction criminelle. La chambre criminelle rejette le pourvoi aux motifs que la contravention « bien que permanente et continue n'est pas successive… qu'elle résulte d'un fait unique dont la continuation s'est produite en dehors de toute intervention de son auteur ».

4 Cette décision nous permet de constater que la terminologie utilisée est loin d'être exempte d'imprécision. Appliquant à l'infraction le régime des infractions instantanées, la Cour de cassation qualifie néanmoins la contravention de continue et permanente pour l'opposer à une infraction successive (v. néanmoins dans le même domaine pour une solution différente : Crim. 21 sept. 1993, *Dr. pénal* 1994. Comm. 70). Il est évidemment quelques infractions pour lesquelles l'instantanéité ne peut guère faire de doute, l'infraction étant en quelque sorte instantanée par nature. Il en est ainsi par exemple lorsque la particularité du bien juridiquement protégé interdit la continuation de l'action ou de l'omission. Le meurtre ou un incendie volontaire ne peuvent se prolonger au-delà du décès de la victime ou de la destruction du bien. Il y a en fait des infractions pour lesquelles la durée n'intervient pas, le fait lui-même est instantané (É. Garçon, *Journal du ministère public et du droit criminel*, Paris, 1914, p. 98). En réalité ces hypothèses sont assez exceptionnelles. Dans la plupart des cas, le facteur temps intervient, soit parce que l'exécution de l'acte incriminé implique une certaine durée, soit parce que les effets des faits délictueux subsistent au-delà de la consommation.

5 S'agissant de travaux exécutés en contravention à une réglementation, le temps intervient à ce double titre. La réalisation des travaux implique nécessairement une certaine durée d'exécution, mais on peut considérer que la consommation de cette infraction ne se produit qu'au moment de leur achèvement. À cet instant, l'infraction devient parfaite. Il y a impossibilité de la prolonger, ce qui est le signe caractéristique de l'infraction instantanée (Crim. 15 janv. 1964, *D.* 1964. 201 ; *S.* 1964. 1. 136). Mais la caractéristique d'une contravention de ce type c'est que les effets vont se manifester longtemps après la consommation. Il y a une sorte de permanence de l'infraction dans son résultat, une apparence de continuité d'où la qualification généralement utilisée par la doctrine d'« infractions permanentes ». Le maintien du résultat que l'on voulait éviter peut-il suffire à fonder la continuité d'une incrimination ? La chambre criminelle répond par la négative, alors même qu'elle utilise la terminologie discutable d'infraction continue permanente. La motivation de la décision reste cependant assez limitée puisque l'arrêt se borne à constater « que la continuation s'est produite en dehors de toute intervention de son auteur ». Dans une décision du 2 juillet 1926 (*S.* 1927. 1. 393, note J.-A. Roux ; M. Puech, n° 60) concernant l'apposition d'affiches-réclames, la Cour de cassation constate qu'une telle contravention n'est pas successive parce qu'elle s'accomplit instantanément, indépendamment de la permanence de ses effets.

6 En réalité, ces explications demeurent insuffisantes. Pour déterminer le caractère d'une infraction, il suffit d'examiner le texte d'incrimination et l'on saura alors si le législateur a simplement entendu sanctionner une action ou une omission qui conduit à une situation déterminée ou si au contraire, il a également visé la persistance de cette situation. Dans un système légaliste comme le nôtre, il est inconcevable qu'une infraction puisse se prolonger dans le temps si cette possibilité n'est pas expressément prévue dans la définition légale. R. Garraud (t. I, p. 246) écrivait à ce propos « je ne connais pas d'autre critère juridique » (v. égal. Perraud, « De la notion de délit continu en doctrine et en jurisprudence » in *Trav. confér. Dr. pénal* Paris, 1924, p. 36 s. ; A. Decocq, p. 163).

Ainsi, l'infraction dite permanente est donc une simple infraction instantanée et il aurait sans doute été préférable d'éviter d'introduire cette complication terminologique inutile (B. Bouloc, n° 230 ; J. Pradel, n° 404 ; W. Jeandidier, n° 236 ; *contra* R. Merle et A. Vitu, t. I, n° 491 ; D. Mayer, « Plaidoyer pour la réhabilitation de la notion d'infraction permanente », *D.* 1979. Chron. 23 s. ; J. Larguier, « Un recul de l'infraction permanente », *RSC* 1982. 331 ; P. Conte et P. Maistre du Chambon, n° 207 ; R. Bernardini, n° 344 ; É. Verny, O. Décima, S. Detraz, n° 317 ; A. Lepage, *RPDP* 2006. 606).

B. — La recherche des solutions : la structure des incriminations

7 Ainsi, le critère de l'instantanéité doit donc être recherché dans le texte d'incrimination lui-même. Dans la plupart des cas, l'expression utilisée par le législateur sera suffisamment claire pour éviter toute difficulté ou équivoque. Dans le domaine des infractions d'action, nous pouvons citer : le vol qui vise la soustraction ; la bigamie parce que l'article 433-20 du Code pénal incrimine le fait de contracter un autre mariage (Crim. 12 avr. 198[illegible], *Bull. crim.* n° 97) ; l'évasion de détenus, article 434-27 s. du Code pénal parce que c'est l'acte d'évasion qui est visé (Crim. 4 janv. 1912, *Bull. crim.* n° 3, établissement d'attestations contenant des faits inexacts ; Crim. 25 oct. 1983, *Bull. crim.* n° 261) ; la tromperie, qui est consommée par la livraison de la chose ou par la prestation des services objets du contrat (Crim. 21 nov. 1983, *D.* 1984. IR 134 ; Crim. 17 juin 1991, *Dr. pénal* 1991. Comm. 293, obs. J.-H. Robert ; faux et usage de faux : Crim. 3 mai 1993, *Bull. crim.* n° 162 ; Crim. 19 janv. 2000, n° 98-88.101, *Bull. crim.* n° 32 ; Crim. 5 sept. 1995, *Bull. crim.* n° 269, *Dr. pénal* 1996, n° 4, obs. J.-H. Robert : pour le crime d'importation illicite de stupéfiants en bande organisée, infraction instantanée, qui se commet chaque fois qu'une importation est réalisée ; Crim. 16 févr. 1999, n° 98-80.535, *Bull. crim.* n° 25 : usurpation d'identité qui se consomme à la date de délivrance du passeport ; C. pén., art. 434-23, qui punit le fait de prendre le nom d'un tiers, faux témoignage qui se consomme au jour de la déposition mensongère, Crim. 17 déc. 2002, n° 02-81.424, *Bull. crim.* n° 234) la dénonciation calomnieuse au jour de la révélation à l'autorité : Crim. 17 oct. 2006, n° 05-85.519, *D.* 2006. 2874 ; *JCP* 2006. Pan. 3199, *Dr. pénal* 2007, n°s 2 et 11, obs. M. Véron et A. Maron ; le détournement de correspondance qui se consomme au jour du détournement : Crim. 19 févr. 2013, n° 12-81.044, *Dr. pénal* 2013, n° 87, obs. M. Véron. La chambre criminelle adopte également la même solution pour le délit de corruption (Crim. 27 oct. 1997, n° 96-83.698, *Bull. crim.* n° 352 ; Crim. 8 oct. 2003, n° 03-82.589, *Bull. crim.* n° 185 ; Crim. 29 juin 2005, n° 05-82.265, *Bull. crim.* n° 200) qui se consomme par la conclusion d'un pacte de corruption, même si chaque acte d'exécution renouvelle l'infraction. Cette solution, adoptée par la chambre criminelle, lui permet d'ailleurs d'appliquer une nouvelle loi plus sévère pour ces renouvellements : Crim. 25 févr. 2015, n° 13-88.506 ; *RPDP* 2015. 365, obs. A. Botton ; *AJ pénal* 2015. 318, J. Gallois ; *Dr. pénal* 2015, n° 81, note M. Véron. Ce système est d'ailleurs approuvé par la CEDH, gr. ch., 27 janv. 2015, *Rohlena c/ Rép. tchèque*, req. n° 59552/08, *Gaz. Pal.* 27 avr. 2015, n° 115, note J. Andriantsimbazovina ; *RSC* 2015. 161, obs. D. Roets pour une infraction continuée, consacrant ainsi, d'une certaine manière, ce concept. Une solution du même type est encore adoptée en matière de concussion (C. pén., art. 432-10). Cette infraction qui consiste pour une personne, dépositaire de l'autorité publique ou investie d'un mandat électif public, de solliciter ou d'agréer des offres, dons, promesses, présents ou avantages quelconques pour accomplir ou s'abstenir d'accomplir un acte de sa fonction, est considérée comme une infraction instantanée par la Cour de cassation (Crim. 3 déc. 2008, *Dr. pénal* 2009, n° 49, obs. M. Véron). Néanmoins il a été admis, si les opérations apparaissent indivisibles, que le point de départ de la prescription doit être reporté au jour de la dernière opération réalisée (Crim. 31 janv. 2007, 1re esp., *Dr. pénal* 2007, n° 74, obs. M. Véron : dernière perception des sommes indues, et Crim. 31 janv. 2007, n° 05-87.096, 2e esp., *Bull. crim.* n° 24 ; *D.* 2007. 1817, chron. D. Caron et S. Ménotti ; *Dr. pénal* 2007, n° 74, préc. : dernière des exonérations indues. Voir sur cette question M. Véron, *Droit pénal spécial*, n° 542-1). Il en est encore de même pour l'infraction de prise illégale d'intérêts (art. 432-12 C. pén.) qui est une infraction instantanée (Crim. 16 déc. 2015, n° 14-82.930, *Bull. crim.* n° 272, mais dont le point de départ de la prescription est repoussé, aussi longtemps que l'auteur de l'infraction conserve un intérêt dans l'entreprise : Crim. 29 avr. 2014, n° 14-80.060, *RPDP* 2014. 875, obs. M. Segonds).

8 On citera également parmi les décisions les plus récentes le caractère instantané du délit de faux qui se réalise à la date de l'établissement de l'écrit argué de faux et non de la découverte de son existence (Crim. 19 mai 2004) ; celui de partage des produits de la prostitution : Crim. 17 mars 2004, n° 03-85.080, *Bull. crim.* n° 72 ; *RPDP* 2004. 871, obs. P. Conte qui dénonce le « fétichisme » des mots conduisant à attacher une importance excessive à la formule utilisée par le législateur ; celui du délit d'entrave à la liberté des enchères qui se consomme par l'acceptation d'un don ou d'une promesse en contrepartie de la renonciation à enchérir : Crim. 5 juin 2007, n° 05-87.782, *Bull. crim.* n° 151 ; *Dr. pénal* 2007, n° 126, obs. M. Véron ; ou encore le délit d'opposition à l'accès à des données personnelles : Crim. 6 mai 2008, n° 07-82.000, *AJ pénal* 2008. 419, obs. C. Saas. Il en va de même pour l'infraction de non-dénonciation d'atteintes sexuelles infligées à un mineur de quinze ans, infraction instantanée, qui commence à se prescrire au moment où le prévenu a eu connaissance des faits, même si ces faits perdurent (Crim. 7 avr. 2009, *Bull. crim.* n° 66 ; *Dr. pénal* 2009. 91, obs. M. Véron).

C'est dans le domaine des contraventions permanentes que l'on rencontre les décisions les plus nombreuses. Ainsi en est-il pour les contraventions de voirie pour lesquelles l'élément matériel s'épuise avec l'achèvement des opérations interdites (Crim. 3 janv. 1964, *D.* 1964. 150 ; Crim. 10 déc. 1985, *Bull. crim.* n° 395 ; v. A. Tsarpalas, thèse préc. ; A. Varinard, thèse préc., p. 168 s.). Dans l'arrêt du 31 mars 1926, que nous avons retenu, la contravention à l'arrêté qui défend d'exécuter un ouvrage dans le lit d'un cours d'eau, sans autorisation, est également une infraction instantanée qui malgré la permanence de ses effets ne pouvait donc pas faire l'objet d'une seconde poursuite en raison du principe de l'autorité de la chose jugée.

9 Dans une décision plus récente, la Cour de cassation a consacré le caractère instantané de la contravention de stationnement gênant d'un véhicule (C. route, art. R. 417-10 s.). Elle a considéré que cette contravention instantanée ne cesse que par l'enlèvement volontaire ou forcé du véhicule et qu'en conséquence, il ne peut y avoir qu'une seule poursuite (Crim. 7 juin 1995, n° 93-84.757, *Bull. crim.* n° 206 ; *RSC* 1996. 126, obs. (très critiques) J.-P. Delmas Saint-Hilaire). Pour le commentateur à la revue de science criminelle, la Cour de cassation risque de créer au profit de l'automobiliste un véritable droit de gêner. Il estime que cette solution est condamnable au plan pratique, logique et théorique. On peut comprendre l'inconvénient d'une telle solution, il reste néanmoins que d'un point de vue strictement juridique la décision paraît conforme au texte, donc au droit.

Avec les infractions d'omission, l'activité délictueuse résulte de l'inaccomplissement d'un devoir qui consomme l'infraction. On peut considérer qu'il y a instantanéité si le législateur a entendu réprimer une omission initiale qui épuisera la criminalité. En examinant les textes d'incrimination, on constate néanmoins qu'il faut distinguer selon que le texte prévoit ou non un terme maximum avant lequel doit être effectué le devoir prescrit. Dans le premier cas, l'instantanéité découlera de l'instantanéité de l'obligation imposée qui, par sa nature ou par la volonté du législateur, ne peut s'exécuter qu'à un moment précis (R. Garraud, t. I, p. 247 ; A. Légal, obs. *RSC* 1956. 105). Ainsi nous citerons : l'omission de porter secours à une personne en péril (C. pén., art. 233-6 et pour une illustration en matière de sang contaminé : commission d'instruction de la Haute Cour 5 févr. 1993, *D.* 1993. 261, note J. Pradel ; *RSC* 1993. 327, obs. G. Levasseur) ; *Gaz. Pal.* 16 févr. 1993 ; défaut de souscription d'assurance (Crim. 9 déc. 1992, n° 92-80.540, *Bull. crim.* n° 412). Voir également pour le délit de cumul d'exploitations car l'infraction résulte de l'omission d'une formalité administrative (Crim. 16 avr. 1992, *Bull. crim.* n° 167 ; *Dr. pénal* 1992. Comm. 258, obs. J.-H. Robert) ou pour la non-demande de permis de construire, autre omission d'une formalité qui se réalise définitivement avec l'achèvement des travaux (Crim. 20 mai 1992, n° 90-87.350, *Bull. crim.* n° 202 ; Crim. 5 mai 1996, *Gaz. Pal.* 24-26 nov. 1996, p. 18) ; l'omission de remplir les fonctions de juré (C. pr. pén., art. 288, etc.). Dans une décision du 18 mai 1994 (n° 93-84.557, *Bull. crim.* n° 197 ; *RSC* 1995. 359, obs. J.-H. Robert ; *Dr. pénal* 1994, n° 240), la chambre criminelle, tout en confirmant le caractère instantané de l'infraction de construction sans permis, précise que la prescription ne peut commencer qu'après l'achèvement des travaux à savoir « lorsque l'immeuble est en état d'être affecté à l'usage auquel il est destiné » (dans le même sens : Crim. 27 mai 2014, n° 13-80.574, *Gaz. Pal.* 29 févr. 2015, n° 210, obs. E. Dreyer). Deux décisions, rendues dans le cas de la construction d'un ensemble immobilier, admettent que l'achèvement des travaux doit s'entendre de chacune des constructions : Crim. 29 janv. 2013, n° 12-81.357 et Crim. 23 avr. 2013, n° 12-85.352, *RPDP* 2013. 971, obs. E. Joly Subuet.

10 Dans le deuxième cas, lorsque l'obligation est susceptible d'être remplie pendant un long délai, le législateur fixe un terme au-delà duquel, l'inaction deviendra une infraction. Ainsi en est-il en matière de vaccination obligatoire, le législateur impose que cette obligation soit effectuée avant que l'enfant ait atteint un certain âge (10 mois pour la vaccination antipoliomyélitique par exemple). Quelle pouvait être l'incidence d'un tel délai ? Il est clair qu'avant l'expiration du délai, il n'y a aucune infraction, mais en revanche, l'infraction est définitivement achevée le lendemain (en ce sens, Crim. 23 juin 1955, *DS* 1955. 553, *Gaz. Pal.* 1955. 2. 108). Bien que critiquée par la doctrine (A. Légal, *RSC* 1956. 103 s. ; R. Merle et A. Vitu, t. I, n° 491), cette solution nous paraît la seule acceptable dès lors que l'omission consiste à ne pas avoir réalisé l'obligation imposée avant une date précise. Dans le même sens, en matière de banqueroute, Crim. 25 févr. 1958, *JCP* 1958. II. 10740, note P. Bouzat (non-déclaration de la cessation des paiements dans un délai de quinzaine, hypothèse aujourd'hui supprimée) ; Crim. 9 févr. 1965, *D.* 1965. 475, pour l'abandon de famille, infraction qui peut se répéter et non pas se continuer (art. 227-3 C. pén. Dans le même sens, Crim. 2 déc. 1998, nº 97-83.671, *Bull. crim.* nº 326 ; *D.* 2000. 36, obs. Y. Mayaud, notant le caractère successif de l'infraction qui se renouvelle tous les 2 mois par le non-paiement de la prestation compensatoire). Il existe néanmoins une exception à cette règle lorsque le délai est fixé par une autorité administrative (Crim. 23 nov. 1960, *Bull. crim.* nº 542 pour la non-exécution de travaux dans un lotissement). Une telle solution peut au demeurant surprendre. Il nous semble cependant qu'elle ne peut pas constituer un critère de distinction entre l'infraction continue d'omission et l'infraction instantanée d'omission (*contra* A. Tsarpalas, thèse préc., p. 257 ; M. Puech, nº 60 ; W. Jeandidier, nº 237). Elle s'explique plus probablement par des raisons propres à la prescription qui est en partie fondée sur la négligence des autorités de poursuite. Un délai fixé de manière administrative peut légitimement être ignoré par le ministère public ce qui n'est pas le cas d'un délai fixé par le législateur. Il est dès lors tentant de considérer qu'on est en présence d'une infraction continue pour reporter le point de départ du délai, ce qui ne veut pas dire qu'intrinsèquement, l'infraction est véritablement continue.

II. — La notion de continuité de l'infraction

11 L'infraction continue reste un concept imprécis essentiellement, nous l'avons dit, pour des raisons terminologiques. Mais conformément au critère indiqué pour les infractions instantanées, c'est bien entendu dans la définition légale de l'infraction et seulement dans celle-là qu'il faut rechercher l'existence de la continuité. Dès lors que l'infraction instantanée est celle qui ne peut pas se prolonger dans le temps, par voie de conséquence, il faut admettre que l'infraction continue est celle dont la consommation peut se prolonger indéfiniment dans le temps. Si l'on se réfère à la doctrine la plus classique, toute infraction implique la réunion de deux éléments, l'un matériel, l'autre moral. Dès lors, la continuité implique nécessairement la prolongation de ce double élément. Encore faut-il préciser quand et comment elle doit se manifester ? L'infraction continue, comme toutes les autres d'ailleurs, n'est consommée que lorsque le délinquant a accompli exactement les actes décrits dans le texte d'incrimination (R. Garraud, t. I, nº 236 ; A. Tsarpalas, *op. cit.*, p. 172). C'est à ce moment précis de la consommation initiale qu'il faut se placer pour déterminer si l'on se trouve en présence d'une infraction continue.

Il importe de préciser comment va se manifester cette continuité tant en matière d'infraction d'action que d'omission.

A. — *Continuité et infraction d'action*

12 S'agissant des infractions d'action, la prolongation de l'élément matériel peut se réaliser par des événements discontinus (*Contra*, pour une distinction entre les infractions continues et successives : E. Dreyer, n°s 676 et 682 s.). Ainsi en est-il par exemple de la tenue d'une maison de prêts sur gage (C. pén. de 1810, art. 411 ; C. consom., art. 313-3) ou du port illégal de décorations (Crim. 15 déc. 1949, *S.* 1950. 1. 179). L'arrêt du 23 janvier 1979 confirme également ce point de vue pour une infraction un peu différente. Un individu qui avait ouvert sans aucune autorisation un débit de boissons fut poursuivi sur la base de l'article L. 31 du Code des débits de boissons (auj. CSP, art. L. 3332-3) et l'article 502, alinéa 1er du Code général des impôts, textes qui réprimaient l'ouverture d'un débit sans déclaration préalable. La chambre criminelle casse l'arrêt d'appel qui avait relaxé l'inculpé aux motifs que l'infraction constituée par l'ouverture de l'établissement est instantanée et remontant à plus de trois ans était donc prescrite. Contrairement à ce point de vue, la Cour de cassation estime au contraire qu'un tel délit présente un caractère successif, qu'il se poursuit au-delà de l'ouverture initiale par l'intervention renouvelée du tenancier. Une telle solution pouvait ne pas paraître totalement évidente. N'est-ce pas simplement l'omission initiale qui est sanctionnée. En fait comme le note à juste titre la décision, c'est l'exploitation illicite d'un établissement dépourvu d'existence légale qui est incriminée. L'exploitation en l'absence de déclaration a pour conséquence de rendre illégale l'activité professionnelle du tenancier. La solution a été appliquée à l'ouverture sans autorisation d'un élevage d'animaux non domestiques, infraction qui se poursuit pendant toute la durée de la présence d'animaux dans l'établissement : Crim. 21 févr. 2006, *Bull. crim.* n° 51. Est également continu le délit d'exploitation d'un débit de boissons nonobstant une interdiction professionnelle : Crim. 19 oct. 2004, *Dr. pénal* 2005, n° 57, obs. J.-H. Robert. On remarquera pourtant que dans un domaine assez voisin, à savoir, la mutation dans la personne du propriétaire ou gérant sans déclaration préalable, a été considérée comme une infraction instantanée (Crim. 4 févr. 1981, *Bull. crim.* n° 46). La différence entre les deux incriminations s'explique sans doute par le fait que l'article L. 33 du Code des débits de boissons (auj. CSP, art. L. 3332-4) précise que le fait de vendre des boissons est assimilé à une ouverture.

13 On peut d'ailleurs considérer que les associations interdites, les exploitations illicites et les détentions illégales (v. pour la détention irrégulière d'avoirs à l'étranger : Crim. 17 avr. 1989, *Bull. crim.* n° 157 et plus récemment pour la détention irrégulière d'équidés : Crim. 24 juin 2014, *Gaz. Pal.* 21 oct. 2014, n° 294, obs. S. Detraz, plusieurs poursuites successives sont donc possibles) sont des infractions continues par leur nature (v. thèse A. Varinard, préc., p. 196 s. ; v. égal. Y. Mayaud, « La séquestration arbitraire, un enjeu de durée », *RSC* 1996. 372). Ainsi également le fait de traiter des données informatiques nominatives sans

autorisation est une infraction continue puisque cette activité peut être considérée comme une exploitation illicite : Crim. 23 mai 1991, n° 90-87.555, *Bull. crim.* n° 218 ; *Dr. pénal* 1992. Comm. 325. Dans ces différentes hypothèses, la continuité de l'élément moral des infractions ne pose pas de problèmes particuliers. Le renouvellement constant de l'activité matérielle implique la continuité de l'élément moral (v. par ex. pour un cas de proxénétisme, le fait de vivre avec une prostituée, considéré comme une infraction continue : Crim. 29 juin 1983, *Bull. crim.* n° 207). On peut également citer par application de cette même idée quelques autres décisions : Crim. 20 févr. 1992, n° 91-84.862, *Bull. crim.* n° 81 ; Crim. 30 sept. 1992, n° 92-81.084, *Bull. crim.* n° 300 pour un stationnement irrégulier de caravanes ; Crim. 21 sept. 1993, *Dr. pénal* 1993. Comm. 70, obs. J.-H. Robert, non-respect de ses obligations par un lotisseur ; Crim. 11 févr. 1998, n° 96-84.997, *Bull. crim.* n° 53 ; *RSC* 763, obs. B. Bouloc ; *Dr. pénal* 1998, n° 65, obs. M. Véron, pour un hébergement contraire à la dignité humaine (C. pén., art. 225-13).

14 Si la prolongation de la consommation dans le temps pour une durée indéterminée apparaît bien comme le véritable critère de la continuité, il reste que la volonté du législateur peut demeurer équivoque en raison des termes choisis. V. par ex. pour le délit d'ingérence tel qu'il est prévu dans l'actuel Code pénal (art. 432-12). S'agit-il d'une infraction instantanée ou continue dès lors que le législateur utilise le terme « conserver » (J.-H. Robert, *Dr. pénal* 1993. Chron. 10 ; *contra* P. Conte et P. Maistre de Chambon, n° 205). L'auteur démontre que, nonobstant ce verbe qui évoque la continuité, l'infraction, sauf exception résultant d'un particularisme dans l'exécution, reste instantanée (v. Crim. 3 mai 2001, n° 00-82.880, *Bull. crim.* n° 106 ; *RSC* 2002. 111, obs. J.-P. Delmas Saint-Hilaire ; *Dr. pénal* 2001, n° 99, obs. M. Véron ; *JCP* 2002. I. 107, obs. M. Véron, J.-P. Delmas Saint-Hilaire admettant qu'il y a, en quelque sorte, une double infraction, le fait de prendre un intérêt étant instantané, le fait de conserver cet intérêt étant continu). On pourrait citer le cas des recels ou encore de l'enlèvement d'enfants pour lesquels les termes n'impliquent pas à l'évidence la continuité. Pour certains auteurs, (M. Puech, n° 601 en cas de doute, la jurisprudence opterait pour le caractère continu. Il nous semble pourtant qu'une analyse de l'objectif du législateur pour ces infractions conduit également à une telle solution (pour le recel : Crim. 16 juill. 1964, *D.* 1964. 664 ; *RSC* 1965. 133, obs. P. Bouzat ; Crim. 17 mai 1983, *Bull. crim.* n° 143 ; pour la soustraction de mineur qui manifeste une volonté de porter atteinte à l'autorité parentale : Crim. 23 févr. 2000, n° 99-84.739, *Bull. crim.* n° 83 ; *D.* 2000. 128). On signalera le cas des diffamations, injures et provocations sur Internet qui a donné lieu à une jurisprudence importante, à une intervention législative et à une censure du Conseil constitutionnel pour qu'il soit finalement admis que l'infraction, se consommant par la mise en ligne des propos diffamatoires sur Internet, est instantanée (en ce sens : Crim. 16 oct. 2001, n° 00-85.728, *Bull. crim.* n° 211 ; *RSC* 2002. 621, obs. J. Francillon ; *JCP* 2002. II. 10028, note Blanchetier ; *Dr. pénal*

2002, n° 12, obs. M. Véron ; Crim. 27 nov. 2001, n° 01-80.134, *Bull. crim.* n° 246 ; *D.* 2002. 2770, obs. C. Bigot ; *RSC* 2002. 621, obs. J. Francillon et la remarquable analyse de ce thème *in* Mayaud, n° 211). On ajoutera que la Cour de cassation a récemment précisé que la première mise en ligne fixe le point de départ de la prescription, même si d'autres mises en ligne, sur d'autres sites, ont été réalisées ultérieurement (Crim. 6 janv. 2009, n° 05-83.491, *AJ pénal* 2009. 127, obs. G. Royer). On peut remarquer, en revanche, que la reproduction dans un écrit rendu public, d'un texte déjà publié, est constitutive d'une nouvelle infraction : Crim. 2 oct. 2012, n° 12-80.419, *Dr. pénal* 2012, n° 157, obs. M. Véron et O. Mouysset « Un an de droit de la presse », *Dr. pénal* 2013. Chron. 6.

15 En revanche le délit de publicité en faveur du tabac sur internet est selon la chambre criminelle une infraction continue : Crim. 17 janv. 2006, n° 05-86.451, *Bull. crim.* n° 21 ; *D.* 2006. 1437, note C. Courtin ; *AJ pénal* 2006. 169, obs. G. Royer ; *JCP* 2006. II. 10120, note B. Bouloc ; *Dr. pénal* 2006, n° 154, obs. J.-H. Robert et n° 41, obs. M. Véron ; *Gaz. Pal.* 6-8 août 2006, obs. Y. Monnet ; *RPDP* 2006. 606, obs. A. Lepage.

On notera également dans le domaine de la publicité illégale par enseigne que la chambre criminelle (2 juill. 1980, *Bull. crim.* n° 211 ; *Gaz. Pal.* 1981. 1. 232 ; *RSC* 1982. 331, obs. J. Larguier) a considéré qu'une telle infraction est continue ce qui ne résultait pas à l'évidence du texte (v. égal. Crim. 20 nov. 1979, *Bull. crim.* n° 322 ; Crim. 26 oct. 1987, *Bull. crim.* n° 368 pour le maintien d'une fumière à moins de cinq mètres, d'une voie publique).

16 Mais la jurisprudence va parfois plus loin et traite comme de véritables infractions continues, des infractions qui ne peuvent être qu'instantanées. L'abus de blanc-seing (infraction supprimée dans l'actuel Code pénal) ou la fausse déclaration de dommages de guerre par exemple (Crim. 13 mars 1963, *Bull. crim.* n° 116 pour la première ; Crim. 27 janv. 1970, *Bull. crim.* n° 40, pour la seconde). V. pour un exemple : Crim. 3 juin 2015, n° 13-87.405, *RPDP* 2015. 903, obs. très critiques O. Décima, pour une infraction de plantation illicite de vignes qui, pour les besoins de la répression, a été considérée comme une infraction continue, l'exploitation, par une autre personne que le planteur, étant assimilée à la plantation. On notera d'ailleurs que pour d'autres infractions, tels l'abus de confiance ou l'abus de biens sociaux, la jurisprudence retarde expressément le point de départ du délai de prescription jusqu'au jour où l'infraction a pu être constatée sans pour autant affirmer le caractère continu de l'infraction (v. par ex. Crim. 13 févr. 1989, n° 88-81.218, *Bull. crim.* n° 69 ; Crim. 28 mai 2003, n° 02-85.185, *Bull. crim.* n° 108 ; Crim. 4 janv. 2004, *JCP* 2005. II. 10051, obs. J.-H. Robert ; Crim. 8 avr. 2010, *Dr. pénal* 2010. 82, note J.-H. Robert ; B. Bouloc, *Procédure pénale*, 25e éd., 2015, n° 147). Pour certains auteurs, plusieurs décisions de la chambre criminelle traduiraient l'avènement d'une nouvelle catégorie d'infractions pour lesquelles la clandestinité jouerait un rôle déterminant afin de repousser le point de départ de la prescription : F. Desportes et F. Le Gunehec, n° 443 ; M. Véron, « Clandestinité et prescription », *Dr. pénal* 1998. Chron. 16 ; J. Lelieur, « Nouvelle avancée jurisprudentielle en matière de prescription des infractions occultes », note sous Crim. 19 mars 2008, *AJ pénal* 2008. 319 ; (C. Courtin, *Rép. pén.*, « Prescription pénale », n°s 39 s. ; W. Jeandidier, *Droit pénal des affaires*, Dalloz, 6e éd., 2005, n° 278. Par ex. pour l'atteinte à l'intimité de la vie privée, Crim. 4 mars 1997, n° 96-84.773, *Bull. crim.* n° 83 ; *Dr. pénal* 1997, n° 75 ; Crim. 8 juin 1999, *Dr. pénal* 1999, n° 146 : pour la mise en mémoire de données nominatives, délit continu parce qu'il est clandestin, Crim. 17 déc. 2002, n° 01-87.178, *Bull. crim.* n° 233 ; *D.* 2003. 1731, obs. J. Pradel ; pour le délit d'altération de preuves en vue de faire obstacle à la manifestation de la vérité (moment où la partie civile cesse d'être dans l'ignorance de l'infraction) ; Crim. 22 mai 2002, n° 01-85.763, *RSC* 2003. 108, obs. J.-F. Renucci et C. Ambroise-Castérot pour un délit de publicité mensongère). Plus récemment cette solution a été étendue à plusieurs infractions traditionnellement rangées dans la catégorie des infractions instantanées. Ainsi en est-il par exemple en matière de dissimulation d'enfant (C. pén., art. 227-13) au motif que la clandestinité est au cœur de cette infraction puisque les éléments constitutifs de l'incrimination ont pour objet de laisser l'enfant et les autorités de poursuite dans l'ignorance totale de sa réelle filiation (Crim. 23 juin 2004, n° 03-82.371, *Bull. crim.* n° 173 ; *D.* 2005. 1399, note M. Royo ; *RSC* 2004. 883, obs. Y. Mayaud ; *ibid.* 897, obs. D. N. Commaret). Ainsi se développe l'idée d'infractions qui seraient clandestines par nature telle la tromperie nonobstant son caractère instantané : Crim. 7 juill. 2005, n° 05-81.119, *Bull. crim.* n° 206 ; *D.* 2005. 2998, note A. Donnier ; *RSC* 2006. 84, obs. C. Ambroise-Castérot ; *Dr. pénal* 2005, n° 132, obs. J.-H. Robert, affaire des hormones de croissance ; G. Lecuyer, « La clandestinité de l'infraction comme justification du retard de la prescription de l'action publique », *Dr. pénal* 2006. Étude p. 8. On ajoutera que la chambre criminelle continue d'utiliser la technique de la dissimulation pour reporter le point de départ de la prescription. Ainsi en est-il par exemple pour le délit de favoritisme (Crim. 5 mai 2004, n° 03-85.503, *Bull. crim.* n° 110 ; *D.* 2004. 2413 ; Crim. 19 mai 2004, n° 03-86.192, *Bull. crim.* n° 131 ; *RSC* 2004. 897, obs. D. N. Commaret). Une dernière technique de report semble enfin avoir été utilisée par la chambre criminelle, celle consistant à considérer que l'on est en présence d'une entreprise frauduleuse unique nonobstant la pluralité de faits, constituant chacun une infraction séparée, autrement dit à accepter la conception doctrinale de l'infraction continuée dite encore collective par unité de but jusqu'alors rejetée par la Cour de cassation (Crim. 19 déc. 1956, *JCP* 1956. II. 9923 note Delpech ; v. P. Conte et P. Maistre du Chambon, n° 211 ; pour une opinion plus hésitante, M.-L. Rassat, n° 280 et pour une analyse critique E. Dreyer, n° 706 s. ; Crim. 27 mai 2004, n° 03-82.738, *Bull. crim.* n° 141 ; *RSC* 2004. 881, obs. Y. Mayaud ; *ibid.* 886, obs. R. Ottenhof ; *ibid.* 897, obs. D. N. Commaret ; *Dr. pénal* 2004, n° 130, obs. M. Véron ; Crim. 5 oct. 2004, n° 02-86.522, *Dr. pénal* 2005, n° 1, obs. M. Véron en matière d'abus de faiblesse ; Crim. 31 janv. 2007, préc. en matière de concussion. V. égal. Y. Mayaud, n° 187 qui distingue infraction continue et infraction collective, évoquant, dans ces cas, un artifice jurisprudentiel et pour un report au jour de la dernière remise en cas de remises successives : Crim. 6 oct. 2004, *Dr. pénal* 2005, n° 27). Sur ces questions : V. A. Darsonville, « Les situations de dépendance entre infractions. Essais d'une théorie générale », Thèse Paris 2, 2006 ; E. Letouzei , « La répétition d'infractions », Thèse Toulouse I Capitole, *RSC* 2014. 875, pour un résumé réalisé par l'auteure.

17 En réalité, il ne nous semble pas qu'il y ait dans ces cas une explication rationnelle fondée sur des principes régissant la classification des infractions mais simplement un moyen de politique criminelle permettant d'éviter que ces infractions ne soient trop facilement prescrites (v. sur l'ensemble de cette question les observations de D. N. Commaret à la *RSC* 2004. 897 : « Point de départ du délai de prescription de l'action publique : des palliatifs jurisprudentiels, faute de réforme législative d'ensemble » ; A. Varinard, « La prescription de l'action publique : une institution à réformer » in *Mélanges J. Pradel*, Cujas, 2006, p. 605 ; C. de Jacobet de Nombelle « L'article 8 du code de procédure pénale, cas de report de la prescription fondé sur la clandestinité de l'infraction », *Dr. pénal* 2013. Étude 3). Pour autant, ces solutions, manifestement contraires à la lettre de l'article 7 du Code de procédure pénale et ne s'appliquant pas à toutes les infractions, on pouvait légitimement s'interroger sur le respect du principe de légalité et de prévisibilité de la loi par cette jurisprudence. Il aurait donc été intéressant que le Conseil constitutionnel puisse se prononcer sur cette question à l'occasion d'une question préjudicielle de constitutionnalité. La Cour de cassation en a décidé autrement en assemblée plénière dans quatre espèces concernant la prescription, la troisième traitant spécialement du report du point de départ de son délai, en refusant de transmettre les questions posées au Conseil constitutionnel estimant, selon la formule usuelle, qu'elles ne présentaient pas un caractère sérieux. Plus particulièrement, sur la question de la prévisibilité, elle affirme « que les règles relatives au point de départ de la prescription de l'action publique sont anciennes, connues, constantes et reposent sur des critères précis et objectifs ». Ainsi cette décision consacre donc la très abondante jurisprudence relative à toutes les infractions clandestines, celles qui ont été découvertes, comme celles qui le seront sans doute ultérieurement. Il serait évidemment très facile de montrer que, contrairement à l'affirmation péremptoire de la Cour de cassation, il n'y a aucun critère logique et précis permettant de comprendre le report ou, au contraire, le non-report du délai de prescription d'une infraction déterminée. Il est évident que le législateur devra apporter des précisions sur cette question (Ass. plén., 20 mai 2011, QPC 4 esp., *Bull. crim.* n°s 5 à 8 ; *D.* 2011. 1346 ; A. Lienhard et D. Chagnollaud, « Un coup d'État juridique ? », *D.* 2011. 1426 ; *Dr. pénal* 2011, n° 95, obs. J.-H. Robert ; *AJ pénal* 2011. 56, obs. J. Gallois). Ainsi, et pour un exemple significatif, est-il normal que la dissimulation de cadavre ne puisse en aucune manière entraîner un report du délai de la prescription de l'action publique : Crim. 16 oct. 2013, n° 13-85.232 et n° 11-89.002, J.-Y. Maréchal, « Couvrez ces cadavres que je ne saurais voir », *Dr. pénal* 2013. Étude 18 ; Y. Mayaud, *D.* 2013. 2673 et *RSC* 2013. 803 ; *Gaz. Pal.* 22 nov. 2013, note R. Mésa ; *JCP* 2013. 227, note S. Detraz. L'auteur de huit infanticides doit-il être mieux traité qu'un dirigeant social ayant dissimulé des détournements au préjudice de sa société ?

La cour de Paris, statuant sur renvoi de la Cour de cassation, a, au contraire, admis le report du point de départ de la prescription dans cette affaire : Paris, 25 mai 2014, RG n° 2013/08837, *D.* 2014. 1206, obs. M. Bombled. Saisie d'un pourvoi, l'Assemblée plènière de la Cour de cassation, l'a finalement rejeté, sans pour autant contredire directement la chambre criminelle, en estimant que l'écoulement du délai de la prescription avait été suspendu par un obstacle insurmontable à l'exercice des poursuites : Ass. plén., 7 nov. 2014, n° 14-87.739, *Bull. crim.* n° 1 (sur cette décision qui a fait l'objet de très nombreux commentaires, v. A. Varinard, *GAPP*, n° 8).

B. — Continuité et infraction d'omission

18 S'agissant des infractions d'omission, la passivité qu'elles impliquent paraît plus facilement conduire à la continuité. En réalité, encore faut-il, pour qu'il en soit ainsi, que le devoir ou l'obligation à accomplir puisse être exigé pendant un certain temps et que le législateur n'ait pas fixé un délai pour le réaliser. Ainsi a-t-on pu considérer que le délit de refus de représentation d'enfant au mépris d'une décision de justice est continu (Crim. 30 juin 1937, *DH* 1937. 455 ; *Gaz. Pal.* 1937. 2. 605 ; *RSC* 1937. 709, obs. Carrive) ce qui permet un renouvellement des poursuites, la prescription ne pouvant pas, par ailleurs, courir avant que l'obligation imposée par le juge ne soit respectée. On peut également citer le délit de non-déclaration de traitement informatique de données nominatives (Crim. 23 mai 1991, préc.).

19 L'arrêt du 31 mars 1926 qui nous avait fourni l'exemple d'une infraction instantanée présente l'avantage de donner également un exemple d'une contravention continue. Pinganaud qui avait construit un barrage sans autorisation de l'administration, s'était ensuite vu enjoindre par cette administration la démolition du barrage. La chambre criminelle constate que le refus de se conformer à cette injonction constitue une infraction successive qui se renouvelle chaque jour. Il est bien évident que l'obligation de démolir présente par sa nature un caractère continu.

Dès lors si un individu ne respecte pas l'injonction qui lui a été adressée, il est parfaitement concevable d'envisager plusieurs poursuites successives, le principe de l'autorité de la chose jugée ne pouvant recevoir application et ce, nonobstant l'intervention d'une loi d'amnistie, dès lors que les faits délictueux se poursuivent au-delà de la date d'application de cette loi (en ce sens, Crim. 14 févr. 1957, *Bull. crim.* n° 150). Si la chambre criminelle casse néanmoins la décision, c'est que les juges du fond n'avaient pas indiqué la nature de la disposition de l'arrêté sur laquelle il se fondait pour déclarer l'infraction non amnistiée, lui empêchant d'exercer son contrôle en raison du défaut de motifs. Cet arrêt ne permet pas de savoir précisément si un délai avait été fixé pour la destruction du barrage puisque la cour vise simplement « l'époque fixée pour l'exécution dudit arrêté ». À supposer qu'un tel délai ait été prévu, on sait d'ailleurs que l'infraction resterait continue, puisqu'il apparaît que la fixation d'un délai par l'administration est simplement indicative et ne s'oppose pas à la continuation de cette infraction après son écoulement, essentiellement, nous l'avons dit, pour des raisons tenant à la volonté des juges d'éviter la prescription (v. par ex, Crim. 19 févr. 1957, *Bull. crim.* n° 166 ; Crim. 19 mai 1971, *Bull. crim.* n° 167, pour l'inexécution de travaux. Sur cette question, Salvaire, « Les contraventions successives », *JCP* 1962. I. 1696 et pour une application plus récente : Crim. 4 janv. 1990, n° 89-81.602, *Bull. crim.* n° 9).

20 Dans un tout autre domaine nous citerons enfin, l'infraction d'entrave aux fonctions des différents organismes de représentation du personnel qui a été considérée comme continue lorsqu'elle se réalise par le refus de réintégrer dans l'entreprise un délégué irrégulièrement licencié (en ce sens, Crim. 28 sept. 1968, *Bull. crim.* n° 181 ; Crim. 23 avr. 1970, *Bull. crim.* n° 145 ; *JCP* 1970. II. 16486, note Michaud).

L'abondance des justifications que l'on est parfois obligé de fournir pour expliquer le caractère continu donné par la jurisprudence à une infraction, montre bien que l'on se trouve à la limite de l'interprétation permise. La seule véritable explication d'une sorte de « continuité jurisprudentielle » trouve sa source dans le régime très sévère des infractions de ce type. Lorsque l'on veut éviter qu'une infraction demeure impunie en raison de la prescription ou d'une loi d'amnistie, la solution peut être trouvée dans le caractère continu de l'infraction (v. pour l'extension de compétence d'un tribunal français pour une infraction commencée à l'étranger et continuée en France : Crim. 16 mai 1983, *Bull. crim.* n° 139 ; Crim. 23 févr. 2000, préc.). C'est une solution de politique criminelle mais qui reste juridiquement inacceptable.

A. V.

30

TENTATIVE
COMMENCEMENT D'EXÉCUTION
NOTION

Crim., 8 nov. 1972, n° 72-91.720, *Ruiz et autres*
(*Bull. crim.* n° 331 ; *Gaz. Pal.* 1973. 1. 205)

Crim., 3 mai 1974, n° 73-92.289, *Ramel*
(*Bull. crim.* n° 157 ; *DS* 1973. Somm. 20)

Le commencement d'exécution caractérisant une tentative s'analyse, selon les infractions en « un acte qui tend directement et immédiatement à la consommation du délit », le prévenu étant entré dans la période d'exécution (2ᵉ esp.) ou en un « acte qui tend directement à l'infraction avec intention de la commettre » (1ʳᵉ esp.).

Chambre criminelle, 8 novembre 1972, *Ruiz et autres*

Attendu qu'il résulte des énonciations de l'arrêt attaqué ainsi que du jugement dont il adopte les motifs non contraires que les demandeurs ont reconnu avoir essayé de contrefaire des permis de conduire ; qu'ils ont été surpris par la police alors qu'ils se livraient à l'impression ; qu'ayant tous l'intention de réaliser la fabrication de faux permis, leurs agissements étaient en relation directe avec la réalisation ; que, d'autre part, leurs travaux étaient suffisamment avancés, deux cachets leur manquant seulement pour réaliser le faux permis ; qu'ils avaient procédé à la composition recto et verso dudit permis ;

Attendu qu'en statuant ainsi, la cour d'appel n'a violé aucun des textes visés au moyen ; que les faits ci-dessus souverainement constatés par elle réunissent tous les éléments légaux du délit de tentative de contrefaçon du permis de conduire et notamment le commencement d'exécution caractérisé par des actes qui tendaient directement au délit avec intention de le commettre ;

Attendu, enfin, que l'arrêt, en adoptant, ainsi qu'il l'a fait, les motifs non contraires du jugement qui énumère les circonstances d'où est déduite la preuve de la culpabilité des demandeurs, a répondu aux conclusions prises par ces derniers devant la cour d'appel ;

Que le moyen ne saurait donc être accueilli ;

Et attendu que l'arrêt est régulier en la forme ;

Rejette les pourvois.

Chambre criminelle, 3 mai 1974, *Ramel*

Attendu qu'il résulte des constatations de l'arrêt attaqué que trente-sept échantillons de vins ont été adressés à des clients des Établissements Ramel sous des bordereaux faisant état d'appellation d'origine ou de dénomination de provenance auxquelles ces vins ne pouvaient prétendre s'agissant de vins de coupage de consommation courante ;

Attendu que pour déclarer Ramel coupable, à raison de ces faits de tentative de tromperie sur l'origine et la qualité substantielle de la marchandise, délit prévu et réprimé par l'article 1er de la loi du 1er août 1905, les juges d'appel, répondant aux conclusions du prévenu reprises au moyen, énoncent que l'envoi des échantillons dans les conditions ci-dessus décrites constitue le commencement d'exécution qui caractérise cette tentative, la circonstance alléguée selon laquelle aucune commande ne s'en serait suivie étant indépendante de la volonté du prévenu ;

Attendu que cette décision est justifiée ; qu'en effet, le commencement d'exécution est constitué au sens de l'article 2 du Code pénal par tous les actes qui tendent directement et immédiatement à la consommation du délit, le prévenu étant ainsi entré dans la période d'exécution ; que tel est bien le cas en l'espèce d'une proposition de vente qui, appuyée par l'envoi d'un échantillon assorti d'indications fausses doit, dans l'intention de son auteur, déterminer la conclusion de la vente et entraîner une tromperie dont l'acheteur sera la victime ;

Qu'ainsi le moyen doit être rejeté ;

OBSERVATIONS

1 Selon un découpage classique, mais quelque peu artificiel, le processus criminel de réalisation d'une infraction, peut se décomposer en cinq phases successives : résolution criminelle, extériorisation de la pensée criminelle, actes préparatoires, commencement d'exécution, consommation. On a parlé d'*iter criminis* ou de chemin du crime (R. Garraud, t. I, n° 227, R. Bernardini, n° 352). C'est avec la manifestation d'une quatrième phase d'activité que, selon l'article 121-5 du Code pénal, on entre dans la zone de répression sous l'angle de la tentative. Malheureusement le législateur n'a fourni aucune définition du commencement d'exécution (pour une critique du silence du nouveau Code pénal sur ce point : M.-L. Rassat, n° 293). Comment dans chaque cas précis, déterminer si l'action d'un individu doit être considérée comme un acte préparatoire non punissable ou comme un acte d'exécution punissable ?

Les deux décisions de la chambre criminelle, que nous avons retenues, en fournissant deux définitions quelque peu différentes du commencement d'exécution, apportent certains éléments pour résoudre ce délicat problème de qualification. Selon le premier arrêt, le commencement d'exécution est constitué par un acte tendant directement au délit avec intention de le commettre alors que selon la seconde décision c'est l'acte qui tend directement et immédiatement à la consommation du délit, le prévenu étant ainsi entré dans la période d'exécution.

2 Il est à remarquer que si ces deux définitions sont les plus fréquemment utilisées par la jurisprudence, il serait néanmoins possible d'en citer d'autres, plus anciennes ou plus récentes. Faut-il conclure de cette diversité de formulation qu'il n'y a aucune ligne directrice dans la jurisprudence de la chambre criminelle ? En ce sens : P. Conte et P. Maistre du Chambon, n° 333 ; M.-L. Rassat, préc. Nous ne le pensons pas. Les tribunaux vont en effet sur ce point suivre l'évolution de la doctrine. Cette doctrine s'est d'abord partagée entre les tenants d'une conception objective mettant l'accent sur les agissements du prévenu (J. Ortolan, t. I, n° 1012, 5e éd., 1886 ; J.-A. Roux, t. I, p. 105) et ceux d'une conception subjective qui insistent plutôt sur l'état d'esprit de l'agent (Saleilles, « Essai sur la tentative », *RPDP* 1913. 750 ; L. Vidal et L. Magnol, t. I, p. 150). L'excès ou la faiblesse de ces thèses devait tout naturellement conduire certains auteurs à proposer une voix médiane. R. Garraud (t. I, p. 494) suggéra une synthèse des thèses objectives et subjectives que l'italien Carrara a présentée dans sa théorie de l'acte univoque. Si un acte est absolument nécessaire, l'univocité ne peut résulter que de l'intention de celui qui l'accomplit (sur les différentes conceptions en droit comparé : J. Pradel, *Droit pénal comparé*, Dalloz, 3e éd., 2008, nos 56 s.).

Dès lors, au-delà des formules qu'elle utilise, ce qui semble évident, c'est que la Cour de cassation pour caractériser le commencement d'exécution va toujours exiger un double élément : un acte ou fait dont les caractéristiques permettent de déterminer l'intensité de l'élément objectif de la tentative (I) ; une intention irrévocable de réaliser telle infraction précise, élément subjectif de la tentative, permettant d'attirer dans le champ de la répression des actes qui, en eux-mêmes, ne perpètrent pas l'infraction (II).

I. — Un acte, élément objectif indispensable du commencement d'exécution

3 La Cour de cassation n'a jamais souscrit aux exigences d'une conception strictement objective du commencement d'exécution en exigeant que l'acte constitue un élément, ou une circonstance aggravante de l'infraction. D'anciens arrêts (Crim. 3 janv. 1913, *D.* 1914. 1. 41, note H. Donnedieu de Vabres ; *S.* 1913. 1. 281, note J.-A. Roux) témoignent du refus de cette solution. Ainsi dans cette décision, le fait d'attendre un encaisseur dans un couloir, muni d'une arme et d'instruments indispensables à l'agression, a été considéré comme un commencement d'exécution. Sans doute, les actes étaient éloquents quant à la suite à donner à l'action, mais ils n'appartenaient pas à la matérialité de l'infraction. Il faut, comme la Cour de cassation le souligne, que l'individu soit entré dans la période d'exécution même s'il serait plus juste de parler d'exécution de la tentative. En tout état de cause, il faut un acte positif et une simple omission ne peut suffire. Ainsi, une omission d'un salarié, d'informer son employeur qu'il bénéficie d'un statut de protection, ne peut constituer une tentative d'escroquerie par usage d'une fausse qualité : Crim. 14 avr. 2015, n° 14-81.188 ; *Dr. pénal* 2015, n° 82, note M. Véron.

4 Cette solution, la jurisprudence ne l'a jamais abandonnée depuis, mais c'est seulement dans la définition des caractéristiques de cet élément objectif que l'on observe une certaine variabilité. Il reste que, dans tous les cas, les tribunaux exigent un rapport de causalité directe entre l'acte et l'infraction (R. Merle et A. Vitu, t. I, n° 499 ; J. Pradel, n° 419 ; D. Rebut, *Rép. pén.*, Dalloz, « Tentative », n°s 21 s.). On observera néanmoins que la chambre criminelle renonce parfois à toute formule en se contentant d'affirmer l'existence de la tentative (Crim. 4 janv. 1978, *Bull. crim.* n° 5 ; Crim. 6 avr. 1993, *Bull. crim.* n° 135 ; Crim. 25 oct. 1995, *Dr. pénal* 1996, n° 63 ; Crim. 10 janv. 1996, n° 95-85.284, *RSC* 1996. 656, obs. Y. Mayaud ; *ibid.* 846, obs. B. Bouloc ; *Dr. pénal* 1996, n° 91), et plus récemment, par exemple en matière de tentative de chantage par une menace de révèler une liaison adultérine : Crim. 28 janv. 2015, n° 14-81.610, *Bull. crim.* n° 23, *Gaz. Pal.* 19 mai 2015, n° 139, obs. S. Detraz ; *Dr. pénal* 2015, n° 31, note M. Véron et pour une menace de révèler des infractions fiscales dans le cadre du règlement amiable d'un litige : Crim. 8 sept. 2015, n° 14-83.306, *Gaz. Pal.* 31 mai 2015, n° 307 obs. S. Detraz. Il semble d'ailleurs que cette attitude de la Cour de cassation soit de plus en plus fréquente (v. R. Bernardini, n° 365 pour une analyse de nombreuses décisions). Comme le note le professeur Y. Mayaud (n°s 261 s.), il y a une très forte emprise des faits dans les solutions retenues, maximale dans les infractions matérielles et minimale dans les infractions formelles.

Peut-on expliquer rationnellement les différentes formules utilisées et notamment dans les deux décisions que nous avons retenues. La différence rédactionnelle ne nous apparaît pas fortuite et nous ne pensons pas qu'elle soit particulièrement « obscure » (*contra* M. Puech, n° 55, p. 209 ; W. Jeandidier, n° 216 ; M.-L. Rassat, n° 297). S'il ne faut pas toujours interpréter à la loupe ce qui n'est peut-être qu'un accident rédactionnel, il nous semble que l'exigence du caractère immédiat de l'acte par rapport à l'infraction devient nécessaire dans certaines situations (A) alors qu'un lien direct peut suffire dans d'autres hypothèses (B).

A. — Acte qui tend directement et immédiatement à la consommation du délit

5 Il apparaît que cette solution s'observe dans deux cas : soit en raison de la nature de certaines infractions, soit en raison des circonstances ou du tour particulier qu'a pris la réalisation d'une infraction (v. A. Prothais, *Tentative et attentat*, LGDJ, 1986, n° 75).

La nature spéciale d'un délit peut rendre moins évidente l'univocité d'un acte. Ainsi en est-il lorsque la consommation de l'infraction résulte plutôt d'une opération intellectuelle. L'arrêt du 3 mai 1974 nous paraît assez bien illustrer cette hypothèse. S'agissant d'une tentative de tromperie sur l'origine et la qualité substantielle d'une marchandise, la cour a estimé qu'une proposition de vente, appuyée par l'envoi d'un échantillon, assortie d'indications fausses, fonde un commencement d'exécution punissable (v. pour une espèce proche, Crim. 5 juin 1984, *Bull. crim.* n° 212). Une telle infraction n'impliquant pas des actes matériels suffisamment déterminés, il importe de préciser que l'envoi d'échantillons de vins, accompagnés de bordereaux faisant état d'appellation d'origine à laquelle ces vins ne pouvaient prétendre, à une série de clients, constitue la dernière opération que pouvait accomplir le vendeur avant la consommation de l'infraction. L'adjectif immédiat qui a été ici retenu – plus qu'une proximité dans le temps qui est ici toute relative – souligne plutôt l'absence de tout autre élément entre l'acte reproché et son résultat normal c'est-à-dire la commande par laquelle se réalise normalement l'infraction. Dans le même sens : Crim. 19 janv. 1993, n° 90-84.624, *Bull. crim.* n° 25 ; *RSC* 1994. 100, obs. B. Bouloc : exposition d'appareils téléphoniques non agréés par l'administration ; Crim. 25 oct. 1995, *Dr. pénal* 1996, n° 63, obs. J.-H. Robert : tentative de tromperie par altération de la date limite optimale d'utilisation ; Crim. 16 févr. 2016, n° 14-88.052 : mise en vente de produits par catalogue et sur internet.

6 Une solution identique est retenue dans une décision du 18 août 1973 (*Bull. crim.* n° 339 ; *RSC* 1974. 575, obs. J. Larguier) dans une affaire de tentative d'achat de drogue. On a considéré que la négociation tendant à la cession et à l'acquisition d'une certaine quantité de stupéfiants constituait un commencement d'exécution. Dès lors que le fait reproché n'est pas en lui-même révélateur de l'intention, il importait de préciser que l'acte retenu est de ceux qui précèdent « immédiatement » la consommation de l'infraction. Un désistement volontaire étant très improbable (v. égal. en matière de travail clandestin, le simple fait de faire monter un client dans un taxi alors même que la course n'est pas commencée : Crim. 25 juill. 1991, *Dr. pénal* 1992. Comm. n° 29 ; v. égal pour la remise de l'argent dans un trafic de stupéfiants : Crim. 25 mars 2015, n° 14-84.917).

7 Les circonstances particulières du projet de réalisation d'une infraction, par ailleurs classique, fournissent la seconde hypothèse où le caractère immédiat de l'acte par rapport à l'infraction paraît être exigé. La très célèbre affaire *Lacour* nous en fournit une bonne illustration. L'instigateur d'un assassinat, dont la provocation n'avait pas été suivie d'effet, le tueur ayant renoncé à sa sinistre besogne, n'a pas été considéré comme ayant commis une tentative punissable (Crim. 25 juin 1959, *JCP* 1959. II. 11288, concl. Gerthoffer et note R. Vouin ; v. égal. Crim. 26 janv. 1993, *Dr. pénal* 1993. Chron. 65, V. Lescloux et C. Marsat). Sans doute les faits reprochés tendaient-ils directement à l'infraction mais ils n'y tendaient pas immédiatement. L'existence d'un élément intermédiaire, médiat, constitué par le tueur désigné, implique que l'on n'est pas entré dans la période d'exécution même si la volonté criminelle de l'instigateur ne faisait pas de doute (en ce sens, J. Larguier ; *RSC* 1974. 575 ; A. Decocq, p. 176). On observera que la solution serait aujourd'hui différente, le législateur incriminant, de manière spécifique, le fait de provoquer en vain par des offres, promesses, dons présents ou avantages quel-

conques à un empoisonnement ou un assassinat (C. pén., art. 221-5-1). Dans un arrêt plus récent la chambre criminelle adopte une solution du même type tout en utilisant une formule différente. Elle a considéré que le fait de remettre une somme d'argent, destinée à un achat de haschich à un intermédiaire ne pouvait pas réaliser un commencement d'exécution de l'infraction dès lors qu'en raison d'un fait extérieur (rétention du mandat par la mère de l'intermédiaire), aucun contact n'avait pu être pris avec le vendeur de drogue. La Cour de cassation se contente d'affirmer que l'acte doit avoir pour conséquence directe de consommer le délit, celui-ci étant entré dans sa période d'exécution. Bien que le caractère immédiat ne soit pas expressément visé on peut considérer que l'idée reste la même. La présence d'un tiers intermédiaire implique que l'on est encore loin du résultat espéré. La distance entre l'acte et la consommation est beaucoup trop grande, le résultat trop aléatoire (v. Crim. 15 mai 1979, *Bull. crim.* n° 175 ; *D.* 1980. 409, note J.-M. Cambassédès ; *Gaz. Pal.* 1980. 1. 88, note P. L. G. On consultera également l'article de M. Devèze, « Le commencement d'exécution en jurisprudence », *RSC* 1981. 777. Cet auteur propose une solution judicieuse pour déterminer l'existence d'un commencement d'exécution selon qu'il y a participation volontaire ou non du tiers pour l'achèvement de l'infraction) (pour un exemple intéressant correspondant à cette théorie : Crim. 12 juill. 1994, *Dr. pénal* 1995, n° 1, obs. M. Véron : importation illicite de stupéfiants dans des bibelots par désignation d'un destinataire reconnu de bonne foi). La chambre criminelle a repris exactement cette définition du commencement d'exécution dans un arrêt du 11 mars 2011 (n° 10-84.344, *Dr. pénal* 2011. 103, obs. M. Véron) dans une affaire d'obtention indue de documents administratifs. Elle a estimé que le fait pour un couple d'étrangers, menacé d'un retour vers son pays d'origine, d'altérer leurs empreintes digitales n'était pas constitutif d'un commencement d'exécution de cette infraction. On peut observer que la Cour de cassation a relevé d'office le moyen tiré de la violation de l'article 122-5 du Code pénal alors que le pourvoi du procureur général était fondé sur la contestation de l'état de nécessité qu'avait retenu la cour d'appel d'Angers pour relaxer les prévenus. Sans doute, peut-on estimer que l'altération des empreintes pouvait avoir un lien avec une éventuelle obtention de documents administratifs indus mais, en l'absence de tout autre élément, il paraît difficile de considérer qu'elle conduisait immédiatement à cette infraction. Peut-être verra-t-on dans cette décision une illustration de l'opportunisme de la chambre criminelle (v. M. Segonds, *J.-Cl. Pén. Code*, art. 122-4 et 122-5, qui évoque la plasticité des définitions jurisprudentielles. V. égal. note M. Véron qui souligne que la Cour de cassation se prononce au cas par cas, sans référence à une définition précise) mais on peut aussi admettre que, pour certaines infractions, on doive exiger un acte « immédiatement tourné vers la réalisation de l'infraction » (Y. Mayaud, n° 259).

8 Il nous semble donc que le choix d'une définition objective du commencement d'exécution n'est pas fortuit. Il permet d'exclure ou de retenir l'existence d'une tentative lorsque l'intention de l'individu n'est pas suffisamment explicite pour permettre la qualification. En revanche, dans la plupart des cas, la jurisprudence estime que le lien direct avec l'infraction, de l'acte reproché au prévenu, suffit à caractériser un commencement d'exécution.

B. — Acte qui tend directement à l'infraction avec l'intention de la commettre

9 Très fréquemment au contraire les faits reprochés à un individu sont suffisamment univoques pour que l'immédiateté de l'acte par rapport à l'infraction ne soit pas nécessaire (v. pour une tentative d'évasion, Douai 18 août 2004, *Dr. pénal* 2005, n° 3, note M. Véron, où l'infraction se déduit de la matérialité des faits, même si le projet était peu réaliste). Les magistrats peuvent alors se contenter d'un acte qui tend directement au délit. La décision que nous avons retenue nous paraît très révélatrice de cette hypothèse, la réalisation d'agissements purement matériels conduisant à la consommation de l'infraction. S'agissant d'une infraction de contrefaçon de permis de conduire, lorsque les individus ont été interrompus alors qu'ils se livraient à l'impression et que seuls manquaient deux cachets pour achever le document, comment expliquer de tels actes autrement que par la volonté des individus de réaliser un faux ? Dans un tel cas « le commencement d'exécution prend le chemin même du délit » (J. Larguier, obs *RSC* 1974. 575 ; J.-M. Cambassédès, obs. préc. ; M. Devèze, art. préc.). Dès lors on peut se contenter d'un acte plus éloigné de la consommation s'il tend directement à l'infraction. Ainsi en matière d'escroquerie au jugement il est admis que la production en justice d'un document mensonger destiné à tromper la religion du juge, donc de faire rendre une décision de nature à préjudicier au droit des tiers constitue une tentative (Crim. 26 mars 1998, n° 96-85.636, *Bull. crim.* n° 117 ; *RTD com.* 1998. 955, obs. B. Bouloc ; *Gaz. Pal.* 1998. 2. Chron. crim. 120 ; Crim. 3 juin 2004, *Dr. pénal* 2004, n° 155, obs. M. Véron). Il n'en est pas de même en matière de tentative d'escroquerie à l'assurance qui ne peut être constituée si aucune démarche, aucune déclaration de sinistre n'a été faite à la compagnie bien que l'individu ait volontairement causé le dommage (Crim. 22 mai 1984, *D.* 1984. 602, note J.-H. Robert, et récemment Crim. 17 déc. 2008, n° 08-82.085 ; *AJ pénal* 2009. 130, obs. J. Lasserre Capdeville ; *Dr. pénal* 2009, n° 35, obs. M. Véron). En revanche, la tentative est constituée si la déclaration a été faite (Crim. 10 mai 1990, n° 89-81.772, *Bull. crim.* n° 182 ; *RSC* 1991. 557, obs. A. Vitu ; Crim. 17 juill. 1991, *Dr. pénal* 1992. Comm. 94 ; Crim. 6 avr. 1994, n° 93.82.606, *Bull. crim.* n° 135 ; *D.* 1994. 146 ; *RSC* 1994. 760, obs. B. Bouloc ; *Dr. pénal* 1994, n° 158, obs. M. Véron ; Crim. 28 févr. 2012, n° 11-82.953 ; Crim. 26 sept. 2012, n° 11-85.176). On notera que pour ce type d'infractions, au demeurant assez fréquent, la chambre criminelle semble avoir adopté une solution de plus en plus répressive. Alors qu'elle a longtemps exigé que la déclaration du sinistre soit accompagnée d'éléments extérieurs destinés à lui donner force et crédit, elle a postérieurement abandonné cette exigence dans deux arrêts (Crim. 1er juin 1994, nº 93-83.282, *Dr. pénal* 1994, nº 234, obs. M. Véron et 15 juin 1994, *Dr. pénal* 1994, nº 255, obs. M. Véron). Peut-être la gravité des faits (incendie volontaire d'immeubles dans les deux cas) explique-t-elle cette sévérité ? En effet dans une décision ultérieure la chambre criminelle s'appuie à nouveau sur l'existence d'un faux document accompagnant la déclaration pour caractériser le commencement d'exécution (Crim. 22 févr. 1996, nº 95-81.627, *Bull. crim.* nº 89 ; *D.* 1996. 153 ; *Dr. pénal* 1996, nº 184, obs. M. Véron ; Crim. 8 sept. 2004, *Dr. pénal* 2005, nº 13, obs. M. Véron mais *contra* : Crim. 25 févr. 2014, n° 12-87.055, pour une simple déclaration majorée d'un sinistre). S'il n'est sans doute pas impossible de décrire cette jurisprudence (*contra* M.-L. Rassat, nº 297, note 20), il faut bien reconnaître qu'elle n'est pas d'une très grande clarté (v. M. Véron, *Droit pénal spécial*, nº 426). La Cour de cassation réunie en assemblée plénière vient également de considérer qu'une demande d'ouverture de compte, assortie de la remise, en connaissance de cause, de chèques sans provision ou frappés d'opposition, suivie d'une demande de transfert de fonds sur un compte ouvert dans une banque étrangère, constitue le commencement d'exécution d'une escroquerie. Même si la Haute juridiction ne l'indique aucunement on peut penser qu'elle a considéré que la tentative était fondée sur l'emploi de manœuvres frauduleuses (Ass. plén., 18 janv. 2006, nº 02-80.787, *Bull. crim.* nº 1 ; *D.* 2006. 1950, note D. Père ; *AJ pénal* 2006. 84, obs. P. R. ; *Dr. pénal* 2006, nº 49, obs. M. Véron). On notera que dans une hypothèse assez proche la chambre criminelle avait, six mois plus tôt, adopté une solution différente en estimant qu'il n'y avait pas d'escroquerie, les allégations mensongères mêmes formulées par écrit ne pouvant pas constituer des manœuvres frauduleuses (Crim. 1er juin 2005, nº 04-87.757, *Bull. crim.* nº 167 ; *Dr. pénal* 2005, nº 147, obs. M. Véron. Comp. : Crim. 1er juin 2011, n° 10-87.112, admettant l'existence des manœuvres frauduleuses). Il reste que d'une manière générale cette formule, lorsqu'elle est utilisée, a un caractère beaucoup plus subjectif puisque l'acte est nécessairement accompli avec la volonté de commettre l'infraction.

II. — Une intention élément subjectif complémentaire du commencement d'exécution

10 Dans la plupart des cas, l'intention, toujours nécessaire, résulte à l'évidence des actes accomplis (A) mais rien n'exclut, pour renforcer la certitude de cette intention, de s'appuyer sur des éléments extérieurs à l'acte (B).

A. — L'intention révélée par l'acte lui-même

11 La plupart des auteurs estiment que la Cour de cassation se réfère à la notion d'acte univoque (J. Borricand, p. 89 ; R. Merle et A. Vitu, t. I, n° 498 ; J. Pradel, n° 423 ; B. Bouloc, n° 237 ; R. Bernardini, n° 368 ; Y. Mayaud, n°s 261 s., pour une analyse très fine des rapports entre les deux critères et leur interaction ; Ph. Bonfils, E. Vergès et N. Catelan, *Travaux dirigés de droit pénal et de procédure pénale*, Litec, 3e éd., 2013, 33 ; *contra* P. Conte et P. Maistre du Chambon, n° 334, qui considèrent que la jurisprudence conserve une conception essentiellement objective tout en admettant que la Cour de cassation n'hésite pas à se référer à la psychologie du délinquant lorsque les nécessités de la répression l'exigent ; M.-L. Rassat, n° 299, qui après une analyse des décisions conclut qu'il n'y a pas de synthèse possible de la jurisprudence).

C'est probablement en matière de vol que l'on rencontre les exemples les plus fréquents pour étayer cette position. Parmi d'anciens arrêts, nous pouvons signaler une décision du 3 janvier 1913 préc. qui a admis que le fait d'attendre un encaisseur, dans un couloir, muni d'un attirail de cambrioleur et d'une arme, démontre suffisamment l'intention de réaliser un vol qualifié.

12 L'affaire *Piazza* a, un demi-siècle plus tard, confirmé pleinement cette solution (Crim. 29 déc. 1970, *JCP* 1971. II. 16670, note P. Bouzat ; *RSC* 1972. 99, obs. A. Légal ; M. Puech, p. 207). Des individus surveillés par la police avaient été arrêtés alors qu'ils étaient sur le point de commettre un hold-up, installés dans une voiture volée, porteurs d'armes et d'instruments destinés à dissimuler leur identité. Sans doute aucune atteinte précise aux biens ou aux personnes n'avait été accomplie, mais il serait difficile d'envisager des actes plus univoques, une intention délictueuse aussi évidente. Parmi beaucoup d'autres décisions nous citerons : Crim. 7 déc. 1980, *JCP* 1981. II. 11964 (fait pour un délinquant de pénétrer dans un véhicule en stationnement) ; Crim. 1er mars 1978, *Gaz. Pal.* 1979. 1. Somm. 47 (fait d'essayer d'ouvrir la portière d'un véhicule et de s'enfuir à l'arrivée de la police) ; v. égal. Paris 10 janv. 2002, *Juris-Data* n° 172664 (tentative d'effraction d'un horodateur) ; Toulouse 27 nov. 2001, *Juris-Data* n° 161088, ouverture d'un coffre dans les ruines d'une maison suite à une explosion, cités par R. Bernardini, n° 364). La chambre criminelle a également considéré que le simple fait pour un individu de se présenter, à visage découvert, à la porte d'une banque puis d'y pénétrer pour permettre à des complices d'entrer à leur tour est une tentative de vol avec armes (Crim. 7 sept. 1993, n° 93-82.904, *Bull. crim.* n° 262 ; *RSC* 1994. 323, obs. B. Bouloc).

13 La jurisprudence avait également adopté une conception très subjective en matière d'avortement (Crim. 16 mars 1961, *Bull. crim.* n° 178 ; *JCP* 1961. II. 12157 : fait de s'enduire les mains de vaseline à côté d'une femme allongée dans une position gynécologique).

Dans une affaire plus récente, la chambre criminelle semble également adopter une attitude très nettement liée à la conception subjective en matière d'agression sexuelle, infraction incriminée par l'article 222-22 du Code pénal. Un individu se prétendant médecin avait réussi à attirer chez lui une femme en recherche d'emploi pour lui faire subir un examen médical préalable à l'embauche. Il avait demandé à la jeune femme de se déshabiller mais cette dernière prise de doute s'était enfuie. Ces faits pouvaient-ils constituer un commencement d'exécution d'une tentative d'agression sexuelle par surprise ? La Haute juridiction l'a admis en précisant que ces actes sont liés directement et immédiatement au délit. En réalité, il paraît évident que la décision des juges du fond est d'abord fondée sur la conviction, qu'ils avaient acquise, de ce qui allait se passer, autrement dit, l'intention du faux médecin plutôt que sur les faits eux-mêmes. On peut ajouter qu'il y a pour le moins un doute sur l'infraction projetée : viol, attouchements sexuels ou simple désir de voyeurisme. On peut considérer que l'on est dans un cas limite mais il est vrai que nous sommes dans un domaine que le législateur qualifiait préalablement d'attentat, infraction formelle, dont le commencement d'exécution est nécessairement plus en amont dans le processus de l'exécution (Crim. 14 juin 1995, n° 94-85.119, *Bull. crim.* n° 222 ; *RSC* 1996. 365, obs. crit. B. Bouloc ; *Dr. pénal* 1995, n° 222, obs. M. Véron ; *JCP* 1996. 3906, obs. M. Véron ; *Gaz. Pal.* 22-24 août 1995, obs. J.-P. Doucet et pour une affaire où la tentative d'agression sexuelle était plus évidente (pénétration dans une toilette de femmes) : Crim. 24 juin 2015, n° 14-84.917 ; v. égal Rennes 7 sept. 2006, *JCP* 2006. IV. 3465 : détention de vins non conformes à une AOC en quantité supérieure à la quantité récoltée constituant le commencement d'exécution d'une fraude).

14 On signalera encore le commencement d'une tentative d'évasion, dans le fait, pour un détenu, de commencer à scier un barreau de sa cellule (Crim. 11 juin 1975, *Bull. crim.* n° 150 ; *RSC* 1976. 407, obs. J. Larguier) et bien évidemment la contrefaçon de permis de conduire réalisée par l'impression et la composition du document dans la décision que nous avons retenue. En revanche, il a été estimé qu'une déclaration inexacte (majorée) du montant d'un vol ne constitue pas en elle-même, faute d'un autre élément, une tentative d'escroquerie (Crim. 8 janv. 1990, *Dr. pénal* 1990, n° 190 ; v. égal. : Crim. 6 nov. 1991, n° 90-84.872, *D.* 1993. 15, obs. G. Azibert ; réaffirmant que le mensonge même réitéré ne peut constituer une tentative d'escroquerie Comp. cependant : Crim. 27 avr. 2000, *Dr. pénal* 2000, n° 137. V. M. Danti-Juan et J. Pradel, n° 896 et *supra*).

Mais la certitude de l'intention peut aussi résulter d'éléments extérieurs à l'acte, concrétisés au moment de l'interruption de l'action.

B. — L'intention corroborée par des éléments extérieurs à l'acte

15 Pour retenir un commencement d'exécution la jurisprudence acceptait depuis longtemps de se référer à tout élément de nature à emporter la conviction que l'individu était dans la phase de réalisation de l'infraction.

On citera tout d'abord les circonstances qui ont précédé ou suivi une infraction (Crim. 4 juill. 1903, *S.* 1904. 1. 105, note J.-A. Roux qui a considéré que le départ pour l'étranger d'un directeur d'usine pouvait constituer le commencement d'exécution d'une révélation de secret de fabrique si on le rapproche d'autres éléments ayant précédé cet acte ; Crim. 22 janv. 1963, *Bull. crim.* n° 37 ; *D.* 1963. 389, séquestration d'une femme, commencement d'exécution d'une tentative de proxénétisme). L'intention peut ensuite résulter de l'impossibilité du délinquant de fournir une explication plausible de son acte. Ainsi a-t-on reconnu une tentative de vol dans le fait, pour des individus, de se rendre vers une entreprise avec un camion destiné à l'enlèvement d'un coffre-fort, de s'approcher de l'entrée et d'éprouver la solidité des barreaux d'une fenêtre dès lors qu'aucune justification satisfaisante de cette activité ne pouvait être donnée (Crim. 5 juill. 1951, *Bull. crim.* n° 198 ; *RSC* 1952. 439, obs. A. Légal). Une explication identique peut être fournie pour les vols réalisés dans les magasins libre-service : fait d'enfouir des objets dans un baril de lessive pour les dissimuler à la vue de la caissière (Crim. 3 janv. 1973, *Gaz. Pal.* 1973. 1. 290 ; *RSC* 1974. 575, obs. C. Larguier). La seule action consistant à mettre un objet dans un sac personnel pourrait être au contraire considérée comme un acte équivoque, à moins que la cliente ne puisse fournir aucune explication acceptable (T. corr. Dijon 28 févr. 1973, *JCP* 1974. II. 17803, note critique M. Puech qui estime que l'intention délictueuse n'était pas établie).

16 Enfin, allant plus loin, il a été admis que la connaissance de l'intention peut résulter d'un aveu non seulement pour déterminer le type d'infraction commise (Crim. 23 juill. 1969, *DS* 1970. 361, note G. Roujou de Boubée, hésitation entre le vol de voiture et le vol des objets se trouvant à l'intérieur) mais encore pour établir l'existence de la tentative (Crim. 16 juill. 1885, *S.* 1887. 1. 95 ; Crim. 27 mars 1968, *Bull. crim.* n° 107. En ce sens, également T. corr. Fort-de-France 22 sept. 1967, *JCP* 1969. II. 15583, note Biswang ; *RSC* 1969. 130, obs. A. Légal, une violation de sépulture considérée comme une tentative de vol de cadavre en raison des aveux des prévenus ; v. égal. Crim. 3 oct. 1996, n° 95-84.895, *D.* 1998. 68, note B. de Lamy, qui fonde l'existence de la tentative sur la pluralité d'explications contradictoires fournies à l'assureur pour une escroquerie à l'assurance).

Ainsi il apparaît bien, en définitive, que pour caractériser le commencement d'exécution, l'intention soit fondamentale (v. sur le rôle de l'intention dans la détermination de la tentative : Y. Mayaud, n° 279). Une telle solution, même si elle est indispensable, n'est pas exempte de critiques dans la mesure où elle peut conduire à l'arbitraire (en ce sens, E. Dreyer, n° 921).

17 La qualité pénale de l'agent, récidiviste par exemple, peut conduire à faire considérer comme un commencement d'exécution ce qui aurait été un acte préparatoire pour un délinquant primaire en matière de vol de véhicules par exemple (en ce sens, en matière de trafic de stupéfiants : Crim. 23 mai 2013, n° 12-84.875 : le seul fait de se rendre aux Pays-Bas a été considéré comme un commencement d'exécution d'importation de cannabis, pour un multirécidiviste). La volonté de réprimer plus sévèrement une infraction peut également conduire à des solutions discutables, ainsi en était-il en matière d'avortement (v. par ex. Crim. 30 juill. 1942, *JCP* 1942. II. 2054, note Brouchot). On pourrait dans la jurisprudence plus actuelle signaler le cas de l'infraction d'entrave à l'interruption volontaire de grossesse pour lequel la chambre criminelle a admis l'existence d'une tentative dans le fait de s'introduire dans les locaux d'une clinique dans le but d'empêcher la réalisation de ce type d'intervention alors même qu'aucune IVG n'a été en cours ou prévue au moment de l'action (Crim. 5 mai 1997, *Bull. crim.* n° 168 ; *Gaz. Pal.* 1997. 2. Chron. crim. 179). Les préoccupations criminologiques ne sont donc pas absentes des solutions judiciaires. Faudrait-il aller plus loin (sur ce point R. Merle et A. Vitu, t. I, n° 501 ; J. Pradel, n° 386 ; J. Pinatel, « L'élément matériel devant la criminologie et les sciences de l'homme », *RSC* 1967. 913 ; G. Roujou de Boubée, « La genèse de l'acte infractionnel, confrontation de la théorie générale de la responsabilité pénale avec les données de la criminologie », Dalloz, 1969, p. 61 s.) ? Il nous semble que dans un système légaliste comme le nôtre il est bien difficile de fonder la théorie du commencement d'exécution sur la personnalité du délinquant. La distinction des actes préparatoires et du commencement d'exécution étant une question de droit (Crim. 1er mai 1879, *S.* 1880. 1. 293 ; v. cependant lorsqu'il s'agit d'une cour d'assises, le refus de la Cour de cassation d'apprécier les éléments qui ont emporté la conviction des juges : Crim. 24 mars 1993, n° 92-84.145, *Bull. crim.* n° 132 ; *Gaz. Pal.* 1993. Somm. 449, note J.-P. Doucet ; et plus récemment dans le même sens : Crim. 17 janv. 1996, *Gaz. Pal.* 17-21 mai 1996, mais la chambre criminelle exige que la question posée aux jurés reprenne fidèlement la formule de l'article 121-5 du Code pénal, Crim. 22 mars 2000, *Bull. crim.* n° 135 ; *Dr. pénal* 2000, n° 104, obs. M. Véron ; Crim. 20 juin 2012, n° 11-86.740), il importe que l'élément objectif conserve un rôle important (en ce sens Toulouse 24 nov. 2005, *JCP* 2006. Pan. IV. 2077 une tenue vestimentaire, fut-elle provocante, ne peut pas être le commencement d'exécution d'un racolage pour une prostituée se rendant « sur son lieu de travail »). Sans doute a-t-il une utilité différente selon les cas, tantôt il suffira qu'il tende directement à l'infraction, le juge faisant prévaloir l'élément subjectif, tantôt il faudra encore que l'acte incriminé ait pour conséquence immédiate de consommer l'infraction, l'élément objectif devenant déterminant. Il nous semble en tout cas bien difficile qu'il puisse en aller autrement dans un domaine où la rigueur scientifique nous paraît impossible. On notera que l'actuel Code pénal, en conservant dans son article 121-5 la même définition de la tentative, n'a apporté en ce domaine, aucune innovation, le rôle de la jurisprudence reste donc fondamental. Tout au plus remarquera-t-on que l'auteur de la tentative est aujourd'hui assimilé à l'auteur d'une infraction (C. pén., art 121-4) mais cette modification est sans portée pratique sur la répression (J. Pradel, *Commentaire*, 2e éd., n° 30. Pour une critique de la formule utilisée par le législateur : M.-L. Rassat, n° 293).

A. V.

31

TENTATIVE – INTERRUPTION INVOLONTAIRE REPENTIR ACTIF

Crim., 11 oct. 1872, *Natal*
(*DP* 1873. 1. 391)

Crim., 3 janv. 1973, *Berchem*
(*Gaz. Pal.* 1973. 1. 290 ; *RSC* 1973. 70, obs. P. Bouzat)

Crim., 20 mars 1974, n° 73-92.699, *Weinberg*
(*Bull. crim.* n° 124 ; *RSC* 1974. 575, obs. J. Larguier)

Un désistement volontaire ne peut être justificatif que dans la mesure où il n'est pas motivé par des éléments extérieurs à l'individu (2e esp.). Néanmoins, l'intervention d'un tiers (3e esp.) n'exclut pas en elle-même le caractère volontaire de l'interruption dès lors qu'elle est intervenue, avant la consommation de l'infraction (1re esp.).

Chambre criminelle, 11 octobre 1872, *Natal*

Attendu que l'arrêt dénoncé constate expressément que Natal n'a obtenu de Pereire et de Verbrouck les sommes qu'ils lui avaient remises « que contre la délégation à leur profit, jusqu'à concurrence de leur créance, de la lettre d'expédition à Pinto, bibliothécaire à Saint-Pétersbourg, d'une caisse qui devait renfermer de précieux documents historiques, et en échange de laquelle le destinataire devait payer à Natal une somme de 42 000 F ». – Qu'il résulte du même arrêt que l'envoi de cette caisse était fictif ; que Pinto n'était qu'un être imaginaire ; que ces manœuvres frauduleuses ont déterminé les prêteurs à livrer à Natal les sommes qu'il a touchées, en leur persuadant l'existence d'un crédit imaginaire et leur donnant l'espérance d'un remboursement garanti par une créance chimérique ; – Que, d'après les énonciations de l'arrêt, l'escroquerie commise au préjudice de Bacquer résulte également de la remise faite à ce négociant, pour déterminer sa confiance, d'une traite sur Londres, qui représentait une prétendue créance purement fictive : – Attendu que ces faits et les autres manœuvres spécifiés dans l'arrêt constituent le délit d'escroquerie prévu par l'article susvisé :

Sur la deuxième branche du même moyen : – Attendu que la restitution faite par le demandeur des sommes qu'il avait obtenues par les moyens sus-indiqués, alors même qu'elle aurait été antérieure aux poursuites, aurait eu pour effet de désintéresser les parties lésées, mais qu'elle n'aurait pu effacer un délit consommé, ni porter préjudice à l'action publique ; – Qu'en déclarant la culpabilité du prévenu sur ces trois chefs, la cour d'appel a reconnu, par cela même, que cette restitution n'avait pas détruit le caractère frauduleux et criminel des manœuvres qui avaient déterminé les prêts faits par Perire, de Verbrouck et Bacquer ; – Par ces motifs, rejette le pourvoi.

Chambre criminelle, 3 janvier 1973, *Berchem*

Attendu qu'il résulte des énonciations de l'arrêt attaqué que Berchem François s'est rendu dans un magasin qu'après avoir vidé de leur contenu trois cartons contenant des objets d'une valeur de 184 F, il y a placé de très nombreux articles provenant des rayons, et évalués à 4 000 F environ ; qu'il a pris soin de recoller les cartons à l'aide d'une bande kraft dont il s'était préalablement muni et qu'il a disposé les emballages sur un chariot qu'il a cependant abandonné avant de passer le contrôle ;

Attendu que, pour rejeter les conclusions du demandeur qui soutenait que, pris de repentir, il avait abandonné de son plein gré les marchandises, la cour d'appel énonce que Berchem n'avait « renoncé à son intention première qu'en raison des circonstances », qu'en effet il n'avait pu obtenir le concours de son cousin, rencontré dans le magasin, pour l'aider à sortir la marchandise et que, s'étant aperçu que ses gestes étaient épiés par des employés du magasin, il s'était rendu compte qu'il lui était impossible de franchir le contrôle en ne déclarant que les marchandises que devaient normalement contenir les emballages ;

Attendu que ces énonciations déduites de l'appréciation souveraine des faits de la cause, réunissent tous les éléments constitutifs de la tentative de vol et relèvent notamment à la charge du demandeur, pour caractériser le commencement d'exécution, des actes tendant directement au délit et accomplis avec intention de le commettre ; d'où il suit que le moyen n'est pas fondé ; et attendu que l'arrêt est régulier en la forme ; Rejette…

Chambre criminelle, 20 mars 1974, *Weinberg*

Attendu que les juges sont tenus de répondre aux conclusions dont ils sont régulièrement saisis par les parties ;

Attendu qu'il appert de l'arrêt attaqué que Weinberg a cherché à s'introduire dans un bureau de tabac, momentanément fermé, pour y commettre un vol, et qu'il a renoncé à poursuivre l'exécution de son dessein par l'effet de l'intervention de Feuillebois, venu fortuitement sur les lieux ; qu'un témoin a vu, alors, les deux hommes s'éloigner ensemble du bureau de tabac ;

Que Weinberg, prévenu de tentative de vol, en raison de ces faits, a sollicité sa relaxe en soutenant par voie de conclusions régulières, que Feuillebois, avec qui il entretenait des relations amicales, excluant pour lui toute crainte d'une dénonciation, l'avait seulement dissuadé de son entreprise, sans exercer aucune contrainte, et que les conseils ainsi reçus l'avaient conduit à suspendre sa tentative par un acte libre et spontané de sa volonté ;

Attendu que pour écarter ce chef péremptoire de défense et retenir le demandeur dans les liens de la prévention, l'arrêt attaqué se borne à énoncer que Weinberg a mis fin à son action à cause de l'intervention d'un tiers et que, dès lors, son désistement n'a pas été volontaire ;

Mais attendu qu'en l'état de ces seuls motifs qui laissent sans réponse les conclusions du prévenu, la cour d'appel a méconnu les textes susvisés ;

Par ces motifs :

Casse et annule.

OBSERVATIONS

1 Aux termes de l'article 121-5 du Code pénal, la tentative d'infraction n'est punissable que si elle n'a été suspendue « qu'en raison des circonstances indépendantes de la volonté de son auteur ». On notera qu'aux assises cette formule doit être précisément reproduite dans la question posée aux jurés. Dans le cas contraire l'attention du jury n'étant pas attirée sur cette condition essentielle, la cassation d'une décision de condamnation est nécessairement encourue (Crim. 22 mars 2000, *Dr. pénal* 2000, n° 87, obs. M. Véron). Il en résulte donc *a contrario* que toute interruption volontaire exclut la répression. C'est une solution de sage politique criminelle que les individus soient retenus sur le chemin de l'infraction par la certitude de l'impunité en cas d'abandon volontaire de leur activité criminelle (v. Y. Mayaud, n° 267). On notera que l'ancien droit retenait une solution contraire (v. Laingui et Lebigre, *Histoire du droit pénal*, Cujas, p. 52). Cela admis, il reste à déterminer avec précision à quelles conditions une tentative interrompue pourra bénéficier de l'impunité. Les deux dernières décisions que nous avons retenues apportent des éléments intéressants pour déterminer quelles doivent être les caractéristiques d'un désistement véritablement volontaire.

Dans les deux arrêts il s'agit d'une tentative de vol interrompue par l'intervention d'un tiers, mais alors que dans l'arrêt de la chambre criminelle du 3 janvier 1973 l'interruption a été jugée involontaire, dans l'arrêt du 20 mars 1974 au contraire, le désistement a été considéré comme volontaire dans la mesure où l'on a jugé qu'il restait spontané. La troisième décision retenue (Crim. 11 oct. 1872) ne présente pas une originalité très marquée mais elle permet de préciser à quel moment doit intervenir le désistement pour être efficace. Dès lors que l'infraction est consommée toute action tendant à en limiter les effets est sans incidence sur sa constitution. Celui qui restitue les sommes obtenues dans le cadre d'une escroquerie réalise un repentir actif qui laisse subsister la qualification pénale.

Il importe donc de déterminer quelles sont les caractéristiques d'un désistement justificatif (I) avant de préciser à quel moment il doit intervenir pour que la tentative ne puisse pas être retenue (II).

I. — Les caractéristiques du désistement justificatif

2 Il est souvent bien difficile de déterminer dans quel cas l'abandon d'un projet criminel, par un individu, peut être considéré comme volontaire et entraîner l'impunité. Sans doute s'agit-il d'une question d'espèce mais on peut néanmoins dégager quelques règles générales. Il y a tout d'abord des hypothèses qui en raison de leur netteté ne posent aucun problème, parce qu'il y a une certitude quant à la volonté du prévenu (A). En revanche, la réponse est plus délicate lorsqu'il subsiste une incertitude concernant la volonté de s'interrompre (B).

A. — La certitude de la volonté d'interrompre l'acte

3 C'est le cas, en premier lieu, du désistement entièrement spontané lorsque l'individu n'est ni incité ni contraint par autrui. Si le renoncement est le fruit d'une volonté libre (A. Decocq, p. 177 ; A. Légal, obs. *RSC* 1952. 439) il est justificatif sans qu'il y ait à tenir compte du mobile de l'agent. Le remords, la pitié ou plus prosaïquement la peur d'être découvert et châtié auront la même influence (v. en ce sens T. corr. Fort-de-France 22 sept. 1967, *JCP* 1969. II. 15583, note Biswang ; *RSC* 1969. 130, obs. A. Légal ; v. égal. Douai 6 mai 2003, *Dr. pénal* 2003, n° 122, obs. M. Véron en manière de tentative d'évasion, le détenu ayant informé l'administration qu'il a cassé le béton de sa cellule).

4 Il y a en second lieu, tout à l'opposé, le cas de l'interruption certainement involontaire, déterminée par une cause totalement extérieure à l'individu. L'interruption peut résulter du hasard, des circonstances : ainsi en matière d'escroquerie, l'absence de toute remise par la victime (Crim. 25 avr. 1972, *Bull. crim.* n° 143 ; *Gaz. Pal.* 1973. 1. 206, note J.-P. Doucet ou de l'absence de provision du chèque émis pour réaliser l'escroquerie : Crim. 17 déc. 2014, n° 13-87.819) ou en matière de tromperie sur la marchandise par envoi d'échantillons, l'absence de commandes (Crim. 3 mai 1974, *Bull. crim.* n° 157, commenté *supra*, n° 30). En matière de vol, échec dû à un manque de coordination avec les complices (Crim. 7 sept. 1993, n° 93-82.904, *Bull. crim.* n° 263 ; *RSC* 1994. 323, obs. B. Bouloc). Elle peut aussi résulter d'obstacles matériels (résistance du coffre-fort), mais aussi et surtout de la victime (en matière d'avortement, refus d'accepter l'intervention : Crim. 16 mars 1961, *JCP* 1961. II. 12157, note J. Larguier ; refus de la jeune femme qui prend la fuite pour l'infraction d'agression sexuelle (C. pén., art. 222-22) ; Crim. 14 juin 1995, n° 94-85.119, *Bull. crim.* n° 222 ; *RSC* 1996. 365, obs. B. Bouloc ; *Dr. pénal* 1995, n° 222, obs. M. Véron, appel au secours de la victime d'un enlèvement : Crim. 26 avr. 2000, *Dr. pénal* 2000, n° 136, obs. M. Véron ; Crim. 30 sept. 2014, n° 14-84.925 : résistance de la victime). Dans un autre arrêt, la chambre criminelle a également admis, qu'en matière de tentative de viol, l'interruption due à une déficience physique momentanée, ne peut en aucune manière être considérée comme un désistement volontaire (Crim. 10 janv. 1996, n° 95-85.284, *Bull. crim.* n° 14 ; *RSC* 1996. 656, obs. Y. Mayaud ; *Dr. pénal* 1996, n° 97, obs. M. Véron). Enfin, il peut s'agir de l'intervention d'un tiers qui contraint physiquement ou moralement le délinquant à s'interrompre : gendarmes, policiers mais encore tout individu s'opposant à l'infraction (Crim. 5 juill. 1951, *Bull. crim.* n° 198 ; Crim. 14 oct. 2014, n° 13-84.714 ; Rennes 7 sept. 2006, *JCP* 2006. IV. 3465 interventions des agents de la DGCCRF en matières de fraude). Pour un cas assez particulier : Crim. 3 sept. 1996, *Dr. pénal* 1997, n° 17, qui reconnaît une tentative d'évasion avec un hélicoptère en refusant de considérer comme un désistement volontaire la non-organisation de l'évasion en raison du refus de tous les pilotes d'hélicoptères contactés.

B. — L'incertitude de la volonté d'interrompre l'acte

5 Mais les véritables difficultés naissent de toutes les situations intermédiaires lorsque l'interruption, sans être le fruit d'une contrainte, n'a pas été totalement libre. Un individu s'arrête délibérément mais sous l'influence d'une cause extérieure telle la crainte d'être dénoncé par un tiers qui l'a surpris, ou encore parce qu'une enquête est déclenchée qui risque d'entraîner la découverte de l'infraction. Il y a dans ces cas tout à la fois un facteur interne et un facteur externe de désistement et la doctrine enseigne qu'il faut déterminer, quelle est, parmi les causes en présence, celle qui a joué le rôle prépondérant (R. Merle et A. Vitu, t. I, n° 503 ; A. Légal, obs. *RSC* 1969. 132 ; J. Larguier, obs. *RSC* 1974. 578 ; J. Pradel, n° 425). Il est certain néanmoins que les tribunaux se montrent très exigeants pour admettre le caractère volontaire du désistement. Ainsi le désistement motivé par la crainte d'une dénonciation a-t-il été considéré comme involontaire dans une décision de la chambre criminelle du 29 mai 1902 (*D.* 1904. 1. 31 commenté *in* M. Puech, n° 56) abandon d'une tentative de vol en raison de la survenance de passants (Crim. 4 juill. 1951, *Bull. crim.* n° 198, obs. A. Légal, *RSC* 1952. 439). La première décision que nous avons retenue et qui concerne un vol dans un grand magasin libre-service consacre pleinement cette tendance ; le sieur Berchem s'était rendu dans un magasin pour y dérober des marchandises. Pour réaliser l'infraction, il avait vidé des cartons de leur contenu peu précieux pour les remplir d'objets de valeur. Ayant ensuite replacé les cartons dans son chariot, il abandonna néanmoins celui-ci avant de passer au contrôle des caisses. Poursuivi pour tentative de vol, l'agent affirme avoir abandonné de son plein gré l'infraction projetée. La cour d'appel rejetant cette argumentation a au contraire estimé le désistement involontaire en raison des circonstances. Les juges du fond ont en effet pu établir que c'est avant tout « en raison des circonstances » que la tentative a été interrompue. En effet, Berchem s'était d'abord vu refuser le concours d'un cousin rencontré dans le magasin et surtout il « s'était senti épié » par des employés.

6 Il y avait donc bien dans ce cas intervention indirecte d'un tiers et c'est cet élément externe qui est jugé prépondérant par la Cour de cassation qui rejette le pourvoi en s'abritant derrière le pouvoir souverain des juges du fond. Il est d'ailleurs à noter que la chambre criminelle ne consacre que d'une manière assez implicite le caractère involontaire du désistement. Mais comme on l'a remarqué, le rejet du pourvoi implique l'acceptation de la solution adoptée par les juges du fond (J. Larguier, obs. préc.). Selon cette jurisprudence, l'interruption motivée par la crainte provenant d'éléments extérieurs, vrais ou supposés, exclut le caractère volontaire d'un désistement. Est-ce à dire que l'élément interne ne peut jamais être prépondérant ? L'arrêt du 20 mars 1974 nous paraît démontrer le contraire. Un individu ayant décidé de cambrioler un bureau de tabac avait été surpris en cours d'exécution du vol par un ami venu fortuitement sur les lieux. Ce dernier, sans aucune contrainte, le

dissuade de poursuivre son dessein. La Cour de cassation a estimé que le désistement demeurait volontaire. Elle a, en effet, cassé l'arrêt d'appel qui avait considéré que toute intervention d'un tiers supprimait le caractère spontané de l'interruption. On a fait remarquer (M. Puech, n° 56) que la décision n'avait pas une grande importance dans la mesure où la cassation intervenait pour défaut de réponse à conclusions. Nous ne sommes pas de cet avis car il est clair qu'indirectement la haute cour admet que l'élément interne a été prépondérant dans le désistement du prévenu. Une telle solution doit d'ailleurs être défendue car il semble que les juges ont un peu perdu de vue que l'article 122-5 de l'actuel Code pénal n'exige pas la spontanéité mais simplement le caractère volontaire du désistement (en ce sens, M.-L. Rassat, n° 238 ; M. Puech, n° 649 ; C. Mascala, p. 105 ; Y. Mayaud, n° 268, qui insiste sur l'idée que toute réponse en ce domaine est tributaire des faits et que seule la contrainte est incompatible avec toute prétention à un désistement volontaire, *contra*, E. Dreyer, n° 927). Il serait d'ailleurs assez discutable que le rôle de la volonté soit en ce domaine par trop minimisé. Mais le caractère volontaire du désistement est insuffisant, il faut encore que ce dernier se produise avant la consommation de l'infraction.

II. — Le moment du désistement justificatif

7 Nous nous situons en effet dans le cadre d'une tentative, ce qui implique que le désistement intervienne avant la consommation. Au-delà il s'agirait d'une réparation que le droit criminel nomme repentir actif (A). Reste que le moment même de la consommation n'est pas toujours aisé à déterminer (B).

A. — Le moment du repentir actif

8 L'arrêt *Natal* illustre bien le refus de prendre en considération le repentir actif dans la détermination de la qualification légale.

Il a été rendu en matière d'escroquerie, infraction pour laquelle la tentative est punissable. Il précise que la restitution de sommes escroquées, alors même qu'elle serait antérieure aux poursuites, ne pourrait effacer une infraction consommée. Par des manœuvres frauduleuses caractérisées, un individu avait réussi à obtenir la remise de sommes importantes par trois personnes. Dès cette remise l'infraction étant consommée, tout désistement justificatif devenait impossible. Un arrêt plus récent du 8 avril 1967 rendu en matière d'abus de confiance confirme pleinement cette solution pour une infraction dont la tentative n'est pas répréhensible. Le moyen de défense utilisé par le prévenu était fondé sur le remboursement intégral des sommes reçues et donc l'absence de préjudice. La chambre criminelle se contente d'observer que « la restitution opérée postérieurement à la consommation du détournement n'efface pas l'abus de confiance » (Crim. 17 nov. 2004, *Dr. pénal*

2005, nº 78, obs. M. Véron ; dans le même sens : Crim. 9 févr. 2011, *Dr. pénal* 2011. 59, obs. M. Véron). Ces décisions expriment donc de la manière la plus claire l'inefficacité totale du repentir actif sur la qualification légale des infractions (en ce sens, Crim. 18 janv. 1972, *Bull. crim.* nº 26. Pour un chèque sans provision, Crim. 11 mai 1966, *JCP* 1966. IV. 89 et 13 juin 1983, *JCP* 1983. IV. 265. Pour le paiement d'une pension alimentaire après le délai Crim. 23 mars 1981, *Bull. crim.* nº 101). Pour un abus des biens et du crédit d'une société : Crim. 19 mai 1999, nº 98-80.726, *RSC* 1999. 830, obs. J.-F. Renucci ; pour un détournement de gage le paiement de la dette ne fait pas disparaître l'infraction : Crim. 16 mai 2001, *Dr. pénal* 2001, nº 127 ; pour une omission de porter secours : Crim. 15 avr. 2008, nº 07-86.336, *RSC* 2008. 910, obs. Y. Mayaud, *Dr. pénal* 2008, nº 88, obs. M. Véron. Un individu ayant provoqué un accident s'était arrêté pour constater l'état du blessé mais, pris de panique, avait pris la fuite sans avertir les secours. Le retour sur les lieux, un peu plus tard ne peut constituer qu'un repentir actif, en raison de l'instantanéité de l'infraction qui se consomme par l'absence d'une réaction adaptée à une situation de péril, en l'occurrence l'absence de toute alerte des secours alors que l'individu avait parfaitement conscience de la gravité des blessures, qu'il avait lui même constatées (en ce sens, v. les observations d'Y. Mayaud à la revue de sciences criminelles et manuel n° 270 ; R. Bernardini, nº 374 ; v. égal., pour un exemple récent dans le domaine de la publicité en faveur du tabac, Crim. 21 févr. 2014, nº 12-87.689, *D.* 2014. 285 ; *AJ pénal* 2014. 313, obs. J. Lasserre Capdeville ; *RSC* 2014. 71, obs. C. Mascala : demande de retrait d'une publicité inscrite à l'intérieur des paquets). Il en va de même, en matière d'urbanisme, pour une construction sans autorisation lorsque cette autorisation est obtenue après la réalisation de l'ouvrage : Crim. 16 déc. 2014, n° 13-86.482, *Gaz. Pal.* 24 févr. 2015, n° 55, obs. S. Detraz ou pour un détournement de gage, le paiement de la créance : Crim. 19 nov. 2014, n° 13-84.841, *Gaz. Pal.* 24 févr. 2015, n° 55, obs. S. Detraz. Ces actes, en effet ne supriment en aucune manière l'infraction qui est définitivement réalisée, au moment où ils sont effectués

9 Bien entendu il est toujours loisible au législateur de prendre en considération le repentir actif pour en faire une cause d'atténuation ou d'exemption de peine (C. pén., art. 414-2 à 414-4 en matière de trahison et d'espionnage) ; v. égal. en matière de séquestration, la libération rapide de la personne (C. pén., art. 224, 224-2 et 224-3). Sur cette question, v. P. Savey-Casard, « Le repentir actif en droit pénal français », *RSC* 1972. 515 s. ; v. égal. B. Bouloc, « Le problème des repentis. La tradition française relativement au statut des repentis », *RSC* 1986. 771 ; J.-H. Robert, p. 406). On peut noter que le régime des « repentis » était déjà plus fréquemment utilisé dans l'actuel Code pénal notamment en matière de terrorisme (C. pén., art. 422-1 et 422-2) mais aussi de trafic de stupéfiants (C. pén., art. 222-43). La loi du 9 mars 2004 pose, aujourd'hui, d'une manière générale le principe d'une exemption ou d'une réduction de peine pour les repentis dans l'article 132-78 du Code pénal.

L'alinéa 1er du texte concerne la personne ayant tenté de commettre un crime ou un délit qui, dans les cas prévus par la loi, sera exempte de peine si, ayant averti les autorités administratives ou judiciaires, elle a permis d'éviter l'infraction et le cas échéant d'identifier les autres auteurs ou complices. Le deuxième alinéa concerne les auteurs d'infractions consommées, dont les effets auront été limités par l'intervention du repenti qui, ainsi, verra sa peine réduite. Cette technique de réduction ou d'exemption de peine ne fonctionne que pour des infractions graves, expressément prévues par le législateur, et qui relèvent de la criminalité organisée ; v. Y. Mayaud, no 271 ; B. Bouloc, no 705 ; P. Conte et P. Maistre du Chambon, no 340 ; F. Desportes et F. Le Gunehec, no 886 ; E. Dreyer, no 1572 s. ; A. Mihman, « Exemption et réduction de peine pour les repentis : apports de la loi du 9 mars 2004, dite loi Perben II », *Dr. pénal* 2005. Chron. no 1 ; *AJ pénal* 2005. 363, obs. G. Roussel).

Il reste que pour déterminer le moment ultime du désistement volontaire il faut, bien entendu, que dans chaque cas on puisse déterminer l'instant de la consommation d'une infraction et donc savoir si l'individu pouvait se rétracter.

B. — Le moment de la consommation

10 S'agissant d'une escroquerie, l'infraction est consommée par la remise de la chose par la victime. Il en résulte que jusqu'à ce moment précis, et quels que soient les actes déjà réalisés par l'individu, toute interruption reconnue volontaire par les magistrats sera justificative. À cet égard la distinction classique entre les infractions matérielles et formelles prend toute sa signification. Selon la définition la plus simple, l'infraction matérielle est celle qui n'est consommée que par la survenance du résultat que le législateur voulait éviter (Rozes, « L'infraction consommée », *RSC* 1975. 615 ; R. Merle et A. Vitu, t. I, no 516). Pour ce type d'infraction le désistement restera justificatif aussi longtemps que le résultat voulu ne sera pas réalisé. Bien entendu cette distinction ne présente un intérêt que dans les seules hypothèses où le résultat peut être dissocié, dans le temps, des actes d'exécution. L'infraction formelle par opposition est souvent définie comme celle qui est consommée indépendamment du résultat (R. Merle et A. Vitu, t. I, no 514 ; plus généralement sur cette question P. Spitéri, « L'infraction formelle », *RSC* 1966. 498 ; M. Freij, *L'infraction formelle*, thèse doct. Paris 1977 ; v. égal. Y. Mayaud, *Le mensonge en droit pénal*, thèse Lyon, 1976, nos 358 s. ; P. Conte et P. Maistre du Chambon, no 322). Il s'agit bien sûr du résultat réel ou redouté (en ce sens, A. Decocq, p. 182). Ainsi c'est un moyen qui est incriminé et consomme l'infraction. Dès lors tout acte ultérieur à l'utilisation de ce moyen sera nécessairement constitutif d'un repentir actif inefficace. La chambre criminelle en a apporté une excellente démonstration en matière d'entrave. Un employeur avait engagé une procédure de licenciement contre un salarié protégé. Il suspend cette procédure après le procès-verbal de la commission de consultation alors que l'individu est toujours à son service. La Cour de cassation a considéré qu'il s'agissait d'un repentir actif pour une infraction déjà commise (Crim. 4 avr. 1995, *Bull. crim.* n° 146 ; *Dr. pénal* 1995. n° 184, obs. J.-H. Robert ; Crim. 15 févr. 1994, *Bull. crim.* n° 68 ; Crim. 6 janv. 2004, n° 02-88.240, *Bull. crim.* n° 4 ; v. égal. Crim. 15 avr. 2008, préc., pour l'omission de porter secours). De la même manière, l'administration d'un antidote pour faire échec à un poison que l'on vient de faire ingurgiter à une victime ne peut pas être considérée comme un désistement volontaire. S'agissant de ces infractions formelles on s'est d'ailleurs souvent demandé si leur tentative est punissable (v. Y. Mayaud, n° 263 qui répond positivement). Sans doute convient-il de nuancer la réponse selon la structure de chacune des infractions, mais on ne peut exclure *a priori* cette possibilité qui a d'ailleurs été retenue par la Cour de cassation pour l'empoisonnement par exemple (Crim. 5 févr. 1958, *Bull. crim.* n° 126, poison jeté dans un puits ; Crim. 8 juin 1993, n° 93-81.372, *Bull. crim.* n° 203 : remise à la victime de produits pouvant entraîner le décès). Dans ce cas le fait d'avertir l'utilisateur du puits pourra constituer un désistement volontaire. En revanche, en matière d'association de malfaiteurs, infraction qui n'implique pas un passage à l'action, une cour d'appel a admis que le désistement avant la réalisation d'une infraction principale n'aura aucun effet sur l'association définitivement réalisée (Douai 19 oct. 1994, *Gaz. Pal.* 10 au 10 mars 1995). Pour d'autres infractions comme le complot, la tentative paraît plus difficilement envisageable (sur cette question, M. Puech, n° 62, p. 238 et plus généralement, A. Prothais, *Tentative et attentat*, LGDJ).

En définitive cette question doit être traitée à la lumière des règles relatives au commencement d'exécution (v. *supra*, n° 30). Si un acte antérieur à la consommation de l'infraction formelle est suffisamment univoque pour être considéré comme un commencement d'exécution, la tentative peut être retenue et par voie de conséquence un désistement volontaire reste possible.

A. V.

32

TENTATIVE – INFRACTION IMPOSSIBLE

Crim., 9 nov. 1928, *Époux Fleury*
(*DP* 1929. 1. 97, note M. Henry ; *JCP* 1929. 239, note R. Garraud)

Crim., 23 juill. 1969, n° 69-90.087, *Joao*
(*JCP* 1970. II. 16507 *bis*, note M.-J. Littmann ;
D. 1970. 361, note G. Roujou de Boubée)

L'impossibilité d'atteindre le résultat envisagé n'empêche pas la répression de la tentative dès lors que les faits reprochés constituent un commencement d'exécution.

Chambre criminelle, 9 novembre 1928, *Époux Fleury*

Attendu qu'il résulte des constatations de l'arrêt attaqué que les demandeurs ont, dans le but de provoquer son avortement, administré à leur domestique, enceinte, des injections d'eau de Cologne, pure ou mélangée d'eau-de-vie ou de vinaigre ; qu'il est en vain soutenu que de telles manœuvres ne pouvant, d'après les énonciations mêmes de l'arrêt, produire l'avortement qu'elles avaient pour objet de provoquer, il y avait impossibilité absolue à la perpétration du délit prévu par l'article 317, paragraphe 1e du Code pénal, d'où il résultait que la tentative reprochée aux prévenus n'était pas suffisamment caractérisée ; – Attendu qu'aux termes des articles et 3 du Code pénal les tentatives de délit sont, dans les cas déterminés par une disposition spéciale de la loi, considérées comme délits lorsqu'elles se manifestent par un commencement d'exécution et qu'elles ne manquent leur effet que par des circonstances indépendantes de la volonté de leur auteur ; – Attendu que les manœuvres accomplies par les demandeurs avec l'intention et dans le but de procurer un avortement constituent le commencement d'exécution prévu par lesdits articles ; que le fait énoncé dans l'arrêt, que ces manœuvres étaient par elles-mêmes insuffisantes à produire le résultat auquel elles tendaient, n'a été qu'une circonstance indépendante de leur volonté, par suite de laquelle leur tentative a manqué son effet ; qu'il suit de là qu'en déclarant les demandeurs coupables du délit de tentative d'avortement et en leur appliquant les peines édictées par l'article 317, paragraphe 1er du Code pénal, l'arrêt attaqué n'a violé aucun des textes visés au moyen ; – Par ces motifs, rejette…

Chambre criminelle, 23 juillet 1969, *Joao*

Statuant sur le pourvoi formé par Joao Antonio contre un arrêt de la cour d'appel de Paris, en date du 28 novembre 1968, qui a condamné le demandeur à quatre mois d'emprisonnement et à trois ans d'interdiction de séjour pour tentative de vol ; – Vu le mémoire produit ; – Attendu qu'il résulte des énonciations du jugement confirmé par l'arrêt attaqué que le 22 novembre 1967, à Paris, Joao a pénétré dans des voitures en stationnement afin d'y commettre des vols ; que cette tentative a manqué son effet par suite de l'intervention des gardiens de la paix ; – Attendu que ces constatations caractérisent tous les éléments constitutifs du délit de tentative de vol, retenu par les juges à charge du demandeur, notamment en ce qui concerne le commencement d'exécution, prévu par l'article 2 du Code pénal ; que l'absence d'objets à l'intérieur de voitures, à la supposer établie, n'a été qu'une des circonstances indépendantes de la volonté du prévenu, par suite de laquelle sa tentative a manqué son effet ; qu'il s'ensuit que la condamnation prononcée contre Joao étant légalement justifiée, le moyen n'est pas fondé et attendu que l'arrêt est régulier en la forme ; rejette...

OBSERVATIONS

1 Les deux décisions rapportées ci-dessus, rendues par la chambre criminelle de la Cour de cassation à quelque quarante années d'intervalle donnent une solution identique qui permet, nous semble-t-il, de mettre un terme à l'une des controverses les plus vives que l'on ait rencontrée dans le domaine du droit pénal, celle concernant la répression de l'infraction impossible. Après de très nombreuses hésitations, ces décisions, en raison de la motivation très générale sur laquelle elles s'appuient, démontrent non seulement que la jurisprudence s'est engagée dans la voie d'une répression assez systématique de l'infraction impossible mais surtout qu'il ne s'agit pas d'un problème spécifique mais simplement d'un cas de tentative comme les autres. Dans l'arrêt *Époux Fleury*, rendu en 1928 en matière d'avortement, la chambre criminelle a considéré que l'inefficacité des manœuvres abortives en raison des moyens utilisés « n'a été qu'une circonstance indépendante de leur volonté par suite de laquelle leur tentative a manqué son effet ».

Il résulte directement de cette décision que l'impossibilité du résultat sur lequel était fondé le moyen est sans incidence quant à la répression de la tentative dès lors que les faits reprochés constituent le commencement d'exécution, condition indispensable mais suffisante pour la répression.

2 La seconde décision rendue le 23 juillet 1969 concerne une tentative de vol à l'intérieur d'un véhicule qui, hélas pour le cambrioleur, ne contenait aucun objet à subtiliser. La chambre criminelle en rejetant le pourvoi formé contre l'arrêt de condamnation de la cour d'appel n'introduit donc pas une solution originale, mais l'intérêt de la décision se situe dans le fait qu'elle n'aborde en rien le problème de l'impossibilité (le mot ne figure pas dans le texte) mais uniquement celui de la tentative : « l'absence d'objets à l'intérieur de voitures, à la supposer établie, n'a été qu'une des circonstances indépendantes de la volonté du prévenu par suite de laquelle sa tentative a manqué son effet ».

L'infraction dite impossible est donc purement assimilée à l'infraction manquée pour laquelle le législateur a expressément envisagé la répression ; pour la situation en droit comparé : J. Pradel, nº 434, *Droit pénal comparé*, 3e éd., 2008, nº 62 qui observe que parmi les législations qui traitent de l'infraction impossible, on trouve trois situations : celles qui excluent la répression (portugaise et italienne par ex.), celles qui prévoient une répression ordinaire (anglaise, canadienne) et celles qui prévoient une réduction de la peine (suisse ou espagnole).

Le fait qu'une tentative d'infraction ne soit pas susceptible de conduire au résultat prévu est donc indifférent. C'est ce principe de la répression que nous allons traiter dans un premier point (I) avant d'en déterminer les conditions dans un second (II).

I. — Le principe de la répression de la tentative non susceptible de résultat

3 L'assimilation de l'infraction manquée à l'infraction tentée paraît tout à fait judicieuse puisque s'il y a un doute sur l'intention criminelle de l'individu dans la tentative interrompue, il n'en existe aucun pour la tentative manquée.

On peut dès lors s'étonner que pour de nombreux auteurs l'article 2 du Code pénal de 1810 hier, et l'article 121-5 du Code pénal aujourd'hui, ne permettent pas de régler le cas de l'infraction impossible. Cette attitude d'une partie de la doctrine (A) a conduit la jurisprudence à de nombreuses hésitations (B).

A. — Les propositions doctrinales

4 Dans un premier temps, les auteurs français se prononcèrent pour l'impunité de l'infraction impossible (A. Chauveau et F. Hélie, *Théorie du Code pénal*, t. I, nº 251 ; M.-P. Rossi, *Cours de droit pénal*, t. II, nº 142, etc.) non seulement en raison d'une adoption assez généralisée d'une conception objective de la tentative mais encore en s'appuyant sur un argument textuel fondé sur l'article 2 du Code pénal de 1810 et selon lequel on ne peut pas commencer à exécuter une infraction dont l'exécution est impossible. Devant la fragilité d'un tel argument (R. Merle et A. Vitu, t. I, nº 508) et en raison des conséquences discutables qui en résultaient, d'autres auteurs se prononcèrent pour une répression systématique de l'infraction impossible. Cette thèse marquée du coin du bon sens est avant tout fondée sur le fait que l'auteur d'une infraction impossible est tout aussi dangereux que celui dont l'action a été interrompue (Saleilles, « Essai sur la tentative », *RPDP* 1897. 53 ; H. Gallet, *La notion de tentative punissable*, thèse Lille, 1898, p. 231 s.).

5 Cette solution était sans doute trop simple ou trop absolue. Se contenter de l'existence d'une volonté criminelle peut conduire à des solutions inacceptables comme la répression d'une infraction putative.

La doctrine s'est alors efforcée de trouver une voie médiane entre les thèses extrêmes jusqu'alors présentées.

Ce fut tout d'abord J. Ortolan (t. I, n°s 1005 s.) qui proposa de distinguer entre l'impossibilité relative et l'impossibilité absolue. La première situation se présente lorsque la cause de la non-consommation est plutôt accidentelle, fonction du hasard. L'absence d'objets dans un véhicule pour un vol à la roulotte (affaire *Joao*) en est une bonne illustration. La seconde situation se rencontre soit lorsque l'objet de l'infraction n'existe pas (coup de feu tiré sur un cadavre) soit lorsque les moyens utilisés sont totalement non susceptibles de provoquer le résultat. Ainsi, l'injection d'eau de Cologne pure ou mélangée d'eau-de-vie ou de vinaigre ne peut provoquer un avortement : il y a impossibilité absolue. En réalité, le critère n'est séduisant qu'en apparence car il n'y a pas de degrés dans l'impossibilité : « elle existe ou elle n'existe pas » (R. Garraud, t. I, p. 513).

6 L'insuffisance de ce critère devait conduire J.-A. Roux (t. I, p. 117) et R. Garraud (t. I, p. 518) à proposer une autre distinction opposant l'impossibilité de fait à l'impossibilité de droit. La première, disait R. Garraud, est une impossibilité de qualification, les conditions légales n'existant pas. Ainsi en est-il pour l'infanticide d'un enfant mort-né qui, pour cette raison, doit demeurer impuni. La seconde laisse au contraire place à la répression, l'absence de résultat découlant, d'une circonstance indépendante de la volonté de l'agent. C'est la situation du pickpocket qui a la désagréable surprise de trouver une poche vide et qui est donc parfaitement répréhensible. Cette seconde thèse intermédiaire qualifiée de « remarquable perfectionnement » par MM. R. Merle et A. Vitu (t. I, n° 510) ne résiste cependant guère à l'analyse. Les prétendues impossibilités de fait sont aussi des impossibilités de droit. L'absence d'une chose appartenant à autrui rend impossible la qualification, puisque la condition préalable, la valeur sociale juridiquement protégée, fait défaut.

7 Devant cette impossibilité de distinguer, la doctrine s'est petit à petit ralliée à la thèse de la répression en enseignant « que le caractère possible ou impossible du résultat n'est pas à prendre en considération pour la répression de la tentative » (É. Garçon, art. 2 et 3, n°s 110-111 et parmi les auteurs contemporains, A. Decocq, p. 180 ; B. Bouloc, n°s 257 s. ; W. Jeandidier, n° 227 ; Y. Mayaud, n° 276 s. ; J. Pradel, n° 435 ; M. Puech, p. 218 ; R. Bernardini, n°s 385 s. ; J.-H. Robert, p. 221 ; C. Mascala, p. 106 ; É. Verny, O. Décima, S. Détraz, n° 342 ; G. Roujou de Boubée, note sous Crim. 23 juill. 1969, *DS* 1970. 1. 361 ; M.-J. Littmann note remarquable sous le même arrêt, *JCP* 1970. II. 16507 *bis ; contra*, E. Dreyer, n° 936 s.). Cette unité apparente de la doctrine n'a pourtant pas entraîné une répression systématique de toute infraction impossible puisqu'on constate des hésitations dans la jurisprudence.

B. — Les hésitations jurisprudentielles

8 Les plus anciennes décisions paraissaient s'orienter vers une impunité généralisée des infractions impossibles (Crim. 6 janv. 1859, *S.* 1859. 1. 362 ; Agen 8 déc. 1849, *S.* 1852. 2. 66, arme déchargée à l'insu du malfaiteur par la victime ; Limoges 13 févr. 1941, *JCP* 1941. II. 1753, etc.). Devant l'inconséquence, voire l'absurdité de telles solutions, la Cour suprême a paru au moins pendant un temps suivre les distinctions proposées par la doctrine entre les impossibilités absolues et relatives (Crim. 12 avr. 1877, *S.* 1877. 1. 329 ; Crim. 20 mars 1919, *S.* 1921. 1. 233, note J.-A. Roux), mais très vite il semble que la Cour de cassation ait décidé d'assimiler purement et simplement l'infraction impossible à l'infraction manquée. C'est, semble-t-il, l'arrêt commenté de 1928 qui le fait pour la première fois dans des termes suffisamment généraux en utilisant expressément la formule de l'article 2 du Code pénal de 1810. Cette solution fut reprise par la suite dans de nombreuses décisions (Crim. 19 mai 1949, *Bull. crim.* n° 181, tentative de vol dans une chambre d'hôtel vide ; Crim. 3 août 1938, *Gaz. Pal.* 1938. 2. 792, tentative d'avortement sur une femme non enceinte avant l'incrimination légale ; en ce sens, Crim. 14 juin 1961, *Bull. crim.* n° 299 ; Paris 9 avr. 1946, *RSC* 1948. 147, coups de feu tirés sur un cadavre ; Crim. 16 janv. 1986, *Bull. crim.* n° 25 ; *D.* 1986. 265, note D. Mayer, C. Gazounaud et notes J. Pradel ; *JCP* 1987. II. 20774, note G. Roujou de Boubée ; *RSC* 1986. 839, obs. A. Vitu, et 849, obs. G. Levasseur ; Crim. 15 mars 1994, *Dr. pénal* 1994, n° 153, obs. M. Véron). Ces dernières décisions concernent tout à la fois des impossibilités de droit et de fait, ce qui aurait dû permettre d'affirmer que la controverse sur l'infraction impossible était définitivement close. On observera d'ailleurs qu'en matière d'avortement la loi actuelle, qui continue de le réprimer s'il n'est pas réalisé dans les conditions légales (C. pén., art. 223-10 ; et CSP, art. L. 2222-2), pourrait sous l'angle de l'infraction impossible concerner une femme non enceinte, la tentative étant punissable (v. J. Pradel et M. Danti-Juan, *Droit pénal spécial*, n° 34 ; *contra* M. Véron, *Droit pénal spécial*, n° 173). Il a par ailleurs été considéré que l'infraction d'entrave à l'interruption volontaire de grossesse était constituée même si le jour des faits aucune intervention n'était prévue dans la clinique visée par les délinquants ce qui consacre l'indifférence à la possibilité du résultat (T. corr. Puy-en-Velay 14 mars 1995, *Gaz. Pal.* 14-18 juill. 1995, obs. J.-P. Doucet et Crim. 5 mai 1997, *Bull. crim.* n° 168 ; *Gaz. Pal.* 1997. Chron. crim. 179). Le dernier arrêt de la Haute juridiction, par la clarté de son attendu essentiel, nous apparaissait de nature à emporter la conviction de toute la doctrine. Il n'en a rien été. Comme le craignait un auteur (M.-J. Littmann, préc.), on rencontre encore certaines réticences (C. Gazounaud, D. Mayer et R. Merle ; P. Conte et P. Maistre du Chambon ; T. Garé et C. Ginestet, *Droit pénal et procédure pénale*, n° 217 ; X. Pin, n° 181 ; E. Thellier de Poncheville, *La condition préalable de l'infraction*, thèse Lyon 3, PUAM, 2010, préf. A. Varinard ; E. Dreyer, n° 936 ; pour ces deux derniers auteurs, c'est l'absence de condition préalable qui exclut la répression de la tentative). On observe d'ailleurs que ce problème a divisé les deux auteurs d'un prestigieux traité de droit pénal puisque contrairement à son collègue Merle, le Doyen Vitu a approuvé la décision de la chambre criminelle (sur cette question en général, v. « La théorie de l'infraction impossible : vers la disparition d'un mythe doctrinal », A. Varinard, *Mélanges A. Chavanne*, Litec, p. 165 s.). De toute manière il est clair que certaines infractions impossibles doivent échapper à la répression mais c'est uniquement parce que les conditions de la tentative ne sont pas réunies.

II. — Les conditions de la répression de la tentative non susceptible de résultat

9 Il est une évidence trop souvent ignorée, c'est que l'infraction impossible relève nécessairement de la théorie de la tentative, du moins sous l'angle de l'infraction manquée, ce qui implique que les conditions de sa répression doivent être réunies (pour une critique de cette position, P. Conte et P. Maistre du Chambon, n° 337 ; E. Dreyer, n° 936). Il faut tout d'abord qu'elle soit incriminée (A), il faut ensuite un commencement d'exécution puisque la question du désistement volontaire ne peut pas se poser (B).

A. — La nécessité d'une tentative punissable

10 De nombreux auteurs qui estiment que les impossibilités de droit ne peuvent pas faire l'objet d'une incrimination citent souvent à l'appui de leur thèse la non-répression de l'omission de porter secours à une personne en péril lorsque la personne à qui l'on pouvait porter assistance était déjà morte au moment de l'abstention (Crim. 1er févr. 1955, *JCP* 1955. II. 8582, note P.-A. Pageaud ; T. corr. Poitiers 27 avr. 1950, *JCP* 1950. II. 5618). Une telle solution, indiscutable, démontre simplement que les juges se sont placés sur le terrain de la tentative qui n'est pas incriminée pour cette infraction délictuelle. La tentative n'étant pas sanctionnée, seule l'infraction consommée pourrait l'être. Il faudrait alors que les conditions prévues dans le texte de qualification soient réunies, or il manque dans une telle hypothèse une condition préalable indispensable, à savoir une « personne en péril » ce qui ne peut être le cas d'une personne décédée. Il en est ainsi de toutes les infractions qui protègent la vie, insusceptibles d'être consommées si la personne est morte. En revanche, elles peuvent être sanctionnées sous l'angle de la tentative lorsqu'elle est incriminée (Paris 9 avr. 1946, préc. ; Crim. 5 oct. 1972, *Gaz. Pal.* 1973. 1. 25 ; Crim. 16 janv. 1986, préc.).

L'homicide involontaire, bien évidemment insusceptible de tentative, ne peut au contraire être retenu si la victime était déjà morte au moment de la faute (en ce sens, Crim. 12 déc. 1972, *RSC* 1973. 409, obs. G. Levasseur ; Paris 9 nov. 1951, *Gaz. Pal.* 1952. 1. 236 ; Crim. 23 juill. 1986, *Bull. crim.* n° 242 ; *RSC* 1987. 200, obs. G. Levasseur. Pour une opinion contraire peu convaincante : M.-L. Rassat, n° 307). L'avortement, comme le vol, voyant leurs tentatives incriminées, il est donc normal que dans les deux arrêts commentés, la répression ait été admise. Encore fallait-il que l'existence d'un commencement d'exécution soit retenue.

B. — La nécessité d'un commencement d'exécution

11 La nécessité d'un commencement d'exécution étant la condition minimale d'incrimination de la tentative, on peut facilement comprendre que certaines infractions dites impossibles échappent à la répression. Dans la première décision rapportée, il est assez évident que des injections d'eau de cologne pratiquées sur une femme enceinte peuvent incontestablement constituer un commencement d'exécution au sens où la jurisprudence le retient habituellement. Il s'agit bien d'un acte qui tend directement à l'infraction et qui était accompli avec intention de la commettre (v. *supra*, n° 30). Si l'on fait abstraction de l'inefficacité des moyens utilisés, l'acte reproché manifeste clairement l'intention de l'individu de réaliser l'infraction. Il en va de même pour la tentative de vol commise par Joao, le fait de pénétrer dans un véhicule en stationnement constitue à l'évidence un commencement d'exécution d'un vol à la roulotte.

12 D'une manière générale, la jurisprudence en ce domaine adopte une conception assez subjectiviste, mais il demeure cependant nécessaire qu'un acte suffisamment concret matérialise l'intention du délinquant. Ainsi peut-on expliquer l'absence de répression des infractions dites « surnaturelles ». On désigne par cette expression l'attitude de ceux qui par envoûtement, sortilège ou prière essaient d'attirer le malheur sur autrui. On invoque souvent l'aliénation mentale (R. Merle et A. Vitu, préc. ; *contra* M.-J. Littmann, note préc.) mais en réalité l'explication réside simplement dans l'absence de commencement d'exécution, une incantation maléfique pouvant difficilement tendre directement et immédiatement à une infraction (J. Pradel, n° 436, où sont mises à égalité les deux explications). Une explication identique est fournie pour les tentatives d'empoisonnement réalisées avec une substance non susceptible de provoquer la mort (M.-J. Littmann, note préc.). La solution n'est pas évidente. Les arrêts sont d'ailleurs anciens et la doctrine se prononce en sens contraire (É. Garçon, *op. cit.*, n° 115 ; v. égal. Crim. 5 févr. 1958, *Bull. crim.* n° 126 ; J. Pradel et M. Danti-Juan, *Droit pénal spécial*, n° 28 ; *contra* B. Bouloc, n° 257 ; M.-L. Rassat, n° 304 ; A. Rebut, *Rép. pén.*, Dalloz, « Tentative », n° 57). En réalité, il faut distinguer. Il est clair que l'usage de certains produits totalement inoffensifs peut entraîner l'impunité ; leur utilisation par le prévenu ne révélant pas l'existence d'un commencement d'exécution. En revanche, lorsqu'il y a une simple erreur dans la préparation du produit, on ne voit pas pourquoi on adopterait une solution spéciale pour cette infraction, la répression du délit impossible étant aujourd'hui systématique dès lors qu'il y a tentative punissable (en ce sens, A. Prothais, *Tentative et attentat*, thèse, 1985, n° 324).

13 Il reste alors à comprendre les raisons qui conduisent à refuser la répression des infractions putatives c'est-à-dire celles qui n'existent que dans l'imagination du délinquant (R. Merle et A. Vitu, t. I, n° 512). Un individu est persuadé de commettre une infraction, mais les conditions

juridiques indispensables à sa réalisation font défaut (enlèvement d'une personne majeure alors que l'agent la croit mineure).

On explique souvent l'impunité en se fondant sur le principe de la légalité ce qui est insuffisant puisque l'on est placé sur le terrain de la tentative (v. pour une explication intéressante : Y. Mayaud, n° 278 (1), non-punissabilité en dehors de toute référence objective à un modèle de conduite correspondant à une qualification pénale). Voir également E. Dreyer, n° 941 s., qui donne des exemples pour lesquels le législateur assimile l'infraction putative à une infraction consommée tel le trafic d'influence.

14 En réalité, l'impunité provient non seulement du fait qu'il n'y a pas d'infraction, faute d'une qualification pénale, mais encore parce qu'il n'y a pas de tentative. En effet, comme cela a été judicieusement démontré (A. Decocq, p. 178) en matière d'infraction putative, on ne peut pas dire que le résultat n'a pas été atteint. L'individu qui détourne une majeure qu'il croit mineure atteint le résultat qu'il s'était fixé, il ne réalise pas un commencement d'exécution mais la totalité des actes prévus. On ne peut donc pas poursuivre pour tentative une entreprise achevée. Il faut nécessairement se placer sous l'angle de l'infraction consommée pour apprécier la responsabilité de l'agent, ce qui conduit à l'impunité, faute d'élément matériel (en ce sens, A. Légal, *RSC* 1962. 92 ; v. égal. A. Varinard, art. *préc*). V. pour un cas curieux d'évasion impossible dans le cadre d'une garde à vue non notifiée à une personne en état d'ivresse. La juridiction relaxe pour défaut d'intention mais on peut aussi considérer que l'infraction est putative puisque juridiquement il n'était pas détenu (Toulouse 13 avr. 2006, *Dr. pénal* 2007. Étude p. 12, obs. R. Maman).

En définitive, il s'avère donc qu'aucune des prétendues difficultés relatives à l'infraction impossible ne paraît résister à un examen sérieux. Faut-il en déduire que la théorie de l'infraction impossible est inutile ? (Puech, p. 219). Certains auteurs, contrairement à nos espérances (v. art. *Mélanges Chavanne*, préc.) ne semblent nullement convaincus (P. Conte et P. Maistre du Chambon, préc. et P. Conte, *RPDP* 2005, n° 2 ; E. Dreyer, n° 899) mais leur argumentation n'est sans doute décisive que si l'on s'en tient à un « intellectualisme pur », peu « rassurant » si l'on veut réagir contre des individus dont la criminalité est avérée (reprise d'expressions dues à Y. Mayaud, n° 275).

La réponse nous semble pourtant toujours évidente si l'on se place sous l'angle de la théorie de la tentative, et le silence du nouveau Code pénal sur cette question en est une démonstration supplémentaire. Mais il reste que sur le plan de la répression de l'infraction consommée, certaines conduites échapperont à toute sanction parce que juridiquement elles ne correspondent à aucune qualification pénale, aucune valeur sociale légalement protégée n'ayant été atteinte.

A. V.

TITRE 2

Auteurs de l'infraction

33

COMPLICITÉ – NÉCESSITÉ D'UN FAIT PRINCIPAL PUNISSABLE

Crim., 25 oct. 1962, *Schieb et Benamar*
(*D.* 1963. 221, note P. Bouzat ; *JCP* 1963. II. 12985, note R. Vouin ;
RSC 1963. 553, obs. A. Légal)

Crim., 10 avr. 1975, nº 74-92.826, *Herment et Doucet*
(*Bull. crim.* nº 89)

Crim., 17 févr. 1981, nº 79-95.028, *R...*
(*Bull. crim.* nº 63)

L'absence de fait principal punissable interdit toute incrimination d'un acte de complicité (1re et 3e esp.).
La culpabilité du complice étant indépendante de celle de l'auteur, l'éventuelle impunité de ce dernier est sans incidence (2e esp.).

Chambre criminelle, 25 octobre 1962, *Schieb et Benamar*

Attendu qu'il résulte de l'exposé des faits de l'arrêt attaqué que Schieb, ancien adjudant de gendarmerie à Saverne, qui vivait en mauvaise intelligence avec sa femme depuis plusieurs années, aurait fait fortuitement la connaissance, le 9 octobre 1958, sur le quai de la gare de Strasbourg, du Nord-Africain Benamar qui lui demandait la charité ; que, quelques jours plus tard, lors d'une nouvelle rencontre, il aurait offert des consommations à son interlocuteur et lui aurait fait comprendre qu'il pourrait mettre fin à sa misère et gagner une somme de 100 000 francs s'il consentait à tuer la dame Schieb, sa femme, qui se refusait à tout divorce ; que Benamar ne lui aurait pas répondu mais aurait profité de cette occasion pour lui demander la remise d'une somme de 500 francs ; qu'au cours d'une autre entrevue, le lendemain, Schieb aurait conduit Benamar à un arrêt d'autobus, lui précisant que la future victime se trouvait à cet endroit chaque soir, à 19 h 45, et qu'il serait facile de la reconnaître à son chapeau noir et à des pansements qu'elle portait aux jambes ; que Schieb aurait versé, ce jour-là, une somme de 1 000 francs suivie, les jours suivants, du versement de deux autres sommes de 3 000 francs et de 500 francs et enfin de la remise d'un revolver enveloppé dans un journal, en fixant un nouveau rendez-vous le lendemain de l'attentat pour le paiement de la récompense ; que Benamar qui avait avisé de ces faits un camarade de travail et lui avait montré l'arme, était dénoncé et appréhendé par les services de police, le 24 octobre 1958, sans que le meurtre de la dame

Schieb ait été consommé ni même tenté ; Que l'arrêt attaqué ajoute que bien que Schieb conteste énergiquement avoir parlé de sa femme à Benamar et lui avoir remis une arme en lui demandant de tuer celle-ci contre la promesse d'une somme de 100 000 francs, les déclarations de Benamar paraissent cependant vraisemblables et confirmées par les dépositions de deux témoins Fiche et la dame Mazouff ; que Benamar a toutefois précisé que s'il a reçu des mains de Schieb le revolver qu'il a voulu ensuite vendre à Fiche, il n'a jamais eu l'intention de commettre un meurtre sur la personne de la dame Schieb, qu'il n'a jamais essayé de rencontrer, et a cherché, seulement les moyens de « soutirer » de l'argent à Schieb et également de se procurer de l'argent en vendant l'arme ; – Attendu que l'arrêt attaqué déduit de l'exposé de ces faits que le crime de tentative d'assassinat reproché à Benamar et à Schieb n'est pas caractérisé ; que les différentes rencontres avec Benamar, les consignes criminelles données par Schieb, même accompagnées du versement de sommes d'argent, la remise de l'arme et enfin la promesse d'une somme de 100 000 francs, en cas de réalisation du crime, ne constituent que des actes préparatoires dudit crime ; que, bien que coordonnés et procédant d'une détermination criminelle, ils ne sauraient constituer, en présence de l'inaction ou du désistement de Benamar, le commencement d'exécution susceptible de conférer à la simple intention criminelle le caractère d'une tentative punissable ; Qu'enfin, par voie de conséquence, il n'est pas possible de retenir à l'égard de Schieb le crime de complicité de tentative d'assassinat, qu'elle qu'ait été son intention, la complicité ne se concevant que s'il y a eu un fait punissable ; – Attendu qu'il est fait grief à l'arrêt attaqué d'avoir déclaré n'y avoir lieu à suivre, au motif que l'agent avait volontairement inexécuté l'ordre de tuer la victime, alors qu'il était établi que l'inculpé, ayant organisé l'agression dans tous ses détails, laissant à l'agent, simple manœuvre entre ses mains, le soin de porter le coup fatal, ses agissements, joints à une volonté criminelle réitérée, constituaient bien le commencement d'exécution d'une tentative punissable ; – Mais attendu qu'en l'état des constatations de fait préc., les juges du fond ont pu déclarer qu'aucune infraction punissable ne pouvait être relevée contre Benamar et Schieb du chef de tentative d'assassinat et complicité ; qu'il en résulte, en effet, que les actes relevés à la charge de Schieb ne constituaient que des actes préparatoires du meurtre dont l'exécution matérielle avait été confiée à Benamar et ne sauraient être considérés comme un commencement d'exécution de ladite infraction de tentative d'assassinat, au sens de l'article 2 du Code pénal ; que le commencement d'exécution n'est caractérisé que par des actes devant avoir pour conséquence directe et immédiate de consommer le crime, celui-ci étant ainsi entré dans la période d'exécution ; Qu'en outre, si ces mêmes actes pouvaient être qualifiés d'actes de complicité, soit par provocation soit par instructions données, ils ne sauraient tomber sous le coup de la loi pénale en l'absence d'un fait principal punissable ; qu'enfin il en est de même en ce qui concerne la provocation non suivie d'effet lorsque cette provocation n'est pas prévue et réprimée par un texte formel ;

Rejette…

Chambre criminelle, 10 avril 1975, *Herment et Doucet*

Attendu que par jugement rendu par défaut et n'ayant pas encore acquis un caractère définitif, Doucet a été condamné comme auteur principal d'escroquerie et d'abus de confiance, que Herment, jugé contradictoirement a été déclaré coupable de complicité de ces infractions ; que le demandeur a relevé appel de cette dernière décision, que l'arrêt attaqué a confirmé dans son principe la condamnation prononcée contre lui ;

Attendu que la culpabilité du complice est indépendante de celle de l'auteur principal, qu'il suffit pour qu'une condamnation soit justifiée à l'égard du complice que la décision qui la prononce constate l'existence du délit et en relève les éléments constitutifs ;

Attendu qu'en l'espèce, l'arrêt attaqué a confirmé, dans ses dispositions non contraires, la décision du tribunal, que ce jugement commun à Doucet et à Herment a caractérisé ainsi qu'il ressort de l'examen du second moyen les éléments constitutifs des délits d'escroquerie et d'abus de confiance commis par Doucet et dont le demandeur a été déclaré complice ;

D'où il suit que le moyen ne saurait être accueilli ;

Et attendu que l'arrêt est régulier en la forme ;

Rejette...

Chambre criminelle, 17 février 1981, *R...*

Attendu que la cour d'appel a énoncé, à bon droit, que le fait principal n'étant pas punissable, les complices ne pouvaient pas faire l'objet de poursuites ;

Qu'en effet, aux termes de l'article 42 de la loi du 29 juillet 1881, les auteurs de l'écrit incriminé ne peuvent être recherchés, à titre principal, qu'à défaut du directeur de la publication ; qu'en l'espèce, le directeur de la publication du *Journal officiel* étant connu, et ne faisant pas défaut, les auteurs de la déclaration d'association ne pouvaient être mis en cause qu'en qualité de complices ; qu'ils bénéficiaient ainsi de l'absence de fait principal punissable ;

D'où il suit que le moyen n'est pas fondé ;

Et attendu que l'arrêt est régulier en la forme ;

Rejette...

OBSERVATIONS

1 Le caractère accessoire de la complicité, forme de participation criminelle où le complice est traditionnellement présenté comme celui qui apporte son concours à l'auteur ou aux coauteurs d'une infraction, pose immédiatement la question du sort qui doit être réservé à ce participant « au second degré ».

S'interroger en effet sur le problème de la sanction du complice, (doit-on lui réserver un sort particulier) revient en fait à rechercher si l'acte de complicité peut être confondu avec l'acte principal en une infraction unique ou s'il doit être, au contraire, considéré comme un délit distinct comportant ses propres éléments constitutifs.

On rappellera que deux systèmes étaient dès lors concevables : selon le premier, dit d'unité d'infraction, les actes accomplis par le complice « empruntent » la criminalité de l'acte réalisé par l'auteur. Les actes du complice n'étant pas par eux-mêmes délictueux, ils ne le deviennent que par le lien qui les unit au délit d'autrui dont ils facilitent l'exécution.

Avec le second système il y a, au contraire, pluralité d'infractions, la complicité étant considérée comme un délit distinct de l'infraction principale. Le complice apparaît alors comme l'auteur d'une infraction autonome, juridiquement distincte de celle de l'agent de l'infraction principale. (Sur cette question : S. Detraz, « La nature de la complicité », *Gaz. Pal.* 8 nov. 2015, n° 307, dossier sur la complicité).

2 Ainsi les thèses proposées par la doctrine : thèse de l'emprunt de criminalité, thèse de l'infraction autonome, apportent-elles à la question de la sanction du complice des solutions radicalement opposées. Alors que dans le cadre du premier système, la répression de l'acte de complicité est subordonnée à l'existence d'un fait principal punissable puisqu'on ne peut pas emprunter la criminalité d'un fait si celle-ci n'existe pas, le deuxième système aboutit, quant à lui, à l'abolition de toute distinction entre auteur et complice : nous entendons par là que chacun sera jugé en fonction de son activité réelle, en tant qu'auteur de sa propre infraction. On signalera néanmoins l'analyse plus nuancée proposée par le doyen Carbonnier suggérant la théorie du « délit conditionné » (« Du sens de la répression applicable aux complices selon l'article 59 du Code pénal », *JCP* 1952. I. 1304).

Le législateur n'a pas consacré expressément une de ces deux thèses mais l'article 59 du Code pénal de 1810 qui disposait « les complices d'un crime ou d'un délit seront punis des mêmes peines que les auteurs mêmes de ce crime ou de ce délit, sauf le cas où la loi en aurait disposé autrement » étaient traditionnellement considérés comme une application de la théorie de la criminalité d'emprunt (pour une critique de cette notion : J.-H. Robert, p. 351 ; X. Pin, n° 293). La jurisprudence fidèle dans l'ensemble aux solutions imposées par ce postulat a déduit toutes les conséquences du principe selon lequel l'acte de complicité emprunte la criminalité de l'acte principal, notamment l'exigence d'un fait principal punissable. On notera que l'actuel Code pénal, sans doute après de nombreuses hésitations parlementaires quant à l'incrimination propre de l'instigation (v. J. Pradel, *Commentaire du Code pénal*, 2e éd., n° 31), confirme le principe de l'emprunt de criminalité. En effet l'article 121-6 se contente de préciser que « sera puni comme auteur, le complice de l'infraction » alors que l'article 121-7 fait de la provocation un cas de complicité à l'image de l'article 60 du Code pénal de 1810. Cette modification de l'emprunt de pénalité est peut-être beaucoup moins anodine qu'on pourrait le supposer. Elle pourrait entraîner certaines conséquences que le législateur n'avait ni voulues ni même imaginées. Cette disposition, introduite lors des travaux parlementaires en raison de l'instauration de la responsabilité pénale des personnes morales, avait pour objectif de faire encourir à chaque type de délinquant les peines qui lui sont propres. Ainsi le complice personne physique, d'une personne morale ne saurait être condamné à une dissolution mais à la sanction prévue pour la personne physique commettant une telle infraction. La réciproque est évidemment vraie. Mais l'analyse rationnelle de la nouvelle formule peut conduire à d'autres modifications du régime de la complicité. Dès lors que le texte souligne que le complice doit être puni comme s'il avait été lui-même auteur, on peut admettre que la pénalité du complice ne dépende plus seulement de l'acte principal mais également d'éléments concernant la personne du complice. Certaines conséquences logiques de cette position pourront être admises sans difficulté. Ainsi, il est normal que les circonstances aggravantes ou les causes d'atténuation de peines qui sont propres au complice puissent lui être appliquées alors qu'elles ne concernent pas l'auteur principal. Cette réciprocité par rapport à la situation de l'auteur de l'infraction apparaît équitable. La question de l'incidence de la nouvelle rédaction de l'article 122-6 du Code pénal sur ce que l'on appelle les circonstances mixtes sera plus délicate à déterminer mais elle n'entraînera pas de bouleversements dans le système jusqu'alors retenu. En revanche, on peut imaginer certaines conséquences beaucoup plus inattendues et à vrai dire inacceptables. En effet, faut-il accepter que l'on ne puisse pas punir le complice d'une infraction qu'il ne pourrait pas commettre comme auteur, contrairement à la règle jusqu'alors admise. Ainsi le complice d'un débiteur qui détourne ou détruit un objet saisi ne serait plus punissable (C. pén., art. 314-6) puisqu'en tant qu'auteur, il ne peut être débiteur. Une telle solution, non voulue par le législateur, les travaux préparatoires du Code comme l'article 121-4 du Code pénal qui ne fait pas du complice un auteur le prouvent, avait bien peu de chances d'être retenue par la jurisprudence (sur cette question, S. Fournier, « Le nouveau Code pénal et le droit de la complicité », *RSC* 1995. 475 s. (favorable à cette interprétation) ; F. Desportes et F. Le Gunehec, n° 563, qui estimaient la solution incertaine mais jugeaient inconcevable qu'elle soit retenue considèrent depuis leur treizième édition (2006) que la Cour de cassation a décidé de ne tirer aucune conséquence de cette nouvelle rédaction ; P. Conte et P. Maistre du Chambon, n° 424, considèrent la solution « incongrue » et contraire à la lettre même de l'article 121-6 qui utilise l'expression « sera puni » ; J. Pradel, n°s 477 s. ; B. Bouloc, n°s 360 s. ; J.-H. Robert, p. 359, v. E. Dreyer, n° 1100 pour une suggestion intéressante qui conduirait, dans chaque cas, à déterminer si le complice a entendu s'associer à l'acte tel qu'il a été réalisé ce qui impliquerait, par exemple, qu'il connaissait la circonstance aggravante). On peut d'ailleurs ajouter que plusieurs décisions de la chambre criminelle rendues depuis 1994 semblent condamner l'interprétation maximale de l'article 121-6 en considérant par exemple qu'un tiers, non dirigeant social, pouvait être complice d'un abus de biens sociaux (Crim. 20 mars 1997, n° 96-81.361, *D.* 1999. 28, note D. Boccara ; *Dr. pénal* 1997, n° 131, obs. J.-H. Robert). Les annotateurs de cette décision, tout en analysant le changement de système, n'en tirent pas des conséquences aussi radicales. Dans le même sens : Crim. 2 mai 2001, n° 00-84.917, *Bull. crim.* n° 104 ; *Dr. pénal* 2001, n° 115, obs. M. Véron ; Crim. 8 janv. 2003, n° 02-82.555, *Bull. crim.* n° 3 (condamnation pour complicité de banqueroute d'une personne n'appartenant pas à la catégorie de ceux qui peuvent être les auteurs de cette infraction). Les dernières interrogations paraissent levées par un arrêt du 7 septembre 2005 (n° 04-84.235, *Bull. crim.* n° 219 ; *D.* 2006. 835, note E. Dreyer ; *Dr. pénal* 2005, n° 167, obs. M. Véron ; *Gaz. Pal.* 24-25 mars 2005, note Y. Monnet ; *RPDP* 2006. 126, obs. Ph. Bonfils) qui a affirmé de la manière la plus claire que les circonstances aggravantes liées à la qualité de l'auteur principal sont applicables aux complices. En l'occurrence il s'agissait d'un faux commis par un notaire, un dirigeant de société étant son complice. La chambre de l'instruction de la cour d'appel de Paris avait estimé que la circonstance aggravante, résultant de la qualité professionnelle de l'auteur, en l'espèce celle de notaire chargé d'une mission de service public, n'était pas applicable à un complice n'ayant pas cette qualité et qui ne pouvait pas, dès lors, se voir reprocher un crime mais un simple délit en l'occurrence prescrit. C'est cette solution qui est censurée par la chambre criminelle qui rejette l'exception de prescription. Elle admet ainsi que la circonstance liée à la qualité professionnelle de l'auteur s'étend au complice. Elle confirme d'ailleurs la jurisprudence antérieure à l'actuel Code pénal. (V. pour cette question : L. Saenko, « Brèves réflexions sur la catégorie des infractions attitrées », qui ne peuvent être commises que par certaines personnes : *Gaz. Pal.* 3 nov. 2015, n° 307, dossier). En tout état de cause, le principe de l'emprunt de pénalité étant conservé, les décisions que nous avons retenues conservent tout leur intérêt. On ajoutera un arrêt de la chambre criminelle du 23 mars 2011 (*Dr. pénal* 2011, n° 93, obs. J.-H. Robert) qui a censuré une décision exigeant que le complice d'une infraction d'habitude ait réalisé au moins deux faits (v. *infra*).

3 L'arrêt *Schieb-Benamar* en 1962 ainsi qu'un arrêt *R...* en 1981, en matière de diffamation, ont pour principal intérêt, et c'est en cela qu'ils peuvent être considérés comme des arrêts importants de la jurisprudence criminelle, d'énoncer les bases objectives de la répression des actes de complicité en cernant la notion de fait principal punissable.

Une interprétation unanime de l'arrêt *Schieb* avait conclu à la consécration jurisprudentielle de la thèse de la criminalité d'emprunt, exprimée dans l'article 59 du Code pénal de 1810, aujourd'hui dans l'article 121-6 de l'actuel Code pénal ; on peut considérer que l'arrêt *R...* procède 20 ans après de la même analyse ; la constance de cette analyse de la chambre criminelle de la Cour de cassation étant d'autant plus à remarquer qu'elle intervient à une époque où pourtant les plus vives critiques sont formulées à l'encontre d'une telle théorie et notamment des solutions qu'elle consacre.

4 Le rappel des faits de ces deux arrêts permet de constater qu'ils imposaient tous les deux aux juges une même réflexion sur le rapport existant entre l'acte de complicité et le fait principal.

En 1962, un certain Schieb souhaitant la mort de sa femme aurait demandé l'assassinat de celle-ci à Benamar à qui il aurait donné des instructions, remis de l'argent et une arme à cet effet mais sans succès, Benamar ayant été dénoncé avant toute tentative de crime qu'il n'aurait selon lui jamais eu l'intention de commettre de même que Schieb, d'après ses allégations n'aurait jamais eu de tels projets. Le problème ici était donc de savoir si des poursuites pouvaient être légalement engagées contre un donneur d'ordre sous le chef de complicité de tentative d'assassinat alors même que le tueur après avoir accepté la mission et l'argent, n'avait commis aucun acte tendant à la consommation de l'infraction.

Les faits de l'arrêt de 1981, s'ils concernent une toute autre infraction, n'en présentent pas moins une similitude frappante au regard du problème de droit posé : une personne s'estimant diffamée en raison de la publication au *Journal officiel de la République française* d'une déclaration d'association ayant pour objet « la défense des propriétaires contre les malfaçons et les défauts des villas » construites par elle-même porte plainte contre X. Les juges se trouvaient confrontés au même problème juridique qu'en 1962 : les auteurs de l'écrit pouvaient-ils faire l'objet de poursuites sous le chef de complicité de diffamation alors même que le directeur de publication, à titre d'auteur principal, en était exempt, les publications dans le *Journal officiel* des déclarations d'associations étant ordonnées par la loi.

La chambre criminelle, tant en 1962 qu'en 1981, devait donc, pour pouvoir retenir les complices dans les liens de la prévention, répondre à une seule et même question : la criminalité de l'acte de complicité est-elle subordonnée à la criminalité de l'acte principal ?

5 L'analyse des deux arrêts permet de constater que la Haute juridiction a apporté en 1962 une réponse claire à cette question ; réponse réaffirmée sans équivoque en 1981 et la solution adoptée peut se résumer ainsi : si la poursuite des actes de complicité est subordonnée à l'existence d'un fait principal punissable, elle est par contre indifférente à la condamnation effective de l'auteur principal, indifférence particulièrement rappelée dans l'arrêt *Herment-Doucet* de 1975 où un notaire estimait ne pouvoir faire l'objet d'une condamnation sous le chef de complicité d'escroquerie, l'auteur principal n'étant pas définitivement condamné.

Ayant ainsi dégagé les deux grandes affirmations de la chambre criminelle, à savoir : nécessité d'un fait principal punissable, indépendance des culpabilités, il s'avère indispensable de mieux cerner les réalités que recouvrent ces deux formules, nos trois arrêts permettant à titre principal cette analyse.

Nous verrons donc dans un premier temps l'affirmation selon laquelle la criminalité des actes de complicité est subordonnée à l'existence d'un fait principal punissable (I) pour nous interroger ensuite sur la portée exacte de l'affirmation selon laquelle la poursuite du complice est indifférente à la condamnation effective de l'auteur du fait principal (II).

I. — La répression de la complicité : la nécessité d'un fait principal punissable

6 La répression de l'acte de complicité est subordonnée en ce qui concerne le fait principal à une double condition : il doit non seulement correspondre abstraitement à une incrimination de la loi pénale (A) mais il doit aussi être susceptible d'être sanctionné (B).

A. — L'existence d'un fait objectivement punissable

7 Il est bon de rappeler que le principe selon lequel les actes de complicité ne sauraient tomber sous le coup de la loi pénale en l'absence de fait principal punissable, découlait d'une interprétation quasi unanime de

l'article 59 du Code pénal de 1810 disposant que les complices de crime ou de délit sont punis des mêmes peines que les auteurs sauf disposition contraire de la loi. La formule de l'article 121-6 de l'actuel Code pénal, même si elle est différente, ne pourrait pas conduire à une autre solution, la nécessité de l'existence d'une infraction étant confirmée ; d'autant que l'article 121-7 continue à faire de l'instigation un cas de complicité. On notera que le Code pénal a érigé en infractions autonomes plusieurs provocations pour des faits qui ont été eux-mêmes dépénalisés (par ex. : provocation à la consommation habituelle de boissons pour les mineurs, C. pén., art. 227-19).

Le fait de complicité ne constitue donc pas une infraction autonome, les agissements du complice ne deviennent délictueux que par le lien qui les unit au délit d'autrui dont ils facilitent l'exécution. Le complice va alors répondre de l'infraction à laquelle il a participé. On comprend ainsi aisément que la première condition exigée en ce qui concerne le fait principal, dans la logique du système adopté par la jurisprudence, soit qu'il corresponde abstraitement à une incrimination de la loi pénale : il ne pourra y avoir complicité si le fait reproché à titre principal ne constitue pas au regard de la loi pénale, une infraction (v. par ex Crim. 24 mars 2015, n° 14-81.924 qui casse une décision ayant retenu un délit de complicité d'importation sans autorisation concernant certaines spécialités pharmaceutiques, en l'occurrence, des préparations magistrales, alors que ces produits ne sont pas soumis à une autorisation).

8 C'est ce qu'a affirmé sans équivoque la chambre criminelle dans un arrêt de 1958 : « le fait principal constitue un des éléments nécessaires de la complicité... les juges doivent à peine de nullité de la condamnation du complice, constater le caractère infractionnel de ce fait principal », solution d'ailleurs toujours maintenue par la jurisprudence de la chambre criminelle (Crim. 2 juill. 1958, *Bull. crim.* n° 513 ; Crim. 1er déc. 1987, *Bull. crim.* n° 438 ; Crim. 28 mai 1990, *Bull. crim.* n° 214 ; Crim. 26 nov. 1993, *Dr. pénal* 1993. Chron. 65, obs. V. Lescloux et C. Marsat qui est une confirmation dans une affaire similaire de l'arrêt *Schieb* ici commenté. V. plus récemment Crim. 7 févr. 2006, n° 05-82.490 et 11 janv. 2006, n° 05-82.530, *RSC* 2006. 596, obs. É. Fortis).

9 On peut également citer un arrêt intéressant confirmant cette nécessité d'un fait principal punissable (Crim. 20 juin 1994, *Bull. crim.* n° 246). La chambre criminelle a en effet admis que constitue un fait nouveau pouvant entraîner révision, la relaxe de l'auteur principal intervenue devant une cour d'appel après renvoi de cassation au motif que l'intention frauduleuse des infractions n'était pas caractérisée. Dès lors, la complicité supposant un fait principal punissable ne peut plus être constituée et un fait nouveau de nature à exclure la culpabilité du complice existe bien. La chambre criminelle a d'ailleurs confirmé sa jurisprudence dans une affaire totalement similaire (Crim. 24 mai 2006, n° 05-86.081, *AJ pénal* 2006. 316, obs. C. Girault ; *ibid.* 369, obs. G. Royer et Crim. 17 janv. 2007, n° 06-87.833, *Bull. crim.* n° 11 ; v. cependant, P. Conte et P. Maistre du Chambon, n° 412, et deux arrêts non publiés :

Crim. 22 mai 2008, n° 06-80.525 et n° 07-83.761, décidant que la relaxe d'un coauteur ou d'un complice n'est pas un fait nouveau. Peut être le doute sur l'existence de l'infraction n'était-il pas assez sérieux ? V. égal. Crim. 4 mars 1998, *Bull. crim.* n° 83 ; *Gaz. Pal.* 1998. 2. Chron. crim. 125 et Crim. 5 mai 1998, n° 97-85.271, *Bull. crim.* n° 151 ; *RSC* 1999. 105, obs. J.-P. Delmas Saint-Hilaire ; *Dr. pénal* 1998, n° 110, obs. M. Véron ; Crim. 25 juin 1998, *Dr. pénal* 1998. 145). Une décision de la chambre criminelle (Crim. 8 janv. 2003, n° 01-88.065, *Bull. crim.* n° 5 ; *D.* 2003. 2661, note É. Garçon ; *ibid.* 2004. 310, obs. B. de Lamy ; *RSC* 2003. 553, obs. B. Bouloc, *JCP* 2003. II. 10159, note W. Jeandidier ; *RPDP* 2003. 768, J.-Y. Chevalier) a cependant relancé la discussion sur ce point, en admettant la culpabilité d'un complice alors que l'auteur principal d'un trafic de stupéfiants était, dans le même temps, relaxé pour défaut d'intention. Cette solution, autrefois admise (Crim. 3 juill. 1909, *DP* 1911. I. 290), semblait aujourd'hui rejetée par la Cour de cassation. On observe cependant que la Haute juridiction prend le soin d'affirmer que l'existence du fait principal, à savoir l'exportation illicite de stupéfiants, a été souverainement constatée par la cour d'appel. Il est donc clair qu'il y a dans cette affaire un fait principal punissable si ce n'est une infraction punissable faute d'élément intentionnel pour l'auteur matériel des faits (pour une critique de cette solution, E. Dreyer, n° 1062). En effet on constate qu'il y a bien, grâce à l'utilisation d'un stratagème, une exportation illicite de drogue permise notamment par les instructions données par le complice (pour une confirmation de cette jurisprudence dans une affaire fiscale : Crim. 15 déc. 2004, *Dr. pénal* 2005, n° 79, obs. J.-H. Robert). Tel n'est pas nécessairement toujours le cas lorsque le fait délictueux lui-même disparaît. On ne peut être complice de banqueroute, s'il n'y a pas de banqueroute faute d'intention de l'auteur. Peut-être faudrait-il que la Cour de cassation opte plus clairement en cette matière pour déterminer si le fait principal doit s'entendre d'une infraction ou d'un simple fait matériel ayant figure d'infraction (en ce sens : P. Conte et P. Maistre du Chambon. Sur cette éventuelle redéfinition du fait principal punissable, v. X. Pin, n° 293) et pour une présentation originale du problème : É. Verny, O. Décima, S. Détraz, n° 509 s.

On ajoutera, qu'à supposer que le convoyeur de drogue n'ait été qu'un instrument passif, ce qui paraît le cas, il aurait sans doute été possible de considérer le complice comme un véritable auteur moral ou médiat et de le poursuivre comme auteur (v. à titre d'exemple : Crim. 4 déc. 1974, *RSC* 1976. 409, obs. J. Larguier).

10 Il est vrai que l'affaire du sang contaminé, dans son épilogue, paraît au moins en apparence, revenir à la nécessité d'une infraction principale réalisée dans tous ses éléments constitutifs puisque la complicité n'a pu être retenue contre quiconque faute pour les auteurs principaux d'avoir agi avec l'intention de donner la mort : Crim. 18 juin 2003, n° 02-85.199, *Bull. crim.* n° 127 ; *D.* 2004. 1620, note D. Rebut ; *RSC* 2003. 781, obs. Y. Mayaud ; *JCP* 2003. II. 10121, note M.-L. Rassat ; *Dr. pénal* 2003, n° 97, obs. M. Véron ; *Dr. pénal* 2004. Chron. 2, obs. V. Malabat et J.-C. Saint-Pau.

Peut-être ne s'agit-il pas d'un nouveau revirement jurisprudentiel. En effet, Y. Mayaud montre très pertinemment dans son ouvrage [n° 384 (4)] que lorsque la matérialité d'une infraction n'est pas en elle-même significative d'une qualification pénale « le relais de la culpabilité est indispensable à l'établissement du fait principal punissable ». Dès lors, il faudrait distinguer selon les infractions celles pour lesquelles l'existence d'une infraction principale serait nécessaire et celles pour lesquelles un simple fait principal suffira. Mais comme le remarque cet auteur lui-même, si ces solutions méritent d'être maintenues, elles ne rendent pas la matière, pour autant, plus cohérente.

11 Il reste qu'il existe des hypothèses plus simples : l'exemple traditionnel énoncé par la doctrine pour illustrer l'exigence du fait principal punissable, est celui du suicide. En effet la « complicité de suicide » ne peut être susceptible de sanction, le suicide proprement dit n'étant pas lui-même incriminé (*contra* J. Carbonnier, art. préc.). Il faut noter toutefois que la chambre criminelle a décidé que la personne qui participe activement au suicide d'autrui (ouverture d'un robinet de gaz par ex.) pourra être poursuivie pour homicide volontaire, de même que celui qui aura assisté passivement à un suicide pourra tomber sous le coup de l'incrimination d'omission de porter secours à une personne en péril (C. pén., art. 223-6). Il faut, en outre, rappeler qu'une loi du 31 décembre 1987 (C. pén., art. 323-13) a incriminé la provocation au suicide, lequel reste pourtant non punissable en lui-même (v. égal. Crim. 29 mars 2000, *Bull. crim.* n° 145, pas de complicité d'exportation de lingots d'or, l'or n'étant plus une marchandise prohibée).

12 Mais il ne suffit cependant pas que le fait principal soit pénalement reprochable, il fallait encore d'après l'article 59 du Code pénal de 1810 lui-même qu'il présente une certaine gravité, à savoir qu'il constitue un crime ou un délit. La complicité de contravention n'était donc pas punissable (Crim. 26 déc. 1857, *DP* 1958. 1. 143 ; Crim. 23 janv. 1973, *Bull. crim.* n° 30 ; *RSC* 1974. 579, obs. J. Larguier ; Crim. 4 janv. 1990, *Bull. crim.* n° 10, application de cette règle pour un délit de diffamation déclassé en injure non publique en raison de l'absence de publicité) sauf à titre exceptionnel si des lois spéciales venaient l'incriminer (v. par ex., C. pén. de 1810, art. R. 34-8e, complicité de tapage nocturne). Cette solution est aujourd'hui modifiée par l'actuel Code pénal. En effet aux termes des nouvelles dispositions c'est le complice de « l'infraction » qui est visé dans l'article 121-6 du Code pénal. Cette incrimination générale de la complicité est néanmoins limitée par l'article 121-7 qui distingue selon les formes de la complicité. Si la complicité par instigation, jugée la plus dangereuse concerne d'une manière générale « l'infraction », la complicité par aide et assistance, forme la plus fréquente, ne reste applicable qu'aux seuls « crimes et délits » (v. Circ. d'application du C. pén. n° 30 ; J. Pradel, *Commentaire du Code pénal*, 2e éd., n° 32 ; P. Conte et P. Maistre du Chambon, n° 408 ; F. Desportes et F. Le Gunehec, n°s 554 s.). L'article R. 610-2 confirme cette interprétation pour la complicité par instigation des contraventions. S'agissant de la complicité par aide et assistance elle pourra néanmoins être réprimée pour les contraventions dès lors que le texte d'incrimination le prévoira (v. par ex. C. pén., art. R. 625-1, al. 3, pour les violences). On peut néanmoins s'étonner que des textes réglementaires spécifiques, contrairement au principe de la hiérarchie des normes juridiques, puissent apporter des solutions non conformes au principe d'exclusion de la complicité par aide ou assistance en matière de contravention (C. pén., art. 121-7, al. 1er et R. 610-2 ; v. P. Conte et P. Maistre du Chambon, n° 408 ; Y. Mayaud, n° 384 (2) ; J. Pradel, n° 471, ce dernier auteur considérant qu'il s'agit, dans ce cas, d'infractions autonomes ce qui est assez discutable).

Ainsi dès l'instant où le fait principal constitue un crime ou un délit prévu par la loi pénale, il va communiquer aux actes de complicité sa propre qualification : le donneur d'ordres dans l'arrêt *Benamar* était poursuivi sous le chef de complicité de tentative d'assassinat alors que les auteurs de l'écrit diffamatoire l'étaient en 1981 pour complicité de diffamation.

Quelle est la raison qui a pu conduire les juges à relaxer du chef de complicité alors même que dans ces deux affaires, on était en présence d'un fait principal, *a priori*, pénalement répréhensible et dont la gravité répondait bien aux exigences de l'incrimination. C'est à ce propos que nos deux arrêts présentent tout leur intérêt. En effet il ne suffit pas que le fait principal soit qualifié crime ou délit par la loi, il doit de plus, pouvoir être poursuivi.

B. — L'existence d'un fait susceptible d'être poursuivi

13 Il peut arriver en effet que l'action de l'auteur tout en correspondant par ses contours généraux à une des qualifications de la loi pénale, à savoir un crime ou un délit, ne soit pas concrètement punissable.

En décidant que dans de telles hypothèses le complice ne peut être poursuivi, la chambre criminelle a clairement défini ce que l'on devait entendre par fait principal punissable : non seulement un fait pénalement répréhensible d'une certaine gravité mais de plus un fait pouvant être poursuivi et puni. L'impunité objective de l'acte principal aboutira obligatoirement à la relaxe du complice, c'est en ce sens que la chambre criminelle se prononce dans les deux arrêts que nous commentons.

On constate cependant que les hypothèses dans lesquelles les actes de complicité ne peuvent pas être poursuivis, en raison de l'impunité objective du fait principal, sont diverses et nous reprendrons la distinction souvent utilisée en doctrine (v. M. Puech, n° 88 ; A. Decocq, p. 238), qui oppose les raisons de fond, aux raisons de forme pour la clarté d'exposé qu'elle permet.

14 S'agissant des circonstances de fond c'est tout d'abord le cas où le fait principal n'a pas été consommé : ainsi lorsqu'il s'agit d'un délit d'habitude et que l'auteur n'a accompli qu'un acte occasionnel (Crim. 15 déc.

1949, *S.* 1950. 1. 179). Mais il importe peu que le complice n'ait participé qu'à l'un des actes constitutifs de l'habitude (Crim. 30 janv. 1965, *D.* 1965. 288, note R. Combaldieu ; *RSC* 1965. 655, obs. L. Hugueney ; Crim. 19 mars 2008, n° 07-85.054, *Bull. crim.* n° 70 ; *D.* 2008. 1665, obs. S. Lavric, note J. Lasserre Capdeville ; *AJ pénal* 2008. 234 ; *RPDP* 2008. 615, obs. A. Lepage, et 2009. 133, obs. J.-Y. Chevallier ; v. égal. Crim. 21 sept. 1994, n° 93-81.447, *Bull. crim.* n° 302 ; *Dr. pénal* 1995, n° 2, obs. M. Véron, pour un exemple intéressant : ordre donné à un individu de prendre la fuite à la vue de policiers : pas de complicité car à supposer qu'il y ait instruction, il n'y a pas de complicité pour refus d'obtempérer puisque l'ordre de s'arrêter n'avait pas encore été donné par les représentants de l'ordre ; v. égal., pour le complice d'une personne morale ayant participé à un seul acte de l'infraction d'exercice habituel de la profession d'agent immobilier : Crim. 23 mars 2011, n° 10-84.314, *Dr. pénal* 2011. 93, obs. J.-H. Robert).

Il en va de même si le fait principal, bien que tombant sous le coup de la loi pénale n'a pas été tenté, l'arrêt *Benamar* étant une parfaite illustration de notre hypothèse. En 1962 Schieb avait bien soudoyé un homme, à savoir Benamar, pour exécuter un meurtre mais celui-ci ne l'avait pas commis, le crime projeté n'avait donc reçu objectivement aucun commencement d'exécution et par voie de conséquence la tentative n'était donc pas punissable. Partant de cette constatation les juges ont décidé que les « actes de complicité… ne sauraient tomber sous le coup de la loi pénale en l'absence de fait principal punissable ». Il faut noter que cette solution illustre parfaitement les inconvénients du système de la criminalité d'emprunt. En effet le complice, à savoir le donneur d'ordres, était totalement étranger au désistement volontaire du pseudo-tueur (v. égal. la très célèbre affaire *Lacour* : Crim. 25 oct. 1962, *JCP* 1962. II. 12985, note R. Vouin ; *D.* 1963. 221, note P. Bouzat ; *RSC* 1963. 553, obs. A. Légal. On citera encore un autre exemple en matière de recel : Crim. 23 mars 1978, *Bull. crim.* n° 116 ; *D.* 1979. 319, note B. Bouloc ; v. égal., pour l'hypothèse où l'auteur principal a commis une autre infraction que celle qui avait été suggérée : Crim. 10 mars 1977, *Bull. crim.* n° 91).

15 Ainsi, chaque fois qu'une infraction ne dépasse pas le stade des actes préparatoires, c'est-à-dire d'une tentative non punissable, de façon générale chaque fois qu'on ne peut la considérer comme consommée, la Cour de cassation fidèle aux conséquences du système de l'emprunt de criminalité décide que l'acte de complicité n'est pas lui-même susceptible de sanction. En revanche, la complicité de tentative ne pose évidemment aucun problème particulier (v. par ex. : Crim. 11 juin 1998, *Dr. pénal* 1998. 142, obs. M. Véron ; Crim. 19 mars 1998, *Gaz. Pal.* 1998. 2. Chron. crim. 126 ; Crim. 6 sept. 2000, n° 00-80.989, *Dr. pénal* 2001, n° 30).

Toujours pour la même raison, les actes de complicité ne peuvent pas être sanctionnés si le fait principal est neutralisé, par exemple, par un fait justificatif ou une amnistie réelle.

16 S'agissant des faits justificatifs, qui consistent, on le sait, en des circonstances rendant exceptionnellement légal un fait qui sans elles, eut été constitutif d'une infraction, une illustration idéale de cette hypothèse se trouve dans l'arrêt que nous avons retenu. La chambre criminelle ayant constaté que la publication dans le *Journal officiel* des déclarations d'associations résulte, pour le directeur de publication (qui, s'il ne faisait pas défaut, pouvait seul être considéré comme auteur principal) d'un ordre de la loi, en a conclu à l'absence de fait principal punissable. En effet, ceux à qui la loi adressait un ordre direct bénéficiaient, du seul fait de cet ordre, de la règle édictée par l'article 327 du Code pénal de 1810 selon laquelle, « il n'y a ni crime, ni délit ». La solution n'est évidemment pas différente avec l'article 122-4 du nouveau Code pénal même si la formule utilisée par le législateur a été modifiée. (V. pour une hypothèse intéressante concernant des blessures causées par des grenades de désencerclement dans le cadre d'une manifestation : Crim. 27 oct. 2015, n° 14-84.952, *Gaz. Pal.* 26 janv. 2016, n° 4, obs. S. Detraz, la chambre criminelle semble admettre que la justification résultant du commandement de l'autorité légitime pour l'auteur des tirs, laisse, néanmoins, la possibilité de retenir une infraction de violences involontaires contre le commandant ayant donné l'ordre).

Dès lors dans la logique du système d'emprunt de criminalité, la poursuite du complice n'était plus envisageable, ce que les juges se sont d'ailleurs empressés d'affirmer (v. cep. *contra* pour le fait justificatif de bonne foi en matière de diffamation qui n'empêche pas la poursuite du complice : Crim. 19 févr. 2002, n° 00-83.791, *Bull. crim.* n° 35).

De même que le fait justificatif, l'amnistie dite réelle décidée par le législateur en raison de la seule nature de l'infraction ou des circonstances objectives dans lesquelles elle a été commise, emportera l'impunité des actes de complicité, le fait principal se trouvant effacé par l'amnistie (Crim. 25 mai 1954, *JCP* 1954. II. 8305, note Delpech ; *RSC* 1954. 760, obs. A. Légal).

17 Il en sera enfin de même si l'on se trouve en présence d'un fait principal couvert par une immunité, mécanisme juridique qui aboutira lui aussi à rendre une infraction impunissable. Ainsi le cas du vol commis par la propre femme de la victime : l'acte est bien abstraitement incriminé mais en raison de la qualité de l'agent, il se trouve couvert par l'immunité de l'article 311-12 du Code pénal et par voie de conséquence la complicité d'un tel vol ne sera pas susceptible de sanction (Crim. 8 janv. 1921, *D.* 1921. 1. 169 ; pour une opinion contraire, S. Fournier, art. préc., n° 21). Il faut il est vrai se demander si la nouvelle formulation de l'article 121-6 du Code pénal ne doit pas conduire à la répression du complice dans un tel cas. N'ayant aucun lien de parenté avec la victime en tant qu'auteur il pourrait être punissable (v. P. Conte et P. Maistre du Chambon, n° 414). La jurisprudence a d'ailleurs admis que, s'il agit en tant que coauteur, il est évidemment punissable (Cass., ch. réun., 25 mars 1845, *DP* 1845. I. 178 ; *S.* 1845. 1. 290, réq. Dupin).

Mais il faut aller encore plus loin. La thèse de la criminalité d'emprunt, adoptée par la jurisprudence, aboutit à ce que la criminalité des actes de complicité dépende du point de vue procédural de celle du fait principal. Sans doute n'apparaît-il pas souhaitable de développer ici toutes les hypothèses procédurales qui peuvent rendre le fait principal impunissable.

18 L'idée directrice à retenir est que chaque fois que le fait principal ne pourra faire l'objet d'aucune poursuite, en raison d'une circonstance procédurale tenant à l'infraction elle-même, les actes de complicité demeureront impunis.

Ainsi la prescription de l'action publique va courir du même jour pour l'auteur et pour le complice (Crim. 29 janv. 1965, *D.* 1965. 288 ; Crim. 27 oct. 1993, *Bull. crim.* n° 320), solution qui présente toutefois un intérêt dans le cas où le fait principal est une infraction continue. Il en sera de même en cas de retrait de plainte qui empêchera toute poursuite tant de l'auteur principal que du complice (Crim. 10 févr. 1949, *JCP* 1949. II. 4857) si le désistement intervient avant un jugement définitif de condamnation.

Il faut noter toutefois qu'en ce qui concerne l'hypothèse d'une infraction réalisée à l'étranger alors que l'acte de complicité a été accompli en France, le législateur lui-même est venu écarter la solution consacrée par la thèse de l'emprunt de criminalité. En effet celle-ci conduisait à ce que l'acte de complicité, considéré comme commis à l'étranger, échappe à la compétence des tribunaux français (Crim. 30 avr. 1908, *S.* 1908. 1. 553). Or l'article 113-5 du Code pénal décide que le juge français est compétent à la double condition, d'une part que le crime ou le délit soit puni par la loi française et la loi étrangère et, d'autre part, qu'il ait été constaté par une décision définitive de la juridiction étrangère. On peut ajouter, en revanche, que lorsque l'action principale se déroule en France l'acte de complicité commis à l'étranger est soumis à la loi française même si les faits ne sont pas punissables à l'étranger : Crim. 30 oct. 2013, n° 12-83.995, *Gaz. Pal.* févr. 2014, note E. Dreyer.

19 Ainsi l'exigence d'un fait principal punissable, imposée par le postulat de la criminalité d'emprunt, conduit-elle la jurisprudence à rechercher, dans chaque affaire de complicité, non seulement si le fait principal correspond abstraitement à un crime, un délit ou une contravention susceptible de complicité, mais encore à vérifier s'il n'échappe pas à la répression en raison d'une cause objective d'impunité.

L'impunité de l'acte principal se répercutera totalement sur l'acte de complicité. En effet cet acte empruntant la criminalité du fait principal, comment pourrait-on envisager l'emprunt d'une criminalité qui n'existe pas ? Il en va ainsi lorsque la Cour de cassation annule les questions sur la culpabilité de l'auteur principal. Cette décision entraîne nécessairement l'annulation des questions concernant la complicité (Crim. 30 oct. 1996, n° 96-80.541, *Bull. crim.* n° 384 ; *RSC* 1997. 633, obs. B. Bouloc ; v. égal. Crim. 14 avr. 1999, *Bull. crim.* n° 8 ; B. Bouloc, obs. préc.).

Une telle exigence a cependant eu pour conséquence de conduire la jurisprudence à admettre que la répression de la complicité n'est pas liée à la condamnation effective de l'auteur principal : si le délit subsiste, l'acte du complice peut lui emprunter sa criminalité sans avoir à tenir compte par la suite du prononcé de la sanction, affirmation qui, si elle n'était qu'implicite dans l'arrêt *Benamar*, est clairement contenue dans l'affaire *Herment-Doucet*.

II. — La sanction du complice : l'indifférence de la condamnation de l'auteur

20 La théorie de l'emprunt de criminalité se révèle donc indifférente à la condamnation de l'auteur du fait principal. Son éventuelle impunité sera sans effet sur la répression du complice.

Cette indifférence doit s'entendre non seulement au regard du prononcé d'une sanction (A) mais aussi de l'ouverture d'une poursuite proprement dite à l'encontre de l'auteur du fait principal (B).

A. — L'impossibilité de le punir

21 L'idée selon laquelle les agissements du complice empruntent leur criminalité au fait principal et non point à son auteur conduisent tout naturellement à opposer les causes d'impunité objectives qui font disparaître le caractère répréhensible de l'acte et le rendent exceptionnellement légal, aux causes subjectives dont le résultat est de soustraire l'agent à la sanction pénale tout en laissant subsister le délit (v. M. Puech, sur la distinction, préc., p. 300 ; W. Jeandidier, n° 290 ; Y. Mayaud, n° 384 qui oppose les références objectives aux références dépersonnalisées).

Si les premières, nous l'avons vu, au nom du principe de l'emprunt de criminalité s'étendent au participant accessoire c'est-à-dire au complice, les secondes au contraire, resteront propres à l'auteur principal. Par conséquent, la décision de relaxe, d'acquittement ou l'ordonnance de non-lieu prononcée au profit de l'auteur principal n'excluent pas la possibilité d'une condamnation du complice. Certaines distinctions doivent toutefois être faites à ce sujet (v. R. Merle et A. Vitu, t. I, n° 543 *bis*).

22 *1°* Si le non-lieu, la relaxe, l'acquittement résulte d'une cause purement personnelle à l'auteur du fait principal, le complice pourra être, sans aucune réserve, poursuivi et condamné. Ainsi en sera-t-il chaque fois que le juge se trouve en présence d'une cause subjective d'impunité c'est-à-dire qui tient à une qualité ou à un état de l'agent de l'infraction. Il faut citer en premier lieu ici ce que la doctrine appelle les causes de non-imputabilité et notamment l'hypothèse de la démence, aujourd'hui plus justement dénommée trouble psychique ou neuropsychique (C. pén., art. 122-1 ; T. corr. Bobigny 22 nov. 1972, *Gaz. Pal.* 1972. 2. 890 ; Crim. 27 nov. 1845, *D.* 1846. 5. 94) qui, à la différence des faits justificatifs, ne rendent pas légal le fait principal. On considère que le complice reste punissable alors que l'auteur ne peut être condamné faute de liberté morale (v. cep. : pour le fait justificatif de bonne foi en matière de presse qui ne bénéficie pas au complice de droit commun : Crim. 19 févr. 2002, nº 00-83.791, *Bull. crim.* nº 35 mais sans doute la qualification de fait justificatif est-elle discutable, en ce sens, M.-L. Rassat, nº 399).

Les immunités fondées sur la qualité personnelle de l'agent constituent également des circonstances subjectives et n'ont aucune incidence sur la criminalité des complices.

Enfin ne peut être retenue l'amnistie dite « individualisée » c'est-à-dire celle qui est accordée par le législateur en raison de certaines qualités subjectives de l'agent (qualité d'ancien combattant par exemple ; Crim. 10 févr. 1949, *JCP* 1949. II. 4857, note Coste).

Toutes ces causes d'impunité, on le constate, sont propres à l'auteur du fait principal et l'on voit mal comment pourrait être justifiée leur extension au participant accessoire.

Une divergence doctrinale existe cependant concernant l'hypothèse de la contrainte, plus précisément quant à savoir s'il y a ou non fait principal punissable, la réponse étant positive pour les auteurs qui considèrent la volonté comme une condition de la responsabilité, négative pour ceux qui au contraire la classent au rang des éléments de l'infraction (v. R. Merle et A. Vitu, t. I, nº 618 ; *contra* A.-C. Dana, *Essai sur la notion d'infraction*, Thèse, LGDJ, 1982, nº 154). On peut penser toutefois qu'une telle discussion est de pure forme car on imagine mal, et l'absence de jurisprudence semble significative, une hypothèse dans laquelle s'exercerait une contrainte sur l'auteur principal alors que dans le même temps un autre individu pourrait être considéré comme complice (v. A. Decocq, p. 239). Aujourd'hui le Code pénal utilise l'expression « causes d'irresponsabilité ou d'atténuation des peines ». Il est clair que l'altération des facultés mentales (C. pén., art. 122-1), la contrainte (C. pén., art. 122-2), l'erreur de droit (C. pén., art. 122-3), la minorité (C. pén., art. 122-8) sont des circonstances personnelles qui ne peuvent profiter aux complices à l'inverse des autres dispositions (C. pén., art. 122-4, 122-5, 122-6 et 122-7) qui correspondent aux anciens faits justificatifs.

23 *2°* Si le non-lieu, la relaxe, l'acquittement sont fondés sur une cause qui n'est pas personnelle à l'agent de l'infraction, notamment l'inexistence du fait principal, on serait tenté immédiatement de conclure à l'impunité du complice. Cela ne sera vrai que dans l'hypothèse où l'auteur principal et le complice ont fait l'objet d'une même poursuite : comment sinon pourrait-il ne pas exister une contradiction de décisions. Il en va tout à fait différemment dans l'hypothèse où, nonobstant l'acquittement de l'auteur principal, « l'existence du fait criminel a été établie par la réponse affirmative de la cour à la question qui était posée dans une forme abstraite sur la matérialité du crime ». Dans ce cas, la culpabilité du complice par provocation peut parfaitement être retenue (Crim. 21 mai 1990, nº 89-86.119, *Bull. crim.* nº 203 ; *D.* 1992. 153, note J. Le Calvez).

En revanche, en cas de poursuites séparées, le complice ne pourra pas se prévaloir de la relaxe de l'auteur principal (Crim. 3 févr. 1956, *D.* 1956. 501, note M. R. ; v. égal. Crim. 31 janv. 1996, nº 95-80.446,

Bull. crim. n° 56 ; *RSC* 1996. 847, obs. B. Bouloc : condamnation d'un complice pour fourniture d'instructions malgré l'acquittement antérieur de la personne poursuivie comme auteur principal, la cour d'assises ayant constaté la criminalité de l'action principale). En effet, cette solution est imposée par le principe de la relativité de la chose jugée au pénal sur le pénal. L'absence d'identité des parties interdit d'invoquer l'autorité de la chose jugée.

L'affirmation selon laquelle la criminalité de l'acte de complicité n'implique pas la condamnation de l'auteur principal, solution imposée par le postulat de la criminalité d'emprunt ne doit toutefois pas se limiter à l'hypothèse où l'agent de l'infraction bien que poursuivi, a pu échapper à la sanction en raison de circonstances purement subjectives. La complicité peut en effet être réprimée même en l'absence de toute poursuite à l'encontre de l'auteur principal.

B. — L'impossibilité de le poursuivre

24 Les raisons empêchant la poursuite de l'auteur principal peuvent être diverses : il est décédé, il est resté inconnu (v. pour un non-lieu en raison de l'absence d'identification des auteurs principaux : Crim. 28 janv. 2014, n° 12-88.175 ; *Dr. pénal* 2014, n° 35, obs. M. Véron ; *RPDP* 2014. 730, obs. J.-Y. Chevallier) ou tout simplement le ministère public a fait jouer le principe de l'opportunité des poursuites. Dans toutes ces hypothèses rien n'interdit la poursuite du complice (Crim. 12 mai 1970, *Bull. crim.* n° 158 ; Crim. 18 nov. 1976, *Bull. crim.* n° 332 ; Crim. 8 janv. 1991, *Bull. crim.* n° 15) qui ne pourra invoquer en aucune façon une quelconque exception dilatoire visant à obtenir l'inculpation de l'auteur de l'infraction (v. pour deux applications récentes ; Crim. 25 oct. 2005, *Bull. crim.* n° 267 ; Crim. 28 nov. 2006, n° 06-81.060, *Bull. crim.* n° 294 ; *Dr. pénal* 2007, n° 3, obs. M. Véron, qui rappellent que la poursuite du complice n'implique aucunement celle de l'auteur principal, en l'occurrence dans la dernière affaire la poursuite d'un maire qui avait provoqué, un de ses administrés, à une discrimination économique). La chambre criminelle vient de le rappeler, en matière d'infraction de presse, où il existe un système de responsabilité particulier, dit en cascade, qui fait du directeur de la publication l'auteur principal de l'infraction et qui énumère une liste de complices, parmi lesquels l'auteur des faits. Un journaliste, auteur d'un article jugé diffamatoire, est cité directement devant un tribunal correctionnel pour diffamation publique. Il est relaxé par la juridiction du premier degré pour bonne foi. La juridiction d'appel confirme cette décision avec une substitution de motifs, estimant qu'en l'absence de poursuite du directeur de la publication, auteur principal, le complice ne peut être poursuivi faute de fait principal punissable. La Cour de cassation censure cette décision en rappelant que la poursuite d'un complice n'est pas subordonnée à celle de l'auteur des faits, appliquant ainsi au droit de la presse le principe du droit commun de la complicité selon lequel la seule exigence pour poursuivre le complice est l'existence d'un fait principal punissable, ce qui, en l'espèce, ne fait aucun doute : Crim. 3 mars 2015, n° 13-87.597, *Bull. crim.* n° 43 ; *RSC* 2015. 111, obs. J. Francillon ; *Gaz. Pal.* 18 juin 2015, n° 169, obs. F. Fourment ; *RPDP* 2015. 431, obs. J. Bossan, *AJ pénal* 2015. 383, obs. G. Royer ; *Dr. pénal* 2015, n° 67, note M. Véron et O. Mouysset : « Un an de droit pénal de la presse », n° 30.

Néanmoins, chaque fois que l'auteur principal n'aura pas fait l'objet de poursuites, la condamnation du complice sera liée à la constatation du fait principal et de son caractère punissable. Le juge se retrouve donc toujours face à la même exigence : il ne peut y avoir de complicité en l'absence de fait principal punissable.

25 Toute autre condition est exclue en vertu de la théorie de l'emprunt de criminalité : le fait principal doit seulement être punissable. Les arrêts commentés ont défini sans ambiguïté ce que l'on devait entendre par là : un fait correspondant abstraitement à un crime ou un délit, parfois une contravention susceptible d'être objectivement puni. Cette condition une fois remplie, rien ne pourra empêcher la poursuite du complice. C'est ce qu'a clairement affirmé la chambre criminelle dans l'affaire *Herment et Doucet* en décidant « que la culpabilité du complice est indépendante de celle de l'auteur principal ». Ainsi la condamnation est suffisamment justifiée à son égard si la décision qui la prononce constate l'existence du délit et en relève les éléments constitutifs. Il importe peu que la condamnation de l'auteur principal ne soit pas devenue définitive. Cette solution a été réaffirmée dans une décision du 28 mai 1990 (*Bull. crim.* n° 214) pour valider la condamnation d'un complice, bien que l'auteur principal n'ait pu être sanctionné faute d'une citation régulière.

La chambre criminelle de la Cour de cassation apparaît donc farouchement attachée à la thèse de la criminalité d'emprunt et, ayant tiré une fois pour toutes les conséquences d'un tel principe, à savoir l'existence d'un fait principal punissable et l'indépendance des culpabilités, se contente d'en rester là, nonobstant les inconvénients majeurs qu'engendre une telle position. Il importe cependant de signaler que les tribunaux ont imaginé un palliatif possible en recourant, lorsque les éléments en sont réunis, à la qualification d'association de malfaiteurs. C'est la solution qui a été adoptée dans une espèce ou les faits étaient assez comparables aux affaires *Lacour* et *Schieb-Benamar*. Le provocateur et l'homme de main défaillant furent condamnés pour association de malfaiteurs (Crim. 30 avr. 1996, n° 94-86.107, *Bull. crim.* n° 176 ; *RSC* 1997. 100, obs. B. Bouloc ; *ibid.* 113, obs. J.-P. Delmas Saint-Hilaire). Par ailleurs le législateur dans la loi du 9 mars 2004 a réglé partiellement le problème en créant une infraction spécifique mais uniquement lorsqu'il s'agit d'une provocation à un assassinat ou à un empoisonnement. Celui qui provoque en vain à l'une ou l'autre de ces infractions par des offres, promesses, dons, présents ou avantages quelconques est passible de 10 ans d'emprisonnement et de 150 000 euros d'amende (C. pén., art. 221-4-1). Voir A. Ponseille, « L'incrimination du mandat criminel », *Dr. pénal* 2004. Chron. 10.

26 Cette persistance est d'autant plus à remarquer, nous l'avons déjà dit, que le principe de l'emprunt de criminalité est vivement combattu par de nombreux auteurs hier : J. Carbonnier, préc. ; M. Ancel, *La défense sociale nouvelle*, 3e éd., 1981, p. 234 ; R. Combaldieu, « Le problème de la tentative de complicité ou le hasard peut-il être arbitre de la répression », *RSC* 1959. 454 ; M. Puech, p. 329 s. Aujourd'hui encore J. Pradel, nos 474 s. ; F. Desportes et F. Le Gunehec, no 551 ; X. Pin, no 293 ; Bouloc, no 342. Voir également E. Dreyer, no 1081 pour une interprétation différente de la formule : tentative de complicité.

Ainsi ces auteurs s'indignent-ils de l'acquittement de l'instigateur d'une infraction qui avait l'intention arrêtée de faire réaliser celle-ci uniquement parce que l'agent qu'il avait choisi s'est désisté volontairement, désistement auquel l'instigateur était totalement étranger. De même se demandent-ils s'il est logique de faire bénéficier le complice d'un vol perpétré par un fils au préjudice de son père de l'impunité qui profite au fils, etc. (v. not., A. Decocq, p. 245 ; v. pour une solution différente avec la nouvelle formule du code, Fournier, préc.).

27 Certes, l'extension jurisprudentielle de la notion de coauteur, de même que les tempéraments législatifs, atténuent-ils les désagréments de cette solution mais le principe demeure, et si, après avoir constaté de tels inconvénients, on tente de rechercher le fondement de l'emprunt de criminalité dans l'espoir de le légitimer on constate, là aussi, que les plus vives critiques existent, notamment en ce qui concerne la volonté infractionnelle des participants et le lien de causalité de leur action dans la réalisation du délit.

28 De telles critiques portées contre la théorie de l'emprunt de criminalité qui est, il paraît bon de le préciser, repoussée par la plupart des législations étrangères (C. pén. suisse, art. 24 ; C. pén. allemand, § 49 *a ;* sur ce point, v. M. Puech, préc. ; v. égal. J. Pradel, *Droit pénal comparé*, 3e éd., 2008, no 97) semblait enfin avoir trouvé un écho favorable dans l'avant-projet de Code pénal (version 1983) qui incriminait directement l'instigateur (art. 26, « Est instigateur celui qui : sciemment fait commettre par un tiers l'acte incriminé ; provoque directement un tiers à commettre un crime, même si, en raison de circonstances indépendantes de sa volonté, la provocation n'est pas suivie d'effet »). Cette version avait été pratiquement reconduite dans le projet de loi de 1986 portant réforme du Code pénal (C. pén., art. 121-6). (V. E. Dreyer, no 1073).

L'instigateur selon cette conception n'était donc plus un complice mais un auteur à part entière, punissable quelle que soit l'attitude de l'auteur matériel.

29 Il ne restait plus qu'à attendre la mise en œuvre éventuelle de cette disposition… En réalité nous le savons ce texte n'a pas été repris dans l'actuel Code pénal (C. pén., art. 121-6 et 121-7) qui en est pratiquement revenu à la solution de 1810. Une telle solution n'est-elle pas surprenante ? C'est au cours des travaux parlementaires qu'ont été évoqués certains inconvénients de l'incrimination de l'instigation (difficultés de preuve, incitation à la délation, incrimination du délit d'intention, etc.). Sans doute ces risques ne sont-ils pas totalement à exclure. Il n'en reste pas moins que les conséquences négatives de la non-répression de l'instigation non suivie d'effet restent entières. Cette timidité du législateur n'est-elle pas excessive ? (v. sur ce point, F. Desportes et F. Le Gunehec, n° 553). On sait cependant que sur un point au moins le nouveau Code pénal innove, en ne reprenant pas le principe de l'emprunt de pénalité. Si ce changement n'était pas destiné à engendrer des bouleversements (la circulaire du 14 mai 1993, n° 30, cite simplement des modifications concernant les circonstances aggravantes mixtes), on a vu (*supra*) qu'il a fallu toute la vigilance de la Cour de cassation pour que cette modification rédactionnelle ne soit pas l'occasion de solutions pour le moins discutables concernant la pénalité des complices.

A. V.

34

COMPLICITÉ – CARACTÈRES ACTE POSITIF – ACTE ANTÉRIEUR OU CONCOMITANT À L'INFRACTION

Crim., 8 nov. 1972, nº 72-91.755, *Moullec*
(*Bull. crim.* nº 329)

Crim., 28 mai 1980, *Pernot*
(*D.* 1981. IR 137, obs. G. Roujou de Boubée)

L'acte de complicité par aide et assistance postérieur à l'infraction est punissable s'il résulte d'un accord préalable aux faits délictueux (1re esp.).
Si la complicité par aide et assistance ne peut s'induire d'une simple inaction, elle est néanmoins caractérisée lorsque celui à qui elle est reprochée avait les moyens de s'y opposer (2e esp.).

Chambre criminelle, 8 novembre 1972, *Moullec*

Attendu qu'il résulte des énonciations de l'arrêt attaqué que Jean-Loup Moullec aurait commis un vol à main armée, en s'emparant du contenu du tiroir-caisse d'un commerçant chez lequel il serait entré seul ; que son frère Yvon Moullec l'aurait assuré de son concours après avoir été informé de ce projet ; que tous deux auraient circulé en automobile, pendant plusieurs heures, à la recherche d'une victime, en emportant dans leur véhicule, une carabine 22 long rifle, dont Yvon Moullec aurait antérieurement scié le canon ; qu'enfin Yvon Moullec aurait tenté de repousser les témoins du vol au moment où ils tentaient d'appréhender son frère ;

Attendu que ces faits, à les supposer établis, caractérisent les éléments du crime de complicité de vol qualifié, prévus et punis par les articles 9, 60 et 381 du Code pénal ; qu'en particulier, constitue un acte de complicité par aide ou assistance une intervention tendant à assurer la fuite de l'auteur principal, dès lors que cette protection résulte d'un accord préalable à l'infraction ;

Attendu enfin que, si la chambre d'accusation a renvoyé le demandeur à titre de coauteur et non de complice, les faits constituent, en tout état de cause, un crime, dont la qualification incombe à la cour d'assises qui n'est pas liée par celle de l'arrêt de renvoi ;

D'où il suit que le moyen doit être rejeté ;

Et attendu que la chambre d'accusation était compétente et qu'il en est de même de la cour d'assises siégeant à Bordeaux ; que la procédure est régulière et que les faits objets de l'accusation sont qualifiés crime par la loi ;

Rejette...

Chambre criminelle, 28 mai 1980, *Pernot*

Attendu qu'il appert de l'arrêt attaqué et du jugement auquel il se réfère, qu'en 1973 a été créée la société anonyme « Distribution, Installation, Service (DIS) » dont Pallegoix, co prévenu, et le demandeur, titulaire d'un nombre important d'actions, ont été respectivement président et membre du directoire ; qu'il a été ensuite constitué une SARL « MAGE » dont l'objet social était similaire et qui avait pour but de favoriser l'activité de la société « DIS » ; que les deux prévenus en ont été également les principaux associés ;

Attendu que, pour déclarer Pernot Gérard coupable de complicité des abus de biens sociaux auxquels s'est livré Pallegoix, président du directoire, la cour d'appel, après avoir disqualifié les faits, énonce qu'à la suite d'un accord tacite entre certains associés, la SA « DIS » a pris en charge pour les exercices de 1974 et de 1975, les rémunérations et les frais de déplacement dus à Pallegoix en sa qualité de gérant de la SARL « MAGE » ; que le demandeur a sciemment accepté cette pratique pendant plusieurs années alors que, compte tenu de son importante participation dans les deux sociétés, il aurait pu s'y opposer comme il l'a fait vers la fin de l'existence de celles-ci quand il est parvenu à faire chiffrer la créance de la SA « DIS » sur la société « MAGE » ; que son action peut être ainsi estimée de positive en permettant la réalisation du délit commis par l'auteur principal ;

Attendu qu'en l'état de ces motifs, qui caractérisent en tous ses éléments tant matériels qu'intentionnels, l'infraction retenue à la charge du demandeur, la cour d'appel a, sans insuffisance, justifié sa décision ;

Qu'en effet, si la complicité par aide et assistance ne peut s'induire d'une simple inaction ou abstention, elle se trouve en revanche caractérisée lorsque, comme en l'espèce, le demandeur, membre du directoire, ayant connaissance des abus de biens sociaux auxquels se livrait son président, a laissé les commettre, alors qu'il avait les moyens que lui donne la loi de s'y opposer ;

Que dès lors, le moyen ne saurait être accueilli ;

Et attendu que l'arrêt est régulier en la forme ;

Rejette…

OBSERVATIONS

1 Bien qu'il soit, en vertu de la théorie de l'emprunt de criminalité, réprimé par référence à l'acte principal (v. *supra*, n° 33), l'acte de complicité n'en comporte pas moins un élément matériel qui lui est propre, élément décrit par l'article 121-7 du Code pénal. La participation à un crime ou à un délit ne constitue pas toujours en effet, un acte de complicité punissable. Il faut que cette participation corresponde à l'un des agissements limitativement énoncés par le législateur et que l'on pouvait résumer à trois formules sous l'empire du Code de 1810 : acte d'instigation, fourniture de moyens, aide ou assistance.

Cependant parmi ces diverses formes de participation répréhensible, l'aide ou l'assistance apportée à l'auteur constitue le cas de complicité le plus fréquent et le plus caractéristique. L'article 121-7 du projet de loi de 1986 portant réforme du Code pénal ne retenait d'ailleurs que cette seule hypothèse, l'estimant suffisamment générale et précise pour couvrir tous les cas. On constate en effet que la complicité par aide ou assistance était décrite jusqu'alors par la loi en termes très généraux, l'article 60, alinéa 3, du Code pénal de 1810 disposant « ...ceux qui auront aidé ou assisté l'auteur ou les auteurs de l'action, dans les faits, qui auront préparé ou facilité ou dans ceux qui l'auront consommée... ». L'actuel Code pénal dans son article 121-7 est revenu à une formule intermédiaire. En effet si la fourniture de moyens n'est pas reprise, parce qu'elle est considérée comme une forme d'aide ou d'assistance, en revanche le législateur, qui n'incrimine pas en tant que telle l'instigation, réprime deux formes de complicité l'instigation d'une part, l'aide et l'assistance d'autre part.

2 Pour cette dernière, qui seule nous intéresse, la définition reste très générale puisqu'est complice celui qui sciemment par aide ou assistance facilite la préparation ou la consommation d'une infraction.

Toutefois si les aspects, que cette aide ou assistance peuvent revêtir, sont extrêmement variés, la jurisprudence a décidé très tôt (Crim. 16 déc. 1909, *Bull. crim.* n° 601) par interprétation de l'article 60 du Code pénal de 1810 (solution qui ne sera pas modifiée avec la formule utilisée par le nouveau texte) que la complicité ne peut être punissable à ce titre que, si deux conditions sont cumulativement remplies. Il doit s'agir d'un acte positif (1re condition) antérieur ou tout au plus concomitant à l'infraction (2e condition). L'arrêt *Begnis* rendu en 1948 par la chambre criminelle (15 janv. 1948, *D.* 1948. 100 ; *JCP* 1948. II. 4268, note R. B. ; *S.* 1949. 1. 81, note A. Légal ; *RSC* 1948. 294, obs. L. Magnol) et considéré comme un arrêt de principe par la doctrine rappelait sans équivoque cette double règle selon laquelle « la complicité ne peut être réalisée aux yeux de la loi ni par des faits postérieurs à l'acte principal, ni par une simple abstention » (M. Puech, n° 92). L'attendu de la cour ne laisse à ce sujet aucun doute « ... attendu qu'il en résulte uniquement que le prévenu a facilité le délit de vol par une inaction ou abstention et non par un acte positif, antérieur ou concomitant pouvant seul (le terme est sans aucune nuance) caractériser l'aide ou l'assistance spécifiée par l'article 60 du Code pénal... ». Voir pour une réaffirmation récente du principe : Crim. 11 mai 2010, *Bull. crim.* n° 81 ; *RPDP* 2010. 120, obs. J.-Y. Chevallier ; *Dr. pénal* 2010, n° 21, obs. J.-H. Robert ; *AJ pénal* 2010. 396, obs. G. Royer ; et A. Lepage *in* « Un an de droit pénal des nouvelles technologies », n° 38 (pas de complicité de diffamation pour une personne dont les éléments d'une interview ont été repris par un journaliste, la Cour de cassation estimant qu'il n'y a pas de fait positif conscient).

3 Il apparaît opportun de noter ici que certains auteurs (B. Bouloc, nos 348 s. ; W. Jeandidier, nos 294 s. ; M.-L. Rassat, n° 405 ; P. Conte et P. Maistre du Chambon, n° 414 ; T. Garé et C. Ginestet, n° 232 ; J.-H. Robert, p. 347) affirment l'exigence de cette double condition pour les autres formes de participation (*contra* F. Desportes et F. Le Gunehec, nos 540 s. ; J. Pradel, n° 481 ; Y. Mayaud, n° 387 ; X. Pin, n° 296). Comme ces derniers auteurs, on peut se demander toutefois s'il n'y a pas lieu, au contraire, de distinguer et de ne la traiter qu'au regard de la dernière forme de participation à savoir l'aide ou l'assistance. En effet, on conçoit mal un acte d'instigation ou de fourniture de moyens (la solution devenant sans intérêt pour ce dernier mode) qui ne soit pas positif et antérieur à l'infraction. Dès lors, ce n'est que vis-à-vis de l'aide ou de l'assistance que le problème se pose véritablement, la jurisprudence appuyant d'ailleurs parfaitement cette thèse.

Si les points de vue doctrinaux diffèrent à ce sujet, la position jurisprudentielle est quant à elle claire et sans détour. Rappelant constamment l'exigence de ces deux caractères (ainsi, Crim. 22 juin 1972, *Gaz. Pal.* 1973. 1. 114, note Doll ; *RSC* 1973. 401, obs. A. Vitu) à propos d'actes d'aide ou d'assistance, la jurisprudence criminelle élargit parallèlement, tant la notion d'acte positif que celle d'acte antérieur, pour pouvoir faire tomber sous la qualification de faits d'aide ou d'assistance constitutifs de complicité ces comportements qui auraient sinon, échappé à toute répression. Nos deux arrêts sont une parfaite illustration de ce mouvement jurisprudentiel puisque la chambre criminelle a décidé respectivement en 1972 et 1980 d'une part qu'un acte postérieur à l'infraction peut être constitutif de complicité s'il résulte d'un accord antérieur, d'autre part que certaines circonstances, accompagnant une abstention, peuvent être considérées comme acte de complicité punissable, position qui, si elle avait déjà des antécédents, n'en a pas moins l'avantage d'être affirmée sans équivoque ici.

Au-delà de l'existence du principe qui demeure, l'aménagement jurisprudentiel et législatif de la notion d'antériorité (I) et l'extension jurisprudentielle de la notion d'acte positif (II) seront les deux points que nous allons examiner successivement.

I. — L'aménagement de la notion d'antériorité

4 Si le caractère d'antériorité semble une conséquence de la théorie de l'emprunt de criminalité (A) le législateur tend, comme la jurisprudence à limiter les conséquences souvent fâcheuses d'une telle option : le législateur en édictant des incriminations spéciales pour certains faits postérieurs à la commission d'une infraction, la jurisprudence en introduisant la notion d'accord préalable (B).

A. — Le fondement du principe

5 L'interprétation jurisprudentielle de l'article 59 du Code pénal de 1810 et de l'article 121-6 du Code pénal aujourd'hui (v. *supra*, n° 33) concernant la thèse de la criminalité d'emprunt a pour conséquence logique d'empêcher de considérer les actes de complicité comme des infractions autonomes. Nous le savons, les agissements du complice ne deviennent délictueux que par le lien qui les unit au délit d'autrui dont ils facilitent l'exécution.

Dès lors, la responsabilité de tous les participants trouvant sa source uniquement dans l'infraction principale, on conçoit mal qu'un acte d'aide ou d'assistance, intervenant après la consommation d'une infraction, puisse tomber sous le coup de la loi pénale, la criminalité du fait se trouvant épuisée au moment de sa consommation, comment dans ces conditions la lui emprunter ?

6 Le principe figure donc aujourd'hui dans tous les manuels. Les actes de complicité doivent se situer soit au stade des actes préparatoires (si bien entendu ces actes ont été suivis d'une consommation ou d'une tentative objectivement punissable. V. par ex. : Crim. 6 févr. 1992, n° 91-81.831, *Bull. crim.* n° 62 considérant que la conception marketing d'une campagne de publicité tombant sous le coup de la loi sur le tabagisme est un acte de complicité) soit au stade du commencement d'exécution, soit enfin pendant la réalisation des faits de consommation. Toutefois, comme on l'a déjà indiqué, on constate que certains actes ne se conçoivent qu'au vu d'une infraction réalisée (instigation, provocation, fourniture d'instruments)… De même, s'agissant de la dernière forme de participation, à savoir l'aide ou assistance, la lecture de l'article 122-7, alinéa 1er du Code pénal semble, elle aussi, imposer une telle solution. C'est l'avis de la plupart des auteurs pour qui « le législateur a marqué son intention d'exclure tous les agissements qui auraient suivi le délit en prenant le soin de prévoir, à côté des faits d'aide ou d'assistance qui auraient préparé ou facilité l'infraction, ceux qui auraient concouru à sa consommation » (M. Puech, n° 92, mais aussi, R. Merle et A. Vitu, t. I, n° 551 ; A. Decocq, p. 251 ; J. Pradel, n° 485 ; F. Desportes et F. Le Gunehec, n° 541). On observera, à ce propos, que la complicité de complicité, dite encore complicité au second degré, lorsqu'un individu aide, non pas l'auteur principal, mais son complice a beaucoup divisé la doctrine comme la jurisprudence quant à sa punissabilité (en faveur de la répression : F. Desportes et F. Le Gunehec, n° 538 ; B. Bouloc, n° 354 ; M.-L. Rassat, n° 405-4 ; P. Conte et P. Maistre du Chambon, n° 414 ; E. Dreyer, n° 1090 qui la qualifie de non immédiate ; J. Pradel, n° 484 avec des hésitations mais *contra* Y. Mayaud, n° 387 (1) en estimant que la participation est toujours en relation directe avec le fait principal ; É. Verny, O. Décima, S. Détraz, n° 53 s. qui évoquent la complicité au second degré). Il semble en réalité que la jurisprudence n'hésitait pas à retenir dans les liens de la prévention la personne qui avait joué un rôle causal dans la réalisation de l'infraction (v. par ex. Crim. 30 mai 1989, n° 89-81.578, *Bull. crim.* n° 222 ; *RSC* 1990. 325, obs. A. Vitu) mais on trouvait également des décisions paraissant beaucoup plus réticentes (Crim. 23 mars 1978, *Bull. crim.* n° 116). Plus récemment, la chambre criminelle a cependant très clairement opté pour la répression de la complicité indirecte dans un arrêt du 15 décembre 2004 (n° 04-81.684, *Bull. crim.* n° 322 ; *JCP* 2005. II. 10040, note J.-Y. Maréchal ; *RPDP* 2005. 403, obs. J.-Y. Chevalier ; *RSC* 2005. 298, obs. G. Vermelle).

7 Tous les actes accessoires postérieurs à la consommation de l'infraction sont donc en principe exclusifs de complicité punissable. La chambre criminelle a, dans un premier temps, parfaitement appuyé cette thèse, puisqu'elle censurait les juges du fond chaque fois que ceux-ci tenaient comme faits de complicité des actes postérieurs à l'infraction, les exemples les plus significatifs de cette position et unanimement cités par la doctrine étant le refus de sanctionner la fourniture d'une balance à des voleurs pour faciliter le partage d'un butin (Crim. 23 juill. 1927, *S.* 1929. 1. 73) ou le chargement de produits volés sur un camion (Crim. 31 déc. 1920, *S.* 1922. I. 45 ; v. aussi Crim. 5 nov. 1943, *S.* 1944. 1. 44 ; Crim. 6 août 1945, *Gaz. Pal.* 1945. 2. 43 ; v. égal. Crim. 3 sept. 1986, *Bull. crim.* n° 252). Cette solution est d'ailleurs encore régulièrement appliquée lorsque l'aide postérieure intervient de manière purement fortuite (Crim. 5 mai 1998, n° 97-85.271, *Bull. crim.* n° 151 ; *RSC* 1999. 105, obs. J.-P. Delmas Saint-Hilaire ; *Dr. pénal* 1998, n° 110 ; *JCP* 1999. I. 112, n° 5, obs. M. Véron ; Crim. 4 mai 2000, n° 99-86.563, *Bull. crim.* n° 178 ; *D.* 2000. 177 ; *RSC* 2001. 164, obs. J.-P. Delmas Saint-Hilaire ; *Dr. pénal* 2000, n° 112, pour une aide à des prévenus évadés).

Mais les inconvénients d'un tel système sont tout de suite apparus, certains actes socialement répréhensibles pouvant échapper à toute sanction uniquement du fait de leur localisation dans le temps.

C'est cette lacune, mal justifiée, de notre système répressif qui a conduit, d'une part, la Cour de cassation à tempérer sa position et, d'autre part, le législateur à intervenir pour réprimer de nombreux faits postérieurs à l'infraction.

B. — Les tempéraments du principe

8 Si pendant longtemps la chambre criminelle a considéré qu'une attitude postérieure à la consommation d'une infraction ne pouvait donner lieu à des poursuites sous le chef de complicité, même si cette intervention avait été déterminée par un accord conclu avant l'infraction, elle a aujourd'hui assoupli sa jurisprudence en se fondant justement sur la notion d'entente antérieure. Une aide postérieure à l'infraction peut devenir répréhensible dès lors qu'il y avait un accord préalable. C'est la thèse de l'arrêt que nous commentons. Dans cette espèce, un individu, Jean-Loup Moullec était poursuivi pour vol qualifié. Son frère Yvon, qui l'avait accompagné au cours de cette entreprise, avait été considéré comme coauteur bien qu'il n'ait pas participé matériellement à l'infraction. Il lui était essentiellement reproché d'avoir favorisé l'infraction de son frère en repoussant des passants qui voulaient l'arrêter au moment où, après le vol, il remontait dans son véhicule. La chambre criminelle se plaçant sur le terrain de la complicité, estimant que la cour d'assises n'était nullement liée par la qualification proposée par la chambre d'accusation, a considéré que les faits reprochés à Yvon Moullec étaient punissables, bien qu'ils se situent dans le temps après la réalisation de l'acte principal constitutif de l'infraction.

La Cour de cassation qui avait déjà ouvert la voie en 1963 (Crim. 30 avr. 1963, *Bull. crim.* n° 157) à propos d'une personne attendant dans une voiture deux femmes auteurs de vol « au-rendez-moi » pour assurer leur fuite n'a pas hésité à relever « … qu'en particulier constitue un acte de complicité par aide ou assistance une intervention tendant à assurer la fuite de l'auteur principal dès lors que cette protection résulte d'un accord préalable ».

9 Les commentateurs de l'époque ont été unanimes à reconnaître que la chambre criminelle venait de parcourir un long chemin. Jusqu'à cette date, en effet, elle refusait catégoriquement de considérer avec attention le problème des interventions de tierces personnes déterminées par des ententes préalables à l'infraction. Au contraire, à partir de ce moment et de façon de plus en plus explicite, notre espèce en témoigne, c'est justement sur l'existence d'un pareil accord qu'elle fonde ses décisions, considérant que les éléments exigés par la loi se trouvent bien réunis dans de telles hypothèses. C'est en exécution d'un accord (acte antérieur) que le complice accompagne l'auteur principal pour assurer sa fuite (acte positif) (en ce sens, Crim. 8 nov. 1972, *Bull. crim.* n° 329 ; Crim. 21 juin 1978, *D.* 1979. IR 37, obs. M. Puech ; Crim. 28 janv. 1981, *Bull. crim.* n° 41 ; Crim. 5 nov. 1983, *Gaz. Pal.* 1983. 2. Somm. 261, note J.-P. Doucet ; v. égal. Crim. 11 juill. 1994, *Bull. crim.* n° 274 ; *RSC* 1995. 343, obs. B. Bouloc : complicité d'assassinat fondée sur une démarche effectuée à l'ambassade d'Iran à Berne antérieurement à l'infraction mais confortée par l'aide apportée à la fuite d'un des assassins, réfugié en Suisse). La Cour de cassation peut alors reprendre sa formule aux termes de laquelle l'aide postérieure, dès lors qu'elle a été décidée antérieurement aux faits, est punissable. Cette jurisprudence qui part toutefois, il est bon de le rappeler, d'une suggestion doctrinale (A. Légal, *RSC* 1964. 134) apparaît capable aujourd'hui de réduire dans une large mesure les inconvénients nés du caractère d'antériorité des actes de complicité. On signalera, au titre des décisions plus récentes confirmant pleinement cette solution : Crim. 30 oct. 1996, *Bull. crim.* n° 384 ; *Gaz. Pal.* 1997. 1. Chron. n° 49 ; Crim. 1er déc. 1998, *Dr. pénal* 1999, n° 80. On observera que cette solution est confirmée *a contrario* par le refus de retenir, au titre de la complicité, des individus intervenant après la consommation d'une infraction sans accord antérieur (ainsi, en matière d'évasion, Crim. 4 mai 2000, n° 99-86.563, *Bull. crim.* n° 178 ; *RSC* 2001. 164, obs. J.-P. Delmas Saint-Hilaire ; *Dr. pénal* 2000. n° 112, obs. M. Véron ; v. égal : Crim. 6 sept. 2000, n° 00-80.989, *Dr. pénal* 2000, n° 138). On ajoutera qu'un acte postérieur à l'infraction peut également être retenu s'il permet la réitération de cette infraction. V. par ex. : Crim. 25 févr. 2015, n° 13-88.506, *Bull. crim.* n° 35 ; *Gaz. Pal.* 19 mai 2015, n° 139, obs. critiques E. Dreyer (maintien d'instructions permettant la poursuite d'une infraction de corruption et sur ce point : E. Dreyer, n° 1088 in fine). Ainsi en est-il de l'aide apportée par certains professionnels (commissaires aux comptes par ex.) en matière d'escroquerie (Crim. 25 févr. 2004, n° 03-81.173, *Bull. crim.* n° 53 ; Crim. 17 janv. 2007, n° 06-87.833, *Bull. crim.* n° 11) (v. *infra*). Il reste à préciser que le législateur est venu lui aussi, dans certaines hypothèses particulières, remédier aux lacunes qu'entraînait un tel système.

10 Si la démarche du législateur a toujours le même objectif, réprimer certains faits bien que commis postérieurement à une infraction en raison précisément du lien qui les rattache à cette dernière, elle passait jusqu'alors par une double technique. Il les réprimait tantôt au titre d'actes de complicité (solution adoptée par le Code de 1810 pour certaines infractions, art. 61 : recel de brigands par ex.), tantôt comme des délits distincts comportant leurs propres éléments constitutifs (C. pén., art. 460, recel de choses, etc. ; v. W. Jeandidier, n° 295). Si l'actuel Code pénal a abandonné la première technique, on peut noter qu'il a maintenu l'incrimination de nombreux faits d'aide postérieure à l'infraction. Outre le recel de choses et l'action de faire office d'intermédiaire afin de les transmettre (C. pén., art. 321-1), on peut encore citer le recel de criminels (C. pén., art. 434-6), défini largement puisqu'il vise tout moyen permettant de soustraire l'auteur ou le complice d'un crime aux recherches ou à l'arrestation, le recel de cadavres (C. pén., art. 434-7), l'effacement des traces ou des indices d'un crime (C. pén., art. 434-4), les menaces pour dissuader une victime de porter plainte (C. pén., art. 434-5), etc. L'incrimination de blanchiment de biens ou de revenus de l'auteur d'un crime ou d'un délit obéit évidemment au même objectif (C. pén., art. 324-1).

Cette double démarche, jurisprudentielle et législative, a donc eu pour conséquence d'élargir le champ de la répression des actes de complicité. Elle risquait d'être toutefois largement compromise par la règle selon laquelle la complicité ne peut, aux yeux de la loi, se trouver réalisée par une simple abstention. Là aussi, la chambre criminelle a entendu nuancer une telle affirmation.

II. — L'extension de la notion d'acte positif

11 L'extension jurisprudentielle de la notion d'acte positif semble avoir pour base soit la notion d'assistance morale (A) soit celle de non-exécution d'une obligation d'intervention (B).

A. — La prise en considération de l'assistance morale

12 L'individu qui assiste impassible à la commission d'une infraction peut-il être considéré comme complice dans la mesure où il n'a rien fait pour empêcher l'auteur d'agir ? La question fondamentale qui se pose alors est de savoir ce que l'on doit retenir à l'encontre d'une personne, en dehors de la simple connaissance qu'elle a de l'infraction, pour décider, que dépassant la simple indifférence, son attitude s'est révélée au contraire en quelque sorte « causale » dans la commission de l'infraction (v. en ce sens P. Conte et P. Maistre du Chambon, n° 414). Il s'agit ici du même problème qu'en matière de commission par omission (v. *supra*, n° 28). La logique devrait alors aboutir à la même solution. En effet, à partir du moment où notre système juridique refuse de sanctionner l'infraction de commission par omission, si celle-ci ne fait pas l'objet d'une incrimination spéciale, il ne peut davantage réprimer la complicité par abstention en l'absence de textes spécifiques (v. par ex. L. du 7 juill. 1976, C. envir., art. L. 218-50 sur la pollution marine par immersion de déchets qui incrimine comme complice le propriétaire d'un bateau qui ne donne pas l'ordre écrit de se conformer à la loi susmentionnée et d'une manière plus générale l'incrimination de la non-dénonciation d'un crime ou d'un délit : C. pén., art. 434-1 à 434-3 ; v. égal. L. du 2 juin 1891, art. 4, al. 6-2e qui répute acte de complicité le fait pour un tenancier de bar de laisser prendre des paris dans son établissement et pour une application : Crim. 15 mai 1997, *Bull. crim.* n° 188 ; *Dr. pénal* 1997. 129, obs. J.-H. Robert, résultant de l'usage du téléphone du bar) puisque l'article 121-7 du Code pénal est interprété comme n'énonçant que des actions positives, actions qui feront dire à M. Puech (déjà cité) qu'elles sont bien plus qu'une indifférence coupable.

13 La solution est traditionnelle depuis une décision du 30 novembre 1810 (*Bull. crim.* n° 154) réaffirmée régulièrement (Crim. 6 déc. 1989, *Dr. pénal* 1990, n° 117, témoin d'un vol de voiture qui passe son chemin) mais un examen attentif de la jurisprudence révèle que la chambre criminelle, tout en rappelant constamment cette règle, qualifie d'acte de complicité par aide ou assistance des comportements qui, dans leur matérialité, correspondent pourtant à une attitude purement passive ou à un refus d'intervention. Les solutions jurisprudentielles permettent cependant de préciser les circonstances dans lesquelles une simple abstention est susceptible de poursuite comme acte de complicité. V. sur cette question : A. Mihman, « La répression de la complicité passive : distinction entre complicité par simple abstention et complicité par abstention aggravée », *Gaz. Pal.* du 3 nov. 2015, n° 307, dossier.

14 À titre principal et dans les hypothèses les plus fréquentes, chaque fois semble-t-il que l'inaction, la simple présence sur les lieux, pourra s'analyser en une adhésion ou une assistance morale à l'infraction, en quelque sorte à un encouragement à la commettre, il n'y aura plus passivité mais complicité punissable. Il en sera ainsi notamment lorsque l'agent par sa simple présence sur les lieux et en dehors de toute intervention directe aura apporté son soutien moral à l'auteur de l'infraction (v. en sens. P. Conte et P. Maistre du Chambon, n° 414, qui estiment que l'art. 121-7 C. pén. n'exige pas une action mais décrit la conséquence du comportement, et donc que l'aide peut être morale). Dans un premier temps, il avait été décidé qu'une telle attitude n'était pas constitutive de complicité (tel fut le cas pour des syndicalistes n'intervenant pas lorsque des grévistes molestaient des non-grévistes, Crim. 26 oct. 1912, *S.* 1914. I. 225).

15 Il semble pourtant que la chambre criminelle se soit montrée plus hésitante par la suite. Ainsi, elle a pu admettre que l'amant qui accompagne sa maîtresse chez une avorteuse soit tenu pour complice (Crim. 5 nov. 1941, *S.* 1942. 1. 89, note P. Bouzat). Dans le même sens elle a décidé qu'il y a complicité de délit de chasse pour un individu porteur d'une paire de jumelles accompagnant un chasseur de chamois qui chassait en temps prohibé et sans permis (Crim. 22 juin 1972, *Gaz. Pal.* 1973. 1. 114). En revanche une personne, connaissant un projet de meurtre, descendant du lit (sur l'ordre du meurtrier) où se trouve la victime, en prenant soin de ne pas la réveiller, n'a pas été considérée comme complice (Crim. 27 déc. 1960, *Bull. crim.* n° 624 ; v. égal. par interprétation *a contrario*, Crim. 4 janv. 1995, *JCP* 1995. IV. 882 acceptant la complicité, parce qu'elle ne résulte pas d'une simple présence passive sur les lieux du crime) L'assemblée plénière civile dans une décision du 20 janvier 1964 (*JCP* 1965. II. 13983, note Bourgerat), a également refusé de considérer comme complices d'une diffamation, les assesseurs d'un président de jury, auteur de l'infraction alors que ces derniers avaient participé à l'élaboration du palmarès qui était en lui-même diffamatoire. On notera cependant que la promesse de ne pas s'opposer à un crime projeté constitue un acte de complicité (Crim. 13 mai 1987, *Mallet*, inédit). Plus récemment, et dans deux affaires, la chambre criminelle a très nettement confirmé le principe selon lequel une simple présence peut, à certaines conditions, constituer une assistance morale punissable : Crim. 20 janv. 1992, *Dr. pénal* 1992. Comm. 279, obs. M. Véron et Chron. 72, pour des spectateurs, membres d'un groupe de « skins », d'une scène de violence ; Crim. 22 janv. 1992, *Dr. pénal* 1993. Chron. n° 13, pour une prostituée qui accompagne en l'encourageant un souteneur menaçant d'autres prostituées (v. égal. en matière de tolérance de paris clandestins par le tenancier d'un bar qui s'appuie aussi sur un texte spécifique : Crim. 19 mai 1997, *Bull. crim.* n° 188 ; *Dr. pénal* 1997. 129, obs. J.-H. Robert). Voir pour un individu qui se frappe le torse avec le poing pour détourner l'attention des policiers dans une affaire de rébellion (Crim. 15 déc. 2009, 1re esp., *Dr. pénal* 2010. 32, obs. M. Véron ; *RSC* 2010. 859, obs. C. Mascala). On peut considérer qu'il y a, dans ces hypothèses, une abstention participative (v. C. Mascala, p. 116).

16 Il est cependant d'autres hypothèses où la justification ne se trouvera pas au titre d'un quelconque soutien moral, mais en raison d'une obligation précise d'intervention, qu'avait une personne face à la commission d'une infraction, hypothèses qui ont permis, l'arrêt du 28 mai 1980 semble en témoigner, à la jurisprudence d'élargir encore un peu plus le champ de répression des actes de complicité.

B. — La non-exécution d'une obligation d'intervention

17 Hormis le cas où l'abstention reprochée est le fruit d'un accord préalable : le brigadier des douanes qui a promis de ne pas s'opposer aux soustractions commises par certains de ses amis est retenu comme leur complice (Crim. 27 oct. 1971, *Bull. crim.* n° 284), de nombreuses décisions reconnaissent comme acte de complicité le fait de ne pas accomplir un devoir positif incombant à certaines personnes.

8 Toutefois, si dans une première période, l'abstention s'avérait punissable quand l'agent avait le devoir, en raison de sa profession, d'empêcher la commission d'une infraction (agent de police qui laisse un collègue commettre un vol : T. corr. Aix 14 janv. 1947, *JCP* 1947. II. 3465, note Béraud ; cabaretier qui ne met pas fin au tapage fait la nuit dans son établissement : Crim. 8 juill. 1949, *JCP* 1949. II. 5128 ; Crim. 17 févr. 1988, *Bull. crim.* n° 80 ; notaire qui est tenu par ses fonctions à une diligence particulière : Crim. 10 avr. 1975, *Bull. crim.* n° 89 ; obs. J. Larguier, *RSC* 1977. 81) il apparaît avec l'arrêt du 28 mai 1980 que la notion d'obligation d'intervention doit être entendue beaucoup plus largement aujourd'hui. Dans l'espèce commentée, un membre du directoire d'une société, ayant connaissance des abus de biens sociaux auxquels se livrait son président, était poursuivi pour les avoir laissés commettre.

9 On notera tout de suite que, quelles que puissent être les obligations d'un associé, même membre du directoire, elles apparaissent fort différentes de celles de l'agent de police face aux agissements d'un voleur (*D.* 1981. IR 177, obs. G. Roujou de Boubée). À l'appui donc de sa décision, la chambre criminelle a estimé que la complicité pouvait se trouver caractérisée quand la personne poursuivie avait les moyens légaux de s'opposer à la commission d'une infraction. L'obligation d'intervention se trouvait donc justifiée ici, non par l'existence d'un devoir professionnel (c'était le cas de l'agent de police), mais par l'existence de moyens légaux mis à la disposition de la personne pour empêcher la perpétration de l'infraction (rappr. Crim. 22 août 1995, *Dr. pénal* 1996, n° 2, obs. M. Véron, considérant que l'approbation des comptes par un vote est un acte positif qui ne peut être analysé en une non-opposition à une présentation fausse des comptes).

20 Cette décision vient donc accroître assez considérablement le champ d'application de la répression puisqu'elle reconnaît la valeur d'acte de complicité à une omission volontaire ne résultant aucunement d'un devoir professionnel. On notera que cette extension a été jugée dangereuse par la doctrine (en ce sens, G. Roujou de Boubée, préc. ; v. égal. A. Decocq, « Inaction, abstention et complicité par aide et assistance », *JCP* 1983. I. 3124 ; R. Bernardini, n° 637).

21 Plusieurs arrêts ont ultérieurement admis une solution identique. Ainsi en a-t-il été pour un banquier complice d'une infraction de banqueroute parce qu'il ne s'était pas opposé à un retrait de fonds (Crim. 9 oct. 1989, n° 89-80.160, *Bull. crim.* n° 343) ou pour un magistrat qui ne s'était pas opposé à une infraction de malversation (Crim. 30 juin 1999, n° 97-85.764, *Bull. crim.* n° 175 ; *D. Affaires* 1999. 1290, absence de vérification d'une qualité professionnelle par un administrateur judiciaire, Crim. 11 janv. 2006, n° 05-82.530, *RSC* 2006. 596, obs. É. Fortis ; v. égal. Crim. 22 sept. 2010, *RPDP* 2011. 135, note J.-Y. Chevallier). Comment peut-on expliquer cette jurisprudence ?

22 Peut-être faut-il admettre comme on l'a suggéré (Salvage, « Le lien de causalité en matière de complicité », *RSC* 1981. 25 ; P. Conte et P. Maistre du Chambon, n° 414) que l'abstention doit être considérée comme une complicité lorsqu'elle est en relation causale avec l'infraction, lorsqu'elle l'a facilitée. On peut accepter l'idée que celui qui a les moyens légaux d'empêcher une infraction et qui ne le fait pas, la favorise indirectement. Il reste qu'une analyse globale de la jurisprudence laisse apparaître des décisions où l'influence causale n'a pas été déterminante (Crim. 15 janv. 1979, *Bull. crim.* n° 21 ; *RJ com.* 1982. 293, note B. Bouloc : complicité d'un expert-comptable pour une fraude fiscale parce qu'il avait omis de vérifier la comptabilité de son client). Une affaire de complicité de parricide peut également illustrer cette tendance à accepter que l'abstention puisse à elle seule suffire à faire admettre la complicité, parce qu'elle révèle une véritable adhésion à l'action de l'auteur principal. Dans cette affaire, on a admis que l'attitude passive de la mère d'un parricide, qui par ailleurs exerçait sur ce dernier une emprise psychologique importante, pouvait constituer un cas de complicité par aide et assistance. Cette décision qui, en quelque sorte, présume la collusion à partir de certains éléments, n'est pas sans soulever certains problèmes (Crim. 19 déc. 1989, n° 89-85.743, *Bull. crim.* n° 488 ; *D.* 1990. 198, note D. Mayer ; *RSC* 1990. 337, obs. G. Levasseur ; *ibid.* 775, obs. A. Vitu ; *ibid.* 1991. 346, obs. G. Levasseur ; *Gaz. Pal.* 3 juill. 1990, p. 11, note J.-P. Doucet). On notera que les commentateurs jugent d'une manière assez critique cette solution (v. égal. Crim. 11 déc. 1989, n° 89-82.142, pour une affaire de complicité dans l'organisation de l'insolvabilité).

23 On observera que dans une décision plus récente la chambre criminelle s'est pourtant refusée à retenir, dans les liens de la complicité d'abus de biens sociaux, un expert-comptable qui s'était borné à enregistrer en comptabilité des dettes, en l'occurrence des amendes pénales, qu'il savait personnelles au dirigeant. Dans une telle hypothèse la Cour de cassation a estimé qu'en se bornant à retranscrire fidèlement dans les écritures, la réalité des opérations mettant en évidence les prélèvements, le professionnel n'a commis aucun acte positif constitutif de la complicité d'abus de biens sociaux. En fait, on peut considérer que l'abstention de l'expert-comptable n'a, en aucune manière, favorisé l'infraction puisqu'elle était déjà réalisée. On peut d'ailleurs ajouter que sauf à démontrer une promesse préalable faite au dirigeant, l'enregistrement comptable étant postérieur à la commission de l'infraction, il ne peut constituer un acte de complicité punissable (Crim. 6 sept. 2000, n° 00-80.989, *RSC* 2001. 395, obs. J.-F. Renucci ; *Dr. pénal* 2000, n° 138, obs. J.-H. Robert ; V. égal pour un refus de complicité d'un maire dans une affaire de faux administratif réalisé dans sa commune : Crim. 9 déc. 2014, n° 13-85.398). Il en va tout à fait différemment pour un expert-comptable et un commissaire aux comptes qui en certifiant des comptes annuels fictifs ou en assurant leur sincérité permettent la réalisation d'escroqueries à la TVA. Dans une telle hypothèse il y a une véritable abstention dans la fonction en relation causale avec l'infraction. On comprend alors que la chambre criminelle ait censuré une décision de relaxe de ces professionnels : Crim. 25 févr. 2004, n° 03-81.173, *Bull. crim.* n° 53 ; *RSC* 2005. 576, obs. H. Matsopoulou ; *RTD com.* 2004. 625, obs. B. Bouloc ; *Dr. pénal* 2004, n° 91, obs. J.-H. Robert ; *Gaz. Pal.* 25-27 juill. 2004, p. 9, note Pire ; et Crim. 31 janv. 2007, *Bull. crim.* n° 25 ; *D.* 2007. 1843, note B. Bouloc ; *RPDP* 2007. 375, obs. X. Pin ; *Dr. pénal* 2007, n° 56, obs. M. Véron ; *AJ pénal* 2007. 130, obs. G. Royer ; v. égal. Crim. 22 sept. 2010, *D.* 2011. Pan. 1864, obs. C. Mascala ; *ibid.* 2825, obs. G. Roujou de Boubée ; *Dr. pénal* 2010, n° 139, obs. J.-H. Robert ; *LPA* 11 juill. 2011, n° 136, note M.-C. Sordino (absence de surveillance d'un administrateur provisoire sur les organes statutaires de la société) ; Crim. 17 févr. 2015, n° 13-87.498 (enregistrement d'écritures correspondant à des fausses factures).

24 On ajoutera que le législateur, lui-même, paraît aller dans le même sens en sanctionnant comme acte de complicité la pratique du « *happy slapping* » qui consiste à enregistrer, sur tout support que ce soit (en fait le plus souvent un téléphone portable), des images relatives à la commission des infractions d'atteinte volontaire à l'intégrité de la personne (C. pén., art. 222-33-3). On peut considérer que l'aide apportée aux auteurs principaux réside dans la forme d'encouragement aux violences que constitue une telle attitude (en ce sens Y. Mayaud, n° 387 (3) ; v. égal. S. Detraz, « L'enregistrement d'images de violences : un cas de présomption légale de complicité », *Dr. pénal* 2007. Étude 25 ; E. Dreyer, n° 1074 aparté). Plus récemment, il est vrai dans un domaine très particulier, les crimes de guerre et les crimes contre l'humanité, la loi du 9 août 2010 incrimine directement la complicité passive des chefs militaires ou des personnes qui en faisaient fonction, pour les infractions commises par leurs subordonnés, lorsqu'ils n'ont pas pris les mesures nécessaires pour les empêcher, en réprimer l'exécution ou en référer aux autorités compétentes aux fins d'enquête et de poursuite (C. pén., art. 462-7, al. 1er et 213-4-1, al. 1er) (v. E. Vergès, *RSC* 2010. 896 et art. A. Mihman préc.).

25 Comme on peut le constater, à la lumière de ces différentes décisions, la jurisprudence semble faire preuve d'un assez grand pragmatisme pour qualifier de complicité un fait d'aide ou d'assistance.

En visant l'action et non plus l'auteur comme dans l'ancien texte, le Code pénal actuel n'apporte aucun élément de réponse puisqu'il ne fournit aucune information précise sur le sens qu'il convient de donner à cette expression. Était-il possible qu'il en soit autrement ? On peut en douter… Mais comme le note très justement Y. Mayaud « il y a (aussi) des inactions chargées d'action ».

A. V.

35

COMPLICITÉ – ÉLÉMENT INTENTIONNEL

Crim., 1er déc. 1944, *Paemelabre*
(*D.* 1945. 162)

Crim., 13 janv. 1955, no 55-01.694, *Nicolaï*
(*D.* 1955. 291, note A. Chavanne ; *RSC* 1955. 513, obs. A. Légal)

Crim., 24 oct. 1956, *Guillemin et Wagner*
(*Bull. crim.* no 675)

Le complice d'une infraction n'est punissable que si l'aide ou l'assistance apportée à l'action qualifiée crime ou délit l'a été en connaissance de cause ou si le moyen qui a été fourni et qui a servi à commettre l'infraction l'a été en sachant qu'il devait y servir (1re et 2e esp.).

La complicité en matière d'infraction inintentionnelle, si elle n'est pas inconcevable, est souvent sans intérêt pour les délits d'imprudence, les faits reprochés pouvant constituer l'infraction elle-même (3e esp.).

Chambre criminelle, 1er décembre 1944, *Paemelabre*

Attendu que le juge correctionnel ne peut prononcer une peine à raison d'un fait qu'il qualifie délit, qu'en constatant, dans sa décision, l'existence de tous les éléments constitutifs de l'infraction qu'il réprime ; – Attendu qu'aux termes de l'article 60 du Code penal, la complicité n'est punissable que si ceux qui ont aidé ou assisté les auteurs de l'action qualifiée crime ou délit, dans les faits qui l'ont préparée ou facilitée, ont agi avec connaissance, ou si ceux qui leur ont procuré le moyen qui a servi à l'action savaient qu'il devait y servir ; – Attendu que, pour déclarer les demandeurs coupables de s'être rendus complices du délit d'abattage clandestin retenu à la charge de Del Mastro et autres, le jugement, dont l'arrêt attaqué s'est borné, sur ce point, à adopter les motifs, énonce que Paemelabre, camionneur, a « amené dans son camion » dix porcs à Del Mastro, « et en a transporté la chair aussitôt après » ; et que la femme Cherchye, ainsi que Metton, Ghidetti et Fauquet, « ont fourni aux tueurs des locaux nécessaires à leurs opérations » ; – Mais attendu qu'en s'abstenant de rechercher si Paemelabre, lorsqu'il transportait les bêtes, et les autres demandeurs, lorsqu'ils fournissaient lesdits locaux, savaient qu'ils aidaient les auteurs de l'abattage clandestin dans les faits qui facilitaient ce délit, ou qu'ils leur procuraient un moyen de la commettre, la cour d'appel n'a pas légalement justifié sa décision et a violé les textes visés au moyen.

Par ces motifs, et sans qu'il y ait lieu d'examiner les autres moyens, casse…

Chambre criminelle, 13 janvier 1955, *Nicolaï*

Attendu qu'aux termes du paragraphe 2 de l'article 60 du Code pénal seront punis comme complices d'une action qualifiée crime ou délit ceux qui auront procuré des armes, des instruments ou tout autre moyen qui aura servi à l'action sachant qu'ils devaient y servir ; – Attendu que l'arrêt attaqué énonce que Nicolaï aurait chargé Rubio de se rendre chez Santini, son débiteur, pour l'obliger à rembourser le montant d'un prêt qu'il lui avait consenti ; que dans le but de lui permettre d'accomplir cette démarche avec succès et éventuellement contraindre Santini à ce remboursement, Nicolaï aurait remis à Rubio deux pistolets automatiques ; que s'étant rendu au domicile de Santini, qu'il n'aurait pu joindre, Rubio aurait été interpellé par Lagier, mari de la concierge de l'immeuble, qui, après quelques mots échangés, l'aurait menacé d'appeler la police ; que Rubio aurait alors tiré sur Lagier et l'aurait blessé mortellement ; – Attendu que l'arrêt attaqué ajoute que l'arme dont s'est servi Rubio pour tuer Lagier était l'une de celles remises par Nicolaï ; que le meurtre de Lagier s'inscrit donc comme un incident dans le cadre d'une action criminelle dirigée par Nicolaï contre Santini et que Nicolaï s'est ainsi rendu complice du meurtre commis par Rubio ; – Mais attendu qu'en statuant ainsi l'arrêt attaqué a violé les dispositions de l'article 60 susvisé ; qu'en effet, en l'état de ces constatations, il n'apparaît pas qu'il existe entre le meurtre commis par Rubio sur la personne de Lagier et la remise de l'arme qui a servi à la consommation de ce crime, la relation exigée par les dispositions dudit article, de laquelle on pouvait induire que Nicolaï a remis l'arme à Rubio sachant que ce dernier s'en servirait pour tuer Lagier ; que si Nicolaï a pu se rendre coupable de complicité de tentative d'extorsion de fonds ou même de tentative d'assassinat ainsi que d'association de malfaiteurs, il ne saurait en l'état être renvoyé devant la cour d'assises pour complicité du meurtre commis par Rubio sur la personne de Lagier ;

Par ces motifs, casse…

Chambre criminelle, 24 octobre 1956, *Guillemin et Wagner*

Sur le troisième moyen pris de la violation des articles 59, 60, 319, 320 du Code pénal, de l'article 7 de la loi du 20 avril 1810, défaut de motifs et manque de base légale ;

En ce que l'arrêt attaqué a condamné Guillemin et Wagner comme complices pour avoir aidé et assisté, par ordres donnés, Lepont dans le délit de blessures par imprudence, dont il a été déclaré convaincu ;

Alors que la complicité ne peut exister dans le cas d'infractions d'imprudence, la notion d'imprudence étant inconciliable avec toute idée d'accord, de volonté préalable ou d'intention indispensable pour qu'il puisse y avoir complicité ;

Attendu que les ordres donnés par Guillemin et Wagner sont eux-mêmes constitutifs d'une faute dont la conséquence a été les blessures subies par la victime et qu'ils font apparaître que les susnommés sont coauteurs du délit commis par Lepont ; que dès lors les peines prononcées à leur encontre sont justifiées, les peines applicables aux complices étant les mêmes que celles encourues par l'auteur principal ;

Qu'ainsi le moyen ne saurait être retenu ;

Et attendu que l'arrêt est régulier en la forme ;

Rejette…

OBSERVATIONS

1 L'affirmation selon laquelle la criminalité du complice emprunte la criminalité de l'auteur principal ne doit surtout pas conduire à nier l'importance de l'aspect psychologique de la participation du complice à la commission d'une infraction. Bien au contraire comme le note M. Puech (p. 355), c'est la notion même de criminalité d'emprunt « qui postule la participation intentionnelle du complice à l'infraction principale ». Tous les actes de complicité comportent, dès lors, leur élément intentionnel propre, à savoir la connaissance du caractère infractionnel du fait principal. Si le complice emprunte la criminalité du fait principal, c'est précisément parce qu'il sait qu'il apporte son concours à la commission d'une infraction.

2 Certains auteurs prennent le soin toutefois de présenter l'élément moral de la complicité comme revêtant deux aspects (v. en ce sens, A. Decocq, p. 251) l'un tenant à l'acte de complicité lui-même, la logique de notre système répressif imposant alors que le complice ait agi avec intelligence et volonté, l'autre tenant à l'acte principal proprement dit, le complice devant, pour pouvoir être sanctionné, avoir participé sciemment à l'infraction.

3 Tous cependant s'accordent pour reconnaître que c'est l'élément psychologique appliqué à l'acte principal qui pose le plus de difficultés en jurisprudence et cela pour deux raisons. Il ne pourra y avoir condamnation pour complicité si au moment où l'agent accomplit les faits constitutifs de celle-ci il ignore le concours qu'il apporte à la commission d'une infraction.

– En premier lieu, exiger que le complice ait agi en ayant connaissance du caractère infractionnel du fait principal pose immédiatement le problème du degré de conscience que doit avoir celui-ci. Que penser en effet des hypothèses où il n'existe pas une correspondance rigoureuse entre l'intention du complice et les faits accomplis par l'auteur principal ?

– En second lieu, affirmer la conscience du complice, de son concours à la commission d'une infraction, implique-t-il l'exclusion des actes de complicité en matière d'infractions non intentionnelles ou y a-t-il au contraire compatibilité entre ces deux notions ?

4 Ces deux interrogations, nous les retiendrons successivement, car elles illustrent parfaitement la problématique actuelle posée par l'élément moral de cette forme de participation spécifique qu'est la complicité et dont nos arrêts témoignent. Si les deux premiers confirment le principe selon lequel la complicité doit être envisagée comme le concours conscient apporté à la commission d'une infraction, par hypothèse intentionnelle (I) le troisième, bien qu'il rejette pour une infraction non intentionnelle la complicité, ne permet pas de confirmer pleinement l'exclusion ou la compatibilité de ces deux notions (II).

I. — Complicité et infraction intentionnelle : un concours conscient apporté à l'infraction par le complice

5 On constate que si le juge a le devoir de relever dans toutes les espèces sans exception, l'élément intentionnel ainsi requis (A) c'est précisément cette obligation qui peut faire difficulté quand l'infraction projetée est différente de l'infraction commise (B).

A. — La constatation de l'intention

6 La constatation nécessaire de l'élément intentionnel par les juges du fond est un principe systématiquement rappelé par la chambre criminelle. Il ne fait aucun doute que le complice doit avoir participé sciemment à l'infraction principale : la notion de complicité apparaît en effet comme inséparable de la conscience chez l'agent, du concours qu'il apporte à la commission d'une infraction. Cette exigence résultait très précisément de l'article 60 du Code pénal de 1810 lui-même qui s'appliquait à la provocation et aux instructions données « pour la commettre » (al. 1er) ; à la fourniture d'armes, d'instruments ou de tout autre moyen qui aura servi « sachant qu'il devait y servir » (al. 2) enfin à l'aide ou assistance prêtées « avec connaissance » (al. 3).

7 Cette connaissance était aussi, la chambre criminelle l'avait décidé, l'élément moral indispensable à la répression des faits d'instigation (Crim. 23 mai 1973, *JCP* 1974. II. 17675, note D. Mayer ; *RSC* 1974. 581, obs. J. Larguier) alors même que la doctrine a pu se diviser sur ce point (v. en ce sens, J. Larguier, préc. ; *contra* P. Bouzat et J. Pinatel, t. I, nº 479). Cette exigence, parfaitement logique, est aujourd'hui confirmée par l'article 121-7 du Code pénal pour les deux formes de complicité maintenues que sont l'aide et assistance qui doit être accordée sciemment (al. 1er) et la provocation (al. 2) dont le caractère volontaire est évident (J. Pradel, nº 495 ; F. Desportes et F. Le Gunehec, nº 546).

8 Il est donc nécessaire que l'élément intentionnel, ainsi défini, soit relevé de façon claire et précise par les juges du fond. L'exigence de la chambre criminelle en ce sens est constante. L'arrêt *Paemalabre* souligne expressément cette obligation des juges du fond de relever l'intention délictueuse propre au complice, à savoir la connaissance du caractère délictueux de l'action principale. Il s'agissait ici d'un pourvoi formé contre un arrêt de la cour d'appel d'Orléans, qui avait condamné pour complicité d'abattage clandestin une personne ayant transporté la chair des bêtes abattues. Le demandeur au pourvoi reprochait à la cour de n'avoir pas recherché si le prévenu connaissait effectivement l'origine délictueuse des animaux ainsi transportés, reproche jugé parfaitement fondé par la chambre criminelle qui a estimé… « qu'en s'abstenant de rechercher si Paemalabre savait qu'il aidait les auteurs…, la cour n'a pas légalement justifié sa décision ».

9 De même, aux assises, la question de complicité doit préciser que l'aide ou l'assistance a été prêtée avec connaissance (Crim. 19 mars 1986, *Bull. crim.* n° 112). Et à défaut d'aveux, l'intention doit se fonder sur des indices (Crim. 24 nov. 1986, *Bull. crim.* n° 352, pour un banquier poursuivi pour complicité de fraude fiscale et dont la condamnation a été admise sur la base d'un conseil donné à son client d'ouvrir un compte dit de « passage »). On notera que la chambre criminelle a aussi réaffirmé qu'une simple négligence ou un contrôle insuffisant, ne sauraient être assimilés à une participation intentionnelle à la commission de l'infraction (Crim. 6 déc. 1989, *Dr. pénal* 1990, n° 117). L'actuel Code pénal se montrant beaucoup plus exigeant en matière d'intention, il est assez normal que cette exigence rejaillisse sur l'intention du complice. C'est en tout cas ce que semble admettre la Cour de cassation dans une décision du 28 juin 1995 (*Bull. crim.* n° 241 ; *Dr. pénal* 1995, n° 274, obs. M. Véron) en censurant un arrêt de cour d'assises qui laissait incertain le fait que l'aide et assistance (à savoir la fourniture d'un couteau) avaient été prêtées en connaissance de cause (pour une solution différente dans une affaire du même type : Crim. 19 mars 1998, *Gaz. Pal.* 1998. 2. Chron. crim. 126).

10 Il reste cependant qu'il convient de ne pas confondre l'intention de l'auteur principal et celle du complice. Il n'est pas nécessaire qu'il y ait une totale identification entre les volontés de l'un et de l'autre. La chambre criminelle s'est prononcée en ce sens dans une affaire de crime contre l'humanité en estimant qu'on peut être complice d'un tel crime (affaire *Papon*) même si l'on ne partage pas la politique hégémonique idéologique des auteurs principaux dès lors que l'on a conscience de participer aux infractions reprochées : Crim. 23 janv. 1997, n° 96-84.822, *Bull. crim.* n° 32 ; *D.* 1997. 147, note J. Pradel ; *ibid.* 249, chron. J.-P. Delmas Saint-Hilaire ; *JCP* 1997. II. 22812, note J.-H. Robert ; *Dr. pénal* 1997. 38, obs. J.-H. Robert. V. égal. étude C. Grynfogel, *RSC* 1998. 523 et dans la même affaire, Ass. plén., 11 juin 2004, n° 98-82.323 ; *AJ pénal* 2004. 325 et 327, obs. P. Remillieux (sur cette question, v. E Dreyer, n° 1060 qui parle de sur-intention).

11 Une chose est donc certaine aujourd'hui : la preuve de l'intention incombe à la partie poursuivante et le juge doit expressément préciser qu'il en a constaté l'existence (v. Crim. 15 févr. 1982, *Bull. crim.* n° 50 ; *D.* 1983. 275, note D. Mayer et Pizzio). Il reste que les juridictions ne se montrent parfois guère exigeantes (Crim. 9 févr. 1987, *Bull. crim.* n° 61 ; Crim. 29 nov. 1993, *Dr. pénal* 1994, n° 85, obs. M. Véron) et sous l'empire de l'actuel Code pénal (Crim. 19 oct. 1994, *Dr. pénal* 1995. Chron. 45, obs. V. Lesclous et C. Marsat : directeur d'une publication reconnu complice d'une publicité en faveur du tabac parce qu'il a fourni le support publicitaire sciemment et qu'en raison de leur importance les publicités illégales n'ont pu échapper à l'attention de ce directeur). On constate que dans plusieurs affaires récentes la chambre criminelle n'a pas hésité à déduire l'existence de l'intention du complice de toute une série de faits concrets prouvant que ce dernier ne pouvait pas

ignorer qu'il aidait à la commission d'une infraction : Crim. 10 avr. 1997, n° 96-83.152, *Bull. crim.* n° 140 ; *D. Affaires* 1997. 101 ; Crim. 21 janv. 2014, n° 13-80.075 *Bull. crim.* n° 19, qui se réfère au défaut de vérification, le distributeur ne pouvant pas ne pas avoir connaissance des éléments de publicité (publicité en faveur du tabac) ; Crim. 1er juill. 1997, n° 96-84.225, *Bull. crim.* n° 262 (embauche de travailleurs clandestins) ; Crim. 2 mai 2001, n° 00-84.917, *Bull. crim.* n° 104 ; *RSC* 2001. 800, obs. B. Bouloc (délit d'obtention d'avantage : fait pour un notaire d'établir un acte de vente ; Crim. 3 avr. 2013, n° 12-84.373, *Dr. pénal* 2013, n° 105, obs. M. Véron ; *JCP* 2013. 1032, note M. Véron ; *RPDP* 2014. 73, obs. J.-Y. Chevallier : infraction de travail dissimulé, pour un avocat, ayant mis en relation un de ses clients avec un policier retraité faisant des enquêtes rémunérées et non déclarées, qui est ainsi considéré comme un intermédiaire conscient) mais *contra* Crim. 19 juin 2001, n° 98-83.954, *Bull. crim.* n° 148 ; *RSC* 2002. 97, obs. B. Bouloc ; *Dr. pénal* 2001, n° 111 : la déclaration faite à un journaliste allemand, reprise par le journal *Le Monde*, ne peut être considérée comme un fait de complicité de diffamation raciale, faute pour le maire poursuivi de savoir que les éléments fournis serviront à la consommation d'une infraction. On peut être étonné de cette décision. En effet, est-il si difficile d'imaginer que des confidences faites à un journaliste seront publiées (dans le même sens, Crim. 6 mars 2007, n° 06-84.105, *Bull. crim.* n° 72 ; *Dr. pénal* 2007, n° 96, obs. M. Véron ; Crim. 11 mai 2010, *Bull. crim.* n° 81 ; v. *supra*, n° 34). Pour une solution contraire : Crim. 19 févr. 2002, n° 00-83.791, *Bull. crim.* n° 35 ; *RSC* 2002. 809, obs. B. Bouloc, pour des propos tenus, il est vrai, en public. Il en va, bien entendu, différemment si les informations ont été données en sachant qu'elles seraient publiées (Crim. 6 déc. 2011, n° 10-87.556 ; *Gaz. Pal.* 20 et 21 avr. 2012, obs. S. Detraz). La chambre criminelle, dans un autre arrêt, confirme cette façon de voir en considérant que celui qui, en connaissance de cause, accorde un entretien à un journaliste ne peut pas ignorer la publicité qui sera donnée à ses propos et retient donc la complicité de diffamation. Elle admet aussi dans ce cas une forme de présomption de l'intention (Crim. 7 juin 2006, n° 05-86.616, *AJ pénal* 2006. 403, obs. G. Royer). La chambre criminelle a également admis que cette preuve pouvait se déduire de comportements ultérieurs du complice (Crim. 13 nov. 1991, *Bull. crim.* n° 406). Cependant, cette nécessité d'une participation consciente peut conduire à penser qu'en l'absence de concordance rigoureuse entre l'intention du complice et les faits accomplis par l'auteur, il ne puisse y avoir condamnation pour complicité. L'examen de la jurisprudence montre qu'il faut nuancer une telle affirmation.

B. — La distorsion entre l'intention du complice et celle de l'auteur

12 Lorsque l'on passe de l'intention à la réalisation, les risques d'une discordance entre l'infraction projetée et l'infraction réalisée sont nombreux. S'il apparaît assez normal que le complice doive endosser la responsabilité du fait commis par l'auteur quand celui-ci est moins grave (en ce sens, R. Merle et A. Vitu, t. I, n° 558 ; S. Fournier, *Rép. pén. et pr. pén.*, « Complicité », n° 121. En ce sens : Crim. 9 nov. 1998, *Dr. pénal* 1999, n° 53, obs. M. Véron ; *contra* W. Jeandidier, n° 305 ; P. Conte et P. Maistre du Chambon, n° 420) la question est beaucoup plus difficile à résoudre quand l'auteur est allé au-delà des prévisions du complice.

L'examen de la jurisprudence permet de distinguer à ce propos quatre éventualités. Nous reprendrons ici la distinction opérée par MM. R. Merle et A. Vitu dans leur *Traité de droit criminel* pour la clarté d'exposé qu'elle permet.

13 *1°* La première situation est celle où l'auteur a commis une infraction complètement différente de celle prévue par le complice. L'hypothèse à envisager ici est claire. La différence entre les deux infractions tient à leurs éléments constitutifs : dans ce cas la complicité n'est pas punissable.

Il en sera ainsi du complice qui fabrique des clés et les remet à un malfaiteur sachant qu'elles doivent servir à un cambriolage, projet de vol qui se changera en fait sur les lieux en un acte de viol. Dans un autre domaine, le célèbre arrêt *Nicolaï*, que nous avons retenu, illustre très précisément cette solution. Nicolaï avait chargé un sieur Rubio de se rendre chez un de ses débiteurs pour obtenir le remboursement d'un prêt. Craignant sans doute l'inefficacité des arguments juridiques, il avait remis à son mandataire deux revolvers pour éventuellement contraindre le débiteur récalcitrant. Rubio s'étant rendu au domicile de celui-ci ne le trouva point mais à la suite d'une altercation avec le concierge de l'immeuble, il blessa mortellement ce dernier. Nicolaï fut poursuivi pour complicité de meurtre et renvoyé devant la cour d'assises. C'est cet arrêt de renvoi qui a été censuré par la chambre criminelle. En effet, en matière de complicité par fourniture de moyens, en l'occurrence des armes, il faut que le complice ait su que le moyen devait servir à l'accomplissement de l'infraction. Nicolaï aurait pu être reconnu complice d'extorsion de fonds ou même d'une infraction commise contre la personne du débiteur mais à défaut de fait principal punissable, cette solution ne peut être retenue (v. *supra*, n° 33). En revanche, s'agissant du meurtre réalisé par Rubio, celui-ci étant en quelque sorte accidentel, il n'apparaissait pas possible de retenir une quelconque complicité en raison du défaut de relation entre le prêt de l'arme et le meurtre. C'est l'absence d'un lien de causalité subjective entre le fait principal et l'intention du complice qui interdisait cette fois la répression. La suppression dans l'actuel Code pénal de la complicité par fournitures de moyens, aujourd'hui englobée par l'aide et assistance, n'est pas de nature à modifier cette jurisprudence.

Une solution identique a été retenue lorsque la personne assassinée n'était pas celle prévue par l'instigateur. En l'espèce, l'auteur matériel oubliant « le contrat » initialement prévu avait donné la mort à un autre individu (Crim. 1er mars 1977, *Bull. crim.* n° 91 ; *RSC* 1979. 76, obs. J. Larguier ; v. néanmoins Crim. 19 juin 1984, *Bull. crim.* n° 231 : instigateur considéré comme complice de l'assassinat, outre de la personne désignée, mais aussi de cinq témoins).

L'élément intentionnel faisant dans toutes ces hypothèses défaut, le complice ne peut dès lors être sanctionné pour l'infraction effectivement commise qu'il n'avait pas envisagée, bien plus, qu'il ne pouvait même pas prévoir. Comment dans ce cas la conscience de sa participation à l'infraction réalisée pourrait-elle être relevée par les juges du fond ?

14 *2°* La deuxième situation concerne le cas où l'auteur a commis une infraction plus grave car l'exécution de celle prévue s'est compliquée de circonstances aggravantes réelles. Contrairement à la première hypothèse dans laquelle les infractions différaient dans leurs éléments constitutifs, c'est ici, dans les circonstances les entourant, que la discordance trouve sa source. La jurisprudence a, dans ce cas, adopté une position très stricte puisqu'elle décide que le complice « devait prévoir toutes les qualifications dont le fait était susceptible, toutes les circonstances dont il pouvait être accompagné ». Cette formule on la trouve notamment dans un arrêt de 1947 (Crim. 31 déc. 1947, *Bull. crim.* n° 290) pour un complice qui avait fourni des renseignements pour commettre un vol qui s'était compliqué en cours d'exécution (v. égal. Crim. 10 févr. 1949, *RSC* 1949. 336, obs. L. Hugueney).

La chambre criminelle semble considérer, dans de tels cas, que le complice a accepté par avance tous les risques qui pouvaient éventuellement naître de l'exécution de l'infraction projetée. Ainsi a-t-elle admis que la circonstance aggravante de bande organisée s'applique aux complices (Crim. 15 sept. 2004, n° 04-84.143, *D.* 2004. 2765). Une circonstance aggravante mixte telle la préméditation, l'auteur fut-il resté inconnu, sert également à qualifier le crime à l'égard des complices (Crim. 4 sept. 1976, *Bull. crim.* n° 272). V. X. Pin, *Le consentement en matière pénale*, LGDJ, 2002, coll. « Bibliothèque des sciences criminelles », t. 36, n° 327 ; E. Dreyer, n° 1061 qui parle de sous-intention.

15 *3°* C'est une idée du même type qui conduit à retenir la complicité dans une troisième situation, celle où l'infraction est au départ indéterminée. Le complice sait qu'il facilite une infraction, mais il ignore quelle forme elle prendra (« vengez-moi »). On retrouve ici le même cheminement de pensée : le complice accepte de s'associer à n'importe quelle infraction, il prend le risque, il doit donc en supporter toutes les conséquences (v. Crim. 23 mai 1973, préc., bien que l'hypothèse ne soit pas exactement la même mais s'en rapproche ; Crim. 28 oct. 1965, *JCP* 1966. II. 14524 ; Crim. 21 mai 1996, *Gaz. Pal.* 22-24 sept. 1996, p. 25, note J.-P. Doucet ; *Dr. pénal* 1996, n° 213, obs. M. Véron ; V. en dernier lieu : Crim. 13 mai 2014, n° 13-88.196, *Gaz. Pal.* 29 avr. 2014, n° 10, obs. S. Detraz concernant un individu ayant confié à des inconnus la mission de donner une correction à une personne désignée, qui se voit appliquer toutes les circonstances aggravantes qui caractérisent l'infraction dans la personne de l'auteur).

16 *4°* Il reste enfin la dernière hypothèse, celle où l'infraction projetée et l'infraction réalisée diffèrent dans leur mode d'exécution. Cela ne retentit pas, bien sûr, sur la situation pénale du complice, l'élément intentionnel n'étant en rien anéanti par le changement du mode d'exécution (en ce sens, Crim. 31 janv. 1974, *Bull. crim.* n° 50 ; *JCP* 1975. II. 17984, note A. Mayer-Jack ; *RSC* 1975. 679, obs. J. Larguier ; M. Puech, n° 90). Un sieur Rochefort a ainsi été retenu complice d'une infraction par fourniture d'instructions, pour avoir donné des directives tendant à l'assassinat d'un tiers, qui n'ont cependant pas été utilisées puisque l'homicide a été finalement réalisé par un procédé très différent de celui envisagé. La chambre criminelle ne se montre en l'occurrence pas très exigeante sur l'utilité des instructions mais cela s'explique par le fait que l'intention criminelle du complice était évidente. (Pour une contestation de l'extension des circonstances aggravantes réelles aux complices v. V. Tellier-Cayrol, *D.* 2016. 1188 à propos d'un arrêt de la CEDH du 26 janv. 2016, *Iasir c/ Belgique*, req. n° 21614/12, qui rejette l'imputation automatique des circonstances aggravantes réelles).

17 À la lumière de ces différentes hypothèses, on peut constater que le critère adopté apparaît être celui de la causalité. S'il existe un rapport certain entre ce que voulait le complice et ce qu'a réalisé l'auteur, alors la complicité sera punissable (M. Puech parle à ce propos de nature subjective ou objective du lien de causalité ; v. égal. P. Salvage, « Le lien de causalité en matière de complicité », *RSC* 1981. 25 s. ; J. Pradel, n° 495 ; P. Conte et P. Maistre du Chambon, n° 414). Il résulte de cette jurisprudence que la conscience d'aider à la commission d'une infraction doit exister au moment des faits (Crim. 5 nov. 1943, *Dr. adm.* 1944. 29) et que par voie de conséquence l'attitude ultérieure du complice est indifférente (Crim. 25 oct. 1990, n° 89-85.668, *Bull. crim.* n° 358 ; Crim. 7 oct. 1998, *Bull. crim.* n° 249). Une simple négligence est donc nécessairement insuffisante (Crim. 9 nov. 1998, *Dr. pénal* 1999, n° 53, obs. M. Véron). Il résulte de cette position jurisprudentielle que le repentir du complice avant la commission de l'infraction devra, pour être efficace, prendre une forme très concrète (avertissement d'une victime, récupération d'une arme prêtée, etc.) V. égal. : É. Verny, O. Décima, S. Détraz, n° 540 et Crim. 9 juin 2013 n° 11-89.170 et pour la difficulté d'un complice à s'exonérer de sa responsabilité en matière de diffamation : Crim. 20 mai 2014, n° 13-82.830, *Dr. pénal* 2014, n° 119, note M. Véron, concernant l'auteur d'un ouvrage alléguant ne pas être responsable des propos figurant sur la page de couverture et à qui il est répondu que son exonération impliquerait qu'il fasse la preuve, qu'il n'a ni voulu ni permis que ces propos soient publiés. Toutefois les difficultés en ce qui concerne l'élément intentionnel des actes de complicité ne s'arrêtent pas là. La question s'est aussi posée de savoir si les crimes et délits non intentionnels peuvent donner lieu à un acte de complicité. La doctrine est partagée, la jurisprudence hésitante : il nous faut donc essayer de clarifier ce problème.

II. — Complicité et infraction non intentionnelle : un problème de compatibilité

18 Le problème de la compatibilité ou de l'exclusion de la complicité dans les infractions non intentionnelles devrait être résolu en se référant aux principes généraux de cette matière. (Sur cette question, v. deux articles assez récents : F. Rousseau, « Complice ou auteur indirect d'une infraction non intentionnelle », *Dr. pénal* 2007. Étude 11 ; C. Girault, « Le relâchement du lien de concertation entre l'auteur principal et le complice », *D.* 2008. Chron. 1714).

Dès lors la thèse qui paraît la plus logique serait qu'il ne peut y avoir de complicité pour une infraction non intentionnelle puisque l'auteur n'ayant pas voulu le résultat, on imagine mal qu'il ait pu recevoir un concours conscient pour la commettre. L'examen des décisions jurisprudentielles montre qu'il y a lieu de distinguer entre les infractions d'imprudence où la notion de coactivité est aujourd'hui au centre du débat (A) et les infractions contraventionnelles où la coexistence des deux notions apparaît possible (B).

A. — L'exclusion de principe pour les infractions d'imprudence

19 Pour une partie de la doctrine, la notion de complicité est juridiquement inconciliable avec celle de l'infraction intentionnelle. Les auteurs allèguent, à l'appui de cette opinion, que « l'imprudence ou la négligence sont des attitudes psychologiquement inconciliables avec l'entente par laquelle le complice s'associe à l'acte de l'auteur » (v. en ce sens, J.-A. Roux, t. I, p. 340 ; A. Decocq, p. 241 ; B. Bouloc, n° 358 ; R. Vouin, note *JCP* 1956. II. 9244 ; M. Puech, p. 324 ; R. Bernardini, n° 639 ; J. Pradel, n° 497 ; E. Dreyer, n° 1078 qui évoque une limite naturelle de la complicité). Pour d'autres au contraire, il suffirait de rencontrer chez le complice la faute d'imprudence requise pour l'auteur principal (R. Merle et A. Vitu, t. I, n° 559 ; A. Légal, *RSC* 1956. 53 ; H. Donnedieu de Vabres, n° 434 ; P. Bouzat et J. Pinatel, t. I, n° 778 ; v. égal. M.-L. Rassat, n° 406 ; W. Jeandidier, n° 305 ; P. Conte et P. Maistre du Chambon, n° 420 ; J.-H. Robert, p. 348 ; F. Desportes et F. Le Gunehec, n° 549 ; Y. Mayaud, n° 392 qui considèrent que l'on doit distinguer selon que l'imprudence est consciente ou inconsciente. V. pour la complicité d'un délit de mise en danger d'autrui : Crim. 6 juin 2000, n° 99-85.937, *Bull. crim.* n° 213 ; *D.* 2000. 222 ; *RSC* 2000. 827, obs. Y. Mayaud ; *ibid.* 2001. 152, obs. B. Bouloc ; *Dr. pénal* 2000, n° 124, obs. M. Véron).

20 Comme dans toutes les hypothèses où la doctrine ne s'accorde pas et où la loi ne donne aucune réponse précise (M. Puech estime pourtant que les articles 60 et 61 du Code pénal excluaient la possibilité d'une complicité pour les infractions non intentionnelles, v. p. 324), il y a lieu de se tourner vers les décisions jurisprudentielles qui sont, en ce domaine, toutefois peu nombreuses.

On trouve tout d'abord une première série de décisions qui retiennent la complicité. Ainsi en est-il d'un arrêt du 17 novembre 1887 qui approuve la condamnation du directeur d'un asile psychiatrique poursuivi pour complicité de coups et blessures involontaires parce que sa négligence était en rapport direct avec le délit (Crim. 17 nov. 1887, *Bull. crim.* n° 392, v. égal. Crim. 14 déc. 1934, *DP* 1935. 1. 96). De même, la cour d'appel de Chambéry dans une affaire concernant un « bobsleigh », lancé à grande vitesse et ayant été à l'origine de la mort d'un enfant, a considéré que le conducteur devait être condamné en tant qu'auteur, les autres occupants en tant que complices par aide ou assistance.

Les commentateurs constatèrent toutefois à l'époque, que la condamnation aurait pu être prononcée tout aussi bien pour coaction, position qui s'est trouvée nettement affirmée dans l'arrêt rapporté du 24 octobre 1956, dans lequel la chambre criminelle déclare inexacte la qualification de complicité, pour retenir celle de coactivité. Il s'agissait d'une affaire dans laquelle un cycliste avait été renversé par un camion, camion dont le propriétaire était poursuivi sous le chef de complicité. On notera cependant que la cour a retenu la qualification de coauteur non pas comme l'affirmait le pourvoi « parce que la notion de complicité est inconciliable avec toute idée de volonté préalable » mais « parce que les ordres donnés étaient eux-mêmes constitutifs d'une faute dont la conséquence avait été les blessures... ».

21 On pourrait donc penser que le problème est réglé aujourd'hui. Ce n'est pas le cas. La doctrine diverge toujours quant à savoir si les coparticipants d'une telle faute sont désormais des coauteurs et non pas des complices (en ce sens, R. Vouin, note *JCP* 1956. II. 9224). Il faut donc surveiller la jurisprudence pour savoir si elle se maintient dans la voie de la coactivité ou au contraire si elle opère toujours des distinctions et lesquelles. On peut considérer que l'actuel Code pénal, qui introduit la faute consciente de mise en danger délibérée (C. pén., art. 121-3), est de nature à aider à régler cette difficulté. En effet si la complicité est discutable dans l'imprudence inconsciente, elle apparaît tout à fait concevable lorsque la faute est consciente. Ainsi le passager d'un véhicule qui donne l'ordre au chauffeur de doubler au sommet d'une côte est complice par fournitures d'instructions (en ce sens, F. Desportes et F. Le Gunehec, n° 549 et Crim. 6 juin 2000, préc.). Comme le fait d'ailleurs judicieusement remarquer un auteur (J.-H. Robert, p. 349) en dehors des infractions d'homicide et de blessures par imprudence il est parfaitement possible de retenir la complicité pour des infractions d'imprudence. En effet le même fait peut être imputé à deux personnes (un auteur et un complice) à des conditions psychologiques différentes. Il faut alors que le juge vérifie que le complice avait conscience de l'indifférence de l'auteur principal à respecter telle ou telle valeur sociale. Et cet auteur cite l'exemple de la publicité mensongère pour laquelle le publicitaire ne vérifie pas les assertions de l'annonceur. La chambre criminelle a d'ailleurs retenu cette solution de la complicité pour ce type d'infraction dans une affaire de voyance en considérant que le prévenu avait en connaissance de cause donné à l'annonceur des moyens pour la création de la publicité ; (Crim. 23 avr. 1997, n° 96-81.498, *Bull. crim.* n° 143 ; *RSC* 1998. 95, obs. B. Bouloc ; *D. Affaires* 1997. 892 ; *Dr. pénal* 1997. 114, obs. J.-H. Robert). Il existait en revanche, jusqu'à la promulgation de l'actuel Code pénal, un deuxième type d'infractions inintentionnelles où la notion de complicité ne semblait pas soulever les mêmes problèmes.

B. — L'admission possible pour les infractions contraventionnelles

22 L'admission de la complicité pour les infractions contraventionnelles paraissait en effet acceptée par les juridictions répressives. On rencontre en jurisprudence un certain nombre de décisions qui ont retenu la complicité pour des infractions dites contraventionnelles. Ainsi dans un arrêt du 19 décembre 1934 (*Bull. crim.* n° 209) commenté par M. Puech (n° 86), la chambre criminelle a admis que celui qui délivre à sa femme un faux certificat, pour lui permettre d'obtenir le bénéfice d'un tarif réduit, se rend complice de l'infraction contraventionnelle. L'arrêt soulignait en effet que la disposition des articles 59 et 60 du Code pénal de 1810 est générale, qu'elle s'applique à tous les délits même non intentionnels. La formule est particulièrement nette mais elle est peut-être beaucoup moins large qu'il n'y paraît (v. A. Decocq, p. 241).

23 En effet, une infraction contraventionnelle est très fréquemment commise avec intention même si cet élément psychologique n'est pas exigé pour la répression. Ainsi dans l'arrêt relevé, dès lors que les circonstances de commission de l'infraction démontrent qu'elle a été commise avec intention, il est tout à fait logique de considérer comme un complice celui qui s'est associé volontairement au projet délictueux (M. Puech, préc.). Lorsque le résultat d'une infraction a été voulu, la complicité se conçoit aisément pour celui qui a apporté un concours conscient à la réalisation de celle-ci (dans ce sens, Crim. 21 juill. 1897, *DP* 1899. 1. 92 ; Crim. 13 févr. 1913, *S.* 1913. 1. 536 ; Crim. 27 oct. 1922, *S.* 1923. 1. 141, etc. ; Crim. 22 juin 1972, *Gaz. Pal.* 1973. I. 114 ; Crim. 15 févr. 1982, *Bull. crim.* n° 50).

24 Il fallait néanmoins qu'il s'agisse d'un délit car l'article 59 n'ayant pas mentionné les contraventions, il était admis que leur complicité n'était pas punissable (jurisprudence constante Crim. 26 déc. 1857, *Bull. crim.* n° 415 ; Crim. 14 déc. 1934, *Gaz. Pal.* 1935. 1. 233, même s'il s'agissait d'infractions intentionnelles) ; il existait néanmoins quelques exceptions textuelles (C. pén. de 1810, art. R. 40-1er ; v. *supra*, n° 33). Avec l'actuel Code pénal cette situation est tout à fait inversée. En effet si aux termes de l'article 121-3, alinéa 3 du Code pénal, des contraventions matérielles subsistent, on sait en revanche que les délits matériels sont désormais impossibles puisque l'article 121-3, alinéa 2 du Code pénal, exige pour ce type d'infractions une intention, une imprudence ou une mise en danger délibérée. On ajoutera que l'article 339 de la loi d'adaptation a levé toute ambiguïté pour les incriminations non prévues dans le Code pénal en exigeant un élément psychologique identique même lorsque le texte ne le prévoit pas expressément. Dès lors le problème de la complicité des infractions contraventionnelles ne pourra se poser que pour les contraventions. On peut donc admettre que le concours conscient apporté à la commission d'une contravention peut être incriminé au titre de la complicité si, selon les règles posées par l'article 121-7 du Code pénal, cette complicité est punissable. On peut rappeler que la complicité en matière de contravention est toujours punissable lorsqu'il s'agit d'instigation ou de fourniture d'instructions (C. pén., art. 121-7, al. 2) alors que n'étant pas prévue lorsqu'il s'agit d'aide et assistance (C. pén., art. 121-7, al. 1er), elle ne sera punissable qu'en cas de prévision explicite par un texte (par ex. C. pén., art. R. 623-2, R. 624-1, R. 625-1 et R. 635-1 ; pour un ex. d'application : v. J.-H. Robert, p. 349, qui cite l'art. R. 228-1 du C. rur. réprimant le braconnage sur le terrain d'autrui).

25 En définitive, il reste qu'on peut légitimement se demander si la question de la complicité des infractions non intentionnelles n'est pas quelque peu artificielle. S'agissant des infractions d'imprudence, il n'est pas absolument nécessaire d'y recourir. S'agissant des contraventions, il n'y a pas véritablement de problème particulier si, bien que non requise par le texte, l'intention existe dès lors que la complicité est elle-même punissable. Il est vrai que, s'agissant des infractions d'imprudence, les choses pourraient peut-être évoluer avec la nouvelle définition des délits inintentionnels. Le nouvel alinéa 4 de l'article 121-3 du Code pénal tend à limiter la responsabilité pénale de ceux qui n'ont pas causé le dommage directement mais qui ont contribué à créer la situation ayant permis la réalisation de ce dommage ou qui n'ont pas pris les mesures permettant de l'éviter. Pourrait-on admettre que cette responsabilité ne pouvant être retenue au titre d'une activité, en l'absence d'une faute suffisamment grave au sens du nouveau texte, puisse néanmoins constituer une complicité s'il existe un responsable direct du dommage. Une telle solution, très artificielle il faut l'avouer, et peu conforme à la volonté du législateur est-elle concevable ? Dans le doute l'interrogation reste permise (en ce sens S. Fournier, *Rép. pén.*, Dalloz, n° 46 ; I. Moine-Dupuis, « Complicité et contribution à une infraction non intentionnelle ; un choix trop libre », *RPDP* 2005. 277).

A. V.

36

COMPLICITÉ CORESPECTIVE

Crim., 9 juin 1848, *Igneux*
(*S.* 1848. 1. 527)

Tout coauteur aide nécessairement l'autre coupable et peut être, par la force des choses, considéré comme son complice.

Attendu que le coauteur d'un crime aide nécessairement l'autre coupable dans les faits qui consomment l'action, et devient par la force des choses légalement son complice ; qu'ainsi la peine qu'aurait subie Marie Juvigne Cloquet, sans les circonstances atténuantes admises en sa faveur, a été justement appliquée au demandeur en vertu desdits articles 299, 302, 13 et 59 du Code pénal, que l'irrégularité résultant du défaut de citation du dernier de ces articles à la suite des trois autres dans l'arrêt définitif, ne peut d'ailleurs vicier la condamnation aux termes de l'article 411 du Code d'instruction criminelle ; – Rejette...

OBSERVATIONS

1 En décidant que « le coauteur d'un crime aide nécessairement l'autre coupable dans les faits qui consomment l'action et devient par la force des choses légalement son complice », la chambre criminelle, de l'avis unanime de la doctrine, est venue limiter les inconvénients inhérents au principe d'indépendance des responsabilités en matière de coactivité.

Cette création jurisprudentielle est connue sous le nom de théorie de la complicité corespective. Il faut d'ailleurs la distinguer de l'ancienne théorie, porteuse du même nom, qui ne concernait que le problème de l'auteur, resté inconnu, d'une infraction, mais se trouvant dans un groupe déterminé de participants (v. L. Vidal et L. Magnol, t. I, n° 437). La conception actuelle présente (en réalité nous devrions dire présentait v. *infra*) un double intérêt pratique au regard de la répression des coauteurs d'une infraction : d'une part, en ce qu'elle permet la communication à tous les coauteurs de certaines circonstances qui sans cela resteraient sans effet à leur égard (I), d'autre part en ce qu'elle apporte une réponse au problème des actions collectives, plus précisément en cas d'infraction commise par un groupe déterminé de personnes mais dont l'auteur reste inconnu (II). On rejoint en cela l'ancienne théorie mais uniquement en ce qui concerne le problème posé car la solution qui y est apportée est différente (M. Puech, p. 365).

I. — L'utilisation de la théorie de la complicité en matière de circonstances aggravantes

2 La théorie de la complicité corespective avait donc comme première utilité en jurisprudence de permettre l'extension de certaines circonstances aggravantes aux coauteurs. En effet, si l'autonomie des criminalités, en matière de coactivité, aboutit en principe à ce que seules les circonstances aggravantes réelles soient opposables aux coauteurs (A), la chambre criminelle, en assimilant le coauteur à un complice, avait permis la prise en compte d'autres circonstances (B).

A. — Principe de l'autonomie de la criminalité de chaque coauteur

3 Cette règle est parfaitement logique.

Le coauteur d'une infraction étant traditionnellement présenté comme celui qui a personnellement réalisé les éléments constitutifs de cette infraction et a ainsi joué un rôle déterminant dans la réalisation du résultat (*cf.* A. Decocq, p. 196), on conçoit aisément qu'il puisse répondre de l'infraction comme s'il en était l'auteur unique. Dès lors, il peut être poursuivi et condamné seul, pourvu que le fait principal soit punissable à son égard : seules les circonstances dites réelles, c'est-à-dire se rattachant exclusivement à l'infraction, peuvent lui être étendues. En effet, la responsabilité pénale du coauteur est purement personnelle et ne peut donc en aucun cas dépendre d'un autre participant coauteur et *a fortiori* complice.

Cependant, si tel est le principe, on constate qu'il a été sérieusement atténué par la jurisprudence qui, tenant les coauteurs comme complices, a ainsi étendu à tous les participants certaines circonstances aggravantes non réelles.

B. — L'atténuation par extension des circonstances aggravantes mixtes

4 L'arrêt *Igneux*, rendu le 9 juin 1848, est à ce sujet considéré comme un arrêt de principe ; deux personnes avaient commis un meurtre : l'une en qualité de fille de la victime encourait à ce titre la peine de mort frappant à l'époque tout parricide ; l'autre, gendre de cette même victime, n'encourait que la peine du meurtre simple, à savoir les travaux forcés à perpétuité. Il fut pourtant condamné à mort, condamnation qui donna lieu à un pourvoi en cassation de sa part pour non-respect des règles normales de répression de la coactivité. Le demandeur au pourvoi alléguait, à l'appui de celui-ci, le fait qu'en raison du principe d'autonomie des criminalités, la sienne lui étant propre et n'empruntant en rien celle de l'autre auteur, la circonstance tirée du lien de filiation existant entre ce dernier et la victime ne pouvait pas lui être opposée. Elle n'aurait pu l'être, disait-il, « que s'il avait été déclaré le complice de sa femme et non lorsque, comme dans l'espèce, il a été proclamé coauteur ».

5 Or, comme le relève d'ailleurs fort justement M. Puech (p. 363), le résultat auquel on aboutissait alors, si l'on tenait compte des règles imposées par le principe d'autonomie des criminalités, était particulièrement choquant : nous le citons « le coauteur, qui a participé d'une façon directe et immédiate à la réalisation d'un parricide était moins sévèrement puni que s'il avait été complice, c'est-à-dire si sa participation n'avait été qu'indirecte et accessoire ».

6 La chambre criminelle n'a pas voulu, semble-t-il, faire sien un tel raisonnement. Considérant (et cela, pensons-nous dans un souci unique d'équité) que les coauteurs sont les complices les uns des autres, elle a, par la même occasion, permis que certaines causes d'aggravation de la peine, dites mixtes (qui tout en procédant de la personne de l'auteur touchent à l'infraction principale dont elles constituent une circonstance aggravante) jouent à l'égard du coauteur de la même façon que s'il n'avait été que le complice, le principe d'emprunt de criminalité permettant dans ce cas l'extension (pour les causes d'aggravation, d'atténuation et d'exemption de peine en matière de complicité, v. R. Merle et A. Vitu, t. I, n° 546).

Bien qu'accueillie favorablement par la doctrine (J. Pradel, n° 494) pour des raisons d'équité dans la répression, semble-t-il, et admise largement par les tribunaux, force est de constater que cette jurisprudence a pris des libertés fort choquantes sur le terrain juridique en venant attribuer à une même personne deux qualités représentant pourtant des degrés de participation fort différents (par ex., pour le coauteur d'un parricide, v. Crim. 10 janv. 1952, *JCP* 1952. IV. 38, où il a été décidé « que le coauteur du meurtre d'une mère par son fils est nécessairement passible de la peine des parricides mais à la condition qu'il ait agi conjointement avec le fils de la victime » ; Crim. 15 juin 1860, *S.* 1861. 1. 398, coauteur d'un détournement de deniers publics ; en ce sens E. Dreyer, n°s 395 et 1103).

7 Si cette situation n'était plus très fréquemment invoquée, on peut néanmoins considérer que certaines décisions ne pouvaient guère s'expliquer autrement (v. par ex. : Crim. 4 janv. 1985, *Bull. crim.* n° 9 admettant que le coauteur, non-porteur d'une arme subisse l'aggravation tenant au fait que cette circonstance existait chez un autre coauteur). Il reste qu'aujourd'hui la nouvelle rédaction de l'article 121-6 du Code pénal rend cette construction jurisprudentielle sans intérêt du moins quant à cette première conséquence. En effet, en édictant que le complice est puni comme s'il avait été lui-même auteur, il n'est plus nécessaire de déclarer un coauteur complice. Dès lors le complice non parent du meurtre aggravé d un ascendant est puni pour meurtre non aggravé alors, qu'à l'inverse, le parent, fût-il simple complice d'un non-parent, sera puni pour meurtre aggravé (en ce sens, B. Bouloc, n° 367 ; F. Desportes et F. Le Gunehec, n° 566 ; Y. Mayaud, n° 391 ; P. Salvage, *J.-Cl. Pénal*, art. 121-6 et 121-7, n° 108 ; v. égal. S. Fournier, « Le nouveau Code pénal et le droit de la complicité », *RSC* 1995. 475 ; pour des opinions plus nuancées concernant les circonstances aggravantes mixtes : P. Conte et P. Maistre du Chambon, n° 425 ; J. Pradel, n° 503 et surtout J.-H. Robert, p. 360 s., qui estime que ces solutions sont contraires à la tradition de l'unité de qualification). (Pour les solutions jurisprudentielles actuelles, v. par ex. Crim. 7 sept. 2005, n° 04-84.235, *Bull. crim.* n° 219, *RPDP* 2006. 126, obs. Ph. Bonfils ; et globalement *supra*, n° 33.)

8 Une même critique peut être formulée d'ailleurs en ce qui concerne le second volet de la complicité corespective, à savoir son utilisation en matière d'action collective, hypothèse dans laquelle elle apparaît comme le secours apporté à un lien de causalité incertain. Le nouveau Code pénal n'a en rien supprimé l'intérêt de cette solution jurisprudentielle.

II. — L'utilisation de la théorie de la complicité en matière d'action collective

9 Le problème de la causalité se pose souvent, en effet, en termes très aigus dans le cadre de la criminalité de groupe et la jurisprudence n'est arrivée, là aussi, à résoudre certains problèmes qu'en recourant à la notion de complicité corespective, soit qu'il s'avère impossible de déterminer le participant à l'origine du résultat (A), soit qu'on ne sache pas si le résultat est l'œuvre d'un seul participant ou de l'action conjuguée de tous (B).

A. — Incertitude quant à la personne de l'auteur de l'infraction

10 L'hypothèse à envisager ici est celle dans laquelle le résultat de l'infraction est l'œuvre d'un participant indéterminé se trouvant dans un groupe de personnes déterminé (ainsi une personne est atteinte par un seul des objets lancés ou tuée par un seul des coups portés). On notera qu'il s'agit d'une hypothèse où des individus participent à une même action mais en dehors de toute entente préalable ce que certains auteurs nomment la participation par juxtaposition (Y. Mayaud, *RID pén.* 1997, vol. 68, p. 794 ; J. Pradel, n° 443 ; v. P. Salvage, « Les infractions commises au sein d'un groupe informel : l'établissement des responsabilités et la méthode du droit », *Dr. pénal* 2005. Chron. 8 ; É. Verny, *Le membre d'un groupe en droit pénal*, thèse Paris II, LGDJ, 2002, nos 6 s.).

11 On est donc sûr que l'auteur de l'infraction fait partie du groupe de personnes envisagé, mais on ne sait de quelle personne il s'agit exactement. Pour résoudre un tel problème la chambre criminelle a fait application de la notion de complicité corespective et en a tiré toutes les conséquences utiles quant au point précis de la causalité. En exigeant uniquement que « chaque membre du groupe ait pris une part active et personnelle à l'action commise » (Crim. 12 oct. 1961, *Bull. crim.* n° 399 ; *RSC* 1963. 103, obs. A. Légal ; Crim. 14 déc. 1995, *Bull. crim.* n° 566), elle constate ensuite que « le fait étant unique, la circonstance aggravante résultant des conséquences matérielles de ce fait s'applique nécessairement à tous les coauteurs » (Crim. 12 oct. 1961, préc., v. aussi T. corr. Toulouse 6 mai 1971, *JCP* 1972. IV. 24). Mais l'incertitude peut également se manifester dans une autre hypothèse.

B. — Incertitude quant à l'origine du résultat de l'infraction

12 Comme l'indiquent R. Merle et A. Vitu (t. I, n° 563), il s'agit du cas où il est impossible de déterminer si le résultat est l'aboutissement des violences conjuguées de tous les agresseurs ou l'œuvre d'un participant unique.

La Cour de cassation a, là aussi, évité tout problème en décidant « que chaque membre du groupe est coauteur et même s'il n'a pas donné de coups suffisamment forts pour produire le résultat final, il est nécessairement le complice des coups plus graves qui ont été portés » (v. Crim. 13 juin 1972, *Bull. crim.* n° 195, « Quand les blessures ont été faites volontairement par plusieurs prévenus, l'infraction peut être appréciée dans son ensemble sans qu'il soit nécessaire de préciser la nature des coups portés par chacun des prévenus… ». Le résultat est donc imputable dans sa totalité à chacun des participants à la condition là aussi « qu'ils aient pris une part active à l'action commune »). On remarquera que dans cette affaire concernant une violente « bagarre », deux personnes avaient été blessées et que pour l'une des victimes on ignorait totalement qui avait porté les coups. La chambre criminelle, pour retenir la culpabilité des deux prévenus, a alors considéré qu'il s'agissait d'une faute unique, une même scène de violence. Cette solution est clairement confirmée dans un arrêt du 12 janvier 2010 (n° 09-82.928, *Gaz. Pal.* 24-25 mars 2010, p. 19, note S. Detraz ; v. égal. Crim. 20 juin 2012, n° 11-85.683 ; *Gaz. Pal.* 9 févr. 2013, note E. Dreyer : application de la théorie de la scène unique de violence, pour une blessure avec arme sans que l'on connaisse le tireur ce qui conduit la cour d'assises à poser la même question, pour la circonstance aggravante de vol avec usage d'une arme, pour tous les accusés).

Dès lors, dans toute hypothèse où l'on sait que tous les membres du groupe ont frappé mais que l'incertitude réside dans l'identité de celui qui a porté le coup le plus grave (dont l'existence entraîne la qualification, donc la peine) la chambre criminelle considère que tous les participants sont exposés à une poursuite sous la qualification correspondant au dommage corporel effectivement subi par la victime, chaque participant étant en fait le complice de celui qui a donné le coup le plus violent (Crim. 14 déc. 1954, *Bull. crim.* n° 566 ; Crim. 22 mai 1957, *Bull. crim.*

n° 436 ; Crim. 25 févr. et 10 avr. 1975, *Bull. crim.* n°s 65 et 90 ; et sur cette question, obs. J. Larguier, *RSC* 1973. 879 ; v. égal. C. Dupeyron, « L'infraction collective », *RSC* 1973. 357 ; F. Desportes et F. Le Gunehec, n°s 519 et 566).

13 La chambre criminelle prend là aussi de sérieuses libertés en regard des règles de causalité. On notera toutefois qu'elle refuse de faire appel à la théorie de la complicité corespective en matière de délit d'imprudence, se contentant d'affirmer que le dommage était potentiellement inclus dans l'imprudence de chacun des protagonistes de l'action dangereuse (v. Crim. 7 mars 1968, *Bull. crim.* n° 81 ; obs. G. Levasseur, *RSC* 1968. 628, « ...les prévenus ont tous participé à une action essentiellement dangereuse et créé par leur commune imprudence un risque grave... ». En ce sens, Crim. 19 mai 1978, *D.* 1980. 3, note critique A. Galia Beauchesne ; *RSC* 1979. 90 et 1980. 711, obs. G. Levasseur ; Crim. 23 juill. 1986, *Bull. crim.* n° 243 ; *RSC* 1987. 199, obs. G. Levasseur ; *JCP* 1987. II. 20897, note J. Borricand ; Crim. 23 mars 1994, *Bull. crim.* n° 112 ; *Dr. pénal* 1994, n° 151, obs. M. Véron ; Limoges, 4 juin 1997, *RSC* 1998. 549, obs. Y. Mayaud ; *BICC* 1997. 1262 : homicide involontaire lié à la fourniture de drogue par deux fournisseurs sans que l'on sache qui a fourni la dose mortelle).

La chambre criminelle, dans ses décisions, n'évoque nullement le problème de la complicité, il n'y a aucunement emprunt de criminalité, ce qui est très logique s'agissant d'infractions d'imprudence pour lesquelles la complicité, si elle n'est pas totalement incompatible, n'est que rarement retenue (v. *supra*, n° 35).

14 En définitive, la théorie de la complicité corespective apparaît très utile lorsqu'il est pratiquement impossible de déterminer l'auteur véritable de l'infraction et que l'on a la certitude que les personnes mises en cause ont participé à la production du dommage. Cette théorie simplifie la tâche du juge. Est-elle pour autant très conforme au principe de la personnalité des peines ? (pour une critique, M.-L. Rassat, n° 411 ; E. Dreyer, n° 995 pour une critique sévère de cette responsabilité par appartenance révélant selon lui « une curieuse inversion des valeurs »). On peut sérieusement en douter surtout si l'on rappelle que ce principe a été solennellement affirmé par l'article 121-1 du nouveau Code pénal (v. pour une application : Crim. 6 mars 1997, n° 96-80.279, *Bull. crim.* n° 92 ; P. Salvage, *J.-Cl. Pén. Code*, art. 121-2 : Principe de la responsabilité personnelle, n° 10).

A. V.

37

RESPONSABILITÉ PÉNALE DITE DU FAIT D'AUTRUI CHEF D'ENTREPRISE DÉLÉGATION DE POUVOIRS

Crim., 30 déc. 1892, *Ferrand*
(*S.* 1894. 1. 201, note E. Villey)

Crim., 28 févr. 1956, nº 53-02.879, *Widerkehr*
(*JCP* 1956. II. 9304, note R. de Lestang)

Crim., 21 févr. 1968, nº 67-92.381, *Morel*
(*Bull. crim.* nº 57)

Si nul n'est passible de peines qu'à raison de son fait personnel, la responsabilité pénale peut cependant naître du fait d'autrui lorsque certaines obligations légales imposent d'exercer une action directe sur les faits d'un subordonné.
Il en est ainsi en matière d'industries spécialement réglementées où la responsabilité pénale peut remonter jusqu'au chef d'entreprise tenu d'assurer l'exécution des règlements (1re esp.).
Il en est de même pour l'observation des réglementations générales imposées dans un intérêt de salubrité ou de sécurité publiques comme la protection de l'environnement. Un délit de pollution de rivière peut ainsi être attribué à un chef d'entreprise à qui sont personnellement imposés les conditions et le mode d'exploitation de son industrie (2e esp.).
Le chef d'entreprise peut néanmoins échapper à la sanction s'il démontre que l'infraction a été commise dans un service dont il avait confié la direction ou la surveillance à un préposé pourvu de la compétence et de l'autorité nécessaire pour veiller à l'observation des réglementations (3e esp.).

Chambre criminelle, 30 décembre 1892, *Ferrand*

Attendu, en fait, que, par un traité passé le 20 avril 1888 avec la ville de Lyon, la société du quartier Grôlée était chargée d'exécuter les opérations nécessaires à l'amélioration du quartier du Mont-de-Piété, à Lyon ; que, parmi ces opérations, figurait la démolition de la maison portant le nº 57 de la rue Grôlée ; qu'il résulte d'un procès-verbal régulier et non contredit que la démolition de cette maison a été exécutée par abattage et non au marteau, ainsi que l'exigeait le règlement de la voirie municipale du 25 février 1874, et que, pour ce fait, le sieur Ferrand, administrateur délégué de la Société du quartier Grôlée, a été condamné à 2 F d'amende, comme ayant contrevenu à l'article 471, § 15 du Code pénal ; – Attendu que, s'il est de principe que nul n'est passible de peines qu'à raison de son fait personnel, il en est autrement dans certains cas exceptionnels où des prescriptions légales engendrent l'obligation d'exercer une action directe sur le fait d'autrui ; – Attendu qu'en matière d'industries réglementées, notamment celle des entreprises de démolitions, il y a nécessité de faire remonter la responsabilité pénale aux chefs de l'entreprise, parce que les conditions et le mode d'exercice de ces industries leur sont personnellement imposés, et qu'ils sont tenus d'assurer l'exécution des règlements ; – D'où il suit que Ferrand, en sa qualité d'administrateur délégué de la société du quartier Grôlée, était personnellement et pénalement responsable des contraventions commises par le fait de ses agents.

Rejette...

Chambre criminelle, 28 février 1956, *Widerkehr*

Attendu que l'article 25 de la loi du 15 avril 1829, modifié par la loi du 9 février 1949, punit des peines correctionnelles qu'il édicte quiconque aura jeté dans les eaux des drogues ou appâts qui sont de nature à enivrer le poisson ou à le détruire ; que le même article ajoute, dans son troisième alinéa, qu'aucune transaction par l'administration n'est possible pour cette infraction, sauf s'il s'agit de pollution involontaire provoquée par des déversements industriels ; – Attendu qu'après avoir exposé que le 7 mai 1949 les eaux de la rivière la Fecht ont été polluées, en aval de la papeterie Scherb, par un écoulement d'eaux résiduaires déversées par l'égout de ladite usine, et qu'il en est résulté la destruction de très nombreux poissons, l'arrêt attaqué, pour relaxer Widerkehr, gérant-directeur de l'entreprise, de la prévention de déversement dans un cours d'eau de substances nuisibles au poisson, énonce que le susnommé avait « doté l'usine Scherb d'une installation moderne de décantation des eaux résiduaires donnant toutes satisfactions et suffisante en tout cas puisque le fait reproché au prévenu est sans précédent si bien que les importantes quantités de poissons détruits accidentellement ont pu vivre en temps normal dans les eaux de la Fecht », ajoutant que « la pollution des eaux est due à un accident imprévisible qui s'est produit en l'absence du prévenu » ; – Mais attendu que contrevient aux dispositions de l'article 25 de la loi du 15 avril 1829, modifié par la loi du 9 février 1949, quiconque a déversé volontairement, dans un cours d'eau des substances quelles qu'elles soient, de nature à enivrer le poisson ou à le détruire et quels qu'aient été, d'ailleurs, les mobiles qui ont guidé l'auteur de ce déversement ; – Que, d'autre part, si en principe nul n'est passible de peines qu'à raison de son fait personnel, la responsabilité pénale peut cependant naître du fait d'autrui dans les cas exceptionnels où certaines obligations légales imposent le devoir d'exercer une action directe sur les faits d'un auxiliaire ou d'un subordonné ; que, notamment, dans les industries soumises à des règlements édictés dans un intérêt de salubrité ou de sûreté publiques, la responsabilité pénale remonte essentiellement aux chefs d'entreprises, à qui sont personnellement imposés les conditions et le mode d'exploitation de leur industrie ; – Attendu, en conséquence, que l'arrêt attaqué, qui constate, d'une part, qu'un déversement d'eau résiduaire nuisible au poisson et provenant de la papeterie Scherb a été volontairement effectué, le 7 mai 1949, dans la rivière la Fecht, et que ce déversement a, en fait, causé la destruction du poisson, d'autre part, que Widerkehr était le gérant-directeur de ladite papeterie, n'a pas donné une base légale à sa décision de relaxe et a par suite violé le texte visé au moyen ;

Casse et annule.

Chambre criminelle, 21 février 1968, *Morel*

Attendu qu'il résulte des énonciations de l'arrêt attaqué que le 6 avril 1966, le chef de chantier Gainon déplaçant une machine, est tombé dans une ouverture au-dessus de laquelle il n'avait pas été possible, momentanément, de maintenir des plaques protectrices ; que Gainon a fait ainsi une chute de 15 mètres qui a entraîné son décès ; que le demandeur, gérant de la société Sodemo qui employait la victime, a été poursuivi pour avoir contrevenu aux dispositions du décret du 8 janvier 1965, portant règlement d'administration publique pour l'exécution du Livre II, titre II, du Code du travail, relatif à l'hygiène et à la sécurité des travailleurs ; que ce texte dispose en son article 9, que lorsque l'exécution d'un travail nécessite l'enlèvement d'un dispositif de sécurité, des mesures compensatoires doivent être prises ;

Attendu que le demandeur a fait valoir, d'une part, que deux ceintures de sécurité avaient été remises à Gainon qui n'en a utilisé aucune, que, d'autre part, ce dernier, en sa qualité de chef de chantier, était responsable de la surveillance des travaux exécutés en un lieu éloigné du siège de la société Sodemo ;

Attendu qu'a bon droit la cour d'appel, ayant écarté cette argumentation, a condamné Morel pour infraction au décret précité du 8 janvier 1965 ;

Attendu en effet, qu'il appartenait au demandeur, non seulement de prendre toutes mesures utiles pour l'application des règlements qui assurent la protection des travailleurs, mais encore de s'assurer personnellement de leur exécution ; que le chef d'un établissement ne peut être exonéré de sa responsabilité que lorsqu'il démontre que l'infraction a été commise dans un service dont il a confié la direction ou la surveillance à un préposé désigné par lui et pourvu de la compétence ainsi que de l'autorité nécessaire pour veiller efficacement aux mesures édictées ; que tel n'était pas le cas de l'espèce, le chef de chantier Gainon étant seulement chargé d'exécuter un travail sur le plan technique, ainsi que l'a constaté le tribunal de police, en des motifs qui ont été adoptés par la cour d'appel ; qu'il s'ensuit que l'arrêt, qui n'est entaché ni d'insuffisance ni de contradiction de motifs, a fait une exacte application du texte susvisé ;

Que, dès lors, le moyen ne saurait être accueilli ;

Et attendu que l'arrêt est régulier en la forme ;

Rejette…

OBSERVATIONS

1 La réalité d'une responsabilité pénale du fait d'autrui implique qu'un individu qui n'a en rien participé à une action délictueuse, c'est-à-dire qui lui est totalement étrangère, matériellement et moralement, puisse néanmoins faire l'objet d'une condamnation pénale. Une telle solution, contraire aux principes fondamentaux de notre droit criminel, inutile et dangereuse sur le plan de la politique criminelle, est pratiquement inconcevable en droit positif. De fait, la chambre criminelle a bien souvent affirmé que « nul n'est passible de peines qu'à raison de son fait personnel » (v. à titre d'ex., Crim. 13 juill. 1893, arrêt *Ferrand*, commenté Crim. 6 déc. 1948, *Bull. crim.* n° 291 et plus récemment, Crim. 23 nov. 1994, n° 93-82.968, *Bull. crim.* n° 376 ; *RSC* 1995. 571, obs. B. Bouloc) et l'actuel Code pénal le confirme de manière éclatante dans l'article 121-1 aux termes duquel « nul n'est responsable pénalement que de son propre fait » (v. par ex. : J.-Y. Lassale, « Réflexions à propos de l'article 121-1 du Code pénal consacrant le principe de la personnalité de la responsabilité pénale », *JCP* 1993. I. 3695 et pour quelques applications jurisprudentielles fondées sur ce principe : Crim. 5 juin 1996, *Gaz. Pal.*

24-26 nov. 1996 p. 18 ; *Dr. pénal* 1996, nº 224, obs. J.-H. Robert ; Crim. 8 oct. 1997, nº 96-85.365, *D.* 2000. 113, obs. G. Roujou de Boubée ; *Dr. pénal* 1998, nº 19 ; *JCP* 1999. 1. 112, note M. Véron ; Crim. 11 mai 1999, nº 97-81.653, *Bull. crim.* nº 93 ; *D.* 2000. 113, obs. G. Roujou de Boubée ; *Dr. pénal* 1999. 140 ; Crim. 22 juin 1999, *Dr. pénal* 1999. 140 ; *JCP* 2000. 1. 207 ; Aix-en-Provence 16 mai 2007, nº 2007/306, *D.* 2008. 53, note E. Gallardo : les trois dernières décisions confirment le principe de l'absence d'une responsabilité anonyme et collégiale ; v. cependant Crim. 17 déc. 2002, nº 01-85.650, *Bull. crim.* nº 227 ; *RSC* 2003. 556, obs. Y. Mayaud ; et les critiques de MM. P. Conte et P. Maistre du Chambon, nº 400, qui estiment que l'interdiction de la responsabilité collective ne doit pas conduire à la disparition de la responsabilité avérée de l'un ou l'autre des membres du groupe). Plusieurs décisions semblent confirmer la solution d'une responsabilité personnelle dès lors qu'elle paraît exister indépendamment de la décision collective (Crim. 19 nov. 2003, nº 02-87.336, *D.* 2004. 2753, obs. G. Roujou de Boubée ; *Dr. pénal* 2004, nº 32, obs. M. Véron ; Crim. 28 juin 2005, nº 05-82.189, *D.* 2005. 2986, obs. G. Roujou de Boubée, T. Garé et C. Mascala ; Crim. 4 mai 2006, nº 05-81.151, *Bull. crim.* nº 119, *RLCT* 2006, nº 18, note Y. Mayaud ; v. en ce sens : Crim. 16 déc. 2012, nº 11-87.980, *Gaz. Pal.* 9 févr. 2013, note critique E. Dreyer qui admet pour une dénonciation calomnieuse, à côté de la responsabilité de l'association personne morale, celle de certains de ses membres comme auteur intellectuel. Il est vrai qu'ils auraient pu être considérés comme des complices de la personne morale). On peut ajouter que, dans un tout autre domaine, le système de la présomption de responsabilité en matière d'infractions de presse (système dit de la responsabilité en cascade) le Conseil constitutionnel, saisi d'une question préjudicielle de constitutionnalité par la Cour de cassation (Crim. 21 juin 2011, nº 11-80.010 QPC), a admis, avec une réserve que, dès lors que la présomption de responsabilité n'est pas irréfragable, la responsabilité du producteur en ligne reste bien une responsabilité personnelle (Cons. const. 16 sept. 2011, nº 2011-164 QPC, *RSC* 2011. 647, obs. J. Francillon ; *AJ pénal* 2011. 594, obs. S. Lavric ; *JCP* 2011. 1247, note critique E. Dreyer ; B. de Lamy : droit de la presse et des médias, *JCP* 2011. 1227 ; v. égal. pour une application de cette réserve : Crim. 3 janv. 2012, *D.* 2012. 1299, notes C. Ravigneaux, A. Astaix ; v. égal. Crim. 31 janv. 2012, nº 11-80.010 et 30 oct. 2012, nº 10-88.825, note A. Lepage, « Un an de droit pénal des nouvelles technologies », *Dr. pénal* 2012, chron. 10 pour la nécessité pour le producteur de site, d'une connaissance des messages ou d'une inaction, de ce dernier, pour les retirer dès le moment où il en a eu l'information).

2 Comment alors expliquer la terminologie utilisée par la plupart des criminalistes pour traiter de certaines situations particulières où la participation de l'individu à l'infraction est présentée comme douteuse ? L'expression est tout d'abord improprement employée pour décrire certaines atteintes au principe de la personnalité des peines lorsque le législateur fait supporter à une personne la charge pécuniaire d'une condamnation pénale infligée à autrui. Il en est ainsi notamment lorsqu'une amende prononcée contre un salarié est mise à la charge de l'employeur ou de l'entreprise (C. route, art. L. 121-1, al. 2 ; C. trav., art. L. 4741-2 par ex). On notera que les articles L. 121-2 et L. 121-3 du Code de la route, qui imputent la responsabilité pécuniaire des amendes au titulaire du certificat d'immatriculation, peuvent également concerner les chefs d'entreprise. Sur cette question, R. Merle et A. Vitu, t. I, n° 527 ; B. Bouloc, n° 374 ; J. Pradel, n° 452 ; M.-L. Rassat, n°s 430 s très critique ; P. Salvage, « Principe de la responsabilité pénale personnelle », *J.-Cl. Pénal*, n°s 55 s. (condamnation pénale pour autrui) ; M.-E. Cartier, « Notion et fondement de la responsabilité du chef d'entreprise », p. 46, in *La responsabilité pénale de l'entreprise*, Journées d'études, Masson, 1977 ; P. Conte et P. Maistre du Chambon, n° 432 ; S. Frossard, « Quelques réflexions relatives au principe de la personnalité des peines », *RSC* 1998. 703 ; v. Y. Mayaud, n° 375 qui pour certains cas considère qu'il s'agit de présomptions de responsabilité). Ces textes ne constituent aucunement une atteinte au principe de la responsabilité pénale individuelle. Il s'agit d'une responsabilité pécuniaire, proche dans son principe d'une responsabilité civile. Le chef d'entreprise n'est ni poursuivi, ni condamné, il est simplement garant de l'exécution d'une peine prononcée contre un de ses salariés ; v. pour un exemple intéressant concernant le paiement des amendes par le titulaire du certificat d'immatriculation d'un véhicule : refus de l'application de cette solution lorsqu'il est établi qu'il n'est pas l'auteur de l'infraction, le jugement visant une femme de type européen alors que le propriétaire du véhicule est un homme (Crim. 17 févr. 2004, n° 03-83.794, *D.* 2004. 1192, note J.-P. Céré). On notera que cette solution a été étendue aux personnes morales, au nom desquelles est établi le certificat d'immatriculation. Dans ce cas, la responsabilité pécuniaire pèse sur le seul représentant légal de la personne morale (Crim. 17 avr. 2013, n° 12-87.490, *Bull. crim.* n° 90 ; *Gaz. Pal.* 23 juill. 2013, note S. Detraz qui estime qu'il s'agit d'une entorse à la responsabilité personnelle ; Crim. 19 déc. 2013, n° 12-81.607, *Bull. crim.* n° 284 et sur cette question E. Dreyer n° 976 qui considère que ces exceptions au caractère personnel de la sanction pénale reposent, soit sur l'idée de vraisemblance, soit sur celle de profit). La Cour de cassation, saisie d'une QPC a refusé de la transmettre au Conseil constitutionnel, en estimant qu'il ne s'agissait pas d'une responsabilité pénale et donc qu'aucune atteinte n'était portée aux principes constitutionnels (Crim. 5 janv. 2011, n° 10-90.113 QPC, *D.* 2011. 446, obs. C. Girault ; *Dr. pénal* 2011, n° 50, obs. J.-H. Robert).

3 La question se présente cependant assez différemment lorsqu'un chef d'entreprise (il peut parfois s'agir d'une autre personne) est directement poursuivi devant une juridiction répressive pour répondre d'une infraction qui, en apparence au moins, a été matériellement commise par un préposé. Est-il dans ce cas oui ou non pénalement responsable pour autrui ? Si le problème n'est pas nouveau, puisque dès le milieu du

XIXe siècle, cette solution a été utilisée par les tribunaux répressifs (v. par ex., Crim. 27 sept. 1839, *S.* 1839. 1. 87), le développement de cette forme de responsabilité plus récemment, liée à la multiplication des réglementations, a suscité de très importantes controverses doctrinales. Pour certains, qui admettent qu'il existe une véritable responsabilité pénale à la place d'autrui, l'employeur est considéré comme un « otage » pris au piège d'un système J. Salvaire, « Réflexions sur la responsabilité pénale du fait d'autrui », *RSC* 1964. 307, ou comme un « mal condamné » ; Fourgoux, « Les mal condamnés, pour une réforme de la loi du 1er août 1905 sur la répression des fraudes », *D.* 1965. Chron. 233. D'autres, moins lyriques, ont parlé d'une responsabilité pénale « de plein droit » (M. Puech, n° 98-99). Pour la majorité des criminalistes cependant (R. Merle et A. Vitu, t. I, n° 528 ; B. Bouloc, n° 376 ; J. Pradel, n° 455 ; W. Jeandidier, n° 306 ; Y. Mayaud, n° 371 ; C. Mascala, p. 74 ; X. Pin, n° 303 ; É. Verny, O. Décima, S. Détraz n° 486 s. ; M.-E. Cartier, art. préc., et surtout pour la monographie fondamentale sur le sujet : Y. Reinhard, *L'acte du salarié et la responsabilité pénale du chef d'entreprise*, thèse, Lyon, 1974 ; P. Conte et P. Maistre du Chambon, 433 s. et globalement sur cette question : « La responsabilité pénale des décideurs », Actes du XVIe congrès de l'Association française de droit pénal de Nice, *RPDP* 2004, n° 1) la thèse de la responsabilité pénale pour autrui doit être rejetée car le chef d'entreprise ou toute autre personne qui est poursuivie en raison d'une infraction commise par un tiers ne peut l'être que sur la base d'une faute qui lui est personnelle. Sans doute cette responsabilité présente-t-elle des caractères spécifiques, et c'est en cela que la terminologie utilisée pour décrire cette situation, au demeurant très discutable, peut néanmoins être justifiée (v. M.-L. Rassat, n° 426 s. qui parle d'auteur médiat). Cette spécificité, nous allons pouvoir la préciser en analysant les décisions que nous avons retenues. Elle résulte tout d'abord des conditions dans lesquelles la responsabilité du commettant peut être mise en œuvre. Sur ce premier point, les deux arrêts relevés, par leur comparaison notamment, nous permettent de constater que la responsabilité pénale de l'employeur est assez lourde tant en raison du domaine dans lequel elle s'applique, que de la rigueur avec laquelle elle est retenue (I). Mais la dernière décision commentée relative au régime de cette responsabilité révèle un système particulier d'exonération qui n'existe dans aucune autre hypothèse, à savoir la délégation de pouvoirs (v. cep. Crim. 4 sept. 2008, *Gaz. Pal.* 2008. 2008 : pour un ex. de délégation dans une commune, du maire à l'adjoint chargé de l'organisation d'une fête et concernant une infraction de tapage nocturne). Une telle cause de non-culpabilité ne démontre-t-elle pas le fondement fautif de la responsabilité patronale ? C'est ce que nous essaierons de vérifier (II).

I. — Les conditions de la responsabilité pénale du chef d'entreprise

4 L'arrêt *Ferrand* et l'arrêt *Widerkehr* rendus à plus d'un demi-siècle d'intervalle ont chacun retenu la responsabilité pénale d'un chef d'entreprise pour une infraction commise par un salarié en la justifiant par une formule presque identique. La comparaison des deux décisions révèle pourtant des différences assez sensibles quant au champ d'application de cette responsabilité pénale particulière. Cela concerne tout à la fois les conditions objectives préalables qui permettent de la mettre en œuvre (A) et celles relatives à la mise en cause du chef d'entreprise (B).

A. — Des conditions objectives préalables

5 Bien que l'entreprise ne soit pas le cadre unique de ce type de responsabilité (v. pour un autre exemple la responsabilité des propriétaires d'immeubles pour des infractions à l'obligation de balayage commises par les locataires, Crim. 13 févr. 1834, *S.* 1834. 1. 554 ; Crim. 3 juin 1881, *S.* 1882. 1. 240 ; Crim. 18 avr. 1967, *Bull. crim.* n° 123, *RSC* 1968. 616, obs. A. Légal), la responsabilité patronale, parce qu'elle constitue de loin l'hypothèse la plus fréquente et la plus intéressante, sera seule envisagée.

L'analyse des deux décisions que nous avons retenues révèle que la mise en œuvre de la responsabilité pénale de l'employeur implique deux conditions préalables : l'existence d'une entreprise réglementée et la réalisation d'une infraction par un salarié de cette entreprise.

6 Dans la première espèce, Ferrand est administrateur délégué d'une entreprise de démolition qui a été chargée d'effectuer des travaux dans un quartier de la ville de Lyon. Alors qu'un règlement municipal imposait que le travail soit effectué au marteau, il a été réalisé par abattage, infraction pour laquelle le responsable de l'entreprise a été condamné. Pour rejeter le pourvoi, la chambre criminelle précise « qu'en matière d'industries réglementées, notamment celles des entreprises de démolition », la responsabilité pénale remonte aux chefs d'entreprise. Dans la seconde espèce, Widerkehr, gérant-directeur d'une papeterie a été poursuivi pour une infraction de pollution d'une rivière à la suite du déversement accidentel d'eaux résiduaires nuisibles au poisson. La chambre criminelle censure l'arrêt de la cour de Colmar qui avait relaxé le prévenu au motif notamment que l'usine était dotée d'une installation moderne de décantation des eaux résiduaires donnant habituellement toute satisfaction et que la pollution est due « à un accident imprévisible qui s'est produit en l'absence du prévenu ». Après avoir admis l'existence de l'infraction de pollution, la Cour de cassation affirme « que dans les industries soumises à des règlements édictés dans un intérêt de salubrité ou de sécurité publiques », la responsabilité pénale remonte essentiellement aux chefs d'entreprise.

7 On retrouve dans les deux décisions la notion d'industries ou plus généralement d'entreprises soumises à une réglementation. On notera tout d'abord que le caractère relativement flou de la notion d'entreprise, d'un point de vue juridique, ne permet guère de limiter le domaine d'application de ce type de responsabilité pénale. Au sens le plus large, l'entreprise est une collectivité organisée en vue d'un objectif déterminé. Dès lors, il ne s'agit plus seulement de l'établissement industriel (l'usine) ou commercial classique, mais des entreprises de toute nature notamment dans le domaine agricole ou financier (v. par ex., Crim. 26 févr. 1948, *Bull. crim.* n° 63 ; *RSC* 1948. 294, obs. L. Magnol, pour une entreprise agricole). En visant également les professions réglementées on a pu déclarer responsable des entreprises de dimension beaucoup plus modeste : débitants de boissons (T. corr. Pont-Audemer 9 juill. 1958, *JCP* 1958. II. 10760 ; exploitants de salles de cinéma, Crim. 17 juill. 1967, *Bull. crim.* n° 240 ; *RSC* 1968. 325, obs. A. Légal ; pharmaciens, Crim. 30 nov. 1944, *D.* 1945. 16 ; v. pour comparaison : Crim. 29 févr. 2000, n° 98-80.518, *Bull. crim.* n° 95, pour l'exploitante d'un établissement d'enseignement de la conduite automobile pour un accident causé par un élève).

8 La notion d'entreprise soumise à une réglementation aurait pu constituer une limitation beaucoup plus importante de la responsabilité des commettants. À l'origine, il semble bien que la chambre criminelle ait entendu réserver ce transfert de responsabilité aux seules entreprises faisant l'objet d'une police spéciale, telle la réglementation concernant les entreprises de démolition (arrêt *Ferrand*), ou les entreprises de transport (dispositions de coordination par ex.). En revanche, les règlements de police générale, c'est-à-dire ceux applicables à tout citoyen, n'auraient pas été susceptibles d'entraîner une responsabilité patronale. Cette solution autrefois admise (Crim. 13 juill. 1893, *S.* 1893. 1. 202 par ex.) est aujourd'hui totalement abandonnée. Il n'est bien sûr pas possible de mettre à la charge de l'employeur l'infraction d'un salarié qui n'aurait aucun lien avec l'activité de l'entreprise (v. par ex. T. corr. Montargis 24 janv. 1973, *Gaz. Pal.* 1973. 1. 355 : vol d'électricité réalisé par un préposé) mais l'entrepreneur est en revanche tenu pour responsable de tous les manquements aux obligations imposées par des règlements d'intérêt général. Il en est ainsi des règles concernant la pollution, l'arrêt *Widerkehr* l'atteste, mais aussi plus globalement des règles relatives à la protection de l'environnement, à la circulation des véhicules, au transport des marchandises dangereuses ou plus simplement à la législation sociale. Il est bien évident que ces réglementations qui s'imposent à tous les citoyens vont en réalité peser beaucoup plus lourdement sur certains types d'entreprises en fonction de leurs activités (v. M.-E. Cartier, art. préc.). Ainsi, les limites qu'avait paru assigner la jurisprudence répressive au domaine de la responsabilité pénale des commettants sont aujourd'hui totalement ignorées. La notion d'entreprise réglementée, encore fréquemment reprise, n'apparaît donc plus que comme une clause de style puisque l'on peut considérer que toute entreprise, quelle qu'elle

soit, est au moins soumise à une réglementation générale (A. Decocq, p. 194), d'autant que l'on n'exige plus qu'elle ait pour objectif la sûreté, la salubrité ou la sécurité publiques. Cette formule est sans doute encore utilisée dans certains arrêts (*Widerkehr*, par ex.) mais la chambre criminelle n'hésite pas à faire peser sur le chef d'entreprise des règlements ayant une finalité toute différente, fiscale par exemple (Crim. 17 oct. 1967, *Bull. crim.* n° 250 ; *RSC* 1968. 325, obs. A. Légal ; voir également infractions en matière de travail temporaire : Crim. 8 févr. 1983, *D.* 1984. 173, note Y. Reinhard).

9 C'est donc dans le cadre très général de l'entreprise que le problème doit être posé. Il faudra alors relever la deuxième condition objective préalable, à savoir, une infraction commise par un préposé.

Ces infractions, le salarié doit les commettre à l'occasion du fonctionnement de l'entreprise. Comme on le sait, il y a de plus en plus de textes pénalement sanctionnés qui constituent autant de contraintes pour les entreprises. Ces incriminations se rencontrent dans tous les secteurs d'activité de l'entreprise et il serait vain d'essayer d'en dresser un catalogue tant la liste est impressionnante (Y. Reinhard, thèse préc.). Ce dernier auteur a néanmoins dressé une sorte de tableau logique des différents secteurs où la responsabilité pénale d'un dirigeant a été retenue pour une faute commise par un salarié. On relève dans cette liste à laquelle nous nous référons, la gestion du personnel avec les problèmes d'hygiène et de sécurité des travailleurs, la représentation des travailleurs ou encore les atteintes à la réglementation de la Sécurité sociale ; la distribution des produits : publicité, réglementation des prix et des produits eux-mêmes ; la protection de l'environnement ; la circulation des véhicules sans oublier bien sûr toutes les réglementations spéciales propres à l'activité de chaque entreprise déterminée. Dans cette énumération des domaines d'intervention de la responsabilité pénale patronale, qui n'est évidemment pas exhaustive, il conviendrait de distinguer les hypothèses où la responsabilité pénale est expressément prévue par le législateur et celles où elle est simplement admise par la jurisprudence en s'appuyant sur des textes qui la permettent plus ou moins explicitement.

10 On rencontre en effet quelques textes aux termes desquels le chef d'entreprise est directement désigné responsable des infractions commises dans son entreprise. Ainsi en était-il en matière d'hygiène et de sécurité qui, notons-le, visait les « chefs d'établissement » (ancien C. trav., art. L. 263-2) (était-ce une expression synonyme de chef d'entreprise ? Certains l'avaient contesté : M.-E. Cartier, art. préc.). Aujourd'hui le nouveau Code du travail (art. L. 4741-1) règle la question en visant tout simplement l'employeur. On citera également certaines infractions en matière de sécurité sociale (CSS, art. R. 244-4). La solution qui existait pour les infractions à la législation économique (Ord. du 30 juin 1945, art. 56) n'a pas été reprise par l'ordonnance du 1er décembre 1986 relative à la liberté des prix et à la concurrence. On pourrait ajouter quelques infractions de l'actuel Code pénal. Ainsi en est-il de l'article 433-18 qui réprime le fait pour le dirigeant d'une entreprise de laisser figurer dans une publicité au profit d'une entreprise le nom de certaines personnes (parlementaires, ministres, etc.) (pour une liste assez complète des hypothèses légales, v. P. Salvage, *J.-Cl. Pénal*, préc., n° 13). On notera que la notion de chef d'entreprise est assez générique, les textes utilisant des expressions assez variées. Ainsi dans le cadre d'une procédure collective les tribunaux n'ont pas hésité à considérer que l'administrateur judiciaire pouvait être soumis au même type de responsabilité : Crim. 3 mars 1998, n° 95-85.808, *Bull. crim.* n° 82 ; *RSC* 1998. 764, obs. B. Bouloc ; Ruellan, « La responsabilité pénale des administrateurs provisoires et judiciaires du fait de leur administration », *Dr. pénal* 2000. Chron. 25 ; Crim. 5 avr. 2006, *Dr. pénal* 2006, n° 102, obs. J.-H. Robert. On citera également le cas des dirigeants sociaux visés par certains textes du Code de commerce (C. com., art. L. 223-228 et L. 225-251) pour les infractions aux dispositions législatives et réglementaires concernant certaines sociétés.

Dans tous les autres cas, notamment dans les deux décisions que nous avons retenues, les tribunaux répressifs, malgré l'absence de dispositions précises, retiennent la responsabilité des employeurs pour une infraction d'un salarié dès lors « qu'ils avaient le devoir d'exercer une action directe sur les faits d'un subordonné ».

11 Malgré la très grande diversité des infractions que l'on peut ainsi imputer à un employeur, on relèvera néanmoins quelques constantes dans la structure de ces faits délictueux. Sur le plan matériel, il faut noter qu'il s'agit dans la plupart des cas d'infractions d'omission. On incrimine la méconnaissance d'une obligation précise, par exemple dans le domaine de l'hygiène ou de la sécurité du travail ou dans l'organisation d'une profession déterminée. C'est un résultat qui est exigé et l'on a pu parler d'une obligation de sécurité qui pèserait sur les chefs d'entreprise. Il en est ainsi lorsqu'un règlement se borne à édicter sous la menace d'une sanction pénale que les locaux de travail « doivent être aménagés de manière à garantir la sécurité des travailleurs ».

12 D'autres textes sanctionnent au contraire des infractions de commission. Dans ce cas, la constitution de l'infraction ne posera pas de problème particulier puisqu'il suffira de constater le résultat prohibé. Ainsi dans l'arrêt *Ferrand*, l'acte matériel interdit consistait à démolir par abattage alors que dans l'arrêt *Widerkehr*, c'est le fait de pollution, la constatation de la destruction du poisson, qui en lui-même réalisera l'élément matériel. Il reste cependant que les infractions retenues dans ces deux affaires présentaient sur le plan de leur structure morale une différence assez fondamentale. Alors que la première était simplement contraventionnelle, la seconde, à l'époque des faits au moins, était considérée comme intentionnelle. Elle est d'ailleurs aujourd'hui traitée par la chambre criminelle comme une infraction d'imprudence ou de négligence (v. par ex. T. corr. Quimper 26 févr. 1998, *RSC* 1998. 771, obs. J.-H. Robert et *infra*, n° 41). Dès lors que la responsabilité du chef d'entreprise paraît fondée sur sa propre négligence, on peut s'étonner qu'il doive endosser une infraction intentionnelle commise par un salarié. Malgré les réserves de la presque totalité de la doctrine (R. Merle et A. Vitu, t. I, n° 529-2 ; B. Bouloc, n° 383 ; M. Puech, n° 98 ; M.-E. Cartier, art. préc. ; J. Pradel, n° 456 ; W. Jeandidier, n° 308 ; R. Bernardini, n° 622 ; M.-L. Rassat, n° 426 ; É. Verny, O. Décima, S. Détraz, n° 487 ; A. Légal, obs. *RSC* 1976. 326, etc.) la chambre criminelle n'a pas hésité à accepter cette solution, notamment en matière de fraudes et falsifications (v. par ex. Crim. 12 avr. 1976, *DS* 1977. 239, note Fourgoux ; Crim. 20 sept. 2011, n° 11-81.326, *Bull. crim.* n° 181 ; *Dr. pénal* 2011, n° 156, obs. J.-H. Robert ; *RSC* 2012. 154, obs. C. Ambroise Casterot ; et sur cette question : A. Lepage, P. Maistre du Chambon, R. Salomon, *Dr. pénal des affaires*, Litec, 5e éd., 2015, nos 1210 s.) ; v. égal. en matière de non-respect d'un plan de chasse la condamnation du président de la société de chasse parce qu'il n'a pas pris les mesures pour le faire appliquer (Crim. 9 nov. 1993, n° 92-85.199, *Bull. crim.* n° 330 ; *RSC* 1994. 345, obs. J.-H. Robert ; v. égal : Crim. 17 févr. 2016, n° 15-81.150, *Gaz. Pal.* 26 avr. 2016, n° 16, obs. S. Détraz, qui casse une décision en matière d'escroquerie, en admettant que les gérants d'une société d'affacturage pouvaient être responsables pour ne pas s'être assurés de l'exactitude des documents joints à des quittances subrogatoires, présentées à la victime de l'infraction. Leur responsabilité pour une infraction intentionnelle, commise par un collaborateur, résulte donc d'une simple omission, à savoir, une négligence dans leur devoir de surveillance). On peut regretter ces solutions discutables (v. néanmoins pour une justification intéressante fondée sur un devoir de garantie du chef d'entreprise, P. Conte et P. Maistre du Chambon, n° 440), mais il nous reste à voir comment elle s'intègre logiquement dans les règles qui permettent la mise en cause du chef d'entreprise.

B. — Une condition subjective de mise en cause : la faute

13 Une infraction ayant été commise dans une entreprise, il reste à déterminer comment elle peut être imputée à l'employeur alors que matériellement elle a été réalisée par un salarié (v. E. Dreyer, « L'imputation des infractions en droit pénal du travail », *RSC* 2004. 813). N'est-ce pas en cela qu'il y a responsabilité pour autrui ? En fait, il convient de distinguer assez nettement les infractions d'omission et de commission. Pour les premières, il n'y a aucune difficulté pour que le chef d'entreprise en soit déclaré responsable, dès lors que, s'agissant du fonctionnement de l'entreprise, la plupart des réglementations visent directement les dirigeants sous une qualité déterminée. À supposer même que le texte soit plus imprécis sur ce point, il est assez logique que l'omission fautive remonte jusqu'au principal responsable puisque par hypothèse, la réglementation concerne l'entreprise (Crim. 26 mars 1991, n° 90-82.590, *Bull. crim.* n° 143). Dans les deux cas, il importe peu qu'en raison de la fonction qu'il exerce, un salarié ait été l'agent matériel de l'infraction.

14 Les infractions de commission posent des problèmes infiniment plus importants. Il est en effet admis dans notre système juridique qu'il n'est pas possible de réaliser une infraction de commission par omission (v. *supra*, n° 28). La logique juridique voudrait donc que l'intervention matérielle du salarié entraîne l'exclusion de la mise en cause de l'employeur sous réserve évidemment d'une complicité ou d'une coaction selon les règles du droit commun. Or, nous savons que la jurisprudence n'a jamais été arrêtée par cet obstacle. Ainsi en est-il pour les deux arrêts que nous avons retenus puisqu'ils s'appliquent à des infractions de ce type, qu'il s'agisse de la démolition selon un procédé interdit ou du déversement de produits polluants dans une rivière.

15 Selon certains auteurs (J. Salvaire, art. préc.), le chef d'entreprise emprunterait la matérialité de l'infraction au préposé. Plus astucieusement, M. Reinhard (thèse préc.) a suggéré que le comportement du chef d'entreprise ne se limiterait pas à une simple omission lorsqu'il laisse un de ses salariés violer une norme légale : il y aurait omission dans l'action. Cette position nous paraît particulièrement intéressante en ce qu'elle éclaire les raisons véritables qui conduisent les tribunaux répressifs à retenir la responsabilité de l'employeur. Il ne s'agit pas d'une simple inaction. C'est un comportement général par rapport à la sécurité, à la protection de l'environnement, qui explique qu'il doive répondre d'une infraction positivement réalisée par un salarié. Il existe selon l'arrêt *Ferrand* une obligation d'exercer une action directe sur le fait d'autrui. Pour l'arrêt *Widerkehr* qui va un peu plus loin, la responsabilité pénale « peut naître du fait d'autrui » lorsque « des obligations légales imposent le devoir d'exercer une action directe sur les faits d'un auxiliaire ou d'un subordonné ». Ces formules, qui mettent en exergue une faute, permettent de comprendre pourquoi, nonobstant l'action du préposé, le commettant doit être reconnu responsable sur le plan pénal. Mais cette faute est-elle susceptible de légitimer la responsabilité du chef d'entreprise pour toutes les infractions commises par les préposés ?

16 Il est à remarquer que dans la plupart des cas, l'infraction commise présente le caractère d'une infraction matérielle pour laquelle une faute contraventionnelle, une faute normative (v. *infra*, n° 42) est suffisante. Il est dès lors tout à fait normal que cet élément de culpabilité n'ait pas à être démontré par le ministère public, puisqu'il résulte de l'inobservation même des prescriptions réglementaires ou légales par le salarié. Les arrêts peuvent dès lors se borner à constater « qu'il appartient au chef d'entreprise de veiller à la stricte et constante exécution des prescriptions réglementaires » (v. Crim. 10 févr. 1976, *Bull. crim.* n° 52). Ainsi, toute défaillance constatée dans le fonctionnement de l'entreprise lui est immédiatement imputable (Crim. 10 juill. 1963, *Bull. crim.* n° 255 ; R. Merle et A. Vitu, t. I, n° 530). Ce schéma est valable pour la plupart des contraventions mais il l'était aussi pour d'assez nombreux délits en matière fiscale ou économique, dans le domaine des transports, de l'urbanisme et ultérieurement en matière de pollution (Crim. 28 avr. 1977, commenté n° 41). Le caractère matériel reconnu au délit de pollution de cours d'eaux permettait en quelque sorte rétroactivement de mieux justifier l'arrêt de 1956 que nous commentons. Avec l'actuel Code pénal qui condamne expressément la notion de délit contraventionnel (C. pén., art. 121-3, al. 2 ; L. d'adaptation, art. 339) la question de la responsabilité des chefs d'entreprise pour des infractions qui pourront être traitées comme des infractions intentionnelles aurait pu se poser différemment. En réalité en considérant que l'intention résulte de la simple constatation de la violation en connaissance de cause, d'une prescription légale ou réglementaire, la chambre criminelle ne se montre guère exigeante, quant à l'existence de l'élément de culpabilité. Cette solution peut permettre de maintenir la responsabilité des chefs d'entreprise pour de telles infractions (v. par ex. Crim. 10 janv. 1996, n° 94-85.938, *Bull. crim.* n° 13 ; *RSC* 1996. 847, obs. B. Bouloc ; *Dr. pénal* 1996, n° 89, obs. J.-H. Robert et *infra*, n° 41).

17 Bien qu'un même caractère ait été reconnu aux infractions en matière d'hygiène et de sécurité du travail, une loi du 6 décembre 1976, en exigeant des responsables une faute personnelle (C. trav., art. L. 4741-1), a apporté quelques troubles en la matière et a suscité une importante controverse doctrinale. Certains (v. par ex. A. Decocq, *RSC* 1977. 359) estiment que la preuve d'une faute caractérisée doit être apportée ; pour d'autres (Y. Reinhard, *RSC* 1978. 257) au contraire, le texte ne modifie pas le caractère de la faute exigée. Cette dernière position nous semble infiniment plus exacte car la nécessité d'une faute personnelle paraît plus simplement rappeler l'exigence de la personnalité des sanctions. Il ne faut pas oublier que la faute contraventionnelle est une faute personnelle. L'attitude de la jurisprudence ne paraît pas très clairement établie. On peut cependant estimer, au vu de certaines décisions, que les juges ont été conduits à mieux motiver leurs arrêts mais ils ne témoignent pas pour autant d'une moins grande sévérité à l'égard du chef d'entreprise (v. par ex. Crim. 18 oct. 1977, *Bull. crim.* n° 305 ; Crim. 10 juin 1980, *Bull. crim.* n° 184 ; Crim. 20 sept. 1980, *Bull. crim.* n° 237 : ce dernier arrêt casse une décision qui n'avait pas visé l'existence d'une faute personnelle. Sur l'ensemble de la question, A. Vitu, *Droit pénal spécial*, t. I, n° 1120 ; F. Desportes et F. Le Gunehec, n° 529 ; P. Salvage, préc., n° 36 ; E. Dreyer, nos 1008 s. ; voir également pour certaines décisions qui paraissent se montrer plus exigeantes : Crim. 30 févr. 1982, *D.* 1982. 656, note H. Seillan ; Crim. 4 janv. 1983, *JCP* 1984. IV. 197). Les décisions les plus récentes ne permettent pas d'avoir une idée beaucoup plus précise de la volonté jurisprudentielle. Si certaines d'entre elles paraissent, sans le dire, se référer à une véritable présomption de faute (Crim. 29 janv. 1985, *JCP* 1985. II. 20491, note O. Godard ; Crim. 28 oct. 1986, *Bull. crim.* n° 311 ; Crim. 10 mars 1998, n° 96-83.049, *Bull. crim.* n° 94 ; *RSC* 1998. 764, obs. B. Bouloc : responsabilité d'un dirigeant de fait sans allusion à une faute personnelle précise), d'autres au contraire semblent témoigner de la volonté de mettre l'accent sur la nécessité d'une faute personnelle vérifiée (Crim. 14 oct. 1986, *Bull. crim.* n° 288 ; Crim. 1er juin 1987, *Bull. crim.* n° 228 ; Crim. 14 févr. 1989,

Bull. crim. n° 75 ; Crim. 27 nov. 1990, n° 89-84.709, *Bull. crim.* n° 409 ; Crim. 26 oct. 2010, *Gaz. Pal.* 5 et 6 janv. 2011, obs. E. Dreyer ; v. égal. sur cette question, W. Jeandidier, n° 309).

18 Si l'on excepte ce domaine particulier, l'exigence d'une simple faute contraventionnelle permettra donc de retenir très facilement la responsabilité pénale du chef d'entreprise alors même qu'il lui était difficile d'éviter l'infraction (pour des exemples caractéristiques : Crim. 11 juin 1963, *Bull. crim.* n° 205 ; Crim. 13 mai 1969, *D.* 1969. 619 ; Crim. 29 févr. 1956, *Bull. crim.* n° 213 ; Crim. 16 janv. 1990, *Bull. crim.* n° 29 ; v. égal. Crim. 15 févr. 1994, *Bull. crim.* n° 69 et Crim. 3 nov. 1998, n° 97-84.524, *Bull. crim.* n° 284 en matière de non-respect des conditions de travail dans les transports, la seule constatation de l'infraction suffit puisque le chef d'entreprise a l'obligation de faire respecter cette réglementation).

19 Lorsque l'infraction commise par le salarié exige une autre catégorie de faute, le problème de la responsabilité de l'employeur paraît se poser d'une manière assez différente.

Nous envisagerons tout d'abord le problème des infractions d'imprudence car il ne relève pas du tout du même type de raisonnement. Il est sans doute très fréquent qu'un chef d'entreprise soit reconnu responsable d'une infraction involontaire mais cela résulte de l'application des règles juridiques normales.

Il suffit en effet que l'on puisse relever une faute en relation causale avec la réalisation du dommage pour que la condamnation soit justifiée. On sait que cette faute peut résulter de l'inobservation d'un règlement (auj. manquement à une obligation de sécurité ou de prudence imposée par la loi ou le règlement C. pén., art. 222-19 dans la rédaction de la L. du 10 juill. 2000), ce qui sera presque systématique en matière d'accident du travail. Or, cette réglementation pèse directement sur le chef d'entreprise. Encore fallait-il, bien que la jurisprudence ait adopté une conception jusqu'alors très extensive, que le lien de causalité puisse être vérifié (v. Crim. 6 mars 1968, *Bull. crim.* n° 76 ; Crim. 23 janv. 1979, *Bull. crim.* n° 31, la célèbre affaire *Chapron*).

20 La loi du 10 juillet 2000, réécrivant une nouvelle fois l'article 121-3 du Code pénal, était évidemment de nature à modifier cette jurisprudence très contraignante à l'égard des chefs d'entreprise. L'objectif affiché du législateur est en effet de donner une nouvelle définition des délits non intentionnels. Sans entrer dans le détail de cette disposition (v. *infra*, n° 41) précisons simplement que le nouveau texte distingue dans ses deux derniers alinéas selon que la faute à l'origine du dommage en a été la cause directe ou indirecte. Si dans le premier cas les solutions actuelles doivent être maintenues, en revanche, lorsque la faute n'a été que la cause indirecte du dommage, ce qui est le cas le plus fréquent s'agissant des dirigeants d'entreprise, les juges doivent désormais établir l'existence d'une faute d'une certaine gravité. Après de longues discussions parlementaires il a été décidé que lorsqu'une personne a créé ou contribué à créer une situation qui a permis la réalisation du dommage ou qui n'a pas pris les mesures permettant de l'éviter, elle ne sera responsable que dans deux cas : soit si elle a violé de façon manifestement délibérée une obligation de prudence ou de sécurité prévue par la loi ou le règlement, soit commis une faute caractérisée et qui exposait autrui à un risque d'une gravité particulière qu'elle ne pouvait ignorer. Même si ce texte a son origine dans la volonté de rendre moins fréquentes les condamnations de décideurs publics, pour des dommages réalisés dans le cadre de leurs responsabilités, aurait pu avoir une influence importante dans le domaine des poursuites dirigées contre les chefs d'entreprise.

21 Pourtant, les premières décisions rendues en ce domaine ont paru confirmer ce que les travaux parlementaires laissaient entendre, à savoir que les accidents du travail n'étaient pas la cible privilégiée du législateur. Le chef d'entreprise se trouvant le plus souvent dans la situation d'un auteur médiat, autrement dit de celui qui a indirectement été à l'origine du dommage, sa responsabilité ne peut résulter que d'une faute qualifiée (faute de mise en danger délibérée ou faute caractérisée). Les arrêts retiennent alors fréquemment l'une de ces fautes avec une préférence marquée pour la faute caractérisée résultant, par exemple, d'un défaut d'organisation de l'entreprise, d'une information insuffisante ou plus globalement d'un défaut de prévention (Crim. 12 sept. 2000, n° 99-88.011, *Bull. crim.* n° 268 ; *RSC.* 156, obs. Y. Mayaud ; *Dr. pénal* 2001, n° 3, obs. M. Véron ; Crim. 5 déc. 2000, n° 00-82.108, *Bull. crim.* n° 363 ; *RSC* 2001. 372, obs. B. Bouloc ; *ibid.* 379, obs. Y. Mayaud ; Crim. 16 janv. 2001, n° 00-82.274, *Bull. crim.* n° 15 ; *RSC* 2001. 571, obs. B. Bouloc ; *ibid.* 577, obs. Y. Mayaud ; *ibid.* 824, obs. G. Giudicelli-Delage ; Crim. 5 févr. 2002, n° 01-81.470, *RSC* 2002. 585, obs. Y. Mayaud ; Crim. 11 févr. 2003, n° 02-85.810, *Bull. crim.* n° 28 ; Crim. 13 sept. 2005, n° 04-85.736, *Bull. crim.* n° 224 ; *RSC* 2006. 334, obs. A. Cerf-Hollender ; Crim. 31 janv. 2006, *JCP* 2006. II. 10079, note E. Dreyer ; v. D.-N. Commaret, « La responsabilité pénale des décideurs selon la Cour de cassation », *RPDP* 2004. 59 ; A. Varinard, « Rapport général », *RPDP* 2004. 179 ; Crim. 2 mars 2010, *Bull. crim.* n° 44 ; *AJ pénal* 2010. 287, obs. J. Lasserre Capdeville ; *Dr. pénal* 2010. 66, obs. M. Véron). Cette jurisprudence n'implique nullement, pour autant, que des chefs d'entreprise ne puissent pas être relaxés d'une infraction d'homicide ou de blessures involontaires, même si l'on observe une certaine sévérité, notamment dans l'appréciation de la faute caractérisée. Plusieurs arrêts ont néanmoins exclu son existence dans des espèces significatives (Crim. 13 févr. 2001, n° 00-82.753, *Bull. crim.* n° 41 ; Crim. 20 mars 2001, n° 98-87.544, *Bull. crim.* n° 71 ; v. égal. pour un arrêt ne concernant pas les atteintes à l'intégrité de la personne : Crim. 15 mai 2001, n° 00-86.347, *Bull. crim.* n° 123 ; *Dr. pénal* 2001, n° 117, obs. J.-H. Robert pour une infraction de pollution : absence de faute caractérisée mais *contra* Crim. 19 oct. 2004, n° 04-82.485, *Bull. crim.* n° 247. Plus globalement sur cette question : Y. Mayaud, « Violences involontaires et responsabilité pénale », Dalloz, coll. « Dalloz référence », n°s 91-01 s. ; « La faute caractérisée, selon la Cour de cassation », *RSC* 2001. 577 et différentes chroniques préc. ; G. Giudicelli-Delage : « La responsabilité pénale dans l'entreprise après la loi du 10 juillet 2000 », *RSC* 2001. 824 ; A. Ponseille : « La faute caractérisée en droit pénal », *RSC* 2003. 79, et *infra*, n° 40).

22 Il reste alors la question des infractions intentionnelles. Lorsqu'une infraction exige clairement pour sa réalisation la volonté de nuire, il ne devrait pas être possible de la faire supporter à un employeur lorsqu'elle a été commise par le salarié. Il faut pour respecter le principe de la légalité des délits et des peines que le délinquant ait réalisé la faute incluse dans les éléments constitutifs de l'infraction. La jurisprudence n'a pourtant pas admis ce raisonnement, mais pour parvenir à ces fins, elle est d'abord conduite à dénaturer la faute intentionnelle pour la transformer en un simple délit matériel. Elle l'a fait notamment pour l'infraction de pollution des eaux fluviales (auj. C. rur., art. 434-1) ce qui a permis de retenir la responsabilité de Widerkehr dans l'arrêt que nous commentons (v. égal. Crim. 6 oct. 1955, *JCP* 1956. II. 9098, note R. de Lestang). Une solution identique a été adoptée en matière de fraudes et falsifications en procédant à la même dénaturation de l'intention (v. Crim. 24 oct. 1956, *Bull. crim.* n° 670 ; Crim. 16 avr. 1976, préc. ; Crim. 18 févr. 1987, *Bull. crim.* n° 81 pour des actes de cruauté envers des animaux). Sans doute ne faut-il pas exagérer l'importance de cette jurisprudence car les décisions restent relativement peu nombreuses, mais il est certain qu'elle doit être condamnée. Il n'est pas possible d'admettre que l'intention soit en quelque sorte présumée même si une telle solution se révèle très efficace pour la répression de certaines infractions graves comme les fraudes alimentaires (v. cep. la justification proposée par MM. P. Conte et P. Maistre du Chambon qui considèrent qu'il y a simplement déplacement du résultat. La faute du chef d'entreprise est intentionnelle. Il viole l'obligation de garantie qu'il a envers ses clients ou son personnel. L'explication est ingénieuse. Est-elle pour autant convaincante ?) L'étendue des vérifications imposées aux professionnels peut conduire à penser, par ailleurs, que cette garantie est très lourde : v. par ex. Crim. 17 sept. 2002, n° 01-85.536, *RSC* 2003. 106, obs. J.-F. Renucci et C. Ambroise-Castérot. La condamnation des délits-contraventionnels par l'actuel Code pénal est-elle de nature à rendre impossible ce type de responsabilité des chefs d'entreprise. Rien n'est moins sûr. V. par exemple Crim. 19 oct. 1995, n° 94-83.884, *Bull. crim.* n° 317 qui par interprétation *a contrario* pourrait laisser penser que la responsabilité était possible pour une infraction d'initié, de toute évidence intentionnelle, sous l'empire de l'actuel Code pénal. On remarquera également qu'en acceptant la délégation la chambre criminelle paraît, implicitement, accepter la responsabilité des chefs d'entreprise pour ce type d'infraction : Crim. 6 mai 1996 (2 arrêts), *Dr. pénal* 1996, n° 261, obs. J.-H. Robert ; revente à perte, J.-H. Robert, p. 368 et *supra*). La responsabilité de dirigeants, pour une escroquerie qui aurait été réalisée par un collaborateur agissant de bonne foi, sur la base de manœuvres d'un ex-agent commercial de l'entreprise, au motif d'un défaut de surveillance, consistant à ne pas s'assurer de l'exactitude des documents soumis à la victime, paraît, en revanche, beaucoup plus difficilement acceptable, puisqu'elle revient à retenir une escroquerie par négligence (Crim. 17 févr. 2016, préc.). On comprend, au contraire, que la chambre criminelle ait refusé d'imputer une infraction de harcèlement moral à un chef d'entreprise qui était, dans le cas particulier, commise par sa mère, sur la seule base de sa non-intervention. Outre l'absence de tout lien avec l'activité de l'entreprise, aucun acte positif ne pouvait être reproché à ce dirigeant alors que le texte d'incrimination, à l'époque des faits, exigeait, pour fonder l'infraction, des agissements alors qu'il vise aujourd'hui les propos et comportements ce qui, à notre avis, ne devrait pas modifier le sens de la décision, en tout cas si le prévenu est visé en sa qualité de chef d'entreprise : Crim. 16 sept. 2014, n° 13-82.468, *RPDP* 2014. 853, obs. P. Conte. On ajoutera que la chambre criminelle énonce assez souvent que le chef d'entreprise est responsable de plein droit en cette qualité (v. par ex. : Crim. 28 oct. 1998, n° 97-84.041, *Bull. crim.* n° 281 : publicité illicite en faveur du tabac).

23 Il ne faut pas oublier qu'en admettant le caractère contraventionnel de la faute, il était très difficile d'échapper à la sanction pénale même pour des délits. La démonstration d'une certaine diligence sera insuffisante (v. M.-E. Cartier, art. préc.), mais néanmoins l'imputabilité du chef d'entreprise implique l'absence de contrainte et de troubles psychiques. On a parfois prétendu (A. Légal, *RSC* 1965. 650 ; M. Puech, n° 98) que la présomption de faute avait un caractère irréfragable. Cette affirmation nous paraît inexacte et à notre connaissance le caractère inopérant de la contrainte ou de l'erreur invincible n'a jamais été affirmé par la chambre criminelle. Il est vrai que la jurisprudence, ici peut-être plus qu'ailleurs, se montre très exigeante. Ainsi la simple absence du prévenu lors de l'infraction n'a pas suffi à exonérer Widerkehr car elle ne constitue pas une impossibilité d'observer la loi pénale (v. *infra*, n° 43). Il reste que dans une affaire identique (Crim. 28 avr. 1977, préc.), la chambre criminelle a expressément admis que la contrainte pouvait faire disparaître la responsabilité du chef d'entreprise (v. *infra*, n° 42. Pour d'autres décisions refusant d'admettre l'exonération : Crim. 16 janv. 1990, *Bull. crim.* n° 29 ; Crim. 27 nov. 1990, n° 89-84.709, *Bull. crim.* n° 409 ; *contra* Crim. 23 oct. 1990, n° 89-84.718, *Bull. crim.* n° 354).

24 Toutes les règles concernant la mise en œuvre de la responsabilité pénale des chefs d'entreprise paraissent attester d'une assez grande sévérité à leur égard. On peut comprendre cette solution dans la mesure où il subsiste un point du régime de cette responsabilité qui leur est beaucoup plus favorable puisqu'on leur a reconnu une cause spécifique d'irresponsabilité (Y. Mayaud, n° 371).

II. — L'exonération spécifique de la responsabilité pénale du chef d'entreprise

25 Selon une jurisprudence déjà ancienne il a été admis que le chef d'entreprise pouvait échapper à toute sanction pénale si l'infraction qu'on lui reproche a été réalisée dans un service pour lequel un préposé s'était vu confier la direction ou la surveillance. Les conditions d'existence de la délégation de pouvoirs ont cependant été d'abord appréciées avec beaucoup de sévérité, ainsi que le révèle l'arrêt *Morel* restreignant ainsi le domaine de l'exonération de responsabilité des dirigeants. Telle n'est plus vraiment la situation aujourd'hui (A). En tout cas en admettant cette cause d'irresponsabilité la chambre criminelle a nettement pris parti sur le fondement de la responsabilité pénale du fait d'autrui, résidant dans la faute de celui à qui on l'impute (B).

A. — Les conditions de l'exonération : une délégation de pouvoirs

26 Le principe même de l'exonération liée à une délégation de pouvoirs paraît avoir été posé pour la première fois avec netteté dans un arrêt du 28 juin 1902 (*Bull. crim.* n° 237, *S.* 1904. 1. 303). Dès lors qu'un chef d'entreprise délègue une partie de ses fonctions, donc de ses pouvoirs, il est admis que corrélativement il y a un transfert de responsabilité pénale (sur la délégation, v. J. Pradel, n°s 458 s. ; M. Puech, n°s 990 s. ; B. Bouloc, n°s 385 s. ; E. Dreyer, n°s 1015 s. ; É. Verny, O. Décima, S. Détraz, n° 490 s. ; B. Bouloc, « L'exonération de la responsabilité des décideurs privés », *RPDP* 2004. 93 ; A. Varinard, art. préc., p. 180 ; Ph. Bonfils, E. Vergès, N. Catelan, *Travaux dirigés de droit pénal et de procédure pénale*, Litec, 3e éd., 2013, p. 51 ; M. Giacopelli-Mori, « La délégation de pouvoirs en matière de responsabilité pénale du chef d'entreprise », *RSC* 2000. 525 ; G. Clément et J.-P. Vicentini, « La délégation du chef d'entreprise en matière pénale », *LPA* 22 oct. 2001 ; E. Dreyer, « Les pouvoirs délégués afin d'exonérer pénalement le chef d'entreprise », *D.* 2004. Chron. 937 ; J.-C. Saint-Pau, « Insécurité juridique de la détermination du responsable en droit pénal de l'entreprise », *Gaz. Pal.* 2005. Rec. 134 ; F. Douchez, B. de Lamy, M. Segonds, « La délégation de pouvoirs des chefs d'entreprise : principes et actualité », *Dr. pénal* 2010, Dossier 5 ; O. Fardoux, J.-Cl. Planque, *Droit pénal du travail*, 2e éd., Bréal, 2013, p. 60 s. ; H. Matsopoulou, « Les effets d'une délégation de pouvoirs », *JCP* 2015. 275).

27 Il n'est pas impossible de trouver un fondement textuel à cette jurisprudence dans les dispositions qui admettent que l'infraction puisse être alternativement reprochée au chef d'établissement ou à ses préposés (C. trav., anc. art. 184, 159, 173 par ex.). Ce fondement apparaît néanmoins bien fragile et l'on doit plutôt admettre que cette mesure s'impose rationnellement. Il serait assez profondément inéquitable de faire supporter à un seul individu, parce qu'il est au sommet de la hiérarchie, des infractions qu'il n'avait personnellement aucune possibilité d'éviter et alors qu'il a chargé expressément l'un de ses préposés de cette mission (v. « La délégation de pouvoirs » par S. Dana-Demaret, *Annales de l'Université Jean Moulin*, 1979, n° 16, p. 74 ; Y. Reinhard, thèse préc., p. 236). Un tel système est d'ailleurs tout à fait conforme à l'évolution des structures de l'entreprise qui implique une nécessaire répartition des tâches pour assurer une gestion plus efficace et plus rationnelle.

28 Il reste évidemment que cette possibilité ne doit pas devenir, pour les dirigeants, un moyen d'exonération systématique, ce qui explique les conditions restrictives imposées par les tribunaux répressifs. Nous nous bornerons ici à rappeler les règles générales pour cette question qui déborde le cadre de notre propos (pour des données plus précises, outre les différents manuels préc., v. S. Dana-Demaret, art. préc. ; Y. Reinhard, « Les délégations de pouvoirs et le droit pénal du travail », *Annales de l'Université Jean-Moulin*, 1980, n° 17, p. 31 ; N. Catala et B. Boubli, « La délégation de pouvoirs et ses répercussions sur la responsabilité », in *La responsabilité pénale du fait de l'entreprise*, préc., p. 109 ; C. Mascala, *Bull. Joly* 1998. Chron. 93 ; A. Coeuret et É. Fortis, *Droit pénal du travail*, Litec, 5ᵉ éd., 2012, p. 139 s. ; M. Segonds, « Le droit pénal du travail : hétérodoxie ou orthodoxie », *Dr. pénal* 2013. Dossier 3). Ces conditions sont relatives à la fois aux personnes (délégant et délégataire) et à l'opération elle-même (objet et forme not.). La délégation implique tout d'abord une entreprise d'une certaine importance mais bien entendu aucune limite d'effectifs n'a été prévue. On exige simplement que l'entreprise ait une structure interne suffisamment complexe de façon à ce que le chef d'entreprise ne puisse pas veiller lui-même au respect de la réglementation (v. Crim. 15 mai 1974, *D.* 1976. 226, note Vezian ; Crim. 3 janv. 1964, *Gaz. Pal.* 1964. 1. 313). Il s'agira le plus souvent d'entreprises décentralisées et assez fortement hiérarchisées mais on constate que les juges ont tendance à se prononcer au cas par cas. Les groupes de sociétés pouvaient poser un problème. Dans trois arrêts (Crim. 26 mai 1994, n° 93-83.180, n° 93-83.179 et n° 93-83.213, *Bull. crim.* n° 208 ; *D.* 1995. 110, note Y. Reinhard ; *JCP* 1995. 381, obs. J.-H. Robert ; *Gaz. Pal.* 15-17 janv. 1995, note Berenguer), la Cour de cassation a admis qu'un même délégué peut être désigné pour l'ensemble des sociétés du groupe si les conditions habituelles sont réunies. Le président de la société dominante a donc pu déléguer ses pouvoirs à un membre d'une société filiale placé sous son autorité hiérarchique (J. Pradel, n° 460).

29 Les conditions concernant le délégataire sont également assez rigoureuses. Il doit s'agir d'un salarié de l'entreprise puisqu'il faut un contrôle effectif et permanent (pour l'exclusion d'un tiers, Crim. 6 mai 1964, *D.* 1964. 562). Il faut surtout que ce préposé ait une qualification suffisante. L'arrêt *Morel* utilisant une formule classique précise que l'agent désigné « doit être pourvu de la compétence et de l'autorité nécessaire pour veiller efficacement aux mesures édictées », formule qui sera souvent reprise (v. en dernier lieu, Crim. 22 janv. 1986, *Bull. crim.* n° 30 ;

Crim. 17 nov. 1987, *Bull. crim.* nº 416 ; Crim. 12 janv. 1988, *Bull. crim.* nº 15 ; Crim. 23 févr. 1988, *Bull. crim.* nº 93 ; Crim. 6 juin 1989, nº 88-82.266, *Bull. crim.* nº 243 ; Crim. 16 janv. 2002, nº 01-81.829, *Bull. crim.* nº 6 ; Crim. 3 avr. 2013, n° 12-80.871 ; *RPDP* 2013. 676, obs. F. Chopin). L'arrêt du 16 janv. 2002 exclut que la délégation soit attribuée à plusieurs personnes (v égal. : Crim. 13 févr. 2001, nº 00-83.038). Le principe de la codélégation a été une nouvelle fois très fermement exclu dans une décision du 23 novembre 2004 (nº 04-81.601, *Bull. crim.* nº 295 ; *RSC* 2005. 321, obs. A. Cerf-Hollender ; v. égal. Crim. 27 oct. 2009, nº 08-86.995, *RSC* 2010. 435, obs. A. Cerf-Hollender et Crim. 30 mars 2016, nº 14-87.511). Cette compétence implique pratiquement que la délégation soit réservée aux cadres de l'entreprise (*contra* cependant pour une délégation au profit d'un ouvrier qualifié, Crim. 18 oct. 1977, *D.* 1978. 472, note Benoit). Encore faut-il que le délégataire ait en quelque sorte les moyens de sa compétence ce qui implique que l'employeur lui ait accordé la possibilité financière de faire respecter les textes. Il faudra naturellement que la compétence s'accompagne du pouvoir disciplinaire d'imposer la réglementation aux salariés (Crim. 2 mars 1977, *Bull. crim.* nº 85 ; Crim. 26 mai 1994, préc. Crim. 31 janv. 2012, n° 11-84.198, *in* M. Segonds, « Un an de droit pénal du travail », *Dr. pénal* 2012. Chron. 9, n° 3, qui montre que l'effectivité de la délégation résulte de l'existence d'un pouvoir disciplinaire ; v. pour des délégations rejetées en raison de leur ambigüité ou de leur incertitude : Crim. 17 févr. 2015, nº 14-80.422 et Crim. 25 févr. 2014, n° 12-88.098). On peut ainsi comprendre qu'un chef de chantier qui pourrait objectivement bénéficier d'une délégation ne puisse être jugé responsable lorsque l'on constate qu'il était « seulement chargé d'exécuter un travail sur le plan technique ». D'une manière générale la délégation implique une indépendance suffisante du délégué (v. à titre d'ex., Crim. 19 août 1997, nº 96-83.944, *Bull. crim.* nº 285 ; *Dr. pénal* 1997. 198, obs. J.-H. Robert ; Crim. 3 mars 1998, nº 96-85.098, *Bull. crim.* nº 81 ; *RSC* 1998. 763, obs. B. Bouloc). Selon les termes de la plupart des arrêts, le délégué doit être désigné par le chef d'entreprise, (pour l'exclusion d'une délégation non consentie par le chef d'entreprise, Crim. 26 juin 2001, nº 00-87.717, *Bull. crim.* nº 160) ce qui paraissait exclure la subdélégation. Cette jurisprudence parfois critiquée par la doctrine a été abandonnée (Crim. 8 févr. 1983, *Bull. crim.* nº 48 ; *D.* 1984. 172, note Y. Reinhard ; *D.* 1983. 640, note Seillan ; Crim. 14 févr. 1991, *Bull. crim.* nº 79 et sur cette question M. Puech, nºs 996 s. ; v. égal. Crim. 3 mai 1995, nº 94-82.041, *Bull. crim.* nº 162 ; *RSC* 1996. 114, obs. B. Bouloc). L'autorisation du chef d'entreprise n'est pas nécessaire pour la validité de la subdélégation (Crim. 30 oct. 1996, nº 94-83.650, *Bull. crim.* nº 389 ; *RSC* 1997. 634, obs. B. Bouloc).

30 S'agissant de l'acte de délégation lui-même il est bien évident que l'employeur ne peut donner une délégation générale (Crim. 28 juin 1902, préc. ; v. égal. Crim. 27 oct. 2009, préc.). Elle doit être partielle et limitée (Crim. 21 oct. 1975, *Bull. crim.* nº 222 ; Crim. 2 févr. 1993, *Dr. pénal*

1993, nº 139 ; Crim. 28 juin 2005, nº 05-82.189, *Bull. crim.* nº 196 ; Crim. 25 juin 2013, n° 11-88.037 et Crim. 18 juin 2013, n° 12-85.917, *RPDP* 2013. 637, obs. F. Rousseau sur les limites d'une délégation générale). On estime par ailleurs qu'elle ne peut pas porter sur les pouvoirs d'administration que doivent assumer les mandataires sociaux (Crim. 28 janv. 1975, *Bull. crim.* nº 32 ; Crim. 17 juill. 1990, nº 89-86.950, *Bull. crim.* nº 287). Cette règle ne vaut cependant pas lorsqu'il s'agit d'une délégation à un directeur général, mandataire social, qui peut être investi des mêmes pouvoirs que le président (Crim. 29 avr. 1998, nº 97-82.420, *D.* 1999. 502, note D. Ohl ; *JCP* 1999. II. 10021, note Denis-Chaubet ; Crim. 6 mai 1998, *Dr. pénal* 1998. 107, note J.-H. Robert ; *JCP E* 1999. 36, note J.-H. Robert). La délégation n'implique donc pas toujours un lien de préposition (sur cette question, v. E. Dreyer, art. préc.). Quant à la forme de la délégation il a été jugé qu'elle n'est pas nécessairement écrite (Crim. 27 oct. 1976, *Bull. crim.* nº 303 ; Crim. 11 mars 1993, nº 91-83.655, *Bull. crim.* nº 112, 2e arrêt) et qu'elle peut résulter de l'organigramme de l'entreprise (Crim. 26 juin 1979, *Bull. crim.* nº 232. V. pour des délégations tacites ou verbales : Crim. 13 juin 2001 et 25 janv. 2001). Encore faut-il que cette délégation soit réelle (Crim. 8 avr. 2008, nº 07-80.535, *Bull. crim.* nº 96) et qu'elle ait été donnée par une personne qui pouvait le faire, ce qui n'est pas le cas d'un individu frappé d'une interdiction de gérer (Crim. 13 juin 2012, n° 11-85.280, *Dr. pénal* 2012, n° 144, obs. J.-H. Robert ; *D.* 2013. 1647, obs. C. Mascala).

31 D'autres conditions sont encore imposées dans certaines décisions : importance de l'opération à accomplir (Crim. 22 déc. 1965, *Bull. crim.* nº 286) ; caractère isolé de l'infraction (Crim. 6 juill. 1960, *Bull. crim.* nº 360). On notera encore qu'elle était exclue pour certaines infractions (Crim. 25 juin 1979, *JCP* 1980. II. 19476, infractions économiques, v. égal. Crim. 2 févr. 1982, *Bull. crim.* nº 36). Cette position assez sévère a été abandonnée dans plusieurs arrêts rendus le même jour par la chambre criminelle, réalisant un véritable revirement de jurisprudence. Ces décisions concernaient des infractions pour lesquelles la délégation avait été jusqu'alors exclue ou très limitée (contrefaçons, revente à perte, défaut de facturation, publicité fausse ou de nature à induire en erreur ; Crim. 11 mars 1993 (5 arrêts), nº 90-84.931, nº 91-83.655, nº 92-80.773, nº 91-80.958, *Bull. crim.* nº 112 ; nº 91-80.598 ; *D.* 1994. 156, obs. G. Roujou de Boubée ; *RSC* 1994. 101, obs. B. Bouloc ; Crim. 6 mai 1996, *Dr. pénal* 1996. 261 ; Crim. 29 avr. 1998, préc. ; Crim. 19 nov. 1998, nº 97-83.428, *Bull. crim.* nº 310 ; *RSC* 1999. 576, obs. B. Bouloc, infractions douanières. V. P. Salvage, préc. ; C. Mascala, p. 78).

32 Si les exigences imposées par la jurisprudence restreignent évidemment le champ d'application de la délégation de pouvoirs, elle reste cependant un moyen intéressant pour le chef d'entreprise de s'exonérer de sa responsabilité. Aujourd'hui, on peut d'ailleurs considérer que la position restrictive de la jurisprudence est largement remise en cause.

Plusieurs arrêts récents semblent poser un principe général d'exonération fondé sur la délégation de pouvoirs. Il résulte assez clairement de certains arrêts qu'il y a une véritable faute du chef d'entreprise découlant de l'absence de délégation dont l'effet est d'interdire toute exonération (v. Crim. 16 janv. 2002, n° 01-81.829, *Bull. crim.* n° 6 ; *Dr. pénal* 2002, n° 56, obs. J.-H. Robert ; Crim. 19 juin 2013, n° 12-83.684). Ce principe implique cependant deux conditions générales systématiquement rappelées. Il faut tout d'abord que la loi n'en dispose pas autrement (Crim. 15 mars 1994, n° 93-82.109, *Bull. crim.* n° 100 ; *D.* 1995. 30, note Y. Reinhard ; *RSC* 1995. 95, obs. B. Bouloc, entrave au comité d'hygiène, infraction qui selon les textes pèse exclusivement sur le chef d'établissement ; Crim. 3 mars 1998, n° 98-85.098, *Bull. crim.* n° 81 ; *RSC* 1998. 763, obs. B. Bouloc : refus de délégation, l'acte relevant nécessairement du président de la société ; Crim. 14 oct. 2003, n° 03-81.366, *Bull. crim.* n° 190 en cas de non-consultation du comité d'hygiène et de sécurité, rejet de la délégation, cette décision relevant du seul chef d'entreprise, v. J. Pradel, n° 459).

33 On peut observer que dans deux arrêts, la chambre criminelle semble dégager une règle générale excluant la délégation dès lors qu'il s'agit d'un « pouvoir propre de direction du chef d'entreprise ». Cette solution vise à la fois la mise en place et le fonctionnement des institutions représentatives du personnel pour lesquels l'exclusion de délégation serait généralisée. On peut noter que dans les deux affaires, la condamnation pour entrave a été retenue à la fois pour les chefs d'entreprise et leurs délégataires : Crim. 15 mai 2007, n° 06-84.318, *Bull. crim.* n° 126 ; *AJ pénal* 2007. 328 Crim. 6 nov. 2007, n° 06-86.027, *Bull. crim.* n° 266 ; sur les deux arrêts : *Dr. pénal* 2008, n° 23, obs. J.-H. Robert ; *RPDP* 2008. 628, obs. L. Leturmy.

34 Il faut ensuite que le chef d'entreprise n'ait pas pris part personnellement à la réalisation de l'infraction (Crim. 11 mars 1993, préc. ; Crim. 17 janv. 1994, n° 93-80.362, *Bull. crim.* n° 22 ; Crim. 3 mai 1995, n° 94-82.041, *Bull. crim.* n° 162, délégation admise pour des reventes à perte ; V. Lescous et C. Marsat, *Dr. pénal* 1996. Chron. 30 ; Crim. 19 oct. 1995, n° 94-83.884, *Bull. crim.* n° 317, refus de délégation pour un délit d'initié, le chef d'entreprise ayant pris lui-même la décision de réaliser les titres ; Crim. 6 févr. 2001, *Dr. pénal* 2001. 78, obs. J.-H. Robert, participation personnelle à l'infraction de publicité fausse ou de nature à induire en erreur ; Crim. 20 mai 2003, n° 02-84.307, *Bull. crim.* n° 101, participation personnelle à l'infraction de non-consultation du comité central d'entreprise ; Crim. 17 juin 2003, *Dr. pénal* 2003, n° 18, obs. J.-H. Robert, recours à des travailleurs clandestins dans une délégation régionale d'une entreprise avec pouvoir délégué mais il apparaît qu'il s'agit d'une stratégie de l'entreprise et que cette pratique illicite n'est pas limitée à une seule région ; v. égal. Crim. 8 déc. 2009, *Bull. crim.* n° 209 ; *RSC* 2010. 433, obs. A. Cerf-Hollender ; *AJ pénal* 2010. 138, obs. J. Lasserre Capdeville, refus d'une délégation en raison de la présence du chef d'entreprise sur les lieux de l'infraction. Comme on a pu le remarquer (J.-H. Robert), la délégation devient la règle à laquelle seule la loi peut s'opposer. Ajoutons enfin que selon la chambre criminelle la réalité et la portée de la délégation sont soumises à l'appréciation souveraine des juges du fond (Crim. 3 déc. 1998, n° 97-85.615, *Bull. crim.* n° 332 ; Crim. 10 sept. 2002, *Dr. pénal* 2002, n° 126, obs. J.-H. Robert) la preuve incombant évidemment au dirigeant qui veut échapper à sa responsabilité. Ainsi dans un arrêt du 23 mai 2007 (n° 06-87.590, *Bull. crim.* n° 138 ; *AJ pénal* 2007. 380, obs. G. Roussel ; *RPDP* 2008. 99, obs. J.-Y. Chevallier), la chambre criminelle a rappelé cette règle pour refuser une délégation dans le domaine fiscal (fraude) en observant notamment que le directeur financier avait refusé cette délégation. Par ailleurs la Cour de cassation a admis qu'une délégation incluse dans un contrat de travail, reste valable en cas de cession de l'entreprise (Crim. 14 mars 2006, n° 05-85.889, *Bull. crim.* n° 75 ; *AJ pénal* 2006. 308, obs. C. Saas ; *Dr. pénal* 2006, n° 74, obs. J.-H. Robert, *RPDP* 2006. 407, obs. B. de Lamy).

35 En cas de délégation, la charge de la responsabilité est alors transférée sur le délégataire interdisant, du moins selon certains arrêts (Crim. 23 janv. 1975, *JCP* 1976. II. 18333, note J.-H. Robert ; *D.* 1976. 376, note J. Savatier) de retenir cumulativement la responsabilité du délégant. Cette solution est confirmée dans un arrêt refusant d'admettre la responsabilité d'un chef d'entreprise ayant délégué ses pouvoirs pour une infraction relative à la durée du travail de chauffeurs routiers (Crim. 14 mars 2006, *préc.* ; *contra* néanmoins Crim. 15 mai 2007 et 6 nov. 2007 préc.). En revanche elle n'exclut pas du tout la mise en cause de l'employeur pour une infraction de droit commun si une faute en relation causale avec une infraction involontaire peut être établie (Crim. 18 oct. 1977, préc. ; Crim. 19 oct. 1995, *Dr. pénal* 1996. 38 ; Crim. 27 mai 2015, n° 13-87.616 ; sur cette question controversée, v. J. Savatier, B. Boubli, S. Dana-Demaret, notes ou articles préc.). Pour une décision excluant la double responsabilité (Crim. 12 janv. 1988, *Bull. crim.* n° 15 ; v. J. Pradel, n° 461). On doit admettre, de manière générale, que le principe de l'exonération ne fonctionne pleinement que dans la mesure où aucune faute personnelle ne peut être imputée (v. par exemple : Crim. 25 juin 2013, n° 11-88.037, *D.* 2013. 1686 qui reconnaît un armateur responsable malgré une délégation générale concernant l'hygiène et la sécurité du travail, en raison d'actes fautifs qui lui sont imputables ; dans le même sens : Crim. 8 sept. 2015, n° 13-87.410, *Dr. pénal* 2015, n° 137, note P. Conte). Il est clair en tout cas que ces solutions apportent un élément déterminant de réponse pour étayer le caractère fautif de la responsabilité pénale des chefs d'entreprise.

B. — La nature juridique de l'exonération

36 L'analyse de la nature juridique de la délégation de pouvoirs a permis à la doctrine de proposer de nombreuses solutions : rupture du lien de causalité ou cause de non-imputabilité (v. S. Dana-Demaret, art. préc. ;

P. Merle, *Les présomptions légales en droit pénal*, thèse, Paris, 1970, LGDJ, p. 178). Il nous semble cependant que la solution suggérée par M. Reinhard (thèse préc., p. 256) qui l'analyse comme une cause de non-culpabilité est beaucoup plus exacte.

Pour expliquer la responsabilité pénale dite du fait d'autrui on a proposé deux explications : le risque et la faute (v. R. Merle et A. Vitu, t. I, n° 528 ; M.-E. Cartier, art. préc., p. 58 s.). Que le risque soit lié au profit ou au pouvoir (on parle de responsabilité fonctionnelle), il nous paraît impossible de retenir une telle explication qui est contraire aux principes essentiels du droit pénal. Cette théorie permet tout au plus d'expliquer mais non de justifier quelques décisions ayant admis la responsabilité d'un chef d'entreprise dans des hypothèses où, à notre sens, en raison de l'existence d'une véritable contrainte, elle n'aurait pas dû être retenue.

37 La faute est la seule explication satisfaisante de la responsabilité patronale. Ce fondement fautif est démontré, en quelque sorte *a contrario*, par l'admission de la délégation de pouvoirs comme cause d'exonération. En établissant la délégation, le chef d'entreprise prouve qu'aucune faute, fût-elle simplement normative, ne peut lui être reprochée. En effet, en se déchargeant sur un délégué compétent il lui a, du même coup, transféré l'obligation de faire respecter la réglementation. La culpabilité disparaît parce que l'employeur n'est plus l'auteur de la violation de la loi ; car, conscient des risques éventuels, il a chargé un préposé de la faire observer à sa place (Crim. 23 févr. 1988, *Bull. crim.* n° 93). À l'inverse la chambre criminelle a pu considérer qu'un administrateur provisoire pouvait être déclaré responsable parce qu'il n'avait pas délégué ses pouvoirs (Crim. 5 avr. 2005, préc. ; v. dans le même sens pour un dirigeant social : Crim. 19 juin 2013, n° 12-83.684 ; *RPDP* 2013. 655, obs. S. Detraz et Crim. 27 mai 2015, n° 13-87.616).

38 On regrettera simplement que les magistrats répressifs aient quelquefois oublié cette vérité d'évidence : on ne doit répondre que de son fait personnel et une responsabilité pénale pour autrui est inacceptable. D'ailleurs, à côté de la délégation, certains arrêts récents font apparaître une autre cause d'impunité de l'employeur, son absence de faute. Cette cause, issue sans nul doute de la réforme de 1976 concernant l'hygiène et la sécurité du travail (C. trav., art. L. 4741-2), est consacrée par quelques arrêts (par ex., Crim. 14 oct. 1986, *Bull. crim.* n° 288 ; *RSC* 1987. 728, obs. C. Lazerges ; J. Pradel, n°s 462 s. ; v. *supra*).

Pour conclure on remarquera que l'actuel Code pénal reste silencieux sur ce problème. Alors que le projet initial avait prévu une disposition qui incriminait « ceux qui par omission volontaire ou incurie laisseraient enfreindre par une personne placée sous leur autorité les prescriptions légales ou réglementaires pénalement sanctionnées dont la charge d'assurer le respect leur serait personnellement imposée » le projet de 1986 a écarté toute répression directe du « décideur » (v. M.-L. Rassat, n° 425, pour une critique de cette position). Cette solution qui conduit à régler la responsabilité des chefs d'entreprise en se fondant sur les règles du droit commun de la responsabilité confirme pleinement qu'il ne peut s'agir que d'une responsabilité personnelle (v. J. Pradel, n° 465 ; P. Conte et P. Maistre du Chambon, n° 439 ; F. Desportes et F. Le Gunehec, n° 533 pour une comparaison avec la responsabilité du directeur de publication en matière de presse ; A. Coeuret, « La responsabilité en droit pénal du travail : continuité et rupture », *RSC* 1992. 475).

A. V.

38

PERSONNES MORALES RESPONSABILITÉ PÉNALE

Crim., 2 déc. 1997, nº 96-85.484, *Société anonyme RS*
(*Bull. crim.* nº 408 ; *D.* 1999. 152, obs. G. Roujou de Boubée ; *RJDA* mars 1998, note N. Rontchevsky ; *Rev. sociétés* 1998. 148, note B. Bouloc ; *RSC* 1998. 536, obs. B. Bouloc ; *JCP* 1998. II. 10023, rapp. F. Desportes ; *JCP* E 1998. 148, note P. Salvage ; *JCP* 1999. I. 112, obs. M. Véron ; *Bull. Joly* 1998. 512, note J.-F. Barbiéri ; *Dr. et patr.* 1998. 2011, note J.-F. Renucci)

Les personnes morales ne peuvent être déclarées responsables que s'il est établi qu'une infraction a été commise, pour leur compte, par leurs organes ou représentants. Ce mécanisme implique que l'infraction imputée à la personne morale soit caractérisée en tous ses éléments, notamment moral, à l'encontre d'un organe ou d'un représentant. La déclaration de culpabilité de cet organe ou représentant n'est cependant nullement nécessaire (solution implicite).

Attendu qu'il résulte de l'article 121-2 du Code pénal que les personnes morales ne peuvent être déclarées pénalement responsables que s'il est établi qu'une infraction a été commise, pour leur compte, par leurs organes ou représentants ;

Attendu que, pour déclarer la société anonyme Y... coupable d'usage des fausses attestations établies contre A..., la cour d'appel retient que celles-ci ont été produites en justice par C... qui, en qualité de directeur général, représentait la société dans l'instance prud'homale introduite par le salarié ; que les juges ajoutent que, lorsqu'elle a produit les attestations, « la SA Y... » ne pouvait ignorer qu'elles comportaient certaines affirmations inexactes ;

Mais attendu qu'en prononçant ainsi, alors qu'il lui appartenait de rechercher si le directeur général de la société, organe de la personne morale, avait eu personnellement connaissance de l'inexactitude des faits relatés dans les attestations et si l'élément intentionnel du délit était ainsi caractérisé, la cour d'appel n'a pas justifié sa décision au regard de l'article précité ;

D'où il suit que la cassation est encourue de ce chef ;

Par ces motifs,

Casse et annule.

OBSERVATIONS

1 Est-il possible d'imputer une infraction à une personne morale ? À défaut d'une reconnaissance générale de la responsabilité pénale des êtres moraux, par une disposition textuelle spécifique, la Cour de cassation rappelait assez régulièrement « qu'un être moral ne saurait encourir aucune responsabilité morale, même pécuniaire » (v. par ex., Crim. 18 févr. 1927, *S.* 1928. I. 291) commenté dans la 2e édition des grands arrêts (no 38).

Pour que la responsabilité pénale d'une personne soit engagée il ne suffit pas qu'un acte défendu ait été réalisé matériellement, il faut encore qu'une véritable culpabilité ait été reconnue à l'encontre de cette personne en raison de sa volonté, de sa conscience d'enfreindre les prohibitions légales (v. É. Garçon, art. 1, no 77). Il faut que l'individu ait eu un état d'esprit contraire à l'intérêt social, qu'il ait été hostile ou indifférent aux valeurs sociales protégées par la loi pénale (v. A. Decocq, p. 207).

Dès lors, comment une personne morale, être juridique composé de personnes physiques, mais dépourvue de corps et d'esprit, pourrait-elle vouloir exécuter une infraction. Parce que la culpabilité suppose la volonté, la personne morale privée de la capacité individuelle d'agir ne peut donc pas être responsable pénalement. C'est sur la base de ce syllogisme simple que fut établi le dogme de l'irresponsabilité pénale des personnes morales (v. par ex. J.-A. Roux, *RID pén.* 1929. 239) qui perdura pratiquement jusqu'en 1994.

D'autres arguments étaient avancés pour justifier cette irresponsabilité. Au-delà d'une inadaptation évidente de la plupart des sanctions prévues pour des personnes physiques tel l'emprisonnement, ce sont les principes de la spécialité des personnes morales et celui de la personnalité des peines qui étaient les arguments majeurs de la doctrine hostile à toute reconnaissance de la responsabilité pénale des personnes morales (sur le développement de cette argumentation : L. Vidal, no 65 *bis ;* R. Merle et A. Vitu, t. I, no 637 et la bibliographie citée, et *Grands arrêts du droit criminel*, t. I, 2e éd. 1997, no 38). C'est essentiellement l'argument de la personnalité des peines qui fondait les décisions jurisprudentielles (v. par ex. : Crim. 8 mars 1883, *D.* 1884. I. 428).

2 Dès la fin du XIXe siècle, une doctrine favorable à une responsabilité des personnes morales devait se développer pour devenir assez rapidement majoritaire.

Il faut bien reconnaître que les arguments utilisés jusqu'alors pour rejeter la responsabilité, pour intéressants qu'ils soient, n'emportaient pas totalement la conviction du juriste. Nier tout rôle de l'être moral pour les infractions commises dans le cadre d'un groupement c'est refuser une certaine réalité, la personne morale intervenant souvent comme cause, moyen ou bénéficiaire des faits délictueux.

Il ne faut pas perdre de vue qu'avant le triomphe des thèses individualistes révolutionnaires, l'ancien droit avait admis que certaines personnes morales puissent engager leur responsabilité pénale, les prémisses de cette solution pouvant d'ailleurs être découverts en droit romain et en droit canonique (sur cette question : Richer, thèse Lyon, 1943, p. 67 ; J. Pradel, n° 585). Plusieurs législations étrangères avaient d'ailleurs mis en place des systèmes admettant la responsabilité de certaines personnes morales. On peut citer en ce sens les États-Unis, le Royaume-Uni, le Canada ou les Pays-Bas, la Finlande, la Belgique (sur le droit comparé : J. Pradel, *Droit pénal comparé*, 3e éd., nos 119 s. ; obs. S. Geeroms, « La responsabilité de la personne morale, une étude comparative », *RID comp.* 1996. 533 ; A.-E. Vervaele, « La responsabilité pénale de et au sein de la personne morale aux Pays-Bas. Historique et développements récents », *RPDP* 2002. 469 ; P. Pikamäe et J. Sootak, « La responsabilité pénale des personnes morales dans le droit estonien », *RPDP* 2013. 461).

3 En droit français aucune disposition ne posant de principe en ce domaine, c'est donc très logiquement en réponse aux principaux arguments négatifs que l'évolution favorable à un retour de la responsabilité des êtres moraux s'est développée, tant par des lois spéciales que par une certaine admission jurisprudentielle.

À l'irresponsabilité pour absence de volonté, la jurisprudence opposait la responsabilité au titre des infractions purement matérielles pour lesquelles l'élément moral volontariste n'est pas à prouver (v. par ex. : Crim. 7 mars 1918, *DP* 1921. I. 27, note M. Nast). L'argument étant loin d'être exempt de critiques, une autre explication était avancée. À l'irresponsabilité en raison du principe de spécialité, les tribunaux avançaient une responsabilité du fait d'autrui dès lors que des infractions peuvent être commises dans l'accomplissement de la finalité sociale de l'entreprise. Il était alors possible d'étendre cette responsabilité aux cas ou l'infraction était commise par des préposés. Pour appuyer ces décisions, la Cour de cassation se fondait sur une double imprécision concernant la nature de la responsabilité et la qualité de la personne responsable, celle de chef d'entreprise ou de propriétaire notamment, qui peut tout aussi bien concerner une personne physique qu'une personne morale (v. à titre d'exemple, Crim. 25 avr. 1968, *JCP* 1969. II. 16100, note M. Puech. V. égal. Crim. 5 févr. 2003, n° 02-82.187, *Bull. crim.* n° 24, *D.* 2003. 2855, note J.-C. Planque ; *RSC* 2003. 554, obs. B. Bouloc ; *ibid.* 2004. 339, obs. É. Fortis ; *ibid.* 430, obs. J. Buisson ; *RPDP* 2004. 399, obs. Ph. Bonfils et 419, obs. B. de Lamy : texte du Code des douanes visant les personnes intéressées à la fraude qui concerne les personnes morales). Cette solution est reprise dans un arrêt du 22 mars 2006 (*Dr. pénal* 2006, n° 87, obs. J.-H. Robert) en matière de contributions indirectes mais pour des faits réalisés avant la généralisation de la responsabilité pénale des personnes morales à toutes les infractions. La question est évidemment de savoir si ce choix du système de responsabilité antérieure à l'actuel Code pénal pourrait être retenu aujourd'hui d'autant que les conséquences sont loin d'être négligeables (v. J.-H. Robert, note préc.). On peut fortement en douter.

Enfin, à l'irresponsabilité en raison de la personnalité des peines, des lois particulières opposaient toujours plus d'hypothèses, de responsabilité directe des personnes morales en tant que telle, à titre d'auteurs ou de complices soit pour leur infliger une peine pécuniaire soit pour leur retirer le droit d'exercer la profession qui leur avait permis de commettre l'infraction.

Le meilleur exemple de cette responsabilité fut organisé par une ordonnance du 5 mai 1945 afin de sanctionner les entreprises de presse ayant collaboré avec l'ennemi. On peut également citer une loi du 2 janvier 1970 visant les agents immobiliers (personnes physiques ou morales) ou encore l'ancien article L. 263-3-1, aujourd'hui L. 4741-11, du Code du travail. Ces différents textes, « sans véritablement franchir le pas » constituaient une étape importante vers une reconnaissance du principe général de la responsabilité pénale de l'être moral (sur le droit positif antérieur au C. pén. : v. R. Merle et A. Vitu, n°s 639 s. et la bibl. citée ; sur l'évolution des idées, M. Puech, n° 109 ; J. Pradel, n° 588 et la bibl. citée).

4 D'autres raisons peuvent expliquer que le droit pénal français, après beaucoup d'autres, et suivant en cela les recommandations 12 et 18 de 1981 et 1988 du Conseil des ministres du Conseil de l'Europe, reconnaisse le principe de la responsabilité pénale des personnes morales (v. égal. en droit communautaire le deuxième protocole à la Convention relative à la protection des intérêts financiers des Communautés européennes dont l'article 3 prévoit la responsabilité des personnes morales, J. Pradel, G. Corstens et G. Vermeulen, *Droit pénal européen*, 3e éd., n°s 677 s.). Sur un plan strictement juridique, il faut rappeler que la personne morale n'est plus considérée comme une fiction mais comme une réalité en droit privé (Civ. 28 janv. 1954, *D.* 1954. 217, note G. Levasseur). Une telle solution ne peut pas ne pas avoir une certaine incidence en droit pénal. Mais sur un plan pratique, ce sont des raisons de type utilitaire qui devaient conduire assez inéluctablement à la sanction de la délinquance des êtres moraux. La délinquance des personnes morales est une réalité criminologique incontestable que le législateur ne pouvait plus ignorer. L'entreprise d'aujourd'hui est essentiellement sociale. Disposant de moyens très importants, elle est fréquemment à l'origine d'une délinquance spécifique dans les domaines économiques et sociaux dont les organes délibérants paraissent les véritables auteurs. Dans de telles hypothèses, la mise en cause des dirigeants sociaux pouvait apparaître inéquitable. C'est sans doute ce qui avait conduit à la mise en place d'autorités administratives indépendantes, telles le CSA ou la COB (auj. AMF), pouvant prononcer contre les personnes morales des sanctions de type administratif dont la finalité n'était guère différente de la sanction pénale (v. F. Desportes et F. Le Gunehec, n° 576).

5 C'est l'ensemble de ces différentes considérations qui devait conduire l'actuel Code pénal à poser d'une manière générale le principe de la responsabilité pénale des personnes morales dans son article 121-2 à la seule exception de celle de l'État. Néanmoins, sans doute parce que cette responsabilité garde un caractère artificiel, elle demeurait spéciale quant aux infractions. Un être moral ne pouvait donc se voir imputer une infraction que dans les seuls cas où une disposition législative ou réglementaire le prévoyait expressément. Même si l'actuel Code pénal et la loi d'adaptation envisageaient fréquemment la possible culpabilité des personnes morales, il n'en restait pas moins que la responsabilité pénale demeurait une exception. Néanmoins le principe de spécialité faisait l'objet de nombreuses critiques depuis la mise en œuvre de la responsabilité des personnes morales en raison des incohérences auxquelles il conduisait.

En effet, plus particulièrement pour les infractions extérieures au Code pénal, la responsabilité des êtres moraux était le plus souvent exclue simplement parce que les textes antérieurs à l'actuel Code pénal n'avaient pas été modifiés pour retenir expressément cette responsabilité. La loi du 9 mars 2004 a donc décidé de modifier l'article 121-2 du Code pénal en supprimant l'expression « dans les cas spécifiés par la loi » en différant cependant l'application de cette disposition au 31 décembre 2005. Depuis cette date ce sont donc toutes les infractions qui peuvent être imputées à une personne morale (sur cette question : F. Desportes et F. Le Gunehec, n°s 598-3 s. ; Y. Mayaud, n°s 353 s. ; Y. Dreyer, n° 1131 ; V. Stolowy, « La disparition du principe de spécialité dans la mise en cause pénale des personnes morales », *JCP* 2004. 138 ; H. Matsopoulou « La généralisation de la responsabilité pénale des personnes morales », *Rev. sociétés* 2004. 283 ; J.-C. Planque, « Faute de loi… se contentera-t-on de circulaire ? », *D.* 2006, Point de vue 1836 ; B. Tourne, « Responsabilité pénale des personnes morales : un changement drastique de régime », *Gaz. Pal.* 18-20 déc. 2005, Doc. p. 2 ; J. Amar, « Brèves remarques sur la généralisation de la responsabilité pénale des personnes morales sur les relations de travail », *Dr. pénal* 2006. Étude p. 6 ; M.-E. Cartier, « De la suppression du principe de spécialité de la responsabilité pénale des personnes morales. Libres propos », *Mélanges Bouloc*, Dalloz, 2006. 97). On notera que cette généralisation de la responsabilité pénale des personnes morales, pour toutes les infractions, a introduit une différence importante s'agissant des peines applicables. Pour toutes les infractions pour lesquelles la responsabilité n'a pas été expressément prévue dans le texte, les seules sanctions applicables sont l'amende et la sanction-réparation. En revanche, les autres peines prévues par l'article 131-39 du Code pénal ne peuvent être prononcées que dans les cas prévus par la loi (C. pén., art. 131-37). La loi n° 2009-526 du 12 mai 2009 de simplification et de clarification du droit et d'allégement des procédures (*JO* 15 mai) a pour objet, dans deux articles (124 et 125) couvrant une dizaine de pages du *Journal officiel*, d'apporter une réponse à cette question en précisant pour un certain nombre d'infractions les peines de l'article 131-39 du Code pénal qui leur seront applicables. Ce toilettage qui concerne le Code pénal mais aussi des infractions comprises dans de nombreux autres codes est-il de nature à régler toutes les difficultés ? On peut ne pas en être certain. Quelle que soit l'attention apportée par le législateur pour déterminer les infractions pour lesquelles il pouvait paraître judicieux de ne pas s'en tenir à la seule sanction de l'amende, on s'apercevra sans doute rapidement que les oublis ont été nombreux. Peut-être, la suggestion faite dans le rapport Coulon (sur la dépénalisation de la vie des affaires, *Ministère de la Justice*, 2008, p. 56) d'ajouter, de manière générale, quelques-unes des peines prévues à l'article 131-39 dès lors qu'elles sont applicables aux personnes physiques aurait-elle été plus judicieuse (v. J.-C. Planque, « Réflexions en matière de responsabilité pénale des personnes morales », à partir des propositions du rapport Coulon, *Gaz. Pal.* 4 au 6 janv. 2009, p. 11).

6 Le principe de la responsabilité étant posé, encore fallait-il que le législateur, précise les conditions de l'imputation d'une infraction à une personne morale (la bibliographie sur cette question est particulièrement importante. On citera simplement quelques exemples en renvoyant aux ouvrages généraux pour une information plus exhaustive : R. Merle et A. Vitu, t. I, n°s 687 s., bibl. p. 804 et 810, J.-H. Robert, p. 367 s., bibl. p. 362 ; J. Pradel, n°s 581 s., bibl. p. 481 ; M.-L. Rassat, n°s 474 s. ; P. Conte et P. Maistre du Chambon, n°s 367 s. ; B. Bouloc, n°s 327 s. ; Y. Mayaud, n°s 355 s. ; F. Desportes et F. Le Gunehec, n°s 569 s. ; Biblio. n° 578 ; R. Bernardini, n° 665 s. et *Rép. pén.*, Dalloz, « Personne morale » ; F. Desportes, *J.-Cl. Pén. Code*, art. 121-2, « Responsabilité pénale des personnes morales »). L'article 121-2, alinéa 1er se borne à prévoir une double condition mais formulée de manière très vague. En premier lieu, l'infraction doit être commise par les organes ou représentants de la personne morale. En second lieu, elle doit être commise pour son compte. Cette formulation particulièrement lapidaire devait inévitablement susciter de nombreuses interrogations et laisser le soin à la jurisprudence, plus particulièrement à la Cour de cassation, de déterminer les contours exacts de cette nouvelle forme de responsabilité.

7 L'arrêt du 2 décembre 1997, que nous avons retenu, ne permet évidemment pas de résoudre toutes les difficultés nées du caractère incertain des textes mais il apporte une réponse essentielle sur la nature de la culpabilité des personnes morales. Cette décision qui est une des toutes premières rendues par la chambre criminelle en ce domaine nous paraît de principe (*contra* M.-L. Rassat, n° 475, qui la juge d'une grande confusion) en ce qu'elle opte très clairement pour le caractère subséquent de la responsabilité pénale des personnes morales. Elle ne peut être engagée que dans la mesure où une infraction a été matériellement et intellectuellement commise par un de ses dirigeants, organe ou représentant selon la terminologie utilisée par le législateur (I). Si les conséquences de cette solution sont assez claires quant au mécanisme de l'engagement de la responsabilité pénale des êtres moraux, il n'en est pas de même s'agissant de la responsabilité pénale des personnes physiques qui sont à l'origine de la mise en cause de la personne morale. Tout au plus, et de manière implicite, l'arrêt permet-il de considérer qu'il n'est pas nécessaire que l'organe ou le représentant ait été déclaré coupable des faits reprochés à la personne morale. Il nous paraît donc nécessaire d'examiner plus généralement l'incidence de la responsabilité pénale de l'être moral sur celle des personnes physiques auteurs ou complices des mêmes faits (II).

I. — Le mécanisme d'engagement de la responsabilité pénale de la personne morale

8 En exergue de sa décision dans un attendu général, la chambre criminelle de la Cour de cassation rappelle le principe posé par l'article 121-2 du Code pénal aux termes duquel une personne morale est pénalement responsable si une infraction a été commise pour son compte par un organe ou un représentant. Néanmoins, comme on a pu le remarquer (J.-F. Barbiéri, note sous l'arrêt au *Bull. Joly* 1998. 166) la Haute juridiction a utilisé une formulation négative du principe en affirmant qu'un être moral ne peut engager sa responsabilité que dans le seul cas où cette double exigence est établie. Cette affirmation, outre le fait qu'elle paraît conserver à la responsabilité des personnes morales un caractère exceptionnel se prononce clairement pour la thèse selon laquelle il n'existe de responsabilité pénale d'un être moral que par l'intermédiaire d'un être physique. Ce caractère indirect implique donc que l'infraction ait été réalisée dans tous ses éléments par la personne physique (A) mais cela interdit également toute possibilité d'une condamnation directe fondée sur une volonté infractionnelle propre de la personne morale, ce qu'avait cru pouvoir faire la cour de Limoges dont l'arrêt est justement censuré. Faudrait-il en déduire que la responsabilité de la personne morale n'est pas personnelle ? Telle ne nous paraît pas être la conséquence inéluctable d'une telle décision (B).

A. — L'affirmation explicite du caractère indirect de la responsabilité pénale des personnes morales

9 D'une manière théorique deux systèmes, tout à fait opposés, peuvent se concevoir lorsqu'il s'agit d'élaborer un mécanisme de responsabilité des personnes morales. Selon une solution qui se fonde sur le concept de réalité des êtres moraux, au sens de la jurisprudence civile (v. *supra*) c'est-à-dire d'un être réel distinct de ses membres il est possible d'imputer directement l'infraction à la personne morale. Cette dernière étant autonome pourrait réaliser elle-même l'élément moral d'un acte délictueux, autrement dit réaliser une faute, voir un dol, différent de celui des personnes physiques qui la composent. Évidemment, l'exécution matérielle de l'infraction sera nécessairement le fait des organes sociaux qui représentent l'être moral. Si cette solution paraît assez conforme à une véritable responsabilité des êtres moraux, est-elle pour autant en harmonie avec les principes essentiels du droit répressif ? On ne peut perdre de vue, que parler de faute d'une personne morale c'est oublier que, s'agissant d'un être incorporel, il faudra nécessairement qu'une ou plusieurs personnes physiques aient concrètement réalisé cette faute et, dès lors qu'elles sont identifiées, pourquoi ne pourraient-elles pas être directement sanctionnées ? Dans le cas contraire, la sanction de l'être collectif qui frappe indistinctement coupables et non coupables est-elle la meilleure solution ? On peut en douter sauf à assigner au droit pénal une

finalité spécifique lorsqu'il s'agit de sanctionner les personnes morales (v. sur ce point P. Conte et P. Maistre du Chambon, n°s 370 s. ; É. Verny, O. Décima, S. Detraz, n° 452 s. ; P. Salvage, note sous l'arrêt au *JCP E* 1998. 148).

10 Selon une seconde solution qui se rattache au contraire au concept de fiction des personnes morales, leur responsabilité pénale implique nécessairement la mise en cause d'une personne physique. Un être incorporel sans réalité matérielle, ne peut pas commettre une infraction. Si l'on veut imputer une infraction à une personne morale, il faut d'abord constater que les faits délictueux ont été réalisés par une personne physique. Parce que la personne morale est incapable par elle-même d'intention ou de faute, elle ne peut être responsable que par reflet ou par ricochet (H. Donnedieu de Vabres, « Les limites de la responsabilité pénale des personnes morales », *RID pén.* 1995. 342). C'est la théorie du *substratum* (pour une explication intéressante, v. R. Merle et A. Vitu, t. I, n° 645).

11 L'analyse de l'article 121-2 du Code pénal n'aurait guère dû laisser de doute quant au choix de la solution retenue par le législateur même si une volonté d'anthropomorphisme avait été assez clairement affichée lors des travaux parlementaires (v. M.-E. Cartier : « Nature et fondement de la responsabilité des personnes morales dans le nouveau Code pénal français », *LPA* 1996, n° 149).

Les premières décisions rendues par les juridictions du fond pouvaient cependant susciter des interrogations. Comme on a pu le remarquer (J.-H. Robert, p. 369 ; A. Maron et J.-H. Robert, « Cent personnes morales pénalement condamnées », *Dr. pénal* 1998. Chron. 22, 24 et 28) les tribunaux répressifs apparaissaient totalement indifférents à l'exigence de la condition de subséquence posée par le législateur (v. par ex. Grenoble 15 sept. 1997 et Caen 17 déc. 1997, *Dr. pénal* 1998, n°s 5 et 82). Dans ces jugements, la personne morale était directement mise en cause sans allusion, même indirecte, à l'auteur matériel de l'infraction. C'est d'ailleurs cette solution qui avait été adoptée par la cour de Limoges dans une décision du 18 octobre 1996 censurée par la chambre criminelle dans l'arrêt que nous commentons.

12 Dans une affaire de licenciement, introduite devant un conseil de prud'hommes, une société avait produit plusieurs attestations destinées à mettre en évidence des manquements professionnels du salarié licencié. Une des attestations faisant état, de faits matériellement inexacts, des poursuites furent engagées contre les auteurs du faux et contre la société anonyme RS pour usage de fausses attestations. La cour de Limoges ayant confirmé les condamnations prononcées par le tribunal, un pourvoi en cassation a été introduit notamment par la société anonyme au motif essentiel que la cour d'appel n'avait pas caractérisé la commission de l'infraction reprochée à la personne morale, par un représentant de la société, l'élément intentionnel du délit n'ayant pas été établi à son encontre.

La lecture de la décision montre en revanche que la cour d'appel s'était efforcée de démontrer la culpabilité de l'être moral en indiquant que les attestations avaient été produites en justice avec l'accord de la société et que cette dernière, pour différentes raisons, ne pouvait ignorer que les attestations comportaient certaines affirmations inexactes.

La chambre criminelle avait donc l'opportunité de faire un choix précis entre les deux thèses pouvant être soutenues en matière de responsabilité des personnes morales. Sur la suggestion du rapporteur, M. Desportes, qui souhaitait que les principes soient fixés le plus nettement possible, fût-ce au prix d'une certaine rigueur, la Haute juridiction s'est prononcée pour le caractère indirect de la responsabilité en censurant l'arrêt de la cour de Limoges.

La Cour de cassation a en effet estimé que les juges n'avaient pas caractérisé à l'encontre d'un organe de la société (en l'occurrence son directeur général) l'élément intentionnel du délit. La solution est très claire. Faute de la démonstration de la culpabilité d'un organe, personne physique, la responsabilité de la personne morale ne peut pas être retenue.

13 Mais encore faut-il préciser exactement la signification concrète de cette solution. Elle est simple : il faut que l'infraction, que l'on veut imputer à l'être moral, ait été moralement et matériellement réalisée par une personne physique qui est l'incarnation de la personne morale parce qu'elle la représente, c'est-à-dire selon l'article 121-2 du Code pénal un organe ou un représentant. On doit préciser que, selon une jurisprudence récente, les dirigeants de fait peuvent être assimilés à des dirigeants de droit : Crim. 21 mai 2014, n° 13-83.758, *Dr. pénal* 2014, n° 106, note J.-H. Robert ; Crim. 15 déc. 2015, n° 14-85.638, *JCP* 2016. 118, note F. Duquesne. Cette solution de la représentation nous semble de pure logique. Nous pensons en effet, avec la plupart des auteurs que, quelle que soit l'imagination que l'on puisse avoir, quels que soient les efforts de construction doctrinale pour démontrer la réalité de la personne morale, un être moral reste une abstraction qui ne peut donc en aucune manière réaliser l'élément moral d'une infraction qu'il s'agisse d'une faute ou *a fortiori* d'un dol (v. P. Conte et P. Maistre du Chambon, n° 371 ; J. Pradel, n° 592 ; Y. Mayaud, n° 355 ; R. Merle et A. Vitu, t. I, n° 648 ; E. Dreyer, n°s 1133 s. ; B. Bouloc, n° 329 ; *contra* C. Ducouloux-Favard, « Quatre années de sanctions pénales à l'encontre des personnes morales », *D.* 1998. Chron. 395 ; Ph. Bonfils, E. Vergès et N Catélan, *Travaux dirigés de droit pénal et procédure pénale*, Litec, 3e éd., 2013, p. 61 ; M.-L. Rassat, n° 475 et É. Verny, O. Décima, S. Detraz, n° 453 s. à titre d'exemples pour des opinions beaucoup plus nuancées).

14 La Cour de cassation a renouvelé quelque temps plus tard cette jurisprudence en confirmant une décision de cour d'appel dans une affaire de travail clandestin. Elle a estimé, contrairement à l'arrêt commenté, que les juges du fond avaient bien caractérisé l'infraction de l'organe personne physique, notamment dans son élément intentionnel puisque le directeur général de la société ne pouvait ignorer que des travaux avaient été sous-traités à une entreprise clandestine (Crim. 7 juill. 1998, n° 97-81.273, *Bull. crim.* n° 216 ; *RSC* 1999. 317, obs. B. Bouloc). Il faut également citer certaines juridictions du fond et plus particulièrement un arrêt de la cour de Lyon du 3 février 1998 (*Dr. pénal* 1998. 118, obs. J.-H. Robert) qui affirme de façon précise que la responsabilité de l'être moral est engagée, dès lors que les organes ou représentants, qui expriment sur un plan juridique la responsabilité de celle-ci ont commis pour son compte, en tant qu'auteur, l'élément matériel et l'élément moral d'une infraction. Cette décision, sévèrement critiquée par l'annotateur J.-H. Robert, qualifie par ailleurs la responsabilité de la personne morale, de responsabilité du fait personnel par représentation et non de substitution, formule empruntée à M. F. Desportes dans son rapport concernant l'arrêt du 2 décembre 1997 (dans le même sens, d'une responsabilité par représentation, v. E. Dreyer, n°s 1134 s.). Ultérieurement la chambre criminelle s'est prononcée dans le même sens : Crim. 29 avr. 2003, n° 02-85.353, *Bull. crim.* n° 91 ; *D.* 2004. 167, note J.-C. Saint-Pau ; *ibid.* 318, obs. G. Roujou de Boubée ; *Dr. pénal* 2003, n° 86, obs. J.-H. Robert ; *RPDP* 2004. 185, obs. B. Bouloc et 423, obs. B. de Lamy ; Crim. 23 mai 2006, *Dr. pénal* 2006, n° 138, obs. M. Véron…

15 Si la solution peut aujourd'hui être considérée comme certaine, elle n'en laisse pas moins subsister des difficultés importantes, plus particulièrement lorsqu'il apparaît très difficile d'identifier la personne physique.

En utilisant le terme d'organe, l'article 121-2 semble viser également les organes collectifs tel par exemple le conseil d'administration d'une société. Si une infraction est imputée à un tel organe sans que l'on puisse déterminer exactement le rôle de chacun des membres, faut-il en déduire que faute d'imputer l'infraction à un individu déterminé, la responsabilité pénale de la personne morale ne sera pas possible ? Telle n'est pas la solution préconisée par la circulaire d'application du Code pénal du 14 mai 1993 (n° 27-3e) qui considère que s'agissant d'infractions qui sont constituées « en l'absence soit d'intention, soit d'un acte matériel de commission, la responsabilité pénale pourra être engagée alors même que n'aura pas été établie la responsabilité pénale d'une personne physique ». Il résulte clairement de ce texte que l'identification précise d'une personne physique n'est pas toujours nécessaire. Il reste cependant qu'il faut avoir la certitude que l'infraction a bien été commise en tous ses éléments par un organe ou un représentant. On pourrait sur ce point comparer avec les règles applicables en matière de complicité, aux termes desquelles il faut un acte principal punissable mais il importe peu que l'auteur demeure inconnu (v. par ex. : P. Conte et P. Maistre du Chambon, n° 412 et *supra*, n° 33).

On peut observer qu'une recommandation du Conseil de l'Europe du 20 octobre 1998 (R-88-18) va dans le même sens en admettant la responsabilité même si la personne physique, auteur des faits, n'est pas identifiée.

16 Il subsiste cependant que le problème n'est pas nécessairement le même selon que l'infraction reprochée est intentionnelle ou non. Dans le premier cas, il n'est pas impossible de retenir la responsabilité de la personne morale pour certaines infractions lorsque l'élément intentionnel résulte de la nature même des agissements. Ainsi, pour une infraction de discrimination sexuelle par exemple, si cette infraction paraît relever d'une véritable politique de l'entreprise, on peut estimer qu'un organe est nécessairement auteur de l'infraction (en ce sens F. Desportes et F. Le Gunehec, n° 604 ; *contra* J.-F. Barbiéri note préc. : Crim. 21 mars 2000, n° 98-84.714, *Bull. crim.* n° 128 ; *JCP* 2001. 133, note J.-H. Robert ; Crim. 24 mai 2000, n° 99-83.414, *Bull. crim.* n° 203 ; *RSC* 2000. 816, obs. B. Bouloc : admettant la répression alors qu'aucune personne physique, représentant ou organe, n'avait été expressément identifiée). Dans ces deux décisions la chambre criminelle insiste sur le fait que même si l'organe n'avait pas été précisément identifié la production en justice des documents émanait nécessairement, dans chaque affaire, d'un organe ou d'un représentant de la personne morale ayant agi en connaissance de cause.

17 En matière d'infraction non intentionnelle la difficulté est un peu différente et la chambre criminelle a expressément admis que l'identification effective d'une personne physique n'est pas nécessaire. En effet, s'agissant d'infractions d'imprudence ou de négligence qui résultent de la violation d'une obligation légale ou réglementaire, il y a nécessairement dans l'entreprise sociale un organe dirigeant chargé de faire respecter cette réglementation. On peut donc admettre qu'il ne soit pas nécessaire de l'identifier expressément. C'est ce qu'a décidé la chambre criminelle dans un arrêt du 1er décembre 1998 (n° 97-80.560, *Bull. crim.* n° 325 ; *D.* 2000. 34, note M.-A. Houtmann ; *RSC* 1999. 577, obs. B. Bouloc). La Cour suprême a en effet accepté la condamnation d'une société pour homicide involontaire bien qu'aucune personne physique n'ait été expressément déterminée. Elle a considéré que les motifs de la décision suffisaient à établir que le président ou son délégataire en matière de sécurité n'avaient pas accompli toutes les diligences pour faire respecter la réglementation. Cet arrêt est intéressant, non seulement sur le point précis que nous venons d'évoquer, mais aussi parce que, pour la première fois, il admettait que le délégataire pouvait être un représentant au sens de l'article 121-2 du Code pénal (pour une confirmation de cette solution : Crim. 9 nov. 1999, n° 98-81.746, *Bull. crim.* n° 252 ; *Dr. pénal* 2000. 56, obs. J.-H. Robert ; Crim. 14 déc. 1999, n° 99-80.104, *Bull. crim.* n° 306 ; *JCP* 2000. Chron. 106, obs. A. Maron, J.-H. Robert et M. Véron ; Crim. 3 avr. 2001, n° 00-85.263, *Bull. crim.* n° 91. V. cep. des arrêts qui peuvent être analysés comme remettant en cause cette solution : Crim. 11 avr. 2012, n° 10-86.974 ; *JCP* 2012. 740, note J.-H. Robert. Sur cette question, J.-H. Robert « Les préposés délégués sont-ils les représentants de la personne morale », *Mélanges P. Couvrat*, PUF, 2001, p. 383 s.). Comme le remarquait le professeur Robert, cette remise en cause n'était faite que de manière « implicite et oblique » et méritait donc une confirmation explicite. Tel n'a pas été le cas. Dans une première décision (Crim. 22 janv. 2013, *Bull. crim.* n° 24 ; *Dr. pénal* 2013, n° 55, obs. M. Véron ; *AJ pénal* 2013. 273, obs. J. Lasserre Capdeville ; *Gaz. Pal.* 13 mai 2013, note E. Dreyer), sans doute implicitement, la haute juridiction a admis qu'un délégataire est un représentant. Quelque temps plus tard, en revanche, une décision du 25 mars 2014 (n° 13-80.376, *Bull. crim.* n° 94 ; *JCP* 2014. 421, note A. Donnier et 716, note J.-H. Robert ; *D.* 2014. 826 ; *RPDP* 2015. 117, obs. J Y. Chevallier *ibid.* 2014. 705, obs. F. Rousseau *ibid.* 2014. 638, obs. F. Chopin) affirme le principe, aux termes duquel le délégué salarié est un représentant. Cette décision est d'autant plus intéressante qu'elle est rendue sur un second pourvoi contre un arrêt de la cour de Grenoble statuant sur l'affaire jugée le 11 avril 2012 qui avait censuré l'absence d'indication d'un représentant pouvant engager la responsabilité pénale d'une personne morale. En l'occurrence, c'est le titulaire d'une subdélégation qui, en tant que chef de centre, fonde cette fois la condamnation. (V. dans le même sens : Crim. 27 mai 2014, n° 13-82.148, *AJ pénal* 2014. 535, obs. J.-P. Vial : animateur d'une association considéré comme délégataire ; v. égal. Crim. 13 oct. 2015, n° 14-84.760, *Dr. pénal* 2016, n° 5, note P. Conte, qui exige une délégation de pouvoirs lorsqu'il s'agit d'un salarié qui n'a pas un statut susceptible d'en faire un représentant).

18 Si les solutions que nous venons d'évoquer sont logiques, il n'en demeure pas moins que le mécanisme de la responsabilité indirecte, retenue par le législateur, implique l'existence d'un *substratum* humain. Il est donc du devoir des juges de faire tout ce qui est en leur pouvoir pour découvrir l'organe personne physique auteur de l'infraction sinon c'est le principe même qui est remis en cause (en ce sens M.-E. Cartier, art. préc. et surtout J. Pradel, *RPDP* 1998, p. 161, qui imagine *de lege ferenda* un système de responsabilité en cascade à l'image de ce que l'on rencontre en matière de presse. Cette solution non seulement conduirait à mieux respecter la lettre de l'art. 121-2 du C. pén., mais elle aurait un caractère incitatif pour que soit mieux assuré le respect de la loi pénale dans les entreprises de type social).

19 Plus récemment la jurisprudence avait paru s'orienter vers une remise en cause de cette conception de la responsabilité pénale des personnes morales. Postérieurement à l'arrêt du 1er décembre 1998, la chambre criminelle avait rappelé la nécessité de la commission de l'infraction par une personne physique dans une affaire d'homicide involontaire. Elle a en effet censuré une décision de la cour d'appel de Nîmes qui avait condamné la SNCF en se contentant d'observer que cette entreprise, soit par elle-même, soit par ses agents ayant la maîtrise des décisions avait commis des négligences, imprudences et manquements aux obligations de sécurité sans rechercher si ces fautes avaient été commises par ses organes ou représentants (Crim. 18 janv. 2000, n° 99-80.318, *Bull. crim.* n° 28 ; *D.* 2000. 636, note J.-C. Saint-Pau ; *Dr. pénal* 2000, n° 72, obs. M. Véron et Chron. 12, obs. M.-L. Rassat ; *JCP* 2000. II. 10395, note F. Debove ; *JCP E* 2001. 278, note F. Marmoz. V. égal. J.-C. Saint-Pau,

« La responsabilité pénale d'une personne physique agissant en qualité d'organe ou représentant d'une personne morale » *Mélanges B. Bouloc* 2006, p. 1011).

20 La cour d'appel n'ayant, dans ses attendus, aucunement fait allusion à la responsabilité d'un organe ou représentant, selon la ligne de la jurisprudence de la chambre criminelle, la cassation était inévitable. Faut-il par ailleurs considérer que cette décision implique que la personne physique soit clairement identifiée ? Rien ne permettait de l'affirmer. Postérieurement la chambre criminelle a rendu plusieurs décisions, tant dans le domaine des infractions intentionnelles que dans celui des infractions inintentionnelles, jugées par certains contradictoires, et qui ont suscité de nombreuses interventions doctrinales.

21 Dans le premier domaine, on citera tout d'abord un arrêt rendu le 23 mai 2006 (n° 05-84.846), de la Haute juridiction qui censure une cour d'appel ayant condamné une personne morale pour homicide involontaire sans avoir recherché si les manquements aux obligations de sécurité avaient été commis par les organes ou représentants. Dans d'autres décisions, la Cour de cassation rejette au contraire le pourvoi de sociétés condamnées pour homicide involontaire alors que les juges du fond n'avaient pas identifié l'organe ou le représentant, personne physique, auteur des manquements constitutifs du délit mais elle précise dans une formule déjà utilisée dans des arrêts précédents, « que cette infraction n'a pu être commise, pour le compte de la société, que par ses organes ou représentants » (Crim. 20 juin 2006, n° 05-85.255, *Bull. crim.* n° 188 ; *D.* 2007. 617, note J.-C. Saint-Pau ; *RSC* 2006. 825, obs. Y. Mayaud ; *Dr. pénal* 2006, n° 128, obs. M. Véron ; *JCP* 2006. II. 10199, note E. Dreyer ; *RPDP* 2007. 161, obs. J.-Y. Chevallier et 407, obs. B. de Lamy ; Crim. 26 juin 2007, *Dr. pénal* 2007, n° 135, obs. M. Véron ; *RPDP* 2007. 879, obs. Ph. Bonfils ; v. égal. Crim. 15 janv. 2008, n° 07-80.800, *Bull. crim.* n° 6 ; *AJ pénal* 2008. 189, obs. C. Saas ; *RPDP* 2008. 627, obs. L. Leturmy qui retient le même raisonnement sans le formuler expressément : en ce sens, F. Desportes, F. Le Gunehec, n° 604-3). On s'est demandé si ces arrêts étaient compatibles. Certains en doute (M. Véron, note précédente). Pour d'autres (E. Dreyer, note approbative sous l'arrêt au *JCP* 2006. II. 10199 ; Y. Mayaud, commentaire critique J.-C. Saint-Pau, note au Dalloz) la décision du 20 juin 2006 serait assez novatrice. En instaurant une sorte de présomption que l'infraction a été commise par les organes ou représentants elle constituerait une dénaturation des conditions posées par l'article 121-2 du Code pénal. Pour Y. Mayaud cet arrêt pourrait être un prélude à un revirement de jurisprudence, rendu nécessaire par la loi du 10 juillet 2000. Si une telle évolution n'est pas inconcevable et par ailleurs peut-être souhaitable (v. *infra*) elle ne nous paraît pas du tout pouvoir être déduite d'une solution déjà admise par la chambre criminelle.

22 Sans doute, contrairement à l'arrêt du 1er décembre 1998, les décisions plus récentes ne font pas explicitement référence aux motifs des décisions des juges du fond mais il apparaît assez évident que les circonstances de fait, rappelées par les juges du droit, ne laissent guère de doute sur le fait qu'un organe, ou plus précisément le représentant n'a pas accompli les diligences normales en matière de sécurité. Telle ne paraît pas être la situation dans l'arrêt du 23 mai 2006 préc. ce qui rend probablement les décisions compatibles. En effet dès lors que les inobservations aux règles de sécurité paraissent moins évidentes, la nécessité d'indiquer précisément l'organe ou le représentant ayant commis l'infraction pour le compte de la personne morale est indispensable (v. à titre d'illustration dans certaines décisions : Crim. 30 sept. 2009, *Dr. pénal* 2009. 150, obs. J.-H. Robert ; Crim. 16 févr. 2010, *Dr. pénal* 2010. 74, obs. M. Véron, pour lesquelles la désignation est présente ou exigée ; Crim. 15 févr. 2011, *Dr. pénal* 2011. 62, obs. M. Véron ; Crim. 22 févr. 2011, *Gaz. Pal.* 2011. 30/31, note J. C. Saint Pau, où la chambre criminelle considère que la désignation n'est pas nécessaire, la faute étant nécessairement imputable aux organes ou représentants).

23 Il faut, il est vrai, signaler deux autres décisions de la chambre criminelle (31 mai 2005, *Dr. pénal* 2005, n° 193, obs. J.-H. Robert ; Crim. 21 févr. 2006, n° 05-82.232, *Dr. pénal* 2006, n° 71, obs. J.-H. Robert) qui, dans le domaine particulier du non-respect par une personne morale d'une injonction d'un préfet, se sont affranchies de toute désignation de l'organe ou du représentant auteur physique de l'infraction et visent directement la société. Cette solution est discutable mais dans une telle hypothèse où l'injonction préfectorale est directement adressée à la personne morale sur laquelle pèse naturellement l'obligation de respecter les réglementations, la non-observation est nécessairement imputable à un organe ou à un représentant délégué par lui. Cette solution est parfois acceptée dans d'autres domaines (v. par ex. : Crim. 16 mars 2010, *Dr. pénal* 2010. 174, obs. M. Véron qui, en matière d'homicide involontaire dans un accident du travail, occulte totalement le problème de l'identification d'une personne physique, en visant simplement la faute de l'employeur). On peut également signaler la poursuite d'un établissement de santé, sans aucun souci d'identification d'un organe ou d'un représentant auquel l'infraction aurait pu être imputée (Crim. 2 déc. 2008, n° 08-83.177 ; *RPDP* 2010. 173, obs. P. Mistretta et du même auteur : « Les paradoxes de la responsabilité pénale des personnes morales », *RPDP* 2009. 809).

24 L'apparente contradiction des décisions de la chambre criminelle pouvait également être observée dans le domaine des infractions intentionnelles puisque, dans le domaine de l'identification des organes personnes physiques auteurs de l'infraction, elle a pu considérer, dans un arrêt du 1er avril 2008, qu'un abus de confiance ne pouvait être relevé à l'encontre d'une personne morale faute de cette identification. En revanche, dans un arrêt du 25 juin 2008 (n° 07-80.261, *Bull. crim.* n° 167 ; *D.* 2008. 2287 ; *Rev. sociétés* 2008. 873, note H. Matsopoulou ;

RPDP 2008. 858, obs. Ph. Bonfils), elle a, en matière de faux, admis que l'identification n'est pas nécessaire puisque les infractions s'inscrivent dans la politique de la société et ne peuvent avoir été commises pour le compte de celle-ci que par leurs organes ou représentants (*Dr. pénal* 2008, n° 140, obs. M. Véron ; *RPDP* 2009. 173, obs. B. de Lamy ; *RSC* 2009. 89, obs. É. Fortis, préc., pour un commentaire des deux décisions). Il nous semble, encore une fois, qu'il est possible d'expliquer la différence de solutions entre les deux décisions. L'arrêt du 25 juin 2008 concerne une pratique des grandes sociétés de distribution dite « des marges arrières » qui est nécessairement un élément de la politique commerciale de l'entreprise. Il en résulte que les infractions s'inscrivent dans le cadre de cette politique. Il n'apparaît, dès lors, pas nécessaire d'identifier précisément un organe ou un représentant, « l'infraction ne pouvant être commise, pour le compte de la société, que par leurs organes ou représentants ». La solution n'est donc pas originale (v. *supra*). Dans le même sens : Crim. 24 mars 2009, *Dr. pénal* 2009, n° 84, obs. J.-H. Robert ; Crim. 28 janv. 2009, *Dr. pénal* 2009. 48, obs. J.-H. Robert ; *RSC* 2010. 165, obs. F. Stasiak. En revanche, la décision du 1er avril 2008, relative à une utilisation abusive d'un diplôme de psychologue d'un salarié, par un employeur, paraît tout à fait différente. En effet l'abus de confiance, ainsi réalisé, n'entre pas, *a priori*, dans la politique de l'entreprise ; il est donc indispensable, pour imputer l'infraction à la société de démontrer qu'elle a été commise par un organe ou un dirigeant, et pour son compte. Or les juges du fond avaient sanctionné la personne morale sans mentionner ses dirigeants. Comme le remarque B. de Lamy, un des annotateurs de cette décision, si la Cour de cassation accepte qu'il puisse y avoir une présomption de la condition imposée par l'article 121-2 du Code pénal, elle ne peut accepter son effacement pur et simple (pour une autre infraction intentionnelle, v. Crim. 5 juin 2007, *Dr. pénal* 2007. 141, obs. J.-H. Robert).

25 En définitive, il nous paraît donc difficile sur la base de cette jurisprudence de considérer qu'il y a une sorte d'abandon de la théorie du *substratum* humain (*contra* J.-H. Robert note sous les arrêts précités J.-C. Saint-Pau, *La responsabilité pénale des personnes morales : réalité et fiction ou Le risque pénal dans l'entreprise*, Litec, 2003, p. 71 ; v. égal. É. Fortis (obs. préc.) qui estime qu'il y a une autonomie de plus en plus grande entre la responsabilité de la personne physique et de la personne morale, et cite une décision du 19 novembre 2008 (n° 07-82.789, *Bull. crim.* n° 234) qui, pour éviter l'incompatibilité de deux qualifications, les répartit entre le dirigeant, auteur de l'infraction d'obtention frauduleuse d'une aide communautaire, et la société, auteur du recel de cette aide).

26 Même s'il n'est pas totalement impossible de trouver une explication à des décisions dont l'interprétation n'est pas toujours évidente, on peut, néanmoins, s'interroger sur l'instauration d'une sorte de présomption d'intervention d'un organe ou d'un représentant dans la réalisation de l'infraction (pour une approbation de ce système, v. E. Dreyer, n°s 1148 s.). La création de la question prioritaire de constitutionnalité semblait une opportunité intéressante pour permettre au Conseil constitutionnel de donner son avis sur un texte dont l'imprécision a pu conduire à une jurisprudence très controversée. Cet espoir a, hélas, été très vite déçu puisque la chambre criminelle par trois fois a refusé de transmettre des questions, concernant la constitutionnalité de l'article 121-2 du Code pénal et visant, tant les infractions d'imprudence que celles qui sont intentionnelles.

Dans la première décision, elle a considéré que la prétendue imprécision du texte tendait, en réalité, à contester l'application qu'en fait la Cour de cassation. Dans les deux autres, elle a estimé, selon la formule consacrée, qu'elles ne présentaient pas, à l'évidence, un caractère sérieux, l'article 121-2 du Code pénal ne contrevenant à aucun principe constitutionnel (principe de légalité et d'égalité) et ne portant pas atteinte à la présomption d'innocence (Crim. 11 juin 2010, *JCP* 2010. 1031, note H. Matsopoulou ; *Dr. pénal* 2010. 111, obs. M. Véron ; *D.* 2010. 1712 et 2732, obs. G. Roujou de Boubée ; *RSC* 2011. 177, obs. B. de Lamy ; *RPDP* 2010. 644, obs. A. Lepage ; Crim. 29 mars 2011, *Bull. crim.* n° 64 ; *JCP* 2011. Doctr. 915, n° 10, obs. B. Mathieu ; Crim. 27 avr. 2011, *AJ pénal* 2011, obs. J. Gallois et J.-H. Robert ; « Questions prioritaires de constitutionnalité dirigées contre la responsabilité pénale des personnes morales. Des échecs répétés », *JCP* 2011, suppl. au n° 41. Étude 6). On peut, évidemment, regretter que la Cour de cassation n'ait pas souhaité que le Conseil constitutionnel puisse se prononcer sur une question qui reste très controversée. D'une manière générale, les commentateurs de ces décisions ont considéré qu'il eut été préférable que la Cour de cassation n'exerçât pas elle-même un contrôle de constitutionnalité, consacrant ainsi, indirectement, une jurisprudence largement imprécise et peu respectueuse du principe de sécurité juridique.

27 Mais peut-être la chambre criminelle a-t-elle pris conscience de cette difficulté puisqu'elle vient de rendre une décision, dans sa formation la plus nombreuse, qui semble revenir à une interprétation plus orthodoxe de l'article 121-2 du Code pénal. En effet, contrairement à de nombreux arrêts rejetant les pourvois fondés sur l'absence d'identification de l'organe ou du représentant, pour admettre la responsabilité de la personne morale, la Cour de cassation censure une décision ayant condamné l'entreprise EDF pour homicide involontaire au motif, qu'en l'absence d'une délégation de pouvoirs effective des agents mis en cause, « propre à en faire des représentants de la personne morale au sens de l'article 121-2 du Code pénal, la cour d'appel n'a pas justifié sa décision ». Sans doute, cet arrêt se borne-t-il à rappeler un principe déjà connu, à savoir qu'un simple salarié ne peut pas engager la responsabilité pénale d'une personne morale. Néanmoins, il est intéressant dans la mesure où, contrairement à de nombreuses autres décisions, il n'a pas admis que la solution des juges du fond pouvait trouver sa justification dans l'inobservation des règles de sécurité, nécessairement imputables à un organe ou un représentant de l'entreprise. Dès lors, on peut admettre avec certains commentateurs (N. Rias et J.-H. Robert) que cette décision, au moins implicitement, remet en cause une forme de présomption d'imputation des personnes morales qui s'était peu à peu instaurée, au moins dans le domaine des infractions d'homicide ou de blessures involontaires. Faut-il en conclure que désormais, l'identification du responsable, personne physique, devient obligatoire dans tous les cas ? Rien ne permet de l'affirmer mais on peut considérer que cet arrêt de cassation, même s'il est prononcé sur le visa de l'article 593 du Code de procédure pénale, est à ranger dans la catégorie des décisions importantes et qui, peut-être, marque un tournant en matière de responsabilité pénale des personnes morales (sur la portée exacte de la décision, v. J.-H. Robert, note préc.). Sans doute, avec cet auteur, faut-il observer que les motivations de la Cour de cassation relevant de la politique criminelle ne sont pas absentes pour expliquer cet arrêt. Il paraît, en effet, peu opportun que les condamnations pénales des grandes entreprises se multiplient, au risque d'avoir une incidence sur leur développement à l'étranger alors que, nous le savons, la responsabilité pénale des personnes morales n'est pas retenue dans toutes les législations, européennes notamment (Crim. 11 oct. 2011, n° 10-872012 ; *JCP* 2011. 2468, note J.-H. Robert ; *D.* 2011. 2841, note N. Rias et M. Bombled ; *AJ pénal* 2012. 33, note B. Bouloc ; *Dr. pénal* 2011, n° 149, obs. M. Véron ; *RSC* 2011. 825, obs. Y. Mayaud qui estime que l'arrêt est un frein et non une fin à la possibilité de ne pas identifier la personne physique et B. de Lamy, *RSC* 2012. 405 ; *D.* 2012. 1381, note J. C. Saint Pau).

28 Il semble cependant que cette décision marque le point de départ d'un véritable retour à l'orthodoxie (v. pour une critique de l'utilisation de cette terminologie : X. Pin, *RPDP* 2013. 340), pour l'interprétation de l'art. 121-2 du C. pén. Cette position a ainsi été très clairement confirmée par un arrêt de la chambre criminelle du 11 avril 2012 très largement commenté qui a censuré une décision de la cour d'appel de Chambéry imputant directement une infraction de blessures involontaires à une personne morale sans indiquer quel était l'organe ou le représentant auquel pouvaient être imputés les manquements aux règles de sécurité (n° 10-86.974, *Bull. crim.* n° 94 ; *D.* 2012. 1481, note J.-C. Saint Pau et Pan. 1968, obs. C. Mascala ; *AJ pénal* 2012. 415, obs. B. Bouloc ; *RSC* 2012. 375, obs. Y. Mayaud et 377, obs. A. Cerf Hollander ; *RPDP* 2012. 440, obs. B. de Lamy et 686, obs. F. Chopin ; *LPA* 13 juin 2012, obs. J. Lasserre Capdeville et 26 nov. 2012, obs. M.-E. Boursier-Mauderly ; *Gaz. Pal.* 21 juin 2012, obs. R. Hervet et E.-F. Benouniche). Cette position est également adoptée dans un arrêt du 2 oct. 2012, n° 11-84.415, *Bull. crim.* n° 206 ; *D.* 2012. 2917 ; *RSC* 2013. 73, obs. Y. Mayaud, puis dans un autre du 22 janv. 2013, n° 12-80.022, *Bull. crim.* n° 24 ; *AJ pénal* 2013. 273, obs. J. Lasserre Capdeville, qui censurent l'absence de désignation d'une personne physique comme auteur de l'infraction reprochée à la personne morale. C'est une formule, tout aussi ferme, que la chambre criminelle utilise dans un arrêt du 19 juin 2013 (n° 12-82.827, *AJ pénal* 2013. 606, obs. J. Lasserre Capdeville ; *LPA* 25 nov. 2013, obs.

M.-E. Boursier-Mauderly ; *JCP* 2013. 1049, note A. Gallois ; *D.* 2013. 1624), s'agissant d'une infraction intentionnelle, en l'occurrence une escroquerie au jugement reprochée à la Caisse des dépôts et consignations sans que la personne physique, organe ou représentant, auteur de l'infraction ait été désignée. Cette position est maintenue dans deux autres affaires concernant des infractions intentionnelles. Une première, en matière de contrefaçon de modèles concernant la société La Redoute (Crim. 1er avr. 2014, n° 12-86.501, *D.* 2014. 826 ; *Gaz. Pal.* 15 mai 2014, note R. Mésa ; *AJ pénal* 2014. 356, obs. J. Gallois), alors que la cour d'appel avait estimé, que s'agissant d'une société professionnelle avertie, elle aurait dû être capable de mettre en place un dispositif d'alerte. Une seconde, pour des infractions de faux, usage de faux et travail dissimulé concerne la société Nike (Crim. 13 mai 2014, n° 13-81.240). Alors qu'un responsable marketing semblait pourtant mis en cause, la chambre criminelle considère qu'aucune personne physique, organe ou représentant de la société, n'a été clairement identifiée comme auteur des infractions reprochées à la personne morale (v. égal. pour l'application de cette jurisprudence aux établissements de santé : Crim. 13 févr. 2011, n° 11-81.350 ; Crim. 2 mai 2012, n° 11.86-573, *RPDP* 2013. 191, obs. P. Mistretta ; Crim. 3 juin 2014, n° 13-81.096 – (Hôpital) ; *Gaz. Pal.* 29 juill. 2014, n° 210, obs. E. Dreyer et Crim. 16 déc. 2014, n° 13-87.530 – (Clinique) ; *RSC* 2015. 411, obs. P. Mistretta).

29 Est-ce à dire que l'on ne trouve plus, dans la jurisprudence, des décisions de condamnation d'une personne morale alors qu'aucun organe ou représentant n'est clairement désigné comme auteur de l'infraction commise ? La réponse à cette question est évidemment négative. Cela conduit certains auteurs à s'interroger sur la réalité du caractère systématique de l'intermédiation d'un organe ou d'un représentant dans la responsabilité pénale de la personne morale (J.-H. Robert qui évoque un lent retour à l'orthodoxie, note au *JCP* 2012 préc. ; E Dreyer qui parlant des circonvolutions jurisprudentielles sur ce sujet, estime qu'on est loin d'un retour à l'orthodoxie, note *Gaz. Pal.* 23 juill. 2013, ou encore qui considère qu'il s'agit de fausses clarifications, note *Gaz. Pal.* 11 mai 2013, J. Lasserre Capdeville *LPA* 13 juin 2012).

Il nous semble pourtant que la jurisprudence est globalement cohérente (En ce sens : C.-H. Boeringer et A. Millerand, « La responsabilité pénale des personnes morales : une casuistique diverse au sein d'une jurisprudence cohérente », *Dr. pénal* 2014. Étude 5). Si les magistrats peuvent, d'une certaine manière, faire l'économie de l'identification exacte de l'organe ou du représentant de la personne morale, ils ont, en revanche, l'obligation de démontrer que l'un d'entre eux a bien été à l'origine de l'infraction de la personne morale. Il s'agit donc d'une question de preuve, celle de démontrer leur implication personnelle. Pour certains auteurs, dans quelques décisions, la Cour de cassation valide donc une preuve par présomption (en ce sens notamment J.-Ch. Saint Pau, note sous l'arrêt du 11 avril 2012 préc. ; X. Pin, note *RPDP* 2013, préc.), ce qui équivaut, d'une certaine manière, à une dispense de preuve. Nous pensons, au contraire, avec le professeur Y. Mayaud, que la Cour de cassation valide, dans certains arrêts, une preuve par implication, autrement dit, selon la brillante démonstration de cet auteur, lorsque la preuve résulte « d'une déduction rationnelle d'une conclusion dictée par les circonstances » ; (Y Mayaud, *RSC* 2011. 827 et *RSC* 2013. 807). Autrement dit, lorsque les juges du fond tirent des circonstances de l'infraction la certitude de l'implication d'un organe ou d'un représentant (v. Y. Mayaud, n° 357).

30 En dehors de cette certitude, l'identification est absolument nécessaire. Ainsi, peut-on rationnellement expliquer la plupart des décisions de la chambre criminelle rejetant les pourvois, nonobstant l'absence d'identification d'un organe ou d'un représentant de la personne morale. Ainsi en est-il, par exemple de l'arrêt du 18 juin 2013, n° 12-85.917 (*Bull. crim.* n° 144 ; *D.* 2013. 275, obs. G. Roujou de Boubée ; *RSC* 2013. 807, obs. Y. Mayaud ; *Gaz. Pal.* 19 sept. 2013, obs. J.-P. Vial). Dans cette affaire, la chambre criminelle considère, s'agissant d'une infraction d'homicide involontaire suite à un accident de ski, dans une station gérée par une association, qu'en dehors d'une délégation de pouvoirs, l'organe de la personne morale responsable est nécessairement le président de cette association. Dans le même sens : Crim. 15 janv. 2013, n° 12-81.091 ; déduction rationnelle de la responsabilité ; Crim. 3 avr. 2013, n° 12-82.148 : non-respect des règles de sécurité, infraction nécessairement commise par le président ; Crim. 16 avr. 2013, n° 12-80.773 : pour une infraction de non-respect du SMIC, commise par une grande enseigne de distribution, le délit étant nécessairement commis par le directeur du magasin représentant de la personne morale ; Crim. 29 avr. 2014, n° 13-81.426 : infraction en matière d'urbanisme qui ne peut être commise que par le gérant. Dans d'autres décisions, cette preuve de l'implication peut résulter du fait qu'un organe de la personne morale est lui-même condamné : Crim. 4 juin 2013, n° 12-85.174 (directeur général mis en cause) ; Crim. 11 juin 2013, n° 12-84.499 (condamnation du directeur général, organe délégataire pour la sécurité).

Sans doute, n'est-il pas impossible de citer quelques arrêts pour lesquels la justification apparaît moins évidente : Crim. 12 juin 2012, n° 11-83.657, *Gaz. Pal.* 27 oct. 2012, obs. E. Dreyer. En effet, cette décision se contente d'affirmer qu'une infraction de pollution a été commise pour le compte d'une chambre de commerce et d'industrie sans indiquer précisément, l'organe ou le représentant, auteur de l'infraction. On ne peut pas, pour autant considérer qu'un arrêt remette totalement en question le système, assez cohérent, qui se dégage de l'ensemble de la jurisprudence.

On peut se demander si, depuis quelque temps, le retour à l'orthodoxie, annoncé par l'arrêt du 11 avril 2012 n'est pas une réalité (en ce sens, Y. Mayaud, n° 357). On observe, en effet, que depuis trois arrêts du 6 mai 2014, la chambre criminelle semble s'orienter vers l'exigence systématique pour les juridictions du fond, de la recherche d'un organe ou d'un représentant, auteur matériel de l'infraction reprochée à la personne morale : Crim. 6 mai 2014, n° 12-88.354, *Bull. crim.* n° 54 – n° 12-

81.406, *Bull. crim.* n° 125 – n° 12-82.677, *Bull. crim.* n° 126 ; *JCP* 2014. 716, note J.-H. Robert ; G. Barbier, chronique de jurisprudence *D.* 2014. 1414 : « Vers de nouvelles inflexions de la chambre criminelle s'agissant de l'implication de l'article 121-2 C. pén. » ; *RPDP* 2014. 633, obs. F. Rousseau ; *ibid.* 705, obs. F. Chopin ; P. Mercinier et M. Pugliese, « Trois arrêts : beaucoup de bruit pour rien », *AJ pénal* 2014. 41 ; R. Mesa, « Confirmation de l'absence d'autonomie et de caractère direct de la responsabilité pénale des personnes morales », *Gaz. Pal.* 19 juin 2014, n° 170. On peut, en effet, relever depuis cette date de nombreuses décisions refusant toute responsabilité de la personne morale en l'absence de la désignation d'un organe ou d'un représentant, auteurs physiques de l'infraction : Crim. 13 mai 2014, n° 13-81.240, *Bull. crim.* n° 132 ; Crim. 2 sept. 2014, n° 13-83.956, *Bull. crim.* n° 178, *D.* 2014. 2433, obs. G. Roujou de Boubée ; *RPDP* 2014. 639, obs. X. Pin ; Crim. 7 oct. 2014, n° 14-81.897, *Dr. pénal* 2015, n° 71, note J.-H. Robert ; Crim. 5 mai 2015, n° 14-83.760, *Gaz. Pal.* 11 août 2015, n° 223, obs. E. Dreyer ; Crim. 13 oct. 2015, n° 14-84.760, *JCP* 2016, chron. 381, C. Claverie Rousset ; *Dr. pénal* 2016 n° 2, note P. Conte ; Crim. 22 févr. 2016, n° 15-81.814 ; Crim. 22 mars 2016, n° 15-81.484, *Gaz. Pal.* 26 avr. 2016, n° 16 (à publier), obs. C. Berlaud. On peut noter que, dans cette dernière décision, qui concerne une association, la Cour de cassation censure un arrêt de relaxe d'une cour d'appel qui n'avait pas ordonné un supplément d'information, pour rechercher si les manquements observés relevaient d'un organe ou d'un représentant de l'association. Elle considère donc que cette recherche de l'auteur personne physique, lorsqu'une infraction est constatée, est obligatoire, pour mettre en jeu la responsabilité pénale de la personne morale (v. pour un cas assez particulier concernant une tromperie matériellement commise par un salarié mais que le dirigeant, très précisément désigné, ne pouvait ignorer et qui s'est délibérément maintenu dans la méconnaissance de ses obligations ce qui permet d'affirmer que l'infraction a bien été commise par un organe de la personne morale : Crim. 22 mars 2016, n° 15-82.677 ; *Dr. pénal* 2016, n° 84, note J.-H. Robert). On doit néanmoins constater que quelques décisions acceptent une responsabilité pénale de la personne morale sans une identification précise de l'organe ou du représentant auteur de l'infraction. Cependant, selon le commentateur de ces décisions, elles ne remettent pas en cause le principe de la nécessité d'une identification. Dans deux arrêts (Crim. 22 sept. 2015, n° 14-83.202, *Dr. pénal* 2015, n° 167, note J.-H. Robert et Crim. 5 mai 2015, n° 14-82.481 ; *RSC* 2015. 341, obs. J.-H. Robert) il semble qu'un texte, l'article 3315-6 du C. des transp. dans le premier cas, l'article L. 218-18 du C. de l'env. dans le second cas, permettrait cette imputation directe de la personne morale. Dans une autre décision (Crim. 17 nov. 2015, n° 14-83.647, *Dr. pénal* 2016, n° 22, note P. Conte), l'organe, à savoir le gérant de la société, nommément désigné, ne justifiait pas d'une délégation. Dès lors, la décision ne peut pas être interprétée comme favorable à l'indétermination des organes ou des représentants, pour retenir la responsabilité pénale d'une personne morale (en ce sens, P. Conte). Peut-être peut-on, enfin, espérer une simplification dans un domaine ou l'incertitude devenait difficilement acceptable.

Il reste que, globalement, cette jurisprudence confirme, par ailleurs, le principe selon lequel la délinquance propre des personnes morales, fondée sur une faute distincte de celle de la personne physique et qui leur serait personnelle, est à rejeter.

B. — L'exclusion implicite de la nécessité d'une faute de la personne morale

31 Contrairement à l'opinion de certains auteurs (P. Salvage, note au *JCP E* 1998. 948), il nous semble que l'arrêt commenté s'est, sans doute de manière implicite, prononcé pour écarter l'exigence d'une faute distincte de la personne morale. En effet la démonstration que la décision de licenciement avait été prise par l'entreprise, qu'il s'agissait bien d'une action délibérée ayant fait intervenir plusieurs services, autrement dit qu'il y avait bien une volonté infractionnelle propre de la personne morale, n'était pas suffisante, pas plus d'ailleurs qu'elle n'est nécessaire pour engager la responsabilité pénale de la personne morale (en ce sens, J.-F. Barbiéri, note préc., qui estime que cette solution est une certitude).

32 Il faut cependant rappeler que la doctrine reste encore divisée sur cette question. Il est vrai que le doute a été introduit par une rédaction de l'article 121-2 du Code pénal qui peut susciter l'interrogation lorsque l'on examine ce texte à la fois dans son premier et son troisième alinéa. À s'en tenir à l'alinéa 1er, la thèse d'une faute distincte n'a aucune consistance puisqu'il évoque l'infraction commise par l'organe c'est-à-dire une personne physique. En revanche curieusement l'alinéa 3 utilise l'expression « les mêmes faits » pour préciser que la responsabilité de l'être moral n'exclut pas celle des personnes physiques auteurs ou complices des mêmes faits. La formulation utilisée pourrait alors laisser penser qu'il existe deux infractions, l'une commise par l'individu, l'autre par la personne morale. Dès lors, rien n'empêche que les conditions d'imputation soient différentes, notamment au plan de la culpabilité.

33 En clair, l'élément psychologique retenu contre la personne morale pourrait être distinct de celui imputé à la personne physique. Cette solution a été initialement présentée par C. Lombois (*LPA* 6 oct. 1993, p. 48, *Droit pénal général*, Hachette, 1994, p. 73), qui admet cependant lui-même que le texte n'étant pas clair, il peut aussi signifier (al. 3) que l'organe engagera simultanément sa responsabilité et celle de la personne morale. L'auteur rappelle ensuite que l'article 121-2 est un texte de compromis entre les deux assemblées parlementaires dont la rédaction est selon son expression « sournoisement fourrée de leurs arrière-pensées respectives ». En effet, l'Assemblée nationale souhaitait étendre le droit pénal aux personnes morales en raison de leur puissance économique, alors que le Sénat espérait, en créant cette nouvelle forme de responsabilité, diminuer, voire supprimer la responsabilité des dirigeants sociaux jugée excessive (C. Lombois, préc., p. 74). Juridiquement, il est évident que le seul argument de l'alinéa 3 de l'article 121-2 du Code pénal n'est pas suffisant pour justifier l'existence des fautes distinctes puisque les mêmes faits, imputés à la fois à la personne physique et à la personne morale, sont tout simplement l'infraction à laquelle ils correspondent (en ce sens, F. Desportes et F. Le Gunehec, n° 603 ; P. Salvage, note préc., *contra* J.-H. Robert, notes sous T. corr. Lyon 9 oct. 1997, *Dr. pénal* 1997. 154 et Lyon 3 juin 1998, *Dr. pénal* 1998. 118, mais avec une opinion plus nuancée dans son manuel p. 382 ; F. Ducouloux-Favard, art. préc., J.-C. Saint-Pau notes préc.).

34 Il faut cependant préciser qu'un certain nombre de juridictions du fond s'étaient engagées, dans la voie d'une reconnaissance de la nécessité d'une culpabilité distincte de la personne morale en s'efforçant de caractériser une faute qui aurait pu conduire à la commission de l'infraction. Ainsi le tribunal de Paris dans une affaire d'accident du travail s'est-il efforcé de montrer en quoi l'action des sociétés poursuivies était constitutive de fautes pouvant conduire à l'accident (3 nov. 1995, *Dr. soc.* 1996. 157, note A. Couret). Plus précisément le tribunal de Versailles (18 déc. 1995, *Dr. pénal* 1996. 7 et *JCP* 1996. II. 22640, note J.-H. Robert) observe que « l'infraction est le fruit d'une politique délibérée de l'entreprise, d'une stratégie adoptée dans le but d'éviter de perdre des marchés ». Comme le remarque, fort justement, l'annotateur de cette décision, J.-H. Robert, on peut parler d'une véritable culture d'entreprise révélée par une pratique régulière et l'auteur d'ajouter un peu plus loin qu'il existe une véritable « pratique vicieuse de l'entreprise ».

On peut encore citer une décision du Tribunal de Strasbourg (9 févr. 1996, *Bull. Joly* 1996. 297, note J.-F. Barbiéri) qui dans une affaire d'utilisation de travailleurs clandestins relève que c'est l'organisation déficiente de l'entreprise qui a permis les infractions.

35 L'objectif conduisant à rechercher cette faute spécifique de l'entreprise n'est d'ailleurs pas toujours exactement le même. Très globalement, il peut s'agir d'éviter une poursuite systématique des personnes morales sur la base d'objectifs de politique criminelle. Si l'on admet trop facilement les poursuites des êtres moraux on peut craindre qu'elles n'entreprennent plus aucun effort pour éviter la commission de faits délictueux. Il faut en effet agir en fonction des finalités de la répression pénale s'agissant des êtres moraux (v. en ce sens, J.-H. Robert, sous T. corr. de Lyon ; P. Salvage, note préc.). Mais l'objectif plus précis peut aussi être celui de choisir et de ne retenir, selon les cas, que la seule responsabilité de la personne morale ou au contraire celle de la personne physique (en ce sens, J.-H. Robert, *Précis*, p. 381). C'est ainsi que le Tribunal correctionnel de Lyon considérant que la responsabilité de la personne morale impliquant des éléments distincts de ceux qui peuvent être reprochés à la personne physique et qu'en l'espèce il n'en existait pas, a estimé que seul le gérant devait être condamné. Il a donc relaxé la société. On sait que ce jugement a été reformé par la cour d'appel qui s'est, au contraire, très expressément prononcée pour la thèse de la responsabilité par représentation en excluant toute faute, distincte de celle réalisée par l'organe ou le représentant. Dans d'autres décisions, en revanche, c'est pour écarter la responsabilité des dirigeants que les juges se sont efforcés de caractériser une faute des êtres moraux : v. T. corr. Périgueux 20 nov. 1996 et T. corr. Épinal 10 avr. 1997, cités par MM. A. Maron et J.-H. Robert dans l'article précité concernant les cent premières condamnations de personnes morales. Les tribunaux ont estimé que les fautes des dirigeants ne constituaient que des fautes de service non punissables pénalement. L'examen des faits (v. art. préc.) peut permettre de comprendre ces relaxes mais sur un plan strictement juridique, ces solutions ne sont pas conformes au principe posé par l'article 121-2 du Code pénal. Faute d'infraction de la personne physique, il ne peut pas y avoir de responsabilité de l'être moral.

36 Cette observation conduit plus généralement à s'interroger sur l'incidence que peut avoir une cause de non-responsabilité de la personne physique, organe ou représentant, sur la responsabilité de la personne morale. On peut songer à la contrainte, à une erreur de droit, voire à des troubles psychiques ayant aboli le discernement. Tout dépend évidemment de la théorie que l'on adopte à propos de la notion d'infraction. Si avec la grande majorité de la doctrine et conformément aux enseignements de l'arrêt *Laboube* (v. *infra*, n° 43) l'aptitude psychologique du délinquant est un élément de l'infraction, on ne peut pas dire que dans de tels cas l'infraction a été, selon les termes de l'article 121-2 du Code pénal, « commise » par la personne physique. Dès lors que la commission de l'infraction par une personne physique est en quelque sorte le préalable à la responsabilité de la personne morale, toute cause de non responsabilité du *substratum* humain entraîne l'irresponsabilité de l'être moral. Certains auteurs (J.-H. Robert, p. 383. V. égal. Ph. Bonfils, E. Vergès, N. Catelan, préc. p. 64, qui font une distinction entre les causes subjectives et objectives de responsabilité) soutiennent la thèse contraire de manière très pertinente mais, sur un plan juridique, si l'on tient à la thèse du reflet, on ne voit pas comment on pourrait adopter une telle solution (en ce sens, M.-E. Cartier, art. préc. Pour une solution différente mais sous l'empire d'un autre texte, Paris 21 déc. 1949, *D.* 1950. 434 dans une affaire concernant une entreprise de presse, sur la base de l'Ord du 5 mai 1945).

37 Aujourd'hui la solution de l'absence de la nécessité d'une faute distincte a été très précisément consacrée par la chambre criminelle de la Cour de cassation. Si l'arrêt que nous commentons l'admettait implicitement, une décision du 26 juin 2001 (n° 00-83.466, *Bull. crim.* n° 165 ; *Dr. pénal* 2002, n° 8) le rappelle expressément en soulignant que lorsqu'une infraction est commise pour le compte d'une personne morale il n'est pas nécessaire qu'une faute distincte de la personne morale soit établie (dans le même sens : Lyon 3 juin 1998, *Dr. pénal* 1998, n° 118 ; Crim. 23 févr. 2010, n° 09-81.819, *Dr. pénal* 2010, n° 33, obs. M. Véron ; v. en ce sens, E Dreyer, n° 1160). Il reste cependant à s'interroger pour savoir si cette solution n'est pas contraire au principe de base de la responsabilité personnelle posée par l'article 121-1 du Code pénal aux termes duquel « Nul n'est responsable que de son fait personnel ». Il faut en effet admettre que ce principe fondamental du droit pénal concerne aussi bien les personnes physiques que les personnes morales, ce qui implique évidemment l'imputation personnelle de l'infraction à l'être moral soit comme auteur soit comme complice. La chambre criminelle a très clairement rappelé cette règle en refusant qu'une société absorbante puisse se voir imputer les infractions commises par les personnes morales absorbées ou fusionnées (Crim. 20 juin 2000, n° 99-86.742, *Bull. crim.* n° 237 ; *D. Affaires* 2001, n° 10, p. 893, note H. Matsopoulou ; *Bull. Joly* 2000. 201 § 12, obs. C. Mascala ; Crim. 14 oct. 2003, n° 02-86.376, *Bull. crim.* n° 189 ; *Dr. pénal* 2004, n° 20, obs. J.-H. Robert, *Dr et patr.* 2004. 117, note Ph. Bonfils. V. *contra* : pour une responsabilité pénale de la société absorbante, une décision de la CJUE du 5 mai 2015, aff. C-3431/13, qui a admis qu'une société absorbante était débitrice d'une amende, pour des faits antérieurs à l'absorption, donc commis par la société absorbée). On le sait, plutôt que de s'arrêter à une sorte de fiction, en raison de l'immatérialité des personnes morales, le législateur a fait le choix d'un système de responsabilité indirecte. Dès lors la question se pose : s'agit-il néanmoins d'une responsabilité personnelle ? Selon certains auteurs une réponse positive à cette question impliquerait nécessairement que l'on recherchât une faute particulière de la personne morale, distincte de celle de la personne physique. En réalité, rien ne nous paraît impliquer une telle solution. Sur un plan logique, on peut d'abord remarquer que les prétendues fautes de la personne morale sont toujours le fait d'une ou plusieurs personnes physiques qui n'ont pas fait ce qu'il fallait pour éviter que l'organisation de l'entreprise ne soit défectueuse.

Comme le souligne J. Pradel, si la personne morale est vicieuse, c'est que ses dirigeants le sont.

38 Au-delà, d'un strict point de vue juridique, il faut se référer à la notion même de la personnalité morale. Si conformément à la théorie de la réalité on admet qu'elle est distincte des membres qui la composent on doit considérer que la responsabilité est personnelle dès lors que l'infraction a été commise pour son compte par une personne susceptible de la représenter. Ce sont ces personnes qui seules, juridiquement, expriment la volonté du groupement à l'exclusion des simples salariés par exemple (v. X. Pin, *RSC* 2013. 350 qui, en s'appuyant sur trois décisions : Crim. 24 avril 2013, n° 12-81.955 ; Crim. 10 avr. 2013, n° 12-82.088 ; Crim. 23 mai 2013, n° 12-83.781, que n'ont pas censuré les juges du fond, indiquant que la personne morale a « commis les faits », estime que la chambre criminelle se fonde sur la théorie de la réalité de la personne morale dégagée par la jurisprudence civile : Civ. 2e, 28 juin 1954 préc. La Cour de cassation admettrait ainsi, que la responsabilité pénale des personnes morales est une responsabilité personnelle par représentation, s'appuyant sur une réalité criminologique).

À première vue on pourrait considérer que le législateur attribue à l'être moral la commission d'une infraction matériellement réalisée par autrui. Peut-on pour autant parler de responsabilité pour autrui à l'image du droit civil. En réalité il existe de nombreuses objections à une telle affirmation dont la plus importante est évidemment qu'on ne peut pas raisonnablement admettre qu'un organe ou un représentant soit considéré comme « autrui » par rapport à la personne morale (en ce sens, E. Dreyer, n° 1159). Le lien pour ne pas dire plus qui unit l'organe et l'être moral supprime l'élément d'extériorité permettant de parler d'autrui. À l'image de la doctrine commercialiste il faut admettre que l'organe est une partie intégrante de la société lorsqu'il agit pour son compte, conformément à l'article 121-2 du Code pénal. Les actes dont une personne morale peut répondre pénalement n'ont pas été commis par autrui puisque les organes sont une émanation de la personne morale. La personne physique, selon MM. R. Merle et A. Vitu (t. I, n° 645), n'est que le support de la personne morale. « La personne morale s'incarne dans la personne physique ». Allant plus loin, MM. F. Desportes et F. Le Gunehec estiment que l'organe est la personne morale (v. égal. rapp. Desportes ss l'arrêt commenté, qui affirme la même chose s'agissant du représentant).

On objectera évidemment à cette analyse la part de fiction qu'elle recèle, mais est-il concevable qu'il en aille autrement dès lors qu'il s'agit d'imputer un acte délictueux à un être « immatériel » ? On remarquera que la fiction serait encore plus grande en acceptant la faute distincte de l'être moral (v. cep. *contra* par ex., J.-C. Saint-Pau, note préc.). En tout état de cause « la faute » de la personne morale ne peut être qu'une imprudence ou une négligence alors que de nombreuses infractions, que l'on peut retenir contre les personnes morales, sont de type intentionnel. Or, on le sait, ce type de faute ne peut être assimilé à une intention (v. F. Desportes et F. Le Gunehec, n° 603).

39 La théorie de la responsabilité pénale subséquente des personnes morales, même si elle n'est pas exempte d'inconvénients sur un plan pratique, même si elle diminue l'intérêt de l'insertion de cette nouvelle responsabilité dans notre droit (J.-F. Barbiéri, note préc. ; J.-H. Robert, notes préc. ; M.-L. Rassat, n°s 475 s.) est incontestablement conforme, tant à la volonté du législateur, qu'aux solutions dégagées par la Cour de cassation (v. en dernier lieu, Crim. 29 avr. 2003 préc.). Pour autant, la responsabilité de la personne morale ne se confond pas avec celle de la personne physique qui déclenche cette responsabilité. Encore faudrait-il que l'infraction ait été commise pour le compte de la personne morale (sur cette question, v. par ex. : J. Pradel, n° 600 ; F. Desportes et F. Le Gunehec, n°s 610 s. ; J.-H. Robert, p. 379 ; R. Merle et A. Vitu, t. I, n° 648 ; E. Dreyer, n°s 1154 s. ; É. Verny, O. Décima, S. Detraz, n° 467). Mais qu'en est-il de la responsabilité de la personne physique qui est à la base de celle de l'être moral ? L'arrêt ne répond que très implicitement à cette question et laisse donc place à de nombreuses interrogations qu'il n'est pas toujours facile de lever.

II. — L'incidence de la responsabilité des personnes morales sur celle des personnes physiques, auteurs des faits

40 La théorie du *substratum* humain pour fonder la mise en œuvre de la responsabilité pénale des personnes morales impliquait une conséquence inéluctable, tant sur un plan logique que juridique, à savoir la possibilité de poursuivre la personne physique puisqu'elle doit nécessairement avoir réalisé l'infraction dans tous ses éléments. Cette solution peut cependant apparaître assez surprenante et pour tout dire assez contradictoire avec les arguments avancés pour l'introduction de cette nouvelle forme de responsabilité, celle des êtres moraux dans notre droit. En effet les débats parlementaires, dont on sait qu'ils furent très longs, mirent souvent en exergue l'idée que la responsabilité d'une société pourrait permettre d'éviter de sanctionner les dirigeants parfois poursuivis simplement parce qu'ils sont les responsables de l'entreprise (à titre d'ex., intervention Hyest, *JOAN* 12 oct. 1989, p. 3405). Pour autant, le principe du cumul fut pourtant retenu dans l'article 121-2, alinéa 3 du Code pénal. Dès lors, la question se pose de déterminer comment ce cumul théorique a été concrètement appliqué par les juridictions pénales (A). Il importera cependant de se demander quelle peut être l'incidence de la loi du 10 juillet 2000 sur la répartition des responsabilités entre les personnes physiques et les personnes morales dans le domaine des infractions non intentionnelles (B).

A. — Le principe général du cumul des responsabilités

41 Aux termes de l'alinéa 3 de l'article 121-2, la responsabilité des personnes morales n'exclut pas celle des personnes physiques auteurs ou complices des mêmes faits. Cette rédaction a été modifiée par la loi du 10 juillet 2000 qui a ajouté la formule « sous réserve des dispositions du quatrième alinéa de l'article 121-3 ». Nous verrons un peu plus tard l'incidence de ce changement. Le schéma de responsabilité retenu par le Code pénal admet donc la possibilité d'un cumul de responsabilités. Cette solution apparaît comme le résultat d'un compromis entre ceux qui souhaitaient que la responsabilité de la personne morale entraîne automatiquement l'irresponsabilité des dirigeants sociaux, autrement dit ceux qui estimaient qu'il fallait instaurer une responsabilité alternative au sein des entreprises sociales et ceux qui, au contraire, considéraient que le cumul des responsabilités pénales devait être automatique. Même si cette dernière solution semble contraire aux objectifs présidant à l'instauration d'une responsabilité pénale des personnes morales on peut considérer que l'alinéa 1er de l'article 121-2 conduit naturellement à ce résultat. Il reste cependant que l'alinéa 3 du même texte a, au contraire, prévu une solution intermédiaire puisque le cumul, s'il est possible, n'est nullement obligatoire. Il paraît donc exister une sorte de contradiction entre les deux alinéas d'un même texte. On notera pourtant, au titre de l'anecdote, qu'une des toutes premières décisions de la Cour de cassation

sur le sujet avait paru s'orienter vers la thèse du non-cumul des responsabilités (Crim. 30 oct. 1995, *Dr. pénal* 1996, n° 62). En effet pour rejeter le pourvoi d'un dirigeant social invoquant la responsabilité de la société qu'il présidait, la chambre criminelle s'est contentée de constater qu'il n'y avait pas de responsabilité des êtres moraux pour l'infraction qui lui était imputée. Fallait-il en déduire que la solution aurait été différente dans le cas contraire ? C'est ce que semble suggérer la Cour de cassation. On peut penser qu'il s'agit d'une maladresse de rédaction (en ce sens F. Desportes et F. Le Gunehec mais pour une opinion approbatrice, M.-L. Rassat, n° 464).

La solution, même facultative, du cumul nous paraît devoir s'imposer pour des raisons à la fois juridique et d'équité (É. Verny, O. Décima, S. Detraz, n° *47 ; Y. Mayaud*, n° *359 ; contra*, E. Dreyer, n°s 1164 s. pour une critique du cumul qui « frôle l'hérésie juridique »).

42 Juridiquement au-delà de l'explication résultant de l'alinéa 1er du texte, on peut avancer un argument de type constitutionnel, à savoir le principe d'égalité des citoyens devant la loi. Est-il normal que de deux individus ayant commis la même infraction l'un échappe à des poursuites au seul motif que, gérant d'une SARL, il aurait agi pour le compte de sa société alors que l'autre, propriétaire de son entreprise, pourrait être condamné (v. F. Desportes et F. Le Gunehec, n° 618 ; J. Pradel, n° 598). En équité comment admettre que la responsabilité pénale des personnes morales puisse constituer un écran de protection des personnes physiques notamment pour des infractions intentionnelles ? Comment accepter une impunité de l'auteur d'une infraction au seul argument qu'il aurait agi pour le compte d'une personne morale ? Observons d'ailleurs que l'organe ou le représentant peut avoir des complices ou des coauteurs dont l'impunité au moins pour les premiers serait encore plus choquante.

43 Le principe du cumul facultatif étant en tout état de cause incontestable, il nous faut essayer de déterminer exactement ce qu'il en est dans la réalité des décisions judiciaires.

D'une manière assez générale, les auteurs proposent de distinguer selon les types d'infractions (v. F. Desportes et F. Le Gunehec, n°s 622 s. ; J. Pradel, n° 596 ; Y. Mayaud, n° 359 ; B. Bouloc, n° 336 ; J.-F. Barbiéri, note préc. ; P. Salvage, note préc. ; F. Rousseau, « La répartition des responsabilités dans l'entreprise. Logique d'addition », *RSC* 2010. 804).

S'agissant des infractions intentionnelles il apparaît assez difficile de ne pas admettre un cumul de responsabilités du moins sur le plan des principes. En effet selon la thèse retenue par le législateur et confirmée dans l'arrêt commenté, l'élément intentionnel de l'infraction est obligatoirement réalisé par la personne physique, organe ou représentant de la personne morale. Le cumul est alors inévitable sauf décision d'opportunité du parquet de ne pas poursuivre. C'est en effet une conséquence implicite que l'on peut tirer de notre décision. Il n'est nullement nécessaire pour sanctionner l'être moral que la personne physique, organe ou représentant, ait fait l'objet d'une condamnation. Ce que les juges doivent vérifier c'est que, juridiquement, l'infraction est constituée. C'est le préalable indispensable à la condamnation de la personne morale. En revanche la poursuite, et *a fortiori* la condamnation, du *substratum* humain ne sont nullement obligatoires. On remarquera par ailleurs qu'il n'est pas inconcevable d'imaginer une infraction commise par un organe collégial d'une personne morale. L'infraction peut résulter d'une délibération, par exemple d'un conseil municipal votant à bulletin secret. Il paraît alors difficile d'imputer directement l'infraction à une personne physique. C'est d'ailleurs ce qu'avait admis la cour de Paris dans un arrêt non publié concernant une affaire de discrimination (C. pén., art. 432-7). Un conseil municipal avait pris la décision de refuser le bénéfice de certaines prestations à quelques écoles de la ville en raison de l'origine et de l'appartenance à une nation autre que française de la majorité des élèves. Les juges avaient alors considéré que la décision constituant l'infraction, prise au terme d'un processus de délibération, n'était pas celle du maire ou des conseillers municipaux ayant voté pour la résolution, mais celle de la commune personne morale. Cette décision a été confirmée par la chambre criminelle dans un arrêt du 11 mai 1999 (n° 97-81.653, *Bull. crim.* n° 93 ; *D.* 2000. 113, obs. G. Roujou de Boubée ; *RSC* 2000. 194, obs. B. Bouloc ; *Dr. pénal* 1999, n° 140 ; *JCP* 2000. I. 207, obs. M. Véron) qui estime impossible toute poursuite même contre les conseillers ayant émis un vote favorable. V. cep. *contra* Crim. 17 déc. 2002, n° 01-85.650, *Bull. crim.* n° 227 ; *RSC* 2003. 556, obs. Y. Mayaud et *supra*, n° 37 ; Crim. 12 déc. 2012, n° 11-87.980, *Gaz. Pal.* 9 févr. 2013, note critique E. Dreyer. Comme le remarque M. B. Bouloc, il y a dans ce cas très particulier une hypothèse de non-cumul de responsabilités de la personne morale (ici non condamnable en raison de la date des faits) et les personnes physiques (v. F. Desportes et F. Le Gunehec, n° 623).

44 La question des infractions d'imprudence, et *a fortiori* des infractions matérielles, peut se poser un peu différemment. Il est assez clairement établi par les travaux parlementaires que la responsabilité pénale des personnes morales avait notamment pour objectif d'éviter la mise en cause trop fréquente des dirigeants sociaux dans des hypothèses où la faute reprochée n'apparaissait pas très évidente. Il en est ainsi par exemple dans le cas des atteintes involontaires contre l'intégrité physique qui peuvent être le résultat de multiples fautes, plus ou moins liées, une sorte de fait collectif, qui vont conduire à l'accident. Dans une telle hypothèse la responsabilité de l'être moral pourrait être alternative, de substitution en quelque sorte. La solution contraire restant évidemment possible dès lors qu'une faute précise suffisamment caractérisée pouvait être relevée contre le dirigeant social. La circulaire d'application générale du Code pénal du 14 mai 1993 (n° 27, 2e *in fine*) est en ce sens estimant qu'il est possible s'agissant « d'infractions d'omission, de négligence ou matérielles qui sont constituées en l'absence soit d'intention délictueuse, soit d'un acte matériel de commission » de retenir la responsabilité de la personne morale « sans imputer la responsabilité personnelle de l'infraction à un individu déterminé » (v. dans le même sens la Circ. du 5 avr. 1995 commentant la L. du 2 févr. 1995 relative à la protection de l'environnement qui suggère de manière encore plus précise un système de responsabilité pénale alternative entre les élus locaux et les collectivités territoriales. V. égal. circ. Justice D. 0630016C du 13 févr. 2006 qui, visant les infractions intentionnelles de nature technique où l'interdiction résulte de la simple inobservation, en connaissance de cause, d'une réglementation particulière, estime que la poursuite contre la seule personne morale doit être privilégiée ; v. F. Desportes et F. Le Gunehec, n° 622).

45 Comme on l'a déjà vu (v. *supra*) les premières décisions rendues par les juridictions du fond traduisaient en ce domaine une approche très relativiste. Si certains tribunaux ont admis le cumul sans hésitation (T. Verdun 12 juill. 1995 préc. ; T. Strasbourg 9 févr. 1996, préc. par ex.) d'autres au contraire s'en tenaient à la seule responsabilité de la personne morale (T. Versailles 18 déc. 1995, préc. ; T. Béthune 12 nov. 1996, *Bull. Joly* 1997, § 223). Plus globalement la circulaire du ministère de la Justice en date du 26 janvier 1998 analysant les cent premières condamnations définitives prononcées contre des personnes morales (commentaires A. Maron et J.-H. Robert préc. ; F. Ducouloux-Favard, préc. ; F. Seuvic, *RSC* 1998. 358) conforte ce point de vue. En effet, 38 personnes physiques ont été poursuivies (36 condamnées) ce qui signifie que dans 62 cas sur cent la personne morale a été condamnée seule, les personnes physiques n'ayant pas été poursuivies et dans un petit nombre de cas relaxées. (v. tableau *in* F. Desportes et F. Le Gunehec, n° 624. Pour des statistiques plus récentes, v. art. N. Stolowy, préc. V. égal. J.-H. Robert, « Le coup d'accordéon ou le volume de la responsabilité pénale des personnes morales », *Mélanges B. Bouloc*, Dalloz, 2006, p. 975 ; Z. Belmokhtar, « La responsabilité des personnes morales », *Infostat Justice*, n° 82, mai 2005). Néanmoins comme le fait justement remarquer J.-H. Robert (Précis, p. 385) il faut sans doute se montrer assez prudent pour donner un sens juridique précis aux premières décisions. Cet auteur souligne en effet qu'« on est stupéfié par l'indifférence massive et comme concertée des tribunaux à l'égard de la condition contenue dans les mots "commises par leurs organes ou représentants" ». Les tribunaux dans de nombreux cas ne recherchaient absolument pas si une personne physique avait pu réaliser le fait délictueux. Cette situation pouvait se comprendre en raison du relatif « flou » des textes et de l'absence de toute indication découlant des décisions de la Cour de cassation. Telle n'est plus la situation aujourd'hui puisque la chambre criminelle s'est clairement prononcée sur la nécessité de relever l'existence d'une infraction commise par une personne physique non seulement pour les infractions intentionnelles (arrêt commenté) mais également pour les infractions d'imprudence (Crim. 18 janv. 2000, préc.). Cette dernière décision semblait donc mettre fin à la relative incohérence juridique soulignée par certains auteurs (J.-F. Barbiéri, art. préc.) consistant à admettre en matière pénale la théorie de la réalité pour les infractions non intentionnelles et à s'en tenir à celle de la fiction pour les infractions intentionnelles (v. cep. *supra* Crim. 31 mai 2005 et 21 févr. 2006 et les opinions doctrinales indiquées) (v. V. Wester-Ouisse, « Responsabilité des personnes morales et dérives anthropomorphiques », *RPDP* 2009. 63).

46 On peut donc considérer aujourd'hui que le cumul des responsabilités est la règle (v. pour un ex. Crim. 27 mars 2001, n° 00-86.308 ; Crim. 11 mars 2003, n° 02-82.352, *Bull. crim.* n° 65 ; *Dr. pénal* 2003, n° 84, obs. J.-H. Robert qui rappelle clairement le principe du cumul des responsabilités en matière de dénonciation calomnieuse) et qu'il ne peut être tempéré que par la règle d'opportunité des poursuites permettant au Parquet de faire ses choix (v. récemment : Crim. 8 janv. 2013, n° 12-81.102 ; Crim. 7 janv. 2014, n° 12-80.024). Encore faudra-t-il, si une information est ouverte, que le juge d'instruction accepte cette solution puisque l'on sait que saisi *in rem*, il pourra toujours retenir la responsabilité du dirigeant social (sur cette question en général, v. J.-C. Saint-Pau, « La responsabilité pénale d'une personne physique agissant en qualité d'organe ou de représentant d'une personne morale », *Mélanges B. Bouloc*, Dalloz, 2006, p. 1011 s.). On doit d'ailleurs noter que les poursuites sont indépendantes et peuvent faire l'objet de décisions opposées (Crim. 23 oct. 2004, *Bull. crim.* n° 254 : relaxe de la personne morale et condamnation du représentant et pour une solution inverse : Crim. 8 sept. 2004, *Dr. pénal* 2005, n° 11, obs. M. Véron).

47 Comme beaucoup l'ont fait remarquer ce mécanisme d'imputation de la responsabilité pénale des personnes morales peut conduire à s'interroger sur la réelle utilité que revêt cette responsabilité nouvelle (v. B. Bouloc, n° 335 ; J.-H. Robert, notes préc. ; M.-L. Rassat, n° 464 ; J.-F. Barbiéri, note préc. ; P. Salvage, note préc.).

Dès lors, la question d'une réforme du système devait nécessairement être posée. Plusieurs tentatives parlementaires tendant à exclure la responsabilité des dirigeants sociaux en cas d'engagement de la responsabilité de l'être moral avaient été engagées, mais aucune d'entre elles n'avait été jusqu'à son terme (v. F. Desportes et F. Le Gunehec, n° 625). La loi du 10 juillet 2000 (n° 2000-647, *JO* 11 juill.) tendant à préciser la définition des délits non intentionnels a apporté quelques éléments de réponse mais ils ne sont pas de nature, au moins *a priori*, à simplifier le problème posé par le système de la responsabilité subséquente.

B. — Le particularisme du cumul en matière d'infractions non intentionnelles

48 La loi du 10 juillet 2000 qui donne une nouvelle définition de la faute non intentionnelle trouve son origine dans une proposition de loi sénatoriale dont l'objectif initial était de limiter la responsabilité pénale des élus locaux. Après d'assez longues discussions parlementaires, le texte ajoutant un quatrième alinéa à l'article 121-3 du Code pénal conduit à distinguer deux types de fautes selon qu'elles sont ou non en relation directe avec le dommage causé, homicide ou blessures par exemple. Dans le premier cas, l'économie générale du système résultant de la loi du 13 mai 1996 n'est pas modifiée (v. cep. *infra*, n° 41, *in fine*). En revanche lorsqu'une faute n'est qu'indirectement à l'origine du dommage, elle ne peut être retenue pour étayer une sanction pénale, que dans la mesure où elle est d'une certaine gravité, soit parce qu'il y a eu violation de façon manifestement délibérée d'une obligation de prudence ou de sécurité imposée par la loi ou le règlement soit parce qu'il y a eu une faute caractérisée et qui exposait autrui à un risque d'une particulière gravité. Il est clair que cette nouvelle définition de la faute est de nature à restreindre sérieusement les hypothèses d'engagement de la responsabilité pénale en matière d'infractions d'imprudence, notamment pour les dirigeants sociaux. Il reste que ce dernier texte ne concerne expressément que les seules personnes physiques. Il faut donc admettre *a contrario* que les personnes morales doivent répondre de leurs fautes pénales sur la seule base de l'alinéa 3 de l'article 121-3 du Code pénal, c'est-à-dire de toutes leurs fautes même légères. Cette solution n'a pas fait l'objet de longs débats au Parlement, mais elle est très clairement exprimée dans le rapport de M. Pierre Fauchon, au nom de la commission des lois du Sénat, n° 177, p. 31. En effet selon ce rapport la personne morale doit continuer à pouvoir être mise en cause même en cas de faute légère et de lien indirect. Selon le rapporteur cela permettra de maintenir un procès pénal qui peut avoir, dans certains cas, une fonction de catharsis.

49 Dès lors selon la réforme voulue par le législateur il y a bien, dans le cas des infractions non intentionnelles du moins, en cas de faute légère, une véritable responsabilité pénale de substitution de la personne morale.

D'ailleurs pour être certain, de ce résultat l'alinéa 3 de la loi a été modifié. Il est aujourd'hui précisé que « la responsabilité des personnes physiques n'est pas exclue sous réserve des dispositions du quatrième alinéa de l'article 121-3 ». Là encore les choses sont claires. Lorsque la faute n'a été qu'indirectement la cause du dommage, c'est-à-dire selon le texte lorsqu'une personne a créé ou contribué à créer la situation à l'origine de la réalisation du dommage ou qu'elle n'a pas pris les mesures permettant de l'éviter, elle ne sera punissable que pour des fautes d'une certaine gravité, définies par la loi. Cette solution est normale. Comment aurait-on pu apprécier la faute différemment parce qu'elle aurait été commise pour le compte d'une personne morale. Mais alors c'est toute la question de la responsabilité de la personne morale qui est posée. Comment dans cette situation maintenir le système du reflet ou de la responsabilité subséquente (pour une critique de ces expressions, v. P. Conte et P. Maistre du Chambon, n° 373 ; J.-C. Saint-Pau, notes préc.). Selon les solutions actuellement admises par la chambre criminelle et parfaitement conformes à l'alinéa 1er de l'article 121-2 du Code pénal, la responsabilité de la personne morale implique que l'organe ou le représentant, c'est-à-dire la personne physique, ait dû elle-même réaliser l'élément matériel et l'élément moral de l'infraction que l'on veut imputer à l'être moral. En stricte logique si la personne physique n'a pas commis de faute pénale au sens du nouveau texte (C. pén., art. 121-3, al. 4) elle n'a pas commis l'infraction qui pourrait permettre la poursuite de la personne morale. Pour se convaincre du bien-fondé de notre raisonnement, il suffit d'appliquer le système aux faits qui ont donné lieu à l'arrêt du 18 janvier 2000 déjà analysé. La Cour de cassation a refusé dans cette espèce, une condamnation de la SNCF aux motifs que l'imprudence ou la négligence sur laquelle était fondée la condamnation par les juges du fond n'avait été imputée à aucun organe ou représentant de cette personne morale.

Si nous supposons que raisonnant dans le cadre de la législation nouvelle, les juges aient pu identifier un dirigeant social pouvant se voir imputer une faute, il paraît évident que l'on se trouverait dans le cas d'une faute ayant indirectement été à l'origine du dommage.

En effet, la victime, descendant d'un TER, arrivé en retard à la gare de destination, avait été renversée par un TGV lui-même légèrement en retard, alors qu'il traversait les voies ferrées sur le passage réservé aux piétons. L'infraction pénale de l'organe ne pouvant être établie, on devrait en déduire que celle de la personne morale ne peut pas l'être non plus.

50 Il y a donc bien une contradiction entre l'alinéa 1er de l'article 121-2 du Code pénal tel qu'il est interprété par la Cour de cassation et l'alinéa 3 du même texte. Cette contradiction est en quelque sorte renforcée par la modification introduite par la loi du 10 juillet 2000 puisque, dans l'esprit des parlementaires, il ne fait aucun doute que la responsabilité pénale des personnes morales, du moins s'agissant des infractions non intentionnelles, doit être indépendante de celle des organes ou représentants, personnes physiques.

Il appartenait une nouvelle fois à notre Haute juridiction de trancher cette difficulté, ce qui ne semblait guère aisé. *A priori* cela passait nécessairement par un revirement de jurisprudence fondé sur l'idée que la personne morale peut avoir une délinquance propre et réprimée indépendamment de celle des personnes physiques qui pourtant, nécessairement, doivent la représenter.

51 Telle n'a pas été la solution retenue par la chambre criminelle de la Cour de cassation qui a estimé compatibles les dispositions de la loi du 10 juillet 2000 relatives aux personnes morales et la théorie du *substratum* retenue par la jurisprudence. Dans un arrêt du 24 octobre 2000 (n° 00-80.378, *Bull. crim.* n° 308 ; *D.* 2002. 514, note J.-C. Planque ; *Rev. sociétés* 2001. 119, note B. Bouloc ; *RSC* 2001. 156, obs. Y. Mayaud ; *ibid.* 371, obs. B. Bouloc ; *ibid.* 399, obs. A. Cerf-Hollender ; *JCP* 2000. II. 10535, note Daury-Fauveau ; *Dr. pénal* 2001, n° 29) la Haute juridiction a estimé qu'une personne morale peut être déclarée pénalement responsable d'une infraction de blessures involontaires alors même que les représentants de cette personne morale, poursuivis pour les mêmes faits, sont relaxés, en l'absence de faute délibérée ou caractérisée pouvant être retenue à leur encontre. Elle a donc cassé la décision de relaxe concernant la personne morale reprochant aux juges du fond de ne pas avoir recherché si l'accident n'était pas dû, en partie au moins, « à un défaut de surveillance ou d'organisation imputable au chef d'établissement ou à son délégataire en matière de sécurité et susceptible, nonobstant l'absence de faute délibérée ou caractérisée, d'engager la responsabilité pénale de la société ». Il y a en quelque sorte, pour la Cour de cassation, une subtile distinction entre l'organe ou le représentant de la personne morale et la personne physique qui exerce cette fonction (en ce sens, E. Dreyer, n° 1168 qui estime que la personne physique ne pourrait être poursuivie, qu'en cas d'abus de fonctions).

52 En adoptant une telle solution la chambre criminelle, conformément à la volonté du législateur du 10 juillet 2000, encourage donc les juges du fond à rechercher la responsabilité des êtres moraux, en quelque sorte en substitution de la responsabilité des personnes physiques, pour pallier le vide répressif lié à la dépénalisation les concernant (en ce sens Y. Mayaud, note préc.). On peut donc considérer qu'en présence de deux dispositions légales contradictoires, l'article 121-3, alinéa 4 et l'article 121-3, alinéa 3 dans sa rédaction issue de la loi du 10 juillet 2000, la Cour de cassation a fait prédominer la disposition la plus récente. Il reste néanmoins qu'il y a une certaine incohérence par rapport aux solutions jusqu'alors admises (pour une confirmation de cette jurisprudence : Crim. 14 sept. 2004, *Dr. pénal* 2005, n° 11, obs. M. Véron). On ajoutera que dans un arrêt du 8 septembre 2004 (n° 03-85.826, *D.* 2005. 1521, obs. G. Roujou de Boubée ; *Dr. pénal* 2005, n° 11, obs. M. Véron), la chambre criminelle a estimé que la relaxe de l'organe n'empêchait pas la mise en cause de la personne morale, les deux décisions marquent donc incontestablement une certaine autonomie de la responsabilité des personnes morales par rapport à celles des personnes physiques même si le principe général n'est pas globalement remis en cause (v. plus récemment dans le même sens : Crim. 28 avr. 2009, *Bull. crim.* n° 80 ; *JCP* 2009. 402, note J. Y. Maréchal ; *Gaz. Pal.* 28-30 juin 2009, p. 4, note M. Ch. Sordino ; *AJ pénal* 2009. 267, note M.-E. Charbonnier ; Crim. 2 oct. 2012, n° 11-85.032, *Bull. crim.* n° 206 ; Crim. 5 mai 2013, n° 12-85.380).

53 Sans doute, la responsabilité pénale de la personne morale n'est-elle pas indépendante de toute faute de l'organe ou du représentant mais cette faute ne constitue pas l'élément moral d'une infraction imputable à une personne physique (en ce sens J.-H. Robert, p. 383). Elle ne devrait donc pas pouvoir entraîner la responsabilité de l'être moral ce qui serait incontestablement contraire à la volonté du législateur.

La solution proposée par certains auteurs conduisant à considérer que les organes ou représentants bénéficient, dans une telle hypothèse, d'une immunité est sans doute ingénieuse mais elle n'a aucun fondement juridique (J.-H. Robert préc. ; C. Ruet, « La responsabilité pénale pour faute d'imprudence après la loi du 10 juillet 2000 », *Dr. pénal* 2001. Chron. 9). En définitive, il faut donc admettre qu'il est bien difficile de concilier les différentes dispositions légales.

54 Dès lors une nouvelle fois, la conclusion s'impose. Il faudra attendre encore quelque temps pour que la responsabilité des personnes morales soit enfin précisément définie. Il semble bien que la raison essentielle tienne au fait que le législateur de l'actuel Code pénal a fait l'économie de la détermination du fondement de cette nouvelle responsabilité (v. P. Conte et P. Maistre du Chambon, n°s 370 s. ; P. Salvage, note préc. : J.-H. Robert, p. 362 ; Ph. Bonfils E. Vergès, N. Catelan, art. préc.).

Implicitement, c'est évidemment la faute qui était retenue (en ce sens, M.-E. Cartier, art. préc.) mais cela conduit obligatoirement à un système qui repose entièrement sur la faute des organes ou représentants personnes physiques.

Peut-être serait-il opportun de distinguer nettement entre les infractions intentionnelles qui impliqueraient un système de représentation et les infractions inintentionnelles pour lesquelles la faute de la personne physique, organe ou représentant, serait présumée, distinction que certains auteurs déduisent parfois de la jurisprudence (J.-H. Robert ; M. Véron et J.-C. Saint-Pau, préc.). À notre sens il serait préférable que le législateur prenne clairement parti ce qui réglerait la contradiction résultant de la loi du 10 juillet 2000.

55 Dès lors, de plus en plus de voix s'élèvent en doctrine pour s'interroger sur l'utilité même d'une institution, la responsabilité pénale des personnes morales, dont la mise en place apparaissait pourtant comme un des éléments les plus novateurs du nouveau Code pénal (à titre d'ex., F. Franchi, « À quoi peut bien servir la responsabilité pénale des personnes morales ? », *RSC* 1996. 277 ; O. Sautel : « La mise en œuvre de la responsabilité pénale des personnes morales : entre litanie et liturgie », *D.* 2002. Chron. 1147 ; J.-C. Saint-Pau, « La responsabilité pénale des personnes morales : réalité ou fiction » *in Le risque pénal dans l'entreprise,* préc. ; G. Di Marino, « Le développement de la responsabilité pénale des personnes morales », *RPDP* 2004. 27 ; J. Tricot, « Le droit pénal à l'épreuve de la responsabilité pénale des personnes morales : l'exemple français », *RSC* 2012. 19).

On a sans doute oublié qu'il est tout aussi difficile de punir un être immatériel que de déjeuner avec lui. Dès lors, il n'y a peut-être qu'une seule solution très justement proposée par J.-H. Robert dans son manuel (p. 375) ; elle consisterait à abandonner le terrain de la faute pour se fonder sur le concept d'état dangereux (v. égal. P. Salvage, note préc. ; J. Pradel, n° 599, note 1 ; v. égal É. Verny, O. Décima, S. Detraz qui se demandent, s'il s'agit bien d'une responsabilité). Incontestablement, la proposition est intéressante, mais encore faudra-t-il déterminer ce que seraient cet état dangereux de l'être moral et les mesures de sûreté qui pourraient être prononcées pour y faire face. En tout état de cause, il nous semble qu'on ne pourra faire longtemps l'économie d'une vraie réforme.

A. V.

39

INTENTION – NOTION
INDIFFÉRENCE DES MOBILES
DOL GÉNÉRAL ET DOL SPÉCIAL

Crim., 18 juill. 1973, *Petit*
(*Gaz. Pal.* 1973. 2. 709, note J. P. D.)

Crim., 8 févr. 1977, n° 76-91.772, *Lahore*
(*Bull. crim.* n° 52 ; *RSC* 1977. 590, obs. G. Levasseur)

Une infraction intentionnelle est constituée dès lors que l'agent a volontairement porté atteinte à la valeur sociale protégée par le texte de qualification, quel que soit le mobile qui a inspiré cet acte. Les coups et blessures volontaires résultent d'un acte de violence même si l'auteur n'a pas voulu le dommage qui en a découlé (1re esp.). Le vol est constitué dès qu'il y a appropriation sans droit même si la soustraction a pour but de détruire les objets dérobés (2e esp.).

Chambre criminelle, 18 juillet 1973, *Petit*

Attendu que, pour déclarer Petit coupable de la contravention prévue par l'article R. 40-1° Code pénal, l'arrêt attaqué énonce que ce prévenu a volontairement fermé la porte de son bureau pour s'opposer à la sortie de Bonifas, qui, sous l'effet du choc, fut blessé à la main droite ; que ces contusions entraînèrent une incapacité totale de travail pendant huit jours ;

Attendu qu'en l'état de ces constatations exemptes d'insuffisance, la cour d'appel a donné une base légale à sa décision ; qu'en effet, la contravention, définie par l'article R. 40-1° susvisé, est constituée lorsqu'il existe un acte volontaire de violence, quel que soit le mobile qui a inspiré cet acte, alors même que son auteur n'aurait pas voulu le dommage qui en est résulté ; qu'ainsi les deux moyens réunis doivent être rejetés ;

Et attendu que la procédure est régulière ;

Par ces motifs, – Rejette...

Chambre criminelle, 8 février 1977, *Lahore*

Attendu que le délit de vol est constitué quel que soit le mobile qui a inspiré son auteur dès lors que la soustraction frauduleuse de la chose d'autrui est constatée ;

Attendu qu'il résulte de l'arrêt attaqué et du jugement dont il a adopté les motifs non contraires qu'après avoir arraché les fleurs et les vases dont la demoiselle

Amouroux avait orné la tombe de Moricau-Clos, les époux Lahore les ont jetés dans une décharge ;

Attendu, en l'état de ces constatations, qu'en se bornant à énoncer pour écarter la prévention de vol desdits époux Lahore, que les agissements de ces derniers avaient été inspirés par la haine, la cour d'appel n'a pas donné une base légale à sa décision ;

Qu'en effet, en s'emparant pour les détruire, d'ornements qu'ils savaient ne pas leur appartenir, les prévenus, qui se sont appropriés ces biens sans droit, ont commis une soustraction frauduleuse, leur mobile ne pouvant être retenu autrement que pour l'application de la peine ;

Qu'ainsi l'arrêt encourt la cassation ;

OBSERVATIONS

1 Pour qu'une infraction soit réalisée, il ne suffit pas que l'agent ait disposé au moment des faits de facultés d'intelligence et de volonté intactes, ce qui constitue l'imputabilité (v. *infra*, n° 43), il faut encore qu'il ait eu une attitude psychologique moralement reprochable, ce qui constitue la culpabilité. Cette conduite qui caractérise tout acte infractionnel se présente sous deux modalités. Tantôt elle peut s'analyser en une simple indifférence à l'égard des valeurs sociales protégées par le texte de qualification : c'est l'infraction non intentionnelle révélée par la faute (v. *infra*, n°s 41 et 42). Tantôt elle se manifeste par une hostilité à l'égard de ces mêmes valeurs sociales : c'est l'infraction intentionnelle révélée par le dol criminel encore appelé intention (en ce sens A. Decocq, p. 207).

2 L'intention, pas plus que la faute d'ailleurs, n'est nullement définie par le législateur et le mot lui-même n'est que très rarement utilisé. C'est donc à la doctrine et à la jurisprudence qu'est revenue la mission de préciser quel est le contenu psychologique exact de cette notion exigée pour les crimes, la plupart des délits et quelques contraventions. Aujourd'hui l'article 121-3 du Code pénal affirme le principe de la nécessité de l'intention pour les crimes et les délits dans son alinéa 1er tout en admettant dans les alinéas 2 et 3 que l'imprudence, la négligence ou le manquement à une obligation de prudence ou de sécurité, la mise en danger délibérée de la personne d'autrui puissent suffire à constituer un délit lorsque la loi le prévoit. Il faut ajouter, qu'aux termes de l'article 339 de la loi d'adaptation, les délits non intentionnels prévus par d'autres textes que le Code pénal ne sont constitués que si la preuve d'une imprudence, d'une négligence ou d'une mise en danger délibérée est rapportée conformément à l'article 121-3 du Code pénal. Aujourd'hui, on peut donc affirmer qu'en l'absence de précisions contraires, les crimes et délits sont des infractions intentionnelles (pour une solution contraire visant la destruction d'un animal protégé par la loi, traitée comme un délit d'imprudence alors que selon l'art. 121-3 du C. pén. il devrait s'agir d'une infraction intentionnelle, Crim. 20 mars 2001, *Dr. pénal* 2001, n° 141, obs. M. Véron). Il reste que l'intention n'est nullement définie

(J. Pradel, *Commentaire*, 2e éd., no 45) et que l'article 121-3, déjà deux fois modifié, est loin d'être un modèle de clarté (pour une critique beaucoup plus acerbe : M.-L. Rassat, no 309 mais pour une approbation du nouveau système, Y. Mayaud, nos 232 s.). Les deux arrêts que nous avons retenus ne fournissent pas non plus une définition précise de l'intention mais ils apportent des indications intéressantes sur cette notion. Avec l'arrêt *Lahore* la chambre criminelle rappelle cette règle fondamentale : l'intention ne résidant pas dans les mobiles, ils ne sauraient, quels qu'ils soient, exclure la culpabilité. Ce faisant la Cour de cassation fournit en quelque sorte une définition négative de l'intention (I). L'arrêt *Petit*, s'il confirme pleinement ce point de vue, paraît par ailleurs étayer la distinction soutenue en doctrine entre le dol général et le dol spécial à propos d'une contravention de coups et blessures volontaires. Nous essayerons de vérifier si tel est bien l'enseignement qui peut résulter des affirmations contenues dans l'arrêt (II).

I. — La définition de l'intention

3 Affirmer le caractère intentionnel d'une infraction, c'est accepter l'idée que sa constitution est subordonnée à l'accomplissement volontaire de ce que la loi interdisait ou à l'abstention délibérée de faire ce qu'elle ordonnait. Cela correspond d'ailleurs au sens étymologique du mot intention : la volonté dirigée vers un but. En l'occurrence, ce but consiste à porter atteinte à une valeur sociale que la loi pénale entend protéger. Cela admis, une question reste posée. L'existence de l'intention va-t-elle se déduire de la seule constatation objective que l'action ou l'omission constitutive de l'infraction a été volontairement réalisée ou au contraire devra-t-on scruter la psychologie du délinquant ?

Selon la seconde conception qualifiée de concrète, par opposition à la première dite abstraite, on considère qu'il n'y a intention que si l'infraction a été commise dans un but antisocial. L'arrêt *Lahore*, tout comme l'arrêt *Petit* démontrent que la jurisprudence adopte une conception délibérément abstraite de l'intention puisque les mobiles sont jugés indifférents (A). Nous verrons ensuite que l'exceptionnelle prise en considération de ces mobiles par le législateur n'implique pas pour autant une adhésion à une conception concrète ou criminologique de l'intention (B).

A. — Une conception abstraite : l'indifférence des mobiles

4 Lahore et son épouse ont été poursuivis et inculpés de vol. Il leur était reproché d'avoir arraché des fleurs et enlevé des vases ornant la tombe du père de la dame Lahore pour les jeter dans une décharge. Il est précisé que ces objets avaient été déposés par la concubine du défunt. La cour d'appel de Pau avait cru pouvoir écarter la prévention de vol aux motifs que les agissements des prévenus s'expliquent par un sentiment de haine. La chambre criminelle casse cette décision en rappelant que « le vol

résulte de l'appropriation sans droit d'un bien appartenant à autrui ». Le fait que les époux Lahore aient simplement voulu détruire les objets est donc un mobile sans incidence pour la réalisation de l'infraction qui leur est reprochée.

5 Cette décision marque l'attachement de la jurisprudence à la conception abstraite de l'intention. On peut rappeler que selon É. Garçon (art. 1er, n° 77) l'élément moral requis pour les crimes et délits (c'est-à-dire l'intention) réside « dans la volonté de l'agent de commettre le délit tel qu'il est déterminé par la loi ; c'est la conscience chez le coupable d'enfreindre les prohibitions légales » (v. égal. J. Ortolan, t. I, p. 377 ; R. Garraud, t. I, n° 290). Il résulte clairement de cette définition que les tribunaux répressifs n'ont pas à rechercher dans chaque espèce les raisons qui ont conduit l'agent à avoir le comportement incriminé. L'intention est la même pour toutes les infractions, plus exactement pour une infraction déterminée, elle est identique quels que soient les délinquants. Dès lors qu'il est établi que l'agent a agi avec intelligence et volonté : condition indispensable d'imputabilité (v. *infra*, n° 43) dans un système où par ailleurs la connaissance de la loi pénale est toujours présumée, du moins jusqu'à la publication de l'actuel Code pénal (v. *infra*, n° 46), il suffira pour établir la réalité de l'intention de vérifier que l'individu a délibérément porté atteinte à la valeur sociale protégée par le texte de qualification. Il faut néanmoins réserver l'hypothèse où cette atteinte est la conséquence d'une erreur de fait commise par l'agent. On admet en effet que celui qui s'est inexactement représenté la réalité matérielle de l'infraction dans ses éléments essentiels n'a pas l'intention de nuire à la valeur sociale protégée par le texte (v. *infra*, n° 45). Ainsi en matière de vol il a porté atteinte à la propriété d'autrui. Peu importent les raisons précises qui l'ont conduit à cette action. Il sera soumis aux sanctions de la loi pénale aussi bien s'il a été poussé par un motif immoral comme la cupidité, la convoitise, la méchanceté ou la vengeance, que si sa démarche est motivée par un sentiment beaucoup plus noble comme la pitié, l'amour ou la passion. On peut ici comparer la théorie de l'intention en droit pénal à la théorie civiliste de la cause en matière contractuelle qui est toujours la même pour chaque catégorie d'obligations quels que soient les motifs qui conduisent la personne à contracter.

6 Cette conception a été très sévèrement critiquée par les positivistes tel Ferri (*Sociologie criminelle*, p. 628, 4e éd., Paris, 1905, *Reprint*, Dalloz, coll. « Bibliothèque Dalloz », 2004) qui estimaient que seul le mobile peut révéler l'état dangereux. Les auteurs qui ont développé les doctrines de la défense sociale affirment qu'en refusant de tenir compte des mobiles on exclut toute véritable prise en considération sérieuse de la psychologie du délinquant (Ancel, *La défense sociale nouvelle*, Cujas, 3e éd., 1981, p. 11 ; v. égal. B. Bouloc, n° 273 ; R. Bernardini, n°s 441 s.).

7 Ces critiques n'ont cependant pas fait évoluer la jurisprudence qui refuse d'accepter cette notion d'intention variable suivant la personnalité de chaque délinquant. Dans le seul domaine du vol, il est possible de citer de nombreuses décisions qui ont refusé de tenir compte du mobile de l'agent (Crim 8 mai 1851, *Bull. crim.* n° 414 ; *S.* 1851. 1. 795 ; Crim. 7 oct. 1959 : désir de recouvrer une chose que l'on croit due ou de se constituer un gage. Crim. 12 mars 1970, *Bull. crim.* n° 102 ; *D.* 1970. 385, note Delmas ; *JCP* 1970. II. 16536, note R. De Lestang : destruction de revues, vendues dans une église, commise par des intégristes pour des raisons d'intransigeance religieuse ; Crim. 8 janv. 1992, n° 90-86.553, *Bull. crim.* n° 5 ; *RSC* 1993. 311, obs. B. Bouloc ; *Dr. pénal* 1992. Comm. 149, obs. M. Véron : vente des biens d'une entreprise pour payer des salaires ; Crim. 13 mai 1992, *Dr. pénal* 1992. Comm. 279, obs. M. Véron : vol d'animaux pour les soustraire à une expérimentation ; Crim. 8 déc. 1998, n° 97-83.318, *RSC* 1999. 822, obs. R. Ottenhof ; *Dr. pénal* 1999. 67, obs. M. Véron ; Crim. 24 avr. 2001, n° 00-83.798, *Bull. crim.* n° 98 ; *RSC* 2001. 829, obs. G. Giudicelli-Delage : vol de documents, en les photocopiant, commis par un salarié au préjudice de son employeur pour assurer sa défense dans le cadre d'un licenciement ; *contra* Paris 12 févr. 1996, *Dr. pénal* 1996. 128, obs. M. Véron et Soc. 2 déc. 1998, n° 96-44.258, *JCP* 1999. II. 10166, note S. Bouretz et surtout Crim. 11 mai 2004 (2 arrêts), n° 03-80.254 et n° 03-85.521, *Bull. crim.* n°s 113 et 117 ; *D.* 2004. 2326, note H. K. Gaba ; *ibid.* 2760, obs. G. Roujou de Boubée ; *Dr. pénal* 2004, n° 122, obs. M. Véron ; *RSC* 2004. 635, obs. É. Fortis ; *JCP* 2004. II. 10124, note C. Girault ; *RPDP* 2004. 861, obs. A. Lepage et 875, obs. J.-C. Saint-Pau). En réalité il ne s'agit pas dans ces dernières espèces de considérer que le mobile exclut l'intention, mais plutôt d'admettre que l'appréhension de documents appartenant à un employeur peut être justifiée s'ils étaient strictement nécessaires à l'exercice des droits de la défense du salarié prévenu dans une instance judiciaire qui les oppose. Même si l'expression n'est pas utilisée on se trouve donc plutôt dans le domaine de la justification objective relevant de la légitime nécessité (v. note A. Lepage ; dans le même sens : Crim. 4 janv. 2005, n° 04-82.337, *D.* 2005. 672 ; v. *supra*, n° 24, pour le domaine exact de la justification), par ailleurs, étendue à l'abus de confiance. On citera encore pour d'autres infractions : Crim. 22 mai 1959, *Bull. crim.* n° 264 (suppression de correspondance) ; Crim. 15 mai 1990, n° 89-85.772, *Bull. crim.* n° 196 ; Paris 9 juin 1995, *Dr. pénal* 1995, n° 221, obs. M. Véron ; *contra* Paris 21 sept. 1989, *Dr. pénal* 1990, n° 118 ; Crim. 23 janv. 1962, *Bull. crim.* n° 57 (recel de choses) ; Crim. 15 déc. 1943, *D.* 1845. 131, note H. Donnedieu de Vabres ; Crim. 10 janv. 1947, *Bull. crim.* n° 25 (escroquerie) ; Crim. 3 juill. 1984, *JCP* 1984. IV. 25 et Crim. 3 sept. 1996, n° 94-85.046, *Bull. crim.* n° 311 (non-représentation d'enfant) ; Crim. 7 juin 1988, *Bull. crim.* n° 289 ; *RSC* 1989. 107, obs. G. Levasseur (infraction commise par plaisanterie) ; Crim. 3 sept. 1996, *Dr. pénal* 1996, n° 4, obs. M. Véron (actes de torture et de barbarie ayant entraîné la mort sans intention de la donner dans une séance de désenvoûtement) ; Crim. 25 mars 1998, *Dr. pénal* 1998. 112, obs. M. Véron (aide à la prostitution d'autrui motivé par l'objectif de sauvegarder son emploi) ; Crim. 21 oct. 1998, n° 97-80.981, *Bull. crim.* n° 273 (refus de vente de contraceptifs par des pharmaciens opposés au principe de la contraception). On notera que, dans une affaire assez médiatisée, la cour de Toulouse (21 févr. 2002, n° 01/01172, *RSC* 2002. 587, obs. Y. Mayaud, *Dr. pénal* 2002, n° 85, obs. M. Véron) a estimé que la plaisanterie, assez discutable dans le contexte d'insécurité actuelle, consistant à envoyer de la poudre blanche à un ami dans une lettre, ouverte par erreur dans un centre de tri, ne constitue pas une atteinte volontaire à l'intégrité physique, faute d'intention de la part de l'expéditeur du courrier.

8 On remarquera cependant que l'affirmation de la nécessité de l'intention, comme principe fondamental de la responsabilité pénale, a conduit la Cour de cassation à rappeler aux tribunaux qu'ils devaient suffisamment motiver cet élément pour lui permettre d'exercer son contrôle. Ainsi en est-il par exemple en matière de non-représentation d'enfant (Crim. 5 juill. 1995, *Bull. crim.* n° 248 ; *Dr. pénal* 1995, n° 277, note M. Véron). La seule constatation du refus de représenter l'enfant ne suffit pas. Il importe en effet de connaître les circonstances ayant conduit le parent à refuser la représentation à l'autre parent. Dans le cas précis le fait que le père vive en Australie n'a sans doute pas été sans incidence. Il en est de même pour un abandon de famille où l'on a considéré que le seul non-paiement de la pension n'établissait pas l'infraction mais là encore, on remarque que certains éléments de fait ayant motivé un ajournement de peine montraient que le débiteur d'aliments avait pu, en raison de sa « faillite », se méprendre sur ses obligations (Crim. 28 juin 1995, *Bull. crim.* n° 243 ; *RSC* 1996. 364, obs. B. Bouloc ; *JCP* 1996. 22576, note A. Dekeuwer ; *Dr. pénal* 1995, n° 277, obs. M. Véron ; v. égal. : Crim. 21 mai 1997, *Dr. pénal* 1997, n° 138). Il faut évidemment rappeler que l'actuel Code pénal n'a pas repris la présomption de défaut de paiement volontaire (art. 357-2 ancien ; v. égal. en matière de vol simple, Crim. 4 mai 1995, *Dr. pénal* 1995, n° 196, obs. M. Véron : l'intention ne peut se déduire d'une simple affirmation mensongère). Il résulte de ces différentes décisions que, si le mobile ne peut pas être pris en considération, la nécessité de prouver l'intention peut dans certaines affaires conduire la jurisprudence à ne pas être totalement indifférente aux circonstances de l'espèce, une forme d'erreur de fait expliquant ces solutions. Certaines affaires peuvent d'ailleurs, par raisonnement *a contrario*, confirmer une telle manière de voir. En effet, la chambre criminelle a pu considérer que le fait de détruire, soustraire ou receler des actes de l'autorité publique sciemment, implique le dessein de faire obstacle à la manifestation de la vérité (C. pén., art. 434-4 ; Crim. 25 oct. 1995, *Bull. crim.* n° 319 ; v. égal., Crim. 30 oct. 1995, *Bull. crim.* n° 337 ; *Dr. pénal* 1996, n° 102, obs. M. Véron pour une usurpation du titre d'avocat. V. pour comparer avec la nouvelle incrimination de risques causés à autrui, art. 223-1 C. pén. ; Crim. 16 févr. 1999, n° 97-86.290, *Bull. crim.* n° 24 et Crim. 9 mars 1999, n° 98-82.269, *Bull. crim.* n° 34 ; *D.* 2000. 81, note M.-C. Sordino et A. Ponseille : l'élément intentionnel résulte du caractère manifestement délibéré de la violation de l'obligation, la connaissance du risque particulier qu'il fait encourir n'étant pas exigé. V. Malabat, « Le délit dit « de mise en danger » : la lettre et l'esprit », *JCP* 2000. I. 208, n° 14 ; v. en dernier lieu : Crim. 16 oct. 2007, n° 07-81.855, *Bull. crim.* n° 246 ; *AJ pénal* 2007. 536, obs. S. Lavric ; *Dr. pénal* 2008. 3, obs. M. Véron, qui dans le domaine du non-respect, par des chasseurs, des distances de sécurité, rappelle la nécessité de caractériser l'élément intentionnel. V. E. Dreyer, *Dr. pénal spécial*, Ellipses, n° 2080. Cette solution est également retenue en matière de détournement de biens par un dépositaire public, en l'occurrence des greffiers (C. pén., art. 432-15), qui se réalise par une utilisation étrangère à celles prévues et n'exige pas l'intention de s'approprier les fonds détournés ni d'en tirer un profit personnel : Crim. 20 avr. 2005, n° 04-84.917, *Bull. crim.* n° 140 ; *D.* 2005. 2992, obs. C. Mascala ; *Dr. pénal* 2005, n° 152, obs. M. Véron. Il arrive parfois, que les juges déduisent l'intention des circonstances de l'infraction (v. E. Dreyer, n° 875 s.). Ainsi, en est-il du délit de recel pouvant résulter, s'agissant de l'achat d'un scooter, du très bas prix acquitté et de l'absence de la fourniture des documents administratifs. Ces éléments auraient dû attirer l'attention de l'acheteur qui, dès lors « ne pouvait ignorer » ou « aurait dû savoir » que l'objet provenait d'une infraction. Comme le remarque le professeur Philippe Conte un annotateur de l'arrêt, cette solution est très discutable puisqu'elle est fondée sur une faute de négligence, celle de ne pas s'être informé sur l'origine délictueuse du scooter (Crim. 27 juin 2012, n° 11-86.555 ; *RPDP* 2013. 141, obs. Ph. Conte ; *Gaz. Pal.* 27 oct. 2013, obs. S. Detraz). Dans la même orientation, on peut signaler un arrêt qui considère, qu'en matière de recel, il suffit de connaître l'origine délictueuse de l'objet recelé, dès lors que l'auteur ne pouvait l'ignorer, sans pour autant que l'on puisse qualifier l'infraction : Crim. 12 mai 2015, n° 14-80.766, *Dr. pénal* 2015, n° 95, note M. Véron ; *RPDP* 2015. 918, obs. O. Décima. Cette solution est également applicable à l'infraction de blanchiment qui exige de l'agent la simple conscience de l'origine illicite des fonds blanchis. L'absence de connaissance de la qualification de l'infraction d'origine est donc indifférente pour la répression : Crim. 17 mars 2015, n° 14-80.805, *Gaz. Pal.* 29 mai 2015, n° 159, obs. E. Dreyer ; Crim. 29 mai 2015, n° 14-81.964, *Gaz. Pal.* 11 août 2015, n° 223, obs. S. Detraz ; *RPDP* 2015. 921, obs. M. Segonds.

9 C'est cependant dans le domaine des coups et blessures volontaires que l'on rencontre dans la jurisprudence les exemples les plus nombreux. L'arrêt *Petit* illustre parfaitement cette indifférence des mobiles pour cette infraction. À la suite d'une discussion assez orageuse avec son employeur, un salarié a voulu sortir du bureau où il se trouvait. Petit voulant l'en empêcher l'a blessé à la main en refermant brutalement la porte. Ce dernier ayant été condamné par la chambre des appels correctionnels de Toulouse, il s'est pourvu en cassation. Pour rejeter ce pourvoi, la chambre criminelle s'est contentée de constater qu'il y a eu un acte volontaire de violence et que l'infraction est ainsi constituée quel que soit le mobile qui a inspiré l'acte. Dès lors que la violence est volontaire, il importe peu que l'agent n'ait pas voulu le dommage (dans le même sens, Crim. 29 nov. 1972, *Gaz. Pal.* 1973. 1. 109 ; *RSC* 1973. 408, obs. G. Levasseur, commenté par M. Puech, n° 110 : blessure par un jeune enfant qui a volontairement tiré un coup de carabine dans le cartable d'une camarade et l'a blessée ; Crim. 5 févr. 1979, *Bull. crim.* n° 49). On notera que dans le dernier arrêt, le prévenu réclamait lui-même la qualification volontaire de l'infraction pour invoquer la légitime défense. V. égal. Crim. 16 févr. 2005, *Dr. pénal* 2005, n° 106, destruction des portes vitrées d'un service d'urgence en reculant brutalement avec un véhicule qui constitue une atteinte à l'intégrité physique ou psychique des personnes ; *contra* Versailles 16 juin 2003, *RSC* 2004. 87, obs. Y. Mayaud : le fait de déstabiliser un élève en tirant sur un cartable n'a pas été considéré comme une violence volontaire (v. *supra*, n° 21 ; v. égal. : Crim. 21 nov. 1988, *Bull. crim.* n° 392 ; *RSC* 1989. 321, obs. G. Levasseur ; Crim. 23 janv. 1990, *Dr. pénal* 1990, n° 213, obs. M. Véron ; Crim. 6 juill. 1993, *Dr. pénal* 1993. Comm. 254, obs. M. Véron ; Crim. 19 oct. 1993, *Dr. pénal* 1994, n° 33, obs. M. Véron ; Crim. 30 avr. 1996, *Gaz. Pal.* 23-27 août 1996 ; Nîmes 3 mai 2001, *Dr. pénal* 2001, n° 140, obs. M. Véron). Cette solution a été de nombreuses fois retenue pour sanctionner des violences réalisées à la suite de plaisanteries stupides (Crim. 3 janv. 1958, *Bull. crim.* n° 3 ; Crim. 8 nov. 1960, *Bull. crim.* n° 107 ; Crim. 7 juin 1961, *Bull. crim.* n° 290 ; Crim. 15 mars 1977, *Bull. crim.* n° 94 ; *JCP* 1979. II. 19148, note B. Bonjean ; *RSC* 1977. 817, obs. G. Levasseur ; *contra* Toulouse 21 févr. 2002, préc.) Une décision plus récente de la chambre criminelle pourrait également être interprétée dans le sens de la prise en considération du mobile pour refuser l'existence de l'intention (Crim. 6 févr. 2001, n° 00-82.434, *Bull. crim.* n° 33 ; *RSC* 2001. 580, obs. Y. Mayaud ; *ibid.* 800, obs. B. Bouloc) à savoir l'intérêt thérapeutique dans une affaire de stérilisation. En l'espèce il semble qu'une meilleure explication puisse être proposée, les faits de l'espèce révélant que le praticien a pu se méprendre sur la volonté de la patiente et donc doit être considéré comme ayant agi de bonne foi.

10 Il serait possible de multiplier les exemples de décisions ayant refusé toute incidence aux mobiles particuliers invoqués par un délinquant pour justifier son infraction (pour une décision refusant un mobile idéologique : Crim. 19 mai 1983, *Bull. crim.* n° 150). Sans doute pourrait-on citer telle ou telle décision d'une juridiction du fond en sens contraire mais cela ne suffit pas pour affirmer que la jurisprudence a, du moins sur ce point, une politique criminelle de l'intention (v. B. Mercadal, « Recherches sur l'intention en droit pénal », *RSC* 1967. 7 ; v. égal. P. Mimin, « L'intention et le mobile », *Mélanges Patin*, p. 115 s., R. Merle et A. Vitu, t. I, n° 591). On ne voit d'ailleurs pas très bien comment les juges pourraient adopter une conception différente de l'intention. Comment parviendrait-on à établir une liste des mobiles, nécessairement en nombre illimité, pour isoler ceux qui seraient seuls jugés antisociaux. L'arrêt *Lahore* nous montre d'ailleurs la relativité d'une telle démarche puisque la cour d'appel avait cru pouvoir relaxer les prévenus en considérant que seule la haine les avait guidés. Il est peu probable cependant qu'un tel mobile trouve place dans la liste des mobiles dits « sociaux ».

11 Cette thèse nous paraît, par ailleurs, reposer sur une sorte de confusion. S'agissant de déterminer si un fait constitue une infraction et non pas d'appliquer une sanction, la prise en considération des mobiles serait susceptible de légitimer des actions de « justice privée » (A. Decocq, p. 216 ; Crim. 22 juin 1972, *JCP* 1973. II. 17326, note J. Larguier). Un mobile explique la violation volontaire, il ne saurait la supprimer. C'est dans la détermination de la sanction que la psychologie du délinquant sera prise en compte, ce qui évidemment obligera le juge à s'intéresser à ses mobiles. Ainsi, la mesure prononcée tiendra compte de la personnalité de l'auteur de l'infraction et l'on peut concevoir qu'un mobile noble puisse conduire un tribunal répressif à supprimer toute sanction par application de la dispense de peine (C. pén., art. 132-58 et 132-59). Dans ces conditions, le système d'une double échelle de peines dit encore système des peines parallèles selon la nature des mobiles, souhaité par certains auteurs, serait d'une utilité assez limitée (B. Bouloc, n° 277. Pour le droit comparé : v. J. Pradel, *Droit pénal comparé*, 3e éd., 2008, n° 70). Mais cette solution serait-elle choisie que l'on ne pourrait pas affirmer pour autant l'adoption d'une conception concrète de l'intention puisqu'elle impliquerait une intervention législative donc une nécessaire application générale et abstraite du système.

B. — Une prise en compte légale exceptionnelle des mobiles

12 Dans notre législation, il arrive quelquefois que l'on prenne en considération un mobile déterminé tant en ce qui concerne l'existence d'une infraction que sa répression (v. E. Dreyer sur les mobiles légaux n° 893 s.). Cette intégration du mobile dans le texte de qualification, qui reste d'ailleurs limitée, n'introduit en fait une conception concrète de l'intention que d'une manière assez artificielle puisque cette prise en considération du mobile intervient de manière objective. On notera que le mobile peut également avoir une incidence sur le régime de l'infraction. L'exemple le plus significatif était fourni par la loi du 9 septembre 1986 relative aux infractions de terrorisme qui confère un statut particulier aux infractions ayant pour but de troubler gravement l'ordre public par l'intimidation ou la terreur. Ces dispositions sont aujourd'hui intégrées dans le Code pénal (C. pén., art. 421-1). Un certain nombre d'infractions graves sont ainsi soumises à un régime particulier de fond et de forme lorsqu'elles sont réalisées avec un objectif de terrorisme. Dès lors, le mobile, dans ce cas précis, va en quelque sorte être l'équivalent d'une circonstance aggravante (C. pén., art. 421-3 ; v. sur ce point J. Pradel, *D.* 1987. Chron. 39 ; J. Pradel, n° 557 ; W. Jeandidier, n° 324).

13 Dans le domaine de la répression de l'infraction, on ne rencontrait que quelques rares textes prenant en compte un mobile spécifique dans le Code de 1810. La solution est un peu différente avec l'actuel Code pénal qui, voulant une législation plus proche des valeurs de notre société, a incriminé de manière spécifique certains mobiles apparaissant particulièrement choquants tel le racisme (v. à titre d'ex. la profanation de sépulture avec intention de porter atteinte à une race ou une religion (C. pén., art. 225-18), le génocide (C. pén., art. 211-1), forme particulière du crime contre l'humanité). On citera également dans d'autres domaines l'enlèvement lorsqu'il a pour but d'obtenir une rançon (C. pén., art. 224-4 et 224-5) ou encore les violences, destructions ou dégradations ayant pour objectif de faire pression sur un témoin ou une victime (C. pén., art. 222-3-5e, 322-3-4e ; sur cette question, v. F. Desportes et F. Le Gunehec, nº 478 ; F. Le Gunehec, « Institution d'une circonstance aggravante de racisme », *JCP* 2003. 252). On ajoutera que s'agissant du mobile de racisme ou encore d'homophobie le législateur a créé des circonstances aggravantes particulières (C. pén., art. 132-76 et 132-77) s'appliquant à de nombreuses infractions. En dehors de telles dispositions précises, il est certain que la peine encourue est la même, quel que soit le mobile. Ainsi, l'euthanasie, c'est-à-dire le fait de donner la mort pour éviter des souffrances intolérables, reste un assassinat passible de la peine de la réclusion criminelle à perpétuité On notera que la loi du 22 avril 2005 qui permet à un médecin dans le cadre d'une procédure précise prévue dans le Code de la santé publique (CSP, art L. 1110-5 s. tel qu'il résulte de la loi n° 2016-87 du 2 févr. 2016) de mettre fin à des soins déraisonnables et même dans des cas précis (art. L. 1110-5 de pratiquer une cédation profonde et continue), notamment lorsque le malade le demande ou a manifesté sa volonté de façon anticipée, n'infirme nullement le caractère punissable de l'euthanasie active. Tout au plus existe-t-il une sorte de permission légale de « laisser mourir » y compris depuis la loi de 2016 en utilisant des moyens qui provoquent une altération de la conscience, associés à une analgésie qui pourra être maintenue jusqu'au décès (v. J. Pradel, « La Parque assistée par le Droit », *D.* 2005. Chron. 2106 ; J. Pradel, nº 603). Il est en revanche à peine besoin de noter le rôle fondamental des mobiles dans la détermination effective de la sanction, ce qui dans des affaires comme l'euthanasie peut conduire à des acquittements pour défaut d'intention, regrettables sur le plan des principes juridiques mais parfaitement explicables en fait (v. P. Bouzat et J. Pinatel, t. I, p. 185). Pour expliquer le rôle des mobiles dans la répression, on invoque parfois le caractère particulier de l'échelle des peines politiques. C'est oublier que le critère d'une infraction politique repose avant tout sur la nature objective des actes réprimés (v. *supra*, nº 27).

14 En ce qui concerne l'existence de l'infraction, on a parfois considéré qu'un mobile pouvait rendre licite un fait qui serait autrement considéré comme un délit. Ainsi on a prétendu que le véritable fondement des faits justificatifs résiderait dans la légitimité du mobile qui anime l'agent

(Trousse, « Le mobile justificatif », *RD pén. crim.* 1962. 63, p. 418 s.). Une telle opinion est inacceptable car ce qui provoque l'impunité, ce sont les circonstances de l'acte qui, le rendant socialement utile, entraînent l'inutilité de toute sanction (R. Merle et A. Vitu, t. I, n° 436). Il en va de même pour les faits justificatifs spéciaux tel celui qui déclarait justifiées les infractions commises par les résistants dans le but de servir la cause de la libération de la France. Le mobile du délinquant n'est pris en considération que par l'intermédiaire d'une loi entraînant la disqualification d'un fait socialement utile, ce qui exclut la répression.

Mais il arrive beaucoup plus fréquemment qu'un acte ne tombe sous le coup de la loi pénale que parce qu'il était inspiré par un but précis, seul pris en compte par cette loi. Il serait ainsi possible de fournir une assez longue liste d'infractions pour lesquelles un mobile particulier est exceptionnellement exigé par la loi comme élément constitutif de l'infraction (v. E. Dreyer n° 995 s., qui classe les mobiles en trois catégories quant à leur influence : positive, négative, clarificatrice). Citons à titre d'exemples : loi du 18 août 1936 : atteinte au crédit de l'État seulement s'il a un but de spéculation ou de dépréciation de la monnaie, article L. 420-1 du Code de commerce, spéculation illicite si elle a pour but de troubler les cours du marché ; article 434-25 du Code pénal ; atteinte à l'autorité de la justice si le commentateur d'une décision de justice a eu pour but de discréditer la justice ; article 227-12 du Code pénal, provocation à l'abandon d'enfant « dans un esprit de lucre » ; article 66, *DL* 1935 modifié par la loi du 2 janv. 1975, émission de chèque sans provision si l'on a eu pour but de porter atteinte aux droits d'autrui (Crim. 10 janv. 1991, *Bull. crim.* n° 20). Si l'émission n'est plus aujourd'hui incriminée depuis la loi du 30 décembre 1992 on remarque que les infractions maintenues ne seront punissables que si ce mobile particulier est envisagé. À cette liste on ajoutera encore les infractions d'atteinte aux intérêts fondamentaux de la nation, notamment les attentats qui dans de nombreux cas ne sont réprimés que s'ils sont accomplis dans un but précis (porter atteinte à l'intégrité du territoire par exemple, v. sur cette question, A. Vitu, *Traité de droit pénal spécial*, t. I, p. 42 s.). Il est certain que pour toutes ces infractions un mobile spécifique est exigé pour leur réalisation mais il s'intègre alors au texte de qualification. Il n'y aura atteinte à la valeur sociale protégée par le texte de qualification que pour ceux qui auront pour objectif le but précis envisagé par le législateur. Néanmoins tous ceux qui poursuivront ce but tomberont sous le coup de la loi pénale alors que les raisons profondes, qui les ont conduits à agir, pourront être très différentes. Il y a, à côté des mobiles proches, des raisons personnelles plus éloignées que la loi ignorera. Le mobile de l'individu qui livre des renseignements à une puissance étrangère par haine des dirigeants de son pays ou par amour pour une femme ne sera pas pris en considération. L'intention même complétée par un mobile reste donc abstraite. *Contra* M. Benillouche, « Subjectivisation de l'élément moral de l'infraction : plaidoyer pour une nouvelle théorie de la culpabilité », *RSC* 2005. 529.

15 Il demeure cependant que ces hypothèses sont souvent présentées comme celles qui révèlent avec le plus d'évidence la nécessité d'un dol spécial, c'est-à-dire d'une volonté plus précise que celle qui est requise pour la majorité des infractions intentionnelles, et que l'on nomme le dol général.

II. — La distinction entre le dol général et le dol spécial

16 L'arrêt *Petit* bien qu'il ne fasse nullement allusion à ces notions est l'une des décisions qui paraît établir la réalité d'une distinction, présentée par la presque totalité de la doctrine comme essentielle (A). En réalité cette distinction est beaucoup moins évidente qu'on ne l'affirme et elle n'apparaît pas nécessaire pour justifier la solution retenue dans l'arrêt que nous commentons (B).

A. — Les difficultés de la distinction

17 Selon Petit, demandeur au pourvoi il n'était pas possible de lui faire application de l'article R. 40-1er du Code pénal de 1810 (art. R. 625-1 C. pén. Sur le caractère intentionnel de cette contravention, A. Vitu, Traité préc., t. II, no 1745 et *infra*, no 42). En effet ce texte exigerait, outre un acte volontaire non contesté, la volonté de blesser qui, en l'occurrence, n'existerait pas. Pour l'annotateur de cette décision à la *Gazette du Palais* il est possible de traduire cette demande plus juridiquement. L'argumentation du pourvoi revient à considérer que l'infraction n'est pas réalisée faute d'intention. En effet la contravention de coups et blessures volontaires, tout comme le délit d'ailleurs, impliquerait l'existence d'un dol spécial (la volonté de blesser autrui) et ne sauraient résulter d'un simple acte volontaire de violence (simple dol général).

18 En repoussant cette thèse du demandeur, la chambre criminelle semble consacrer implicitement la distinction dol spécial, dol général puisqu'elle décide que l'infraction est réalisée dès qu'il y a un acte volontaire de violence alors même que son auteur n'aurait pas voulu le dommage qui en est résulté (en ce sens : Crim. 19 oct. 1993, *Dr. pénal* 1994. Comm. 33, obs. M. Véron). Le dol général suffit donc pour la constitution de l'infraction.

Les auteurs, dans leur presque totalité, pour présenter l'intention criminelle distinguent en effet deux modalités de ce qu'ils nomment le dol (R. Garraud, t. I, no 290 ; É. Garçon, art. 1er, no 77 ; R. Merle et A. Vitu, t. I, no 596 ; B. Bouloc, no 281 ; J. Pradel, no 560 avec une présentation un peu différente ; M. Puech, no 42 ; H. Donnedieu de Vabres, no 122 ; M. Puech, nos 512 s. ; W. Jeandidier, nos 322 s. ; J.-H. Robert, p. 323 ; R. Bernardini, *L'intention coupable en droit pénal*, thèse Nice, 1976 ; A. Decocq, p. 217 ; X. Pin, no 187 ; A. Wagner, *La notion d'intention pénale dans la doctrine classique et la jurisprudence contemporaine*, thèse Clermont-Ferrand, 1976 ; F. Desportes et F. Le Gunehec, n°s 474 s. ; *contra* cependant P. Conte et P. Maistre du Chambon, n° 384 ; R. Bernardini, n° 426 ; Y. Mayaud, n° 255 qui n'en traite pas dans les développements principaux de son manuel ; v. pour une approche très originale de cette notion : E. Dreyer, n°s 885 s.). Pour la doctrine, le dol général « consiste à commettre le délit tel qu'il est déterminé par la loi » (par ex. en matière de faux, la délivrance de documents administratifs en connaissance de cause à une personne qui n'y a pas droit : Crim. 26 janv. 1993, *Bull. crim.* n° 40 ; v. égal. Crim. 29 mars 1994, *Gaz. Pal.* 22-23 juin 1994, p. 13 ; Crim. 15 févr. 1994, *Gaz. Pal.* 3-4 juin 1994, p. 18 ; Crim. 13 juin 2006, *RPDP* 2007. 412, obs. B. de Lamy, décisions qui en matière de fraudes et d'entraves admettent facilement l'existence de l'intention et Crim. 25 oct. 2000, *Dr. pénal* 2001, n° 15, en matière d'abus de confiance pour une utilisation des fonds en pleine connaissance de cause à des fins étrangères à celles prévues ; v. égal. : Crim. 7 mars 2012, n° 11-82.318, *Gaz. Pal.* 28 juill. 2012, obs. S. Detraz : bijoutier qui s'est mis dans la situation de ne pas pouvoir restituer une bague déposée), alors que le dol spécial supposerait une volonté plus précise, une intention plus caractérisée. La Cour de cassation n'hésite pas à affirmer dans certaines décisions que l'intention découle de la constatation de l'élément matériel (Crim. 8 avr. 2009, *Dr. pénal* 2009. 108, obs. M. Véron ; Crim. 13 janv. 2010, *Dr. pénal* 2010. 61, obs. M. Véron, pour un abus de confiance ; Crim. 6 avr. 2011, n° 10-86.008, *RSC* 2011. 621, obs. H. Matsopoulou ; *RPDP* 2010. 669, obs. S. Detraz, pour une tenue irrégulière de comptabilité). Dans d'autres arrêts la chambre criminelle considère que l'omission d'observer une réglementation sur le contrôle de produits importés caractérise, en elle-même, l'élément intentionnel de l'infraction de tromperie (Crim. 20 sept. 2011, n° 11-81.326, *D.* 2011. 2535 ; *AJ pénal* 2012. 38, obs. J. Gallois ; *Dr. pénal* 2011. 156, obs. J.-H. Robert ; *RSC* 2012, 154, obs. C. Ambroise-Castérot). Il en est de même pour la détention de marchandises corrompues, l'intention résultant de l'absence du devoir de surveillance : Crim. 21 janv. 2014, n° 13-80.075, *AJ pénal* 2014. 561, obs. J. Lasserre Capdeville et Crim. 1er sept. 2015, n° 14-84.677, *Dr. pénal* 2015, n° 166, note J.-H. Robert. On doit préciser que depuis l'entrée en vigueur de l'actuel Code pénal, on rencontre de nombreuses décisions où la chambre criminelle affirme que la violation en connaissance de cause d'une prescription légale ou réglementaire implique de la part de son auteur, l'intention coupable exigée par l'article 121-3 du Code pénal (Crim. 12 juill. 1994, n° 93-85.262, *Bull. crim.* n° 280 ; Crim. 8 mai 2009, *Dr. pénal* 2009. 126, obs. J.-H. Robert : infraction en matière d'urbanisme ; Crim. 10 janv. 1996, n° 94-85.938, *Bull. crim.* n° 13 : construction sans permis, etc. ; v. égal. Crim. 27 mars 1996, *Gaz. Pal.* 23-27 août 1996 : usurpation d'un titre en connaissance de cause ; Crim. 3 mars 1998, n° 96-85.098, *D.* 1998. 121, non-renouvellement d'un comité d'hygiène et de sécurité et *infra*, n° 42 ; Crim. 19 mars 2002, *Dr. pénal* 2002, n° 87 ; Crim. 14 janv. 2004, n° 03-83.396, *Bull. crim.* n° 11 ; *Dr. pénal* 2004, n° 50, obs. J.-H. Robert ; Crim. 14 déc. 2011, n° 11-82.854, *Dr. pénal*

2012. 29, obs. M. Véron ; Crim. 5 déc. 2012, n° 11-88.245 ; RPDP 2013. 385, obs. M. Segonds : délit de favoritisme ; Crim. 28 juin 2005, n° 05-82.189, *Bull. crim.* n° 196 ; *Dr. pénal* 2005, n° 140, obs. M. Véron ; *D.* 2005. 2178 ; *ibid.* 2006. 561, note O. Fardoux ; *RPDP* 2006. 123, obs. Ph. Bonfils ; *RSC* 2005. 839 et Crim. 23 juill. 2014, n° 14-90.024, *Dr. pénal* 2014, n° 124, note M. Véron ; *Gaz. Pal.* 21 août 2014, n° 294, obs. E. Dreyer, qui refuse une QPC sur l'élément moral concernant cette infraction qui est censé exister dès lors qu'il est possible d'invoquer une erreur de droit : acquisition d'oiseaux appartenant à une espèce protégée ; Crim. 20 janv. 2009, *Dr. pénal* 2009, n° 53, obs. J.-H. Robert : embauche sans déclaration préalable ; Crim. 15 déc. 2009, *Dr. pénal* 2010. 41, obs. J.-H. Robert ; *AJ pénal* 2010. 73, obs. N. Eréséa et J. Lasserre Capdeville ; A. Lepage, « Un an de droit de la consommation », *Dr. pénal* 2010, n° 18 ; *RPDP* 2010. 149, obs. J.-H. Robert : pratiques commerciales trompeuses ; Crim. 29 sept. 2009, *Dr. pénal* 2009. 142, obs. J.-H. Robert : travail illégal ; Crim. 26 mai 2010, *Dr. pénal* 2010. 91, obs. M. Véron : dénonciation calomnieuse ; sur ce dernier point, v. S. Ceccaldi, « Sur la nature conjecturale de l'élément moral : l'exemple de la dénonciation calomnieuse », *RSC* 2010. 587). On notera que la chambre criminelle, dans une de ses décisions (18 déc. 2008, *Dr. pénal* 2009, n° 40, obs. J.-H. Robert), a considéré que cette présomption d'intention appliquée en matière d'urbanisme (absence d'un permis de construire) n'était pas contraire à la présomption d'innocence, autrement dit que l'article 6 § 2 Conv. EDH n'était pas violé.

On peut signaler, par ailleurs, plusieurs décisions récentes révélatrices de la « perte de consistance de l'intention » (E. Dreyer). Tout d'abord pour une infraction consistant dans le fait de pénétrer sur des voies ferrées, réprimée par l'article L. 2244-4-5e du C. des transp., pour laquelle la Cour de cassation a admis que, dans ce cas, l'intention résultait pour une personne qui s'était assise sur les voies, de savoir qu'elle n'y était pas autorisée, dès lors, qu'elle ne contestait pas les faits. Cette solution revient à exiger de la personne poursuivie qu'elle nie l'intention, pour tenter d'échapper à la poursuite ; Crim. 9 déc. 2014, n° 14-80.200, *Bull. crim.* n° 264 ; *Gaz. Pal.* 22 févr. 2015, n° 55, obs. E. Dreyer. Ensuite, pour une infraction d'outrage à des policiers qui peut résulter d'insultes envers la police par des manifestants. La chambre criminelle considère, en effet, que dès lors que des policiers pouvaient entendre ces insultes l'intention d'outrager peut être retenue contre les personnes poursuivies : Crim. 20 oct. 2015, n° 14-84.156, *Gaz. Pal.* 26 janv. 2015, n° 4, obs. S. Detraz. On citera enfin, une infraction de harcèlement sexuel, imputée à un chef de rayons de magasin, résultant de la répétition, à l'encontre de deux salariées, de propos ou de comportements à connotation sexuelle, les plaçant dans une situation intimidante. Si la chambre criminelle estime que le prévenu a agi en connaissance de cause elle concède cependant « qu'il peut avoir mésestimé la portée de ses agissements », ce qui revient à admettre qu'il n'avait pas totalement conscience de la conséquence de ses actes. Elle n'en admet pas moins l'existence de l'infraction. Cette solution conduit ainsi à refuser de prendre en compte une erreur de fait, alors qu'elle semble pourtant envisageable : Crim. 18 nov. 2015, n° 14-85.591 ; *JCP* 2016. 219, note B. Lapérou et Scheneider ; *Dr. pénal* 2016, n° 21, note P. Conte ; *RPDP* 2015. 907, obs. V. Mallabat.

19 En matière de dol spécial au contraire le législateur incrimine la production d'un résultat déterminé et c'est la volonté de provoquer ce résultat qui est seule retenue.

Ainsi en est-il de l'intention de tuer dans le meurtre, de se comporter en maître de la chose dans le vol ou de poursuivre un mobile spécifique pour les infractions précédemment envisagées. Comme on l'a remarqué, plutôt que de dol spécial, il faudrait parler de dols spéciaux puisque cette notion varie selon les infractions (sur l'utilité du dol spécial : J. Pradel, n° 560 ; F. Desportes et F. Le Gunehec, n° 475).

Pour déterminer si une infraction requiert un dol spécial il suffit donc de se référer au texte d'incrimination pour vérifier s'il comporte une indication sur l'aspect psychologique de l'élément matériel envisagé du point de vue du résultat (M. Puech, *op. cit.*, p. 420 ; v. Crim. 20 avr. 2005, préc. pour un exemple niant l'exigence d'un dol spécial). Ainsi en matière de coups et blessures le législateur fait varier la peine en fonction du résultat atteint sans se préoccuper d'autre chose que de la volonté d'agir, l'individu sachant ou devant prévoir les conséquences de l'acte de violence (A. Vitu, traité préc., t. II, n° 1746). On peut trouver dans la jurisprudence un exemple d'infraction pour laquelle la volonté du résultat est importante. Il s'agit du délit d'agression sonore en vu de troubler la tranquillité d'autrui (art 222-16 C. pén.) résultant, dans le cas d'espèce, des aboiements permanents de huit chiens de meute. La conscience du trouble occasionné à autrui, par le propriétaire des chiens ne suffit pas. Il faut encore une volonté de troubler la tranquillité d'autrui. En l'occurrence, la chambre criminelle appuye sa décision de rejet du pourvoi contre l'arrêt de condamnation, sur le motif, qu'au-delà des aboiements des chiens, en eux-mêmes, il pouvait être reproché à leur propriétaire le fait qu'il lui arrivait de les attiser ou de les provoquer : Crim. 2 juin 2015, n° 14-85.073 *Bull. crim.* n° 135 ; *Gaz. Pal.* 11 août 2015, n° 223 ; obs. S. Détraz ; *Dr. pénal* 2015, n° 135, note P. Conte ; *RSC* 2015. 654, obs. Y. Mayaud.

Si cette solution souvent admise en jurisprudence (v. Crim. 24 févr. 1976, *Bull. crim.* n° 69 ; Crim. 3 oct. 1991, n° 90-84.747, *RSC* 1992. 748, obs. G. Levasseur ; *Dr. pénal* 1992. 97) paraît certaine elle ne suffit pas à justifier que les coups et blessures volontaires constitueraient un délit intentionnel différent, dans sa structure, du meurtre par exemple.

B. — L'inutilité de la distinction

20 L'examen des exemples de dol spécial présentés par la doctrine paraît révéler qu'il consisterait dans la volonté d'atteindre le résultat prévu par l'infraction (É. Garçon, R. Merle et A. Vitu, *op. cit.*). Ainsi, pour le meurtre, le dol spécial serait l'intention de tuer, or la recherche du résultat impliqué par le dol général n'est pas autre chose. L'intention est suffisamment constatée dès lors qu'un individu a accepté le risque de causer la mort de la victime (A. Decocq, p. 218). Pour cet auteur le dol spécial serait différent. En effet, il faudrait le réserver aux seules infractions qui exigent une véritable donnée psychologique supplémentaire telle la volonté de se comporter en maître de la chose dans le vol ou encore la poursuite d'un mobile particulier.

En réalité cette présentation n'est pas plus convaincante. Lorsqu'un mobile spécifique est exigé il est nécessairement intégré dans le texte de qualification. Dès lors si l'on définit le dol général comme la conscience et la volonté de réaliser l'infraction telle qu'elle est prévue par la loi il n'y a plus de place pour le dol spécial qui est intégralement absorbée par le dol général. Il apparaît pour le moins que la distinction est fort peu utile (R. Merle et A. Vitu, t. I, n° 596, note 2).

En réalité comme l'a remarquablement démontré M. Dana dans sa thèse (*Essai sur la notion d'infraction pénale*, LGDJ, 1982, n°s 454 s.) c'est plutôt le dol général notion jugée « introuvable » qui serait absorbé par le dol spécial jugé « inévitable ». Il est ainsi amené à montrer que du point de vue conceptuel le dol général se confond avec l'action imputable et la légalité pénale. Ainsi seul le dol spécial est caractéristique de l'intention criminelle, c'est-à-dire de l'hostilité à une valeur sociale protégée par la loi pénale. Il faut donc que la volonté soit dirigée contre une valeur sociale, qu'elle ait en plus pour objectif de provoquer le résultat : le trouble social que l'on voulait éviter. On peut résumer en disant que le dol spécial n'est pas autre chose que l'intention de nuire à une valeur sociale (A.-C. Dana, *op. cit.*, n° 475).

21 Selon cette conception, la solution de l'arrêt *Petit* est parfaitement justifiée. Dès lors qu'un individu a volontairement commis un acte de violence envers un tiers on peut considérer qu'il a l'intention de nuire à la valeur sociale protégée, à savoir l'intégrité physique des personnes. Peu importe que son action ait eu pour objectif d'empêcher la victime de sortir d'une pièce, cette circonstance n'est qu'un mobile, nous le savons, sans incidence.

Il n'y a donc aucune différence sur le plan de l'intention avec le meurtre par exemple. Dans ce cas la valeur sociale protégée est la vie. Il faudra donc que l'agent ait conscience que les procédés qu'il utilise peuvent provoquer la mort, autrement dit « de l'effet qui suivra l'acte » (M.-L. Rassat, *Droit pénal spécial*, 5e éd., n° 263) Ainsi dans un arrêt la chambre criminelle a pu estimer que le fait d'avoir heurté la tête d'une personne sur une surface dure n'implique pas obligatoirement l'intention de tuer (Crim. 23 avr. 2006, *Dr. pénal* 2006, n° 449, obs. M. Véron). L'affaire dite du « sang contaminé » pour les hémophiles victimes du sida a posé aux juges la question de l'intention en matière d'empoisonnement. Peut-on admettre que ce crime est constitué dès lors que les inculpés ne pouvaient ignorer le caractère mortifère du produit administré aux victimes. Le tribunal correctionnel de Paris, le 23 octobre 1992 (*D.* 1993. 222, note A. Prothais) puis la cour de Paris le 13 juillet 1993 (*D.* 1994.

118, note A. Prothais ; *Gaz. Pal.* 25 janv. 1994, note J.-P. Delmas Saint-Hilaire) ont répondu par la négative. Cette solution qui peut apparaître très discutable a été sévèrement critiquée par la doctrine (A. Prothais, notes préc. ; J.-P. Delmas Saint-Hilaire : « La mort, la grande absente de la décision rendue dans l'affaire du sang contaminé », *Gaz. Pal.* 1993. Doctr. 257 ; *Gaz. Pal.* 1993. 1. Somm. 118, note J.-P. Doucet ; v. égal. Y. Mayaud, « La volonté à la lumière du nouveau Code pénal », *Mélanges J. Larguier*, p. 208). On remarque d'ailleurs que la cour de Paris mesurant sans doute la fragilité de sa position s'est efforcée de la justifier en se fondant sur l'absence de preuve de l'intention homicide et l'existence d'une sorte d'état de nécessité. Il reste que l'argumentation n'est guère convaincante et que l'application habituelle de la théorie de l'intention aurait dû conduire à retenir la qualification d'empoisonnement puisque les inculpés n'ignoraient pas que le produit, qu'ils mettaient sur le marché, pouvait entraîner la mort même s'ils n'avaient pas d'intention homicide. La Cour de cassation, qui a rejeté le pourvoi, ne s'est pas expressément prononcée sur cette question. En effet, elle se contente d'affirmer que les juges ne pouvaient retenir la qualification d'empoisonnement sans ajouter à la prévention. Il est cependant important de remarquer que la Haute juridiction n'excluait pas cette possibilité (Crim. 22 juin 1994, n° 93-83.900, *D.* 1995. 85, note A. Prothais ; *ibid.* 65, concl. J. J. Perfetti ; *Gaz. Pal.* 26-30 août 1994, p. 7 ; v. égal. C. Cohen, « À propos de l'affaire du sang contaminé, "l'incrimination introuvable" », *Gaz. Pal.* 1995, n° 21, p. 2 ; v. égal. M. Véron, « De l'empoisonnement », *Dr. pénal* 1996, n° 34). On notera d'ailleurs que dans une autre affaire (connaissance de l'effet mortifère d'une prise massive des produits remis à la victime), la chambre criminelle n'a pas hésité à retenir l'infraction (Crim. 8 juin 1993, n° 93-81.372, *Bull. crim.* n° 203 ; *Gaz. Pal.* 6 oct. 1993, J.-P. Doucet). Ultérieurement, cependant, la chambre criminelle a paru vouloir trancher définitivement cette controverse en affirmant que l'empoisonnement exige une intention homicide qui ne peut pas être caractérisée par la seule connaissance du pouvoir mortel de la substance administrée. En l'occurrence il s'agissait d'un individu qui, se sachant atteint du virus du sida, a néanmoins incité sa partenaire à avoir des rapports sexuels non protégés (Crim. 2 juill. 1998, n° 98-80.529, *Bull. crim.* n° 211 ; *D.* 1998. 457, note J. Pradel ; *RSC* 1999. 98, obs. Y. Mayaud ; *JCP* 1998. II. 10132, note M.-L. Rassat et 1999 I. 112, n° 3, obs. M. Véron ; A. Prothais, « N'empoisonnez donc plus à l'arsenic ! », *D.* 1998. Chron. 334). On notera cependant, en ce domaine, une résistance des juridictions du fond (Colmar 4 janv. 2005, n° 05/00003, *D.* 2005. 1069, note A. Paulin ; *LPA* 8 oct. 2005, obs. J.-C. Saint-Pau), qui retient dans un tel cas l'incrimination d'administration de substances nuisibles. La chambre criminelle a confirmé cette solution (Crim. 10 janv. 2006, n° 05-80.787, *Bull. crim.* n° 11 ; *D.* 2006. 322 ; *Dr. pénal* 2006, n° 30, obs. M. Véron ; *Gaz. Pal.* 6-8 août 2006, obs. Y. Monnet ; A. Prothais, « Le sida par complaisance rattrapé par le droit pénal », *D.* 2006. Chron. 1068 ; Crim. 5 oct. 2010, n° 09-86.209, *Bull. crim.* n° 147 ; *AJ pénal* 2011. 77, obs. G. Roussel ; *RSC* 2011. 101, obs. Y. Mayaud ; *Dr. pénal* 2010. 133, obs. M. Véron). Cette solution est-elle satisfaisante sur le plan de l'analyse de l'élément moral de l'incrimination. On peut en douter dès lors que l'élément intellectuel des deux infractions n'apparaît pas différent (v. M.-L. Rassat, préc. n° 282). Il reste cependant que la Cour de cassation devait se prononcer, une nouvelle fois, puisque par ordonnance de règlement prise le 20 mai 1999, certains protagonistes de l'affaire du sang contaminé avaient été renvoyés devant les juridictions de jugement sous la qualification d'empoisonnement. La cour d'appel a rendu dans ce dossier, un arrêt de non-lieu général qui n'est pas fondé sur l'absence d'élément intentionnel, mais curieusement sur l'existence d'un état de nécessité résultant du choix d'un impératif immédiat d'utiliser du sang, peut-être contaminé, pour soigner les hémophiles et un risque plus hypothétique de faire contracter à ces derniers une maladie mortelle. La chambre criminelle a confirmé ce non-lieu général dans un arrêt du 21 juin 2003 (n° 02-85.199) au motif essentiel que l'empoisonnement ne peut être caractérisé que si l'individu a agi avec l'intention de donner la mort. Cette décision a fait l'objet de multiples commentaires qui, pratiquement tous, désapprouvent la solution de la Cour de cassation : M.-L. Rassat (*JCP* 2003. II. 10121) ; D. Rebut (*D.* 2004. 1620) ; S. Mirabail (*D.* 2004. 2751) ; M. Véron (*Dr. pénal* 2003, n° 97) ; M.-F. Steinlé-Feuerbach (*LPA* 2003, n° 148) ; Y. Mayaud (*RSC* 2003. 781) ; A. Prothais (*D.* 2005. 195) ; A. Reinhard (*Dr. pénal* 2003. Chron. 25, « Droit pénal. Droit vénal. Récit d'un glissement de frontière ») ; V. Malabat et J.-C. Saint-Pau (*Dr. pénal* 2004. Chron. n° 2 : « Le droit pénal malade du sang contaminé ») ; J. Pradel et M. Danti-Juan (*Droit pénal spécial*, 6e éd., 2015, n° 51) ; M.-L. Rassat (*Droit pénal spécial*, nos 327 s.). Selon un auteur (A. Prothais) cette décision est tout à la fois une catastrophe judiciaire et une catastrophe juridique. S'il est tout à fait exact que la Cour de cassation a apporté sur plusieurs questions de droit des réponses pour le moins contestables, il est non moins évident que cette décision ne devrait pas hypothéquer l'avenir car, comme le souligne cet auteur, elle n'avait sans doute, comme seul objectif, que de « blanchir le passé ». Il reste que si l'on veut garder une spécificité à l'infraction d'empoisonnement et ne pas faire de cette infraction formelle une simple forme de meurtre, il ne faut pas, contrairement à ce qu'affirme la chambre criminelle, exiger que soit nécessairement prouvée la volonté d'atteindre le résultat. Il suffit d'établir la connaissance, par le prévenu, du caractère mortel des produits utilisés et la volonté de les administrer nonobstant cette connaissance [en ce sens, Y. Mayaud, n° 230 (3)]. L'intention dans l'infraction formelle porte sur le comportement et non sur le résultat. Dès lors en matière d'empoisonnement elle est tout entière contenue dans la conscience et la volonté d'administrer un produit en sachant qu'il peut entraîner la mort. La Cour de cassation ayant estimé que les personnes poursuivies n'avaient pas conscience du caractère mortifère du sang utilisé il n'était nullement nécessaire d'ajouter, pour justifier le non-lieu sur ce point, une explication supplémentaire surabondante (un *obiter dictum* selon M. Prothais) aux termes duquel l'auteur doit avoir « agi dans l'intention de donner la mort ». Comme le souligne M. Mayaud (préc.) en se livrant à une telle recherche on sort du domaine de l'intention pour entrer dans celui des mobiles qui, nous le savons, ne jouent aucun rôle dans la constitution de l'infraction. Une solution identique, et nous semble-t-il tout aussi contestable, a été retenue s'agissant d'actes de cruautés et sévices envers des animaux domestiques (C. pén., art. 521-1, al 1er). La Cour de cassation a en effet censuré un arrêt qui avait appliqué cette qualification à des éleveurs ayant laissé des animaux privés de soins dans des conditions inacceptables (animaux enchaînés pataugeant dans la boue, blessés, décharnés, incapables de se relever) en relevant que les juges du fond n'avaient pas caractérisé l'existence d'actes accomplis intentionnellement c'est-à-dire dans le dessein de provoquer la souffrance ou la mort. La chambre criminelle exige donc une volonté particulière (dessein de provoquer la souffrance ou la mort) qui n'est pourtant aucunement exigée par le texte : Crim. 30 mai 2006, *Dr. pénal* 2006, n° 119, obs. M. Véron. V. égal. Crim. 11 juin 2014, n° 13-85.894, *Gaz. Pal.* 21 oct. 2014, n° 294, obs. E. Dreyer.

22 On ajoutera enfin que cette conception de l'intention justifie pleinement les solutions retenues par la jurisprudence à propos des modalités du dol spécial aussi bien dans ses degrés que dans son intensité (en ce sens, W. Jeandidier, nos 327 et 328 ; E. Dreyer, nos 907 s.). Ainsi en est-il par exemple pour l'assimilation du dol indéterminé au dol déterminé puisque l'intention de nuire à la valeur sociale existe dans les deux cas (v. Crim. 10 juin 1970, *D.* 1970. 533, comm. *in* M. Puech, n° 111 ; Crim. 4 janv. 1978, *Bull. crim.* n° 5 ; A.-C. Dana, thèse préc., nos 487 s. ; R. Merle et A. Vitu, t. I, nos 598 s., etc.). Il en est de même *a contrario*, s'agissant du dol éventuel puisque le législateur, pour l'incriminer, a dû créer une faute particulière, la mise en danger délibérée qui peut devenir une infraction spécifique lorsqu'un dommage ne s'est pas produit (v. par ex., F. Desportes et F. Le Gunehec, n° 492 et J. Pradel, n°570. V. cependant Crim. 3 juill. 1997, n° 96-85.144, *Bull. crim.* n° 265 ; *RSC* 1998. 552, obs. R. Ottenhof ; *Gaz. Pal.* 1997. 2. Chron. crim. 237 ; *Dr. pénal* 1998, n° 15, obs. M. Véron, pour l'incrimination d'un abus de confiance).

À l'issue de son développement sur le dol spécial M. A. Decocq concluait que cette notion était souvent utilisée « hors de propos » (v. égal. P. Conte et P. Maistre du Chambon, n° 384 ; A.-C. Dana, thèse préc., et R. Bernardini n° 426, Y. Mayaud, n° 255 qui estiment que dol général et dol spécial ne font qu'un).

En réalité il vaudrait mieux affirmer qu'elle l'est toujours, du moins si on veut la combiner avec celle de dol général.

À moins qu'on ne veuille à tout prix, en droit pénal, justifier cette boutade d'un humoriste « Pourquoi faire simple quand on peut faire compliqué ».

A. V.

40

FAUTE CARACTÉRISÉE – NOTION MAIRES – ENSEIGNANTS

Crim., 4 juin 2002, n° 01-81.280, ***Maire de Courçon d'Aunis***
(*Bull. crim.* n° 127 ; *D.* 2003. 95, note S. Petit ; *RSC* 2003. 92, obs. B. Bouloc)

Crim., 26 nov. 2002, n° 01-88.900, ***Avalanche de Crots***
(*Bull. crim.* n° 211 ; *Dr. pénal* 2004. Comm. 17, obs. M. Véron)

Crim., 10 déc. 2002, n° 02-81.415, ***Benjamin X... et Françoise Y...***
(*Bull. crim.* n° 223 ; *RSC* 2003. 332, obs. Y. Mayaud ;
Dr. pénal 2003. Comm. 45, obs. M. Véron)

Crim., 2 déc. 2003, n° 03-83.008, ***Maire de Pleumeur-Bodou***
(*Bull. crim.* n° 231 ; *AJ pénal* 2004. 114 ;
Dr. pénal 2004. Comm. 17, obs. M. Véron)

Un maire ne commet pas de faute caractérisée s'il n'était pas informé du risque que représentaient des installations défectueuses et il en commet une dans le cas inverse (1re et 4e esp.).

Des enseignants ne commettent pas de faute caractérisée s'ils ont agi normalement (2e esp.) ou s'ils ne pouvaient pas envisager le risque grave qui s'est réalisé (3e esp.).

Chambre criminelle, 4 juin 2002, *Maire de Courçon d'Aunis*

Attendu qu'il résulte de l'arrêt attaqué que Denis X... est décédé le 12 mai 1999, à l'âge de 13 ans, des suites de blessures causées par la chute de la barre transversale d'une cage de buts mobile présente sur le terrain de sport de la commune de Courçon d'Aunis ; que le maire de la commune, Bernard C..., a été renvoyé devant le tribunal correctionnel du chef d'homicide involontaire ; que, par jugement du 7 septembre 2000, les premiers juges ont prononcé sa relaxe, puis, retenant leur compétence en application de l'article 470-1 du Code de procédure pénale, l'ont déclaré responsable des conséquences dommageables résultant des faits ayant fondé la poursuite, et l'ont condamné à des réparations civiles ;

Attendu que, pour confirmer le jugement en ce qu'il a relaxé le prévenu, la cour d'appel retient, par les motifs repris aux moyens, que si, en laissant à la portée du public des cages de but ne répondant pas aux exigences de sécurité fixées par les articles 2 et 6 du décret du 4 juin 1996, Bernard C... n'a pas pris les mesures permettant d'éviter le dommage, il ne résulte, toutefois, de l'information et des débats ni qu'il ait délibérément violé l'obligation prévue par ce règlement, ni qu'il ait été informé du risque auquel étaient exposés leurs utilisateurs éventuels et ait ainsi commis une faute caractérisée au sens de l'article 121-3, alinéa 4, du Code pénal ;

Que, pour infirmer le jugement pour le surplus et renvoyer les parties civiles à mieux se pourvoir sur leurs demandes de réparation, les juges du second degré énoncent que la négligence relevée à la charge de Bernard C... ne peut être considérée comme détachable de ses fonctions de maire ;

Attendu qu'en l'état de ces seules énonciations procédant de ses constatations souveraines et abstraction faite d'un motif surabondant voire erroné selon lequel la faute pénale serait nécessairement une faute personnelle détachable des fonctions, la cour d'appel a justifié sa décision ;

D'où il suit que les moyens ne sauraient être accueillis ;

Et attendu que l'arrêt est régulier en la forme ; rejette les pourvois.

Chambre criminelle, 26 novembre 2002, *Avalanche de Crots*

Attendu qu'il résulte de l'arrêt attaqué et du jugement qu'il confirme que, le 23 janvier 1998, sur la commune de Crots (Hautes-Alpes), une avalanche a enseveli vingt-six élèves et deux professeurs d'une classe de 4e du collège Saint-François-d'Assise de Montigny-le-Bretonneux (Yvelines), ainsi que deux des moniteurs qui les accompagnaient, causant la mort de neuf adolescents, d'une enseignante et d'une monitrice, et des blessures à dix-sept adolescents, un enseignant et un moniteur ; que l'enquête a établi que les services météorologiques avaient annoncé la veille un risque élevé d'avalanche sur la zone, évalué au niveau 4 (« danger important ») sur une échelle de 1 à 5 ;

Attendu que Daniel P..., guide de haute montagne responsable de la course, et Hervé Q..., directeur du centre local de l'Union nationale des centres de plein air (UCPA), chargé d'organiser le séjour et les activités sportives de la classe, ont été renvoyés devant le tribunal correctionnel sous la prévention d'homicides et de blessures involontaires ; que les parties civiles ont cité Yves R..., accompagnateur en moyenne montagne, et Serge S., professeur d'éducation physique au collège Saint-François-d'Assise, à l'audience du tribunal correctionnel pour y répondre des mêmes délits ; qu'après avoir déclaré Daniel P... coupable d'homicides et de blessures involontaires et seul responsable, avec l'UCPA, des conséquences dommageables des infractions, les premiers juges ont renvoyé les autres prévenus des fins de la poursuite et débouté les parties civiles des demandes formées contre ceux-ci.

Attendu que, pour confirmer cette décision, les juges du second degré, après avoir relevé qu'à la date des faits, aucune disposition particulière de la loi ou du règlement ne s'appliquait à la pratique des activités de raquettes à neige dans les séjours de vacances déclarés, retiennent que la seule cause directe des dommages est la rupture d'une plaque à vent constituée d'une couche de neige déstabilisée par le passage imprudent de Daniel P... et des randonneurs qui le suivaient ;

Qu'ils relèvent que ni le professeur d'éducation physique, qui a accompli des diligences normales dans la préparation et la surveillance du séjour à la montagne de la classe dont il était responsable, ni le directeur du centre de plein air, qui a fourni au groupe un encadrement professionnel et des moyens matériels suffisants au regard des usages alors en vigueur lors des randonnées en raquettes à neige, et qui a demandé à l'accompagnateur de montagne, spécialiste de cette activité, de reconnaître préalablement le parcours, n'ont violé de façon manifestement délibérée une obligation particulière de prudence ou de sécurité prévue par la loi ou le règlement, ou commis une faute caractérisée exposant autrui à un risque d'une particulière gravité qu'ils ne pouvaient ignorer ;

Qu'ils ajoutent qu'il ne peut être reproché à Yves R... d'avoir, pour encadrer le retour d'un groupe de randonneurs moins aguerris, laissé Daniel P..., sous l'autorité duquel il se trouvait, conduire seul le reste du groupe sur la dernière partie de l'itinéraire qu'il lui avait indiqué ;

Attendu qu'en l'état de ces énonciations, procédant de son appréciation souveraine des faits et circonstances de la cause, ainsi que des éléments de preuve contradictoirement débattus, la cour d'appel a justifié sa décision ;

D'où il suit que les moyens ne sauraient être admis ;

Et attendu que l'arrêt est régulier en la forme ; rejette le pourvoi.

Chambre criminelle, 10 décembre 2002, *Benjamin X... et Françoise Y...*

Attendu qu'il résulte de l'arrêt attaqué que Benjamin X..., dix ans, élève d'une classe de CM2 confiée à Françoise Y..., institutrice, a quitté la classe entre 16 h 10 et 16 h 20, pour se rendre aux toilettes ; qu'à la fin du cours, à 16 h 30, ses camarades l'ont découvert inanimé dans les toilettes, pendu à l'essuie-mains mural ; qu'il est décédé six jours plus tard à l'hôpital, sans avoir repris connaissance ; que, par jugement du 14 juin 2000, le tribunal correctionnel a renvoyé Françoise Y... des fins de la poursuite et a débouté les parties civiles de leur demande, au motif qu'il n'est pas établi que la prévenue ait commis une faute de surveillance ayant un lien de causalité direct avec l'accident ;

Attendu que, pour confirmer cette décision, les juges du second degré, après avoir relevé que l'enfant, qui avait souffert d'une occlusion intestinale, bénéficiait d'une permission de se rendre sans autorisation préalable aux toilettes pendant les cours, énoncent que l'institutrice, qui ignorait qu'il se livrait depuis peu au jeu dangereux dont il a été victime, n'a pas violé d'obligation particulière de prudence ou de sécurité prévue par la loi ou le règlement, les dispositions invoquées des lois du 18 septembre 1937 et du 10 juillet 1989 alors en vigueur ne prescrivant aucune obligation de cette nature, et qu'elle n'a pas commis de faute caractérisée exposant la victime à un risque qu'elle ne pouvait envisager ;

Attendu qu'en l'état de ces seuls motifs procédant de son appréciation souveraine, la cour d'appel a justifié sa décision au regard des articles 121-3 et 221-6 du Code pénal ;

D'où il suit que le moyen, inopérant en ce qu'il critique en sa première branche un motif surabondant, doit être écarté ;

Et attendu que l'arrêt est régulier en la forme ; rejette les pourvois.

Chambre criminelle, 2 décembre 2003, *Maire de Pleumeur-Bodou*

Attendu qu'il résulte de l'arrêt attaqué que Matthieu X..., âgé de 7 ans, qui jouait sur l'aire de jeux du centre social communal de Pleumeur-Bodou, a trouvé la mort en tombant accidentellement d'une buse en béton que ses camarades s'amusaient à faire rouler ; que le rapport d'autopsie a conclu à un écrasement de la boîte crânienne de l'enfant provoqué par un objet lourd appuyant sur un côté du visage, l'autre côté étant en appui probablement sur le sol ; que l'enquête a mis en évidence l'absence de dispositif de scellement ou de calage de la buse, laquelle reposait directement sur l'herbe, sur un sol de surcroît en légère pente ;

Attendu que, pour déclarer Pierrick Perrin, maire de la commune, coupable d'homicide involontaire, l'arrêt retient, par motifs propres et adaptés, que l'installation de la buse, préalable à son élection mais connue de lui, destinée à l'écoulement des eaux et utilisée comme élément de jeux sans être ni fixée ni stabilisée, révélait un risque d'une particulière gravité que les circonstances de l'accident en elles-mêmes démontrent ; que les juges ajoutent que l'intéressé avait été, personnellement, informé de la dangerosité de l'aire de jeux et qu'il avait omis d'accomplir les diligences qui s'imposaient alors qu'il avait les compétences, les moyens et l'autorité nécessaire pour prévenir le dommage en faisant enlever la buse avant, le cas échéant, de la faire fixer ou stabiliser ;

Attendu qu'en l'état de ces énonciations, d'où il résulte que le prévenu, qui n'a pas pris les mesures permettant d'éviter le dommage, a commis une faute caractérisée et qui exposait autrui à un risque d'une particulière gravité qu'il ne pouvait ignorer, au sens de l'article 121-3, alinéa 4, du Code pénal, la cour d'appel a justifié sa décision ;

D'où il suit que le moyen doit être écarté ;

Et attendu que l'arrêt est régulier en la forme ; rejette le pourvoi ;

Condamne Pierrick Perrin à payer aux consorts X... la somme de 3 000 € au titre de l'article 618-1 du Code de procédure pénale.

OBSERVATIONS

1 La loi du 10 juillet 2000 sur la définition des délits non intentionnels (C. pén., art. 121-3), votée à l'unanimité par les deux assemblées, est assurément, parmi toutes les lois récentes, l'une de celles qui a donné lieu au plus grand nombre de commentaires doctrinaux et de décisions de jurisprudence. Désireux de faire reculer le domaine de la faute pénale et donc de réaliser une certaine dépénalisation, le législateur de juillet 2000 a posé la règle suivante fondée sur la nature du lien de causalité ; si ce lien est direct, (C. pén., art. 121-3, al. 3), toute faute à l'origine du dommage est pénale (et civile de sorte qu'ici subsiste le principe de l'unité des fautes civile et pénale) ; si ce lien est au contraire indirect, la faute n'est pénale que si elle est qualifiée, c'est-à-dire soit « manifestement délibérée » soit « caractérisée » selon l'article 121-3 alinéa 4 du Code pénal, (v. not. rapp. G. Giudicelli-Delage et D. Commaret au XVIe Congrès de l'Association française de droit pénal, sur la responsabilité pénale des décideurs, *Rev. pénit.* 2004. 49 s., 59 s.).

2 On ne s'attachera guère ici au *lien de causalité*, toujours nécessaire (obs. Y. Mayaud, *RSC* 2005. 71). Sa nature importait peu avant la loi du 10 juillet 2000 puisque dans le silence de la loi, la jurisprudence avait adopté la thèse de l'équivalence des conditions. Aujourd'hui, il est parfois malaisé de dire si le lien est direct ou indirect et l'on rappellera que la jurisprudence a tendance à décider que le lien est direct non seulement si l'imprudence reprochée au prévenu est la cause unique ou immédiate du dommage – ce qui est évident – mais aussi lorsque cette imprudence est le facteur déterminant de ce dommage, le paramètre déterminant dans les causes de l'accident (Crim. 25 sept. 2001, n° 01-80.100, *Bull. crim.* n° 188 ; *RSC* 2002. 100, obs. Y. Mayaud, affaire dite *du sanglier*). De façon voisine la circulaire d'application du 11 octobre 2000 rappelle « qu'en pratique, il n'y aurait causalité directe que lorsque la personne en cause aurait elle-même frappé ou heurté la victime ou aurait initié ou contrôlé le mouvement d'un objet qui aura heurté ou frappé la victime »

(*BOMJ* n° 80, p. 81). En matière médicale notamment, les solutions sont nuancées, même si dans le principe le lien est direct. D'autre part, selon la jurisprudence, la causalité doit être considérée comme indirecte « lorsque la faute a créé la situation à l'origine du dommage sans que son auteur ait lui-même physiquement porté atteinte à la victime » (Paris 4 déc. 2000, *Gaz. Pal.* 2001. 1. 115, note S. Petit ; *RSC* 2001. 381, obs. Y. Mayaud ; pour une application, Crim. 11 janv. 2011, n° 09-87.842, *AJ pénal* 2011. 193).

3 On n'insistera guère davantage sur la notion de *faute manifestement délibérée* qui est, selon l'article 121-3 alinéa 4, « la violation manifestement délibérée d'une obligation particulière de prudence ou de sécurité prévue par la loi ou le règlement ». Cette faute suppose ainsi la réunion de trois conditions : l'existence d'un texte prévoyant une obligation particulière de sécurité, même non pénalement sanctionnée puisque l'article 121-3 du Code pénal ne l'impose pas (élément légal) ; la violation de ce texte (élément matériel) ; enfin sa violation manifestement délibérée, ce qui correspond au dol éventuel, l'agent sachant les conséquences possibles de cette violation sans rechercher toutefois la réalisation de ces conséquences (élément intellectuel). Les exemples sont relativement peu nombreux (v. par ex. Crim. 12 sept. 2000, n° 99-88.011, *Bull. crim.* n° 268 ; Crim. 11 sept. 2001, n° 00-85.473, *Bull. crim.* n° 176 ; Crim. 27 nov. 2002, n° 02-83.092, *Bull. crim.* n° 212). *A contrario*, à défaut de réglementation particulière, il ne saurait y avoir faute délibérée (v. par ex., Crim. 26 nov. 2002, *Bull. crim.* n° 211, affaire *des Orres*, espèce ici commentée, une avalanche avait le 23 janvier 1998 enseveli plusieurs professeurs et élèves d'une classe de neige dont certains moururent, le texte n'ayant rendu obligatoire des équipements spécialisés ne datant que du 30 nov. 1998). Mais pouvait-il y avoir dans cette dernière affaire une faute caractérisée ?

Reste ainsi le cas de la *faute caractérisée*. La notion est difficile à cerner car elle n'est pas totalement définie. Aussi ne peut-on la comprendre vraiment qu'à l'aide d'exemples de jurisprudence.

I. — La notion de faute caractérisée

4 La notion de faute caractérisée est malaisée à définir. L'interprète est cependant aidé par la lecture des travaux préparatoires de la loi du 10 juillet 2000. De cette genèse, on peut dégager le concept de cette faute.

A. — Genèse de la notion

5 Le projet de loi n'avait retenu, dans un souci de dépénalisation indéniable, que la faute manifestement délibérée. Or, le député R. Dosière, dans son rapport à l'Assemblée nationale, n° 2528, en date du 29 juin 2000, fit remarquer que des fautes très sérieuses allaient échapper à la répression et l'on peut en effet donner l'exemple de fautes non adossées à la violation d'un texte et pourtant très graves. Ce parlementaire, reprenant la proposition de la commission Massot, proposait en conséquence de retenir « la faute d'une gravité exceptionnelle dérivant d'un acte ou d'une abstention volontaire, de la conscience du danger que devait en avoir son auteur… et se distinguant par le défaut d'un élément intentionnel, de la faute intentionnelle ».

6 La formule est très proche de celle retenue par la chambre sociale à propos de la faute inexcusable en droit de la Sécurité sociale (Soc. 28 févr. 2002, n° 99-18.389, *D.* 2002. 1009). Elle rappelle aussi celle du Conseil d'État concernant la faute lourde qui selon le commissaire du gouvernement Romieu est « une faute caractérisée du service de nature à engager la responsabilité de la puissance publique », le juge devant « tenir compte à cet effet, tout à la fois, de la nature de ce service, des aléas et des difficultés qu'il comporte, de la part d'initiative et de liberté dont il a besoin » (CE 10 févr. 1905, *Tomaso Grecco*, req. n° 10365, *D.* 1906. III. 81). La formule imaginée par MM. Massot et Dosiere évoque enfin celle de la Cour de cassation sur le fonctionnement défectueux du service de la justice, définie comme « toute déficience caractérisée par un fait ou une série de faits traduisant l'inaptitude du service public de la justice à remplir la mission dont il est investi » (Ass. plén., 23 févr. 2001, n° 99-16.165, *Bull. crim.* n° 5).

7 Finalement, l'article 121-3 alinéa 4 *in fine* du Code pénal fut définitivement voté dans les termes suivants : la faute caractérisée est le fait de personnes physiques qui ont commis « une faute caractérisée et qui exposait autrui à un risque d'une particulière gravité qu'elles ne pouvaient ignorer ».

B. — Ce que recouvre la notion

8 Des efforts du législateur et notamment de la lettre du texte que l'on vient de rappeler on peut dégager dans l'abstrait les éléments de cette faute. Puis la jurisprudence a, d'un point de vue général, apporté d'indispensables précisions.

9 *1°* Des auteurs se sont engagés avec bonheur à analyser les éléments de la faute caractérisée (v. par ex. D.-N. Commaret, préc., p. 65 ; v. aussi A. Ponseille, « La faute caractérisée en droit pénal », *RSC* 2003. 79). En « collant » à l'article 121-3, alinéa 4 *in fine* et en raisonnant de façon chronologique tout à la fois, on peut dégager les éléments suivants (dont la preuve incombe au parquet et, le cas échéant, à la partie civile) :
– l'existence d'un risque grave exposant autrui, c'est-à-dire une situation objectivement dangereuse pour la vie ou l'intégrité des personnes ;
– la connaissance par le prévenu de ce risque grave, état psychologique auquel il faut assimiler le fait que le prévenu « ne pouvait l'ignorer ». Il ne saurait évidemment y avoir une présomption générale de connais-

sance du risque. Mais en fonction des données de l'espèce, les juges du fond pourraient déduire cette conscience de circonstances aussi variées que l'état des lieux et la place du prévenu dans cet environnement. On est assez proche du risque que, dans le droit du travail, l'employeur « aurait dû connaître » (Soc., 28 févr. 2002, n° 99-17.201, *Bull. civ.* V, n° 81) ;

– le fait que le prévenu n'a rien fait pour conjurer ce péril grave ou qu'il a agi à contretemps : bref le prévenu n'a pas prévu les mesures permettant d'éviter la réalisation du dommage. Sur cette attitude du prévenu, deux importantes remarques doivent être ajoutées : 1) Il importe peu que le prévenu ait été astreint ou pas par un texte (alors que dans le cas de la faute délibérée, il faut toujours un texte) ; 2) le prévenu n'est en faute que s'il n'a pas « accompli les diligences normales compte tenu, le cas échéant, de la nature de ses missions ou de ses fonctions, de ses compétences ainsi que du pouvoir ou des moyens dont il disposait » (C. pén., art. 121-3, al. 3 *in fine*), ce qui conduit à mesurer la faute du prévenu à l'aune de sa situation statutaire et non *in abstracto* par référence aux diligences normales du bon père de famille.

Exemplaire de ces éléments, on peut évoquer l'affaire suivante. Des enfants, dans une forêt, jouent sur un tronc d'arbre long de plus de 12 mètres et prennent appui en oblique sur deux autres troncs posés au sol parallèlement. Le tronc bascule, tombe en contrebas et écrase un enfant qui est tué. Un agent technique de l'Office national des forêts était chargé des opérations de surveillance de la coupe. Le jour même de l'accident, cet agent avait constaté le danger que représentait ce tronc d'arbre. Il n'a rien fait et a été déclaré responsable (Crim. 13 nov. 2002, n° 01-88.643, *Bull. crim.* n° 204 ; *RSC* 2003. 337, obs. Y. Mayaud).

10 *2°* À partir de la lettre de l'article 121-3 alinéa 4 du Code pénal ainsi analysée, des juridictions se sont efforcées de donner certaines précisions. Tout d'abord, il peut y avoir faute caractérisée en dehors de la violation d'une norme de sécurité préalablement établie (Crim. 5 oct. 2004, n° 04-80.658 et n° 04-81.024, *Bull. crim.* 2005, n°s 235 et 236 ; *RSC* 2005. 71, spéc. 76-77, obs. Y. Mayaud). Ensuite, la connaissance du risque n'implique pas une attitude délibérée sous peine de se confondre avec la faute délibérée et elle consiste simplement en une conviction de prévisibilité : la faute caractérisée vient donc compléter la faute délibérée, lui servir de « relevé » (Y. Mayaud, *RSC* 2002. 585).

11 Enfin, quelques juridictions ont tenté de donner une définition de la faute caractérisée. Dans l'affaire *du Drac* – où plusieurs élèves d'une classe de découverte en montagne avaient été noyés du fait d'un lâcher d'eau à partir d'un barrage en amont – les juges du fond avaient analysé la faute caractérisée comme « un manquement caractérisé à des obligations professionnelles essentielles ou comme l'accumulation d'imprudences ou de négligences successives témoignant d'une impéritie prolongée » (Lyon 28 juin 2001, *RSC* 2001. 804, obs. Y. Mayaud, *Gaz. Pal.* 29-31 juill. 2001, note S. Petit, arrêt qui sera approuvé par Crim. 18 juin 2002, n° 01-85.537, *Bull. crim.* n° 139). Dans l'affaire *du maire* *de Courçon*, qui sera examinée plus bas, les juges du fond avaient considéré que « la faute caractérisée désigne une faute dont les éléments sont bien marqués et d'une certaine gravité, ce qui indique que l'imprudence ou la négligence doit présenter une particulière évidence : elle consiste à exposer autrui, en toute connaissance de cause, que ce soit par un acte positif ou par une abstention, à un danger » (TGI La Rochelle, 7 sept. 2000, *D.* 2000. 250 ; *Gaz. Pal.* 10-11 nov. 2000 ; *LPA* 23 nov. 2000, n° 234, p. 13, obs. E. Vital-Durand ; *RSC* 2001. 156, obs. Y. Mayaud).

Ces deux formules complètent l'analyse faite, plus haut et qui était tirée de la seule loi (I. B. 1). La définition lyonnaise ajoute les idées d'accumulation de fautes « témoignant d'une impéritie prolongée », ce qui exprime de façon nette la nécessité de gravité de la faute.

12 Cette gravité nécessaire avait déjà été soulignée lors des travaux préparatoires où l'on avait parlé d'un « certain degré de gravité de la faute » (R. Dosière, rapp. préc., p. 10) ou « d'une particulière intensité de la faute » (E. Guigou, garde des Sceaux, 50 débats Ass. nat, 2e séance du 29 juin 2000, p. 520). Quant à la définition rochelaise, elle a l'avantage de mettre en relief le caractère très apparent et indiscutable que doit présenter la faute pour être caractérisée. Ainsi, la jurisprudence (du fond) voit dans la faute caractérisée une faute qui se prolonge dans le temps et qui est patente. Finalement, « il y a toujours à la base de la faute caractérisée, une faute d'une certaine intensité, qui entraîne des conséquences graves » (J.-Y. Chevallier, obs. sous Crim. 16 et 23 oct. 2012, *Rev. pénit.* 2013. 124). Cela dit la chambre criminelle se garde bien de définir la faute caractérisée. Il n'est d'ailleurs pas certain que ce soit dans sa mission de le faire car les magistrats de la Cour de cassation n'entendent pas se lier les mains par une décision de type arrêt de règlement. La chambre criminelle se contente de dire que l'article 121-3 al. 4 C. pén. « laisse au juge le soin de qualifier des comportements que le législateur ne peut énumérer *a priori* de façon exhaustive » (Crim. 24 sept. 2013, *JCP* 2013, n° 1176, note S. Detraz ; *D.* 2013. 2443, note Hennion-Jacquet). Dans cette affaire, elle en profite pour rejeter une QPC qui prétendait que l'article 121-3 al. 4 C. pén. était peu clair : plus précisément, elle affirme que ce texte « est rédigé en des termes suffisamment clairs et précis pour permettre que son interprétation se fasse sans risque d'arbitraire et dans des conditions garantissant tant le respect de la présomption d'innocence que celui des droits de la défense ».

13 *3°* Ce qui vient compliquer les choses, c'est l'existence d'un certain flottement dans la définition de la faute caractérisée. Ce flottement découle du rapport entre nature de la faute et nature du lien de causalité. Il résulte de certains arrêts une véritable complémentarité entre les deux conceptions. À cet égard, on peut citer un arrêt du 12 septembre 2006. Dans une affaire de responsabilité médicale, les juges du fond avaient retenu à la charge d'un praticien « des fautes d'imprudence et de négligence qui sont la cause directe de la mort de la victime » ; la chambre criminelle considère que le lien entre les soins insuffisants et la mort est indirect, mais ne casse pas l'arrêt des juges du fond pour autant car le prévenu en ne prenant pas les mesures nécessaires a commis une faute caractérisée (Crim. 12 sept. 2006, n° 05-86.700, *Bull. crim.* n° 219). La chambre criminelle a déjà raisonné ainsi peu auparavant (Crim. 4 oct. 2005, n° 04-84.199, *Bull. crim.* n° 251 ; *RSC* 2006. 64, obs. Y. Mayaud).

Afin de mieux saisir encore le concept de faute caractérisée, il convient de donner des exemples.

II. — Des exemples de faute caractérisée

14 Ces exemples, on ne les prendra pas dans la jurisprudence relative à la responsabilité des employeurs. Tenus à des obligations particulières de sécurité, elle affirmait « qu'il appartient au chef d'entreprise de veiller personnellement à la stricte exécution de ses obligations » (Crim. 20 juin 1978, *Bull. crim.* n° 206). Cette attitude stricte se retrouve aujourd'hui, les juges n'hésitant pas à imputer au chef d'entreprise une faute caractérisée (Crim. 5 déc. 2000, n° 00-82.108, *Bull. crim.* n° 363, condamnations pour homicide involontaire, même malgré la relaxe pour l'infraction en droit du travail, Crim. 10 janv. 2001, n° 00-83.103, *Bull. crim.* n° 2 ; Crim. 16 janv. 2001, n° 00-82.274, *Bull. crim.* n° 14). La loi du 10 juillet 2000 n'aura donc apporté aucun avantage aux chefs d'entreprise.

En revanche, on doit insister sur le cas des maires (en fait, c'est pour eux que le législateur de 2000 est intervenu) et des enseignants qui espéraient beaucoup de cette réforme. On citera dans les deux cas des arrêts connus encore que d'autres auraient pu être choisis.

A. — Les élus locaux

15 S'agissant des élus locaux et spécialement des maires, on évoquera deux affaires dont il faut se demander si les décisions rendues à leur occasion sont compatibles et quelle est leur signification (sur la question, S. Jacopin, « Mise au point sur la responsabilité pénale des élus et des agents publics. Limitation ou élargissement des responsabilités ? », *D.* 2002. Chron. 507).

16 *1°* Dans la première espèce, un enfant de 13 ans avait été écrasé et tué par la chute de la barre transversale d'une cage de but métallisée installée sur le terrain de sport de la commune de Courçon (Charente-Maritime). Le maire avait été poursuivi pour homicide involontaire. Après relaxe par les juges du fond, les parties civiles formèrent un pourvoi en prétendant que le maire avait commis notamment une faute caractérisée en laissant à l'abandon sur un terrain communal en accès libre et sans surveillance des cages de but mobiles alors qu'il savait que les équipements étaient dangereux et interdits depuis trois ans. Par son arrêt du 4 juin 2002, ci-dessus rapporté, la chambre criminelle rejette le pourvoi : il ne résulte pas de l'information et des débats, affirme-t-elle, que le maire avait été informé du risque encouru par des utilisateurs éventuels. D'où l'on peut déduire que le maire n'a pas d'obligation stricte d'aller vérifier périodiquement l'état et l'éventuelle dangerosité des installations sportives de sa commune. Il est probable qu'avant la réforme de juillet 2000, ce maire aurait été condamné puisque notre droit ne tenait compte ni de la nature du lien causal ni de la gravité de sa faute car il aurait dû prévoir la possibilité d'accidents d'autant plus que la cage était à tous vents. L'expression de l'article 121-3 alinéa 4 – le risque que le prévenu « ne pouvait ignorer » – est donc interprétée de manière plus humaine et finalement plus juste, et de toute façon en conformité avec l'esprit de la réforme de juillet 2000.

Cette politique libérale sera confirmée peu après avec un arrêt du 18 juin 2002 (n° 01-86.539, *Bull. crim.* n° 138). Lors d'un défilé organisé dans un village pour la Saint-Jean, un automobiliste circulant à plus de 100 km/h, et avec des pneus lisses avait fauché deux enfants alors pourtant qu'à l'avant du cortège, un conseiller municipal avait été préposé au ralentissement des véhicules. Condamné par les juges du fond, le maire ne dut son salut qu'à la chambre criminelle de la Cour de cassation qui reprocha aux juges d'appel d'avoir omis de préciser la source et la nature de l'obligation imposée au maire et de dire en quoi ses diligences « n'étaient pas normales au regard de l'alinéa 3 de l'article 121-3 du Code pénal et adaptées aux risques prévisibles ». Deux enseignements peuvent être tirés de cet arrêt : les juges du fond doivent soigneusement motiver leur décision et, en cas de lien indirect, ils le font selon les critères indiqués à l'alinéa 3 relatif, on l'a dit, au cas de lien direct.

17 *2°* Cependant, les arrêts postérieurs sont apparemment bien plus sévères pour les maires. On a retenu dans le présent commentaire une espèce qui n'est pas sans parenté avec celle du maire de Courçon. Un enfant de 7 ans qui jouait sur l'aire de jeux du centre social communal de Pleumeur-Bodou avait été écrasé et tué par une buse en béton que ses camarades s'amusaient à faire rouler. L'enquête avait mis en évidence l'absence de dispositif de scellement ou de calage de la buse qui reposait directement sur un plan herbeux en légère pente. Le maire fut condamné par les juges du fond et son pourvoi fut rejeté (Crim. 2 déc. 2003) : en effet, les juges du fond avaient précisé que le maire avait été personnellement informé de la dangerosité de l'aire de jeux et qu'il n'avait rien fait de sorte qu'il avait commis une faute caractérisée.

Cette affaire dramatique illustre fort bien les principaux éléments de cette faute : l'existence d'un risque grave d'accident, la connaissance de ce risque et une abstention alors que le prévenu avait les moyens d'en éviter la survenance, d'autant plus qu'il suffisait de peu de chose pour caler la buse ! Il apparaît ainsi que la connaissance du risque est élément essentiel et par conséquent on ne peut dire que la chambre criminelle évolue vers plus de sévérité au fil des espèces.

Dans l'espèce du drame de Courçon, le maire ignorait la situation dangereuse et il a été relaxé alors que dans le drame de Pleumeur-Bodou, il savait tout et c'est pour cela qu'il a été condamné. Il existe d'ailleurs d'autres décisions sanctionnant le maire qui n'a rien fait alors qu'il avait la conscience d'un risque grave (Crim. 18 mars 2003, n° 02-83.523, *Bull. crim.* n° 71 pour un maire qui se borne à autoriser des engins de damage à accéder à des pistes de ski de fond sans réglementer leur circulation alors qu'il connaissait la configuration des lieux, un accident mortel étant survenu ; Crim. 11 juin 2003, n° 02-82.622, *Bull. crim.* n° 121, pour trois personnes électrocutées au cours d'un bal, le maire s'étant désintéressé de l'organisation de cette manifestation et en ayant confié la charge au comité des fêtes). De ces deux espèces, il faut rapprocher une troisième, plus récente, dans laquelle un maire, après avoir décidé l'organisation d'un jeu à destination des enfants avec des taurillons dans une arène, s'est désintéressé du programme prévu et des règles de sécurité, se contentant de déléguer à deux associations toute l'organisation ; comme un enfant a été victime d'une fracture splénique ayant entraîné une ITT d'un mois, le maire fut condamné pour faute caractérisée (Crim. 10 juin 2008, n° 07-87.134, *Dr. pénal* 2008, n° 123, obs. M. Véron). Enfin, commet une faute également caractérisée le maire qui, après un premier accident, ne prend les mesures de signalisation indispensables à la sécurité des baigneurs dans un étang municipal (Crim. 22 janv. 2008, n° 07-83.877, *RSC* 2008. 899, obs. Y. Mayaud ; *Dr. pénal* 2008, n° 43, obs. M. Véron).

On ne saurait donc dire qu'il existe une évolution vers la sévérité dans le cas des maires. On admettra tout au plus que les juges apprécient sévèrement la connaissance du risque par le maire. Au cas (assez rare) du maire qui savait réellement, est assimilé le cas du maire qui aurait dû savoir. Seul échappe aux foudres pénales le maire qui ne savait pas et qui ne pouvait pas savoir ou encore qui pouvait ne pas savoir.

Qu'en est-il pour les enseignants ?

B. — Les enseignants

18 Deux affaires là encore nous retiendront.

1° Dans la première affaire à l'occasion d'une sortie éducative sur la commune de Crots (Hautes-Alpes), une avalanche ensevelit vingt-six élèves et deux professeurs d'une classe de quatrième ainsi que deux moniteurs qui les accompagnaient. Neuf adolescents, une enseignante et une monitrice sont tués. Une poursuite pour homicides involontaires est diligentée notamment contre un guide de haute montagne, responsable de la course, un professeur d'éducation physique du collège où étaient inscrits ces élèves et un accompagnateur en moyenne montagne. Seule la responsabilité pénale du guide fut retenue par les juges du fond et la chambre criminelle, par arrêt du 26 novembre 2002, rejeta le pourvoi.

La chambre criminelle (Crim. 26 nov. 2002) note d'abord qu'à la date des faits, aucune disposition textuelle particulière ne s'appliquait au genre d'action pratiquée en l'espèce par les élèves et les personnes les encadrant (activités de raquettes à neige). De plus, le professeur d'éducation physique avait, avant le drame, procédé à toutes les diligences normales dans la préparation de l'activité. Enfin, l'accompagnateur était subordonné au guide. On ne pouvait imputer à ces deux personnes que des « poussières de faute » en lien indirect avec le dommage dont la cause directe était la rupture d'une plaque de neige, déstabilisée par le passage imprudent du guide. Ainsi, la seule présence d'une personne sur les lieux de l'accident n'équivaut pas en soi à sa responsabilité pénale, sauf à paralyser toute initiative (obs. Y. Mayaud, *RSC* 2003. 336-337).

19 *2°* La seconde espèce est de la même veine. Un enfant de 10 ans, élève d'une classe de CM2 bénéficiait d'une permission de principe pour sortir de la classe sans autorisation spéciale afin de se rendre aux toilettes du fait d'un handicap intestinal. Le jour du drame, il se rend aux toilettes vers 16 h 15 et c'est à 16 h 30 après la fin des cours que ses camarades le découvrent inanimé dans lesdites toilettes, la tête enroulée dans une serviette murale servant d'essuie-mains. Il décède quelques jours après.

L'institutrice fut poursuivie et relaxée car elle ignorait que l'enfant se livrait depuis peu au jeu dangereux dont il fut victime. Le pourvoi du père, partie civile fut rejeté par la chambre criminelle dans son arrêt du 10 décembre 2002. Le membre de la phase le plus important de cette décision est que la victime était exposée à un risque que l'institutrice « ne pouvait envisager » : pas de faute caractérisée donc si l'enseignant pouvait ignorer légitimement les circonstances du drame. On ne peut exiger même des instituteurs une surveillance et des contrôles tatillons et constants dans la mesure où ils ne peuvent connaître toutes les données de fait à l'origine de l'accident. Peut-être avant la loi de juillet 2000, l'institutrice aurait-elle été condamnée pénalement.

20 Plus récemment, un enseignant d'un centre de formation de jeunes majeurs a été condamné pour homicide involontaire de l'un de ses élèves car il avait acheté et introduit dans l'établissement des boissons alcooliques pour un repas de fin d'année, alors que l'un de ceux-ci a quitté l'établissement avec son véhicule et s'est tué peu après (Crim. 12 janv. 2010, n° 09-81.799, *Bull. crim.* n° 5 ; *RSC* 2010. 134, obs. Y. Mayaud ; *AJ pénal* 2010. 241, obs. J. Lasserre Capdeville ; *Dr. pénal* 2010, n° 31, obs. M. Véron).

21 Trois brèves remarques en conclusion peuvent être faites. D'abord les parties et les juges visent parfois la faute délibérée et la faute caractérisée tout à la fois. Ensuite, dans le cas de la faute caractérisée, les données de fait ont une importance capitale en sorte que la notion est largement factuelle (J. Pradel, *Droit pénal général*, n° 573) ; d'où les deux conséquences suivantes : 1° les juges du fond sont contraints à fonder leurs décisions sur une bonne motivation dont la chambre criminelle contrôle la pertinence ; 2° la réforme du 10 juillet 2000 a une incidence certaine mais réduite sur la responsabilité des instituteurs et élus territoriaux. Enfin, pour les autres catégories socioprofessionnelles, les effets de la réforme paraissent être des plus minces.

J. P.

41

FAUTE PÉNALE – FAUTE CIVILE UNITÉ – DUALITÉ

Civ. 2e, 18 déc. 1912, *Brochet et Deschamps*
(*S.* 1914. 1. 249, note R. Morel ; *D.* 1915. 1. 17 ; *Gaz. Pal.* 1913. 1. 107)

Crim., 6 juill. 1934, *Gouron*
(*DH* 1934. 446)

Civ. 1re, 30 janv. 2001, n° 98-14.368, *Beauchêne*
(*Bull. civ.* I, n° 19 ; *D.* 2001. 2232, obs. P. Jourdain ; *RSC* 2001. 613, obs. A. Giudicelli ; *RTD civ.* 2001. 376, obs. P. Jourdain ; *JCP* 2001. I. 338, n° 4, obs. G. Viney)

L'identité parfaite entre la faute pénale d'imprudence et la faute civile quasi délictuelle exclut la possibilité de relever la seconde sans établir du même coup l'existence de la première (1re et 2e esp.).

La déclaration par le juge répressif de l'absence de faute pénale non intentionnelle ne fait pas obstacle à ce que le juge civil retienne une faute civile d'imprudence ou de négligence (3e esp.).

Deuxième chambre civile, 18 décembre 1912, *Brochet et Deschamps*

Attendu, d'une part, que les prescriptions établies par les lois criminelles s'appliquent aux actions civiles en responsabilité d'un dommage toutes les fois que ces actions ont réellement et exclusivement pour cause un crime, un délit ou une contravention ; – Attendu, d'autre part, que les articles 319 et 320 du Code pénal, punissent de peines correctionnelles quiconque, par maladresse, imprudence, inattention, négligence ou inobservation des règlements, a commis involontairement un homicide ou causé des blessures, sans que la légèreté de la faute commise puisse avoir d'autre effet que celui d'atténuer la peine encourue ; – Attendu que l'arrêt attaqué déclare que l'accident, dont Sibelle, ouvrier de Laforge et Lecour, a été victime, le 13 décembre 1902, est dû à la faute incontestable de Claustre, ouvrier de Brochet et Perchet, qui s'est introduit avec Sibelle dans un ascenseur dont les guides n'étaient pas fixées et dont l'accès lui avait été interdit ; qu'il ajoute, il est vrai, que si, la veille, l'ascenseur avait été calé avec des madriers pour en empêcher l'usage, des inconnus les avaient enlevés, et que Claustre a pu croire que la défense de s'en servir était levée ; que l'arrêt en conclut que la faute de Claustre ne saurait être considérée comme constituant un délit, mais qu'elle n'en présente pas moins le caractère répréhensible qui constitue le quasi-délit défini par l'article 1382 du Code civil ; qu'il rejette, en conséquence, l'exception de prescription opposée par Brochet et Perchet, les patrons de Claustre, à la demande dirigée contre eux par Laforge et Lecour, les patrons de Sibelle, en remboursement des indemnités qu'ils ont dû payer à leur ouvrier, à la suite de l'accident ; – Mais attendu que, si atténuée que fût la faute retenue à la charge de Claustre, elle n'en constituait pas moins, telle qu'elle était précisée par l'arrêt, une imprudence passible des peines édictées par l'article 320 du Code pénal ; que l'arrêt ne relève, en dehors de cette imprudence même, aucune autre circonstance de laquelle puisse découler la responsabilité de Brochet et Perchet ; – D'où il suit qu'en statuant comme il l'a fait, l'arrêt attaqué a violé l'article susvisé ; – Sans qu'il soit besoin de statuer sur les deux premiers moyens du pourvoi ; – Casse.

Chambre criminelle, 6 juillet 1934, *Gouron*

Attendu que la contradiction de motifs équivaut à un défaut de motifs ;

Attendu que sans qu'il soit besoin de rechercher si l'arrêt attaqué n'a pas fait une fausse application de l'article 327 du Code pénal, il suffit de constater qu'il est entaché d'une contradiction de motifs ; qu'en effet la faute pénale d'imprudence se confondant avec la faute quasi délictuelle civile, la cour d'appel ne pouvait relaxer Gouron du chef de blessures involontaires tout en relevant à sa charge une faute dont les conséquences dommageables étaient de nature à donner lieu à une réparation ; d'où il suit qu'il y a eu violation de l'article 7 de la loi du 20 avril 1810 ;

Par ces motifs,

Casse et annule l'arrêt attaqué, et, pour être statué à nouveau conformément à la loi, en ce qui concerne l'action publique seulement, renvoie...

Première chambre civile, 30 janvier 2001, *Beauchêne*

Attendu qu'en juillet 1994, M. Jayet, gérant de la société AX Hélicoptères, chargé par M. Beauchêne, organisateur de la manifestation nautique des « 24 heures de La Baule », d'assurer pendant une durée de deux heures moyennant le prix de 10 000 francs, le reportage aérien de la course, a pris, à bord de l'hélicoptère qu'il pilotait, M. Beauchêne et les deux techniciens chargés du reportage qui, ayant achevé leur mission, ont débarqué à Noirmoutiers ; que lors du voyage de retour à La Baule, outre M. Beauchêne, se trouvaient à bord de l'appareil deux passagers, M. Rétif et M. Sire qui profitaient de ce transport uniquement dans le but de rentrer plus rapidement à La Baule ; qu'au cours de ce voyage le pilote de l'hélicoptère, voulant s'approcher d'un voilier, a sectionné un hauban de celui-ci avec les pales de l'appareil qui, déséquilibré, s'est écrasé en mer ; que MM. Rétif et Sire ont été tués dans l'accident et M. Beauchêne blessé ; qu'ayant fait l'objet de poursuites pénales, M. Jayet a été relaxé par la cour d'appel de Rennes qui a estimé qu'aucune faute constitutive du délit d'homicide involontaire et de blessures involontaires n'était établie à son encontre ; que M. Beauchêne a assigné, devant la juridiction civile, M. Jayet, la société AX Hélicoptères, la société d'assurances La Réunion aérienne et la CPAM de Saint-Nazaire en concluant à l'entière responsabilité de M. Jayet et de la société AX sur le fondement des articles 1382 et 1383 du Code civil, articles L. 321-3, L. 321-4, L. 321-5 et L. 322-3 du Code de l'aviation civile et article 17 de la convention de Varsovie, subsidiairement, sur le fondement de l'article 1384 du Code civil ;

Vu l'article 1351 du Code civil, ensemble les articles 1147 et 1383 du même code ;

Attendu que la déclaration par le juge répressif de l'absence de faute pénale non intentionnelle ne fait pas obstacle à ce que le juge civil retienne une faute civile d'imprudence ou de négligence ;

Attendu que pour écarter la responsabilité de M. Jayet au sens de l'article 1383 du Code civil, l'arrêt attaqué retient que la faute civile imputée à M. Jayet est de nature identique à la faute pénale qui sous-tend la prévention sous laquelle il a comparu et été relaxé, et que le juge civil est tenu de respecter l'autorité de la chose jugée au pénal ;

Attendu qu'en statuant ainsi, la cour d'appel a violé les textes susvisés ;

Par ces motifs, et sans qu'il y ait lieu de statuer sur les autres griefs du moyen ni sur le troisième moyen :

Casse et annule.

OBSERVATIONS

1 L'expression faute pénale (on dit encore faute ordinaire) est habituellement utilisée pour désigner l'élément moral des infractions dites involontaires, c'est-à-dire celles qui ont entraîné un résultat dommageable que l'agent n'a pas voulu réaliser (R. Merle et A. Vitu, t. I, n° 603). L'existence nécessaire d'un résultat individuel qui se traduit par un préjudice pour une victime (v. F. Desportes et F. Le Gunehec, n° 486, qui à côté des infractions concernant l'intégrité des personnes citent plusieurs textes du C. pén. exigeant une simple faute, art. 413-10, al. 3, 432-15, 332-5 ou encore 226-22), entraîne très normalement un problème de responsabilité civile. La question de la coïncidence de ces deux types de responsabilités se trouve dès lors, inévitablement posée.

Toute faute génératrice d'une responsabilité civile peut-elle en même temps fonder une responsabilité pénale ? Autrement dit y a-t-il identité (on dit encore unité) ou dualité de la faute pénale et de la faute civile ?

Le très célèbre arrêt *Brochet et Deschamps* rendu par une chambre civile de la Cour de cassation, rompant avec la jurisprudence antérieure, était venu poser le principe de l'identité absolue des deux types de fautes. L'arrêt *Gouron* n'était qu'une confirmation, par la chambre criminelle, de cette position qui, jusqu'à la loi du 10 juillet 2000 avait toujours été maintenue par la Cour de cassation.

2 Cette loi du 10 juillet 2000 en introduisant dans le Code de procédure pénale un article 4-1 aux termes duquel « l'absence de faute pénale non intentionnelle au sens de l'article 121-3 du Code pénal ne fait pas obstacle à l'exercice d'une action devant les juridictions civiles afin d'obtenir la réparation d'un dommage sur le fondement de l'article 1383 du Code civil si l'existence de la faute civile prévue par cet article est établie… », brise-t-elle définitivement cette règle de l'identité des deux fautes ? (V. É. Verny, O. Décima, S. Detraz, n° 406). L'arrêt *Beauchêne* rendu par la première chambre civile de la Cour de cassation, appliquant, sans le dire, immédiatement la loi nouvelle, peut incontestablement le laisser penser puisqu'il censure une décision des juges du fond qui s'étaient expressément fondés sur cette unité des fautes pénale et civile pour écarter la responsabilité civile de l'auteur d'un accident d'hélicoptère. S'il ne fait aucun doute que la loi du 10 juillet traduit un recul sérieux de la thèse de l'unité des fautes, notamment si l'on se réfère à

la volonté du législateur, il reste que la méthode procédurale utilisée, en se bornant à reconnaître la possibilité d'une action devant le juge civil, nonobstant l'absence d'une faute au sens de l'article 121-3 du Code pénal, laisse subsister certaines interrogations.

Si l'arrêt *Beauchêne* paraît réaliser une forme de rupture avec la jurisprudence suivie en ce domaine jusqu'à la loi du 10 juillet 2000, nous allons montrer en décrivant les solutions découlant de l'arrêt *Brochet* que certains inconvénients majeurs de la règle de l'unité des fautes pénale et civile avaient été supprimés (I).

Dans un deuxième temps, en replaçant la modification résultant de l'article 4-1 du Code de procédure pénale dans le contexte des règles gouvernant l'action civile, nous nous efforcerons de vérifier la portée exacte de cette modification législative sur la règle jurisprudentielle de la conception unitaire des fautes pénale et civile (II).

I. — L'affirmation initiale du principe de l'unité des fautes civile et pénale

3 Alors que la doctrine s'est souvent interrogée sur l'opportunité d'admettre une identité absolue entre les notions d'imprudence ou de négligence, fondant la responsabilité civile et celles qui permettent l'existence d'une infraction pénale, la jurisprudence au contraire s'en tenait de manière assez immuable, du moins sur le plan des principes, à la conception unitaire de la faute, posée en 1912 (A). Les conséquences pratiques, parfois discutables de cette solution, ont conduit le législateur à apporter certains tempéraments sans pour autant remettre fondamentalement en cause le principe de l'identité, alors même que la définition de la faute connaissait dans le même temps une évolution significative (B). (V. E. Dreyer, n° 836 s.)

A. — Une application jurisprudentielle rigoureuse

4 Sous l'empire du Code de 1810 aucune définition de la faute pénale d'imprudence n'était proposée par le législateur. On s'accordait à reconnaître une portée générale aux articles R. 40-4e, 319 et 320 de ce code qui fournissaient une liste d'expressions constituant une faute en matière d'homicide ou de coups et blessures involontaires. La maladresse, l'imprudence, l'inattention, la négligence, le défaut d'adresse ou de précaution et l'inobservation des règlements étaient ainsi visés par ces articles. Le principe de la responsabilité civile personnelle était et reste posé par les articles 1382 et 1383 du Code civil (au 1er oct. 2016, articles 1240 et 1241). Aux termes du second de ces articles « chacun est responsable du dommage qu'il a causé par son propre fait mais encore par sa négligence et son imprudence ». La première constatation qui s'imposait en comparant les formules utilisées est que les mots compris dans le texte du Code civil, imprudence et négligence, se retrouvaient également dans les articles du Code pénal. Si l'on admet, ce qui est logique, que les mots employés ne peuvent pas avoir un sens différent selon les codes (J. Pradel, n° 578) la seule conclusion de cette comparaison des fautes civile et pénale aurait été de considérer que la notion de faute pénale est plus large que celle de faute civile, ce que jamais personne n'a songé à soutenir (A. Decocq, p. 222). En réalité, comme le soulignaient la plupart des auteurs (R. Merle et A. Vitu, t. I, n° 609 ; A. Decocq, p. 219 ; J. Deprez, « Faute pénale et faute civile » in *Quelques aspects de l'autonomie du droit pénal*, p. 168 ; A.-C. Dana, *Essai sur la notion d'infraction pénale*, thèse Lyon, n° 301), il était très difficile d'attacher un sens précis à chacune des expressions utilisées par le législateur du Code pénal de 1810 (en ce sens : Crim. 20 juin 1812, *Bull. crim.* n° 190). Même si la liste des fautes avait été considérée comme limitative (Crim. 15 avr. 1889, *S.* 1891. I. 292) cette position jurisprudentielle était sans conséquence. En effet l'énumération était si compréhensive qu'on ne pouvait guère imaginer une faute qui ne serait pas tombée sous son emprise. La solution n'est pas différente avec les articles 221-6, 222-19 et R. 629-2 du code actuel. En réalité, au-delà des distinctions, ce qui unifiait les fautes, c'est qu'elles révélaient l'indifférence de l'agent à l'égard de la valeur sociale que constitue la vie ou l'intégrité physique d'autrui.

5 Sans doute l'inobservation des règlements obéissait-elle à un régime un peu particulier puisqu'il suffisait de constater qu'un règlement, jouant un rôle causal dans le préjudice, avait été méconnu. Mais cette violation, sauf contrainte, ne pouvait s'expliquer que par la négligence ou la volonté de transgresser la prescription réglementaire. La nouvelle formule, utilisée dans le Code actuel, « le manquement à une obligation de sécurité ou de prudence imposée par la loi ou le règlement » (C. pén., art. 221-6, 222-19 et R. 629-2) conforte ce point de vue même si l'on peut considérer que les tribunaux pourraient se montrer plus exigeants sur le rôle causal joué par la violation du règlement dans l'apparition du préjudice. Dès lors on peut donc conclure qu'il y avait jusqu'à la loi du 10 juillet 2000 une unité de signification juridique des termes de l'énumération légale concernant les diverses fautes pénales (en ce sens A.-C. Dana, thèse préc., n°s 301 s.). En fait la faute pénale retenue par le législateur, au-delà de la terminologie, s'analyse toujours en une indifférence à l'égard de la valeur sociale protégée, résultat de l'imprévoyance de son auteur. Il était, dès lors, tout à fait logique, en présence de cette unification du concept en matière pénale, de conclure qu'elle n'est pas différente, du moins par sa nature, de la faute civile, qui, en raison de la formule très vague utilisée par le législateur, est souvent définie « comme une erreur ou une défaillance de conduite » (v. sur ce point : G. Viney et P. Jourdain, *Traité de droit civil, Responsabilité délictuelle*, LGDJ, n° 449 ; P. Letourneau, *Droit de la responsabilité et des contrats*, Dalloz, coll. « Dalloz Action », 2014-2015, n° 6715-1 s. ; F. Terré, P. Simler, Y. Lequette, *Les obligations*, « Précis Dalloz », 11e éd., 2013, n° 217 s.). L'imprévoyance ne changeant pas de nature selon que l'on se place au point de vue civil ou pénal, il semblait logique que la gravité de la faute soit appréciée identiquement dans les deux hypothèses, la faute pénale ne différant pas de la faute civile.

6 C'est en ce sens que se prononce l'arrêt *Brochet et Deschamp*, posant pour la première fois le principe de l'identité des fautes civile et pénale. Les faits à l'origine de la décision sont assez simples. Une entreprise dirigée par Brochet et Perchet a été chargée d'installer un ascenseur dans un immeuble. Alors que l'appareil est posé mais non définitivement fixé et bien que l'usage en ait été interdit, un ouvrier de l'entreprise Brochet l'utilise néanmoins avec un salarié d'une autre entreprise chargée des travaux de maçonnerie, un sieur S. L'ascenseur s'étant effondré, ce dernier est grièvement blessé. Ses employeurs ayant été condamnés à lui verser une rente viagère en vertu de la loi du 9 avril 1898 sur les accidents du travail, ils intentent plusieurs années plus tard une action en garantie de cette condamnation contre Brochet et Perchet qu'ils estiment responsables dans la mesure où la faute d'un de leur salarié a été à l'origine de l'accident. Les défendeurs, sans contester leur responsabilité, font alors plaider que la faute reprochée à leur salarié constituant un délit de blessures involontaires, l'action est prescrite puisque trois ans se sont écoulés depuis les faits. Cette thèse a été admise par le tribunal de Saint-Étienne mais infirmée par la cour d'appel de Lyon qui en l'occurrence admettait expressément qu'une faute incontestable pouvait constituer un quasi-délit civil sans pour autant réaliser une infraction pénale, autrement dit, il consacrait la thèse de la dualité des fautes. On notera que l'arrêt de la cour de Lyon était conforme à la jurisprudence alors appliquée par la Cour de cassation (v. à titre d'ex. Civ. 13 juill. 1874, *S.* 1876. 1. 469 ; Civ. 15 avr. 1889, *S.* 1891. 1. 292 ; Civ. 31 oct. 1906, 5. 1907. 1. 126). En cassant la décision de la cour de Lyon, la chambre civile de la Cour de cassation réalise donc un revirement de jurisprudence puisqu'il était admis jusqu'alors que la faute pénale nécessaire pour constituer un délit involontaire étant plus grave que la faute civile d'imprudence ou de négligence, cette dernière pouvait être relevée alors que la première avait été déclarée inexistante. Une telle solution avait été retenue dans l'arrêt précité du 15 avril 1889 aux termes duquel il appartient aux juges de décider si d'après la gravité de l'imprudence alléguée elle constitue un délit correctionnel ou une simple faute ne donnant ouverture qu'à une action civile en dommages-intérêts. C'est cette distinction que l'arrêt *Brochet* condamnait en termes formels en affirmant que « la légèreté de la faute commise ne peut pas avoir d'autres effets que d'atténuer la peine encourue ». Ainsi dès lors qu'une faute était relevée par les juges, il était totalement inutile de s'interroger sur son degré de gravité puisque, si atténuée soit-elle, elle pouvait servir de fondement aussi bien à une action en responsabilité civile qu'à une poursuite pour infraction involontaire, du moins si les autres éléments constitutifs étaient réunis. Il y a une superposition des deux responsabilités (R. Morel, note préc.).

7 L'arrêt *Gouron* rendu quelques années plus tard présentait un double intérêt. D'abord, émanant de la chambre criminelle, il démontrait que la thèse de l'unité des deux fautes était également acceptée par les juridictions répressives qui toutefois n'ont eu qu'assez exceptionnellement à se prononcer sur une telle question. Ensuite parce qu'il affirmait expressément le principe de l'identité en constatant que la faute pénale d'imprudence se confond avec la faute quasi délictuelle civile. La chambre criminelle censure donc une décision qui avait relaxé Gouron poursuivi pour blessures involontaires en admettant néanmoins qu'il était possible de retenir une faute dont les conséquences dommageables pouvaient entraîner une action en réparation. En constatant cette faute, les juges excluaient toute relaxe puisque l'infraction d'homicide involontaire était nécessairement établie.

8 La solution de l'unité des deux fautes avait été admise depuis, sans nuance, à la fois par les juridictions civiles et pénales (v. par ex., Civ. 12 juin 1914, *S.* 1915. 1. 70 ; Civ. 15 janv. 1929, *DP* 1930. 1. 41, note Savatier ; Civ. 1re déc. 1930, *Gaz. Pal.* 1931. 1. 80 ; Civ. 24 mai 1962, *Bull. civ.* 1962. 2. 466 ; Civ. 1re, 21 nov. 1978, *JCP* 1979. II. 19033, note R. Savatier ; Crim. 13 févr. 1926, *S.* 1927. 1. 319 ; Crim. 23 avr. 1955, *D.* 1955. 524, comm. M. Puech, no 116 ; Crim. 18 nov. 1986, *Bull. crim.* no 343 ; *RSC* 1987. 426, obs. G. Levasseur ; Civ. 2e, 12 juin 1996, no 94-18.417, *Bull. civ.* II, no 146 ; Crim. 2 avr. 1997, *Bull. crim.* no 130 et les nombreuses décisions citées par Pirovano, *Faute civile et faute pénale*, thèse Nice, LGDJ, 1966, p. 1 ; v. égal. pour une application assez discutable Grenoble, 15 juin 1993, *D.* 1994. 239, note M.-C. Lebreton). On notera néanmoins que certaines décisions concernant la faute de l'*infans* ont pu être considérées comme remettant en cause ce principe (Ass. plén., 9 mai 1984 (4 arrêts), *D.* 1984. 525, concl. Cabannes et note Chabas ; *JCP* 1984. II. 20255, note N. Dejean de la Bâtie et 20256, note Jourdain. En ce sens W. Jeandidier, no 353. V. sur cette question M. Tapia « Décadence et fin éventuelle du principe d'identité des fautes pénale et civile », *Gaz. Pal.* 7-8 mars 2003. Doctr. 2).

Comment peut-on expliquer ce refus jurisprudentiel de toute distinction dans la gravité des fautes, pourtant admise pendant tout le XIXe siècle ?

S'il nous semble que la meilleure explication réside dans la pratique impossibilité de dégager des critères suffisamment précis permettant d'établir une hiérarchie des fautes selon leur gravité, il n'en reste pas moins que les inconvénients de cette solution ont conduit le législateur à apporter certains assouplissements.

B. — Des tempéraments législatifs nombreux

9 Les conséquences de la solution de l'unité des fautes civile et pénale se rencontraient principalement dans deux hypothèses découlant du principe de la primauté du pénal sur le civil, à savoir l'autorité de la chose jugée et la solidarité des prescriptions. Notons tout de suite que s'agis-

sant de ce dernier problème la règle de l'identité avait perdu toute conséquence. En effet, depuis la loi du 23 décembre 1980 modifiant l'article 10 du Code de procédure pénale, les prescriptions pénale et civile ont été désolidarisées. L'action civile se prescrit aujourd'hui selon les règles du droit civil. On notera que la rédaction de l'article 10 du Code de procédure pénale a été modifiée par la loi du 17 juin 2008 qui, sans changer la règle au fond, indique précisément que lorsque l'action est exercée devant une juridiction répressive, elle se prescrit selon les règles de l'action publique et lorsqu'elle est exercée devant une juridiction civile, elle se prescrit selon les règles du Code civil. Ainsi, la solution de l'arrêt *Brochet et Deschamp* serait aujourd'hui totalement différente, nonobstant la règle de l'identité des deux fautes : l'action civile exercée devant un tribunal civil peut, même lorsqu'elle a sa source dans une infraction, être exercée alors que la prescription de l'action publique est acquise. En revanche, les conséquences découlant du principe de l'autorité de la chose jugée au pénal sur le civil restent pleinement applicables. Toute décision du juge pénal s'impose à la juridiction civile dès lors que les faits sont déclarés établis. La relaxe du juge pénal interdisait au juge civil de retenir une responsabilité fondée sur la faute, la condamnation lui imposait et impose toujours, au contraire, de le faire. On notera que la loi n° 2007-291 du 5 mars 2007 tendant à renforcer l'équilibre de la procédure pénale a partiellement modifié l'article 4 du Code de procédure pénale en limitant désormais le sursis à statuer, pour les juridictions civiles, à la seule action civile en réparation du dommage causé par l'infraction. Toutes les autres actions, de quelque nature qu'elles soient, ne sont plus concernées (al. 3) (Civ. 1re, 31 oct. 2012, n° 11-26.476 : *Dr. pénal* 2013, n° 5, obs. A. Maron et M. Haas ; Civ. 1re, 29 mai 2013, *Dalloz actualité*, 7 juin 2013, obs. S. Lavric).

10 Le juge pénal est évidemment tenu par les mêmes principes. Ainsi, il n'était pas possible, pour les juges correctionnels, de considérer que Gouron n'avait pas commis une faute susceptible d'engager sa responsabilité pénale alors qu'ils laissaient subsister la possibilité d'une action en responsabilité civile. Aucun degré de gravité dans la faute n'étant admis, elle est ou elle n'est pas (sur l'application de ces principes, v. R. Merle et A. Vitu, t. II, nos 769 s. ; W. Jeandidier, n° 336). Ainsi, le juge pénal pouvait se contenter de la moindre faute (la *culpa levissima* du droit civil), on a même parlé de l'ombre d'une faute pour retenir une infraction dite involontaire telle que l'homicide. L'arrêt *Brochet* est sur ce plan très clair, en précisant que, si atténuée que soit la faute… elle constitue une imprudence au sens de l'article 320 du Code pénal de 1810. On objectera que le juge pénal pouvait, du moins lorsqu'il ne s'agissait pas de l'inobservation d'un règlement, jusqu'à la loi de 1996, rejeter l'existence de la faute mais il savait alors que par cette décision, il privait obligatoirement la victime de toute indemnisation. On observera que dans le domaine de la responsabilité médicale, la faute de technique médicale, au sens strict, ne devait être retenue que si elle était d'une certaine gravité, mais alors toute responsabilité civile était exclue, ce qui était injuste pour la victime (A. Pirovano, note au *D.* 1966. 344 ; R. Merle et A. Vitu, t. I, n° 608 ; Crim. 20 mai 1936, *DP* 1936. 188 ; Crim. 14 juin 1957, *D.* 1957. 571 ; Crim. 3 nov. 1988, n° 87-82.088, *Bull. crim.* n° 366 ; *RSC* 1990. 71, obs. G. Levasseur et la jurispr. citée *in* B. Bouloc, n° 275, note 3 ; v. Crim. 15 nov. 1995, *Gaz. Pal.* 1996. 53, obs. I-P. Doucet ; *Dr. pénal* 1996, n° 100, obs. M. Véron ; Crim. 28 sept. 1999, n° 97-82.353, *Bull. crim.* n° 198 ; *RSC* 2000. 393, obs. Y. Mayaud). En réalité, la solution n'était sans doute pas aussi originale qu'on l'indiquait parfois. En effet, même dans le système de l'appréciation *in abstracto*, plutôt retenue jusqu'alors, toute référence concrète n'était pas interdite. On pouvait tenir compte des circonstances de lieu, de temps, de milieu et de la profession de l'agent. Ainsi, dans le domaine médical, la comparaison devait être faite avec l'attitude d'un autre médecin généraliste ou spécialiste selon les cas et il fallait se demander quel aurait été le comportement de ce praticien de référence. Aurait-il pu commettre la même faute, auquel cas la responsabilité de l'auteur des faits ne devait pas être retenue (v. A.-C. Dana, thèse préc., n° 333) ? Il reste cependant que c'est cette conséquence indirecte de l'identité des deux fautes qui apparaissait la plus regrettable. On a dit que le procès pénal était en quelque sorte dénaturé car le juge pénal était amené à retenir « des poussières de faute » dans le seul but d'assurer l'indemnisation de la victime (v. R. Houin, note au *JCP* 1956. II. 9224). Le procès pénal était ainsi utilisé pour trancher un conflit purement patrimonial qui normalement relevait du juge civil. Cela conduisait, selon un auteur (A. Pirovano, note préc.) à une véritable autorité du civil sur le criminel. Les effets assez discutables du principe d'identité avaient parfois conduit la jurisprudence à en affaiblir la portée. Ainsi la Cour de cassation avait-elle admis que le juge civil pouvait retenir la responsabilité civile d'un individu relaxé par une juridiction pénale, dès lors que l'indemnisation était fondée sur un autre élément que la faute. Ainsi en était-il, par exemple, de l'article 1384, alinéa 1er du Code civil (au 1er oct. 2016, article 1242, al. 1er) relatif à la responsabilité du gardien d'une chose ou encore de l'article 1385 (1243) du même code concernant la responsabilité des animaux (v. B. Bouloc, n° 292 ; M. Tapia art. préc. n° 17).

11 Mais c'est également le législateur qui est intervenu pour limiter les inconvénients découlant du principe de l'unité des fautes pénale et civile.

En effet une loi du 8 juillet 1983 dont l'objectif était de renforcer la protection des victimes d'infractions, a instauré un système particulier afin d'éviter la dénaturation du procès pénal. Aux termes de l'article 470-1 du Code de procédure pénale, dans sa rédaction initiale, le tribunal répressif saisi d'une poursuite pour homicide ou blessures involontaires qui prononce une relaxe, demeure compétent sur la demande de la partie civile ou de son assureur « pour accorder en application des règles de droit civil réparation de tous les dommages résultant des faits qui ont fondé la poursuite ». Selon ce texte, par une extension de compétence, les juridictions répressives peuvent accorder à la victime une indemnisation fondée sur les articles 1384-1385 ou 1386 du Code civil (articles 1242, al. 1er, 1243 et 1244) ou sur la base d'une faute contractuelle alors qu'au préalable, cette dernière devait nécessairement lancer un second procès devant une juridiction civile pour obtenir réparation de son préjudice. Cette réforme a donc eu pour but de permettre à la victime d'être plus rapidement indemnisée. Avec cette disposition, le juge pénal pouvait retrouver une liberté d'esprit beaucoup plus grande pour relaxer un individu, dès lors qu'il a la possibilité, malgré cette décision d'indemniser immédiatement la victime sur un autre fondement juridique que la faute. La loi du 13 mai 1996 a modifié l'article 470-1 en visant désormais tous les délits non intentionnels au sens des 2e, 3e et 4e alinéas de l'article 121-3 du Code pénal étendant ainsi la compétence du tribunal correctionnel. Encore faut-il que le tribunal ait été saisi par le ministère public ou sur renvoi d'une juridiction d'instruction.

12 On précisera que le juge pénal ne pouvait en aucune manière fonder sa décision sur les articles 1382 et 1383 (articles 1241 et 1242) ce qui aurait impliqué un abandon de la thèse de l'unité des deux fautes (v. en ce sens les travaux parlementaires, *JO* Débats Ass. nat., 6 mai 1983, p. 902, Sénat, 26 mai 1983, p. 1100 et 1102 ; G. Roujou de Boubée, « Commentaire de la loi du 8 juillet 1983 renforçant la protection des victimes », *ALD* 1984. 57). On notera que la circulaire d'application de la loi du 25 juillet 1983 affirme « qu'il n'est pas impossible » que cette innovation conduise à remettre en cause le principe de l'unité des fautes civile et pénale. Sans doute un revirement de jurisprudence était-il toujours possible en cette matière mais il n'était nullement impliqué par la loi du 8 juillet 1983 qui avait simplement voulu éviter à la victime une dualité de procédures successives (v. Chron. : « Un nouveau stade dans la protection de la victime d'une infraction, Commentaire de la loi n° 83-608 du 8 juillet 1983 », J. Pradel, *D.* 1983. Chron. 241 s.). D'ailleurs, la jurisprudence, depuis la promulgation de la loi de 1983, était restée traditionnelle : la faute pénale définie par les textes du Code pénal demeurant identique à celle prévue par les articles 1382 et 1383 (articles 1241 et 1242) du Code civil (Crim. 18 nov. 1986, *Bull. crim.* n° 343 ; *RSC* 1987. 426, obs. G. Levasseur ; *add.* O. De Bouillane de Lacoste, Chron. *Gaz. Pal.* 1987. 1. Doct. 397 ; v. égal. Crim. 20 mars 1996, *Gaz. Pal.* 21-23 juillet 1996 : application de l'art. 1147 du C. civ.). Ainsi la personne relaxée ne pouvait-elle pas ensuite être condamnée à indemniser la victime sur la base des articles 1382 et 1383 (articles 1241 et 1242) du Code civil. Le principe de l'unité des fautes demeurait donc intangible.

13 Si l'introduction dans l'actuel Code pénal d'un article 121-3 destiné à préciser la notion de faute non intentionnelle n'avait emporté, dans notre domaine, aucune conséquence particulière, la question pouvait se poser différemment avec la loi du 13 mai 1996 modifiant ce texte. Le nouvel article distinguait le cas de la mise en danger délibérée de la personne d'autrui (al. 2) et les cas d'imprudence, de négligence ou de manquement à une obligation de prudence ou de sécurité prévue par la loi ou les règlements. Dans cette dernière hypothèse la faute ne peut pas être retenue « si l'auteur des faits a accompli les diligences normales compte tenu le cas échéant, de la nature de ses missions ou de ses fonctions, de ses compétences ainsi que des pouvoirs ou des moyens dont il disposait ».

Si jusqu'alors, pour se prononcer sur l'existence ou l'inexistence de la faute, les juges se référaient à une appréciation *in abstracto* à l'image de la solution retenue en matière civile (v. N. Dejean de la Bâtie, *Appréciation in abstracto et appréciation in concreto en droit civil français*, Thèse, Paris, 1965) avec la formulation retenue par la loi de 1996, le problème aurait pu se poser différemment. On ne peut guère contester, les travaux parlementaires l'attestant clairement, que le législateur ait par ce texte souhaité que les juges s'orientent vers une appréciation concrète de la faute pénale.

14 Il restait à déterminer ce qu'impliquait une telle solution. La formule retenue par le législateur souligne de manière explicite que les tribunaux, pour admettre l'existence de la faute, doivent vérifier si le comportement de l'individu poursuivi est conforme à celui d'une personne normalement diligente en prenant en considération certains éléments qui sont énumérés et qui, à notre sens, ne sont pas limitatifs (fonctions, missions, compétence, pouvoirs, moyens). Il fallait donc que les juges tiennent mieux compte des circonstances de l'espèce et motivent plus explicitement leurs décisions. Mais était-il nécessaire d'aller au-delà, auquel cas l'appréciation concrète pourrait alors se révéler très contestable. Ainsi tenir compte des aptitudes de l'agent, ce serait accepter de favoriser les maladroits habituels. Poussée à l'extrême, cette théorie conduirait à décider que plus un individu est susceptible de porter atteinte aux valeurs sociales en raison de sa maladresse ou de son étourderie, moins il risque de voir sa responsabilité engagée et que la contrainte morale devrait toujours être retenue alors qu'elle est systématiquement rejetée (en ce sens, A.-C. Dana, thèse préc., n° 325). Jusqu'alors les juges du fond ne se sont jamais référés aux caractéristiques concrètes du délinquant pour apprécier la faute. Pouvait-il en aller autrement avec le nouveau texte ? La psychologie du délinquant pourrait-elle être prise en compte ? Il est évident que le mot « compétences » utilisé par le législateur pouvait y faire songer. En réalité, les travaux parlementaires concernant ce texte démontrent que le terme doit être pris dans son sens technique ou juridique. Dès lors la réforme était peut-être moins importante qu'on ne pouvait l'imaginer puisque l'analyse reste proche du comportement du bon père de famille, aujourd'hui « de la personne raisonnable », référence généralement admise sous l'empire de l'ancienne législation (en ce sens, F. Le Gunehec, « Premier aperçu de la loi du 13 mai 1996 relative à la responsabilité pénale pour des faits d'imprudence ou de négligence » *Actualités, JCP* 1997, n° 24 ; pour un commentaire très critique, v. M.-L. Rassat, « Du Code pénal en général et de l'article 121-3 en particulier d'après la loi n° 96-393 du 13 mai 1996 », *Dr. pénal* 1996. Chron. 28 ; *RSC* 1996. 890, obs. F. Seuvic ; P. Salvage, « L'imprudence en droit pénal », *JCP* 1996. I. 3984 ; C. Ruet, « Commentaire de la loi n° 96-393 du 13 mai 1996 relative à la responsabilité pénale pour des faits d'imprudence ou de négligence », *RSC* 1998. 23). Il est en tout cas une chose certaine, la nouvelle formule de l'article 121-3, alinéa 3, qui englobe le manquement à une obligation de prudence ou de sécurité prévue par la loi ou les règlements (auj. le règlement), condamne la faute normative en ce domaine. Désormais, la simple violation du texte, en tant que telle, ne suffit pas. Plus exactement, il faut admettre qu'il est possible de contester l'existence de la faute en tenant compte des éléments objectifs de l'espèce (v. M. Benillouche, « La subjectivisation de l'élément moral de l'infraction : plaidoyer pour une nouvelle théorie de la culpabilité », *RSC* 2005. 529).

15 Cette nouvelle conception de la faute pénale devait-elle conduire à abandonner la thèse aux termes de laquelle elle est identique à la faute civile (en ce sens, Y. Mayaud, « De l'article 121-3 du Code pénal à la théorie de la culpabilité en matière criminelle et délictuelle », *D.* 1997. Chron. 37 ; A. Dorsner-Dolivet : « Que devient le principe de l'identité des fautes civile et pénale après la loi du 10 juillet 2000 », *Droit prospectif* 2002. 1. 201 ; G. Clément et B. Clément, « Faute civile et faute pénale d'imprudence », *RPDP* 2003. 309) ? La réponse appartenait évidemment aux juridictions et en définitive à la chambre criminelle. Elle aurait dû conduire à rejeter plus fréquemment la responsabilité pénale. Tel n'a cependant pas été le constat que l'on a pu faire en analysant la jurisprudence : v. à titre d'exemples : Crim. 2 avr. 1997, n° 95-85.564, *Bull. crim.* n° 132 (tout manquement aux obligations de prudence d'un automobiliste est incompatible avec les diligences normales prévues par l'art. 121-3 du C. pén.) ; Crim. 14 oct. 1997, n° 96-83.356, *Bull. crim.* n° 334 ; *Dr. pénal* 1998. 25, obs. J.-H. Robert ; *RSC* 1998. 316, obs. B. Bouloc (portée non justificative des diligences normales) ; Crim. 29 juin 1999, n° 98-81.413, *Bull. crim.* n° 163 ; *D.* 1999. 220 ; Crim. 9 nov. 1999, n° 98-87.432, *Bull. crim.* n° 250 ; *Gaz. Pal.* 2000. 13, note Petit (responsabilité de maires : affaire des *Thermes de Barbotan* pour le 1er arrêt). Les résultats de la réforme de 1996 se révélant décevants, par rapport aux objectifs de dépénalisation de l'action des décideurs publics, un nouveau projet de loi fut élaboré. L'objet de ce texte était de réduire l'étendue de la répression des délits non intentionnels en exigeant, dans certains cas au moins, une faute plus grave que la faute ordinaire d'imprudence et de négligence pour engager la responsabilité des décideurs publics. Le projet devait déboucher sur la loi du 10 juillet 2000 modifiant une nouvelle fois l'article 121-3 du Code pénal mais s'efforçant également de mettre fin à la règle de l'identité des fautes pénale et civile (sur la genèse de ce texte v. par ex., F. Desportes et F. Le Gunehec, n° 490-3 et pour une bibliographie très complète sur ce texte, art. M. Tapia préc., note 1). Qu'en est-il exactement ? C'est ce que nous allons essayer de vérifier.

II. — Le retour du principe de la dualité des fautes civile et pénale

16 Il n'est évidemment pas question, à cette place, d'exposer la nouvelle économie de la répression des infractions non intentionnelles. Il importe simplement de rappeler que le projet, qui concernait initialement les élus locaux et les hauts fonctionnaires, a été à l'origine, après une longue discussion parlementaire, d'une modification assez profonde de la répression en ce domaine.

Aux termes des nouvelles dispositions il faut désormais distinguer clairement deux hypothèses selon que la faute reprochée a un lien direct ou indirect avec le dommage causé, l'homicide ou les blessures par exemple.

L'alinéa 3 de l'article 121-3 traite de la situation la plus simple celle où la faute est directement à l'origine du dommage. Dans ce cas toute faute engagera la responsabilité de son auteur (imprudence, négligence, manquement à une obligation de prudence ou de sécurité imposée par la loi ou le règlement) si l'auteur des faits n'a pas accompli les diligences normales. On notera que cette partie du texte (C. pén., art. 121-3, al. 3) n'a fait l'objet que de changements limités par rapport à la rédaction résultant de la loi de 1996.

Le quatrième alinéa de l'article 121-3, entièrement nouveau, traite donc de ce que l'on peut nommer la causalité indirecte, c'est-à-dire celle où la faute reprochée n'a été qu'indirectement à l'origine du dommage. Selon le texte, il s'agit des personnes physiques qui ont créé ou contribué à créer la situation qui a permis la réalisation du dommage où qui n'ont pas pris les mesures permettant de l'éviter. La responsabilité ne pourra alors être retenue que dans deux hypothèses s'il est établi, soit qu'elles ont violé de façon manifestement délibérée une obligation particulière de prudence ou de sécurité prévue par la loi ou le règlement, soit qu'elles ont commis une faute caractérisée et qui exposait autrui à un risque d'une particulière gravité qu'elles ne pouvaient ignorer. Il est clair que le législateur a souhaité réserver la sanction pénale aux fautes non intentionnelles d'une certaine gravité lorsque le lien de causalité avec le dommage causé n'est qu'indirect (sur ces notions : Y. Mayaud : « Violences involontaires et responsabilité pénale », *Dalloz référence*, n°s 51-1 s. et 62-30 s. et les nombreux arrêts cités, J. Pradel, n° 567 s. et la biblio. citée ; v. *supra*, n° 40).

17 Il reste, en tout état de cause, que cette restriction du domaine de la responsabilité pénale ne pouvait en aucune manière conduire à une réduction corrélative des cas de responsabilité civile. Pour être certain de cette solution, le législateur, persuadé que l'extension un peu démesurée de la responsabilité pénale en matière d'infractions non intentionnelles trouvait au moins partiellement sa source dans la théorie jurisprudentielle de l'unité des fautes pénale et civile d'imprudence, décida d'y mettre un terme. Mais plutôt que d'énoncer clairement cette règle dans une disposition de fond, il introduisit dans le Code de procédure pénale un texte (art. 4-1) permettant à la victime, nonobstant l'absence de faute

pénale au sens de l'article 121-3 du Code pénal d'agir devant une juridiction civile sur la base de l'article 1383 (1242) du Code civil (v. E. Dreyer, n° 839, qui parle de demi-mesure). La méthode indirecte, de type procédural, choisie par le législateur devait inévitablement susciter des interrogations et des réponses précises sur le maintien ou au contraire l'abandon du système de l'unité des fautes. On ne peut répondre à cette question sans replacer plus globalement l'analyse dans le cadre des règles applicables et plus particulièrement la règle de l'autorité de la chose jugée au criminel sur le civil. Dès lors il paraît judicieux d'examiner les conséquences de la modification apportée par l'article 4-1 du Code de procédure pénale, selon que la question se posera devant une juridiction civile (A) ou au contraire devant une juridiction pénale (B).

A. — L'application devant les juridictions civiles

18 La signification minimale, que l'on ne peut contester, de l'article 4-1 du Code de procédure pénale est que l'absence de faute pénale constatée par une juridiction pénale, n'empêche pas la victime de saisir une juridiction civile pour que son dommage soit réparé. Le texte affirme la recevabilité de l'action mais son bien-fondé implique que la juridiction civile retienne l'existence d'une faute sur le fondement de l'article 1383 (1242) du Code civil. Le texte ne condamne pas expressément l'identité des fautes mais il permet la dualité de ces fautes chacune pouvant être appréciée par les juges en toute autonomie. Le juge pénal pourra sans hésitation ne plus sanctionner les fautes légères puisqu'il sait que la victime peut être indemnisée par le juge civil.

La lecture des travaux préparatoires ne laisse pas de doute sur la volonté des parlementaires de revenir à la dualité des fautes civile et pénale (v. particulièrement le rapport de la commission des lois de l'Assemblée nationale n° 2528, distribué le 29 juin 2000 avec l'intervention de Madame Christine Lazerges ; v. égal. Travaux du Sénat, Compte rendu, Séance du 28 juin, l'intervention de Mme Guigou, garde des Sceaux, p. 4499) mais il reste à se demander si ce texte « porte l'estocade » au principe d'identité (en ce sens : G. Viney, *JCP* 2001. Chron. 1426).

19 L'arrêt *Beauchêne*, que nous avons retenu, milite évidemment dans le sens de la disparition du principe de l'unité. Il importe d'ailleurs d'observer que cette décision ne s'appuie aucunement sur la réforme opérée par la loi du 10 juillet mais qu'il s'en inspire de manière très précise en reprenant quasiment la formule du texte. Les faits étaient très antérieurs à la loi du 10 juillet 2000, mais comme l'ont remarqué les annotateurs de cette décision (P. Jourdain et G. Viney) il aurait été parfaitement possible d'appliquer immédiatement cette loi nouvelle de procédure à une instance en cours (C. pén., art. 112-2 ; sur le caractère procédural du nouveau texte : M.-L. Rassat, n° 323 ; Ph. Bonfils qui estime que l'arrêt du 16 septembre 2003 (v. *infra*) peut être interprété en ce sens). L'organisateur d'une manifestation sportive avait fait appel à une société d'hélicoptères pour couvrir l'événement sur un plan photographique. À l'issue du reportage le pilote de l'hélicoptère, lors du retour vers sa base embarqua, outre l'organisateur, deux autres passagers. Au cours du vol le pilote s'approchant beaucoup trop près d'un voilier, heurta un hauban avec les pales ce qui entraîna l'accident au cours duquel deux passagers furent tués, le troisième blessé. Des poursuites pénales ayant été engagées contre le pilote, ce dernier fut relaxé par la cour d'appel de Rennes qui estima qu'aucune faute constitutive d'une infraction ne pouvait être retenue à son encontre. Qu'il nous soit permis de nous interroger sur cette décision qui n'apparaît qu'assez peu conforme à la jurisprudence habituelle en cette matière. L'approche du voilier en dehors de toute obligation liée au reportage ne constitue-t-elle pas une imprudence en relation causale avec l'accident ? La solution de relaxe paraît donc pour le moins discutable. La victime ayant assigné le pilote et la société d'hélicoptères, notamment sur la base des articles 1382 et 1383 (articles 1241 et 1242), la réponse ne semblait guère faire de doute. La cour de Rennes constatant que la faute reprochée était identique à celle qui sous-tendait la poursuite pénale pour laquelle il avait été relaxé, estima que l'autorité de la chose jugée au pénal, que le juge civil est tenu de respecter, interdisait toute indemnisation. C'est cet arrêt qui est cassé par la première chambre civile qui, prenant le contre-pied des solutions jusqu'alors admises, affirme que « la déclaration par le juge répressif de l'absence de faute pénale, ne fait pas obstacle à ce que le juge civil retienne une faute civile d'imprudence ou de négligence ». Cette décision réalise donc incontestablement une anticipation de l'application de l'article 4-1 du Code de procédure pénale. Elle constitue néanmoins une sorte de revirement de jurisprudence donc un retour à la dualité des fautes. Ainsi il y a bien une forme d'atténuation de l'autorité de la chose jugée au pénal sur le civil. Mais cette atténuation reste limitée à l'hypothèse prévue par la loi, à savoir la reconnaissance d'une faute, là où le juge pénal n'en a retenu aucune (Y. Mayaud, *Dalloz référence,* préc., n° 51-172 qui considère que cette solution est conforme au caractère d'intérêt privé du principe d'autorité).

20 Ce constat conduit donc logiquement à considérer que le principe d'autorité continue à s'appliquer dans le cas où le juge pénal a prononcé une condamnation pénale. L'article 4-1 ne vise que les jugements de relaxe. Dès lors l'admission d'une telle faute conduit donc à obliger le juge civil, qui ne pourra pas refuser une indemnisation si un préjudice existe. On peut d'ailleurs admettre que la formule retenue par la Cour de cassation « ne fait pas obstacle » paraît, en quelque sorte, confirmer cette manière de voir (en ce sens P. Jourdain, *RTD civ.* 2001. 376). Plus généralement on peut estimer que tout ce qui a été positivement relevé par le juge pénal concernant les faits, leur relation avec le dommage sont des éléments qui sont soumis au principe d'autorité (Y. Mayaud, préc.) Plusieurs décisions ont rappelé ce principe (Civ. 1re, 29 oct. 2002, n° 99-19.411) notamment pour préciser clairement les éléments de la décision qui seuls peuvent avoir autorité (v. Civ. 2e, 15 nov. 2001, no 00-12.506, *JCP* 2002. II. 10310, obs. D. Guihal). Bien évidemment la règle selon laquelle « le criminel tient le civil en l'état » étant d'ordre public, le juge civil doit nécessairement surseoir à statuer aussi longtemps que l'instance est pendante devant le juge pénal (v. *supra* sur la limitation du sursis à statuer à la seule action civile résultant de l'infraction ; Sur la question de l'autorité de la chose jugée au pénal sur le civil, v. S. Guinchard et J. Buisson, *Procédure pénale*, Litec, 2014, nos 2626 s.). La possibilité de retenir une faute civile là où le juge pénal ne l'a pas retenue ne peut mettre en échec une règle d'intérêt général qui vise le fonctionnement de la justice pénale (v. cep. *contra* un arrêt Civ. 2e, 15 mars 2012, no 10-15.503, *D.* 2012. 1316, note crit. N. Rias, qui refuse un sursis à statuer et admet donc la possibilité d'alléguer une faute inexcusable avant la décision pénale en estimant, sur la base de l'article 4-1 du Code de procédure pénale, que les fautes pénale et civile sont totalement distinctes, conduisant ainsi, selon l'annotateur de la décision au *Dalloz*, à une véritable bilatéralisation des fautes civile et pénale).

21 Il reste encore à se demander si le juge civil retrouve une totale liberté d'appréciation de la faute ou s'il faut au contraire distinguer selon que la relaxe du juge pénal concernait une hypothèse de causalité indirecte ou de causalité directe. Il est clair pour tous que le refus d'une faute qualifiée (mise en danger délibérée ou caractérisée) en cas de causalité indirecte, laisse place à une faute simple que pourra relever le juge civil. En est-il de même lorsque le lien de causalité, étant direct, le juge pénal a nié l'existence de toute faute. Certains auteurs pénalistes ont répondu négativement (J. Pradel, « De la véritable portée de la loi du 10 juillet 2000 sur la définition des délits inintentionnels », *D.* 2000. Chron. 29 ; F. Desportes et F. Le Gunehec, no 498-7 ; R. Bernardini, no 459 ; v. égal C. Desnoyer, « L'article 4-1 du Code de procédure pénale, la loi du 10 juillet 2000 et les ambitions du législateur : l'esprit contrarié par la lettre », *D.* 2002. Chron. 979). Pour d'autres auteurs en revanche, civilistes notamment, la liberté du juge civil s'exerce d'une manière générale (v. P. Jourdain : « La nouvelle définition des délits non intentionnels par la loi du 10 juillet 2000. Les conséquences de la loi du 10 juillet 2000 en droit civil », *RSC* 2001. 748 ; G. Viney « La nouvelle définition des délits non intentionnels par la loi du 10 juillet 2000. Conclusion au colloque organisé le 1er février 2001 par le Centre de recherche en droit privé de Paris I », *RSC* 2001. 764 ; A. Giudicelli, *RSC* 2003. 125 ; Y. Mayaud : « Retour sur la culpabilité non intentionnelle en droit pénal », *D.* 2000. Chron. 603 et *Dalloz référence*, no 51-181 ; Lièvremont : « La loi du 10 juillet 2000, une nouvelle approche de la culpabilité dans les délits non intentionnels », *Droit prospectif* 2001. 4, nos 30 s. ; A. Dorsner-Dolivet, art. préc. Pour une opinion plus nuancée, M. Tapia, art. préc.) Pour Madame Viney cette solution s'impose pour des raisons logiques et l'esprit comme la lettre du texte, de l'article 4-1 du Code de procédure pénale y conduisent nécessairement. Il est vrai que le texte, en renvoyant à l'article 121-3, ne distingue pas entre l'alinéa 3 et l'alinéa 4. Par ailleurs il est certain que le texte n'a véritablement d'intérêt que dans cette seule hypothèse puisqu'on peut estimer que l'autorité de la chose jugée ne pourrait pas jouer si le juge pénal ne s'est prononcé que sur l'absence d'une faute qualifiée (en ce sens : Jourdain, préc.) Observons que l'arrêt *Beauchêne* concerne incontestablement un cas de causalité directe. Si l'on peut se ranger à ces avis autorisés, encore faudrait-il que les juridictions pénales s'orientent enfin, comme l'impose l'alinéa 3 de l'article 121-3 du Code pénal, vers une véritable appréciation *in concreto* (on devrait sans doute dire *in abstracto* au sens exact du terme pour échapper à certaines critiques, M.-L. Rassat, *Droit pénal spécial*, n° 319) de la faute pénale alors que la faute civile est toujours appréciée *in abstracto* (v. A. Dorsner-Dolivet, art. préc., p. 201). Si le juge pénal, totalement libéré du souci de l'indemnisation des victimes, ne retient plus « une poussière de faute » pour retenir la culpabilité, la dissociation entre la faute pénale, source de condamnation, et la faute civile simple source d'indemnisation, la solution apparaîtra plus réaliste. Il restera alors pour le juge à situer le seuil d'intervention de la loi pénale. Question délicate sans doute, mais qui n'est pas nécessairement sans réponse. On ajoutera qu'assez curieusement, le juge civil, en l'occurrence un tribunal des affaires de Sécurité sociale, pourra estimer réalisée une faute inexcusable là où le juge pénal n'aura trouvé aucune faute pénale. Cette solution paraissait quelque peu théorique. La chambre sociale de la Cour de cassation a pourtant admis cette possibilité (Soc., 12 juill. 2001, n° 99-18.375, *Bull. civ.* V, n° 267 ; *D.* 2001. 3390, note Y. Saint-Jours ; *ibid.* 2002. 1311, obs. P. Jourdain ; *JCP E* 2001. 86, note Amauger-Lattes ; Soc. 23 mai 2002, *Bull. civ.* V, n° 177). En réalité comme l'observe M. Y. Mayaud (*Dalloz référence*, n° 91-169) le droit social adopte en ce cas une conception objective et abstraite de la faute. Mais poursuivant son analyse cet auteur s'interroge : s'agit-il encore d'une faute ? Comme lui, nous en doutons sérieusement.

22 La deuxième chambre civile (16 sept. 2003, n° 01-16.715, *Bull. civ.* II, n° 263 ; *D.* 2004. 721, note Ph. Bonfils) a pourtant confirmé cette possibilité dans un arrêt qui plus généralement consacre le système de la dualité des fautes pénale et civile. La Cour de cassation censure un arrêt de la cour d'appel d'Aix-en-Provence qui affirmait qu'une relaxe d'un employeur par une juridiction pénale, suite à un accident du travail dont avait été victime un salarié, interdisait à une juridiction de Sécurité sociale de retenir une faute inexcusable. L'intérêt de cette décision est qu'elle donne à l'article 4-1 du Code de procédure pénale une portée beaucoup plus générale en affirmant que ce texte dissocie la faute civile de la faute pénale non intentionnelle. Alors que l'espèce concernait une faute inexcusable on peut penser que le choix de cette formule implique la volonté de la Haute juridiction de poser un principe plus général. On peut estimer que cette décision conforte le point de vue selon lequel les juridictions civiles ont la possibilité de retenir une faute civile aussi bien lorsque la relaxe interviendra sur la base de l'inexistence d'une faute qualifiée que sur celle de l'inexistence d'une faute simple (v. A. d'Hauteville, « Brèves remarques sur le nouveau principe de la dualité des fautes civile et pénale d'imprudence », *Mélanges R. Ottenhof*, Dalloz, 2006. 145).

23 Peut-on aller plus loin en considérant que cette solution s'applique quelles que soient les juridictions susceptibles d'être saisies (en ce sens note Ph. Bonfils, *contra* M.-L. Rassat, n° 323 qui estime excessif de dire que l'identité est morte) ?

S'il nous paraît évident d'accepter aujourd'hui la totale liberté du juge civil pour indemniser une victime nonobstant la relaxe de l'auteur du dommage (sur ce point, la dualité des fautes civile et pénale est donc fermement établie), en revanche en est-il encore de même lorsque le problème se pose au juge pénal, l'action civile étant jugée en même temps que l'action publique ? La question mérite d'être posée.

B. — L'application devant les juridictions pénales

24 L'article 4-1 du Code de procédure pénale n'envisageant la dualité des fautes que dans le cadre d'une action exercée devant les juridictions civiles, la question se pose évidemment de savoir si le législateur a entendu interdire au juge répressif d'accorder une indemnisation sur la base de l'article 1383 (1242) du Code civil, alors qu'il vient de relaxer le prévenu sur le plan pénal. Autrement dit, le juge pénal est-il ou non tenu par l'autorité de chose jugée de sa propre décision de relaxe. Pour répondre à cette question il faut d'abord rappeler que le juge pénal tient de l'article 470-1 du Code de procédure pénale, la possibilité d'accorder à la victime, nonobstant une relaxe, la réparation de tous les dommages résultant des faits qui ont fondé la poursuite (v. *supra*, et sur les conditions d'application de ce texte : S. Guinchard, J. Buisson, préc., n° 2486). Pour des exemples : Crim. 17 sept. 2002, n° 01-83.510, *Bull. crim.* n° 165 ; *RSC* 2003. 128, obs. A. Giudicelli ; Crim. 2 oct. 2007, n° 06-85.799, *Bull. crim.* n° 230 ; *AJ pénal* 2008. 37, obs. G. Royer. On notera que la loi du 10 juillet 2000 a légèrement modifié ce texte pour viser les infractions non intentionnelles « au sens des deuxième, troisième et quatrième alinéas de l'article 121-3 du Code pénal » mais cette modification apparaît simplement d'harmonisation (*contra* Ph. Bonfils qui estime que la modification apportée par la loi du 10 juillet permettrait cette évolution). Dès lors, le texte restant pratiquement inchangé peut-il permettre aujourd'hui ce qui n'était pas admis hier ?

25 Pour répondre à cette question, il faut à nouveau distinguer selon que la relaxe est rendue dans le cadre d'une causalité directe ou indirecte. Dans le second cas si la relaxe est fondée sur l'absence de faute qualifiée, au sens de l'article 121-3, alinéa 4, il y a incontestablement place pour une responsabilité civile fondée sur l'article 1383 (1242) du Code civil (imprudence ou négligence simple) sans qu'il y ait atteinte à l'autorité de la chose jugée et sans que le juge ne se mette en contradiction avec

lui-même. La question est un peu plus délicate lorsque la relaxe est rendue en faveur d'une personne ayant directement causé le dommage. Certains auteurs y sont hostiles au motif que les deux fautes étant totalement identiques, le juge pénal niant la faute de l'article 121-3, alinéa 3 du Code pénal, ne peut pas retenir la faute de l'article 1383 (1242) du Code civil pour fonder une condamnation civile (B. Bouloc, n° 294). Pour d'autres auteurs au contraire, la possibilité pour le juge pénal de fonder la réparation sur l'article 1383 (1242) du Code civil en cas de relaxe est une conséquence logique de la réforme. La dépénalisation de certaines fautes, souhaitée par le législateur, ne doit pas avoir des conséquences négatives pour les victimes (v. Y. Mayaud, *Dalloz référence*, n° 91-183 et *ibid.* n° 215 ; G. Viney, note préc. ; A. Dosner-Dolivet, art. préc. ; A. Giudicelli, Chron. préc. ; M. Tapia, art. préc., n° 44 ; Ph. Bonfils, note préc.). Ainsi la dualité des fautes pourrait donc être retenue même devant les juridictions répressives.

Le Tribunal de grande instance de La Rochelle par un jugement du 7 septembre 2000 (*D.* 2000. 250 ; *RSC* 2001. 156, obs. Y. Mayaud) en relaxant un maire a fait une première application de cette solution en retenant sa responsabilité civile sur la base de l'article 1383 (1242) du Code civil. Cette solution fut néanmoins infirmée. La cour d'appel de Poitiers invitant les parties civiles à mieux se pourvoir. En effet, la faute retenue contre le maire ayant le caractère d'une faute de service non détachable des fonctions, la juridiction répressive n'est pas compétente pour réparer le dommage causé à la victime. Une telle faute engageant la responsabilité de l'administration, seul un tribunal administratif est compétent pour assurer l'indemnisation. Il est évident que la loi du 10 juillet 2000 n'a apporté aucune dérogation à la règle de la séparation des pouvoirs et donc à la répartition des compétences (en ce sens, les débats sur la loi : Assemblée nationale, séance 5 avr. 2000, Compte rendu intégral, p. 3142 ; Poitiers 2 févr. 2001, *JCP* 2001. II. 10934, note P. Salvage ; v. V. Brault-Jamin : « La consécration jurisprudentielle de l'irresponsabilité pénale des décideurs publics pour des fautes simples d'imprudence », *RPDP* 2001. 532 ; M. Tapia, art. préc. n° 45 ; G. Desnoyer, art. préc. p. 982). Cette décision a été confirmée par la Cour de cassation dans un arrêt du 4 juin 2002 (n° 01-81.280, *Bull. crim.* n° 127, *RSC* 2003. 127, obs. A. Giudicelli) qui indirectement admet la compétence du juge pénal pour accorder une indemnisation lorsqu'il est matériellement compétent (v. égal. Crim. 20 mars 2001, n° 98-87.544, *Bull. crim.* n° 71, qui peut être interprétée comme confirmant une telle solution).

Une autre décision intéressante a été rendue, en ce sens, par la cour d'appel de Pau (26 juin 2001, *JCP* 2002. IV. 1693) dans une affaire d'accident du travail. Une poursuite avait été engagée contre un chef d'entreprise à la suite du décès d'un salarié, étouffé par une machine qui ne disposait pas de tous les équipements de sécurité nécessaires. Le prévenu fut néanmoins relaxé au motif, qu'auteur indirect, il ne pouvait pas lui être imputé une des fautes qualifiées requises par l'article 121-3, alinéa 4 du Code pénal. Néanmoins en application de la loi du

10 juillet 2000 et sur le fondement de l'article 470-1 du Code de procédure pénale la juridiction a estimé qu'une faute de nature civile pouvait être relevée, dès lors que des rapports faisaient état du niveau de sécurité insuffisant de la machine en cause et de son implantation inadaptée en raison de l'exiguïté du poste de travail.

26 Il reste que pour l'instant, du moins à notre connaissance, on ne trouve pas de décision où un juge pénal, après avoir écarté la responsabilité pénale en cas de causalité directe, admet ensuite immédiatement une faute civile sur la base de l'article 1383 du Code civil (v. Crim. 21 janv. 2003, *Bull. crim.* n° 16 mais cette décision parfois citée n'apporte aucun élément de réponse. Sans doute la victime avait-elle sollicité une réparation sur la base de l'art. 470-1 du Code de procédure pénale dans cette affaire mais la cassation intervient en raison d'une contradiction de motifs).

Un arrêt de la chambre criminelle (5 juin 2007, n° 06-86.331, *Bull. crim.* n° 152 ; *RSC* 2008. 78, obs. Y. Mayaud) apporte néanmoins un élément de réponse intéressant à la question que nous nous posons. Un médecin, spécialisé en chirurgie plastique, avait été poursuivi à la suite du décès d'une patiente pour homicide involontaire. Nonobstant d'assez nombreuses fautes qui pouvaient lui être reprochées et qui auraient pu conduire directement au dommage, il fut néanmoins relaxé.

On notera que les juges du fond, régulièrement saisis d'une demande d'indemnisation par les parties civiles (sur la base de C. pr. pén., art. 470-1), avaient omis de se prononcer sur cette question. Saisis à nouveau par la Cour de cassation sur ce point, le tribunal correctionnel débouta les victimes qui obtinrent néanmoins satisfaction devant la juridiction du second degré. C'est cette décision qui est confirmée par la Cour de cassation dans son arrêt de rejet. L'intérêt de cet arrêt est que l'on peut admettre que la relaxe avait été prononcée dans le cadre d'une causalité directe. Cela signifie, *a priori*, qu'aucune faute ne pouvait être reprochée au chirurgien, même si la relaxe peut laisser perplexe au vu des faits (en ce sens Y. Mayaud). Pour autant, la chambre criminelle n'a pas franchi le pas en admettant, dans le cadre de l'article 470-1 du Code de procédure pénale, une indemnisation fondée sur l'article 1383 (1242) du Code civil. Elle s'est au contraire placée dans le cadre de la responsabilité contractuelle (C. civ., art. 1147 et CSP, art. L. 1142-1) en estimant que les manquements retenus, qui ont contribué de façon directe à la production du dommage, sont à ranger dans la catégorie des fautes contractuelles.

27 Il faudra attendre une prochaine décision pour être fixé. Reste à se demander si cette solution serait opportune. On peut rationnellement accepter l'idée qu'un comportement n'atteigne pas un seuil de gravité suffisant pour déclencher la sanction pénale mais qu'il puisse en revanche servir de fondement à une indemnisation. Il reste peut-être à observer qu'il est bien difficile de comprendre et donc d'admettre qu'une même notion puisse ne pas avoir le même sens selon la discipline dans laquelle elle intervient et qu'un même juge puisse d'abord dire qu'une faute n'existe pas pénalement pour ajouter aussitôt qu'elle survit néanmoins civilement.

Dans un domaine voisin, il faut néanmoins, citer une décision récente de la chambre criminelle (5 févr. 2014, n° 12-80.154, *Bull. crim.* n° 35; A. Bonnet, « Relaxe, action civile et présomption d'innocence », *Dr. pénal* 2014. Étude 10 ; *D.* 2014. 425) qui a admis que, nonobstant une relaxe pour un abus de confiance, la juridiction pénale pouvait, sur appel de la partie civile, indemniser cette dernière sur la base d'une faute civile démontrée « à partir et dans les faits objets de la poursuite ». Contrairement à la jurisprudence antérieure qui se fondait sur l'existence d'une infraction, pour accorder une indemnisation à la partie civile, malgré une relaxe décidée par les juges du premier degré (Crim. 18 déc. 2012, n° 12-81.268 par ex.), la chambre criminelle, tout en rejetant la possibilité que le mis en cause puisse se voir imputer des faits « présentant la matérialité du délit d'abus de confiance », admet, néanmoins, que la partie civile puisse être indemnisée sur la base d'une faute civile. Ainsi, la Cour de cassation affirme clairement dans le domaine des infractions intentionnelles la dualité des fautes pénale et civile. En cela, elle tire les conséquences de plusieurs décisions de la Cour européenne des droits de l'homme qui considèrent que la solution antérieurement suivie pouvait conduire à méconnaître le principe de la présomption d'innocence. (CEDH 12 avr. 2012, *Lagardère c/ France*, req. n° 18851/07 et sur ces points, art. A. Bonnet préc.). Cette nouvelle solution a été confirmée par un arrêt du 11 mars 2014 (n° 12-88.131, *Bull. crim.* n° 70 ; *Dr. pénal* 2014, n° 69, obs. M. Véron et 80, obs. A. Maron et M. Haas ; *D.* 2014. 1188, note Dautras-Bioy ; *JCP* 2014. 633, note J. Pradel ; *Gaz. Pal.* 10 juill. 2015, obs. A. Guégan Lécuyer), qui reprend exactement la même formule. V. égal. Crim. 24 juin 2014, n° 13-84.478, *Bull. crim.* n° 159, qui retient une faute civile sur la base des mêmes faits que ceux qui ont fait l'objet d'une relaxe faisant dire à un commentateur (S. Detraz, *D.* 2014. 1763) que le revirement de jurisprudence par rapport aux solutions antérieures est peut être à nuancer. Ajoutons que dans un arrêt du 18 nov. 2014, n° 13-88.240, *Bull. crim.* n° 239 ; *JCP* 2014. 1246, note A. Donnier, la chambre criminelle exclut toute compétence de la juridiction pénale pour statuer sur l'indemnisation de la victime, si l'action publique est prescrite ; et, dans le même sens : Crim. 19 mai 2016, n° 15-81.491 et Crim. 4 mai 2016 n° 15-81.244, *SCPG* 2016. 717, note J. Lasserre-Capdeville.

À l'issue de ces développements, peut-on enfin affirmer que le principe de l'identité des fautes pénale et civile a vécu ? Peut-être la solution choisie par le législateur pour briser cette jurisprudence laisse-t-elle planer quelques interrogations et recèle-t-elle certaines limites, mais on ne peut guère contester qu'il y a un large mouvement d'abandon d'un principe dont les conséquences se révélaient, dans leur ensemble, largement discutables.

A. V.

FAUTE CONTRAVENTIONNELLE (DÉFINITION) DÉLITS MATÉRIELS – REQUALIFICATION

Crim., 28 avr. 1977, nº 75-93.284, *Procureur général c/ Ferrier*
(*DS* 1978. 149, note M.-L. Rassat ; *JCP* 1978. II. 18931, note M. Delmas-Marty ; *RSC* 1978. 335, obs. A. Vitu)

Crim., 25 mai 1994, nº 93-85.158, *Louvet*
(*Bull. crim.* nº 203, 1er arrêt)

Crim., 28 nov. 1994, nº 93-85.704, *Lascurettes*
(*Bull. crim.* nº 380 ; *Dr. pénal* 1994, nº 237, obs. J.-H. Robert ; *RSC* 1994. 570, obs. B. Bouloc ; *RSC* 1995. 97, obs. B. Bouloc)

L'infraction matérielle est celle qui implique une faute dite « contraventionnelle » dont la preuve n'a pas à être rapportée par le ministère public et dont le prévenu ne peut être exonéré que par la force majeure (1re esp.).

La disparition des délits matériels résultant des dispositions combinées de l'article 121-3, alinéa 1er du Code pénal et de l'article 339 de la loi d'adaptation, conduit à une requalification de ces infractions. La seule constatation de la violation en connaissance de cause d'une prescription légale ou réglementaire impliquant de la part de l'auteur une intention coupable, certains délits deviennent des infractions intentionnelles (2e esp.). D'autres, au contraire, sont qualifiés de non intentionnels dès lors que, réprimés par des textes antérieurs au Code pénal, ils demeurent constitués en cas de négligence, d'imprudence ou de mise en danger de la personne d'autrui (3e esp.).

Chambre criminelle, 28 avril 1977, *Procureur général c/ Ferrier*

Attendu que le délit de pollution de cours d'eau, prévu et puni par l'article 434-1 du Code rural, a seulement le caractère d'une infraction matérielle ; que le fait qu'il incrimine, d'avoir laissé s'écouler dans une rivière des substances toxiques, implique une faute dont la preuve n'a pas à être spécialement rapportée par le ministère public et dont le prévenu ne peut être exonéré que par la force majeure ; – Attendu que l'arrêt attaqué (Besançon, 21 oct. 1975) constate qu'à partir du 16 mars 1971 et au cours des années 1972 et 1973, la rivière La Gizia a été polluée par le déversement, dans son cours, de mazout qui a détruit le poisson, ou nui à sa nutrition, à sa reproduction ou à sa valeur alimentaire, que le 18 décembre 197-, Ferrier, industriel, est parvenu à localiser la fuite s'étant produite sur une canalisation, dépendant de son établissement, qui, enfouie dans le sol, laissait apparaître des points de corrosion qui ne la rendaient plus étanche ; que le mazout qui s'était répandu dans le sol, après la découverte de la fuite, a continué à polluer la rivière en raison de la nature du terrain et du régime des pluies ; – Attendu qu'après avoir considéré que l'élément matériel de l'infraction devait être retenu à la charge de Ferrier, les juges d'appel, pour relaxer le prévenu et débouter les parties civiles, énoncent que l'élément moral fait cependant défaut ; qu'en effet si l'article 434-1 du Code rural a été conçu en des termes très larges pour lutter efficacement contre la pollution, il n'en demeure pas moins que l'infraction, prévue par ce texte, « n'est pas purement matérielle ou contraventionnelle, que si elle peut être établie à rencontre de celui qui, comme en l'espèce, ignorait l'existence de l'écoulement, c'est à la condition que soit relevée à sa charge, soit une imprudence, soit une négligence ou toute autre faute ayant été à l'origine du fait polluant, et qu'en outre le prévenu doit être admis à s'exonérer par la preuve de la force majeure » ; que, selon l'arrêt, la canalisation ayant été mise en place six ans auparavant, conformément aux règlements et aux règles de l'art, il ne saurait être fait grief à Ferrier de ne pas l'avoir périodiquement visitée pour s'assurer de son étanchéité ; que, dès lors, aucune faute ne peut être établie à la charge du prévenu ;

Mais attendu qu'en statuant ainsi la cour d'appel a méconnu le principe ci-dessus rappelé ; que la cassation est encourue de ce chef ; et attendu qu'en raison de l'indivisibilité la cassation doit s'étendre à tous les demandeurs ;

Par ces motifs, casse.

Chambre criminelle, 25 mai 1994, *Louvet*

Attendu qu'il résulte de l'arrêt attaqué que Marcel Louvet avait également été renvoyé devant le tribunal correctionnel pour exploitation sans autorisation d'une installation classée ;

Attendu que, pour déclarer le prévenu coupable de cette infraction, la juridiction du second degré relève que Marcel Louvet, gérant de fait de ladite société, a volontairement exploité sans autorisation l'installation préc. ;

Attendu qu'en l'état de ces motifs la cour d'appel n'encourt pas le grief allégué ;

Qu'en effet la seule constatation de la violation en connaissance de cause d'une prescription légale ou réglementaire implique, de la part de son auteur, l'intention coupable exigée par l'article 121-3, alinéa 1er, du Code pénal ;

D'où il suit que le moyen doit être écarté ;

Et attendu que l'arrêt est régulier en la forme ;

Rejette le pourvoi.

Chambre criminelle, 28 novembre 1994, *Lascurettes*

Attendu que, pour déclarer Jean-Paul Lascurettes, exploitant de discothèques, coupable de réception d'alcool sous couvert de titres de mouvement inapplicables, infraction à la législation des contributions indirectes, et le condamner de ce chef à des pénalités fiscales, l'arrêt attaqué relève qu'il appartenait au destinataire de vérifier la conformité et la régularité des factures-congés, dont les falsifications par collage, duplication, surcharge et rature, comme l'absence de mentions obligatoires, étaient trop grossières pour échapper à un examen même sommaire ;

Attendu qu'en cet état, et abstraction faite d'un motif devenu caduc et surabondant, la cour d'appel a caractérisé en tous ses éléments constitutifs le délit fiscal dont le prévenu a été déclaré coupable ;

Qu'en effet, si selon l'article 121-3 du Code pénal applicable à partir du 1er mars 1994, il n'y a ni crime ni délit sans intention de le commettre, l'article 339 de la loi d'adaptation du 16 décembre 1992 dispose que tous les délits non intentionnels réprimés par des textes antérieurs à l'entrée en vigueur de ladite loi demeurent constitués notamment en cas d'imprudence ou de négligence, même lorsque la loi ne le prévoit pas expressément ; que tel est le cas en l'espèce ;

D'où il suit que le moyen doit être écarté ;

Et attendu que l'arrêt est régulier en la forme ;

Rejette le pourvoi.

OBSERVATIONS

1 Le premier arrêt commenté, *Procureur général contre Ferrier* affirme péremptoirement que le délit de pollution de cours d'eau prévu par l'article 434-1 du Code rural (auj. C. envir., art. L. 232-2) est une infraction matérielle. C'est d'abord en cela, c'est-à-dire en matière de droit pénal spécial que cet arrêt était novateur puisqu'il était de nature à favoriser grandement la répression de ce qu'il est convenu de nommer la délinquance écologique. Sur le plan du droit pénal général, l'intérêt de la décision se situe tout autant dans les éléments qui permettaient directement de mieux cerner la notion de faute contraventionnelle que dans ses conséquences indirectes relatives à la détermination du domaine des infractions dites « matérielles ».

Les deux aspects de cette décision nous permettrons de constater qu'il est pratiquement impossible de relever une donnée psychologique précise caractéristique de la notion de faute contraventionnelle. Cette imprécision conduisait à admettre que son domaine, du moins jusqu'à la publication de l'actuel Code pénal, pouvait s'étendre à toutes les infractions pour lesquelles le législateur n'avait pas exigé un élément de culpabilité plus précis (I). Aujourd'hui l'article 121-3 du Code pénal complété par l'article 339 de la loi d'adaptation restreint considérablement le domaine de l'infraction matérielle qui, conformément à la terminologie utilisée (faute contraventionnelle), doit se limiter à ce type d'infraction. Dès lors il était intéressant de s'interroger sur le sort des délits jusqu'alors classés dans cette catégorie. Les deux décisions que nous avons retenues illustrent la double réponse apportée par la Cour de cassation. En effet, contrairement à ce qui aurait pu être imaginé, tous les délits matériels ne sont pas devenus des délits d'imprudence, certains d'entre eux se voyant, en quelque sorte, promus au statut d'infractions intentionnelles. L'étude de ce devenir, parfois surprenant, des délits matériels, fera l'objet de notre second développement (II).

I. — La notion de faute contraventionnelle

2 La jurisprudence, si elle affirmait assez fréquemment, qu'une infraction était « matérielle » ou « purement matérielle » n'avait jamais tiré toutes les conséquences logiques d'une telle affirmation en ce qui concerne la structure de l'acte délictueux. Bien au contraire, la persistance de la nécessité d'un élément psychologique était clairement exigée, malgré la diversité des formulations utilisées par la chambre criminelle.

Aux termes de l'arrêt *Ferrier*, le délit de pollution implique une faute qui n'a pas à être rapportée et qui ne peut disparaître qu'en cas de force majeure. Aucune définition de cette faute n'est cependant fournie et c'est à travers l'analyse du régime des infractions dites « matérielles » que l'on peut essayer d'en dégager la notion. Un tel examen conduit à relever deux certitudes mais il ne permet nullement d'établir l'existence d'une donnée psychologique particulière caractéristique de la faute contraventionnelle (A). C'est cette imprécision même qui avait permis à la jurisprudence d'élargir assez considérablement le domaine de cette faute contraventionnelle à certains délits. Nonobstant la prohibition des délits matériels par le Code pénal actuel, il n'est pas inintéressant de préciser brièvement cet ancien domaine ne serait-ce que pour mieux cerner celui dans lequel la Cour de cassation doit procéder à l'opération de requalification dont nous traiterons ensuite (B).

A. — Une faute résultant de la réalisation matérielle de l'infraction

3 En affirmant le caractère exonératoire de la force majeure, la chambre criminelle rappelle tout d'abord un principe incontesté, à savoir que toute infraction implique un élément d'imputabilité, c'est-à-dire la constatation chez le délinquant d'un minimum d'intelligence et de volonté sans lequel on se trouve en présence d'un simple événement qui ne peut tomber sous le coup de la loi pénale. Ainsi, le défaut d'intelligence dans le cas de très jeunes enfants (Crim. 7 juill. 1876, *S.* 1876. 1. 96 ; Crim. 3 mai et 4 juill. 1912, *Bull. crim.* n°s 247 et 375 ; v. *infra* l'affaire *Laboube*, n° 43) ou d'une personne atteinte d'aliénation mentale (Crim. 1er avr. 1848, *S.* 1848. 1. 320 ; Crim. 8 nov. 1951, *Bull. crim.* n° 288), exclura-t-il la sanction d'une infraction contraventionnelle. Il en ira de même en cas de défaut de volonté lorsque l'agent établira qu'il a été contraint par une force à laquelle il n'a pu résister. La force majeure dont parle la chambre criminelle n'est pas autre chose. Dans un arrêt plus ancien que celui commenté la Cour de cassation avait utilisé une formule plus précise en énonçant « que toute infraction même purement matérielle suppose chez son auteur une volonté libre » (Crim. 27 mai 1959, *Bull. crim.* n° 279 ; *RSC* 1960. 71, obs. A. Légal, commenté par M. Puech, n° 118).

La contrainte, qu'elle soit physique ou morale externe ou même interne a ainsi été fréquemment retenue pour rejeter une qualification contraventionnelle (Crim. 10 janv. 1879, *Bull. crim.* n° 16 ; Crim. 17 déc. 1925, *DH* 1926. 53 ; Crim. 7 déc. 1906, *DP* 1910. 1. 107, note A. L. ; Crim. 13 juill. 1951, *S.* 1952. 1. 118 ; Crim. 31 oct. 1963, *Bull. crim.* n° 302, etc. Sur cette question, v. A. Légal, « La responsabilité sans faute », *Mélanges Patin*, p. 145 s. ; R. Merle et A. Vitu, t. I, n° 593).

Sans doute la charge de la preuve incombe-t-elle au prévenu, sans doute les juges répressifs se montrent-ils particulièrement exigeants pour admettre le caractère irrésistible de la contrainte (v. *infra*, n° 44). Il n'en reste pas moins qu'en admettant cette cause d'impunité, la Cour de cassation confirme le principe selon lequel aucune infraction, si vénielle soit-elle, ne peut être sanctionnée si le préalable de l'imputabilité n'a pas été vérifié (v. F. Chabas, « La notion de contravention », *RSC* 1969. 25 ; A.-C. Dana, *Essai sur la notion d'infraction*, thèse, Lyon, 1982, p. 283 ; J.-H. Robert, p. 340 ; P. Conte et P. Maistre du Chambon, n° 350).

4 La deuxième certitude, s'agissant des infractions « matérielles » est de type négatif. Il est en effet très régulièrement affirmé que ni l'intention, ni la faute ordinaire ne sont nécessaires pour la constitution de ces infractions. Là encore, on peut relever, selon les décisions, des expressions assez différentes mais toutes établissent sans équivoque que la simple constatation du fait matériel par les juges suffit pour que l'infraction soit retenue : « il suffit que le fait soit matériellement constaté » (Crim. 22 nov. 1912, *Bull. crim.* n° 570 ; Crim. 4 févr. 1991, n° 90-81.382, *RSC* 1991. 591, obs. J. Pradel pour un délit de revente à perte) « la constatation de l'existence matérielle… justifie l'infraction » (Crim. 17 janv. 1962, *Bull. crim* n° 39 ; Crim. 23 avr. 1992, *JCP* 1992. IV. 2730 ; Pau 28 janv. 1992, *JCP* 1992. IV. 1924). Ainsi, le simple fait d'avoir laissé s'écouler dans une rivière des substances toxiques, réalise le délit de pollution réprimé par l'article 434-1 du Code rural (C. envir., art. L. 232-2), il n'est donc pas nécessaire de démontrer que cette pollution a été le résultat d'une intention délibérée ni même qu'une imprudence ou une négligence en soit à l'origine (v. Y. Mayaud, n° 293).

5 Mais allant plus loin, la jurisprudence considère que la démonstration de l'absence de toute intention ou de toute faute d'imprudence ou de négligence n'autorise pas les juges à déclarer l'infraction non constituée (A. Decocq, préc., p. 225). Cette solution est très précisément rappelée dans l'arrêt *Ferrier*. Les faits de l'espèce, la bonne foi évidente du prévenu qui avait collaboré à la recherche des causes de la pollution n'ont pas suffi pour entraîner sa relaxe. Dès lors que l'infraction est matérielle, toute impunité fondée sur l'absence de faute entraîne nécessairement la censure de la Cour suprême (dans le même sens, Crim. 27 mai 1959, préc.). La bonne foi ne constitue donc nullement une cause d'impunité (Ch. réun., 21 janv. 1885, *S.* 1885. 1. 140 ; v. égal. Crim. 16 nov. 1987, *Bull. crim.* n° 408) ce qui fait que l'erreur, qu'elle soit de droit ou de fait, ne saurait être prise en considération. Sans doute l'erreur invincible peut-elle dans les deux cas entraîner l'irresponsabilité mais il a été démontré (A. Légal, art. préc., p. 148 ; v. *infra*, n°s 45 et 46) que selon l'acception jurisprudentielle de cette notion, une telle erreur n'est en réalité qu'une application de la contrainte ce qui ramène à la notion d'imputabilité.

6 Si nous excluons l'existence d'une cause de non-imputabilité, on peut donc affirmer que la faute contraventionnelle a un contenu essentiellement matériel (A.-C. Dana, thèse préc. ; *contra* W. Jeandidier, n° 338). Encore faudra-t-il que le ministère public, qui n'a pas à rapporter la preuve de cette faute, établisse l'existence du fait matériel selon les règles du droit commun. Ainsi, la règle selon laquelle le doute profite à l'inculpé trouve naturellement application en matière contraventionnelle (Crim. 20 janv. 1977, *JCP* 1977. II. 18641, note P. Chambon : doute sur la matérialité des faits, et A.-C. Dana, thèse préc., p. 288).

7 Au terme de ces développements, se pose nécessairement la question de savoir en quoi peut consister la culpabilité en matière contraventionnelle puisque l'existence d'une faute est fréquemment rappelée notamment dans la décision que nous commentons. Sur ce point, règne en revanche une assez grande incertitude.

Selon l'opinion la plus classique, la culpabilité résulterait d'une faute présumée (en ce sens : É. Garçon, art. 1er, no 112 ; J.-A. Roux, t. I, p. 105 ; P. Bouzat et J. Pinatel, t. I, p. 187 ; J. Pradel, nos 582 s. et M.-L. Rassat, n° 326, qui considère qu'il s'agit d'un problème de preuve). Dès lors qu'il existe un rapport de causalité entre l'acte de l'agent et le résultat incriminé, la responsabilité du prévenu peut être retenue.

Le problème est que cette présomption est quasiment tenue pour irréfragable. Le ministère public ayant prouvé le fait matériel, a totalement rempli sa mission et le prévenu n'a pas d'autre solution que de contester la réalité des faits ou de prouver qu'il existe en sa faveur une cause de non-imputabilité. En revanche, il ne lui servirait strictement à rien d'essayer d'établir qu'il n'a commis aucune faute. N'est-ce pas la démonstration que toute considération psychologique en ce domaine est inutile et que la présomption de faute n'est qu'un artifice technique sans conséquence pratique véritable, mais permettant de respecter l'analyse classique de la responsabilité en matière pénale (en ce sens, R. Bernardini, no 467, qui estime que le législateur souhaite incriminer non pas un événement fautif mais un événement dangereux). Il en conclut donc qu'il s'agit d'une responsabilité pour risque.

8 Certains auteurs se sont cependant attachés à définir le contenu psychologique particulier de la faute contraventionnelle. La meilleure analyse a été faite par A. Decocq (p. 226) qui considère que les infractions contraventionnelles consistent toutes en un acte simple qui porte en lui-même son résultat et s'expliquent normalement par l'intention ou la faute ordinaire de son auteur mais qui peuvent néanmoins disparaître en cas d'erreur non fautive, autrement dit en cas d'erreur invincible. C'est donc en se fondant sur l'admission de l'erreur invincible que cet auteur conteste le caractère irréfragable de la présomption de faute. Comme on l'a fait remarquer (A.-C. Dana, thèse préc.), cette démonstration est d'une logique parfaite mais elle n'a plus de fondement s'il est établi que l'erreur invincible n'est pas autre chose qu'une variété de contrainte, d'ailleurs appréciée avec une très grande exigence : Crim. 6 nov. 2013, n° 12-82.182 ; *Dr. pénal* 2014, n° 24, obs. J.-H. Robert par ex. L'analyse jurisprudentielle des hypothèses où cette erreur a été retenue confirmant ce point de vue (v. *infra*, no 45) on peut considérer que le raisonnement repose sur des prémisses inexactes qui le faussent dans sa totalité (A.-C. Dana, préc.).

9 Pour MM. R. Merle et A. Vitu (préc., n° 594) c'est dans le particularisme du droit contraventionnel qu'il faut dépister la faute incluse dans les infractions matérielles. Ces incriminations établies dans une perspective de police, en vue d'assurer « l'observation » d'une discipline collective (expression de A. Légal, art. préc.) impliquent de la part des citoyens des obligations beaucoup plus contraignantes que dans les autres matières. Pour assurer l'ordre dans le comportement quotidien (J. Ortolan, t. I, p. 253), il est requis de chaque citoyen une attention de tous les instants qui va jusqu'à l'extrême limite de la force majeure afin d'éviter de contrevenir à ce type de dispositions pénales. La faute n'est donc pas autre chose que cette absence de diligence suffisante qui a fait que l'infraction a été commise. La faute n'est donc rien d'autre que l'infraction (R. Garraud, t. I, n° 229 ; B. Bouloc, n° 299 ; Legros, *L'élément moral dans les infractions*, thèse Bruxelles, 1952, p. 11 s. ; v. égal., P. Conte et P. Maistre du Chambon, n° 387 qui doutent de l'utilité du concept ; *contra* W. Jeandidier, n° 338). Ainsi les données psychologiques que l'on peut relever apparaissent moins comme l'explication de la présomption de faute que comme un critère possible permettant d'identifier les infractions contraventionnelles (M. Puech, préc.). On notera que certains auteurs, aujourd'hui, ne traitent plus de cette faute dans le cadre de l'élément moral de l'infraction (v. par ex. Y. Mayaud, n° 293 ; E. Dreyer, n°s 365 et 825 qui ne l'évoque que très indirectement). Pour d'autres (X. Pin, n° 203) il s'agit d'une faute incontestable et certains ne l'évoquent même pas (É. Verny, O. Décima, S. Détraz).

10 Force est alors d'admettre que si présomption il y a, elle est irréfragable et se présente ainsi comme une règle de fond qui prendrait naissance lors de l'élaboration de la loi (A.-C. Dana, thèse préc.) et fait corps avec l'incrimination. Mais alors la présomption n'est plus qu'un artifice sans intérêt pratique puisque la faute correspond simplement à l'inobservation matérielle de la loi. La culpabilité pénale en matière contraventionnelle n'est rien d'autre que cette inobservation de la loi, c'est-à-dire la violation d'une norme. C'est la faute normative que M. Dana a remarquablement mise en lumière dans sa thèse et qui pour cet auteur a un domaine qui s'étend bien au-delà des infractions matérielles. Il nous semble en tout cas certain, au terme de ce développement, que la faute visée dans l'arrêt *Ferrier*, et que n'a pas à rapporter le ministère public, ne peut pas être autre chose que le non-respect d'une norme de conduite protégeant une valeur sociale qui a ainsi été atteinte. La faute n'est pas à rechercher en dehors de cette violation, elle est cette violation (A.-C. Dana, préc., n° 274). Cela admis, il restait, surtout avant les modifications liées à l'actuel Code pénal, une question importante à résoudre : comment discerner l'infraction matérielle ? Selon quel critère ? L'arrêt *Ferrier* apportait sur ce point, au moins indirectement, un élément intéressant de réponse pour délimiter le domaine de la faute contraventionnelle.

B. — Une faute étendue à d'autres infractions : les délits matériels

11 La détermination du domaine des infractions dites « matérielles » apparaissait comme une tâche particulièrement difficile. On sait en effet, que le Code pénal de 1810 ne comportait aucune disposition précise relative à la théorie de la culpabilité, ce qui a donné à la jurisprudence une très grande latitude pour placer telle ou telle infraction dans cette catégorie. S'il était certain que la faute contraventionnelle était insuffisante lorsque le législateur avait clairement exigé une donnée psychologique précise, on pouvait se demander si dans le cas contraire, c'est-à-dire à défaut d'une telle exigence, l'infraction matérielle, naguère considérée comme exceptionnelle, n'était pas devenue la règle de droit commun.

Il est bien évident que le caractère matériel d'une infraction ne pouvait être retenu (et ne le peut auj. pour les contraventions) lorsque le texte d'incrimination contenait une indication très claire sur l'élément de culpabilité requis du délinquant. On sait que certains adverbes : « sciemment », « volontairement », « intentionnellement » ou certaines expressions « à dessein », « en connaissance de cause », etc., impliquaient nécessairement le caractère intentionnel d'une infraction et excluaient la simple faute contraventionnelle.

12 Il en était de même pour la majorité de la doctrine lorsque le texte impliquait la nécessité d'une faute d'imprudence ou de négligence, ce que l'on appelait en règle générale la faute pénale ordinaire (v. par ex., J. Pradel, n°s 567 s. ; A. Decocq, p. 219). On signalera cependant que M. Dana dans sa thèse (*op. cit.*, n°s 297 s.) démontre l'inexistence de la faute psychologique d'imprudence et affirme que ce type d'infractions se contenterait d'une simple faute normative, théorie difficilement acceptable depuis la loi du 10 juillet 2000.

Ainsi par application de cette règle, si la majorité des contraventions trouve naturellement place dans la catégorie des infractions « matérielles » (v. Crim. 23 nov. 1982, *Gaz. Pal.* 1983. 1. Somm. 175 qui énonce le principe selon lequel les contraventions sont matérielles), on doit cependant exclure toute une série de ces infractions qui sont intentionnelles ou d'imprudence (à titre d'ex. : dommages volontaires aux propriétés (C. pén., art. R. 635-1), jets volontaires d'immondices (C. pén., art. R. 632-1), contraventions intentionnelles, jets de corps durs (C. pén., art. R. 635-8) ou encore abandon d'armes (C. pén., R. 641-1), défaut de réponse à des réquisitions (C. pén., art. 642-1), contraventions d'imprudence. Sur cette question, A. Légal, art. préc., p. 135).

13 On notera que la création d'une cinquième classe de contraventions par l'ordonnance du 23 décembre 1958 avait multiplié ces hypothèses puisque cette contraventionnalisation légale avait eu essentiellement pour but de décharger les tribunaux correctionnels. La définition de ces infractions n'ayant nullement été modifiée, on avait estimé qu'elles restaient soumises quant à la culpabilité aux conditions initialement exigées, c'est-à-dire l'intention ou la faute ordinaire (v. F. Chabas, « La notion de contravention », *RSC* 1969. 299 ; R. Merle et A. Vitu, t. I, n° 578 ; A. Légal, « Le nouveau régime des contraventions », *Mélanges Lebret*, p. 160). Il reste qu'il y a toujours eu et qu'il restera toujours des contraventions matérielles. Cette solution est très clairement confirmée par l'article 121-3, alinéa 3, aux termes duquel il n'y a point de contravention en cas de force majeure ce qui signifie évidemment qu'elles sont répréhensibles dans tous les autres cas sauf disposition textuelle contraire (J. Pradel, n° 584 ; B. Bouloc, n° 299 et M.-L. Rassat, n° 326 pour une critique du texte ; R. Bernardini, n° 467 qui évoque une culpabilité pour risque).

14 En matière de délit, l'exigence d'une intention ou d'une faute apparaissait aux yeux de la majorité de la doctrine comme un principe général qui se fonde notamment sur certains arrêts ayant affirmé que les délits contraventionnels, c'est-à-dire ceux qui ne requéraient qu'une faute de ce type, (v. *supra*, n° 26) constituaient une exception (en ce sens, Crim. 17 juill. 1857, *S.* 1857. I. 709 ; Crim. 7 août 1929, *Gaz. Pal.* 1929. 2. 876). Il reste que le problème se posait nécessairement lorsqu'un texte d'incrimination n'avait pas expressément exigé une intention ou une faute d'imprévoyance de la part du délinquant. À défaut d'indications explicites contenues dans les textes, ce qui était presque toujours le cas, c'est à la seule volonté implicite du législateur que l'on pouvait faire appel.

Il s'agissait *a priori* uniquement des textes sanctionnant des atteintes à des mesures de police, c'est-à-dire toutes celles qui tendent à assurer une discipline collective et qui ont pour objet de faire respecter certaines normes de conduite dont la transgression serait de nature à gêner assez considérablement le fonctionnement de certains secteurs de l'activité étatique ou privée, alors qu'ils apparaissent essentiels tout simplement pour permettre une vie sociale normale (v. pour le meilleur exposé de ce critère, A. Légal, art. préc., p. 133). Deux autres caractéristiques de ces infractions étaient en général ajoutées : d'une part le fait qu'il s'agissait le plus souvent de simples omissions et d'autre part la faible gravité des peines qui justifieraient cette automaticité de la répression à finalité avant tout préventive.

15 Si cette explication avait conservé un intérêt pour d'assez nombreuses hypothèses, on doit cependant admettre qu'elle ne pouvait justifier toutes les extensions de la théorie de la faute contraventionnelle. Ainsi en reconnaissant le caractère matériel à des délits comme l'infraction à un arrêté d'expulsion (Crim. 28 oct. 1938, *DH* 1938. 578 ; *RSC* 1939. 92, obs. H. Donnedieu de Vabres) ; à certaines infractions en matière de fraudes (Crim. 7 juin 1934, *Bull. crim.* n° 110), de sociétés (Crim. 31 mars 1933, *Bull. crim.* n° 70) ou encore pour le délit d'entrave en matière de représentation du personnel des entreprises (v. la jurisprudence citée par A.-C. Dana, thèse préc., n°s 434 s. et à titre d'exemple, Crim. 23 janv. 1979, *Bull. crim.* n° 33 mais *contra* Crim. 15 févr. 1994, *Bull. crim.* n° 68. V. C Claverie Rousset, « Quel contenu pour le délit d'entrave », *Dr. pénal* 2014, dossier n° 3) et bien sûr en matière de pollution dans l'arrêt que nous avons retenu, la chambre criminelle avait élargi le champ d'application de cette notion à des secteurs où l'argumentation classique paraissait largement insuffisante (v. W. Jeandidier, n° 339).

Il en était ainsi également du critère tiré de la modicité de la peine, certaines infractions étant assez gravement sanctionnées.

Dès lors que l'objet de l'incrimination ne suffisait plus pour déterminer le domaine des infractions où la faute contraventionnelle était suffisante, on a pu se demander s'il ne fallait pas admettre qu'à défaut d'indications précises sur l'élément de culpabilité, toute infraction, à moins que par sa nature, elle n'implique le caractère intentionnel, devait être considérée comme matérielle c'est-à-dire se satisfaisant d'une simple faute normative.

Comme on l'avait remarqué (H. Donnedieu de Vabres, n° 191), le principe de la nécessité d'un dol, sous l'empire du Code pénal de 1810, ne reposait sur aucun fondement légal et l'argument selon lequel le doute doit profiter à l'inculpé n'apparaissait pas pouvoir trouver application en ce domaine (*contra* R. Merle et A. Vitu, t. I, 6e éd., n° 563).

Ainsi, en matière de pollution, l'analyse de l'article 434-1 du Code rural (comme aujourd'hui l'art. L. 232-2 C. envir.) ne révèle pas la moindre allusion à une attitude psychologique qui aurait été à l'origine de l'acte reproché. En revanche, on précise avec soin les modes d'action et leurs conséquences sur la « santé des poissons ». On pouvait donc admettre que tout fait qui aura produit la pollution tombe sous le coup de la loi pénale sauf à admettre la non-imputabilité de son auteur. Il nous semble qu'en raison de la sécheresse de l'attendu affirmant le caractère matériel de cette infraction, cette solution pouvait être étendue à toute infraction pour laquelle le législateur n'avait pas au moins implicitement exigé une faute intentionnelle ou d'imprévoyance.

16 On doit néanmoins observer que le caractère de délit contraventionnel avait été retenu pour toute une série d'infractions sans que la jurisprudence éprouve la nécessité de justifier cette position, si d'ailleurs elle ne l'a jamais fait. On citera ainsi, à titre d'exemples, quelques-uns de ces domaines sans prétendre à l'exhaustivité : infractions douanières (Crim. 13 mars 1974, *Bull. crim.* n° 107 ; Crim. 3 avr. 1978, *Bull. crim.* n° 122) ; infractions en matière de contributions indirectes (Crim. 8 mai 1879, *Bull. crim.* n° 97 ; Crim. 14 févr. 1962, *Bull. crim.* n° 93) ; infractions en matière d'eaux et forêts ou de chasse (Crim. 12 mai 1843, *S.* 1844. 1. 158 ; Crim. 17 juill. 1857, *S.* 1857. 1. 709) ; infractions en matière de police des chemins de fer ou transports routiers (Crim. 12 avr. 1889, *S.* 1890. 1. 428 ; Crim. 16 oct. 1957, *Bull. crim.* n° 638 ; Crim. 8 déc. 1960, *Bull. crim.* n° 583 ; Crim. 10 juill. 1963, *Bull. crim.* n° 255) ; infractions en matière de réglementation du travail (Crim. 22 févr. 1883, *S.* 1885. 1. 464 ; Crim. 1er mars 1907, *S.* 1907. 1. 208 ; Crim. 23 janv. 1957, *JCP* 1957. II. 9837, etc.), infractions à la loi du 6 janvier 1978 relative à l'informatique, aux fichiers et aux libertés (C. pén., art. 226-16 ; Crim. 3 nov. 1987, *Bull. crim.* n° 382 ; *D.* 1988. 17, note H. Maisl).

En dehors de ces grandes rubriques, où l'on se trouvait souvent en présence d'un ensemble de textes ayant une finalité commune (v. A. Légal, art. préc., *Mélanges Patin*, p. 139), la Cour de cassation avait encore reconnu le caractère matériel à de nombreux autres délits, ce qui conduisait à se demander s'il existait une caractéristique commune à toutes ces infractions ou si au contraire, elles ne devenaient pas le droit commun en l'absence d'indications contraires relatives à la culpabilité du délinquant (v. J.-P. Marty, « Les délits matériels », *RSC* 1982. 41).

17 Il reste que tous les auteurs, pour définir les infractions requérant une faute contraventionnelle, avec des formulations différentes, mettaient l'accent sur l'objet de l'incrimination. Évidemment cette solution apparaissait particulièrement rigoureuse et l'arrêt *Ferrier* avait été en général vigoureusement critiqué par ses annotateurs (plus particulièrement Mme M.-L. Rassat).

À s'en tenir à la simple analyse du texte, cette décision était-elle totalement hérétique ? (V. pour une décision de rejet un peu différemment motivée, Crim. 20 déc. 1977, *JCP* 1978. II. 18932, note M. Delmas-Marty mais pour une réaffirmation du principe : Crim. 5 oct. 1982, *RSC* 1984. 766, obs. J.-H. Robert ; Crim. 23 avr. 1992, préc.).

On pouvait évidemment regretter le développement de cette « criminalité de type matériel » que le doyen A. Légal considérait déjà comme inéluctable (art. préc., p. 152), mais qui correspondait jusqu'alors à une volonté législative (v. cependant en sens contraire la loi du 8 juillet 1987 en matière d'infractions douanières abrogeant l'article 369-2 du Code des douanes qui interdisait de relaxer les contrevenants pour défaut d'intention). Sans doute est-il souhaitable que la peine n'intervienne que pour sanctionner des individus qui ont été hostiles ou au moins indifférents aux valeurs sociales protégées par la loi pénale (en ce sens le droit allemand, v. M. Delmas-Marty, note préc.). Il n'était cependant pas impossible de parvenir à un résultat de ce type avec le système de la faute contraventionnelle si les tribunaux répressifs avaient conçu la condition d'irrésistibilité de la contrainte de manière moins rigoureuse. Ne pouvait-on pas considérer que Ferrier s'était trouvé dans l'impossibilité absolue d'observer la loi ? En l'admettant la chambre criminelle aurait immédiatement refermé « les portes du Goulag » que d'aucuns (M.-L. Rassat, note préc.) ont considéré, peut-être d'une manière un peu excessive, comme entrouvertes. Telle n'a pas été la solution retenue par le législateur de l'actuel Code pénal, qui souhaitant mettre fin à certaines condamnations jugées abusives, a adopté une solution totalement différente en affirmant dans l'article 121-3 qu'il n'y a pas de délit sans intention de le commettre ou lorsque la loi le décide, la mise en danger délibérée, l'imprudence ou la négligence.

II. — La situation des anciens délits matériels

18 L'article 121-3 du Code pénal, déjà deux fois modifié par une loi du 13 mai 1996 et une autre du 10 juillet 2000, a posé le principe qu'un délit ne peut être constitué si les juges ne relèvent pas l'intention ou une faute dont les caractéristiques sont précisées dans le texte. On en déduit donc *a contrario*, et au moins *a priori*, que les infractions matérielles sont désormais proscrites (pour une critique de cette approche, M.-L. Rassat, n° 326). Dès lors, la question devait rapidement se poser à la Cour de cassation de décider du sort des anciens délits matériels. Concrètement, la difficulté s'est posée de manière incidente, notamment dans le cadre des problèmes liés à l'application des lois dans le temps. Des individus, condamnés pour ce type d'infraction, faisaient valoir dans leurs pourvois qu'ils avaient été condamnés sans qu'aucune faute, d'imprudence notamment, n'ait été démontrée. Dès lors la chambre criminelle devait, pour répondre à cette question, requalifier ces anciens délits matériels. Les deux arrêts que nous avons retenus montrent que si la Haute juridiction opte dans certains cas, assez logiquement, pour la qualification de délits d'imprudence (A) dans d'autres hypothèses la qualification intentionnelle, permise par le silence des textes, ne démontre en rien une quelconque mansuétude mais au contraire une certaine facilitation de la répression (B) (v. Ph. Comte, « Sur l'imprécision des termes utilisés par la Cour de cassation en ce domaine », *RPDP* 2010. 142).

A. — La requalification en délits d'imprudence

19 Les critiques sévères de la doctrine, contre l'idée que la faute pouvait ne pas être démontrée, ont donc conduit le législateur à condamner la notion même de délit matériel. Si cette solution résultait à l'évidence de la lettre du texte (C. pén., art. 121-3) pour les délits prévus dans l'actuel Code pénal, la question pouvait se poser pour les autres infractions délictuelles. Les premiers commentateurs du nouveau Code pénal (F. Desportes et F. Le Gunehec, Commentaires du nouveau Code pénal, *JCP* 1992. I. 3615, n° 25) considéraient d'ailleurs que la survie des délits matériels était possible. Cette thèse devait pourtant être condamnée par l'article 339 de la loi d'adaptation qui précise que tous les délits non intentionnels prévus par des textes antérieurs à l'entrée en vigueur de cette loi demeurent constitués en cas d'imprudence, de négligence ou de mise en danger délibérée de la personne d'autrui même lorsque la loi ne le prévoit pas expressément. Selon ce texte, dont l'interprétation n'est pas évidente, il faut admettre que, lorsque l'intention ne résulte pas expressément de la lettre du texte, le juge devra au moins exiger l'existence d'une faute d'imprudence ou de négligence (v. J. Pradel, n° 583 ; M. Pralus, « L'ombre portée du nouveau Code pénal », *JCP* 1993. I. 3741 ; J. Pradel, Commentaire, 2e éd., n° 48).

C'est en ce sens que se prononce la chambre criminelle dans l'arrêt du 28 novembre 1994 que nous avons choisi et qui concerne une infraction à la législation des contributions indirectes. Un exploitant de discothèques avait été condamné pour avoir reçu de l'alcool sous couvert de titres de mouvement inapplicables, en l'occurrence des titres très grossièrement falsifiés. Les juges du fond avaient observé que cette falsification ne pouvait pas échapper à un examen même sommaire. Dès lors, la Cour de cassation en conclut que cette négligence constitue l'élément moral requis, par l'article 339 de la loi d'adaptation du 16 décembre 1992, pour tous les textes antérieurs à l'entrée en vigueur de cette loi. L'article 121-3 du Code pénal, aux termes duquel il n'y a ni crime, ni délit sans intention de le commettre, est donc inapplicable en l'espèce, et le délit est caractérisé en tous ses éléments.

20 D'autres décisions, s'appuyant notamment sur l'alinéa 2 de l'article 121-3, retiennent également le caractère d'infraction d'imprudence pour plusieurs anciens délits matériels. Il en est ainsi en matière de pollution fluviale. Dans un premier temps, quelques juridictions du fond ont utilisé ce procédé pour relaxer des individus qu'ils jugeaient être des pollueurs accidentels (TGI Valenciennes 30 juin 1994 ; Caen 4 nov. 1994, *Dr. pénal* 1994, n° 264, obs. J.-H. Robert ; Colmar 11 mai 1995, *Gaz. Pal.* 26-27 juill. 1995 ; Amiens 19 janv. 1995, *Gaz. Pal.* 19-21 nov. 1995). Pour des jugements de condamnation sur le même fondement, TGI Chaumont, 17 mai 1994, *D.* 1995. 191, note D. Guihal ; TGI Saverne 19 mai 1994, *Gaz. Pal.* 16-20 avr. 1995. La Cour de cassation dans une décision du 25 octobre 1995 (*Bull. crim.* n° 322 ; *Dr. pénal* 1996, n° 66, obs. J.-H. Robert) est venue confirmer que le délit de pollution est une infraction d'imprudence, constatant d'ailleurs que la faute exigée tant par l'article 339 de la loi d'adaptation que par l'article 121-3, alinéa 2, du Code pénal était bien constituée en l'espèce (v. sur cette infraction, J.-H. Robert, *RSC* 1996. 865 et Crim. 26 févr. 1998, *RSC* 1998. 771, obs. J.-H. Robert). Plus récemment la chambre criminelle a considéré que ce délit requérant un résultat, en cas de causalité indirecte une faute caractérisée était nécessaire pour la constitution de cette infraction d'imprudence (Crim. 15 mai 2001, n° 00-86.347, *Bull. crim.* n° 123 ; *Dr. pénal* 2001, n° 117, obs. J.-H. Robert et dans le même sens : Crim. 7 oct. 2014, n° 14-81.897, *RSC* 2015. 937, obs. J.-H. Robert ; *Dr. pénal* 2015, n° 71, obs. J.-H. Robert). Cette solution a été utilisée pour d'autres infractions fiscales en matière de contributions indirectes (Crim. 7 nov. 1994, n° 93-85.286, *Bull. crim.* n° 354 ; Crim. 9 sept. 1995, *Dr. pénal* 1996, n° 15, obs. J.-H. Robert). Elle l'a été, également, en matière de publicité de nature à induire en erreur (Crim. 14 déc. 1994, n° 92-85.557, *Bull. crim.* n° 415 ; *Dr. pénal* 1995, n° 98, obs. J.-H. Robert ; Crim. 5 avr. 1995, n° 94-81.940, *Dr. pénal* 1995, n° 178, obs. J.-H. Robert ; *RSC* 1996. 114, obs. B. Bouloc ; Crim. 12 nov. 1997, *Dr. pénal* 1998. 24, J.-H. Robert ; Crim. 26 oct. 1999, n° 98-84.446, *Bull. crim.* n° 233 ; Crim. 26 juin 2001, n° 00-87.717, *Bull. crim.* n° 160 ; *Dr. pénal* 2001, n° 78, obs. J.-H. Robert ; *RSC* 2002. 98, obs. B. Bouloc qui rejette l'application de l'alinéa 4 de l'article 121-3 du Code pénal dès lors que cette infraction n'implique pas la nécessité d'un résultat pour sa réalisation ; Crim. 13 oct. 2004, nº 03-81.763, *Bull. crim.* nº 243 ; *Dr. pénal* 2005, nº 6, obs. J.-H. Robert) et de douanes (Crim. 22 févr. 1996, *JCP* 1996. IV. 1395). Mais ces décisions, pour nombreuses qu'elles soient, ne reflètent pas l'intégralité de la jurisprudence relative à la requalification des anciens délits matériels. Il est vrai que, comme on a pu le remarquer (M. Pralus : « Réflexions autour de l'élément moral des délits », *Dr. pénal* 2002. Chron. 41) cette présentation de l'élément moral des infractions requérant antérieurement une simple faute contraventionnelle, n'est pas très satisfaisante. Si les infractions sont souvent le fruit d'une imprudence ou d'une négligence, autrement dit sont commises involontairement, il ne faut pas oublier que très fréquemment ces infractions sont commises volontairement, autrement dit sont intentionnelles.

Il aurait donc été souhaitable que l'article 339 de la loi d'adaptation vise également l'intention.

Une interprétation stricte de l'article 339 de la loi, jointe au principe selon lequel les délits requièrent une intention, a conduit la chambre criminelle à estimer que de nombreuses infractions, anciennement jugées contraventionnelles, devaient aujourd'hui être traitées comme des infractions intentionnelles.

B. — La requalification en délits intentionnels

21 L'exigence d'une intention, au demeurant infiniment plus protectrice des libertés individuelles, allait-elle entraîner de sensibles modifications, de la politique répressive en notre domaine. On pouvait sérieusement en douter. Il faut en effet se souvenir que les tribunaux, dans un souci d'efficacité, ont parfois complètement dénaturé cette notion.

Ainsi peut-on citer l'exemple de l'émission de chèques sans provision. Avant que cette infraction ne soit supprimée par une loi de 1991, il a fallu deux modifications législatives pour que cette incrimination devienne véritablement intentionnelle.

Dès lors, la substitution de l'intention à la faute d'imprudence ou de négligence n'implique pas obligatoirement une volonté de restreindre le champ de la répression. Il suffit pour cela que les juges se montrent bienveillants quant à la définition et donc, quant à la preuve de l'intention.

22 On doit d'abord noter que cette suppression des délits matériels ne remet pas en cause la validité de certaines présomptions de faute qui ont été acceptées à la fois par le Conseil constitutionnel (Cons. const. 16 juin 1999, nº 99-411 DC, *D.* 1999. 589, note Y. Mayaud ; *ibid.* 197, obs. S. Sciortino-Bayart) et par la CEDH (7 oct. 1988, *Salabiaku c/ France, RSC* 1989. 167). Ainsi en est-il par exemple en matière de presse pour le directeur de publications (v. F. Desportes et F. Le Gunehec, nº 469-2 ; CEDH 30 mars 2004, req. nº 53984/00, *Radio France c/ France, Rec. CEDH* 2004. II ; J.-F. Renucci, *Traité de droit européen des droits de l'homme*, LGDJ, 2e éd., 2012, nº 356).

23 Très rapidement la Cour de cassation devait apporter, une réponse positive à la question de la qualification intentionnelle de certains délits à propos d'un délit jusqu'alors considéré comme une infraction matérielle dans le domaine de l'urbanisme, à savoir l'exploitation d'une installation classée sans être titulaire des autorisations administratives. Un individu, le sieur Louvet, gérant d'une société, avait été condamné pour avoir exploité une entreprise d'entrepôt et d'élimination de déchets. Il introduit un pourvoi fondé sur l'application immédiate de l'article 339 de la loi d'adaptation aux termes de laquelle les délits non intentionnels, antérieurs à l'entrée en vigueur de l'actuel Code pénal, ne seront constitués qu'en cas d'imprudence, de négligence ou de mise en danger délibéré, ce que doivent pouvoir vérifier les juridictions du fond. Contre toute attente la chambre criminelle, allant au-delà de la demande du prévenu, va considérer que l'on est en présence d'une infraction intentionnelle réalisée dès lors que le gérant a volontairement exploité l'installation. Elle va, pour étayer son raisonnement, utiliser pour la première fois une formule qu'elle reprendra ensuite assez systématiquement, aux termes de laquelle « la seule constatation de la violation, en connaissance de cause, d'une prescription légale ou réglementaire implique, de la part de son auteur, l'intention coupable exigée par l'article 121-3, alinéa 1er du Code pénal ». Ainsi, contrairement à ce que semblait suggérer l'article 339, tous les anciens délits matériels ne doivent pas être traités, selon la Haute juridiction, comme des délits d'imprudence. Cette solution est d'ailleurs conforme à l'article 121-3, alinéa 1er qui pose le principe du caractère intentionnel des délits en cas de silence du législateur dans le texte. Cette solution a été admise le même jour par la chambre criminelle dans une deuxième affaire concernant une vente sans facture (Crim. 25 mai 1994, *Bull. crim.* n° 203, 2e esp. ici commentée).

24 Ultérieurement, le caractère intentionnel a, de la même manière, été retenu en matière de construction, entreprise sans permis (Crim. 12 juill. 1994, n° 93-85.262, *Bull. crim.* n° 280 ; *RSC* 1995. 356, obs. J.-H. Robert ; Crim. 18 nov. 2008, *Dr. pénal* 2009, n° 40, obs. J.-H. Robert), d'exploitation d'un établissement pharmaceutique non autorisée (Crim. 23 mai 1995, *Dr. pénal* 1995, n° 224, obs. J.-H. Robert), de conduite d'un véhicule sous l'empire d'un état alcoolique (Crim. 19 déc. 1994, *Bull. crim.* n° 420 ; *Gaz. Pal.* 26-27 avr. 1995, note J.-P. Doucet ; *Dr. pénal* 1995, n° 115, obs. M. Véron), d'entrave au comité d'entreprise (Crim. 30 janv. 1996, *Dr. pénal* n° 196, obs. J.-H. Robert), d'exploitation illicite d'une entreprise de travail temporaire (Crim. 7 mai 1996, *Dr. pénal* 1996, n° 229, obs. J.-H. Robert ; Crim. 28 mai 1997, n° 96-82.317, *D.* 1999. 153, obs. G. Roujou de Boubée), d'exercice irrégulier d'une profession réglementée (Crim. 3 mars 1998, n° 96-85.098, *D.* 1998. 121), d'inobservation des règles concernant les comités d'hygiène et de sécurité (Crim. 7 déc. 1999, *Dr. pénal* 2000, n° 77, obs. J.-H. Robert), de réception d'avantages en nature, par un médecin, émanant d'une entreprise commercialisant des produits pris en charge par la Sécurité sociale. V. égal. Crim. 26 avr.

2000, n° 98-86.067, *Bull. crim.* n° 166 (contrefaçon de marque) ; Crim. 7 janv. 2003, *Bull. crim.* n° 1 (pour l'acquisition d'un chien d'attaque de 1re catégorie) ; Crim. 1er mars 2002, *Dr. pénal* 2002, n° 87, obs. J.-H. Robert (travail dissimulé) ; Crim. 20 janv. 2009, *Dr. pénal* 2009, n° 53, obs. J.-H. Robert (embauche sans déclaration préalable).

Ainsi dans chaque cas qui lui est soumis la chambre criminelle procède-t-elle à une requalification des anciennes infractions matérielles. Il peut d'ailleurs arriver qu'elle procède à des changements de catégories. Ainsi l'exploitation sans autorisation d'une installation classée qui avait été une nouvelle fois placée dans la catégorie des infractions intentionnelles (Crim. 18 juin 1997, *Dr. pénal* 1997. 147, obs. J.-H. Robert) a été plus récemment considérée comme une infraction d'imprudence (Crim. 1er mars 2000, n° 98-86.464, *RSC* 2000. 837, obs. J.-H. Robert ; *Dr. pénal* 2000. 104, obs. J.-H. Robert). Inversement les infractions fiscales relatives aux jeux de hasard sont aujourd'hui classées dans la catégorie des infractions intentionnelles (Crim. 5 avr. 2006, *Dr. pénal* 2006. 102, obs. J.-H. Robert) alors qu'elles étaient jusqu'alors classées dans la catégorie des infractions d'imprudence (v. *supra*). V. pour une affaire récente d'organisation de lotos : Crim. 15 juin 2014, cinq arrêts nos 13-83.941, 13-85.507, 13-81.354, 13-85.506, 13-83.940 ; *RPDP* 2014. 671, obs. F. Rousseau. La chambre criminelle casse les décisions des juges du fond qui avaient relaxé des organisateurs habituels de lotos, au motif d'une méconnaissance par ces derniers, de la législation applicable aux loteries. La censure de la Haute juridiction est prononcée en reprenant la formule habituelle selon laquelle « la seule constatation de la violation de la loi en connaissance de cause implique l'intention coupable exigée par l'article 121-3 du Code pénal ».

25 Cette étude rapide de la jurisprudence, postérieure à l'actuel Code pénal, nous montre que la chambre criminelle seule, semble détenir la clef de répartition entre les infractions intentionnelles et les infractions d'imprudence, s'agissant des anciens délits matériels. Plusieurs auteurs (J.-H. Robert et M. Véron) ont avancé l'hypothèse que la politique criminelle impliquée par cette répartition relève sans doute d'un pragmatisme sévère… En effet, il est assez évident que le classement d'une infraction dans la catégorie des infractions intentionnelles, loin de rendre la poursuite plus difficile, au contraire la facilitera. En définissant l'intention comme le seul fait de violer une prescription légale ou réglementaire en connaissance de cause, la chambre criminelle en rend la preuve plus aisée que celle de la faute ordinaire. Cette affirmation devient encore plus réelle avec les réformes apportées par les lois du 13 mai 1996 et du 10 juillet 2000 qui conduisent à restreindre le champ d'application des infractions d'imprudence ou de négligence. Ainsi aux termes du 4e alinéa nouveau de l'article 121-3 du Code pénal il faudra encore, lorsqu'une faute n'a été que la cause indirecte d'un dommage, pour démontrer la culpabilité établir soit qu'il y a eu violation de façon manifestement délibérée d'une obligation particulière de prudence ou de sécurité prévue par la loi ou le règlement soit qu'il y a eu une faute caractérisée exposant autrui à un risque d'une particulière gravité qu'il ne pouvait ignorer (v. par ex., en matière de pollution : Crim. 15 mai 2001, préc.).

En définitive, la disparition formelle des délits matériels ne paraît pas conduire à une réforme aussi importante qu'on aurait pu l'imaginer. La preuve de ces infractions reste relativement facile (J. Pradel, n° 583 ; J.-H. Robert, *JCP* 1995. Chron. 3819).

26 La formule retenue par la Cour de cassation conduit évidemment à une véritable dispense de motivation puisque les juges n'ont pas à expliquer de quelles circonstances de fait ils déduisent l'intention criminelle. Il y a donc une présomption d'intention qui paraît tellement contraire au principe posé par l'article 121-3 du Code pénal que le procureur général près la Cour de cassation a été amené à introduire un pourvoi dans l'intérêt de la loi, que la chambre criminelle a fermement rejeté (Crim. 22 janv. 1997, *Dr. pénal* 1997. 83, obs. J.-H. Robert ; v. égal. J.-H. Robert, p. 315). On ajoutera que, s'agissant de certains anciens délits matériels reprochés à des professionnels, la Cour de cassation admet qu'il puisse exister une véritable présomption de mauvaise foi (F. Desportes et F. Le Gunehec, n° 469-3). Ainsi pour ne retenir qu'un seul exemple, celui du délit de tromperie (v. É. Verny, « Fautes et tromperies », in *Mélanges J. Pradel, Le droit pénal à l'aube du troisième millénaire*, Cujas, 2006, p. 633), l'élément intentionnel se déduit de la simple absence de vérification des caractéristiques des produits vendus (v. par ex. : Crim. 4 nov. 1997, n° 96-86.211, *Bull. crim.* n° 372 ; *RSC* 1998. 535, obs. B. Bouloc ; Crim. 7 avr. 1999, *Dr. pénal* 1999. 103 ; Crim. 1er sept. 2015, n° 14-84.677, *Dr. pénal* 2015, n° 116, note J.-H Robert (détention de marchandises corrompues)). Allant un peu plus loin dans de récentes décisions la chambre criminelle a admis que l'intention d'un importateur ne pourrait disparaître que s'il pouvait démontrer l'impossibilité de réaliser le contrôle des produits (Crim. 29 juin 1999, *Dr. pénal* 1999, n° 133, obs. J.-H. Robert) ou encore que toutes les vérifications, même facultatives, ont été faites (Crim. 17 sept. 2002, n° 01-85.536, *RSC* 2003. 106, obs. J.-F. Renucci et C. Ambroise-Castérot). La chambre criminelle a ainsi considéré qu'une vérification sur des échantillons pour des marchandises importées était insuffisante. Cette insuffisance de contrôle, s'agissant d'un professionnel caractérise l'élément intentionnel du délit (Crim. 13 juin 2006, n° 05-87.231, *Bull. crim.* n° 176 ; *RPDP* 2007. 407, obs. B. de Lamy ; Crim. 27 mai 2008, n° 07-86.024, cité par A. Lepage, « Un an de droit pénal de la consommation », *Dr. pénal* 2009. Chron. 5, n° 16) qui retient l'insuffisance de contrôle pour des marchandises importées alors même qu'il y avait un certificat de conformité émanant d'un laboratoire étranger (dans le même sens : Crim. 20 sept. 2011, *D.* 2011. 2533 ; *AJ pénal* 2012. 38, obs. J. Gallois ; *Dr. pénal* 2011. 156, obs. J.-H. Robert et Crim. 20 mars 2012, n° 11-87.203 ; *D.* 2012. 1668, obs. B. Bouloc qui, pour le dernier arrêt, considère implicitement, qu'il doit y avoir un contrôle permanent ; Crim. 21 janv. 2014, n° 13-80.075, *AJ pénal* 2014. 561, obs. J. Lasserre Capdeville, qui admet que l'intention se déduit de l'absence de vérifications).

Pour un autre domaine en matière de travail clandestin, l'absence de vérification de la situation d'un entrepreneur dont on utilise les services est constitutive de l'intention (Crim. 24 mai 2005, n° 04-86.813, *Bull. crim.* n° 154). Peut-on encore parler d'exigence d'un élément moral dans une telle hypothèse (*contra* en matière de dénonciation calomnieuse : Crim. 7 déc. 2004, *Dr. pénal* 2005, n° 35, obs. M. Véron estimant que l'infraction ne résulte pas de la seule fausseté des faits dénoncés mais il ne s'agit pas d'un ancien délit matériel) ?

27 Une telle conception peut évidemment susciter des réserves (v. J.-H. Robert, « La responsabilité pénale professionnelle », *LPA* 2001, n° 137 ; É. Verny, O. Décima, S. Détraz, n° 393, qui parle de dénaturation de l'élément moral ; *contra* E. Dreyer, n° 877, qui y est plutôt favorable). Cette solution nous semble cependant pouvoir être admise lorsqu'elle intervient dans le domaine d'un droit pénal technique où les infractions résultent de la violation de prescriptions légales ou réglementaires que les prévenus, en général des professionnels, doivent nécessairement connaître (pour une approbation sans réserve de cette solution en ce qu'elle correspond à la définition de l'intention par référence à la seule connaissance doublée de volonté, v. Y. Mayaud, n° 235 qui considère que la nouvelle formule, adoptée par la chambre criminelle pour définir l'intention, n'implique nullement un retour à la théorie des délits purement matériels ; v. égal. F. Desportes et F. Le Gunehec, n° 469-3 ; J.-H. Robert, « Pour une restauration de la contravention de police », in *Mélanges J. Pradel, Le droit pénal à l'aube du troisième millénaire*, Cujas, 2006, p. 161). Encore faudrait-il, que l'erreur de droit puisse être retenue plus facilement, lorsqu'il existe un réel problème d'interprétation d'un texte légal ou réglementaire. V. pour un exemple intéressant : Crim. 22 mars 2016, n° 15-84.949 (à publier), *Gaz. Pal.* 12 avr. 2016, n° 14, obs. C. Berlaud, en matière de droit de l'environnement et concernant la nécessité ou non d'une autorisation administrative pour réaliser certains travaux.

28 L'effectivité de la règle est peut-être à ce prix (en ce sens, J. Pradel, n° 583 ; M. Pralus, art. préc.). On peut en revanche considérer que l'extension de cette jurisprudence aux délits prévus dans le Code pénal est beaucoup plus discutable (v. par ex., pour délit de prise illégale d'intérêt, Crim. 3 mai 2001, n° 00-82.880, *Bull. crim.* n° 106 ; *Dr. pénal* 2001, n° 99, obs. M. Véron ; *RSC* 2002. 111, obs. J.-P. Delmas Saint-Hilaire, cet auteur estimant que le délit redevient matériel ; *JCP* 2002. I. 107, M. Véron). Cette solution a été récemment admise pour le délit d'avantage injustifié (dit de favoritisme, C. pén., art. 432-14) ; Crim. 14 janv. 2004, n° 03-83.396, *Bull. crim.* n° 11 ; *Dr. pénal* 2004, n° 50, obs. J.-H. Robert ; *JCP* 2004. II. 10084, note Linditch ; *AJ pénal* 2004. 113, obs. A. Pitoun. Sur cette question, v. par ex. : A. Lepage, P. Maistre du Chambon, R. Salomon, *Droit pénal des affaires*, Lexis-Nexis, 4e éd., 2015, n° 488. Pour une interprétation un peu différente, v. C. Ambroise-Castérot, *Droit pénal spécial et des affaires*, Gualino, 2008, n° 505 (v. égal. Crim. 28 juin 2005, n° 05-82.189, *Bull. crim.*

n° 196 et *supra*, n° 39 ; v. égal. Crim. 14 déc. 2011, n° 11-82.854 ; *Dr. pénal* 2012. 290, obs. M. Véron). On notera que, dans cette décision, la chambre criminelle refuse de prendre en considération un mobile pourtant expressément prévu par le texte, à savoir « procurer ou tenter de procurer un avantage injustifié ». Elle considère sans doute, à l'image d'un arrêt précédent, que l'intérêt moral que l'agent public peut trouver dans la décision contestée est suffisant pour caractériser l'infraction (Crim. 29 juin 2011, n° 10-87.498 ; *Gaz. Pal.* 9 et 10 mars 2011, p. 20, note E. Dreyer ; v. égal. Crim. 5 déc. 2012, n° 11-88.245, *RPDP* 2013. 385, obs. M. Segonds qui parle de délit quasi-matériel. V égal. : Crim. 23 juill. 2014, n° 14-90.024, *Dr. pénal* 2014, n° 124, note M. Véron qui refuse de renvoyer une QPC sur le délit de favoritisme, au motif qu'elle ne présente pas un caractère sérieux, parce qu'il est toujours possible, en cas de méconnaissance du texte, d'alléguer une erreur de droit.

Au terme de cette analyse une question s'impose. Le droit positif relatif à l'élément moral des délits est-il si loin de celui constaté avant la réforme introduite par l'article 121-3 du Code pénal ?

On peut en douter très sérieusement. Chassez le naturel…

A. V.

43

MINORITÉ – CONDITIONS PSYCHOLOGIQUES MINIMALES DE L'INTERVENTION DU JUGE PÉNAL

Crim., 13 déc. 1956, n° 55-05.772, *Laboube*
(*D.* 1957. 349, note M. Patin)

Toute infraction, même non intentionnelle, suppose que son auteur ait agi avec intelligence et volonté.

Attendu que saisie de l'appel d'un jugement du tribunal pour enfants de Strasbourg qui avait déclaré le mineur Laboube (Jean) coupable du délit de blessures involontaires, dit n'y avoir lieu à sanction pénale et ordonné la remise du mineur à sa famille, tout en déclarant également le père civilement responsable, la cour d'appel de Colmar a confirmé ce jugement dans la mesure où il avait déclaré les faits matériellement établis et dans la mesure où il avait décidé que l'enfant devait être remis à sa famille, mais l'a infirmé dans la mesure où il a déclaré le mineur convaincu du délit de blessures par imprudence et le père civilement responsable de ce délit, le mineur Jean Laboube, qui n'était âgé que de six ans au moment des faits délictueux, ne pouvant, faute de raison suffisante, répondre devant la juridiction des enfants du fait à lui reproché ; que l'arrêt attaqué déclare que l'imputation à un mineur d'une infraction qualifiée crime ou délit n'est concevable que si la question préalable de raison suffisante et d'éveil de la conscience a été posée, implicitement tout au moins, et si elle a reçu une réponse affirmative ; que la responsabilité pénale d'un tout jeune enfant, permettant de qualifier ses actes crimes ou délits, ne peut être retenue s'il ne ressort pas des faits de la cause et de l'examen de sa personnalité que cet enfant possédait le minimum de raison nécessaire pour comprendre la nature et la portée de l'acte qu'on lui reproche ; qu'en l'espèce le fait de la maladresse ou d'impéritie reproché au prévenu trouve dans l'âge de l'enfant une explication suffisante ; – Attendu qu'en l'état de ces énonciations, et abstraction faite de tous autres motifs surabondants, fussent-ils erronés, l'arrêt attaqué a pu légalement décider que le mineur Jean Laboube, en raison de son jeune âge au moment des faits, ne pouvait, faute de raison suffisante, répondre devant la juridiction pénale des enfants de l'infraction à lui reprochée ; – Attendu, en effet, que si les articles 1 et 2 de l'ordonnance du 2 février 1945, modifiés par la loi du 24 mai 1951, posent le principe de l'irresponsabilité pénale du mineur, abstraction faite du discernement de l'intéressé, et déterminent les juridictions compétentes pour statuer lorsqu'un fait qualifié crime ou délit est imputé à des mineurs de 18 ans et pour prendre à l'égard de ces mineurs des mesures de redressements appropriées, sauf la faculté, quand il s'agit de mineurs âgés de plus de 13 ans, de prononcer une condamnation pénale si les circonstances et la personnalité du mineur paraissent l'exiger, encore faut-il, conformément aux principes généraux du droit, que le mineur dont la participation à l'acte matériel à lui reproché est établie ait compris et voulu cet acte ; que toute infraction, même non intentionnelle, suppose en effet que son auteur ait agi avec intelligence et volonté ; – Attendu toutefois qu'après avoir décidé que le mineur Jean Laboube, qui n'était âgé que de 6 ans au moment des faits délictueux, ne pouvait répondre devant la juridiction répressive de l'infraction relevée contre lui, l'arrêt ne pouvait que prononcer sa relaxe et ne pouvait sans contradiction prendre à son égard une mesure de redressement ; qu'il suit de là que la décision de remise de l'enfant à sa famille n'est pas légalement justifiée ;

Par ces motifs, casse... dans le seul intérêt de la loi et sans renvoi.

OBSERVATIONS

1 L'arrêt *Laboube* rendu dans le domaine du droit pénal des mineurs est un arrêt fondamental à double titre. D'abord parce qu'il apporte une solution à un problème précis concernant les mesures qu'un tribunal peut prononcer à l'encontre d'un très jeune enfant, mais encore et surtout parce que, sur un plan beaucoup plus général, il permet de préciser la notion même d'infraction pénale.

Un enfant de 6 ans, le jeune Laboube blesse assez grièvement au cours d'un jeu l'un de ses camarades. Poursuivi devant un tribunal pour enfants, il fut malgré son jeune âge reconnu coupable du délit de coups et blessures involontaires et la sanction de remise aux parents fut prononcée à titre de mesure éducative. L'intérêt de cette décision se situait évidemment sur le plan civil puisque le père fut déclaré civilement responsable. La cour de Colmar, tout en estimant que le mineur ne pouvait pas répondre de l'infraction relevée contre lui, devait néanmoins maintenir à son encontre la mesure de remise de l'enfant à sa famille. C'est cette solution, aux conclusions contradictoires, qu'allait censurer la chambre criminelle estimant que la réalisation d'une infraction par un mineur implique nécessairement qu'il ait compris et voulu l'acte réalisé, la Haute juridiction affirmant que « toute infraction, même non intentionnelle, suppose en effet que son auteur ait agi avec intelligence et volonté ». Elle en conclut que dans le cas contraire aucune mesure de reclassement ne peut être prononcée à l'encontre d'un jeune enfant. Nous envisagerons tout d'abord les conséquences précises de cet arrêt sur le droit pénal des mineurs (I) avant de déterminer quelle peut être l'incidence de cette décision quant à la notion même de l'infraction pénale en général (II).

I. — Nécessité du discernement et incidence sur le droit pénal des mineurs

2 Dans le domaine du droit pénal des mineurs, l'arrêt *Laboube* apporte une réponse de principe concernant les conditions psychologiques de

l'existence d'une infraction (A) mais elle laisse sans réponse précise la question concernant l'âge en dessous duquel une telle infraction ne peut être constituée (B).

A. — Certitude quant à la réalisation de l'infraction

3 Selon une lecture des principes proposés par l'ordonnance du 2 février 1945, notamment l'exposé des motifs évoquant un régime d'irresponsabilité, siège de la législation pénale concernant les mineurs, il semblait possible d'imputer une infraction à un enfant abstraction faite de toute question de discernement (en ce sens R. Merle et A. Vitu, t. I, n° 631). En effet, aux termes de l'article 2 du texte, dans sa rédaction antérieure, il apparaissait très clairement que le tribunal pour enfants, comme la cour d'assises des mineurs, pouvait prononcer suivant les cas soit une mesure de protection, d'assistance, de surveillance et d'éducation, soit, s'agissant de mineurs de plus de 13 ans, infliger une sanction pénale lorsque les circonstances ou la personnalité du délinquant paraîtront l'exiger sans avoir à vérifier préalablement qu'ils ont compris et voulu leurs actes. Il était alors tout à fait logique de déduire de cette position législative que la simple commission d'un acte matériel correspondant à une qualification pénale suffisait pour qu'une infraction puisse être imputée au mineur.

Cette solution aurait pu paraître assez surprenante si l'on n'avait pas su qu'elle trouvait directement son inspiration dans les enseignements de l'école de la défense sociale nouvelle (R. Merle et A. Vitu, t. I, n° 631). Pour les tenants d'un tel système (v. M. Ancel, *La défense sociale nouvelle*, 3e éd., 1981 ; R. Gassin, S. Cinamonti, Ph. Bonfils, *Criminologie*, Dalloz, 7e éd., 2011, n° 866 qui montrent l'évolution récente du fondement), et plus précisément (A.-C. Dana, *Essai sur la notion d'infraction pénale*, LGDJ, 1982, p. 83 s.), les mesures qui sont prises contre le mineur ne le sont pas à son encontre, mais dans son intérêt. Dès lors, on pouvait accepter que l'infraction qui permet le déclenchement de telles mesures soit d'une nature particulière. L'infraction du mineur, en quelque sorte « déjuridicisée » (sur cette notion M. Ancel, préc.) peut se limiter au simple acte matériel réalisé par l'enfant et pénalement qualifié.

C'est cette conception qui fut initialement adoptée par certaines juridictions pour mineurs, comme le tribunal pour enfants de Meaux (28 mai 1948, *Gaz. Pal.* 1948. 2. 177) qui affirmait que l'application d'une mesure de protection, d'assistance ou de surveillance est soumise à la seule constatation de la commission matérielle d'un fait délictueux. Une solution identique avait été adoptée par le tribunal des enfants de Strasbourg dans l'affaire que nous commentons en considérant qu'un mineur de 6 ans pouvait être reconnu coupable d'une infraction de coups et blessures involontaires à l'encontre d'un jeune camarade.

4 On pourrait s'étonner que cette question n'ait été posée qu'assez tardivement aux juridictions pour enfants alors que la loi du 22 juillet 1912 avait déjà admis le principe d'une présomption de non-discernement pour les mineurs pénaux. En fait, comme on l'a justement remarqué (M. Puech, p. 108), cela tient au régime de l'action civile prévu par l'ordonnance de 1945. Jusqu'à ce texte, l'action civile des victimes ne pouvait en aucun cas être portée devant les juridictions pour enfants mais uniquement devant les tribunaux civils. Dès lors, en l'absence de poursuites contre de très jeunes enfants à l'initiative du ministère public, le problème n'avait jamais été posé. En permettant aux victimes d'agir devant un tribunal pour enfants, le législateur de 1951 devait inévitablement susciter des constitutions de partie civile contre des mineurs, encore dans la petite enfance, en raison des avantages qui s'attachent à l'exercice de l'action civile devant les tribunaux répressifs. La cour de Colmar saisie de l'appel de cette décision, tout en rejetant l'idée d'une responsabilité pénale du mineur, devait néanmoins maintenir la mesure de remise aux parents. Tout en réintroduisant la question du discernement en cette matière, cette juridiction n'aboutissait pourtant pas à décider que la relaxe du mineur était la seule solution logique. Elle considéra au contraire que l'absence d'une intelligence ou d'une volonté suffisante interdisait sans doute de reconnaître le mineur responsable mais qu'elle n'empêchait pas, les faits étant établis dans leur matérialité, le prononcé d'une mesure d'assistance ou d'éducation. Dès lors, il faut admettre (en ce sens A.-C. Dana, *op. cit.*, p. 92) que la cour de Colmar adopte également une conception purement matérielle de l'infraction du mineur, du moins quand il s'agit de prendre contre lui une mesure de sûreté.

5 La Cour de cassation saisie par le procureur général d'un pourvoi dans l'intérêt de la loi contre cette décision devait, dans des attendus dépourvus de toute ambiguïté, condamner une conception purement objective en matière de droit pénal des mineurs. La chambre criminelle dont la présidence était assurée par Maurice Patin, tout en soulignant dans un premier temps que l'ordonnance de 1945 pose le principe de l'irresponsabilité pénale des mineurs abstraction faite du discernement, affirme que le prononcé d'une mesure appropriée à l'égard du mineur « implique que celui-ci, dont la participation à un fait matériel à lui reproché est établie, ait compris et voulu cet acte, que toute infraction, même non intentionnelle suppose en effet que son auteur ait agi avec intelligence et volonté ». On a pu se demander si la jurisprudence n'avait pas abandonné cette idée, voire cette formule, dans un arrêt plus récent (Ass. plén., 9 mai 1984 *Bull. crim.* n° 162). En l'espèce, un enfant de 9 ans avait été déclaré coupable d'avoir volontairement incendié un camion, remis à ses parents et, sur l'action civile, condamné avec ses parents à des dommages-intérêts. Il avait alors, avec ceux-ci, formé un pourvoi contre cette décision en invoquant exactement la formule de l'arrêt *Laboube*. Or la Cour de cassation a rejeté le pourvoi en invoquant l'argument selon lequel la cour d'appel avait souverainement retenu la volonté du mineur de mettre le feu. À notre avis cependant, l'arrêt de 1984 ne traduit pas un abandon de la jurisprudence *Laboube* car il se borne à affirmer le pouvoir souverain d'appréciation du juge du fond. En l'espèce, les circonstances de commission de l'infraction démontraient la capacité du mineur à comprendre la portée de ses actes (en ce sens : W. Jeandidier, n° 352 ; *contra* P. Conte et P. Maistre du Chambon, n° 358).

6 L'attachement à la notion même de libre arbitre, fondement essentiel des principes du droit pénal classique, explique cette position jurisprudentielle (en ce sens M. Patin, note sous l'arrêt *D.* 1957. 349). Elle prouverait selon certains auteurs que la question du discernement n'a jamais disparu (v. Ph. Bonfils, « Le discernement en droit pénal », *Mélanges R. Gassin*, PUAM, 2007, p. 97). Il est dès lors apparu impossible de considérer qu'un très jeune enfant puisse se voir imputer un fait dont il était incapable de comprendre la portée. L'arrêt de la cour de Colmar, qui tout en admettant l'absence de discernement, avait néanmoins confirmé la mesure de remise aux parents prise par le tribunal pour enfants, devait donc nécessairement encourir la cassation. En effet, si aux termes de l'article 3 de l'ordonnance de 1945 les juges peuvent prononcer, à l'encontre de tous les mineurs, des mesures éducatives, encore faut-il qu'ils soient auteurs d'une infraction qui seule peut motiver, selon l'article 1er du même texte, l'intervention d'une juridiction pénale. Cette situation a été corroborée par l'article 122-8 du nouveau Code pénal visant les mineurs reconnus coupables d'infractions. Ce texte se bornait à confirmer les principes directeurs du droit pénal des mineurs (v. G. Vermelle, *Le nouveau Code pénal*, p. 72 ; F. Desportes et F. Le Gunehec, nos 658 s. ; J.-H. Robert, p. 303). Selon ce dernier auteur l'actuel Code pénal a intégré les conséquences de l'arrêt *Laboube* à l'image de la loi du 8 février 1995 qui a introduit dans l'ordonnance du 2 février 1945, s'agissant des jugements du juge des enfants, les verbes « relaxer » ou « déclarer coupable ».

La solution du Code pénal paraissait tout à fait logique. D'abord parce qu'en l'absence d'infraction constatée la seule mesure qui s'impose est une relaxe ou un acquittement. Ensuite parce qu'il serait très discutable d'admettre qu'une mesure éducative puisse être prise contre un enfant alors qu'il n'apparaît en rien que son éducation ait été déficiente (M. Puech, *op. cit.*, p. 108 ; v. J.-C. Saint-Pau, « La capacité pénale de l'enfant », *Le droit et les droits de l'enfant, revue Champs libres*, n° 6, L'Harmattan, 2007, p. 87). Fallait-il aller plus loin, en considérant que la question de l'imputabilité concerne sans distinction tous les mineurs de 18 ans. Une telle solution revenait à estimer que la responsabilité pénale du mineur était identique à celle du majeur. La doctrine restait cependant, majoritairement, très réticente par rapport à une telle approche du problème (v. néanmoins C. Lazerges, « De l'irresponsabilité à la responsabilité pénale des mineurs délinquants ou relecture des articles 1 et 2 de l'ordonnance du 2 février 1945 », *RSC* 1995. 149 ; J.-H. Robert, p. 301).

Quant à la jurisprudence la seule décision signalée n'est guère convaincante. En effet si la chambre criminelle refuse de considérer que des actes de nature sexuelle accomplis par un mineur de plus de 13 ans, sur sa sœur, par jeu et à la suite de paris ne puissent être reprochés à ce mineur c'est sans doute « parce qu'il n'avait pas conscience de sa sexualité et de l'abus qui pouvait en être fait vis-à-vis d'autrui » mais c'est surtout parce que les éléments constitutifs du viol à savoir la contrainte ou la surprise n'existaient pas en l'espèce (Crim. 17 sept. 1997, n° 97-83.617, *Bull. crim.* n° 302 ; *RSC* 1998. 325, obs. Y. Mayaud).

7 Cette nouvelle approche théorique n'avait, à vrai dire, qu'assez peu de conséquences juridiques concrètes, face au relatif échec de la priorité éducative de l'ordonnance de 1945 (v. par ex. F. Dekeuwer-Défossez, « Le pari éducatif de l'ordonnance du 2 février 1945 sur l'enfance délinquante est-il aujourd'hui en péril ? », *LPA* 7 août 1995, p. 23). Elle avait le mérite, en rappelant l'application aux mineurs des principes de droit commun de la responsabilité pénale, de souligner que la finalité répressive n'était pas absente de cette législation.

Le constat d'une délinquance des mineurs de plus en plus importante et violente par des enfants de plus en plus jeunes devait entraîner une réaction du législateur (v. Rapp. de la commission d'enquête du Sénat, 2001-2002, n° 340 sur la délinquance des mineurs : « La République en quête de respect », rapporteur J.-C. Carle). La loi du 9 septembre 2002, dite loi Perben, sans remettre fondamentalement en cause les principes de l'ordonnance du 2 février 1945, apporte néanmoins des réponses plus diversifiées au problème posé par cette délinquance. Le législateur réécrit tout d'abord l'article 122-8 du Code pénal en énonçant très clairement dans son alinéa 1er « que les mineurs capables de discernement sont pénalement responsables des crimes, délits ou contraventions dont ils ont été reconnus coupables... ». Ce texte devait donc mettre fin de manière définitive à la querelle doctrinale sur la question de l'irresponsabilité pénale des mineurs. Tous les mineurs sont responsables à l'égal des majeurs, dès lors qu'ils sont capables de discernement. Il n'y a donc plus de raison de parler de présomption d'irresponsabilité (v. C. Mascala, p. 209 ; F. Desportes et F. Le Gunehec, n° 698-1 ; E. Dreyer, n° 781 ; C. Lazerges, « Fallait-il modifier l'ordonnance n° 45-174 du 2 février 1945 ? » *RSC* 2003. 172 ; F. Le Gunehec, « Aperçu rapide : loi d'orientation et de programmation pour la justice réformant la justice pénale des mineurs », *JCP* 2002. 1881 ; J. Castaignède, « La loi n° 2002-1138 du 9 septembre 2002 : un nouveau regard porté sur le droit pénal des mineurs » *D.* 2003. Chron. 779 ; « Dix ans d'évolution de la justice pénale des mineurs : bilan et perspectives », *Dr. pénal* 2012. Études 17 à 21 ; A. Gouttenoire et Ph. Bonfils, *Droit pénal des mineurs*, Dalloz, 2e éd., 2013, n° 1350). Plusieurs, parmi ces auteurs, ont affirmé que cette loi consacre l'arrêt *Laboube* que nous commentons. Il est tout à fait exact que la loi Perben, sur ce point, n'innove pas mais elle intègre explicitement dans un texte le principe selon lequel aucune sanction pénale ou éducative ne peut être prise à l'encontre d'un mineur qui, ne comprenant pas la portée de ses actes, n'a pas pu commettre une infraction. Désormais, la loi dans un même article rappelle la nécessité de l'imputabilité et de la culpabilité pour mettre en jeu la responsabilité du mineur. Est-ce à dire qu'il n'y a plus aucune différence entre la responsabilité pénale des majeurs et celle des mineurs. Rien n'est moins sûr. Alors que le discernement des majeurs est un principe qui n'a pas à être systématiquement évoqué, il faut au contraire, pour que le mineur soit responsable, que son discernement soit établi. L'article 122-8 du Code pénal évoque en effet la responsabilité pénale « des mineurs capables de discernement » (en ce sens Y. Mayaud, n° 440). Au-delà, le législateur de 2002 n'a pas remis en cause la primauté des mesures éducatives, même si la rédaction retenue ne paraît plus les privilégier aussi fermement. Alors que l'article 122-8, dans son ancienne rédaction, précisait que les mineurs « font » l'objet de mesures de protection, le nouveau texte utilise le verbe « pouvoir » qui paraît redonner à la peine et aux nouvelles sanctions éducatives, une place prépondérante (v. J.-P. Rosenczveig : « La loi d'orientation et de programmation sur la justice. Une promesse tenue ? Pas évident », *D.* 2002. Chron. 2339 ; J. Castaignède, préc. ; Ph. Bonfils, E. Vergès, N. Catelan, *Travaux dirigés de droit pénal et de procédure pénale*, 3e éd., 2013, thème n° 10 ; Ph. Bonfils, « Le droit pénal substantiel des mineurs », *AJ pénal* 2005. 45 et le dossier sur cette question dans cette revue).

8 La création des sanctions éducatives, sanctions intermédiaires entre la peine et la mesure éducative, va d'ailleurs dans le même sens, d'autant qu'elles s'appliquent aux mineurs de 10 à 18 ans, reconnus responsables d'une infraction (sur ces sanctions, v. par ex., F. Desportes et F. Le Gunehec, n° 658-1 ; F. Seuvic, Chronique législative, *RSC* 2002. 867 ; A. Varinard, « Chronique législative », *RPDP* 2003. 153 ; C. Lazerges, art. *préc.* ; A. Gouttenoire et Ph. Bonfils, *préc.*, nos 1391 s.). On notera que la loi du 5 mars 2007 relative à la prévention de la délinquance (art. 59) ajoute quatre nouvelles sanctions éducatives dont le placement en internat pour une année scolaire par exemple. Il est à remarquer que le Conseil constitutionnel a validé le recours à ces nouvelles sanctions (Cons. const. 29 août 2002, n° 2002-461 DC, *JO* 10 sept. ; *RSC* 2003. 606, obs. V. Bück) en considérant qu'elles n'étaient pas contraires à un principe fondamental reconnu par les lois de la République en matière de justice des mineurs, ce qui condamne incontestablement le prétendu principe de l'irresponsabilité pénale des mineurs. Il importe de remarquer que le Conseil constitutionnel va d'ailleurs préciser quels sont concrètement ces principes « constamment reconnus par les lois de la République depuis le début du XXe siècle » qui dominent le droit des mineurs (sur cette question Y. Mayaud, nos 323 s., qui décrit un véritable droit spécifique de la minorité pénale). Le Conseil constitutionnel, sollicité à nouveau pour examiner la validité de certaines dispositions de la loi du 5 mars 2007 modifiant plusieurs dispositions de l'ordonnance du 2 février 1945, après avoir rappelé ces principes, a conclu que les nouvelles règles contestées leur étaient conformes, validant ainsi la nouvelle procédure de présentation immédiate devant la juridiction pour mineurs, les nouvelles conditions du contrôle judiciaire ou la non-nécessité d'une motivation du refus de l'atténuation de responsabilité pour les mineurs de plus de seize ans en état de récidive (Cons. const. 3 mars 2007, n° 2007-553 DC, *JO* 7 mars). Une loi du 10 août 2007 renforçant la lutte contre la récidive des majeurs et des mineurs a eu principalement pour objet d'instaurer des peines-plancher. Ce texte déclare le nouveau système applicable aux mineurs mais en outre il modifie une nouvelle fois le système d'atténuation de la peine pour les mineurs de 16 à 18 ans en cas de nouvelle récidive. Désormais, aux termes de l'article 20-2 de l'ordonnance du 2 février 1945, la diminution ne s'applique plus dans une telle hypothèse, sauf décision contraire de la juridiction pour mineurs. C'est cette possibilité de maintenir l'atténuation de la peine qui a conduit le Conseil constitutionnel à valider ces dispositions (Cons. const. 9 août 2007, n° 2007-554 DC ; Ph. Bonfils, « La réforme de l'ordonnance de 1945 par la loi du 10 août 2007 renforçant la lutte contre la récidive des majeurs et des mineurs », *AJ pénal* 2007. 363).

9 À la suite de ces trois importantes interventions législatives, allant toutes dans le sens d'une responsabilisation plus importante du mineur délinquant, une partie importante de la doctrine a considéré que ces textes traduisaient une rupture dans la politique criminelle jusqu'alors applicable aux mineurs (v. à titre d'ex. C. Lazerges, « La mutation du modèle protectionniste de justice des mineurs », *RSC* 2008. 200 et la bibliographie exhaustive citée *in* A. Gouttenoire et Ph. Bonfils, n° 1355 sur chacune des lois nouvelles).

À la suite des multiples réformes, inspirées par des philosophies parfois contradictoires, dont le droit pénal des mineurs a fait l'objet, l'ordonnance de 1945 est devenue un texte complexe dont, *a minima*, la réécriture s'impose. La garde des Sceaux, Mme Rachida Dati a souhaité aller plus loin en envisageant une véritable réforme de l'ordonnance de 1945. Elle a mis en place une commission composée de parlementaires, de magistrats, d'avocats, d'universitaires, d'éducateurs, de pédopsychiatres tous spécialistes des mineurs, et présidée par le recteur A. Varinard. Cette commission, après huit mois de travaux, a remis son rapport le 3 décembre 2008 « Entre modifications raisonnables et innovations fondamentales : soixante-dix propositions pour adapter la justice pénale des mineurs » (Doc. fr., 2009 ; sur le rapport, v. A. Varinard, « Réforme de l'ordonnance de 1945 sur le droit des mineurs : les vrais propositions » ; *RPDP* 2008. 737 (*in limine*) ; *AJ pénal* 2009. 9, dossier « Réforme de l'ordonnance de 1945 : le rapport Varinard » ; C. Lazerges, « Lectures du rapport Varinard », *RSC* 2009. 226 ; P. Pédron et A. Varinard, « Pour une justice pénale des mineurs adaptée à l'évolution de la délinquance », *Dr pénal* 2008, dossier 7 ; *JCP* 2009. I. 100 ; P. Pedron, « Guide de la protection judiciaire de la jeunesse. Mineurs en danger - Mineurs délinquants », Gualino 4e éd. 2016, n°s 328 s. et 13550).

Il n'est évidemment pas question d'analyser ici les propositions de ce rapport qui ont fait l'objet d'un large consensus au sein de la commission (68/70 propositions adoptées à l'unanimité), même si certaines d'entre elles (largement déformées) ont suscité la réprobation dans le cadre d'une importante couverture médiatique. On précisera simplement qu'une loi du 10 août 2011 sur la justice pénale et le jugement des mineurs a, une nouvelle fois, modifié l'ordonnance du 2 février 1945 (trente-huitième réforme si l'on tient compte de quelques modifications de moindre importance : L. du 6 déc. 2011 et du 27 mars 2012), en s'inspirant, assez largement de certaines propositions de ce rapport. Elles sont hélas le plus souvent utilisées à des fins répressives alors qu'elles s'inscrivaient dans le rapport, dans un ensemble logique concernant tous les mineurs et dont l'objectif était d'assurer une meilleure cohérence et une plus grande célérité de la justice des mineurs délinquants. Certaines des modifications, telle la création d'un tribunal correctionnel des mineurs, dont la compétence est bien différente de celle proposée par la commission aurait pu rapidement être remise en cause à la faveur d'un changement de la majorité parlementaire (sur cette loi : A. Varinard, *RPDP* 2012. 241 ; A. Gouttenoire et M. C. Guérin, « Chronique de droit pénal des mineurs », *RPDP* 2011. 757 ; F. Archer, « La réforme du droit des mineurs délinquants », *Dr. pénal* 2011. Étude 24 ; Ph. Bonfils, « La réforme du droit pénal des mineurs par la loi du 10 août 2011 », *D.* 2011. 2286). On arrive ainsi, sauf erreur de décompte, à la trente-neuvième réforme de l'ordonnance du 2 févr. 1945.

Si aucune réforme globale de la justice pénale des mineurs n'a été immédiatement réalisée par la majorité sortie des urnes en 2012, il faut cependant préciser deux choses. La première concerne la loi n° 2014-896 du 15 août 2014, relative à l'efficacité des sanctions qui, si elle intervient principalement dans de nombreux domaines concernant le droit pénal des majeurs, comporte, néanmoins, plusieurs dispositions relatives au droit des mineurs, qui modifient une nouvelle fois l'ordonnance du 2 février 1945 pour redonner aux juges des mineurs, une totale liberté dans le choix de la sanction à appliquer à ces derniers. En l'occurrence, il s'agit, d'une part, de la suppression des peines-plancher et, d'autre part, de la modification du système d'atténuation des peines, pour les mineurs de 16 à 18 ans. Le texte modifié revient au droit applicable, antérieurement aux lois Perben qui permettaient d'écarter l'atténuation, à titre exceptionnel, par décision de la cour d'assises des mineurs ou du tribunal pour enfants, en motivant spécialement cette solution, s'agissant de ce dernier. La deuxième précision à apporter est que la ministre de la Justice, Madame Taubira, a fait élaborer, à la suite de consultations au ministère de la Justice, un pré-projet de loi relatif à la justice pénale des mineurs et des adolescents mais qui pour l'heure n'a pas encore pris la forme d'un véritable projet de loi, par une adoption en Conseil des ministres. Il n'est pas question à cette place d'en étudier les propositions, sinon pour indiquer que, selon l'exposé des motifs, il ne s'agit pas d'une réforme complète de la justice pénale des mineurs mais qu'il convient par ce texte de revenir à l'esprit de l'ordonnance du 2 février 1945 en réactualisant ses dispositions et en y adjoignant des procédures plus en phase avec la société contemporaine, telle une quasi généralisation de la procédure de césure du procès, ce qui, contrairement aux objectifs du texte, n'est pas de nature à assurer une plus grande célérité de la justice pénale des mineurs, d'autant qu'il est également prévu d'éviter l'utilisation des procédures dites accélérées. Pour aller à l'essentiel, on peut dire que certaines dispositions du projet paraissent imprégnées par une forme d'idéologie dont l'objectif est d'écarter au maximum, toute forme de répression, ce qui s'inscrit donc en réaction, contre toutes les dernières réformes réalisées ou proposées par l'ancienne majorité parlementaire, considérées comme poursuivant uniquement une finalité répressive (sur ce pré-projet : E. Gallardo, « Présentation du projet de loi relatif à la justice pénale des enfants et des adolescents. Un avant projet de réforme et après ! », *RPDP* 2014. 827 ; E. Allain, « Le pré-projet de réforme de la justice des mineurs », *AJ pénal* 2015, p. 4).

Il est par ailleurs une question, jusqu'alors non résolue par le législateur, tout comme par l'arrêt commenté, à laquelle le rapport Varinard tentait d'apporter une réponse, celle de la détermination d'un âge en dessous duquel le discernement serait présumé inexistant.

B. — Incertitudes quant à l'âge minimum requis

10 À partir de quel âge peut-on considérer que le mineur a un développement intellectuel suffisant pour que l'on puisse parler d'infraction (G. Levasseur, « Les seuils d'âge dans la législation pénale », in *Seuils d'âge et législation pénale*, 1961, p. 205 ; C. Lazerges, « Seuils d'âge et responsabilité pénale en Europe », *RSC* 1991. 414 ; X. Pin, « Les âges du mineur : reflexions sur l'imputabilité et la capacité pénale du mineur », *Gaz. Pal.* 12 juill. 2012, n° 194). Faut-il fixer arbitrairement un âge qui pourrait être « l'âge de raison » (A. Decocq, p. 203) que l'on s'accorde assez généralement à situer vers 7 ans, (en ce sens certaines législations étrangères comme la législation suisse, art. 82 C. pén. ou égyptienne, C. pén., art. 64 ; J. Pradel, *Droit pénal comparé*, Dalloz, 3e éd. 2008, n° 106) ? Si l'on considère au contraire que c'est nécessairement au-delà de ce très jeune âge qu'il faut intervenir, une réponse ne peut être apportée qu'en se référant aux enseignements fournis par la psychologie infantile. Sans entrer dans les détails, il semble que ce n'est guère avant l'âge de 11 ou 12 ans que l'enfant acquiert un système de pensée comparable à celui de l'adulte (Piaget, *Le jugement et le raisonnement chez l'enfant*, 8e éd., 1978, p. 192 ; A.-C. Dana, thèse, *op. cit.*, p. 97 s.). On pourrait alors facilement admettre que pour tenir compte d'une marge de doute, c'est l'âge de 13 ans, justement retenu par l'ordonnance de 1945, qui constituerait le seuil au-delà duquel un mineur commettrait une infraction. C'est d'ailleurs en ce sens que se prononçait l'avant-projet de Code pénal, version 1978, dans son article 34 en excluant le mineur de 13 ans de la sphère pénale « le mineur de treize ans n'est pas justiciable des juridictions répressives ; seules peuvent être prises à son égard des mesures d'assistance éducative prévues par le Code civil ».

11 Cette disposition confirmait donc indirectement l'arrêt *Laboube*, mais en déterminant précisément et autoritairement l'âge en dessous duquel un mineur n'a pas l'intelligence et la volonté minimum lui permettant de comprendre la portée de ses actes. Sans doute cette détermination automatique d'un seuil d'âge conduirait-elle à ne pas sanctionner certains mineurs conscients de la portée de leurs actes mais cela n'est pas très gênant puisqu'il serait néanmoins possible d'appliquer les mesures d'assistance éducative du Code civil. On notera que les premières conclusions d'une commission de réforme du droit pénal des mineurs dite Commission Martaguet paraissaient rejeter l'idée de la détermination d'un tel seuil d'âge. L'avant-projet de Code pénal de 1983, en renvoyant à une loi particulière « les dispositions propres aux mineurs » (art. 29), n'apportait hélas, aucune lumière sur ce point. Adopté après de longues discussions parlementaires l'article 122-8 de l'actuel Code pénal, depuis modifié, précisait dans son 1er alinéa que le mineur reconnu coupable d'infraction pénale fait l'objet « de mesures de protection, d'assistance de surveillance et d'éducation dans les conditions fixées par une loi particulière » ce qui laissait sur ce point subsister le flou. L'alinéa 2 ajoutait que la loi détermine également les conditions dans lesquelles des peines peuvent être prononcées contre des mineurs de plus de treize ans. On notera que la loi particulière est aujourd'hui l'ordonnance du 2 février 1945. La loi d'adaptation a par ailleurs transféré dans ce texte les dispositions du Code pénal applicables aux mineurs (mesures d'adaptation des peines notamment). On ajoutera néanmoins qu'un projet de réforme de l'ordonnance de 1945 proposé par le ministère de la Justice retenait le seuil de 10 ans. C'est d'ailleurs cet âge qui a été choisi par la loi du 1er février 1994 modifiant l'ordonnance du 2 février 1945 (art. 4) pour les mineurs susceptibles d'être « retenus », pendant une durée maximum de 12 heures éventuellement prolongée pour une durée maximum supplémentaire de 12 heures, à la disposition d'un OPJ à certaines conditions. Cette mesure est différente de la garde à vue qui ne peut concerner que les mineurs de plus de 13 ans (v. F. Desportes et F. Le Gunehec, n° 659).

C'est encore la même solution qui est retenue pour fixer l'âge à partir duquel peuvent dorénavant être prononcées les sanctions éducatives mais dans ce cas il ne s'agit pas véritablement d'un seuil puisque la question du discernement doit néanmoins être posée aux termes de l'article 122-8 du Code pénal dans sa forme actuelle. On peut s'interroger sur l'opportunité de laisser aux juges le soin de déterminer l'âge de la minorité pénale. On sait que pratiquement tous les États, européens notamment, prévoient des dispositions en ce sens et que l'article 40 de la convention des Nations unies sur les droits de l'enfant, dispose que les signataires doivent s'efforcer de fixer « un âge minimum en dessous duquel les enfants seront présumés ne pas avoir la capacité d'enfreindre la loi pénale ». Sur cette question, v. A. Gouttenoire et Ph. Bonfils, n° 1367 s. ; E. Dreyer, n° 782 ; *cf.* rapport Varinard précité (pour une critique de la présomption de discernement au-delà d'un âge fixé par la loi, v. Y. Mayaud, n° 444).

Sans doute fallait-il tenir compte dans le contexte actuel d'une délinquance très juvénile, de la nécessité de fixer un seuil assez bas. Sans doute et par définition, un tel âge minimum est-il arbitraire, mais il ne paraît pas incohérent qu'un enfant, en dessous d'un certain âge, ne puisse pas relever de la sphère pénale (en ce sens : C. Lazerges, art. préc. et J. Castaignède, art. préc.). On peut par ailleurs signaler une décision récente très intéressante : Crim. 14 juin 2012, n° 11-85.324 ; *Dr. pénal* 2012, n° 126, obs. M. Véron ; *RPDP* 2012. 686, obs. M.-C. Guérin ; *D.* 2012. 2084, note critique S. Detraz. Cette affaire concernait l'agression de son enseignante par un enfant de huit ans. Cette dernière ayant porté plainte, un non-lieu fut décidé. Dès lors, les parents portèrent plainte pour dénonciation calomnieuse, plainte qui fut logiquement et heureusement rejetée. Cette solution est validée par la chambre criminelle au motif que l'enfant ne pouvant pas être sanctionné d'une peine ou d'une mesure éducative, en raison de son âge, un élément essentiel de la dénonciation calomnieuse fait défaut.

12 Déterminer un âge précis, c'est ce que la commission de réforme, dite Varinard, a jugé nécessaire en proposant de fixer l'âge de la responsabilité pénale à 12 ans (afin de conformer le droit français aux engagements internationaux pris par notre pays « et comme étant le plus pertinent au regard de la réalité actuelle de la délinquance juvénile »). Contrairement à la situation actuelle, l'enfant de 12 ans ne pourrait donc pas être poursuivi devant une juridiction pénale mais il pourrait évidemment faire l'objet de mesures éducatives dans le cadre de l'assistance éducative. On notera que cet âge, relativement bas, de la responsabilité pénale du mineur avait conduit la commission à proposer d'exclure tout emprisonnement avant 14 ans à l'exception cependant du domaine criminel. On indiquera que dans un avant-projet de Code de la justice pénale des mineurs, rédigé par les services de la Chancellerie alors que Mme Dati était ministre et qui reprenait d'ailleurs de nombreuses préconisations du rapport, il était proposé de retenir l'âge de 13 ans comme seuil de responsabilité. Mais c'est un système assez original qui était proposé puisque le jeune mineur n'aurait pas été totalement exclu de la sphère pénale. En effet, aux termes de dispositions contenues dans un livre IV intitulé « Dispositions applicables aux mineurs âgés de 10 à 13 ans », il aurait été possible, dans certains cas, de saisir le juge des mineurs pour un jugement en responsabilité civile au terme duquel l'imputation objective des faits au mineur pénalement irresponsable, en raison de son âge, aurait pu être constatée et des mesures éducatives prononcées. On peut s'étonner, en lisant cet avant-projet, que le droit pénal français des mineurs ne puisse pas retenir une solution qu'aujourd'hui pratiquement tous les pays du monde ont adoptée, à savoir qu'un jeune enfant n'est pas un délinquant et doit donc être totalement exclu de la sphère pénale. Ce projet a été abandonné mais on pouvait espérer que la réforme préparée par la nouvelle majorité gouvernementale réglerait enfin cette question. Elle ne va pas jusqu'à cette solution simple, mais elle propose certaines modifications : compétence du seul juge des enfants pour les délits des mineurs de 13 ans et non-inscription, des mesures prises contre les mêmes mineurs au casier judiciaire et au FIJAIS.

13 En matière civile, la jurisprudence avait, dans un premier temps, admis que les actes délictueux commis par les mineurs, quel que soit leur âge, ne perdaient pas leur caractère de crime, délit ou contravention. Ainsi était-il permis de tirer toutes les conséquences pratiques du caractère pénal des faits même lorsqu'il s'agissait de très jeunes enfants (Civ. 2e, 9 juill. 1964, *D.* 1964. 641 ; Aix-en-Provence 11 juill. 1968, *Gaz. Pal.* 1968. 2. 316 ; R. Legeais, « Une délinquance très juvénile », *D.* 1969. Chron. 87 ; *RSC* 1969. 866, obs. A. Légal ; Civ. 2e, 10 mai 1972, *JCP* 1972. Somm. 170). Cette solution, très critiquée par la doctrine (R. Legeais, préc. ; M. Puech, préc., no 108, p. 409), est désormais caduque (C. pr. pén., art. 10). En effet sur un plan strictement civil, les solutions retenues par la jurisprudence se sont orientées vers une conception différente. Dans un premier temps l'assemblée plénière de la Cour de cassation a rendu le même jour plusieurs décisions retenant la responsabilité civile de jeunes enfants sans qu'il y ait lieu de s'interroger sur leur discernement.

Il reste cependant à constater que les deux arrêts rendus sur le fondement de l'article 1382 du Code civil concernaient des enfants victimes et non auteurs d'infractions et que les deux autres décisions étaient fondées sur l'article 1384 du Code civil, responsabilité des parents dans un cas, du fait des choses dans l'autre. Dès lors l'opposition entre ces jurisprudences n'était peut-être pas aussi nette qu'on l'a prétendue (W. Jeandidier, no 353 ; B. Bouloc, no 483 ; P. Conte et P. Maistre du Chambon, no 358 ; v. Ass. plén., 9 mai 1984, no 80-93.031, *Bull. crim.* nos 163 et 164 ; *D.* 1984. 525, concl. Cabannes et note F. Chabas et 239, chron. R. Legeais ; *JCP* 1984. II. 20256, note P. Jourdain et 20255, note N. Dejean de la Batie ; *JCP* 1985. 1. 3. 3189, chron. G. Viney). Ultérieurement la Cour de cassation a d'abord consacré le principe d'une responsabilité objective des parents du fait de leurs enfants mineurs (Civ. 2e, 19 févr. 1997, no 94-21.111, *D.* 1997. 265, note P. Jourdain, avant d'affirmer celui selon lequel l'existence d'une faute de l'enfant n'est pas requise : Civ. 2e, 10 mai 2001, no 99-11.287, *Bull. civ.* II, no 96 ; *D.* 2001. 2851, rapp. P. Guerder, note O. Tournafond ; *JCP* 2001. II. 10613, note Mouly ; *JCP* 2002. I. 124, no 20, obs. G. Viney ; sur cette question, v. A. Gouttenoire et Ph. Bonfils, n° 1317 s.).

Ainsi l'arrêt *Laboube* est donc particulièrement important en droit pénal des mineurs, non seulement par la solution qu'il apporte, mais encore par les virtualités qu'il recelait. Mais sa portée est encore beaucoup plus générale puisqu'il conforte pleinement les théories subjectives de l'infraction.

II. — Nécessité du discernement et incidence sur le concept d'infraction

14 L'infraction est généralement définie comme une conduite qualifiée telle par la loi et punie par elle d'une sanction pénale. On constate néanmoins que lorsqu'il s'agit de préciser ce concept, on rencontre en doctrine deux conceptions opposées, l'une qualifiée d'objective, l'autre de subjective. L'arrêt *Laboube* se prononce très nettement pour la seconde (A), mais permet-il pour autant d'affirmer que l'infraction intègre toutes les données psychologiques qui conditionnent la responsabilité pénale (B).

A. — Une certitude : le choix d'une conception subjective de l'infraction

15 Pour les partisans d'une conception objective dite encore « naturaliste », l'infraction est constituée d'un acte purement matériel et se ramène à une modification du monde extérieur causée par un mouvement ou une inertie du corps (A. Decocq, p. 151 ; v. égal. A.-C. Dana, thèse, préc., n° 31). La doctrine allemande du XIXe siècle a proposé cette définition (v. Liszt, *Traité de droit pénal allemand*, trad. Lobstein, 1911, t. I, p. 252) qui n'a pas eu un très grand retentissement en France. Elle a cependant été adoptée, car considérée « comme la plus exacte », par MM. R. Merle et A. Vitu dans leur traité (t. I, n° 383 ; *add.* J. Pradel, n° 399 ; v. égal., W. Jeandidier, n° 211).

Pour la plus grande partie des auteurs français, au contraire, seule une thèse subjectiviste de l'infraction est admissible. Il n'y a pas d'infraction si l'acte matériel n'a pas été l'œuvre de la volonté de son auteur (B. Bouloc, n° 267). L'attitude psychologique de l'individu fait donc partie intégrante de l'acte infractionnel (A. Decocq, p. 151). L'acte matériel n'est que le point de départ sans lequel la société ne peut pas intervenir, mais cette intervention implique que l'action soit le fait d'une volonté « libre et consciente » (v. A.-C. Dana, thèse, n°s 32 s. avec la bibliographie citée). Cet auteur qui se prononce pour la thèse subjective explique qu'elle s'impose pour des raisons éthiques, logiques et techniques. Plus récemment, on remarquera que deux auteurs (P. Conte et P. Maistre du Chambon) ont consacré d'assez longs développements à ce thème en démontrant que seule une détermination mixte des infractions caractérise notre droit criminel (n°s 37 s.). Cette position a le mérite de montrer que l'adoption sans limite de l'une ou l'autre des conceptions conduirait à « des solutions irréalistes ou excessives ». Il n'en reste pas moins que globalement la conception subjective paraît plus conforme au droit pénal actuel notamment tel qu'il résulte du nouveau Code pénal (v. égal. Y. Mayaud, n°s 217 et 221 qui sans développer beaucoup cette question prend clairement parti pour la conception subjective et E. Dreyer, n° 213 s., pour une position toute en nuance).

16 On pourrait évidemment s'interroger sur l'intérêt de cette querelle doctrinale puisque les tenants de la thèse objectiviste ne nient pas que l'attitude psychologique de l'individu soit fondamentale mais ils estiment qu'il s'agit d'un problème de responsabilité pénale et non d'infraction. En réalité nous avons vu que cette observation n'est pas exacte, s'agissant des actes commis par les mineurs. En effet, la conception objective permettrait de relever une infraction contre les très jeunes enfants. Mais sur un plan plus général, le choix de l'une ou de l'autre des conceptions présente des intérêts pour de nombreux problèmes du droit criminel. Avant même l'affirmation très nette contenue dans l'arrêt *Laboube*, le subjectivisme de la notion d'infraction avait été consacré dans de nombreux domaines. On signalera par exemple la détermination du critère du lien de causalité qui selon la conception jurisprudentielle, ne conduit pas à limiter l'existence de l'infraction mais au contraire à étendre les hypothèses de responsabilité pénale en remontant la « chaîne de causalité » pour atteindre des auteurs plus lointains (A. Decocq, p. 192 ; A.-C. Dana, *op. cit.*, n°s 38 s. ; v. néanmoins sur ce point les conséquences de la loi du 10 juill. 2000 revenant à une conception plus restrictive en matière de causalité indirecte). La même thèse subjective explique les solutions retenues pour résoudre les conflits de qualifications (v. *supra*, n° 19) pour déterminer la notion de commencement d'exécution (v. *supra*, n° 30) et pour juger punissables toutes les hypothèses d'infractions dites impossibles (v. *supra*, n° 32).

L'affirmation par la chambre criminelle que « toute infraction même non intentionnelle suppose que son auteur ait agi avec intelligence et volonté » n'est donc pas en soi particulièrement novatrice dans la théorie jurisprudentielle de l'infraction, mais elle a l'immense mérite de poser une règle générale qui, jusqu'alors, était simplement déduite de solutions particulières.

B. — Une incertitude : la composition de l'élément psychologique

17 La question se pose cependant de savoir si l'arrêt *Laboube* n'apporte pas un éclairage intéressant sur une autre controverse relative au droit pénal général. Convient-il oui ou non de scinder l'étude de l'infraction de celle de la responsabilité ? La distinction est impérative pour les tenants de la thèse objective mais elle est également adoptée par la plupart des auteurs convaincus de la nature subjective de l'infraction. Certains (B. Bouloc, par ex.) sont ainsi conduits à traiter de la culpabilité, c'est-à-dire l'étude de l'intention et de la faute dans le cadre de l'élément moral de l'infraction et de l'imputabilité, c'est-à-dire la capacité de comprendre et de vouloir, à propos de la responsabilité pénale (v. égal. Y. Mayaud et X. Pin). Pour un autre auteur (A. Decocq, p. 202) qui a senti l'ambiguïté de cette présentation, il faut distinguer dans l'étude de l'élément psychologique de l'infraction, l'intelligence et la volonté, autrement dit l'imputabilité et la culpabilité mais il traite des causes de non-imputabilité dans un développement séparé. On rencontre cependant d'autres auteurs qui ont renoncé à dissocier l'étude de l'infraction de celle de la responsabilité (v. pour une bonne illustration, J.-C. Soyer, n°s 152 s. ; É. Verny, O. Décima, S. Détraz, n° 366 s. et égal. M.-L. Rassat, n°s 307 s. ; v. égal., P. Conte et P. Maistre du Chambon, n°s 349 s. et surtout F. Desportes et F. Le Gunehec, n° 427, qui adoptent un plan très original intégrant l'infraction dans un titre consacré à la responsabilité pénale en tant que fait générateur). Ils étudient dans le cadre de l'infraction toutes les données psychologiques qui conditionnent la responsabilité pénale. Il convient d'ailleurs de remarquer que cette doctrine se réfère expressément à l'arrêt *Laboube* pour fonder cette présentation. Dès lors que toute infraction suppose que son auteur ait agi avec intelligence et volonté, il faut nécessairement, avant d'envisager la question de la culpabilité, se demander si l'individu poursuivi peut répondre de ses actes (en ce sens, E. Dreyer, qui traite de l'imputabilité dans un développement consacré aux préalables de la responsabilité pénale et de la culpabilité dans une autre partie consacrée à l'établissement de la responsabilité).

18 Cette interprétation de la décision n'est cependant pas partagée par A. Decocq qui considère qu'il faut interpréter la formule de l'arrêt en ce sens que l'infraction implique simplement un degré minimal d'intelligence et de volonté mais non une pleine capacité de comprendre. Toute infraction supposant une hostilité ou une indifférence à une valeur sociale protégée par la loi, il s'agirait de vérifier si le mineur a une cohérence intellectuelle suffisante pour qu'on puisse déceler une telle attitude. Cette doctrine transposée dans le domaine de l'infraction du majeur peut alors conduire à se demander, au moins sur un terrain prospectif, si certains aliénés mentaux ne pourraient pas avoir ce minimum d'intelligence et de volonté qui permettrait d'affirmer l'existence d'une infraction sans pour autant retenir leur responsabilité pénale (v. A. Decocq, p. 154 et 204). M. Dana dans sa remarquable thèse (n° 90) a contesté avec juste raison cette possibilité de dissocier chez le mineur le degré minimal d'intelligence et le discernement. Il semble en effet que la formule de l'arrêt *Laboube* n'implique aucunement une telle distinction d'autant que, par la formulation générale utilisée, elle concerne également l'infraction des majeurs.

On est donc amené à considérer que l'élément psychologique (ou moral) de l'infraction intègre la totalité des données psychologiques conditionnant la responsabilité pénale. Ainsi la formule très contestée de l'article 64 du Code pénal de 1810 relative à la démence et à la contrainte prenait toute sa signification. Faute d'intelligence dans le premier cas, de volonté dans le second, il n'y avait pas d'infraction, parce qu'il n'y a plus d'élément psychologique.

19 On remarquera que les articles 122-1 et 122-2 du nouveau Code pénal qui reprennent ces deux causes d'irresponsabilité utilisent une formule différente : « N'est pas pénalement responsable », qui ne fait plus aucune référence à l'existence de l'infraction. Cette nouvelle formulation est-elle de nature à remettre en cause cette présentation de l'infraction. La question peut être posée. Si la réponse est négative il est certain que, l'intégration de l'imputabilité dans la constitution de l'infraction conduit à mieux assurer la cohésion de ce que la majorité de la doctrine nomme l'élément moral des infractions. Pour certains auteurs, il faut aller plus loin en rejetant toute division de l'infraction en éléments (A.-C. Dana, thèse, préc., n°s 54 s.) car s'agissant d'une action humaine, elle est néces-

sairement indivisible. L'imputabilité est alors absorbée par la notion d'action.

Cette proposition sur un plan logique est parfaitement fondée et elle n'est pas sans intérêt pratique (pour une critique de ce point de vue, P. Conte et P. Maistre du Chambon ; v. égal. J.-H. Robert, « L'histoire des éléments de l'infraction », *RSC* 1977. 279). On peut cependant se demander si sur un plan didactique la fragmentation ne présente pas certains avantages. De toute manière, il est bien difficile de se fonder sur l'arrêt *Laboube* pour étayer cette présentation unitaire de l'infraction.

A. V.

44

CONTRAINTE – CONDITIONS D'ADMISSION

Crim., 29 janv. 1921, ***Trémintin***
(*S.* 1922. 1. 185, note J.-A. Roux)

Crim., 20 avr. 1934, ***Genty***
(*S.* 1935. 1. 138)

Crim., 8 févr. 1936, ***Rozoff***
(*DP* 1936. 1. 44, note H. Donnedieu de Vabres)

La contrainte physique ou morale ne peut être retenue que si elle est imprévisible, c'est-à-dire notamment si elle n'a pas été occasionnée par une faute de celui qui l'invoque (1re esp.).
Elle doit également être irrésistible, ce qui implique une impossibilité absolue de se conformer à la loi (2e et 3e esp.).

Chambre criminelle, 29 janvier 1921, *Trémintin*

Attendu que la force majeure ne peut résulter que d'un événement indépendant de la volonté humaine et que celle-ci n'a pu ni prévoir ni conjurer ; – Attendu qu'il est constaté par les juges du fond, devant lesquels le moyen a été une première fois soulevé, que Trémintin a été mis en état d'arrestation, pour ivresse, dans la ville du Havre, quelques heures avant le départ du paquebot Savoie, sur lequel il était embarqué ; qu'il a été conduit au poste de police et qu'il y était encore détenu au moment du départ du navire ; – Attendu que les éléments légaux de la force majeure, exclusive du délit, ne se rencontraient pas dans l'espèce ; qu'en effet, en admettant que la détention de Trémintin au poste de police l'ait mis dans l'impossibilité absolue de se rendre à son bord, cette détention, occasionnée par la faute qu'il avait commise en se mettant en état d'ivresse, n'a pas constitué un événement qu'il n'ait pu éviter ; – D'où il suit que le moyen n'est pas fondé ; – Et attendu que le tribunal a été composé conformément à la loi ; qu'il était compétent ; que la procédure a été régulière, et que les faits déclarés constants justifient la peine appliquée ; – Rejette...

Chambre criminelle, 20 avril 1934, *Genty*

Vu l'article 20, alinéa 8, de la loi d'amnistie du 29 avril 1921, modifié par l'article 16 de la loi d'amnistie du 3 janvier 1925 et l'article 8 de celle du 28 décembre 1931, vu l'article 7 de la loi du 13 juillet 1933 ; – Vu la dépêche de M. le garde des Sceaux, ministre de la Justice, en date du 22 avril 1932 ; – Vu l'arrêt de la chambre des mises en accusation de la cour d'appel de Lyon, en date du 12 janvier 1933, ensemble les pièces de la procédure et les enquêtes préliminaires auxquelles il a été procédé ; – Vu la requête de M. le procureur général près la cour, en date du 3 mai 1933, tendant à la réformation de la décision du 1er conseil de guerre de la place de Verdun, du 30 novembre 1914, qui a condamné Genty, actuellement décédé, à cinq ans de travaux forcés, pour intelligence avec l'ennemi en temps de guerre ; – Attendu qu'il résulte de l'instruction à laquelle il a été procédé en 1914 par le commissaire rapporteur près le 1er conseil de guerre de la place de Verdun ainsi que de l'information complémentaire ordonnée, le 15 décembre 1932 par la chambre des mises en accusation de la cour d'appel de Lyon, que, le 26 septembre 1914, Genty, qui était allé chercher ses vaches au pâturage, a été arrêté avec trois autres habitants de Ville-en-Woëvre par une patrouille allemande qui avait préalablement tiré dans leur direction ; que l'un des soldats ennemis proposa à Genty d'aller voir à Ville-en-Woëvre si des soldats français occupaient encore ce village, ajoutant que, si Genty rapportait ce renseignement, ses trois compagnons seraient libérés et que, s'il ne revenait pas, ceux-ci seraient fusillés ou emmenés à Conflans ; que Genty ayant constaté qu'un détachement se trouvait encore dans ledit village et qu'une sentinelle était au pied du clocher, vint en informer la patrouille ennemie qui rendit la liberté aux otages ; que, le lendemain, Ville-en-Woëvre fut attaqué par l'ennemi et bombardé ; – Attendu qu'à raison de ces faits, Genty fut poursuivi devant le conseil de guerre pour entretien d'intelligences avec l'ennemi, en lui procurant des renseignements susceptibles de nuire aux opérations de l'armée, crime prévu et puni par l'article 206, alinéa 2, de l'ancien Code de justice militaire, alors en vigueur ; – Attendu que vainement il a été et il est encore invoqué à la décharge de Genty que celui-ci aurait agi sous l'empire d'une contrainte morale à laquelle il n'aurait pu résister ; – Attendu que si la contrainte morale peut, comme la contrainte physique, exonérer l'auteur d'un crime ou d'un délit de toute responsabilité pénale, une menace ne peut constituer la contrainte prévue par l'article 64 du Code pénal que s'il a été impossible d'échapper au péril imminent qu'elle faisait naître, sans commettre d'infraction ; – Attendu qu'il n'en a point été ainsi dans l'espèce, que Genty n'était pas menacé lui-même au moment où il a commis l'acte criminel qui lui a été reproché ; que la menace qui, à la vérité, pesait sur trois de ses concitoyens n'était pas assez pressante ni assez directe pour lui enlever toute liberté d'esprit et l'empêcher de mesurer les dangers plus graves auxquels il exposait la troupe française et le village occupé par elle, en accomplissant l'action coupable qui lui était demandée par l'ennemi ; que, dès lors, c'est à bon droit que le conseil de guerre a déclaré Genty coupable du crime prévu et puni, par l'article 206, alinéa 2 du Code de justice militaire de 1857 et l'a condamné, avec admission de circonstances atténuantes, à cinq ans de travaux forcés ; – Dit n'y avoir lieu à réformation de la décision du 1er conseil de guerre de la place de Verdun du 30 novembre 1914, etc.

Chambre criminelle, 8 février 1936, *Rozoff*

Attendu que Rozoff, poursuivi pour infraction à un arrêté d'expulsion pris contre lui, le 15 octobre 1931, par le ministre de l'Intérieur et régulièrement notifié, a, devant la cour d'appel, prétendu qu'il avait été dans l'impossibilité de se conformer audit arrêté et a demandé, par conclusions, à prouver « qu'il avait été successivement refoulé sur le territoire français par les gouvernements de tous les pays limitrophes » ; – Mais attendu que l'offre en preuve ainsi formulée ne tendait pas à établir que le prévenu avait été dans l'impossibilité absolue de quitter le territoire français ; que, notamment, il n'en résultait pas que Rozoff n'eût pu se rendre dans un pays non limitrophe de la France ; que, dès lors, en rejetant comme dépourvue de pertinence l'offre en preuve de Rozoff et en statuant ainsi qu'elle l'a fait, la cour d'appel, loin de violer les textes visés par le moyen, en a fait, au contraire, une exacte application ; – Par ces motifs, rejette.

OBSERVATIONS

1 Aux termes de l'article 64 du Code pénal de 1810, il n'y avait « ni crime ni délit lorsque le prévenu… a été contraint par une force à laquelle il n'a pu résister ». L'article 122-2 du Code pénal reprend exactement le même principe avec une formule légèrement différente « n'est pas pénalement responsable la personne qui a agi sous l'empire d'une force ou d'une contrainte à laquelle elle n'a pu résister ». Ainsi, selon les deux textes, l'individu qui n'a pas pu faire autrement que de commettre une infraction n'est pas un délinquant. La contrainte apparaît comme une cause psychologique de non-imputabilité (B. Bouloc, n° 458) puisque, privé de toute initiative personnelle, on ne peut pas dire que le prévenu ait adhéré à sa conduite, qui lui est en quelque sorte extérieure.

La contrainte pénale évoque nécessairement la force majeure du droit civil dès lors que c'est une force physique qui a privé l'individu de sa liberté d'action mais la généralité de la formule employée par le législateur, n'implique aucunement que ces deux notions doivent être identiques. La doctrine, d'une manière assez unanime, estime que le domaine de la contrainte peut être plus vaste que celui de la force majeure (v. par ex. R. Merle et A. Vitu, t. I, n° 618 ; J. Pradel, n° 531 ; J.-M. Aussel, « Contrainte et nécessité en droit pénal », in *Quelques aspects de l'autonomie du droit pénal*, 1956, p. 253, n°s 13 s. ; *contra* F. Desportes et F. Le Gunehec, n° 672). Cette solution s'explique non seulement parce que le caractère propre du droit pénal implique une conception « plus relativiste » et « plus personnaliste » (J.-M. Aussel, préc.) mais surtout parce que rien, *a priori*, ne permet de considérer que seule la contrainte de type physique doive être prise en considération.

2 Il est classique, dans les manuels de droit criminel, de présenter la contrainte selon une double distinction, fondée sur sa forme, d'une part, et son origine d'autre part. On distingue ainsi la contrainte physique qui pèse sur le corps de l'individu et qui peut être externe ou interne quant à son origine et la contrainte morale qui exerce sa pression sur la volonté de l'agent, et qui peut lui être extérieure ou, au contraire, résulter de son psychisme. Cette formulation présente sans doute un intérêt didactique, mais elle recèle cependant un inconvénient, celui de laisser supposer que la notion n'est pas unitaire. Nous pensons, au contraire, qu'il n'y a pas de règles spécifiques à l'une ou à l'autre forme de contrainte (en ce sens, A. Decocq, p. 349 ; J.-C. Soyer, n° 174 ; A.-C. Dana, *Essai sur la notion d'infraction pénale*, n°s 133 s. ; P. Conte et P. Maistre du Chambon, n° 364 ; *contra* R. Merle et A. Vitu, t. I, n°s 619 s. ; B. Bouloc, n° 458 ; W. Jeandidier, n°s 356 s. ; J.-H. Robert, p. 305 s. ; J.-M. Aussel, art. préc., etc. ; Y. Mayaud, n°s 456 s. ; X. Pin, n° 267 ; F. Desportes, F. Le Gunehec, n°s 662 s. ; É. Verny, O. Décima, S. Détraz, n° 376 s. ; E. Dreyer, n°s 792 s., qui distingue la force et la contrainte).

Quelles qu'en soient les formes, la contrainte peut entraîner l'impunité s'il est démontré que l'action ou l'omission de l'agent lui est totalement extérieure. Pour cela, il est admis que la pression exercée doit être telle, que l'on n'a pas pu s'y soustraire. L'irrésistibilité de la contrainte est une condition sur laquelle l'accord se fait sans difficulté. Les deux décisions que nous avons retenues nous montreront simplement la rigueur avec laquelle cette condition est interprétée par la jurisprudence. Bien que l'article 64 du Code pénal de 1810 hier comme l'article 122-2 du nouveau Code pénal aujourd'hui ne paraissent pas requérir d'autres conditions, les tribunaux exigent, en outre, le caractère imprévisible de la contrainte. Cette exigence, souvent critiquée par la doctrine, résulte de décisions particulièrement significatives excluant le caractère exonératoire lorsqu'un événement, en soi insurmontable, résulte d'une faute antérieure de l'agent qui l'a placé dans cette situation. L'irrésistibilité, condition indiscutable de la contrainte (I), et son imprévisibilité (II), qui seule permet d'assurer que l'individu est étranger à l'acte qu'il a accompli, seront examinées successivement.

I. — L'irrésistibilité, condition indiscutable de la contrainte

3 Les deux décisions que nous avons retenues illustrent assez bien la rigueur avec laquelle la Cour de cassation apprécie la condition d'irrésistibilité de la contrainte, qu'elle soit physique ou morale.

A. — La contrainte physique

4 L'arrêt *Rozoff*, cité par tous les professeurs de droit pénal, est de ceux qui retiennent l'attention des étudiants, tant l'exigence des magistrats pour retenir la force exonératoire de la contrainte paraît excessive. Rozoff ayant fait l'objet d'une expulsion était poursuivi pour infraction à l'arrêté qui en avait ainsi décidé. Pour sa défense, il faisait valoir, qu'apatride, il avait successivement été refoulé de tous les pays limitrophes de la France et se trouvait ainsi dans l'impossibilité absolue de quitter le territoire. La Cour de cassation, suivant en cela la cour de Paris, a, au contraire, estimé que dès lors que l'inculpé ne faisait pas la preuve qu'il n'avait pas pu se rendre dans un pays non limitrophe de la France, il n'établissait pas avoir été dans l'impossibilité absolue d'observer la loi, donc contraint au sens de l'article 64 du Code pénal de 1810 (C. pén., art. 122-2).

Cette décision concernant l'intensité de la force qui doit peser sur l'individu, en raison même de son caractère excessif, permet d'exclure du domaine de la contrainte ce qui ne serait qu'une simple difficulté d'observer la loi, mais elle permet de s'interroger sur le mode d'appréciation du caractère absolu de la contrainte.

5 La difficulté de se conformer à la loi, fût-elle très sérieuse, n'a jamais été retenue par la jurisprudence pour justifier les délinquants. Ainsi, l'absence d'égouts communaux n'autorise pas les citoyens à laisser les eaux usées s'écouler dans la rue (Crim. 27 déc. 1924, *Bull. crim.* n° 429) ; la fermeture d'un établissement bancaire, où des fonds ont été déposés, ne justifie pas le déposant qui devait restituer les fonds à leur légitime propriétaire (Crim. 12 juill. 1956, *D.* 1956. 722) ; le chef d'entreprise ne peut être justifié du délit d'entrave lorsqu'il a été conduit à licencier un délégué du personnel à la suite de l'incendie qui a ravagé son établissement (Crim. 4 oct. 1977, *Bull. crim.* n° 285), pas plus qu'il ne peut l'être lorsqu'il a logé son personnel dans un local ne présentant pas les conditions d'hygiène suffisante alors qu'il prétend que ce local lui a été remis tel quel (Crim. 16 mars 1964, *Bull. crim.* n° 102) ; le propriétaire d'un bateau n'a pas non plus été admis à établir qu'il ne pouvait pas vérifier le contenu des bagages de ses passagers qui transportaient des marchandises en contrebande (Crim. 30 déc. 1953, *Bull. crim.* n° 360 ; obs. A. Légal, *RSC* 1954. 753) ; la brusque décision d'une banque de retirer son appui financier ne peut justifier un abus de confiance sous l'empire de la contrainte (Crim. 11 oct. 1993, n° 92-86.131, *Bull. crim.* n° 282 ; *RSC* 1994. 321, obs. B. Bouloc) ; le fait pour un détenu en permission de sortir de ne pas réintégrer sa prison parce qu'il a manqué son train ne peut empêcher l'existence du délit d'évasion (Crim. 22 juin 1994, *Gaz. Pal.* 1994. II. Somm. 690, note J.-P. Doucet) ; la baisse importante du niveau d'une rivière en matière de pollution (Crim. 25 oct. 1995, *Bull. crim.* n° 322 ; *Dr. pénal* 1996, n° 66, obs. J.-H. Robert).

On citera, en dernier lieu, deux exemples. D'une part, le refus de la contrainte pour une infraction de stationnement irrégulier sur un emplacement réservé, pour une femme enceinte de huit mois prise d'un malaise. La chambre criminelle a estimé qu'il n'y avait aucune preuve d'une impossibilité absolue de se conformer à la loi : Crim. 15 nov. 2006, *Dr. pénal* 2007, n° 10, obs. M. Véron. D'autre part, le refus de la justification d'une infraction d'absence du port d'une ceinture de sécurité, motivé par une blessure à l'épaule consécutive à un accident préalable. La défaillance physique étant antérieure à la commission de l'infraction ne peut être considérée comme irrésistible. L'automobiliste sachant qu'il ne pouvait utiliser sa ceinture aurait dû s'abstenir de prendre le volant (Crim. 28 oct. 2009, *D.* 2010. 2375 ; *Dr. pénal* 2010. 4, obs. M. Véron ; *RPDP* 2010. 129, obs. J. Y. Chevallier ; *RSC* 2010. 143, obs. C. Mascala ; *D.* 2010. Pan. 2735, obs. G. Roujou de Boubée, T. Garé, S. Mirabail). Cette liste, loin d'être exhaustive, montre bien que la jurisprudence entend réserver le bénéfice de la non-imputabilité aux seuls prévenus dont la liberté a été totalement neutralisée.

6 Faut-il en conclure que l'impossibilité de se conformer à la loi doit toujours être appréciée *in abstracto* à l'image de la force majeure du droit civil ? C'est d'une certaine manière, en ce sens, que se prononce la chambre criminelle dans le domaine contraventionnel, où, il est vrai, l'article 121-3, al. 3, C. pén., évoque expressément la force majeure, en refusant de l'admettre pour une infraction de changement de direction d'un véhicule, sans avertissement préalable, commise par un automobiliste, en raison de la panne du clignotant. La haute juridiction a décidé que l'événement n'était ni irrésistible ni imprévisible en estimant qu'une obligation d'entretien pèse sur le conducteur (C. route, art. 311-1) qui aurait donc dû vérifier l'état de son véhicule avant de l'utiliser (Crim. 6 mars 2013, n° 12-82.182, *Bull. crim.* n° 215 ; *Dr. pénal* 2014, n° 24, obs. J.-H. Robert, qui évoque une responsabilité pénale du fait des choses ; *AJ pénal* 2014. 131, obs. J. Lassere Capdeville).

La doctrine, d'une manière pratiquement unanime, critique cette position jurisprudentielle, estimant qu'en droit pénal, l'appréciation de la contrainte doit nécessairement être faite *in concreto* (A. Decocq, p. 350 ; H. Donnedieu de Vabres, note sous Crim. 23 févr. 1926 ; R. Merle et A. Vitu, t. I, n° 620 ; J. Pradel, n° 539 ; M.-L. Rassat, n° 457-1er ; A. Légal, obs. *RSC* 1954. 753 ; B. Bouloc, n° 460 ; M. Puech, n° 106, p. 404 ; J.-M. Aussel, art. préc., n° 19 ; R. Garraud, t. I, n° 347 ; W. Jeandidier, n° 360, etc.). Cette position doctrinale était d'abord fondée sur l'interprétation de l'article 64 lui-même (auj. C. pén., art. 122-2) ce qui n'est certes pas très convaincant (v. A.-C. Dana, thèse préc., n° 255) mais aussi sur un argument de type plutôt criminologique, à savoir l'individualisation qui doit imprégner le droit pénal. En fait, il faut bien admettre que l'appréciation concrète est pratiquement impossible. Comment le juge qui doit apprécier la conduite d'un individu, alors que l'état de contrainte a, par hypothèse, disparu depuis longtemps, peut-il faire autrement que comparer cette attitude par rapport à celle qu'aurait pu avoir une autre personne placée dans les mêmes circonstances ? Cette appréciation abstraite n'implique pas pour autant que l'on doive négliger la situation personnelle de l'individu contraint. Il est possible de prendre en compte des éléments concrets concernant le temps ou le lieu de l'action, les circonstances dans lesquelles elle est intervenue, la profession ou l'âge de l'agent (v. en ce sens : Crim. 6 févr. 1997, *Bull. crim.* n° 53 ; *Dr. pénal* 1997, n° 94, obs. M. Véron, fait de faire le vide autour d'une personne âgée en la privant de son médecin habituel et de son conseil). Ce qui est contestable, c'est la référence systématique à un type purement abstrait de citoyen sans tenir compte des particularités subjectives (sur cette question, A.-C. Dana, thèse préc., p. 269).

Si l'on se réfère à l'arrêt *Rozoff*, on peut considérer que c'est cette position discutable qu'a adoptée la chambre criminelle. En considérant abstraitement que des pays non frontaliers de la France auraient pu accueillir l'expulsé, elle se borne à constater qu'objectivement l'impossibilité n'est pas absolue. Mais encore aurait-il fallu vérifier si la situation de Rozoff, financière notamment, lui aurait permis d'utiliser un moyen de locomotion pour se rendre dans l'un ou l'autre de ces pays éventuellement susceptibles de l'accueillir. Une telle décision est donc critiquable, même en acceptant l'interprétation abstraite, car il est certain que tout individu placé dans les mêmes circonstances aurait eu la même attitude.

7 Les juridictions du fond se sont d'ailleurs parfois montrées moins exigeantes (T. corr. Seine 16 déc. 1938, *Gaz. Pal.* 1939. 1. 434, en matière d'expulsion. Sur l'ensemble de cette question, v. la bibliographie citée *in* R. Merle et A. Vitu, t. I, p. 782, note 3). La chambre criminelle, elle-même, paraît quelquefois assouplir sa position. Ainsi en est-il, par exemple, en matière de non-représentation d'enfant lorsque l'infraction résulte de la résistance du mineur lui-même qui refuse de se rendre chez le parent titulaire du droit de visite ou de garde (Crim. 25 févr. 1964, *D.* 1964. 314 ; Crim. 23 janv. 1968, *D.* 1968. 364 ; Crim. 11 janv. 1984, *D.* 1984. Somm. 135 ; mais *contra* Crim. 12 mai 1954, *D.* 1955. 229, note P. Bouzat ; v. égal. Crim. 17 juin 1992, n° 91-86.814, *Bull. crim.* n° 245, *D.* 1993. 14, obs. G. Azibert ; *Dr. pénal* 1993. Comm. 61 qui montre que la Cour de cassation revient sur ce point à la solution la plus sévère, même si elle évoque l'exception de circonstances exceptionnelles, Crim. 4 oct. 1995, *Gaz. Pal.* 1996. 1. Chron. 14, obs. J.-P. Doucet ; Crim. 2 mai 2002, n° 01-86.553 ; Toulouse 8 sept. 2003, *JCP* 2004. IV. 1669). Dans le sens de la bienveillance, v. égal., Crim. 5 janv. 1957, *Bull. crim.* n° 17 ; *RSC* 1958. 95, obs. A. Légal : coureur cycliste « enfermé » dans un peloton qui renverse et tue un policier de la route (v. égal. Paris 11 oct. 1983, *Gaz. Pal.* des 15-17 janv. 1984, note J.-P. Doucet : excès de vitesse justifié pour relever un numéro d'immatriculation d'un véhicule de l'intérieur duquel on avait fait feu sur le premier automobiliste). Inversement, la chambre criminelle a considéré qu'une panne de véhicule ne pouvait pas justifier une infraction de stationnement dangereux (Crim. 22 juin 2013, n° 12-86.941 ; *Gaz. Pal.* 15 oct. 2013, obs. E. Dreyer ; V. égal. dans le même sens : Crim. 12 nov. 2014, n° 14-80.155, *Dr. pénal* 2015. 7, F. Gauvin, « Un an de droit pénal de la circulation », n° 10, pour une panne survenue la nuit obligeant le conducteur à abandonner son véhicule, en raison du froid et de la présence d'enfants en bas âge dans la voiture).

Dans une autre décision, la chambre criminelle a également adopté une position bienveillante dans une affaire d'entrave où les faits, il est vrai, étaient très favorables à l'employeur. En effet, la non-mise à disposition d'un local pour le comité d'entreprise résultait non seulement de la résiliation du bail du précédent local mais encore de six refus successifs d'autres locaux par le secrétaire du comité (Crim. 7 avr. 1993, *Dr. pénal* 1993. Comm. 294, obs. J.-H. Robert). On notera que dans quelques cas le législateur lui-même se montre bienveillant (v. par ex. : C. pén., art. 227-17 qui exonère l'auteur d'un abandon de famille en cas de motif légitime).

8 La contrainte physique d'origine interne, c'est-à-dire provoquée par une cause inhérente à la personne de l'agent, paraît également, ce qui est assez paradoxal, être admise assez facilement. Ainsi a-t-on justifié le voyageur de chemin de fer, qui s'étant endormi, a dépassé la station pour laquelle il avait pris son billet (Crim. 19 oct. 1922, *DP* 1922. 1. 233, note Chesney ; *S.* 1923. 1. 297 ; M. Puech, n° 104, p. 392). On remarquera cependant que l'individu avait pris certaines précautions pour se faire réveiller par d'autres voyageurs et que par ailleurs il était malade. La maladie a elle aussi permis de justifier certains délinquants. Ainsi, pour une prostituée n'ayant pas pu se rendre à une visite sanitaire obligatoire (Crim. 3 mars 1865, *D.* 1866. 5. 394) ou pour un individu qui, poursuivi pour abandon de famille, invoquait comme justification l'abandon de son travail en raison d'une affection cardiaque (Crim. 24 avr. 1937, *DH* 1937. 429 ; v. égal. Douai 24 oct. 2000, *JCP* 2002. IV. 10012, note Maréchal, pour le malaise d'un automobiliste, se manifestant pour la première fois).

La chambre criminelle a cependant adopté une attitude beaucoup plus restrictive en rejetant la contrainte résultant du malaise d'un automobiliste (Crim. 11 mai 2004, n° 03-85.925, *Bull. crim.* n° 115 ; *RSC* 2004. 878, obs. Y. Mayaud). Sans doute l'arrêt est-il fondé sur le fait que l'automobiliste n'avait pas invoqué lui-même cette cause d'irresponsabilité mais il n'apparaît pas que la solution aurait été différente dans le cas contraire. Encore aurait-il dû démontrer qu'il ne connaissait pas la maladie qui a été à l'origine de son malaise (en ce sens, Y. Mayaud et pour un autre exemple : Crim. 27 oct. 2015, n° 14-86.983, *Gaz. Pal.* 26 janv. 2016, n° 4, obs. S. Détraz : endormissement pathologique, donc prévisible, v. *infra*). Cette même juridiction a cependant admis dans un arrêt très largement commenté, la contrainte, dans une hypothèse du même type, s'agissant d'un conducteur à l'origine d'un accident de la circulation à la suite d'un malaise brutal et imprévisible, concernant un individu jugé en bonne santé par un médecin expert. Ainsi il paraissait bien résulter des faits très précisément exposés par les juges du fond, que l'infraction était totalement inévitable (Crim. 15 nov. 2005, n° 04-87.813, *Bull. crim.* n° 295 ; *Dr. pénal* 2006, n° 32, obs. M. Véron ; *D.* 2006. 1649, obs. G. Roujou de Boubée et 1582, note E. Dreyer ; *AJ pénal* 2006. 81 ; *RSC* 2006. 61, obs. Y. Mayaud).

Cette relative mansuétude concernant la contrainte physique interne n'a cependant pas été admise pour la contrainte morale.

B. — La contrainte morale

9 L'arrêt *Genty*, que nous avons retenu, adopte une égale sévérité quant à l'intensité nécessaire de la pression qui doit s'exercer sur l'individu pour qu'il soit justifié par la contrainte. Son intérêt se situe tout d'abord dans le fait que l'on y trouve affirmé péremptoirement que « la contrainte morale peut comme la contrainte physique exonérer l'auteur d'un crime ou d'un délit ». Cette affirmation, si elle correspond bien à une solution largement admise en doctrine, n'est pas très fréquemment exprimée dans les arrêts. Un autre intérêt de cette décision est qu'elle concerne des faits s'étant déroulés en temps de guerre, ce qui n'a pas conduit la chambre criminelle à une solution plus bienveillante. Le sieur Genty, arrêté avec trois personnes par une patrouille allemande, a accepté d'aller vérifier si les soldats français occupaient encore un village voisin. Il lui avait été clairement indiqué, qu'en cas de refus ou de non-retour de cette mission, les trois personnes gardées en otage pourraient être fusillées. Genty s'étant exécuté sous la pression de cette menace, a été par la suite condamné par un conseil de guerre pour intelligence avec l'ennemi (ancien CJM, art. 206, al. 2). De nombreuses années plus tard et alors que Genty est décédé, la chambre criminelle a rejeté la demande de

réformation de la décision du conseil de guerre, en considérant que les conditions de la contrainte morale n'étaient pas réunies. On lit dans la décision que Gerty n'était pas menacé lui-même au moment où il a accompli son acte criminel et que la menace pesant sur ses concitoyens gardés en otage n'était « ni assez pressante, ni assez directe pour lui enlever toute liberté d'esprit et l'empêcher de mesurer les dangers plus graves auxquels il exposait la troupe française et le village occupé par elle ». N'est-ce pas exiger que tout individu doive se comporter en héros ? Cette décision n'est pas isolée (dans le même sens, Nancy 7 mars 1874, *D.* 1874. II. 184 : désignation d'otage ; v. égal. Crim. 21 oct. 1993, *JCP* 1994. IV. 215 refusant de considérer que la contrainte puisse justifier le fait d'avoir choisi des juifs comme otage à la demande des autorités allemandes. V. égal. Crim. 23 janv. 1997, n° 96-84.822, *Bull. crim.* n° 32 ; *D.* 1997. 147, note J. Pradel ; *JCP* 1997. II. 22812, note J.-H. Robert ; *Dr. pénal* 1997. 38, obs. J.-H. Robert, refusant le caractère contraignant de menaces de représailles contre des fonctionnaires français pour un accusé de crimes contre l'humanité) et bien entendu une telle rigueur s'applique également en temps de paix. On cite très fréquemment l'arrêt *Boixo* (Crim. 28 déc. 1900, *S.* 1903. 1. 254, comm. M. Puech, n° 106) comme exemple de cette rigueur de la jurisprudence. Le propriétaire d'un terrain en Corse avait accepté de receler de dangereux malfaiteurs sous la menace de voir ses biens incendiés ou de subir des dommages corporels. La chambre criminelle, cassant un arrêt de la cour de Bastia, a refusé d'admettre la contrainte, considérant que le péril n'était pas assez imminent et que les menaces n'étaient pas assez pressantes pour enlever toute liberté d'esprit. On remarquera cependant qu'un demi-siècle plus tard la Haute juridiction a fait preuve de plus de compréhension à l'égard d'un propriétaire algérien qui avait dû héberger des rebelles du FLN (Crim. 26 févr. 1959, *D.* 1959. 301, *Bull. crim.* n° 139). Dans ces conditions on comprend, bien sûr, que la simple crainte révérencielle que l'on peut éprouver à l'égard des parents ou d'un employeur soit insuffisante (Crim. 28 févr. 1962, *Bull. crim.* n° 111 ; Crim. 12 janv. 1977, *Bull. crim.* n° 18 ; Crim. 7 mars 1988, inédit). L'obéissance (en ce sens, Y. Mayaud, n° 461-2) ne peut être une contrainte. L'opposition du personnel à la réintégration d'un délégué syndical (Crim. 9 déc. 1986, *Bull. crim.* n° 368) de même que l'observation des règles de sécurité qui rendraient le travail plus difficile (Crim. 27 nov. 1990, n° 89-84.709, *Bull. crim.* n° 409) ne constituent évidemment pas des hypothèses de contrainte. En revanche, la chambre criminelle a pu, dans une décision récente, considérer que la contrainte en matière d'agression sexuelle peut résulter d'une emprise quotidienne du père sur ses enfants, emprise également révélée par les examens psychologiques (Crim. 28 avr. 2011, n° 11-80.617, *Dr. pénal* 2011. 105, obs. M. Véron).

On peut se demander si cette décision n'a pas été inspirée par la définition légale de la contrainte morale, introduite dans l'article 222-22-1 du Code pénal par la loi du 8 février 2010 sur l'inceste qui précise que, dans le domaine des agressions sexuelles, elle « peut résulter de la différence d'âge existant entre une victime mineure et l'auteur des faits et de l'autorité de droit ou de fait que celui-ci exerce sur cette victime », disposition validée par le Conseil constitutionnel : Cons. const. 6 févr. 2015, n° 206-448 QPC (C. Guéry, « Définir ou bégayer : la contrainte morale après la loi sur l'inceste », *AJ pénal* 2010. 126 ; *RSC* 2010. 728, C. Lazerges ; S. Détraz, « L'article 222-22-1 in fine du Code pénal à la lumière de la jurisprudence », *Dr. pénal* 2015. Étude 24). On ne peut, pour autant, considérer qu'il y aurait une sorte de présomption irréfragable de contrainte dès lors que l'infraction a été commise dans le cadre prévu par ce texte. Comme le souligne M. Véron dans son commentaire, la contrainte morale ne découle pas automatiquement de la seule différence d'âge entre l'auteur et la victime (en ce sens : Crim. 8 janv. 2013, n° 12-86.715 ; *Gaz. Pal.* 11 mai 2013, obs. E. Dreyer mais cependant : Crim. 23 sept. 2015, n° 13-83.881, *Dr. pénal* 2015, n° 154, note P Conte : contrainte admise pour des enfants de trois ans). Il faut que les juges puissent apprécier, dans chaque espèce, la réalité de l'emprise exercée sur la victime par l'auteur des faits (ascendant ou personne ayant une autorité de droit ou de fait). Ainsi en était-il, par exemple, dans une affaire soumise à la Cour de cassation où les juges du fond ont admis que la victime, terrorisée, n'avait pas pu s'opposer à son père (Crim. 5 déc. 2007, n° 07-80.068, *D.* 2008. 1861, obs. Ph. Bonfils ; V. égal. Crim. 18 févr. 2015, n° 14-80.772, *Dr. pénal* 2015, n° 63, note M. Véron, qui admet la contrainte pour une agression sexuelle en raison de l'aura d'un professeur de karaté sur de très jeunes garçons et Crim. 15 avr. 2015, n° 14-82.172, *RPDP* 2016. 159, obs. M. C. Guérin : enfant de neuf ans pour une agression commise par un beau père) Inversement le simple sentiment de soumission invoqué par la victime peut être insuffisant pour caractériser la contrainte (Crim. 21 févr. 2007, *Bull. crim.* n° 55 ; *Dr. pénal* 2007. 68, obs. M. Véron). On notera, en revanche que la contrainte ne peut résulter de la seule vulnérabilité de la victime en raison de son âge (70 ans) (Crim. 8 juin 2010, *AJ pénal* 2010. 444, obs. G. Roussel).

10 Mais la contrainte morale peut aussi être réalisée sous forme d'une suggestion. L'exemple classique est celui d'une provocation policière destinée à établir certaines infractions difficiles à prouver. Les juridictions du fond ont quelquefois admis assez facilement que des infractions commises à la suite d'une certaine machination policière ne présentaient pas le caractère d'actes libres et réfléchis (T. corr. Évreux 22 déc. 1942, *Gaz. Pal.* 1943. 1. 78 ; T. corr. Seine 7 mars 1963, *JCP* 1964. II. 13522, note P. Bouzat ; Toulouse 23 avr. 1942, *D.* 1943. 94, note H. Donnedieu de Vabres). Mais la Cour de cassation n'avait, semble-t-il, jamais accepté cette manière de voir. La provocation ne constitue, pour le provoqué, ni un fait justificatif, ni une excuse (Crim. 28 oct. 1942, *D.* 1943. 89, note H. Donnedieu de Vabres ; Crim. 27 janv. et 3 mars 1944, *Dr. adm.* 1944. 92). Plus récemment, la chambre criminelle avait confirmé cette position dans plusieurs arrêts : indicateur de police suggérant la constitution d'une association en vue d'un trafic de stupéfiants (Crim. 16 mars 1972,

Bull. crim. n° 108 ; *RSC* 1972. 859, obs. A. Légal) ; inspecteur de police se faisant passer pour un acheteur d'opium auprès d'un trafiquant (Crim. 2 mars 1971, *JCP* 1971. II. 16815). On a parfois justifié de telles solutions par l'efficacité nécessaire de la répression (M. Puech, préc.). On notera d'ailleurs qu'en cette matière le législateur est intervenu d'abord par une loi du 19 décembre 1991 (C. pr. pén., art. 706-32, al. 2 aujourd'hui abrogé) pour justifier les policiers utilisant de telles méthodes pour mieux agir contre les trafiquants (Sur les difficultés d'application de ce texte qui impliquait une autorisation expresse du procureur de la République pour les livraisons contrôlées de drogue : Crim. 13 nov. 1997, n° 97-83.652, *Bull. crim.* n° 386 ; *Dr. pénal* 1998. 77, obs. A. Maron ; Crim. 1er avr. 1998, n° 97-84.372, *RSC* 1998. 582, obs. J.-P. Dintilhac ; *ibid.* 1999. 110, obs. J.-P. Delmas Saint-Hilaire ; *Procédures* 1998. Comm. 126, obs J. Buisson ; *Dr. pénal* 1998, n° 92, obs. A. Maron). D'une manière plus générale, le législateur, par une loi du 9 mars 2004, a organisé ce que l'on appelle les infiltrations qui consistent pour des policiers à surveiller des personnes suspectées de commettre un crime ou un délit en se faisant passer pour des coauteurs, complices ou receleurs (C. pr. pén., art. 706-81 à 706-87).

Il est à noter cependant que selon l'article 706-81, alinéa 2 à peine de nullité, ces actes ne peuvent constituer une incitation à commettre des infractions (sur cette question, v. H. Matsopoulou, *RPDP* 2004. 792 ; S. Guinchard, J. Buisson, *Procédure pénale*, 10e éd., 2014, nos 567 s.). On ajoutera qu'une loi n° 2007-297 du 5 mars 2007 relative à la prévention de la délinquance, dans son article 35, III, a introduit de nouvelles dispositions permettant de faciliter la constatation de certaines infractions commises par un moyen de communication électronique en s'introduisant dans les réseaux, en excluant expressément que ces actes puissent constituer une incitation à commettre les infractions (C. pr. pén., art. 706-35-1 et 706-47-3). En fait, on peut se demander comment une provocation présenterait un caractère irrésistible. On sait d'ailleurs que le Code pénal considérait la provocation comme une simple excuse atténuante (art. 322 C. pén. de 1810 aujourd'hui non repris par l'actuel Code pénal ; A. Decocq, p. 396) et que la provocation lorsqu'elle a été suivie d'effet est un cas de complicité qui ne supprime pas la responsabilité de l'auteur principal. (Sur le problème pour le provocateur : v. P. Maistre du Chambon, « La régularité des provocations policières : l'évolution de la jurisprudence », *JCP* 1989. I. 3422.). Il faut pourtant noter que la chambre criminelle a, semble-t-il, plus récemment, modifié sa jurisprudence en décidant qu'une provocation à un trafic de stupéfiants par un agent de l'autorité pouvait exonérer le prévenu de sa responsabilité pénale, lorsqu'elle a déterminé les agissements frauduleux. Cette solution est, en réalité, justifiée par le fait que la provocation constitue une atteinte au principe de la loyauté des preuves et non pas une contrainte au sens habituel de ce terme (Crim. 5 mai 1999, n° 97-83.117, *Bull. crim.* n° 87 ; *D.* 1999. 325, obs. J. Pradel ; *Dr. pénal* 1999, n° 123, obs. A. Maron ; Crim. 7 févr. 2007, n° 06-87.753, *Bull. crim.* n° 37 ; *D.* 2007. 2012, note J.-R. Demarchi ; *AJ pénal* 2007. 233, obs. M.-E. C. ; *RSC* 2007. 331, obs. R. Filniez et J. Francillon ; *ibid.* 2008. 663, obs. J. Buisson et, dans la même affaire, Crim. 4 juin 2008, n° 08-81.045, *Bull. crim.* n° 141 ; *AJ pénal* 2008. 425, obs. S. Lavric ; *RSC* 2008. 621, obs. J. Francillon). Les justifications législatives récentes devraient dorénavant, dès lors que les conditions de mise en œuvre en sont respectées, éviter que des procédures soient annulées. Encore faudra-t-il que l'action policière n'ait pas eu pour effet de déterminer les agissements délictueux mais seulement d'en révéler l'existence (en ce sens CEDH 5 févr. 2008, *Romanauskas c/ Lituanie*, § 55 ; v. égal. Crim. 30 avr. 2014, *JCP* 2014. 583). On notera que la doctrine se montre, d'une manière générale, hostile à toute justification fondée sur la provocation (v. par ex. J. Pradel, n° 536 ; F. Desportes et F. Le Gunehec, n° 669 ; R. Merle et A. Vitu, t. I, n° 624 ; C. Mascala, p. 139 ; Y. Mayaud, n° 461-3 ; E. Dreyer, n° 803).

11 C'est très probablement la même raison, l'absence d'irrésistibilité, qui conduit au rejet de la contrainte morale interne en tant que cause de non-imputabilité. L'impulsivité, à moins qu'elle ne puisse être assimilée à une véritable démence (aujourd'hui trouble psychique ou neuro-psychique ayant aboli le discernement ou le contrôle des actes, C. pén., art. 121-1, al. 1er), n'entraîne pas l'impunité (v. par ex., Crim. 11 avr. 1908, *DP* 1908. 1. 261, rapp. Mercier ; *S.* 1909. I. 473, note J.-A. Roux, commenté par M. Puech, n° 103, Menaces et outrages commis sous l'empire d'une émotion violente). La peur, liée au fait que des fillettes pourraient être excisées, ne peut constituer une contrainte justifiant une soustraction à une mesure de reconduite à la frontière (Crim. 28 avr. 1998, n° 96-81.539, *Bull. crim.* n° 141). Peut-être, l'incrimination, aujourd'hui prévue par l'article 227-24-1 du C. pén., sanctionnant les pressions exercées sur des personnes pour qu'elles se soumettent à une telle mutilation sexuelle serait-elle de nature à conduire, sur ce point, à une jurisprudence plus bienveillante.

Il est à noter que la décision relative à l'impulsivité paraît exclure la possibilité même de la contrainte morale interne : « l'impulsivité… fait personnel à l'agent lui-même et qui comme tel, ne rentre pas dans les prévisions de l'article 64 du Code pénal ». Il est vrai que, d'une manière générale, la passion, l'émotion, les convictions religieuses ou philosophiques ne sont pas admises par les tribunaux comme constituant une contrainte morale (Crim. 17 avr. 1956, *Bull. crim.* n° 310 : convictions religieuses d'un témoin de Jehovah ; Colmar, 8 déc. 1987, *D.* 1988. 131, note R. Koering-Joulin, où il est admis que des convictions politiques peuvent cependant entraîner une dispense de peine). Cette solution est assez généralement approuvée par la doctrine (R. Garraud a utilisé, à ce propos, une formule célèbre : « le droit pénal est précisément édicté pour ceux qui ne savent pas résister à leurs passions criminelles ») et elle nous semble résulter de la nécessaire appréciation abstraite de la contrainte (v. sur ce point J.-A. Roux, t. I, p. 176, n° 16 ; J. Larguier, obs. *RSC* 1975. 121 ; J. Pradel, n° 537 ; M.-L. Rassat, *J.-Cl. Pén. Code*, art. 122-2, nos 100 s. ; Y. Mayaud, n° 460).

12 Cette très grande réserve de la jurisprudence à l'égard de la contrainte morale a conduit plusieurs auteurs à se demander si elle ne résultait pas d'une sorte de confusion avec l'état de nécessité. Il semble, en effet, que plus ou moins consciemment, les juges exigent que le mal causé (l'infraction commise) ne soit pas supérieur au mal évité. On retrouverait donc la condition d'utilité sociale de l'acte, qui pourtant ne devrait pas jouer si l'on admet que la contrainte exclut tout choix pour l'individu. Il reste évidemment à se demander si le concept même de contrainte morale est juridiquement concevable. N'y a-t-il pas toujours un choix pour l'individu, ce qui est la caractéristique de l'état de nécessité (en ce sens, Baudry, *La force majeure en droit pénal*, thèse, Lyon, 1938, p. 89 ; R. Merle et A. Vitu, t. I, n° 623). Sans aller jusqu'à la solution préconisée par M. Dana (thèse préc.), qui estime que toutes les causes de justification en droit pénal sont des manifestations de la contrainte, d'autres auteurs (M.-E. Cartier, « Contrainte et nécessité », *Annales de l'Université des sciences sociales de* Toulouse, t. , p. 27 s.) s'interrogent sur le bien-fondé de la distinction entre état de nécessité et contrainte (morale not.) (v. la conclusion de l'article, p. 63, *contra* Y. Mayaud, n° 462, qui insiste au contraire sur la complémentarité des deux notions ; v. égal. F. Desportes et F. Le Gunehec, n° 671, qui s'appuyant sur la nouvelle formule du Code pénal considèrent que le mot contrainte qui accompagne le mot force, vise *a priori* la contrainte morale). On peut donner à ce propos, deux exemples montrant que les tribunaux se méprennent quelquefois en considérant comme une contrainte morale des cas évidents d'état de nécessité : T. corr. Agen 22 mai 1985, *Gaz. Pal.* 27-28 sept. 1985 : non-représentation d'enfant à un père incarcéré pour tentative de viol et assassinat ; Dijon, 19 déc. 1984, *Gaz. Pal.* 1985. I. 256, non-représentation d'enfant à un père algérien susceptible d'emmener le mineur en Algérie où les soins requis par son état ne pourraient être prodigués (v. sur ce point la remarquable note de M. Vitu, *RSC* 1986. 87).

Au-delà des distinctions plus ou moins abstraites, ce qui semble contestable, dans la rigueur parfois excessive de la jurisprudence pénale relative à l'irrésistibilité, c'est qu'elle conduit à appliquer une sanction pénale à des individus ne s'étant pas montrés hostiles ou indifférents aux valeurs protégées par la loi pénale. Paradoxalement, l'exigence de l'imprévisibilité, pourtant largement contestée par les auteurs, ne suscite pas les mêmes reproches.

II. — L'imprévisibilité, condition supplémentaire controversée

13 L'imprévisibilité de la contrainte, même si elle est presque unanimement contestée par la doctrine (B), est une condition certaine imposée par la Cour de cassation (A).

A. — Une exigence jurisprudentielle

14 L'arrêt *Trémintin*, même s'il n'a pas été le premier à affirmer cette exigence, était beaucoup trop célèbre pour ne pas être retenu. Un marin de la marine marchande qui, au cours d'une permission, s'était enivré, n'avait pas pu rejoindre son bord parce qu'il était retenu par les services de police au moment du départ de son bateau. Poursuivi pour désertion, selon la loi de l'époque, il invoquait la contrainte pour échapper à l'incrimination. La chambre criminelle refuse cette cause de non-imputabilité, en constatant que la détention qui l'avait empêché de rejoindre son bord avait été « occasionnée par la faute qu'il avait commise en se mettant en d'état d'ivresse n'a pas constitué un événement qu'il n'ait pu éviter ».

Cette jurisprudence s'est maintenue et il est possible de fournir de nombreux exemples où l'exigence de l'imprévisibilité a été réaffirmée.

Ainsi, en matière de circulation routière, nombreuses sont les décisions qui ont refusé de justifier les auteurs d'accident de la circulation, lorsque leur défaillance n'apparaissait pas imprévisible. Il en est ainsi en matière de défaillance mécanique due à l'usure, par exemple (Crim. 4 déc. 1958, *Bull. crim.* n° 722 ; Crim. 8 juill. 1971, *Bull. crim.* n° 222). La défaillance physique du conducteur, lorsqu'elle est prévisible, exclut également le caractère exonérateur de la contrainte (Crim. 8 mai 1974, *Bull. crim.* n° 165 ; *RSC* 1975. 121, obs. J. Larguier, accident de la circulation à la suite d'un malaise du conducteur, qui aurait dû être prévu en raison de la longueur du voyage ; Crim. 12 févr. 1975, *Bull. crim.* n° 57 ; *RSC* 1977. 94, obs. G. Levasseur : déficience physique due à l'hypertension ; Paris 27 mai 1970, *RSC* 1971. 119, obs. G. Levasseur et Crim. 27 mai 1970, *RSC* 1971. 119 : état épileptique ; v. égal. Crim. 11 mai 2004 préc. Crim. 27 oct. 2015, n° 14-86.983, préc. ; *contra* Crim. 24 oct. 2000, préc. et Crim. 15 nov. 2005, préc., malaise imprévisible). Enfin, on citera l'existence prévisible d'une flaque d'eau, à la suite d'un violent orage (Crim. 14 oct. 1975, *RSC* 1976. 425, obs. G. Levasseur) ou d'une plaque de verglas (Crim. 9 mai 1967, *Bull. crim.* n° 153. V. égal. Crim. 30 juin 1981, *Bull. crim.* n° 223 ; Crim. 24 mai 1982, *Bull. crim.* n° 133 en matière de détournement de mineurs). On notera cependant que la chambre criminelle a admis une solution contraire lorsque, en raison des circonstances atmosphériques, la plaque de verglas, d'ailleurs très localisée, apparaissait totalement imprévisible (Crim. 18 déc. 1978, *Bull. crim.* n° 357 ; dans le même sens, Crim. 12 mars 1959, *Bull. crim.* n° 176 ; Crim. 11 avr. 1970, *Bull. crim.* n° 117 ; *RSC* 1971. 927, obs. A. Légal).

15 Cette imprévisibilité a encore été exigée dans beaucoup d'autres hypothèses. Nous nous bornerons à signaler deux exemples significatifs. Ainsi, le dépositaire d'un objet, qui n'avait pas pris les précautions nécessaires pour empêcher que cet objet soit volé, a pu être condamné pour abus de confiance (Crim. 13 juill. 1951, *Bull. crim.* n° 213). De la même manière, et dans la ligne de l'arrêt *Trémintin*, la chambre criminelle a admis plus récemment qu'un militaire pouvait être porté déserteur alors que cette défaillance résultait d'un état d'arrestation (Crim. 6 mai 1970, *Bull. crim.* n° 159 ; v. égal. Douai 21 mai 1987, *Gaz. Pal.* 13-15 nov. 1988 pour la non-exécution d'un travail d'intérêt général alors que l'individu était arrêté pour un autre délit et Crim. 22 juin 1994, préc. pour le détenu en permission qui n'avait pu rejoindre sa cellule à temps parce qu'il avait manqué son train étant impliqué dans une bagarre).

On ne peut donc guère contester que l'imprévisibilité soit une condition indispensable pour que la contrainte puisse être retenue. En revanche, l'absence d'une faute antérieure de l'agent, quelquefois présentée par la doctrine (en ce sens, A. Decocq, p. 349 ; J.-M. Aussel, art. préc., n°s 15 s. ; J.-C. Soyer, p. 113 ; M.-L. Rassat, n° 437-2), ne nous paraît pas présenter une autonomie particulière. Il nous semble, en effet, que la faute antérieure exclut nécessairement l'imprévisibilité. Celui qui, par sa faute, se trouve contraint de commettre une infraction, ne peut pas prétendre que cela était imprévisible. M. Dana (thèse préc., p. 144) estime simplement que l'existence ou l'absence de faute antérieure joue seulement un rôle probatoire dans la détermination de la contrainte (v. cep. Y. Mayaud, n° 458 qui distingue anticipation utile et faute antérieure). Cela étant, il reste à s'interroger sur le bien-fondé de la condition d'imprévisibilité.

B. — Une exigence contestée par la doctrine

16 La doctrine, d'une manière assez générale, juge extrêmement contestable l'exigence de la jurisprudence (J.-A. Roux, note sous l'arrêt *Trémintin ;* H. Donnedieu de Vabres, Traité, p. 215 ; J.-M. Aussel, art. préc., p. 265 ; R. Merle et A. Vitu, t. I, n° 621 ; J. Pradel, n° 540 qui souhaite distinguer les infractions intentionnelles et les infractions d'imprudence ; B. Bouloc, n° 460 ; M. Puech, n° 105 ; E. Dreyer, n° 799 ; *contra* W. Jeandidier, n° 359) et considère qu'il s'agit d'une invention de la chambre criminelle. La critique est d'abord fondée sur une argumentation de texte, l'article 64 du Code pénal de 1810 hier, l'article 122-2 aujourd'hui, ne paraît exiger que la seule irrésistibilité. Elle s'appuie ensuite sur le principe selon lequel les éléments d'une infraction doivent être déterminés au moment où elle a été commise. Peut-être ces arguments ne sont-ils pas totalement convaincants. On a prétendu qu'il y aurait de la part de la jurisprudence confusion entre culpabilité et imputabilité (J.-M. Aussel, préc., p. 266). Rien n'est moins sûr. Si l'imputabilité, qui précède nécessairement la culpabilité, implique que l'individu n'a joué aucun rôle dans la réalisation du dommage, l'imprévisibilité de la contrainte apparaît nécessaire. C'est à cette condition seulement que l'acte reproché sera totalement extérieur à la volonté de l'agent (sur ce point, v. la démonstration de M. Dana, thèse préc., p. 149).

17 La deuxième critique alléguée à l'encontre de cette jurisprudence paraît beaucoup plus sérieuse. En attribuant, à une attitude antérieure à l'action, des conséquences pénales, ne viole-t-on pas la lettre du texte du code qui implique que l'on doive se placer au temps de l'action pour apprécier la conduite de l'agent ? On peut évidemment objecter que la faute antérieure n'est pas retenue en tant que telle, mais comme l'indice que la contrainte invoquée par l'agent ne lui est pas totalement étrangère (A.-C. Dana, thèse préc. ; *contra* par ex. R. Merle et A. Vitu, t. I, n° 621 ; M. Puech, préc., n° 105). Il reste cependant une limite qui ne devrait jamais être franchie ; une infraction intentionnelle ne peut être réprimée qu'autant que l'existence de ce type de faute a été prouvée. L'imprudence ou la négligence n'est pas équipollente à l'intention et la théorie du dol éventuel n'est en principe pas retenue (en ce sens, F. Desportes et F. Le Gunehec, n° 667 et pour une appréciation critique, P. Conte et P. Maistre du Chambon, n° 366 ; *contra* P. Bouzat et J. Pinatel, t. I, n° 267 ; L. Vidal et L. Magnol, t. I, n° 135 ; Y. Mayaud, n° 458). Trémintin a peut-être voulu s'enivrer, il n'a pas voulu déserter. Si l'on admet que l'infraction est intentionnelle, l'irrésistibilité devrait donc suffire à exclure la répression. On remarquera, il est vrai, que dans la plupart des cas avancés par la doctrine pour contester la jurisprudence, il s'agissait d'infractions non intentionnelles (v. A.-C. Dana, thèse préc., p. 245) ; l'objection devenait alors peu fondée (v. J. Pradel, n° 540-3e).

18 En définitive, les décisions retenues, malgré leur rigueur, excessive dans le cas de l'arrêt *Trémintin*, illustrent la volonté de la jurisprudence de restreindre le bénéfice de la non-imputabilité résultant de la contrainte aux seuls individus objectivement étrangers à l'acte qui leur est reproché. L'article 122-2 du Code pénal en reprenant une formule très voisine de celle utilisée par l'article 64 n'a pas levé cette ambiguïté. On remarquera simplement que l'utilisation de deux substantifs « la force et la contrainte », ce qui de prime abord paraît constituer une redondance, a été justifiée lors des travaux préparatoires par le fait que la force est en général physique alors que la contrainte peut être morale (J. Pradel, *Commentaire du Code pénal*, n° 37 ; F. Desportes et F. Le Gunehec, n° 661). En tout état de cause cette « subtilité » n'est certainement pas de nature à conduire la jurisprudence à modifier une position dont la rigueur peut en certaines circonstances paraître bien discutable, surtout avec un Code pénal qui a souhaité mettre l'accent sur l'intention, notamment en supprimant les délits matériels (v. J.-H. Robert, p. 311).

19 Dans un arrêt du 13 septembre 2000, la chambre criminelle a, d'ailleurs très clairement confirmé cette jurisprudence traditionnelle (*Dr. pénal* 2001, n° 21 ; J.-H. Robert ; *JCP* 2001. I. 346, obs. J.-H. Robert) en refusant le bénéfice de la contrainte (force majeure, dit l'arrêt) à une entreprise de télésurveillance ayant utilisé un numéro de téléphone réservé pour appeler la police. Si cette solution avait dû être utilisée, c'est parce que l'entreprise n'avait pas préalablement pris les moyens de remplir légalement ses obligations contractuelles sans violer la loi pénale. Autrement dit son imprévisibilité la mettait dans l'impossibilité d'invoquer la contrainte en sa faveur (v. égal. Crim. 29 nov. 2000, n° 00-80.173, pour l'omission d'une déclaration de TVA, le dirigeant de la société était en détention provisoire ce qui est, selon la Cour de cassation,

« une situation due à son propre fait » et plusieurs décisions non publiées citées in R. Bernardini, n° 612). On peut ajouter une décision préalablement citée (Crim. 28 oct. 2009) qui, sans se référer expressément à l'existence d'une faute antérieure, rejette la contrainte au motif que la blessure invoquée par la personne poursuivie était préalable à l'infraction. Dès lors, on peut considérer que la conduite d'un véhicule par une personne qui sait qu'elle ne peut attacher sa ceinture de sécurité constitue une faute excluant l'imprévisibilité. Il apparaît donc clairement que, conformément à ce qu'avaient souhaité les parlementaires, (v. P. Marchand, *JOAN* Doc. parl. 1989, n° 896) l'article 122-2 du Code pénal n'a nullement conduit à supprimer la condition d'imprévisibilité de la contrainte (pour une opinion approbatrice sur cette question : C. Robaczewski, *Le rôle de la faute antérieure en matière de responsabilité pénale*, thèse Lille II, n°s 193 s.). La contrainte ne peut donc être admise pour un individu que s'il est totalement étranger à l'événement qui l'a amené à commettre l'infraction.

A. V.

45

ERREUR DE FAIT – EFFETS

Crim., 16 nov. 1866, *Genty Valentin*
(*DP* 1867. 1. 87)

Crim., 6 nov. 1963, n° 63-90.664, *Procureur général c/ X…*
(*JCP* 1964. II. 13463, note J. Larguier ; *D.* 1965. 323, note R. Vouin)

En matière d'infraction intentionnelle, l'erreur de fait, c'est-à-dire la méprise de l'agent sur les conditions matérielles de l'infraction, peut entraîner l'impunité par disparition de la culpabilité (2e esp.).
Pour une infraction non intentionnelle seule l'erreur invincible, qui exclut la volonté et la liberté de l'acte, peut conduire au même résultat en supprimant l'imputabilité (1re esp.).

Chambre criminelle, 16 novembre 1866, *Genty Valentin*

Attendu, en droit, que si un fait de chasse ne peut être excusé par l'intention de celui auquel il est imputé, il est néanmoins de principe qu'il ne constitue un délit tombant sous l'application des dispositions répressives de la loi précitée qu'autant qu'il a été librement et volontairement exécuté ;
Attendu, en fait, qu'il ressort des constatations de l'arrêt attaqué (rendu par la cour impériale de Besançon, chambre correctionnelle, le 7 juill. 1866) que Valentin Genty, en prenant part à une battue, régulièrement autorisée, pour la destruction des animaux malfaisants et nuisibles, a tiré sur un chevreuil, qu'il a tué, mais dans des circonstances qui ont donné au juge de répression la certitude, d'une part, que Genty n'avait ni connu ni pu connaître l'animal sur lequel il faisait feu, et, d'autre part, que, comme tous les chasseurs qui avaient fait feu avant lui, il croyait tirer sur un loup ; – D'où il suit qu'en renvoyant le prévenu des poursuites dirigées contre lui en se fondant sur l'absence de volonté délictueuse de sa part, l'arrêt attaqué a sainement interprété l'article 20 de la loi de 1844 et n'a violé aucune disposition de ladite loi :
Rejette…

Chambre criminelle, 6 novembre 1963, *Procureur général c/ X…*

Sur le moyen unique de cassation pris de la violation de l'article 356 du Code pénal ; – Attendu qu'il résulte de l'arrêt attaqué qui a prononcé la relaxe de X…, prévenu d'enlèvement sans fraude ni violence d'une mineure de 18 ans, qu'un doute sérieux existe sur le point de savoir si le prévenu avait eu connaissance de la minorité de 18 ans de Y… dont l'aspect physique, la mentalité, le comportement étaient de nature à lui permettre de tenir pour exact l'âge de 19 ans que sa maîtresse lui avait indiqué être le sien et alors qu'elle jouissait notoirement à P... de la part de ses parents d'une liberté de conduite sans rapport avec le jeune âge qu'elle avait en réalité ; que l'arrêt ajoute qu'il n'apparaît pas que X... ait agi en connaissance de cause et qu'il n'ait pas été induit en erreur sur l'âge de Y... au moment de la perpétration de l'enlèvement ; que dès lors l'élément intentionnel de l'infraction n'est pas caractérisé ; – Attendu qu'en déclarant, pour les motifs cidessus rappelés, que la preuve de l'intention délictuelle faisait défaut, l'arrêt a justifié sa décision ; qu'en effet, lorsque l'agent aura pu raisonnablement se tromper sur l'âge de la personne détournée et croire qu'elle était majeure de 18 ans, il n'y a pas délit ; que l'appréciation de la cour qui n'est entachée d'aucune contradiction, est, à ce sujet, souveraine et que le moyen n'est pas fondé ; – Et attendu que l'arrêt est régulier en la forme ;

Par ces motifs, rejette.

OBSERVATIONS

1 Dans un article remarqué, un auteur a critiqué avec beaucoup de vigueur la présentation de l'erreur en matière pénale en deux tableaux : erreur de fait, erreur de droit (M. Puech, « L'erreur en droit pénal : journées d'études de l'association française de droit pénal », *Annales de l'Université de sciences sociales de Toulouse*, t. , p. 65). S'il est vrai que la doctrine a souvent introduit dans la discussion, en matière d'erreur de droit essentiellement, des distinctions bien inutiles, il nous paraît en revanche bien difficile de ne pas respecter cette division fondamentale dès lors que l'incidence de l'une et l'autre de ces catégories d'erreurs est assez différente.

L'erreur s'analyse toujours en une méprise conduisant à prendre pour vrai ce qui est faux ou *vice-versa* mais cette représentation inexacte de la réalité ne peut pas être retenue de la même manière selon qu'elle concerne la matérialité de l'acte ou la règle de droit. R. Garraud enseignait que l'on est universellement d'accord pour rejeter la seconde car la loi est assez connue de tous alors que le principe général, selon lequel l'ignorance de fait est une cause d'irresponsabilité, s'impose en raison de l'absence du rapport de causalité entre la prévision et l'événement accompli (R. Garraud, t. I, n° 306).

2 Si cette affirmation reste parfaitement exacte dans son principe, elle doit cependant être nuancée à un double point de vue. S'agissant de l'erreur de droit, nous verrons (v. *infra*, n° 46) que si elle ne peut avoir aucune incidence sur la culpabilité, son invincibilité, qui peut la faire assimiler à une véritable contrainte, exclut exceptionnellement l'imputabilité de l'auteur des faits. Cela est d'autant plus exact qu'aujourd'hui l'actuel Code pénal prévoit expressément que l'erreur de droit peut, à certaines conditions être une cause de non-responsabilité (C. pén., art. 122-3). S'agissant de l'erreur de fait qui seule nous intéresse ici, son efficacité incontestable ne concerne pas toutes les catégories d'infractions de la même manière. Pour les infractions intentionnelles qui impliquent l'hostilité de l'individu à l'égard des valeurs sociales protégées par la loi pénale, l'erreur de fait détruit nécessairement la culpabilité si, en raison de sa méprise, l'agent ne se rend pas compte qu'il réalise une activité délictueuse. En revanche, pour les infractions non intentionnelles pour lesquelles la culpabilité réside dans une simple indifférence aux valeurs sociales protégées par la loi pénale, l'erreur en elle-même est impuissante à exclure la culpabilité puisque, loin d'annihiler la faute, elle la démontre. On peut cependant concevoir une erreur non fautive, invincible, présentant les caractéristiques de la force majeure et qui, à l'image de l'erreur de droit du même type, ferait disparaître l'imputabilité. Les deux décisions que nous avons retenues précisent très exactement à quelles conditions une erreur de fait entraîne l'impunité du délinquant, selon qu'elle intervient en matière d'infraction intentionnelle en faisant disparaître la culpabilité (I) ou d'infraction non intentionnelle en excluant l'imputabilité (II).

I. — L'erreur de fait, cause d'exclusion de la culpabilité

3 L'arrêt *Procureur général contre X...*, rendu en matière de détournement de mineur, n'est sans doute pas le premier qui ait admis le principe selon lequel l'erreur de fait est exclusive de l'intention (A) mais il présente l'intérêt de donner quelques précisions sur les caractères que doit présenter cette méprise pour entraîner l'irresponsabilité pénale (B).

A. — Le principe de l'exclusion de l'intention

4 Le principe selon lequel l'erreur sur les conditions matérielles d'une infraction exclut l'intention, est quelquefois admis par le législateur lui-même (v. par ex. CSP, art. L. 3353-5 relatif aux débits de boissons concernant l'âge des mineurs) mais il n'est en réalité qu'une conséquence des principes généraux concernant l'intention pénale. L'intention, selon une définition très classique (É. Garçon, art. 1er, no 77) s'entend « de la volonté de commettre le délit tel qu'il est déterminé par la loi : la conscience chez le coupable d'enfreindre les prohibitions légales ». Cette acception implique donc qu'il y ait un rapport de concordance entre « les faits tels que les a compris l'agent et les faits décrits par la loi » (R. Merle et A. Vitu, t. I, no 580). Lorsqu'il y a une méprise de l'agent, sur la matérialité de l'acte, cette coïncidence n'existe plus, il n'y a plus de sa part volonté de commettre l'infraction.

En l'espèce, le sieur X... inculpé d'enlèvement sans fraude ni violence d'une mineure de 18 ans, se défendait en invoquant avoir été trompé sur l'âge de sa maîtresse. La cour de Pau, tenant compte d'un ensemble de circonstances de fait : aspect physique – mentalité – liberté de conduite dont jouissait la jeune fille enlevée, l'a relaxé en considérant qu'il avait pu être trompé sur l'âge de la mineure et qu'en conséquence, faute d'élément intentionnel, le délit n'était pas caractérisé. La chambre criminelle approuve cette solution en rejetant le pourvoi introduit par le ministère public en affirmant que « lorsque l'agent a pu raisonnablement se tromper sur l'âge de la personne détournée, il n'y a pas délit ». L'erreur qui consiste dans la croyance en l'inexistence d'une condition préalable (sur cette notion : B. Thellier de Poncheville, *La condition préalable de l'infraction*, thèse Lyon 3, PUAM, 2010, préf. A. Varinard) de l'infraction fait donc disparaître l'acte délictueux. La volonté de réaliser l'infraction est naturellement exclue si l'on ignore que la personne enlevée ou détournée était mineure. La chambre criminelle a cependant rejeté une erreur sur l'âge pour l'infraction de recours à la prostitution de mineur, s'agissant d'une jeune fille de 17 ans, au motif que le prévenu ne pouvait ignorer la minorité qui ressortait, à l'évidence, de son apparence physique. Si cette sévérité est sans doute nécessaire, l'argumentation péremptoire des juges paraît un peu excessive (Crim. 29 mars 2006, n° 05-81.003, *Bull. crim.* n° 95 ; *Dr. pénal* 2006, n° 97, obs. M. Véron ; *AJ pénal* 2006. 262, obs. P. Remillieux ; *RSC* 2006. 603, obs. Y. Mayaud. V. égal. Crim. 7 déc. 2006, *Bull. crim.* n° 326). La méconnaissance d'une condition préalable conduira encore à rejeter la culpabilité de celui qui outrage un officier ministériel alors qu'il ignore la qualité d'officier ministériel de celui qui a été outragé (Crim. 12 avr. 1967, *Bull. crim.* n° 116 ; *D.* 1967. 450) ; également de celui qui n'a pas porté secours à une personne en danger parce qu'il ignorait le péril qui menaçait la personne non secourue (Crim. 3 nov. 1954, *D.* 1955. 64, note Pageaud) ; non-connaissance de la qualité d'étranger pour un employeur l'ayant engagé (Crim. 1er oct. 1987, *Bull. crim.* n° 237 ; *RSC* 1988. 546, obs. C. Lazerges ; *contra* Crim. 29 mars 1994, *Dr. pénal* 1994, n° 166, obs. J.-H. Robert en raison de l'évolution de la notion d'intention consistant à ne pas avoir vérifié cette qualité) ; non-connaissance de l'existence d'huiles usagées dans des déchets pour une infraction en matière d'environnement (Crim. 12 janv. 1994, *Dr. pénal* 1994, n° 115, obs. J.-H. Robert). De la même manière en matière d'empoisonnement l'infraction implique la connaissance que le produit utilisé est de nature à entraîner la mort. C'est justement cette non-connaissance du caractère mortifère du sang utilisé qui, en définitive, explique l'épilogue de l'affaire du sang contaminé. Dès lors que la chambre criminelle admettait que les protagonistes de cette affaire avaient pu se méprendre sur le caractère mortel des lots de sang utilisés, l'intention de l'infraction d'empoisonnement comme celle de l'omission de porter secours ne pouvaient exister (Crim. 18 juin 2003, n° 02-85.199, *Bull. crim.* n° 127 et pour les autres références, v. *supra*, n° 39).

5 L'erreur peut également concerner la conduite matérielle elle-même. On cite toujours l'exemple de celui qui, par étourderie, s'attribue dans un vestiaire un vêtement qui appartient à un tiers, ou celui qui, pour les mêmes raisons, s'installe au volant d'un véhicule semblable au sien. L'agent n'ayant pas conscience de soustraire une chose appartenant à autrui, ne peut être considéré comme un voleur. V. pour un exemple particulier concernant un salarié poursuivi, pour un vol de chutes de cable, de faible valeur, dans son entreprise mais qui est relaxé parce qu'il croyait avoir une autorisation tacite de l'employeur, en raison d'un usage en ce sens, existant depuis longtemps dans l'entreprise : Crim. 17 mai 2015, n° 14-86.101, *Dr. pénal* 2016, n° 26, note P. Conte. On remarquera d'ailleurs que l'erreur porte ici encore, au moins indirectement, sur une condition préalable à savoir : la méconnaissance que la chose appartenait à autrui, ce qui permet de noter que ce type d'erreur de fait est incontestablement le plus fréquent (v. cep. Crim. 11 oct. 1978, *DS* 1979. IR 120 : erreur sur le consentement de la victime en matière de viol). Dans un arrêt récent, la chambre criminelle a rejeté, implicitement, une erreur de fait en matière de harcèlement sexuel, en retenant l'existence de l'infraction, nonobstant le fait que l'individu poursuivi avait pu « mésestimer la portée de se ses agissements ». Ce défaut de perception des conséquences de ses actes aurait pourtant pu être analysé comme une absence d'intention : Crim. 18 mai 2015, n° 14-85.591, *Dr. pénal* 2016, n° 21, note P. Conte ; *JCP* 2016. 6219, note B. Lapérou Scheneider ; *RPDP* 2015. 907, obs. V. Mallabat.

L'erreur peut enfin concerner la volonté du résultat. On ne peut pas considérer comme un meurtrier, le chasseur imprudent qui, ayant aperçu une masse sombre dans un fourré, tire et blesse un autre chasseur à l'affût qu'il avait pris pour un gibier. L'agent n'ayant pas voulu le résultat qui s'est produit en raison de sa méprise, il n'est pas possible de retenir à son encontre une infraction intentionnelle. Il n'en ira cependant pas ainsi pour une infraction de destruction volontaire par explosif ou incendie ou tout autre moyen de nature à créer un danger pour les personnes. La chambre criminelle a en effet admis qu'il importait peu qu'un prévenu, qui a mis le feu à un immeuble en enflammant de l'essence sous la porte d'entrée, ait cru les lieux vides de leurs occupants (Crim. 24 juin 1998, n° 97-84.989, *Bull. crim.* n° 206 ; *Dr. pénal* 1998. 153, obs. M. Véron). En effet l'intention requise concerne l'utilisation d'une substance pouvant créer un danger pour les personnes, l'erreur sur la présence d'individus est donc sans effet.

6 Le principe selon lequel l'erreur de fait supprime l'intention est donc incontestable, mais cela implique-t-il que toute erreur puisse avoir la même incidence ? La réponse négative à cette question est assez évidente puisqu'il faut que l'erreur entraîne la disparition de l'intention, notion abstraite rappelons-le, et qui est donc constante pour chaque infraction déterminée (v. A. Françon, « L'erreur en droit pénal », in *Quelques aspects de l'autonomie du droit pénal*, Dalloz, 1956, p. 231 ; v. *supra*, n° 38). Il suffira donc, dans chaque cas, d'examiner si l'erreur invoquée exclut la volonté de réaliser l'acte délictueux tel qu'il est prévu dans le texte. L'élément essentiel auquel la doctrine fait allusion (B. Bouloc, n° 468 ; M. Puech, n° 113 ; R. Merle et A. Vitu, t. I, n° 581 ; A. Decocq, p. 210 ; W. Jeandidier, n° 367, etc.) est donc tout simplement celui sur lequel doit porter l'intention (la volonté tendue vers le but). On exclura donc toute efficacité pour une erreur portant sur la personne de la victime d'une infraction de violence. Voulant tuer X, je tue Y, l'infraction subsiste car l'intention de tuer subsiste. Il en est de même pour les coups et blessures volontaires (Crim. 25 avr. 1977, *D.* 1977. IR 391). La solution n'est pas différente, et pour les mêmes raisons, lorsque la maladresse explique l'erreur de victime (cas de l'*aberratio ictus ;* v. Crim. 4 janv. 1978, *Bull. crim.* nº 5 ; *RSC* 1978. 859, obs. G. Levasseur : envoi d'un colis piégé ; v. égal. Crim. 21 nov. 1984, *Bull. crim.* nº 362 ; *Gaz. Pal.* 20 juill. 1985. Somm. 222, obs. J.-P. Doucet ; *RSC* 1985. 809, obs. G. Levasseur).

L'intention de l'agent doit être appréciée, selon la jurisprudence, par rapport à sa volonté vis-à-vis de la victime qu'il voulait atteindre y compris sur le plan d'une circonstance aggravante comme la préméditation (Crim. 18 févr. 1922, *S.* 1922. 1. 329, note J.-A. Roux). On adoptera une solution identique pour une erreur sur l'objet de l'infraction s'agissant d'actes délictueux contre les biens (erreur sur l'objet volé par exemple).

Tout en étant retenue, l'erreur n'entraînera d'ailleurs pas toujours les mêmes effets par l'application des principes que nous venons d'exposer. L'erreur peut tout d'abord ne porter que sur une circonstance aggravante, auquel cas l'infraction initiale demeurera. Ainsi, celui qui croyant tuer un étranger, tue son père par erreur, ne peut pas être considéré comme un parricide mais il restera meurtrier.

L'erreur peut ensuite, bien qu'elle fasse disparaître l'intention en raison de la bonne foi de l'agent, laisser subsister un délit d'imprudence. L'erreur du chasseur, tirant sur un camarade au lieu d'un gibier, celle du pharmacien délivrant un poison à la place d'un médicament n'excluent pas la faute caractérisant une infraction involontaire (M. Puech, art. préc., fonde cette solution sur l'autonomie de l'erreur qui supprime l'imputabilité de l'acte mais le laisse subsister avec la faute qui peut être à son origine). Il reste pourtant certaines erreurs qui, totalement exclusives de l'intention et ne laissant subsister aucune qualification subsidiaire, entraîneront une irresponsabilité totale. Encore faut-il se demander si l'erreur, pour être retenue, doit être non fautive ?

B. — Les conditions de l'exclusion de l'intention : les caractéristiques de l'erreur de fait

7 L'erreur qui peut fonder l'impunité de l'agent doit-elle ou non être excusable ? Rationnellement une telle question mérite d'être posée car on peut aisément imaginer de nombreuses erreurs qui auraient pu être évitées facilement si le délinquant avait été plus prudent, plus attentif. Faut-il pour autant admettre que seule sera exonératrice l'erreur de fait exclusive de toute faute, en un mot l'erreur invincible ? Une telle solution ne saurait être acceptée à la fois pour des raisons pratiques et juridiques.

Exclure l'erreur fautive, c'est pratiquement se condamner à en rejeter le plus grand nombre car il est presque toujours possible d'éviter une méprise en prenant des précautions supplémentaires et l'on peut considérer qu'il y a une faute de négligence à ne pas l'avoir fait.

Juridiquement il paraît difficile d'admettre cette théorie car ce serait assimiler négligence et intention. Si la jurisprudence a quelquefois adopté une telle attitude (v. R. Merle et A. Vitu, t. I, n° 581), on ne peut ériger en principe un système aussi ouvertement contraire à la légalité des infractions. Là où le législateur a voulu réprimer une hostilité à l'égard d'une valeur sociale déterminée, une intention de nuire (A.-C. Dana, *Essai sur l'infraction en droit pénal*, thèse, n° 484), on ne peut se contenter d'une simple défaillance de l'individu.

8 L'analyse du droit positif paraît d'ailleurs conforter ce point de vue (*contra* M. Puech, art. préc. et n° 113, et pour une analyse un peu différente, *Droit pénal général*, n° 1146). On relève en effet d'assez nombreuses décisions admettant que l'erreur de fait puisse entraîner l'irresponsabilité sans pour autant avoir relevé le caractère non fautif de la méprise : Crim. 19 nov. 1926, *Gaz. Pal.* 1921. 1. 329, destruction de pigeons voyageurs par un propriétaire qui avait tiré de loin, donc imprudemment, en croyant qu'il s'agissait de pigeons domestiques ; Crim. 3 nov. 1954, préc. : omission de porter secours à un blessé par le maire d'une commune qui s'était mépris sur l'état de la personne qu'il avait cru simplement prise de boisson. Les auteurs, qui sont hostiles à l'admission de l'erreur fautive comme cause de non-culpabilité, citent, il est vrai, un arrêt du 4 janvier 1902 (*DP* 1902. 1. 528) qui, en matière d'excitation de mineurs à la débauche, a refusé de prendre en considération l'erreur invoquée par la tenancière d'une maison de tolérance, relativement à l'âge de certains « clients » de son établissement, au motif « qu'elle ne saurait imputer qu'à elle-même de ne pas s'être renseignée d'une façon plus précise ». En réalité, l'argument que l'on peut tirer de cette décision n'est sans doute pas dirimant. Pour É. Garçon (art. 334-335, n° 108), cette solution impliquerait simplement le caractère non intentionnel de cette infraction. Pour L. Hugueney (note au *S.* 1933. 1. 113), le caractère intentionnel de l'infraction existe dans la mesure où il suppose la connaissance du caractère immoral des actes mais il n'est pas nécessaire que le délinquant ait su qu'il s'agissait de mineurs. On serait donc en présence d'un délit « mixte » ou hybride quant à l'intention (v. A. Françon, art. préc., n° 12) qui ne porterait que sur une partie de l'incrimination.

9 Au-delà de ces arguments techniques, peut-être la solution s'explique-t-elle, plus simplement, pour des raisons de fait tenant au caractère, non convaincant pour les juges, de l'erreur invoquée.

Comment croire en l'erreur de la tenancière si elle ne peut pas établir avoir effectué une quelconque vérification sur l'âge des clients fréquentant son établissement ? (v. dans le même sens : Crim. 29 mars 2006, préc. concernant l'âge d'une prostituée). L'arrêt que nous avons retenu, qui tout au contraire a accepté l'erreur sur l'âge ne nous paraît pas impliquer une autre solution. En effet, la référence à l'erreur que l'on peut raisonnablement commettre n'est en rien équivalente à l'exigence d'une erreur non fautive mais elle permet d'exclure la prétendue méprise de « celui qui a fermé les yeux pour ne rien voir » (Pageaud, note préc.). La chambre criminelle, en reprenant les différents éléments de fait retenus par les juges du fond, considère que l'allégation selon laquelle X…

s'est trompé sur l'âge de sa maîtresse est plausible et qu'en conséquence, l'élément intentionnel de l'infraction n'est pas établi. Ce que l'on peut déduire *a contrario* de la décision, c'est le rejet de l'erreur de fait qu'aucune circonstance de l'espèce ne rendrait vraisemblable. Peu importe que l'on puisse déceler quelque négligence dans la conduite de l'agent dès lors que sa bonne foi n'est pas contestable (en ce sens, P. Conte et P. Maistre du Chambon, n° 394).

10 Le problème paraît d'ailleurs le plus souvent se poser sous l'angle de la preuve. Rappelons tout d'abord que sur le plan des principes, c'est au ministère public qu'il appartient d'établir l'existence de l'intention, c'est-à-dire en matière d'enlèvement la connaissance de l'âge du mineur mais dans la réalité du procès pénal, la solution est quelquefois assez différente. Comme on l'a noté en doctrine (A. Decocq, p. 24, v. égal. M. Puech, préc., n° 113 ; R. Vouin, note préc.) il faut nettement distinguer selon que le résultat de l'infraction est indissociablement lié à la conduite matérielle qui le produit ou au contraire en est détachable. Dans le second cas, la partie poursuivante a l'obligation de démontrer la volonté du prévenu d'atteindre le résultat prohibé, par exemple : la volonté de tuer dans l'homicide et donc indirectement exclure toute erreur de celui qui a accompli l'acte homicide. Dans l'hypothèse où, au contraire, conduite et résultat sont indissociables, la volonté d'accomplir la première implique l'intention de réaliser le second sauf erreur de fait portant sur une condition préalable ou l'élément matériel de l'infraction. La preuve que doit rapporter le ministère public se limiterait donc à éliminer l'erreur de fait. C'est alors que la nature de l'erreur commise va jouer un rôle déterminant.

Sans doute, les infractions pour lesquelles la Cour de cassation affirme que l'élément intentionnel n'a pas besoin d'être démontré par le juge sont-elles assez peu nombreuses (l'enlèvement et le détournement de mineurs ne paraissent d'ailleurs pas être du nombre : J. Larguier, R. Vouin et M. Puech en ce sens) mais il n'est pas nécessaire pour autant que la partie poursuivante doive expressément constater l'absence d'erreur dans les motifs de sa décision (A. Decocq, préc.). Bien qu'il ne s'agisse pas d'une cause de non-imputabilité, le système de preuve va fonctionner de la même manière. Dès lors, si la défense se contente d'alléguer une erreur sans fournir d'éléments attestant de sa réalité ou si l'erreur invoquée est si grossière qu'elle paraît invraisemblable, les juges pourront considérer que la preuve de l'intention a été rapportée sans avoir besoin de se prononcer sur l'erreur elle-même. On peut, à ce propos, rappeler que pour certaines infractions, d'ailleurs de plus en plus nombreuses, la jurisprudence a admis une sorte de présomption d'existence de l'élément intentionnel en estimant que la seule constatation de la violation en connaissance de cause d'une présomption légale ou réglementaire, implique, de la part de son auteur, l'intention coupable exigée par l'article 121-3 du Code pénal (à titre d'ex., Crim. 25 mai 1994, n°s 93-85.205 et 93-85.158, *Bull. crim.* n° 203 ; Crim. 10 janv. 1996, *Dr. pénal* 1996, n° 89 ; Crim. 28 juin 2005, n° 05-82.189, *Bull. crim.* n° 196 et *supra*, n° 39 pour d'autres ex.). Dans ces hypothèses, il est assez peu probable que l'erreur de fait puisse être alléguée de manière efficace. Ainsi en ira-t-il certainement lorsque le prévenu est un professionnel, tel un importateur, en matière de tromperie alimentaire (pour une décision très significative : Crim. 17 sept. 2002, n° 01-85.536, *RSC* 2003. 106, obs. J.-F. Renucci et C. Ambroise-Castérot, admettant l'existence d'une intention parce que l'importateur n'a pas effectué toutes les vérifications, y compris celles qui présentent un caractère facultatif ; Crim. 13 juin 2006, n° 05-87.231, *Bull. crim.* n° 176 ; Crim. 20 mars 2012, n° 11-87.203 ; *D.* 2012. 1668, note B. Bouloc qui estime qu'il y a, dans ce cas, une véritable présomption de mauvaise foi. V. égal. Crim. 17 févr. 2016, n° 15-81.150, *Gaz. Pal.* 26 avr. 2016, n° 16, obs. S. Détraz, pour une escroquerie résultant d'une absence du nécessaire devoir de surveillance que doivent assurer les gérants d'une entreprise, et *supra*, n° 42). *Contra* cep. Crim. 1er mars 2000, n° 98-86.464, *Dr. pénal* 2000. 104, obs. J.-H. Robert ; *RSC* 2000. 837, obs. J.-H. Robert), pour une importation de déchets de soins médicaux, l'infraction n'étant pas constituée en raison de l'ignorance du contenu des déchets en provenance de l'étranger (sur cette question, F. Desportes, *J.-Cl. Pén. Code*, art. 121-3, n° 20-28 et J.-H. Robert, note préc.). Inversement, lorsque le juge sera convaincu du caractère plausible de la méprise et qu'il considérera qu'il y a un doute sérieux sur l'existence de l'élément intentionnel, il pourra, comme en l'espèce, estimer que la preuve n'en a pas été rapportée.

11 En définitive, il apparaît bien que, pour la jurisprudence, l'admission de l'erreur en matière d'infraction intentionnelle, ne se pose pas sous l'angle de son caractère fautif ou non fautif mais simplement sous l'angle de la vraisemblance, selon les circonstances alléguées, que l'individu était ou non de bonne foi (sur le rôle de la bonne foi en cette matière, E. Dreyer, nos 879 s.). Ainsi depuis l'entrée en vigueur de l'actuel Code pénal qui, on le sait, réaffirme solennellement la nécessité de l'intention (C. pén., art. 121-3, al. 1er), on peut signaler deux arrêts qui sans évoquer directement l'erreur attestent que la chambre criminelle a considéré que la preuve de l'intention n'avait pas été rapportée. Tout d'abord pour un délit de non-représentation d'enfant reproché à une mère qui n'avait pas accordé la garde des enfants à un père qui se trouvant en Australie n'avait pas donné signe de vie (Crim. 4 juill. 1995, n° 93-83.359, *Bull. crim.* n° 247 ; *Dr. pénal* 1995, n° 277, obs. M. Véron). Ensuite pour un abandon de famille sanctionné par les juges alors qu'ils avaient constaté que le débiteur avait pu se méprendre sur ses obligations en raison de sa « faillite » (Crim. 28 juin 1995, *Bull. crim.* n° 243 ; *JCP* 1996. II. 22576, note A. Dekeuwer ; *Dr. pénal* 1995, n° 223, note M. Véron). On peut admettre que dans les deux arrêts, la vraisemblance de l'erreur conduisait à accepter un véritable défaut d'intention (v. égal. pour un arrêt de la CA d'Angers du 15 déc. 2011, n° 11-00.324 commenté par F. Gauvin, *in* « Un an de droit pénal de la circulation », *Dr. pénal* 2012, Chron. 6, pour une infraction de conduite sans permis, son document lui ayant été rendu spontanément par la gendarmerie). Telle n'est pas la solution en matière d'infractions non intentionnelles pour lesquelles l'impunité ne peut résulter que d'une erreur exclusive de toute faute c'est-à-dire invincible.

II. — L'erreur de fait, cause d'exclusion de l'imputabilité

12 L'arrêt *Genty Valentin* rendu en matière de chasse, bien qu'il ait admis une solution assez exceptionnelle est intéressant à un double point de vue. D'abord parce qu'en admettant l'impunité, il démontre que l'erreur de fait peut être efficace même en matière d'infraction inintentionnelle si son intensité est telle qu'à l'image de la contrainte elle constitue une véritable cause de non-imputabilité (A). Ensuite, parce qu'indirectement, en mettant l'accent sur le caractère invincible de l'erreur, il conforte la thèse selon laquelle toute autre erreur qui laisse subsister une faute n'a aucune efficacité (B).

A. — Admission de l'erreur invincible

13 Genty qui participait à une battue pour la destruction d'animaux nuisibles a tué un chevreuil alors qu'il était persuadé de tirer sur un loup. Pour le relaxer, la cour de Besançon ne s'est pas contentée de constater l'erreur commise par le chasseur mais elle a relevé les circonstances permettant de considérer que l'inculpé n'avait pas pu reconnaître l'animal sur lequel il faisait feu, notamment le fait que tous les autres chasseurs ayant fait feu avant lui avaient eu la certitude de tirer sur un loup. C'est donc le caractère commun de l'erreur qui en l'occurrence atteste de son invincibilité (dans le même sens en matière de chasse Crim. 9 déc. 1859, *DP* 1860. 1. 144, transport de gibier par un facteur de messagerie qui ignorait le contenu du colis qu'on lui avait remis ; T. corr. Villefranche-sur-Saône 30 oct. 1951, *D.* 1951. 735 et encore plus récemment TGI Caen 17 mai 1994, *Gaz. Pal.* 16-20 avr. 1995, pour un délit de destruction d'un animal protégé, ex-délit-matériel : méprise acceptable puisque le gibier n'a pas été reconnu par des professionnels).

On peut, il est vrai, relever d'autres décisions intervenues dans le même domaine et rejetant l'impunité (par ex. : Crim. 6 déc. 1867, *S.* 1868. 1. 138, comm. M. Puech, n° 113) mais l'analyse des faits montre assez clairement que l'erreur n'était pas invincible puisque la chambre criminelle constate que le prévenu a tiré inopinément sans avoir pris le temps de la réflexion alors qu'il était dans une position peu favorable (v. égal. Crim. 12 avr. 1845, *S.* 1845. 1. 470). La comparaison avec l'arrêt *Genty* est d'ailleurs intéressante puisque la cassation est prononcée dans ce cas, parce que la cour suprême a considéré que l'acte reproché avait été accompli librement et volontairement, autrement dit, pouvait être imputé au prévenu alors qu'au contraire, après avoir utilisé la même formule dans le premier attendu de l'arrêt *Genty*, en rejetant le pourvoi, elle a implicitement admis que l'erreur invincible du chasseur interdisait de lui imputer l'infraction commise. On remarquera qu'en se référant à la liberté de l'acte, la chambre criminelle accrédite la théorie qui fait de l'erreur invincible une simple variante de la contrainte (v. A.-C. Dana, thèse préc., et v. *supra*, n° 43 ; pour une explication un peu différente, P. Conte et P. Maistre du Chambon, n° 396 qui considèrent que c'est l'élément matériel de l'infraction qui disparaît).

14 Il est certain que la jurisprudence a tendance à se montrer particulièrement exigeante pour admettre l'invincibilité de l'erreur (pour l'appréciation de ce caractère, v. *infra*, n° 46, à propos de l'erreur de droit) mais quant au principe, il n'est pas remis en cause pour autant. La Cour de cassation l'a d'ailleurs rappelé dans un arrêt du 30 décembre 1953 (*Bull. crim.* n° 360 ; *RSC* 1954. 754, obs. A. Légal), par un attendu de principe même si avec une sévérité, à notre sens excessive, elle a rejeté le caractère invincible de l'ignorance alléguée par le prévenu (v. A. Françon, art. préc., n° 18. v. égal. en matière douanière, Crim. 14 juin 1982, *Bull. crim.* n° 157 ; Crim. 14 mars 1983, *Bull. crim.* n° 77 ; Crim. 3 déc. 1984, *Bull. crim.* n° 380 ; *contra* Crim. 20 févr. 1997, n° 95-84.764, *Bull. crim.* n° 73).

La solution concernant l'erreur de fait invincible s'applique bien évidemment pour les infractions d'imprudence mais il semble bien que les tribunaux n'admettent que très exceptionnellement que l'erreur, simple variété de la faute d'imprévoyance, puisse présenter les caractéristiques de la force majeure et exclure toute responsabilité (v. cep. Dijon 21 mai 1954, *D.* 1954. 444, et sur la jurisprudence belge : R. Legros, *L'élément moral dans les infractions*, thèse Bruxelles, 1951, n° 68). L'admission à titre très exceptionnel de l'erreur invincible pour les infractions inintentionnelles permet de comprendre pourquoi l'erreur fautive ne peut avoir la moindre incidence sur la culpabilité.

B. — Exclusion de toute erreur fautive

15 On doit considérer que cette solution va de soi puisque la faute révèle l'indifférence à la valeur sociale protégée qui caractérise ce type d'infraction. L'arrêt *Genty* rappelle d'ailleurs en exergue, qu'un fait de chasse « ne peut être excusé, par l'intention de celui auquel il est imputé ». S'agissant des infractions contraventionnelles pour lesquelles la faute découle de la simple violation de la norme, comment concevoir qu'une simple méprise de l'agent puisse suffire à exclure sa responsabilité pénale alors que le législateur a voulu exiger de chaque citoyen une attention de tous les instants. Il en résulte que la simple violation de la loi pénale révèle la faute sauf démonstration de la contrainte qui peut prendre la forme d'une erreur invincible (v. *infra*, n° 46).

S'agissant des infractions qui ne requièrent qu'une faute d'imprudence ou de négligence, l'erreur de fait non invincible, c'est-à-dire par hypothèse fautive, ne peut avoir aucune efficacité. Comme on l'a fait remarquer (R. Merle et A. Vitu, t. I, n° 605 ; M. Puech, n° 1157) l'erreur en ce domaine est impardonnable car loin d'excuser la faute, elle la démontre avec éclat. Le chasseur qui blesse une personne en nettoyant son fusil qu'il croyait déchargé, ne peut pas s'abriter derrière cette erreur puisqu'elle révèle avec éclat sa négligence consistant à ne pas avoir vérifié que l'arme était déchargée : l'erreur ne peut donc pas être exclusive de la culpabilité de l'auteur d'une infraction involontaire puisque dans la plupart des hypothèses elle permettra de démontrer cette culpabilité.

Sur le plan des principes juridiques concernant l'élément moral, le régime jurisprudentiel de l'erreur de fait en matière pénale est donc parfaitement cohérent. Peut-être regrettera-t-on que la chambre criminelle comme en matière d'erreur de droit ait une conception de l'invincibilité quelque peu restrictive. L'actuel Code pénal ne dit mot de l'erreur de fait mais en admettant expressément que l'erreur de droit puisse entraîner l'impunité, le législateur (C. pén., art. 122-3) devrait inciter les juges à se montrer un peu moins exigeants pour accepter qu'une erreur de fait puisse justifier l'auteur d'une infraction non-intentionnelle.

A. V.

46

ERREUR DE DROIT - EFFETS

Crim., 9 oct. 1958, nº 56-01.114, *Laurent et autres*
(*D.* 1959. 68 ; *S.* 1960. 173 ; *Gaz. Pal.* 1958. 2. 319 ; *RSC* 1960. 69, obs. A. Légal)

Crim., 8 févr. 1966, nº 65-92.012, *Josserand*
(*Bull. crim.* nº 36 ; *RSC* 1966. 887, obs. A. Légal)

L'erreur de droit ne constitue ni un fait justificatif ni une excuse admis par la loi (1re esp.).

Elle ne peut entraîner l'impunité que dans le seul cas où son invincibilité en fait une véritable cause de non-imputabilité (2e esp.).

Chambre criminelle, 9 octobre 1958, *Laurent et autres*

Attendu que Laurent, Badouin et Léger, respectivement président du Conseil d'administration, directeur général et directeur général adjoint de la Société Sidélor, entreprise comportant plusieurs établissements distincts, ont été cités en police correctionnelle à la requête de la « Fédération française des syndicats de la métallurgie et parties similaires » (CFTC), pour avoir refusé l'accès du comité central d'entreprise réuni le 23 juin 1954, à André Neu, mandaté par l'organisme syndical sus-désigné pour le représenter à cette réunion, se rendant ainsi coupable d'entrave intentionnellement apportée au fonctionnement d'un comité d'entreprise, délit prévu et puni par l'article 24 de l'ordonnance du 22 février 1945 ;

Attendu que, répondant aux conclusions par lesquelles les prévenus soutenaient qu'aucun texte n'accordait aux organisations syndicales ouvrières la faculté de déléguer un représentant aux réunions des comités centraux d'entreprise, l'arrêt attaqué déclare à bon droit que, de la combinaison de l'article 5 de l'ordonnance du 22 février 1945, tel que l'a modifié la loi du 16 mai 1946, et de l'article 21 de ladite ordonnance, il résulte que les comités d'entreprise sont tous trois régis, quant à leur mode de composition, par le principe de la triple représentation : patronale, salariée et syndicale ; qu'ainsi, les représentants des organismes syndicaux ouvriers doivent avoir accès à ces divers comités et, notamment, aux comités centraux, en même temps que les chefs d'entreprise et les délégués du personnel ; qu'il s'ensuit qu'en l'espèce, les dirigeants de l'entreprise Sidélor n'étaient pas fondés en droit à s'opposer, lors de la réunion du comité central du 23 juin 1954, à la présence du représentant de la Fédération syndicale plaignante ;

Attendu qu'après avoir ainsi exactement interprété les textes de loi dont ils avaient à faire application et en avoir justement défini l'esprit et la portée, la cour d'appel a néanmoins relaxé les prévenus, en relevant dans ses motifs qu'antérieurement aux faits incriminés, les dirigeants de la société Sidélor avaient sollicité l'avis du ministre du Travail sur la question litigieuse ; que, par une lettre adressée à cette entreprise, le 12 janvier 1950, le ministre exprimait l'avis que la loi n'avait pas expressément prévu la présence d'un représentant syndical aux réunions du comité central ; que, dans sa réponse à une question écrite, le même ministre avait, le 12 mars 1950, confirmé ce point de vue ;

Qu'ainsi, en présence, d'une part, de textes « prêtant à discussion » et, d'autre part, de l'interprétation qu'en avait donnée l'autorité administrative qualifiée, les prévenus avaient pu croire en toute bonne foi que leur refus était légitime et qu'en le formulant, ils n'avaient pas eu conscience de commettre un acte fautif ;

Attendu qu'en l'état de ces motifs, non contraires aux autres constatations de l'arrêt, ni aux prescriptions légales, et qui spécifient que les prévenus, en s'adressant à l'administration, avaient manifesté leur souci de se mettre en règle avec la loi, les juges du fond ont pu admettre que les faits de la cause ne présentaient pas le caractère intentionnel nécessaire, aux termes de l'article 24 de l'ordonnance du 22 février 1945, pour constituer le délit et qu'ils ont légalement justifié leur décision ;

D'où il suit que le moyen n'est pas fondé ;

Et attendu que l'arrêt est régulier en la forme ;

Rejette le pourvoi

Chambe criminelle, 8 février 1966, *Josserand*

Attendu qu'il résulte de l'arrêt attaqué qu'au cours de l'instance en séparation de corps entre les époux Josserand, la garde de l'enfant commun a été confiée à la mère par ordonnance de non-conciliation du président du tribunal en date du 19 mai 1959 ; que l'arrêt de la cour d'appel de Lyon du 28 avril 1964 rejetant la demande en séparation de corps a été frappé de pourvoi par dame Josserand ; – Attendu qu'en cet état, c'est à bon droit que la cour d'appel a prononcé condamnation contre Josserand pour avoir retenu l'enfant et s'être refusé à la remettre à la mère, malgré plusieurs sommations, depuis le 10 août 1964, et ce au mépris de l'ordonnance susvisée ; – Qu'en effet, le pourvoi en cassation qui est suspensif, en la matière, prolonge l'instance et maintient en vigueur la mesure relative à la garde de l'enfant commun ordonnée au cours de cette même instance, jusqu'à décision définitive ; – Que le refus réitéré de remettre l'enfant, affirmé par l'arrêt attaqué, constitue l'élément intentionnel du délit, la prétendue erreur de droit alléguée par Josserand ne constituant ni un fait justificatif ni une excuse admis par la loi ; – D'où il suit que les moyens doivent être écartés ; – Et attendu que l'arrêt est régulier en la forme ;

Rejette le pourvoi

OBSERVATIONS

1 Nul n'est censé ignorer la loi. Telle est (ou était) la réponse généralement apportée lorsque l'on s'interroge sur l'efficacité éventuelle d'une erreur de droit quant à l'existence d'une infraction.

Dès lors que la connaissance de la loi est présumée, la seule véritable question qui se pose est de déterminer si cette présomption est absolue. S'applique-t-elle de la même manière aux infractions intentionnelles et aux infractions inintentionnelles ? É. Garçon l'affirmait déjà (art. 1er, no 88) ce qui paraît assez surprenant. En effet s'agissant des secondes, la solution est parfaitement normale. Dès lors que la culpabilité (sur ce thème, A.-C. Dana, *Essai sur la notion d'infraction pénale*, thèse, LGDJ, n° 268 et la nombreuse bibliographie citée) dans ce type d'infractions n'implique pas la recherche d'un résultat, il suffit que le délinquant ait été indifférent à l'égard des valeurs sociales pénalement protégées par la loi. L'erreur concernant la qualification pénale, qui peut consister, soit dans une ignorance de la loi pénale, soit dans une interprétation inexacte de ses dispositions (E. Daskalakis, *Réflexions sur le problème de la responsabilité pénale*, p. 55, PUF, 1973) implique nécessairement cette indifférence. Comment contester que celui qui n'a pas su s'informer sur la réalité de l'existence d'une infraction ait été indifférent aux valeurs sociales qu'elle voulait protéger ?

2 Pour les infractions intentionnelles, le problème est *a priori* très différent puisque l'intention implique une hostilité à l'égard des valeurs sociales protégées. L'erreur de droit paraît donc de nature à détruire cette forme de culpabilité. Selon É. Garçon (art. 1er, n° 77) l'intention c'est la volonté de commettre le délit tel qu'il est déterminé par la loi ; la conscience chez le coupable d'enfreindre les prohibitions légales. Cette définition reprise par l'ensemble de la doctrine devrait conduire à faire de l'erreur de droit une cause de non-culpabilité (sur le fondement de l'erreur de droit, v. Y. Mayaud, nos 463 s.). On sait pourtant qu'il n'en est rien puisque le citoyen est toujours censé connaître la loi et que cette présomption de connaissance était irréfragable au moins jusqu'à la promulgation de l'actuel Code pénal.

Lorsque l'on examine le fondement d'une telle présomption, on évoque d'abord la nécessaire autorité de la loi qui ne peut dépendre de la connaissance qu'en ont les sujets de droit (A. Decocq, p. 213). Mais c'est ensuite et surtout l'idée d'une contrepartie du principe de la légalité que propose le plus fréquemment la doctrine (R. Merle et A. Vitu, t. I, n° 582 ; F. Terré, « Le rôle de la maxime "nul n'est censé ignorer la loi" », *Études de droit contemporain*, 1966, p. 91 ; v. égal. E. Dreyer, nos 283 s. qui traite de cette question dans un développement sur le contenu du principe de la légalité et évoque un échec de la répression faute d'avertissement). L'idée du contrat social implique que l'État, qui garantit aux citoyens qu'ils ne seront pas sanctionnés sans avoir été préalablement informés de l'interdiction qui leur est faite, impose en échange qu'ils ne puissent pas s'abriter derrière une prétendue ignorance de la loi pénale. L'individu doit se renseigner avant d'agir, son erreur est la démonstration d'une négligence qui exclura sa bonne foi (sur le rôle de l'instruction civique pour la connaissance de la loi, en l'occurrence l'interdiction du port d'une arme blanche : v. Grenoble 13 nov. 1996, *Dr. pénal* 1997. 92, obs. M. Véron).

Cette argumentation n'est cependant pas totalement convaincante et elle faisait l'objet de critiques de plus en plus vives de la part de la doctrine moderne (J. Pradel, n° 550 ; M. Puech, n° 112, etc.). Alors que les textes sont de plus en plus nombreux et de plus en plus complexes n'est-il pas très artificiel de considérer que tout citoyen indistinctement doit connaître la totalité des lois pénales. Cette multiplicité de textes explique que dans certains cas une mise en demeure soit nécessaire avant toute poursuite et que dans d'autres la réglementation soit portée à la connaissance des usagers par une signalisation en dehors de laquelle elle est inopposable (Crim. 25 mars 1987, *Bull. crim.* nº 142 ; Crim. 13 janv. 1987, *Bull. crim.* nº 18. V. en ce sens : C. route, art. R. 411-25, al. 2).

Cela explique en tout cas que certains auteurs n'aient pas été convaincus par cette présentation. Ainsi M. Dana (thèse préc., nºs 477 s.) a-t-il fait la démonstration que la faute intentionnelle ne requiert pas la connaissance de la loi. L'intention pénale, envisagée comme l'intention de nuire à une valeur sociale, n'a pas à être soutenue par la fiction de la connaissance présumée de la loi, d'où le caractère inopérant de l'erreur de droit. Cette analyse est partagée par M. Puech (« L'erreur en droit pénal », journées d'études de l'Association française de droit pénal, in *Annales de l'Université de sciences sociales de Toulouse*, t. , p. 71).

L'analyse de la jurisprudence de la chambre criminelle notamment, y compris celle postérieure à l'actuel Code pénal, nous semble de nature à étayer cette affirmation. La première décision que nous avons retenue en date du 8 février 1966 nous paraît impliquer, par la généralité de sa motivation, le rejet de l'erreur de droit en tant que cause de non-culpabilité. La seconde décision du 9 octobre 1958, bien qu'antérieure, ne nous paraît pas nécessairement être caduque. En effet, elle pourrait s'expliquer par la reconnaissance de l'erreur de droit invincible qui, à l'image de la contrainte, serait source de non-imputabilité pour le délinquant. C'est d'ailleurs cette conception qui semble avoir été retenue aujourd'hui puisque le nouveau Code pénal (C. pén., art. 122-3) consacre expressément la non-responsabilité de celui qui, sur la base d'une erreur de droit qu'il ne pouvait éviter, a cru pouvoir accomplir un acte qui constitue une infraction. Nous allons essayer de montrer que cette admission légale ne change pas la façon de présenter ce problème mais qu'elle devrait conduire les juges à admettre plus facilement l'erreur de droit justificative.

I. — L'exclusion jurisprudentielle de l'erreur de droit au titre de la non-culpabilité

3 Le rejet de l'erreur de droit, cause de non-culpabilité, est directement impliqué par les motifs de l'arrêt *Josserand*, même si la terminologie est discutable. On trouve en effet cette formule générale : « la prétendue erreur de droit » ne constitue ni un fait justificatif ni une excuse admis par la loi.

Mme Josserand a introduit, contre son mari sourd-muet, une demande en séparation de corps. Pendant l'instance, elle s'est vue confier la garde de leur enfant. Déboutée de sa demande par la cour d'appel, elle a introduit un pourvoi en cassation. C'est pendant cette période que M. Josserand a refusé de remettre l'enfant à sa mère, malgré plusieurs demandes. Il a été poursuivi et condamné pour non-représentation d'enfant. Il s'est alors pourvu en cassation en invoquant une erreur de droit fondée sur le fait qu'il ignorait le caractère suspensif du pourvoi en cassation en matière de séparation de corps, ce qui avait pour effet de maintenir la mesure provisoire de garde. Il allègue par ailleurs avoir sur ce point sollicité des conseils qu'il n'a fait que suivre.

Malgré cette argumentation, la chambre criminelle a considéré que l'infraction restait punissable. Cette décision paraissait mettre un terme à toutes les tentatives doctrinales tendant à limiter le domaine d'application de la présomption de connaissance de la loi.

A. — Le rejet des erreurs fondées sur des critères subjectifs

4 Les auteurs dénonçant le caractère excessif et très artificiel du refus de l'erreur de droit s'étaient efforcés d'élaborer des théories permettant de distinguer, parmi les erreurs de droit, celles qui pourraient être retenues comme causes de non-culpabilité.

On a tout d'abord imaginé d'utiliser des critères subjectifs, c'est-à-dire fondés sur la seule personnalité des délinquants. Rationnellement il est assez logique de tenir compte de l'aptitude du délinquant à connaître la loi pénale. On peut évidemment songer à retenir l'erreur de l'étranger et non celle du citoyen français (en ce sens, Paris 31 mai 1949, *JCP* 1949. II. 5163 : bigamie). Mais pourquoi l'illettré français ne pourrait-il pas bénéficier de la même mansuétude ? On peut aussi songer, du moins pour certaines infractions, à opposer l'erreur du professionnel, non admise, à celle du non-professionnel qui pourrait être retenue. Mais est-il facile de déterminer avec précision ce qu'est un professionnel ? Les difficultés de mettre en œuvre de tels critères, leur élasticité ou leur arbitraire, font qu'ils n'ont jamais été véritablement acceptés par la jurisprudence [v. encore après la mise en application de l'actuel Code pénal (Douai 26 oct. 1994, *D.* 1995. 172, note P. Couvrat et M. Massé ; *Gaz. Pal.* 7-8 déc. 1994) qui refuse l'erreur d'un automobiliste étranger qui, transporteur de profession, ne pouvait ignorer la réglementation française] (Crim. 29 mars 2000, *Bull. crim.* n° 146 pour des mouvements de capitaux). La chambre criminelle s'est également prononcée dans le même sens s'agissant de l'erreur d'un étranger illettré : Crim. 17 févr. 1998, n° 96-86.257, *Bull. crim.* n° 60 ; *RSC* 1998. 765, obs. B. Bouloc ; v. cep. un arrêt d'acquittement pour une erreur de localisation sur le territoire français, cité par Y. Mayaud, n° 467-4).

B. — Le rejet des erreurs fondées sur des critères objectifs

5 Les critères objectifs, qui avaient par ailleurs été proposés, étaient, au moins *a priori*, plus faciles à mettre en œuvre. On peut évidemment rejeter sans hésiter le critère qu'avaient imaginé les positivistes en proposant de distinguer les incriminations à la loi naturelle et celles qui concernent une disposition artificielle, l'erreur de droit n'étant admise que dans le second cas. Une telle solution priverait l'essentiel du droit pénal de son efficacité (R. Merle et A. Vitu, t. I, n° 585).

La distinction entre l'erreur de droit pénal proprement dite et l'erreur extrapénale avait, en revanche, suscité des discussions beaucoup plus sérieuses. Cette distinction initialement proposée par É. Garçon (t. I, n° 94 ; v. égal. L. Hugueney, *Rapport au IVe congrès de droit comparé*, Paris, 1954 ; A. Françon, « L'erreur en droit pénal » in *Quelques aspects de l'autonomie du droit pénal*, p. 228) avait connu un certain succès en doctrine et avait été acceptée, au moins par certaines juridictions du fond. L'idée sous-jacente est que les règles de droit civil ou commercial sont plus difficiles à connaître que les dispositions de droit pénal pur. En conséquence, la méconnaissance des premières est moins fautive que celle des secondes, ce qui explique que l'erreur de droit puisse être retenue.

Les tribunaux avaient tout d'abord appliqué cette solution pour des erreurs portant sur des règles de droit civil. On cite comme exemple une décision qui avait relaxé l'inventeur d'un trésor, qui, ignorant qu'il devait partager sa découverte avec le propriétaire des lieux (C. civ., art. 716), était poursuivi pour vol parce qu'il l'avait conservé en entier (Paris 2 déc. 1924, *Rec. dr. comm.* 1925. II. 35). De la même manière on avait admis que l'adultère, lorsqu'il était punissable, ou la bigamie pouvaient ne pas être réprimés lorsque la personne poursuivie avait la conviction qu'elle n'était plus engagée dans les liens d'un mariage ; T. corr. Château-Thierry 12 déc. 1947, *JCP* 1948. II. 4119, note Lhérondel (décision de divorce non définitive en raison d'un pourvoi en cassation : pas d'adultère) ; Paris 31 mai 1949, *JCP* 1949. II. 5163 (divorce prononcé par un rabbin et non reconnu valable en France : pas de bigamie).

On pourrait sans doute citer quelques autres décisions, y compris un arrêt de la Cour de cassation, mais d'une chambre civile il est vrai, qui paraissait admettre une justification fondée sur l'erreur de droit de l'individu (Civ. 20 juill. 1962, *Rec. Dr. pénal* 1963. 284 ; Laplatte, « Du nouveau dans la règle, nul n'est censé ignorer la loi » in *Les lois nouvelles*, 1964, t. I, p. 341) mais on ne peut pas dire que la jurisprudence a été fixée en ce sens.

Bien au contraire la chambre criminelle paraît n'avoir jamais admis une efficacité quelconque à l'erreur de droit extrapénale. On rencontre d'ailleurs des décisions depuis la fin du siècle dernier (Crim. 1er mars 1890, *S.* 1891. 1. 140), refusant l'erreur d'un maire qui ignorait une législation sur les réquisitions ; v. égal. Crim. 31 oct. 1930, *Gaz. Pal.* 1930. 2. 673 ou encore Crim. 26 juin 1963, *D.* 1963. 660.

6 L'arrêt *Josserand* ne constituait donc pas une innovation pour la chambre criminelle, mais il avait le mérite de rappeler avec vigueur l'inefficacité de l'erreur de droit qui ne pouvait pas être assimilée à un fait justificatif. Dans d'autres décisions la Haute juridiction utilisait une formule plus précise en se référant à la culpabilité qui ne peut pas être supprimée par une erreur de droit, quelle que soit la cause dont elle découle (Crim. 10 juill. 1903, *D.* 1903. 1. 490). L'erreur commise par Josserand était pourtant le type même de l'erreur extrapénale puisqu'elle portait sur l'ignorance du caractère suspensif du pourvoi en cassation en matière de séparation de corps. On peut d'ailleurs ajouter que les mauvais renseignements fournis à l'inculpé semblent montrer que cette erreur était assez bien partagée.

Ultérieurement la chambre criminelle avait confirmé ce point de vue dans une affaire d'adultère (Crim. 27 févr. 1968, *Bull. crim.* n° 17 ; v. égal. Crim. 27 mai 1971, *JCP* 1971. II. 16793 qui refusait l'erreur de droit d'un commerçant pour une vente sans facture parce qu'il s'était mépris sur le sens juridique de la vente sous condition résolutoire ; Crim. 26 avr. 1983, *JCP* 1983. IV. 205 en matière d'abandon de famille).

Cette solution nous paraît tout à fait logique. En effet la distinction proposée par la doctrine était dénuée de fondement juridique. Pourquoi un citoyen pourrait-il plus légitimement ignorer les dispositions civiles inscrites dans un texte de droit pénal que les dispositions criminelles elles-mêmes ? (R. Merle et A. Vitu, t. I, n° 585 ; A. Légal : « L'évolution de la jurisprudence française en matière d'erreur de droit », *RPS* 1960. 314). On doit d'ailleurs noter que la plupart des normes en matière pénale, tendent à faire respecter une disposition relevant d'une autre branche du droit. Toute erreur n'est-elle pas extrapénale ? Mais allant plus loin, ne faut-il pas affirmer que toute règle intégrée dans une loi pénale devient pénale elle-même ? Dès lors toute distinction est arbitraire. Il est vrai que l'on a voulu échapper à cette conséquence inévitable en considérant que l'erreur sur une disposition extrapénale est une erreur de fait qui peut, quant à elle, conduire à l'absence de culpabilité (v. P. Bouzat et J. Pinatel, t. I, n° 184). Cette présentation qualifiée « d'ingéniosité artificielle » (R. Merle et A. Vitu, préc.) de « pirouette ingénieuse » (M. Puech, n° 112) peut beaucoup plus facilement être considérée comme un pur sophisme (A. Decocq, p. 216 ; W. Jeandidier, n° 365 ; pour une position plus nuancée, E. Dreyer, n° 295 et *contra B.* Thellier de Poncheville, *La condition préalable de l'infraction*, thèse Lyon 3, PUAM, 2010, préf. A. Varinard, n°s 635 s.). Si le voleur de la moitié d'un trésor n'a pas conscience de soustraire la chose d'autrui parce qu'il se croit propriétaire, c'est parce qu'il ignore une loi civile. Comment parler d'autre chose que d'erreur de droit.

Placée sur le terrain de la culpabilité, l'erreur de droit n'était donc jamais justificative. Il n'y avait rien là de surprenant ni de choquant, surtout si l'on admet que la connaissance de la loi pénale n'est pas un élément de l'intention. Fallait-il en déduire qu'aucune erreur de droit ne pouvait entraîner l'impunité ? La force de la présomption était-elle absolue ? La deuxième décision que nous avons choisie tendrait à prouver le contraire, ce qui conduit à admettre que l'erreur invincible pouvait justifier un délinquant avant même que le législateur ne l'admette expressément.

II. — L'admission de l'erreur de droit invincible au titre de la non-imputabilité

7 L'admission de l'erreur invincible comme cause de non-imputabilité restait, cependant, nous allons le voir, très hésitante. La théorie de l'erreur invincible a été développée par certains auteurs (A. Légal,

« L'évolution de la jurisprudence française en matière d'erreur de droit », *RPS* 1960. 314 s. ; P. Couturier, « L'erreur de droit invincible en matière pénale », *RSC* 1968. 547). Selon cette doctrine, elle serait retenue en raison de son intensité. L'erreur est dite invincible lorsque l'individu était dans l'impossibilité absolue de la découvrir, soit en se renseignant par lui-même, soit en s'informant auprès de tiers (A. Légal, préc.). L'arrêt de la chambre criminelle du 9 octobre 1958 est une bonne illustration de ce type d'erreur et il tend à démontrer que lorsqu'elle est d'une certaine intensité, la méprise sur l'existence d'une qualification pénale peut justifier l'infraction (A) mais la jurisprudence la plus récente paraissait nettement plus restrictive, probablement parce que l'on se montrait plus exigeant quant au caractère invincible de l'erreur. Il importera de vérifier si la formule de l'article 122-3 de l'actuel Code pénal est de nature à entraîner la modification de certaines décisions (B).

A. — Les précédents jurisprudentiels de la solution

8 Les dirigeants d'une firme étaient poursuivis pour entrave au fonctionnement d'un comité d'entreprise, parce qu'ils avaient refusé l'accès d'un comité central au représentant d'un syndicat. En l'occurrence les dispositions légales concernant cette question, étaient très ambiguës et l'analyse des textes ne permettait pas de dégager leur portée exacte pour les entreprises comportant plusieurs établissements. Le principe de la triple représentation, patronale, salariale et syndicale, s'appliquait-il à la fois aux comités d'établissement et aux comités centraux ? Devant cette difficulté d'interprétation des textes, les dirigeants de la société avaient sollicité l'avis de la plus haute autorité administrative compétente en la matière, à savoir le ministre du Travail. Ce dernier, par une lettre adressée à l'entreprise, puis dans une réponse à une question écrite d'un parlementaire, avait estimé que la présence des délégués syndicaux n'était pas prévue pour les réunions du comité central. C'est donc en se fondant sur cette appréciation ministérielle que les dirigeants de la société avaient refusé l'accès du comité central d'entreprise à l'individu mandaté par un syndicat. La chambre criminelle, après avoir estimé que le principe de la triple représentation s'appliquait bien à tous les organismes représentatifs et donc constaté que le refus de la direction de l'entreprise d'accepter le représentant syndical n'était pas fondé, rejette néanmoins le délit d'entrave. Elle considère que l'interprétation donnée par une autorité administrative qualifiée, s'agissant de textes « prêtant à discussion », fonde la bonne foi des prévenus qui « n'ont pas eu conscience de commettre un acte fautif ». Ainsi, c'est bien l'erreur de droit qui justifie la relaxe des prévenus, contrairement à la solution adoptée dans l'arrêt *Josserand*.

Peut-on considérer que la différence entre les deux décisions s'explique de manière rationnelle ? Nous pensons pouvoir l'affirmer. En effet, si nous admettons que l'erreur ne peut agir que comme une cause de non-imputabilité, il faut qu'elle s'impose à l'individu en le mettant dans l'impossibilité absolue de l'éviter. L'absence de culpabilité s'explique alors simplement parce que l'imputabilité, condition préalable à son examen, fait défaut. Mais l'erreur invincible fait-elle disparaître la liberté de comportement de l'individu ou l'intelligence de celui-ci ? Pour M. Puech (art. préc.) l'erreur atteint le comportement dans son élément intellectuel. La décision d'agir est faussée, mais l'agent agit librement. Pour M. Dana (thèse préc.) c'est la liberté du comportement qui est affectée, l'individu ayant été contraint au sens de l'article 64 du Code pénal de 1810 (C. pén., art. 122-2). Sans doute la deuxième analyse implique-t-elle que l'on prenne une certaine liberté avec la définition classique de la contrainte, mais elle correspond beaucoup mieux à l'analyse de l'erreur invincible, telle qu'elle résulte des décisions jurisprudentielles. La démonstration de la réalité de l'erreur n'est pas suffisante, il faut établir son invincibilité.

9 Dans l'arrêt *Laurent* l'invincibilité de l'erreur tient au fait que tout a été envisagé par les prévenus pour connaître la loi, la fausse interprétation émanant de l'autorité administrative compétente la plus élevée dans la hiérarchie, aucune autre démarche n'était possible. En revanche, Josserand n'allègue nullement un élément du même type, le moyen du pourvoi faisant simplement état « de conseils autorisés » qui l'auraient induit en erreur. En réalité, s'agissant d'un problème juridique assez simple, on peut supposer au contraire que tout juriste professionnel aurait pu l'aider à ne pas commettre cette erreur. La différence entre les deux décisions est donc fondée sur la différence d'intensité des deux méprises. Ainsi dans une autre affaire d'entrave (Crim. 2 mars 1961, *Bull. crim.* n° 139) la chambre criminelle a, au contraire, rejeté le caractère invincible de l'erreur parce que l'administration consultée avait pris parti contre l'interprétation des dirigeants.

On notera en revanche, que l'erreur invincible fonctionnant comme cause de non-imputabilité, peut aussi bien jouer pour des infractions intentionnelles que pour des infractions fautives. Ainsi le refus de procéder à une formalité, en l'occurrence la réception d'une déclaration de salariés par une caisse de congés payés, a été considéré comme une erreur invincible par la chambre criminelle (Crim. 6 nov. 1951, *Bull. crim.* n° 288 ; Crim. 26 janv. 1956, *Bull. crim.* n° 107 ; *RSC* 1957. 363, obs. A. Légal). On pourrait également citer plusieurs décisions des juridictions du fond (T. corr. Seine 29 déc. 1956, *Rec. Dr. pénal* 1957. 36 ; Pau 18 nov. 1953, *D.* 1954. 229, note F. G.) rendues en matière d'exercice illégal d'une profession. On rappellera encore que la notion d'erreur invincible paraît également retenue en matière d'erreur de fait (v. *supra*, n° 45) à la fois par la jurisprudence et par le législateur dans certaines circonstances (v. A.-C. Dana, thèse préc., n° 184).

Comment peut-on alors expliquer que la plupart des auteurs, écrivant avant l'actuel Code pénal, aient eu tendance à considérer que la jurisprudence avait totalement abandonné cette position (B. Bouloc, n° 463 ; J. Pradel, n° 549 ; R. Merle et A. Vitu, t. I, n° 587 ; M. Puech, p. 430, n° 112 ; *contra* W. Jeandidier, n° 365) ? Ils se fondaient pour l'affirmer sur certains arrêts postérieurs à ceux que nous commentons. Si cette interprétation est assez logique on peut également soutenir que ces décisions s'expliquaient par l'absence du caractère invincible de l'erreur qui s'apprécie de la même manière que la contrainte. Reste alors à vérifier quelle est l'influence de la nouvelle règle.

B. — La consécration législative de la solution

10 L'article 122-3 qui édicte que « n'est pas pénalement responsable la personne qui justifie avoir cru par une erreur sur le droit qu'elle n'était pas en mesure d'éviter pouvoir légitimement accomplir l'acte » aurait-il conduit à des solutions différentes ? On peut en douter. Après beaucoup d'autres législations étrangères (Allemagne, Autriche, Portugal, par ex. v. J. Pradel, *Droit pénal comparé*, 3e éd., nos 116 s.), le droit français admet que l'erreur de droit inévitable (donc invincible) peut entraîner l'irresponsabilité de celui qui l'allègue. L'analyse des travaux préparatoires du Parlement montre que le législateur a entendu réserver ce texte aux seules erreurs totalement inévitables et l'on a cité l'information erronée fournie par l administration et le défaut de publicité du texte ce qui sera évidemment assez rare (pour des analyses doctrinales intéressantes, v. N. Hosni : « L'erreur de droit et son influence sur la responsabilité pénale », *RSC* 1999. 711 ; J. Amar : « Erreur sur le droit et partie au procès pénal », *Dr. pénal* 1999. Chron. 15 ; C. Hardoin Le Goff, « Les fictions légales en droit pénal », *Dr. pénal* 2009. Étude 1 ; B. Chapeleau Musseau, « Question sur l'erreur de droit » in *Réflexions sur le nouveau Code pénal*, Pédone, 1995).

Aux termes de ce texte, il faut donc que l'erreur, qui porte sur une règle de droit, soit inévitable et qu'ainsi la personne poursuivie ait cru en la légitimité de l'acte qu'elle accomplissait. Ce sont ces deux conditions qu'il convient d'examiner par rapport aux solutions admises avant la légalisation de cette cause de non-responsabilité.

11 On observera tout d'abord que la jurisprudence, pour apprécier l'invincibilité, a toujours procédé à une comparaison objective (*in abstracto*), c'est-à-dire par rapport aux possibilités d'un homme moyen, et non pas subjective (*in concreto*) en fonction des aptitudes personnelles de l'agent (pour la contrainte, v. *supra*, n° 44). Cette méthode qui s'impose rationnellement (M. Puech, art. préc.) en raison des objectifs du droit pénal aboutit nécessairement à se montrer très exigeant pour accepter le caractère invincible de l'erreur de droit. L'article 122-3 du Code pénal ne devait pas conduire les juges à modifier cette façon d'agir, tout au plus pouvait-on souhaiter qu'ils accepteraient dans quelques cas, de tenir compte de la plus grande difficulté que certains peuvent avoir pour connaître la loi (F. Desportes et F. Le Gunehec, n° 687). La culture juridique de celui qui invoque l'erreur est certainement un élément important. Ainsi un professionnel aura sans doute beaucoup plus de difficultés qu'un profane à faire admettre sa méprise (en ce sens par ex. : Crim. 13 mai 2003, n° 02-84.028, *Bull. crim.* n° 96 ; *Dr. pénal* 2003, n° 99, obs. J.-H. Robert : rejet d'une erreur de droit pour une infraction de publicité en faveur du tabac fondée sur une différence de solutions entre le droit français et celui de différents pays de l'Union européenne de même qu'avec le droit communautaire lui-même). Une telle erreur n'est pas inévitable s'agissant de professionnels spécialisés ; v. égal. Crim. 9 nov. 2004, n° 03-87.444, *Bull. crim.* n° 273 ; *Dr. pénal* 2005, n° 35, obs. M. Véron : refus de l'erreur de droit en matière de discrimination économique (C. pén., art. 225-2-2e) pour des responsables d'entreprise ayant accepté, pour obtenir un crédit documentaire, de rédiger un certificat aux termes duquel les biens exportés ne comportaient aucun matériau provenant d'Israël, que la livraison n'interviendrait pas par le canal d'un transporteur israélien et qu'elle ne transiterait pas par Israël. En effet, les lettres adressées par des ministres aux présidents des assemblées permanentes de chambres de commerce admettant ce type de pratique pour maintenir les relations commerciales avec certains pays arabes, sur lesquelles se fondaient les entrepreneurs poursuivis pour justifier leur attitude, ne peuvent nullement être considérées comme ayant provoqué une erreur de droit insurmontable ; pour l'épilogue de cette affaire après un deuxième pourvoi, v. Crim. 18 déc. 2007, *Dr. pénal* 2008, n° 40, obs. M. Véron rejetant également l'état de nécessité et *supra*, n° 24.

Mais on peut aussi comprendre que la justification soit refusée lorsque l'erreur résulte de connaissances juridiques insuffisantes car il était assez facile de résister à l'erreur dont on se prétend victime (arrêt *Josserand ;* Crim. 28 mars 1962, *Bull. crim.* n° 152 ; *RSC* 1962. 743, obs. A. Légal : ignorance de la nature juridique du lien unissant un fermier à son métayer).

Cette solution semble d'ailleurs systématique depuis l'admission législative de l'erreur de droit. On peut en effet citer plusieurs décisions de la chambre criminelle rejetant l'application de cette cause de non-responsabilité en constatant que le prévenu aurait pu éviter l'erreur en s'informant auprès des autorités compétentes : Crim. 19 mars 1997, n° 96-80.853, *Bull. crim.* n° 115 ; *Dr. pénal* 1997. 107, obs. M. Véron ; *JCP* 1998. II. 10095, note O. Fardoux ; *RSC* 1997. 827, obs. B. Bouloc (infraction en matière d'urbanisme que des juristes qualifiés auraient pu éviter) ; Crim. 5 mars 1997, n° 95-83.492, *Bull. crim.* n° 84 ; *Dr. pénal* 1997. 107, obs. M. Véron ; *RSC* 1997. 827, obs. B. Bouloc (erreur sur la portée de dispositions de droit du travail évitable en consultant un inspecteur du travail) ; Crim. 17 févr. 1998, n° 96-86.257, *Bull. crim.* n° 60 ; *D.* 1999. 153, obs. G. Roujou de Boubée ; *RSC* 1998. 765, obs. B. Bouloc (erreur sur les modalités d'exécution de deux mesures successives de suspension du permis de conduire que le prévenu pouvait éviter en consultant le juge ou l'administration) ; Crim. 30 nov. 1999, n° 99-81.885, *Bull. crim.* n° 284 (entrave aux fonctions de conseiller de prud'hommes, l'erreur est rejetée car le prévenu pouvait facilement se renseigner sur le mandat de ce conseiller) ; Crim. 15 oct. 2002, *Dr. pénal* 2003, n° 23, obs. J.-H. Robert (erreur sur l'étendue du monopole pharmaceutique, le prévenu pouvant s'entourer des conseils appropriés) ;

Crim. 15 oct. 2002, *Dr. pénal* 2003. 25 (erreur en matière d'urbanisme facilement évitable en se reportant à l'acte de vente) ; sur ces deux arrêts *Dr. pénal* 2003, n° 31, obs. M. Véron et J. Buisson : *Procédures* 2003, n° 25 ; erreur d'un dirigeant d'entreprise de nationalité allemande, concernant le délit de non-déclaration préalable à l'embauche. L'erreur est rejetée au motif que l'entreprise est implantée en France depuis longtemps et qu'il était possible, notamment de se renseigner auprès de l'inspection du travail ou auprès de professionnels qualifiés : Crim. 20 juin 2015, n° 14-80.532, *RSC* 2015. 639, obs. E. Fortis ; *Dr. pénal* 2015, n° 32, note M. Véron et M. Segonds : « Un an de droit pénal du travail », n° 5 ; *AJ pénal* 2015. 142, obs. M.-C. Sordino ; *JCP* Chron. Droit pénal 144 n° 1, obs. M. Véron ; *RTD com.* 2015. 142, obs. B. Bouloc ; erreur d'organisateurs de lotos prétendant ignorer les règles, d'ordre fiscal, prohibant l'organisation des loteries ; Crim. 15 juin 2014 (cinq arrêts), n°s 13-83.940, 13-83.941, 13-85.507, 13-81.394, 13-85.506 ; *RPDP* 2014. 671, obs. F. Rousseau. Pour d'autres décisions récentes, dans le même sens, non publiées : v. R. Bernardini, n° 508.

12 Dans le cas de l'erreur provoquée par des organes administratifs, il semble que la chambre criminelle exige que le mauvais renseignement ait été fourni par l'autorité officiellement compétente (arrêt *Laurent*) (en ce sens, Reims 14 avr. 1994, *Gaz. Pal.* 22-23 juin 1994). C'est ce qu'a admis la chambre criminelle en matière de droit pénal du travail en acceptant l'erreur de droit de chefs d'entreprise ayant appliqué des solutions découlant d'un accord professionnel élaboré sous l'égide d'un médiateur désigné par le gouvernement : Crim. 24 nov. 1998, n° 97-85.378, *D.* 2000. 114 ; *Dr. pénal* 2000. 22, obs. J.-H. Robert ; *JCP* 1999. II. 10208, note M.-A. Hautmann ; Crim. 9 juin 1999, *Dr. pénal* 1999. 138. Dans un tel cas on peut admettre que l'erreur est totalement inévitable. En revanche « l'erreur du service » ne constitue pas automatiquement une cause d'exonération. Ainsi, avant l'actuel Code pénal, l'erreur d'un transporteur qui n'avait pas acquitté certains droits fiscaux sur le fondement de directives données par un receveur buraliste (Crim. 19 févr. 1962, *Bull. crim.* n° 93 ; *RSC* 1962. 944, obs. A. Légal) ou d'un horticulteur qui avait construit des serres sans solliciter un permis de construire en se fondant sur des renseignements fournis par les « services municipaux » (Crim. 26 févr. 1964, *Bull. crim.* n° 71 ; *RSC* 1966. 887, obs. A. Légal) ont-elles été rejetées (*add.* dans le même sens, Crim. 4 mars 1986, *Bull. crim.* n° 87). Cette dernière décision peut paraître très sévère, mais on pourra rétorquer que l'avis d'un fonctionnaire municipal n'était pas nécessairement suffisant et qu'il existait d'autres organes administratifs placés à l'échelon supérieur qui auraient pu être consultés. En un mot, il était encore possible de faire un effort pour se renseigner. Il n'y avait donc pas une impossibilité absolue de se conformer à la loi. Les solutions auraient-elles été différentes aujourd'hui ? Rien n'est moins sûr (v. par ex. pour une exclusion : Crim. 9 nov. 2004, préc.).

En effet la chambre criminelle a affirmé, très rapidement et de façon éclatante, qu'elle n'entendait pas admettre largement cette nouvelle cause de non-responsabilité. Dans le cadre d'une procédure de divorce, une décision judiciaire fixe d'une manière « très floue » la résidence familiale. Le mari, après avoir pris le conseil de son avoué, s'installe dans le logement obligeant son épouse à aller à l'hôtel. Poursuivi pour violation de domicile, il est relaxé par la cour d'appel de Versailles sur le fondement d'une erreur de droit. La chambre criminelle casse cette décision, contestant le caractère invincible de l'erreur, au motif que cette méprise aurait pu être évitée. S'agissant du sens d'une décision judiciaire, il suffisait d'introduire une demande en interprétation sur la base de l'article 461 du nouveau Code de procédure civile (Crim. 11 oct. 1995, n° 94-83.735, *Bull. crim.* n° 301 ; *D.* 1996. 469 ; *Dr. pénal* 1996, n° 56, obs. M. Véron et du même auteur, *JCP* 1996. I. 3950). On peut également citer plusieurs décisions de refus d'admettre une erreur de droit alors qu'une information plus ou moins inexacte, avait été fournie par les administrations concernées : Crim. 27 oct. 2015, n° 14-87.259, *Bull. crim.* n° 34, pour une infraction de non-retrait de produits présentant un danger, alors que l'entreprise attendait les résultats d'analyse d'un laboratoire, bien que cette solution paraisse découler d'une note de l'administration de l'alimentation ; Crim. 20 mai 2015, n° 13-81.307, *Dr. pénal* 2015 : S Détraz, « Un an de droit pénal fiscal et douanier », n° 11, pour la création d'un site de vente sur internet avec un avis favorable de la Direction régionale de la concurrence qui, il est vrai, s'était ravisée quinze jours plus tard ; Crim. 27 janv. 2015, n° 13-87.215 ; *RSC* 2015. 639, obs. E. Fortis pour une importation de produits interdits sur la base d'une note des douanes erronée. Même si dans chacune des affaires, la chambre criminelle démontre que les individus poursuivis auraient pu mieux se renseigner, on peut s'étonner que la jurisprudence se montre aussi exigeante. Comment admettre que l'avis d'une autorité soit exigé pour rendre une erreur évitable, alors que, lorsqu'il existe, il ne rend pas cette erreur inévitable ? (en ce sens, E. Fortis).

13 D'une manière générale, il faut admettre que la fausse information, lorsqu'elle émane d'une personne privée même s'il s'agit d'un professionnel du droit sera inopérante (en ce sens : Crim. 7 janv. 2004, n° 03-82.337, *Bull. crim.* n° 5 ; *D.* 2004. 419, obs. A. Lienhard ; *AJ pénal* 2004. 114, obs. F. Bicheron ; *JCP* 2004. II. 10060, note Pommart ; *Dr. pénal* 2004, n° 49, obs. M. Véron ; *RPDP* 2004. 669, obs. M. Danti-Juan. En l'occurrence il s'agissait d'une lettre du représentant des créanciers dans une procédure de règlement judiciaire enjoignant au débiteur de ne plus payer une pension alimentaire faute de déclaration de cette créance au passif. Un tel avis ne peut constituer une erreur de droit justificative d'un abandon de famille, *contra* Douai 26 sept. 1996, *Dr. pénal* 1997, n° 60, obs. M. Véron). En revanche, nous l'avons vu (*supra*, n° 20), l'ordre non manifestement illégal d'une autorité administrative peut constituer une erreur de droit justificative. Dans une autre décision la Cour de cassation a néanmoins refusé d'admettre une erreur justificative dans une affaire de recel d'objets à caractère pornographique alors que l'administration des douanes avait considéré que ces objets ne présentaient pas un caractère illicite : Crim. 9 juin 1999, *Dr. pénal* 2000. 138, obs. M. Véron. De la même manière, le maire d'une commune, poursuivi pour favoritisme, ne peut invoquer comme insurmontable l'erreur qui résulterait de l'interprétation d'une réponse ministérielle à un député : Crim. 10 avr. 2002, *Dr. pénal* 2002. 105, obs. M. Véron. La chambre criminelle observe que la longue expérience des fonctions électives de ce maire et donc de sa connaissance des règles des marchés publics impliquait qu'il ne puisse ignorer qu'il commettait un manquement à la législation. Il en va, évidemment de même, pour des OPJ qui, ayant requis des fouilles à corps irrégulières sur la mère d'un détenu, sont poursuivis pour violences volontaires. L'erreur de droit, qu'ils invoquent, ne peut exister, selon la chambre criminelle, pour des professionnels avertis agissant dans un cadre procédural qui leur est habituel (Crim. 9 avr. 2013, *Dr. pénal* 2013, n° 106, obs. M. Véron ; *Gaz. Pal.* 23 juill. 2013, obs. S. Detraz).

Cette décision permet de rappeler l'une des conditions résultant de l'article 122-3 du Code pénal, à savoir la croyance légitime de celui qui invoque l'erreur, qu'il pouvait accomplir l'acte. Il ne faut pas qu'il subsiste un doute quant à la légitimité de l'acte réalisé. L'individu doit être de bonne foi (Crim. 10 avr. 1997, n° 96-83.152, *Bull. crim.* n° 140 ; *Dr. pénal* 1997. 115, obs. J.-H. Robert, pour une affaire de publicité sur le tabac. Sur cette question : C. Mascala, p. 146 ; R. Bernardini, n° 509, qui cite plusieurs décisions non publiées ; v. égal. E. Dreyer, n°s 285 s. qui résume les conditions de l'erreur de droit à trois obligations : s'informer, douter, se méfier).

Cette solution de sévérité est encore retenue dans le cas du « doute intellectuel », c'est-à-dire lorsque l'erreur est fondée sur l'existence d'une jurisprudence qui paraissait bien établie (Crim. 9 avr. 1932, *S.* 1933. 1. 275 ; Crim. 7 oct. 1965 ; *D.* 1965. 811 ; R. Merle et A. Vitu, t. I, n° 587 ; J. Pradel, n° 571). Pour certains auteurs, M. Puech (préc.), il suffit de constater que la jurisprudence n'est pas une source du droit pénal (sur cette affirmation, v. *a contrario* Crim. 6 juin 2012, n° 12-90.016 QPC, qui donne un rôle essentiel à la jurisprudence pour interpréter la loi pénale ; Ph. Conte, « La QPC et le petit bricoleur ou l'apport de la clé de 12 à la clarification de la loi pénale », *Dr. pénal* 2013. Étude 8). Cette analyse est confortée par l'article 122-3 du Code pénal puisqu'il ne faut pas qu'il y ait un doute sur la légitimité de l'acte mais une croyance dans la légitimité de l'acte. La question des revirements imprévisibles de jurisprudence mérite pourtant d'être posée. Ne peut-on considérer que dans une telle hypothèse l'*errans* est fondée à invoquer la non-responsabilité. Cette solution paraîtrait d'autant plus logique que la Cour européenne des droits de l'homme a élevé au rang de source du droit la jurisprudence (sur cette question, G.-X. Bourin, « Échec aux conséquences funestes des revirements en droit pénal », *Gaz. Pal.* 2-3 juin 1995 ; F. Desportes et F. Le Gunehec, n° 685, v. *supra*, n° 9 et pour une récente décision confirmant cette solution : Crim. 2 févr. 2016, n° 15-84.356, *Gaz. Pal.* 26 avr. 2016, obs. critiques E. Dreyer ; *contra* Civ. 1re, qui refuse la rétroactivité).

14 La cour de Paris a néanmoins admis qu'une divergence de jurisprudence entre deux chambres de la Cour de cassation pouvait constituer une erreur de droit invincible pour le prévenu. En l'occurrence, il s'agissait d'un salarié ayant photocopié, pour les produire en justice, des documents dont il avait la possession dans le cadre de ses fonctions, acte admis par la chambre sociale, mais considéré comme un vol par la chambre criminelle. En se fondant sur l'article 6 de la Conv. EDH exigeant l'existence de normes juridiques suffisamment précises et constantes, la juridiction du fond a admis que le prévenu avait pu considérer qu'il ne commettait pas un acte, pénalement répréhensible : Paris 9 nov. 2000, *D.* 2001. 2345, obs. B. de Lamy ; *Dr. pénal* 2001. 57, obs. M. Véron. La chambre criminelle n'a cependant pas retenu cette justification. Dans deux arrêts du 11 mai 2004 (Crim. 11 mai 2004, n° 03-80.254, et Crim. 11 mai 2004, n° 03-85.521, *Bull. crim.* n° 113 ; *JCP* 2004. 10124, note C. Girault ; *D.* 2004. 2326, note H. K. Gaba ; *Dr. pénal* 2004. 122, obs. M. Véron ; *RPDP* 2004. 861, obs. A. Lepage ; *ibid.* 875, obs. J.-C. Saint-Pau) la Haute juridiction a estimé que la divergence de jurisprudence entre deux chambres de la Cour de cassation ne suffit pas à légitimer une erreur de droit pouvant justifier le vol commis par un salarié mais elle a admis que l'appréhension des documents n'est pas répréhensible s'ils sont strictement indispensables pour l'exercice des droits de la défense du salarié (v. *supra*, n° 24, pour une abondante jurisprudence).

Ainsi il n'est donc pas impossible de considérer que les décisions postérieures à l'arrêt *Laurent*, qui ont rejeté l'irresponsabilité fondée sur une erreur de droit, ne s'expliquent que par l'absence du caractère invincible de l'erreur alléguée. Nous n'avons, en tout cas, relevé aucune décision plus récente pouvant démontrer une solution contraire. Sans doute peut-on citer plusieurs arrêts qui ont rejeté une erreur de droit, avant comme après sa légalisation, mais aucune d'entre elles ne paraissait invincible (Crim. 7 févr. 1979, *Bull. crim.* n° 57 : méprise sur la consultation d'un mémento pratique ; Crim. 23 avr. 1997, *Bull. crim.* n° 140 ; *Dr. pénal* 1997. 115, obs. J.-H. Robert : doute sur la portée réelle d'un texte devant conduire un professionnel à s'abstenir ; Crim. 4 oct. 2011, n° 10-88 157, *Dr. pénal* 2011. 46, obs. M. Véron ; *AJ pénal* 2012. 95, obs. J. Lasserre Capdeville : consultation d'un dictionnaire des médicaments jugée insuffisante ; Crim. 15 févr. 2011, *Bull. crim.* n° 27 ; *Dr. pénal* 2011, n° 53, obs. M. Véron ; *Gaz. Pal.* 13 et 14 avr. 2011, obs. E. Dreyer ; *D.* 2012. 2917, note G. Roujou de Boubée : erreur dans le calcul d'une rémunération salariale). Il ne faut pas oublier que c'est au prévenu qu'il revient de démontrer qu'il a été dans l'impossibilité d'observer la loi pénale. Cette solution résulte aujourd'hui expressément de l'article 122-3 du Code pénal. La chambre criminelle l'a d'ailleurs rappelé à des juges du fond (Crim. 15 nov. 1995, n° 94-85.414, *Bull. crim.* n° 350 ; *Dr. pénal* 1996, n° 56, obs. J.-H. Robert) qui avaient retenu une erreur de droit alors que les prévenus ne l'avaient pas alléguée. Il y a donc une interdiction pour les juges du fond de relever d'office une erreur de droit sur la base de l'article 122-3 du Code pénal. De même il est impossible que l'erreur soit invoquée pour la première fois devant la Cour de cassation (Crim. 27 mars 1996, n° 95-80.889, *Bull. crim.* n° 136 ; *RSC* 1997. 101, obs. B. Bouloc). On observera que dans le même temps, la Haute juridiction conteste l'existence de l'erreur justificative. Sans doute, dans cette affaire, une information erronée avait-elle été donnée mais l'infraction s'était en quelque sorte poursuivie après que ces derniers aient eu connaissance de l'irrégularité du permis de construire délivré par le préfet (v. égal. Crim. 23 mars 1999, n° 98-80.248, *Bull. crim.* n° 52 ; *Dr. pénal* 1999. Chron. 27, obs. C. Marsat aux termes duquel l'inconscience de commettre une infraction n'est pas une erreur de droit). Cette cause d'irresponsabilité ne peut donc pas bénéficier à un prévenu qui ne l'a pas invoquée (v. en dernier lieu sur ce point : Crim. 23 juin 2005, n° 05-82.189, *Bull. crim.* n° 196 ; *D.* 2006. 561, note O. Fardoux ; *AJ pénal* 2005. 328, obs. G. Roussel ; *RSC* 2005. 839, obs. G. Vermelle). Il est donc nécessaire de convaincre le juge de l'invincibilité (M. Puech, art. préc. ; v. cependant, pour une interprétation particulièrement rigoureuse, une décision rendue par la chambre criminelle, il est vrai pour une erreur commise sur la base d'une circulaire par un fonctionnaire, ce dernier étant, dans le cas précis, chargé d'appliquer la règle de droit : Crim. 12 oct. 1993, n° 92-81.743, *Bull. crim.* n° 285 ; *D.* 1994. 129, note D. Mayer).

Il n'est pas acceptable que la Cour de cassation ait fait preuve trop souvent d'une sévérité excessive (v. en ce sens, Couturier, art. préc., qui cite plusieurs exemples) pour admettre la non-imputabilité résultant d'une erreur de droit. Cette position n'est d'ailleurs que le reflet de celle qu'elle adopte en matière de contrainte dont nous avons estimé qu'elle n'est qu'un des aspects (v. *supra*, n° 44 ; pour une position plus nuancée, E. Dreyer, n° 293).

Il était difficilement acceptable de laisser la présomption de connaissance de la loi devenir une simple fiction (v. cep., en sens contraire, en matière de droit douanier, C. douanes, art. 399 *in fine* admettant expressément l'erreur inévitable). On ne peut pas raisonnablement sanctionner un individu dont la bonne foi est évidente et qui n'a pas pu, malgré tous ses efforts, faire autrement que violer la loi pénale.

15 La légalisation de l'erreur de droit a incontestablement eu pour objet d'éviter quelques errements d'une jurisprudence trop exigeante. Il est tout aussi évident qu'en imposant des conditions très strictes le législateur n'a pas voulu enlever à une grande partie des normes juridiques l'essentiel de leur efficacité. Encore faudrait-il pour reprendre une expression de la doctrine que ce qui a pu être présenté comme une bombe à retardement ne se révèle pas un simple pétard mouillé. Il semble que les juges du fond le souhaitent (v. par ex., Paris 8 mars 1994, *D.* 1994. 87, bigamie ; T. pol. Poitiers 15 nov. 1994, *Gaz. Pal.* 26-27 avril 1995, non-respect d'un règlement sanitaire ; Crim. 1er avr. 1994 préc., entrave ; Paris 9 nov. 2000, préc. ; et les nombreuses décisions citées par Y. Mayaud, n° 467) mais il faut bien reconnaître que les arrêts de la Cour de cassation, jusqu'alors, restent assez restrictifs (v. pour une explication de cette attitude réservée de la Cour de cassation, E. Dreyer, n° 293). Encore faut-il, qu'en aucune manière, ils ne conduisent à considérer qu'une condamnation prononcée est contraire à l'équité. Elle pourrait alors, dans ce cas, être contraire aux principes constitutionnels (v. sur ce point : M.-A. Frison-Roche et W. Baranès, « Le principe constitutionnel de l'accessibilité et de l'intelligibilité de la loi : influence de ce principe sur l'admission de l'erreur de droit », *D.* 2000. Chron. 361. V. égal : Cons. const. 13 mars 2003, n° 2003-467 DC, *JO* 19 mars, qui au titre des réserves d'interprétation enjoint aux juges de vérifier, parmi d'autres conditions de la responsabilité pénale, l'éventuelle existence d'une erreur de droit). Cet appel semblait avoir été entendu par la chambre criminelle dans un arrêt du 11 mai 2006 (n° 05-87.099, *Bull. crim.* n° 128 ; *AJ pénal* 2006. 358, obs. J. Leblois-Happe ; *JCP* 2006. II. 10206, note O. Fardoux ; *Dr. pénal* 2006. 109, obs. M. Véron ; *RPDP* 2006. 850, obs. Ph. Bonfils et Aix-en-Provence 20 sept. 2007, *AJ pénal* 2008. 231, obs. J.-D. Pellier pour le même prévenu) qui a accepté l'existence d'une erreur de droit justifiant une conduite sans permis de conduire à la suite d'une invalidation résultant d'une perte totale des points, au motif qu'une attestation remise par un agent de police judiciaire agissant sur les instructions d'un vice-procureur de la République lui reconnaissait le droit d'utiliser un permis international non retiré par l'État français. La Haute juridiction admet donc que même si l'attestation a été remise par erreur, le prévenu a pu légitimement croire qu'il était autorisé à conduire. On notera, il est vrai, que le même jour la Cour de cassation a censuré un autre arrêt concernant le même prévenu (Crim. 11 mars 2006, *Bull. crim.* n° 126) et qui le relaxait d'infractions de conduite sans permis au motif de la validité du permis international précédemment obtenu et non retiré. Dans ce cas l'erreur de droit n'était pas alléguée et ne pouvait donc être relevée d'office (v. *supra*) mais la décision de relaxe démontre que l'erreur de droit était également partagée par les magistrats de la cour d'appel de Lyon. Comment alors refuser le bénéfice de cette cause de justification au prévenu, du moins dès lors qu'il l'allègue. Telle n'a pas été la solution retenue par la Cour de cassation dans une décision plus récente du 12 septembre 2006 (n° 05-83.235, *Bull. crim.* n° 218 ; *Dr. pénal* 2006. 149, obs. M. Véron et 155, obs. J.-H. Robert ; *AJ pénal* 2006. 502, obs. G. Roussel) qui revenant à son exigence habituelle, refuse d'admettre une erreur de droit pour des individus qui avaient construit un chapiteau provisoire sur un site classé, en l'occurrence un hippodrome, sur la base d'une autorisation émanant de responsables de la mairie de Paris. Elle considère que le caractère inévitable de l'infraction et donc que la croyance en la légitimité de l'acte n'est pas établie en l'espèce (v. encore pour un autre exemple : Crim. 17 juin 2008, *Dr. pénal* 2008, n° 134, obs. J.-H. Robert pour la non-délivrance d'un bulletin de salaire à un travailleur au pair ; un échange de lettres entre l'Urssaf et l'employeur n'a pas été jugé suffisant pour retenir l'erreur). L'erreur de droit reste donc une cause de justification très difficile à faire admettre par les juges. Face à cette situation, certains auteurs en arrivent à s'interroger sur l'avenir de cette cause de non-responsabilité ; J. Hermann, « Quel avenir pour l'erreur de droit ? », *Dr. pénal* 2016. Étude 6. L'auteur suggère de remplacer l'erreur sur le droit par un autre fait justificatif, l'autorisation de l'autorité légitime. On peut être interrogatif sur cette proposition, mais il est clair que la jurisprudence actuelle, peut donner le sentiment qu'elle ne répond que très imparfaitement au problème posé par des textes dont la lisibilité et la compréhension sont loin d'être toujours évidentes (en ce sens, E. Dreyer, n° 294).

A. V.

TROISIÈME PARTIE

LA SANCTION

47

PEINES AUTOMATIQUES – RÉGIME

Cons. const., 15 mars 1999, nº 99-410 DC, *Premier ministre*
(*JO* 21 mars ; *D.* 2000. 116, obs. G. Roujou de Boubée ;
JCP 1999. I. 151, obs. J.-H. Robert ; *RSC* 1999. 851, obs. F. Seuvic)

Ass. plén., 22 nov. 2002, nº 92-82.460, *Mohamed Slimane K.*
(*Bull. crim.* nº 2 ; *Dr. pénal* 2003, nº 37, obs. J.-H. Robert ;
JCP 2003. II. 10042, note W. Jeandidier)

Cons. const., 11 juin 2010, nº 2010-6/7 QPC, *M. Stéphane A. et autres*
(*JO* 12 juin ; *Dr. pénal* 2010, nº 84, obs. J.-H. Robert ;
RPDP 2010. 478, obs. X. Pin ; *RSC* 2011. 182, obs. B. de Lamy)

Cons. const., 29 sept. 2010, nº 2010-40 QPC, *M. Thierry B.*
(*JO* 30 sept. ; *D.* 2011. 54, note B. Bouloc ;
JCP 2010. 1149, note A. Lepage et H. Matsopoulou ; M. Giocopelli, « Le sauvetage des peines complémentaires obligatoires par le Conseil constitutionnel », *RFDC* 2011, 151 ;
A. Lepage, « Question prioritaire de constitutionnalité », *Rev. pénit.* 2010. 639 ;
L. Leturmy, « Constitutionnalité des peines accessoires et des peines complémentaires obligatoires. Une conception à repenser du principe d'individualisation », *AJ pénal* 2011. 280)

Le prononcé de plein droit de la peine accessoire d'incapacité d'exercer une fonction publique pour le failli est inconstitutionnel (1re esp.).
L'interdiction du droit d'exercer le commerce, peine accessoire résultant de la loi du 30 août 1947, ne peut, en application de l'article 131-27 du Code pénal, excéder cinq ans si elle n'est pas prononcée à titre définitif (2e esp.).
L'interdiction de figurer sur une liste électorale, peine accessoire, est inconstitutionnelle (3e esp.).
La peine complémentaire d'annulation de permis de conduire avec interdiction de le repasser pendant trois ans au plus est une peine complémentaire obligatoire conforme à la Constitution (4e esp.).

Conseil constitutionnel, 15 mars 1999, *Premier ministre*

Aux termes de l'art. 8 de la Déclaration des droits de l'homme et du citoyen, « la loi ne doit établir que des peines strictement et évidemment nécessaires (…) »;
Le principe de nécessité des peines implique que l'incapacité d'exercer une fonction publique élective ne peut être appliquée que si le juge la expressément prononcée, en tenant compte des circonstances propres l'espèce ;

Dans le cas où est prononcée l'interdiction de diriger, gérer (...) toute entreprise (...), la possibilité ultérieurement offerte au juge de relever l'intéressé, à sa demande, de cette incapacité, au cas où il a apporté une contribution suffisante au paiement du passif, ne saurait à elle seule assurer le respect des exigences qui découlent du principe de nécessité énoncer par l'art. 8 de la déclaration des droits de l'homme et du citoyen de 1789 ;

Dès lors, en instituant une incapacité d'exercer une fonction publique élective d'une durée en principe au moins égale à cinq ans, applicable de plein droit à toute personne physique à l'égard de laquelle a été prononcée la faillite personnelle, l'interdiction prévue par l'art. 192 de la loi n° 85-98 de 25 janv. 1985 ou la liquidation judiciaire, sans que le juge qui décide de ces, mesures ait à prononcer expressément ladite incapacité, l'art. 194 de cette loi méconnaît le principe de nécessité des peines.

Assemblé plénière, 22 novembre 2002, *Mohamed Slimane K.*

(...)

Sur le moyen relevé d'office, pris de la violation des articles 112-1 et 131-27 du Code pénal :

Vu lesdits articles ;

Attendu que les dispositions d'une loi nouvelle s'appliquent aux infractions commises avant leur entrée en vigueur et n'ayant pas donné lieu à une condamnation passée en force de chose jugée, lorsqu'elles sont moins sévères que les dispositions anciennes ;

Attendu que l'interdiction d'exercer une activité professionnelle ou sociale est soit définitive, soit temporaire ; que, dans ce dernier cas, elle ne peut excéder une durée de cinq ans ;

Attendu que M. Slimane K. a été condamné par l'arrêt attaqué, pour escroquerie, abus de confiance, faux en écritures de commerce et abus de biens sociaux, notamment, à 10 ans d'interdiction d'exercer une profession commerciale, en application de l'article 4 de la loi du 30 août 1947 ; que ces dispositions étant plus sévères que celles de l'article 131-27 du Code pénal, applicable depuis le 1er mars 1994, il y a lieu d'annuler l'arrêt en ce qu'il a prononcé la peine de 10 ans d'interdiction d'exercer une profession commerciale ; que cette annulation aura lieu sans renvoi, la Cour de cassation étant en mesure d'appliquer directement la règle de droit appropriée, ainsi que le permet l'article L. 131-5 du Code de l'organisation judiciaire, et de mettre fin au litige ;

Par ces motifs :

Annule, en ces seules dispositions ayant prononcé la peine de 10 ans d'interdiction d'exercer une profession commerciale, toutes autres dispositions étant expressément maintenues, l'arrêt rendu le 2 avril 1992, entre les parties, par la cour d'appel de Versailles,

Dit que l'interdiction d'exercer une profession commerciale que doit subi M. Slimane K., en raison des délits dont il a été déclaré coupable, est de 5 ans.

Conseil constitutionnel, 11 juin 2010, *M. Stéphane A. et autres*

(...)

1. Considérant que les deux questions transmises par la Cour de cassation portent sur la même disposition législative ; qu'il y a donc lieu de les joindre pour y répondre par une seule décision ;

2. Considérant qu'aux termes de l'article L. 7 du Code électoral : « Ne doivent pas être inscrites sur la liste électorale, pendant un délai de cinq ans à compter de la date à laquelle la condamnation est devenue effective, les personnes condamnées pour l'une des infractions prévues par les articles 432-10 à 432-16,

433-1, 433-2, 433-3 et 433-4 du Code pénal ou pour le délit de recel de ces infractions, défini par les articles 321-1 et 321-2 du Code pénal » ;

3. Considérant que, selon les requérants, ces dispositions portent atteinte aux principes de la nécessité et de l'individualisation des peines garantis par l'article 8 de la Déclaration des droits de l'homme et du citoyen de 1789 ;

4. Considérant qu'aux termes de l'article 8 de la Déclaration de 1789 : « La loi ne doit établir que des peines strictement et évidemment nécessaires, et nul ne peut être puni qu'en vertu d'une loi établie et promulguée antérieurement au délit, et légalement appliquée » ; que le principe d'individualisation des peines qui découle de cet article implique que la peine emportant l'interdiction d'être inscrit sur une liste électorale et l'incapacité d'exercer une fonction publique élective qui en résulte ne puisse être appliquée que si le juge l'a expressément prononcée, en tenant compte des circonstances propres à chaque espèce ;

5. Considérant que l'interdiction d'inscription sur la liste électorale imposée par l'article L. 7 du Code électoral vise notamment à réprimer plus sévèrement certains faits lorsqu'ils sont commis par des personnes dépositaires de l'autorité publique, chargées d'une mission de service public ou investies d'un mandat électif public ; qu'elle emporte une incapacité d'exercer une fonction publique élective d'une durée égale à cinq ans ; qu'elle constitue une sanction ayant le caractère d'une punition ; que cette peine privative de l'exercice du droit de suffrage est attachée de plein droit à diverses condamnations pénales sans que le juge qui décide de ces mesures ait à la prononcer expressément ; immédiatement, relevé de cette incapacité dans les conditions définies au second alinéa de l'article 132-21 du Code pénal, cette possibilité ne saurait, à elle seule, assurer le respect des exigences qui découlent du principe d'individualisation des peines ; que, par suite, l'article L. 7 du Code électoral méconnaît ce principe et doit être déclaré contraire à la Constitution ;

6. Considérant que l'abrogation de l'article L. 7 du Code électoral permet aux intéressés de demander, à compter du jour de publication de la présente décision, leur inscription immédiate sur la liste électorale dans les conditions déterminées par la loi,

Décide :

(...) L'article L. 7 du Code électoral est déclaré contraire à la Constitution.

Conseil constitutionnel, 29 septembre 2010, *M. Thierry B.*

(...)

1. Considérant qu'aux termes de l'article L. 234-13 du Code de la route : « Toute condamnation pour l'une des infractions prévues aux articles L. 234-1 et L. 234-8, commises en état de récidive au sens de l'article 132-10 du Code pénal, donne lieu de plein droit à l'annulation du permis de conduire avec interdiction de solliciter la délivrance d'un nouveau permis pendant trois ans au plus » ;

2. Considérant que, selon le requérant, ces dispositions portent atteinte aux principes de la nécessité et de l'individualisatioin des peines garantis par l'article 8 de la Déclaration des droits de l'homme et du citoyen de 1789 ;

(...)

4. Considérant qu'en instituant une peine obligatoire directement liée à un comportement délictuel commis à l'occasion de la conduite d'un véhicule, l'article L. 234-13 du Code de la route vise, aux fins de garantir la sécurité routière, à améliorer la prévention et renforcer la répression des atteintes à la sécurité des biens et des personnes provoquées par la conduite sous l'influence de l'alcool ;

5. Considérant que, si, conformément aux dispositions de l'article L. 234-13 du Code de la route, le juge qui prononce une condamnation pour de telles infractions commises en état de récidive légale est tenu de prononcer l'annulation du permis

de conduire avec interdiction de solliciter la délivrance d'un nouveau permis de conduire, il peut, outre la mise en œuvre des dispositions du Code pénal relatives aux dispense et relevé des peines, fixer la durée de l'interdiction dans la limite du maximum de trois ans ; que, dans ces conditions, le juge n'est pas privé du pouvoir d'individualiser la peine ; qu'en conséquence, les dispositions de l'article L. 234-13 du Code de la route ne sont pas contraires à l'article 8 de la Déclaration de 1789 ;

6. Considérant que la disposition contestée n'est contraire à aucun autre droit ou liberté que la Constitution garantit,

Décide :

(...) L'article L. 234-13 du Code de la route est conforme à la Constitution.

OBSERVATIONS

1 La théorie classique distingue, doit-on le rappeler, entre peines principales et peines secondaires : si celles-là sont encourues à titre premier et nécessairement prononcées (sauf en cas de dispense de peine), celles-ci s'ajoutent aux premières sans toutefois constituer une catégorie unique. On discerne en effet au sein des peines secondaires : 1° les peines complémentaires facultatives que le juge prononce ou ne prononce pas selon sa discrétion ; 2° les peines complémentaires obligatoires que le juge est tenu de prononcer, mais qui ne s'appliquent que s'il l'a fait effectivement ; 3° les peines accessoires qui s'appliquent nécessairement sans que le juge les prononce, la loi parlant de peines encourues « de plein droit » ou usant d'une expression voisine. Il apparaît alors que les peines complémentaires obligatoires et accessoires sont des peines automatiques, « aveugles » rappelle la doctrine puisqu'elles s'appliquent sans prise en considération de la situation des prévenus. Les peines accessoires présentent en outre le défaut d'être clandestines puisque leur existence est parfois ignorée du prévenu et même du juge (P. Conte et P. Maistre du Chambon, n°s 452 s. ; J. Pradel, n°s 640 s.).

2 Les peines automatiques (obligatoires et accessoires) sont très nombreuses dans notre législation même si elles n'ont pas toujours le même caractère, les unes visant à punir un délinquant et les autres à assurer la moralité de la vie publique ou du monde des affaires. Et pendant très longtemps, nul n'a contesté leur légitimité. Mais aujourd'hui, le doute apparaît : d'abord en raison du développement du principe d'individualisation de la sanction, consacré désormais par l'article 132-1 du Code pénal selon lequel « toute peine prononcée par la juridiction doit être individualisée » (alors que l'ancien Code n'évoquait pas le principe) ; ensuite en raison de l'apparition de principes fondamentaux dégagés par le Conseil constitutionnel, comme ceux de nécessité des peines et de proportionnalité entre gravité des faits et peine (DDH, art. 8), qui font écho malgré toute la puissance de leur majesté à l'article 132-24 sur la personnalisation des peines.

Ces raisons expliquent que le législateur a exclu en faveur des mineurs délinquants toute peine accessoire. L'article 20-6 de l'ordonnance du 2 février 1945 (dû à l'art. 254 de la L. du 16 déc. 1992, dite loi d'adaptation) dispose en effet : « Aucune interdiction, déchéance ou incapacité ne peut résulter de plein droit d'une condamnation pénale prononcée à l'encontre d'un mineur ».

Pour les majeurs en revanche, la situation est plus complexe, inégalement complexe d'ailleurs selon que l'on considère les peines complémentaires obligatoires et les peines accessoires.

I. — Les peines complémentaires obligatoires

3 Les peines complémentaires obligatoires se retrouvent à la fois dans le Code pénal et en dehors du Code pénal encore que, dans les deux cas, elles ne soient plus très nombreuses comme si le législateur entendait laisser une grande discrétion au juge. Au titre de ces peines dans le Code pénal, on citera la confiscation d'objets qualifiés par la loi ou le règlement dangereux ou nuisibles (C. pén., art. 131-21, al. 1er). Divers articles des parties spéciales du Code pénal prévoient aussi la confiscation (C. pén., art. 222-44, 222-49, 225-22, 442-13, 444-7, R. 642-4). Hors Code pénal, on évoquera à titre d'exemples les mesures de publication et d'affichage que le juge pénal doit prononcer en cas de condamnation pour fraude fiscale (CGI, art. 1741) et la confiscation en droit de la consommation (C. consom., art. L. 216-2). Ces peines sont-elles conformes aux principes constitutionnels ?

A. — Avant l'intervention du Conseil constitutionnel

4 Ces peines sont considérées comme licites alors pourtant qu'elles paraissent contrevenir au principe légal d'individualisation et aux principes constitutionnels de nécessité et de proportionnalité. Cette licéité est tout d'abord fondée sur le fait que ces peines sont consacrées dans le Code pénal ou, pour celles qui sont hors Code pénal, sur le fait que la loi du 16 décembre 1992 dite d'adaptation ne les a pas abrogées ; il faut évidemment que, pour pouvoir les prononcer, le juge ait respecté les principes du procès équitable au sens de l'article 6 Conv. EDH (Crim. 7 mars 2001, nº 00-82.538, *Bull. crim.* nº 60). En outre, les principes précités permettent le plus souvent une adaptation sous la forme du relèvement (C. pr. pén., art. 702-1). Enfin on peut rappeler que ces peines, si elles sont « aveugles » (sous réserve du relèvement), ne sont pas clandestines puisque le juge doit les prononcer. C'est dire que les peines accessoires qui, elles, sont clandestines posent plus de difficultés quant à leur légitimité.

B. — L'apport du Conseil constitutionnel

5 La question a été renouvelée, mais pas vraiment modifiée par la survenance de deux décisions remarquées du Conseil constitutionnel en date du 29 septembre 2010. Dans la première, le Conseil était saisi au titre de l'article L. 234-13 du Code de la route selon lequel « toute condamnation pour l'une des infractions prévues aux articles L. 234-1 et L. 234-8 commises en état de récidive... donne lieu de plein droit à l'annulation du permis de conduire avec interdiction de solliciter la délivrance d'un nouveau permis pendant trois ans au plus ». Selon les requérants, cette disposition méconnaissait les principes de nécessité et d'individualisation des peines (DDHC, art. 8). Le Conseil y voit une peine obligatoire destinée à améliorer la prévention routière atteinte par l'alcool au volant. Mais surtout, le Conseil considère que les juges, s'ils sont certes tenus de prononcer cette peine, peuvent la moduler selon les techniques classiques (dispense ou relèvement) et selon les prévisions du Code de la route : en effet, la durée de trois ans prévue par l'article L. 234-13 est un maximum et rien n'interdit donc au juge de prévoir une durée moindre. Ainsi le principe d'individualisation n'est pas méconnu. Le raisonnement du Conseil sera exactement le même quelques heures après dans une autre décision relative à l'article L. 121-4 du Code de la consommation qui se lit ainsi : « En cas de condamnation, le tribunal ordonne la publication du jugement. Il peut, de plus, ordonner la diffusion, aux frais du condamné, d'une ou de plusieurs annonces rectificatives. Le jugement fixe les termes de ces annonces et les modalités de leur diffusion et impartit au condamné un délai pour y faire procéder ; en cas de carence et sans préjudice des pénalités prévues à l'article L. 121-7, il est procédé à cette diffusion à la diligence du ministère public aux frais du condamné ». Là encore le principe d'individualisation est sauvegardé pour le Conseil, grâce à l'existence de la dispense de peine et aux pouvoirs du juge dans l'application de l'article L. 121-4.

Les deux décisions du 29 septembre 2010 ont suscité l'intérêt de la doctrine (A. Lepage et H. Matsopoulou, « Des peines complémentaires obligatoires déclarées conformes aux principes constitutionnels », *JCP* 2010. 1149 ; J.-B. Perrier, « Peines automatiques d'annulation du permis de conduire et de publication de la décision de condamnation », *AJ pénal* 2010. 501).

L'histoire ne s'achève pas ici. L'article 1741 CGI prévoyant la publicité d'une condamnation pour fraude fiscale veut dire que le juge ne dispose d'aucun pouvoir de modulation, ne pouvant que prononcer cette peine, en effet le texte précise que le « tribunal ordonnera ».

Or le Conseil constitutionnel a invalidé cette disposition qui méconnaissait manifestement le principe d'individualisation déduit de l'article 8 DDHC (Cons. const. 10 déc. 2010, n° 2010-72/75/82 QPC, *D.* 2011. 929, note B. Bouloc ; *ibid.* 1713, obs. V. Bernard et L. Gary ; *AJ pénal* 2011. 76, obs. J.-B. Perrier ; *Rev. sociétés* 2011. 377, obs. H. Matsopoulou ; *RSC* 2011. 193, obs. C. Lazerges ; *ibid.* 624, obs. S. Detraz). Le législateur dut intervenir : une loi du 29 décembre 2010 réécrit l'alinéa 4 de l'article 1741 qui se lit désormais ainsi : « La juridiction peut ordonner l'affichage de la décision prononcée et la diffusion de celle-ci dans les conditions prévues aux articles 131-35 ou 131-39 du Code pénal » ; le premier de ces textes intéresse les personnes physiques et le second les personnes morales.

II. — Les peines accessoires

6 Si ces peines sont évoquées dans le Code pénal, c'est en quelque sorte de façon négative. C'est qu'en effet les rédacteurs du Code de 1994 – prenant le contre-pied de leurs prédécesseurs qui avaient fait un large usage de ces peines et décidé par exemple que la dégradation civique, l'interdiction légale et la double incapacité de donner et de recevoir à titre gracieux accompagnaient automatiquement toute peine criminelle – ont entendu supprimer toute peine accessoire. L'article 132-17, alinéa 1er du Code pénal rappelle en effet : « Aucune peine ne peut être appliquée si la juridiction ne l'a expressément prononcée ». Ce texte vise manifestement les peines accessoires qui, doit-on encore le dire, existent et s'appliquent sans qu'elles soient prononcées par le juge.

Une lecture sommaire de notre législation pourrait certes donner à penser qu'il existe encore des peines accessoires. Ainsi l'article 132-23 du Code pénal crée la période de sûreté, qui accompagne de plein droit certaines condamnations criminelles ; mais il est aisé de répondre que cette période n'est pas une peine accessoire, mais simplement une modalité d'exécution d'une peine principale privative de liberté ; c'est d'ailleurs ce que décide exactement la jurisprudence (Crim. 5 juill. 1993, *Bull. crim.* n° 237). On serait tenté d'invoquer aussi l'article 763 du Code de procédure pénale qui décide qu'en cas de prescription d'une peine prononcée en matière criminelle, le condamné est soumis de plein droit à l'interdiction de séjour. Mais là encore il ne s'agit pas d'une peine accessoire, mais tout simplement d'un succédané à l'exécution d'une peine prononcée en matière criminelle, devenue impossible pour cause de prescription (F. Desportes et F. Le Gunehec, n° 945).

Il faut donc se rendre à l'évidence : notre Code pénal (et le cas échéant notre Code de procédure pénale) a banni les peines accessoires.

7 Ces peines ont-elles disparu pour autant de tout notre droit et plus précisément du droit hors Code pénal ? Deux conceptions s'opposent. On peut d'abord considérer que l'article 132-17, alinéa 1er du Code pénal est général et concerne en conséquence toutes les peines accessoires, y compris celles prévues dans des textes autres que le Code pénal. On peut aussi considérer que ce texte, aussi important soit-il, est limité au Code pénal, ce qui laisse une chance de survie aux peines accessoires contenues dans des textes autres que le Code pénal. Il y a bien des arguments en faveur de cette thèse. Mais le Conseil constitutionnel impitoyablement rejette les peines accessoires.

A. — Des arguments en faveur des peines accessoires

8 Le principe de maintien des peines accessoires hors Code pénal se fonde sur plusieurs raisons :
– d'abord la loi précitée du 16 décembre 1992 n'a pas abrogé ces peines accessoires que l'on trouve dans de nombreux textes, d'où l'on peut induire le souci du législateur de les conserver ;

– ensuite, et de manière plus directe, l'article 132-21, alinéa 2 du Code pénal décide que toute personne frappée d'une interdiction, déchéance ou incapacité quelconque qui résulte de plein droit d'une condamnation pénale – ce qui évoque manifestement des peines accessoires, prévues bien sûr hors Code pénal puisque celui-ci n'en comporte plus – peut en obtenir le relèvement. Il est évident que la possibilité de relèvement d'une peine suppose la préexistence de cette dernière ;
– enfin, ces peines accessoires, dit-on, sont moins des peines proprement dites servant à punir le délinquant (à cet effet, il y a déjà les peines principales) que des mesures de sûreté, destinées à assainir la vie politique, sociale et économique. On pense notamment aux professions qui ne sauraient être exercées que par des personnes d'une grande probité et dont l'accès est effectivement interdit à des délinquants condamnés. Parmi ces professions, on songe à la banque et aux professions financières (C. mon. fin., art. L. 500-1 et L. 570-2), ou à la profession d'agent immobilier (L. n° 70-9 du 2 janv. 1970, art. 9 mod. par Ord. n° 2004-634 du 1er juill. 2004) ou encore à la profession de promoteur immobilier (CCH, art. L. 241-3 et L. 241-7)... De là l'affirmation, la conviction même qu'il faut laisser survivre les peines accessoires. À vrai dire, ce troisième argument présente une certaine faiblesse car la distinction entre peines et mesures de sûreté est fragile et car l'intention des rédacteurs du nouveau Code pénal a été de ne consacrer que des peines. On peut lire en effet dans l'exposé des motifs du projet de loi portant nouveau Code pénal que « désormais toutes les sanctions pénales seront sans distinction des peines ; elles sont d'ailleurs ressenties comme telles par le condamné » (*JO* Sénat, Doc. parl. 1985-1986, n° 300, p. 7).

Ces raisons, sauf la troisième, sont si fortes que, dans l'ensemble, notre droit positif conserve les peines accessoires. Un arrêt de la deuxième chambre civile de la Cour de cassation considère d'ailleurs qu'une loi postérieure à la mise en vigueur du nouveau Code pénal peut créer une peine accessoire (Civ. 2e, 1er mars 2001, n° 01-00.584, *Bull. civ.* II, n° 33 ; *D.* 2001. 1075, à propos de l'interdiction des droits civils, civiques et de famille, alors pourtant que l'art. 132-21, al. 1er C. pén. exclut l'existence de cette peine de plein droit).

B. — La jurisprudence judiciaire

9 Que décide la jurisprudence judiciaire à propos des peines accessoires concerne l'incapacité d'exercer une profession déterminée à la suite d'une condamnation pénale pour certaines infractions ? Les textes concernant de telles incapacités sont antérieurs à la mise en vigueur du Code pénal de 1994. Mais la jurisprudence considère que ces incapacités subsistent. Il en est ainsi à propos de l'interdiction de gérer des sociétés qui s'applique de plein droit à toute personne condamnée pour vol, abus de confiance, escroquerie, etc., la durée de l'interdiction n'étant pas prévue (Décr.-L. 8 août 1935, art. 6 ; Crim. 18 mai 1998, *RJDA* 1998, n° 1239, arrêt selon lequel s'il y a de plein droit une interdiction définitive de gérer une société, les juges qui prononcent cette peine doivent, en cas de condamnation pour escroquerie, ne pas dépasser le maximum prévu par l'article 313-7 C. pén. ; *add.* Com., 27 janv. 1998, nº 95-20.585, *Bull. civ.* IV, nº 47 ; *RTD com.* 1998. 359, obs. C. Champaud et D. Danet, une personne frappée de cette interdiction ne peut agir en justice au nom de la société). De même subsiste l'incapacité d'être commerçant, fondée sur la loi du 30 août 1947 relative à l'assainissement des professions industrielles et commerciales. Cette loi établit une peine accessoire consistant dans la privation d'exercer le commerce pour une durée comprise entre cinq ans et la perpétuité, suite à une condamnation pour vol, escroquerie, abus de confiance, etc. à trois mois d'emprisonnement sans sursis. Par une première décision, la Cour de cassation avait décidé que cette sanction survivait à la mise en vigueur du nouveau Code pénal (Crim. 14 mars 1996, *Dr. pénal* 1996. Comm. 220). Mais une seconde, rendue par l'Assemblée plénière le 22 novembre 2002 et ci-dessus rapportée, est plus prudente, même si dans le principe elle confirme la survie de la loi du 30 août 1947.

10 D'un autre côté cependant, la survie des peines accessoires est en effet loin d'être totale.

Tout d'abord, s'agissant des incapacités professionnelles, un conflit se présente entre les textes antérieurs au nouveau Code pénal prévoyant des régimes différents et l'interdiction d'exercer une fonction publique ou une activité professionnelle à titre définitif ou pour cinq ans au moins suite à certaines condamnations (C. pén., art. 131-27). Certes l'article 131-27 est relatif à des peines complémentaires facultatives alors que les incapacités dérivées du décret-loi de 1935 et de la loi de 1947 sont des peines accessoires. Le conflit existe tout de même puisque l'article 131-27 est l'expression d'une philosophie pénale différente de celle des textes de 1935 et 1947 et qu'inévitablement un choix se présente au juge entre ces deux ensembles.

C'est d'ailleurs bien ainsi qu'il faut comprendre l'arrêt du 22 novembre 2002. Un individu avait été condamné pour divers délits (escroquerie, abus de confiance etc.) notamment à dix ans d'interdiction d'exercer une profession commerciale en application de l'article 4 de la loi du 30 août 1947. Les juges ont considéré que cette durée était excessive au regard de l'article 131-27 du Code pénal, texte plus doux qui devait donc s'appliquer rétroactivement (Crim. 11 janv. 1995, nº 94-82.649, *Bull. crim.* nº 17) et ils ont en conséquence rabaissé à cinq ans ladite interdiction sans ordonner de renvoi. Qu'en penser ? À l'extrême limite, les juges de l'Assemblée plénière auraient pu raisonner techniquement et maintenir à dix ans l'interdiction, s'agissant d'une peine accessoire et non d'une peine complémentaire dont le sort est réglé par l'article 131-27. Mais les juges ont préféré raisonner plus psychologiquement en termes de mansuétude respective des textes en présence. Dès lors, on peut considérer que l'incapacité inscrite dans la loi de 1947 reste une peine accessoire, mais que son statut se rapproche de celui des peines complémentaires. Nous n'irons cependant pas jusqu'à écrire que l'arrêt du 22 novembre 2002 transforme la peine en question en peine complémentaire (en ce sens obs. J.-H. Robert, *Dr. pénal* 2003. Comm. 37), pour la bonne raison que cette incapacité s'applique d'elle-même alors que l'incapacité de l'article 131-27 du Code pénal, qui est une peine complémentaire doit être prononcée par le juge pour s'appliquer.

À titre indicatif, on rappellera que la jurisprudence pratique également la réduction des peines complémentaires facultatives (Crim. 8 janv. 2003, nº 02-82.555, *Bull. crim.* nº 3, à propos de l'interdiction d'exercer une activité professionnelle prévue par l'article 131-27 du Code pénal que les juges du fond avaient fixé à un plafond supérieur au plafond légal de cinq ans).

C. — Les décisions du Conseil constitutionnel

11 Le Conseil est manifestement hostile aux peines accessoires.

1° En premier lieu, l'article 194 de la loi nº 85-98 du 25 janvier 1985 disposait que le jugement prononçant la faillite personnelle ou l'interdiction prévue à l'article 192 (interdiction de gérer) emportait l'incapacité d'exercer une fonction publique élective. Or le Conseil constitutionnel, dans sa décision du 15 mars 1999, a décidé que cette sanction applicable de plein droit méconnaît le principe de nécessité des peines qui « implique que l'incapacité ne peut être appliquée que si le juge l'a expressément prononcée en tenant compte des circonstances propres à l'espèce ». Le juge constitutionnel ajoute même que la possibilité d'un relèvement ultérieur n'empêche pas que ce principe fondamental, prévu à l'article 8 de la Déclaration de 1789, ait été violé. Voilà un terrible coup porté à la peine accessoire, même si l'on veut bien admettre qu'il est limité à l'hypothèse de l'article 194 de la loi précitée de 1985. Le coup est d'autant plus fort que pour la première fois, le Conseil constitutionnel a déclaré non constitutionnelle une disposition législative déjà promulguée, cette disposition étant l'article 194 de la loi précitée de 1985 (L. Favoreu et L. Philip, *GDCC*, 13e éd., 2005, nº 38.7).

Dans le même esprit, on peut évoquer un avis du Conseil d'État en date du 2 avril 2003 (CE 2 avr. 2003, *Sarrat*, req. nº 249475) qui a considéré que l'entrée en vigueur du nouveau Code pénal prive d'effet l'article L. 58 du Code des pensions lequel prévoyait à titre de peine accessoire la suspension du service d'une pension en raison de l'existence d'une condamnation afflictive et infamante. Une telle condamnation a en effet disparu (*D.* 2003. 1797, concl. L. Vallée ; *RFDA* 2003. 811, note J. Pradel).

12 *2°* On s'attardera davantage en second lieu sur la décision du Conseil du 11 juin 2010 rendue sur une double saisine de la Cour de cassation en date du 7 mai 2010. Le Conseil était appelé à statuer sur la constitutionnalité de l'article L. 7 du Code électoral ainsi rédigé : « Ne doivent pas être inscrites sur la liste électorale pendant un délai de cinq ans à compter de la date à laquelle la condamnation est devenue définitive, les personnes condamnées » au titre de certains délits sanctionnant une atteinte au devoir de probité (C. pén., art. 432-10 à 432-16, 433-1, 433-2, 433-3 et 433-4). Les requérants estimaient que l'article 7 portait atteinte aux principes de la nécessité et de l'individualisation des peines garantis par l'article 8 de la Déclaration de 1789.

On observera avant tout que l'article L. 7, dû à une loi du 19 janvier 1995 relative au financement de la vie politique, avait été déclaré conforme à la Conv. EDH par le Conseil d'État (CE 1er juill. 2005, 2 arrêts, *AJ pénal* 2005. 326, note C. S. Enderlin) et n'avait pas été critiqué par le Conseil quand il avait été saisi *a priori* de la loi du 19 janvier 1995 (Cons. const. 11 janv. 1995, nº 95-363 DC, *Rec. cons. const.* 1995. 159). Dès lors, la Cour de cassation aurait pu ne pas saisir le Conseil en s'appuyant sur l'article 23-2 nouveau de l'ordonnance nº 58-1067 du 23 novembre 1958, créé par la loi organique du 10 décembre 2009, qui subordonne la recevabilité d'une QPC à la condition que la loi critiquée n'ait « pas déjà été déclarée conforme à la Constitution dans les motifs et le dispositif d'une décision du Conseil constitutionnel sauf changement de circonstances ». Il est vrai que le Conseil n'avait pas été saisi spécifiquement sur ce point et qu'il s'était borné à décider dans un considérant « sur les autres articles de la loi » que ceux-ci « ne porteraient pas atteinte à une règle ou à un principe de valeur constitutionnelle ».

C'est ainsi que le Conseil a pu statuer sur la peine accessoire de l'article L. 7. Et il l'a déclarée très nettement inconstitutionnelle en visant le principe de l'individualisation (ce qu'il n'avait pas fait dans sa décision du 15 mars 1999) et en affirmant plus précisément que le juge ne peut décider de cette peine et qu'il ne peut davantage en faire varier la durée (cons. 5) ; la possibilité d'appliquer le relèvement ne suffisait à légitimer cette sanction. On sent ici la différence avec les peines complémentaires obligatoires vues plus haut pour lesquelles, on le rappellera, le juge peut exercer son pouvoir d'individualisation. La décision du 11 juin 2010 va même jusqu'à rappeler aux intéressés qu'ils peuvent demander, à compter du jour de publication de la présente décision, leur inscription immédiate sur les listes électorales (cons. 6).

13 Les peines accessoires semblent-elles avoir vécues ? On pouvait le penser et l'on a même parlé du « naufrage des peines accessoires » (J.-H. Robert in *Dr. pénal* 2010. Comm. 107). Mais un autre auteur remarque subtilement qu'on peut s'interroger sur la portée de cette décision quant au sort des peines accessoires en général en regrettant que le Conseil n'ait pas saisi l'occasion de se prononcer sur le principe de ces peines (*Rev. pénit.* 2010. 478, obs. X. Pin). Mais il est vrai que le Conseil a l'habitude de ne statuer que sur ce qui lui est demandé. Il semble bien que les peines accessoires ne soient plus aujourd'hui qu'une pièce de musée juridique. On peut le regretter, même si la CEDH est à l'unisson (CEDH 28 sept. 2004, *Sabour et Pircalab c/ Roumanie*, inconstitutionnalité du retrait automatique des droits parentaux en cas de condamnation à une peine d'emprisonnement). Un remède consisterait pour le législateur à transformer l'incapacité électorale en peine obligatoire complémentaire dont le juge fixerait la durée à partir d'un plafond légal.

J. P.

48

AMENDE FISCALE - NATURE

Crim., 6 juill. 1976, nº 75-93.250, *Fernandez*
(*Bull. crim.* nº 250)

L'amende fiscale est à la fois une peine et une réparation et, à ce dernier titre, elle n'est pas soumise au principe bienveillant du non-cumul des peines.

Attendu qu'il appert de l'arrêt attaqué et du jugement confirmé que les juges du fond, écartant la règle du non-cumul des peines, ont condamné Fernandez pour l'ouverture sans déclaration préalable de 7 établissements et en violation des dispositions de l'article 502 du Code général des impôts à 7 amendes distinctes et à la valeur des boissons saisies, à un même nombre d'amendes pour le défaut de paiement des droits de licence prévus par l'article 1568 dudit code, enfin à 4 amendes pour infraction à l'article 562 *bis* du même code, instituant une taxe spéciale sur les délits des deuxième, troisième et quatrième catégories, qu'au surplus la pénalité des quintuples droits a été prononcée quand elle était requise ;

Attendu qu'en statuant ainsi et en prononçant pour chacune des infractions fiscales dont Fernandez a été reconnu coupable dans l'exploitation irrégulière de ses 7 établissements, considérés individuellement compte tenu des caractéristiques de leur implantation dans les locaux de la foire, la cour d'appel a justifié sa décision ; qu'en effet le principe du non-cumul des peines ne s'applique pas aux pénalités fiscales édictées en matière de contributions indirectes qui sont, à la fois, une peine et une réparation du préjudice causé à l'État et qu'il convient d'indemniser autant de fois qu'il y a eu de droits de natures diverses lésés par les contraventions ;

D'où il suit que le moyen ne saurait être accueilli ;

Et attendu que l'arrêt est régulier en la forme ;

Rejette le pourvoi.

OBSERVATIONS

1 L'amende fiscale prononcée par le juge pénal en matière de contributions indirectes (C. pr. fisc., art. L. 235) et en matière de douane (C. douanes, art. 356 et 357) – l'administration fiscale étant seule compétente pour prononcer des sanctions en matière de contributions directes en application de l'article 1736 du Code général des impôts – a toujours

posé en jurisprudence le problème délicat de sa nature. Cette question en effet est « très célèbre en doctrine et en jurisprudence et des plus intéressante à examiner, surtout comme étude jurisprudentielle » (J.-E. Labbé, *De l'amende en matière pénale et en matière fiscale*, thèse, Paris, 1894 ; v. aussi B. Néel, *Les pénalités fiscales et douanières*, Economica, 1989). Primitivement, la Cour de cassation avait estimé que l'amende fiscale avait une nature pénale (Crim. 9 déc. 1813, *S. chr.* 1813. 484). Par la suite, elle lui conféra un caractère réparateur (Crim. 19 août 1836, *D.* 1838. 1. 48). Elle estime aujourd'hui que l'amende fiscale a un caractère mixte, étant à la fois une peine prononcée contre le délinquant et une indemnité en faveur du Trésor public (Crim. 19 nov. 1891, *D.* 1882. 1. 109, concl. avocat général Baudouin ; Crim. 18 déc. 1891, *D.* 1892. 1. 337 ; Crim. 14 avr. 1892, *D.* 1892. 1. 577 ; Crim. 3 mars 1893, *D.* 1894. 1. 53 ; Crim. 16 juill. 1927, *D.* 1928. 1. 77, note M. Henry ; Crim. 18 mai 1933, *DH* 1933. 382 ; Crim. 7 nov. 1946, *D.* 1947. 29 ; Crim. 12 déc. 1946, *D.* 1947. 95 ; Crim. 15 déc. 1953, *JCP* 1954. I. 8020, obs. D. L. ; Crim. 10 juill. 1963, *Bull. crim.* n° 250 ; Crim. 28 avr. 1968, *JCP* 1969. II. 16100, note M. Puech ; 24 oct. 1996, *Bull. crim.* n° 373 ; *D.* 1996. 226, note J.-C. Berr ; 29 mars 1997, *Bull. crim.* n° 213 ; *Dr. pénal* 1997. 144). L'arrêt ci-dessus du 6 juill. 1976 est un bel exemple de cette position que l'on peut désormais considérer comme l'une des données jurisprudentielles les mieux affirmées. Cet arrêt rappelle que l'amende fiscale est « à la fois une peine et une réparation du préjudice causé à l'État » et en déduit que le principe du non-cumul des peines est inapplicable : les juges doivent donc prononcer autant d'amendes fiscales qu'il y a eu d'infractions commises (v. aussi dans ce sens : Crim. 22 déc. 1878, *D.* 1878. 1. 144 ; Crim. 18 mai 1933, préc. ; Crim. 24 nov. 1937, *DH* 1938. 26 ; Crim. 2 juill. 1942, *Dr. adm.* 1944. 61 ; Crim. 28 nov. 1962, *Bull. crim.* n° 343 ; *add.* postérieurement : Crim. 4 janv. 1977, *Bull. crim.* n° 2 ; Crim. 5 mai 1980, *Bull. off. dir. gén. imp.*, 1980, Série C. I. 99). La chambre criminelle adopte la même attitude pour l'amende douanière qui, elle aussi, « a un caractère mixte, à la fois pénal et fiscal » (Crim. 26 févr. 1990, n° 87-84.475, *Bull. crim.* n° 93).

Revenons à l'arrêt du 6 juillet 1976 qui, lui aussi, pose un double problème : de principe et de régime.

I. — La question de principe

2 L'amende fiscale est-elle bien ce *Janus bifrons* que la jurisprudence se plaît à affirmer ? Naguère, des auteurs l'ont contesté, estimant que cette sanction est essentiellement soit une peine (Desjardins, concl. sous Crim. 10 déc. 1880, *D.* 1881. 1. 103, 2e colonne) soit une réparation (Baudouin, concl. sous Crim. 19 nov. 1891, préc.). Aujourd'hui, l'apaisement s'est réalisé et l'on ne conteste plus le caractère mixte de l'amende fiscale (G. Tixier et J. Robert, *Droit pénal fiscal*, 1979 ; A. Vitu, *Droit pénal spécial* 1982, I, n° 665 ; R. Merle et A. Vitu, *Traité de droit criminel. Droit pénal général*, 7e éd., 1997, n° 789 ; J.-H. Robert, p. 86 et 459).

Ce caractère mixte a encore été rappelé récemment par la chambre criminelle pour laquelle « les pénalités fiscales... ont un caractère mixte répressif et indemnitaire pour répondre proportionnellement aux manquements constatés et aux préjudices qui en résultent » (Crim. 15 déc. 2010, *Dr. pénal*, 2010, n° 52, obs. J.-H. Robert).

A. — L'amende fiscale comme peine

3 En faveur du caractère pénal de l'amende fiscale, on peut d'abord invoquer la lettre même du Code général des impôts. Cette sanction est prévue dans un chapitre intitulé « Pénalités » (CGI, art. 1725 s.). Les articles 1791 et suivants parlent « d'amende » (CGI, art. 1791, 1793 A, 1800 et 1804), de « pénalités » (CGI, art. 1794 et 1797), de « peines » (CGI, art. 1799 et 1801) et même de « responsabilité pénale » (CGI, art. 1805, al. 2). Il est vrai que ce langage qui avait déjà été utilisé par des textes anciens n'avait pas empêché la Cour de cassation de reconnaître à l'amende fiscale un caractère indemnitaire. Il n'en reste pas moins que le caractère pénal de l'amende fiscale est indéniable d'autant plus que le Code général des impôts en parlant d'amende évoque le Code pénal qui qualifie l'amende de peine (ancien C. pén., art. 9 et 464 ; C. pén., art. 131-2, 131-3 et 131-12).

En outre, l'amende fiscale est susceptible de sursis et de circonstances atténuantes (CGI, art. 1800 et 1801). Or ces deux techniques sont des moyens d'individualisation des peines (même si les circonstances atténuantes ont formellement disparu dans le C. pén. de 1994) et ne se conçoivent pas à propos des réparations civiles. Et que le sursis soit exclu à l'égard du contrevenant qui a déjà été l'objet d'un procès-verbal suivi de condamnation ou de transaction (CGI, art. 1801) ne change rien, cette restriction s'expliquant uniquement par la dangerosité présumée de l'agent qui s'avère être un délinquant à répétition.

4 On peut encore s'appuyer sur l'article 1805 du Code général des impôts, selon lequel « les propriétaires des marchandises sont responsables du fait de leurs facteurs, agents ou domestiques, en ce qui concerne les... amendes... » (al. 1er). Ce texte est la reprise de l'article 20 du titre XIII de la loi des 6-22 août 1791 qui comportait après le mot « responsables » l'adverbe « civilement », lequel a justement disparu. Et pour confirmer qu'il s'agit bien de responsabilité pénale, il suffit de lire l'alinéa 2 du même article 1805, qui invoque les circonstances par l'effet desquelles « le propriétaire de la marchandise... est déchargé de toute responsabilité pénale ».

B. — L'amende fiscale comme indemnité

5 R. Garraud (II, n° 633 *in fine*) avançait avant tout le fait que l'amende fiscale est susceptible de transaction (auj. C. pr. fisc., art. L. 247, L. 248 et L. 251), contrat qui ne se conçoit qu'à propos de « l'intérêt civil qui résulte d'un délit » (C. civ., art. 2046). Séduisant, l'argument n'est guère convaincant. C'est qu'il y a en effet deux façons d'expliquer le droit de transaction. On peut d'abord y voir, comme R. Garraud, un attribut de l'action civile appartenant à toute partie lésée. Mais cette thèse, admise par une vieille jurisprudence en matière de contributions indirectes, a été étendue par elle à des matières autres (délits forestiers et de pêche notamment) où n'apparaît plus un intérêt fiscal, mais uniquement de police ou de sûreté. On est dès lors rejeté vers une autre explication du droit de transaction : ce droit serait un moyen de modération des peines, un substitut des circonstances atténuantes. C'était, il est vrai, la conception des droits révolutionnaires et du XIXe siècle qui n'admettaient pas en matière fiscale, le pouvoir pour le juge d'accorder les circonstances atténuantes. Mais cette défiance n'existe plus (CGI, art. 1800). Le caractère réparateur de l'amende fiscale ne peut donc pas aujourd'hui se fonder sur l'idée de transaction (v. la belle démonstration de J.-A. Roux, note au *S.* 1908. 1. 369).

6 Plus sérieusement on peut avancer que l'amende fiscale vient compenser la perte de recettes résultant pour l'État de la commission de l'infraction (v. encore R. Garraud, II, n° 633 *in fine*). Deux objections viennent, il est vrai, à l'esprit : d'abord, la jurisprudence a souvent admis que l'amende fiscale reste due même si le Trésor n'a subi aucun préjudice (Crim. 19 janv. 1955, *Bull. crim.* n° 48 ; Crim. 31 janv. 1962, *Bull. crim.* n° 72 ; Crim. 4 févr. 1981, *Bull. crim.* n° 46 ; Crim. 23 nov. 1981, *Bull. crim.* n° 311) ; ensuite le contrevenant est systématiquement condamné à une somme supérieure au montant des droits éludés. Certes, on peut répondre que les intérêts du Trésor sont si importants qu'il faut décourager, par des pénalités hors de proportion avec le préjudice qu'il a réellement subi, les éventuels fraudeurs. Mais c'est faire voler l'intimidation collective, concept pénal, au secours d'intérêts financiers !

Notons enfin que le caractère indemnitaire de l'amende fiscale est indirectement souligné par le Code général des impôts lui-même. Le développement sur les contributions indirectes (CGI, art. 1791 s.) comporte divers paragraphes dont deux sont intitulés respectivement « Sanctions fiscales » et « Sanction pénales ». Et comme les amendes fiscales se trouvent dans le premier, on est conduit à admettre qu'elles ne sont pas des sanctions pénales ou pas seulement des sanctions pénales. Dès lors, elles ne peuvent avoir qu'un caractère réparateur ou au moins partiellement tel.

7 De tout cela, il résulte que l'amende fiscale est dans notre droit un concept *sui generis* : elle n'est pas seulement une peine, elle n'est pas seulement une réparation, elle est les deux « à la fois » comme le rappelle l'arrêt du 6 juillet 1976. Ce caractère mixte n'apparaît du reste pas uniquement en matière d'amende fiscale : l'amende douanière (A. Vitu, préc., I, n° 679) et l'amende pour contravention de grande voirie (A. de Laubadère, *Traité de droit administratif*, 7e éd., 1980, n° 325) présentent les mêmes traits.

II. — La question de régime

8 La double qualification ainsi attribuée à l'amende fiscale explique le régime de celle-ci. Une difficulté cependant apparaît lorsque les deux idées de peine et de réparation sont en conflit. On est bien obligé alors de préférer l'un des deux caractères à l'autre. En principe, c'est l'idée de réparation qui doit l'emporter car il importe de sauvegarder les intérêts financiers de l'État et c'est pourquoi beaucoup d'arrêts disent, non que l'amende fiscale est « à la fois » peine et réparation, mais qu'elle « est moins une peine qu'une réparation civile » (par ex. Crim. 25 avr. 1968, préc.). Toutefois, lorsque sont en cause les grands principes du droit pénal, comme la personnalité des peines ou la légalité de la répression il faut faire prévaloir l'aspect répressif sur l'aspect indemnitaire (M. Henry, note au *D.* 1928. 1. 77). Ces grands principes ont pour traits essentiels de protéger les droits fondamentaux de l'individu poursuivi et d'être, pour cette raison, admis à peu près dans tous les systèmes juridiques. De là, deux groupes de règles.

A. — Règles édictées dans l'intérêt du Trésor

9 Dans l'intérêt financier du Trésor, la jurisprudence sacrifie certaines règles pénales qui n'apparaissent pas comme des grands principes du droit criminel. C'est alors l'aspect indemnitaire qui prévaut.

Ainsi la règle du non-cumul des peines ne s'applique pas, comme le rappelle l'arrêt commenté et aussi celui du 15 décembre 2010, précité (cumul possible d'amendes et de confiscations fiscales). C'est qu'en effet la règle des articles 132-2 s. du Code pénal n'est pas absolue en droit français et se trouve parfois méconnue à l'étranger (v. par ex. le système du cumul juridique admis par les art. 74 du C. pén. allemand, 71 du C. pén. italien et 49 du C. pén. suisse). La règle du non-cumul ne s'applique pas si plusieurs infractions fiscales sont en concours réel : les amendes fiscales se cumulent (Crim. 18 avr. 1956, *Bull. crim.* n° 317 ; Crim. 9 mars 1966, *D.* 1966. Somm. 115 ; Crim. 12 déc. 1983, *D.* 1984. IR 234). La règle du non-cumul ne s'applique pas non plus en cas de concomitance de poursuites exercées l'une pour infraction de droit commun, l'autre pour infraction fiscale (Crim. 14 déc. 1960, *Bull. crim.* n° 588 ; Crim. 28 juill. 1970, *D.* 1970. Somm. 200) ou douanières (Crim. 12 déc. 1983, *D.* 1984. IR 234 ; Crim. 10 nov. 1999, *Dr. pénal* 2000. Comm. 46, obs. J.-H. Robert). Cette solution est à rapprocher de celle dans laquelle il y a fait unique : des pénalités fiscales peuvent être cumulées avec des amendes pénales (Crim. 11 déc. 1997, *Dr. pénal* 1998. Comm. 55).

10 D'autres effets sont tirés du caractère indemnitaire de l'amende fiscale. D'abord, une contravention commise à plusieurs ne donne lieu qu'à une seule amende fiscale, sauf à garantir son recouvrement par la solidarité (Crim. 3 juin 1880, *D.* 1881. 1. 493 ; Crim. 15 et 16 mai 1961, *Bull.*

crim. n°s 256 et 263). En outre, sont tenus de payer l'amende fiscale les personnes civilement responsables (Crim. 16 déc. 1898, *Bull. crim.* n° 370), les mineurs même sans discernement (Ch. réun. 13 mars 1844, *S.* 1844. 1. 336, solution encore valable selon É. Garçon, *Code pénal annoté*, 2e éd., art. 9, n° 132) et même les personnes morales à une époque où leur responsabilité pénale n'était pas encore reconnue (Crim. 18 févr. 1927, *DH* 1927. 225 commenté *supra*, I, n° 38 ; Crim. 14 oct. 1953, *D.* 1954. 47 ; Crim. 14 juin 1982, *Gaz. Pal.* 1982. II. 635, note J. Cosson ; Crim. 28 avr. 1997, *Bull. crim.* n° 149 ; *Dr. pénal* 1997. Comm. 128). Enfin selon une vieille jurisprudence, le ministère public n'a pas à rapporter la preuve de la mauvaise foi du contrevenant, l'infraction fiscale étant une infraction matérielle, existant par le seul fait de la violation de la loi sauf force majeure (Crim. 31 janv. 1962, *Bull. crim.* n° 72 ; Crim. 12 déc. 1962, *Bull. crim.* n° 371 ; Crim. 6 nov. 1968, *Bull. crim.* n° 284 ; Crim. 6 juill. 1976, préc.). Au vrai, cette dernière solution n'est pas à l'abri de la critique car cette responsabilité pénale présumée va à l'encontre du principe de la présomption d'innocence et de l'obligation pour la partie poursuivante de prouver l'intention (art. 121-3 C. pén.) ou l'imprudence (L. du 16 déc. 1992, art. 339). C'est pourquoi aujourd'hui la jurisprudence voit dans l'infraction à la législation sur les contributions indirectes une infraction intentionnelle (Crim. 25 janv. 1996, *Bull. crim.* n° 50), ce qui oblige le poursuivant à démontrer l'intention. On touche ici à la protection de l'individu.

Il faut enfin évoquer la question des peines minimales et des circonstances atténuantes. En droit pénal, avant le nouveau Code pénal de 1994, la loi connaissait des minima en dessous desquels le juge pouvait descendre en invoquant les circonstances atténuantes. On sait que le Code de 1994 ne connaît plus que des maxima. Mais en matière d'amende fiscale, le système des minima subsiste : la chambre criminelle a refusé de renvoyer au Conseil constitutionnel une QPC qui soulevait le défaut de conformité de l'article 369, 1°, d, C. douanes (permettant seulement de réduire le montant des amendes fiscales jusqu'au tiers de leur montant minimal) au principe d'individualisation des peines, le juge judiciaire ayant la possibilité de moduler l'amende prévue par l'article 414 C. douanes en tenant compte du préjudice subi par rapport à la valeur de l'objet de fraude (Crim. 1er déc. 2010, n° 10-84.141 QPC, *Rev. pénit.* 2011. 178, obs. J.-H. Robert ; Crim. 26 janv. 2011, n° 10-85.341 QPC, *RSC* 2011. 634, obs. S. Detraz). Cette règle s'explique évidemment par le caractère en partie réparateur de l'amende fiscale : l'application sans limites des circonstances atténuantes réduirait à presque rien l'amende et nuirait d'autant aux intérêts pécuniaires de l'État.

B. — Règles édictées dans l'intérêt de l'individu

11 Dans l'intérêt de celui-ci, la jurisprudence fait prévaloir certains grands principes du droit pénal. On rappellera d'abord que la CEDH a décidé que l'article 6-1 Conv. EDH sur le procès équitable s'applique aux sanctions fiscales (CEDH 21 févr. 1994, req. n° 12547/86, *Bendenoun c. France*, *LPA* 11 mai 1994. 21, note J.-F. Flauss ; *RFDA* 1995. 1181, obs. L. Maublanc-Fernandez, application de l'article 6-1 aussi bien aux sanctions purement fiscales qu'aux sanctions pénales consécutives à un manquement en matière fiscale). On évoquera ensuite le principe de l'individualisation des peines puisque c'est le législateur lui-même qui le reconnaît aux articles 1800 et 1801 du Code général des impôts sur les circonstances atténuantes et le sursis (v. cependant sous l'empire de textes aujourd'hui abrogés, Crim. 28 janv. 1897, *D.* 1897. 1. 87 ; Crim. 11 avr. 1907, *S.* 1909. 1. 113, note J.-A. Roux, arrêts excluant le sursis ; v. aussi l'impossibilité pour le juge de descendre au-dessous du minimum prévu par la loi qui prévoit un maximum et un minimum, Crim. 31 mars 1999, *Dr. pénal* 1999. Comm. 116). Il faut insister davantage sur trois autres principes que respecte parfaitement la Cour de cassation.

12 C'est d'abord celui de la personnalité des peines : l'amende fiscale ne peut atteindre que le délinquant lui-même et non ses héritiers. L'article 6 du Code de procédure pénale qui décide que l'action publique s'éteint par le décès de l'agent l'emporte donc sur toutes autres considérations fiscales (Crim. 7 déc. 1972, *D.* 1973. 697, note B. Bouloc, à propos d'une amende douanière). Toutefois, mais ce n'est pas une exception, les héritiers du coupable peuvent être poursuivis pour le paiement du quintuple droit dont l'objet est la réparation du préjudice causé à l'État (Ch. réun. 26 avr. 1961, *Bull. crim.* n° 223, affirmant le principe et la limite). Tout cela a été repris plus récemment dans un arrêt selon lequel « si en matière douanière, par le décès du prévenu en cours d'instance, l'action publique est éteinte en ce qui concerne l'amende fiscale, la condamnation au paiement des droits et taxes éludés, constitutive d'une réparation du préjudice causé au Trésor public par la fraude, et qui n'a pas le caractère d'une pénalité, peut être mise à la charge des ayants droit » (Crim. 4 oct. 1972, *D.* 1973. 278, note C. Berr). Il en est de même pour la confiscation visant le produit du délit, sanction à caractère réel survivant à l'extinction de l'action publique (Crim. 8 oct. 1990, n° 90-80.586, *JCP* 1991. II. 21722, note J. Pannier ; Crim. 9 déc. 1991, *Bull. crim.* n° 465).

13 C'est ensuite celui de la légalité de la répression : le juge ne peut dépasser le montant légal de l'amende (v. pour une application en matière d'octroi : Crim. 22 nov. 1895, *Bull. crim.* n° 303). Et par voie de conséquence, les principes de non-rétroactivité de la loi nouvelle plus dure et d'application immédiate de la loi nouvelle plus douce – qui ne sont que des développements du principe de légalité – sont respectés. Ainsi, l'agent ne peut être condamné à une sanction sur la base d'une loi fiscale ancienne remplacée par une loi nouvelle plus douce désormais seule applicable (Crim. 25 avr. 1968, préc. ; *contra* cep. Crim. 11 déc. 1863, *D.* 1864. 1. 200 ; Req. 11 mars 1940, *D.* 1940. 1. 52, rapp. Dreyfus). L'Administration ne peut donc invoquer un droit acquis à l'application du texte ancien plus sévère. D'ailleurs à la suite de la réforme des sanctions fiscales réalisée par la loi du 27 décembre 1963, une instruction ministérielle a décidé que, dans le cas où la quotité des nouvelles sanctions était inférieure à celle des anciennes, l'on devait tenir compte des règles nouvelles pour la liquidation des sanctions afférentes à des infractions commises avant cette loi et non encore comprises dans un titre de perception (Inst. administrative du 30 déc. 1963, § 100, rapporté in *Rép. pén.*, « Amende fiscale », par E. Bourrel, n° 53 ; v. aussi CE, avis, 5 avr. 1996, *Dr. fisc.* 1996, n° 25, Comm. 765, concl. J. Arrighi de Cassanova : à propos des sanctions fiscales pour mauvaise foi de l'art. 1729-1 CGI, le principe de l'application des lois nouvelles plus douces s'applique en matière fiscale).

14 C'est encore le principe d'humanisation qui joue en cas de concours réel de plusieurs infractions fiscales, punies les unes et les autres d'un emprisonnement et d'une amende : le cumul ne concerne que les amendes. Une seule peine d'emprisonnement sera donc prononcée (Crim. 28 janv. 1876, *S.* 1876. I. 89, note E. Villey ; Crim. 14 déc. 1960, *Bull. crim.* n° 588 ; Crim. 2 oct. 1975, *id.*, n° 201 ; Crim. 16 juin 1980, *id.*, n° 190 ; *Adde* : D. Khalid Al-Bcheraoui, *Le concours réel d'infractions*, thèse dactyl. Strasbourg, 1991, not. n°s 340 s. et 371 s.).

À ce principe on peut rattacher l'idée que, malgré l'article 1745 CGI qui prévoit que le juge pénal peut décider que les auteurs de certains délits du CGI peuvent être condamnés solidairement, l'administration fiscale n'a pas un pouvoir considérable : en effet, si le juge de première instance n'a pas décidé la solidarité et si seule l'administration fiscale fait appel, la cour d'appel ne peut décider la solidarité (Crim. 4 nov. 2010, *D.* 2010. 2913, *RSC* 2011. 628, obs. S. Detraz). Peu après la chambre criminelle précisera que le juge n'est jamais tenu de prononcer la solidarité (Crim. 6 avr. 2011, n° 10-87.634 QPC, *RSC* 2011. 628, obs. S. Detraz).

J. P.

49

FERMETURE D'ÉTABLISSEMENT TIERS PROPRIÉTAIRE – OPPOSABILITÉ

Crim., 9 déc. 1915, *Odouard*
(*D.* 1916. 1. 153 ; *S.* 1916. 1. 138)

La fermeture d'établissement doit être prononcée même si le propriétaire de celui-ci n'est pas en cause.

– Sur le moyen unique de cassation, pris de la violation de l'article 1er de la loi du 16 mars 1915 : – Vu ledit article ; – Attendu que ce texte est précis et formel ; qu'il prohibe de la manière la plus absolue, dans l'intérêt supérieur du bon ordre et de la santé publique, la fabrication, la vente et la circulation de l'absinthe, et qu'il sanctionne cette prohibition par la fermeture de l'établissement et, en outre, par des pénalités fiscales ; que cette fermeture est la peine principale ; que ladite peine affecte l'établissement même trouvé en délit, et qu'elle est nécessairement encourue par le fait seul qu'une infraction à la loi a été commise ; qu'en conséquence, les juges ont le devoir de la prononcer dès lors qu'ils constatent l'existence de la contravention, et alors même que le propriétaire de l'établissement ne serait pas en cause comme pénalement ou civilement responsable ; – Attendu qu'Amélie Odouard, femme Brias, était poursuivie pour vente d'absinthe dans l'hôtel-café qu'elle gère à Maclas en l'absence de son mari, propriétaire de l'établissement et mobilisé ; qu'en refusant de prononcer, en cet état des faits, la fermeture dudit établissement requise par le ministère public, la cour de Lyon a méconnu le sens et la portée de l'article 1er de la loi du 16 mars 1915 : – Par ces motifs, casse.

OBSERVATIONS

1 La fermeture d'établissement intervient notamment dans des secteurs où des considérations de santé ou de moralité l'imposent. La moralité l'exige dans le cas d'un établissement permettant des faits de proxénétisme dit du logeur (C. pén., art. 225-22, 2°). La santé l'exige dans le cas d'un établissement abritant un trafic de drogue (C. pén., art. 222-50, 2°). Mais cette peine peut-elle jouer même à l'encontre du propriétaire de l'établissement, étranger au délit ?

Dans son arrêt du 9 décembre 1915, la chambre criminelle affirme pour la première fois que la fermeture d'établissement doit être prononcée même si le propriétaire du fonds est étranger à l'infraction : « affectant l'établissement même trouvé en délit », cette sanction est donc réelle. L'idée et la formule feront fortune (Crim. 16 déc. 1915, *D.* 1916. 1. 153 ; Crim. 17 févr. 1916, *S.* 1918-1919. 1. 23 ; Crim. 7 mars 1918, *S.* 1921. 1. 89 ; Crim. 10 mai 1918, *S.* 1921. 1. 91 ; Crim. 20 janv. 1960, *JCP* 1960. II. 11774, note R. Legeais ; Crim. 16 mars 1965, *Bull. crim.* n° 78 ; Crim. 9 mars 1971, *Bull. crim.* n° 79 ; Crim. 27 mars 1974, *Bull. crim.* n° 132 ; Crim. 6 juill. 1976, *Bull. crim.* n° 251). Cette hypothèse est à distinguer de celle dans laquelle la fermeture intervient bien contre le délinquant, mais avant sa mise en examen formelle, exactement sur la base d'un simple réquisitoire nominatif du parquet (Crim. 5 nov. 1985, *Bull. crim.* n° 344 ; *Gaz. Pal.* 23-24 avr. 1986, note J.-P. Doucet).

Dans l'espèce ayant donné lieu à l'arrêt du 9 décembre 1915, l'épouse du propriétaire d'un débit de boissons avait, en l'absence de son mari retenu aux armées, servi de l'absinthe à divers consommateurs. Bien que ces agissements tombassent sous le coup de l'article 1er de la loi du 16 mars 1915 qui prévoyait notamment la fermeture d'établissement (auj. CGI, art. 347 et 1816, al. 2), les juges du fond ne crurent pas devoir, malgré les réquisitions du parquet, prononcer cette sanction en dépit de l'absence du propriétaire. En cassant leur décision, les magistrats de la chambre criminelle admirent que la fermeture d'établissement pouvait frapper un tiers innocent. Notre droit est donc sévère. On notera qu'il en va de même du relèvement, exclu à l'égard de la fermeture d'établissement (Crim. 16 oct. 1973, *JCP* 1974. II. 17755, note J. Robert ; *RSC* 1974. 347, obs. J. Larguier, v. *infra,* n° 55) et du sursis, exclu également.

Cet arrêt et ceux qui l'ont suivi ont fait l'objet de vives discussions. Mais aujourd'hui, la question est en partie renouvelée par l'apparition de textes particuliers venus protéger notamment le propriétaire.

I. — Un principe naguère rigide

2 Les auteurs sont divisés sur cette jurisprudence (pour : A. Légal, obs. *RSC* 1966. 611 et L. Hugueney, *RSC* 1957. 878 ; *contra* R. Legeais, note sous Crim. 20 janv. 1960, préc.). La réponse ne peut être que nuancée, une fois faites certaines remarques préalables.

A. — Des remarques préalables

3 Il faut en effet faire avant tout deux observations sur la formulation même de l'arrêt de 1915 et des autres.

Tout d'abord, l'expression « établissement trouvé en délit » (qui dans les décisions les plus récentes devient « entreprise trouvée en infraction » dans Crim. 27 mars 1974 préc., ou « entreprise trouvée en défaut » dans Crim. 6 juill. 1976 préc.), si elle est suggestive, est maladroite (R. Legeais, note sous Crim. 20 juin 1960, préc.). Elle doit donc être précisée. Elle ne doit pas, à notre avis, être considérée comme un possible « jalon impressionnant sur la voie au terme de laquelle l'entreprise sera une personne morale, pénalement responsable » (R. Legeais, *idem*). Elle veut sans doute tout simplement dire que l'application de la fermeture d'établissement n'implique pas la mise en cause du propriétaire comme responsable. D'ailleurs, la légère modification d'ordre terminologique apparue dans l'arrêt du 6 juillet 1976 plaide en ce sens.

4 Ensuite, la lecture des arrêts fait apparaître une succession regrettable de qualifications de la fermeture d'établissement. Primitivement qualifiée de « réparation » en nature du dommage causé par le délit (Crim. 7 déc. 1883, *S.* 1885. 1. 108), la fermeture devient une « peine » avec les arrêts du 9 déc. 1915 et du 20 janvier 1960, pour être considérée par d'autres à la fois comme une « peine » et comme une « mesure de sûreté ou de police » (Crim. 25 juin 1958 préc. ; Crim. 12 févr. 1963, *Bull. crim.* n° 71 ; Crim. 24 mars 1966, *Bull. crim.* n° 113). Et certains arrêts ajoutent la qualification de mesure « réelle » (Crim. 25 juin 1958, préc.), à la vérité très proche de celle de mesure de sûreté. Enfin un arrêt, isolé il est vrai, rappelle qu'il est vain de rechercher si « cette fermeture constitue une mesure de sûreté ou une peine ou encore si elle affecte ce double caractère » (Crim. 5 mai 1965, *JCP* 1966. II. 14609, note R. Legeais). Certes, la distinction entre peine et mesure de sûreté reste floue. Il reste tout de même fâcheux que la Cour suprême hésite à ce point. Un choix net – quitte à être remis en cause ultérieurement – donnerait une assise plus solide à la solution qui nous intéresse : peine, la fermeture ne saurait être prononcée contre le propriétaire innocent, mesure de sûreté ou réelle, elle pourrait l'être au contraire. Et comme la jurisprudence admet que la fermeture peut atteindre le tiers propriétaire, elle devrait s'en tenir à la qualification de mesure de sûreté. C'est d'ailleurs ce qu'elle fait avec la suspension du permis de conduire au regard de l'amnistie (qui subsiste : Crim. 29 avr. 1970, *JCP* 1971. II. 16739, note A. Huet) et même avec… la fermeture d'établissement au regard de l'article 55-1 du Code pénal de 1810 (art. 132-21 C. pén.) sur le relèvement (qui ne s'applique pas à elle : Crim. 16 oct. 1973, *Bull. crim.* n° 357 ; Crim. 28 juin 1977, *Bull. crim.* n° 246 et *RSC* 1978. 621, obs. J. Larguier).

B. — Une distinction nécessaire

5 Ces préalables vidés, on en arrive au problème de fond : faut-il autoriser la fermeture d'un établissement appartenant à un tiers innocent ? Ni l'ancien Code pénal, ni le nouveau n'apportent de réponse. Le nouveau Code se borne à indiquer en son article 131-33 que « la peine de fermeture d'établissement emporte l'interdiction d'exercer dans celui-ci l'activité à l'occasion de laquelle l'infraction a été commise ». Cela dit, on doit opérer une distinction.

6 *1°* Ou bien le propriétaire sait en fait que son gérant ou préposé se livre à des activités illicites ou immorales. En pratique, il en est souvent ainsi et les juges n'hésitent pas à faire ressortir les indices en faveur d'une telle connaissance : le propriétaire tire profit de l'opération (T. corr. Castres 7 juill. 1948, *JCP* 1949. II. 4639), il est le véritable « patron » de l'affaire (*idem*), il est le concubin de la gérante (Crim. 9 juill. 1948, *JCP* 1949. II. 4639 ; Lyon 15 mars 1952, *JCP* 1952. II. 7015 ; Comp. C. pén., art. 225-6, 3ᵉ qui répute proxénète celui qui sciemment vit avec une personne se livrant habituellement à la prostitution), il a donné en gérance un fonds qu'il avait lui-même géré plusieurs années en y tolérant la présence de prostituées (Crim. 20 janv. 1960, préc.)… Dans tous ces cas, l'opposabilité de la fermeture au propriétaire est indéniablement légitime puisqu'à défaut d'être complice au sens de l'article 121-7 du Code pénal, il est par hypothèse au courant.

7 *2°* Ou bien au contraire, le propriétaire est innocent (v. pour un ex., Crim. 5 mai 1965, préc., fermeture d'un débit de boissons qui avait été vendu à un tiers de bonne foi par un individu qui en possédait deux alors que les art. L. 29 et L. 30 du C. déb. boissons – auj. CSP, art. L. 3352-1 – imposaient alors de n'en avoir qu'un seul, sous peine de fermeture). Le principe de la personnalité des peines est alors méconnu. D'ailleurs, des auteurs n'ont pas manqué de voir dans cette jurisprudence inaugurée en 1915 une atteinte à ce principe (v. P. Level, « De quelques atteintes au principe de la personnalité des peines », *JCP* 1960. I. 1583, VI) et parfois même des propriétaires, dans leur pourvoi en cassation ont invoqué la violation de cette règle célèbre. L'argument, reconnaissons-le, est singulièrement embarrassant et l'on ne peut y répondre que de deux façons.

D'abord, la sévérité de la jurisprudence constitue un bon moyen, sinon le seul, de contraindre le propriétaire à exercer une surveillance attentive sur son fonds et sur le comportement de son gérant ou préposé.

Ensuite, ces fonds de commerce constituent des foyers criminogènes et leur fermeture est un moyen de préservation sociale (Comp., C. pén., art. 132-45, 11ᵉ interdisant à certains probationnaires la fréquentation des débits de boissons). En n'ordonnant pas la fermeture, les juges perpétueraient une situation immorale ou illicite. C'est l'évidence lorsque des délits se commettent à l'intérieur de l'établissement (par ex. vente d'absinthe comme dans l'affaire du 9 déc. 1915). C'est également vrai dans l'espèce ayant donné lieu à l'arrêt préc. du 5 mai 1965 où aucun délit ne se commettait dans l'établissement. On ne saurait soutenir que la fermeture était inutile au motif que le délinquant s'était avant condamnation débarrassé de l'un de ses deux débits. Au vrai, cette fermeture était utile puisque conforme à la politique législative de réduction du nombre de débits (v. le fait que les art. L. 22 s. du C. déb. boissons – auj. CSP, art. L. 3331-1 s. – se trouvent dans un chapitre intitulé « Limitation du nombre des débits de boissons », A. Légal, obs. *RSC* 1966. 613).

Il n'en reste pas moins que l'atteinte au principe de la personnalité des peines est patente, l'équité étant sacrifiée à l'intérêt social. C'est d'autant plus vrai que le recours en dommages-intérêts, offert par le droit civil, est le plus souvent illusoire.

II. — Des assouplissements aujourd'hui admis

8 Le législateur contemporain est intervenu dans certains cas particuliers au profit du propriétaire et par la même occasion au profit de tiers autres.

A. — Dans l'intérêt du propriétaire

9 Dans l'intérêt du propriétaire, on peut citer deux textes. Selon l'article 706-38 du Code de procédure pénale sur le proxénétisme « lorsque la personne titulaire de la licence de débits de boissons ou de restaurant ou propriétaire du fonds de commerce dans lequel est exploité l'un des établissements (de prostitution) n'est pas poursuivie, les peines complémentaires prévues par l'article 225-22 du Code pénal (fermeture de l'établissement notamment) ne peuvent être prononcées, par décision spéciale et motivée, que s'il est établi que cette personne a été citée à la diligence du ministère public avec indication de la nature des poursuites exercées et de la possibilité pour le tribunal de prononcer les peines. La personne visée à l'alinéa précédent peut présenter ou faire présenter par un avocat ses observations à l'audience. Si elle use de cette faculté, elle peut interjeter appel de la décision prononçant l'une des peines prévues par l'article 225-22 du Code pénal ». Voilà une belle application du principe du contradictoire (pour une application, v. Crim. 6 sept. 2006, n° 06-80.093, *Bull. crim.* n° 214 ; *D.* 2007. 399, obs. G. Roujou de Boubée, T. Garé et S. Mirabail). Et selon l'article L. 3355-8, alinéa 2 du Code de la santé publique en cas d'interdiction d'exercice prononcée contre le gérant (le texte ne vise pas la fermeture), le tribunal autorisera la reprise du fonds par le propriétaire « nonobstant toutes conventions contraires et quelle que soit la durée de l'interdiction prononcée ».

B. — Dans l'intérêt de certains tiers

10 La fermeture d'établissement peut également nuire aux employés, aux créanciers et au public. De là, des dispositions particulières qui avaient été prévues par les ordonnances du 30 juin 1945 sur les prix (obligation pour le délinquant ou l'entreprise de continuer à assurer leur salaire aux employés par ex.). Ces ordonnances ont certes été abrogées par celle du 1er décembre 1986 sur la liberté de la concurrence qui n'a pas repris ces règles. Subsistent cependant des mesures en faveur du public. Ainsi, dans l'intérêt de la santé publique, la fermeture d'une pharmacie oblige son titulaire à « présenter un remplaçant au conseil régional de l'ordre qui, à défaut de présentation, en désignera un d'office » (CSP, art. L. 4223-3 ; *adde*, J. Azema, *Le droit pénal de la pharmacie*, 1978, p. 102). De même, dans l'intérêt des salariés, le législateur a prévu que

« la fermeture temporaire ne peut entraîner ni rupture ni suspension du contrat de travail ni aucun préjudice pécuniaire à l'encontre des salariés concernés. Lorsque la fermeture définitive entraîne le licenciement du personnel, elle donne lieu, en dehors de l'indemnité de préavis et de l'indemnité de licenciement, aux dommages et intérêts prévus aux articles L. 122-14-4 et L. 122-14-5 du Code du travail en cas de rupture du contrat de travail. Le non-paiement de ces indemnités est puni de six mois d'emprisonnement et de 3 750 € d'amende » (CPI, art. L. 335-5, L. 521-4 et L. 716-11-1).

Ces textes, on le voit, protègent surtout les fonds qui présentent un intérêt économique ou sanitaire. Qu'une personne soit propriétaire d'un fonds où se commettent des infractions contre l'hygiène ou les mœurs, elle restera soumise au régime peu protecteur fixé par l'arrêt du 9 décembre 1915 sauf à noter les cas particuliers de l'article 706-38 du Code de procédure pénale.

J. P.

50

MOTIVATION DE LA PEINE EMPRISONNEMENT FERME PRINCIPE ET APPLICATION

Crim., 27 nov. 1996, n° 96-80.087, *Daas*
(*Bull. crim.* n° 433)

Crim., 12 oct. 2010, n° 10-81.044, *André X…*
(*Bull. crim.* n° 156 ; *JCP* 2011, n° 191, chron. A. Marron, J.-H. Robert, M. Véron ; V. Peltier « Un an de droit de la peine », *Dr. pénal* 2011, n° 9)

Toute peine d'emprisonnement ferme devant être spécialement motivée la simple référence à la qualification des faits est insuffisante pour qu'il soit satisfait à cette obligation des juges (1re esp.).

De plus, aux termes des exigences de l'alinéa 4 de l'article 132-24 du Code pénal, une telle peine ne peut être prononcée qu'en dernier recours si toute autre sanction est inadéquate et s'il existe une impossibilité matérielle de prendre une mesure d'aménagement de peine. Le seul fait de se référer à la personnalité du prévenu et à la gravité des faits commis au préjudice d'une personne âgée ne peut suffire à motiver un emprisonnement ferme (2e esp.).

Chambre criminelle, 27 novembre 1996, *Daas*

Mais sur le moyen relevé d'office pris de la violation de l'article 132-19 du Code pénal :

Vu ledit article ;

Attendu que, selon ce texte, en matière correctionnelle, la juridiction ne peut prononcer une peine d'emprisonnement sans sursis qu'après avoir spécialement motivé le choix de cette peine ;

Attendu que, statuant sur l'appel du prévenu et du ministère public, la juridiction du second degré, pour prononcer contre le prévenu une peine d'emprisonnement ferme, se borne à énoncer que « compte tenu de la nature des faits il y a lieu d'aggraver la sanction prononcée par les premiers juges » ;

Mais attendu qu'en se déterminant comme elle l'a fait, par la seule référence à la qualification de l'infraction poursuivie, la cour d'appel a méconnu l'exigence de la motivation spéciale prescrite par le texte susvisé ;

D'où il suit que la cassation est encourue de ce chef ;

Et attendu qu'en imposant cette motivation spéciale l'article 132-19 précité conduit à écarter l'indivisibilité entre la peine irrégulièrement prononcé et la déclaration de culpabilité, lorsque cette dernière n'encourt pas elle-même la censure ;

Par ces motifs :

Casse et annule l'arrêt susvisé de la cour d'appel de Besançon, en date du 7 novembre 1995, en ses seules dispositions concernant la peine d'emprisonnement, et, pour qu'il soit à nouveau jugé conformément à la loi, dans les limites de la cassation ainsi prononcée ;

Chambre criminelle, 12 octobre 2010, *André X...*

Sur le second moyen de cassation, pris de la violation des articles 132-19 et 132-24 du Code pénal :

« en ce que M. X... a été déclaré pénalement et civilement coupable et condamné à trois mois d'emprisonnement ;

« aux motifs qu'il convient de confirmer le jugement sur la culpabilité mais également sur la peine qui tient exactement compte de la gravité des faits, de la personnalité du prévenu et des graves répercussions de ce délit sur la victime ;

« 1) alors qu'aux termes de l'article 132-24 du Code pénal, dans sa rédaction issue de la loi n° 2009-1436 du 24 novembre 2009, en matière correctionnelle, en dehors des condamnations en récidive légale prononcées en application de l'article 132-19-1, une peine d'emprisonnement sans sursis ne peut être prononcée qu'en dernier recours, si la gravité de l'infraction et la personnalité de son auteur rendent cette peine nécessaire et si toute autre sanction est manifestement inadéquate ; qu'en l'espèce, la cour d'appel, qui a prononcé une peine d'emprisonnement ferme, sans avoir au préalable caractérisé en quoi toute autre sanction était manifestement inadéquate, n'a pas légalement justifié son arrêt ;

« 2) alors que, et en tout état de cause, il résulte encore de l'article 132-24 du Code pénal, dans sa rédaction issue de la loi n° 2009-1436 du 24 novembre 2009, qu'en matière correctionnelle, si une peine d'emprisonnement est prononcée, celle-ci doit, si la personnalité et la situation du condamné le permettent et sauf impossibilité matérielle, faire l'objet de l'une des mesures d'aménagement prévues aux articles 132-25 et 132-28 ; que la cour d'appel, qui n'a prononcé aucune mesure d'aménagement sans avoir pourtant exclu cette possibilité au regard de la personnalité et de la situation de M. X..., ou d'une impossibilité matérielle, n'a, de chef encore, pas légalement justifié son arrêt » ;

Vu l'article 132-24 du Code pénal en sa rédaction issue de la loi du 24 novembre 2009 ;

Attendu qu'après avoir déclaré M. X... coupable de vol, pour le condamner à la peine de trois mois d'emprisonnement sans sursis,

l'arrêt attaqué, par motifs propres et adoptés, se borne à retenir que les faits sont d'autant plus graves qu'ils ont été commis au préjudice d'une personne âgée qui reste psychologiquement traumatisée et que la peine tient exactement compte de la personnalité du prévenu ;

Mais attendu qu'en prononçant ainsi, la cour d'appel a méconnu le texte susvisé ;

D'où il suit que la cassation est encourue de ce chef ; qu'elle sera limitée à la peine, dès lors que la déclaration de culpabilité n'encourt pas la censure ;

Par ces motifs :

Casse et annule, en ses seules dispositions relatives à la peine, l'arrêt susvisé de la cour d'appel de Rennes, en date du 30 novembre 2009, toutes autres dispositions étant expressément maintenues ;

OBSERVATIONS

1 Si la prison est probablement l'une des plus anciennes institutions du monde, en revanche l'emprisonnement, autrement dit la privation de liberté, érigée en peine, sinon unique du moins la plus importante, est

une tradition beaucoup plus récente. Jusqu'à la Révolution française de 1789 l'enfermement dans un établissement pénitentiaire n'avait qu'un seul but, soustraire provisoirement les individus en instance de jugement ou plus longuement ceux dont on voulait se débarrasser pour des raisons parfois politiques. Plutôt qu'une peine, l'emprisonnement n'était qu'un moyen (on dirait auj. une mesure de sûreté) permettant à la société de se protéger contre les personnes dangereuses. Dans un système où l'exemplarité de la peine était primordiale l'élimination du condamné, les châtiments corporels, l'exclusion, l'humiliation publique et même les sanctions pécuniaires apparaissaient comme des sanctions beaucoup plus efficaces.

En réalité c'est donc avant tout l'abandon de la plupart de ces châtiments qui devait conduire à la promotion de l'emprisonnement comme peine de principe d'abord dans le droit intermédiaire puis dans le Code pénal de 1810. Néanmoins, sans doute faut-il se souvenir que le droit canonique bien avant cette époque avait imaginé que l'isolement du délinquant pouvait avoir quelques vertus thérapeutiques (sur cette question, v. par ex. : A. Laingui et A. Lebigre, *Histoire du droit pénal*, t. I, Cujas, 1979 ; A. Porteau-Bitker, « L'emprisonnement dans le droit laïque du Moyen Âge », *Rev. hist. du droit* 1968. 211 et 389 et plus généralement R. Merle et A. Vitu, t. I, n°s 719 s. avec la très abondante bibliographie citée ; B. Bouloc, *Pénologie*, 4e éd., 2011, n°s 21 s. ; v. dossier : « La peine d'emprisonnement », *Gaz. Pal.* 26 avr. 2016, n° 16 ; v. égal : M. Foucault, *Surveiller et punir*, Gallimard, 1972).

À une époque où la liberté était traitée comme l'un des biens les plus précieux il était assez logique que sa privation fût considérée comme une excellente peine (v. M.-P. Rossi, *Traité de droit pénal*, 1829, t. III, p. 169). Le législateur de 1810 organisa donc un système dans lequel les différentes formes de privation de liberté étaient censées assurer, tout à la fois, un objectif de prévention générale pour la société et de prévention spéciale pour le délinquant condamné. Dès lors, l'une des constantes de la réflexion en matière de sanctions a été de rechercher comment l'emprisonnement pouvait répondre à ces objectifs donnant ainsi naissance à une discipline que l'on nomme la science pénitentiaire. Contrairement aux espérances qui avaient été placées dans cette sanction le système de la privation de liberté a été bien loin de résoudre les problèmes de la délinquance. Non seulement la prison ne s'est pas révélée une peine intimidante mais on a pu constater par ailleurs que, loin d'amender l'individu incarcéré, elle pouvait être criminogène, c'est-à-dire devenir un véritable facteur de récidive notamment dans le cas des courtes peines hélas très nombreuses (v. par ex. M. Ancel « La prison pour qui ? », *RPDP* 1976. 702 ; J.-M. Varaut, *La prison, pour quoi faire ?*, Table ronde, 1973 ; dossier « L'emprisonnement : son prononcé, ces incidences », *AJ pénal* 2011. 387 ; M. Giacopedelli, « Approche critique de la courte peine d'emprisonnement », *Dr. pénal* 2014. Étude 4).

2 Ce constat de relatif échec devait inéluctablement conduire les chercheurs en sciences criminelles à proposer au législateur des solutions tendant soit à l'amélioration du traitement pénitentiaire soit au remplacement de la peine de l'emprisonnement par d'autres sanctions. D'une manière assez générale cette politique a conduit à un adoucissement assez important de la répression accompagné d'un accroissement très sensible des pouvoirs du juge. Là encore les résultats, du moins en termes d'efficacité sur le volume de la criminalité, n'ont guère été probants ce qui a parfois conduit, au gré des changements politiques et sous l'influence d'une certaine opinion publique à des réformes pouvant être analysées comme un retour partiel à une plus grande sévérité par une plus grande certitude de la peine (v. A. Varinard : « Politique criminelle et tendance de la législation pénale contemporaine », *Déviance et Société* 1983, Vol. 2. 155).

Une chose est certaine quelles que soient les critiques qui ont pu être formulées à l'encontre d'une sanction dont il apparaît évident qu'elle ne peut être un instrument efficace pour apprendre aux délinquants la vie sociale, la prison reste, aujourd'hui encore, la peine par excellence. Elle l'est pour le citoyen en général que la mise à l'écart des délinquants rassure. Elle l'est pour le législateur y compris, celui de l'actuel Code pénal qui continue à la prévoir pour l'immense majorité des crimes et des délits. Elle l'est également pour le juge puisque nonobstant les très nombreuses solutions dont il dispose en matière délictuelle pour éviter son utilisation, le nombre des condamnés ne cesse de croître depuis 20 ans avec des durées de privation de liberté qui ont tendance à s'allonger. L'accent mis depuis quelque temps sur une nécessaire meilleure prise en compte des problèmes de sécurité a d'ailleurs conduit le législateur, dans plusieurs textes récents, à augmenter la liste, déjà longue, des incriminations (v. par ex. : L. n° 2003-239 du 18 mars 2003 pour la sécurité intérieure, *JO* 19 mars). On citera également la loi du 12 décembre 2005 relative au traitement de la récidive des infractions pénales et surtout la loi du 10 août 2007 renforçant la lutte contre la récidive des majeurs et des mineurs en créant notamment un système de peines-plancher (sur cette loi, v. par ex. commentaires de É. Vergès à la *RSC* 2007. 853 s. ; A. Varinard à la *RPDP* 2008. 216 ; J. Pradel, « Enfin des lignes directrices pour sanctionner les délinquants récidivistes », *D.* 2007. Chron. 2247 ; J.-H. Robert, « Le plancher et le thérapeute », *Dr. pénal* 2007. Étude 20). Il résulte de ces textes un effet presque mécanique puisque le nombre des personnes incarcérées n'avait encore jamais été aussi élevé. Au 1er mai 2016, 68 685 personnes étaient incarcérées ce qui entraîne un surnombre de 14 328 détenus (statistiques OPALE P.V. Tournier) si l'on tient compte des places théoriques. Pour l'instant, les incarcérations, faute d'avoir trouvé des sanctions de substitution plus efficaces restent nombreuses mais le législateur de l'actuel Code pénal a souhaité que le juge n'utilise pas cette sanction d'une manière trop automatique. Pour cela il a contraint la juridiction à motiver spécialement le choix de cette peine lorsqu'elle n'est pas assortie du sursis. Ainsi la privation de liberté prend (ou devrait prendre) un caractère exceptionnel s'agissant des délits. La loi n° 2014-896 du 15 août 2014 dont l'objectif général, clairement affiché, était de diminuer le nombre des peines d'emprisonnement n'a pas, semble-t-il, atteint son but puisque le nombre des détenus est, resté pratiquement stable puisqu'au 1er avril 2014 il y avait 68 859 détenus et 14 141 en surnombre.

3 Toute la question était alors de savoir comment cette exigence législative allait être traduite par les juridictions répressives et quel type de contrôle la Cour de cassation allait assurer.

Les deux décisions que nous avons retenues dans une très longue série d'arrêts, le plus souvent non publiés, permettent d'illustrer les obligations des juges. La seconde décision date du 12 octobre 2010, autrement dit après l'adjonction d'un 3e alinéa à l'article 132-24 du Code pénal, aujourd'hui art. 132-19, al. 2 mod., par la loi pénitentiaire du 24 novembre 2009 qui fait de la peine d'emprisonnement ferme en matière correctionnelle une peine de dernier recours rendue nécessaire par la gravité de l'infraction et la personnalité de son auteur, toute autre sanction étant manifestement inadéquate. De plus, si la peine est finalement prononcée, elle doit, si la situation du condamné et sa personnalité le permettent et sauf impossibilité matérielle, faire l'objet d'une des mesures d'aménagement prévues aux articles 132-25 à 132-28 du Code pénal. C'est donc une tout autre motivation que devra formuler le juge s'il considère que le condamné doit effectivement être incarcéré. Tel n'était pas le cas dans la seconde affaire commentée puisque la décision du juge du fond est censurée, la motivation étant jugée insuffisante. Pour essayer d'éclairer le lecteur nous nous intéresserons donc dans un premier temps au principe de la nécessité de la motivation des sanctions (I) pour, dans un second temps, préciser quel doit être son contenu (II).

I. — Le principe de la nécessité de la motivation des sanctions

4 La nécessité de motiver le choix des peines tant dans leur nature que dans leur mesure, contrairement à d'autres systèmes pénaux, ne s'impose pas d'une manière globale au juge français. Pour autant le principe de la personnalisation de la peine (on disait plutôt jusqu'alors individualisation) prévu par les articles 132-19 et 132-24 du Code pénal, si l'on ne veut pas qu'il se limite à l'affirmation d'une formule quelque peu abstraite, devrait conduire les juridictions pénales à expliquer les raisons de leurs décisions, autrement dit à motiver en utilisant des arguments fondés sur les éléments énumérés par ce texte. C'est ce principe général (A) de personnalisation dont nous dirons quelques mots avant de nous intéresser plus précisément à la motivation des peines de prison ferme (B).

A. — Le principe de l'individualisation de la sanction

5 Ce principe, s'il est un élément essentiel de la politique pénale moderne, n'a été que tardivement admis et non sans quelques réserves au rang des principes constitutionnellement protégés (F. Desportes et F. Le Gunéhec, n° 141). La Haute juridiction allait même jusqu'à affirmer que « si la législation française a fait une place à l'individualisation des peines, elle ne lui a jamais conféré le caractère d'un principe unique et absolu prévalant de façon nécessaire et dans tous les autres cas sur les autres fondements de la répression » (Cons. const. 13 mars 2003, n° 2003-467-DC, *JO* 19 mars). Néanmoins, il est très précisément cité dans une décision de 2005 (Cons. const. 22 juill. 2005, n° 2005-520 DC). En revanche, une très importante décision relative au droit pénal des mineurs qui énumère l'ensemble des principes qui doivent être respectés tant pour les mineurs que pour les majeurs ne l'évoque aucunement (cons. 9) mais précise au considérant 28 qu'il s'impose dans le silence de la loi (Cons. const. 3 mars 2007, n° 2007-553 DC, *JO* 7 mars).

6 De la même manière, la loi du 10 août 2008, sur les peines-plancher, aurait pu permettre au Conseil constitutionnel d'affirmer plus clairement le principe d'individualisation de la sanction. En validant le dispositif, il a été amené à donner certaines précisions qui, en réalité, apportent une double limite au principe. Le premier est qu'il ne peut faire obstacle à ce que le législateur fixe des règles assurant une répression effective des infractions. Le second, pour préciser que l'individualisation ne peut être exclusivement déterminée en fonction de la personnalité du délinquant mais qu'elle dépend aussi de la nature des actes commis et donc de la récidive éventuelle. La modération systématique n'est nullement obligatoire (en ce sens : B. de Lamy sous Cons. const., n° 2007-554 DC du 9 août 2007, *RSC* 2008. 136). Si la constitutionnalité du principe d'individualisation n'est pas discutable, c'est une constitutionnalisation *a minima* puisqu'il revient au législateur d'en tracer les limites qui s'imposeront aux juges. C'est ce qu'il a fait dans une décision rendue à la suite d'une des premières QPC en décidant qu'une peine ne peut être appliquée que si le juge l'a expressément prononcée, en tenant compte des circonstances de chaque espèce (Cons. const. 11 juin 2010, n° 2010-617 QPC ; *D.* 2010. 1560 ; v. égal., pour une réaffirmation du principe, s'agissant d'une QPC relative au minimum de la peine en matière d'amende forfaitaire sur la base de l'art. 8 DDH : Cons. const. 16 sept. 2011, n° 2011-102 QPC).

En le formulant, de manière expresse, dans les articles 132-24 et 132-1, l'un parlant de personnalisation, l'autre d'individualisation, le Code pénal signifie aux tribunaux répressifs qu'ils ont en ce domaine le devoir de fixer la peine en tenant compte d'éléments objectifs (les circonstances de l'infraction) et subjectifs (la personnalité de l'auteur). Une loi du 12 décembre 2005 relative à la récidive avait ajouté un alinéa 2 à ce texte qui énonçait, sur un ton quelque peu « philosophique » (J. Pradel, n° 618) que le juge devait s'efforcer en individualisant la peine de concilier des principes parfois contradictoires : la protection de la société, les intérêts de la victime, la réinsertion du condamné et la prévention de la récidive. Si certains impératifs inclinaient à une certaine bienveillance, d'autres impliquaient au contraire la fermeté (v. sur la portée de ce nouveau texte diversement appréciée : J.-H. Robert, « Les murailles de silicium », L. du 12 déc. 2005 relative au traitement de la récidive, *Dr. pénal* 2006. Chron. 2 ; I. Dréan-Rivette, « L'article 132-24 alinéa 2 : une perte d'intelligibilité de la loi pénale ? », *AJ pénal* 2006. 117 ; M.-L. Rassat et G. Roujou de Boubée, « À propos de l'article 4 de la loi n° 2005-1549 du 12 décembre 2005 relative au traitement de la récidive des infractions pénales », *D.* 2006. Tribune 593 ; A. Varinard, *RPDP* 2006. 486, Chron. lég.). La loi n° 2014-896 du 15 août 2014, dite Loi Taubira sur l'individualisation des peines et renforçant l'efficacité des sanctions pénales ne modifie pas vraiment le système jusqu'alors applicable mais adopte une présentation différente. Le principe de l'individualisation est désormais posé dans l'article 132-1 du Code pénal qui est complété par deux alinéas. Le principe de l'individualisation est inscrit dans l'alinéa 2., l'alinéa 3 détermine, quant à lui, les éléments fondant l'individualisation qui, au-delà des circonstances de l'infraction et de la personnalité de son auteur, ajoute sa situation matérielle, familiale et sociale. Les fonctions de la peine sont précisées dans un nouvel article 130-1 qui distingue les finalités de la peine (protection de la société, prévention de la commission de nouvelles infractions, restauration de l'équilibre social et respect de l'intérêt des victimes) et ses fonctions : la sanction de l'auteur de l'infraction et la recherche de son amendement, de son insertion ou de sa réinsertion. Le nouvel article 132-24 devient un simple article introductif annonçant que les peines peuvent être personnalisées « selon les modalités prévues à la présente section ». Quant aux conditions relatives à la mesure d'emprisonnement correctionnel ferme, elles sont regroupées dans l'article 132-19 du Code pénal (al. 2 et 3). S'agissant plus particulièrement de l'amende les ressources et les charges de l'auteur du fait seront également des éléments à retenir. Par ailleurs on peut noter que, depuis l'avènement de la responsabilité des personnes morales la doctrine parle plus fréquemment de personnalisation de la peine : B. Bouloc, n°s 682 s.; Y. Mayaud, n° 528; E. Bonis-Garçon et V. Peltier, *Droit de la peine*, 2e éd., 2015, n° 340 ; T. Papathéodorou, « La personnalisation des peines dans le nouveau Code pénal français », *RSC* 1997. 15).

7 Dès lors que le juge s'est donné les moyens de connaître ces différents éléments d'appréciation il pourra personnaliser la peine, d'abord en choisissant la ou les sanction (s) qui paraît(ssent) la (les) plus adaptée(s), ensuite en en déterminant le quantum, enfin en choisissant la modalité d'exécution la plus adaptée, ou en en suspendant l'exécution immédiate. Bien évidemment l'affirmation de la personnalisation explique que le législateur ait souhaité faire disparaître tout système de peine automatique en supprimant les peines accessoires ou obligatoires (sur cette solution, v. B. Bouloc n°s 601 s.; P. Conte et P. Maistre du Chambon, *Droit pénal*, n°s 457 s. ; Cons. const. 15 mars 1999, n° 99-410 DC, *JO* 21 mars ; *Dr. pénal* 1999, n° 68 ; v. égal. sur l'évolution la plus récente : Ass. plén., 22 sept. 2002, *JCP* 2003. II. 10042 ; W. Jeandidier, « Haro sur les peines accessoires » ; v. *supra*, n° 10 et *infra,* n° 47). Il importe de préciser que jusqu'alors cet objectif n'avait été que partiellement atteint (F. Desportes et F. Le Gunehec, n°s 945 s.; J. Pradel, n° 641 s). Contrairement à ce qu'on pouvait espérer avec l'utilisation des QPC, qui n'ont pas manqué d'être posées par les plaideurs, tant en ce qui concerne certaines peines accessoires que certaines peines complémentaires obligatoires, toutes les difficultés ne sont pas résolues. La conclusion que l'on peut tirer des décisions rendues c'est que, le respect ou non du principe d'individualisation de la peine résulte moins de sa nature que de son régime, autrement dit selon qu'elle peut ou non être modulée par le juge, cette solution n'étant d'ailleurs pas toujours interprétée de la même manière (sur cette question, v. l'excellent art. de V. Peltier, « L'individualisation de la peine dans des décisions liées aux questions prioritaires de constitutionnalité », *Dr. pénal* 2011. Étude 4 et *supra,* n° 47).

S'agissant du choix de la sanction elle-même, les pouvoirs du juge, en matière correctionnelle particulièrement, sont très importants. Il peut choisir la peine la plus adaptée notamment en utilisant le système des sanctions de substitution. Il peut aussi quelquefois cumuler plusieurs d'entre elles sous réserve de quelques interdictions prévues par les textes (C. pén., art. 131-9).

S'agissant du quantum de la peine, en dehors de quelques seuils en matière criminelle (C. pén., art. 132-18 par ex.), les juridictions répressives disposaient jusqu'alors d'une totale liberté puisque le législateur, en abandonnant les circonstances atténuantes, avait été amené à supprimer toute limite inférieure de peine, pour chacune des incriminations. Telle n'était plus la solution en matière de récidive puisque la loi du 10 août 2008, en instaurant un système de peines-plancher, limita assez considérablement la liberté des juges dans certaines hypothèses. L'idée de base de ce texte était d'imposer une peine minimale de privation de liberté tant en matière criminelle qu'en matière correctionnelle pour les peines encourues égales ou supérieures à 3 ans d'emprisonnement. Pour autant, la possibilité d'individualisation de la peine ne disparaissait pas mais différait selon qu'il s'agissait d'une première ou d'une seconde récidive. Elle permettait de descendre en dessous des seuils en fonction des garanties de réinsertion du condamné. Ce mécanisme avait d'ailleurs été étendu par la loi LOPPSI II du 14 mars 2011 introduisant un article 132-19-2 dans le Code pénal prévoyant des peines planchers pour certaines infractions de violence, précisément énumérées par le texte en dehors de toute récidive. La juridiction de jugement gardait cependant la possibilité de descendre en dessous de ces seuils par décision spécialement motivée. La suppression de ce système était un des objectifs essentiels de la loi sur la prévention de la récidive, ce qui peut paraître au moins à première vue, surprenant. Désormais, toute idée de peine plancher est donc écartée.

S'agissant enfin des modalités d'exécution des sanctions la juridiction de jugement dispose aujourd'hui de prérogatives importantes pour fractionner une peine ou décider qu'un emprisonnement sera subi en semi-liberté sous le régime du placement à l'extérieur (C. pén., art. 132-25, al. 2) ou du placement sous surveillance électronique (C. pén., art. 136-

26-1). À l'inverse, pour les infractions les plus graves le juge peut aussi rendre une partie de la peine incompressible par l'utilisation de la période de sûreté (Y. Mayaud, n° 577 ; v. E. Bonis-Garçon et V. Peltier, n° 614 s.) et même aujourd'hui prévoir une surveillance postcarcérale, dans certains cas, avec le prononcé d'un suivi socio-judiciaire (C. pén., art. 131-36-1 s.), d'une surveillance judiciaire (C. pr. pén., art. 723-29) ou encore d'une rétention de sûreté (C. pr. pén., art. 723-37) pour les personnes les plus dangereuses.

8 Il peut enfin décider d'un sursis à l'exécution d'une sanction, le cas échéant en l'assortissant d'une épreuve ou d'un travail d'intérêt général et même d'une dispense totale de peine.

Ainsi le pouvoir du juge est assez considérable dans un système où pourtant la légalité de la peine est le fondement essentiel. Dès lors ne faudrait-il pas considérer que l'exigence d'une motivation, suffisamment précise, pour être contrôlée par la Cour de cassation, est une contrepartie indispensable de ces très importantes prérogatives accordées aux juges (v. M. Delmas-Marty, *RSC* 1993. 433 ; M. Véron, *JCP* 1995. 3861, n° 2). On notera qu'on peut trouver un argument pour étayer cette thèse dans l'article 362, alinéa 1er du Code de procédure pénale (réd. loi du 14 août 2014), en effet les cours d'assises ne motivant pas leurs décisions ce texte oblige le président de cette juridiction à donner lecture aux jurés des articles 130-1, 132-1 et 132-18 du Code pénal avant le délibéré sur la peine (F. Desportes et F. Le Gunehec n° 940). Avec la loi du 10 août 2011, le législateur est allé plus loin puisqu'il impose au président de la cour d'assises de motiver la décision, c'est-à-dire d'indiquer les éléments à charge qui ont convaincu la cour d'assises. Il est ainsi établi une feuille de motivation annexée à la liste des questions (C. pr. pén., art. 365-1). Pour autant les peines criminelles n'ont pas à être motivées : Crim. 29 mai 2013 QPC, n° 12-86.630 ; *Dr. pénal* 2013, n° 139, obs. M. Véron ; E. Bonis-Garçon, « Un an de droit de la peine », *Dr. pénal* 2014, Chron. 3, n° 19 qui cite plusieurs autres décisions dans le même sens : Crim. 26 juin 2013, n° 12 87.637 ; Crim. 25 sept. 2013, n° 13-81.120 ; Crim. 6 nov. 2013, n° 13-80.474 et Crim. 4 déc. 2013, n° 13-82.521 (refus de transmission de la QPC au Conseil constitutionnel) (v. égal. Cons. const. 14 juin 2013, n° 2013-34 QPC, cons. 5 ; Crim. 18 févr. 2015, n° 14-82.496 ; *Dr. pénal* 2015, n° 62, note V. Peltier). V. sur la position en ce sens de la CEDH 10 janv. 2013, *V. c/ France*, req. n° 60995/09 ; M. Pariguet, « Les raisons de la peine », *Dr. pénal* 2013. Étude 6, qui critique cette solution.

9 Pour autant, un système général de motivation n'est pas retenu par la Cour de cassation qui, à l'instar de ce qu'elle décidait sous l'empire du Code de 1810 (v. par ex. Crim. 9 févr. 1987, *Bull. crim.* n° 61 ; Crim. 5 sept. 1989, *Bull. crim.* n° 315) continue d'affirmer que la détermination de la peine par les juges, dans les limites fixées par la loi, est une faculté discrétionnaire dont ils ne doivent aucun compte et la Haute juridiction ajoute, pour la clarté du propos, que l'article 132-24 aujourd'hui 132-1 du Code pénal n'a apporté aucune restriction à ce principe (Crim. 19 déc.

1996, n° 96-81.647, *Bull. crim.* n° 482 ; Crim. 7 oct. 1997, *JCP* 1997. IV 2487 ; E. Bonis-Garçon, V. Peltier, n° 368 s. ; E. Dreyer, « Motivation de la peine : légalité et individualisation » : art. critique, *Gaz. Pal.* 26 avr. 2016, n° 16, dossier sur le prononcé de la peine d'emprisonnement). Ainsi d'une manière très ferme la chambre criminelle confirme le pouvoir souverain du juge, dans les limites légales, de déterminer la sanction de chaque délinquant (Crim. 25 févr. 1997, inédit ; Crim. 28 avr. 1997, *Gaz. Pal.* 1997. 2. 175). Les juges n'ont donc pas, en dehors de l'emprisonnement ferme correctionnel, ou des cas expressément prévus par le législateur, à motiver leur décision : Crim. 22 oct. 1998, *Bull. crim.* n° 276 ; *Dr. pénal* 1998, n° 38, obs. M. Véron ; Crim. 16 juin 1999, *Bull. crim.* n° 138 ; *Dr. pénal* 1999, n° 151, obs. J.-H. Robert (Crim. 19 oct. 2004, n° 04-80.317, *RSC* 2005. 70, obs. E. Fortis ; *Dr. pénal* 2005, n° 19, obs. M. Véron). Sur cette question en général : J. Leblois-Happe, « Le libre choix de la peine par le juge : un principe défendu bec et ongles par la chambre criminelle », *Dr. pénal* 2003. Chron. 11). La chambre criminelle dans un arrêt du 18 mai 2004 (Crim. 18 mai 2004, n° 04-80.109, *Bull. crim.* n° 122 ; *RSC* 2004. 874, obs. G. Vermelle ; *Dr. pénal* 2004, n° 139, obs. M. Véron a estimé que cette non-nécessité de la motivation peut concerner un ajournement de peine). On sait pourtant que le prononcé de cette mesure implique certaines conditions énumérées par l'article 132-60 du Code de procédure pénale. Dès lors n'est-il pas curieux que la Cour de cassation renonce à tout contrôle ? Il en va de même, s'agissant de la période de sûreté, sa durée portée aux deux tiers de la peine, n'a pas à être motivée (Crim. 22 oct. 2013, n° 12-88.285 ; *Dr. pénal* 2013, n° 178, obs. E. Bonis-Garçon).

10 On peut penser que la Haute juridiction a justement estimé qu'une solution contraire conduirait à une très importante augmentation du contentieux sans qu'il y ait pour autant une garantie très significative pour le délinquant. On peut en effet admettre qu'en cas de cassation d'une décision prononçant une peine pour insuffisance de motifs, la juridiction de renvoi pourrait facilement justifier et motiver la peine prononcée. Ainsi l'obligation de motiver, n'est indispensable que dans les hypothèses où elle est expressément prévue par un texte. (V. cependant pour une décision, considérant comme insuffisamment motivée, un refus de relèvement d'une peine d'interdiction définitive du territoire : Crim. 3 juin 2015, n° 14-86.507 ; *Dr. pénal* 2015, n° 113, note J.-H. Robert.) L'idée d'une motivation spéciale pour justifier la bienveillance du juge était prévue pour les peines-plancher de l'article 132-19-1 du Code pénal (abrogé), lorsque le tribunal correctionnel souhaitait descendre en dessous des seuils minimaux fixés par le texte et variables selon la peine encourue, ou dans le cas d'une première récidive, substituer une autre peine à l'emprisonnement, il devait obligatoirement le faire par une décision spécialement motivée. La Cour de cassation avait d'ailleurs rappelé cette obligation en censurant des décisions qui avaient prononcé des peines d'une durée inférieure à la peine minimale, sans référence aux éléments expressément visés dans l'article 132-19-1 du Code pénal qui permettaient de ne pas appliquer les peines-plancher (Crim. 16 déc. 2008, n° 08-85.671, *Bull. crim.* n° 254 ; *D.* 2009. Actu. 230, obs. M. Léna ; *Dr. pénal* 2009, n° 31, obs. M. Véron ; *RPDP* 2009. 133, obs. J.-Y. Chevallier ; et en dernier lieu Crim. 6 mars 2012, *D.* 2012. 740).

B. — Le principe de la motivation de la peine d'emprisonnement ferme

11 Si nous nous intéressons maintenant à l'emprisonnement ferme, l'article 132-19 alinéa 2 du Code pénal est, s'agissant de la motivation, assez clair quant à son domaine d'application. En effet il vise expressément le domaine correctionnel ce qui exclut les peines d'emprisonnement prononcées par une cour d'assises (Crim. 22 janv. 1997, *Bull. crim.* n° 24 ; Crim. 29 avr. 1997, *Bull. crim.* n° 155). Devant cette juridiction où il est désormais imposé au président d'élaborer une feuille de motivation, le problème est aussi résolu, nous l'avons vu, par la lecture des articles 130-1, 132-1 et 132-18 aux jurés par le Président de la cour d'assises. Par ailleurs en visant l'emprisonnement sans sursis, autrement dit ferme, il permet de prononcer une peine assortie de cette condition, qu'elle qu'en soit la durée sans avoir à fournir la moindre explication (Crim. 19 déc. 1996, préc.). Il en va cependant différemment pour les mineurs puisqu'aux termes de l'article 2, alinéa 3 de l'Ordonnance du 2 février 1945 « toute peine d'emprisonnement avec ou sans sursis doit être spécialement motivée » (v. à titre d'ex. : Crim. 26 juill. 1960, *Bull. crim.* n° 397 ; A. Gouttenoire et Ph. Bonfils, *Droit pénal des mineurs*, Dalloz, 2e éd., 2013, n° 1421). On rappellera que le projet initial de l'actuel Code pénal ne prévoyait une motivation que pour les peines d'une durée égale ou inférieure à 4 mois, autrement dit ce que l'on nomme communément les courtes peines d'emprisonnement (v. sur les débats parlementaires à propos de la distinction entre les courtes peines d'emprisonnement et les autres et l'intérêt du système du *short sharp schock* (choc salutaire créé par une très courte peine d'emprisonnement), J. Leblois-Happe, préc. ; A. Normandeau, « Bilan criminologique de quatre politiques et pratiques pénales américaines contemporaines », *RSC* 1996. 333). En définitive le législateur s'est arrêté à la peine privative de liberté correctionnelle quelle qu'en soit la durée. L'objectif est évidemment que le juge avant de décider d'une incarcération se pose la question de la nécessité de cette mesure dont le caractère criminogène a souvent été allégué (v. E. Dreyer, n° 1335 ; J.-H. Robert, p. 395). Bien évidemment la peine d'emprisonnement assortie d'un sursis simplement partiel doit être motivée (Crim. 26 oct. 1995, n° 94-83.780, *Bull. crim.* n° 324). Il ne s'agit aucunement de motiver le sursis (Crim. 10 mai 2007, *Juris-Data* n° 2007-039338). La loi du 12 décembre 2005 avait néanmoins apporté une limitation importante à ce principe en dispensant les juges de cette obligation de motivation lorsque la personne est en état de récidive légale (C. pén., art. 132-19, al. 2 *in fine*) (v. pour une application Crim. 31 janv. 2007, n° 06-85.070, *Bull. crim.* n° 26 ; *AJ pénal*

2007. 219, note M. Nord-Wagner ; Crim. 28 mai 2008, n° 08-81.403 ; *JCP* 2007. IV. 1550). Cette limitation est supprimée dans l'alinéa 3 de l'article 132-19 réglementant désormais la motivation de l'emprisonnement ferme.

12 Avant de préciser, à partir des décisions retenues, quelle est exactement l'obligation des juridictions pénales, afin de respecter les prescriptions du législateur, on notera que la jurisprudence a estimé qu'il s'agissait d'une disposition procédurale. En conséquence la chambre criminelle a été amenée à juger que, conformément à la règle posée par l'article 112-2-3° du Code pénal, cette disposition était d'effet immédiat et devait donc s'appliquer à toutes les instances en cours à la date de son entrée en vigueur (v. Crim. 21 juin 1995, n° 94-83.442, *Bull. crim.* n° 231 ; *RSC* 1996. 141, obs. J.-P. Dintilhac), mais toute décision régulièrement rendue avant l'entrée en vigueur du nouveau Code pénal n'a pu être rétroactivement annulée (v. par ex. : Crim. 3 oct. 1994, n° 93-85.633, *Bull. crim.* n° 312 ; *RSC* 1995. 345, obs. B. Bouloc ; Crim. 9 nov. 1994, n° 94-80.842, *Bull. crim.* n° 368 ; *RSC* 1995. 568, obs. B. Bouloc ; V. égal. : Crim. 31 mars 2015, n° 14 -86.584, *Bull. crim.* n° 70 ; Crim. 16 juin 2015, n° 14-85.136, *Dr. pénal* 2015 : « Un an de droit de la peine », obs. V. Peltier, n° 12). On peut ajouter qu'il existe une autre peine qui doit être motivée. Il s'agit de la peine d'interdiction du territoire français pour certains étrangers qui peuvent être considérés comme totalement intégrés en France. L'article 131-30-1 du Code pénal, tel qu'il résulte d'une loi du 26 novembre 2003, énumère cinq situations faisant présumer l'intégration de l'étranger (pour une application immédiate de ce texte : Crim. 6 janv. 2004, n° 03-80.245, *Bull. crim.* n° 3 ; *D.* 2005. 1521, obs. G. Roujou de Boubée ; *AJ pénal* 2004. 111, obs. J. Leblois-Happe ; *Dr. pénal* 2004, n° 46, obs. M. Véron). Cette obligation de motivation est appliquée avec rigueur par la Cour de cassation : Crim. 15 mars 2006, *Bull. crim.* n° 82 ; *Gaz. Pal.* 25-26 oct. 2006, obs. Y. Monnet ; Crim. 4 oct. 2006, *Dr. pénal* 2007, n° 17, obs. M. Véron. On observera que dans deux décisions du 29 octobre 2007 (n°s 06-81.114 et 06-84.445, *Bull. crim.* n°s 97 et 98 ; *D.* 2007. Actu. 1204, obs. J. Leblois-Happe ; *Dr. pénal* 2007, n° 81, obs. M. Véron), la chambre criminelle a réalisé un revirement de jurisprudence en décidant que c'est au délinquant qu'il revient de se prévaloir d'une des situations relevant des articles 131-30-2 du Code pénal imposant une motivation spéciale de la peine de l'interdiction du territoire français ou l'excluant totalement.

On signalera encore la nécessité d'une motivation spéciale pour porter la durée d'un suivi socio-judiciaire de 10 à 20 ans (C. pén., art. 131-36-1). Jusqu'à la loi du 24 novembre 2009, dite loi pénitentiaire, la nécessité de motiver spécialement le prononcé d'un emprisonnement ferme était fondée sur l'article 132-19 alinéa 2 du Code pénal.

13 Le problème essentiel était alors de déterminer quelle était exactement l'obligation pesant sur la juridiction prenant cette sanction. La volonté de ne pas trop entraver le pouvoir souverain des magistrats aurait pu conduire la Cour de cassation à accepter des formulations générales plus ou moins stéréotypées réduisant à néant l'obligation imposée par la loi. L'arrêt rendu le 27 novembre 1996 nous montre que telle n'a pas été la position des hauts magistrats. En effet, par un moyen relevé d'office, ils censurent une cour d'appel qui s'était bornée à se référer « à la nature des faits » pour retenir, d'ailleurs en aggravant la peine prononcée par les premiers juges, une sanction privative de liberté. Il ressort très nettement de cette décision que les juges ne peuvent pas, pour prononcer une peine d'emprisonnement, se contenter d'une formule générale banale et « passe-partout » telle que dans l'espèce commentée « la qualification des faits ». En se prononçant de cette manière la chambre criminelle établissait un niveau de motivation minimal. Il faut qu'assez concrètement les magistrats expliquent, même brièvement, pourquoi il convient d'appliquer une peine privative de liberté. À ce propos on rapprochera de la décision de condamnation, celle de mise en détention provisoire (C. pr. pén., art. 144 et 145) qui doit aujourd'hui être très précisément motivée par le juge des libertés et de la détention.

14 Cette position de principe la Cour de cassation l'a exprimée dans d'autres arrêts en censurant des décisions qu'elle a jugées insuffisamment motivées. Ainsi en est-il pour un arrêt d'une cour d'appel confirmant une peine de détention ferme sans autre précision, alors que le jugement du tribunal correctionnel était lui-même dépourvu de motifs sur ce point (Crim. 21 juin 1995, préc.). De la même manière on ne peut considérer comme spécialement motivé un arrêt qui pour substituer un sursis partiel à un sursis total se réfère uniquement « aux éléments de la cause » alors que le jugement correctionnel ne contenait aucun motif précis sur les faits reprochés : Crim. 25 janv. 1996, *Bull. crim.* n° 52 ; *Dr. pénal* 1996. 124, obs. M. Véron ; v. égal. Crim. 18 mars 2008, n° 07-83.666, considérant que la référence aux explications fournies à l'audience est une motivation insuffisante.

Ainsi, aux termes de cette jurisprudence, aucune condamnation à l'emprisonnement ne devait être prononcée sans que les juges n'aient été amenés à s'interroger sur son opportunité et à expliquer précisément ce qui, à leurs yeux, conduit à penser que cette solution s'impose. L'espoir que cette obligation, imposée aux juges, entraînerait une diminution du nombre des courtes peines d'emprisonnement ne s'est pas révélé exact. Le constat s'explique sans doute par le fait que la Cour de cassation n'a pas souhaité limiter les pouvoirs des juges dans la fixation de la sanction mais aussi parce que les motivations proposées se fondent essentiellement sur des éléments du passé et non pas sur l'opportunité de prononcer une telle peine dans l'intérêt de l'amendement et de la réinsertion du condamné (v. J. Leblois-Happe préc.). Ce relatif insuccès explique que la loi Perben II du 9 mars 2004 ait envisagé d'autres solutions pour éviter la mise à exécution des peines d'emprisonnement en organisant un système d'aménagement de peine qui a été largement développé par la loi pénitentiaire.

15 On notera encore, au plan procédural, que la chambre criminelle a été amenée à estimer qu'il n'y a pas indivisibilité entre la décision sur la peine et celle sur la culpabilité. Dès lors, si la déclaration de culpabilité a été rendue conformément à la règle de droit, la cassation peut être limitée à la peine irrégulièrement prononcée parce qu'insuffisamment motivée. C'est en ce sens que se prononce l'arrêt commenté du 27 novembre 1996 aux termes duquel « la motivation spéciale prévue par l'article 132-19 permet d'écarter l'indivisibilité » (v. dans le même sens : Crim. 26 oct. 1995, n° 94-83.780, *Bull. crim.* n° 324 ; *Dr. pénal* 1996. 189, obs. J.-H. Robert ; Crim. 7 déc. 1995, n° 95-80.021, *Bull. crim.* n° 374 ; *RSC* 1996. 648, obs. B. Bouloc).

16 Nonobstant cette obligation de motiver, il faut bien admettre que la peine d'emprisonnement est restée d'un usage fréquent et l'on peut comprendre que la loi pénitentiaire, dont l'un des objectifs était de lutter contre la surpopulation carcérale, ait introduit un alinéa 3 dans l'article 132-24 du Code pénal qui, au-delà de la simple exigence de motivation spéciale, est venu limiter considérablement la possibilité de prononcer une peine d'emprisonnement ferme. Sans doute, la juridiction reste-t-elle libre dans son choix de la sanction mais elle devra, sous le contrôle de la Cour de cassation, faire la démonstration que cette solution était la seule possible, aujourd'hui pour tous les délinquants primaires, réitérants ou récidivistes. Au-delà du principe de motivation, c'est son contenu qu'il nous faut maintenant décrire.

II. — Le contenu de la motivation pouvant justifier un emprisonnement ferme

17 Le refus de la Cour de cassation de se contenter de formules générales et abstraites n'ayant pas paru suffisant au législateur pour limiter l'utilisation des peines d'emprisonnement ferme, il a, dans l'article 132-24 alinéa 3 aujourd'hui 132-1 du Code pénal, fixé un véritable cadre impliquant que la juridiction se pose toute une série de questions avant de prendre une telle mesure, chacune devant évidemment faire l'objet d'une réponse motivée pour permettre un contrôle de la Cour de cassation, qu'elle exerce sur la base de l'article 132-19 alinéa 2 du Code pénal. Après avoir précisé le nouveau cadre de la motivation (A), nous pourrons montrer en nous appuyant sur les nombreuses décisions rendues, d'ailleurs rarement publiées, qu'on n'a pas le sentiment qu'une jurisprudence très précise tende à s'instaurer (B).

A. — Le cadre de la motivation pouvant justifier l'enfermement

18 Si, jusqu'alors, le législateur se contentait d'imposer au juge de préciser les raisons ayant conduit à un emprisonnement, il leur impose désormais d'expliquer, voire de démontrer, qu'aucune autre peine ne pouvait être utilisée. C'est, le législateur l'indique, le dernier recours. Mais il ne

suffira pas de l'affirmer il faudra encore montrer d'une part, que toute autre sanction est manifestement inadéquate et, d'autre part, que la gravité de l'infraction et la personnalité de son auteur rende cette peine indispensable (sur ce point v. : A. Mihman, « La motivation spéciale de la peine d'emprisonnement », *Gaz. Pal.* 26 avr. 2016, n° 16, dossier préc.; E. Bonis-Garçon, V. Peltier, « Le droit de la peine », n° 370 s.).

S'agissant de l'inadéquation des autres sanctions possibles, on peut admettre qu'il faudra l'apprécier, en fonction des objectifs que l'article 132-1 du Code pénal fixe à toute peine « d'assurer la protection de la société, de prévenir la commisison de nouvelles infractions et de restaurer l'équilibre social, dans le respect des intérêts de la victime. La peine a pour fonctions, premièrement de sanctionner l'auteur de l'infraction, deuxièmement de favoriser son amendement, son insertion ou sa réinsertion » (formule un peu différente de celle de l'art. 132-24 ancien). Ainsi un risque avéré de récidive pourrait-il être une justification acceptable. Inversement, on peut déduire de la formule utilisée par le législateur que les sanctions correctionnelles, autres que l'emprisonnement ferme, sont présumées réputées adéquates, la juridiction ne pouvant les écarter qu'en démontrant que l'emprisonnement est quant à lui adéquate, par une motivation circonstanciée. Pour cela, la juridiction pourra s'appuyer sur des arguments de type objectif (la gravité de l'infraction) ou subjectif (la personnalité de l'auteur), qui pourront rendre la sanction de l'enfermement nécessaire. On peut observer que, selon la jurisprudence antérieure à la loi de 2009, il suffisait de s'appuyer sur l'un ou l'autre de ces éléments. Ainsi, dans un arrêt du 6 février 1995, commenté dans la précédente édition de cet ouvrage, rendu en matière de trafic de stupéfiants, la juridiction s'était référée à des arguments de type objectif : l'importance du trafic, sa durée, le trouble à l'ordre public résultant de la facilitation de la consommation de drogue et donc de l'accès de jeunes à la délinquance engendré par la toxicomanie. Pour faire bonne mesure, la juridiction d'appel ajoutait que ce trafic avait pour unique objectif un enrichissement personnel (Crim. 6 févr. 1995, *Sakkar, Bull. crim.* n° 48 ; *RSC* 96. 115, obs. B. Bouloc ; *Dr. pénal* 1996. Chron. 37, obs. V. Lesclous et C. Marsat ; *RPDP* 1996. 55, obs. J.-Y. Chevallier). V. également, pour le caractère organisé, professionnel, le but lucratif, la répétition des faits pour une affaire d'immigration clandestine (Crim. 11 déc. 1996, *Gaz. Pal* 1997. I. Chron. 90).

19 Dans d'autres cas, ce sont plutôt des éléments subjectifs tels le passé judiciaire voire des expertises qui étaient mis en avant, sans pour autant négliger les éléments objectifs de gravité (Crim. 22 mai 1997, *JCP* 1997. 4. 1910 et sur l'ensemble de cette jurisprudence, v. *GADPG*, 7e éd., 2009, n° 50).

Si l'on s'en tient à la lettre du texte actuel, dorénavant, les deux conditions sont exigées cumulativement pour justifier un emprisonnement ferme. C'est en ce sens que s'est prononcée la chambre criminelle dans un arrêt du 16 février 2011 (n° 10-83.607) en estimant insuffisamment motivé un arrêt qui ne s'était appuyé que sur la gravité des faits, sans préciser que la personnalité du condamné rendait cette peine indispensable. On retrouve cette solution dans la décision que nous avons retenue qui est l'une des premières à avoir mis en application les exigences du législateur résultant de l'article 132-24 alinéa 3 du Code pénal aujourd'hui 132-19, al. 2 et 3, texte qui ajoute un troisième élément : la situation matérielle, familiale et sociale de l'auteur. Un individu est condamné à trois mois d'emprisonnement ferme en se fondant sur la gravité des faits, la personnalité du prévenu, dont il n'est strictement rien dit, et les graves répercussions du délit sur la victime, personne âgée, qui reste psychologiquement traumatisée. Dès lors, la chambre criminelle ne peut qu'observer que les exigences imposées par la loi pour décider d'un enfermement ne sont pas réunies ; plus exactement, qu'aucun des arguments avancés ne démontre que toute autre sanction était inadéquate.

20 Mais, au-delà du caractère cumulatif des arguments objectifs et subjectifs qui doivent permettre aux juges du fond de considérer que la peine d'emprisonnement est seule adéquate, il faut encore démontrer que l'enfermement est nécessaire, autrement dit qu'un aménagement de peine n'est pas envisageable pour le condamné. Là encore, la formule utilisée par le législateur est sans équivoque dans ce cas (celui de l'emprisonnement) : si la personnalité et la situation de l'intéressé le permettent, une des mesures d'aménagement, prévues par les articles 132-25 à 132-28 du Code pénal, doit être mise en place, sauf impossibilité matérielle. L'aménagement *ab initio*, si les conditions en sont réunies, doit donc être organisé. Dans le cas contraire, la juridiction devra, une nouvelle fois, motiver précisément ce refus. Au-delà de la personnalité du condamné, c'est la situation matérielle, sociale ou familiale qui pourra justifier l'absence de l'aménagement de la sanction. On peut donc affirmer que l'aménagement, lorsque les conditions légales en sont réunies, devient de droit. Autrement dit, aujourd'hui même s'il s'agit d'un récidiviste, il s'impose pour toute peine dont la durée à subir est égale ou inférieure à deux ans. Sans doute ne s'agit-il que d'une possibilité que la juridiction peut écarter, mais elle devra alors justifier, par une motivation spécifique différente de celle utilisée pour expliquer le prononcé d'une peine d'emprisonnement ferme, que l'aménagement n'est pas possible. On peut évidemment rencontrer quelques cas simples. Ainsi en est-il, par exemple, lorsque la personne condamnée a sa résidence à l'étranger dans une affaire de non-représentation d'enfant (Crim. 7 déc. 2011, *Dr. pénal* 2012. 38, note M. Véron) ou encore est incarcérée à l'étranger (Crim. 14 déc. 2011, n° 11-82. 443). La chambre criminelle a également décidé qu'un mandat de dépôt, décerné à l'audience, implique que tout aménagement est à écarter : Crim. 27 févr. 2013, n° 11-88.698 ; *Gaz. Pal.* 2013, n° 73 ; *RPDP* 2013. 115, obs. J.-Y. Chevallier. Il en va de même, lorsque le prévenu régulièrement cité, ne se présente pas à l'audience, ne donnant pas ainsi, aux magistrats, la possibilité de savoir si la peine peut être aménagée : Crim. 28 nov. 2012, n° 12-80.639, *Bull. crim.* n° 265 et n° 12-81.140, *Bull. crim.* n° 266 ; *Dr. pénal* 2013, n° 20, obs. M. Véron. Dans le même sens, sous l'empire des textes actuels qui visent la situation familiale et sociale du prévenu, qui, selon la chambre criminelle, ne peut être appréciée en son absence. Cette décision précise, en outre, qu'il n'est nullement nécessaire de motiver le non-prononcé d'une contrainte pénale : Crim. 17 févr. 2016, n° 15-80.984 ; *Gaz. Pal.* 26 avr. 2016, n° 16, obs. E. Dreyer.

21 La description du nouveau cadre dans lequel une mesure d'enfermement peut être décidée sans jamais faire allusion à la motivation des décisions, paraît apporter une sérieuse limitation au libre choix de la peine d'emprisonnement ferme par les juridictions correctionnelles. On sait, en réalité, que cette volonté législative, assez contradictoire avec d'autres dispositions d'inspiration beaucoup plus répressives incriminant de nouveaux faits ou aggravant la répression de quelques autres (par ex. L. LOPPSI 2 du 14 mars 2011) sera ou non efficace en fonction des exigences de la Cour de cassation dans son rôle de contrôle d'application de la loi, donc indirectement de la qualité de la motivation spéciale utilisée par les juges du fond pour légitimer un emprisonnement ferme (v. sur cette question l'excellente analyse de Hakima Hasnaoui, « De la motivation spéciale des peines d'emprisonnement ferme après la loi n° 2009-1436 du 24 novembre 2009 : précisions sur une petite révolution ? », *Dr. pénal* 2011. Étude 22 ; M. Véron, « La lourde charge aujourd'hui imposée aux magistrats : la justification du prononcé des peines », *Dr. pénal* 2011. 87 ; C. Sevely-Fournié, « Répression et motivation des arrêts et jugements des juridictions répressives », *RSC* 2009. 751).

L'analyse de quelques-unes des nombreuses décisions déjà rendues ne donne pas le sentiment qu'une jurisprudence très précise parvienne à se dessiner.

B. — L'analyse des décisions en matière de motivation : une jurisprudence aux contours encore flous

22 On peut d'abord observer que si la loi pénitentiaire du 29 nov. 2009 avait été jugée plus favorable pour les délinquants, et donc applicable à des infractions commises avant son entrée en vigueur mais non encore définitivement jugées (Crim. 22 sept. 2010, n° 09-88.011), il n'en a pas été de même pour la loi du 15 août 2014. En efet, la chambre criminelle, a considéré que l'art. 132-19 qui étend l'obligation de motivation spéciale de l'emprisonnement ferme aux récidivistes n'est pas une disposition pénale de fond mais une loi de procédure, dès lors qu'elle n'est pas relative à la définition des faits punissables, à la nature ou au quantum des peines susceptibles d'être prononcées. Il en résulte qu'elle est soumise à l'art. 112-2-2e du C. pén., qui pose le principe de l'application immédiate de la loi nouvelle. Il ne peut donc y avoir annulation de décisions sur le fond, rendues régulièrement avant son entrée en vigueur, autrement dit conformément à l'art. 132-24 dans son ancienne rédaction : Crim. 31 mars 2015, n° 14-86.584, *Bull. crim.* n° 70 ; *D.* 2015. 869 ; *Dr. pénal* 2015 : « Un an de droit de la peine », n° 12, obs. E. Bonis-Garçon ; Crim. 16 juin 2015, n° 14-85.136 ; *D.* 2015. 1370, obs. G. Roujou de

Boubée ; *Dr. pénal* 2015 ; « Un an de droit de droit de la peine » ; n° 12, obs. E. Bonis-Garçon. On peut préciser que, dans la deuxième espèce, s'agissant d'un non-récidiviste, la Cour de cassation a estimé que les motivations retenues satisfont aux exigences de l'art. 132-24 dans sa version antérieure à la réforme. Il faudra donc attendre un peu pour savoir si les nouvelles dispositions concernant la subsidiarité de la peine d'emprisonnement ferme, très clairement réaffirmée, aura ou non une incidence sur les critères de motivation (en ce sens, E. Bonis-Garçon, préc.).

Si les décisions rendues sont nombreuses, bien peu ont fait l'objet d'une publication au *Bulletin*. Celle que nous avons retenue est intéressante en ce sens qu'elle montre ce que ne peut, en aucun cas, accepter la Haute juridiction. En effet, le seul élément de gravité tient au fait que le vol avait été commis au préjudice d'une personne âgée et que de ce fait elle reste psychologiquement traumatisée. Quant à la personnalité du prévenu ? Elle n'est même pas évoquée. Comment pourrait-on déduire de ces éléments que toute autre peine aurait été inadéquate ? Par ailleurs, la possibilité d'un aménagement n'étant même pas envisagée, comment admettre son impossibilité matérielle, pourtant clairement exigée par le législateur ? La cassation, en sa seule disposition sur la peine, était donc inévitable.

23 On va, dans le prolongement de ce premier arrêt, retrouver d'assez nombreuses décisions de cassation se fondant sur des arguments du même type, c'est-à-dire des motivations ne satisfaisant pas aux exigences de l'article 132-24 al. 3 ancien du Code pénal. Ainsi en est-il d'une décision qui, pour justifier une peine de dix mois d'emprisonnement ferme pour abus de confiance, se référait uniquement à la multiplicité des faits et à l'intention délibérée de l'auteur (Crim. 20 oct. 2010, n° 10-81.800). On remarque pourtant que cette décision est intéressante en ce qu'elle analyse bien, successivement, l'absence de motivation sur l'inadéquation d'une autre peine que l'enfermement et celle sur l'impossibilité matérielle d'aménager cette sanction. Dans la même ligne, on peut citer une décision de la chambre criminelle du 10 novembre 2010, n° 10-80.265 (*Bull. crim.* n° 179, *Dr. pénal* 2011, n° 5, note M. Véron ; *JCP* 2011. 191, chron. A. Marron, J.-H. Robert, M. Véron ; *RPDP* 2011. 140, note J.-Y. Chevallier). Il s'agissait, dans cette affaire, d'agressions sexuelles commises sur de très jeunes enfants et les juges du fond avaient relevé dans leur décision que la peine retenue, assez lourde, « cinq ans dont trois avec sursis », s'expliquait à la fois par la gravité des faits mais aussi par le comportement pervers et ancien du condamné qui, de plus, faisait preuve d'une absence de culpabilisation. La chambre criminelle, pour censurer cette décision, se contente de reprendre les termes de la loi en observant que la nécessité de la peine d'emprisonnement ferme n'est pas caractérisée mais surtout, ce qui est sans doute plus important, en raison du grand âge du condamné, de l'impossibilité d'une mesure d'aménagement. On citera encore dans le même domaine un arrêt du 16 février 2011 (n° 10-83.607), concernant un grand-père abuseur de ses petits enfants, pour une peine de quatre ans dont trente mois avec sursis mais pour lequel aucune impossibilité d'aménagement n'avait été alléguée. Il est également possible d'ajouter de nombreuses autres décisions se prononçant dans le même sens alors que parfois elles concernent des affaires d'une certaine gravité mais qui, au-delà de l'insuffisante justification du caractère indispensable de l'emprisonnement, paraissent essentiellement se fonder sur l'absence de toute référence à une impossibilité matérielle de l'aménagement de la peine (v. par ex. Crim. 15 déc. 2010, n° 10-80.201, pour un expert-comptable pourtant déjà plusieurs fois lourdement condamné donc muliréitérant mais non récidiviste ; Crim. 16 juin 2011, n° 10-83.800, en matière de fraude fiscale ; Crim. 10 mai 2011, n° 10-87.475, pour un travail dissimulé ; Crim. 21 sept. 2011, n° 10-87.031, pour des détournements importants pendant une longue durée sans qu'aucun dédommagement n'ait été réalisé ; Crim. 3 janv. 2012, n° 11-80.757, quatre ans d'emprisonnement pour des vols aggravés, commis contre des victimes âgées, qui constituaient la principale activité des condamnés dont les antécédents sont nombreux). On peut, par ailleurs, observer que la chambre criminelle n'hésite pas à relever d'office le moyen tiré de l'article 132-24 al. 3 ancien du Code pénal (Crim. 2 févr. 2011, n° 10-86.109). Ce que l'on peut noter et qui paraît essentiel dans cette nouvelle jurisprudence concernant la motivation des peines d'emprisonnement ferme, c'est que les juges doivent, avant tout, expliquer pour quelles raisons un aménagement n'est pas possible : Crim. 30 janv. 2013, n° 11-89.224, *Bull. crim.* n° 33 ; *AJ pénal* 2013. 613, obs. J. Lasserre Capdeville ; E. Bonis-Garçon, « Un an de droit de la peine », *Dr. pénal* 2013. Chron. 3, n° 17 et dans le même sens : Crim. 17 févr. 2013, n° 12-86.054 ; *Gaz. Pal.* 11 mai 2013, obs. R. Mésa. On remarque que cette solution est appliquée même lorsqu'au-delà de la gravité intrinsèque des faits on constate que le condamné a, par ailleurs des antécédents judiciaires qui pourraient motiver une mesure d'enfermement (par ex. : Crim. 15 mars 2011, n° 10-82.461, pour un individu condamné déjà à six reprises ; Crim. 8 oct. 2014, n° 14-80.633, *Bull. crim.* n° 202 ; *AJ pénal* 2015. 200, obs. J. Lasserre Capdeville ; *RPDP* 2014. 482, obs. L. Grégoire ; Crim. 16 déc. 2015, n° 14-85.900 qui se contente d'une motivation générale ; Crim. 14 janv. 2014, n° 14-80.343 ; *Dr. pénal* 2014, n° 45, note E. Bonis-Garçon pour un individu déjà 14 fois condamné mais l'arrêt ne contient aucune motivation sur l'inadéquation d'une autre peine et l'impossibilité d'aménagement).

24 Comme le remarque à juste titre, dans son étude Madame Hasnaoui il apparaît assez facile, désormais, d'appréhender l'obligation de motivation des juridictions répressives dans son versant négatif lorsqu'il s'agit de censurer les décisions qui ne paraissaient pas répondre aux exigences législatives de l'article 132-24 alinéa 3 ancien du Code pénal. En revanche, appréhender cette motivation dans son aspect positif, autrement dit conforme aux exigences du texte est évidemment beaucoup plus complexe. On peut certes relever des décisions, de plus en plus nombreuses, qui rejettent un pourvoi fondé sur le non-respect de l'alinéa

3 de l'article 132-24 ancien du Code pénal, mais on a quelquefois bien du mal à déceler l'élément déterminant qui, par rapport à d'autres espèces, permet de justifier un emprisonnement ferme. La résidence du condamné à l'étranger (affaire préc.) ne suscite bien sûr aucune discussion. Pour d'autres cas, au contraire, il faut essayer de deviner l'argument essentiel qui a conduit à accepter la motivation proposée. Ainsi, dans un arrêt du 30 novembre 2010 (nº 10-82.602), la validation d'une peine de trois mois d'emprisonnement ferme pour falsification de denrées alimentaires, au seul motif qu'il pourrait y avoir un danger pour la santé de l'homme ou de l'animal, peut paraître bien légère. Il en va de même pour un motif tiré de la volonté d'éviter une récidive pour un individu qui cherche à échapper à la justice en ne se présentant pas aux convocations de la cour (Crim. 12 janv. 2011, nº 10-81.987). Dans d'autres affaires, la qualité du délinquant (en l'occurrence un notaire) paraît avoir joué un rôle important dans la décision de la chambre criminelle (Crim. 9 mars 2011, nº 09-81.138) alors que les motifs retenus par la juridiction du fond étaient très généraux. La gravité de la peine prononcée paraît également avoir une certaine incidence (Crim. 15 mars 2011, nº 10-85. 020, sept ans d'emprisonnement ; v. égal. : Crim. 21 mars 2012, n° 11-83.154, *Bull. crim.* n° 80 ; Crim. 27 juin 2012, n° 12-86.679 ; *D.* 2012. 9917 et *ibid.* Pan. 2917, note T. Potazkim : dans les deux cas peine de 4 ans d'emprisonnement). De la même manière, on peut constater que certains types d'infractions semblent également pouvoir justifier un emprisonnement ferme. Ainsi en est-il en matière de fraudes fiscales en raison de faits multiples pour une personne qui élude l'impôt (Crim. 12 janv. 2011, nº 09-98. 642 ; et Crim. 23 mars 2011, nº 10-85.710 pour une argumentation comparable). On citera enfin une affaire relative à des violences aggravées sur des enfants infirmes moteurs cérébraux : une peine de dix-huit mois d'emprisonnement dont douze avec sursis a pu être justifiée en se contentant de se reporter à la gravité des faits et à la personnalité de la prévenue, ce qui correspond simplement aux motivations, en général exigées par l'article 131-19 ancien du Code pénal (v. égal. : Crim. 10 avr. 2013, n° 12-85.687 ; *RPDP* 2013. 428, obs. V. Peltier). On peut remarquer que, dès lors que la peine, par son quantum, n'est pas susceptible d'aménagement, autrement dit au-delà d'une durée de deux ans, la chambre criminelle semble se montrer moins exigeante quand à la motivation de la peine : Crim. 28 mai 2014, n° 13-83.197, *Bull. crim.* n° 197, concernant une peine de trois ans d'emprisonnement pour trafic de stupéfiants ; Crim. 25 nov. 2014, n° 14-80.574, pour une peine de 5 ans d'emprisonnement concernant une infraction d'aide au séjour irrégulier d'étrangers à des fins lucratives. Dans le même sens, pour des décisions rendues après la réforme de 2015 : Crim. 23 mars 2016, n° 15-81.182 pour 6 ans d'emprisonnement en matière de trafic de stupéfiants en récidive ; Crim. 13 janv. 2016, n° 15-81.240 pour trois ans d'emprisonnement concernant une agression sexuelle alors que l'on remarque que la décision des juges du fond ne comportait aucune véritable motivation spéciale ; Crim. 19 mai 2016, n° 15-81.829 pour une peine de 5 ans d'emprisonnement pour abus de confiance.

25 Cette attitude de la Cour de cassation pouvait être déjà constatée dans des décisions antérieures afin de valider les solutions adoptées par les juridictions du fond. Ainsi, dans un arrêt du 6 mars 2012 (n° 11-80.557), les nombreuses condamnations de la personne poursuivie, la gravité des faits reprochés sont incontestablement déterminants pour justifier l'emprisonnement ferme bien plus que l'absence de sollicitation d'un aménagement de peine et l'absence d'information pour que le condamné puisse profiter de cette mesure. Plus intéressante encore est la décision du 7 mars 2012 qui, une nouvelle fois, accepte la motivation d'un emprisonnement ferme (n° 11-83.005). Il s'agissait en l'occurrence d'un individu condamné à quatre ans d'emprisonnement dont trente mois avec sursis. La motivation de la cour d'appel était fondée sur la multiplicité des agissements du prévenu entraînant des troubles graves pour l'ordre social et la moralité de l'économie. Elle en tire la conclusion qu'aucune autre sanction n'est adéquate. Elle ajoute que l'individu ayant plaidé la relaxe, il n'a sollicité aucun aménagement et que la juridiction ne disposait donc d'aucun élément suffisant. Sans doute, la connaissance du dossier permettrait-elle de comprendre la validation de la décision mais on ne peut dire que l'on trouve plus que dans d'autres arrêts un argument décisif pour justifier l'enfermement et *a fortiori* l'impossibilité matérielle d'aménagement de la peine. Le même jour, dans une affaire d'abus de faiblesse (Crim. 7 mars 2012, n° 11-81.095) commis par une assistante à domicile, profession qui, selon les juges du fond, rendait cette infraction inacceptable, la chambre criminelle a, au contraire, censuré l'application d'une peine ferme. Mais il faut, il est vrai, mentionner que la personne condamné était mère de quatre enfants, situation qui, incontestablement, aurait pu conduire la cour d'appel à envisager une mesure d'aménagement. Une autre censure de la Cour de cassation peut s'expliquer par le problème de l'incompatibilité du handicap avec la prison, malgré la gravité de la peine prononcée (Crim. 22 mai 2013, n° 12-84.448 ; E. Bonis-Garçon, « Un an de droit de la peine », *Dr. pénal* 2014, Chron. 3, n° 18). Dans un autre ordre d'idées, la chambre criminelle a estimé que l'argument, aux termes duquel l'emprisonnement était la seule solution pour contraindre un individu à accepter un prélèvement biologique, n'est pas une motivation suffisante (Crim. 17 avr. 2013, n° 12-86.055, *Bull. crim.* n° 91 ; *D.* 2013. 1350).

26 Cette assez longue étude casuistique de quelques-unes des nombreuses décisions rendues par la chambre criminelle depuis la publication de la loi pénitentiaire, dans le domaine du contrôle de la motivation spéciale des décisions prononçant une peine d'emprisonnement ferme, montre que cette entreprise est particulièrement délicate. On ne peut contester que pour satisfaire aux exigences du législateur, inscrites dans l'article 132-24 alinéa 3 ancien du Code pénal, la chambre criminelle a opéré un durcissement par rapport au contrôle jusqu'alors exercé sur les motivations. La précision des termes utilisés dans l'article 132-24 alinéa 3 ancien ne permettait pas à la chambre criminelle de s'arrêter à des clauses de style dépourvues de toute efficacité en se contentant d'alllégations générales pour valider la nécessité de l'emprisonnement. Pour autant, peut-on considérer que l'objectif du législateur peut facilement être atteint ? Comment établir, par une motivation quelle qu'elle soit, que toute autre solution qu'un emprisonnement serait inadéquate ? C'est la réalité particulière de chaque dossier qui peut conduire une juridiction à estimer que l'emprisonnement est le dernier recours. Il sera ensuite plus difficile de le traduire en mots. De même que, sauf rares exceptions, prouver l'impossibilité de procéder à un aménagement de peine est extrêmement difficile.

Peut-être est-ce la raison pour laquelle, la chambre criminelle, constatant la difficulté de régler cette question, a rendu en assemblée plénière une décision dont l'objectif était sans doute de fixer une ligne directrice aux juridictions du fond pour que leurs motivations soient enfin satisfaisantes. Cette décision rendue le 22 février 2012 (nº 11-82.214) ne paraît pourtant guère de nature à apporter les lumières nécessaires. En effet, dans une affaire de détention, cession, acquisition et usage de cannabis, la chambre criminelle en reprenant les motifs de la cour d'appel justifie la peine d'emprisonnement ferme en estimant qu'elle est adaptée à la nature des faits, à la personnalité du prévenu caractérisée par son casier judiciaire. Elle ajoute que le prévenu a contesté les faits devant la cour. Quant au refus d'aménagement de la peine, il résulterait de la situation de l'individu telle qu'elle peut se déduire des débats à l'audience qui n'auraient pas permis d'apprécier la nature des aménagements susceptibles de lui faire produire tous ces effets, tels qu'ils étaient définis par l'article 132-24 alinéa 2, auj. 319-2 du Code pénal, autrement dit concilier la protection de la société, la sanction du condamné et les intérêts de la victime avec la nécessité de favoriser l'insertion et la réinsertion du condamné et de prévenir la commission de nouvelles infractions. Par ailleurs, il est mentionné que la cour ne dispose d'aucune donnée permettant d'identifier un aménagement adapté. La cour conclut qu'il en résulte que toute autre sanction que l'emprisonnement est donc manifestement inadéquate et rejette le pourvoi.

27 Certains ont pu (H. Hasnaoui, préc., nº 21) craindre que de telles décisions ne mettent un coup d'arrêt sérieux à ce qui avait pu apparaître pour beaucoup comme un renforcement du contrôle sur le prononcé des peines d'emprisonnement ferme non aménagées. Cette opinion pouvait être étayée par un autre arrêt du 22 février 2012, (nº 11-82.975, *Bull. crim.* n° 53 ; *D.* 2012. 92 ; *Dr. pénal* 2012, n° 85, obs. M. Véron ; *D.* 2012. 68, note D. Boccon Gibod qui, commentant plusieurs décisions de la chambre criminelle, estime que cette dernière assure un contrôle léger s'agissant de la motivation ; *ibid.* 1775, note C. Roth, qui considère que les éléments nécessaires pour l'aménagement doivent figurer dans le dossier et que la personnalité du condamné doit le permettre. Ce dernier doit, en effet, démontrer qu'il peut bénéficier d'une telle mesure). Cet arrêt rejette un pourvoi en se contentant d'observer que la possibilité d'aménagement de la peine ne ressort ni des pièces du dossier ni des éléments versés au débat. L'utilisation d'une formule assez générale est-elle le signe d'un revirement de jurisprudence ? On peut le penser (pour d'autres décisions acceptant assez facilement l'impossibilité d'aménagement : Crim. 25 juin 2013, n° 12-84.810 ; Crim. 18 déc. 2013, n° 13-81.647). Faut-il le regretter ? Rien n'est moins sûr. Il paraît indispensable qu'avant de prononcer une peine d'emprisonnement ferme, notamment lorsqu'elle est de courte durée, les juges s'interrogent sur le bien-fondé de cette mesure pour le délinquant qu'ils sont en train de juger. On sait, en effet, que si la prison reste une nécessité dans de nombreux cas, il n'a jamais été clairement démontré qu'elle ait toujours une réelle efficacité. L'obligation de motivation, pour autant qu'elle ne soit pas une clause de style, peut certainement les y aider. En revanche, il paraît très excessif d'instaurer une règle aussi rigide qui tend à faire de l'emprisonnement avec sursis un principe et de l'emprisonnement ferme l'exception y compris pour les délinquants récidivistes (loi du 15 août 2014) pour toutes les peines inférieures ou égales à deux ans (en ce sens, F. Desportes et F. Le Gunéhec, n° 970). La volonté de désengorger les établissements pénitentiaires, au demeurant très légitime, ne peut conduire à une telle solution, d'autant que, dans le même temps, d'autres dispositions amènent à augmenter les infractions passibles d'emprisonnement ou à augmenter la durée de cette peine (v. L. Saenko, « La motivation comme moyen de limiter l'emprisonnement », *Gaz. Pal.* 26 avr. 2016, n° 16, dossier préc.).

Il est indispensable de rendre aux juridictions répressives une plus grande liberté dans le choix de la peine à appliquer en modifiant un texte qui les oblige à trouver des motivations permettant de démontrer que toute autre peine que l'emprisonnement ferme est inadéquate et que, lorsque cette peine est prononcée, elle doit être aménagée, sauf impossibilité matérielle. Une telle obligation conduit les juridictions du fond à prendre des décisions qui sont parfois censurées par la Cour de cassation, ou au contraire confirmées, sans qu'un lecteur attentif puisse toujours en saisir les raisons, faute d'une connaissance précise de l'affaire. Il était certainement nécessaire de limiter le prononcé des courtes peines d'emprisonnement mais l'outil juridique utilisé est incontestablement excessif. On peut peut-être encadrer le libre choix de la peine par le juge mais on ne peut pas le mettre dans une situation où il perd, de fait, toute liberté de choix.

28 On peut observer que le rapport de la Cour de cassation pour 2011 avait suggéré que le juge ne soit plus contraint de démontrer l'impossibilité d'un aménagement de la peine (p. 53). Il faut, en revanche, préciser que, contrairement à cette espérance, la réforme du 15 août 2014 n'a pas retenu cette solution. L'art. 132-19 nouveau, en reprenant les termes de l'art. 132-24, au contraire, étend cette solution aux récidivistes. Les seuils en dessous desquels les aménagements de peines peuvent être envisagés, qui devaient être ramenés à un an pour les délinquants primaires et à 6 mois pour les récidivistes dans le projet de la loi de 2014, demeurent finalement inchangés.

Ainsi le nombre des décisions à motiver doit donc mécaniquement augmenter. Il reste cependant à se demander si les difficultés concernant les motivations liées à l'impossibilité d'aménagement seront moins grandes. On peut en douter, même si le nouvel alinéa 3 de l'article 132-19 précise désormais les points sur lesquels doit porter la motivation, à savoir les faits de l'espèce, la personnalité de leur auteur ainsi que sa situation matérielle, familiale et sociale, l'alinéa 1er du même article rappelle toujours qu'un aménagement doit être prononcé « sauf impossibilité matérielle ».

Une petite statistique concernant la période du 13 janvier au 30 mai 2016 révèle que la Cour de cassation a rendu 12 décisions concernant le contrôle de la motivation de la peine d'emprisonnement ferme. La plupart concerne des affaires jugées après le 1er octobre 2014, date d'application du nouveau texte. Une analyse rapide de ces arrêts, ne permet pas, de déceler une évolution de la jurisprudence et une véritable clarification. On peut néanmoins observer, que l'absence du prévenu à l'audience ou sa non résidence en France, permettent en général de justifier le non-aménagement de la peine et donc la validation d'un emprisonnement ferme. Néanmoins, un arrêt du 13 janv. 2016 (n° 14-86.720) concernant un individu ayant été condamné à un an d'emprisonnement en matière de fraude fiscale est cassé au motif que la cour d'appel n'a pas démontré que toute autre peine que l'emprisonnement était inadéquate alors que pourtant l'individu ne résidait plus en France. Cette décision avait été rendue sous l'empire de l'article 132-24 ancien du Code pénal mais cette solution a été confirmée dans des arrêts rendus sur la base de l'article 132-19 dans sa rédaction actuelle : Crim. 4 mai 2016, n° 15-80.770, Droit pénal 2016, n° 119, obs. E. Bonis-Garçon. Il y a donc toujours quelques arrêts qui suscitent l'interrogation. Ainsi peut-on citer deux décisions qui paraissent assez contradictoires. La première valide une condamnation à un an d'emprisonnement pour fraude fiscale, motivée sur des arguments d'exemplarité concernant le condamné, titulaire d'un mandat électif (maire) mais qui ne comporte aucune indication sur l'impossibilité de l'aménagement de la peine (Crim. 9 mars 2016, n° 14-88.126). La seconde décision du 30 mars 2016 (n° 15-81.550, à publier) *Gaz. Pal.* 26 avr. 2016, n° 16, obs. E. Dreyer, concernant des infractions de travail dissimulé, faux et blanchiment, sanctionnées de deux ans d'emprisonnement, est cassée faute de motivation suffisante. Il est vrai que la cour d'appel s'était contentée d'une motivation très générale qui permet à la chambre criminelle de reprendre la formule de l'art. 132-19 al. 4, pour justifier sa décision de cassation. Il reste qu'un arrêt du 6 janv. 2016 (n° 14-87.016, à publier) (*JCP E* 2016. 1100, obs. R. Salomon) pourrait être de nature à guider les juges du fond afin d'étayer leurs motivations. Si la cour reprend, pour l'essentiel, la formule utilisée dans l'art. 132-19, al. 2 et 3, elle précise par ailleurs que l'impossibilité d'une mesure d'aménagement doit être fondée, outre sur l'impossibilité matérielle, ce qu'indique le texte, mais en établissant que la personnalité ou la situation du condamné ne permettent pas un tel aménagement. Pour l'heure on ne peut hélas être certain que cette exigence de la Haute juridiction ait été entendue par les juridictions de jugement.

A. V.

51

NON-CUMUL DES PEINES EXCEPTIONS À LA RÈGLE CONTRAVENTIONS PEINES COMPLÉMENTAIRES OU ACCESSOIRES

ch. réunies, 7 juin 1842, *Orsel et autres*
(*S.* 1842. 1. 496, concl. proc. gén. Dupin)

Crim., 5 oct. 1978, nº 78-90.071, *Fantaisie*
(*Bull. crim.* nº 259 ; *DS* 1979. 138, note J. Mestre ;
Gaz. Pal. 1978. 2. 605, note R-L. G. ; *RSC* 1979. 309, obs. J. Larguier ;
JCP 1979. II. 19158, rapp. J. Sainte-Rose)

Le principe du non-cumul des peines prévu par l'article 5 du Code pénal de 1810 (C. pén., art. 132-2 à 132-7) n'est pas applicable aux contraventions (1re esp.).

Le principe est également inapplicable pour les peines complémentaires en cas de concours d'infractions différentes. Néanmoins lorsqu'il s'agit de peines complémentaires identiques, elles ne peuvent pas être cumulativement subies au-delà du maximum légal (2e esp.).

Chambres réunies, 7 juin 1842, *Orsel et autres*

Attendu que le Code pénal divise en trois catégories, désignées sous le nom de contraventions, de délits et de crimes, tous les faits déclarés punissables ; – Que c'est sur cette division fondamentale qu'il a créé l'échelle des peines qu'il prononce ; que toutes ses dispositions, en harmonie parfaite et constante avec ce point de départ, ne confondent jamais ces trois catégories entre elles, en leur donnant une dénomination et une signification différentes de celles qui leur ont été d'abord assignées, et qu'il distingue les peines applicables aux simples contraventions de police, de celles qui ne doivent être infligées qu'aux crimes ou aux délits ;

Attendu que le Code d'instruction criminelle n'a pas adopté d'autres bases ; que, dans toutes les dispositions où il s'occupe des peines et de la juridiction qui doit les prononcer, il s'est exactement conformé aux distinctions établies par le Code pénal ;

Attendu que si, par l'article 365, il impose aux cours d'assises le devoir de n'appliquer que la peine la plus forte, c'est uniquement en cas de conviction de plusieurs crimes ou délits, sans faire aucune mention du cas où la conviction porterait sur une réunion de plusieurs contraventions de police, et où le tribunal chargé de les réprimer n'aurait d'autre alternative que de les punir par l'application successive de la peine encourue, ou du maximum de cette même peine ;

Attendu qu'en ne désignant ainsi que deux des trois catégories des faits déclarés punissables et en gardant le silence sur la troisième, cet article a suffisamment montré qu'il n'a pas compris cette dernière dans ses dispositions ;

Attendu qu'en prohibant le cumul des peines applicables aux délits et aux crimes, et en établissant une règle spéciale pour la punition des divers crimes ou délits dont un accusé serait convaincu, le législateur a été déterminé, tant par la nature des peines et les limites du droit de punir, que par l'intérêt même de l'humanité et de l'amendement des coupables ;

Que ces motifs ne sauraient avoir lieu, quand il s'agit des peines qui ne sont applicables, le plus souvent, qu'à de simples infractions ou omissions, négligences ou désobéissances, sans intention de la part de celui qui les a commises, à des lois ou à des règlements de police ;

Attendu qu'il importe peu que la première partie de l'article 365 du Code d'instruction criminelle, attribue aux cours d'assises une compétence générale sur tous les faits qui sont constatés devant elles ; – Que l'étendue de cette compétence est la conséquence naturelle de la plénitude de juridiction qu'elles exercent, mais qu'on n'en peut conclure qu'elle emporte nécessairement avec elle l'obligation d'appliquer sans aucune distinction, à tous les faits sur lesquels ces cours peuvent être appelées à prononcer, la défense du cumul des peines ;

Attendu, en effet, que la loi a pu, par des raisons d'intérêt public, prescrire à une juridiction supérieure de statuer sur des faits qui ne sont pas habituellement portés devant elle, et laisser cependant aux principes généraux sur la nature et l'étendue des peines toute leur application ; – Qu'il n'en pourrait être autrement qu'au moyen d'une dérogation expresse à ces principes, et que celle qui a été introduite dans la seconde partie de l'article 365 du Code d'instruction criminelle, ne porte pas sur les cas où il s'agit de contraventions de police ;

Attendu, dès lors, que le jugement attaqué, en refusant d'étendre aux sieurs Orsel, Roches, Rogocien, Hougardy, Ségé, Rieux et Daoust, convaincus d'avoir commis chacun diverses contraventions à l'ordonnance de police du 5 juin 1834, sur l'exercice de la profession de vidangeur, le bénéfice des dispositions de l'article 365 du Code d'instruction criminelle, qui décident qu'en cas de conviction de plusieurs crimes ou délits, la peine la plus forte sera seule prononcée, loin d'avoir violé cet article, n'en a fait au contraire qu'une juste application, et n'a violé aucune autre loi ;

Par ces motifs, rejette...

Chambre criminelle, 5 octobre 1978, *Fantaisie*

Attendu que par jugements du tribunal correctionnel de Fort-de-France ayant acquis l'autorité de la chose jugée, Fantaisie a été condamné : 1° le 8 janvier 1975, pour émissions de chèques sans provision commises entre le 23 mai et le 31 août 1974, à deux mois d'emprisonnement, 500 F d'amende et à l'interdiction d'émettre des chèques pendant dix-huit mois, cette décision rendue par défaut ayant été signifiée le 2 mai 1975 : 2° le 23 mai 1975, pour émissions de chèques sans provision commises entre le 24 octobre et le 19 novembre 1973, à six mois d'emprisonnement ; 3° le 25 juin 1975, pour émissions de chèques sans provision entre le 20 septembre et le 14 décembre 1974, à quatre mois d'emprisonnement, 8 500 F d'amende et à l'interdiction d'émettre des chèques pendant trois ans ; 4° le 5 novembre 1975, pour détournement d'objets saisis à trois mois d'emprisonnement, ce délit ayant été perpétré entre le 18 février et le 29 avril 1975 ; 5° le 23 janvier 1976, pour émissions de chèques sans provision commises entre le 27 février et le 6 mai 1975, à un an d'emprisonnement 500 F d'amende et à l'interdiction d'émettre des chèques pendant trois ans ;

Attendu que par requête du 23 février 1976, Fantaisie a sollicité la confusion des peines qui le frappaient ; – Attendu que le tribunal a ordonné la confusion des peines d'emprisonnement et d'amende comme il en avait le pouvoir, les condamnations n'étant pas définitives entre elles ; qu'il a également décidé que les mesures d'interdiction d'émettre des chèques seraient exécutées dans les limites du maximum légal de cinq ans prévu par l'article 19 de la loi du 3 janvier 1972 alors en vigueur ; qu'en effet, s'il est vrai que les peines complémentaires ou accessoires échappent à l'application générale de la règle du non-cumul des peines édictée par l'article 5 du Code pénal, c'est en ce sens que, en cas de concours d'infractions différentes, la peine principale la plus forte peut être assortie de peines complémentaires ou accessoires afférentes à une infraction moins sévèrement punie ; qu'il ne saurait en être ainsi lorsque, comme en l'espèce, une même peine complémentaire temporaire a été plusieurs fois prononcée pour infractions à la législation sur les chèques ; que, dans ce cas, lesdites peines complémentaires ne peuvent être cumulativement subies au-delà du maximum prévu par la loi ; Et attendu que le jugement attaqué est régulier en la forme ;

Par ces motifs, rejette...

OBSERVATIONS

1 Lorsqu'un individu commet, dans un espace de temps défini, plusieurs infractions non séparées par un jugement devenu définitif, la question se pose naturellement de la détermination de la peine applicable à ce délinquant qui n'est pas un récidiviste mais qui n'est pas non plus un délinquant occasionnel (sur la situation de réitération définie par l'art. 132-16-7 du C. pén. tel qu'il résulte de la L. du 12 déc. 2005 qui n'est ni celle du concours matériel ni celle de la récidive légale : v. J. Pradel, nos 782 s. ; A. Darsonville, « La réitération ou la consécration légale d'une notion hybride », *D.* 2006. 2111). Cette situation dite du concours réel d'infractions (on dit encore matériel) était réglée par l'article 5 du Code pénal de 1810. Elle est aujourd'hui définie par l'article 132-32 du Code pénal, aux termes duquel « En cas de concours de plusieurs crimes ou délits, la peine la plus forte sera seule prononcée ». C'est donc le système du non-cumul des peines qui a été retenu dans notre législation, contrairement à d'autres pays qui ont choisi la règle du cumul véritable ou simplement juridique lorsque la peine de la plus grave des infractions est augmentée pour tenir compte des autres infractions commises.

2 Si la formule de l'article 5 était apparemment simple, elle recelait néanmoins certaines difficultés concernant notamment le domaine d'application de la règle du non-cumul des peines. En utilisant la formule « crimes et délits » le législateur laissait planer une incertitude quant au régime applicable en cas de cumul de contraventions. Par ailleurs, en ne précisant pas expressément si toutes les catégories de sanctions étaient visées par la règle, il devait nécessairement obliger la jurisprudence à prendre parti sur ce point. On précisera dès maintenant que le législateur de l'actuel Code pénal, tout en maintenant d'une certaine manière un système de non-cumul, a indiqué dans plusieurs textes les modalités de son application (C. pén., art. 132-2 à 132-7). D'une manière générale ces dispositions reprennent les solutions retenues par la jurisprudence et qu'une loi du 31 décembre 1987 avait déjà concrétisées pour la répression du trafic des stupéfiants (J. Pradel, n° 790 ; E. Bonis-Garçon, V. Peltier, n° 390 s.). Dès lors les deux arrêts que nous avons retenus qui permettaient d'apporter des réponses claires à ces questions, le premier en excluant les contraventions du champ d'application de la règle (I), le second en la limitant aux seules peines principales (II), conservent tout leur intérêt. Ce dernier arrêt, s'il n'était pas le plus ancien, présentait l'avantage de préciser les conditions dans lesquelles les peines complémentaires pouvaient se cumuler.

I. — L'exclusion des contraventions de la règle du non-cumul des peines

3 L'arrêt *Orsel et autres*, rendu par les chambres réunies de la Cour de cassation le 7 juin 1842, se prononce donc pour l'exclusion des contraventions de la règle du non-cumul des peines. Pourquoi une telle solution (A) et quelles sont les conséquences qu'elle entraîne (B) ? Telles sont les deux questions auxquelles nous allons essayer de répondre.

A. — Fondement de l'exclusion

4 L'expression « crimes et délits », très fréquemment utilisée par le législateur du Code de 1810, n'a pas toujours été interprétée de la même manière par les tribunaux répressifs.

Si dans la plupart des cas on a considéré que cette formule était synonyme d'infraction (v. pour l'application des art. 64, 322, 327, 328 du C. pén. de 1810), au contraire une interprétation restrictive excluant les contraventions a parfois prévalu. Il en a été ainsi à propos de l'interprétation de la Constitution du 4 octobre 1958 quant aux sources de la norme pénale (v. *supra*, n° 3). S'agissant de l'article 365, alinéa 2 du Code d'instruction criminelle, initialement la Cour de cassation a estimé que la formule devait être comprise dans un sens générique, c'est-à-dire englobant les contraventions (v. par ex. Crim. 15 janv. 1841, *S.* 1841. 1. 146, arrêt rendu sur un premier pourvoi dans la même affaire), ce qui donnait à la règle du non-cumul des peines une portée générale.

5 L'arrêt des chambres réunies constitue donc un revirement de jurisprudence réalisé sous l'impulsion du procureur général Dupin qui, dans ses conclusions, a présenté de nombreux arguments conduisant à rejeter l'application de l'article 365, alinéa 2 en matière de contraventions. Les sieurs Orsel et autres, qui étaient convaincus d'avoir commis diverses contraventions concernant l'exercice de la profession de vidangeur, ont ainsi pu être condamnés à autant d'amendes que d'infractions par un tribunal de police, d'où le rejet du pourvoi. Parmi les motifs retenus par la chambre criminelle certains sont d'ordre général et concernent la classification tripartite des infractions. Selon cette division fondamentale

chacune des catégories connaît des règles spécifiques à la fois de droit matériel et de droit procédural : échelle des peines – juridictions compétentes – etc. Il est donc tout à fait logique de considérer qu'en ne visant que les crimes et les délits l'article 365, alinéa 2 du Code d'instruction criminelle avait entendu soumettre les contraventions à un régime spécial. Le silence du texte sur ce point constitue selon la chambre criminelle un argument suffisant. La Cour de cassation justifie ensuite sa position en s'appuyant sur le particularisme des contraventions, infractions à des lois ou des règlements de police qui n'impliquent pas l'intention de celui qui les a commises. Les raisons, qui conduisent essentiellement à exclure le cumul des peines pour les crimes et les délits, fondées sur « les limites du droit de punir… l'intérêt même de l'humanité et l'amendement du coupable » perdent beaucoup de leur force pour des infractions où le fait matériel est l'élément déterminant.

6 On peut ajouter à cette démonstration un argument de politique criminelle, d'ailleurs évoqué par le procureur général Dupin. La certitude de ne subir qu'une seule amende ne pourrait-elle pas inciter le contrevenant à accumuler les infractions de ce type pendant les délais de la procédure de jugement de la première contravention ? Si un tel risque existe aussi en matière délictuelle, il est, pour des raisons pratiques notamment, beaucoup moins susceptible de se réaliser. Comme on peut le remarquer, tous ces arguments restent pleinement valables aujourd'hui dans le cadre de l'actuel Code pénal.

7 Toutes ces raisons ont donc conduit la Cour suprême à cette position de principe qu'elle a depuis toujours maintenue (v. par ex. Crim. 16 sept. 1853, *S.* 1854. 1. 151 ; Crim. 25 mai 1993, *Bull. crim.* n° 190). Cette jurisprudence avait d'ailleurs été confirmée en 1958 puisque l'article 5 du Code pénal de 1810 remplaçant le texte du Code d'instruction criminelle avait été rédigé dans les mêmes termes. Est-ce à dire que les justifications invoquées, il y a plus d'un siècle, restaient parfaitement valables ? On peut tout de même en douter dans la mesure où deux nouvelles classes de contraventions avaient été créées depuis ce moment, faisant de certaines de ces infractions des incriminations qui n'étaient, sur un plan psychologique notamment, pas très différentes des délits et étaient sanctionnées de peines d'emprisonnement assez élevées. C'est sans doute pour cette raison que la loi du 2 février 1981 était venue restreindre la règle du cumul que nous décrivons. Ce texte confirmait, expressément cette fois, la jurisprudence des chambres réunies en édictant « il en est de même (c'est-à-dire le non-cumul) en ce qui concerne l'emprisonnement en cas de pluralité de contraventions de cinquième classe ». Cette solution qui excluait les trop lourdes pénalités privatives de liberté pour les contraventions les plus graves confirmait en revanche toutes les conséquences du cumul, particulièrement des amendes dans les autres cas.

8 Cette solution du cumul des peines en matière contraventionnelle a été expressément maintenue dans l'actuel Code pénal mais avec un domaine beaucoup plus réduit. L'article 132-7 précise en effet que les peines d'amende pour contraventions se cumulent entre elles. Il ajoute ensuite, confirmant la jurisprudence applicable en cette matière, que le cumul peut aussi se faire avec des amendes prononcées pour crimes ou délits. L'interprétation de ce texte *a contrario*, implique évidemment que le non-cumul reste la règle pour toutes les autres peines applicables (J. Pradel, n° 785 ; R. Merle et A. Vitu, t. I, n° 724 ; F. Desportes et F. Le Gunehec, n° 918 ; Y. Mayaud, n° 153). Ainsi en est-il pour des peines de suspension du permis de conduire qui ne peuvent se cumuler que dans la limite du maximum légal prévu pour l'infraction la plus grave (Crim. 22 juin 2010, *Bull. crim.* n° 113, v. *infra*). On remarquera que cette solution du cumul, qui avait été sérieusement critiquée par la doctrine (v. *supra*) est aujourd'hui beaucoup plus tolérable dès lors que la peine d'emprisonnement est totalement exclue pour les contraventions.

B. — Conséquences de l'exclusion

9 Le cumul des peines en matière contraventionnelle est appliqué avec une très grande rigueur par les juridictions répressives et cela quel que soit le nombre des infractions retenues.

Il y a tout d'abord l'hypothèse d'une pluralité de contraventions différentes successivement commises par un délinquant. Le juge répressif va pour chacune des infractions, prononcer une peine distincte et le délinquant devra les subir cumulativement. Cette solution s'applique non seulement lorsqu'il y a concours de plusieurs contraventions mais encore lorsqu'une infraction de ce type est en concours réel avec un délit ou un crime (Crim. 13 janv. 1981, *Bull. crim.* n° 20 ; Crim. 6 janv. 1998, n° 97-82.988, *Bull. crim.* n° 4 ; *RSC* 1998. 766, obs. B. Bouloc).

Dans l'hypothèse où une même action délictueuse tombe sous le coup de plusieurs qualifications, nous avons vu (v. *supra*, n° 19) que la chambre criminelle pouvait retenir toutes les infractions lorsque plusieurs valeurs sociales protégées ont été atteintes. Dans ce cas, la chambre criminelle retient toutes les conséquences du concours réel d'infractions, ce qui veut dire que s'agissant de contraventions toutes les peines seront prononcées et subies (Crim. 3 nov. 1955, *Bull. crim.* n° 443 ; Crim. 3 mai 1960, *JCP* 1960. IV. 94 ; Crim. 8 juin 1971, *Gaz. Pal.* 1971. 2. 527 ; *RSC* 1972. 862, obs. A. Légal ; Crim. 13 janv. 1981, préc. ; Crim. 25 mai 1994, n° 94-80.325, *Bull. crim.* n° 200 ; *RSC* 1995. 99, obs. B. Bouloc ; Crim. 25 nov. 1997, *Bull. crim.* n° 401 ; Crim. 11 janv. 2000, n° 98-87.599, *Bull. crim.* n° 14 ; *RSC* 2000. 818, obs. B. Bouloc ; Crim. 26 avr. 2000, *Bull. crim.* n° 163 ; *Dr. pénal* 2000, n° 117, obs. J.-H. Robert ; Crim. 18 juin 2013, n° 12-86.338, V. Peltier, « Un an de droit de la peine », *Dr. pénal* 2012, Chron. 6) mais *contra* en matière de stationnement gênant qui, quelle qu'en soit la durée, ne peut conduire qu'à une seule amende (Crim. 7 juin 1995, *Bull. crim.* n° 206).

10 Le refus du cumul s'applique, selon la chambre criminelle, dès lors qu'il y a une faute pénale unique : Crim. 25 mai 1994, *Bull. crim.* n° 200, préc., plusieurs pneumatiques usagés pour la même voiture ; Crim. 4 févr. 1998, *Bull. crim.* n° 46 ; *Dr. pénal* 1998. Chron. 15, El Hage, pour un acte de cruauté envers un animal qui peut être puni également comme une destruction d'animal domestique ; Crim. 8 mars 2005, *Bull. crim.* n° 78, pour un délit et une contravention provenant d'une même action et donc d'une faute pénale unique ; v. égal. Crim. 11 mai 2004, n° 03-85.925, *Bull. crim.* n° 115 ; *AJ pénal* 2004. 285, obs. J. Leblois-Happe, en cas de pluralité de victimes ; Crim. 10 févr. 2009, n° 08-84.196 ; V. Peltier, « Un an de droit de la peine », *Dr. pénal* 2010, n° 19 ; Crim. 11 mai 2010, n° 09-85.130 ; Crim. 26 oct. 2010, n° 09-88.033 ; V. Peltier, « Un an de droit pénal de la peine », *Dr. pénal* 2011, n° 15 ; Crim. 9 oct. 2012, n° 12-924 ; *Gaz. Pal.* 9 févr. 2013, obs. critiques S. Detraz ; Crim. 20 oct. 2015, n° 14-83.898 ; *Gaz. Pal.* 26 janv. 2016, n° 4, injures à l'égard de deux salariés : une seule peine.

Mais le cumul des peines va également s'appliquer lorsque la pluralité de contraventions résulte de la nature de l'incrimination et des conditions particulières de sa réalisation. Ainsi en cas de non-respect d'une réglementation précise concernant le poids d'un produit ou sa présentation, on peut se trouver en présence d'un très grand nombre de contraventions identiques dont chacune fera l'objet d'une sanction particulière (v. Crim. 16 sept. 1853, *S.* 1854. 1. 151 ; Crim. 5 août 1869, *S.* 1870. 1. 230 ; Crim. 5 nov. 1958, *Bull. crim.* n° 668 ; Crim. 11 févr. 1959, *Bull. crim.* n° 101 ; Crim. 10 mars 1959, *Bull. crim.* n° 161 ; Crim. 5 janv. 1993, *Bull. crim.* n° 4). Cette solution peut parfois conduire à des résultats particulièrement rigoureux ainsi dans la dernière décision un commerçant a-t-il pu être condamné à 600 amendes distinctes parce qu'il avait envoyé 600 emballages dépourvus des indications imposées par un texte réglementaire (v. égal. : Crim. 7 janv. 1998, *Bull. crim.* n° 4 ; Crim. 26 avr. 2000, *Bull. crim.* n° 163 ; *Dr. pénal* 2000, n° 117, obs. J.-H. Robert ; Crim. 30 avr. 2002, *JCP* 2002. IV. 2002, Cumul de 162 amendes de 3e classe : dans cette dernière hypothèse la chambre criminelle a estimé qu'il fallait tenir compte de ce cumul pour déterminer la possibilité d'un appel ; dans le même sens : Crim. 25 mars 2014, n° 13-82.578 ; *Dr. pénal* 2014, n° 101, note V. Peltier). En revanche, la chambre criminelle a considéré que la multiplication des amendes n'imposait pas une individualisation de la sanction, en l'occurrence 237 amendes de 800 euros chacune : Crim. 14févr. 2012, n° 11-82.949 ; *Dr. pénal* 2012, n° 75, obs. J.-H. Robert ; V. égal. : Crim. 8 déc. 2015, n° 15-80.772 ; *Dr. pénal* 2016, n° 34, note J.-H. Robert (440 amendes pour non-indication de la température de conservation sur l'emballage d'un produit). On notera que des règles particulières au droit du travail permettent de prononcer autant de contraventions qu'il y a de salariés à l'égard desquels la réglementation du travail n'a pas été observée, cette règle s'appliquant parfois même lorsqu'il s'agit de délits (v. C. trav., art. L. 4741-1 s. ; et par ex., Crim. 15 déc. 1987, *Bull. crim.* n° 468 ; Crim. 10 févr. 1995, *Bull. crim.* n° 9 ; Crim. 13 sept. 2005, *Bull. crim.* n° 224 ;

Crim. 2 mars 2010, *Dr. pénal* 2010. 66, obs. M. Véron : cumul des peines d'amende pour homicide involontaire et inobservation des règles de sécurité dans la limite du maximum légal de la peine encourue la plus élevée ; Crim. 30 oct. 2012, n° 11-86.675 ; *Dr. pénal* 2013, n° 50, obs. V. Peltier ; Crim. 9 déc. 2014, n° 13-88.593, Bull. crim. n° 238 ; *RPDP* 2015, n° 114, obs. J.-Y. Chevallier). Encore faut-il noter que cette solution ne peut pas s'appliquer s'il y a cumul avec une autre infraction (Crim. 13 avr. 1992, *Bull. crim.* n° 321 ; Crim. 21 sept. 1999, n° 97-85.551, *Bull. crim.* n° 191 ; *RSC* 2000. 200, obs. Y. Mayaud ; pour l'application précise de ces différents textes v. P. Salvage, *J.-Cl. Pénal*, concours d'infractions, art. 81 s.).

11 L'exclusion des contraventions de la règle du non-cumul peut donc aboutir, dans certaines hypothèses, à prononcer des peines nettement supérieures à celles encourues en matière correctionnelle, aussi a-t-elle fait l'objet de critiques de plus en plus nombreuses (J.-C. Fourgoux, « Conséquences extravagantes du non-cumul des peines en matière de contraventions », *Gaz. Pal.* 1971. 1. 284 ; R. Merle et A. Vitu, t. I, n° 837 ; E. Dreyer, n° 1465, qui évoque « l'extravagance » ; A. Légal, obs. *RSC* 1968, préc. ; M. Puech, n° 123 ; W. Jeandidier, n° 460 ; P. Conte et P. Maistre du Chambon, n° 492, Crim. 17 mars 1993, *Bull. crim.* n° 125). Ces auteurs ont proposé d'assouplir la règle, notamment dans le cas de faits semblables simultanés ou successifs par exemple en fixant un maximum légal, pratique existant déjà en matière de réglementation du travail (v. plus particulièrement A. Légal). Il reste, il est vrai, à préciser que le cumul des peines, véritable ou juridique, est parfois imposé par le législateur en matière de crimes ou délits en concours réel. Certaines de ces exceptions concernent des secteurs particuliers du droit pénal spécial (apposition de publicité, enseigne ou pré-enseigne, C. envir., art. L. 581-34-1). D'autres s'expliquent par des motifs évidents de politique criminelle : évasion (Crim. 4 juill. 1989, *Bull. crim.* n° 284 ; C. pén., art. 434-31), ou rébellion au cours d'une détention provisoire (C. pén., art. 433-9 ; v. cep : Crim. 10 juin 2015, n° 14-86.068 ; *D.* 2015. 1521 : refus du cumul juridique, s'agissant d'infractions sans lien avec l'infraction pour laquelle l'individu était détenu et commises à l'extérieur, le détenu étant en semi-liberté) ; délit d'usurpation de nom commis en concours avec une autre infraction (C. pén., art. 434-23 ; Crim. 16 mars 1981, *Bull. crim.* n° 93 ; Crim. 26 sept. 1994, *Bull. crim.* n° 304 ; *Dr. pénal* 1995, n° 30, obs. M. Véron). Sur cette question, v. R. Merle et A. Vitu, t. I, n° 724 ; J. Pradel, n° 787 ; B. Bouloc, n° 761 ; X. Pin, n° 435 ; v. V. Lesclous : « Le cumul réel d'infractions », *RSC* 1991. 717. Voir encore pour une possibilité de cumul dans l'actuel Code pénal en matière d'organisation frauduleuse de son insolvabilité (C. pén., art. 314-8, al. 2) ou encore pour les peines prononcées en cas de refus de se soumettre à un dépistage (C. pr. pén., art. 706-42-2) ou à un prélèvement biologique (C. pr. pén., art. 706-56) avec celles décidées pour les infractions faisant l'objet de la procédure dans le premier cas, avec celles que la personne subissait ou avec celles prononcées pour l'infraction ayant fait l'objet de la procédure à l'occasion de laquelle les prélèvements devaient être effectués dans le second cas.

12 On peut ajouter, sans prétendre aucunement à l'exhaustivité, qu'il existe d'autres cas de cumul des sanctions justifiés par la nature particulière de certaines d'entre elles. Ainsi en est-il par exemple du cumul des sanctions pénales et fiscales ou des sanctions fiscales entre elles (v. par ex. : Crim. 20 juin 1996, n° 94-85.796, *D.* 1997. 249, note G. Tixier et T. Lamulle ; Crim. 10 nov. 1999, *Dr. pénal* 2000, n° 47 ; Crim. 12 déc. 2007, *Bull. crim.* n° 311, *Dr. pénal* 2008, n° 34, obs. J.-H. Robert, solution confirmée par la CJUE, 26 févr. 2013, aff. C-617/10 ; *AJ pénal* 2013. 270, obs. C. Copain ; *RPDP* 2013. 657, obs. S. Detraz) ; du cumul de la peine et de la sanction disciplinaire [CE 7 déc. 1984, n° 41743, *Subrini, Lebon* 411 ; CE, 4e et 5e sect., 21 juin 2013, req. n° 345500 ; Crim. 7 sept. 2004, n° 04-80.010, *Bull. crim.* n° 200 ; *D.* 2004. 2691 ; *RSC* 2005. 69, obs. É. Fortis ; *Dr. pénal* 2005, n° 25, obs. M. Véron, cumul de deux interdictions d'exercer la profession de vétérinaire, la première prononcée par un préfet, la seconde par la juridiction pénale dès lors que la durée totale n'excède pas la durée maximale prévue par l'article 131-27 ; Crim. 19 juin 2013, n° 12-87.558, refusant de renvoyer une QPC : *Dr. pénal* 2013, n° 167, obs. M. Véron et Cons. const. 27 sept. 2013, n° 2013-341 QPC ; V. Peltier, « Un an de droit de la peine », *Dr. pénal* 2014 Chron. 3, n° 22 et 23, qui valident cette position. Plus globalement, il faut souligner qu'il en est de même pour le cumul d'une sanction pénale et d'une sanction administrative, telle par exemple la sanction pécuniaire infligée par la COB (aujourd'hui Autorité des marchés financiers ; Cons. const. 28 juill. 1989, *JO* 1er août ; Crim. 1er mars 2000, *Bull. crim.* n° 98 ; *Dr. pénal* 2000, n° 75, obs. J.-H. Robert ; Ass. plén., 8 juill. 2010, n° 10-10.965 QPC ; *RPDP* 2010. 664, obs. S. Detraz, refus de transmission au Conseil constitutionnel d'une QPC contestant le cumul ; v. égal. Crim. 22 janv. 2014, n° 12-83.579 ; *D.* 2014. 27 et 600, note N. Rontchevsky ; *Dr. pénal* 2014. 77, obs. J.-H. Robert ; *AJ pénal* 2014. 180, obs. J. Lasserre Capdeville, arrêt qui estime ce cumul conforme à l'article 50 de la charte de l'Union européenne ; O. Dufour, « Cumul des sanctions pénales et administratives », *LPA* 28 déc. 2014, n° 43)]. De la même manière, le principe du non-cumul ne concerne pas les sanctions prononcées à l'étranger même dans le cas particulier où elles seraient exécutées en France (Crim. 6 févr. 1996, *Bull. crim.* n° 61 et plus récemment : Crim. 26 oct. 2005, n° 05-82.408, *Bull. crim.* n° 27 ; *AJ pénal* 2006. 43, obs. G. Royer, pour une peine exécutée à Monaco). Cette solution doit sans doute être nuancée pour les pays membres de l'Union européenne depuis que la loi du 10 mars 2010 a inséré dans le Code pénal un article 132-23-1 aux termes duquel « les condamnations prononcées par les juridictions pénales d'un État membre de l'Union européenne sont prises en compte dans les mêmes conditions que les juridictions pénales françaises et produisent les mêmes effets juridiques que ces condamnations » (en ce sens, M. Herzog Evans, « Droit de l'exécution des peines », *Dalloz Action* 2011, nos 1031-64 s., s'agissant de la confusion des peines ; v. pour l'imputation d'une peine subie à l'étranger pour les mêmes faits : Crim. 23 oct. 2013, n° 13-83.499 ; *D.* 2013. 2950, note D. Rebut ; *RSC* 2013. 857, obs. D. Boccon-Gibod ; Crim. 15 avr. 2015, n° 15-90.001 ; *Dr. pénal* 2015, n° 119, note E. Bonis-Garçon : refus de renvoi d'une QPC en précisant que la règle du non-cumul doit s'appliquer). V. sur ces problèmes : F. Desportes et F. Le Gunehec, n° 920 ; P. Conte et P. Maistre du Chambon, n° 493 ; J.-H. Robert, *Dr. pénal* 1996, n° 8. Comme le font remarquer ces auteurs, il n'est pas absolument certain que ces solutions soient conformes avec la jurisprudence de la Cour européenne des droits de l'homme et des libertés fondamentales sauf à observer que dans ce cas particulier les sanctions prononcées sont conformes à la règle de proportionnalité de la peine (sur cette question, v. égal. S. Stein, « Le principe *ne bis in idem* dans l'Union européenne », *AJ pénal* 2011. 443 ; N. Nord Wagner, « La double sanction des infractions boursières à l'épreuve du principe *non bis in idem* », *AJ pénal* 2011. 67).

13 Malgré les critiques émanant de la doctrine, la Cour de cassation comme le Conseil constitutionnel ont, nonobstant le principe de non-cumul des sanctions et la règle non bis idem, maintenu cette possibilité d'une double poursuite pénale et administrative ou disciplinaire, dès lors que, pour reprendre une formule du professeur Y. Mayaud (n° 161-1), « chacune a une finalité propre : la régulation pour l'une et la répression pour l'autre ». Encore faut-il que soit respecté le principe de proportionnalité de la sanction qui implique que les sanctions prononcées n'excèdent en aucun cas le maximum légal de la sanction la plus élevée. V. en ce sens : Crim. 19 févr. 2014, n° 12-87.558 ; *Dr. pénal* 2014, n° 68, note M. Véron (refus de transmission de QPC) ; Crim. 25 juin 2014, n° 13-87.692 QPC ; *Dr. pénal* 2014, n° 122, note V. Peltier ; *RPDP* 2014. 665, obs. S. Detraz (refus d'une QPC concernant le cumul de sanctions pénales et fiscales) ; Crim. 23 juill. 2014, n° 14-80.428 QPC ; *Dr. pénal* 2014, n° 125, note M. Véron ; *Gaz. Pal.* 21 oct. 2014, obs. S. Detraz (refus d'une QPC concernant le cumul de sanctions pénales et ordinales) ; Crim. 5 août 2014, n° 15-90.007 QPC ; *Dr. pénal* 2015, n° 151, note V. Peltier (refus de cumul de sanctions administratives et pénales) ; Cons. const. 24 oct. 2014, n° 2014-423 QPC ; *RPDP* 2014. 941, obs. V. Peltier et 2015. 107, obs. J.-Y. Chevallier ; *D.* 2014. 2116 (cumul de sanctions prononcées par la Cour de discipline budgétaire et financière et sanctions pénales : conformité).

Cette jurisprudence a pourtant été ébranlée par deux décisions rendues par la CEDH. Un premier arrêt du 27 nov. 2014, *Lucky Dev c/ Suède*, req. n° 7356/10 (*JCP* 2014. 1349, note L. Milano ; *Gaz. Pal.* 31 janv. 2015 ; n° 3, obs. J. Andriantsimbazovina) a considéré que le principe *non bis idem* avait été violé, parce qu'une sanction fiscale avait été prononcée après une relaxe décidée par une juridiction pénale. Cette solution conduit à considérer que le cumul des poursuites pénales et fiscales devient imposssible. Un second arrêt du 4 mars 2014, *Grande Stevens et a. c/ Italie*, req. n° 18640/10 (*Dr. pénal* 2015, « Un an de droit pénal européen », n° 18, obs. E. Dreyer ; *RPDP* 2014. 974, obs. V. Peltier ; *RSC* 2015. 110, obs. F. Stasiak et 169, obs. J.-P. Marguénaud) confirme totalement la condamnation du cumul des poursuites en refusant de prendre en compte les réserves formulées par l'Italie, aux termes desquelles la règle *non bis idem* est applicable aux seules infractions, procédures et décisions qualifiées de pénales par la législation italienne. La France ayant formulé les mêmes réserves, la plupart des commentateurs de ces décisions en ont donc conclu que le système français de cumul devenait inconventionnel. V. par ex. : F. Stasiak et A. Bellecize, « Les suites de l'arrêt *Grande Stevens* : le chaos dans la répression des abus de marché », *RPDP* 2015. 521 ; R. Parizot, « Le principe ne bis idem dans la jurisprudence de la CEDH », *AJ pénal* 2015. 173 ; O. Dufour, « L'affaire *Grande Stevens* sonne le glas de la répression des abus de marché », *LPA* 30 avr. 2014. V. dans le même sens : CEDH 30 avr. 2015, *Kapetenios et a. c/ Grèce*, req. n° 34530/12, *AJ pénal* 2015. 56, obs. F. Creux Thomas, 367, obs. L. Milano ; *JCP* 2015. 596, obs. F. Sudre.

Il paraissait, dès lors, nécessaire que cette question soit soumise au Conseil constitutionnel. Ainsi, par deux arrêts du 17 déc. 2014 (n°s 14-90.042 et 14-90.043), la chambre criminelle décidait de renvoyer à la juridiction constitutionnelle deux QPC au motif que les arrêts de la CEDH faisaient naître un doute sérieux sur la possibilité « d'exercer des poursuites pénales pour des faits ayant fait l'objet d'une décision définitive de la commission des sanctions de l'Autorité des marchés financiers » (*Dr. pénal* 2015, n° 23, note J.-H. Robert et 29, note V. Peltier). Le Conseil constitutionnel a donc rendu une décision le 18 mars 2015 qui a fait l'objet d'une multitude de commentaires doctrinaux (n°s 2014-453/454 QPC et 2015-462 QPC : *Dr. pénal* 2015, n° 79, note V. Peltier ; *RPDP* 2015. 126, obs. J.-H. Robert, 367, obs. A. Botton, 419, obs. V. Peltier et 683, obs. F. Chopin ; *JCP* 2015. 368, note F. Sudre et 369, note J.-H. Robert ; *D.* 2015. 894, note A. V. Le Fur et D. Schmidt ; *RSC* 2015. 374, obs. F. Stasiak et 705, obs. B. de Lamy ; A. Bonnet et N. Régis, « *Ne bis idem* et le dialogue des juges », *Gaz. Pal.* 27 juin 2015, n° 178 ; J. Moulin, « Cumul des poursuites et sanctions en matière d'abus de marché : fin de partie », *Gaz. Pal.* 12 mai 2015, n° 132 ; E. Raschel, « Censure constitutionnelle de la double répression des abus de marché », *Gaz. Pal.* 16 mai 2015, n° 136 ; S. Detraz « Tempête dans un verre d'eau », *Gaz. Pal.* 19 mai 2015, n° 139 ; O. Décima, « Le fantôme de ne bis idem », *D.* 2014. 874 ; J. Bossan, « Le cumul des poursuites appréhendé par le Conseil constitutionel », *AJ pénal* 2015. 179 ; C. Moreau, « *Ne bis in idem* : un tremblement de terre », *AJ pénal* 2015. 172 ; J. Lasserre Capdeville, « La décision du Conseil constituitonnel du 18 mars 2015 : impacts et adaptions envisageables », *AJ pénal* 2015. 182 ; J. Pradel, « L'application de *non bis idem*. Mais où est donc passé le principe de sécurité juridique ? », *RPDP* 2015. 261 et *D.* 2015 1738.

Le risque de voir la solution française du cumul des poursuites sanctionnée par la CEDH pour inconventionnalité devait nécessairement amener le Conseil à condamner le cumul qui lui était soumis, à savoir celui d'une poursuite cumulative pour délit d'initié d'une part et manquement d'initié d'autre part. Il restait cependant à savoir s'il condamnerait globalement le cumul des sanctions en le frappant d'inconstitutionnalité, constitutionnalisant ainsi le principe *non bis in idem* ou si, au contraire, il se bornerait à invalider un cumul litigieux en sauvegardant les solutions jusqu'alors admises en ce domaine. C'est la seconde solution qui, peut-on dire sans surprise, est choisie par la Haute juridiction. Le Conseil commence d'abord dans sa décision à rappeler, en fondant son analyse sur la nécessité des peines, que ce principe « ne fait pas obstacle à ce que les mêmes faits commis par une même personne puissent faire l'objet de poursuites différentes aux fins de sanctions de nature administrative ou pénale en application de corps de règles distincts devant leur propre ordre de juridictions ». Il peut ensuite, sans référence directe au principe *non bis in idem*, et non sans une certaine habilité, démontrer que le domaine des abus de marché ne répond pas aux conditions qu'il vient de formuler. Il peut ainsi condamner le cumul qui lui est soumis concernant le délit d'initié (C. mon. fin., art. L. 465-16) et le manquement d'initié (art. 621-15 du même code). Pour parvenir à cette fin, il va poser quatre critères, qualifiés de critères d'identité par la plupart des commentateurs de l'arrêt (v. à titre d'ex. : Y. Mayaud, n° 161-3 ; A. Botton, J.-H. Robert, O. Décima, V. Peltier, notes aux articles préc.). Ces critères lorsqu'ils sont cumulativement réunis interdisent tout cumul. Il s'agit de l'identité des faits incriminés, des intérêts sociaux protégés, autrement dit la finalité des incriminations, en l'occurrence le bon fonctionnement des marchés financiers, des sanctions prévues qui ne doivent pas être de nature différente et celle des ordres juridictionnels de contrôle. On peut observer que cette dernière condition est très importante et qu'elle est de nature à permettre le maintien du cumul des sanctions dans de nombreuses hypothèses, ce qui était évidemment l'objectif du Conseil. Dès lors qu'il constate cette quadruple identité en matière d'abus de marché, le Conseil en tire la conséquence, en décidant qu'une des incriminations doit être supprimée. Dans le cas précis, le délit d'initié est abrogé (C. mon. fin., art. L. 465-1), mais en reportant l'effet de la décision au 1er sept. 2016, laissant ainsi au législateur le temps de régler la difficulté. Une loi du 22 juin 2016, n° 2016-819, est intervenue à cette fin. L'incrimination pénale du délit d'initié est réintroduite dans les articles nouveaux L. 465-1 à 465-3-5 du Code monétaire et financier mais un système, dit « mécanisme d'aiguillage », permettant d'éviter les doubles poursuites en matière d'abus de marché, est organisé par un article L. 465-3-6-1 du même code. Aux termes de ce texte, est mise en place une information réciproque entre le procureur de la République financier et l'Autorité des marchés financiers dont l'objectif est d'éviter qu'un cumul des sanctions puisse se produire. V. sur ce nouveau texte : J. Chocornac, « La répression des abus de marché à l'épreuve de la prévisibilité des peines. Vers un autre *Grande Stevens* », *D.* 2016-1264.

On peut évidemment s'étonner de la solution choisie par le Conseil, qui, nullement imposée par la jurisprudence européenne, tout en interdisant le cumul des sanctions, ne prohibe aucunement une pluralité de qualifications, mais uniquement leur utilisation cumulative dans une même affaire. Le principe *non bis in idem* oblige seulement à faire un choix entre les procédures susceptibles d'être retenues pour sanctionner les faits reprochés (en ce sens, V. Peltier, *RPDP* 2015. 423). Mais en choisissant de fonder sa censure sur le principe de la nécessité de la peine, le Conseil était, en quelque sorte, condamné à utiliser cette technique qui, nous l'avons dit, a le mérite, à ses yeux, de permettre le maintien du cumul des sanctions dans de nombreuses hypothèses. Sans doute, cette solution a-t-elle été rapidement reprise par la chambre criminelle dans un arrêt du 20 mai 2015 (n° 13-83.489, à publier ; *Gaz. Pal.* 25 juill. 2015, n° 206, obs. R. Mesa), pour annuler une sanction pénale prononcée pour délit d'initié alors que la personne concernée avait déjà fait l'objet d'une sanction infligée par l'Autorité des marchés financiers et bien que le juge pénal ait respecté la condition de proportionnalité, en limitant la peine. Pour autant, on doit constater que la Cour de cassation maintient le principe du cumul dans d'autres hypothèses que celles des abus de marché. Ainsi en est-il pour le maintien du cumul d'une sanction pénale et d'une sanction disciplinaire : Civ. 1re, 9 avr. 2015, n° 15-50.012 ; *D.* 2015. 1192, note O. Denaou et 187, note F. Sudre ; *Gaz. Pal.* 29 mai 2015, n° 150, obs. E. Raschel ; *Dr. pénal* 2015, n° 92, note V. Peltier. Dans une autre décision (Crim. 5 août 2015, n° 15-90.007 ; *RPDP* 2015. 981, obs. V. Peltier), la Cour de cassation accepte le principe du cumul d'une sanction pénale et d'une sanction administrative en matière de pêche maritime, au motif essentiel « qu'elles relèvent de corps de règles distincts devant leur propre ordre de juridiction ». On peut encore citer deux autres affaires : Crim. 20 mai 2015, n° 14-80.049 ; *Dr. pénal* 2015, n° 289, note J.-H. Robert, qui admet le cumul de poursuites pénale et fiscale et Crim. 22 sept. 2015, n° 14-84.029 ; *RPDP* 2015. 980, obs. V. Peltier ; *JCP* 2015. 1285, note critique E. Dreyer ; *RSC* 2016. 63, obs. Y. Mayaud, qui admet le cumul d'une amende civile et d'une peine, pour sanctionner une procédure abusive et une dénonciation calomnieuse, dès lors que les intérêts protégés sont différents. Par ailleurs, le Conseil constitutionnel lui-même, saisi d'une nouvelle QPC concernant le délit d'initié, mais dans une autre rédaction, issue d'une loi du 30 déc. 2006, afin de savoir dans quelle mesure elle était compatible avec le maintien de l'art. L. 465-1 du C. mon. fin., abrogé par la décision du 18 mars 2015, a considéré qu'elle n'était pas contraire au principe de nécessité des peines et donc qu'un cumul des poursuites était possible dès lors que les faits réprimés par les deux textes font l'objet de sanctions différentes, et donc que l'un des critères dégagés par l'arrêt du 18 mars 2015 fait défaut. Il semble que la différence de nature des sanctions, dans le cas précis, ne tient pas à leur objet mais à leur sévérité, s'agissant des auteurs, en l'occurence des personnes morales (en ce sens, V. Peltier, *Dr. pénal* 2016 n° 52, note ss Cons. const. 14 janv. 2016, n° 2015-513/514/526 QPC ; v. aussi *Gaz. Pal.* 29 avr. 2016, n° 17, obs. C. Rachaud).

À l'issue de ces observations, il parait assez difficile d'affirmer que les exceptions à la règle *non bis in idem* admises en droit français sont totalement abandonnées. Comme l'affirme le professeur J. Pradel dans une chronique précitée, « le principe est touché mais pas coulé ».

Pour autant, on ne peut contester que la jurisprudence du Conseil constitutionnel n'est pas sans présenter une certaine fragilité par rapport aux décisions des cours européennes. Sans doute, la CJUE admet-elle la possibilité du cumul (CJUE, gr. ch., 26 févr. 2013, *Aklagaren c/ Hans Akeberg Fransson*, aff. C-617/10 ; *AJ pénal* 2013. 270, note C. Copain) mais à la condition que les deux sanctions ne relèvent pas de la matière pénale (v. B. Aubert, « Le principe *ne bis in idem* dans la jurisprudence de la CJUE », *AJ pénal* 2015. 175). Quant à la CEDH, on peut craindre, si elle est saisie, qu'elle rejette, comme elle l'a fait pour l'Italie et la Suède, les réserves que la France avait formulées concernant l'application du principe *non bis in idem*. Il faut ajouter que le Conseil constitutionnel devait se prononcer sur le cumul des poursuites en matière fiscale (sur ce point : L. Ayrault, « *Non bis in idem* : les enjeux en matière fiscale », *AJ pénal* 2015. 185), puisque la chambre criminelle lui avait renvoyé deux QPC dans deux affaires ayant fait l'objet d'une importante médiatisation (affaires *Wildenstein* et *Cahuzac*) : Crim. 30 mars 2016, n°s 16-90.001 et 16-90.005 QPC ; *D.* 2016. 778, note N. Catelan ; C. Mascala, « Contagion de la remise en cause de la constitutionnalité des doubles poursuites pénale et administrative », *RSC* 2016. 75). Par deux décisions rendues le 24 juin 2016 (n°s 2016-545 QPC et 2016-546 QPC, *Gaz. Pal.* 14 et 28 juin 2016, n°s 22 et 24, obs. O. Dufour ; M. Collet et P. Collin, « Le cumul de sanctions pénale et fiscale face aux exigences constitutionnelles et européennes », *JCP G* 2016. 847), le Conseil a maintenu la possibilité du cumul des sanctions pénales et fiscales prévues par les articles 1729 et 1741 du CGI, tout en formulant néanmoins deux réserves. La première exclut la possibilité d'une poursuite pour fraude fiscale si l'individu poursuivi n'est pas redevable de l'impôt. La seconde, d'application sans doute plus délicate, réserve les poursuites pour fraude fiscale aux infractions les plus graves de dissimulation des sommes soumises à l'impôt, la gravité résultant du montant des droits fraudés, de la nature des agissements de la personne ou des circonstances de leur intervention (v. égal. pour l'admission d'une double poursuite devant la Cour de discipline budgétaire et financière et devant une juridiction pénale sous réserve du respect du principe de nécessité de la peine : Cons. const. 1er juillet 2016, n° 2016-550 QPC).

Si, comme l'affirme le professeur Y. Mayaud (n° 161-3), le principe de la double poursuite « est contrôlée sur le plan interne », opinion que nous partageons, on peut légitimement être inquiet de la pérénité de cette situation par rapport à un prochain contrôle de conventionnalité des doubles poursuites, qui ne saurait manquer d'intervenir.

14 On ajoutera encore que la chambre criminelle a également considéré que la règle du non-cumul n'avait aucune raison de s'appliquer, dans deux hypothèses. Pour la première (Crim. 27 mars 1997, n° 96-82.669, *Bull. crim.* n° 128 ; *RSC* 1997. 830, obs. B. Bouloc ; *JCP* 1997. 4. 1782) elle a admis que la sanction de mise en cellule, modalité d'exécution d'une peine d'emprisonnement, peut se cumuler sans problème avec la sanction initiale. On peut considérer qu'il s'agissait dans ce cas, d'une sorte de cumul de la peine avec une sanction disciplinaire. Pour la seconde (Crim. 29 mai 1997, *Dr. pénal* 1997. Comm. 152, obs. M. Véron ; *JCP* 1997. 4. 2080), elle a jugé que la contrainte par corps, aujourd'hui contrainte judiciaire, garantie d'exécution des sanctions pécuniaires, ne peut pas se confondre avec une peine privative de liberté. On ajoutera que le domaine des cas de cumul, strictement précisé par la loi, ne saurait être étendu (en ce sens, Crim. 13 juin 2007, n° 06-88.144 ; *AJ pénal* 2007. 434, obs. C. Saas). Mais l'article 5 du Code pénal de 1810 laissait une autre question sans réponse et sur laquelle la jurisprudence avait dû se prononcer, celle de déterminer quelles sont les sanctions qui sont soumises à la règle du non-cumul. La réponse apportée par l'arrêt retenu est toujours d'actualité avec les solutions du Code pénal d'où l'intérêt que nous avons trouvé à le conserver.

II. — L'exclusion des peines complémentaires de la règle du non-cumul

15 La question s'est en effet posée dans les premières années d'application du Code d'instruction criminelle de savoir si le principe du non-cumul des peines devait être réservé aux peines principales ou s'il devait également concerner les autres catégories de sanctions. Si le principe du cumul des peines autres que les peines principales repris par l'arrêt *Fantaisie* était admis depuis plus d'un siècle (A), en revanche cette décision apportait une réponse intéressante quant aux limites que les juges devaient assigner à ce cumul (B).

A. — Le principe du non-cumul

16 La soustraction des sanctions complémentaires à la règle du non-cumul des peines a été affirmée pour la première fois dans un arrêt du 23 septembre 1837 (*S.* 1837. 1. 1034) et cette solution a depuis toujours été maintenue (Crim. 12 juin 1885, *S.* 1887. 1. 48 ; Crim. 3 févr. 1977, *Bull. crim.* n° 44 ; Crim. 20 juill. 1983, *Bull. crim.* n° 224).

La justification de ce principe repose d'abord sur un argument logique. L'échelle des peines dans le Code de 1810 ayant été établie uniquement pour les peines principales, il était pratiquement impossible de classer les peines complémentaires selon un ordre de gravité permettant de les comparer entre elles. Dès lors, comment aurait-on pu, concrètement, appliquer le non-cumul ?

Il y avait ensuite un argument juridique. Il avait en effet été admis que la non-exécution des peines les moins graves était une mesure qui n'avait aucune incidence sur l'existence des infractions qui, juridiquement demeurent constituées. Rien n'interdisait donc de prononcer les peines complémentaires qui leur étaient afférentes. On ajoutera enfin un dernier argument de type criminologique et qui tient à la nature particulière des sanctions complémentaires. La plupart d'entre elles sont de véritables mesures de sûreté destinées à juguler un état dangereux ce qui a conduit la chambre criminelle à observer « que le but du législateur serait manqué si celui contre qui il a voulu que ces mesures fussent employées y échappait, par cela seul qu'outre le délit spécial qui les rend nécessaires il en aurait commis un autre plus grave ». Cette formule se trouve par exemple dans un arrêt du 12 juin 1885, préc. En l'occurrence, cette solution a permis d'appliquer la peine complémentaire de la destitution à un agent de change qui était par ailleurs condamné pour une infraction plus grave (sur cette question, outre la note J. Mestre préc., v. R. Garraud, t. III, p. 218 ; L. Vidal et L. Magnol, p. 422 ; R. Merle et A. Vitu, t. I, n° 841 ; P. Salvage, *J.-Cl. Pénal,* préc., n° 72 ; B. Bouloc, n° 764). La solution du cumul des peines complémentaires pouvait cependant être mise en échec lorsqu'elle se révélait impraticable : cas des peines perpétuelles ou lorsqu'une peine était comprise dans une autre (Crim. 17 janv. 1924, *S.* 1924. 1. 233, note J.-A. Roux).

17 La solution du cumul était et demeure évidemment applicable aux mesures de sûreté pour les mêmes raisons. Ainsi en est-il par exemple pour les mesures de sûreté concernant les mineurs délinquants. Il ne pourrait en aller autrement que si la mesure de sûreté était qualifiée de peine accessoire. En effet, ce type de sanction, lorsqu'elles subsistent (cas des peines prévues par des textes extérieurs au Code pénal actuel et uniquement pour les majeurs nonobstant l'article 336, al. 3 de la loi d'adaptation ; v. sur ce point P. Conte et P. Maistre du Chambon, n° 457 sur la remise en cause de la distinction, et *supra*, n° 47), étant lié à la peine principale, il est impossible de rendre exécutoires celles qui sont attachées aux peines principales non prononcées (Crim. 3 mars 1938, préc. ; Crim. 4 juin 1966, *JCP* 1967. II. 14985). On notera cependant que certains arrêts anciens de la chambre criminelle auraient pu laisser supposer le contraire (Crim. 12 juin 1885, préc. par ex.) mais en réalité, l'expression « peine accessoire » désignait les peines complémentaires. L'arrêt que nous commentons est sur ce point parfaitement ambigu puisqu'il associe les peines accessoires et les peines complémentaires dans une formule unique pour rappeler le principe général du cumul. Nous pensons cependant avec M. Larguier (obs. préc.) que cette formulation globale s'explique par la difficulté que l'on a parfois à distinguer entre les deux catégories de mesures (v. P. Conte et P. Maistre du Chambon, préc. ; F. Desportes et F. Le Gunehec, n°s 942 s.). La règle de principe ne nous paraît donc pas remise en cause pour autant. Aujourd'hui comme hier, pour que la peine accessoire, dans les cas où ce mécanisme continue à s'appliquer, nonobstant la règle posée par l'article 132-17 du Code pénal, encore faut-il que la peine principale qui lui sert de base ait été prononcée.

Ainsi, la question du cumul des sanctions complémentaires paraissait ne plus devoir susciter de difficultés d'application puisqu'aucune limite n'était assignée à l'addition des différentes peines ainsi encourues. Si une telle solution était logique lorsque les sanctions étaient différentes, elle l'était beaucoup moins lorsqu'il s'agissait de cumuler la même peine, privative de droit par exemple, en allant bien au-delà du maximum légal prévu pour cette sanction. Alors que la chambre criminelle paraissait avoir admis le cumul sans aucune limite (Crim. 19 nov. 1957, *Bull. crim.* n° 750, pour une opinion plus nuancée, J. Larguier obs. préc.), l'arrêt *Fantaisie* impose la règle contraire.

B. — Les limites du cumul

18 Le sieur Fantaisie, auteur de toute une série d'infractions, d'émission de chèques sans provision en concours réel a, à la suite de poursuites multiples, été condamné à différentes peines d'emprisonnement et d'amende mais aussi à trois peines complémentaires d'interdiction d'émettre des chèques pour une durée totale de 7 ans et demi. Ayant saisi le tribunal d'une requête tendant à la confusion des peines qui le frappaient, il a obtenu cette mesure non seulement pour les peines principales mais également pour les peines complémentaires dont l'exécution a été ramenée à cinq ans, c'est-à-dire le maximum légal prévu pour l'interdiction. C'est cette décision que la chambre criminelle est venue confirmer. Après avoir rappelé le principe du cumul des peines complémentaires, elle affirme « qu'il ne saurait en être ainsi qu'en cas de concours d'infractions différentes et non pas lorsqu'une même peine complémentaire a été plusieurs fois prononcée pour la même infraction ». Dans ce cas, cette peine complémentaire ne peut pas être subie au-delà du maximum prévu par la loi. La durée de l'interdiction d'émettre des chèques était donc ramenée à 5 ans (dans le même sens : Paris 21 janv. 1981, *D.* 1981. 515, note Mabille de la Paumelière. V. égal. Crim. 24 oct. 1991, n° 91-80.449, *Bull. crim.* n° 378 ; *RSC* 1992. 568, obs. A. Vitu).

Si l'arrêt *Fantaisie* se prononçait clairement sur l'interdiction du cumul illimité des peines complémentaires identiques, il laissait cependant place à plusieurs interrogations quant à sa portée exacte.

19 La première question consistait à se demander si le maximum légal auquel se référait la chambre criminelle était le seuil en dessous duquel les juges ne pouvaient pas descendre ou si, au contraire, on revenait dans cette hypothèse au système général du non-cumul prévu par l'article 5 du Code pénal de 1810, auquel cas le juge répressif avait la faculté d'ordonner la confusion en limitant la sanction à la peine la plus forte prononcée, c'est-à-dire dans notre arrêt trois ans. L'analyse des termes de l'arrêt nous conduirait, avec plusieurs commentateurs (J. Larguier et J. Mestre *contra* P.-L. G. et V. Lesclous, préc.) à considérer qu'il s'agissait plutôt d'un retour au non-cumul des peines qui est d'application générale.

20 La deuxième catégorie de questions avait trait au domaine de la solution nouvelle. On devait tout d'abord admettre qu'elle pouvait être étendue à toutes les peines complémentaires lorsqu'il s'agissait de crimes ou de délits mais qu'en revanche, bien que cela puisse conduire à des résultats concrets discutables, elle ne pouvait pas concerner les contraventions qui n'étaient pas soumises à la règle de non-cumul (v. J. Mestre et J. Larguier, préc.). Cette solution, nous venons de le voir, est aujourd'hui condamnée par l'interprétation *a contrario* de l'article 132-7 de l'actuel Code pénal qui n'envisage le cumul que des seules peines d'amende (v. en ce sens : Crim. 11 janv. 2005, n° 04-85.916, *Bull. crim.* n° 12 ; *D.* 2005. 459 ; *RSC* 2005. 300, obs. G. Vermelle ; *Dr. pénal* 2005, n° 40, obs. M. Véron : cassation d'une décision ayant prononcé, outre plusieurs amendes, plusieurs suspensions de permis de conduire pour sanctionner quatre contraventions alors qu'une seule peine complémentaire de suspension pouvait être prononcée ; v. égal. Crim. 22 juin 2010, préc.). Restait à se demander si le cumul redevenait illimité lorsque la même peine complémentaire avait été prononcée pour des infractions différentes. Ainsi, la suspension du permis de conduire est-elle prévue pour des délits aussi distincts que la violation d'une règle du Code de la route et le proxénétisme. Devrait-on dans ce cas additionner les peines sans aucune référence au maximum légal ? La lecture de l'arrêt *Fantaisie* permettait *a priori* de l'affirmer sur la base d'un simple raisonnement *a contrario*. On pouvait, en revanche, se demander si une interprétation logique ne devait pas nous amener à proposer une solution contraire. Il faut en effet se souvenir que le prononcé de toutes les peines complémentaires s'impose essentiellement pour éviter qu'une sanction, qui présente souvent les caractéristiques d'une mesure de sûreté, ne soit écartée, parce que le délinquant a commis une infraction plus grave. Lorsqu'il s'agit de peines identiques, cette justification n'a plus aucun intérêt. On notera d'ailleurs que, s'agissant de l'interdiction d'émettre des chèques, cette peine pouvait être prononcée pour des infractions voisines mais différentes : falsification de chèque, acceptation en connaissance de cause d'un chèque sans provision, etc. Le cumul illimité dans une telle hypothèse serait apparu très discutable. Dès lors que la formulation de l'arrêt n'interdisait pas expressément cette solution, il paraissait donc préférable d'étendre la règle du non-cumul à toutes les peines complémentaires identiques quelles que soient les infractions pour lesquelles elles avaient été prononcées.

Dès lors qu'elle ne méconnaît pas les exigences de la politique criminelle, cette position, qui paraissait tout à fait conforme à la volonté du législateur, devait être approuvée. C'est d'ailleurs la solution qui est retenue par les textes nouveaux, ce qui démontre que la solution de l'arrêt *Fantaisie*, sur un point particulier, préfigurait les règles adoptées par le législateur actuel.

21 L'actuel Code pénal a aujourd'hui profondément réformé le régime du concours d'infractions. Il distingue nettement selon qu'il y a, pour des infractions en concours, une poursuite unique ou des poursuites séparées.

Aux termes de l'article 132-3 du Code pénal, qui concerne la première hypothèse, le législateur, après avoir affirmé le principe que chacune des peines encourues peut être prononcée, précise que s'agissant des peines de même nature, une seule d'entre elles peut être prononcée dans la limite du maximum le plus élevé. On notera que le texte, en utilisant le terme générique de peine, ne fait aucune distinction selon la catégorie de sanction. Il concerne donc les peines complémentaires comme les peines principales et s'agissant de ces dernières, les peines alternatives ou de substitution. Encore fallait-il que les tribunaux précisent ce que signifie l'expression « peines de même nature ». Si l'article 132-5, alinéa 1er, du Code pénal apporte une réponse explicite pour les peines privatives de liberté, l'incertitude peut demeurer pour les autres peines.

On signalera que la circulaire d'application du 14 mai 1993 considère comme étant de même nature les peines qui ont le même contenu et le même effet et elle cite, ce qui peut paraître surprenant, l'amende, l'interdiction d'émettre des chèques et la confiscation. Au contraire, d'une manière générale, la doctrine, tout en gardant l'idée que les peines de même nature sont celles qui ont le même contenu et les mêmes effets, distingue ces différentes sanctions, chacune pouvant donc être prononcée : v. B. Bouloc, n° 761 ; F. Desportes F. Le Gunehec, n° 899 ; R. Merle et A. Vitu, t. I, n° 842 ; P. Conte et P. Maistre du Chambon, n° 498 ; J. Pradel, n° 794 ; E. Dreyer, n° 1468. La jurisprudence s'est très clairement engagée dans cette voie : Crim. 9 nov. 1994, n° 94-80.722, *Bull. crim.* n° 356 ; *RSC* 1995. 572, obs. B. Bouloc ; *Dr. pénal* 1995. Comm. 93, obs. M. Véron ; Crim. 23 mai 1995, *Dr. pénal* 1995. Comm. 282, obs. J.-H. Robert. La chambre criminelle a en effet admis, par exemple, le prononcé cumulatif d'une peine d'emprisonnement, d'une suspension du permis de conduire et d'un retrait du permis de chasse dès lors qu'il s'agissait, pour les deux dernières, de peines complémentaires et non de sanctions prononcées à titre de peine principale de substitution. Est-ce à dire que le nouveau système ne laisse pas subsister certaines imprécisions ? On peut en douter. Ainsi qu'en est-il en matière de cumul d'une peine de substitution et d'une peine complémentaire de même nature, en matière d'interdiction professionnelle ou d'annulation du permis de conduire par exemple. Sur cette question, voir J.-H. Robert, « La combinaison des peines de substitution et des peines complémentaires de même nature », *Dr. pénal* 1995, n° 8, qui, au nom de la personnalisation des peines, y est favorable, *contra* P. Conte et P. Maistre du Chambon, n° 498. Observons que la chambre criminelle a considéré que la confiscation en nature de stupéfiants et la confiscation en valeur du produit, étant des peines de même nature ne peuvent s'appliquer cumulativement (Crim. 21 mars 1996, n° 94-86.139, *Bull. crim.* n° 127 ; *RSC* 1997. 374, obs. B. Bouloc ; *Dr. pénal* 1996. 214, obs. M. Véron ; Crim. 22 mai 1997, *Bull. crim.* n° 199 ; Crim. 1er oct. 1998, *Dr. pénal* 1999, n° 57, obs. J.-H. Robert).

22 L'article 132-4 du Code pénal qui concerne les poursuites séparées précise que les peines prononcées (donc toutes les peines quelles qu'elles soient) s'exécutent cumulativement dans la limite du maximum légal le plus élevé. Cette solution confirme donc pleinement la jurisprudence *Fantaisie*. On notera, à cette occasion, que pour la détermination de ce maximum légal, le plus élevé, l'article 132-5 du Code pénal fournit plusieurs règles qui s'imposent aux juges. Toutes les difficultés ne sont pas pour autant résolues. Est-il possible, par exemple, dans le cas d'une poursuite pour deux délits, de prononcer une peine d'emprisonnement pour le premier et une peine de substitution comme le travail d'intérêt général pour le second ? On peut admettre que dans une telle situation, si la peine alternative doit être traitée comme la peine de référence qu'elle remplace, le cumul des deux sanctions paraît contraire à la règle posée par l'article 132-3 du Code pénal (en ce sens P. Salvage, n° 18, préc.).

Néanmoins, cette limite ne devrait jouer que dans le seul cas où la peine principale maximale a été prononcée. Dans le cas contraire, l'infliction de la peine de substitution est tout à fait possible (en ce sens P. Conte et P. Maistre du Chambon, n° 499). Le texte ajoute par ailleurs que la confusion totale ou partielle des peines de même nature pourra être ordonnée. La confusion facultative pour les juges et qui s'effectue à l'intérieur de chaque catégorie de peines permettra donc de limiter la sanction à la peine la plus forte prononcée et ce pour chaque catégorie. Ainsi avec ces nouvelles dispositions les solutions paraissent beaucoup plus simples et en tout cas beaucoup plus précises (v. *supra*, n° 47). Encore doit-on remarquer que ces règles pouvant être plus sévères ne devaient pas préjudicier aux personnes reconnues coupables d'infractions commises avant le 1er mars 1994 (art. 371 et 373 de la loi d'adaptation). La Cour de cassation a eu l'occasion de censurer plusieurs décisions qui avaient oublié de respecter ce principe : Crim. 16 nov. 1994, n° 94-82.548, *Bull. crim.* n° 367 ; *RSC* 1995. 572, obs. B. Bouloc ; Crim. 26 sept. 1996, *Bull. crim.* n° 336 ; Crim. 20 nov. 1996, *Bull. crim.* n° 418 ; Crim. 16 janv. 1996, n° 95-81.722, *Bull. crim.* n° 25 ; *RSC* 1996. 851, obs. B. Bouloc ; Crim. 17 mars 1998, *JCP* 1998. IV 2636 ; Crim. 17 mai 2000, n° 99-86.991, *Bull. crim.* n° 198, *RSC* 2000. 813, obs. B. Bouloc. En revanche, la Haute juridiction a refusé d'appliquer la confusion de plein droit dans une affaire de trafic de stupéfiants puisque des dispositions dérogatoires à l'article 5 du Code pénal de 1810 étaient prévues dans l'ancien article L. 630-3, alinéas 2 et 3 du Code de la santé publique avant la promulgation de l'actuel Code pénal. Dès lors la confusion partielle, décidée par une cour d'assises, conformément aux articles 132-4 et 132-5 alinéa 1er du Code pénal, ne préjudicie pas aux condamnés (Crim. 25 févr. 1997, n° 96-82.750, *Bull. crim.* n° 75 ; *D.* 1997. 125).

Pour conclure on observera que les juges ne semblent pas utiliser fréquemment la possibilité qui leur est offerte par le législateur d'additionner les sanctions complémentaires encourues. Ils s'en tiennent le plus souvent au prononcé d'une seule peine complémentaire.

A. V.

52

NON-CUMUL DES PEINES
UNITÉ DE POURSUITE, PRINCIPE
PLURALITÉ DE POURSUITES
CONFUSION DES PEINES – APPLICATION

Crim., 13 juill. 1888, *Lapierre*
(*D.* 1888. I. 445, rapp. Poulet)

Crim., 9 oct. 1956, *Naveda*
(*Bull. crim.* n° 617 ; *D.* 1956. 472)

Crim., 29 mai 1996, n° 95-83.107, *Carlier*
(*Bull. crim.* n° 220 ; *Dr. pénal* 1996, n° 254, obs. A. Maron)

Lorsque des infractions sont en concours réel et qu'il y a une seule procédure, si chacune des peines différentes peut être prononcée, en revanche lorsque plusieurs peines de même nature sont encourues, une seule d'entre elles peut être retenue dans la limite du maximum légal le plus élevé (3e esp.). En cas de pluralité de poursuites, la confusion des peines de même nature est facultative, dans la limite du maximum encouru pour l'infraction la plus grave (2e esp.). La confusion étant une simple mesure d'exécution est subordonnée au maintien de la peine la plus forte. Sa disparition conduit à faire subir les peines absorbées jusqu'à concurrence du maximum encouru pour l'infraction la plus grave (1re esp.).

Chambre criminelle, 13 juillet 1888, *Lapierre*

Attendu que par jugements du tribunal correctionnel de la Seine, en date des 8 janvier, 22 janvier et 7 mai 1886, Lapierre a été condamné à une peine de trois mois et à deux peines d'un mois d'emprisonnement pour diffamation ; que la cour de Paris, en confirmant ces jugements, le 26 juin 1886, a ordonné par deux de ses arrêts que chacune des peines d'un mois qu'ils maintiennent se confondrait avec celle de trois mois maintenue par le troisième ; – Attendu que Lapierre s'étant pourvu contre ces trois décisions, celle qui prononçait la peine de trois mois a seule été cassée par arrêt du 31 décembre 1886 ; que la cour de renvoi a, du chef y relatif, acquitté ledit Lapierre, et que celui-ci a formé alors opposition à l'exécution des deux autres peines ; qu'il a demandé à la cour de Paris de décider que ces peines ayant été absorbées par celle qui venait de disparaître, l'acquittement prononcé quant au fait qui l'avait motivée ne pouvait avoir pour résultat de rendre effet aux autres et que, par conséquent, elles ne devaient pas être subies ; que la cour de Paris a déclaré Lapierre mal fondé dans sa demande ; – Attendu que l'effet de la confusion que les cours et tribunaux ordonnent, par application de l'article 365 du Code d'instruction criminelle, n'est pas d'enlever aux peines confondues leur existence propre et leurs conséquences légales, mais de déterminer que l'exécution en aura lieu simultanément avec celle de la peine la plus forte ; – Que la confusion ainsi ordonnée n'est, par suite, qu'une mesure d'exécution dont la réalisation est subordonnée au maintien de la peine la plus forte, et qu'au cas où celle-ci vient à disparaître, les autres peines que la confusion n'a point effacées et qui sont demeurées entières doivent être intégralement subies jusqu'à concurrence du maximum édicté par la loi pour l'infraction la plus grave ; – Attendu qu'en le décidant ainsi et en déclarant qu'il résulte uniquement de ses deux arrêts du 26 juin 1886 ordonnant la confusion que les deux peines qu'ils prononcent ne seraient pas mises à exécution en outre de la troisième et que l'emprisonnement n'excédera pas trois mois, l'arrêt attaqué a sainement interprété l'article 365 du Code d'instruction criminelle, et n'a aucunement violé le principe de la chose jugée, ni les règles légales invoquées dans l'intérêt du demandeur ; – Par ces motifs, rejette.

Chambre criminelle, 9 octobre 1956, *Naveda*

Attendu que par l'arrêt attaqué, le demandeur a été condamné à deux ans d'emprisonnement pour infraction à la législation sur les chèques ; que l'arrêt prescrit que ladite condamnation ne se confondra pas avec une autre de la même cour et du même jour à quatre mois d'emprisonnement et 6 000 francs d'amende, qui a été prononcée pour infraction aux lois sur les étrangers, usurpation d'état civil, et falsification de passeport ;

Attendu qu'en statuant ainsi, la cour d'appel n'a violé aucun des textes visés au moyen ;

Attendu en effet que les peines de même nature prononcées successivement contre un même individu à raison de faits poursuivis séparément et antérieurs, comme c'est le cas, en l'espèce, à la date à laquelle la première condamnation est devenue définitive, doivent être subies cumulativement si le juge n'en a autrement ordonné, et, à plus forte raison, s'il a prescrit que la confusion ne s'appliquerait pas, à moins que, par leur réunion, elles n'excèdent le maximum de la peine la plus forte ;

Attendu qu'en l'espèce, le maximum de la peine de prison applicable au prévenu était, aux termes du décret du 30 octobre 1935 et de l'article 405 du Code pénal, de cinq ans ; qu'ainsi le total des peines d'emprisonnement prononcées n'excédant pas ce maximum, la cour d'appel a pu refuser de faire bénéficier le demandeur de la confusion des peines ; qu'ainsi le moyen n'est pas fondé ;

Et attendu que l'arrêt est régulier en la forme ;

Rejette le pourvoi.

Chambre criminelle, 29 mai 1996, *Carlier*

Mais sur le moyen de cassation relevé d'office et pris de la violation de l'article 132-3 du Code pénal :

Vu ledit article ;

Attendu qu'aux termes de ce texte, lorsque, à l'occasion d'une même procédure, la personne poursuivie est reconnue coupable de plusieurs infractions en concours, chacune des peines encourues peut être prononcée ; que, toutefois, lorsque plusieurs peines de même nature sont encourues, il ne peut être prononcé qu'une seule peine de cette nature dans la limite du maximum légal le plus élevé ;

Attendu qu'après avoir déclaré le prévenu coupable de tromperie et d'obtention indue d'un document administratif, la cour d'appel le condamne notamment à 2 amendes distinctes de 15 000 francs et 3 000 francs ;

Mais attendu qu'en prononçant ainsi, alors qu'une seule peine d'amende devait être prononcée pour les 2 délits, la cour d'appel a méconnu les textes et principe sus-rappelés ;

Que la cassation est dès lors, encourue de ce chef ;

Et attendu que la déclaration de culpabilité n'encourant pas elle-même la censure, la cassation sera limitée aux seules peines prononcées ;

Par ces motifs :

Casse et annule.

OBSERVATIONS

1 Le principe du non-cumul des peines en cas de concours réel d'infractions était très fermement posé par l'article 5 du Code pénal de 1810 aux termes duquel « en cas de conviction de plusieurs crimes ou délits, la peine la plus forte est seule prononcée ». La formule lapidaire de ce texte avait suscité certaines difficultés d'application. Quel sens convenait-il d'attribuer à l'expression « seule prononcée » ? Cette formule a été à l'origine « de mémorables controverses » (R. Merle et A. Vitu, t. I, n° 839). Le problème concernait bien sûr le sort à réserver aux infractions les moins graves. Étaient-elles absorbées par l'infraction la plus grave et perdaient-elles toute criminalité ou bien au contraire la formule assez malheureuse du législateur concernait-elle uniquement la peine à subir par le délinquant, auquel cas, les infractions les moins graves gardant leur caractère délictueux initial, pouvaient entraîner certaines conséquences et même être exécutées si la peine prononcée la plus forte venait à disparaître ? Depuis le milieu du XIXe siècle, la jurisprudence s'était définitivement orientée vers la deuxième solution en considérant que la règle du non-cumul des peines ne pouvait comporter qu'une seule conséquence : l'inexécution des peines les plus faibles. L'individu qui avait commis plusieurs infractions ne subissait que la peine prononcée la plus forte mais sa culpabilité restant établie pour toutes les autres, il était soumis aux conséquences pénales qui pouvaient ultérieurement en résulter.

2 Le principe étant établi, les modalités de la règle du non-cumul des peines diffèrent nécessairement selon qu'il y a unité ou pluralité de poursuites des différentes infractions en concours, c'est-à-dire selon qu'il y a un ou plusieurs jugements de condamnation mais la règle du non-cumul s'impose dans les deux cas (Crim. 21 mars 1989, *Bull. crim.* n° 141). Sous l'empire du Code pénal de 1810, le principe selon lequel une seule peine applicable devait être prononcée, était interprété de manière très stricte, ce qui n'était pas sans entraîner certaines difficultés. En effet, seule la peine applicable à l'infraction la plus grave pouvait être prononcée. Toute autre décision entraînait inévitablement une cassation. Ainsi en était-il dans l'arrêt *Mengouchi* commenté dans nos précédentes éditions (Crim. 16 févr. 1954, *Bull. crim.* n° 76) même si le tribunal décidait la confusion des peines. La privation de liberté étant logiquement jugée plus sévère qu'une peine d'amende, cette dernière peine ne pouvait pas être prononcée pour une autre infraction.

3 Ces inconvénients devaient conduire l'actuel Code pénal à poser une règle différente aux termes de laquelle chacune des peines encourues peut être prononcée (C. pén., art. 132-3). Cette solution est cependant atténuée par la deuxième phrase de cet article dans l'hypothèse où l'on est en présence de peines de même nature, une seule peine peut être prononcée dans la limite du maximum le plus élevé. L'arrêt que nous avons choisi, illustre parfaitement cette nouvelle règle (I). Lorsqu'il y a des poursuites multiples, pour des raisons à la fois logiques et pratiques, plusieurs peines sont nécessairement prononcées. Le non-cumul va ici se résoudre par le système de la confusion des peines. Les deux autres décisions que nous avons relevées bien qu'antérieures à l'actuel Code pénal, fournissent des indications intéressantes sur les limites du système de la confusion, d'une part lorsqu'elle concerne des peines de même nature et de même degré et d'autre part lorsque la peine absorbante n'est pas exécutée les principes anciens ayant été maintenus dans l'article 132-4 du Code pénal (II).

I. — Le non-cumul des peines en cas de poursuite unique

4 L'arrêt *Carlier* est d'une très grande simplicité. Il présente l'intérêt, tout à la fois, de rappeler le nouveau principe posé par l'article 132-3 du Code pénal permettant de prononcer, contre une personne reconnue coupable de plusieurs infractions, chacune des peines encourues (A) et de mettre en application l'exception prévue par le même texte en censurant les décisions qui avaient cru pouvoir prononcer deux peines d'amende distinctes, alors qu'une seule peine de même nature peut être infligée à l'occasion d'une même procédure (B).

A. — Un principe : la possibilité de prononcer chacune des peines encourues

5 Aujourd'hui comme avant l'actuel Code pénal il a toujours été admis que la règle du non-cumul des peines ne se pose que sur le terrain de la non-exécution des sanctions les plus faibles. La jurisprudence a toujours affirmé que la règle du non-cumul « ne peut avoir pour effet d'ôter à un fait son caractère de crime ou de délit » (Crim. 28 févr. 1902, *S.* 1903. I. 248) et précédemment avec une autre formule (Crim. 16 août 1839, *Bull. crim.* n° 406). Il en résulte logiquement que toutes les sanctions devraient pouvoir être prononcées, à la condition de respecter les règles de la confusion des peines. Cette solution était jadis acceptée par la Cour de cassation (Crim. 26 mai 1898, *S.* 1899. I. 200). Telle n'était plus la solution retenue sur la base de l'article 5 du Code pénal de 1810 par la chambre criminelle qui, conformément à un respect de la formule utilisée par le texte qualifié de « fétichiste » (M. Puech, n° 124), censurait systé-

matiquement toutes les décisions ayant prononcé plusieurs peines, même si dans l'esprit, leur non-cumul était observé. Selon cette interprétation les diverses peines principales formant un tout indivisible, seules les peines attachées à l'infraction la plus grave pouvaient être prononcées.

Cette conclusion apparaissait d'ailleurs assez illogique puisque dans l'hypothèse d'une pluralité de poursuites, il y a nécessairement plusieurs peines prononcées. Tributaires des hasards du procès pénal les inconvénients pratiques de cette interdiction de prononcer les peines les plus faibles étaient pourtant assez importants notamment en cas de disparition de la peine absorbante.

6 Ce sont sans doute ces aspects négatifs de la règle qui ont conduit le législateur du Code de 1994 à généraliser une règle initialement posée en matière de trafics de stupéfiants. À lire la première phrase de l'article 132-3, le nouveau Code paraît mettre en œuvre une règle totalement contraire à celle jusqu'alors admise, puisqu'il édicte que lorsqu'une personne poursuivie est reconnue coupable de plusieurs infractions, en concours, chacune des peines encourues peut être prononcée. En réalité, la lecture de la fin de l'article montre que cette nouvelle règle est limitée aux seules peines de nature différente.

Dès lors, dans l'hypothèse où un individu est reconnu coupable de deux infractions, l'une passible de deux ans d'emprisonnement, de 20 000 euros d'amende et d'une suspension du permis de conduire d'un an, l'autre d'un an d'emprisonnement, de 100 000 euros d'amende, de six mois de suspension du permis de conduire et d'une mesure de confiscation, le juge pourra prononcer un emprisonnement pouvant aller jusqu'à deux ans, une amende jusqu'à 100 000 euros, une suspension de permis de conduire jusqu'à un an et une confiscation. Même s'il est peu probable que les juges adoptent une telle issue, l'intérêt de la nouvelle règle est de leur laisser toute latitude dans le choix des peines, à la seule condition de ne pas dépasser pour chacune d'entre elles, le maximum légal le plus élevé (v. F. Desportes et F. Le Gunehec, n° 898 ; P. Salvage, *J.-Cl. Pénal,* préc., n° 15 ; J. Pradel, n° 791 ; R. Merle et A. Vitu, t. I, n° 842 ; P. Conte et P. Maistre du Chambon, n° 497 ; Y. Mayaud, n° 152). Encore faut-il préciser, ce qui est parfois oublié par les juges, qu'une peine complémentaire ne peut être prononcée que si l'incrimination le prévoit (C. pén., art. 131-10 ; Crim. 4 mai 2004, n° 03-83.787, *Bull. crim.* n° 104 ; *RSC* 2004. 873, obs. G. Vermelle ; Crim. 26 oct. 2004, *Bull. crim.* n° 256 ; Crim. 18 mai 2005, *Bull. crim.* n° 149 ; *RPDP* 2005. 965, obs. J.-Y. Chevallier).

On ajoutera que cette règle s'applique, quelle que soit la nature des peines, principales ou complémentaires, ce qui, pour les secondes, n'est que la confirmation des règles antérieures (v. *supra,* n° 51).

7 Cette nouvelle solution a conduit la doctrine à s'interroger, au moins au point de vue de la formulation, sur le maintien du principe du non-cumul des peines. Pour certains (P. Conte et P. Maistre du Chambon), il vaudrait mieux utiliser l'expression « cumul limité des peines », pour d'autres (F. Desportes et F. Le Gunehec) « principe d'application des peines les plus fortes ». Il nous semble, avec d'autres auteurs (R. Merle et A. Vitu ; B. Bouloc ; J. Pradel et Y. Mayaud) que, même si le système actuel permet l'addition des peines différentes, il reste néanmoins préférable de se référer à la règle du non-cumul des peines qui demeure prééminente. Il importe d'ailleurs de préciser que le prononcé de toutes les peines différentes encourues est possible mais non obligatoire puisque le législateur a utilisé le verbe pouvoir.

Cette façon de voir nous paraît parfaitement confirmée par l'exception apportée à la règle du prononcé de toutes les peines, lorsqu'elles sont de même nature.

B. — Une limite pour les peines de même nature

8 L'abandon intégral du système de l'article 5 du Code de 1810 aurait conduit à permettre aux juridictions d'attribuer à chaque infraction la peine estimée, au moins abstraitement, justifiée. Telle n'a pas été la solution retenue puisque la dernière phrase de l'article 132-3, s'agissant des peines de même nature, impose au tribunal le prononcé d'une seule peine qui ne peut pas dépasser le maximum légal le plus élevé. Dans l'arrêt que nous avons retenu, le sieur Carlier avait été reconnu coupable de deux délits : tromperie et obtention indue d'un document administratif et condamné à deux amendes distinctes de 15 000 et de 3 000 francs. La chambre criminelle, saisie d'un pourvoi concernant l'existence de l'une des infractions a, sur un moyen de cassation, relevé d'office, censuré cette double sanction en rappelant qu'aux termes de l'article 132-3 du Code pénal une seule peine d'amende aurait dû être prononcée. Comme on a pu le remarquer (P. Salvage, *J.-Cl. Pénal,* préc.) cette solution n'est pas fondamentalement nouvelle. Bien plus, on peut considérer que globalement c'est une reprise des solutions antérieures (v. M. Puech, *GAJC*, n° 124 ; parmi les derniers arrêts : Crim. 23 oct. 1956, *Bull. crim.* n° 664 ; Crim. 20 oct. 1987, *Bull. crim.* n° 358 et les éditions antérieures des *Grands arrêts*). La seule différence concernant les peines principales est que le juge n'est pas lié par la peine la plus forte encourue par l'infraction la plus grave. Il peut, par exemple, choisir la peine d'amende encourue pour une infraction délictuelle en concours avec un crime passible de la réclusion criminelle à perpétuité.

9 La Cour de cassation a déjà eu l'occasion de confirmer, de nombreuses fois, cette interdiction (Crim. 5 déc. 1996, n° 96-83.371, *Bull. crim.* n° 454 ; *RSC* 1997. 829, obs. B. Bouloc ; *Dr. pénal* 1997, n° 77, obs. M. Véron). Dans cette affaire un individu qui s'était soustrait à deux peines de travail d'intérêt général ne pouvait pas être condamné à deux peines d'emprisonnement mais à une seule. En revanche pour le cumul de la sanction infligée pour inexécution du travail d'intérêt général et le travail d'intérêt général lui-même. V. Crim. 7 janv. 1997, n° 96-82.075, *Bull. crim.* n° 1 ; *Dr. pénal* 1997, n° 76, obs. M. Véron ; *JCP* 1997. II. 22878, note P. Salvage. La même solution a été retenue en matière de confiscation, une confiscation en nature ne peut pas être cumulée avec une confiscation en valeur (Crim. 21 mars 1996, n° 94-86.139, *Bull. crim.* n° 127 ; *RSC* 1997. 374, obs. B. Bouloc ; *Dr. pénal* 1996, n° 214, obs. M. Véron ; Crim. 22 mai 1997, *Bull. crim.* n° 199 ; Crim. 1er oct. 1998, *Dr. pénal* 1999, n° 57, obs. J.-H. Robert ; v. égal. pour un non-cumul d'amendes correctionnelles : Crim. 5 déc. 2000, n° 00-82.108, *Bull. crim.* n° 363 ; *D.* 2001. 830 ; *LPA* 2001, n° 189, obs. F. Debove ; Crim. 2 mars 2010, n° 09-82.607 ; *Dr. pénal* 2010. 66, obs. M. Véron ; *AJ pénal* 2010. 287, obs. J. Lasserre Capdeville ; Crim. 29 avr. 2014, n° 13-82.353 (3 amendes délictuelles en matière de pêche maritime)).

10 On observera que le législateur a fourni un certain nombre de précisions, dans l'article 132-5 du Code pénal notamment, pour déterminer le maximum, le plus élevé, applicable.

Certaines précisions concernent les peines privatives de liberté dont la plus importante est que, aux termes de l'alinéa 1er du texte, toutes sont de même nature sans distinguer entre les peines criminelles et correctionnelles. Une peine perpétuelle absorbant nécessairement toutes les autres peines de ce type (C. pén., art. 132-5, al. 1er). Cette solution met fin aux difficultés résultant d'une application stricte de l'échelle des peines conduisant à ce qu'une peine de 10 ans de réclusion criminelle puisse être jugée plus grave que la sanction de vingt ans d'emprisonnement encourue pour la récidive de certains délits. Il faut en effet noter que dans la détermination de la peine, il faut prendre en considération les causes légales d'aggravation de la peine (art. 132-5, al. 2) ou d'atténuation.

11 On ajoutera encore que le législateur a prévu certaines règles relatives aux peines alternatives. Ainsi le maximum légal des jours/amendes et du travail d'intérêt général est fixé par le texte qui les organise (C. pén., art. 131-5 et 131-8). Si de telles sanctions doivent être traitées comme la peine de référence qu'elles remplacent, peuvent-elles se cumuler avec une peine d'emprisonnement ou d'amende, selon le cas ? La jurisprudence n'a, à notre connaissance, pas répondu à cette question (v. P. Conte et P. Maistre du Chambon, n° 494 et P. Salvage, *J.-Cl. Pénal*, n° 18, qui y sont hostiles en distinguant selon que le maximum de la peine d'emprisonnement ou d'amende a été ou non prononcé, v. *supra*, n° 51).

12 Il reste à s'interroger sur l'imputation des peines de même nature concernant plusieurs infractions. L'article 132-3 alinéa 2 apporte une réponse précise aux termes de laquelle « chaque peine prononcée est réputée commune aux infractions en concours dans la limite du maximum légal applicable à chacune d'entre elles ». Cette solution est la confirmation pure et simple de la jurisprudence développée sous l'empire de l'article 5 du Code pénal de 1810, qui s'était déterminé en faveur du « caractère indivisible de la peine prononcée qui s'attache à chacun des délits dont le prévenu a été déclaré coupable » (v. par ex. : Crim. 6 déc. 1929, *Bull. crim.* n° 272 ; Crim. 26 nov. 1975, *Bull. crim.* n° 205 ; P. Salvage, *J.-Cl. Pénal*, n° 21). Cette solution, qui concerne toutes les peines principales ou complémentaires, permet en cas de disparition de la peine liée à l'infraction la plus grave en cas de cassation, révision, abrogation de la loi pénale ou amnistie, de maintenir la peine pour la ou les infractions subsistant mais évidemment sans pouvoir dépasser le maximum encouru pour l'infraction la plus gravement sanctionnée. Ainsi, si une peine criminelle disparaît, alors qu'était en concours avec un délit passible de 5 ans d'emprisonnement, cette peine, sauf dérogation légale fréquente pour les lois d'amnistie, sera subie par la personne condamnée. Comme on doit le constater, sur ce point au moins, la solution retenue par le législateur de 1994, reste discutable. Sans doute le principe de l'indivisibilité est-il organisé, sans doute les conséquences les plus gênantes en matière d'amnistie et de récidive ont-elles disparu, mais il arrive néanmoins qu'un individu doive subir la peine maximale applicable à une infraction alors que cette sanction n'aurait certainement pas été prononcée par les juges, pour la seule infraction maintenue (v. F. Desportes et F. Le Gunehec, n° 900 ; J. Pradel, n° 791). Si le principe de l'autonomie des peines les moins fortes est logique, par exemple, pour faire obstacle à un sursis, le refus de déterminer précisément la peine de chaque infraction en concours continue à entraîner certaines conséquences inacceptables. En est-il de même en cas de pluralité de poursuites ?

II. — Le non-cumul des peines en cas de pluralité de poursuites

13 La pluralité de poursuites pour des infractions en concours implique nécessairement le prononcé de plusieurs peines, puisqu'il y a plusieurs déclarations de culpabilité séparées dans le temps. Le respect du principe du non-cumul impose alors au juge la confusion des peines prononcées à condition cependant que les poursuites successives aient eu lieu devant une juridiction française (Crim. 20 août 1991, n° 90-87.706, *Bull. crim.* n° 310 ; *RSC* 1992. 306, obs. A. Vitu ; v. égal. Crim. 6 févr. 1996, n° 95-81.408, *Bull. crim.* n° 61 ; *RSC* 1996. 851, obs. B. Bouloc, alors même que la peine avait été partiellement exécutée en France ; Crim. 26 oct. 2005, *Bull. crim.* n° 271). Il faut pourtant observer que cette solution est aujourd'hui partiellement inexacte. En effet, s'agissant des pays de l'Union européenne, l'article 132-23-1 du Code pénal, tel qu'il résulte d'une loi du 10 mars 2010, prévoit que, pour l'application du Code de procédure pénale, les « décisions émanant d'un État membre de l'UE sont prises en compte, dans les mêmes conditions que les condamnations des juridictions françaises et produisent les mêmes effets » (Crim. 23 oct. 2013, n° 13-83.499 ; *D.* 2013. 2950, note D. Rebut ; *RSC* 2013. 857, obs. D. Boccon Gibod (v. *supra*, n° 51)). Pour autant, dans un arrêt du 19 nov. 2014 (n° 13-80.061, *Bull. crim.* n° 247 ; *Dr. pénal* 2015, n° 28, note E. Bonis-Garçon ; *Dr. pénal* 2423, obs. G. Roujou de Boubée ; *Gaz. Pal.* 4 déc. 2014, obs. C. Berlaud), la chambre criminelle a considéré qu'il n'était pas possible pour une juridiction française d'ordonner la confusion de condamnations étrangères avec une condamnation prononcée mais aussi déjà exécutée en France. Cette solution est d'ailleurs conforme à la décision-cadre 2008/675JAI2008 qui est à l'origine de l'art. 132-23-1 du C. pén. qui précise « que la prise en compte des décisions d'un autre État n'a pas pour effet d'influer sur des condamnations antérieures ou toute décision relative à leur exécution dans l'État membre où se déroule la nouvelle procédure ». Néanmoins, l'idée selon laquelle il y a une simple absorption des peines les moins graves a conduit à assigner certaines limites à la règle de la confusion. Si le principe de l'absorption d'une peine correctionnelle par une peine criminelle a été supprimé (F. Desportes et F. Le Gunehec, n° 905), en revanche aujourd'hui comme hier lorsque deux peines de même nature ont été prononcées successivement, la confusion ne s'impose que dans la limite du maximum de la peine encourue pour l'infraction la plus grave. C'est la solution appliquée dans l'arrêt *Naveda* (A). L'arrêt *Lapierre* quant à lui a été l'un des premiers à se prononcer très clairement sur la portée exacte de la confusion et par conséquent ses limites dans le cas d'inexécution de la peine absorbante (B).

A. — Un principe : la confusion limitée des peines de même nature

14 L'arrêt *Naveda* énonce un principe très simple, aux termes duquel en cas de concours réel d'infractions les peines de même nature prononcées à l'occasion de poursuites successives doivent être subies cumulativement, à moins que par leur réunion, elles n'excèdent le maximum de la peine la plus forte (v. pour une application de la confusion obligatoire dans la limite du maximum légal prévu pour l'infraction la plus grave : Crim. 10 avr. 2013, n° 12-85.687 ; *RPDP* 2013, obs. V. Peltier). Cette solution est appliquée non seulement quand le juge l'ordonne expressément mais encore en cas de silence de celui-ci. Observons que même lorsque la confusion est obligatoire les juges doivent, néanmoins, prononcer la peine : Crim. 14 mars 2012, n° 11-84.517 ; V. Peltier, « Un an de droit de la peine », *Dr. pénal* 2013, Chron. 3, n° 27. La doctrine parle, dans ce cas, du système du cumul plafonné (J. Pradel, n° 794 ; P. Salvage, n° 23 ; X. Pin, n° 433). Ainsi, Naveda qui a été condamné à deux ans d'emprisonnement pour infraction à la législation sur les chèques et quatre mois d'emprisonnement et 6 000 F d'amende pour infraction aux lois sur les étrangers devra par la volonté des juges répressifs subir les deux peines d'emprisonnement puisque le total de 28 mois n'atteint pas le maximum prévu pour l'infraction la plus grave, à savoir 5 ans d'emprisonnement en matière de chèques (v. dans le même sens, Crim. 26 janv. 1988, *Bull. crim.* n° 37 ; Crim. 10 juin 1991, *Bull. crim.* n° 248). On notera que dans ce dernier arrêt, la chambre criminelle précise que pour déterminer la peine la plus forte il faut tenir compte de la circonstance aggravante de récidive, ce que le législateur de 1994 a confirmé (v. égal. Crim. 3 mai 2007, n° 07-80.425, *AJ pénal* 2007. 379, obs. M. Herzog-Evans).

15 Lorsque la confusion n'est pas obligatoire, les juges saisis de la dernière en date des poursuites disposent donc de toute latitude pour accepter ou refuser au condamné le bénéfice de cette mesure, à la condition de ne pas dépasser le maximum prévu pour l'infraction la plus grave (v. Crim. 7 juin 1983, *Bull. crim.* n° 170 ; Crim. 21 mai 2014, n° 13-80.449 ; *Gaz. Pal.* 29 juill. 2015, n° 210, obs. S. Detraz, qui rappelle le total pouvoir d'appréciation des juges ; V. L. Griffon « La confusion des peines et la réduction au maximum légal », *AJ pénal* 2013. 145 et du même auteur « La réduction au maximum légal » *Dr. pénal* 2013. Étude 17). Ils devront indiquer précisément pour quels faits et dans quelles circonstances les autres condamnations sont intervenues pour permettre à la Cour de cassation de vérifier que cette règle a été respectée (Crim. 18 janv. 1935, *Bull. crim.* n° 15 ; Crim. 19 oct. 1966, *Bull. crim.* n° 232 ; Crim. 22 juin 1983, *Bull. crim.* n° 193 ; Crim. 8 nov. 2000, n° 00-82.781, *Bull. crim.* n° 334 ; *RSC* 2001. 369, obs. B. Bouloc ; v. néanmoins Crim. 20 mai 1981, *Bull. crim.* n° 167 qui refuse de casser une décision qui a omis de préciser la nature des infractions dès lors que la chambre criminelle peut malgré tout exercer son contrôle). On peut donner une idée de la difficulté d'appliquer les règles de la confusion obligatoire, dans la limite légale du maximum le plus élevé, lorsqu'il y a une pluralité de condamnations (quatre en l'occurrence). La chambre criminelle censure une décision en raison de motifs, au moins partiellement contradictoires, ne lui permettant pas de vérifier si les règles de la confusion ont été correctement appliquées : Crim. 16 déc. 2015, n° 14-82.275 ; *Dr. pénal* 2016, n° 38, note V. Peltier et n° 17, « Un an de droit de la peine ». Le silence des juges qui auraient dû se prononcer sur la confusion est interprété par la chambre criminelle comme une volonté de l'écarter, ce qui manifeste de sa part une volonté répressive évidente mais également une logique parfaite puisque, aussi longtemps que le maximum légal n'est pas atteint, la pénalité applicable à l'ensemble des infractions multiples, selon l'article 5 du Code pénal de 1810 lui-même, n'était pas épuisée (R. Merle et A. Vitu, t. I, n° 845). Encore fallait-il sous cette législation que l'on ne se trouvât pas dans l'hypothèse d'une confusion obligatoire. Dans un tel cas, les peines étaient de droit confondues et le délinquant n'exécutait que la peine la plus importante (en ce sens, Crim. 19 juill. 1989, n° 89-82.970, *Bull. crim.* n° 295 ; *RSC* 1990. 555, obs. A. Vitu).

On notera que la chambre criminelle a admis que la dernière juridiction saisie pouvait, d'office, rejeter toute confusion : Crim. 7 déc. 2005, *Bull. crim.* n° 328. Elle a également décidé que la confusion n'impliquait pas le caractère définitif des peines prononcées (Crim. 4 janv. 2006, *Bull. crim.* n° 9 ; *RPDP* 2006. 852, obs. Ph. Bonfils). Nonobstant la formule générale utilisée dans le résumé de l'arrêt, il est évident que la solution concerne uniquement les peines prononcées par la dernière juridiction saisie (en ce sens Ph. Bonfils, note préc. ; Crim. 10 mars 2010, n° 09-84.088). Une décision plus récente de la chambre criminelle a d'ailleurs rappelé la nécessité du caractère exécutoire des peines dont la confusion est décidée (Crim. 3 sept. 2008, n° 08-82.258, *Bull. crim.* n° 176 ; *AJ pénal* 2008. 461, obs. J. Lasserre Capdeville ; v. égal. Crim.

12 mars 2014, n° 13-81.275, *Bull. crim.* n° 76). Avec l'actuel Code pénal il faut rappeler la disparition d'une hypothèse de confusion obligatoire très importante lorsque l'une des peines prononcées était criminelle. Toute peine privative de liberté était obligatoirement absorbée par une peine de réclusion, cette dernière fut-elle beaucoup plus courte. Aujourd'hui, aux termes de l'article 132-5, alinéa 1er, toutes les peines privatives de liberté sont de même nature, seule la durée importe. Lorsque la peine de la réclusion criminelle à perpétuité est encourue mais n'a pas été prononcée le maximum légal est fixé à trente ans (C. pén., art. 132-5, al. 3 ; v. Crim. 12 févr. 2003, *Bull. crim.* no 38 ; v. égal. Crim. 25 mai 2016, no 15-86.024, *Gaz. Pal.* 21 juin 2016, no 23, obs. C. Berlaud, qui décide que la confusion dans la limite du maximum légal concerne également les périodes de sûreté prononcées par les juridictions). Lorsque la réclusion criminelle à perpétuité n'est pas prononcée, le maximum est donc nécessairement ramené à 30 ans. Ainsi trois peines de 15 ans, 10 ans et 8 ans de privation de liberté ne peuvent être exécutées que dans cette limite. Le ministère public qui est chargé de l'exécution des peines pourra, selon la pratique des parquets, procéder à la confusion (P. Delestrée, *Cumul et non-cumul des infractions, confusion et réduction des peines*, Thèse, 1960, p. 99). Aux termes de l'article 362 alinéa 2 du Code de procédure pénale, lorsque la peine de réclusion de 30 ans n'a pas été prononcée, le maximum légal est fixé à 20 ans mais la Cour de cassation a récemment admis que cette règle n'est pas applicable devant la cour d'assises spécialement composée (Crim. 21 mai 2008, *Bull. crim.* no 129) permettant ainsi de refuser une confusion de peines allant au-delà de 20 ans de privation de liberté. De toute manière, les problèmes de concours réel et de non-cumul étant particulièrement délicats, il est toujours possible pour le condamné de saisir une juridiction à qui il appartiendra de décider comment doit s'opérer la confusion des peines (v. sur ce contentieux : B. Bouloc, nos 770 s. ; J. Pradel, no 796 ; F. Desportes et F. Le Gunehec, no 912 ; P. Salvage, nos 39 s.).

Notons que la décision de rejet de la juridiction saisie rend irrecevable toute nouvelle demande ayant le même objet en raison de l'autorité de la chose jugée : Crim. 25 juill. 1995, *Bull. crim.* no 262 ; *Dr. pénal* 1996. Chron. 19 ; Crim. 4 oct. 2006, no 06-80.052, *AJ pénal* 2007. 27, obs. M. Herzog-Evans ; Crim. 9 juin 2010, *AJ pénal* 2011. 145, obs. M. Herzog-Evans, à la condition néanmoins que la demande soit suffisamment précise notamment s'agissant des peines à confondre (Crim. 10 juill. 1997, *Bull. crim.* no 272). V. égal. Crim. 6 mars 2002, *Bull. crim.* no 60 ; *Dr. pénal* 2002. 85, obs. J.-H. Robert : pas d'obligation de statuer sur la confusion de peines complémentaires alors que la demande concernait l'emprisonnement. Une demande ultérieure sera évidemment possible. La chambre criminelle a précisé (Crim. 8 nov. 2006, no 05-85.181, *Bull. crim.* no 281 ; *AJ pénal* 2007. 27, obs. M. Herzog-Evans ; *Gaz. Pal.* 2008. 1149, note Y. Monnet) que la confusion n'est pas possible avec une peine bénéficiant d'une dispense. Dans une décision plus récente, la chambre criminelle a refusé de censurer une cour d'appel qui avait omis de se prononcer sur une confusion possible entre une peine criminelle et une peine correctionnelle en observant que, le total des peines privatives de liberté étant de vingt-six ans, il est inférieur à la limite de trente ans applicable pour une infraction passible de la réclusion criminelle à perpétuité (Crim. 17 mars 2010, n° 09-85.891 ; V. Peltier, « Un an de droit de la peine », *Dr. pénal* 2011, n° 12).

16 Si les principes concernant la confusion des peines étaient, sous l'empire de la législation précédente, relativement simples, les difficultés pratiques d'application étaient particulièrement nombreuses à tel point qu'un auteur a estimé que tout effort de systématisation évoquait le mythe de Sisyphe (A.-M. Larguier, note sous Crim. 16 mars 1964, *JCP* 1964. II. 13685 ; v. égal. W. Jeandidier, n° 458 ; V. Lesclous : « Le cumul réel d'infractions », *RSC* 1991. 717). Il n'est donc pas question de prétendre ici les évoquer toutes (v. par exemple : Crim. 11 janv. 1993, n° 92-81.539, *Bull. crim.* n° 11 ; *RSC* 1994. 104, obs. B. Bouloc, pour le cas de deux confusions successives acceptées). On notera encore simplement que, lorsqu'une juridiction était saisie sur la base de l'article 710 du Code de procédure pénale pour régler un incident relatif à la confusion des peines, elle ne pouvait que se limiter à appliquer les règles légales sans rien ajouter à la décision interprétée (en ce sens, Crim. 16 mars 1964, préc., commenté par M. Puech, n° 125). L'article 132-4 du Code pénal a posé quelques principes de nature à simplifier un peu la tâche des juridictions. Il convient à cette place de se borner à les rappeler brièvement. Lorsque la confusion n'est pas obligatoire, ce qui implique que le maximum légal le plus élevé des peines de même nature n'a pas été dépassé, le tribunal qui statue en dernier lieu ou une juridiction ultérieurement saisie sur la base de l'article 710 du Code de procédure pénale peut décider la confusion totale ou partielle des peines prononcées. Il s'agit de peines exécutoires dont il convient de déterminer laquelle est la plus forte. Cette question faisait l'objet d'une difficulté lorsqu'une grâce avait été accordée. L'article 132-6 du Code pénal règle aujourd'hui ce problème de même que celui du relèvement, en imposant de tenir compte de la mesure de grâce ou de la décision de relèvement. Dans l'hypothèse où l'une des peines est assortie d'un sursis, il a été décidé que cette modalité d'exécution ne devait pas être prise en compte, la gravité de la peine devant s'apprécier au regard de sa seule durée. La règle a été ultérieurement appliquée à un sursis partiel (Crim. 19 oct. 1981, *Bull. crim.* n° 278 ; *RSC* 1983. 466, obs. J. Larguier ; v. P. Salvage, *J.-Cl. Pénal*, n° 35 ; P. Conte et P. Maistre du Chambon, n° 502). On notera cependant que, selon le dernier alinéa de l'article 132-5, le bénéfice du sursis, attaché à la peine la plus forte, ne met pas obstacle à l'exécution de la peine de même nature non assortie du sursis.

17 Ce préalable de la détermination de la peine la plus forte étant réglé, les juges disposent des pouvoirs les plus larges pour appliquer la confusion. Comme cela a déjà été noté, la confusion s'effectue peine par peine, ou plus exactement à l'intérieur de chaque catégorie. Le législateur ayant utilisé le verbe pouvoir, cette mesure est facultative. C'est une faveur que le tribunal peut parfaitement refuser. Il peut décider d'une confusion totale, la ou les peine(s) les plus faibles étaient intégralement absorbée(s) par la peine la plus forte. Il peut aussi accorder une confusion partielle, soit en n'absorbant qu'une seule des peines, soit en limitant la confusion à une partie seulement de la peine absorbée. On est en présence d'une véritable personnalisation de la sanction que le tribunal n'a pas à motiver. (Crim. 15 nov. 1945, *D.* 1946. 110). Ce système, globalement, permet d'établir une certaine égalité entre les prévenus selon qu'ils sont jugés dans le cadre d'une poursuite unique ou de poursuites successives (sur cette question en général : J.-H. Robert, p. 464 s. ; B. Bouloc, n°s 771 s. ; J. Pradel, n°s 797 s. ; P. Salvage, *J.-Cl. Pénal,* préc., n°s 22 s. ; F. Desportes et F. Le Gunehec, n°s 901 s. ; P. Conte et P. Maistre du Chambon, n°s 501 s. ; E. Dreyer, n°s 1464 s. ; E. Bonis-Garçon et V. Peltier, n° 407 et s. ; D. Becharaoui : « Le contentieux de la confusion des peines », *RSC* 2002. 531). La confusion est donc une mesure d'exécution des peines. Notons que, pour cette question, seule la chambre des appels correctionnels est compétente : Crim. 9 janv. 2013, n° 12-83.047, *Bull. crim.* n° 12 ; *AJ pénal* 2013. 114 ; E. Bonis-Garçon, « Un an de droit de la peine », *Dr. pénal* 2013, Chron. 3, n° 27.

Les peines absorbées gardent leur existence propre et donc leurs conséquences légales, ce qui va se manifester en cas de disparition de la peine absorbante donc de son inexécution.

B. — Une limite à la confusion : la survie des peines absorbées en cas de disparition de la peine absorbante

18 L'arrêt *Lapierre* est d'abord très intéressant en raison de la netteté avec laquelle il a précisé les effets limités de la confusion des peines « qui n'est pas d'enlever aux peines confondues leur existence propre et leurs conséquences légales mais de déterminer que l'exécution en aura lieu simultanément avec celle de la peine la plus forte ». Il était difficile d'affirmer plus clairement que le principe du non-cumul n'est qu'un principe d'humanité permettant d'éviter que le condamné ne subisse toutes les sanctions qui ont été prononcées contre lui. Il en résulte évidemment, qu'à l'exception de leur exécution, ces sanctions emporteront toutes les conséquences immédiates ou futures qui résultent normalement de leur prononcé (v. R. Merle et A. Vitu, t. I, n° 846).

19 Mais la chambre criminelle tire ensuite une conséquence fondamentale du principe qu'elle vient de poser en affirmant que le maintien de la confusion est subordonné au maintien de la peine la plus forte. Dans le cas contraire, c'est-à-dire la disparition de la peine absorbante, les autres peines, celles concernant les infractions les plus faibles « que la confusion n'a pas effacée et qui sont demeurées entières », doivent être intégralement subies jusqu'à concurrence du maximum édicté pour l'infraction la plus grave. Lapierre a été condamné par trois jugements pour diffamation, deux fois à un mois d'emprisonnement et une fois à trois mois d'emprisonnement, les deux premières peines étant confondues avec la troisième. À la suite d'un pourvoi en cassation, la décision le condamnant à la peine la plus importante a été censurée alors que les deux autres arrêts étaient maintenus. Le ministère public ayant voulu faire exécuter les deux peines d'un mois d'emprisonnement, Lapierre a saisi la cour de Paris pour qu'elle constate que les peines absorbées ayant disparu, elles ne pouvaient être subies. La cour l'ayant débouté, c'est sur son pourvoi que la chambre criminelle a énoncé les principes que nous avons relevés.

La disparition de la peine absorbante, quelles qu'en soient les raisons, redonne donc vie aux peines absorbées qui peuvent ainsi être mises à exécution (dans le même sens et à titre d'exemple, Crim. 4 mai 1957, *D.* 1957. 543 ; Crim. 24 juill. 1968, *Bull. crim.* n° 237 ; *D.* 1968. 257, note J.-M. R. ; Crim. 25 juill. 1989, *Bull. crim.* n° 295 : dans l'avant-dernier cas, le principe a été appliqué pour une peine absorbante elle-même absorbée par une peine plus forte. Sur cette question de l'absorption de la peine absorbante par une peine plus forte, v. les exemples cités par P. Salvage, *J.-Cl. Pénal,* préc. n°s 56 s. ; v. égal. : Crim. 4 nov. 1997, *Bull. crim.* n° 368). La disparition de la peine la plus forte par amnistie entraînerait évidemment les mêmes effets (Crim. 20 juill. 1967, *Bull. crim.* n° 224). L'application d'une mesure de grâce concernant la peine la plus forte avait suscité une jurisprudence discutable qui a été brisée par le législateur. Un alinéa 2 avait en effet été ajouté à l'article 5 du Code pénal de 1810 obligeant le juge répressif à tenir compte de la peine commuée lorsqu'il y avait lieu à confusion de peines (Crim. 16 juin 1992, *Bull. crim.* n° 23). La Cour de cassation a déduit de cette nouvelle approche, refusant de voir dans la grâce une exécution fictive, que, dans la mesure où elle porte sur la peine absorbée, elle ne peut pas s'imputer sur la peine absorbante (Crim. 16 mars 1999, n° 98-84.292, *Bull. crim.* n° 40 ; *RSC* 1999. 810, obs. B. Bouloc, qui néanmoins refuse d'appliquer une loi plus sévère).

Une autre conséquence du maintien des peines absorbées se rencontre dans le cas où les décrets de grâce amnistiante excluent cette mesure si une des peines a été prononcée notamment pour trafic de stupéfiants. La chambre criminelle a admis que cette règle jouait même si la peine prononcée pour cette infraction avait été absorbée dans le cadre d'une confusion de peines (Crim. 11 sept. 2002, n° 02-80.572, *Bull. crim.* n° 163, *D.* 2002. 2849 ; Crim. 29 sept. 2004, n° 03-83.772, *Bull. crim.* n° 228 ; *AJ pénal* 2004. 445, obs. C. S. Enderlin ; Crim. 11 mai 2006, n° 05-84.237, *Bull. crim.* n° 129 ; *AJ pénal* 2006. 359, obs. M. Herzog-Evans ; *Gaz. Pal.* 29-30 déc. 2006, obs. Y. Monnet). Cette disposition a été reprise dans l'article 132-6 du Code pénal qui étend cette mesure au relèvement. On notera que la loi d'adaptation a modifié l'alinéa 2 de l'article 132-6 pour préciser que le relèvement, intervenu après la confusion, s'applique à la peine résultant de la confusion, autrement dit, à l'ensemble de la sanction (J. Pradel, n° 801). Il importe, en revanche, d'observer que les remises gracieuses accordées sur le fondement de grâces collectives, avant l'intervention d'une confusion de peines, restaient acquises au condamné même si ultérieurement cette peine était confondue avec une sanction exclue des décrets de grâce (Crim. 17 mars 2004, n° 03-83.655, *Bull. crim.* n° 70 ; *D.* 2004. 1285 ; *AJ pénal* 2004. 240, obs. C. S. Enderlin). La chambre criminelle, dans une décision du 31 octobre 2006 (n° 05-85.074, *Bull. crim.* n° 271 ; *AJ pénal* 2007. 27, obs. M. Herzog-Evans) précise cependant que les remises gracieuses, en cas de confusion partielle, s'effectuent sur la partie non absorbée par la peine la plus élevée. On notera que ce problème, ne peut, désormais, plus se poser, les grâces collectives ayant été supprimées par la loi constitutionnelle du 23 juillet 2008, article 17 de la Constitution édictant que « le président de la République a le droit de faire grâce à titre individuel » (v. *infra*, n° 56).

20 C'est cependant la combinaison de la règle du sursis avec celle du non-cumul qui paraît avoir suscité les plus nombreuses difficultés v. F. Desportes et F. Le Gunehec n° 916 ; P. Conte et P. Maistre du Chambon, n° 502. L'étude de la jurisprudence montre que les solutions adoptées s'inspirent, pour l'essentiel, du principe dégagé par l'arrêt *Lapierre*, c'est-à-dire l'autonomie des peines les plus faibles en cas d'inexécution de la peine la plus forte. Ainsi, il a été admis que dans l'hypothèse où la confusion concerne une peine prononcée avec sursis et une peine ferme, la seconde doit être exécutée même si elle est la plus faible. Si le sursis est révoqué, la peine subie viendra en déduction de la peine à effectuer (Crim. 4 mai 1957, *Bull. crim.* n° 372 ; *RSC* 1958. 847, obs. A. Légal ; Crim. 16 mars 1964, préc., *RSC* 1964. 850, obs. A. Légal). La chambre criminelle a eu l'occasion de préciser que dans l'hypothèse d'une confusion de deux peines avec sursis partiel, seule la partie d'emprisonnement ferme de la peine la plus forte devait être effectuée au motif que « cette peine est indivisible et que la circonstance qu'une partie de l'emprisonnement ne soit pas exécutoire ne modifie en rien cette situation » (Crim. 18 nov. 1980, *Bull. crim.* n° 304 ; *RSC* 1982. 108, obs. J. Larguier. Pour l'application du même principe, Crim. 19 oct. 1981, préc.). Cette solution paraissait conforme aux principes jusqu'alors dégagés, puisqu'en cas de sursis partiel, on ne peut pas dire qu'il y ait inexécution de la peine absorbante (sur la justification de cette position de la chambre criminelle, voir les observations Larguier, préc.). Elle avait néanmoins été abandonnée par la chambre criminelle dans un arrêt du 24 janvier 2007 (n° 06-84.085, *Bull. crim.* n° 21 ; *AJ pénal* 2007. 146, obs. M. Herzog-Evans) qui décidait que les deux parties d'emprisonnement sans sursis devaient être exécutées cumulativement dans la limite de la durée totale de la peine absorbante (sur ce point, v. F. Desportes et F. Le Gunehec, n° 916.

Cette approche a été abandonnée dans une décision du 12 avril 2012 (Crim. 12 avr. 2012, QPC, n° 11-87.301, *Bull. crim.* n° 117, *D.* 2012. Actu. 1063 ; *RPDP* 2012. 376, obs. X. Pin ; *D.* 2012. 1063, obs. L. Griffon ; *ibid.* 1835, obs. N. Maziau, « Le revirement de jurisprudence dans la procédure de QPC » ; *AJ pénal* 2012. 354, obs. V. Dufourd ; *JCP* 2012. 795, note J.-Y. Maréchal ; *Gaz. Pal.* 22 mai 2012, n° 143, note R. Mésa) : la chambre criminelle a refusé de renvoyer la QPC au Conseil constitutionnel sur la base d'une modification de sa jurisprudence, en décidant que seule la peine la plus importante devait être exécutée. Cette solution est confirmée dans une seconde décision du 10 mai 2012 (n° 11-87.301 ; *D.* 2012. 1532). Cette solution peut conduire à s'interroger sur la détermination de la peine absorbante. Peut-on admettre qu'il s'agisse de celle dont l'emprisonnement ferme est le plus long ? Rien ne permet de l'affirmer. En matière de sursis avec mise à l'épreuve, la solution a été précisée par la chambre criminelle dans un arrêt du 11 février 1980 (*RSC* 1981. 71), confirmée dans une décision du 16 mai 1990 (*Bull. crim.* n° 199). On notera que ces solutions sont reprises dans l'article 132-5, alinéa 5 du nouveau Code pénal (sur cette question D. Becharaoui, « La confusion des peines assorties du sursis avant et après le nouveau Code pénal », *RSC* 1999. 767).

21 Si l'on excepte une décision contestable concernant l'incidence de la prescription (Crim. 4 déc. 1958, *Bull. crim.* n° 724 ; *RSC* 1959. 669, obs. A. Légal, mais *contra* Crim. 3 juin 1988, *Bull. crim.* n° 246 ; *JCP* 1988. II. 21149, rapp. Angevin ; *Gaz. Pal.* 1988. 2. 745, concl. E. Robert, affaire *Barbie ;* sur cette question, v. W. Jeandidier, n° 458), la Cour de cassation, en matière de pluralité de poursuites, tire donc toutes les conséquences du principe selon lequel la règle du non-cumul des peines est une simple modalité d'exécution des sanctions. La chambre criminelle vient de confirmer ce point de vue dans le domaine de la prescription en excluant toute imputation d'une peine absorbée prescrite sur la durée de la peine absorbante. La prescription selon les termes mêmes de l'article 133-1 du Code pénal ne vaut pas exécution de la peine mais elle empêche seulement l'exécution de celle-ci (Crim. 11 juin 2008, n° 07-88.426, *Bull. crim.* n° 146 ; *D.* 2008. 2002 ; *AJ pénal* 2008. 417). L'actuel Code pénal confirmant totalement ce principe, l'autonomie des peines absorbées ne connaît pratiquement aucune limite. On peut même signaler que dans certains cas l'absorption peut avoir une certaine incidence sur la peine absorbante. Ainsi la Cour de cassation a-t-elle décidé qu'une détention provisoire subie pour une peine absorbée s'impute sur la peine absorbante (C. pr. pén., art. 716-4) et que la période de sûreté doit être décomptée en fonction de l'intégralité de la détention (Crim. 9 mars 1993, n° 92-84.480, *Bull. crim.* n° 104 ; *RSC* 1994. 324, obs. B. Bouloc et Crim. 16 janv. 2008, n° 07-81.289, *Bull. crim.* n° 15 ; *Gaz. Pal.* 22-24 févr. 2009, note Y. Monnet. V. égal. l'art. 132-6, al. 3 du C. pén. qui dispose que la durée de la réduction de peine s'impute sur celle de la peine à subir, le cas échéant après confusion. La chambre criminelle a également tiré une autre conséquence concernant le délai d'épreuve en matière de libération conditionnelle. Elle a en effet admis que l'état de récidive, concernant la peine absorbée, soit reporté sur la peine absorbante. Crim. 30 sept. 1997, n° 96-83.379, *JCP* 1997. IV. 2490 ; v. F. Desportes et F. Le Gunehec, n° 917 qui contestent cette solution). Une décision du 1er février 2012 semble cependant réaliser un revirement de jurisprudence en décidant que la récidive n'a plus d'incidence sur la libération conditionnelle dès lors que la peine absorbée, prononcée en état de récidive, a été exécutée (Crim. 1er fevr. 2012, n° 11-84.180 ; *D.* 2012. 1532, obs. M. Lena ; V. Peltier, « Un an de droit de la peine », *Dr. pénal* 2013, Chron. 3, n° 26). Il en va cependant différemment si la peine prononcée en récidive n'a pas été totalement exécutée (Crim. 15 mai 2013, n° 13-82.623 ; *Dr. pénal* 2013. 619, obs. V. Peltier). De même, s'agissant des réductions de peines, dans une décision du 9 oct. 2012 (n° 12-82.291 ; *Dr. pénal* 2013, n° 32, obs. V. Peltier), la chambre criminelle a estimé qu'en cas de concours réel de cinq infractions, ayant abouti, suite à une confusion avec réduction au maximum légal, à une condamnation à 20 ans de réclusion, le système concernant les récidivistes doit être appliqué dès lors que l'une des peines absorbées concerne une infraction réalisée en état de récidive (C. pr. pén., art. D. 150-2).

22 À l'issue de ce développement on peut considérer que les nouvelles dispositions du Code pénal en matière de concours d'infractions sont de nature à ramener quelque clarté dans un domaine où la jurisprudence n'avait pas toujours été jugée très cohérente. Est-ce à dire que toutes les difficultés juridiques ont été réglées ? On peut l'espérer car les justiciables comme les praticiens du droit ont, en ce domaine comme dans d'autres, besoin de sécurité juridique.

A. V.

53

DISPENSE DE PEINE
OBLIGATION POUR LE JUGE

Crim., 27 nov. 1978, n° 76-90.944, *Biancale*
(*Bull. crim.* n° 332 ; *Gaz. Pal.* 1979. 2. 311 ; *RSC* 1980. 115, obs. J. Larguier)

Le juge qui dispense de peine le prévenu est tenu de ne prononcer aucune peine.

Attendu que selon les articles 469-1 et 469-2 du Code de procédure pénale, le tribunal peut, après avoir déclaré le prévenu coupable, le dispenser de peine, lorsqu'il apparaît que son reclassement est acquis, que le dommage causé est réparé et que le trouble résultant de l'infraction a cessé ;

Attendu qu'après avoir condamné Paul Biancale, reconnu coupable d'abus de confiance, à trois mois et un jour d'emprisonnement, l'arrêt attaqué, en visant les textes précités, a dispensé le prévenu de cette peine ;

Attendu qu'en cet état, la cour d'appel, qui, en vertu des textes de loi ci-dessus rappelés, ne pouvait que dispenser le prévenu de toute peine, et non pas d'une peine après l'avoir prononcée, a méconnu le sens et la portée desdits articles ;

Qu'ainsi la cassation est encourue,

Par ces motifs, casse et annule.

OBSERVATIONS

1 Assez rares sont les décisions sur la dispense de peine, cette technique subtile – intermédiaire entre condamnation et relaxe – et l'une des dernières nées des mesures d'individualisation (C. pr. pén., art. 469-1 dû à une L. du 11 juill. 1975 ; C. pén., art. 132-59). On sait que la jurisprudence décide que cette mesure est « une faculté discrétionnaire dont les juges du fond ne doivent aucun compte » (Crim. 20 nov. 1985, *Bull. crim.* n° 368 ; Crim. 9 juill. 1991, *Bull. crim.* n° 293 ; même solution pour le relèvement v. *infra*, n° 55). Mais cette règle n'est guère originale étant conforme au principe de l'individualisation qui est un principe constitutionnel. Plus intéressante et moins évidente est la solution donnée par l'arrêt de la chambre criminelle du 27 novembre 1978.

Une juridiction du fond, après avoir reconnu la culpabilité d'un prévenu l'avait dispensé de la peine de trois mois et un jour d'emprisonnement à laquelle elle l'avait condamné pour abus de confiance. La chambre criminelle casse cette décision et ajoute une précision qui ne lui était pas demandée, faisant ainsi apparaître deux obligations à la charge des tribunaux usant de la dispense de peine.

I. — La dispense de peine exclut le prononcé d'une peine

2 Pour la Cour de cassation, les juges qui décident de dispenser le prévenu de peine ne doivent pas indiquer une peine dans leur décision. La dispense de peine implique l'absence de peine, le non-prononcé d'une peine. L'arrêt du 27 novembre 1978 est d'une extrême sobriété puisqu'il se borne pratiquement à affirmer cette règle. Il se fonde néanmoins sur deux solides arguments de texte.

3 Le premier tient à l'article 469-1 du Code de procédure pénale. Celui-ci, tout d'abord, autorise le tribunal après avoir déclaré le prévenu coupable, à le « dispenser de peine… ». Or le mot « dispenser » signifie notamment « exempter, exonérer, soustraire à… » (*Dictionnaire Petit Robert*, 1967, *V°* « Dispenser »), ce qui implique l'inutilité de prévoir une peine si l'on veut en exempter le prévenu. Parallèlement, l'article 132-59 du Code pénal parle de « dispense de peine ». En outre, l'article 469-1, al. 2 du Code de procédure pénale, en ajoutant que « la dispense de peine exclut l'application des dispositions prévoyant des interdictions, déchéances ou incapacités de quelque nature qu'elles soient qui résulteraient de plein droit d'une condamnation » signifie qu'une condamnation ne saurait être prononcée : en effet la dispense de peine suppose une déclaration de culpabilité, mais n'est que cela.

4 Le deuxième argument se fonde sur l'article 768, al. 1er du Code de procédure pénale. Ce texte énumère les décisions qui figurent au casier judiciaire national informatisé et il y a côte à côte les « condamnations contradictoires ou… par défaut » et les « déclarations de culpabilité assorties d'une dispense de peine ». L'intérêt de ce texte est double : confirmation que la dispense de peine n'est pas une condamnation, distinction implicite de la dispense et du sursis (la condamnation avec sursis figurant au casier judiciaire), ce dernier impliquant une condamnation prononcée et quantifiée à l'inverse de celle-là.

5 La solution étant donc indéniable en droit, on peut se demander pourquoi les juges du fond ont cru devoir indiquer une peine tout en prévoyant ensuite sa dispense. C'est sans doute parce qu'ils ont voulu faire comprendre au prévenu ce à quoi il aurait été condamné si les conditions de la dispense n'avaient pas été réalisées. Cet avertissement solennel est d'autant plus probable que les juges du fond avaient prononcé une peine de trois mois et un jour d'emprisonnement, c'est-à-dire une peine entraînant dans certains cas une mesure d'interdiction (en ce sens J. Larguier, obs. *RSC* 1980. 115 s., note 118) ou excluant parfois le bénéfice de l'amnistie (par ex. L. du 16 juill. 1974, art. 6 qui n'amnistie les condamnations à l'emprisonnement que si leur montant n'excède pas trois mois). L'intention des juges était peut-être bonne, mais elle se heurtait au sens de l'article 469-2 du Code de procédure pénale (auj. C. pén., art. 132-59).

II. — La dispense de peine porte sur toute peine

6 La chambre criminelle a cru devoir préciser que l'application de l'article 469-2 du Code de procédure pénale (auj. C. pr. pén., art. 469-1) a pour effet de « dispenser le prévenu de toute peine ». La doctrine avait déjà estimé que cette mesure d'individualisation doit porter sur l'ensemble des peines encourues par le prévenu et non sur certaines seulement (J. Larguier, obs. *RSC* 1978. 621). Totale, la dispense de peine s'oppose ainsi aux deux sursis qui, eux, peuvent n'être que partiels (C. pén., art. 132-31, al. 3 et 132-42, al. 2). L'exclusion de toute peine va même très loin, plus loin peut-être que ne l'avait imaginé le législateur en créant les dispenses quand le juge pénal déclare le titulaire d'un permis de conduire coupable d'une infraction justifiant un retrait de points de son permis tout en le dispensant de peine. La décision de ce juge ne peut pas être assimilée à une condamnation au sens de l'article L. 223-1 du Code de la route de sorte que le retrait de points est exclu (TA Toulouse, 29 juin 1998, n° 96-3030, *D.* 2000. 116, obs. Roujou de Boubée ; CE 16 juin 2004, req. n° 248628, *D.* 2005. 2516, note D. Père). Il est vrai que le retrait de points n'est pas strictement une peine. La seule limite au caractère total de la dispense est relative aux mesures de police et de sûreté à caractère réel comme la confiscation d'un faux instrument de pesage (Crim. 23 mai 1977, *Bull. crim.* n° 183 et obs. J. Larguier, préc.) ; cette limite a d'ailleurs été ensuite entérinée par le législateur à l'article 132-58 du Code pénal qui permet à la juridiction, tout en accordant la dispense au prévenu « de statuer s'il y a lieu sur la confiscation des objets dangereux ou nuisibles », ce qui évoque la mesure de sûreté plus que la peine. Et encore il existe des formes de confiscation qui sont susceptibles de dispense : ainsi en est-il de la confiscation des marchandises prononcée à titre de peine principale en cas de condamnation pour vente au déballage (Crim. 6 nov. 1984, *Bull. crim.* n° 337 ; *RSC* 1985. 585, obs. J. Pradel).

Si donc le juge entend maintenir certaines des peines encourues par le prévenu, il ne peut que condamner et appliquer soit une peine réduite, soit le relèvement sollicité par le condamné lors de la condamnation (C. pén., art. 132-21, al. 1er) ou ultérieurement (C. pén., art. 132-21, al. 2 ; C. pr. pén., art. 702-1 et 703).

7 De l'arrêt *Biancale*, on en rapprochera un autre qui, lui aussi, témoigne du souci de la Cour de cassation de bien contrôler l'application de la dispense de peine (Crim. 11 avr. 1983, *Bull. crim.* n° 93). En l'espèce, une poursuite avait été diligentée pour infractions en matière de contributions indirectes, faits punis seulement de sanctions fiscales (CGI, art.

1791). Les juges du fond avaient dispensé les prévenus de toutes les sanctions fiscales encourues en alléguant que « les circonstances de la cause justifiaient une particulière indulgence à leur égard, leur comportement fautif ne procédant d'aucune intention de fraude et aucune taxe n'ayant par ailleurs été éludée ». Hélas, les bonnes intentions des juges (ou l'absence de mauvaise intention des prévenus) ne doivent pas se heurter à la volonté du législateur. Or l'article 9 *in fine* de la loi du 29 décembre 1977 sur les garanties de procédure accordées aux contribuables en matière fiscale et douanière dispose que « les tribunaux ne peuvent dispenser le redevable du paiement des sommes fraudées ou indûment obtenues ». La Cour suprême en a déduit que le législateur avait entendu cantonner la dispense de peine aux seules sanctions pénales et donc ne pas l'étendre aux sanctions fiscales.

8 Un mot encore sur la philosophie de la dispense de peine. Son prononcé suppose que l'amendement de l'auteur est acquis et que sa dangerosité a disparu : dès lors, à quoi bon prononcer une peine, même réduite ! À l'inverse, dans l'ajournement du prononcé de la peine, les juges sont dans l'attente d'une cessation de la dangerosité, d'où l'édiction d'un délai d'épreuve, qui s'achèvera peut-être par une dispense de peine.

Le contentieux sur la dispense de peine est réduit. On citera dans le sens de l'admission de la dispense le cas de ce chef d'entreprise qui, ayant perdu son exemplaire du contrat de travail de l'un de ses employés, en avait fabriqué un autre, en imitant même la signature de l'employé ; il avait agi à l'identique, sans rajouter la moindre clause qui aurait pu désavantager le salarié et les juges du fond ont pu, tout en reconnaissant le délit de faux prononcer une dispense de peine en constatant l'absence d'intention (Crim. 3 juin 2004, *Bull. crim.* n° 149 ; v. dans le même sens Crim. 7 févr. 1973, *Bull. crim.* n° 70). On ajoutera dans le sens du rejet de la dispense le cas du prévenu reconnu coupable d'offense au chef de l'État ayant reconnu les faits, mais n'ayant pas voulu présenter d'excuses (Angers 24 mars 2009, *CCE* 2009, comm. 48, obs. A. Lepage).

J. P.

54

SURSIS AVEC MISE À L'ÉPREUVE MODALITÉS – OBLIGATIONS IMPOSÉES AU CONDAMNÉ

Crim., 2 avr. 1963, nº 62-93.357, *Becker*
(*Bull. crim.* nº 149 ; *D.* 1963. 556, 3ᵉ esp., note J. Schewin ; *JCP* 1963. II. 13184 ; *RSC* 1963. 556, obs. A. Légal)

La liste des obligations spécialement prévues par l'article R. 58 du Code de procédure pénale (auj. C. pén., art. 132-45) et que la juridiction répressive peut imposer au condamné avec mise à l'épreuve est rigoureusement limitative. Chacune d'entre elles doit être appréciée strictement.

Attendu que par l'arrêt attaqué Becker a été condamné pour homicide involontaire sur la personne de sa locataire, la jeune Judith Laukaitis ; qu'il lui était reproché de n'avoir pas assuré, dans une salle de bains, l'évacuation extérieure de l'oxyde de carbone produit par la combustion des gaz brûlés par un chauffe-eau, faute qui est la cause directe du décès de la victime ; – Attendu que la cour d'appel a assorti du sursis sous le régime de mise à l'épreuve la condamnation d'emprisonnement prononcée ; qu'elle déclare « imposer à Becker de se soumettre à des mesures de contrôle relatives à l'obligation qui lui est faite de remettre en état l'installation sanitaire de l'immeuble sis à Montigny-lès-Metz, en tous lieux loués par lui » et ce par application de l'article R. 58 du Code de procédure pénale ; – Mais attendu que cette mesure n'entre pas dans les prévisions limitatives énumérées par les articles R. 58 et R. 59 du Code de procédure pénale ;

Par ces motifs, casse par voie de retranchement et sans renvoi.

OBSERVATIONS

1 Le sursis avec mise à l'épreuve conçu comme procédé de traitement en milieu libre implique bien évidemment que le probationnaire, qui y est astreint, soit soumis à des mesures permettant de vérifier que son reclassement est en voie d'être obtenu.

Aux termes de l'article 739, alinéa 2 du Code de procédure pénale l'épreuve imposée comporte deux séries de prescriptions : des mesures d'ordre général d'application automatique et des obligations particulières, spécialement imposées et choisies par le juge dans une liste, énumérées aujourd'hui par l'article 132-45 du Code pénal.

S'agissant de ces mesures individuelles la question devait très rapidement se poser de savoir quels étaient exactement, quant à leur choix, les pouvoirs du juge. L'arrêt *Becker* après une première décision qui lui est très légèrement antérieure confirme le caractère limitatif de la liste fournie par le législateur (I) mais il présente l'intérêt complémentaire de préciser que chacune des mesures prévues doit être interprétée strictement (II).

I. — Caractère limitatif des obligations du sursis avec mise à l'épreuve

2 Le sieur Becker a été condamné par la cour d'appel de Colmar à une peine d'emprisonnement de six mois avec sursis et mise à l'épreuve pour homicide involontaire.

Propriétaire d'un immeuble il lui était reproché la mauvaise installation d'un appareil à gaz dans une salle de bains dont les émanations toxiques avaient été à l'origine du décès d'une jeune locataire. Le tribunal de Metz avait assorti le sursis de l'obligation spéciale de remettre en état l'installation du chauffe-eau sous le contrôle de Gaz de France. Sur appel du prévenu, la cour de Colmar, constatant que l'appartement avait été à nouveau loué sans qu'aucune modification de sécurité n'ait été réalisée, non seulement maintient l'épreuve mais elle étend l'obligation de mise en conformité à tous les appartements de l'immeuble dont le prévenu est propriétaire. Aux termes de la décision, Becker doit se soumettre « à des mesures de contrôle relatives à l'obligation qui lui est faite de remettre en état l'installation de tous les appartements de l'immeuble ».

3 C'est cette décision que la chambre criminelle censure par un attendu d'une très grande concision se bornant à constater que la mesure « n'entre pas dans les prévisions limitatives énumérées par les articles R. 58 et R. 59 du Code de procédure pénale ». Malgré l'abrogation de l'article R. 59 par un décret du 14 mars 1986, la règle ainsi posée conservait son intérêt puisque ces dispositions se retrouvaient dans l'article R. 58 qui était d'ailleurs réécrit et enrichi. Elles sont aujourd'hui reprises par l'article 132-45 de l'actuel Code pénal.

Cette solution qui impose au juge répressif de choisir les obligations qu'il prescrit au probationnaire dans la liste qui lui est proposée par le législateur, ne mérite pas de longs commentaires dans la mesure où elle résulte des principes les plus fondamentaux du droit pénal, à savoir le principe de la légalité des délits et des peines et son corollaire, la règle de l'interprétation stricte de la loi pénale.

4 À vrai dire, la question ne s'est jamais posée s'agissant des peines. On imagine mal dans un système légaliste comme le nôtre qu'un tribunal puisse arbitrairement appliquer une peine non prévue dans un texte d'incrimination et la Cour de cassation doit quelquefois le rappeler à des juges appliquant une peine complémentaire non prévue pour une infraction précise (Crim. 10 juin 1970, *D.* 1970. 532 : confiscation spéciale non autorisée en matière de coups et blessures ; Crim. 5 févr. 1990, n° 89-80.102, *Bull. crim.* n° 63 : interdiction de séjour en matière d'escroquerie ; Crim. 1er juin 1992, n° 91-82.141, *Bull. crim.* n° 214 ; Crim. 12 janv. 2000, *Bull. crim.* n° 20 : interdiction des droits civiques ; Crim. 11 févr. 2004, n° 02-84.472, *Bull. crim.* n° 37).

En revanche, s'agissant des mesures de sûreté, on s'est parfois demandé si, en raison de leur finalité particulière, la règle de la légalité s'imposait avec la même force (B. Bouloc, n° 169 ; Y. Mayaud, n° 110 ; A. Decocq, p. 377 ; J. Pradel, n° 189s ; P. Conte et P. Maistre du Chambon, n° 102).

En réalité, si l'on peut concevoir certaines atténuations, pour des mesures sans coloration morale et dont la finalité est, avant toute autre chose, de protéger et de guérir en admettant leur révisibilité et une certaine indétermination dans la durée, il faut en revanche rejeter totalement toute possibilité donnée au juge d'appliquer à un délinquant une mesure non prévue et qu'il pourrait en quelque sorte inventer. Ainsi pour les mineurs délinquants, les juridictions pour enfants peuvent-elles librement choisir l'une des sanctions énumérées par l'ordonnance du 2 février 1945 mais elles n'ont pas la possibilité d'en imaginer d'autres.

C'est un principe identique qui doit régir les mesures particulières que l'on peut imposer dans le cadre du sursis avec mise à l'épreuve. Qu'il s'agisse d'obligations positives ou négatives c'est-à-dire d'interdictions, chacune d'entre elles, constitue une atteinte à la liberté individuelle qui relève de la compétence exclusive du législateur. On observera que la liste des obligations particulières a été allongée d'abord par la loi du 12 juin 2003 (C. pén., art. 132-45-19e : stage de sensibilisation à la sécurité routière), puis par la loi Perben II du 9 mars 2004 (C. pén., art. 132-45-18e : stage de citoyenneté par ex.), encore par une loi du 4 avril 2006 (C. pén., art. 132-45-19e : interdiction de domicile dans le cas de personnes mariées, concubins ou liées par un PACS ; C. pén., art. 132-45-20e : stage de responsabilisation pour la prévention des violences au sein du couple), loi du 4 août 2014 (C. pén., art. 132-45-21e : obtention de l'autorisation du JAP pour tout déplacement à l'étranger). À cette liste, il faut rajouter un 7 *bis* : l'inscription aux épreuves du permis de conduire, si le condamné l'accepte, ce qui est curieux puisque le texte énumère les obligations que le JAP ou la juridiction peuvent imposer au condamné dans le cadre du sursis avec mise à l'épreuve (loi du 15 août 2014).

5 On ajoutera que cette solution était directement imposée par les termes mêmes de l'article 739, alinéa 2 du Code de procédure pénale, texte qui visait les obligations particulières prévues par un règlement d'administration publique. On notera qu'avec l'actuel Code pénal ces mesures sont directement prévues dans la loi. Il faut d'ailleurs se souvenir que le sursis avec mise à l'épreuve n'a pas été admis sans réticences en France puisqu'un projet de loi, tendant à officialiser une expérience de la Chancellerie en ce sens, fut repoussé par le Parlement de la IVe République, de nombreux parlementaires estimant qu'il y avait dans cette institution venant du droit anglais, la source de mesures vexatoires incompatibles avec le respect de la liberté des individus.

On peut donc considérer que c'est pour éviter ce risque que l'article 739 du Code de procédure pénale renvoyait à un règlement (auj. à la loi) le soin de définir les différentes obligations qui peuvent être imposées au probationnaire (en ce sens A. Légal, obs. *RSC* 1963. 557 ; Lacombe, note sous l'arrêt de Colmar, *JCP* 1962. II. 12959).

Le principe du caractère limitatif de la liste des obligations énumérées dans les textes qui avait été affirmé pour la première fois par la chambre criminelle dans un arrêt du 14 mars 1963, (*D.* 1963. 507, 2e esp.) cassant une décision ayant imposé au probationnaire « de ne plus importuner les tiers par ses écrits » a été réaffirmé ultérieurement (Crim. 9 juin 1966, *Bull. crim.* n° 169 ; *D.* 1966. Somm. 111) pour censurer une décision qui, à la suite d'une condamnation pour non-représentation d'enfant, avait assorti le sursis de l'obligation de représenter l'enfant au parent titulaire du droit de visite. On remarquera que dans cette dernière hypothèse, la mesure qui ne figurait pas dans l'article R. 58 résultait par ailleurs nécessairement de la décision de justice ayant statué sur la garde de l'enfant (v. égal : Crim. 23 juin 1999, n° 98-87.147, *Bull. crim.* n° 155 ; *RSC* 2000. 196, obs. B. Bouloc, impossibilité d'imposer l'obligation d'exécuter les dispositions prises par le juge aux affaires matrimoniales (auj. familiales) dans le domaine de l'autorité parentale).

6 Cette position jurisprudentielle, incontestable d'un point de vue juridique, indispensable pour éviter toute atteinte aux libertés individuelles, peut néanmoins se révéler regrettable par rapport à l'objectif du sursis avec mise à l'épreuve. On peut en effet estimer que dans ce cas particulier d'homicide involontaire, le risque de récidive pouvait résulter du fait que les installations défectueuses, malgré le premier accident, n'avaient pas été mises en conformité avec les règlements de sécurité. En obligeant le délinquant à se soumettre à cette réparation indispensable n'était-ce pas imposer la seule mesure adéquate en l'espèce, en respectant entièrement l'esprit d'une institution comme le sursis avec mise à l'épreuve (en ce sens Lacombe, préc.).

Si une telle argumentation est séduisante sur le plan de la logique, elle ne peut que très difficilement emporter l'adhésion si on se place dans le contexte plus général du nécessaire respect du principe de la légalité des délits et des peines. La cour de Colmar, qui ne l'ignorait pas, a d'ailleurs cherché à rattacher l'obligation imposée à l'une de celles qui sont énumérées dans les textes, mais le principe de l'interprétation stricte de la loi pénale corollaire indispensable de la légalité criminelle interdisait hélas un tel procédé d'extension.

II. — L'interprétation stricte de chacune des obligations

7 La chambre criminelle ne s'est pas expressément prononcée sur ce point mais en affirmant en termes catégoriques que la mesure imposée n'entre dans aucune des prévisions limitatives des textes elle condamne indirectement l'interprétation analogique proposée par la cour de Colmar. En effet, si le tribunal de Metz avait imposé la mesure de réparation sans se référer à la liste des obligations fournie par les textes, la juridiction d'appel au contraire, pour éviter une éventuelle censure de la Cour de cassation, avait astucieusement rattaché la mesure imposée à l'article R. 58, 3e du Code de procédure pénale (C. pén., art. 132-45-36).

Selon cette disposition, le délinquant peut être tenu de se « soumettre à des mesures de contrôle, de traitement ou de soins même sous le régime de l'hospitalisation ». La cour se garde bien d'ordonner la réparation, non prévue par les textes, elle impose « des mesures de contrôle relatives à l'obligation qui lui est faite ».

8 Pour que cette solution soit admise il fallait tout d'abord accepter une extension de la mesure proposée (C. pén., art. 132-45-3e). Il semble bien, en effet, que les mesures de contrôle visées par les textes accompagnent nécessairement les mesures de traitement et de soins, autrement dit, qu'elles ne peuvent concerner que la santé du condamné. Détacher les mesures de contrôle de l'ensemble et prétendre qu'elles peuvent s'appliquer pour corriger toute situation génératrice de délit, c'est plus qu'étendre le champ d'application d'un texte répressif, c'est le dénaturer (en ce sens, Lacombe, préc.).

Mais à supposer que cette extension soit permise le rattachement au texte implique un second artifice. En effet, s'il est bien indéniable qu'une obligation imposée doit être contrôlée, il est néanmoins évident que malgré la formule astucieusement utilisée par la cour d'appel, ce n'est pas le contrôle de la réparation qui fait l'objet de l'obligation mais la réparation elle-même. Admettre une solution contraire serait vider le principe du caractère limitatif de la liste des obligations imposées par le législateur et permettre aux juges en violation du principe de la légalité d'imposer n'importe quelle contrainte au probationnaire.

La chambre criminelle, même si elle n'a pas estimé nécessaire de réfuter l'argumentation de la cour d'appel, ne pouvait donc que censurer une interprétation aussi peu stricte de la loi pénale.

On s'est cependant demandé si cette mesure très heureuse en soi, n'aurait pas pu trouver une justification dans les autres obligations énumérées à l'article R. 58. On a tout naturellement songé au 5e de l'article R. 58 qui permettait d'imposer au probationnaire la réparation des dommages causés par l'infraction ce qui correspondait assez bien, au 6e, à l'époque des faits, c'est-à-dire au versement des sommes dues à la victime. Sans doute cette mesure évoque-t-elle l'attribution de dommages-intérêts à la victime de l'infraction mais on peut également envisager le problème des restitutions qui, selon les textes (C. pén. 1810, art. 10 non repris dans l'actuel Code par ex.) constituent une forme de réparation.

Si dans le sens courant, la restitution consiste dans la remise au propriétaire de l'objet sur lequel a porté l'infraction, la jurisprudence lui attribue un sens plus large, à savoir, toute mesure tendant à faire cesser la situation de fait résultant d'une infraction : destruction de travaux édifiés en contravention à des dispositions réglementaires par exemple (R. Merle et A. Vitu, t. II, n° 113 ; E. Joly-Sibuet, *Les restitutions en droit pénal*, Thèse, Lyon, 1990). Une telle réparation en nature a été admise par la chambre criminelle qui a approuvé une cour d'appel d'avoir prononcé, à l'encontre d'un individu condamné pour enlèvement d'enfant, l'obligation de remettre le mineur à sa mère (Crim. 27 nov. 1984, *Bull. crim.* n° 368).

9 La mise en conformité de l'installation de gaz ne pourrait-elle pas être analysée comme une restitution ? En réalité une telle interprétation n'est pas possible car l'infraction pour laquelle la réparation est envisagée n'est pas l'inobservation des prescriptions en matière de sécurité mais un délit d'homicide involontaire. Pour que la mesure de « réparation » puisse être ordonnée il faudrait que l'installation défectueuse réalise en elle-même une infraction (en ce sens, Lacombe et A. Légal, préc.).

Il faut donc admettre qu'une nouvelle fois la chambre criminelle aurait dû censurer cette interprétation extensive de l'article R. 58-5e, aujourd'hui 132-45-5e du Code pénal, si elle avait été proposée par la cour d'appel.

On remarquera d'ailleurs que la Cour de cassation avait interprété assez restrictivement cette obligation particulière en exigeant, pour qu'elle soit imposée, que, s'agissant de dommages pécuniaires, ils aient été évalués dans une condamnation civile préalable (Crim. 6 juin 1972, *D.* 1972. 637, note J.-L. Costa ; *JCP* 1973. II. 17510, note Frances-Magre ; *RSC* 1973. 396, obs. J. Larguier ; Crim. 10 mars 1976, *Bull. crim.* n° 88 ; Crim. 11 oct. 1978, *Bull. crim.* n° 267 ; Crim. 27 juin 1983, *Bull. crim.* n° 199 ; Crim. 20 juin 1989, *Bull. crim.* n° 265).

10 S'agissant de l'appréciation des facultés contributives du condamné, prévue dans le même texte, la chambre criminelle considère qu'elle doit être vérifiée au cours de l'exécution de la mesure de probation et non lors du prononcé de la condamnation (Crim. 20 juin 1989, *Bull. crim.* n° 265). Il est vrai que la jurisprudence relative à la nécessité d'une condamnation est aujourd'hui caduque puisque la nouvelle disposition relative à cette obligation particulière précise qu'elle peut être imposée « même en l'absence de décision sur l'action civile » (art. 132-45-56, *in fine*. Voir cependant, pour une solution contraire : Crim. 6 avr. 1994, n° 93-83.824, *Bull. crim.* n° 138). Certes l'actuel Code pénal n'était en vigueur que depuis un mois. On observera que la chambre criminelle a précisé, qu'il n'était pas possible d'imposer une obligation de réparation à un condamné faisant l'objet d'une procédure collective dès lors que la créance de la victime se trouve éteinte faute de déclaration (Crim. 22 oct. 2003, n° 98-30.389, *Bull. crim.* n° 199 ; *Dr. pénal* 2003, n° 122, obs. M. Véron). On notera que l'instauration de la sanction réparation par la loi du 5 mars 2007 (C. pén., art. 131-8-1 et 131-15-1) pourrait permettre beaucoup plus facilement d'assurer l'indemnisation des victimes.

Ainsi le juge répressif, ce qui englobe le juge de l'application des peines, doit-il nécessairement choisir l'épreuve qu'il veut imposer au probationnaire dans la liste que lui fournit le législateur en respectant scrupuleusement l'interprétation stricte de ces textes. Ainsi a-t-il été admis que la mesure de l'interdiction de paraître en certains lieux (C. pén., art. 132-45-9e) ne saurait viser des lieux situés en dehors du territoire de la République (en l'occurrence, interdiction de se rendre en Andorre, principauté située hors du territoire : Crim. 29 oct. 1998, n° 97-83.899, *Bull. crim.* n° 283 ; *Dr. pénal* 1999. 98, obs. J.-H. Robert ; *JCP* 1999. I. 191, obs. J.-H. Robert). En revanche la chambre criminelle a estimé que l'art. 132-45-7e visant l'interdiction de conduire certains véhicules pouvait aussi concerner « tous les véhicules », (Crim. 22 sept. 1999, n° 98-86.577, *Bull. crim.* n° 197 ; *RSC* 2000. 386, obs. B. Bouloc). De même l'obligation de suivre « des soins médicaux adaptés à son état » sans autre précision sur la nature de ces soins a été jugée suffisamment précise. En effet, cette mesure de soins, prévue par l'article 132-45-3e du Code pénal, peut être concrètement mise en œuvre par le juge de l'application des peines qui tient le pouvoir de l'article 739 du Code de procédure pénale, notamment, d'aménager les obligations particulières prévues par la juridiction de jugement. Il n'y a donc aucune incertitude juridique pour le prévenu (Crim. 13 nov. 2001, *Bull. crim.* n° 235 ; *Dr. pénal* 2002. Chron. 11, M.-C. Marsat ; Crim. 27 mars 2007, n° 06-81.850, *AJ pénal* 2007. 338, obs. M. Herzog-Evans ; *RPDP* 2007. 925, obs. B. Bouloc).

11 On notera, néanmoins, que la loi du 5 mars 2007 a précisé que cette mesure peut consister en une injonction thérapeutique prévue par les articles L. 3413-1 à L. 3413-4 du Code de la santé publique. En revanche, l'article 132-45-1 résultant d'une loi du 10 août 2007 qui précisait que, l'injonction de soins, dans les conditions prévues aux articles L. 3711-1 s. du Code de la santé publique était automatiquement applicable, sauf décision contraire de la juridiction, lorsqu'un sursis avec mise à l'épreuve était prononcé pour une infraction pour laquelle le suivi socio-judiciaire était encouru et qu'une expertise médicale avait établi que le délinquant était susceptible de faire l'objet d'un traitement, a été supprimé par une loi n° 2010-242 du 10 mars 2010. En effet, cette obligation générale a très vite paru inadaptée (v. E. Dreyer, n° 1409 ; Ph. Salvage, « Le sursis d'épreuve avec injonction de soins », *Dr. pénal* 2009. Étude 2). Dans cette hypothèse, le consentement du condamné était requis, mais en cas de refus l'emprisonnement prononcé pouvait être mis à exécution.

Sans doute à l'intérieur de ce cadre le juge dispose-t-il d'une assez grande liberté pour imposer une ou plusieurs mesures ou encore pour n'en prescrire aucune. La loi du 9 mars 2004 a considérablement augmenté les pouvoirs du juge de l'application des peines en matière de sursis avec mise à l'épreuve puisqu'il peut décider de la révocation de cette mesure notamment lorsque le condamné ne respecte pas les obligations imposées (C. pén., art. 132-47, al. 2). Il peut également librement modifier ces obligations (C. pr. pén., art. 739). Sur ce point, v. E Bonis Garçon et V. Peltier, n°s 695 s. et Crim. 24 mai 2006, *Bull. crim.* n° 149.

Il semble cependant que la pratique antérieure à 1970, consistant à imposer globalement et de manière vague et générale le respect des obligations édictées par l'article 132-45 du Code pénal, serait totalement inconcevable aujourd'hui. En effet la chambre criminelle a admis que dans une telle hypothèse l'inobservation de l'une des obligations figurant dans ces articles ne pourrait pas entraîner la révocation du sursis (Crim. 21 janv. 1975, *Bull. crim.* n° 25 ; *JCP* 1976. II. 18342, note Frances-Magre ; *RSC* 1976. 955, obs. J. Larguier ; v. égal. Crim. 7 déc. 1971, *D.* 1972. 137, note J.-C. Costa. En ce sens : F. Desportes et F. Le Gunehec, n° 993. *Contra*, R. Merle et A. Vitu, t. I, n° 864).

Bien entendu l'inobservation d'une obligation que le juge ne pouvait pas imposer ne saurait entraîner la révocation du sursis (Crim. 14 mars 1963, préc.).

En assortissant le sursis de mesures de contrainte particulières le législateur a créé une mesure de traitement en milieu libre qui peut se révéler très coercitive pour le condamné. Contrairement à d'autres législations le système français ne permet pas au délinquant de renoncer directement à cette modalité de la sanction (v. J. Pradel, *Droit pénal comparé*, Dalloz, 3e éd., 2008, n°s 492 s.). Il est donc tout à fait normal que son application soit soumise au strict respect du principe de la légalité criminelle.

A. V.

55

RELÈVEMENT – DOMAINE D'APPLICATION

Crim., 5 déc. 1984, ***Magalhaes de Freitas***
(*RSC* 1985. 283, obs. A. Vitu)

Crim., 17 juin 1986, n° 85-94.859, ***Dumont***
(*Bull. crim.* n° 209 ; *RSC* 1987. 844, obs. A. Vitu)

La reconduite à la frontière, prononcée contre un individu poursuivi pour séjour irrégulier, ne peut faire l'objet d'un relèvement (1re esp.).

L'annulation du permis de conduire ne peut faire l'objet d'un relèvement (2e esp.).

Chambre criminelle, 5 décembre 1984, *Magalhaes de Freitas*

Attendu qu'il résulte de l'arrêt attaqué que Magalhaes de Freitas Jacinto a été condamné pour usage, transport, importations illicites de stupéfiants, importations sans déclaration de marchandises prohibées et séjour irrégulier en France à une année d'emprisonnement, à être reconduit à la frontière à l'issue de sa peine, à la confiscation des marchandises et d'un véhicule saisis et à des amendes douanières ;

Qu'ultérieurement, il a sollicité le relèvement de la mesure de reconduite à la frontière ;

Attendu que pour déclarer cette requête irrecevable les juges énoncent que ladite mesure n'entre pas dans les cas visés à l'article 55-1 du Code pénal ; « qu'il ne s'agit en effet, ni d'une interdiction, ni d'une incapacité, ni d'une déchéance » ;

Attendu qu'en l'état de ces motifs, la cour d'appel a justifié sa décision sans encourir les griefs du moyen lequel doit donc être écarté ;

Et attendu que l'arrêt est régulier en la forme ;

Rejette le pourvoi.

Chambre criminelle, 17 juin 1986, Dumont

Attendu que, si l'article 55-1 du Code pénal permet aux juges répressifs de relever le condamné, en tout ou en partie, des interdictions de quelque nature qu'elles soient, résultant de plein droit de sa condamnation, cette disposition ne saurait s'appliquer aux mesures de caractère réel, en l'espèce à l'annulation d'un permis de conduire ;

Attendu qu'un jugement du tribunal correctionnel de Clermont-Ferrand, en date du 14 novembre 1984 et devenu définitif, a relevé Dumont de l'annulation du permis de conduire résultant de plein droit de sa condamnation antérieure, en date du 16 mai 1984, du chef d'homicide involontaire commis sous l'empire d'un état alcoolique ;

Mais attendu qu'en statuant ainsi, cette juridiction a méconnu le principe susénoncé ;

D'où il suit que la cassation est encourue ;

Par ces motifs :

Casse et annule dans l'arrêt de la loi le jugement susvisé du tribunal correctionnel de Clermont-Ferrand, en date du 14 novembre 1984 ;

Et attendu qu'il ne reste plus rien à juger ;

Dit n'y avoir lieu à renvoi.

OBSERVATIONS

1 Selon l'article 132-21, alinéa 2, du nouveau Code pénal (C. pén. 1810, art. 55-1), le juge pénal peut relever – lors du prononcé du jugement (relèvement instantané) ou ultérieurement (relèvement différé) – le condamné des « interdictions, déchéances ou incapacités quelconques qui résultent de plein droit… d'une condamnation pénale ». Cette forme de pardon judiciaire paraît donc très efficace quant à son domaine, tant la formule légale est large. Il importe pourtant d'en déterminer les limites exactes, à la fois dans l'optique de la vie quotidienne du condamné et au regard de son casier judiciaire puisque les condamnations ayant fait l'objet d'un relèvement ne figurent plus au bulletin n° 2 de celui-ci (C. pr. pén., art. 775-1).

2 On doit d'abord, observer que le législateur n'a cessé d'étendre le domaine du relèvement. À la suite de textes particuliers, une loi du 29 décembre 1972 (C. pén. 1810, art. 55-1) a généralisé l'institution à toutes les peines accessoires à caractère professionnel (G. Roujou de Boubée, « Le nouveau régime des interdictions professionnelles selon la loi du 29 décembre 1972 », *D.* 1973. Chron. 275). Une autre, du 11 juillet 1975 (même art.), plus large encore a embrassé toutes sanctions accessoires même non professionnelles et même toutes peines complémentaires obligatoires. C'est ainsi que selon la jurisprudence, le relèvement de l'article 55-1 du Code pénal ancien (aujourd'hui art. 132-21 C. pén.) s'applique par exemple à la suspension du permis de conduire (Crim. 10 oct. 1977, *Bull. crim.* n° 277 ; Crim. 16 oct. 1978, *Bull. crim.* n° 272), à l'affichage d'une condamnation (Crim. 5 févr. et 29 oct. 1979, *Bull. crim.* n°s 51 et 297 ; Crim. 14 déc. 1982, *Bull. crim.* n° 289), à l'incapacité d'exercer une profession commerciale (Crim. 3 juill. 1980, *Bull. crim.* n° 214) ou d'exploiter un débit de boissons (Crim. 27 nov. 1974, *Bull. crim.* n° 354), ou encore à la privation du droit d'exercer une fonction publique d'enseignement (Crim. 3 juill. 1975, *Bull. crim.* n° 179). Toute cette jurisprudence vaut encore aujourd'hui, l'article 132-21, alinéa 2, du nouveau Code pénal adoptant pour les peines accessoires une formule très proche de celle de l'ancien article 55-1 et l'article 702-1 du Code de procédure pénale prévoyant le relèvement à la fois pour les peines accessoires et pour les peines complémentaires. Depuis la mise en vigueur de l'actuel Code pénal, en 1994, une loi du 17 juin 1998, modifiée par une loi du 15 juin 2000 (C. pr. pén., art. 763-6) a prévu la possibilité d'un relèvement du suivi socio-judiciaire ; et un arrêt a admis la possibilité d'un relèvement en cas de violation de la loi du 30 août 1947 relative à l'assainissement des professions commerciales (Crim. 14 mars 1996, *Dr. pénal* 1996. 220, obs. J.-H. Robert).

Et cependant, en scrutant de près la formulation de la loi, on peut se demander si le législateur a entendu permettre le pardon de toutes formes de sanctions secondaires. Entre une conception extensive et une conception restrictive, la jurisprudence a opté en faveur de cette dernière, refusant par exemple le relèvement en cas de reconduite à la frontière (Crim. 5 déc. 1984) et en cas d'annulation du permis de conduire (Crim. 17 juin 1986 ; *add.* sur le domaine du relèvement, B. Bouloc, n°s 820 s. ; M.-L. Rassat, n° 438 ; P. Conte et P. Maistre du Chambon, n°s 547 s. ; J. Pradel, n° 923).

I. — La reconduite à la frontière

3 Un étranger est condamné pour trafic de drogue et séjour irrégulier en France à une année d'emprisonnement et, à titre complémentaire, à la reconduite à la frontière à l'issue de l'exécution de sa peine privative de liberté. Quelque temps après sa condamnation, il sollicite le relèvement de la peine complémentaire. Refus des juges du fond d'accéder à sa demande au motif que cette sanction ne constitue ni une interdiction, ni une déchéance, ni une incapacité, ni une mesure de publication. Sur pourvoi, la Cour de cassation, par son arrêt du 5 décembre 1984, répond sèchement en reprenant la formule de l'arrêt d'appel sans l'enrichir en quoi que ce soit. On sent aussitôt l'intérêt de cet arrêt dont il faut cependant justifier le contenu.

A. — Affirmation du principe : pas de relèvement

4 En dépit d'une très grande sobriété, l'arrêt du 5 décembre 1984 est important car il approuve un arrêt d'appel qui posait la question en termes de principe. Les juges d'appel auraient pu, par prudence ou timidité, éviter de statuer en droit et se contenter de dire que les faits étaient si graves et le prévenu si dangereux pour l'ordre public français qu'il convenait en l'espèce d'exclure toute forme de relèvement. Comme hier l'article 55-1 du Code pénal ancien, aujourd'hui l'article 132-21, présente en effet cette technique d'indulgence comme une simple faculté pour le juge (« toute personne frappée d'une interdiction… *peut*, par le jugement de condamnation ou par jugement ultérieur être relevée en tout ou partie… »). De la sorte, si les juges du fond avaient fait jouer leur pouvoir discrétionnaire, les magistrats de la Cour de cassation n'auraient pu que s'incliner puisqu'ils ont eux-mêmes reconnu ce pouvoir au juge du fond (Crim. 3 juill. 1975, *Bull. crim.* n° 179 ; Crim. 5 févr. 1979, préc. ; Crim. 25 juin 1979, *Bull. crim.* n° 224 ; Crim. 14 déc. 1982, préc.). Et le pourvoi aurait donc été rejeté.

Au contraire, les magistrats de la cour d'appel ont clairement jugé que la reconduite à la frontière n'entre pas dans les trois termes énumérés par l'article 55-1 du Code pénal (interdictions, déchéances, incapacités) et, en approuvant cette analyse, la Cour de cassation est conduite à poser ce principe à son tour. La situation reste aujourd'hui la même, les mêmes mots étant utilisés par l'article 132-21 (à l'exception des mesures de publication qui n'apparaissaient plus). Mais que vaut cette conception ?

B. — Justification du principe : pas de relèvement

5 À l'évidence, la reconduite à la frontière n'est pas une mesure de publication qui était visée par l'article 55-1. Mais peut-elle constituer une incapacité, une interdiction ou une déchéance, termes plus vagues ? On pourrait être tenté de voir dans la reconduite à la frontière une interdiction de régulariser son séjour en France, faite à un étranger qui se trouve alors privé du droit d'y obtenir un titre de séjour. On pourrait y voir aussi une déchéance du droit de séjourner en France. Mais d'un autre côté, et cette fois pour rejeter toute possibilité de relèvement, on pourrait être tenté d'analyser la reconduite à la frontière comme un mandement adressé aux magistrats du ministère public et aux autorités de police, ce qui nous éloigne des idées d'incapacité, d'interdiction, de déchéance en faisant glisser la qualification du terrain du fond vers celui de la procédure.

À première vue, l'hésitation est permise. Pour la lever, il faut partir des faits eux-mêmes. Le prévenu répondait de deux chefs de poursuite : trafic de drogue et séjour irrégulier en France. Du fait de l'existence de cette seconde qualification (ou, ce qui revient au même, s'il n'y avait eu qu'elle), la décision est parfaitement justifiée. On a très bien montré en doctrine qu'il fallait distinguer entre le Français qui perd le droit d'être électeur, de conduire un véhicule ou d'exercer une profession et l'étranger qui est entré clandestinement en France. Le premier a perdu, par l'effet de la condamnation, un droit qu'il avait et qu'il avait pu exercer : il est donc bien frappé d'une déchéance, d'une interdiction ou d'une incapacité d'exercer ce droit qu'il a perdu, mais dont il était titulaire avant condamnation. Au contraire, l'étranger entré irrégulièrement en France n'obtient le droit d'y demeurer qu'après condamnation prononcée contre lui et encore, à condition que le juge renonce à prescrire sa reconduite à la frontière : l'étranger venu illégalement sur notre sol n'a évidemment aucun droit à y rester de sorte que l'article 55-1 du Code pénal ancien (auj. C. pén., art. 132-21) – qui suppose l'existence d'un droit perdu – ne peut s'appliquer (en ce sens, *RSC* 1985. 286, obs. A. Vitu). L'arrêt du 5 décembre 1984 est donc tout à fait orthodoxe quant à sa solution, même s'il ne rappelle pas cette argumentation.

Si, en revanche, le prévenu étranger n'avait eu à répondre que de trafic de stupéfiants et s'il avait néanmoins été frappé d'une peine de reconduite à la frontière (ce qui est possible, v. C. pén., art. 222-48 qui autorise le juge à prononcer l'interdiction du territoire français, laquelle « entraîne de plein droit la reconduite du condamné à la frontière à l'expiration de sa peine » selon l'art. 131-20 du C. pén.), il aurait pu bénéficier d'un relèvement de cette peine complémentaire. Dans ce cas en effet, le droit de séjourner en France avait pris naissance avant la condamnation puisque, par hypothèse, le séjour de l'étranger sur notre sol était régulier. Il y avait alors bien un droit qui avait été perdu et que l'article 132-21 du Code pénal permettait de recouvrer.

D'ailleurs, quand la chambre criminelle rappelle que les juges du fond doivent répondre à une requête aux fins de relèvement de la peine d'interdiction définitive du territoire français fondée sur le droit au respect de la vie privée au sens de l'article 8 Conv. EDH (violation du droit au respect de la vie familiale) elle manifeste indirectement son opposition à voir cette peine exclue automatiquement du domaine du relèvement (Crim. 28 févr. 2001, n° 99-87.963, *RSC* 2001. 839, obs. D. N. Commaret et Crim. 13 mars 2001, n° 00-82.670, *Bull. crim.* n°s 55 et 63).

6 Ainsi, il ne suffit pas de dire que la reconduite à la frontière est insusceptible de relèvement. Elle ne l'est que si l'individu est poursuivi pour séjour irrégulier. On sait en effet que dans ce cas, le juge correctionnel peut prononcer l'interdiction du territoire qui, là encore, « emporte de plein droit la reconduite du condamné à la frontière, le cas échéant à l'expiration de sa peine d'emprisonnement » (sur les étrangers, Ord. du 2 nov. 1945, art. 19, al. 2, auj. CESEDA, art. L. 621-1, al. 2).

En marge de cette solution, imposée par le raisonnement, et dans le même sens qu'elle, on peut signaler la jurisprudence qui exclut les permissions de sortir pendant l'accomplissement de sa peine d'emprisonnement par un étranger condamné en même temps à la reconduite à la frontière (Crim. 25 mars 1987, *Bull. crim.* n° 143 ; B. Jouve, « Interdiction du territoire et permissions de sortir », *Gaz. Pal.* 24-25 avr. 1987). Cette solution dénote que la reconduite à la frontière est rebelle à ces techniques libérales que sont les permissions de sortir et le relèvement. Celui-ci est d'ailleurs inapplicable également à l'annulation du permis de conduire comme le montre l'arrêt de la Cour de cassation du 17 juin 1986.

II. — L'annulation du permis de conduire

7 Les faits ayant donné lieu à cette décision sont eux aussi très simples. Appliquant la technique du relèvement différé, les juges du tribunal correctionnel de Clermont-Ferrand avaient relevé un individu de la peine accessoire de l'annulation de son permis de conduire qui résultait de plein droit d'une condamnation antérieure (en application de l'art. L. 15-II du C. route, auj. art. L. 234-13). Sur pourvoi formé contre ce jugement dans l'intérêt de la loi par le procureur général près la Cour de cassation (C. pr. pén., art. 620), la chambre criminelle, dans son arrêt du 17 juin 1986, pose le principe que « l'article 55-I du Code pénal (auj. C. pén., art. 132-21) ne saurait s'appliquer aux mesures de caractère réel, en l'espèce à l'annulation d'un permis de conduire ».

Cette décision suscite au premier abord une réaction complexe faite à la fois de surprise et de prévisibilité. Surprise d'un côté, puisque la jurisprudence admet que la suspension du permis de conduire, sanction assez proche de l'annulation, est susceptible de relèvement (Crim. 8 févr. 1977, *Bull. crim.* n° 51 ; *RSC* 1978. 321, obs. J. Larguier). Prévisibilité d'un autre côté puisque la jurisprudence a déjà utilisé la notion de sanction à caractère réel pour exclure l'application de l'article 55-I du Code pénal, par exemple à propos de la fermeture d'un débit de boissons (Crim. 16 oct. 1973, *Bull. crim.* n° 357 ; Crim. 28 juin 1977, *Bull. crim.* n° 246). Pourtant, cette première impression est trompeuse. Le vrai est que la chambre criminelle a trouvé la bonne solution, mais lui a donné une motivation contestable.

A. — Une motivation contestable

8 La motivation est contestable car, à l'évidence, l'annulation du permis de conduire n'est pas une sanction réelle. Certes, lorsque la jurisprudence entend faire preuve de sévérité, elle fait parfois appel au concept de mesure de caractère réel et paralyse ainsi l'application d'une institution libérale. Par exemple, la Cour de cassation, pour exclure le principe de la personnalité du châtiment, n'hésite pas à dire que la fermeture d'établissement présente un caractère réel qui « affecte l'entreprise trouvée en délit alors même que la responsabilité du propriétaire ne serait pas retenue » (Crim. 20 janv. 1960, *JCP* 1960. I. 11774, note R. Legeais ; v. déjà de façon extrêmement proche, Crim. 9 déc. 1915, *D.* 1916. 1. 153 et *supra*, n° 49, et ultérieurement, Crim. 6 juill. 1976, *Bull. crim.* n° 251). De même la jurisprudence attribue-t-elle un caractère réel à la confiscation afin : 1°) de la prononcer malgré acquittement du prévenu (Crim. 3 janv. 1857, *S.* 1857. 1. 398 ; Crim. 12 juill. 1860, *S.* 1860. 1. 1017) ; 2°) de la soustraire aux effets de l'amnistie (Crim. 16 janv. 1960, *D.* 1920. 1. 21 ; *S.* 1920. 1. 287 ; Crim. 18 juin 1957, *D.* 1957. 544).

Que la jurisprudence fasse appel à l'idée de réalité à propos de la confiscation et de la fermeture d'établissement est admissible puisque ces sanctions sont d'ordre patrimonial, comme l'amende et le jour-amende. Mais que, dans son arrêt du 17 juin 1986, la Cour de cassation étende cette qualification à l'annulation du permis de conduire ne l'est pas. N'est-ce pas enfoncer une porte ouverte que de rappeler que l'annulation du permis de conduire, comme du reste sa suspension, n'affecte pas le véhicule (comme le ferait sa confiscation ou son immobilisation temporaire) : rien en effet ne fait obstacle à ce que ce véhicule soit conduit par d'autres personnes que son propriétaire, seul individu dont la liberté de conduite est atteinte. Ainsi, l'annulation du permis de conduire n'a pas un caractère réel. D'ailleurs, la jurisprudence postérieure, tout en confirmant l'exclusion du relèvement, abandonne l'idée de mesure à caractère réel au profit de celle de peine complémentaire obligatoire (Crim. 30 mai 1991, n° 87-81.210, *Bull. crim.* n° 229 ; *RSC* 1992. 745, obs. A. Vitu) ou plus prudemment au profit de rien du tout (Crim. 18 janv. 2000, n° 99-81.778, *Bull. crim.* n° 25).

B. — Une solution raisonnable

9 La Cour de cassation, dans son arrêt du 17 juin 1986, a eu pourtant raison sur le principe de l'exclusion du relèvement en cas d'annulation du permis de conduire, mais pour un autre motif. Comme on l'a justement noté, lorsqu'intervient cette annulation, « c'en est fini de la jouissance du droit de conduire ; au lieu d'être seulement en sommeil, ce droit meurt et il n'appartient plus aux juridictions pénales de le ressusciter » (*RSC* 1986. 845, obs. A. Vitu). Dans le cas de la reconduite à la frontière, le relèvement est exclu, faute pour l'étranger de pouvoir invoquer un droit qui n'a jamais pu naître puisque l'intéressé se trouvait, au moment du jugement, en infraction avec la législation sur les étrangers et n'avait donc pas de droit à résider en France ; dans le cas de l'annulation du permis de conduire, le condamné avait certes eu un droit, mais ce droit n'existe plus et seule l'autorité préfectorale peut le lui restituer s'il satisfait à nouveau aux épreuves du permis de conduire. De la sorte, en relevant un condamné de l'annulation de son permis, le juge empiéterait sur les attributions de l'Administration (H. Mabille de la Paumelière, « L'annulation du permis de conduire », *D.* 1978. Chron. 287, spéc. 290). Toute cette argumentation vaut du reste pour les deux formes d'annulation, sa forme complémentaire (C. route, art. L. 234-1 et 2) et sa forme accessoire (C. route, art. L. 234-13).

On comprend alors la différence de jurisprudence entre suspension du permis de conduire (relèvement possible) et annulation de ce permis (relèvement exclu) : en effet, en cas de suspension, le droit de conduire des véhicules n'est pas éteint, il est seulement temporairement mis en sommeil, de sorte qu'à l'issue du temps de suspension, l'intéressé pourra conduire à nouveau sans être obligé de repasser le permis de conduire.

La situation du condamné frappé d'annulation est donc bien plus mauvaise que celle de celui frappé d'une simple suspension. C'est tout à fait logique puisque, au moins en cas d'annulation – peine accessoire –, les faits sont plus graves qu'en cas de suspension : ainsi l'annulation à titre accessoire intervient en cas d'homicide involontaire combiné à une conduite sous l'empire de l'alcool (C. pén., art. L. 221-8, 4°) alors que la suspension peut intervenir en cas d'homicide involontaire simple (C. pén., art. 221-8).

10 Le relèvement n'est donc pas sans limites. Celles qu'on vient d'indiquer sont sans doute les plus importantes en pratique. Mais elles ne sont pas les seules : cette forme de pardon judiciaire est ainsi également exclue pour la fermeture d'établissement (Crim. 28 juin 1977, *Bull. crim.* n° 246) et pour la démolition d'une construction irrégulièrement édifiée

(Crim. 14 avr. 1993, n° 92-85.597, *Bull. crim.* n° 155). Et, bien entendu, le relèvement est aussi exclu pour les peines secondaires prononcées à titre de peine principale (Crim. 7 nov. 1984, *Bull. crim.* n° 340 ; *D.* 1985. 93, note G. Azibert ; *RSC* 1984. 493, obs. J. Larguier, à propos d'une suspension de permis prononcée en application de l'art. 43-3 de l'ancien C. pén., auj. C. pén., art. 131-6 ; Crim. 27 mars 1985, *JCP* 1985. II. 20522, note J. Larguier ; *D.* 1985. 25, note G. Azibert ; *contra* J. Francillon et J. Salvage, « Les ambiguïtés des sanctions de substitution », *JCP* 1984. I. 3133, n°s 69 et 74). Avec la dernière jurisprudence, la liste des sanctions insusceptibles de relèvement s'allonge et l'on citera par exemple l'interdiction d'exercer la profession de notaire prononcée par une instance disciplinaire (Crim. 4 janv. 1990, n° 89-84.199, *Bull. crim.* n° 3 ; *RSC* 1990. 559, obs. A. Vitu), ou encore l'incapacité d'être agent immobilier (Crim. 26 nov. 1997, n° 96-83.792, *D.* 1998. 495, note D. Rebut ; arrêt visant le caractère de mesure de sûreté de cette incapacité) ; il en est de même de la publication et l'affichage d'une condamnation pour infraction fiscale en application de l'article 1741 du Code général des impôts (Crim. 3 juin 2004, n° 03-87.508, *Bull. crim.* n° 153 ; Crim. 21 sept. 2005, *AJ pénal* 2005. 414 ; *Dr. pénal* 2006. 13, obs. J.-H. Robert).

11 Enfin, l'institution du fichier judiciaire national automatisé des auteurs d'infractions sexuelles (FIJAIS) qui doit contenir notamment toutes les condamnations prononcées pour certaines infractions sexuelles et supérieures à cinq ans d'emprisonnement (C. pr. pén., art. 706-47 et 706-53-1) a donné lieu à une décision originale. Les juges du fond, après avoir condamné un prévenu à sept ans d'emprisonnement, le dispensèrent de l'inscription au dit fichier, lui accordant ainsi une sorte de relèvement. La décision fut cassée car, estima la chambre criminelle, l'article 132-21 du Code pénal ne prévoit le relèvement que pour les interdictions, déchéances et incapacités, alors que l'inscription au FIJAIS n'entre pas dans cette énumération (Crim. 16 janv. 2008, *Bull. crim.* n° 12 ; *D.* 2008. 2764, obs. J. Pradel ; *AJ pénal* 2008. 145, obs. G. Roussel).

J. P.

56

GRÂCE - DÉCISION - EFFETS

CE, 30 juin 1893, ***Gugel***
(*S.* 1895. 3. 41, note Hauriou)

La décision accordant ou refusant une grâce ne peut faire l'objet d'aucun recours contentieux.

Le Conseil d'État. – Vu l'article 3, paragraphe 2, de la loi constitutionnelle du 25 février 1875. – Considérant que les actes accomplis par le chef de l'État, dans l'exercice du droit de grâce, ne sont pas susceptibles d'être déférés au Conseil d'État par la voie contentieuse ; qu'il y a lieu, par suite, de rejeter la requête... – Article 1er. La requête est rejetée.

OBSERVATIONS

1 La grâce, mesure par laquelle le chef de l'État, en toute liberté, dispense un délinquant de subir tout ou partie de la peine à laquelle il a été définitivement condamné, ou qui substitue une sanction plus douce à celle qui était normalement exécutoire, apparaît comme une survivance, un peu anachronique, d'une prérogative régalienne (Sur la pratique de la grâce en droit comparé : J. Pradel, *Droit pénal comparé*, Dalloz, 3e éd., 2008, no 558 ; v. M.-H. Renaut, « Le droit de grâce doit-il disparaître ? », *RSC* 1996. 575). Le droit de grâce était, en effet, largement utilisé sous l'Ancien Régime. Critiqué par Beccaria (*Des délits et des peines*, § 20), supprimé par la Constituante mais rétabli dès 1801, il fut par la suite maintenu dans toutes les constitutions et les chartes qui ont suivi. Il est considéré comme un attribut exclusif du chef de l'État (Const. du 4 oct. 1958, art. 17). Son origine historique explique sans doute que sa réglementation soit très largement fondée sur la coutume et que les décisions jurisprudentielles le concernant soient très peu nombreuses. On précisera cependant que le nouveau Code pénal comporte aujourd'hui deux articles (C. pén., art. 133-7 et 133-8) qui se bornent à poser un grand principe concernant les effets de la grâce : une simple dispense de peine qui n'altère pas les droits de la victime (on notera que le nombre de recours en grâce qui était de 34 248 en 1993 n'était plus que de 7 135

en 2006 pour 371 et 98 grâces accordées pour les mêmes années : sur ces statistiques, v. F. Desportes, F. Le Gunehec, n° 111). Les recours concernent le plus souvent des peines d'amende. Ces statistiques concernent évidemment les grâces sur requêtes individuelles. À côté, s'était développée une pratique des grâces collectives, à l'occasion notamment de fêtes nationales comme le 14 juillet ou encore de l'élection du président de la République. Les grâces collectives étaient accordées sans aucune requête des intéressés. Elles permettaient, sans doute, de gérer la surpopulation carcérale mais présentaient de sérieux inconvénients puisqu'elles pouvaient mettre en échec la politique d'individualisation des peines (v. F. Desportes, F. Le Gunehec, n° 1114 ; P. Poncela, « Les grâces collectives à la recherche d'une identité », *RSC* 2005. 926). Le président de la République Nicolas Sarkozy avait pris l'initiative de mettre fin à cette pratique qui a été définitivement écartée par la réforme constitutionnelle du 23 juillet 2008. Cette loi constitutionnelle a modifié l'article 17 de la constitution qui désormais édicté que « le président de la République a le droit de faire grâce à titre individuel ». En revanche, le projet d'encadrer le droit de grâce, en le soumettant à l'intervention d'une commission, a été rejeté par le Parlement (J.-C. Zarka, « La réforme du droit de grâce », *Gaz. Pal.* 2008. 1675).

2 Nonobstant le caractère régalien de la grâce, il existe cependant un contentieux judiciaire limité, relativement à l'incidence d'une mesure de grâce sur l'exécution de certaines sanctions (v. en dernier lieu à titre d'ex., Crim. 5 juill. 1983, *Bull. crim.* n° 214 ; Crim. 16 juin 1992, *Bull. crim.* n° 238, ce dernier rendu en méconnaissance totale de l'article 5, alinéa 2 de l'ancien Code pénal ; *contra* Crim. 16 mars 1999, n° 98-84.292, *Bull. crim.* n° 40 ; *RSC* 1999. 810, obs. B. Bouloc). L'arrêt *Gugel*, rendu par le Conseil d'État à la fin du siècle dernier, confirme le caractère très particulier de cette institution en considérant que la décision présidentielle, quelle qu'elle soit, ne peut pas faire l'objet d'un recours devant le juge administratif. Aucun autre recours n'apparaissant juridiquement possible, il conviendra de s'interroger brièvement sur les raisons de cette décision (I) et sur les conséquences qu'elle implique plus particulièrement dans le cas d'une commutation de peines (II).

I. — Les raisons de l'absence de recours en matière de grâce

3 La question d'un éventuel recours contre une décision relative à la grâce paraît, au demeurant, assez curieuse. Elle l'est d'autant plus dans l'arrêt *Gugel* que c'est une décision ayant fait grâce que le bénéficiaire demandait au Conseil d'État d'annuler. Le Sieur Gugel, militaire, avait été condamné à mort pour voies de fait à un supérieur pendant le service. À la suite d'un recours en grâce, sa peine fut commuée en vingt ans de travaux forcés. C'est cette mesure de commutation que le condamné voulait faire annuler, en raison de ses conséquences secondaires. En effet, en remplaçant la peine capitale par une peine de travaux forcés, le décret de grâce entraînait automatiquement l'application de la dégradation militaire, mesure infamante alors qu'elle n'avait pas été prononcée par les juges du conseil de guerre. De plus, l'infraction reprochée à Gugel n'étant passible que de la peine de mort et des travaux forcés, celui-ci soutenait que le président de la République, en lui infligeant les travaux forcés, avait usé de son droit dans un but autre que celui en vue duquel il lui avait été conféré. Ainsi, parce qu'il faisait passer l'honneur avant la vie, le soldat Gugel considérait-il qu'une mesure qui était pourtant incontestablement plus douce devait être annulée. Le Conseil d'État n'a pourtant pas admis cette requête en la rejetant par un arrêt d'une très grande concision, se contentant d'affirmer que « les actes accomplis par le chef de l'État dans l'exercice du droit de grâce ne sont pas susceptibles d'être déférés au Conseil d'État par la voie contentieuse » (v. M.-H. Renaut, *Rép. pén.*, Dalloz, n°s 41 s.).

La question s'est évidemment posée pour les administrativistes de déterminer les raisons ayant conduit le Conseil d'État à déclarer irrecevables les recours contre les décrets de grâce. Sans prétendre apporter une réponse précise dans ce domaine, on notera que deux explications ont été proposées. Hauriou, qui a commenté l'arrêt *Gugel*, a développé l'argument selon lequel le décret de grâce fait partie des actes de gouvernement, c'est-à-dire, selon cet auteur, les actes qui émanent d'un pouvoir gouvernemental distinct du pouvoir administratif et qui est un aspect nouveau du pouvoir exécutif. Il semble que cette explication ne soit plus aujourd'hui acceptée par certains spécialistes de droit administratif qui considèrent que l'absence de recours pour excès de pouvoir, contre les actes ainsi qualifiés, peut s'expliquer par le jeu normal des règles du contentieux administratif (R. Chapus, *Droit administratif général*, t. I, 15e éd., 2001, n° 1173-2e ; M Degoffe, *Droit administratif*, 2e éd., Ellipses, 2012 ; *GAJA*, n° 18). Le Conseil d'État, qui s'est prononcé ultérieurement (CE 28 mars 1947, *S.* 1947. 3. 89, concl. Celier ; *RD publ.* 1947. 95, note M. Waline ; *RSC* 1948. 75, obs. L. Magnol, arrêt *Gombert*) pour refuser un recours contre une décision de rejet de grâce a motivé son arrêt différemment en constatant que les décisions que le chef de l'État est appelé à prendre, en ce domaine, ne peuvent être regardées comme des actes émanant d'une autorité administrative. Une analyse de la décision révèle d'ailleurs que c'est en rattachant l'exercice du droit de grâce au domaine de l'exécution des peines que la Haute juridiction la motive. C'est donc indirectement, parce que ces actes se rattachent à la fonction judiciaire, qu'ils échapperaient à tout contrôle de légalité (en ce sens, A. Decocq, p. 421). On remarquera que le commissaire du gouvernement avait au contraire soutenu la recevabilité du recours et l'annulation du décret ayant refusé la grâce, rejetant la thèse de l'acte de gouvernement et estimant que la mesure de grâce qui suspend l'exécution d'une décision de justice ne relève pas du pouvoir judiciaire mais bien au contraire du pouvoir exécutif. En réalité, si l'on n'admet pas d'une manière ou d'une autre que la mesure de grâce est un acte de souveraineté qui, pour cette raison échappe à tout contrôle, il sera difficile de ne pas accepter qu'un décret qui serait manifestement contraire à la définition légale de la grâce, en ce sens qu'il y aurait aggravation et non pas adoucissement de la peine, devrait être annulé (v. M. Hauriou, note préc.). Il ne faut pas oublier que le contentieux de l'exécution des peines, du moins jusqu'à la loi du 15 janvier 2000, n'échappait qu'en partie au contrôle du Conseil d'État (pour les décisions du juge de l'application des peines par exemple, la compétence administrative avait été retenue : CE 5 févr. 1971, *Vve Picard, AJDA* 1971. 160 ; *D.* 1971. 503, note F. Moderne) même si avant la modification législative une évolution récente de la jurisprudence en cette matière pouvait être constatée. L'argument utilisé dans l'arrêt *Gombert* était donc assez fragile. On notera que R. Garraud (t. II, n° 766) estimait qu'un décret de grâce, qui constituerait manifestement un excès de pouvoir, devait ouvrir un recours devant la juridiction administrative.

4 Il n'en reste pas moins qu'en l'état de la jurisprudence, tout recours paraît exclu. On remarquera au contraire qu'en matière de grâce amnistiante il avait été admis qu'un contrôle était possible (CE 22 nov. 1963, *D.* 1964. 161, note C. Debbasch ; Crim. 14 nov. 1963, *D.* 1964. 265). En réalité cette solution s'expliquait par le fait que le décret accordant la grâce, pendant toute une époque, émanait du chef du gouvernement (président du Conseil ou Premier ministre). Depuis 1964 les lois votées en matière d'amnistie ont expressément rendu au président de la République le pouvoir d'user de la grâce amnistiante. Dès lors, le Conseil d'État en a tiré la conséquence en revenant à sa jurisprudence traditionnelle (CE 31 janv. 1986, *Legrand*, req. n° 62347, *D.* 1986. 468, note Y. Plouvin ; *RSC* 1987. 187, obs. A. Vitu ; v. égal. A. Vitu, t. II, n° 825 ; W. Jeandidier, n° 485 ; X. Prétot, « Le pouvoir de faire grâce », *RD publ.* 1983. 1545 s. ; *contra* R. Chapus préc., n° 1173-2e). On a parfois soutenu (E. Villey, *Précis d'un cours de droit criminel*, p. 532 ; A. Laborde, *Cours de droit criminel*, 3e éd., n° 598) que le tribunal compétent pour trancher les difficultés relatives à l'exécution des sanctions (en principe celui qui a prononcé la condamnation) devrait pouvoir être saisi par le condamné qui estime que son sort a été aggravé par le décret de grâce (par ex. : cas d'une peine politique remplacée par une peine de droit commun). Une telle suggestion se heurte hélas à la règle de la séparation des pouvoirs puisqu'un juge judiciaire aurait à connaître, à titre principal, d'un acte du pouvoir exécutif (R. Garraud préc. ; R. Merle et A. Vitu, t. I, n° 876). Sans doute subsiste-t-il la solution de l'exception d'illégalité suggérée par le doyen A. Légal (*RSC* 1953. 659) mais il est assez rare que les circonstances concrètes où une telle procédure pourrait être mise en œuvre soient réunies puisqu'il faut nécessairement qu'il y ait une poursuite pénale. Nous verrons cependant que la solution n'est pas purement théorique.

Pour en terminer avec cette question, il nous reste à déterminer les conséquences de la solution que nous venons d'exposer.

II. — Les conséquences de l'absence de recours en matière de grâce

5 La grâce procède de trois manières différentes : par remise, par réduction ou commutation. Dans les deux premières hypothèses, la mesure de grâce est nécessairement favorable au condamné et l'on ne voit vraiment pas quel pourrait être le fondement d'un recours. On notera simplement qu'il y a d'assez nombreuses difficultés pour déterminer quelles sont les conséquences de la remise de la peine principale sur les sanctions accessoires ou complémentaires lorsque le décret de grâce ne s'est pas expressément prononcé sur cette question, mais cela ne relève pas de notre propos (v. R. Merle et A. Vitu, t. I, n° 879). Reste évidemment la question un peu théorique de savoir si le bénéficiaire d'une grâce pourrait la refuser. Il est généralement admis que la grâce ne peut être refusée car le condamné n'a aucun droit à la peine (R. Garraud, t. II, n° 768). L'exécution des sanctions est d'ordre public. Il n'est pas concevable qu'un délinquant puisse revendiquer l'application d'une sanction et contraindre la société à faire subir une peine pour laquelle il aurait été décidé de sa non-exécution en raison d'une remise gracieuse. La solution est évidente mais le problème est-il vraiment de nature à se poser ?

La commutation de peine est au contraire susceptible de rendre le problème un peu moins théorique. Dans cette hypothèse, le chef de l'État substitue à la peine prononcée une autre peine qu'il impose au condamné. Sans doute, là encore, l'adoucissement de la sanction est-il évident dans la plupart des cas mais on peut rencontrer quelques hypothèses marginales où un condamné pourrait estimer que sa situation est aggravée, soit en raison de la nature de la nouvelle peine qu'il a à subir, soit en raison de la condition à laquelle est subordonnée la remise gracieuse.

6 En l'absence de toute réglementation et en raison du pouvoir discrétionnaire du chef de l'État, on pourrait concevoir que la mesure de substitution soit librement choisie. On enseigne cependant qu'il y a des limites naturelles à la liberté du président de la République, qui n'aurait pas la possibilité de remplacer une peine politique par une peine de droit commun ou inversement. En l'absence de recours, cette restriction reste toute platonique, ce qu'illustre l'affaire *Gugel* En effet, s'agissant d'une infraction spécifiquement militaire, on pouvait soutenir que le condamné avait droit à une peine militaire qui, à l'époque, ne pouvait être que la peine des travaux forcés.

La chambre criminelle a cependant eu l'occasion, dans un cas particulier, de sanctionner très indirectement le choix d'une sanction en dehors des règles normales. En l'occurrence, un décret de grâce avait commué une peine d'interdiction de séjour en une peine d'interdiction de résidence, sanction originale prévue par une ordonnance du 26 décembre 1944 en matière d'indignité nationale. L'individu ainsi gracié n'ayant pas respecté cette contrainte, il fut poursuivi pour cette infraction et condamné par les juges du fond. C'est cette décision qui est censurée par la Cour de cassation au motif qu'une peine prévue pour une infraction précise ne pouvait pas être appliquée à une autre infraction et qu'en conséquence le principe de la légalité avait été violé (Crim. 6 mai 1953, *D.* 1953. 666 ; *JCP* 1953. II. 7685 ; *RSC* 1953. 659, obs. A. Légal). Par cette décision, la chambre criminelle reconnaissait donc implicitement que le décret de grâce n'aurait pas dû prévoir cette peine de remplacement mais elle ne se prononce pas directement sur cette question. Bien plus, elle précise que l'inobservation des obligations imposées pourrait entraîner la révocation du décret de grâce, ce qui est très contestable dans la mesure où il ne s'agit pas d'une grâce conditionnelle (en ce sens A. Légal, préc.). Comme on le constate, le recours judiciaire reste donc très indirect et nécessairement très limité. La pratique des grâces conditionnelles, devenue assez fréquente de nos jours, pose également le problème d'une aggravation éventuelle de la sanction pour le condamné. Le décret de grâce prévoit en effet que le bénéfice de la remise ne sera accordé que si le condamné se soumet à certaines conditions : obligations positives (indemniser la victime, payer une certaine somme appelée amende de substitution, etc.) ou négatives (ne pas être condamné dans un délai déterminé, ne pas fréquenter les débits de boissons, etc.). Dans une telle hypothèse, on ne peut pas dire que le délinquant ait à souffrir de la remise conditionnelle puisqu'il lui suffira de ne pas observer les obligations imposées pour que la grâce soit révoquée et qu'il retrouve « le bénéfice » de la peine initialement prononcée (sur cette mesure : J. Pradel, n° 890 ; B. Bouloc, n° 900 ; E. Dreyer, n° 1744 ; E. Bonis-Garçon et V. Peltier, n° 861). Selon certains auteurs (R. Garraud, t. I, n° 768) la chancellerie accepterait que le condamné puisse refuser la commutation d'une peine d'emprisonnement en peine d'amende.

7 Il reste évidemment à s'interroger sur le sort d'une décision refusant une grâce. Mesure de faveur par excellence, comment un condamné pourrait-il se plaindre qu'elle ne lui ait pas été accordée, d'autant qu'en l'absence de valeur juridictionnelle d'un tel refus, rien ne lui interdit de renouveler sa demande ? Il n'y a pas d'autorité de chose jugée en cette matière (R. Merle et A. Vitu, t. I, n° 876).

En réalité, l'absence de tout véritable contrôle des décisions du chef de l'État en matière de grâce nous paraît inhérente à cette institution. Mesure qui ne peut intervenir que pour des condamnations devenues définitives, décision totalement discrétionnaire d'un chef d'État qui, en ce domaine, a conservé les pouvoirs d'un souverain, la grâce est par nature rebelle à tout contrôle. On peut le regretter ou le contester mais alors c'est l'institution elle-même que l'on remet en cause.

A. V.

INDEX ANALYTIQUE DES MATIÈRES

Les chiffres renvoient aux numéros des arrêts.

TABLE DES MATIÈRES

TITRE 2
APPLICATION DES LOIS PÉNALES DANS LE TEMPS

TITRE 3
APPLICATION DES LOIS PÉNALES DANS L'ESPACE

TITRE 4
INTERPRÉTATION DES LOIS PÉNALES

DEUXIÈME PARTIE
L'INFRACTION

TITRE 1
CONDITIONS D'EXISTENCE DE L'INFRACTION

TITRE 2
AUTEURS DE L'INFRACTION

TROISIÈME PARTIE
LA SANCTION

716156 (I) OSB - P 60g - NC - (EDO)
Achevé d'imprimer en septembre 2016
N° 2438573N - Dépôt légal : octobre 2016
Imprimé en France par Jouve
1 rue du Docteur Sauvé, 53100 MAYENNE